中国法学会后期资助项目文丛
BOOK SERIES FUNDED BY CHINA LAW SOCIETY

项目执行人

孙立军

中国法学会后期资助项目文丛

BOOK SERIES FUNDED BY CHINA LAW SOCIETY

陕派律学家事迹纪年考证

The Chronology of "Shaanxi School of law scholars"

闫晓君◎著

法律出版社
LAW PRESS·CHINA

中国法学会后期资助项目文丛

出版说明

为进一步落实中央《关于加强中国特色新型智库建设的意见》，充分发挥中国法学会作为党和政府联系法学法律界桥梁和纽带的作用，着力实现中国法学会作为国家法治建设领域核心智库的发展目标，为专家学者开展法学研究和成果转化提供支持，不断丰富和发展中国特色社会主义法治理论体系，中国法学会特决定设立后期资助项目，对具有重要理论和实践价值的优秀法学研究成果予以后期资助，纳入“中国法学会后期资助项目文丛”出版。2015年中国法学会后期资助项目设立以来，累计立项60余项成果，已交付出版40余部。今后每年我们还将评选确定一定数量的后期资助项目并予以出版。

中国法学会

2019年5月

凡　　例

一、本书对陕派律学家生平事迹逐年进行考证，故以年为纲。

二、每年之下，陕派律学人物各自标目使用加粗字体，若有资料可考，虽一星半点亦录，无则略。每个陕派律学家事迹资料则又分别按时间顺序予以考证罗列。

三、若引证文献资料来源不同，说法各异，当择善而从。殊难抉择时，秉持“信则传信，疑则传疑”的原则，各说并存备录，供读者自择。

四、对于搜检到的与陕派律学人物交往密切的其他律学人物如豫派人物之资料不忍割舍，故附于陕派律学人物之后，收所谓“不识其人观其友”之效。

五、陕派律学人物在中进士以前，大多生活在陕西，中进士以后又都任职刑部，生活在北京，或于外省历练任职。为了解其成长经历、思想观点变化等内容，一些重要历史事件做为背景资料亦间或录之。

六、本书中圆括号（ ）内文字系原文中的小注，改为与正文同样大小字体；□□、○○表示原文史料看不清。

七、文中衍文不删，但放在方括号内。误字也不删，放在方括号内，并且标出正字。脱字亦在方括号内标出。

八、对于一些史料及相关学术术语，笔者以按语的形式放在段落末或脚注中，提醒读者阅读。

九、由于本文系群体人物编年事迹考证类著作，根据现有收集资料多少，每年、每人、每事，篇幅字体不等，同时在每年简略概括本年度的国内外大局势，可以更好地为我们认识陕派律学家这一群体提供时代背景信息。

十、为节省篇幅，本书对脚注内容进行了省略，有兴趣的读者请自行参阅参考文献。

目　录

Contents

一、关于“陕派律学”（代序）

吴建瑶先生曾说：“自‘拨乱反正’以来，我们的法制史研究取得的成绩不小，但也要看到，不足之处还很多。爱因斯坦以在木板上钻窟窿比喻搞科研，说人们喜欢在薄的一头钻许许多多窟窿，就是不敢碰厚的地方。他说的是自然科学，其实社会科学也一样。法制史领域里不也存在这种现象吗？比较容易的题目，你写、我写、大家写，可以写上几十上百篇论文；而难度比较大的问题无人问津，连一篇文章也没有。大约十五年前，在一次法史界同仁的聚会中，有人提出一个问题：沈家本在一篇文章中说，光绪初年律学家分豫、陕两派，豫派以陈雅侬、田雨田为代表，陕派以薛允升、赵舒翘、张成勋为代表。他问，两派除沈氏指明的律学家外还有哪些人，各有哪些代表作，两派的分野何在，对清代法律发展有何影响。大家相顾茫然，答不上来，一致认为这是一个需要研究的问题。然而十五年过去了，我还未见有哪位学者就这个问题写过一篇论文。”（吴建璠：《我的研究之路》，见中国社会科学院网站）吴建璠先生的这段话发人深省，迄今为止，有关“陕派律学”和“豫派律学”的研究仍未有引起足够的重视。

一、“陕派律学”的提出

刑部作为当时“天下之刑名总汇”，往往聚集了一批精通律例的法律人才。因缘际会，晚清同光之际在刑部逐渐形成了两个律学学派，即“陕派律学”和“豫派律学”，分别以陕西、河南籍人士为主，在传统的律例之学上卓然有成，且各具学术特点。“豫派”以“简练”为主，陕派以“精核”为主。由于豫派早衰，相反“陕派”却人才济济，学术成就斐然，学术著作流传于世，受到当时及后来学者的称誉。

“陕派”和“豫派”的说法，应当首先是由沈家本提出来的。他在《大清律例讲义》序中说：“独是《律例》为专门之学，人多惮其难，故虽著讲读之律，而世之从事斯学者实鲜。官西曹者，职守所关，尚多相与讨论。当光绪之初，有豫、陕两派，豫人以陈雅侬、田雨田为最著，陕则长安薛大司寇为一大家。余若故尚书赵公及张麟阁总厅丞，于《律例》一书，固皆读之讲之而会通之。余尝周旋其间，自视弗如也。近年则豫派渐衰矣，陕则承其乡先达之流风遗韵，犹多精此学者。韩城吉石生郎中同钧，于《大清律例》一书，讲之有素，考订乎沿革，推阐于义例，其同异轻重之繁而难纪者，又尝参稽而明辨之，博综而审定之，余心折之久矣。”①

另一位提到“陕派律学”和“豫派律学”的是董康，他在《清秋审条例》中讲：“凡隶秋曹者争自磨砺，且视为专门绝学。同光之际，分为陕、豫两派，人才尤盛。如薛允升云阶、沈家本子惇、英瑞风冈皆一时已佼佼者。”② 董康还在《我国法律教育之历史谭》一文中指出了“陕派律学”和“豫派律学”形成的原因。他说，清代学校之科目“一以经义及策论为主，并缺律令一课，固无足称为法律教育”。但在刑部，其官员大多为进士或拔贡出身，在签分到部后，由于职责所在，这些官员“一方读律，一方治事。部中向分陕豫两系，豫主简练，陕主精核”③。

---

① 《历代刑法考》(第4册)，第2232页。

② 《董康法学文集》，第420页。

③ 《董康法学文集》，第737页。

沈家本、董康二人都曾长期在晚清的刑部供职，对于其中的情形非常稔熟，对秋曹掌故了如指掌，那么，晚清刑部分陕豫两派的说法必确信无疑。

二、“陕派律学”的形成

有清以来，陕籍人士任职刑部且有声望和影响者，代不乏人，但都没有出现所谓的“陕派”。吉同钧在《薛赵二大司寇合传》中指出：“秦人钟西岳秋肃之气，性情多刚强严威，故出仕之后，其立功多在刑曹。前清入关之初，第一任刑部尚书则为宝鸡党崇雅，诘奸刑暴，颇立功业。然以明臣而仕清，入于《二臣》之传，识者鄙之。康、雍之间，韩城张廷枢作大司寇，崇正除邪，发奸摘伏，权倖为之敛迹，天下想望丰采，然太刚则折，卒罹破家亡身之祸。后虽昭雪，追谥文端，然律以明哲保身之道，未免过于戆直也。”

乾隆朝又有王士棻、嘉庆有王澧中，道光朝有尸谏的王鼎等，其生平事迹屡见于《清史稿》《清史列传》《续修陕西通志稿》和清人的笔记中，其事功声名都远在薛允升之上。但“陕派律学”的形成应在同光时期，与薛允升个人有着莫大的关系。换句话说，没有薛允升，就不可能有“陕派律学”。

作为“陕派”创始人，薛允升具备别人所不能兼而有之的条件。

首先，薛允升本人有不凡的律学成就，其学术造诣影响了当时的律学，足为学界楷模及学术团体的开山祖师。至于薛允升的律学成就，学界已有公论。

吉同钧在《薛赵二大司寇合传》中说：“允升字云阶，咸丰丙辰科进士，以主事分刑部，念刑法关系人命，精研法律，自清律而上，凡汉唐宋元明律书，无不博览贯通，故断狱平允，各上宪倚如左右手，谓刑部不可一日无此人。不数年，升郎中，外放江西饶州知府，七年五迁，由知府升至漕运总督，以刑部需才，内调刑部侍郎，当时历任刑尚者，如张之万、潘祖荫、刚毅、孙毓汶等，名位声望加于一时，然皆推重薛侍郎。凡各司呈划稿件或请派差，先让薛堂主持先划，俗谓之开堂。如薛堂未划稿，诸公不肯先署，固由诸公虚心让贤，而云阶之法律精通，动[令]人佩服，亦可见矣。后升尚书，凡外省巨案疑狱不能决者，或派云阶往鞫，或提京审讯。先后平反冤狱，不可枚举。"

李岳瑞在《春冰室野乘》中也曾说过："其律学之精，殆集古今之大成，秦汉至今，一人而已。"

其次，重视乡谊的性格注定受其影响的律学家以"陕籍"人士为主。他不但对法律有超乎寻常的理解，而且他非常地重视"乡谊"，对刑部中的初来乍到者往往给予不惮其烦的指导和帮助，尤其是新分部的陕西乡党。他的这个性格特点使在刑部逐渐形成了一个以陕西人为主的学术团体，即"陕派律学"。当然，重视"乡谊"也成了他被人讥讽的把柄。《近代名人小传》说薛允升"长身瘦削而意气勤恳，有关中故家之风，掌秋曹日，所属多以律书求解，辄为解导，不惮烦也。然俗学无识，立朝未尝有建白，复私乡谊，卒被弹去"。

《续修陕西通志稿》谓薛允升"尤好诱掖后进，成就颇多，如赵舒翘、沈家本、党蒙、吉同钧辈，乃门生故吏中之杰出者，其他不可枚举。盖人品清正，学识宏深，好善若渴，躁释矜平，处富贵如寒素，不仅以刑律见长也"。

正因为薛允升杰出的律学成就以及重视"乡谊"的性格特征，在其周围聚集了很多以陕籍人士为主的律学家。但俗话说，独木不成林。如"陕派"仅有薛允升一人，不能称其为"陕派"了。"陕派"的后起者皆极一时之选，据笔者初步统计，"陕派"约有十六七人。与薛允升同时之雷榜荣，稍后赵舒翘、段理[①]、党蒙[②]、张成勋[③]，再稍后还有武瀛[④]、王之杰、萧之葆、高祖培等，最后还有吉同钧、段维等。如薛允升为“陕派律学”的开创者，赵舒翘当是“陕派律学”的中坚，吉同钧则为殿后者。当然，“陕

---

①《续修陕西通志稿》卷八十《人物七》：“段理，字夔堂，昆生异母弟也。性孝友，年十二补博士弟子，为文崭崭不落恒蹊，州牧王舜臣奇之，语人曰：他日耸壑昂岩、能解吾民冤苦者，即段生也。同治庚午（1870年，同治九年）登贤书，光绪丙子（1876年，光绪二年）成进士，授刑部主事。刑部为全国刑名总汇，档案山积，诸司苦翻（翻）阅，书吏或因缘为奸，会长安赵尚书舒翘为提牢厅，理与游处，昕夕研绎，尽得要领，每有大狱及直隶题奏要犯，堂官辄一以委之，寓慎于勤，谳鞫明允，常谓子姓曰：廷尉者，天下之平也。少有瞻徇心不平矣，又何以平刑政而孚四海乎？时长安薛尚书允升官刑部久，知理之能，属以定谳，尚书每称善，旋转员外郎，迁郎中、记名道府，简有日矣，竟一病不起。”

②《续修陕西通志稿》卷八十四《人物十一》：“党蒙，字养山，韩城人。同治癸酉（1873年，同治十二年）举于乡，光绪丙子（1876年，光绪二年）成进士，选庶吉士散馆，授刑部主事，历奉天、四川各司主稿，升员外郎，转郎中，充律例馆提调，总办秋审处，各长官咸倚任之。尚书薛允升为律学大家，尤相器重，遇秋审疑狱、现审大案，必待蒙审察决定。庚子出为云南临安知府，累署顺宁、东川等府，卒于任。性朴诚而敏练，简重深沉，言动不苟。官京曹时核阅刑案，终日不倦，端坐斗室如泥塑人。待人无锋棱，而临财不苟，有铁面之称。随钦使查案山东，文武大吏无敢事请托者。后莅顺宁，耿马土司馈千金，却之，夷人感颂。”

③《续修陕西通志稿》卷八十二《人物九》：“张成勋，字麟阁，汉阴人。光绪丁丑（1877年，光绪三年）进士，授刑部主事，精研法律，援引确当，屡主秋审，无稍冤纵，尚书薛允升尤倚重之。积资简放四川川北兵备道，阅兵察吏，无所瞻绚，风气为之一振。丁艰归，服阕，值两宫西狩，赴行在陛见，授安徽凤颖六泗道，兼督凤阳关。抵任，适涡阳匪乱未靖，成勋派兵抚绥安辑，以其地素称薪桂，每遇霖雨，合城艰于炊，乃设官柴局，并捐廉广置滩地，为民储薪，凤人号曰张公滩，立祠祀焉。告归后，诏起为京师总检察厅厅丞，复擢法律馆谘议官，俱辞不就，林下数年，颇多善举。寻卒。著有《秋审实缓比较汇案》。”

④《续修陕西通志稿》卷八十四《人物十一》：“武瀛，字百川，号仙航，富平人。好学能文，由光绪乙酉（1885年光绪十一年）举人，己丑（1889年，光绪十五年）成进士，授刑部主事，充秋审处坐办、律例馆提调，累迁员外郎、郎中，谙习法律，中西兼通，为尚书薛允升倚任。修订法律大臣沈家本、伍廷芳亦引以为重，与修《新刑律》。庚子，随扈赴西安行在，襄办陕西赈务，不支薪费，筹画精详，保加三品衔。俟得知府后以道员在任候补，回銮后简任四川雅州知府，创设川南师范暨中学堂，筹办边茶公司，以抵印茶入藏漏卮，革穆坪土司陋规数千金，夷番怀畏，民教融洽。两摄建昌道篆，办理藏务善后，各要政措置适宜。在任六年，保荐卓异。宣统纪元，川省开办法厅，调署高等审判厅厅丞。瀛甄拔人材，拟议规则，清理全省积案八百余起。值川民因铁路归国，聚众罢市要求，总督赵尔丰滥杀多命，瀛建言不纳，遂告归。”

派律学”不纯粹都是由陕籍人士组成，如从学术关系上看，沈家本的学术成就与“陕派律学”在某部程度上有密不可分的关系，从学术渊源上讲，沈家本当属于“陕派律学”①。

陕派的出现，在当时的刑部成了一道独特的风景。当时人们就有各种解释，如曹允源在给赵舒翘《慎斋文集》作序时说:“国家政事分掌于六曹，而秋官一职关人生命，视它曹尤重。为之长者类多擢自曹司重望，谙习法令。即叙劳外简，往往不数年骤跻右职，入掌部纲。故它部长官迁调不常，而秋官任独久，盖非精研其学者不能尽职也。陕西人士讲求刑法若有神解夙悟。”

在某种程度上刑部是一个专业性很强的部门，在刑部任职者必须是专业技术人员，这在客观上为律学的繁荣提供了前提条件，这无疑是正确的。但说“陕西人士讲求刑法若有神解夙悟”，这仅是一种溢美之词。当时的清政府中央有六部，在刑部当差被视为最苦的差事，而陕西僻处西北边陲，地瘠民贫，因此陕籍人士在通籍后往往能吃苦耐劳，更加励志。如《旧京琐记》云:“刑曹于六部中最为清苦，然例案山积，动关人命，朝廷亦重视之。故六堂官中，例必有一熟手主稿，余各堂但画黑稿耳。薛尚书允升既卒，苏抚赵舒翘内用继之。赵诛，直臬沈家本内调为侍郎，皆秋审旧人。凡稿须经沈画方定。余在刑曹时，见满左右堂既不常到，到则各司

① 甚至有些学者认为，“正式的经历及非正式的赞助是仕途当中最明显的部分，但是加入一个律学博士学会也是相当重要的，这类学会同时具有学派以及地方派系的特色。当沈家本被允许加入当时主控刑部的两个学派之一陕派（陕西）之后（另一个是豫派），他自 1875 年起就开始攀升”。尽管沈家本祖籍非陕西，他与民国时期主持司法部、大理院的著名法律人物许世英、董康等皆为“陕派律学”的门生。参见巩涛（Jérôme BOURGON）:《西方法律引进之前的中国法学》，林惠娥泽，载《法国汉学》丛书编辑委员会编:《法国汉学》第八辑教育专号，中华书局 2003 年版。徐忠明也在《中国法律史研究的可能前景：超越西方，回归本土？》一文中“顺便指出，虽然沈家本是浙江归安人氏，但是他的律学研究属于陕派范围”。参见氏著:《案例、故事与明清时期的司法文化》，法律出版社 2006 年版，第 2 页。

捧稿，送画辄须立一二小时，故视为畏途，而愈不敢至。其庸沓可笑，然尚虚心，盖每画必视主稿一堂画毕否，既画则放笔书行。若间见有未画者，则曰‘先送某堂，看后再送’云。”①

三、“陕派律学”的衰落

辛丑年（1901），赵舒翘、薛允升这两位“陕派律学”的杰出代表，一位被清廷赐死，另一位病死于回銮途中。此后，“陕派”人物日渐零落，直至辛亥革命后，“陕派”人物纷纷归隐。

吉同钧一生仕途坎坷，1910年因钦派外省考试法官，初次开列前茅，嗣被他人运动，抑置在后。命下，以名次在后致落孙山之外，因此万念俱灰，绝意上进，并上《上法部长官请开差缺书》，辛亥革命后钧弃官归隐。刘敦谨撰《韩城吉石笙先生德教碑记》：“辛亥国变后，因弃官归隐，当道征聘，皆坚辞。航海而南，遍揽江浙名胜，又至曲阜谒圣墓，回京师，戢影篷庐，韬光养晦，以待天下之清。”

“陕派律学”其他人物也大多归隐，如萧之葆归隐后，于陋居的柴扉上写了如下短铭：“吾之素志，喜乐林泉。种花栽竹，养树培源。不愿声名震世，不愿富贵惊天。但愿茅屋不漏，布衣常穿。樽不乏酒，厨不断烟。吟诗月下，钓鱼溪边。教子读书，承嗣祖先。吾自足也，有何憾焉！”

吉同钧与萧之葆在刑部日，“昼则同署办事，夜犹聚会私邸，谈至

---

① 其他文献亦有类似说法，如《国乘备闻》：“部务之不振也，曹郎积资十余年，甫谙部章，京察保一等，即简放道府以去。侍郎多起家翰林，初膺部务，临事漫不訾省，司员拟稿进，涉笔占位署名，时人谓之‘画黑稿’。尚书稍谙练，或一人兼数差，年又耄老，且视六部繁简次序，以调任为升迁（旧例由工调兵、刑，转礼，转户，至吏部，则侍郎可升总宪，尚书可升协办），势不得不委权司曹。司曹好逸恶劳，委之胥吏，遂子孙窟穴其中，倒持之渐，有自来矣。唯刑部法律精，例案山积，举笔一误，关系人生死。历朝重狱恤刑，必简一曾任刑曹、熟秋审者为尚、侍。薛允升薨，江苏巡抚赵舒翘内用为尚书。舒翘诛，直隶臬司沈家本内用为侍郎，皆刑部秋审处旧僚也。薛、赵、沈之治刑部也，薛主严，赵、沈主宽。”

夜分，津津无倦容”，现在萧之葆“黄冠草履，率昆弟友生逍遥于山颠水涯”，而吉同钧仍在羁旅，他在《送萧小梅郎中归田序》中云：“小梅仕秋曹十余年，以廉隅气节期许，不屑于法律，而法律知识自非同列所及，事长官羞作婀态，亦非故以崖岸自高，太史公所谓‘事亲孝，与士信，临财廉，取与义’者，殆兼有之。当民国建设之初，众人恋恋官职，首鼠两端，甚者多方奔求，惟患失之。小梅独决然舍去，如弃敝屣，宁终老于乡间，而不贪非分之爵禄；宁力农以食苦，而不作伴食员，诚士大夫中之鸿鹄、骅骝也。世俗不察，或目为迂腐不识时势，或嗤为矫激不近人情，是亦燕雀不知天地之高，驽骀（dai）不知宇宙之大也，何足怪哉？”

又云：“余以着眷累繁重，钱债葛藤，濡滞于京津危乱之地。回忆灞桥杨柳，仙掌芙蓉，日萦梦魂之中，而不知何日从吾所好，与小梅痛饮于长安酒市，以消胸中之垒块也。余既为序，以写离怀，复作歌以（永）咏之，歌曰：天地闭塞兮贤人隐藏，君归不复兮我心忧伤，梁山奕奕兮河水洋洋，誓将挂冠兮终与子以偕（臧）藏。”

段维“宣统三年，请假省亲归，值国变，遂不复出。”① 王步瀛《清授中宪大夫员外郎衔法部主事段君冈北墓志铭》：“国变后绝意仕进，事亲之余，恒以诗书自娱。君为学重有用，尝谓法律宜适合国性民情，不宜涂抹东西洋条文。谓办学练兵，不注重道德忠义，必至贼人才，害国家，皆确论也。曩尝请修召公庙、李烈女墓，联名奏请李二曲先生从祀孔庙，请复先贤横渠张子祀典，创办农林试验场于卷阿，为文请豁免草价，及避地西安，又屡办理水旱灾赈，会议全省善后事宜，征辑关陇文献，与修《陕西通志》。凡民生利害、地方风教所关，罔不尽心维持，期于有济，亦可见君志行矣！”

---

①《续修陕西通志稿》。

四、“陕派律学”的学术成就

“陕派律学”的代表人物一般都出身于科举，饱读诗书，又在刑部长期任职，由于职责所在，对传统律学进行研究，并取得骄人的学术成就。

薛允升认为“刑法虽起于李悝，至汉始完全，大儒郑康成为之注释。乾嘉以来，俗儒多讲汉学，不知汉律为汉学中一大部分，读律而不通汉律，是数典而忘祖，因著《汉律辑存》”。此外薛允升还著《汉律决事比》四卷。沈家本在其《汉律摭遗》自序中说：“同治、光绪之间，长安薛大司寇曾纂《汉律辑存》一书，业经写定，将付手民，庚子之变，为某舍人所得，匿不肯出，百计图之，竟未珠还，良可惋惜。”[①]很可能，沈家本参考了《汉律辑存》。

薛允升认为“汉律经六朝北魏改革失真，主唐两次修正，始复其旧，明律虽本於唐，其中多参用金辽酷刑，又经明太祖修改，已非唐律真面目，因纠其缪戾，著《唐明律合编》”。《唐明律合编》四十卷，是一部对唐律、明律进行比较研究的力作，具有很高的学术价值，是研究传统律学和中国法律史的重要参考和必备书。

薛允升认为“刑律所以补助礼教之穷，礼为刑之本，而服制尤为礼之纲目，未有服制不明而用刑能允当者”。在欧风东扇之际，薛允升“逆料后来新学变法，必将舍礼教而定刑法，故预著《服制备考》一书以备后世修复礼教之根据，庶国粹不终于湮殁矣”。《服制备考》稿本四卷，传统法律对某些罪名的成立及罪行的轻重都要以服制亲疏为依据，服制与传统法律密不可分，薛允升在长期司法实践中对服制有独到精深的见解。

薛允升认为“用法须得法外意，律少例多，有例不得引律，明例八百余条，今增至二千余，非出一人，不能划一，引比愈宜详慎，乃官书律例

---

①《历代刑法考》，第2230页。

外，著作家绝少专书，复删辑平时笔记，著《读例存疑》"，后此书稿经刑部进呈刊行，"识者推为空前绝后之作"。《读例存疑》共五十四卷，"以《大清律例》为主，而备述古今沿革，上溯经义，下逮有明，比其世轻世重之迹，求其所以然之故，而详著其得失，以为后来因革之准"。这是第一部"例学"著作，民国时期许世英称为《法律全书》，"是当时被认为最完整的唯一经典，只要熟读这部书，便可以成为法学权威了"。① 薛允升在这部呕心沥血之作中对清代累修的条例有精深的研究，指出了当时律与例之间、例与例之间的矛盾，并提出了详尽的修改意见。其立法建议，在清末修订《现行刑律》时多被采纳，曾参与修订《大清现行刑律》的董康说："《现行刑律》大致采长安薛允升《读律（例）存疑》之说。"沈家本在《故杀胞弟二命现行例部院解释不同说》："原任刑部尚书薛允升，近世号称专精刑律者，其所著《读例存疑》一书，於此条颇有微词。大致谓，争夺财产、官职谋杀弟侄分别年岁问拟斩绞办理，尚无歧误。至'仇隙不睦'一层，是否专指胞弟及胞侄之年未及岁者而言，碍难悬拟。盖非素有嫌隙，决不致蓄谋致死。……上年法律馆修改现行刑律，於《读例存疑》之说，采取独多。"因此华友根认为《读例存疑》为中国近代修订新律的先导。美国学者 D. 布迪和 C. 莫里斯也予以高度评价："如果没有这部著作，我们几乎无法精确了解清律编例的变化过程，也无法知道增修、删除及修改各条例的准确日期。"②

沈家本作为后学，对薛允升的学术成就多次予以推许，并在其学术著作屡屡引用。如沈氏在为薛允升的《读例存疑》作序时说："国朝之讲求律学者，惟乾隆间海丰吴紫峰中丞坛《通考》一书，於例文之增删修改，甄核精详。其书迄於乾隆四十四年。自是以后，未有留心斯事者。长安薛云

① 《许世英回忆录》，转引自巩涛（Jérôme BOURGON）：《西方法律引进之前的中国法学》，林惠娥泽，载《法国汉学》丛书编辑委员会编：《法国汉学》第 8 辑教育专号，中华书局 2003 年版。

② ［美］布迪、C. 莫里斯：《中华帝国的法律》，朱勇译，江苏人民出版社 2003 年版，第 68 页。

阶大司寇，自官西曹，即研精律学，於历代之沿革，穷源竟委，观其会通，凡今律、今例之可疑者，逐条为之考论，其彼此抵捂及先后歧异者，言之尤详，积成巨册百余。家本尝与编纂之役，爬罗剔抉，参订再三。司寇复以卷帙繁重，手自芟削，勒成定本，编为《汉律辑存》、《唐明律合编》、《读例存疑》、《服制备考》各若干卷，洵律学之大成而读律者之圭臬也。”

赵舒翘在长期的司法实践中，多所纂定律例，“其议服制及妇女离异诸条，能傅古义，为时所诵”。对传统律学有精深的研究，主要著作《提牢备考》，系赵舒翘“任提牢厅时辑”，内容“皆足为后世法。”内容包括对狱吏的管理、对狱囚的管理、对监狱设施及监管安全等方面的管理，被视为“中国第一部监狱学著作”[①]。《慎斋文集》，原名《映沣山房文集》十四卷，由眉县王仙洲先生编订。后改名《慎斋文集》十卷，长安沈幼如先生校字，民国十三年西山书局印刷。《慎斋别集》四卷，由《映沣山房文集》十四卷分出。眉县王仙洲先生编订，长安沈幼如先生校字，民国十三年西山书局印刷。《象刑录》。《慎斋别集》卷一中载有《象刑录序》：“《周易》六十四卦，爻象繁赜，冒尽天下情伪，未易遽晓。惟大象，则专以人事言天德王道，靡不赅备。……余供职西曹，自愧庸愚，恐负厥职，公暇读书於古人有关刑政之嘉言懿行以及现行例案有资出治者，遇事札记，苦无端绪，因取卦象分门，聊便聚学，非敢间世也。《书》曰：‘象以典刑’，又曰：‘象刑惟名’，虽非卦象之象，而象义实在其中，故藉以明是帙云。”

吉同钧于清末修订《大清现行刑律》五位总纂官中名列首位。沈家本、伍廷芳奏请设法律学堂，科目特设《大清律例》，即请吉同钧主讲《大清律例讲义》，所编讲义集成六册，由后法部核定出版，沈家本为之作

① 何勤华在《中国第一部监狱学著作——赵舒翘〈提牢备考〉评述》一文中认为该书“收集整理清王朝建政以来有关监狱管理的条例、章程以及重要狱务的处理方法等编纂而成的一部著作，是中国历史上第一部关于监狱学的专著，也是明清律学的重要作品之一”。载《法学》1999年第7期。

序，弁诸卷首："韩城吉石生郎中同钧，於《大清律例》一书，讲之有素，考订乎沿革，推阐乎义例，其同异重轻之繁而难纪者，又尝参稽而明辨之，博综而审定之，余心折之久矣。"沈家本又说："其於沿革之源流，义例之本末，同异之比较，重轻之等差，悉本其所学引伸而发明之，辞无弗达，义无弗宣，洵足启法家之秘钥而为初学者之津梁矣。"沈家本认为清末修律，如"不深究夫中律之本原而考其得失，而遽以西法杂糅之，正如枘凿之不相入，安望其会通哉？"

吉同钧对传统法律仍有非常深的感情，思想趋于保守，他说："夫大清律者非自大清起也，损益乎汉、唐、宋、明之成法，荟萃乎六经四子之精义，根极乎天理民彝，深合乎民情士俗，所谓循之则治，离之则乱也。"对于仿行新法，他说："自上年变法令下，仿泰西之皮毛，舍本来之面目，初改清律为现行律，继又改现行律为新刑律，表面虽看似新奇，而内容实为腐败。"其主要著作有：《大清律例讲义》有宣统二年法部核定本；《审判要略》，总结古代刑官问案技巧，有宣统二年法部核定本；《乐素堂文集》，一九三三年刻本。

五、"陕派律学"的司法实践

在司法审判过程中，对一个案件从研审直到最后做出判决，与每个司法审判官员的律学知识、对律例的理解和办案经验都有极大的关系。"陕派律学"的代表人物皆供职于刑部，熟读律例，从事司法审判，在对疑难重大刑狱的审判上往往有不俗的表现。

薛允升由于长期"观政刑曹，以刑名关民命，穷年讨测律例"，故而对律例的理解和运用达到了炉火纯青的地步，"凡所定谳，案法随科，人莫能增损一字"。因此受到刑部长官信任和重用，一有大狱辄以相嘱。薛允升在审案过程中，面对罪犯"如与家人语，务使隐情毕达，枉则为之平反”。[1]孙家鼐在其给薛允升的《墓志铭》中也说：“其鞫狱恒至夜分，一灯荧荧，胥役或倦引去。公平心静气，无疾言厉色，与囚絮絮对语，囚忘公为官，公亦若忘其与囚语也。故凡讼为公所鞫，无不输其情，虽死且德公。而公重民命，有疑狱必万分审慎，得其冤必力为平反，虽触权威忌不恤也。”

他一生审理了许多大案，在审理太监李苌材一案中，表现出了秉公执法、不畏权势的优秀品质，坚决顶住来自慈禧及李莲英等的压力，将罪犯正法。光绪二十二年，太监李苌材、张受山等肆无忌惮，竟敢于辇毂之下，纠众在庆和戏院寻衅，并拒捕杀人。薛允升“时为尚书，以此案关系重大，若非严加惩办，消涓不灭，将成江河”，因此薛允升“拟援光棍例治之，而总管太监李莲英为乞恩，太后以例有‘伤人致死、按律问拟’一语，敕再议”。薛允升顶住压力，上疏抗辩：“李苌材等一案，既非谋故斗杀，不得援此语为符合。且我朝家法严，宦寺倍治罪。此次从严惩治，不能仰体哀矜之意，已愧于心；倘复迁就定谳，并置初奉谕旨於不顾，则负疚益深。夫立法本以惩恶，而法外亦可施仁。皇上果欲肃清辇毂，裁抑阉宦，则仍依原奏办理。若以为过严，或诛首而宥从，自在皇上权衡至当，非臣等所敢定拟也。”疏上，仍敕部议罪。其时李莲英遍嘱权要请求末减，薛允升不为所动，再次上疏：“臣等为执法之吏，不敢擅自从轻，皇上施法外之仁，原可量为末减。初奉谕旨，一发而不可收。原定罪名，一成而不可变。从犯或可稍宽，首恶断不可纵。”奏请将张受山立即处斩，至于李苌材伤人未死，量减为斩监侯。正因为这一案，薛允升遭受到李莲英等权监的打击报复，后被降职为为宗人府丞。

在薛允升一生中，审理过许多的大案要案，其中就有清末三大案之一的“南京三牌楼杀人案”，《清稗类钞》有概要介绍：“光绪辛巳，沈文肃公

---

①《清史稿·薛允升传》。

葆桢督两江，江宁有三牌楼（在仪凤门内）命案，轻率定谳，枉杀无辜，世多冤之。时陈伯潜阁学宝琛方为翰林院侍讲学士，以参将胡金传承缉谋杀朱彪之命盗，妄拿教供，刑逼定案，业将曲学如、僧绍宗处决。虽已由继任总督刘忠诚公坤一另获凶犯周步畛、沈鲍洪供认杀彪，并讯出金传嚇贿眼线教串各节，旋奉旨令忠诚严行刑讯，以成信谳，即疑窦孔多，犹待澈究，遂具疏以上闻。”

此案真相，实为步畛挟仇起意杀彪，商同鲍洪潜携篾刀遇彪，以纠邀行窃为名，至三牌楼竹园旁，将彪砍毙，三人同逃，固未移尸，嗣经地保报县验详。文肃遂饬会办营务处洪汝奎悬赏购线，并派金传密访。盖金传时为缉捕委员也，先后拿获学如、绍宗及张克友三人，并贿教方小庚作证，金传与间官候补县严堃同讯，喝令用刑，威逼成招。初供杀死谢某，旋供为薛泳全，继复称为薛春芳。金传辗转诱令改供，汝奎於覆审后，以案情重大，禀请派员覆讯。文肃以为此乃会匪之自相残杀也，即批饬将学如、绍宗正法。及辛巳拿获窃犯李大凤，供出步畛、鲍洪杀彪，与办结前案地方时日相符。当将步畛、鲍洪讯供，不稍讳。

麟书、薛允升前往查办，反覆推勘，步畛、鲍洪均各供认商同杀彪不讳，金传亦以刑讯教供各情，据实供吐，小庚、克友等俱各吻合，於是步畛、金传皆论斩，鲍洪论绞，汝奎、堃均革职，发往军台效力赎罪，文肃以已薨免议。

其时，薛允升虽为刑部侍郎，但此案实际上由薛允升主持审理，遂为定谳。按清制，“管部及尚书、侍郎，皆各部之堂官也。……凡指麾一切者，谓之当家，部事向皆满尚书当家，汉尚书伴食而已。四侍郎则更不事事，有半月不入署者。……然亦有以侍郎当家者，赵舒翘、沈家本之在刑部，皆以深明旧律，为尚书所不及，实权乃渐集於侍郎。盖因其人而生权力也”。[1]

清末，“不肖州县玩视民命，多尔草率从事。该管上司不肯认真详细推勘，非巧为弥缝，即多方掩饰。其能平反更正者，百无一二。而固执原拟者，则比比皆是。推原其故，总由各该督抚徇庇属员，回护原审。其尤甚者，明知案情实有冤抑，即据实更正处分，亦轻以为与全省局面有碍，终不肯自认错误。积习相沿，牢不可破。即如河南镇平县王树汶呼冤一案，始而迭经御史参奏，该省仍敢饰词入奏，入人死罪。继而奉特旨提交臣部审办，该前抚李鹤年犹复强词，哓哓置辩，希图摇惑众听，颠倒是非，在已发觉者平反尚如此其难，其余未经发觉者更必任意消弭，安望其自行更正耶”。这是所谓的“豫案”，清末三大案之一，震动朝野。“豫案”即由赵舒翘审理。

《清稗类钞》中“王树汶为顶凶案”条对此案的审理过程有较详细的记载：

王树汶，邓州人，幼以被掠为镇平盗魁胡体安执爨役，体安，镇平胥也。河南多盗，州县故广置胥役以捕盗，有多至数千人者，实则大盗即窟穴其中，时遣其徒党出劫，捕之急，即贿买贫民为顶凶以销案。体安尤凶猾，一日，使其徒劫某邑巨室，巨室廉知体安所为，乃上控。时涂制军宗瀛方抚汴，檄所司名捕之。镇平令捕体安急，则贿役，以树汶伪为之，俾役执之去。树汶初不承，役以非刑酷之，且谓即定案必不死，始诺。树汶年十五，尪羸弱小，人固知其非真盗也。县令马翥闻体安就获，狂喜，不暇审真伪，遽禀大府，草草定案。

既定谳，当树汶大辟，时体安已更姓名，充他邑总胥矣，树汶未知也。刑之日，树汶始知之，呼曰：“我邓州王树汶，非胡体安，若辈许我不死，今乃戮我乎！”监斩官白宗瀛，大骇，命停刑，下所司覆鞫，卒未得

---

[1]《清稗类钞》，第1313页。

要领。树汶自言父名季福，居邓州，业农，乃檄邓州牧朱杏簪刺史光第逮季福为验，未至而宗瀛督两湖去。继任者为河督李鹤年。开归陈许道任愷者，先守南阳，尝谳是狱，又与鹤年有连，於是飞羽书，阻光第，令毋逮季福，且百端诱怵之。光第不为动，慨然曰："民命至重，吾安能顾惜此官以陷无辜耶！"竟以季福上，则树汶果其子，愷乃大慼，鹤年以袒恺故，持初谳益坚，豫人之官科道者，遂交章论是狱。

鹤年恚言路之持之急也，遂力反宗瀛前议，而益傅会律文，谓树汶虽非体安，亦从盗，在律盗不分首从，皆立斩，原谳者无罪。然树汶初止为体安司炊，亦有谓其为娈童者，而实非盗，谳者必欲坐以把风接赃之律，树汶至是遂为正凶。而官吏之误捕，体安之在逃，悉置不问。谏臣益大哗，劾鹤年庇恺，於是朝廷有派河督梅启照覆讯之命。河工诸僚佐，率鹤年故吏，不敢违鹤年旨，启照亦不欲显树同异，竟以树汶为从盗，当立斩。狱成，言者争益力。

时潘文勤公方长秋官，廉知其概，提部研鞫，而赵舒翘方以郎中总办秋审，因以是狱属之。阅数月，乃得实，将上奏矣，而鹤年使故为文勤门生之某道员入都游说，文勤入其说，遽中变。舒翘方力争，文勤忽以父丧去官，南皮张文达公之万继其任，文勤亦知为某道员所卖，贻书文达，亟自引咎。疏上，奉旨释树汶归，戍翥及知府马承脩极边，鹤年启照及臬司以下并承审各官皆降革有差。①

在审理此案的过程中，案情几度出现反复，时任刑部尚书的潘祖荫曾"力主提案至京，委赵（舒翘）主其事"，但后来又听信李鹤年门生之言，"欲寝其事弗究，而仍依汴中原谳定案"。赵舒翘表现出了法官应有的"公正无私"的素质，他极力争辩主持公道，文献记载：当时"赵（舒翘）持稿，上堂力争，声色俱厉。文勤（潘祖荫）不能堪，然心亦知赵所

①《清稗类钞》，第1133页。

持正，顾未欲於众司官前显示诎伏。方犹豫，赵遽拂衣出，归家缮呈，乞开缺回籍修墓，拟异日入署呈递，而文勤以是夕丁外艰矣。继任者为南皮张文达公之万，文勤於倚庐中手书致文达，略谓‘赵司官学问才品皆不居第二流，荫於五年中超擢其人，由管股至律例馆提调。前日之事，曲实在荫。丈既接任秋卿，乞仍照赵君所谳定稿。赵君刚烈过人，尤望吾君曲意保全之也。’时赵去志已决，文达以文勤手书示之，始已。是时赵名震中外，而人尤服文勤之勇于改过、笃於爱才也”。①

清末，段维审理案件，对人命案件尤为审慎，甘肃回民马化隆因起义，他的孙子“自襁褓系狱三十余年，疆吏屡请从宽发落，格于部议。维引经援律，具说帖，遂邀宽典。川省强盗案首从三十余人皆拟死罪，维察其中十余人近诱胁，驳令覆审，率得减等”。

六、研究“陕派律学”的意义

“陕派律学”是在中国法律古今交替的时候出现的一个律学学派，其代表人物一般都具有较高的传统文化素养，出身科举，且有长期的司法实践经验和精湛的传统律学知识，既有“理论”又有“经验”，总之，“陕派律学”是一笔宝贵的传统法律文化资源，有待于我们去发掘研究。目前，学术界既没有对“陕派律学”给予足够的重视，也没有进行系统的研究，最多只是对其中的某个人物或是在学术著作中对“陕派律学”略有涉及。因此，研究“陕派律学”时不我待，刻不容缓，并且有重大的学术意义。俞江在《倾听保守者的声音》一文中着重介绍了吉同钧及其学术成就，他说:“没有参照系，连经验积累也不系统；没有思想渊源，连方法论传统也被丢弃，法律和法学在虚假繁荣里高歌猛进。”② 我们认为，研究“陕派律

① 《清稗类钞》，第 1441 页。

② 俞江:《倾听保守者的声音》，载《读书》2002 年第 4 期。

学”有以下学术价值：

首先，“陕派律学”对传统法律做了一个完美的总结。其所取得的传统律学成就无疑是相当高超的，代表着几千年传统律学的最高水平。因此研究“陕派律学”对了解传统法律有着非常重要的意义。

其次，“陕派律学”的代表人物在晚清已提出了一些法律改革的建议，如吉同钧《上修律大臣酌除重法说帖》，比沈家本著名的《删除律例内重法折》还要早，其他如薛允升、赵舒翘等也都曾上过诸如此类建议改进法律制度的奏折，研究这些资料无疑对了解清代法律存在的问题、清末法律改革的历史背景以及清末修律的内容有重要的学术价值。沈家本所说：“不深究夫中律之本原而考其得失，而遽以西法杂糅之，正如枘凿之不相入”，因此他们的改革建议虽不出传统法律文化的樊篱，但却是针对清代法律实施过程中存在的一些实际问题而提出的，这些正是中国法律近代化的基础。

再次，“陕派律学”的代表人物薛允升、赵舒翘在晚清变法修律活动以前已经去世，但吉同钧等人不但亲自编纂《大清现行刑律》，而且在《大清新刑律》出台后，对修律的工作不断地予以关注和评论，他对《大清新刑律》发表了这样的看法：“新订之律，表面仅四百余条，初阅似觉简捷，而不知一条之中，实孕含数条或数十条，将来判决成例，仍当取现行律之一千余条，而一一分寄与各条之内，不过体裁名词稍有不同耳。”清末变法，虽然吉同钧思想保守，研究“陕派律学”可以了解到传统法律与现代法律之间如何冲突，又如何进行调整并整合的，也可以了解传统的法律人如何面对几千年以来首次出现的法律大变局，这样可以使我们能对中国法律的近代化有进一步的认识，对今天的法律改革也能提供有益的借鉴。

复次，“陕派律学”的代表人物在长期的司法审判历史中，一般都表现出了“公正”“抗直”、敢于任事等法官应具备的良好素质，能够严格执法，不畏权势。如薛允升宁肯丢官，也不惜将太监李苌材等绳之以法；如赵舒翘在司法审判中，一丝不苟，认真负责，“与其错杀不辜，宁失不经”，终使王树汶临刑呼冤一案水落石出，将庇护地方、草菅人命的河南巡抚等一干官员参劾夺职。研究“陕派律学”中这些刚直不阿的代表人物，继承和发扬传统法律文化中的精华，无疑对构建我们今天的法治文明不无裨益。

最后，“陕派律学”除了薛允升、赵舒翘在清末去世以外，吉同均、张麟阁等一直生活到民国时期，他们的著作一般在民国时期都刊刻印行，但以后就默默无闻，似乎被人们遗忘了。我们今天研究“陕派律学”，除了回顾中国法律近百年走过的这段曲折历史，汲取历史的经验与智慧以外，还可以重新评估陕西人对中国传统法律的继承和发展，对中国法律近代化所做的准备与贡献，振奋我们的学术信心，使陕西乃至西北的法学研究和法律教育在今天取得更大的发展。

七、“陕派律学”研究的难点

研究“陕派律学”首先遇到的难题是史料问题。关于史料的收集，特别是有关近代历史人物史料的收集，有其特殊性。梁启超在《中国历史研究法补编》分论一《人的专史》第二章《人的专史的对相》中指出：“研究近代的历史人物，我们很感苦痛，本来应该多知道一点，而资料反而异常缺乏。我们应该尽我们的力量，搜集资料，作一篇，算一篇。尤其是最近的人，一经死去，盖棺定论，应有好传述其生平。……此时不作，将来更感困难。此时作，虽不免杂点偏见，然多少尚有真实资料可凭。此时不作，往后连这一点资料都没有了。”①

徐一士在《一士谭荟》中也讲：“史料为治史者所注重，近代史料为

① 梁启超：《中国历史研究法》，东方出版社 1996 年版，第 206 页。

时未远，关系尤切，更应特加之［注］意。从事收集保存，以供镜览，而资史家之要删。乃往往徒知古昔史料之可贵，于近者则忽之。或知其足重矣，而以为得之可不甚废力，未若古昔史料之难以发见，因之不肯亟亟访求，孜孜辑录，不知斯固有稍纵即逝者，久且放失淹没，不易复睹。盖史料缘是而沈冥不彰者甚伙，可喟也。……此种感觉，当不仅梁氏一人为然，其过要在从事搜集之不早耳。”①

徐一士熟悉近代掌故，长期从事近代历史资料的搜集整理与研究，他是有感而发。为了不使“陕派律学”的资料“放失淹没”，为后人不易复睹，因此，本书将对“陕派律学”的史料“亟亟访求，孜孜辑录”。

① 徐一士:《一士谭荟》，中华书局 2007 年版，第 211 页。

二、系 年 考 证

1820年，嘉庆二十五年，庚辰

薛允升

十月初一日亥时，薛允升出生于陕西省长安县马务村。

孙家鼐《墓志铭》载："公生于嘉庆庚辰十月初一日亥时。"

姚永朴作《光禄大夫刑部尚书薛公状》："曾祖腾彦，祖生苌，父丰泰，县学生，候选按察司照磨，三世皆累增光禄大夫。公讳允升，字克猷，号云阶，世居陕西长安县沣水西之马务村。"

《诰授光禄大夫刑部尚书云阶府君行述》云："府君姓薛，讳允升，字克猷，号云阶，世居长安沣水西之马务村。先高王父讳腾彦，妣氏康、氏赵、氏刘；先曾王父讳生苌，妣氏张、氏杨、氏王；先大父讳丰泰，庠生，候选按察使照磨，妣氏姚、氏姚。以府君贵，三代累封光禄大夫，妣皆一品夫人。父昆弟四人：先大伯父讳允炳，早殇；先二伯父讳允恭，增生；先叔父讳允中，庠生。"

是年七月，嘉庆帝驾崩。八月，皇二子旻宁嗣，明年改元道光。

1822 年，道光二年，壬午

薛允升三岁。

是年二月，英国护货兵船水手违禁上岸，与本地人殴斗，互有伤亡，广东督抚令其交出凶手，初事延宕，后乃潜逃，命告英王查凶押送，并严谕兵官遵守禁令。

《清史稿》王鼎本传载:“道光二年，河南仪工奏销不实，解巡抚姚祖同任，命鼎偕侍郎玉麟往按，暂署巡抚。疏陈:‘仪工用款至办奏销，与部例成规不符。乃以历办物料、土方价值，合之豫省成规，互相增减，于稭料、引河等款增销一百三十万，夫工、麻斤各款减销一百三十万，虽有通融，银数仍归实用。惟八子钱一款，以银易钱，多于旧价，每两提八十文充入经费，而于各员应缴之银，一并扣算，实违定制。’疏入，命核实报销，而薄谴祖同。是年，擢左都御史，父忧归。”

《咸宁长安两县续志》载：张述燕“年六十一，以道光二年卒”。

《续陕西通志稿》云：王治“道光壬午成进士，改庶吉士，授刑部主事，历充河南司主稿、秋审处坐办、顺天乡试同考官、江西副考官，升员外郎，迁御史，擢四川叙州知府，调成都授建昌道，三巡莪边，查阅营伍患，骺疾乞归，主讲关中书院。以劝捐助饷加盐巡使衔。回乱作，陷北城，火其家，时治徙南城，同邑令筹防，守贼日夜围扑，卒无恙。竟以劳卒，赠太仆寺卿衔，荫一子入监读书，期满以州判候选。治官刑部日，多所平反，谳狱必得其情衡。文尚典雅，沈实所得，多知名士。告归后，闭门理旧学，古近骈体文，浸浸入古。尤工书法，一笔不苟，得之者珍若拱璧，著有《紫丁香斋诗课》《木兰斋诗赋钞》，官蜀时著《四厅记程》”。

1825 年，道光五年，乙酉

《清史稿》王鼎本传载：“五年，服阕，以一品衔署户部侍郎，授军机大臣。”

《清史稿》云：“浙江德清徐倪氏因奸谋毙徐蔡氏狱三年不决，按察使王维询因自尽，巡抚程含章与按察使祁埙鞫之，甫得情而犯妇在监自缢。宣宗特命鼎典乡试，就治其狱，廉得徐故富家，以狱破其产，官吏多受赇，勾结朦庇，致狱情诪幻。悉发其覆，置之法，浙人称颂焉。”

1827 年，道光七年，丁亥

张澧中，充律例馆提调。

1828 年，道光八年，戊子

张澧中题升刑部员外郎。

张叙中举。张叙，字谨斋，合阳人。

1829 年，道光九年，己丑

张澧中升本部郎中。

是年，以洋钱充斥黄河以南各省，鸦片走私日盛，致白银外流，银价日涨，多属英吉利前来贸易所致，命妥筹截来路、禁外销办法。

1831 年，道光十一年，辛卯

柏子俊生。名景伟，号沣西，世居长安冯籍村，咸丰乙卯举人，为赵舒翘表叔。

赵舒翘作《柏子俊先生墓表》："负质魁硕，睿智过人，凡时流末艺，一见即晓其门径，而先生皆不屑屑。惟目睹时艰，日探究经济实学，欲以经营天下、上抒君父忧为志，及所遭不偶，乃以立教终老。"（《慎斋别集》）

张澧中京察一等，记名以道府用。

是年五月，令广东查核鸦片走私情形。六月，禁云南种罂粟。

1832 年，道光十二年，壬辰

王鼎管刑部事。冯桂芬作《东阁大学士文恪公墓志铭》："管刑部最久，总览巨细，阅常牍必竟，多所平反。"地方上官吏有疑案不能解决，他总被派去主持审断，"先后历九省，谳狱三十余，多得其实，有所弹劾，虽大吏无少瞻徇"。

张澧中用为直隶大顺广道。

雷榜荣出生。《续修陕西通志稿》云："字瀛仙，朝邑人（今大荔县两宜镇大夫雷村人），家贫力学，能文善书。"

1835 年，道光十五年，乙未

张叙中进士，分刑部主事，总办秋审处。尝谓刑名生死所关，任己情者妄，挟成见者拘，即"救生不救死"之说，仍未平允，以故谳狱起稿，每以情律争于上官，虽激其怒不顾也。

是年三月，广东定防范洋人贸易章程八条。八月，英吉利船至山东刘公岛，严禁入口，旋去。

1840年，道光二十年，庚子

薛允升二十一岁，中举。

姚永朴作《光禄大夫刑部尚书薛公状》：薛允升“少有节概，道光二十年举于乡，以母姚太夫人年高，数科不应礼部试”。

薛浚作《诰授光禄大夫刑部尚书云阶府君行述》：“府君幼嗜学，入庠食饩，甫冠，登道光庚子贤书，寻丁先大父忧，又因先大母年高，数科不赴礼部试。”

沈家本出生。字子惇，浙江归安人。少读书，好深湛之思，于周官多创获。初援例以郎中分刑部，博稽掌故，多所纂述。本生父沈丙莹，字晶如，号菁士，道光壬辰科举人，己巳恩科进士，世居湖州。

是年，**张澧中**授云南巡抚。

1841年，道光二十一年，辛丑

张承谏中进士，签分刑部云南司行走。八月，告假回籍。

张承谏，字直庭，三原人，性至孝，继母谮其妻于父，父不悦，遂出妻。中道光辛丑进士，授刑部主事，升员外郎，事长官不阿。长官仆恃势无礼，辄笞之。以御史记名，简广东肇庆府，署肇罗道，口匪入境，大吏不肯出兵，承谏愤激，募勇拒贼。贼却走，穷追之，贼援大至，承谏血战，自卯至午，身受八创，力竭死之。

沈家本作《律例根源跋》：“道光中，三原张主事承谏官刑部，匄合同志，仿聚珍板印行四十五部。经始于丙［戊］年八月，毕工于丁未六月。

襄事者为临潼吕绣峰震川、三原张松坪长龄，而总司校订者则何愿船年丈秋涛也。承谏有跋记其事。”①

1842年，道光二十二年，壬寅

王鼎向道光帝面奏反对与英国议和，力保林则徐可用。他激动地拉着道光帝的衣襟慷慨陈词道：“皇上不杀琦善无以对天下，老臣知而不言，无以对先皇帝。”但道光帝已决定向英国侵略者求和，早在这以前就已起用投降派伊里布，并任命耆英为署杭州将军前往浙江，准备与英国进行和谈活动，因而对王鼎的意见不加理会。四月三十日，王鼎悬梁自缢，以身殉国，他留下遗折数千言，“具论和议大非至计”，请求“罪大帅，责枢臣”，“劾大学士穆彰阿误国”，企图以死来感动和唤醒道光帝，纠正其错误的对外方针。林则徐在西戍中得悉王鼎死讯时无任悲愤，特写下《哭故相王文恪公》：“伤心知己千行泪，洒向平沙大幕风”，“廿载枢机赞画深，独悲时事涕难禁”。

《庸庵笔记》云：“道光中，林文忠公（则徐）以钦差大臣驰赴广东查禁鸦片烟，与英吉利兵船相持海上，宣庙倚任甚至。既而中变，命大学士直隶总督琦善驰往查办，严劾林公，革职遣戍新疆，尽撤守备，与英吉利讲和。于是舆论哗然，皆骂琦善之误国及宰相穆彰阿之妨贤，而惜林公之不用也。其后河决祥符，上命大学士蒲城王文恪公（鼎）临塞决口，亦命林公赴工效力。蒲城一见林公，倾诚结纳，且言还朝必力荐之。及大工合龙，朝命林公仍往新疆。蒲城还朝，力荐林公之贤，上不听。是时，蒲城与穆相同为军机大臣，每相见，辄厉声诟骂，穆相笑而避之。或两人同时召见，复于上前盛气诘责之，斥为秦桧、严嵩，穆相默然不与辩。上笑视蒲城曰：‘卿醉矣？’命太监扶之出。明日，复廷诤甚苦，上怒，拂衣而

①《历代刑法考》（第4册）《寄簃文存》。

起，蒲城牵裾，终不获伸其说。归而欲仿史鱼尸谏之义，其夕自缢薨。是时，新城陈孚恩为军机章京，性机警，最为穆相所宠任。方早朝，军机大臣惟蒲城不到，孚恩心知其故，乃驾而出，急诣蒲城之宅。其家方抢攘无措，尸犹未解下。盖凡大臣自缢，例必奏闻验视，然后敢解也。孚恩至，命其家人急解之，检衣带中得其遗疏，大旨皆劾穆相而荐林公也。孚恩谓公子编修某曰：'上方怒甚，不愿再闻此言。若奏之，则尊公恤典必不可得，而子亦终身废弃。子而犹欲仕于朝也，不如屏此疏勿奏，且可为尊公邀优旨，子其图之。'会张文毅公（芾）亦至，文毅故穆相最亲厚之门生，而亦蒲城同乡且门生也。相与共劝编修，编修从之。孚恩代为改草遗疏，以暴疾闻。上震悼，命成郡王奠茶酒，晋赠太保，入祀贤良祠，孙三人皆俟及岁时带领引见，饰终之礼隆焉。孚恩袖蒲城原疏以去，返至枢垣，呈穆相。穆相大喜，于是推毂孚恩，不十年，至兵部尚书、军机大臣，而张公亦于数年间由翰林跻卿贰。惟编修以不能成父志，为蒲城诸门生及陕甘同乡所鄙弃，亦自愧恨，遂终身不复出。蒲城薨未几，而林公召还，复为陕西巡抚。世俗皆言自蒲城薨后，宣庙常闻空中呼林公姓名，故不久赐还。此说虽未尽然，然亦足见人心所归仰云。"

《清史稿》本传载："鼎清操绝俗，生平不受请托，亦不请托于人。卒之日，家无余赀。"

十月，**张承谏**销假。

1843年，道光二十三年，癸卯

张沣中调任刑部右侍郎。

田我霖，号雨田，字少坪，生于河南开封府祥符县。

赵舒翘《雨田公墓志铭》载："公姓田氏，讳我霖，雨田字也。先世山西人，明中叶迁汴，遂籍香［祥］符，世有隐德，匿光韬采，至公大其门。曾祖崟，祖毓栋，父仕，字春坪，皆以公贵赠资政大夫。曾祖母牛，祖母陈，母孟，生母李，皆赠夫人。惟道光癸卯（1843 年）八月二十八日公以生，幼有至性，龀年丁父忧，恸戚逾成人，长者咸异之。”

1844 年，道光二十四年，甲辰

是年，刑部右侍郎**张澧中**为京兆试副考官，正主考为杜受田。李鸿藻为是科举人。[①]

1845 年，道光二十五年，乙巳

沈丙莹考中进士，补官刑部。

张承谏学习期满，留部作为候补主事，派云南司主稿。

1848 年，道光二十八年，戊申

赵舒翘

六月二十八日，赵舒翘生于长安县大原村。赵舒翘，字展如，号琴舫，晚年号慎斋。

赵舒翘作《陈情呈请兼祧》：“翘襁褓失怙，值门祚日衰，五代以下仅剩孤身。溯自高祖祥，生曾伯祖际云及曾祖庆云两房。曾伯祖止有伯祖元鼎一子，伯祖身故乏嗣。曾祖生翘祖元士及叔祖元法二人，祖生翘父宗谦及胞叔宗让二人，叔祖亦遗一子梦庚，于翘分属堂叔。当时翘祖以伯祖支属合族大宗，礼不可绝，即命翘父出嗣伯祖，故翘自入学至通籍，所填

① 参见《李鸿藻年谱》，中华书局 2014 年版，第 11 页。

三代皆以长房曾伯祖为曾祖，以伯祖为祖，而以本生曾祖与本生祖附注于后，此遵本生祖之遗训也。不幸本生胞叔亦早逝无子，叔母董氏时年二十一岁，即矢志守节。伏念翘遭家不造，生一岁而丧父，六岁而本生胞叔故，十二岁而丧母，十六岁而祖母与本生祖母皆故，十九岁而本生祖又见背。自时厥后，遂奉本生叔母同居，深资教育，翘事叔母如亲母，叔母亦视翘如亲子，相依为命者已二十余年矣。从前因堂叔梦庚于同治元年乱离，流落新疆，传闻在喀城娶妻生子，常望复回故里，按次承接本生宗祀，叔母董氏亦得同居之亲有所资瞻［赡］，乃自关陇肃清，翘迭次专人到塞外访觅，未得下落，仅于光绪十二年接有回信一纸，不但髫龄分散，笔迹难辨，而叙述家世一切，令人信疑相参。迄今又隔数年，音问杳然，存亡莫卜，现在叔母董氏年逾六十，渐形衰老，即使堂叔尚在，抑或遗有子息，第关塞道里迢遥，流落又届三十余年，终恐还乡无日，而叔母董氏与翘相依年久，以本生而论，义属期亲；以抚育而言，恩同母子。且翘父由次房出嗣长房，原系翘本生祖推重大宗起见，今若坐视本生曾祖与本生祖奉祀无人，非特有乖木本水源之义，又何以慰叔母四十年含冰茹蘖苦心？恭查乾隆年间钦奉特旨，准以独子兼承两房宗祧，补古礼之缺，济人道之穷，诚千古未有令典也。翘年已四十有六，子嗣尚虚，内顾单微，兢兢危栗，再四思维，惟有援照大宗兼祧小宗之例，以本生胞叔母董氏为翘兼祧嗣母，日后设遭大故，乞准予报丁解任，持服期年，稍尽区区孺忱，将来生子再行分祧两房，当此宗祀存亡绝续之交，勉为一线维持，乃私情所不容已，叔母历险阻而完节，亦得以借此长博欢心，想中堂大人体皇上推恩教孝隆规、资事作忠通义，当无不允准也。”

《慎斋年谱》叙其世系云：高祖祥，国子监生，乡饮介宾。曾祖讳际云，县学生，配曹、张氏。本生曾祖讳庆云，县学生，配柏氏。祖讳元鼎，县学生，配贾氏。本生祖讳元士，字泮浦，配吕氏。本生父讳宗谦，字德柄，配任氏。兼祧父讳宗让，字礼闲，配董氏。均以先生贵，赠封光禄大夫、一品夫人。

《赵母董太夫人慕志》载："太夫人父讳朝雍，母氏张，诰赠光禄大夫讳宗让公之妻，而前刑部尚书展如司寇之兼祧母也。幼而端静，寡言笑，年十九归于赵氏，三年而宗让公殁，太夫人痛绝，誓以身殉。当是时，尚书本生父宗谦公早卒，而母任太夫人亦病甚，本生祖元士公方在堂，乃共劝其忍死抚孤，以延宗祧。而任太夫人旋亦见背，于是，太夫人与尚书母子相依为命，食辛味苦，教以成立。"①

九月二十五日，本生父德炳卒。

《慎斋年谱》载："是年秋九月二十五日，本生父赵宗谦卒。"

九月二十四日，张成勋生于安康汉阴厅（今汉阴县涧池镇），字麟阁，号云门通。②

是年，张沣中卒于山东巡抚任上。

1849年，道光二十九年，己酉

雷榜荣由优廪生中式本省乡试举人。

张承谏派秋审处行走。

是岁，俄罗斯探险至库页岛，并勘察混同江一带。洪秀全至广西。

1850年，道光三十年，庚戌

正月，道光死，皇四子奕詝立。明年改元为成丰。六月，上帝会于广西桂平金田起义。九月，以林则徐为钦差大臣赴广西，中途死。

① 张安兴：《新征集民国〈赵母董太夫人墓志〉浅说兼谈赵舒翘其人其事》，载碑林博物馆编：《碑林集刊》（第10辑），三秦出版社2004年版。

②《汉阴县志》。参见刘勇先：《清代张成勋〈奏折抄存〉》，载《收藏》2005年第7期。

赵舒翘三岁。《慎斋年谱》载："沣浦公怜先生失怙，钟爱甚，教之识字，颖悟异常童。"

张瀛中进士，签分刑部主事。字十洲，蒲城人，由刑部主事历升员外郎、郎中，充秋审处坐办，决狱明允。改官御史，出知河南开封府，累迁河道、广东按察使、山西布政使，宽严并用，吏治肃然。

张承谏派湖广司主稿。

1853年，咸丰三年，癸丑

二月，太平军入江宁，改称天京，分兵破镇江、扬州。向荣至江宁，驻兵孝陵卫，是为江南大营。十月，借征山西、陕西、四川三省明年钱粮。

赵舒翘六岁。《慎斋年谱》载：兼祧父礼闲公卒。

是岁，灵武张煦中进士，分刑部。薛允升作《张公南浦墓志铭》："公以道光已酉拔贡举乡试，咸丰癸丑成进士，授刑部主事。"十二月，张承谏补江西司主事。

1854年，咸丰四年，甲寅

是岁，江南大营累与太平军战于天京附近，江北大营与太平军战于瓜洲一带，江苏巡抚吉尔杭阿会合法军攻小刀会于上海县城，僧格林沁围林凤祥于连镇，胜保围李开芳于高唐。

赵舒翘七岁。

《慎斋年谱》载："始从从堂祖慎修公读书，一过成诵。授以大义，亦了悟。其根器有大过人者。"

二月二十八日，吉同钧出生于陕西省韩城县城北赳赳寨子（现属盘乐村。）字石笙，晚年自署顽石山人。

《乐素堂主人自叙赋》云："寅年逢虎，卯月听莺。物当春而争盛，我应候以诞生。"自注："余以甲寅（1854 年）二月二十八日生。"吉同钧作《贡生薛汝迪七秩寿序》："韩城北关赳赳寨，寨有元武庙，《诗》曰：'赳赳武夫，公侯干城'，寨名即因此而起。寨多旧族，薛、吉两姓尤有名望。吾吉族虽代有书香，多掇科名，然境遇清贫，多为衣食奔走，宦游四方，而克享大年者寥寥。"

五月，**张承谏**升云南司员外郎。十月升河南司郎中，充秋审处坐办。十二月，充律例馆提调。

1855 年，咸丰五年，乙卯

七月，云南回民杜文秀起事。是岁，江南大营仍时与太平军战于天京郊外，并攻围镇讧，江北大营们与太平军战于瓜洲一带。

张承谏京察一等。

三月考试，汉御史记名，以御史用。四月，捐免历俸，经吏部截取引见。记名以繁缺知府用。本年四月，随侍郎和润前往盛京查办事件，差竣，于八月十一日京察，复带补行引见，记名以道府用。

1856 年，咸丰六年，丙辰

九月，亚罗船事件起，英人巴夏礼借机起衅。是岁，自江南大营溃后，清军移驻丹阳与太平军相持。江北则相持于瓜洲一带。

薛允升三十七岁。中进士，以主事签分刑部。

《履历》云："咸丰六年丙辰科进士，奉旨以主事分部学习，签分刑部行走。是年五月到部。"

姚永朴作《光禄大夫刑部尚书薛公状》："咸丰六年，太夫人促之行，遂成进士，授主事分刑部。"

《诰授光禄大夫刑部尚书云阶府君行述》云："咸丰丙辰春，先大母谕以显亲为孝，促之行，遂捷南宫，观政秋曹。"

按：状元为翁同龢。

雷榜荣中进士。奉旨以部属用，签分刑部。

五月，到部。

《续修陕西通志稿》云："授刑部主事。……后荐升郎中，总办秋审处、律例馆事务，皆有声。"

1857年，咸丰七年，丁巳

五月，石达开因疑惧私离天京，走安庆。是岁，石达开与湘军战于江西，互有得失。

沈丙莹由刑部改官都察院山西道监察御史。徐兆丰《春星草堂集·跋》云："其始官刑部也，勤于其职，遇疑狱多平反，而不自表爆以博赫赫名。"

1858年，咸丰八年，戊午

薛允升三十九岁。在刑部供职。

《清史稿》本传载："初，允升观政刑曹，以刑名关民命，穷年讨测律例，遇滞义笔诸册，久之有所得。或以律书求解，辄为开导，而其为用壹归廉平。凡所定谳，案法随科，人莫能增损一字。长官信仗之，有大狱辄以相嘱。其鞫囚如与家人语，务使隐情毕达，枉则为之平反。"

姚永朴作《光禄大夫刑部尚书薛公状》："公自入刑曹，即以刑名关民命，非他曹比，律例浩繁，不讲明切究之，何由浃熟？乃悉心钩稽，久之，触类贯通，有询者，应口诵，无疑。而其用之也，归于廉平。凡手定案牍，他人不能增损一字，长官倚重，有大狱必属之。公讯囚，如与家人语，务使隐情毕达，枉则为之平反。”

《续陕西通志稿》云：薛允升“甫任事，念刑名关人生命，非他曹比，精研律例，剖析毫芒，有心得及疑义，辄笔记之。用法廉平，所定案牍明慎周详，不能增易一字。各长官皆倚重焉，尚书桑春荣谓部中不可一日无此人。凡疑难大案及各司不能讯结者，悉属之”。

其子薛浚中举。

孙家鼐作《皇清诰授光禄大夫紫禁城骑马重赴鹿鸣筵刑部尚书云阶薛公墓志铭》：“一子浚，咸丰戊午举于乡，官内阁中书。”

十月初六日，翁同龢“谒王平轩年伯，（治，壬午庶常。）未见。平翁住北门外，北门倚峨山之麓，鸟道崎岖”。①

1859年，咸丰九年，己未

二月，以去年京师乡试舞弊，杀大学士柏葰。四月，蓝大顺、蓝二顺起事云南。五月，英、法使者北来换约，强入白河，开炮挑衅，僧格林沁御退之，交涉又起。

薛允升四十岁。

二月，薛允升丧母。

《诰授光禄大夫刑部尚书云阶府君行述》云：“己未二月正拟请假归省而凶耗至，以未获侍疾视殓，因为终身痛。”

履历：“九年三月丁母忧回籍。”

十月，雷榜荣学习期满，奏留。

---

①《翁同龢日记》（第1册），第13页。

赵舒翘十二岁。

《慎斋年谱》云："春正月二十四日，本生母任太夫人卒，兼祧母董氏抚之，至成立。"

1860年，咸丰十年，庚申

正月二十四日，刑部候补主事何秋涛辑《峨啰斯事实》八十卷进呈，赐名《朔方备乘》，并命在懋勤殿行走。七月，英法侵略军入天津，桂良等往议和约。八月，和议破裂，英法联军复进扰，咸丰帝奔热河，命恭亲王奕䜣留京与英法商谈。英法焚掠圆明园。

薛允升四十一岁。

二月二十八日，薛允升之子薛浚往见翁同龢。

《翁记》云："门生王勳、薛浚来见。薛系丙辰同年允升之子，甚英发。"①

赵舒翘十三岁。

《慎斋年谱》载："从族祖赞五公读书马务村，学业大进。"赵舒翘作《时艺论叙》："余十二三岁时，从族祖赞五夫子学作文，即以仁在堂家法口授，盖赞五夫子受业于李兆林先生煐，而兆林先生为路门高第弟子也。故余虽甫成童而遭乱离，学文日浅，尚未差谬者，实赖仁在堂批语先入为主耳。今读德舆年伯先生所集《仁在堂时艺论》，分门别类，更便初学，乃作文之宝筏也。"②

吉同钧七岁，始读书。

---

①《翁同龢日记》（第1册），第46页。

②《慎斋别集》。

1861 年，咸丰十一年，辛酉

是年七月，清文宗咸丰帝死于热河，子载淳嗣，是为穆宗毅皇帝，初拟明年改元为祺祥，嗣以肃顺等所谋失败，杀贬数人，慈安、慈禧两太后垂帘听政，明年改元同治。

薛允升四十二岁，为母服丧期满，仍到刑部任职。

《履历》云："起复后，十一年十二月到部，是月学习期满，奏留。"

赵舒翘十四岁。

《慎斋年谱》载："从赞五公读书。"

1862 年，同治元年，壬戌

是年，陈玉成命赖文光西征。三月，赖文光入陕西，与蓝二顺合。四月，赖文光合张宗禹偪西安，旋东走河南。五月，陕西同州等处回汉互斗，遂引起陕甘回民起事。六月，陕西回军攻西安。八月，胜保援西安，回军败之于华阴。十一月，胜保革职拿问，多隆阿为钦差大臣，攻同州一带回军。命甘肃通告回民勿信洗杀之谣言。

赵舒翘十五岁。

《慎斋年谱》载："夏四月，同州回作乱，[蹂]躏西安。先生奉祖父母避难扶风。贼至守陴，贼退读不辍。人曰：此何时而读书乎？先生曰：朝闻道，夕死可矣。其颠沛不废学如此。"

吉同钧九岁。

吉同钧《乐素堂主人自叙赋》云："七岁方亲书史，十岁即遭燹兵。维时犬羊蹂躏，豺虎纵横。士林失学，农亩辍耕。飞狼烟于芝镇，扬龙旐于柳营。盛都统（保）纵兵淫掠，多将军（隆阿）整旅严明。避难则东奔西窜，思家则忍泪吞声。学校丛为茂草，书斋委诸榛荆。求食则佣奴杂作，谋生则贩竖同行。”

1863年，同治二年，癸亥

四月，陕西回军据点仓头镇为多隆阿所破，东路回军势力渐衰，惟西部及甘肃多处回军甚为活动。十月，蓝大顺占盩厔。是岁，美国于上海设租界，旋与英租界合并为公共租界。

十月初八日，“御史张瀛言黄册勾到刑部拟签，于旧例不合，有旨申饬”。①

赵舒翘十六岁。

《慎斋年谱》载：先生在扶风避难，“本生祖母吕暨两庶祖母相继殂谢，时道梗，权厝攒室”。

赵舒翘作诗回忆云：“忆昔为童稚，悠悠不知愁。出入有人使，衣食心不谋。延师课诵读，携友绕郊游。自谓负不凡，一生得自由。无端狂寇起，一家四漂流。婶母同舅窜，二曲受颠忧。祖母年拱木，茂陵寄土邱。零丁我孤苦，颠怜爷白头。房屋焦土峙，田园荒草稠。亲朋无片纸，寄食受棱眸。困苦已如此，干戈尚未休。饥馑接踵至，苗稿不成秋。所愿欃枪扫，大有庆丰收。偃武修文诰，耕田凿井讴。他时毛羽满，一飞上瀛洲。”并自注：语虽俗稚，叙情尚真，存之无忘早岁苦况。

许振祎，字仙屏，江西奉新人。同治二年，成进士，授职编修，出督陕甘学政。时河州降回复叛，而西宁诸郡回、汉民亦日相仇杀，试事久停不举。振祎始按试各郡，多录降人子弟，补行八次岁科试，入学者数千人，回民大服。建味经书院于泾阳，广置书籍，以化其犷俗。又请陕、甘

① 《翁同龢日记》(第1册)，第297页。

分闱乡试，各设学政，允之。总督左宗棠以谓边氓长治久安之效，胥基于此。

1864年，同治三年，甲子

二月，多隆阿攻蓝大顺于盩厔，受伤死，其部下旋占盩厔，蓝大顺走死。五月，蓝二顺等攻西安。六月十日，天京城破，李秀成拥洪天贵福出走，八月被俘于江西石城，旋磔死。是岁，上海设立会审衙门。

赵舒翘十七岁。

《慎斋年谱》载："先生在扶风。"

吉同钧十一岁。

陕西东部战事平熄，《乐素堂主人自叙赋》云："既而兵消烽火，灶起炊烟。农回阡陌，商反市廛。捻幅聚歼于东境，回匪追逐于西边。鹿洞之讲坛骏起，鹅湖之学舍蝉联。未从师于刘向，先受业于张骞。"吉同钧仍从师，其《自叙赋》云："蒙师先从张公名罗，后从刘公名湧清。"

豫派律学代表田我霖中举。

赵舒翘《雨田公墓志铭》载："公弱不好弄，成童已溺于学，刻苦自励，未弱冠，文名藉甚，同治甲子举于乡。"

沈家本到刑部任职。

1865年，同治四年，乙丑

八月，李鸿章创办江南制造局。十一月，严禁各州县私立班馆，滥用非刑。是岁，借英款一百四十三万镑，是为外债之始。是年，陕西全境基本无战事。

李善初，华阴县增生，由二品荫生于同治四年六月引见，奉旨以主事用。

赵舒翘十八岁。

赵舒翘《醉时歌》自注："时年十八，贼退东归，室庐尽毁。侨居青门从王济臣、梁镜海二先生学。"

赵舒翘作《醉时歌》："有客漂泊茂陵隈，太息尽世小奇才。狂寇如澜无人回，他乡落日一登台。风霜兵燹交残摧，天生我材早栽培。高歌诗书且衔杯，万事浮云付劫灰。醉后豪情出尘埃，直欲骑鹤到蓬莱。此中有乐亦快哉，何须富贵逼人来。却笑阮籍气先颓，痛苦穷途徒自哀。"

浙江补行辛酉科乡试，沈家本自京赴考并中举。

1866 年，同治五年，丙寅

四月，陕西回军活动于甘肃者复回陕境，杨岳斌等尽力防堵。八月，左宗棠为陕甘总督。十月，捻军张宗禹入陕西。十一月，张宗禹偪西安。十二月，张宗禹大破刘厚基等于灞桥，围西安。

赵舒翘十九岁。

《慎斋年谱》载："春娶夫人张氏。奉本生祖沣浦公归大原村居。顷之，无疾而逝，卜葬村东柿林。时家计萧索，四年之间，四遭大故，孑身枝柱，卒无废事。"

赵舒翘作《咏梅》："不随桃李放春天，骨瘦亭亭映岭巅。和靖未曾相别去，问君底事减清妍。"

高祖培出生。字植卿，米脂县城东街人。

王之杰出生。字汉三、瀚珊，号莲溪，性狷介，不妄取予。嗜读，工诗文。咸宁人，今霸陵乡马渡王村人。

沈家本参加恩科会试，不中落榜。

1867年，同治六年，丁卯

正月，湘军刘松山入陕，张宗禹解西安围。二月，张宗禹为刘松山所败，渡渭水而北。三月，张宗禹走同州。四月，张宗禹攻西安，刘松山等拒却之，西走盩厔。七月，张宗禹败于富平，走三原。九月，张宗禹入陕北，十月破延川，又与回军合破绥德。十一月，张宗禹图援东捻军，由陕西宜川龙王辿渡河入山西。十二月，入河南。

赵舒翘二十岁。

《慎斋年谱》载："受业同里柏子俊孝廉（讳景伟，国史有传。）沣浦公暮年尝指先生语孝廉曰：此子后来读书成立，将汝是赖。孝廉亦决先生大器，接遇特优，先生德业风节得诸孝廉为多。"

《咸宁长安两县续志》云："赵舒翘，字展如，世居大袁村，家世力农，贫窭莫继饘粥。舒翘生即英挺，稍长头角森然。其时冯籍村柏景伟以名孝廉居乡教读，见而异之，召之读，不责修脯。景伟负经世才，罄授所蓄，日渐月摩，诸过客又汇而濡之，盖其为秀才时已自矫矫矣。"

胡砺峰，三原人。由附贡生遵筹饷事例捐输军饷。奉旨以郎中分部学习，并赏戴花翎。同治六年三月，签分刑部四川司行走。

段维，五月十八日生。

字冈北，一曰纲伯，号用霖，岐山凤凰村人（今岐山县凤鸣镇凤凰村）。曾祖讳廷福，妣氏郭。祖讳玉，妣氏郭，旌表节孝，入祀节义祠，载邑乘。考讳清华，妣氏罗，以君贵赠封如例。君幼慧，成童入泮，旋食饩。①

《段冈北先生年谱》云："始生之夕，先曾祖母郭太恭入梦，有物似龙

① 《续陕西通志稿》（卷二百十一），文征十一。

降庭中，醒而惊异，已而公生，时回乱方炽，弥月后，先祖母即携之避难。”

董康出生。字授经，又字绶经、授金，自署诵芬室主人。

1868年，同治七年，戊辰

二月，陕西回军沿渭水东走，偪西安。另支攻榆林等地。七月，陕西分投攻堵回军。

赵舒翘二十一岁。

《慎斋年谱》载："县试第一，受知学使仁和周伯荪先生（讳兰），补县学生，旋诣扶风奉祖母暨两庶祖柩归正丘，首祭告先墓。"

沈家本会试挑取誊录第一名。

1869年，同治八年，己巳

二月，董志原回军十八营禹得彦、白彦虎等大举攻长武等地，败走金积堡。五月，陕西回军皆入甘肃。六月，陕西办理渭北招垦。八月，太监安德海私行出京，山东巡抚丁宝桢截获，就地正法。

薛允升五十岁。

"同治八年四月，补江西司主事。"（《履历》）

"五月，因平反王宏罄一案，经本部保奏，奉旨赏四品衔。"（《履历》）

九月十九日，翁曾翰"又谒薛云阶年丈，不值"。[①]

二十日，翁曾翰"午刻访晤薛小云同年，旋至长元吴馆，同乡公请潘蔚如廉访，申刻散"。

---

①《翁曾翰日记》，凤凰出版社2014年版，第137页。

十月十五日，翁曾翰“归已向暮。遇薛小云，闻陕西试题。‘善人教民七年’二句，‘远之则有望’二句，‘人其疆土地辟’一段，‘菊为重阳冒雨开’”。①

“十一月，升安徽司员外郎。”（《履历》）

十二月十四日，“午后薛小云同年来，问寿序节略”。②

《续陕西通志稿》云：薛允升“每岁现审秋审案千百起，皆一手核定。无顷刻间，历主四川司稿、秋审处坐办、律例馆提调，由郎中加四品衔，俸满截取知府”。

《清史列传·薛允升》云：“同治八年，补主事。民人吕二落河身死，团勇王凤与王宏罄挟嫌，陷以谋害，刑逼诬服。允升为之平反，赏加四品衔。十一月，升员外郎。”

《咸宁长安两县续志》云：“同治八年吕二落水案，王宏罄被诬拟辟，允升覆讯，特雪其冤。”③

《清史稿》本传载：“始以治王宏罄狱显名。盖民有堕水死者，团防局勇已不胜榜掠，承矣；允升覆讯，事白。”

姚永朴作《光禄大夫刑部尚书薛公状》：“始以王宏馨狱得名，盖民吕二堕水死，团防局勇诬宏馨，已不胜榜掠承矣，公覆审，雪其冤。”

孙家鼐作《皇清诰授光禄大夫紫禁城骑马重赴鹿鸣筵刑部尚书云阶薛公墓志铭》：“公貌清臞，赋性温和，气宇凝重。其鞫囚恒至夜分，一镫（灯）荧荧，胥役或倦引去，公平心静气，无疾言遽色，与囚絮絮对语，囚忘公为官，公亦忘其与囚语也。故凡讼为公所鞫，无不输其情，虽死且德公，而公重民命，有疑狱必万分审慎，得其冤必力为平反，虽触权贵忌，不恤也。计在部平反案甚多，尤啧啧人口者，惟王宏馨等六七人已奏

①《翁曾翰日记》，凤凰出版社 2014 年版，第 140 页。

②《翁曾翰日记》，凤凰出版社 2014 年版，第 147 页。

③《咸宁长安两县续志》（卷十五）《薛允升列传》。

定作盗犯，不日将缳首，公覆审，雪其冤，保全多命，不致误罹重辟。”

又云：“其在司曹也，初主四川司稿，继充秋审处坐办、律例馆提调，历任堂上皆倚重之，名次在后，实即主持秋审事及部中现审案，岁不下数千百起，均归一手核定，故终岁无片刻闲，即封印后亦逐日入署，每归必携文稿一大束，灯下披阅，由是以清勤结主知，历外未久即召还部。”

赵舒翘二十二岁。

《慎斋年谱》载：“秋应乡试不售。益力学，屏绝俗累，交咸阳刘焕堂（光蕡，乙亥举人）先生，有诗云：他时若订金兰谱，特笔书君第一人。”

与咸阳刘古愚订交。《赠咸阳刘涣堂孝廉》云：“和似光风霭似春，胸怀烂漫见天真。他时若订金兰谱，特笔书君第一人。”

萧之葆九月二十七日，出生于扶风县学署。

萧之葆，三水县（今旬邑）马栏镇人，字养泉，号筱梅。其父廷彦，咸丰辛酉科举人，母萧申氏。其时，萧父任扶风训导。

《清授修职郎历任陕西扶风石泉县儒学训导梅岩萧公暨德配敕封孺人申孺人合葬墓志铭》云：

积扶舆磅礴之气，虽穷乡僻壤亦尝笃生英杰，以维世运而正人心，而况德行道艺确有本原，倘充其甄陶士类之心，出而膺扶翼斯氏［民］之任，则名山著述安知不霖雨苍生？而惜乎天不慭遗，竟速夺斯人以去。泰山颓矣，梁木坏乎？吾盖观于梅岩萧公之为人，而不禁为是邑惜，兼为公深慨也。公讳廷彦，字仲士，号梅岩，世居三水县东乡之前泥阳村。祖讳观法，字觐斋，耕读传家，绩学早逝；妣氏赵，苦节五十余年，旌表节孝。父讳进元，字魁占，持身勤俭，敬重师儒；妣氏张，以慈惠著称。有子四，公其仲也。公幼敦敏，有至性，见人不作诳语，胜衣就传［傅］，即嗜读。稍长，益勤奋苦读，精思至忘寝食，父母咸钟爱之。年十六，补博士弟子。初授徒各邻村，旋肄业本邑石门书院，师事诸老辈，与研习制艺外，务讲求根柢之学。由是文名大噪，遂食廪饩。适中州名宿郭莼香先生由进士宦海解组归，迂道至邑，谋久居。公负笈从之，游历三年，备传衣钵，顾名场颠踬，棘闱经七试，至咸丰辛酉始秋捷。当是时，赵太儒人年登八秩，合家七十口，五世同堂，家庆绵延，艳称乡里，盖亲心亦少慰矣。逾年，北上试者春官［宫］不第。比归，则陕回乱起，蔓延遍全省，历数岁不能解。公慨念时艰，灰心进取，遂援例就教职。同治丁卯，选授扶风县训导。甫到任，值戊辰奇荒，学署苦乏食，两餐均以苜蓿。公虽处厄穷，盖以清节自励。及陕乱肃清，复锐意整顿学务，其教人以躬行实践为主。朔望，礼至圣先师；春秋祭，凡牲醴豆笾，必亲自检点。考校各士子文艺，必加意批评。每岁来学者辄数十人，书声常琅琅不绝。岁终，致送修脯，则却不肯受。计官扶邑凡九年，士风为之一变。光绪乙亥，奉父忧去任，抵家治丧事，哀毁逾恒。次年，经前县令会稽沈公延主讲邑石门书院。公甫掌教，即商之沈公，于北门内高阜建魁星楼一座。又以书院膏火无出，与沈公酌商，禀请前抚宪谭公分拨叛产生熟地八百亩，按年取租，兼由藩司拨银八百两，发商生息。额设生童膏火十五名，以济寒畯，皆公力也。丁丑岁大饥，经前县令济南严公请公总赈事，凡九阅月，共捐集麦谷若干名［石］，全活饥民无算。未几又遭母丧，哀痛备至，尽礼竭诚。自丙子至甲申，前后主讲凡八年，日举经史及儒先各语录为诸生讲解，其删改课艺，手不停披，虽严寒盛暑无少间，本邑文风蒸蒸日上。继又选授石泉县儒学训导，既抵任，诸生闻公名，争来请业。讵以水土不服，患脾泄不止。至丙戌二月卒于官。呜呼！公以硕学官儒师，主讲席，无日不以作育人才为己任，向使早纡青紫，策名清时，则所谓黼黻升平者，其功业何可限量？而孰知，道与时违，徒抱此经明行修之躬而竟以青毡老也。综计公一生，其事亲以孝，其居官以廉，其处兄弟诸侄也以爱以诚，而其待亲戚乡党也则又以敬以恕。当公易箦时，犹召其嗣君至榻前，谕以“余生平未为汝等积钱，亦未为汝等造孽。好为之，须安分守己，无自甘暴弃”等语。噫！如公者，可谓有真道德、真学问矣。时当晚近，士大夫鲜崇尚气节，各乡邑搢绅中欲求一志洁行芳，足以为一邑矜式者已寥寥不数觏。乃邑有高贤，竟不获晤对同堂，亲瞻风采，仅苍茫凭吊于道山寂寞之余。世无澹台，武城减色，亦官斯土者之大不幸也，则今日余怀之枨触为何如哉？德配申孺人，为历任甘肃两当、敦煌等县知县讳典常公孙女，原任甘肃大通县知县讳清鑫公长女也。幼贞静，喜读书，长益端庄，寡言笑。年十七，归梅岩公为继室，柔顺温恭，克娴妇道。虽系出名门，而服御一如寒素，奉祖姑赵太孺人唯谨，事翁姑能得欢心。每诸娣姒中有口角，必极力为之劝解，弗令堂上知。时家众近七十口，厨中釜甑皆倍常式，孺人亲自操作，弗惮劳，有弗惜力，卒以是得痰喘疾。自孺人于归后，母家祖父母、父母均远宦，孺人睽隔昏晨，又以公功名蹭蹬，念观音大士有灵，冀邀默佑，遂长斋礼佛，每晨兴，虔诵《观世音经》若干遍，如是者十余年。及公登贤书，官扶风县训导，值回乱傲扰，孺人携子女乘间赴任，于冰天雪地中冒险首途，计心力已交瘁矣。光绪初，公奉讳解任，孺人随之归，两治舅姑之丧，尽礼无缺。生平处妯娌无纤介嫌，视诸侄如己出，教子妇宽而有法。庚辰冬，患痰喘不止，兼少时积劳过甚，触发宿疾，遂不起。盖孺人以淑慎之身，又读书明大义，故其所赞助于公者，类足与古贤媛相颉颃云。公生于道光乙酉十月初三日吉时，卒于光绪丙戌二月二十八日卯时，寿六旬有三，遗著有《见山堂记事诗草》待梓。孺人生于道光戊戌七月初一日吉时，卒于光绪庚辰十一月十四日戌时，享年四旬有三。子二：长之望，候铨典史；次之葆，增生。女三：长适从九品唐枚，次适蒲型礼，三字唐德馨。孙男一，国爵。孙女二。兹卜吉丁亥正月十八寅时，安厝公于村南郊魁占公茔次，午首子趾，与孺人之墓合窆而葬焉。次子之葆，余门下士也，持状来乞铭。余不获辞，爰撮笔合志而为之。铭曰：维公之学，以诚为干。垦彼经畬，饷兹髦彦。莱彩怡颜，兰馨视膳。黉铎爰司，士风丕变。绪衍杏坛，芬流芹畔。朝露云徂，幽光弥粲。遐哉孺人，名族之媛。德比珩璜，神劬纺爨。燕寝承欢，鸡鸣警旦。

美比鹿车，贤侔鸿案。经梵晨宣，微尘夕盥。壸范聿昭，徽音无间。皇洵萦纡，豳原汗漫。拱墓木新，封碑草蔓。丘垄偕归，冈阡永奠。万祀千秋，贞珉不断。知三水县事武威伦肇纪撰。(《栒邑县志》)

1870年，同治九年，庚午

正月，刘松山攻金积堡，受伤死。七月，左宗棠奏安插甘肃境内之陕西回民情形。八月，两江总督马新贻被刺。

薛允升五十一岁。

《履历》云："九年，京察一等，奉旨准其一等加一级。六月升广东司郎中。历充秋审处坐办、律例馆提调。"

《清史列传·薛允升》云："九年二月，京察一等，六月，补授郎中。"

《同治朝实录》云：九年二月，"复引见京察一等钤出人员。得旨：除恩霖、徐士銮、何金寿、边宝泉、解煜、钟泰、成光、杨鸿吉、钟廉、惠祥、王守基、李常华、王兆兰、英廉、塔明阿、广荫、曾椿寿、锡光、穆克登布、薛允升、董学履、裕昆、阿克达春、林凤官、清瑞、海通、玉英、王书瑞毋庸记名外，宗室岐元著以四五品京堂补用，宗室嵩溥、豫璋著以五品京堂补用，玉珩、启庄本系专用道员，著交军机处记名，仍专以道员用，庆裕、江人镜、罗嘉福、钟宝华、张丙炎、王庆祺、赵佑宸、许应骙、林天龄、常兴、宜成、邵子彝、钰坤、承勖、穆特布、成允、李衢亨、管贻萼、姚觐元、锡缜、裕长、左隽、文鲁、特克绅布、石峻、豫章、多龄、锡恩、英瑞、颜士璋、恽鸿仪、王衮、爱廉、庆锡纶、禧麟、徽奎、福裕、景云、隆光、穆缉香阿、朱澄澜、王师曾、文增、文治、董润俱著交军机处记名以道府用，文治著记名以关差道府用"。

赵舒翘二十三岁。

《慎斋年谱》载："科试一等，补廪生，学使为奉新许仙屏先生（讳振禕）。是年，张夫人卒。”

段理中举。

段理，字夔堂，与段琳（字崌生）、段莹（字焯生）为同父异母兄弟，皆有名华州，性孝友。《续修陕西通志稿》云：段理“年十二补博士弟子，为文崭崭不落恒蹊，州牧王舜臣奇之，语人曰：他日耸壑昂岩、能解吾民冤苦者，即段生也”。

是年十月，沈家本之父沈丙莹逝于湖州。

1871年，同治十年，辛未

是岁，香港上海间海底电线敷设完工。

薛允升五十二岁。

正月初四日，许庚身“出门拜客，赴叙雪堂之招，晤薛云阶、恽伯方”。①

正月二十九，“庞宝生署刑尚”。②

二月三十日，“全庆③调刑尚”。④

六月二十日，“陕西学政汪鸣銮丁内艰，放许振祎”。⑤

七月二十七日，“郑敦谨再请开缺，允之。以庞钟璐为刑部尚书”。⑥

---

①《晚清文献七种》之《许庚身春明日记》，第521页。

②《翁同龢日记》（第2册），第833页。

③ 全庆，字小汀，叶赫纳喇氏，满洲正白旗人，尚书那清安子。道光九年进士，选庶吉士，授编修，累迁侍讲。历刑部、吏部、户部、仓场侍郎。咸丰四年，擢工部尚书，兼正红旗汉军都统。七年，调兵部。十年，授内大臣，兼翰林院掌院学士。十一年，充总管内务府大臣。光绪元年，授内阁学士。复历礼部侍郎、左都御史、刑部尚书、协办大学士。五年，加太子少保。六年，拜体仁阁大学士。七年，致仕，食全俸。八年，卒，晋赠太子太保，祀贤良祠，谥文恪。

④《翁同龢日记》（第2册），第840页。

⑤《翁同龢日记》（第2册），第866页。

⑥《翁同龢日记》（第2册），第873页。

赵舒翘二十四岁。

《慎斋年谱》载:"继室吕夫人来归，六阅月卒。"

《岁暮书怀》诗云:"金缕歌残廿四秋，此身犹是酒句留。才疏难定平身事，识浅翻深万古愁。友爱黄生消鄙吝，诗吟白傅寄风流。岁寒纸帐梅花好，松竹亦嫌冷淡否?"

段维五岁。

《段冈北先生年谱》云:"初就先祖父学识字。"

谭文蔚，十二月二十二日，生于陕西省凤翔府凤翔县谭家庄。

字秀亭，号可斋，行一。曾祖讳希先，贡生。祖著，字镜轩，贡生。父耀离，字明园，贡生。胞弟文炳，字星若，郡庠生。(见《陕西乡试朱卷》光绪丁酉科，谭文炳履历)

是年，"豫派律学"代表人物田雨田中进士，历任刑部主事、员外郎及山东道、江南道监察御史等职。

赵舒翘作《雨田公墓志铭》:"辛未成进士，闻报之日潸然流涕，痛先德之不及见也。释褐刑部主事，迁员外郎、郎中，充秋审处总办、坐办，律例馆提调，每谓刑官者，于行为金，于令为秋，于气为杀，宜体仁厚之心以救肃杀之气。刑部为讼狱总汇，天下之死生系之，而悬想于千里之外，臆度于五听之余，徒据区区寸牍以为验，而此寸牍者又皆挟律以避就，舞文以弥缝者也。是即精审慎核，且惴惴以无心失之，矧出以轻心，狃于私见，草菅人命，庸以数计，故曰：天下之狱待平于刑部，至刑部而不得其平，民复何所控诉乎？又曰：求其生而不得，死者亦无憾焉！我辈当三复斯言，凡所检核厘定，斠若画一，务期明允。上官倚之如左右手，每有疑狱以属公，多所平反，考绩称最，除山东道监察御史，兼权江南道，以回避例复刑部郎中，擢鸿胪寺少卿，光禄寺少卿，通政使司参议，内阁侍读学士，太仆寺少卿，历职允称。"

沈家本为父守制停科。

1872 年，同治十一年，壬申

七月，左宗棠安插陕西回军投降者于甘肃平凉等地。十一月，岑毓英攻大理，杜文秀服毒未死，其部下解献军前被杀。是岁，第一次派三十学童赴美留学。日本宣布吞并琉球。

薛允升五十三岁。

《履历》云："十一年七月，俸满截取，奉旨记名以繁缺知府用。"

"七月，俸满截取，奉旨记名以繁缺知府用。"（《清史列传》本传）

赵舒翘二十五岁。

《慎斋年谱》载："再继室朱夫人来归。"

吉同钧十九岁，考取秀才。

《乐素堂主人自叙赋》云："书田笔耨，铁砚墨穿。学因苦得，志以穷坚。攻文则韩潮苏海，读史则盲左腐迁。理溯周程诸子，诗吟李杜百篇。试帖步趋正味，时文祖述震川。名高榜首，试列前茅。既获采芹于弱冠，并期折桂于英年。苏武看羊之岁，石笙奠雁之期。值重三之佳节，迓二八之丽姿。宜吉人之家室，壮高氏之门楣。花迎笑面，柳画细眉。"自注云："以县试第一名入泮。"又云："十九岁入泮后娶元配高氏，年方十六。"

马步瀛出生。字海峰，大荔洪善村人。

八月二十三日，"俊达放广东布政使，张瀛升广东按察使"。[①]

四月十九日，"午后进署销假，司中胡辑五已得减等，王寿山到山东司，王子范到山西司，当家者李莲舫。李砚田掌印，锡竹泉恩局又小

① 《翁曾翰日记》，第 210 页。

变矣。见全、庞[①]二堂，顺道拜客。晤王又翁、盛蓉洲、炉青、殴阳陟五”。[②]

四月二十四日，沈家本“晤田雨田、周晓峰、松生、王笏亭”。[③]

是年，**许世英**出生。

1873年，同治十二年，癸酉

正月，慈安、慈禧两太后撤帘，同治亲政。

薛允升五十四岁。

二月

“复引见京察一等圈出人员。得旨：除额图珲、刘恩溥、王之翰、孙诒经、毕保厘、尹萧怡、梅启熙、张清华、嵩溥、春岫、黄大鹤、承勖、王守基、管贻萼、王兆兰、文海、松林、李桂林、英敏、余上华、奎光、薛允升、董学履、余撰、敖册贤、玉珩、阿克达春、庆锡纶、林凤官、清瑞、英谦、佛尔恭额、玉英、王道源、毕应辰、王荣琯、毓璋毋庸记名外，宗室钟泰、奕年均著以五品京堂用，李衢亨、启庄、文治、董润本系专用道员，均著交军机处记名，仍专以道员用，恩霖、丁士彬、徐郙、徐致祥、赵曾向、董兆奎、曹秉浚、王绪曾、孙凤翔、增林、惠龄、何枢、瑞斌、廷彦、耆彬、塔明阿、王福保、广荫、曾椿寿、锡恩、多龄、锡光、国钧、吴潮、斌鉴、庄锡级、裕昆、文沛、额勒经额、禧麟、崇缮、续昌、福宽、春庆、奇臣、佘培轩、文增、均著交军机处记名以道府用，恒裕著记名心关差道府用。”(《同治朝实录》)

---

① 即全庆、庞钟璐。

②《沈家本未刻书集纂补编》(下册)《沈家本日记》，第992页。

③《沈家本未刻书集纂补编》(下册)《沈家本日记》，第992页。

七月

薛允升“授江西饶州府”。[①]

二十六日，“薛云阶放江西饶州府”。[②]

二十九日，薛云阶作《奏为恭谢天恩仰祈圣鉴事》：“本月二十七日，内阁奉上谕：江西饶州府知府员缺著薛允升补授，钦此。窃臣关中下士，知识庸愚，由进士以主事签分刑部，洊升郎中，俸满截取记名以繁缺知府用。涓埃未报，兢惕方深。兹复渥荷恩纶，补授今职，自天闻命，倍切悚惶。伏念饶州为繁要之区，知府有表率之责，如臣梼昧，惧弗克胜，惟有吁求宸训，敬谨遵循，俾到任后于一切应办事宜矢慎矢勤，以期仰答高厚鸿慈于万一。所有微臣感激下忱，谨缮折叩谢天恩，伏乞皇上圣鉴。”

二十九日，“申刻贺薛云阶，送赵朗甫，拜丁梧冈，均不值”。[③]

九月

初七日，“暮至余庆堂，直年公请薛云阶年丈允升、顾持青、吴清卿两学使、潘辛芝、彭冠卿祖寿、顾缉庭，余与徐绍圃、樊春陔拱宸（户部）丁枚卿墉（吏部）作主人，薛云翁、顾学使均辞未到，戌正散”。[④]

十二日，“过小云，知乃翁昨已赴饶州任矣”。[⑤]

姚永朴作《光禄大夫刑部尚书薛公状》：“在饶州振兴文教，乐平诸县多械斗狱，亲诣惩办，悍俗为衰。”

《诰授光禄大夫刑部尚书云阶府君行述》云：“然在饶州洁已爱民，振兴文教，乐平诸县多械斗风，亲诣惩治，绳之以法，复喻之以义，悍俗

①《清史列传》本传。

②《翁曾翰日记》，凤凰出版社 2014 年版，第 254 页。

③《翁曾翰日记》，凤凰出版社 2014 年版，第 254 页。

④《翁曾翰日记》，凤凰出版社 2014 年版，第 258 页。

⑤《翁曾翰日记》，凤凰出版社 2014 年版，第 259 页。

乃稍稍革。兵燹后，郡城衙署尽毁圮，捐俸鸠工以次修筑，乃厅廨甫落成，即迁官以去，士民攀留不得，瞻恋依依，喜其官加，又惜其去之速也！”

赵舒翘二十六岁。

中陕甘乡试第二十二名。在赴京应礼部试，途中赋诗多首。

《北上车中》云：“下帘终日坐帷车，大道风尘四面遮。手把奇书樽有酒，浑忘身已在天涯。”

《雪中过灵石坂》云：“太岳横天地，崎岖一径开。云连群壑起，雪挟乱峰来。马足冰如凿，车轮铁欲摧。下坡灵石驿，回顾尽崔嵬。”

《晓渡滹沱河吊古》云：“霜风破晓渡滹沱，冷据吟鞍发浩歌。荻渚沙围疑故垒，蒌亭址没长秋禾。龙兴白水层冰合，鹿逐中原战骨多。终古滔滔流不尽，无人识是汉山河。”

《慎斋年谱》载：“始得薛文清公《读书录》读之。先生序汪双池《读〈读书录〉》云：犹忆廿六岁时读书省垣草厂巷，六月间假得《读书录》，反覆细绎，心境和静，觉得目前帘动花开，有万物得所妙趣。”

党蒙由廪生中式本省乡试举人。

字养山，号泌亭，韩城党家村人。

张成勋二十六岁。

由增生中式本省乡试举人。

眉县王步瀛也同年中举。

吉同钧二十岁，参加乡试却落第，留省肄业关中书院。

《乐素堂主人自叙赋》云：“望棘围而应试，入槐布以求师。癸酉乡试报罢，留省肄业关中书院。久作青门之客，虚填黄绢之词。”

段维七岁。

《段冈北先生年谱》云：“从常筱轩先生天镕读书私塾。”

张瀛，二月十六日，“广东臬司张瀛请安”。[1]

1874年，同治十三年，甲戌

十二月，同治帝死，慈禧太后立醇亲王子载湉，仍由慈安、慈禧两太后垂帘听政，改明年为光绪元年。

薛允升五十五岁。

薛允升“访获鄱阳匪徒王胜扬等勾结外匪，潜谋起事，禀请正法”。（《清史列传》本传）

九月二十八日，刘坤一作《拿获鄱阳县谋逆会匪分别惩办片》：

臣先后接据饶州府知府薛允升、鄱阳县知县李寅清禀报：访闻鄱阳县属板步桥等处，有外来匪徒煽惑勾结，约期起事，当即会营督率兵役，协同绅团查拿。旋有匪党周日辉悔罪投首，自愿充当眼线，指引兵役、团勇陆续捕获首要匪犯王胜扬、周玉献、李天奇、冯相宾、段清有、陈世忠，并胁从入会之程瑞阳等，并起获尖刀、枪头、木锏等物，提集研讯。缘王胜扬、李天奇、冯相宾、段清有、陈世忠籍隶鄱阳、都昌等县，种田、手艺营生，周玉献籍隶湖北广济县，在外教打行医，彼此素识。先有湖北林姓不知名人，与王胜扬路遇，谈及招集弟兄结会，可以患难相顾，不至受人欺压。王胜扬应允，林姓随即动身，称往湖北麻城县。同治十二年十二月间，王胜扬先后邀允李天奇、周日辉，复转邀冯相宾、段清有、陈世忠，并诱胁现获之程端阳等、在逃之王金荣等一同结会。本年四月间，周玉献至王胜扬家借住教打，听从入伙，取会名为“太平天顺”，商议纠人起事，共推王胜扬为首，周玉献帮护调度，李天奇、冯相宾、段清有、陈世忠为头目。李天奇、冯相宾均允纠邀一千人，约定七月二十二日俱到

---

[1]《翁曾翰日记》，第233页。

童子渡及百罗山会齐，口传“天顺”二字，放火为号，各带短刀，并无旗帜、火器，议定纠集人多，攻得饶州，再分官职，人少，抢掠各散。正在四处勾诱，即经该即文武访闻查拿，周日辉投首作线，获犯讯供。周玉献于拿获时拒捕格伤，取供后因伤身死，该州县录供禀报。适臣抵饶查阅营伍，亲提各犯研鞫，据供前情不讳。此案该犯王胜扬与已获伤故之周玉献，纠立“天顺会”，约期起事，李天奇、冯相宾充当头目，为之辗转纠党助恶，罪大恶极，厥咎惟均，未便稍稽显戮。除周玉献业已伤故毋庸议外，臣当批饬该府县会营将王胜扬、李天奇、冯相宾三犯绑赴市曹处斩，枭首示众，以昭炯戒。段清有、李世忠两犯虽充头目，并未纠得伙党，情节稍轻，应请暂行监禁，俟续获逃犯以备质证。程端阳、胡长仂、张如老四、汪克元、苏亚喜、刘明元、江戏喜、孙威喜、汪世喜十一犯，均讯系误被诱胁，畏累入会，并未同谋为逆，均拟请枷杖发落，交房族保领，严加管束。周日辉先虽听从纠立“天顺会”，与闻逆谋，旋即悔悟投首，引导兵役、绅团捕获要犯李天奇、周玉献等送案，破散匪党，保全地方，情尚可原，应请照自首免罪律免其置议，予以自新。此案匪徒结会潜谋起事，尚在未行，即经该府县营汛防获首要惩办，地方不致受害，拿办尚属妥速，失察处分应请免议。除饬差躧缉逸犯林姓不知名人及王金荣等，获日另结，一面认真编查保甲，有犯必获，不得稍涉疏懈外，所有鄱阳县拿获谋逆会匪讯明办理缘由，理由附片陈明，伏乞圣鉴训示。谨奏。①

赵舒翘二十七岁。

三月

初六日，“会试考官放万青藜、崇实、李鸿藻、魁龄，同考官崑冈、黄毓恩、钟骏声、叶大焯、郭从矩、李汝霖、陈振瀛、沈源深、梁仲衡、陆光祖、吴廷芬、夏献馨、刘瑞祺、王先谦、钮玉庚、胡聘之、张鸿远、

①《刘坤一奏疏》，第 367 ~ 369 页。

陈启泰，内监试春庆、孙凤翔”。[①]

初八日，“卯正点名”。

初九日，寅刻接题纸：“子曰君子坦荡荡”，“自诚明谓之性”，“孟子曰君仁莫不仁，君义莫不义”，“赋得无逸图得勤字”。

十二日，第二场。丑刻接题：“巽乎水而上，水井，井养而不穷也”；“九五福一日寿”，“琴瑟击鼓”四句，“盟于齐，僖公十九年”，“韭曰丰本”。

十五日，第三场。子正接题：《经注》《仪礼》《汉书》、钱法、科目。

二十六日，“礼部题会试中额，今日红本下：满洲名、蒙古三名、汉军六名、直隶二十五名、奉天四名、山东廿三名、山西十二名、河南十九名、陕甘廿四名、江苏二十七名、安徽十九名、浙江廿六名、江西廿三名、湖北十五名、湖南十五名、四川十五名、福建二十名、台湾三名、广东十七名、广西十四名、云南十三名、贵州十三名”。

四月

二十一日，“殿试题：圣学、察吏、积储、方舆”。[②]

二十四日，“今日十本引见，第一陆润庠、原拟第二。第二谭宗浚、原第一。第三黄贻楫、第四华金寿，而刘传福、冯光通均在内，闻洓川高第，此心怦怦不自主”。[③]

五月

初七日，“新进士引见第一日。共四天”。[④]

“引见新科进士。得旨，陆润庠、谭宗浚、黄贻楫业经授职外，华金寿、刘传福、檀玑、冯光遹、翟伯恒、张百熙、何崇光、屠仁守、牟荫乔、陈华骙、刘集勋、赵增荣、刘凤纶、姚礼泰、诸可炘、林绍年、罗

①《翁曾翰日记》，凤凰出版社 2014 年版，第 279 页。

②《翁曾翰日记》，第 285 页。

③《翁曾翰日记》，第 285 页。

④《翁曾翰日记》，第 287 页。

锦文、沈锡晋、张礽杰、高夔曾、章洪钧、周晋麒、庞玺、陈文騄、陈才芳、任贵震、李熙文、黄卓元、白遇道、王亦曾、朱百遂、凤鸣、詹鸿谟、张廷燎、蒋璧方、赵尔巽、李光斗、黄玉堂、钟家彦、宝昌、殷源、冯应寿、郑思贺、梁廷栋、陈崧龄、鲍临、徐浩、孙佩金、王烈、涂庆澜、顾怀壬、敖名震、李寅、王兰昇、尚贤、秦澍春、杨钦琦、乌拉布、吴讲、王绰、良贵、朱光鉴、胡胜、程其珏、胡燏棻、滕经、潘颐福、杨鼎昌、徐兆丰、刘廷镜、陆葆德、汤鼎烜、石成峰、辛家彦、詹嗣贤、王作枢、吴锡璋、赵宗鼎、张景祁、张恩荣、张德迪、陈椝仁、孙其正、陈存懋、李蕊、陈光煦、李昭炜、彭启瑞、王会英、赵尔震俱著改为翰林院庶吉士。袁锡龄、张闻锦、时庆莱、黄搏扶、陈浩恩、陈昌、王振声、郑秉成、庞庆麟、蒲春铭、梁肇晋、贺勋、赵惟善、靳元瑞、孙葆田、延清、翁寿篯、何其敬、洪应祥、郭安仁、杨玉相、李裕泽、崔湘、钱登云、杨凝钟、俞寿祺、江南金、俞培元、张西园、傅培基、万锡珩、张其翼、陈士炳、唐登瀛、陈天骥、孙彝政、曹志清、曾秀翘、于民新、王灊、许普济、李之藩、傅式芳、郑连寿、张绍华、孙赋谦、阎廷弼、奎郁、朱紫佩、麦宝常、林星赓、郭兆福、章德藻、叶如圭、钟烈、宁廷弼、顾曾沐、赵昌言、赵舒翘、戴锡钧、朱毓崧、海锟、何兆熊、李时杰、胡廷干、林文炳、吴杰、方连轸、王怀曾、钟懿蓉、姜璧臣、杨炽昌、石渠俱著分部学习。赵培因、顾文基、胡廷玉、张德霈、姚绳武、倪惟钦、陈望曾、周维新、许寿甡、唐德俊、孙鹏仪、萧射斗俱著以内阁中书用。楼杏春、张坤、王汝霖、李宗莲、余庆、曾道唯、雷棣荣、吴徵鳌、胡钧学、何才价、梁天昂、陈其昌、陆元鼎、米协麟、朱昌霖、牟懋圻、曾延里、于蘅霖、胡鸿泽、杨怀震、朱升吉、邓树声、韩钊、田苏游、萧宪章、张玉绥、张鹏翥、秦应逵、高继光、李策清、保昌、王麟书、何钟相、锡良、陈建常、庆瑞、赖焕辰、郑钫、尹丽枢、蔡德芳、刘粲、彭庆扬、沈汝奎、陆宗郑、徐汉章、路金声、马逢亨、谈松林、张协曾、安盘金、王季球、王聚奎、洪鳌、贾汝谦、田瀛海、褚登瀛、程开运、谭光藜、孔广鉴、王雨谷、时永新、董余三、黄璨、龙起涛、官懋和、张福恒、崔伦、梁嵘椿、王隆道、赵锡恩、吴克昌、林焕曦、刘云章、吴宣珏、倪观澜、谭为霖、安守和、周良玉、张鉴衡、傅观光、樊璟、胡瀛生、刘执德、谢秉钧、李三捷、陈明伦、梁奋庸、冯健、舒恺、宋安书、傅丞宪、倪望重、李兆梅、陈兆焕、刘发岐、舒朝冕、席珍、任步月、张绍渠、王缙卿、唐元恺、倪晋麟、孟宪璋、段晋熙、梁锦澜、常文敏、朱霈、孙桢、袁韵春、朱宝书、蔡叙功、曾行崧、焦云龙、汪庆长、罗肃、彭亿清、陈宝树、朱鉴章、崇泰、马毓芝、高思涵、张心铭、孙念曾俱著交吏部掣签，分发各省以知县即用。户部候补郎中王维翰、工部候补郎中萧镛俱著以郎中即用。户部候补主事程秀、刘本植、尹序长、礼部候补主事桂霖俱著以主事即用。候选员外郎恩绶著分部学习。余著归班铨选。”（《光绪朝实录》）

《清史稿》本传载：“签分刑部，授主事。”

《清史列传》云：“舒翘官刑部久，博学，习旧事，凡厘订例案，解析疑难，多由其撰拟。如议定宗室妇女犯罪所坐夫男，应照例折罚钱粮，凡调奸、图奸、拒捕、杀伤亲属，应照强奸拒捕例减等；议广西土官犯罪，家口不应迁徙别省；议共谋为盗，临时不行分赃，罪罚不宜照前加重，又诱胁上盗，不能照情有可原例概从轻减；议定妇女犯军流徒罪实发为奴者二十二条，实发而不为奴者九条，为奴而不实发者一条；议复永远枷号旧章变通军流章程，及新疆流犯屯田办法之类，皆见施行。其引经史以断狱，则于《议命案妇女离异》及《议服制图》二篇，尤所致意。”

《咸宁长安两县续志》云：赵舒翘“甲戌成进士，以主事分刑部。当是时，同邑薛允升为本部郎，精法学，卓卓无伦比，舒翘以邑后进随允升后，公余问业，昕夕不倦，熏浸磨琢，名誉鹊起，几与允升埒。迨允升出守而刑部钜任遂萃之舒翘一人，非他曹郎所能及已”。

《南亭笔记》卷十云：赵舒翘为同治甲戌进士，签分刑部主事，又系薛云阶司寇之甥，故薛公益教诲而提携之，后以京察授凤翔［阳］府，六年即官至江苏巡抚，入继薛公之后为刑部尚书。未达时极寒素，受养于婶，既贵陈情，以母事其婶。惟罹难时，婶犹在也，呜呼！尚忍言哉！赵平日极讲子平之学，与人论娓娓不倦。或视赵面部，抑若肉不附骨者，按管辂言，肉不附骨为鬼躁，或者其相便然欤？

《慎斋年谱》载："春应礼部试，中。状元陆润庠。"

履历：奉旨以部属用，签分刑部。六月到部。

段维八岁。

《段冈北先生年谱》云："仍从常先生读。某晨将诣塾，有村犬六七随行，公恶之，屡麾不去，中途遇一狼群，犬与狼相持，公得间奔回。"

沈家本会试落第。

《翁同龢日记》云：八月初四，"载崇调刑右"。① 十一月十一日，"绍祺擢刑右"。②

1875年，光绪元年，乙亥

薛允升五十六岁。

《松禅自订年谱》云："七月署刑部右侍郎。"③

《翁同龢日记》云：八月十一日，"午初有摄刑部右侍郎之命，即具谢折稿"。④

八月十六日，"卯初事下，在小朝房晤同官，已初到任，拜文昌、关

①《翁同龢日记》，第1063页。

②《翁同龢日记》，第1078页。

③《翁同龢集》，第1035页。

④《翁同龢日记》，第1150页。

帝庙，未拜印。访秋审处诸君，还坐自云亭，各司来谒，到江西司略坐，同寅无一人在者”。[①]据《松禅自订年谱》：道光三十年，“引见以小京官用，分刑部，在江西司行走”。“昕夕与共者王丈蓉州宪成，张君惕斋兴仁、吴君柳堂可读也。”[②]

长安薛允升、朝邑雷榜荣咸丰六年进士，翁为状元，榜下皆分刑部，是时薛允升外任，雷榜荣在部任职。

十月十八日，“浙江葛毕氏谋毒本夫一案，经胡学使瑞澜拟结，奉旨交刑部速议。今日御史边宝泉劾奏案情未确，请提至刑部复鞫，旨以无此政体，仍饬部反复研求，作速核复”。

十二月，江西巡抚刘秉璋“谨将光绪元年江西省司道知府直隶州等官考语敬缮清单密呈御览”，其中云“饶州知府薛允升整躬率属，听断精详”。[③]

二月，雷榜荣随同刑部尚书崇实前往奉天查办事件，并随同成都将军、前盛京将军岐元前往吉林查办事件。八月，差竣回署。

赵舒翘二十八岁。

《慎斋年谱》载：“请假旋里。”

吉同钧二十二岁。

《乐素堂主人自叙赋》云：“几经寒暑，无懈吟披。文为生活，笔作斧资。朱衣难遇，青眼谁垂？屡点龙门之额，莫题雁塔之碑。”自注：“乙亥、丙子两科连落孙山。”

段维九岁。

《段冈北先生年谱》云：“从庞勉之先生士豪读书，过目成诵。邑耆宿宋辛山金纶、郭子重士毅两先生目为神童。”

---

①《翁同龢日记》，第1151页。

②《翁同龢集》，第1027页。

③《光绪朝朱批奏折》（第1辑），第907页。

1876 年，光绪二年，丙子

薛允升五十七岁。

《翁同龢日记》云：正月廿三日，翁同龢补授户部右侍郎，“其所署刑部右侍郎，著潘祖荫署理”。①

潘祖年撰《潘文勤公年谱》：“正月，署刑部右侍郎。……三月，派覆勘试卷大臣，补礼部右侍郎，仍兼署刑部右侍郎。”

十月二十七日，“皂保授刑尚”，十一月初八日，“刑部侍郎恩龄开缺，有旨优恤，以麟书为刑右”。②

三月初四日，张瀛赴山西藩司任。

《翁同龢日记》云：“送张石州（瀛，山西藩司。）未见。”③

赵舒翘二十九岁，回京供职。

段理中进士，授刑部主事。

刑部为全国刑名总汇，档案山积，诸司苦翻（翻）阅，书吏或因缘为奸，会长安赵尚书舒翘为提牢厅，理与游处，昕夕研绎，尽得要领，每有大狱及直隶题奏要犯，堂官辄一以委之，寓慎于勤，谳鞫明允，常谓子姓曰：廷尉者，天下之平也。少有瞻徇心不平矣，又何以平刑政而孚四海乎？

党蒙中进士，改庶吉士。

《翁同龢日记》云：光绪二年五月二十日，“殿撰曹君、探花冯君、新庶常龙朝言小村、党蒙养山、高赓恩熙廷、徐玮文植之……来见，均晤之”。④

---

①《翁同龢日记》（第 3 册），第 1185 页。

②《翁同龢日记》（第 3 册），第 1251 页。

③《翁同龢日记》（第 3 册），第 1194 页。

④《翁同龢日记》（第 3 册），第 1211 页。

吉同钧二十三岁。再次参加乡试，仍落第。

段维十岁。

《段冈北先生年谱》云："先二叔缵仲公讳绪生，公甚友爱之。"

提牢厅主事濮青士文暹作《提牢琐记》。

1877年，光绪三年，丁丑

是年，山陕大旱，奇荒，人相食。

薛允升五十八岁。

正月

二十一日，邸钞："江西饶州府知府薛允升（陕西，丙辰）升授四川成潼龙绵茂道。"（杨能格病故）①

"薛允升补四川成绵龙茂道。"②

"擢四川成绵龙茂道，旋调署建昌道。"（《清史列传》）

二十二日邸钞："前授四川叙州府知府恒裕授江西饶州府知府。"③

姚永朴《光禄大夫刑部尚书薛公状》："在建昌，以番民杂处，威惠并施，境内称治。"

《梦蕉亭杂记》卷一云："吾乡丁文诚公宝桢督蜀时，唐鄂生中丞炯以道员在川候补，一见待以国士，倚任极专。薛云阶尚书允升时升任成绵道，未履本任，改署建昌。尚书不悦，且疑中丞基之。不数年间，中丞超擢云南布政，洊升巡抚，尚书亦入为刑部侍郎。甲申法、越之役，中丞防边失利，拿交刑部治罪，部定斩监候，秋后处决。合肥李文忠、湘阴左文襄暨文诚公均密保人才可惜，请旨弃瑕录用。不报。丙戌冬至前二日勾

①《越缦堂日记》（第10册），第7281页。

②《翁曾翰日记》，第437页。

③《越缦堂日记》（第10册），第7285页。

决，届期同乡亲友预为中丞备办身后各事。是日，天未黎明，余往行刑处与中丞诀，深虑天威不测也。时张文达公之万为刑部尚书，薛为左侍郎，仁和许恭慎公庚身为右侍郎，恭慎现官军机大臣。定例每逢勾决，由右侍郎监刑，恭慎驰往菜市口候旨。中丞蒙恩免勾，发往云南，交岑制军毓英差遣，尚在菜市口席棚静候发落。比时部中司员以事非恒有，无旧例可寻，竟乏办法。恭慎谓左堂系刑部老司员出身，必谙例案，所居老墙根又与菜市相近，嘱往请示。尚书亦依违其间，故作不解，所司不得要领，回白恭慎，姑令带回刑部，再作区处。中丞惊魂甫定，久识狱吏之尊，只有随从到部，讵至狱门，提牢厅不肯收受，谓系加恩发遣之员，岂能再行入狱？而此外无栖身处。中丞在狱已二年余，狱中房间颇精洁，坚欲进内居住，纷纷扰扰，日已将夕。所司各员由丙夜将事至于日昃，疲惫不堪，均不顾而去。卒徇中丞请，暂宿狱内。刑部司员办事卤莽至于如此。翼日余到兵部，忽见刑部差役持公文解送中丞来署，听候发遣。余商之所司诸友作何处置，佥云：‘军流等犯例由兵部发遣。中丞系交滇督差委，并无罪名，兵部不能过问。’余本此意晓谕刑部差役，令持原文回部销差。并伴送中丞回其世兄住宅。中丞谓薛云阶为刑部老吏，此事一定手续，彼岂不知？乃故作痴聋，任所属司员作弄，使我难堪。渠不过挟前在蜀中未经到任之嫌，以为是我作祟。其实彼缺为丁道士彬占据，与我何干？言极悻悻。厥后由刑部六堂具一公函，交中丞赍往滇省投递。中丞行至中途，奉旨赏巡抚衔，督办云南全省矿务，持节入滇。前项公函大可付之洪乔已。”①

《梦蕉亭杂记》卷二云：“长安薛云阶尚书，前授四川成绵道，原缺为固始丁价藩观察署理，文诚正资熟手，檄令尚书外署建昌道。尚书不悦，而无如何。未几，升晋臬以去。履晋日，方伯（指丁宝桢之子丁体常）以

① 陈夔龙：《梦蕉亭杂记》，中华书局2007年版，第7～9页。

署首府参谒，即遭尚书讽刺，谓自维才识庸暗，成绵道一缺已不胜任；不意天恩高厚，洊升法司，尚祈时加照拂等语。”①

赵舒翘三十岁。

六月二十八日，为赵舒翘三十岁生日。作《课身格弁言》曰：“余成童时，见《因果录》中有功过格，心善之，以为积善积恶，殃庆自以类至，命固由人造耳。后读《近思录》诸书，渐悟改过自新，实所当为明道计，功利心终炽。若日以功之有无、过之大小与鬼神乘除祸福，吾儒为已之学不如是也！因仿其意，于每日所言所行，据事直书，日用交接间亦附记。俾由后朔［溯］前，知某日学，某日不学，某日有事，某日无事，有过则改，无则加勉，以课吾身焉。已矣，爰名之曰《课身格》。第作辍无常，悠悠忽忽，已往岁月皆虚掷矣！今为余三十初度之期，鸡鸣起，冠服敬天地毕，望阙叩首。回内庭，以香烛、茶酒祭先灵，自念科名早获，不为八股时文所缚，天之厚之者至矣。当此国步多艰，正吾辈习勤殖学以待有用之时，稍耽安逸即属暴弃。况余孤苦伶仃，以一身肩祖宗之绪，欲不辱其身，无忝所生，更当如何自励乎？自今以始，誓行此格，日常检点，以副生成。苟仍蹈前辙，行见志与年而俱衰，气因境而渐馁，此身有不觉而入下流者矣！谨弁言册首，朝夕触目怵心。汤铭曰：苟日新。此余再生之日也！”

王步瀛作《慎斋年谱》：“先生童时信因果，后读《近思录》诸书，悟为已之学当改过自新。所言所行，每日据事直书，有过则改，名曰《课身格》，惧作辍无常，六月二十八日鸡鸣起，露香告天，誓行此格，日常检点，详见自序，盖仿上蔡常惺惺法，而济以河间献王之实事求是。先生尝言，阅陆桴亭《思辨录》亦从丁丑年励志起，与大儒学道年分偶合，为之忻幸。”

---

①《梦蕉亭杂记》，第82页。

立秋日，赵舒翘早起见云势如华岳，赋诗曰："祇缘薄宦去秦中，梦绕乡山逸兴浓。岂谓朝云圆万变，翻成奇势作三峰。能为霖雨无心出，自具氤氲绝顶对。似助冷官秋气味，天然好景当扶筇。"

十二月，赵舒翘限定办事读书分早中晚三功。

党蒙散馆，奉旨以部属用。签分刑部四川司行走。

四月二十八，"引见丙子恩科散馆人员。得旨。此次散馆之修撰曹鸿勋、编修王赓荣、冯文蔚业经授职。二甲庶吉士陈翥、敖名震、钟德祥、管廷鹗、吴树梅、章志坚、章洪钧、陈琇莹、张世恩、林绍年、黄群杰、吴兆泰、高钊中、冯金鉴、金星桂、茅景容、戴鸿慈、黄彝年、徐致靖、倪恩龄、高赓恩、黄显瓒、曹昌燮、缪荃孙、陈履亨、潘宝璜、黄国瑾、陈懋侯、赵时俊、朱一新、翟伯恒、刘中策、张端、陶方琦、刘心源、春溥、李桂林、王锡蕃、廖廷相、朱善祥、冯汝骐、张炳琳、郑衍熙、林启、刘宗标、谢祖源、陈兆文、殷李尧、裕德、唐椿森、陆宝忠、朱卓英、黎荣翰、周盛典、汤子坤、罗锦文、吴锡璋、况桂馨俱著授为编修。三甲庶吉士涂廉锷、陈存懋、冯崧生俱著授为检讨。朱镜清、陈德薰、杨鸿元、陈棨仁、杨际清、常山、黄均隆、顾璜、施典章、孙佩金、徐玮文、张礽杰、梁廷栋、党蒙俱著以部属用。杨钦琦、陈我煦、周材芳、郑绍成、周骐、赵宗鼎、龙朝言、袁镇南、王亦曾、金学献、徐浩、陈毓麟、路朝霖、曾长治、闻福增、孙其正、魏起鹏、贾联堂、彭启瑞、张继、胡瀛涛、高维岳、陶搢绶、俱著以知县即用。"(《光绪朝实录》)

五月到部。

《续陕西通志稿》云："选庶吉士散馆，授刑部主事，历奉天、四川各司主稿，升员外郎，转郎中，充律例馆提调，总办秋审处，各长官咸倚任之。尚书薛允升为律学大家，尤相器重，遇秋审疑狱、现审大案，必待蒙审察决定。……性朴诚而敏练，简重深沉，言动不苟。官京曹时核阅刑案，终日不倦，端坐斗室如泥塑人。待人无锋棱，而临财不苟，有铁面之称。

随钦使查案山东，文武大吏无敢事请托者。”

张成勋三十岁。中进士，奉旨以部属用，签分刑部，授刑部主事。

吉同钧二十四岁。

《乐素堂主人自叙赋》云：“有台避债，无地立锥。生女虽（罗）莺燕，宜男未梦熊。加以岁逢荒旱，家苦饥寒。磨石英而为面，煮榆屑以为糜。百里负仲由之米，半途弃伯道之儿。”自注云：“高妻连生四女，惟长适王桐，余均殇。”又云：“丁丑奇荒，人相食。高妻生女，以无乳委弃于野。”

《光绪丁丑秦晋大祲人相食吾韩户口二十余万仅余八万有零余奉家严入省避荒感伤时事率成三首》云：

天降荒年饥馑臻，乡邻离散远逃奔。家牲宰尽食人肉，野菜挑残茹草根。造物有心垂警戒，小民无地觅生存。剧怜处处鬻儿女，忍爱割慈谋一飧。

风俗奢华元气伤，上干天怒酿奇荒。朱门酒肉餍豚犬，黎庶脂膏饱虎狼。欲救疮痍安井里，须除蠡贼整官方。岁星何日转丰稔，喜见家家足稻粱。

生年记甲寅，浩劫逢丁丑。大旱苦延长，奇荒曾未有。素封无几家，赤地盈千亩。易子食充饥，鬻儿任远走。形容尽鹄鸠，鸣吠绝鸡狗。感我罹凶灾，举家靡饭糗。高堂悯白头，弱息怜黄口。将欲获生全，安能长困守。孤雏委谷中，幼弟逃山右。仅有结褵妻，留扶长病母。绝裾出里门，侍父登冈阜。回顾暗伤心，溺饥谁援手？儿为失路人，父作穷途叟。目迷华顶云，肩息灞桥柳。跋涉抵青门，流离依素友。藿藜备两餐，短褐露双肘。养老恃肥甘，无钱沽脯酒。长安不易居，坐食恐难久。卖卜日谋生，佣书时献丑。但凭苦学文，藉此干升斗。天运转阳和，耕夫联比耦。送亲返旧乡，合室始相偶。念此痛中肠，不堪回远首。作诗写苦衷，用以贻吾后。

《青门春日值祖母寿辰感室家离散年岁祲荒不能亲身叩祝因赋二律自

遣》云：

雨霁青门天气新，高堂此日际生辰。怕吟令伯陈情表，暂作郗生入幕宾。金尽囊中添客虑，磬悬室内感家贫。遥知桑梓瞻依处，戏舞莱衣少一人。

共言五福寿居先，有寿无财亦可怜。纵使百龄尊齿德，还须万贯壮腰缠。贫穷反惹室人谪，富贵争夸季子贤。毕竟承欢资粟帛，何当归载满囊钱。

段维十一岁。

《段冈北先生年谱》云："天旱，岁大饥，县令胡晓沧先生元照立坛祷雨，召学童九人襄事，与公语，大悦，即命领导众童。进退有度，胡公奇之，许为大器，奖给笔墨等物。"

沈家本再次会试不中。

《沈家本日记》云：二月十六日，"浙江杨乃武案，经刑部奏结平反，今日奉旨杨中丞、胡钦使及承审之知府二人、知县四人皆革职。余杭县刘锡彤发黑龙江効力赎罪。杨乃武依不应重律杖八十，业已革去举人，无庸议"。①

晏安澜中进士。晏安澜字海澄，号丹右，又名虚舟，镇安县北阳山人。光绪元年，省试中举人，两年后中进士，先后被任命为户部山东司主事（主管各省盐政）、度支部管榷司郎中兼司长、盐政院院丞、四川盐运使等职，长期负责管理盐务。

光绪丁丑大荒，匪徒乘隙入城，戕官焚署，居民逐之出，官军至，众惧玉石俱焚，张瀛函致当道，备陈逆匪伏诛，良善一无株累，旋奉旨帮办全省账务，以劳瘁卒。事闻，赠内阁学士衔。

---

①《沈家本未刻书集纂补编》（下册），第1100页。

1878年，光绪四年，戊寅

薛允升五十九岁。

二月二十七日，“四川成绵龙茂道薛允升为山西按察使”。（《光绪朝实录》）

《清史列传·薛允升》云：“迁山西按察使。”

四月十三日，薛允升作《奏为恭谢天恩吁恳陛见事》：“窃臣于光绪四年四月初六日在署四川建昌道任内奉督臣行知，接准部文光绪四年二月二十七日内阁奉上谕：山西按察使著薛允升补授。钦此。转行到臣，即恭设香案望阙叩头谢恩讫。伏念臣三秦下士，供职秋曹，蒙恩补授江西饶州府，旋升授四川成绵龙茂道，委署建昌道任事以来，时虞陨越，边防拥挤，未效涓埃，兹复渥荷恩纶，擢升晋臬，自天闻命，伏地增惭。窃查山西为畿辅屏藩，臬司乃刑名总汇。该省现值薦饥，赈济灾黎尤为当务之急，如臣梼昧，深惧弗胜，惟有仰秉宸谟，力图报称，相应吁恳天恩，一俟督臣委员接署道篆，臣即当趋诣阙廷，跪聆圣训，俾得有所遵守，勉矢慎勤，稍冀仰答高厚鸿慈于万一。所有微臣恭谢天恩吁恳陛见暨感激下忱，理合恭折具奏。伏乞皇太后、皇上圣鉴训示。”

五月二十六日军机大臣奉旨：著来见。钦此。

七月初一日，四川总督丁宝桢片：“四川成绵龙茂道薛允升于署理建昌道任内奉旨补授山西按察使，当经臣饬委候补道周廷揆接署建昌道篆务，以便薛允升交卸起程，附片奏明在案。兹查薛允升已交卸，建昌道署篆交代清楚，并无经手未完事件。据报于六月十三日起程，迎折北上。兹据禀称，允升籍隶陕西长安县，系自川进京必由之路，因该处曾遭兵燹，祖墓急须修葺，拟恳天恩赏假一个月，便道回籍修墓。事竣即由原籍北上，请为代奏前来。臣查系实情，理合附片代奏，伏乞圣鉴。”

八月曾国荃《致阎丹初》书札说："云阶廉访，素仰其有折狱才，昨有书来，亦以不克北上为言，弟已允之矣。八日下旬，当随月折附奏，奉旨约在九月初间。彼时云阶廉访亦应到此，如蒙俞允，即可就近履新。"①

《行述》云："其陈臬山右也，秦晋豫皆大祲，而晋尤甚，曾忠襄公奏派办赈，综核出入，厘剔缁蠹。屡捐金，为各官倡，晋之孑遗蒙其福以全活者众矣！"

姚永朴作《光禄大夫刑部尚书薛公状》："及为臬司，秦晋豫皆大祲，而晋尤甚，时曾忠襄公为巡抚，奏派办赈，综核出入，吏敛手，蒇事，全活甚众。"

《续陕西通志稿》云："设施未竟，莅山右，值大祲，巡抚曾国荃奏派办赈，综核出入，厘剔缁蠹，捐廉为倡，全活无算。"②

九月曾国荃《复王杏樵》的书札中说："吉、荣之案，现在云阶廉访到任，指日可定。"③

九月曾国荃《致阎丹初》的书札中说："薛允升廉访展缓入觐，已奉俞允，当经转行知照。"④"云阶廉访晋谒台端后，已启程来省，雨后泥淖，恐未能按程进发耳。"⑤

在《致葆芝岑》的札中说："薛云阶廉访刻已渡河，小阳初间可以来省受篆。台从抵都后，晤政府诸公，乞将晋中近情详为道达。"⑥当时山西正值大灾，薛允升参予治赈，综核出入，晋省民获苏。

十月十三日，薛允升作《奏为恭报微臣遵旨赴任接印日期叩谢天恩

---

①《曾国荃全集》(第3册)《书札》，第588～589页。

②《续陕西通志稿》(卷七十四)《人物一》。

③《曾国荃全集》(第3册)《书札》，第599页。

④《曾国荃全集》(第3册)《书札》，第600页。

⑤《曾国荃全集》(第3册)《书札》，第602页。

⑥《曾国荃全集》(第3册)《书札》，第603页。

仰祈圣鉴事》："窃臣前在署四川建昌道任内钦奉谕旨补授山西按察使，当即具折谢恩，吁请陛见，旋经奉旨：著来见。钦此。随即星驰北上，于九月十五日行抵山西永济县属，接奉山西抚臣曾国荃行知，以晋省连荒，赈务需人，仰恳圣慈俯准，该臬司暂缓入觐，先行赴任等因。奉旨：著照所请。钦此。遵即趱程前进。兹于十月初五日驰抵太原省城，奉抚臣饬知赴任，旋于初八日，准署臬司王溥将敕书、印信、文卷移交前来，臣即恭设香案，望阙叩头，祇领任事。伏查晋省正赈务殷烦之际，臬司为刑名总汇之区，举凡察吏安民，禁暴诘奸，在在均关紧要。如臣梼昧，深惧弗胜，惟有勉竭愚忠，益加勤慎，随事禀商抚臣，实心办理，以冀仰答高厚鸿慈于万一。所有微臣遵旨到任日期暨感激下忱，理合恭折具奏，叩谢天恩，伏乞皇太后、皇上圣鉴训示。"

曾国荃片云："新授山西臬司薛允升前经臣附片陈奏暂缓陛见。九月初九日，奉旨：著照所请。钦此。当即恭录钦遵转行知照在案。该臬司于十月初五日驰抵太原省城，檄令初八日接印任事，署臬司王溥是日交卸，仍回冀宁道本任，以重职守而专责成。除檄饬遵照外，理合附片陈明，伏乞圣鉴。"

十月二十日军机大臣奉旨：知道了。钦此。

九月，雷榜荣随同刑部左侍郎冯誉骥前往吉林查办事件，又随同前吉林将军铭安前往黑龙江查办事件。

胡砺峰，九月，选授广西司郎中。

赵舒翘三十一岁。

九月，学习期满，奏留。(《履历》)

《慎斋年谱》载："是岁改早、中、晚为正、副、余三功。读律功甚勤，并与同部雷瀛仙、胡辑五会讲，著《象刑录》。采古人有关刑政嘉言懿行及现行例案足资出治者，依类札记。户县崔劭方编修志道敬先生正人，与订交。"

除夕，赵舒翘赋诗："一岁堂堂此夕辞，聊沽杯酒以维之。梅花香暗清谁见，爆竹声高烈易知。宜麦预欣佳雪兆，安贫不怨小官卑。光阴荏苒渐虚度，珍重青灯对我时。"

九月二十日，沈家本"黎明进署，盗犯八名今日处斩，与雨田监绑"。[①]

1879 年，光绪五年，己卯

五月，崇厚出使俄国，奉命便宜行事。八月，以崇厚与俄所订交还伊犁条约交左宗棠等议处。十一月，以崇厚擅自回京，命议开缺听候部议，并将其所订条约交廷议。十二月，张之洞等交章弹劾崇厚丧权辱命。旋将崇厚革职拿问。

薛允升六十岁。

正月

薛允升仍任山西按察使，曾国荃《致阎丹初》的书札中说："王参令之案，绛、解二牧尚未具详，然迹其所言之谬，可知行事之乖。……严禁妄控、枉杀告示，容与芸陔廉访商定后，再行布复。"[②]

二十七日，"昨桑春荣续请开缺，允准，今日龢蒙恩命擢授刑部尚书，退值后始知之"。(《翁同龢日记》)[③]

二月

初一日，"到秋审处坐，又到江西司坐，旧游历历。回白云亭，各司参见，随即画稿"。[④]

①《沈家本未刻书集纂补编》(下册)，第 1132 页。

②《曾国荃全集》(第 4 册)《书札》，第 7 页。

③《翁同龢日记》(第 3 册)，第 1403 页。

④《翁同龢日记》(第 3 册)，第 1404 页。

初七，“入署，调福建司主稿章万畲为奉天司主稿，以奉天龚彦绪调福建，以有积案未完也。撤福建主稿冯惟寅，主稿作为帮稿，此君声名本劣故也”。①

初八日，“长叙调刑左，启秀刑右”。

十二日，“入署，知广绍彭、钱湘吟奉派山东查办事件，刑曹六堂皆生手，只长君一人号称稍熟。公事益吃重矣”。②

二月，“山西巡抚曾国荃奏：晋省各官捐输助赈。得旨：除林寿图外，鲍源深、曾国荃、江人镜、薛允升、王溥均著交部议叙，丁彝绶等所捐银两均著照赈捐章程请奖”。（《光绪朝东华录》）

三月

十一日，“入东华门知有起，见于东暖阁，首及书斋事，遂及秋曹事，奏对加详，略陈近日奏案及意中所欲改例者三事，一就地正法，一伙盗指获首盗，一大钱计赃，皆蒙俞允，令斟酌条上。……惜得胡君清瑞律例本，乃叹读律当如是也，愧汗不已”。③

闰三月

“以直隶布政使周恒祺为山东巡抚，调浙江布政使任道镕为直隶布政使，以浙江按察使增寿为浙江布政使，湖北荆宜施道孙家谷为浙江按察使，山西按察使薛允升为山东布政使，江安粮道松椿为山西按察使，以陕西按察使庆裕为福建布政使，以陕西督粮道边宝泉为陕西按察使。”（《光绪朝东华录》）

十一日邸钞：“以山西按察使薛允升为山东布政使。”（《越缦堂日记》）

十一日，“薛允升东藩”。④

---

①《翁同龢日记》（第3册），第1405页。

②《翁同龢日记》（第3册），第1406页。

③《翁同龢日记》（第3册），第1410页。

④《翁同龢日记》（第3册），第1416页。

《清史列传·薛允升》云："五年闰三月，授山东布政使。八月，署理漕运总督，旋授刑部右侍郎。筹防邳宿运河，又挑浚河清等六闸。其余各坝一律兴堵。江北徐、海、沭阳一带，素为积匪出没之区，允升饬名巡道会同马步各营歼灭匪首多名，居民安堵。"

二十四日，薛允升作《奏为恭谢天恩吁恳陛见仰祈圣鉴事》："窃臣于光绪五年闰三月二十一日在山西按察使任内接奉抚臣曾国荃行知，准吏部咨光绪五年闰三月十一日内阁奉上谕：山东布政使著薛允升补授。钦此。当即恭设香案望阙叩头谢恩讫。伏念臣关中下士，识浅材庸，由进士供职刑曹，出膺郡守，洊升监司。光绪四年补授山西按察使，是年十月，由川赴晋任事，适值晋省荒歉灾，随同抚臣襄办赈务，涓埃未报，警惕滋深。兹复渥荷恩纶，擢任今职。闻命自天，悚慄无地。查山左为烦庶之区，藩司有旬宣之任，以臣梼昧，深惧弗胜。惟有殚竭愚诚，勉图报称。一俟抚臣委员接署臬篆交代清楚，随即当趋诣阙，廷跪聆圣训，俾得益资遵守，以冀仰答高厚鸿慈于万一。所有微臣感激下忱，恭谢天恩暨吁恳陛见缘由，理合恭折具奏，伏乞皇太后、皇上圣鉴训示。"

四月

初二日军机大臣奉旨：著来见。钦此。

二十九日，"上谕：翁〇〇著调补工部尚书，潘祖荫著调补刑部尚书"。[①]

《潘文勤公年谱》云："（四月）二十九日，调补刑部尚书。"[②]

《越缦堂日记》云：四月二十九日邸钞，"以刑部尚书翁同龢为工部尚书，以工部尚书潘祖荫为刑部尚书。"

五月

初二日，见翁同龢。《翁同龢日记》云："薛云阶同年允升来。"[③]

---

①《翁同龢日记》（第3册），第1425页。

②《潘文勤公年谱》，载《清代徽人年谱合刊》，第1014页。

③《翁同龢日记》（第3册），第1425页。

同日，见王文韶。《王文韶日记》云："新授山东藩司薛云阶允升来见。"①

初六日，翁同龢"晚访薛云阶未晤"。②

二十日，沈家本"到财盛馆同司团拜，并公请薛云阶方伯"。③

二十一日，薛允升向王文韶辞行。《王文韶日记》云："薛云阶辞行赴山东藩司任，与谈蜀事。"④

六月

十三日，薛云阶作《奏为恭报微臣到任日期叩谢天恩仰祈圣鉴事》："窃臣前在山西按察使任内，蒙恩简授山东布政使，随即具折吁恳入觐，奉旨：著来见。钦此。当将经手事件交代清楚，于光绪五年四月三十日星驰抵京，恭诣阙廷，仰蒙召见二次，圣训周详，无微不至。跪聆之下，钦感莫名。陛辞后遵即束装起程，于六月初九日行抵山东省城，奉抚臣周恒祺饬赴任，旋于十二日准署藩司兖沂曹济道潘骏文将印信文卷移交前来，臣即恭设香案望阙叩头，祗领任事。伏查东省为南北要冲，藩司有旬宣重寄，安民首在察吏，当思正本而清源，节用乃可阜财，所贵量入以为出。臣以梼昧之质，艰巨骤膺，深恐弗克胜任，惟有恪遵圣训，殚竭愚诚，随事禀商抚臣，实心经理，不敢稍涉因循，以冀仰答高厚鸿慈于万一。再，臣沿途经过地方，雨泽均各沾足，秋禾畅茂，民情极为安谧，知关圣廑，合并附陈。所有微臣到任日期并感激下忱谨缮折叩谢天恩伏乞皇太后、皇上圣鉴训示。"

二十日军机大臣奉旨：知道了。钦此。

八月

二十九日邸钞："以刑部左侍郎冯誉骢为陕西巡抚，刑部右侍郎钱宝廉

①《王文韶日记》，第475页。

②《翁同龢日记》（第3册），第1426页。

③《沈家本未刻书集纂补编》（下册）《沈家本日记》，第1147页。

④《王文韶日记》，第477页。

转左侍郎，以山东布政使薛允升为刑部右侍郎。薛允升前有旨令署漕运总督，俟文彬陛见回任后来京供职，未到任以前，以兵部右侍郎朱智兼署。”又记：“薛允升，陕西长安人，咸丰丙辰进士，以刑部郎中出为江西饶州府知府，五六年间遂为刑部侍郎，近来罕见者也。闻其人颇长案牍，在刑部司员中，刑名称最，盖能吏而速化者。”（《越缦堂日记》）

八月，“命漕运总督文彬来京陛见，以山东布政使薛允升署漕运总督”。（《光绪朝东华录》）

《清史稿·薛允升传》载：“晋山东布政使，权漕运总督。淮上患剧盗久未获，允升诇得其巢，遣吏士往捕。岁除夕，盗方饮酒，未戒备，悉就执。”

姚永朴作《光禄大夫刑部尚书薛公状》：“为漕督，会淮上有巨盗为害，未获，遣干役侦察，得其巢，督文武员弁缉之，岁除，盗聚饮，不虞骤至，悉数就擒。”

《行述》云：“及开藩山左，考察官吏，清厘庶务，越数月，奉署理漕督之命，湖河工程悉心规划，运道得畅利。无虞淮上有漏网巨匪纠党出没，为闾阎害，历久迄未弋获，爰遣干练数辈多方侦伺，既得其巢穴，急督文武员弁辑之。时届岁除，群盗方聚饮欢呼，不虞捕者之猝至，悉数就擒。多年积患，一举歼灭，民惊神奇，由是地方安谧，此府君外任政绩啧啧人口者也。”

二十九日，“薛允升授刑右侍”。[①]

“转刑部右侍郎钱宝廉为左侍郎，以署漕运总督薛允升为刑部右侍郎，未到任以前，以兵部右侍郎朱智兼署。”（《光绪朝实录》）

吉同钧作《薛赵二大司寇合传》：薛允升“精研法律，自清律而上，凡汉唐宋元明律书，无不博览贯通，故断狱平允，各上宪倚如左右手，谓

①《翁同龢日记》（第3册），第1444页。

刑部不可一日无此人。不数年，升郎中，外放江西饶州知府，七年五迁，由知府升至漕运总督，以刑部需才，内调刑部侍郎，当时历任刑尚者，如张之万、潘祖荫、刚毅、孙毓汶等，名位声望加于一时，然皆推重薛侍郎。凡各司呈划稿件或请派差，先让薛堂主持先划，俗谓之开堂。如薛堂未划稿，诸公不肯先署，固由诸公虚心让贤，而云阶之法律精通，动［令］人佩服，亦可见矣”。

九月

初九日，《奏为恭谢天恩仰祈圣鉴事》云：“窃臣于九月初七日接准抚臣周恒骐行知，光绪五年八月二十二日钦奉上谕：文彬现在来京陛见，漕运总督著薛允升署理。钦此。跪聆之下，感悚莫名，当即恭设香案望阙叩头谢恩，伏念臣关辅庸才，驽骀下质，由部曹出为郡守，洊擢监司，甫陈臬于晋阳，涓埃未报，旋备藩于山左，治理多疎。兹复渥荷恩纶，俾权漕政。查漕督驻札清江，总天庾之正赋，扼南北之冲途，举凡催趱粮艘，疏濬河渠以及汛防营务诸大政，在在均关紧要。如臣梼昧，惧弗克胜，惟有实力实心，殚竭愚诚以期仰答高厚鸿慈于万一。臣候交卸山东藩司篆务，即当赶紧起程，前赴署任，以便漕臣文彬交卸北上。所有微臣感激下忱，谨缮折叩谢天恩，伏乞皇太后、皇上圣鉴。”

十七日军机大臣奉旨：知道了。钦此。

九月十七日，新授刑部右侍郎署理漕运总督臣薛允升《奏为恭谢天恩仰祈圣鉴事》：“窃臣前蒙简署漕运总督当经具折叩谢恩施，旋准山东抚臣周恒祺檄委臬司霏杰署理藩篆，正在清产交案。于九月十五接准抚臣咨开特准部咨，光绪五年八月二十八日钦奉上谕：刑部右侍郎著薛允升补授。薛允升前有旨令署漕运总督，俟文彬陛见回任后来京供职等因。钦此。闻命自天下□□昧，惧弗克胜，惟有益矢慎勤，倍加策励，以仰答高厚鸿慈于万一。现臣于九月十七日将藩司印信文卷移交霏杰接署，即于是日交卸，拟即赶紧起程，由水路前赴清江，沿途察看运河情形。除到署任后将一切应办事宜襄理，并俟漕臣文彬陛见回任后，即行遵旨赴京供职外，所有微臣感激下忱，谨缮折叩谢天恩，伏乞皇太后、皇上圣鉴。再，此折系借用山东巡抚关防拜发，合并陈明。”

二十五日军机大臣奉旨：知道了。钦此。

二十三日邸钞：“上谕：钱宝廉奏服制命案例无明文请饬议专条一折，著刑部议奏。”（《越缦堂日记》）

二十四日邸钞：“上谕：昨据刑部左侍郎钱宝廉奏本年秋审，河南省李金木一起，定案时已属从严问拟斩候，秋审未便从严拟实，并请饬议专条等语，兹据尚书文煜等奏，秋审命案意见两岐，请派大员再行覆核定拟一折。斩犯李金木听从图财，谋杀年甫五岁小功侄，系照平人谋杀律问拟，既经刑部改拟情实，实属法无可贷，惟念该犯系为从加功，例无明文。衡情定罪，若照平人谋杀加功律，亦应问拟绞候，入于情实。李金木一犯，著即改为绞监候，现届勾到之期，即行处决，毋庸另派大员覆核，钱宝廉所请饬议专条，仍著刑部议奏。”

十月

初九日，刑部右侍郎署理漕运总督作《奏为恭报微臣接印日期叩谢天恩仰祈圣鉴事》：“窃臣钦承简命署理漕运总督，于九月十七日交卸山东藩篆，恭折奏明在案。拜折后由水路南下，查看运河戴村坝正在兴堵，长河水势均平，微山湖底水尚足。兹于十月初六日行抵清江，面晤漕臣文彬，谘商一切应办事宜。初九日，准漕臣文彬将钦颁漕运总督关防并王命旗牌一切文卷委员赍送前来，当即在浦恭设香案望阙叩头，祇领任事。伏查漕运乃惟正之供，河务实民生所系，至于整饬营伍，除暴安良，尤为当务之急。愚昧如臣，深惧不能胜任。查本年河运船只业已陆续过浦，当即催令南下，受兑新漕，以期早日开行，不误汛水。现交冬令，南河堤埽各工均急稳固，江北防军自邳州以讫清淮扼要札营，声势联络，各处土匪自本年节次拿办，现均敛迹，仍当督饬各营认真巡缉以靖地方。

臣膺兹重任，惟有勉竭驽骀，倍加奋励，不敢因暂时承乏稍涉因循，并与督臣、抚臣遇事筹商，和衷共济，以冀仰答高厚鸿慈于万一。至臣经过地方，二麦均已播种，正以上慰宸廑。除将漕河防务悉心经理随时具奏外，所有微臣接印日期感悚下忱谨缮折叩谢天恩，伏乞皇太后、皇上圣鉴。”

二十六日军机大臣奉旨：知道了。钦此。

十一月

初二日邸钞：“刑部右侍郎文澂奏假期已满，病仍未痊，肯请开缺，许之。”（《越缦堂日记》）

初三日邸钞：“以工部右侍郎锡珍调补刑部右侍郎。”（《越缦堂日记》）

廿三日，“松寿刑右。驻藏大臣回京，未到。”①

雷榜荣

闰三月，差竣回京。

胡砺峰

闰三月，经刑部堂官保送，奉旨以繁缺知府用。

赵舒翘三十二岁。

夏四月，预四川东乡县案，旋派秋审处行走。两为查办内务府及新旧太仓随员，讯案兵部十余次。（《慎斋年谱》）

初四日邸钞：“上谕，恩承、童华奏，遵旨讯明四川东乡一案分别定拟一折，据称已革提督李有恒虽非蓄意诬民为逆，惟不确查袁廷蛟所在，辄督队攻搜尖峰等寨，致毙乡民数百命；已革提督刘道宗，携抱幼孩，掳掠牲畜，及携眷随营，均查明属实；已革总兵雷玉春所部勇丁亦有掳掠牲畜之事；已革知县孙定扬加派捐钱，复张皇请兵，酿成重案；提督王照南与李有恒会攻千金硐等处，杀毙数十命；总兵刘楚华攻搜凤头寨，致毙唐姓

---

①《翁同龢日记》（第3册），第1459页。

等男妇多名；游击方荣升搜捕袁廷蛟，将僧普集提讯掌责，致普集服毒毙命；知府张裕康，举人冉巫杓具禀怂恿发兵，复禀请加收捐钱各情，按律定拟等语，著刑部议奏。所请文格，丁宝桢，李宗羲应否议处，著该部于定案时申明请旨。”（《越缦堂日记》）

五月

十一日邸钞：“上谕：国子监司业张之洞奏，重案定拟未协，请旨核议，并声明文武员弁功罪各折片。据称，四川东乡县一案，皆由知县孙定扬违例苛敛，以致聚众闹粮，又蓄意诬民为逆，具禀请剿，实为此案首恶；尚书恩承等审拟覆奏，不引诬告叛逆本例，而牵合告重事不实之条，拟发边远充军，又删去‘干系重大事情，临时酌量办理’二语，实未得其关键等语，著刑部归入全案核议具奏，应行调查案卷，并著酌量咨取。”

五月二十日邸钞：“上谕：国子监司业张之洞奏四川东乡县一案，当事起兵集之时，文格批饬各营痛加剿洗，并非专指外匪吴奉山一股而言，致李有恒等以奉札剿杀为借口。据禀，批行实属粗率，不量予罪名，不足以服李有恒孙定扬等语，著刑部归案，一并核议具奏，文格著开库伦办事大臣缺，来京听候部议。”（《越缦堂日记》）

廿九日，“阎敬铭劾奏四川查办事件之恩承、章华沿途搔扰，并将所过地方支应帐呈览，有旨交部严议”。（《翁同龢日记》）[①]

六月

十一日邸钞：“上谕：刑部奏，遵议四川东乡县案内一折，此案袁廷蛟引贼劫掠，罪犯应斩，惟起衅闹粮仇斗，并非叛逆，众寨民自非逆党。已革知县孙定扬诬袁廷蛟为叛逆，致兵勇妄杀寨民数百命；已革提督李有恒奉札剿办，并不确查袁廷蛟所在，妄杀寨民数百，实与疑贼呈忿故杀无异；孙定扬、李有恒著斩监候，秋后处决；知府张裕康、冉正杓始则禀请加

①《翁同龢日记》（第3册），第1429页。

捐，继复怂恿请兵，败坏抚局，非寻常妄预官事可比，均著革职，发往新疆充当苦差，永远不准释回；张裕康避不到案，著四川总督严饬缉获；提督刘道宗、王照南、雷玉春随同李有恒会攻寨硐，纵军杀掠，草率冒功，均著革职，发往黑龙江充当苦差；总兵刘楚华随同攻剿，任兵勇焚掠，亦难辞咎，著革职，发往军台效力赎罪；知府王元晋、知县国瀚襄办此案，始终瞻徇，不据实禀覆，实属溺职，均著即行革职；监生李开邦、吴芳体，勒抽斗厘，酿成巨案，贡生向若璠屡次索诈，扰累平人，该犯等均充团首，挟嫌怂恿发兵，实为酿事之尤，均著革去贡监，发极边足四千里充军，永远不准释回，并毋庸查办留养；游击方荣升搜捕袁廷蛟，将僧普集迭责受伤，致服毒毙命，著革职，发往军台效力赎罪。办理此案之前，护理总督文格函札内曾有痛加剿洗一语，且既经总兵谢思友禀报，查无叛逆情形，文格并不饬令会办，仍行檄调回省，实属办理粗率；总督丁宝桢拟罪轻纵，曾面谕两司将原详内李有恒轻视民命等语删去，迨经覆查，又不悉心斟酌，实属始终偏执；前两江总督李宗羲于雷公凤头二寨，律武营筹办情形，未能分晰叙明，亦属疏忽，文格、丁宝桢、李宗羲著交部议处；恩承等原议罪名不符，惟请饬部详核，未经定案，著免其议处；至司业张之洞请奖各员，前绥定府知府易荫芝，前后各禀，请抚请兵，迄无定见，办理亦属游移，业经降为通判，著毋庸议；署太平县知县祝士棻，总兵谢思友，据实禀报，亦属分所当为，均著毋庸置议。”

二十三日，“吏议四川东乡一案文格革职，丁宝桢革职赏四品顶带署总督，责成办盐务，饬吏治，有褒奖语”。①

八月

派提牢厅差。(《慎斋年谱》)

《提牢备考》自叙：“已卯八月间，堂宪派翘提牢拟陪。”

①《翁同龢日记》(第3册)，第1433页。

吉同钧二十六岁，高妻亡，自已落第，回乡设馆。

《乐素堂主人自叙赋》云：“恨别读江淹之赋，悼亡吟元稹之诗。乃罢关中之宾馆，仍设乡里之皋比。”自注：“阅三岁，高妻病亡。”又云：“己卯乡试又落，乃回家设馆于本寨。”

《寄妹歌》云：一纸家书落枕前，开缄读罢泪潸然。遥知深闺小弱妹，一病三月减食眠。衣裳供兄怜汝慧，调羹奉母赖尔贤。嗟余少年多辛苦，何汝青春亦颠连。伤哉我生命不辰，姊妹无多汝一人。药饵有灵须时进，饮食多缺最伤身。勉饰仪容安父母，暂停针线养心神。长路遥遥见无缘，中怀耿耿如火煎。

段维十三岁。

《段冈北先生年谱》：“家贫，麦秋时助家人刈穫，常袖书一卷，休息时读之，学业日进。先三叔子厚公讳纯生。”

1880年，光绪六年，庚辰

正月，命曾纪泽使俄交涉伊犁事。三月，命左宗棠出驻哈密，指挥伊犁军事。五月，曾纪泽请宽崇厚之罚以利交涉。

薛允升六十一岁。

正月

二十八日，《奏为各巡叠获要匪随时惩办恭折仰祈圣鉴事》云：“窃维江北徐海二府州劫案最多，而交界之区为尤甚。臣督饬防军，先后拿获匪犯王得山、鲍九等解浦讯办，惟孙广标等系海沭一带多年积匪，无如此拿彼窜，未经得手。当经商令淮扬海道际云于上年十二月二十一日督带练勇及马步小队驰赴沭阳，一面函知署徐州道张富年、记名提督王得勝、宿迁营游击刘鹤年各以兵勇来会，地方营县亦率兵役相助，时值风雪严寒，该匪等正在纠约思逞，不虞兵勇猝至，四面兜拿，逃不得，遂将海沭要匪孙广标、严大标、徐方来、乔玉昆、徐嘉宛、张宝其、张万吉、高三秃子，邳宿要匪柳溅魁、马如茂、许凤藻十一名陆续拴获，讯认屡次行劫不讳，当即批饬就地正法，居民同聲称快，人心大安。旋又拿获海沭匪犯王朝武、何快髅、苗具茂、苗忙住四名，押解来浦，经臣督饬审讯，均系屡犯抢劫重情，法所难宥，亦即就地正法以昭炯戎，仍酌留队伍分札海沭要隘地方搜捕余匪。惟是地广兵单，各乡镇不能遍札，而民间恃兵为卫，纷纷禀求。臣惟有与各统领等先其所急，随时调派以禁奸宄而顺民情。除王得山、鲍九等犯讯有确供再行分别办理外，所有冬巡叠获要匪随时惩办缘由，理合恭折具陈，伏乞皇太后、皇上圣鉴。”

二月

二月十七日军机大臣奉旨：知道了。钦此。

二十二日邸钞：“刑部郎中刚毅授广东慧潮嘉兵备道。”（《越缦堂日记》）是年，李慈铭中进士，五十二岁。

四月

薛允升至京供职，授刑部侍郎。

江宁周五谋杀朱彪案，僧绍棕、曲学如诬服论死，薛允升往谳，平反之，原承审员皆得罪。

《清史稿·洪汝奎传》云：“先是有弃尸三牌楼竹园旁，汝奎令参将胡金传侦获僧绍宗等仇杀谢姓男子，又称薛姓，名亦屡易，汝奎请覆讯。葆桢以会匪自相残，即置大辟。逾三年，得真盗周五、沈鲍洪等杀朱彪事，时地悉合。事闻，命尚书麟书、侍郎薛允升往江南即讯，金传坐滥刑失入，治如律；汝奎失察，褫职遣戍；葆桢以前卒，免议。于是朝旨申戒各行省慎重刑狱，并禁嗣后武员毋庸会鞫。”

《异辞录》云：“南京三牌楼杀人案，业将曲学如、僧绍宗认为凶手，诬服论抵处决；而真杀人之周五、沈鲍洪在他处就擒，供出前节，遂兴大狱。斯由于承审官洪琴西都转非刑案老手，轻易起稿，未曾豫为之地。先死之曲学如、僧绍宗本属无赖，不问斩决，杖毙、瘐死，均非冤狱，宜定为主要罪人；而以余犯待查，为虚下之笔。则他日纵有正犯，另造口供，认为帮凶，俾无罅漏。则可以自圆其说，不致矛盾，为人受过矣。都转以能吏为时所称，陈臬开藩，皆指顾间事，不幸因此落职，一蹶不能复起。光绪癸未，先文庄简浙抚，过津，将航海往。李文忠专船送行，时招商局方制新舰曰海晏，乘至上海。与都转同舟，途中颇羡西湖之胜景。文庄因其案情之重，畏清议，未敢延纳也。都转往粤，未几病故。张文襄为请开复，甚费踌躇，见于晦若侍郎手书李文忠函稿，于此犹足征盛时恤刑之意云。”[①]

五月

初九日邸钞："内阁中书薛浚仍以内阁中书用"，"薛浚，陕西长安人，侍郎允升之子……覆试朝考借一等，殿试与余名第相先后次，而俱呈请归本班，借得所请"。

孙家鼐作《皇清诰授光禄大夫紫禁城骑马重赴鹿鸣筵刑部尚书云阶薛公墓志铭》：薛浚"光绪庚辰成进士，由侍读改官礼部郎中"。

八月

初七日邸钞："以刑部左侍郎钱宝廉调补吏部右侍郎，以工部左侍郎孙诒经调补刑部左侍郎。"

十一月

二十九日，恩承等上《奏为审拟护军殴打太监一案声明宪典仰祈圣鉴事》，薛允升列衔。折云："十一月二十七日，军机大臣交片，面奉慈安端裕康庆昭和庄敬皇太后懿旨：所有午门值班护军殴打太监一案，著加重定拟。钦此。二十八日复经军机大臣面传懿旨，谕知臣等钦遵在案。臣等查此案业经奏请，将案内护军钰淋、详幅依午门伤人例分别拟以流徒，因系

① 《异辞录》，第75页。

不遵红单旨意，情节较重，臣等查旗人有不准折枷实发之案，是以将钰淋拟以实发吉林充当苦差，详幅拟以实发驻防当差，并枷号三个月，系属照例办理。兹奉懿旨，饬令加重定拟等因，臣等伏思钰淋等以守门兵丁，不知安分当差，情节本属可恶，但令罪有可加，亦复何足姑息？且臣等职司执法，亦何敢有意从宽，致令重犯反邀轻典，上负皇太后、皇上委任之意。惟是我朝定法以来，钦奉世祖章皇帝谕旨：内外有司官吏，敬此成宪，勿得任意仰昂。复奉仁宗睿皇帝谕旨：罪名大小，律有明条，自应勘核案情，援引确当，不致畸轻畸重，方为用法之平。今引本律，又称不足蔽辜，从重定拟，并有加至数等者，是不按律例办理，又何用律例为耶？嗣后著刑部衙门，俱应恪遵宪典，专引本律办理等因。钦此。圣训煌煌，历经遵守，今钰淋等一案已按律惩治，本律外无可再加。若臣等缄默不言，不将列圣成宪详细声明，致与定例不符，无以遵国法而对君父。臣等负咎滋重，伏见皇太后垂帘听政以来，爱民如子，中外皆知，似此护军等蝼蚁余生，仰祈稍霁天威，俾得广被皇仁，永绍法守，天下幸甚，臣等幸甚。所有钰淋等罪名不敢妄议加增缘由，谨合词据实密陈，并将原引律例叁条粘签，恭呈御览，伏乞皇太后、皇上圣鉴。谨奏请旨。臣恩承、臣广寿、臣志和、臣师曾、臣广顺、臣文煜、臣潘祖荫、臣孙诒经、臣锡珍、臣薛允升。”①

十二月

初五日邸钞：“以刑部右侍郎锡珍调补户部右侍郎，兼管钱法堂事务，以内阁学士宗室敬信为刑部右侍郎。”

《翁同龢日记》云：十二月初五日，“敬信放刑左”。②

雷榜荣

六月，奏补陕西司主事，因回避本省，调补直隶司主事。

---

①《光绪朝朱批奏折》（第27辑），第220～221页。

②《翁同龢日记》（第3册），第1532页。

八月，题升广西司员外郎。

李善初

七月，选授刑部山东司主事。

赵舒翘三十三岁。

十月，补授提牢厅主事。雷榜荣为赵舒翘《提牢备考》叙："庚辰之冬，展如督理厅事，念此烦重者曷能以无本治也。思欲网罗散失，一洗从前之陋，乃［爰］搜诸故緼［纸］，证以前闻，详究夫律例之有关于狱事者，自恤囚、察吏以至于一物之领放、一事之终始，皆谨志之无或遗。"①

《清代七百名人传》云：赵舒翘"光绪六年，补汉提牢，著《提牢备考》二卷"。②

《慎斋年谱》载："预内阁会议崇厚案，并派内务府广升等案，或阴以贿属，峻拒却之，立起自责曰：'予有败行欤，何秽言至我前也。'"

张成勋三十三岁。

《续修陕西通志稿》云："补授刑部员外郎，总办秋审，精研法律，援引确当，无稍宽纵，薛允升尤倚重之。"

段维十四岁。

《段冈北先生年谱》云："习诗、古文辞、时艺，以钦定四书文为本，而参以路氏仁在堂之法，始应县署暨书院月课，梁松岩秀峰、冯星伯拱辰两孝廉为评改文字。"

沈家本第三次参加会试，仍名落孙山。

沈曾植中进士。浙江嘉兴人，字子培，号巽斋，别号乙庵，晚号寐叟。光绪六年进士，历任刑部主事、员外郎、郎中、江西广信、南昌知

① 薛梅卿、杨育棠点注：《庚辛提牢笔记》，中国政法大学出版社 2007 年版，第 200 页。

②《清代七百名人传》，第 514 页。

府、总理衙门章京、安徽提学使，署布政使。著有《汉律辑补》《晋书刑法志补》。

1881年，光绪七年，辛巳

正月，曾纪泽与俄改订伊犁条约签字。三月，慈安太后死。是岁，上海天津间电线架成。上海租界区电话装成。

薛允升六十二岁。

正月

初五日邸钞："上谕：盛京刑部侍郎启秀奏局员回护重案酷刑毙命，请派大员查办一折，据称奉天旗人李永智等因奸杀害工部六品官袁祥父子身死一案，前因犯供与呈词情节岐异，经该侍郎驳令覆审，谳局委员意存回护，酷刑致毙凶犯，捏报病故等语，案关旗民杀害职官，局员蒙混回护，亟宜彻底根究，以成信谳，著将全案人证卷宗即行解京，交刑部严讯确情，按律定拟具奏。另片奏盛京刑部司员请复旧章，毋庸派与州县官会审案件等语，嗣后奉省地方案件，除奏明会同刑部审办外，其余毋庸派令司员会审。"（《越缦堂日记》）

十三日邸钞："上谕：奉天旗人李永智等因奸杀害工部六品官袁祥父子身死一案，业经降旨交刑部讯办。兹据启秀奏，委员王为澂等于会验凶犯李永智尸身后，复禀请覆验，矛盾翻覆，请将会验各员归案查办等语。员外郎绍智、主事刘振唐、通判王为澂、知县陈士芸，著一并归案，听候查办。"（《越缦堂日记》）

二月

薛允升承修东陵、西陵工程。

十四日邸钞："上谕：刑部奏盛京工部六品官袁祥父子被戕身死一案，应将李永智尸身覆验，请旨办理一折。著派恩福、潘斯濂会同盛京将军、

奉天府府尹、盛京刑部侍郎，详细验明具奏。”（《越缦堂日记》）

四月

转左侍郎。“户部右侍郎宜振因病解职，调刑部左侍郎孙诒经为户部右侍郎，兼管钱法堂事务。转刑部右侍郎薛允升为左侍郎，以宗人府府丞夏家镐为刑部右侍郎。”（《光绪朝实录》）

十四日邸钞：“以刑部左侍郎孙诒经调补户部右侍郎，兼钱法堂事务，以刑部右侍郎薛允升转补刑部左侍郎，以宗人府府丞夏家镐为刑部右侍郎。”（《越缦堂日记》）

五月

出使俄国大臣崇厚以擅定条约议斩，英、法使臣从中调停，欲减其罪。有旨交王大臣各衙门会议，允升亦议以减等罪名，可示法外之仁，以释外国之嫌。

七月

三十日，“涂宗瀛奏：光绪七年七月初八日，准刑部咨覆，河南镇平县职员张肯堂家被劫案内伙盗胡体安一犯，奉旨：胡体安著即处斩。余依议，钦此。当即钦遵转饬臬司与臣标中军督率开封府暨祥符县，查明不停刑日期，亲提监犯胡体安，验明正身，绑赴市曹处斩在案。是月十一日，臣风闻斩犯胡体安有临刑呼冤之事，正在饬查间，施据臬司豫山转据开封府知府唐仰咸尊报监提胡体安验视绑赴市曹，闻该犯极口呼冤，据称伊名王树文，系南阳府邓州东乡大汪营人，家有父母兄弟妻室，并非南阳县民之胡体安，亦元伙劫张肯堂家情事，系被误拿，畏刑妄认等语，禀复前来。同日，先据审转官前任南阳府知府升任开归陈许道任恺、前署臬司现署粮储盐法道调补南汝光道麟春面禀，当时勘转此案盗犯胡体安时，并无刑审，犯供核与原审相同，绝无异词，现闻该犯临刑呼冤，请即提犯覆讯，俾免冤抑等情，臣覆查该犯胡体安临刑呼冤，是否果有冤抑，或系妄行翻异，

冀延显戮，应即覆鞫，以免枉纵。下刑部知之”。(《光绪朝东华录》)[①]

闰七月

初六日，“命刑部尚书潘祖荫、工部尚书瑞联、吏部左侍郎邵亨豫、刑部左侍郎薛允升阅考试汉御史卷”。(《光绪朝实录》)

闰七月，“谕内阁，兴廉奏遵查专案工程请旨办理一折，所有景陵悫惠皇贵妃园寝门座等工著派本年承修另案工程之大臣乌拉喜崇阿、薛允升敬谨承修，至孝陵七孔桥工程著暂缓修理”。(《光绪朝实录》)

十一月

二十一日邸钞：“上谕：前据刘坤一奏江宁三牌楼地方一案，讯有革员胡金传妄拿教供，随同问官喝令用刑，逼认情事，当经降旨，将胡金传严行刑讯，并将问官洪汝奎等解任查办。兹据御史李郁华奏，问官冤杀无辜，督臣意存袒护等语，究竟胡金传如何私与问官刑讯，其妄拿教供，洪汝奎等有无授意情弊，著刘坤一秉公研讯。前奏所称洪汝奎以案情重大，禀另派大员覆讯，是否有案可凭，著确切查明，于定案时据实覆奏，毋稍徇隐，自干咎戾。”(《越缦堂日记》)

二十五日邸钞：“上谕：前据涂宗瀛奏斩犯胡体安临刑呼冤一案，日久未据讯结。兹据御史陈启太奏，风闻承审各员有夤缘，新任抚臣意在避重就轻，串令该犯诬认为从，如有不承，拟即监毙灭口等语。人命出入，所关至重。著李鹤年迅将此案秉公讯结，务成信谳，毋稍瞻徇。”

十二月

十二月，“命理藩院尚书麟书、刑部左侍郎薛允升驰驿前往江苏查办事件。”(《光绪朝实录》)

初八日，“麟书、薛允升往江苏查办事件”。[②]江宁三牌楼民人周五等

①《光绪朝东华录》(第1册)，第1142页。

②《翁同龢日记》(第3册)，第1635页。

谋杀朱彪，脱逃未获，参将胡金传诬拿曾绍棕、曲学如，二人不胜酷刑，诬服论死，为翰林院侍讲学士陈宝琛所劾。允升奉命偕理藩院尚书麟书往查，得实，承审各员皆按律定拟。

初八日邸钞：“命理藩院尚书麟书、刑部左侍郎薛允升驰驿前往江苏查办事件，随带司员一并驰驿。”

十五日，“答芝庵晤，时将偕薛云阶少司寇赴江苏查办事件”。（《王文韶日记》）[①]

十九日邸钞：“诏麟书、薛允升现在出差，瑞联兼署理藩院尚书，祁世长兼署刑部左侍郎。”

二十三日邸钞：“以礼部右侍郎祁世长调补吏部右侍郎，仍兼署刑部左侍郎。”

二十六日邸钞：“上谕：李鹤年奏现审案犯大概情形，请派员覆讯一折，所有斩犯胡体安临刑呼冤一案，著派梅启照会同李鹤年讯明具奏。”

十二月，“刑部左侍郎薛允升出差，以礼部右侍郎祁世长兼署刑部左侍郎”。（《光绪朝实录》）

是案为赵舒翘主审并拟稿，《慎斋文集》卷四有《奉天提京命案奏稿》云：奏为审明解京要案分别案例定拟恭折具奏仰祈圣鉴事。窃查奉天旗人李泳致杀死工部六品官袁详父子身死一案，前经盛京刑部侍郎启秀、奉天总督宗室歧元先后奏请派员查讯，奉旨：著将全案人证卷宗解京交刑部研讯等因，钦此。

旋据该督将正犯关信详、白全升、保人奚庆昌等以及尸亲犯属、并案内牵连一干人证、连凶刀卷宗先后解送到部，臣等将全案详加核阅，奉天总督以李泳致因与袁杨氏通奸被逐，挟嫌谋害，挑唆关信详等捉拿袁绍曾奸情，致关信详将袁绍曾杀死，李泳致将袁详杀死等情。饬由委员等具

① 《王文韶日记》，第 591 页。

详，连人犯招解盛京刑部，该侍郎以李泳致同屯奚庆昌等保称：李泳致于五年七月二十七日夜间同食洋烟，并未移动，讵有杀人之事？凶刀亦系刘国辅向田广才之母借来代顶等情，李泳致亦翻异原供。将该犯等驳回复审，正在研讯间，李泳致在监身故，即经该侍郎等将全案奏请解京，臣等遴派司员，按照该侍郎原奏逐层研究，讯明李泳致等实系此案正凶，当将大概情形奏明在案。臣等以案情重大，李泳致虽经身死，尚有关佶详系同场杀人凶犯，自应确切根究，以成信谳，督饬连日推求。关佶详供认：委系李泳致唆令伊捉奸，伊起意将袁绍曾杀死，袁详系被李泳致杀死属实。至诘以李泳致是否蓄意谋杀袁绍曾抑系连袁详一并谋杀？则供称：伊第见李泳致一见袁详，即上前用刀连砍。袁绍曾系伊杀死，李泳致并未动手，且纠约时只说捉拿袁绍曾，亦未提及袁详等语。恐该犯所供尚有不实不尽，再三研诘，矢口不移。细核原审情节，李泳致与杨氏奸情系被关白氏嚷破，其被逐亦由袁绍曾讥诮，则李泳致所切齿而痛恨者宜在此二人，似不应反肆毒于袁详，并杨氏亦被砍伤。或因袁详走出撞见谋杀，灭口亦属情理所有。现关佶详已自认杀人不讳，断不肯为已死之李泳致代为隐瞒，致受刑责。其供不知李泳致谋意，自系实情。惟李泳致系袁宅长随，无论预先谋杀家长期亲及临时谋杀家长灭口，均罪干磔诛，以之定为此案首恶，实属情真罪当。臣等复会同都察院、大理寺亲提研鞫，缘关佶详并李泳致均系奉天旗人，与已死工部六品官袁详及其子袁绍曾均先无仇隙，李泳致在袁家充当长随，素有主仆名分。同治九年春间，李泳致先在内务府俸达杨常家佣工年久，出入不避，因与杨常长女杨氏通奸，后杨常病故，李泳致辞工回家。光绪元年八月，李泳致闻杨氏已嫁给袁详为继妻，求人荐到袁家跟班，拨在后院厨屋内存住，时到上房支使，乘间与杨氏续奸多次，袁详并不知情。关佶详之妻白氏亦受雇在袁绍曾屋内照管孩子明溥、哲溥，袁绍曾与白氏调戏成奸，时常同床睡卧，工钱之外，袁绍曾常格外资助，后袁绍曾继妻明氏病故，与白氏奸情愈密，关佶详先不知道，后因屡来探望，白氏常不出见，且觉白氏待伊冷淡，由此心怀疑忌。五年正月间，李泳致同杨氏奸情日久显露，白氏因与杨氏不睦，将杨氏奸情告知袁绍曾，时用言向袁详讥诮，袁详由此时加防范，将李泳致辞了。李泳致犹望杨氏念恤旧好，将伊说合回家，以后仍来看望两三次，袁详均不准进入里院，李泳致始将行李搬出。五月间，关信详与李泳致路遇闲谈，李泳致提及白氏在袁家甚是得意，白氏与袁绍曾有奸，反说伊坏话，致被驱逐，关信详尚未深信，向李泳致解劝各散。七月十三日，关信详往袁家找白氏拆洗被窝，见白氏面上仍是带气，关信详负气走出，行至双小庙地方复与李泳致撞遇，李泳致诘其何来？关信详向告前情，并称欲叫白氏回家。李泳致说："袁绍曾将白氏霸占，恐难回家。"关信详气愤，即云："此事我原疑惑，今观白氏情形，恐即是真。"李泳致即激关信详何不去捉奸。关信详答称，官宅势众，一人不敢捉拿，央求李泳致帮助。李泳致即称袁宅门户伊皆熟悉，情愿带往拿奸，并嘱关信详转邀伊妻弟白金升、白金保助势，如伊弟兄不允，就说讹得钱来大家花用，关信详应允。李泳致约定二十七日夜在此会齐，并称袁详等吸烟睡迟，须待鸡鸣时方可下手。各散。二十七日傍晚，关信详至白金升家，向白金升、白金保告知前情，并央帮同捉奸。白金升先未应允，关信详说闹出事来，到官定要扳害。白金升等也就允从。鸡叫时，关信详携刀，白金保持棒，白金升徒手，一同起身到双小庙，见李泳致早在彼等候，偕至袁家门首，关信详先将李泳致搊扶上墙，李泳致将关信详、白金保随后拉上，跳进院内。白金升腰有残疾，不能上高，开门放进。白金保、白金升堵住门房，李泳致谂知杨文炳与袁绍曾口角有嫌，当令白金保吓说是北陵老杨家来拿对的，如有人出来定要杀害。李泳致指引关信详进入里院，踹开上房东间窗户玻璃，钻进屋内。袁绍曾惊醒喊称：要东西尽管拿。关信详声说：要性命不要东西。用刀向袁绍曾乱砍，找寻白氏未获，误将在旁睡卧之哲溥砍伤，闻系孩子声音，当即住手。彼时明溥同白氏在东屋里住宿，明溥闻声走出外屋查问，亦被关佶详划伤，明溥、哲溥乘间跑避。白氏亦由窗跳出，躲在东厢房。袁绍曾从窗爬出，跑到二门外，关佶详赶上，用刀拉伤咽喉身死。惟时李泳致亦由窗钻进，开启房门，走至堂屋。袁详在西屋闻闹，开门持灯走出，李泳致瞥见，上前用刀将袁详连砍倒地，并因袁杨氏下地喊救，用刀连向殴砍。李泳致将刀撩弃院内，同关佶详等出门逃散，经袁家工人郭发祥、李顺等点灯查看，袁详已被砍伤咽喉等处殒命。报经承德县勘验，拾获小接手凶刀一把，旋被长胜营兵丁保昌带人将李泳致、白金升拿获。该营因关佶详之弟佶幅在营当差，即派人押令佶幅，亦将关佶详拿获。李泳致之妻李高氏，因伊夫二十七日夜曾在邻人奚庆昌家吸烟，即求奚庆昌捏称李泳致吸烟，一夜并未移动，往营将李泳致呈保。奚庆昌应允，李高氏并求刘国辅、刘国亨、李春芳、田广盛、吕成祥、田秀荣一同往保，刘国辅等因二十八日天明时见李泳致在地看豆，且信奚庆昌之言为实，均允随奚庆昌到营具保。该营不准，奚庆昌等均即回屯。该营究问李泳致凶刀下落，李泳致因随田广才出差，知田广才家有夹靶刀一把，即诡称刀系向田广才借来，杀人后仍复送还。该营即饬方长刘国辅在田广才起刀。时田广才外出，田广才之母年老糊涂，即将刀交给刘国辅送营。该营将李泳致连凶刀一并送县，关佶详、李泳致均供认杀人属实。经县详，经该将军先将大概情形具奏。嗣杨氏病故，李泳致等招解到部，均翻异原供。李高氏复求奚庆昌等到部呈保，白氏亦遣小兆递呈为关佶详鸣冤，且称袁绍曾与穆洛五有仇。刑部将全案驳回复审，李泳致补认原供，即经监毙。该侍郎将全案人证奏解到京。保人李芳春因年老，未肯远行，李泳致之兄李泳发顶名赴京，旋因该省将原拿保昌等续行解到，李泳发恐被看破，情急畏罪，自缢身死。现将前情审悉，并究穆洛五仅止纵妻与袁绍曾通奸，后因妻病故，常向袁绍曾讹索，经文纲韩泳太说合完事。及袁绍曾与杨氏之弟杨文炳因闲言口角，委与正案无涉等情。

臣等查现讯各节，大致与该县原审相符，而该部原奏保人及凶刀两层，亦最关紧要。现据关佶详供称：李泳致杀人后，将刀撩弃院内，是在袁家拾获之刀，其为李泳致凶器无疑，当饬调五城仵作公同勘验，均结称的是杀人凶物。其由田广才起获之夹靶刀，验系未经杀人，则凶刀已有着落。至保人奚庆昌，现据供明李泳致实夜二更后散去，亦与关佶详所供下手须待鸡鸣之时隐相符合。臣等综核案情，袁详之被杀，固由于关佶详之捉奸，而实成于李泳致之挑唆。李泳致虽未将被逐挟嫌、蓄意杀害等情向关佶详告知，惟关白氏与袁绍曾有奸，与伊有何干涉？乃屡次向关佶详怂恿，名为帮同捉奸，实则假手泄愤，是其设计于事前者，谋已甚谲。至杀人之先，则赴临家吸烟；杀人之后，复往地内看豆；临时又声言北陵老杨种种情节，无非为异日卸罪地步。且杀人之刀已弃，终匿情而不供，起获之刀非真，反直认而不辨，是其图脱于事后者，术尤甚狡。现据当前众证，核以该犯生前供词，真情已历历如绘，自应据以定谳。哲溥等伤早平复，白金保弋获无期，案内牵连人证太多，未便久羁囹圄，致滋拖累，应先行拟结。查例载雇工人干犯旧家长之案，如挟撵逐之嫌，并一切理屈，肇衅在辞工以前者，均照干犯家长本律定拟。又律载：雇工人谋杀家长，凌迟处死。律注云：监故在狱者，仍戮其尸。又例载：本夫捉奸非登时杀死，不拘捕奸夫，照擅杀律拟绞监候。又例载：证佐不言实情，减罪人二等；又例载擅杀余人，杖一百；又军民相奸，奸妇杖一百枷号一个月；又律载不应为而为，事理重者，杖八十各等语。此案李泳致系袁家长随，与袁详之妻杨氏通奸，被袁详窥破驱逐，辄挟嫌蓄意谋害，怂恿关佶详捉奸为由，夜入室杀毙袁详等父子二命，袁详一命系该犯下手杀毙，实属罪大恶极。该犯通奸家长之妻，罪干斩决。其谋杀家长，律应凌迟处死，自应从重问拟。李泳致合依雇工干犯旧家长之案，如挟撵逐之嫌，并一切理屈，肇衅在辞工以前者，照干犯家长本律定拟，例雇工人谋杀家长凌迟处死律拟，凌迟处死虽已经监毙，仍应照律戮尸。关佶详因李泳致告知伊妻白氏与袁绍曾有奸，即纠同白金升等捉拿，起意将袁绍曾杀死，讯系激于义愤，并不知李泳致有挟嫌杀害图泄私愤情事，自应照本例问拟。关佶详除误伤哲溥等轻罪不议外，合依“本夫捉奸非登时杀死，不拘捕奸夫，照擅杀律绞例”拟绞监候，秋后处决，入于本年朝审办理。杨氏与雇工李泳致通奸，且致伊夫袁详被李泳致谋杀，罪有应得，业已身死应无庸议。奚庆昌虽不知李泳致杀人情事，惟因李高氏央求，辄捏词，首先联名具保，欲将罪干寸磔人犯全行开脱，亦应按律问拟。奚庆昌合依佐证不言实情，减罪人二等。律于李泳致死罪上减二等，拟杖一百，徒三年，系旗人，照例折枷。白金升随同捉奸并未动手，亦不知李泳致谋杀情事，应照擅杀余人杖一百律，拟杖一百。关白氏遣子小兆递呈，讯系怀疑妄诉，惟与袁绍曾通奸，应照“军民相奸奸妇杖一百枷号一个月”例，拟杖一百，枷号一个月，杖罪的决，枷罪收赎，给属领回，听其去留。刘国辅、刘国亨、田广盛、田秀荣、吕成祥误信奚庆昌之言，随同具保，虽非有意扶同捏饰，究属不应，均依不应重律拟杖八十。奚庆昌等事犯到官，在光绪七年五月十四日恩诏以前，奚庆昌情节较重，不准援减，白金升等均准减免，仍候解回该省分别发落。李高氏求奚庆昌等具保，李泳发顶名李春芳赴京，系在例得容隐之列，且李泳发业已畏罪自尽，均应予勿论。穆洛五纵妻与袁绍曾通奸，本干律拟，惟念无干受累，久羁囹圄，且事在恩诏以前，应与说合之文纲韩泳太及田广才、小兆、保昌均请免议。其余杨文炳、关佶幅、李顺、郭发祥俱系无干，白金保缉获另结。

再奉天总督原审，虽与现讯情节微有参差，罪名究无出入，且未经定案。盛京刑部侍郎奏驳各节，虽稍涉琐碎，究非尽属无因，且系慎重人命起见，均无不合，应请免其置议。至李泳致因何身死之处，前已奉旨，派盛京户部侍郎恩福、奉天府府丞潘斯濂会同该将军等相验，现已讯明，李泳致系应死罪人，即使真正刑毙，仍应锉尸示众，与本案无涉，未便因此令全案人证久羁以待，应由该侍郎等验明，另行奏结。看守李泳致禁役郭兴解归彼案办理，原验委员及犯妻李高氏均无庸再行解京，案内人证咨送兵部解交该省，分别发落。调到卷宗连刀一并备案存库。此案系刑部主稿，合并声明。所有臣等会同审拟缘由，理合恭折具奏请旨。

《清稗类钞》云："江宁三牌楼枉杀二命案"：光绪辛巳，沈文肃公葆桢督两江，江宁有三牌楼【在仪凤门内。】命案，轻率定谳，枉杀无辜，世多冤之。时陈伯潜阁学宝琛方为翰林院侍讲学士，以参将胡金传承缉谋杀朱彪之命盗，妄拿教供，刑逼定案，业将曲学如、僧绍宗处决。虽已由继任总刘忠诚公坤一另获凶犯周步畛、沈鲍洪供认杀彪，并讯出金传吓贿眼线教串各节，旋奉旨令忠诚严行刑讯，以成信谳，而疑窦孔多，犹待澈究，遂具疏以上闻。此案真相，实为步畛挟仇起意杀彪，商同鲍洪潜携篾刀遇彪，以纠邀行窃为名，至三牌楼竹园旁，将彪砍毙，二人同逃，固未移尸，嗣经地保报县验详。文肃遂饬会办营务处洪汝奎悬赏购线，并派金传密访。盖金传昤为缉捕委员也，先后拿获学如，绍宗及张克友三人，并贿教方小庚作证，金传与问官候补县严堃同讯，喝令用刑，威逼成招。初供杀死谢某，旋供为薛泳洤，继复称为薛春芳。金传辗转诱令改供，汝奎于复审后，以案情重大，禀请派员覆讯。文肃以为此乃会匪之自相残杀也，即批饬将学如，绍宗正法。及辛巳拿获窃犯李大凤，供出步畛，鲍洪杀彪，与办结前案地方时日相符。当将步畛，鲍洪讯供，不稍讳。壬午，德宗以宝琛具疏上闻，遂派麟相国书、薛尚书允升前往查办，时麟为刑部尚书，薛为刑部侍郎也。既至江宁，反复推鞫，步畛、鲍洪均各供认商同杀彪不讳，金传亦以刑讯教供各情，据实供吐，小庚、克友等供俱各吻合，于是步畛、金传皆论斩，鲍洪论绞，汝奎、堃均革职，发往军台效力赎罪，文肃以已薨免议。

雷榜荣

四月，题升陕西司郎中。因回避本省，调补山西司郎中。

赵舒翘三十四岁。

《慎斋年谱》载："派秋审处坐办，辞不获，定递现审人犯数目单，四日为期，俾免淹禁。先是，南北两司监外看人犯至，竟不服应，先生毅然厘正之，弊以息。”

八月，赵舒翘提牢报满，有《辛巳提牢度中秋步青士原韵》云：“寂寞园扉精掩门，楼鸦古树向黄昏。十分明月流云护，五日归期逝水奔。犴狱思君犹食德，鸿泥笑我亦留痕。荧荧官烛终宵对，更道铃声惊梦魂。”

履历：九月，提牢期满，议叙以本部主事即补，派充秋审处坐办。

十二月，题补直隶司主事。

是岁，赵舒翘用功分养身、殖学、明刑、庇家、酬世、书字六纲。

张成勋

三月，充四川司正主稿。

吉同钧

二十八岁。妻高氏亡。

段维十五岁。

《段冈北先生年谱》云：“华州段善民[①]先生年十余岁，时赴蜀过岐，见书院月课榜，公名列第一，即往访之，遂订交焉。”（先生印［即］大贞，后中庚寅科进士，官内阁中书，四川直隶州知州）

“青士”即**濮文暹**，原名濮守照，字青士，晚号瘦梅子。溧水县崇贤乡（今柘塘乡）地溪村人。先世于南宋淳右年间由河南卫辉迁溧水。父濮瑗（琅园）生四子二女，四子中濮文暹居长，次为濮文升、濮文昶、濮文曦，二女为濮文漪、濮文湘。

濮文暹，补县学附生，因太平军占领金陵，省试中辍，乃改名文暹，北上京师应顺天乡试。与三弟濮文昶同科考中咸丰己未举人，后又同考中同治乙丑进士。先供职于刑部，任陕西司主事、员外郎、四川司郎中。在

① 段大贞，华州人，清光绪16年（1890年）庚寅恩科进士。

刑部供职10余年期间，濮文暹“居心平恕，察事精详”，著有《提牢琐记》，当时被奉为成法。他参与审理很多朝迁要案，平反了不少冤狱，显示了他秉直断案的品质和才能。光绪九年，濮文暹简入潼关道堂，后又改授南阳府知府。濮文暹任南阳知府前后10余年（中间曾任开封府知府，彰德府知府），政通人和，百废俱举。濮文暹在南阳府主政有方，“政声洋溢于中州，盛德之称满于人口”，朝廷加封濮文暹三品官衔，赏戴花翎，升用道员。濮文暹熟谙诗书、经史，且好鼓琴，擅声曲，并嗜读《红楼梦》，为研究《红楼梦》的著名人物。清同治四年，濮文暹与其弟濮文昶为《脂砚斋重评石头记》作题跋。濮文暹在继母死后，丁忧归不再出仕，担任了府学堂总教习。光绪三十一年，去山东长子濮贤恪任所就养。宣统元年十二月初九日去世，时年80岁。濮文暹著作有《见在龛集》八册和《见在龛杂作存稿》四册存世。

《翁同龢日记》云：十二月二十四日，“祁世长吏右仍署刑左”。①

1882年，光绪八年，壬午

六月，朝鲜京城发生变故，事连大院君李罡应，七月，迁大院君于保定。是岁，上海领事团裁判所成立。

薛允升六十三岁。

正月

二十四日邸钞：“以前工部右侍郎阎敬铭为户部尚书，即行来京供职，未到任以前，以户部左侍郎王文韶署理。”（《越缦堂日记》）

二月

二十九日邸钞：“上谕：前因翰林院侍讲学士陈宝琛奏江宁三牌楼命案

① 《翁同龢日记》（第3册），第1638页。

疑窦孔多，当派尚书麟书、侍郎薛允升前往查办。该尚书等驰抵江宁，提案研鞫，曾经具奏大概情形。兹据奏称，讯明周五即周步畛，挟仇起意，谋杀朱彪，商同沈鲍洪即潘洪，潜携篾刀，寻遇朱彪，纠邀行窃。至三牌楼竹园旁，将朱彪斫毙同逃，并未移尸。嗣经地保报县验详。已故两江总督沈宝桢饬令营务处洪汝奎悬赏购拿，并派缉捕委员胡金传密访，先后拿获僧绍宗张克友曲学如，并贿教方小庚作证。胡金传与问官严堃同讯，喝令用刑，酷逼成招。初供杀死谢姓，旋供系薛姓名永全，继复称为薛春芳。胡金传辗转诱令改供。洪汝奎于覆审后以案情重大禀请派员覆讯。沈宝桢以为会匪自相残杀，批饬将曲学如、僧绍宗正法。上年拿获窃犯李大凤供出沈鲍洪、周五杀死朱彪等情，与办结前案地方、时日相符，当将沈鲍洪、周五获案，讯供不讳，现经反复推鞫，供俱吻合，应即拟结等语。此案已革参将胡金传故入人罪，冤杀二命，情节较重，依拟斩立决；周五即周步畛，依拟斩立决；沈鲍洪即潘洪，依拟绞立决；均著即行正法。两淮盐运使洪汝奎督审此案，率行录供，敢胡金传教供私拷等情毫无觉察；候补知县严堃承审此案，率将胡金传诱取供词认为实情，随同附和，糊涂谬妄；洪汝奎、严堃均著革职，发往军台效力赎罪，余均照所拟办理。会审此案之候补同知单之珩、候补知县丁仁泽交部分别议处察议；前两江总督沈葆桢办理草率，实有应得之咎，业经身故，免其置议。”自批注：“陈宝琛疏言六可疑，专为开释洪汝奎地［也］。盖事由沈葆桢主之，闽人袒护乡谊，又以沈葆桢为圣人，少年浅识，无足多怪。外传其入洪重贿，当不至此。惟外间冤狱平反者百无一二，汝奎为刘坤一极信任之人，由候补道员骤擢运使，设非冤证众著，公论难违，岂有遽翻数年前久定之重案？而宝琛谓以窃贼之游辞，锻炼周内，强傅前案，并两事为一事，且疑出已革高淳知县唐葆元仇陷，亦勇为异论者矣！麟尚书等覆奏极为明晳，冤诬之状历历如绘，后述辨定之真确，驳陈疏之六疑，援引精详，情律兼尽，盖出薛侍郎手也。”（《越缦堂日记》）

“诏以江宁三牌楼一案枉杀无辜，实堪痛恨，戒饬各直省督抚，嗣后办理命案，务当严饬属员，细心研讯，不得稍涉大意。至武员例不应会审，傥各省再有此等情形，定将该督抚等从严惩办，决不宽贷。”

二十九日，“谕：国家钦恤庶狱，凡有关罪名出入之案，无不慎之又慎，诚以民命至重。每年秋审人犯，矜疑再四，始定爰书，各省问刑官员，遇有重案，宜如何仰体朝廷德意，虚衷研鞫，以期无枉无纵，本日披览麟书等覆奏江宁三牌楼一案，讯明已决各犯，实系冤抑，似此轻率定谳，枉杀无辜，实堪痛恨，业将此案承审各员分别惩办，嗣后各直省督抚办理命案，务当严饬属员，细心研讯，如有疑窦，即应加意推求，详细覆核，不得稍涉大意，甚或偏执成见，致成冤狱，至武员例不应会审案件，如胡金传之刑求教供，草菅人命，尤属荒谬已极。倘各省再有此等情形，定将该督抚等从严惩处，决不宽贷，将此通谕知之”。(《光绪朝东华录》)[①]

二十九日，“谕内阁、前因翰林院侍讲学士陈宝琛奏江宁三牌楼命案疑窦孔多，当派尚书麟书、侍郎薛允升前往查办。该尚书等驰抵江宁，提案研鞫，录取各供，曾经具奏大概情形谕令督讯定拟。兹据奏称，讯明周五即周步畛挟恨起意谋杀朱彪，商同沈鲍洪即潘洪潜携篾刀，寻遇朱彪纠邀行窃，至三牌楼竹园旁将朱彪砍毙同逃，并未移尸。嗣经地保报县验详，已故两江总督沈葆桢饬令营务处洪汝奎悬赏购拏，并派缉捕委员胡金传密访，先后拏获僧绍棕、张克友、曲学如，并贿教方小庚作证，胡金传与问官严堃同讯，喝令用刑，酷逼成招。初供杀死谢姓，旋供系薛姓名泳淦，继复称为薛春芳，胡金传辗转诱令改供。洪汝奎于复审后，以案情重大，禀请派员覆讯。沈葆桢以为会匪自相残杀，批饬将曲学如僧绍棕正法。上年拏获窃犯李大凤供出沈鲍洪、周五杀死朱彪等情，与办结前案地方时日相符，当将沈鲍洪、周五获案讯供不讳。现经反复推鞫，周五、沈

①《光绪朝东华录》(第2册)，第1300页。

鲍洪均各供认商同谋杀朱彪。胡金传亦将刑讯教供各情据实供吐。方小庚张克友等供俱各吻合。应即拟结等语。此案周五起意谋杀。沈鲍洪听从下手加功。均脱逃已逾三年。胡金传故入人罪。冤杀二命。情节较重。周五即周步畛。著依拟斩立决。沈鲍洪即潘洪著依拟绞立决。已革参将胡金传著依拟斩立决。均著即行正法。两淮盐运使洪汝奎督审此案率行录供，于胡金传教供私拷等情毫无觉察。候补知县严堃承审此案，率将胡金传诱取供词，认为实情随同附和，实属糊涂谬妄。洪汝奎、严堃均著革职发往军台效力赎罪。会审此案之候补同知单之珩、候补知县丁仁泽著交部分别议处察议。前两江总督沈葆桢办理草率，实有应得之咎，业经身故，著免其置议”。(《光绪朝实录》)

“又谕：国家钦恤庶狱，凡有关罪名出入之案，无不慎之又慎，诚以民命至重。每年秋审人犯，矜疑再四，始定爰书。各省问刑官员遇有重案，宜如何仰体朝廷德意，虚衷研鞫，以期无枉无纵。本日披览麟书等覆奏江宁三牌楼一案，讯明已决各犯实系冤抑，似此轻率定谳，枉杀无辜，实堪痛恨。业将此案承审各员分别惩办，嗣后各直省督抚办理命案，务当严饬属员，细心研讯。如有疑窦，即当加意推求，详细覆核，不得稍涉大意，甚或偏执成见，致成冤狱。至武员例不应会审案件，如胡金传之刑求教供，草菅人命，尤属荒谬已极。傥各省再有此等情形，定将该督抚等从严惩处，决不宽贷。将此通谕知之。”

三月

十九日，“麟芝庵、薛云阶回京，访芝庵于庙中，遇果君”。(《翁同龢日记》)[1] 江宁三牌楼案已结。

二十六月邸钞：“刑部郎中宗培、员外郎瑞霖均交军机处记名以道府用。”自注：“宗培、瑞霖均随尚书麟书、侍郎薛允升谳狱江宁，以京察一

①《翁同龢日记》(第3册)，第1653页。

等补引见者。”

“三牌楼”案的发生与太平天国及捻军被镇压后，大量士兵被解散，社会上散兵游勇众多有关。朱曼君（铭盘）有《游勇行》云：“江东有穷子，早岁曾为兵。杀贼虽多不得赏，太平散卒驱归耕。田庐荡绝骨肉死，商贾不习谁可营。短衣数挽足无袜，可怜日向街头行。夕阳惨淡照林木，此时饥腹空吞声。吁嗟此辈故骜悍，大酒肥肉乃餍情。而况当时用彼力，授以金铁令杀人。一朝偃武尚法律，此辈何识气顿驯。使酒争博亦细故，论罪那便陨厥生。何者逻吏骑马过，道旁见之意不平。呼为游卒叱缚送，堂上一鞫头颅倾。呜呼天下皆赤子，入伍则卒出则民。尔曹媚上亦多术，乃以人肉为功名。翁归张汤却遍地，宁成郅都那足云。往者督部沈少保，以猛为治良可程。遂有鄙夫窃意旨，戈船小吏白骨横。呜呼戈船小吏白骨横！我愿大官日夕拂高监，慎勿借之鳞甲为蛟鲸。”“少保”谓沈文肃，即所谓“三牌楼”之狱也。①

四月

十八日，翁同龢“今日始闻全师疾，晚饭后往问，甫出门见白衣者，心动问之，则师已于今日卯初奄逝矣，驰哭不自支，深悔数日未曾一候也。老成凋丧，天乎天乎”！②

二十三日，“驰往全师处，先一日有约也。乌拉喜崇阿、薛允升、祁世长、锡珍、松桂、奎润、盛煜、许应骙、赵亮熙、王仁东、赵亮熙之侄咸集。许查得户部同治十年案，有全师呈请将铭彝案，奎查得本旗案与户部同，余遂发议，请铭彝出正告之，并其弟铭钟。铭钟云此事彼已知，但当时合族未画押，故不足据。余严词折之，饬全宅家人保护幼主，约同人

① 郭则沄：《十朝诗乘》（卷二十），载张寅彭主编：《民国诗话丛编》（第4册），上海书店出版社2002年版，第656页。

②《翁同龢日记》（第3册），第1658页。

明日再集。噫，祸生庭阶，可叹可愕”。[①]

二十四日，“驱访全师处，锡席卿、奎星斋、祁子禾、薛云阶、淞寿泉、嵩犊山、成伟卿皆集，本家亲戚咸在。奎以户部印文持铭彝，未及读即有婢趣之入。须臾其母桂竹孙之妻出拜客，余等避，则又长跪，言：我奉先姑有年，既服其丧，岂可不服先舅服，且铭彝侍养三十七，奈何令归宗耶？语极多，余等皆不答，而铭钟、铭敦两人尤可恶，铭敦曰：大人们若勒令归宗乎。余等径出，到隆丰堂饭庄小坐，令嵩犊山、赵伯寅再往开导，竟无一字挽回。噫，悍妇顽孙如此哉”。[②]

左宗棠四月二十四日《遵旨处决案犯片》云：“臣一面恭录转行承审司道江宁布政使梁肇煌等遵照办理，即钦遵谕旨，于是月十四日辰刻亲提周五即周步畛、胡金传、沈鲍洪即潘洪三犯到案点验，饬委江宁府知府赵佑宸、督标中军副将谭碧理等恭请王命，将犯绑赴市曹，分别斩绞讫。除将该革员洪汝奎等饬发江宁府看管另行起解外，理合附片陈明，伏乞圣鉴。”[③]

三十日，“申初到全宅，集者八九人。乌达峰、奎星斋、锡席卿、成魏卿、祁子禾、许筠庵、薛云阶、赵心泉、赵寅臣。议定铭彝归宗，麟、祥分产，各具一结，备画押，初更时始了，波折甚多，余等皆画押于后，醇邸到彼，亦看此议”。[④]

五月

二十三日，“敬信调兵右……福锟调刑右。贵恒署”。(《翁同龢日记》)[⑤]

六月

初六，“未正集全宅，集者奎星斋、锡席卿、祁子禾、薛云阶、许筠

---

①《翁同龢日记》(第3册)，第1659页。

②《翁同龢日记》(第3册)，第1659页。

③《左宗棠全集·奏稿》，第89～90页。

④《翁同龢日记》(第3册)，第1660页。

⑤《翁同龢日记》(第3册)，第1664页。

庵、成伟卿、赵寅臣，其他皆不识，往来调停者嵩犊山、吉云舫也。纷纭不已，大约现银五千，产业一万二三千两，又麟世兄名者二万两。或递呈，或诉苦，余则以一语断之，日［曰］不论何物，悉作三股，一股归师祭产，用印存公，两股对分。同人皆以为然，两边均不肯应，又大周折始应，俟配匀再拈阄而散，日落矣”。[①]

十三日，“赴全宅议析产，卒以妇人口舌不果，自未初至戌初，甚矣惫，集者祁、薛、奎、成、赵寅臣、赵老者。约二十人，相顾莫可如何”。[②]

十九日，“午后邀许筠庵、麟芝庵、薛云阶、陈荔秋、祁子禾饭，未初集，酉正散”。[③]

二十三日，“赴麟芝庵招，在座者筠庵、子禾、燮臣、荔秋、云阶及潘伟如也，晚散”。[④]

七月

二十六日，“陈启泰参周瑞清案有涉工部报销处，来传原案……销款九十三厅，同治十三年至光诸五年”。(《翁同龢日记》)[⑤] 户部云南报销案发。

八月

十六日，“前行插车，出海岱门，赴嵩云草堂，薛云阶招饮也，坐中祁子禾、徐颂阁、邵汴生、徐小云，傍晚归”。[⑥]

薛允升兼署工部左侍郎。

八月己未，“以刑部尚书潘祖荫兼署礼部尚书。礼部尚书恩承、兵部

---

①《翁同龢日记》(第3册)，第1667页。

②《翁同龢日记》(第3册)，第1668页。

③《翁同龢日记》(第3册)，第1669页。

④《翁同龢日记》(第3册)，第1669页。

⑤《翁同龢日记》(第3册)，第1677页。

⑥《翁同龢日记》(第3册)，第1681页。

尚书张之万兼署都察院左都御史。刑部左侍郎薛允升兼署工部左侍郎。署兵部左侍郎童华暂行兼署礼部左侍郎”。(《光绪朝实录》)

“御史洪良品劾景廉、王文韶于云南报销案得贿。派惇亲王、翁同龢详询复奏。越日奏并无确据。奉旨俟崔尊彝、潘英章到案仍著麟书、潘祖荫详细推鞫。”(《松禅自订年谱》)

九月

“九月，御史邓承修再劾报销案，旨添派惇亲王及臣龢查办崔尊彝、潘英章等。”(《松禅自订年谱》)

十月

薛允升充顺天武乡试副考官。

十三日，“以吏部左侍郎邵亨豫为武乡试正考官。刑部左侍郎薛允升为副考官”。(《光绪朝实录》)

薛允升于刑部侍郎任上作《命案有关断离援拟请旨疏》：窃查刑科钞出山西巡抚张之洞题萨拉齐厅寄民杜存等共殴潘广録身死，余人杜四到官病故一案。光绪八年八月初六日题，十月十七日奉旨：该部核拟具奏，钦此。查原题内称杜存籍隶河曲县，寄居厅属，将女杜氏嫁与潘广録之子潘汰为妻，杜氏平日侍翁孝顺，潘广録素性急躁，杜氏作事稍不遂意时常殴骂，杜氏未敢言语。杜存痛惜其女，心怀气忿。光绪七年闰七月初四日，潘广録因杜氏造饭迟延，又复詈骂。杜存闻知，气忿莫遏，欲与理论。次日，至潘广録家斥其不应时常殴骂儿媳，潘广録斥言杜存偏护，互争。杜存之子杜伏娃子赶往解劝，路遇族叔杜四，告述前情，邀允同往帮劝。杜伏娃子上前拦劝，乃潘广録疑帮互詈，彼此揪扭跌倒。杜四用铁镢殴伤潘广録脊背近右，杜存用木棒连殴，伤潘广録右臂等处，潘广録拔刀，称欲与杜伏娃子拼命，杜存用木棒将刀格落，殴伤其脑后，松喊倒地。惟时潘汰与杜氏均在田内摘豆，闻知回家看明。讵潘广録至初六日因伤殒命，报验审讯，余人杜四在押患病，保医在店，因病身死。将杜存援例减等拟流等因具题前来。查例载：共殴案内下手应拟绞抵人犯，遇有余人内［共］殴有致死重伤之人，到官以后未结之前，监毙在狱，准其抵命，将下手应绞之人减等拟流等语。此案杜存因出嫁之女杜氏被氏翁潘广録时常殴骂，心生痛惜，往向潘广録争论，辄同杜四等将潘广録共殴身死。查潘广録身受各伤，惟后被杜存殴伤脑后骨损为重，应以拟抵。第以余人杜四所殴致命脊背一伤，重致骨损，亦足致死，业于到官在押病故，已有抵，自应将下手应绞之犯按例减等问拟，应如该抚所题杜存合依共殴案内下手应绞人犯遇有余人内殴有致死重伤之人监毙在狱，准其抵命，将下手应绞之人减等拟流例，拟杖一百流三千里，至配折责安置，仍追埋葬银二十两给付尸亲具领，以资营葬。该抚疏称杜伏娃子合依余人杖一百律，拟杖一百；杜四在押病故，店保人等并无凌虐情弊等语，均应如该抚所题办理。杜氏一犯，该抚以未能先事承劝，起衅酿命，比照子贫不能养赡，致父母自缢者杖一百流三千里例，拟流收赎，系属酌量办理。至杜氏应否离异归宗，该抚并未议及，自系因律无专条，未便例外加重。臣等伏思，事无害于伦常，民间可听其自便。义有时而断绝，门内难掩以私恩，案情百出不穷，往往有律例未尽赅载，全在司谳者准情酌理，折衷至当，所以《春秋》比事不废属辞，汉唐引经用断疑狱，盖自古为然也。况案关父仇，事值伦变，若拘泥例无明文而不厘定其失，则因仍苟且之间即乖明刑弼教之道。今潘汰之父被杜氏之父殴死，则杜氏乃仇人之女。潘广録之死，杜氏虽不知情，实由杜氏而起，则杜氏亦潘汰之仇。以仇之女为妻不可，以仇为妻更不可。《春秋公羊传》曰：仇雠不交婚姻。《谷梁传》曰：仇雠之人，非所以接婚姻也。夫鲁忘仇为齐主婚，《春秋》犹非之，而况自为妻乎？文姜孙齐，《春秋》削其姜氏，《左氏》曰："绝不为亲，礼也。"母尚可绝，又何有于其妻乎？汉时梁人有后妻杀夫，其子又杀之。孔季彦议以非司寇而擅杀。夫因父仇杀母，尚以擅论，又何有于离异其妻乎？《唐律·户婚篇》云："诸凡义绝者离之。"长孙无忌等《疏义》谓：若夫妻、祖父母、父母、外祖父母、伯叔父母、姑姊妹自相杀，皆为义绝。《唐律》集秦汉以来法书大成，斟酌最为尽善，明言应离，更属可则。又考之隋史，炀帝女南阳公主适宇文士及，士及之兄化及行逆，公主为尼。士及请见，不许，公主曰："我与君仇家，今所以不手刃君者，谋逆之日，察君不与知耳。"呵令速去。夫女子有从夫之义，尚可以仇而绝夫，而谓夫不可以绝妻，其义安在？宋元丰中，寿州民杀妻之父母兄弟数口，州司以不道缘坐其妻。刑曹驳之曰："殴妻父母，即是义绝，况是谋杀，不当坐其妻。"又莆田民杨讼其子妇不孝，官为逮问，则妇之父为人殴死，杨亦与焉。坐狱未竟，遇赦免，妇仍在家摄守。陈振孙谓两下相杀，义绝之大。初问杨罪时，合勒其妇休离，不离即是违法。纵有相犯，并同凡人。此妇不合收坐。斯二案皆义绝之事。明丘浚载入《大学衍义补》，其按语谓："生身之恩重于伉俪之义。女子受命于父而后有夫，因夫而有舅姑。异姓所以相合者，义也。义既绝矣，恩从而亡。"名儒之论，足为世教，正可与此对观。然犹异代事也。国朝道光十一年，山东两令约为婚姻，尚未迎娶，后因事婿父戕女父死，女不忍事仇，自经死，诏旌其孝。此女卓绝之行，善处变以全节，固不可望之乡间愚妇。而当时议者咸谓女即不死，其义已绝，后有此比，宜请断离。由是推之，则潘汰之不应以杜氏为妻也明甚。或谓妇女"一与之齐，终身不改"，中道断离，设有无所归者，改适则失节，不嫁则无依，亦堪矜恤。岂知床第之间变成仇雠，即不离异，未见其能久相安。设有椎鲁无知，仍能顺处，是敦夫妻之爱，薄父子之恩。于情为逆，于理为悖，即治以违法，亦非过刻，而顾可从而遂其私乎？至离后妇女再醮，原所不禁，若能完贞不二如山东令女，则又有旌表之例在，固未可狃小节而沦大纲也。总之，仇不共天，法尚宽其报复；道由人合，礼原酌其去留。杜氏无罪，已不当与潘汰完娶；杜氏有罪，潘汰更不应与之合和。潘汰终为杜氏之夫，必使潘汰无父而后可；潘汰既为潘广録之子，必以杜氏不为妻而后可。稽诸古训，参之往行，似应以断离为是。再，此案风化攸关，例所不及，是以改题为奏，合并声明。

注："见《道咸同光四朝奏议》。又按：《慎斋文集》此疏出于赵公舒翘之手，而疏首一段，《慎斋文集》则无之，《四朝奏议》系此疏于刑部，则指堂官，斯时薛公允升适为刑部侍郎，虑此疏亦必有所核定，故仍以薛公名书之，从其时也。"

十一月

"十一月初五日，王文韶告养开缺。"（《松禅自订年谱》）[①]

薛允升兼署兵部左侍郎。"调兵部左侍郎许应骙为户部左侍郎，兼管三库事务。未到任前，以内阁学士张家骧署理。以内阁学士黄体芳为兵部左侍郎，未到任前，以刑部左侍郎薛允升兼署。"（《光绪朝实录》）

十一日，"又谕、毕道远、邵亨豫等奏本科武乡试中额不符自行检举一折。此次顺天武乡试漏未取中加广中额二名。毕道远、邵亨豫、薛允升均著交部分别议处"。（《光绪朝实录》）

赵舒翘三十五岁。

九月，题升福建司员外郎，派充律例馆提调。（《履历》）

《慎斋年谱》载：（赵舒翘）补秋审处提调，九月升福建司员外郎，既而有退志，以办王树汶案堂司不和故也。是岁，因事有感，以保身谨言作一大功课。

按：柏子俊《沣西草堂集》云：河南临刑呼冤一案，闻颇费力支撑，卒能百折不回，一如所拟，似此方不愧吾道，方不负吾学。

九月十四，上谕"河南盗犯胡体洝临刑呼冤一案，前经梅启照、李鹤年讯明拟结，当谕令刑部速议具奏。旋据刑部奏称：查阅原奏疑窦甚多，应俟招供到部再行定拟。此案迭经御史风闻陈奏，其为舆论纠纷概可想见。究竟案情有无冤抑，若不详慎堆求，不足以成信谳。即著李鹤年将全

① 《翁同龢集》（下册）《松禅自订年谱》，中华书局 2007 年版，第 1041 页。

案人证卷宗派员妥速解京，交刑部悉心研鞫，务期水落石出，毋稍枉纵”。（《光绪朝实录》）

十月十六日，“谕：刑部奏请饬将要案人证迅速送部等语，河南盗犯胡体洝临刑呼冤一案，前经谕令李鹤年将人证卷宗解交刑部研鞫，现在尚未解到，著该抚懔遵前旨，派员妥速解京，毋稍迟延”。[①]

《咸宁长安两县续志》云：河南王树汶冒盗代死一案，疆吏多回护，诏部覆勘。时尚书潘祖荫承政府王公意，欲左袒，授意舒翘。舒翘承审得实，持不可，潘弗从，舒翘争之曰：“人命至重，可迁就耶？某可去，此案不可移！”言次，声色俱厉，拂袖出。潘怒，欲劾之，会潘调他部，他堂韪舒翘议，卒平反之。巡抚以下皆得罪，当是时，舒翘直声震天下。辇毂之下，道路啧啧，舒翘之受上知自此始矣。

《清代野记》云：“光绪初年，河南镇平县盗犯王树汶临刑呼冤一事，邸抄所载不甚详。其时知镇平县者为方某，少年进士而初任也。其事则寻常盗劫耳。案出时，见刑幕东涂西抹，与所供多不合，怪而问之。幕曰：我等皆老于申韩者，公读书初出茅庐，不知其中玄妙也。方即不敢再问。狱上，决有日矣。是日缚树汶赴市曹，监斩官抚标中军参将并开封知府唐某[②]也。树汶一出狱，即大声呼冤。槛车道出城隍庙街，不由人驭，直趋入庙中庭下而止，而澍汶仍呼冤不已。庙距抚署甚近。其时六安涂宗瀛为巡抚，闻之亟遣询，乃命返狱中另鞫。始知王树汶为盗首，真者早远飏。捕者获其娈童，绐之曰：官呼尔为王树汶，尔即应之。更教以供词，且言树汶已代尔谋出狱事，慎毋泄。及将斩，始知为所欺，故呼冤不已。据唐太守云：是日事诚有异，御槛车者二人，竟不能制一骡，骡直向庙中，亦不可解，岂冥冥中真有鬼神在耶？是案亦经刑部提讯。知县方某，潘文勤

①《光绪朝东华录》（第2册），第1431页。

② 唐咸仰。

门生也。文勤时掌刑部，询其故，方因举刑幕所言以对。文勤大怒，命逮刑幕，方革职，省中承审各员皆获咎有差。”

吉同钧作《薛赵二大司寇合传》：“夫发稔［捻］之乱，军兴二十余年，民命贱于草芥，疆臣恃功跋扈，渺视朝命，几乎尾大不掉。其办强盗大案，定为就地正法、先斩后奏之章，后虽降旨停止，然积习相沿，难以骤革。王树汶本为强盗看守衣物，年仅十五，并未上盗，到案审讯，正盗凶恶狡展，暗中贿买树汶供认正盗，问官昏瞶不察，即定树汶为正盗拟斩，上详入奏，经刑部查核不确，驳令再审。时豫抚为李鹤年，资深偃蹇，袒护属员，草草会讯，仍照原议行刑，时监斩官为首府唐咸仰，见王树汶临刑呼冤，禀院暂止行刑。此风一播，在京豫籍御史累折交参李抚，上命刑部提案严讯。云阶主持平反，一面饬赵舒翘据法斥驳，一面定案，将正盗胡体洝等决斩，以王树汶并未上盗，从轻拟徒，奉旨依议。完案后追治问官之罪，除原审知县发遣外，其余巡抚、河督、藩臬道府以下凡会审此案州县佐贰四十余员一并革职，不准留任。唐咸仰升河东道，转河南按察司，从此均知人命关天关地，不敢草菅，而朝纲大振，疆吏跋扈之风亦稍戢矣。”

李岳瑞作《春冰室野乘》：“河南南阳府镇平县猾胥胡体安者，盗魁也。河南以多盗故，州县皆多置胥役，以捕盗为名。大邑如滑、杞，隶卒皆多至数千人，实则大盗即窟穴其中。平时徒党四出，劫人数百里外，裒其所得，献诸魁。大府捕之急，则贿买贫民为顶凶以消案。有司颟顸，明知其故而不敢究诘，盗风乃益炽，体安凶猾，尤冠其曹。一日使其徒劫某邑巨室，席所有以去。鸣诸官，案久未破，巨室廉知体安所为，则上控司院。巡抚涂宗瀛檄所司名捕之，体安大窘。阴与诸胥谋，以其家童王树汶者，伪为己，俾役执之去。树汶初不肯承，诸役私以刑酷之，且诳以定案后决无死法，树汶始应诺。树汶年甫十五，尪羸弱小，人固知其非真盗也。县令马翥者，山东进士也，闻体安就获，则狂喜，不暇审真伪，遽驰牍禀大府，草草定案。当树汶大辟，于时体安已更姓名，充它邑总胥矣，树汶犹未知之也。刑有日，树汶自知将赴市，乃大呼曰：我邓州民王树汶也。安有所谓胡体安者？若辈许我不死，今乃食言而戮我乎？监刑官以其言白宗瀛，宗瀛大骇，亟命停刑，下所司覆鞫之，卒未得要领。树汶自言其父名季福，居邓州，业农。乃檄邓州牧朱刺史（光第），使逮季福为验，未至而宗瀛擢督两湖以去，狱事遂中变。河道总督李鹤年，继豫抚任开归。陈许道任恺者，甘肃人也，先为南阳守，尝谳是狱，又与鹤年有连。于是飞羽书至邓，阻朱公，俾勿逮季福，且以危言怵之。朱公慨然曰：民命生死所系，曲直自当别白，岂有相率炀蔽，陷无辜之民，以迎合上官者耶？任恺使其党譬说百端，终不为动。竟以季福上，使与树汶相质，则果其子也。恺始大戚，知是狱果平反，己且获重咎，百计弥缝之。豫人之官御史者，乃交章论是狱，说颇侵鹤年。鹤年初无意袒恺，然出生军旅，素简贵，不屑亲吏事，又恚言路之持之急也，遂一意力反宗瀛前议。然树汶之非体安，则已通国皆知，无可掩饰。则益傅会律文，谓树汶虽非体安，然固盗从。在律强盗不分首从，皆立斩，原谳者无罪。时树汶入狱已五年，初止为体安执爨役，或曰娈童也，并无从盗事。而谳者必欲坐以把风接赃之律，于是树汶遂为此案正凶。而官吏之误捕，体安之在逃，悉置之不问矣。言者益大哗，劾鹤年庇恺，于是有派河督梅启照覆审之命。故事，钦差治狱，皆令属官鞠之，大臣特受成而已。河工诸僚佐，什九鹤年故吏，夙承鹤年意。启照已衰老，行乞休，不欲显树同异。竟以树汶为盗从，当立斩，狱遂成。言者争之益力，吴县潘文勤，时长秋官，廉得其实。乃奏请提部覆讯，且革马翥职，逮入都。于是赵舒翘方以郎中总办秋审，文勤专以是狱属之，研鞫数月，始得实，行具奏矣。而鹤年使其属某道员，入都为游说。某故文勤门下士，文勤入其说，遽中变，几毁旧稿，仍依原谳上矣。赵争之甚力，曰：舒翘一日不去秋审，此案一日不可动也。方争之烈，文勤忽丁外艰去官，南皮张文达继为大司寇。文勤亦旋悟，贻书文达，自咎为门下士所误，所以慰留赵者甚力。疏上，奉旨释树汶归，戍马翥及知府马承修极边，鹤年、启照及臬司以下承审是狱者，皆降革有差。而朱公已先以他事挂吏议，则任恺嗾鹤年为之也。方三法司会稿时，丰润张学士佩纶署副宪，阅疏稿竟，援笔增数语于牍尾曰：长大吏草菅人命之风，其患犹浅，启疆臣藐视朝廷之渐，其患实深云去。辇下士大夫，莫不叹为名言。一时督抚，皆为之侧目。其实此语亦有所本，当光绪丁丑刑部治葛毕氏狱，给事中王昕疏劾浙抚杨昌浚，疏中大意，即此数语也。今礼部侍郎张亨嘉，于时以大挑知县，需次东河。启照之派员谳案也，亨嘉与焉。独持议平反，不肯附和鹤年党。比提部部檄查取诸承审官职名，亨嘉请去己名，启照不许。乃请咨会试，陈牒刑部，述此案始末綦详，以是免议。旋即于是科成进士，入翰林。义宁陈抚部宝箴时官豫臬，当朝命启照覆讯也，陈公固心知树汶冤，以启照为其乡先辈，冀力争，得转圜。而启照中先入言，卒不从，及部檄至，有谓陈公可据此自辨者，陈公谢之曰：吾不欲自解以招人过也。遂同罣吏部议。狱之起，当光绪己卯，讫癸未春，始议结，今二十八年矣。豫人谈斯狱者，犹曰：微朱公，树汶无生理也。然体安卒无恙。”①

《礼部左侍郎张公行状》云：“时已用大挑知县，分发河南，保以同知升用矣。会有王树汶京控之狱，公时在东河总督梅公启照、河南巡抚李公鹤年幕中。狱已定谳，二公命公覆讯，公白疑有冤，争不能得。狱平反，二公奉严旨褫职，连承审官数人，公自理于都察院，独免吏议，遂复与礼部试也。”②

《清稗类钞》“潘文勤知赵舒翘”条云：“长安赵展如司寇舒翘以寒素起家，致位六卿。晚节不终，失身奸党，论者辄诋诃之。然其历官治事，实

①《清代野史》，第 330 ～ 332 页。《梼杌近志》亦收入，参见裘毓麐:《清代轶闻》(卷七)，上海书店、中华书局 1989 年版，第 39 ～ 43 页。

② 张戡编:《张亨嘉文集》，北京大学出版社 2003 年版。

有过人之才，不可没也。赵初通籍，观政刑部。京曹本清苦，刑部事尤繁重，俸入又最廉。赵聪强绝人，耐艰苦，恒布衣蔬食，徒步入署，为常人所不能堪。秦士官秋曹多有声，赵尤冠其僚，论者谓薛云阶尚书允升以学力胜，赵则以天资胜，自二人外，前后数十年，无第三人也。吴县潘文勤公祖荫官大司寇时，尤器其才，奏留，未五年，即以提牢厅补主事缺，总办秋审，旋擢员外郎，外保京察一等。胡体安狱起，李鹤年为汴抚。初以王树汶代体安死，暨树汶临刑呼冤，则又援强盗不分首从立斩律，当树汶大辟，卒置体安不问。汴京官联衔参奏，文勤力主提案至京，委赵主其事。谳垂定矣，文勤忽入李鹤年客某言，欲寝其事弗究，而仍依汴中原谳定案。赵持稿，上堂力争，声色俱厉。文勤不能堪，然心亦知赵所持正，顾未欲于众司官前显示诎伏。方犹豫，赵遽拂衣出，归家缮呈，乞开缺回籍修墓，拟翼日入署呈递，而文勤以是夕丁外艰矣。继任者为南皮张文达公之万，文勤于倚庐中手书致文达，略谓'赵司官学问才品皆不居第二流，荫于五年中超擢其人，由筦股至律例馆提调。前日之事，曲实在荫。丈既接任秋卿，乞仍照赵君所谳定稿。赵君刚烈过人，尤望吾丈曲意保全之也。'时赵去志已决，文达以文勤手书示之，始已。是时赵名震中外，而人尤服文勤之勇于改过、笃于爱才也。"

《清稗类钞》云："王树汶为顶凶案"：王树汶，邓州人，幼以被掠为镇平盗魁胡体安执爨役，体安，镇平胥也。河南多盗，州县故广置胥役以捕盗，有多至数千人者，实则大盗即窟穴其中，时遣其徒党出劫，捕之急，即贿买贫民为顶凶以销案。体安尤凶猾，一日，使其徒劫某邑巨室，巨室廉知体安所为，乃上控。时涂制军宗瀛方抚汴，檄所石名捕之。镇平令捕体安急，则贿役，以树汶伪为之，俾役执之去。树汶初不承，役以非刑酷之，且谓即定案必不死，始诺。树汶年十五，尫羸弱小，人固知其非真盗也。县令马翥闻体安就获，狂喜，不暇审真伪，遽禀大府，草草定案。既定谳，当树汶大辟，时体安已更姓名，充他邑总胥矣，树汶未知也。刑之日，树汶始知之，呼曰：我邓州王树汶，非胡体安，若辈许我不死，今乃戮我乎！监斩官白宗瀛，大骇，命停刑，下所司覆鞫，卒未得要领。树汶自言父名季福，居邓州，业农，乃檄邓州牧朱杏簪刺史光第逮季福为验，未至而宗瀛督两湖去。继任者为河督李鹤年。开归陈许道任恺者，先守南阳，尝谳是狱，又与鹤年有连，于是飞羽书，阻光第，令毋逮季福，且百端诱怵之。光第不为动，慨然曰：民命至重，吾安能顾惜此官以陷无辜耶！竟以季福上，则树汶果其子，恺乃大戚，鹤年以祖恺故，持初谳益坚，豫人之官科道者，遂交章论是狱。鹤年恚言路之持之急也，遂力反宗瀛前议，而益傅会律文，谓树汶虽非体安，亦从盗，在律盗不分首从，皆立斩，原谳者无罪。然树汶初止为体安司炊，亦有谓其为娈童者，而实非盗，谳者必欲坐以把风接赃之律，树汶至是遂为正凶。而官吏之误捕，体安之在逃，悉置不问。谏臣益大哗，劾鹤年庇恺，于是朝廷有派河督梅启照覆讯之命。河工诸僚佐，率鹤年故吏，不敢违鹤年指，启照亦不欲显树同异，竟以树汶为从盗，当立斩。狱成，言者争益力。时潘文勤公方长秋官，廉知其概，提部研鞫，而赵舒翘方以郎中总办秋审，因以是狱属之。阅数月，乃得实，将上奏矣，而鹤年使故为文勤门生之某道员入都游说，文勤入其说，遽中变。舒翘方力争，文勤忽以父丧去官，南皮张文达公之万继其任，文勤亦知为某道员所卖，贻书文达，亟自引咎。疏上，奉旨释树汶归，戍翥及知府马承修极边，鹤年启照及臬司以下并承审各官皆降革有差。而光第已先以他事劾罢，则恺嗾鹤年为之也。有以持恺羽书直揭部科讽者，光第笑谢之，贫不能归，竟卒于豫，年五十五。光第去官二十年，邓人谋以其治状上于朝，请祀名宦，以其子祖谋时官礼部侍郎，格于例，不果行。祖谋，字古微，以道德文章著称于时，更名孝臧，学者称沤尹先生者是也。光第以咸丰末补授河南邓州，值大祲后，比户流亡，而在官三年，多惠政，壹意休养，尤善治盗，民以安集。俗颇健讼，讼刑部都察院者，岁或数十事。故事，京控案付首府之谳局鞫之，鞫者觊了案之奖也，辄迫以和息，不欲甚辨曲直，而奸黠者愈得计，效尤滋益多。光第尝从事谳局，审其然，牒所司穷治之，其诬诉者必反坐，俗为之革。旁州县此风亦因之少杀。

《清史稿·循吏传》云："朱光第，字杏簪，浙江归安人。少孤贫，幕游江南，奉汪辉祖佐治药言为圭臬。咸丰末，捻匪方炽，佐萧县令筹防御，屡破贼。都统伊兴额上其功，累晋秩知州，分发河南，佐谳局，治狱平。光绪中，补邓州。在任三年，大祲之后，壹意休养。善治盗，民戴之。王树汶者，邓人，为镇平盗魁胡体安执爨。镇平令捕体安急，乃贿役以树汶伪冒，致之狱。既定谳，临刑呼冤。重鞫，则檄光第逮其父季福为验。开归陈许道任恺先守南阳，尝谳是狱，驰书阻毋逮季福。且诱怵之。光第曰：吾安能惜此官以陷无辜？竟以季福上，则树汶果其子。巡抚李鹤年袒恺，持初谳益坚。河南官科道者，交章论其事。命东河总督梅启照覆讯，树汶犹不得直，众论大哗。刑部提鞫，乃得实。释树汶，自鹤年、启照以次谴黜有差，而光第已先为鹤年摭他事劾去官，贫不能归，卒于河南。后邓州士民请祀名宦，以子祖谋官礼部侍郎，格于例，不行。"

柏子俊作《覆赵展如》：董生涛回省呈到地图信函并物件，藉悉京寓大小平安和睦，慰甚！河南临刑呼冤一案，闻颇费力支撑，卒能百折不回，一如所拟，似此方不愧吾道，方不负吾学。然处此等事，事前不可激烈，事后不可矜张，至事定事平之日，尤不可生畏葸心与迁变心，主气胜而客气除。毕生无或易之操矣，惟居恒时作退计，行止一听之天命，战战兢兢，日慎一日，又何至有骑虎之虞乎？前年翘因赈务密函戒余，谓祸机宜避。余所以不动者，既入其中，胡可又遁其外？且避亦必不能脱，然反授伊以倾陷之柄。再，余自念办赈以来，或有公罪，断无私罪，伊纵以公罪陷我，我实可告无罪于天地祖宗。孔子曰：不知命无以为君子。此理确凿可信，当与翘共勉之。更有嘱者，以后万勿与余寄送物件，即食物亦不必带，余固无须此也。自翘进京后，余未尝以一物带京者，正恐翘因余有所寄送而亦不能不有所寄送耳。果能拿定主意做好官做清官，为吾门生色，是所以答君父者，正所以报先生。异时即官至督抚，亦不须以一物相贻也。今岁精神颇好，书院事尚平顺，家人亦各平安和睦，勿庸远念，静心在部供职可也！

柏子俊作《寄赵展如》："按来函，欣悉九月间提升员外郎，公私清吉，慰甚！所云以六纲自治，甚好！此外尤宜多看书，多请教名公硕人，周知天下古今事变，增益不能，以备他日封疆之用，方为不负所学。现在吾乡如阎丹初先生之精严刚劲，薛云阶先生之清勤和平，均宜不时就正所学。况二公亲历国家患难二十余年，其识见议论必有非新近少年所能及者，万勿拘于官职大小，形迹裹足不前也。我自问无躁进妄干之心，则只见其道德可师，何见其尊贵炫赫乎？此为至嘱！"

吉同钧作《薛赵二大司寇合传》：赵舒翘"以主事分刑部，潜心法律，博通古今，《大清律例》全部口能背诵，凡遇大小案无不迎刃而解。十年升郎中，任提牢、秋审处坐办、律例馆提调。盖律例馆为刑部至高机关，虽堂官亦待如幕友，不以属员相视。展如任提牢时，适遇河南王树汶呼冤一案，时云阶为尚书，主持平反以总其成，其累次承审及讯囚、取供、定罪，皆展如一手办理。案结后所存爰书奏稿不下数十件，各处传播奉为司法圭臬"。①

《异辞录》"代杖顶凶"条云："薄罪代杖，重犯顶凶，极平常事也。明中山王故宅抄没归公，当鼎革之时，谓属赐第，取诸国帑，无人能为之辨。既而宅改提刑署，一犯因加杖而呼。问之，则宅裔徐青，代人受刑，言定仗数钱数，不虞承审官之增重也。王孙末路，无足深论，类此者遍处皆是，无可讳言已。顶凶每出于械斗，本有死罪，以一死免众人之死，而许赡其妻子。或同罪而因其贫，或非贫而抱恶疾，案件虽多，案情大率如

①《乐素堂文集》。

此。河南斩犯胡体安临刑呼冤一事，殆兼兹二者而有之。王树汶，劫案要犯，本应处决，差役得胡体安贿，纵之去，而令树汶兼承两罪；不意当场举发，反得减等，可谓狡已。光绪初年三大案，误也，非冤也。主持平反者，后皆失意，历历可数云。"①

《清代野史大观》卷四《清代史料》"王树汶狱之异辞"云：

同治末年，河南光州布商赵某者被盗请缉，时州牧为唐咸仰先生，旋得王树汶一名，讯之，则称业装水烟，曾役于盗而非身为盗者，反复推求，均无异词。先生以证据不足，未便定谳，因暂絷之，候弋正犯。讵赵固长袖有力者，上诉诸省吏，且谓唐庇盗养奸，为闾阎害。一夕省檄至，令即处分，唐覆按如前，原案详上，省吏益怒，遂提王犯到省，发审委员竟以重刑苦拷，诬服，遂咨部矣。阅数月钉文回，罪拟斩。监斩官陆惺以大挑知县奉委，亦随部文至其地。越日限到，押王赴市曹，便道过邑之城隍庙，囚车骡忽奔入内，鞭之不出，王亦极口呼冤。陆谓骡入邑庙，囚忽呼冤，中必有故，因不复赴斩，随往臬辕述其异。臬司谓陆迷信，擅误公令，痛叱之。复禀于李子和中丞，中丞亦以案久定无翻改理，益骂其妄。陆无如何，中夜弃官去。河南之民冤之，适其事为某御史所闻，据以入奏，旨令就近饬河督覆讯。河台梅启照亦以事历多官，决无错误，随意采问，如旧定覆。河南之民愈哗，御史复以闻，钦委某讯，而真盗业由他案缉获，供及光州事矣，始知王果冤，由是臬司、中丞及河台以下皆罢黜去，而唐得上旨嘉奖，不数年洊擢至臬司，陆弃官后亦得会试入翰林焉。②

胡砺峰

五月，丁忧回籍。

---

①《异辞录》，第 76 页。

②《清朝野史大观》(第 2 册)《清朝史料》(卷四)，上海书店 1981 年版，第 87 页。

张成勋

八月，学习期满，奏留。

吉同钧二十九岁，中举。

《乐素堂主人自叙赋》云："尝生平难堪之楚苦，历人间未有之艰危。年逾廿载，齿近三旬，始赴鹿鸣之宴，欣逢鹗荐之辰。出太邱之房内，作元礼之门人。"自注："廿九岁，壬午登乡荐，房师为长乐陈公名兆焕，座师为邵公曰濂、李公士彬。"

是年，吉同钧娶妻纳妾。《乐素堂主人自叙赋》云："鹍弦绝而又续，怨枕旧而复新。更赋小星之嘒，知怀樛木之仁。子则谷、那分产，妻则邢、尹各尊。"自注："是年继娶史妻。又先纳刘妾。史生次子小鹏，刘生长子大鹏，无分嫡庶。"

《越缦堂日记》六月二十二日邸钞载："内阁侍读学士邵曰濂（余姚，戊辰）为陕西正考官，掌江南道御史李士彬（蕲水，乙丑）为副考官。"

《越缦堂日记》载：五月十二月，"户部尚书阎敬铭到京"。五月十九日邸钞："诏户部尚书阎敬铭加恩在紫禁城内骑马。"

《翁同龢日记》载：五月十二日，"晤阎丹初于九卿房，须鬓虽白，精神如昨，退居十六年，在中条山中讲学也，可敬可敬"。[①]

《越缦堂日记》七月二十三月邸钞载："上谕：御史陈启泰奏太常寺卿周瑞清包揽云南报销，纪该省粮道崔尊彝、永昌府知府潘英章来京汇兑银两，贿托关说等语。著派麟书、潘祖荫确切查办，据实具奏。"

七月二十九月邸钞载："上谕：麟书、潘祖荫奏请饬提要证归案审讯一折。据稿周瑞清被参包揽云南报销一案，现经严讯天顺祥、乾盛亨商人王敬臣、阎时灿等，据供潘英章、崔尊彝均曾在各该铺汇用银两，请饬提讯等语。云南粮储道崔尊彝现在请假回籍，永昌府知府潘英章业已回任，著

① 《翁同龢日记》（第3册），第1662页。

云贵总督、云南巡抚、安徽巡抚饬令崔尊彝、潘英章迅速赴部，听候质讯，不准稍有迟延。太常寺卿周瑞清，著听候查办，毋庸在军机章京任上行走。”

八月二十四月邸钞载：“上谕：御史洪良品奏云南报销一案，户部需索贿银，景廉、王文韶均受赂遗巨万等语。览奏，殊深诧异，事为朝廷体制、重臣名节所关，谅洪良品不敢以无据之词率行入奏，著派惇亲王、翁同龢饬传该御史详加讯问，务得确实凭据，即行覆奏。”

八月二十七月邸钞载：“上谕：惇亲王、翁同龢奏，遵旨详询御史洪良品据实覆奏一折，并将该御史所递说帖呈览。据洪良品称，云南报销一案，外间喧传崔尊彝、潘英章交通周瑞清，向景廉、王文韶贿托关说，此外更无凭据等语。此案必须崔尊彝、潘英章到案，与周瑞清及户部承办司员及书吏商等当面质对，庶案情虚实不难立见。前经降旨，令云贵总督、云南巡抚、安徽巡抚饬令崔尊彝、潘英章赴部候质，并由四百里寄谕该督抚等，以期迅速。现在崔尊彝、潘英章尚未到案，著该督抚等迅即派员解送来京，不准稍有迟延。所有在逃之户部书吏，仍著步军统领衙门、顺天府五城御史上紧严拿，务获，仍著麟书、潘祖荫将此案彻底根究，务期水落石出，以成信谳。”

九月

初一日邸钞载：“上谕：给事中邓承修奏枢臣被劾，请旨罢斥一折。据称，王文韶因云南报销一案被参，未解枢柄，承审此案司员难保不声气潜通，豫为消弭等语。本日召见军机大臣，王文韶力求罢斥，恳请至于再三。王文韶由道员历任藩臬，擢授湖南巡抚，著有政声，是以特召为军机大臣，并令在总理各国事务衙门行走，数年以来，办事并无贻误。朝廷简任大臣一秉至公，该给事中称为沈桂芬所援引，即属臆度之词。现在时事孔艰，王文韶受恩深重，惟当黾勉趋公，力图报称。仍著照常入直，不得引嫌固辞。至云南报销一案，迭经谕令麟书、潘祖荫严行讯办，定须究出实请，景廉、王文韶有无情弊，断难隐饰，著俟崔尊彝、潘英章到案后，添派惇亲王、翁同龢会同查办。”

初二日邸钞载：“上谕：麟书、潘祖荫奏查明大员接受外官私信，请饬呈缴，并将疏纵案犯之司员议处一折。云南报销一案，经麟书等讯据天顺祥商人王敬臣供称，云南汇来银两听说是办报销，崔尊彝寄过周瑞清信两封，由伊号送交等语。太常寺卿周瑞清既有接受崔尊彝信函情事，著即解任听候查办传质，并饬将崔尊彝原信呈案以凭查办。又讯据户部书吏褚世亨供称，承办此案尚有云南司及派办处书吏经手等语，麟书等咨行户部查传，均未获。案户部云南司及派办处承办此案司员，于所管书吏并不严行看管，以致先后逃匿，实难辞咎，著查取职名，先行交部议处，其在逃之户部云南司书吏张瀛、卢良驹、派办处书吏陈瑞轩、沈鸿年仍著步军统领衙门、顺天府五城御史一体严拿，务获归案审办。崔尊彝、潘英章前已有旨，谕令云贵总督、安徽、云南巡抚迅即派员解送来京，所有沿途经过各省，著各督抚一律严催，毋许逗留。”

初六日邸钞载：“上谕：梅启照、李鹤年奏，审明盗犯胡体安临刑呼冤一案，并续获伙盗，按例定拟，及案犯程孤堆等请暂为羁候各折片，著刑部速议具奏。”

十四日邸钞载：“上谕：河南盗犯胡体安临刑呼冤一案，前经梅启照、李鹤年讯明拟结，当谕令刑部速议具奏。旋据刑部奏称，察阅原奏，疑窦甚多，应俟供招到部再行定拟。此案迭经御史风闻陈奏，其为舆论纠纷概可想见，究竟有无冤抑，若不详慎推求，不足以成信谳，即著李鹤年将全案人证卷宗派员妥速解京，交刑部悉心研鞫，务期水落石出，毋稍枉纵。”

十四日邸钞载：“上谕：河南开归陈许道员缺，著陈彝补授。”

二十二日邸钞载：“上谕：麟书、潘祖荫奏请将云南现案报销饬部覆核一折，著户、工两部堂官另派廉干司员，将此案报销查照例章秉公详明覆核，据实具奏。本日召见军机大臣，据景廉、王文韶奏恳回避，均著毋庸会同覆核。”

十月

十二日邸钞载：“上谕：前因云南报销一案，迭谕云南、安徽各督抚将崔尊彝、潘英章迅速解部候质。兹据裕禄奏称，崔尊彝并未到籍，该员究竟逗留何处，抑系径回云南？至潘英章，亦未据该督抚奏报起解，著云贵总督、云南、安徽巡抚及沿途直隶、山东、河南、湖北、湖南、贵州各督抚迅速查明，该二员无论行抵何处，即行派员解送来京，不准稍涉迟延。”

十七日邸钞载：“上谕：刑部奏请饬将要案人证迅速送部等语，河南盗犯胡体安临刑呼冤一案，前经谕令李鹤年将人证卷宗解交刑部研鞫，现在尚未解到，著该抚懔遵前旨，派员妥速解部，毋稍迟延。”

二十二日邸钞载：“上谕：王文韶奏请开缺养亲一折。王文韶之母年虽逾八旬，精神尚健，且迎养在京，该侍郎可就近侍奉。王文韶著毋庸开缺，假满后仍遵前旨照常入直。”

二十四日邸钞载：“予告刑部尚书桑春荣卒，递遗折。”

二十四日邸钞：“上谕：王文韶奏历陈下悃一折，览其所奏各情，本应俯如所请，惟现在军机处及总理各国事务衙门办事需人，王文韶尚称熟悉，著即遵前旨，于假满后照常入直，毋得再行渎请。”自注：“先是十五日，右庶子张佩纶奏请勒令王文韶回籍养亲，备列文韶中外历官贪鄙不职，并言其子庆钧与仆从交游，轻佻狂妄，横行都下。文韶之母年逾八十，目见不肖子孙在官无状，当必愀然不乐，文韶亦何以自安？请援乾隆中命尚书梁诗正回家侍父故事，饬文韶奉母归里，以保全之。且言文韶之退有三善：云南报销之案牵涉文韶，令居政府，则承审者皆有所顾望，去之，则巨案必破，斯国法伸矣；军机政柄，治忽所关，因有一文韶之贪婪，而云南讷贿逐牵及景廉，天下将视政府为秽地，去之，则具瞻允副，斯朝廷尊矣；皇太后圣躬未臻康复，比以枢臣屡被人言，故连日视朝，忧劳庶政，文韶自问，亦复何颜？去之，则政本渐清，斯圣躬豫矣。词甚激切，然后两事，一为景尚书解释，近于迎合；一劝东朝倦勤，迎于揣摩，实非所当言也。其疏不发钞，余从友人传说得之。其措词未必能如此亲切耳！后数日，文韶请假十日，未满，遽乞养亲。今再奉温谕矣。”

二十九日邸钞载：“上谕：卫荣光奏称，崔尊彝家丁呈称该员在江苏丹徒县途次病故，迟至一月呈报，情有可疑等语。著安徽、江苏各巡抚确切查明，是否实已病故，即行具奏。至潘英章一员，前据岑毓英等奏称，尚未回滇，该员籍隶湖南，著湖南巡抚及沿途各督抚们遵前旨查明，该员现在何处，迅即派员解送来京，毋稍迟延。”

十一月

初七日邸钞载：“上谕：麟书、潘祖荫奏要案牵涉司员请旨解任质讯一折。据称，云南报销一案，天顺祥商人王敬臣供，六月间有户部云南司司官孙姓携潘英章，用出银票到伊铺照过，是否即户郊云南司主稿主当孙家穆，亟应确切根究。孙家穆著先行解任，传案质讯。另片奏，百川通商人阎正卿供你上年九月间，周瑞清将天顺祥银票给伊取银换票等语，太常寺卿周瑞清著暂行革职，归案审讯。”

二十一日邸钞载：“上谕；麟书、潘祖荫查办云南报销一案牵涉言官请旨解任质讯一折，御史李郁华著先行解任，听候传质。”

二十三日邸钞载：“上谕：前因云南报销一案降旨将御史李郁华解任传质，兹据都察院奏，李郁华为要案牵涉，并风闻平日行止不端，似此劣员，岂可滥厕台谏。李郁华著革职以示惩警，科道职司纠劾宜如何束身自爱，著都察院堂官随时认真考察，如有不知检束，声名恶劣者，即行据实科参，用副整肃台纲至意。”

十二月

初九日，“近日周瑞清等人入刑部狱，索费至三千金，龙继栋等羁管关帝庙，亦费至二千金，周得小室三间，龙止一间，可自携仆作食，且通家人宾客往来，否则仅一小土坑，以两狱卒敝衣秽垢者夹持之，不许家人内一勺饮矣。望溪《狱中杂记五》首言老监之害，及职官本应居板屋而贫者转系老监。其讼之未结正者本应居现监，而亦系老监，甚至左右邻保干证牵连悉械手足入老监，然后导以取保，中家以上皆竭其资，得出居于外。其次求脱械居板屋，费亦数十金，否则械系不少宽。而大盗有居板屋者。又言自韩城张公廷枢复入为大司寇，静海励公廷仪继之，诸弊皆除。乌乎！今安得首张、励其人哉！……今西洋英法诸国狱室甚洁，食常有肉，而课以工作，其法尤善，至望溪言狱所索费，官与吏剖分之。今利止归吏与隶卒，而官不与，则今之胜于昔者矣”。(《越缦堂日记》)

段维十六岁。

《段冈北先生年谱》载："入邑庠，时陕西学政为蓬莱慕子荷太史荣干。是年，曾祖母郭太恭人逝世，公悲痛异常。"

《沈家本日记》云：三月“廿三日，晴。雨田来邀往陕西司看稿”。[①]

1883年，光绪九年，癸未

二月，禁各省滥用非刑、幕友招引徒党。三月，命李鸿章督办越南事宜，节制云南、两广军务。九月，越南国王以被法威胁签订和约情形咨请广西巡抚代奏。十月，法军攻击驻越清军。

薛允升六十四岁。

正月

初三邸钞载："以刑部右侍郎福锟调补户部右侍郎，以礼部右侍郎贵恒调补刑部右侍郎。"

初十日邸钞载："上谕：麟书、张之万奏审办云南报销一案请将司员革职各折片，降调户部员外郎福趾、户部主事龙继栋均著革职审讯。已革知

---

①《沈家本未刻书集纂补编》(下册)，第1206页。

府潘英章上年十月由云南起解，现在尚未解到，实属迟延，著沿途各省督抚严催。”

二十四日，“以兵部尚书张之万调补刑部尚书”。刑部尚书潘祖荫丁父忧。（《越缦堂日记》）

二十六日邸钞载：“诏：云南报销一案，派张之万会同麟书办理。”

二月

初三，“贵恒调刑右”。[①]

二十五日，“今日已革永昌府潘英章始到京。自上年十月初六日起解”。[②]

二十七日，“是日，麟、张两公奏潘英章到京，请前派之惇亲王、翁某会审。早晨晤惊邸，晚刑部司员文杰来递前后折奏节略。……刑部承审：殷如璋，赵时熙、田我霖、文杰”。[③]

二十九日，“是日刑部奏结胡体洝呼冤案平反定拟，悉照所拟，河南巡抚李鹤年、河道总督梅启照皆革职，王树汶由斩决改为杖一百徒三年也，拟底毕午初矣，三刻述旨传散。……殷秋樵、（如璋，刑部承审云南报销案）迈、程二君同来，殷意在挤对银数，余亦严词令其研诘潘英章也”。[④]

二十九日邸钞载：“上谕：前据刑部奏河南盗犯胡体安临刑呼冤一案疑窦甚多，当经降旨提交刑部审讯。兹据该部奏，审明确情按律定拟，并知府王兆兰递呈混诉，应否钦派大臣饬提该员会同覆讯各折片。王树汶一犯，系被胡广得诱胁同行，逼令服役。胡广得行劫张百堂家，令伊在旷野看守衣服，并未告知抢劫情由。盗犯胡体安另有其人，经差役刘学汰等纵放，教令王树汶顶替，其程孤堆、王牢夭二犯，均系案内正盗。王树汶

①《翁同龢日记》（第4册），第1721页。

②《翁同龢日记》（第4册），第1726页。

③《翁同龢日记》（第4册），第1727页。

④《翁同龢日记》（第4册），第1727页。

与胡体安委系两人。该省官员原办错谬，覆审回护，现已众供确凿，毫无疑义。所请钦派大臣会同覆讯，著无庸议。程孤堆、王牢夭听从胡广得行劫，把风接赃，同恶相济，均照所拟斩立决，即行正法。王树汶既未同谋上盗，亦未分受赃物，著照原拟杖一百徒三年，不准减免。镇平县知县马翥初审此案，辄用非刑逼供，率行定案，迨王树汶呼冤以后，又复捏词具禀，希图蒙混，实属糊涂谬妄。开封府知府王兆兰、候补知府马永修覆审此案，于王树汶呼冤之故始终并未根究，捏饰各节，一味弥缝，实属锻炼周内。王兆兰、马永修、马翥均著革职，发往军台效力赎罪。马翥据供，亲老丁单，不准查办留养。候补同知臧政倬与署镇平县知县郑子侨向役吏教供，候补知县丁彦廷教地保捏供，弃劝事主冒认赃物，均属巧于逢迎，著一并交部议处。河南巡抚李鹤年、河东河道总督梅启照以特旨交审要案，于王树汶冤抑不能据实平反，徒以回护属员处分，蒙混奏结，迨提京讯问，李鹤年复以毫无根据之词哓哓奏辩，始终固执，实属有负委任。李鹤年、梅启照均著即行革职。前署按察使麟椿于招解重囚，并未详加究诘，因犯未翻供即照拟勘转。前任巡抚涂宗瀛具题均属疏忽，与随题照覆之刑部堂司各官，著一并交部分别议处、察议。”

三月

初一日邸钞载：“诏：云南报销一案，添派阎敬铭会同查办。”初一日邸钞：“刑部郎中濮文暹授河南开封府遗缺知府。”

初八日邸钞载：“诏：刑部左侍郎薛允升署理刑部尚书，云南报销一案派薛允升会同审办。”

初八日，“旨：锡珍署刑部右侍郎。贵恒入闱”。初八日，“旨：薛允升署刑部尚书，张之万入闱。张沄卿兼署刑部左侍郎”。初八日，“旨：云南报销一案，著派薛允升会同审办”。[①]

---

①《翁同龢日记》(第6册)，第3542页。

初八日，“命刑部左侍郎薛允升会同审办云南报销案件”。(《光绪朝实录》)

初八日，“以都察院左都御史毕道远署礼部尚书，礼部尚书恩承兼署兵部尚书，刑部左侍郎薛允升署刑部尚书，礼部左侍郎张澐卿兼署刑部左侍郎，吏部左侍郎奎润兼署户部右侍郎，吏部右侍郎锡珍兼署刑部右侍郎”。(《光绪朝实录》)

《清史稿·德宗本纪》云：“先是，御史陈启泰奏太常寺卿周瑞清包揽云南报销，御史洪良品、给事中邓承修以事涉枢臣景廉、王文韶，相继论劾。先后命惇亲王、阎敬铭、潘祖荫、张之万、麟书、翁同龢、薛允升会同察办。至是覆陈，瑞清等罪如律，户部尚书景廉，前侍郎王文韶、奎润，前尚书董恂，与前云贵总督刘长佑俱镌三级，余处罚有差。”

二十四日，薛允升入宫见起。《翁同龢日记》云：“军机起，薛允升，辰初二刻，辰正出。”[①]

四月

初二日，“薛云阶来，邀芝庵来，良久阎丹初来，商办审件，略有端倪，晚散”。[②]

初十日邸钞载：“上谕：河南王树汶一案，业经刑部奏诺。兹据李鹤年奏，强盗案内例无看守衣服专条，请饬妥议罪名等语。著都察院堂官会同刑部详晰妥议具奏。”(《越缦堂日记》)

初十日，“李鹤年奏：臣于督审要案，拘守例文，一时迂忽，负疚良深，乃蒙圣慈不加重谴，仅予镌职。抚躬自省，愧悔方深，何敢片语妄陈，再渎宸听。惟臣受恩深重，犬马悃忱，苟利国家，仍不敢稍安缄默。此案经圣明训示，先后承审各官办理错误，咎实难辞。第刑部将王树汶改

①《翁同龢日记》(第4册)，第1734页。

②《翁同龢日记》(第4册)，第1736页。

为徒罪，臣窃有为纲纪惜者，敢敬陈之。查王树汶一犯，为胡广得看守衣服时年已十八，与十五岁以下无知被诱者不同，更与良民被掳上船为洋盗服役汪洋大海脱身无路者迥异。例载，把风接赃等犯，虽未分赃，亦属同恶相济，照首盗问拟。上年十二月间，刑部奏明讯实，该犯供称：胡广得领至一庙，见有五六十人，又续来多人，听胡广得说是去抢人。又供不一会胡广得抢得赃物跑来，往返情形一一吐露，不得谓未知抢劫缘由。既知抢劫，若果王树汶不甘为盗，则于看守衣服之时即当逃避，既不逃避，即是甘心为盗，非同恶相济而何？例无看守衣服专条，则拟以把风接赃与首盗皆斩之罪，似不得谓非遵守例文。设使当时不照把风接赃定拟，又恐刑部加以巧立名目曲为开脱之咎，此承审各官拘守定例之由来也。至于胡体洝之有无，于王树汶罪名无关出入，即另有其人，亦无解于王树汶之听从上盗。若谓该犯年纪尚小，程孤堆与之同岁，程孤堆、王牢夭皆已骈首，而该犯仅科徒罪，幸奉旨不准减免，否则竟为无事之人矣。凡此皆不免滋人疑议，为臣前奏所已及。案经奏结，自无枉纵，而臣兹所虑者，诚恐此案宣布，中外问刑衙门不能详细体察，误会怀疑，于承审盗案无所适从，必至变本加厉，任意重轻，巧为开脱，将盗风益炽，宪典何存，关系殊非浅鲜。伏查同治九年新例，系申明不分首从皆斩旧例也。近来言官屡请分别首从办理，皆经刑部驳议。今刑部将该犯拟徒，是又分首从也。令甲所颁，必须黼若画一，始不失明慎用刑之道。不揣冒昧，拟恳天恩勅下大学士九卿，将劫盗新例妥议具奏，或即自此分别首从办理，俾得折衷一是，以持情法之平，庶各省承审盗案之员不至无所措手，天下幸甚。臣不胜战懔屏营之至。上谕：河南王树汶一案，业经刑部奏结，兹据李鹤年奏，强盗案内例无看守衣服专条，请饬妥议罪名等语，著都察院堂官会同刑部详晰妥议具奏”。(《光绪朝东华录》)[①]

①《光绪朝东华录》(第2册)，第1519～1520页。

十二日，翁同龢“出城拜客，晤邵汴生，看伯寅未晤，晤薛云阶谈片刻”。[①]

十二日，“钟佩贤奏：盗犯旧例本有情有可原免死发遣之条，自同治九年续纂新例，把风接赃等犯照为首一律问拟，不得以情有可原量为末减。倘地方官另设名目，曲意开脱，照讳盗例参处。在当日部臣定议，自因盗风日炽，非从严惩办不足以禁遏乱萌。十余年来，臣工屡有请复旧例者，终以盗风未息，议格不行。伏思地方盗案，全在地方官平日稽查防范，临时缉捕认真，果能有犯必获，即照旧例办理，已足使奸宄敛迹，人知畏法。无如近来各省因循疲玩，地方官平日讲求弭盗之方者甚鲜。迨盗案迭出，茫无措手，捕务日就废驰，甚且纵容蠹役通贼豢盗，包庇分赃，或妄拿平民，私拷教供，致良懦被诬，凶渠漏网。间或捕得匪党数人，即指为盗首，其实首盗早已远飏。大约近年抢劫盗案，人赃全获者十不一二，莠民何所顾忌而不为盗。此虽严立科条，只属空言，岂能生其畏惧乎？然则盗风之炽，由于弭盗之无方，捕盗之不力，不由于于定例不严也。新例所云‘把风接赃等犯’，‘等’之一字，系连诱胁随行上盗及行劫止一次者两事而言，合之把风接赃而为三,三者之中，惟惟诱胁随行情罪较轻，盖云诱胁，则非甘心为盗可知，概予骈诛，不无可议。往往愚民被人诱胁，误罹重辟，格于新例，难邀一线之原。即如近者刑部奏结河南王树汶一案，该犯黑夜随众行至旷野，众人脱衣令其看守等候，此等情形，是胡广得等之抢劫，该犯未必不知。谓其随行上盗，则实止旷野代盗看守衣服；谓其未随行上盗，则已随众行至中途，与盗合伙，并未退却，幸而众盗在旷野脱衣耳。假使行至寨门脱衣，令其看守，则与程孤堆等同在一处，从何区别。但平心而论，该犯甫离家门，即被诱胁，不能自脱。既未同谋，亦未分赃，揆诸情理，实不应死。刑部以王树汶仅止代盗看守衣服，例无治罪

①《翁同龢日记》(第4册)，第1738页。

专条，比例问拟杖徒，而王树汶之冤始雪。臣所虑者，天下之大，盗案之多，如王树汶之冤者岂止一人，敲扑余喘，自分必死，能临刑呼冤者有几人乎？即或有之，刑部能逐案提京而亲鞫之乎？即使提审平反，而外省未必不以新例藉口曰：例不准另设名目，曲意开脱，我何敢比附他律，干讳盗之义。河南省于王树汶一案，特以掩饰弥缝周内锻炼获谴耳。设当时能将实情审出，据实申详，坐王树汶以诱胁随行上盗之罪，声明该犯虽未同抵盗所，而随行已至中途，代盗看守衣服，例无治罪专条，不敢另设名目，应否照新例定拟，如此声叙达部，恐难遽斥其非，即王树汶之罪名生死出入亦尚烦拟议矣。新例之有窒碍，于此可见。臣愚以为此时纵未能尽复旧例，似宜将被人诱胁随行上盗一条先改从旧例，通行各省。凡获盗犯审明系初次被人诱胁随行上盗，并非甘心入伙，亦未分赃，供证确凿可凭者，准照旧例声明，情有可原，免死官遣，以仰副圣主法外施仁之意，应请饬下刑部妥议酌改，期于允协。至各省办理盗案，固多因地制宜，本有情罪重大就地正法之例，仍可并行不悖。总之欲息盗风，以保甲缉捕为要务，以恤民课吏为本原，而尤在督抚大吏之不避嫌怨，随时整顿，固非徒恃新例从严，便可消除强暴也。上谕：太仆寺少卿钟佩贤奏新例盗犯罪名请饬议复旧例一折，著都察院堂官会同刑部，归入李鹤年前奏一并妥议具奏”。(《光绪朝东华录》)①

十七日，薛允升参加礼部复试阅卷。《翁同龢日记》云：“晨入，知闱单已下，派阅复试卷，单内正有十二人也。”其名单：“李鸿藻、翁同龢、乌拉喜崇阿、奎润、锡珍、崑岗、薛允升、许应骙、嵩申、许庚身、陈兰彬、周家楣。”②

二十五日，“迈、程二君来，以折底见示，此稿尚在阎处斟酌，系薛

①《光绪朝东华录》(第2册)，第1521页。

②《翁同龢日记》(第4册)，第1738页。

所定，业已经营二十日矣，以余观之仍有支离处，夹片尤甚，奈何”。[1]

二十五日，“得沈子培书，见示刑部正月廿六日奏河南覆奏王树汶案隐饰情形疏，二月十三日奏河南审理王树汶案矛盾情形疏。余昨见邸钞，李鹤年请更定王树汶罪名疏，负气强辩，跋扈恣肆，令人发指。观刑部两疏，其指驳李鹤年，词亦颇峻，惜未提讯王兆兰、马永修与镇平知县马翥面质，故致游辞之攻也”。[2]

二十九日，“朝房阅卷十二人。李中堂、徐桐、乌拉喜崇阿、福锟、昆冈、薛允升、张家骧、周德润、张佩纶、周家楣、许庚身”。[3]

四月，薛允升上《议驳豫抚李鹤年奏强盗案内例无看守衣服罪名疏》《议覆钟佩贤奏新例盗犯罪名请饬议酌复旧例片》。

《议驳豫抚李鹤年奏强盗案内例无看守衣服罪名疏》云：“奏为遵旨会同议奏事。光绪九年四月初十日奉上谕：河南王树汶一案业经刑部奏结，兹据李鹤年奏强盗案内例无看守衣服专条，请饬妥议罪名等语，著都察院堂官会同刑部详晰妥议具奏，钦此。臣等伏查例载盗劫之案，依强盗已行但得财者不分首从皆斩律俱拟斩立决，把风接赃等犯虽未分赃，亦系同恶相济，照为首一律问拟，不得以情有可原量为末减。倘地方官另设名目曲意开脱，照讳盗例参处。又例载：共谋为强盗伙犯，临时不行，而行者仍为强盗，其不行之犯但事后分赃者杖一百流二千里，赃重仍从重论，不分赃者杖一百。如因患病及别故不行，事后分赃著发新疆给官兵为奴，不分赃者杖一百徒三年。又洋盗案内被胁在船为匪服役，并未随行上盗者杖一百徒三年各等语。详核例文，凡办理盗案，事前分别同谋、不同谋，事后分别分赃、不分赃，而又在临时分别上盗、不上盗。同治九年严定新例，而不上盗之犯究未闻概予骈诛，此则一定不易之法也。此案王树汶被

---

[1]《翁同龢日记》（第4册），第1741页。

[2]《越缦堂日记》。

[3]《翁同龢日记》（第4册），第1742页。

胡广得胁令服役，在旷野看守衣服，胡广得抢人之语，该犯临时听闻，与事前共谋者迥异。既未上盗，亦未分赃，不得谓之从，自不得谓之盗，即例内所谓别故不行不分赃之犯。刑部定案时，因该犯被胁，较共谋为盗、别故不行者有间，是以比照洋盗案内为匪服役并未随行上盗之例问拟满徒，两例比较，罪名实无出入。李鹤年奏称，王树汶一犯看守衣服时年已十八，与十五岁以下无知被诱者不同，更与良民被掳上船为洋盗服役江洋大海、脱身无路者迥异等语。查江洋虽与陆路有别而被胁服役则同，被胁条下年未及岁者且准收赎，王树汶惟年已十八，是以仍拟满徒，谕旨不准减免，亦正为此。又奏称：例无看守衣服专条，拟以把风接赃，与首盗皆斩之罪似不得谓非遵例文等语。该省办理此案之失，以始终将王树汶顶替胡体洝为最重，今乃拘守定例，自文其过，又谓胡体洝之有无于王树汶罪名无关出入，不知王树汶之冤抑由于刘学汰之教供，而刘学汰之教供由于胡体洝之贿脱，原审荒谬，覆审弥缝，全系于此，何得谓与罪名无关？查把风接赃均在盗所，刑部奏结此案时业经将何谓把风、何谓接赃详细声叙。程孤堆、王牢夭坚供在外把风时并无王树汶在内，以不把风之人而仍科以把风之罪，非锻炼周内而何？又奏称：若谓该犯年纪尚小，程孤堆与之同岁，程孤堆、王牢夭皆已骈诛，而该犯仅科徒罪等语。不知程孤堆等先经纠约入伙，又供称在外把风，同恶相济，是以援例拟斩。若令程孤堆等与王树汶同系被胁，仅止看守衣服，并未上盗，刑部亦即照拟满徒。若令王树汶果与同谋，一并上盗，所看之衣物或系盗赃，则刑部亦未能曲为末减。今该抚乃以王树汶与程孤堆同岁为疑，岂同岁当同罪乎？此固不辨而自明者也。检查上年十二月间河南具题商城县刘瀛阶家被劫一案内夏老五一犯，共谋为盗，半途不行，同数人在山坳看守行李，事后分受赃物，原题引畏惧不行例拟流到部。李鹤年由臬司洊任疆圻，于刑律当所谙熟，夏老五在山坳与王树汶在旷野相同，何独于王树汶则曰与江洋大海脱身无路者迥异乎？夏老五看守行李并未逃避，与王树汶看守衣服情形相同，何独于王树汶则曰甘心为盗同恶相济乎？未上盗而分赃之夏老五则知其应问流罪，未上盗而并未分赃之王树汶则曰宜问死罪，轻重倒置，矛盾显然，然则拘守例文乎抑负气强辨［辩］乎？谅难逃圣明洞鉴矣。李鹤年在豫日久，吏治不修，捕务废弛，以致差役贿纵大盗远飏，盗风之炽未始不因于此。今忽于去官候代之日，辄以刑部平反一案为足长盗风，一若王树汶生而天下即多盗，王树汶死而河南即无盗，其将谁欺？至于治盗新例本极周密，但使中外问刑衙门虚心体察，成例成案确可遵循。如地方官有变本加厉、任意开脱者，法司自能遇案纠驳，何至无所措手？臣等详细斟酌，看守衣服之犯仍应以上盗、不上盗分别科断，不必别立专条致多窒碍，亦不必因此将盗案分别首从，致启纷歧。该抚所陈应请毋庸置议，是否有当，伏乞皇太后皇上圣鉴。"

《续修陕西通志稿》云："见法部律学馆刷印《薛赵二大司寇遗稿》，吉同钧曰：层层翻驳，直穷到底，而笔力夭矫不群，是从昌黎《讳辨》，柳州《桐叶封弟辨》得来者。"

五月

初五日，翁同龢"闭阁看云南案奏底，下十余签。……饭后访阎丹初长谈，以稿商之，所签处皆以为然，惟完赃减二等一签以为掣动全案，不能以［从］也"。[①]

初九日，"薛云阶、张子青、麟芝庵、阎丹初先后集余斋，商量云南报销案，拟具二稿，一份照例，一加重，请醇邸定也。留点心，畅谈颇乐"。[②]

十一日，翁同龢"抄云南报销底稿，几千言"。[③]

十九日，"午正二赴刑部，会同惇邸、阎君、麟君、张君、薛君提讯

①《翁同龢日记》（第4册），第1743页。

②《翁同龢日记》（第4册），第1744页。

③《翁同龢日记》（第4册），第1744页。

云南报销全案人犯，画供过堂。余等先集，邸后来议。两旁坐，虚其中间，问例不如此也。余尝见琦善下部时，刑部堂官皆正坐，诸人以次画供，长跪儽然，可悯可叹，枨触余怀，辗转不适。书吏以下则念供，令画，官员未念，但令阅之而已。邸忽欲将夹片撤下，而另为一奏，将石峻所送之人全数开列，余等执不可。余因曰：撤片固妙，若另奏将拟罪耶，抑弗问耶？邸曰：亦弗论耳。余曰：若然如何拟旨，不如我等面奏其事，终不令王命一人陈奏，过于虚诬也。再三劝解，议始定，申正散”。①

二十三日，“因将云南报销事一一上陈，高阳亦直认炭敬，语多不记也。惇邸两次请见，不知命意所在，大抵罗织指摘而已，殊无谓也”。②

二十四日，翁同龢“出城寻阎丹初长谈，明日惇邸请起，令余等递牌也”。③

二十五日，“军机起，又一起，善连，又一起惇王、阎敬铭、张之万、麟书、薛允升，军机见一刻余，大起见二刻。晨入，惇邸来招我诣案上请起，余辞不往。巳初军机入，事少，退至小屋，六人毕集，有顷入见于东暖阁，垂帘谕曰：报销案如何。阎公对：案内不敢一字遗，案外不敢一字牵涉。谕以案外事原不必牵连，此案罪名如何。阎公略对。曰：国家多故，天子幼冲，而骫法之人敢于舞弊至此，尔等所办，得毋轻纵耶。惇亲王，尔有话尽管说。惇邸曰：潘祖荫先已定完赃减罪之见，临行密示，故诸臣辄即从之。余曰：潘某已去位，即不去，亦非一人所能主持。邸曰：潘大人有三条旧案，翁其所引即内一条也。余是时方引景熠案，故彼云然。余曰：臣于《刑案汇览》查得，非潘某所能教也，且彼二条安在？邸曰：今日须遵旨严办。余曰：现未降严旨，即有旨亦当依律例，岂能畸轻畸重。律例者，祖宗成法，国家宪章，且闻旧例只减一等，嘉庆中始减二

①《翁同龢日记》（第4册），第1746页。

②《翁同龢日记》（第4册），第1747页。

③《翁同龢日记》（第4册），第1747页。

等，仰维圣意，岂肯宽此舞弊之人乎，特不枉法，终可宥耳。谕将枉法不枉法析言。臣即指应销不应销详细具陈，上意解。邸曰：太后垂帘办事，若轻纵，将来上亲政时，必有议论。余曰：惇亲王失言，太后帘听已来，事事秉公持正，即此案亦斟酌详审，何议论之可滋耶。谕曰：我意亦非从重，但须按律例。臣等同词对曰：无一字非律例。臣因进曰：臣意本拟照减二等例，今已从重，若再加，岂非欲杀此二人乎。此不足惜，特不枉法如此，枉法将何以处之。臣等在书房所日日讲明者仁字义字，岂欲导君于刻乎。语极多，不能悉记。但初入时，余驳邸曰：意见不同须先议论，数日来惇亲王与臣见面，从未议及罪名，安得谓意见不同。上亦谕之曰：汝正宜看律例，讲解明白，与诸臣熟商。邸曰：总宜在上前议定，否则一人焉能敌五人哉。因叩头。其举动如此，可笑也。最后邸曰：然则可将律本所引一一签出，请上阅定，再具折入。上可之，诸臣亦诺，遂退。退则邸就余商酌，余直指为不谙例案，议于廿七日具折，并加一夹片也。……挥汗如雨，致书阎、薛两公”。[①]

其中，《致阎敬铭函》云：“所件自无可动，惟潘（指云南永昌知府潘英章）似多一波折，崔（指崔尊彝）似少一罪名，已致云翁（指薛云阶）细商，然皆不著要者也。签处须的当，望留神细检。”[②]

二十六日，翁同龢“访阎丹初于朝房，谈良久。惇邸在内务府朝房阅折，并阅律例粘签。须臾殷秋樵、王艺庵来，云邸已将各件阅过，无他说，一折三片均画讫，余与阎公遂将奏稿一同画”。[③]

二十七日，“是日奏结云南案，竟未叫起，因折太厚，须留阅也”。[④]

二十九日，“入见时，上意于云南报销事无意加重，臣将律例述一遍。

---

①《翁同龢日记》（第 4 册），第 1747 ~ 1748 页。

②《翁同龢集》，第 288 页。

③《翁同龢日记》（第 4 册），第 1748 页。

④《翁同龢日记》（第 4 册），第 1749 页。

谕以前日惇亲王屡陈奏，其言不甚清，故于廿三日特召问之，伊总偏执，以为潘祖荫授意汝等轻办，故廿五日申谕汝等，汝等既执奏按律例，惇亲王言不知何为律例，则又何说耶，惇亲王语，汝既闻之矣。臣对以惇亲王办事详审，惟不谙律例耳，臣等办事，断不敢有所欺饰，彼盖误听耳。其他语不悉记”。[①]

二十九日邸钞载：“上谕：云南报销，先后降旨，派惇亲王、阎敬铭、潘祖荫、张之万、麟书、翁同龢、薛允升会同查办，兹据惇亲王等奏查明分别定拟各折片。此案崔尊彝承办云南报销，潘英章辄为代托周瑞清，转属龙继栋向孙家穆说明，津贴公费银八万两，司员书吏得受银数多寡不等，虽经该部覆核所报，均系应销之款。惟展转贿托，数至盈千累万，官吏通同朋分，入己情节较重，自应从重惩办。已革户部主事孙家穆以主稿司员得银七千两之多，实属贪婪不职；已革太常寺卿周瑞清，虽无包揽报销及分赃情事，惟以三品大员，辄商同说合过付银两，实属荒谬。孙家穆、周瑞清均著发往黑龙江效力赎罪。周瑞清据供母老丁单，著不准留养。已革户部员外郎福趾于贿办报销先不知情，事后分用银四千两；已革知府潘英章听从贿托，明知崔尊彝侵用公款，辄向借银一千七百余两；已革户部主事龙继栋听从周瑞清说合过付，事后并得酬谢银二百两；已革御史李郁华，虽未同办报销，惟身任风宪官，辄向各处探问报销诸事，致人疑畏，又甘为潘英章代买物件，因得余賸银四百两；福趾、潘英章、龙继栋、李郁华均著发往军台效力赎罪。降调户部主事崔澄寰侵用公款二万三千二百余两，现已病故，著落该故员家属完缴。至此案牵涉景廉、王文韶一节，现已经询明，潘英章、周瑞清及户部司员书吏均称实无关说馈送及分用此款情事，详核号商帐簿，亦无潘英章等馈送之款。惟现在军务已平，该省军需报销与年例报销仍前并案办理，该尚书等未经查出，实

① 《翁同龢日记》（第4册），第1749页。

属疏忽，且于司员孙家穆等与保列一等之员外郎福趾得赃均无觉察，亦难辞咎。景廉、王文韶及户部堂官，并失察书吏受赃之工部堂司各官，均著查取职名，分别议处。崔尊彝挪移官项至十余万两之多，该督抚毫无察觉，复将该革员保列一等，崔尊彝、潘英章贿办报销发觉后，又未将那用银两查明实数具奏，均属咎有应得。刘长佑、岑毓英、杜瑞联均著交部分别照例议处。"

《松禅自订年谱》云：五月，"云南报销将次议上，而惇邸忽欲从重。屡请起面陈。至是，太后特召惇亲王、阎敬铭、张之万、麟书、翁同龢、薛允升于东暖阁。惇邸力斥诸臣所定之非，并言'此潘某授意翁某者也'。余在上前力析其谬。谓臣等所拟无一字不按《律例》。《律例》者，祖宗成法、国家宪章，岂可意为轻重，凡数百言。诸公亦同词剖析，始定议。翌日，奏上，照议允行。旋部议景廉、王文韶、董恂、奎润皆降三级调用，列长佑、杜瑞联降三级调用，余罚俸九个月，准抵销"。①

谕内阁，前据御史陈启泰奏参太常寺卿周瑞清包揽云南报销。该省粮道崔尊彝、永昌府知府潘英章来京贿托。后据御史洪良品、给事中邓承修奏以此案牵涉景廉、王文韶，先后降旨派惇亲王、阎敬铭、潘祖荫、张之万、麟书、翁同龢、薛允升会同查办。兹据惇亲王等奏，查明收受津贴及说事过钱各官吏完缴赃款，仍分别从重定拟，请将失察之户部堂官及工部堂司各官、云南督抚交部分别议处各折片。并将款目开单呈览。此案崔尊彝承办云南报销，潘英章辄为代托周瑞清转属龙继栋，向孙家穆说明津贴公费银八万两，司员书吏得受银数多寡不等。虽经该部覆核，所报均系应销之款。惟辗转贿托数至盈千累万，官吏通同，朋分入己，情节较重，自应从严惩办。已革户部主事孙家穆以主稿司员得银七千两之多，实属贪婪不职。已革太常寺卿周瑞清虽无包揽报销及分赃情事，惟以三品大员辄商

①《松禅自订年谱》，载《翁同龢集》(下册)，第 1042 页。

同说合，过付银两，实属荒谬，孙家穆、周瑞清均著发往黑龙江效力赎罪。周瑞清据供母老丁单，著不准留养。已革户部员外郎福趾于贿办报销先不知情，事后分用银四千两。已革知府潘英章听从贿托，明知崔尊彝侵用公款，辄向借银一千七百余两。已革户部主事龙继栋听从周瑞清说合过付，事后并得受酬谢银二百两。已革御史李郁华虽未同办报销，惟身任风宪官，辄向各处探问报销诸事，致人疑畏，又甘为潘英章代买物件，因得余賸银四百两。福趾、潘英章、龙继栋、李郁华均著发往军台效力赎罪。降调户部主事崔澄寰、周颂向孙家穆借用银两，现已归还，惟究系报销之款。崔澄寰、周颂均著即行革职。得赃之书吏褚世亨、张瀛、吴庆林、张兆鸿均著杖一百、流三千里。已革云南粮道崔尊彝侵用公款二万三千二百余两，虽已病故，仍著革职，著落该故员家属完缴。至此案牵涉景廉王文韶一节，现经讯明潘英章、周瑞清及户部司员书吏，均称实无关说馈送及分用此款情事，详核号商帐簿亦无潘英章等馈送之款。惟现在军务已平，该省军需报销与年例报销仍前并案办理。该尚书等未经查出，实属疏忽，且于司员孙家穆等并保列一等之员外郎福趾得赃均无觉察，亦难辞咎。景廉、王文韶及户部堂官并失察书吏受赃之工部堂司各官均著查取职名，交部分别议处。崔尊彝挪移官款至十万余两之多，该督抚毫无查考，复将该革员保列卓异，崔尊彝、潘英章贿办报销事先未能觉察，发觉后又未将挪用银两查明实数具奏，均属咎有应得。刘长佑、岑毓英、杜瑞联著交部分别照例议处。(《光绪朝实录》)

六月

十五日，“张佩纶奏：河南王树汶一案，经刑部提审平反，将该省承审各官奏奉谕旨分别降革治罪。臣查此案初审招解，系署臬司麟椿勘转，嗣奉旨交梅启照、李鹤年会同审讯。李鹤年派现任臬司豫山，梅启照派升任河北道陈宝箴会讯，仍照原议详奏，经刑部驳提讯结，是二次会审之司道，无异于初勘转之臬司。今麟椿部议降调，而豫山、陈宝箴供职如故，殊不可解。臣闻李鹤年以豫山、陈宝箴随同画稿为辞，而梅启照则以该司道会印会详，商同主稿覆部，吏部就询刑部，刑部第以全案咨覆吏部，于该司道主稿与否初未置辞，吏部凭何定议。不知李鹤年与梅启照所主者奏稿，豫山与陈宝箴所主者详稿，司道不详，督抚何由入奏。失入之咎，例应与初审之麟椿同科，梅启照既以豫山、陈宝箴会印会详声覆，应将该司道即照审转官失入例议处。况陈宝箴浙臬到京之日，正此案提审之时。该升道日营营于承审各官之门，弥缝掩饰，不知远嫌，其时即干物议。今覆审之知府已从重谴戍，督抚又特旨除名，而陈宝箴果与豫山逍遥法外，同罪异罚，不独无以服麟椿诸人之心，亦且无以正天下之口也。法司风宪，臣既摄官，理合直陈，请旨饬部将豫山、陈宝箴照麟椿之例议处，以协刑章而息浮议。上谕：署左都御史张佩纶奏，河南王树汶一案，二次会审之臬司豫山、前任河北道陈宝箴，应照初次勘转之署臬司麟椿议处等语，豫山、陈宝箴应得处分，著吏部详查案情，照例定议具奏”。(《光绪朝东华录》)[①]

十五日邸钞载：“上谕：署左都御史张佩纶奏河南王树汶一案二次会审之臬司豫山、前任河北道陈宝箴应照初次勘转之署臬司麟椿议处等语。豫山、陈宝箴应得处分，著吏部详查案情，照例议奏。”(《越缦堂日记》)

二十二日，“谕：吏部奏遵议会审王树汶案内各员处分一折，河南按察使豫山、前任河北道升任浙江按察使陈宝箴，均著照部议降三级调用，不准抵销”。(《光绪朝东华录》)[②]

二十二日，“是日吏部奏云南报销议处，又王树汶案内豫山等议处。辰正二入见，谕曰：此案别人无可惜，惟景廉当差无误，然同罪异罚，亦甚不足示公”。[③]

二十三日，“奏片，景廉现在降调行走，班次是否在翁某之后，奏事

①《光绪朝东华录》(第2册)，第1562页。

②《光绪朝东华录》(第2册)，第1564页。

③《翁同龢日记》(第4册)，第1755页。

处口传：着仍在翁同龢之前”。①

二十五日邸钞载：“以山西河东道唐仰咸为河南按察使。”（《越缦堂日记》）

八月

十二日邸钞载：“上谕：浙江降调按察使陈宝箴奏交卸臬篆并沥陈愚悃一折。据称，张佩纶所奏该员至京日营营于承审各官之门，弥缝掩饰一节，恳请饬查等语。降调人员本不应哓哓渎辩，惟所称名节有关，若不查询明确，无以折服其心。著派阎敬铭查传承审各员，有无与陈宝箴往来情事，据实具奏。”小字注：“陈疏有云：法司者，天下之平也；是非者，朝廷之公也。苟不考事实，凭势恣意变乱黑白，惟其所指。独立之士，孰不寒心，其词甚直。二十二日，阎敬铭覆奏，传到员外郎廷杰、赵舒翘等，逞递亲供，并无与陈宝箴往来情事。诏毋庸置议。”（《越缦堂日记》）

二十一日，“谕：前据降调按察使陈宝箴奏，张佩纶所奏该员到京日营营于承审各官之门弥缝掩饰一节，恳请饬查，当降旨派阎敬铭查明具奏。兹据奏称，承审各官，除简放外任及税差外，传到员外郎廷杰、赵舒翘、陈惺驯各员，呈递亲供，并无陈宝箴往来情事。复加访察，亦无确据。此事既无确据，即著毋庸置议”。②

三十日，“出城访薛云阶，因秋审黄册内陕西官犯马仲篪一起，须斟酌也”。③

九月

初一日，“马仲篪案早晨秋审诸君到军机堂外，因见之，一语释然，添入‘业已加重拟绞’六字，可喜也”。自注：“黄册进呈前先粘一签于每起后，此例所无也，起自同治初元，盖与大学士军机大臣商榷者，黄册交

①《翁同龢日记》（第4册），第1755页。

②《光绪朝东华录》（第2册），第1586页。

③《翁同龢日记》（第4册），第1771页。

还后，越一日再进，俟勾到日临时斟酌则军机之事也。”[①]

十三日，“以工部右侍郎张家骧为武会试正考官。内阁学士周德润为副考官。派刑部左侍郎薛允升知武举”。(《光绪朝实录》)

十六日，“知武举薛允升以武会试中额请。得旨、满洲蒙古取中四名。汉军取中三名。奉天取中一名。直隶取中十六名。陕甘取中五名。广东取中十四名。河南取中八名。山东取中十名。江苏取中六名。安徽取中七名。山西取中六名。湖北取中五名。湖南取中五名。四川取中八名。广西取中三名。福建取中九名。浙江取中七名。江西取中七名。云南取中五名。贵州取中二名”。(《光绪朝实录》)

二十七日，“晨，阴雨即晴。寄五弟书，交协兴昌，附陆二。昨日歇一天，薛堂即问及，此后竟有不能一日偷闲之势”。(《沈家本日记》)[②]

十月

十三日，《京报》载左宗棠《承审重案平反人员送部引见折》云：

窃臣恭阅邸抄，光绪九年八月二十三日奉上谕：内阁学士周德润奏，各省平反重案，请饬循例保题等因，钦此。仰见朝廷慎重刑狱、奖励人才之至意，钦佩难名。伏查光绪三年十二月间，江宁三牌楼地方出有受伤无名男尸一案。先经误决曲学如、僧绍宗二命，直至七年闰七月间，因另案窃贼李大凤供词甫露端的，经前督臣刘坤一发交江宁布政使梁肇煌、江南盐巡道德寿等集犯研究，始得死者及凶手的实主名，及参将胡金传教供刑逼各情，于是前案之枉因而显白。嗣缘御史李郁华、学士陈宝琛先后论列，复蒙钦派理藩院尚书麟书、刑部左侍郎薛允升驰驿查办，再三研鞫，卒以案无疑义，仍照该司道等原谳定拟。……兹查三牌楼一案，因武弁教供刑逼，遂致枉杀二命，案情甚重。该司道等承审此案，距狱成之后为日已久，觅传

①《翁同龢日记》(第4册)，第1772页。

②《沈家本全集》(第7卷)，第744页。

要证之烦难，犯供之狡执，较之寻常尤形棘手。该司道等殚数月之力，悉心研求，迭次推勘，始得水落石出。麟书等于奏报大概情形折内，将前案审办情形与后案两两对勘，知所讯各供实属真确，毫无疑义，幸照原谳定拟。①

十二月

初八日，翁同龢作《致阎敬铭函》："咋晤芝翁（麟书），有面商之件，已约张（指张之万）、薛（指薛允升）二公于初九日未正同至蔽斋，届时乞惠临。"②

十九日，"命礼部尚书徐桐、刑部左侍郎薛允升驰往奉天查办事件"。（《光绪朝实录》）

《清史稿》本传云：会光禄寺卿尚贤、御史曾培祺等先后陈奏奉天吏治疲玩，民不堪命，上命允升偕吏部尚书徐桐往查。

赵舒翘三十六岁。

《慎斋年谱》载："补湖广司郎中。读《困学录》、《朱子全书》，向学益笃。按《沣西集》云：来书称近喜看朱子书，即［此］一语亦皆实获我心，足见好学之勤。然学以变化气质为先，展如性似过刚，量似过隘。［过刚则宜以柔克之，过隘则宜以宽济之。］读古人书，见一言［恰］中吾病痛，［则为汗流浃背，］务求［病痛所在而］抉去［之］。"③

三月

濮青士赴南阳任知府，赵舒翘"与青士交十年矣，今之官河南，若有不豫者，然赋此解之，即以送别"。诗云："人生偶聚亦前缘，苦乐周旋况十年。此去功名应远到，几回杯酒且流连。豫河浪险蛟龙恶，嵩岳云高虎豹眠。事事当为民设想，升沈袛合付苍天。"

---

①《左宗棠全集·奏稿》，第325～326页。

②《翁同龢集》，第292页。

③ 方括号内文字系笔者据《沣西草堂集》补。

八月

十二日，内阁奉上谕："光禄寺少卿延茂[1]奏敬抒管见一折，各直省问刑衙门承审案件自应虚衷研鞫，以持情法之平，何得草率定拟，致有失入情事？若明知案情未确，或回护原审，或规避处分，以致冤及无辜，尤属不成事体。嗣后著各该督抚督同臬司于人命重案悉心推勘，以期无枉无纵。其所请现办各案如有失入情节，准其奏明更正，宽免处分之处著刑部议奏等因。钦此。"

赵舒翘作《河南司议复光禄寺少卿延茂失入案件宽免处分奏稿》："臣等遵即检阅该少卿原奏内称：今日各省所谓能干之吏，率多武健严酷之才，视民命如草芥。如四川东乡之奇冤，江南三牌楼之失入，河南王树汶之呼冤，可谓往鉴。虽经朝廷或特派使臣，或提交刑部持正平反，而死者不可复生，断者不可复续。况此外之无可控诉，未经行参，抱痛沉冤于九泉者，正不知其凡几也。干天和而召灾祲，未必不由于此。奴才愚以为，与其平反于失入之后，何若矜慎于听讼之时。应请旨敕交各疆吏督同臬司，于现办案件有关民命者，悉心推勘。如有失入情节，勿稍回护，准其奏明更正，仍加恩宽免其处分。如不肯平反，始终固执，经旁人参奏得实，即治以欺罔之罪等因。"查臣部核复各省命盗案件，每年不下数千起，臣等均逐件详阅，遇有关系民命，如案情稍涉可疑者，即随时驳令覆审。各该省果能悉心研鞫，将驳审之案，无论失出失入，讯得实情，据实平反，检举更正，处分自可邀免。无如近来不肖州县玩视民命，多系草率从事，该管上司不肯认真详细推勘，非巧为弥缝，即多方掩饰，其能平反更正者百无一二，而固执原拟者则比比皆是。推原其故，总由各该督抚徇庇属员，回护原审。其尤甚者，明知案情实有冤抑，即据实更正，处分亦

[1] 延茂，字松岩，汉军正黄旗，姓杜氏。以文学著称，管官学，成就后进最多。及官吉林将军，营官皆诸生徒任之。有阳明之风，文福亦其一也。罢官居京师，吟咏不辍。闻变举室自焚。

轻，以为与全省局面有擬［礙］，终不肯自认错误。积习相沿，牢不可破。即如河南镇平县王树汶呼冤一案，始而迭经御史参奏，该省仍敢饰词入奏，入人死罪。继而奉特旨提交臣部审办，该前抚李鹤年犹复强词哓哓置辩，希图摇惑众听，颠倒是非。在已发觉者平反尚如此之难，其余未发现者更必任意消弭，安望其自行更正耶？该少卿所奏，命案有失入情节准其更正，宽免处分，系为矜恤民命、力挽积弊起见。第此等情节亦有区别，有下司自知审办错误，禀请更正，则承审官处分自可宽免。如系上司查出更正，则原审官岂能免议？倘在具奏以后，更应请旨遵办，此时碍难预定。相应请旨敕下各省督抚，严敕所属，嗣后审办命盗等案，务须详细研鞫，果系情真罪当、毫无疑义者，详叙供勘招解，该臬司亦应亲提覆审。如情罪不符，或实有冤抑者，即立予平反，不得稍涉回护，总期无枉无纵，俾成信谳。倘有规避处分，致有冤及无辜等情，亦即严行参办，如能据实更正，应由臣部临时移咨吏部酌核办理。所有臣等遵旨议奏缘由，谨恭折具奏请旨。”

前奏附片：“该少卿原奏内称：‘近来京控命案居多，发交各省者连年累月多不奏结。论者或谓近日京控率多砌词拖累。奴才窃以为砌词京控诚所不免，而蠢蠢编氓含冤负屈正自不少。如果砌词耸听，查审最易，奏结更不应迟。其迟延最久者，非贿遗积淹即系瞻徇回护，以致沉冤莫白，竟有监候待质二十余年者。应请敕交军机大臣将近年京控案件未经奏结者，共若干起开单呈览，严旨敕催，勒限奏结，并请嗣后凡有京控案件，敕交刑部分省立档，严定期限。如逾限不结者，由刑部专折奏参，如刑部不肯奏参，一经言官纠弹，以徇庇论等因。’臣等查各省京控之案，从前系由都察院会同步军统领衙门，每年两次将咨交未结各案汇开清单奏催。近来仅据步军统领衙门每两月将京控咨交数目具奏，知照臣部转行各该省遵照。其都察院之案并不知照臣部，即无从稽核。惟查各省办理京控案件，近年有将已未完结数目及未能审结缘由每年分两次汇奏者，亦有并不具奏者，殊难画一。现当稽查京控审限之际，相应请旨敕下各省督抚、将军、都统、府尹，查明京控审限案件，无论奏咨，每年将已未完结数目分两次汇开清单具奏，以归画一，并摘录案由，注明交审月日，及将未结各案因何未能审结缘由于每年两次覆奏时详细声明，分咨臣部并都察院及步军统领衙门。每年接收京控之案，无论奏咨、交审，均一律开单咨部，以凭稽核，俾免积压而清庶狱，理合附片陈明，谨奏。"

履历：八月，题升湖广司郎中。历充秋审处、律例馆提调。

下旬，阎敬铭上《遵旨查明陈宝箴参款折》云：

十月十二日内阁奉上谕：降调浙江按察使陈宝箴奏交卸臬篆并沥陈愚悃一折。据称，张佩纶所奏该员到京，日营营于承审各官之门，弥缝掩饰一节，恳请饬查等语。降调人员本不应哓哓渎辩，惟所称名节有关，若不查询明确，无以折服其心，著派阎敬铭查传承审各员有无与陈宝箴往来情事，据实具奏。钦此。臣遵即咨刑部将承审王树汶一案各员衔名先行开送，旋据复：王树汶一案原派承审各员，除郎中吉顺、宗培、刘志沂、濮文暹、裕彬业经奉旨简放外任及杀虎口监督差外，现在只有员外郎廷杰、赵舒翘、陈惺驯三员等因，臣查降调按察使陈宝箴于上年十二月初八日到京，原派承审官宗培已于十二月初四日简放浙江嘉兴府知府。此外，承审官吉顺、刘志沂、濮文暹、裕彬，现或已经外任，或已出差，均无从查传。当将廷杰、赵舒翘、陈惺驯三员传到，该员等呈递亲供，据称"职等与陈宝箴素不认识，陈宝箴到京亦未到门投过一刺，从无与之往来"等语。再三究诘，矢口不移。臣复密加访察，亦查无往来确据。因思陈宝箴系文举人应试出身作官，熟游京师，京中同乡、同年、亲戚、故旧自不乏人，去腊陈宝箴来京拜客，所至或经过承审各官街巷门首，见者因此讹传，亦未可知。总之，陈宝箴是否到京营营，必以与承审官有无往来为断，今既查无确据，自系传闻之讹。至于风闻奏事，本为言官之责，所参各节查明属实者固多，查无其事者亦所恒有。今既查无确据，则张佩纶所奏自系得自风闻。[1]

九月

初一日，步军统领衙门、顺天府五城遵旨：“会议奏请整顿京城钱铺章程一折，奉旨依议。钦此。”旋准该衙门钞录原奏，知照刑部。原奏内称：“钱铺票存开发期限以及东伙罪名，向例太宽易犯，有加等之名无加等之实。应请敕刑部另行定拟，以期情罪相当。”赵舒翘替刑部起草《直隶司京城钱铺章程奏稿》：“臣等查京城关闭钱铺之案，侵匿银钱动至盈千累万，危害闾阎良非浅鲜。从前律例并无治罪专条，非疏漏也，以其系诓骗赃，已包于诈欺取财律内，故不另立名目。自道光初年，此风日甚，始为订立加等拟军，并勒限开发及包揽票存各例，虽系从严之意，究未离准窃盗本法也。至咸丰十年，因御史朱潮奏请改照窃盗赃治罪，未完在一百二十两以上者，即问拟缳首，并按计五百两上下秋审分别实缓。是以罪止拟流之赃一旦加入重辟，非不极其峻厉，然定法以后，从未见一案照此办理，而串通官吏包揽折扣诸弊较前更甚。可见法不在徒重而在能行也。迨同治九年臣部修例时酌复旧章，并参用监守自盗律法，以追赃为首务，破其诓骗之局。旧例系勒限两个月未完者即行治罪，而新例则分别再限以期，其全完其赃多问拟重罪。人犯如不完，即行永远监禁，并令将以前短保钱铺一律觅保补送。如有关闭不能开发，即加等治罪。准时立法，层层周到，如能实力奉行，奸商狙侩何敢复蹈前辙？无如地方官视为具文，阳奉阴违，当钱铺开设时只图得其陋规，不问其家之是否殷实，不查其铺保值是否的当。及关闭后，地面吏役非得贿以潜行纵放，即包揽折扣以取利，何怪乎关闭之案层见叠出，议者不咎官司之不力，而徒欲加重于科条，抑可谓不探其本矣。且近时钱法之坏，其弊有不专在于钱铺者。京城自改用大钱以来，业已垂三十年，国家不爱铜惜工，两局鼓铸每年不下

[1]《陈宝箴集》(上)，第5～6页。

数十万千，所用又不出都门一步。圜法似无短绌可虞，乃官钱日形其少，私钱日见其多者，盖销毁官铸大钱一枚，杂以铅沙可改铸私钱数文。都城僻静之区以及近畿村壤，往往聚集多人洪炉广铸，钱铺牟利之徒贱价售卖，掺入官钱混使。一旦禁用私钱，则所存者皆成弃物，赔折不堪，安得不关闭乎？此近日银价忽落、物价翔踊之实在情形也。今欲整顿钱法，必自禁铸私钱始。欲禁私铸，必自禁私销始，无私销则官钱自裕，无私铸则物价自平。若此弊一日不除，即将关闭钱铺之犯再行加重，亦不过徒悬一严峻之条，而于闾阎生计仍无实际，相应请旨敕下步军统领衙门、顺天府五城，于私销私铸各处严密查拿，无任有一漏纲，则弊从源清，其效自速。至整顿钱铺条例已极详密，而取具连环互保一层尤为切要。嗣后务须认真稽查，不得任令仍前蒙混开设，致失防弊本意。所有奏请另行定拟之处，应无庸议。至抢夺钱铺地面文武各官应得疎防处分。应如所奏于定案时，由臣部声明，移咨吏、兵二部核办，以昭惩儆而靖市廛。所有臣等酌议缘由，谨恭折具奏请旨。”

赵舒翘作《奉天司命案驳稿》：

查“女婿与妻父母有义绝之状，各依常人论之律”，载在干名犯义门内，系指所犯许相告言而言，原以翁婿之名分即从夫妻而起，若如律注所云：“身在远方，妻父母将妻改嫁，或赶逐出外，重别招婿等类，已无恩义可言，即属义绝。”故律注互相告言，不在得相容隐及干名犯义之列。其因义绝有犯杀伤，应否以凡人论断，律例均无明文。检查向办成案，亦不划一。细绎律注所云“义绝之状”等语，本系兼指婿与妻父母两层，如谓可包杀伤在内，即如妻父母有义绝之状被婿杀死，或将婿致毙，其妻父母已不以尊长自居，酌照凡人定拟办理，尚无窒碍。倘婿有义绝之状，将妻父母殴死，或将妻父母谋杀，是妻父母并不失为尊长之道，若概照凡定拟，岂得为情法之平？核与例内各依凡论各字之义，亦属未能符合，全在司谳者准情酌例，引断自无歧误。至擅杀罪人之律，载在捕亡门内，原指捕役杀死罪囚而言，例内始有事主捕人擅杀奸盗及别项罪人分别治罪之条，必然实系事主及捕人方可照擅杀科断。若如婿与妻父母果犯义绝律，依常人论已有差等，并无有犯照擅杀定拟之文，尤不得率行援引，致与例意不符。今张广财因妻父郝甸沅将伊妻郝氏诓卖后逼索休书，气忿用刀将郝甸沅故砍身死。郝甸沅系伊妻父，服制攸关，核与应捕之人杀死罪人迥不相同。即谓死者诓卖伊妻，翁婿之义已绝，应同凡人论，亦只应照凡人故杀律定拟。该督等将张广财照擅杀罪人律拟绞引断，殊未允协。罪名出入攸关，臣部碍难率覆。

《变通安置军流奏稿》云："直隶司谨奏，为各省军流徒犯逃脱日众，亟宜变通整顿，请旨敕下各省，体察地方情形妥议安置以维法纪，恭折具陈仰祈圣鉴事。窃惟流徒之刑其来已久。充军一项创自前明，国朝因之。推原立法本意，盖因人有过犯，杀之不忍、赦之不可，特权衡于出生入死之间，制此数法以使人悔罪而迁善，诚仁至义尽之政也。无如奉行日久，诸弊滋生。徒犯之摆站、拘役仅有其名，军流之充警派巡更无其事。每遇一犯解到州县，委诸吏役，吏役推之里保，从此不复过间［问］。所有按月点卯、发给口粮诸事悉成具文。以彼之背井离乡，冻馁交加，已有不能不逃之势，兼以主守空设、管束无法，更有可逃之机。且逃亦死，不逃亦死，况逃而未必死乎。在懦弱无能之辈，处此亦难安守，其强悍不法者更无论已。现在各省军流徒报逃之案，每年总至千余起。或甫经到配数日即逃，或一案数犯接连而逃迹，其层见迭出，几至无犯不逃。盖因故纵、贿纵而脱逃者犹十之一二，任其自来自去而散亡者实十居八九也。即逃后拿获尚有加等改发及锁杆枷号诸例，然配所之弊如前，则各犯之逃如故。旋发旋逃已成儿戏，以此威民，非特不能使民畏，抑且使民玩，玩则法不能行矣。古云：穷则变，变则通，通则久。又云：琴瑟不调则改弦而更张之。今日之军流徒非所谓当变当更者乎。本年八月间，步军统领衙门、顺天府五城御史会议缉捕章程，请将潜逃来京各犯，如系积惯贼匪迭次脱逃者，定案后解交直隶总督转给各州县均匀派拨，严行监禁。虽系为戢暴安良，一时权宜，办理而愈积愈多，监狱拥挤，究非经久良策。臣等职司邦宪，若不亟筹整顿之方，则日复一日，亡命益多，或至啸聚薮泽，其有关于时局者良非浅鲜。当即敕令臣部十八司司员各抒所见，妥议办法，以资采择。旋据各司员呈具说帖：有云严州县之处分、加主守之罪名者；有云葺室而栖流、录长而授食者；有云兴筑以济要、工屯田以实边徼者；而以新疆肃清、建设郡县南北各城百废俱举、需用人夫必多、请复旧例发往种地当差立议者尤多。臣等查以上所议，均不为无见。第法贵随时，补救尤期因地制宜，未可遽执一端，概谓推行尽利。从前新疆遣犯，因军务未靖，停止发往，改发黑龙江及内地充军。嗣云贵两广烟瘴四省又经停发，则凡应发新疆、应发烟瘴者，均改发极边四千里充军，即在配脱逃，亦只仍发极边，无可复加。今新疆平靖已久，兵燹以后土旷人稀，正在召募内地民人移住屯垦之际，似可将改发充军人犯仍复旧发往种地当差，非特内地军犯可以疏通，而配所谋食有资，亦可杜脱逃之渐。至各省安置军流徒各犯，凡遇修城、挑河、负粮、运炭及一切力作之事，如能使各犯充当夫役，量予工食，时加编管，不令散处，或亦变通之一法乎。惟新疆现在能否发遣，及发往后作何安插，并内地各省应如何设法安置，臣等未便遥度，致有窒碍。各省督抚大臣受国厚恩，身膺疆寄，必不忍坐视朝廷宪典成为虚设，以致滋伏隐忧。相应请旨，敕下各省督抚及督办新疆大臣，各就地方情形悉心通盘筹画，不必拘泥成法，总期于事有济，妥速条议具奏，以凭汇核分别办理。臣等为维持法纪起见，谨恭折具奏。”

前奏附片稿：“再查罪犯充军始自前明。在尔时各处分屯，设立卫所，罪人到配即令充当各项苦差，与流犯大有区别，行之自无窒碍。我朝裁撤边卫，并不以罪犯滥数行伍，而充军之法仍相沿办理，其实均归州县收管，虽有军犯名目，究无差使可当，与现在流犯无异。设有两人于此共犯流三千里罪名，其一情节较重，加一等问发附近二千里充军，反较未加罪者得少一千里，不特彼此参差，亦且轻重倒置，此不可不变者也。即谓五军俱系生死交关罪名，若一时全去，则减死以下其途稍隘，酌留极边四千里及烟瘴充军二项，已足为流罪加等地步，其余附近、近边、边远三层，视流罪道里远近相同。与其沿袭虚名，徒滋烦杂，何如量加删减，明示区分。第事关变通数百年旧法，总期归于妥协。相应请旨敕下直省督抚悉心妥议，是否各省管束军犯与流犯有别，何以无须更改抑或另有安置良法，足以维持成宪之处，一并详细具奏，以便臣部汇核办理。谨奏。"

翁同龢作《军机处日记》：二月十三日，"刑部折。现审王树汶一案已无疑义，是否即行讯结，抑或将知府王兆兰、马永修提京质讯。交：刑部奏王树汶之非胡体洝既无疑义，即行定案拟结"。①

二十九日，"旨：刑部奏，审明王树汶确非胡体洝，该省官员原办错谬、复审回护等语。王树汶杖一百徒三年，著不准授免；开封府王兆兰、候补府马永修、镇平县马翥均革职，发军台；巡抚李鹤年、河督梅启照均革职"。②

三月初二日，李鹤年上折，"力辨王树汶有意苟求，请派大臣查办"。批："此案业经刑部审结，著毋庸议。"初四日，梅启照上折，"陈明张亨嘉于胡体洝一案实系一同画押"。③

四月初十日，李鹤年上折，"王树汶罪名未协。请饬大学士、九卿将劫盗新例妥议，或即自此分别首从，以归一是"。旨："李鹤年奏强盗案内并无看守衣服专条，著都察院会刑部妥议。"小注："五月初七日议复，应毋庸议。"④

十二日，钟佩贤折，"强盗案内看守衣服并无专条，请饬刑部议奏"。

①《翁同龢日记》(第6册)，第3533页。
②《翁同龢日记》(第6册)，第3540页。
③《翁同龢日记》(第6册)，第3541页。
④《翁同龢日记》(第6册)，第3552页。

旨："著都察院、刑部归入李鹤年前奏一并妥议具奏。"①

《议覆钟佩贤奏新例盗犯罪名请饬议酌复旧例片》云："再，臣等正在会议间，钦奉上谕：太仆寺少卿钟佩贤奏新例盗犯罪名请饬议酌复旧例一折，著都察院堂官会同刑部归入李鹤年原奏，一并妥议具题，钦此。检查该少卿原奏内称：新例所载把风接赃等犯，等之一字系连诱胁随行上盗及行劫只一次者两事而言，惟诱胁随行上盗较轻等语。臣等详绎例文，盗犯诱胁之人，总以上盗、不上盗为断，若身至盗所，复为守护赃物，不能因先经诱胁而曲予末减，若仅被诱胁并未随同上盗，岂能以一经被胁而概予骈诛？例无正条则援引比附，历办成案顜若画一。该少卿留意刑名，欲求详审，惟其重读诱胁之文，忽视上盗之义，故不免蓄此疑端。至论河南王树汶一案，谓该犯随至中途，与盗合伙，并未退却等语，不知中途原非盗所，该犯随众同行，迫令看守盗衣，惟其不能脱逃，即属被胁之实情，事前既未同谋，随行又因逼胁，何得轻坐以'合伙'二字乎？又谓假使行至寨门，脱衣令其看守，则与程孤堆等同在一处，从何区别等语。如果该犯与程孤堆等一同上盗、看守赃物，即与把风无异，按例拟斩，本不与程孤堆等有所区别。其与程孤堆有所区别者，正在乎同谋不同谋，上盗不上盗也。又谓河南于王树汶一案，设当时能将实情审出，坐王树汶以诱胁随行上盗之罪，声明该犯虽未同抵盗所而随行已至中途，代盗看守衣服，应否照新例定拟声叙，达部恐难遽斥其非等语。臣等查王树汶一案，该省之办理乖谬者在始终以王树汶顶替正盗胡体洝一节，若如该少卿所论，该省果能审出实情，案已平反，则王树汶被胁随行，仅止看守衣服，并未同行上盗，自有诱胁服役及别故不行各例可援。若再拟以斩决，即属有心故入。倘或声明请示，亦照现办核复，是现代新例不独此案毫无窒碍，即各省办理盗案历有年所，亦皆无窒碍也。若因此案而酌复旧例，分别首从，则断

① 《翁同龢日记》（第6册），第3553页。

断不可。查言官条奏酌复旧例，屡经刑部议驳，此次该少卿与李鹤年先后陈疏，其意不谋而合，无非为河南一案起见，其病均由误会王树汶即属从盗。李鹤年扭合新例，明知原办之非而掩饰之。钟佩贤欲复旧例，又若以刑部为非而代为掩饰之。不知王树汶果系盗从，即立复旧例而刑部已无解失出之愆。惟王树汶确非盗从，即不改复旧例而被胁原自有可生之路，上其手则曰恐长盗风，下其手则曰慎重民命，皆耸听者之言，非持平之论也。总之，案情万变，例文岂能尽赅，比附援引，情法自能平允，若因一人一案辄改科条，挂一漏万，于外省纵盗豢盗官吏教供诬良等弊渺不相涉，而更张成法，办理纷纭，转恐多所窒碍。臣等业将旧例毋庸酌复之处会折奏覆，该少卿所陈各节理合剖晰附陈。”

《续修陕西通志稿》云：“法部律学馆刷印《薛赵二大司寇遗稿》，按是疏及前疏均上于清光绪九年五月初七日得旨依议。又按前清史馆《薛允升本传》光绪五年八月授刑部右侍郎，九年三月署刑部尚书，此两奏，公所削定，其稿则创于长安赵尚书舒翘，赵公时为刑部司官也。吉同钧曰：以上二作系赵大司寇任提调时所拟，经薛大司寇手笔润色者，文字之妙固不待言，展阅一过，犹想见乡先正风范。又按：《清史本传》，光绪九年三月允升署刑部尚书，是两疏皆署任内所上。”

张成勋，正月充秋审处总办。

吉同钧三十岁，第一次参加会试，落第。

《乐素堂主人自叙赋》云：“于是公车北上，征马东巡。绕羊肠于山曲，踏雁齿于河津。石凿凿兮韩侯岭，风萧萧兮易水滨。过卢沟之晓月，浣燕市之征尘。礼闱纳卷，矮屋屈身。士多如鲫，号密排鳞。迄泥金之报罢，步云路而无因。徒作逢场之戏，难同观国之宾。既马蹄之先蹶，遂蠖曲而待申。阙辞帝座，驾返故乡。金门日远，驿路天长。玉伤卞和之璞，金尽苏子之囊。又入郗生之幕，暂荒陆氏之庄。设讲幄于河东道署（署），授学徒于洛北山房。”自注：“癸未始应会试。”又云：“癸未落第后就河东道唐公[①]之馆。"

《秋游龙门》云：

双峰对峙一河通，绝顶登临眼界空。山涌龙泉喷雪浪，石排虎齿啸秋风。窝中安乐邵康节，社里耆英文潞公。尘鬓年来徒扰攘，花开辜负故园红。北枕邙山南近嵩，秀钟伊阙耸天中。佛龛静印千潭月，岭树高蟠百尺桐。酒泛菊花斟嫩绿，霜经枫叶斗残红。归来鞍马秋风里，回首峰头月半弓。

《谒香山祠》云：[②]

读公诗卷忆公容，今向香山访旧踪。伊水环祠渠凿莽，阙门对面象蟠龙。千条杨柳蛮腰细，一曲琵琶客泪浓。莫笑骚人多放浪，磷磷劲节秀孤松。

李杜诗名冠有唐，惟公旗鼓足相当。要知咏物皆诠道，更借歌辞作谏章。晚节高风垂巩洛，居官遗爱在苏杭。凭栏北望关陵近，[③]忠爱风流百世芳。

《洛阳看菊》云："去年京兆过重阳，今岁伊川赏菊黄。人逐浮云离梓里，花仍冒雨似坷乡。独留晚节傲霜露，不向韶华斗紫苍。羡尔东篱甘冷淡，应嗤热客太颠狂。"

《晚眺》云："邙岭苍苍洛水流，汉家城阙魏宫楼。寒碪千杵敲乡思，孤雁一声叫客愁。蛩怨清宵鸣四壁，叶辞故树泊三秋。年来旅况如何似，王粲过江客倚刘。"

《荥阳道中》云："消尽轮蹄踏遍霜，征车指日过大梁。即从洛口通河口，转自荥阳望汝阳。雨坏田庐车作屋，水侵禾稼芋为粮。我来正值斯民瘼，自愧无权请发棠。"

---

① 唐咸仰。

② 山与龙门对峙，中隔伊水。

③ 关帝陵在河南府南十里。

《郑州怀古》云："走马西来过郑州，凄凉世事感蜉蝣。更无东里词华润，空见北门溱洧流。子产爱民讥虿尾，弦高却敌犒牛头。古人已往风流歇，愁煞长安一旅游。"

《过峡石山》云：[①]"轮蹏消尽尚遄征，晋豫山川未易行。河洛浪高船屡退，崤西路险马时倾。仲宣楼上赋乡思，子美野中吞哭声。惟有二陵峰上月，团圆犹似故乡明。"

《白云》云：[②]"山上白云四面垂，乡关不见使人悲。遥怜慈母倚门日，正是游人陟屺时。贫不治生文作活，病因多愤药难医。怕看河鲤游波浪，点额还来空鼓鬐。"

《落叶》云："萧然一叶下高枝，念尔飘飘何所之。零落有时随水去，往来无定任风移。无缘谁和韩苹句，有恨空题于祐诗。岂向空山甘萎弃，妆成红紫嘲妍姿。"

段维十七岁。

《段冈北　先生年谱》载："月课屡列前茅，以所得膏奖赡家。"

沈家本

中进士，引见后仍留刑部，自此遂专心法律之学。

《沈家本日记》载：癸未年四月十一日，"明日会榜揭晓，今日听红录。申正报到，中式二百三名"。[③]

五月初四日，"薄暮始得信，知仍以本官即用"。[④]

《越缦堂日记》载：五月初四日邸钞："刑部候补郎中沈家本等六人仍用原官。"

《沈家本日记》载：七月二十日，"晨进署。闻堂派奉天司当家。申刻

---

① 在河南陕州东八十里，春秋晋师败秦于崤即此地。

② 太行山上有狄梁公望白云处。

③《沈家本未刻书集纂补编》（下册）《沈家本日记》，第1216页。

④《沈家本未刻书集纂补编》（下册）《沈家本日记》，第1218页。

又往谒师，力辞不许”。

二十二日，“堂派秋审处兼行”。

二十六日，“辰刻进署、到奉天司任、到秋审处”。①

九月二十七日，“昨日歇一天，薛堂即问及，此后竟有不能一日偷闲之势”。三十日，“今日堂派徐兆丰（号乃秋）来司办现审，李念兹（号慕皋）帮办现审，并分付龚司官，可以不必来署”。②

1884 年，光绪十年，甲申

正月，法军攻慈山等地。二月，又大举来犯，陷北宁等地。三月，罢免恭亲王奕䜣全班军机大臣。六月，法犯台湾，一度据基隆炮台。十月，新疆正式设省，以刘锦堂为巡抚。十二月，总税务司赫德商得总理衙门同意派金登干至巴黎接洽中法媾和。

薛允升六十五岁。

正月

初四日，“旨：薛允升现在出差，刑部左侍郎孙毓汶署理，其所署兵部左侍郎许应骙暂署”。③

《翁记》云：正月初四日，“昨夜大风，今晨未止，寒甚，（军机起，徐相、薛允升，一刻，六明。）辰正三退”。④

《越缦堂日记》正月初五日邸钞载：“诏：……孙毓汶弟署刑部左侍郎。”小字注：“薛允升出差缺。”

二十八日，“谕军机大臣等，有人奏条陈奉天事宜各折片。据称盛京

---

①《沈家本未刻书集纂补编》（下册）《沈家本日记》，第 1221 页。

②《沈家本未刻书集纂补编》（下册）《沈家本日记》，第 1223 页。

③《翁同龢日记》（第 6 册），第 3660 页。

④《翁同龢日记》（第 4 册），第 1802 页。

内仓监督于定章津贴各署之外仍送陋规，奉省八旗官学事同创始，经费须筹，请饬定监督捐款于应交正款外每任每员各交官学银五千两，内仓差使每届派送时五部中往往一人把持，甚有一人连充四五任者，嗣后如连次保送，将堂司照徇私例严议等语。著徐桐、薛允升确切查明。酌议具奏。其所称吏治刓敝。苛派差徭。农商交困。亟应认真查办。核实厘定。以纾民力。著该尚书等将应行裁减之处详细酌核。妥议章程。奏明办理。至承德县班房诸弊著查明禁革。该知县朱克杨及刑部主事杨德林被参各节。著一并确查。据实参奏。原折片均著钞给阅看。将此各谕令知之”。(《光绪朝实录》)

三月

十一日，“徐桐、薛允升折”载：“杨景和一案无庸议。佛尔精额收受陋一案，佛革职留佐领。常善征收税银一案，革职留任。并定牛马税，不准令家人干预。”[①]

十一日，“谕军机大臣等，徐桐、薛允升奏查办奉省各员被参等款分案具陈一折，著俟各案奏到后再降谕旨。另片奏，详查前署承德县知县佛宝被参各节，内有王盛公、孔传相隋殿国等三案请饬该将军府尹查讯明确，再行参办等语。王盛公等三案均系命盗重情，因何延不禀报，即著徐桐、薛允升查讯明确从严参办，一面咨行盛京户部及府尹严催该员亏欠税银不准藉词延宕，该县未结各案并著咨行该将军府尹饬令新任迅速办理。将此由四百里各谕令知之”。(《光绪朝实录》)

十三日，“户部尚书额勒和布、阎丹初，刑部尚书张之万，均着在军机大臣上行走”。

十五日，“刑左贵恒，刑右文晖”。[②]

十八日，“谕内阁，前因升任内阁学士前光禄寺卿尚贤、御史桂霖、

---

①《翁同龢日记》(第6册)，第3679页。

②《翁同龢日记》(第4册)，第1819页。

曾培祺先后陈奏奉天吏治疲玩并纠参官员等款，当派徐桐、薛允升前往查办。旋据查明数款，先行覆奏，并声明分案具陈一折。据称广宁县界兵李姓殴辱贡士杨景和一案，经该将军等将滋事兵丁照例拟罪，该管官弁业经分别示惩，系属从严办理，并非姑容不究。辽阳广兴义钱铺与在籍守备刘维周涉讼，驿巡道广敏审办尚无不合，其各商恭送扁对亦无抑勒及婪索多赃情事。辽阳州知州章樾别创班屋，看管未定罪名人犯，并非滥押，任令差役陵虐。惟协领佛尔精额奉派点验军器，辄收受差规银两，本当从重惩办，姑念陋习相沿已久，现既完缴赃银，著免其治罪，从宽革去协领，仍留世管佐领之职。防御哈福代送差规，且于委员查办时并不据实声覆，咎实难辞，著与景安及一同结报之署防御贵廉、乌拉禧、东春霖、庆升一并革职留任，以示薄惩。即著该将军将此项陋规永远禁革，毋任再有效尤。笔帖式常善承办辽阳税务，虽未私徵肥己，迨被武生盛直臣等呈控，亦未营求开脱。惟勒完牛税有违定制，著即行革职。协领董永春、知府高同善承审此案，将盛直臣等斥革审讯，而于常善办理税务不恤商民各节概不深究，办理未能持平。城守尉崇善管理税务，于常善等议加牛税各情率行准办，并于佛尔精额收受差规查办未能得实，亦属不合。董永春、高同善、崇善均著交部议处。该处徵收各税流弊如此，恐他城亦所不免，亟应大加整顿，著该将军府尹会同盛京户部将各城税务章程，详加厘定，奏明办理”。(《光绪朝实录》)

十八日，“又谕，前据内阁学士尚贤、御史曾培祺先后陈奏奉天事宜，并参劾贪劣不职各员等情，当谕令徐桐、薛允升查办。兹据该尚书等查明具奏，奉天府办理恭送玉牒大差，于照例开销各款外向系籍资民力，惟地方官吏胥役往往藉端苛扰，贻累民生，自应核实裁减，以示体恤，著照所请。嗣后即按上届摊派数目减半办理，由该将军等先期将定数出示晓谕商民，傥该地方官等有苛派加徵等情，即行从严参办。届时并著派出之王公大臣严饬官吏人等不准需索供应，致滋扰累。至该省兵勇是否应减，厘税是否可裁，著该将军等体察情形，悉心酌核，奏明办理。嗣后盛京五部司员保送内仓监督，其已经派过者差满后，著俟扣足八年方准再送，仍著该将军侍郎等随时查察。如有收送差规者，即行奏参。所有官学经费应由该将军等另行筹备，毋庸令该监督等呈缴。至原参道员陈本植办理税务，勒索侵吞，及游击左宝贵倚势招摇，侵吞兵饷等款，或查无其事，或并无实据，即著毋庸置议。知县魏镛充当山货局委员，虽查无侵蚀等情，惟该员以在籍人员经管税务，致招物议，著即撤去差使。原参署知县朱克扬在承德县任内，于栅栏诸弊均置不问。现据查明，尚无弊端。惟该员叠被参劾，著该将军府尹将该员留省察看，如果堪以胜任，再饬赴任。盛京刑部主事杨得林查无贪劣各情，仍著该部侍郎悉心察看。傥另有劣迹，即行严参”。(《光绪朝实录》)

二十三日，“吏部尚书徐桐、刑部左侍郎薛允升奏遵查奉省被参各员，请先将佛宝革职。得旨，金州厅同知佛宝著即行革职。前谕令徐桐等折回盛京，将佛宝被参各节讯明严参，仍著该尚书等懔遵前旨查明办理”。(《光绪朝实录》)

三月，查覆，自奉天府府尹以下，开缺黜降有差，仍为奏减各项摊款之半，以纾民力。

五月

初三日邸钞载:“上谕:徐桐、薛允升奏奉天东边道有练兵筹饷之责，及兼管中江通商事务，员缺紧要，可否令该将军等会同北洋大臣于奉天、直隶两省道员内拣选请补，抑或特旨简放等语。著吏部议奏。”李慈铭:“本任东边道陈本植，四川举人，由直隶候补知府擢任，颇清强有政声，以创收山贷等税浮议纷起，御史曾培祺劾之，撤任听勘，愤恚而卒。崇绮等请以奉天委用道金训补授。”[①](《越缦堂日记》)

---

①《越缦堂日记》(第14册)，第10298页。

初三日，“谕内阁，徐桐、薛允升奏审明奉天金州厅命盗各案，分别定拟，并查明革员有意讳匿，请旨严惩一折。所有金州厅王盛公等三案，著刑部核议具奏。金州厅同知佛宝于人命重案迟至一月有余始行相验，并将各案任意延阁，匿不禀报，在逃要犯亦未上紧缉拏，殊属荒谬。佛宝业经革职，著永不叙用，以示惩儆”。(《光绪朝实录》)

初三日，“又谕，徐桐、薛允升奏奉天东边道有练兵筹饷之责及兼管中江通商事务，员缺紧要，可否令该将军等会同北洋大臣于奉天直隶两省实缺知府及候补道员内拣选请补，抑或特旨简放等语。著吏部议奏”。(《光绪朝实录》)

十三日邸钞载：“以协办大学士、刑部尚书文煜为大学士。”

十四日邸钞载：“诏：新授大学士文煜管理工部事务。”“以礼部尚书恩承调补刑部尚书。”“刑部左侍郎贵恒奏病难速痊，恳请开缺，许之。”

十五日邸钞载：“以礼部左侍郎桂全调补刑部左侍郎。”

二十一日邸钞载：“诏吏部尚书徐桐兼署兵部尚书，阎敬铭无庸兼署。”自注：“徐桐、薛允升以是日由奉天谳狱还京。”①

《翁同龢日记》载：五月廿一日，“访荫轩，慰其失偶，坐谈良久，伊与薛公不甚洽恢也。”（早晤于朝房，今日到京复京）②

六月

初二日邸钞载：“上谕：前据御史屠仁守奏湖北郧西县廪生余琼芳身死一案疑窦多端，显有冤抑，当派卞宝第详加检验，悉心推鞫。旋据卞宝第奏称，调到江西仵作检验尸骨，与原验不符，请另派仵作覆验。复据屠仁守奏督臣瞻徇回护，请另派大员查办，当派侍郎孙毓汶、乌拉布驰赴该省查办。嗣据该侍郎等先后奏陈，检验有伤，并探获串供信函多件，及现

①《越缦堂日记》（第14册），第10315页。

②《翁同龢日记》（第4册），第1836页。

讯情形。迭经谕令详细推求，以成信谳。兹据该侍郎等审明定拟具奏：此案郧西县书吏干瑞堂因余琼芳在捐局查问欠账，不服口角，余琼芳向前殴打，干瑞堂将其推跌倒地，用拳连殴并踢伤左后胁殒命。检验尸骨，应伤相符，该犯供认不讳，众供亦均确凿。干瑞堂著照所拟绞监候，入于下届秋审办理。书吏王士俊广于干瑞堂殴打余琼芳，辄用拳帮殴，著照所拟，革去书吏，杖一百。干必达代作词状，添砌妄控，复串唆教供，实属生事扰害，著照所拟，发极边足四千里充军。已革郧西县知县谢翼清于人命重案报验，掷禀不收，复会验后捏改伤，恩并逞递亲供，哓哓置辩，辄以毫无根据之词，任意狡赖，玩视人命，袒护书吏，酿成蒸检之案，情节尤重，著发往军台效力赎罪。已革郧县知县彭世翰于原验拳踢各伤尚无错误，惟任听仵作喝报填注有毒，会审时又复帮同拷讯，非寻常疏忽可比，业经革职，著毋庸议。郧阳府知府承禄、竹溪县知县周益承审此案，并不虚衷研鞫，用刑讯拷，致王士俊诬认重罪，虽未定案，究属草率。候补知县柳玉麟、邵承灏于尸子禀请免检虽无抑勒情事，惟辄令改具确系病死切结，殊属不合。武昌府知府王庭桢写给尸子据实陈情四字，令其照售代详，亦有不合。承禄、周益、柳玉麟、邵承灏、王庭桢均著交部议处。按察使黄彭年、道员严昉覆审，犯供翻异，未能严切根究，及检有应伤，复专执成案，屡加详驳，殊属拘牵。黄彭年、严昉著交部议处。署湖广总督卞宝第于王庭桢禀详免检，并不批驳，及检出应伤又不详究供情，辄行奏提仵作覆检，办理究属未当。湖北巡抚彭祖贤于免检详文未经批驳，亦有不合，著交部分别议处。”

批：“此案之冤，时阅四载，展转翻异，化有为无，幸知府承禄力持之。闻卞宝第、黄彭年之调江西仵作覆检也，启棺时尸尚未腐，伤痕已见，官吏承卞、黄指，言须检骨，遂悉冎其肉，裂其骨而蒸之。尸亲大号，观者泪下，分不过责卞以究属未当，坐黄以未免拘牵，盖卞眷方隆，黄党甚盛，乌孙之肉其足食乎？吾尝谓：不诛杨昌濬、胡瑞澜、洪汝奎、

李鹤年四人，而欲求天下之无冤狱，不可得也。”（《越缦堂日记》）

初三日，“铁香来，言及郧西之狱，以谢翼清为循吏，所定为铁案，以平反者为挟私而极言随带司员刑部主事周景曾酷刑锻炼，皆为承禄地。余甚色然骇，与之力争，继细叩之，则谢其乡人，近有书致铁香，自辩甚力。然则都中士大夫之议论皆如是哉！”

九月

初一日，“瑾甫之女为其姑逼死一案，已具结完案，令抄宋楠一禀，则云五疑四不符十不可解，历历如绘也”。（《翁同龢日记》）

初三日，“拜客，晤许筠庵，其疾尚未愈，神不足，以吾家瑾甫兄事告之，嘱其函致星台臬使，务详审也”。[①]

十月

十三日，“许筠安来，以星台回信，言谨甫一案已具结，尚未完案，现在又著人密访云云。……夜作函寄鹿侄，令其访问谨事究竟如何”。[②]

十六日，“薛云阶信来，论谨事，以为外间救生不救死之习牢不可破”。[③]

二十一日，“出西长安门拜客，晤薛云阶，谈南中谨甫一案，伊亦无法”。[④]

十一月

二十七日，“得荣函……又言谨甫受贿，不欲伸其女之冤”。[⑤]

雷榜荣

闰五月，奏补陕西司郎中，因回避本省，调补安徽司郎中。现充秋审

---

①《翁同龢日记》（第4册），第1873页。

②《翁同龢日记》（第4册），第1886页。

③《翁同龢日记》（第4册），第1886页。

④《翁同龢日记》（第4册），第1887页。

⑤《翁同龢日记》（第4册），第1896页。

处、律例馆提调。

赵舒翘三十七岁。

《慎斋年谱》载："辞秋审处管理提调，举雷瀛仙自代。朝邑阎文介公起为户部尚书，访先生寓邸，既去，叹为谠直可法。是岁，得京察一等。按：先生一生学力余［惟］在诚敬二字。"

《禀藩宪阿》云："卑府在秋审处曾让首座于陈砚香、雷瀛仙二人。"

闰五月二十六日，内阁奉上谕："御史郑承训奏情轻盗犯请敕部声明旧例一折，著刑部议奏。钦此。"赵舒翘遵旨议奏，并起草《议覆御史郑承训请情轻盗犯声明归例奏稿》：

据原奏内称：伏查雍正五年九卿遵旨定议，寻常盗劫之案分别法无可贷、情有可原两项纂入则例，历久奉行。嗣因咸丰年间粤匪扰乱，部臣改定新章，引用律文强盗已行但得财者不分首从皆斩。旧例遂置不用，迭经臣工条奏请复旧例，仍格不行，良以盗风未息，伏莽堪虞，不得已而姑用重典，非谓旧例之必不可复也。旧例情有可原三项为把风接赃、诱胁上盗、行劫仅止一次皆改为发遣。其中最可矜悯者为诱胁上盗。凶徒纠伙抢劫，因恐知情之人告发，裹胁同行，其人迫于威势，勉强允从。迨经破案一律骈诛。是起意为首之盗犯与懦弱畏势并非甘心为从之盗犯衡情迥异而科罪从同，此等案犯情罪可矜，请将现审盗犯及各直省奏明盗犯详核其中情节，与旧例三项相符者声明请旨定夺，或可稍从末减等语。查人必目无法纪而后敢成群结伙谋为强盗，小则扰害闾阎，横行劫掠，大即啸聚薮泽，抗拒官兵。故历代定律不分首从皆予骈诛，所以安善良而遏乱萌者，意至深也。国朝雍正五年始定有分别法无可贷、情有可原条例，实缘尔时海内承平，盗贼鲜少，各省抢案每年不过数起，即稍从宽典亦与时无害。迨日复一日，办理俞宽。贼匪恃此为狡卸，州县藉口以开脱，遂酿成道光年末年之乱。古人谓：火烈民畏，水弱民玩。岂不信哉？咸丰年间因而仍归定例办理。现在抢劫巨案层见迭出，地方捕务久多废弛不讲，盗匪漏网者甚众，良民几不聊生，严惩之不暇又何能曲为宽贷？在该御史慈祥为怀，明知旧例不可遽复，而变其词曰定案声明，用意亦良厚矣。即臣等亦非不知好生为仁政所先，多杀于阴骘有损，特以时局空棘，奸宄思逞，曷敢徒博宽大虚名、贻朝廷以实患？况救盗贼之性命而破良民之身家，亦似宽而非宽也。即以强盗各例而论，临时不行者，例则分别问拟流、遣；事后分赃者，例则分别问拟军、徒；即已经上盗者，或自行抱赃投首，或捕获同伴解官，例亦无不予以量减，何尝一概问拟斩决。若该御史所称，把风接赃及行劫一次、诱胁上盗三项，以强情论，实属同恶相济；以显迹论，业已身为不法，有何可原而为之声明乎？且既已声明而仍谓为遵守常宪，向来亦无此办法。至该御史所称三项中最可矜悯者为诱胁上盗，殊不知此等贼匪均系以类相从，断无稍知畏法之人日与若辈为伍，即贼匪亦断不至将素不相涉之人逼为强暴劫掠之事。是以律内只有十五岁以下被胁拟流之条，而在十五岁以上者即不得援引。以其既非幼稚无知且已随同上盗，仍委为被胁勉从，事非情理所应有，即为律例所不载。去年太仆寺少卿钟佩贤条奏强盗被人诱胁一项情罪较轻，已经臣部会同都察院详细奏驳。今该御史请将强盗旧例被人诱胁及行劫一次、把风接赃三项一并随案声明，更属万不可行，应无庸议。若谓案情不齐，偶有实系始终被胁，如前年臣部等核覆直隶王二案，自可援照，量改为斩候，亦无需更张成法。所有臣等核议缘由，谨恭折具奏请旨。

六月十八日，军机大臣面奉谕旨："内阁学士邓承修奏刑官挟持成见谳狱失平一折，所有湖北郧西县廪生余琼芳身死一案，著刑部将全案详细复核具奏。钦此。"由军机抄录原奏交出到刑部，赵舒翘等遵即将全案供招详加查核，并起草《复核湖北命案奏稿》：

此案先［因］郧（因）西县知县谢翼清于光绪八年九月间在该县创立宾兴局，令民捐钱。十一月初八日，又在上津堡地方设立分局收钱，书吏于瑞堂、王士俊在局管理帐目。初十日，首事陶洪钧回家。十五日晚，首事廪生余琼芳来局接办。十七日早，余琼芳出门拜客，午后回局，又会客座谈。是夜，即身死。至二十日，脚夫汪猫仔等将尸体抬回，尸子余锡五查见尸身口内流血，面有伤痕。汪猫仔亦在旁观看。余锡五即以身死不明赴县禀验。谢翼清称说余琼芳系因病身死，掷禀不收，押令埋葬，并因汪猫仔多言收押卡内。余锡五情急赴府控验，该府承禄因余锡五呈内有“见尸有伤、有毒”等语，委郧县彭世翰前往会验。二十八日，彭世翰带仵作伍友，谢翼清带仵作任福验明尸身偏左额颅、左右太阳、左眉角、左耳窍、发际、项颈各有拳伤，左后肋有踢伤一处，左眉连眼角磕伤一处，囟门爪伤三道，并用银针两次探视咽喉，取出现有青黄色，洗擦不去。据任福等报称：“系烟酒毒所致。”承禄有添委竹溪县知县周益同彭世翰、谢翼清会审，究出王士俊与余琼芳有仇，事后贿买医生王本俊假立药方。并据见证雷大礼供出，起衅之由系余琼芳向王士俊等查账口角，于瑞堂举脚向余琼芳连踢，王士俊推倒拳打。余琼芳在地骂称，回县定将清书子置死。雷大礼劝解，将余琼芳扶起归房各散。三更后，雷大礼走来看望，见王士俊在余琼芳背后称说推头，余琼芳已不能言语。桌放瓷碗、小刀，上浮黑色各情。该府等向王士俊等熬审，据王士俊则云：“本拟实供，无奈家系独子。”谢翼清即代求办理留养。王士俊则求将供内“一不做，二不休”之语删去，并云：“若有此语，即系谋杀，不能留养”等语。尚在复审，谢翼清负气回县，即以余琼芳实因病毙，伤系自抓自撞，周益刑逼取供等情捏词通禀。承禄已将所讯供词上详，并揭参谢翼清玩视人命。于瑞堂嘱令革书于必达捏称系伊胞兄砌词在臬司衙门控告。将案提省，委武昌府知府王庭桢审讯。于必达与于瑞堂信内有：“传知雷大礼，如再照府供，即将王士俊二人所做之事卸在伊一人身上”之语。犯供遂全行翻异。承审官亦不再加拷问。王庭桢委令候补知县柳玉鳞、邵承翰劝令余锡五出具无伤无毒拦检甘结，又派臬司黄彭年、候补道严昉亲提覆鞫，犯供仍前翻异。总督卞宝第奏将承禄、彭世翰撤任。旋据御史屠仁守以命案疑窦多端，显有冤抑奏参，奉旨派令下宝第秉公详检。该督调到江西仵作李炯祥检有顶心连偏左应伤一处，红赤色，因仵作不能指明是打是踢，抑系自己（坫）伤。该督复奏请拣派刑部仵作复检。复据屠仁守奏称，既验出应伤，犯证具在，本可讯究得实，乃不严讯罪人，仍另调仵作复检，诚恐株累益深，冤无可雪等语。奉旨派令侍郎孙毓汶、乌拉布前往查办，并带去仵作复行开检，验得囟门连偏左应伤一处，红赤色，囟门骨浮出少许，偏左近下又有磕碰伤一处，红赤色，周身骨殖俱系黄白色，无毒。经该侍郎等迭次研讯，究明余琼芳系被于瑞堂踢伤致毙，依律拟绞，并声明与福建省陈炯检骨之案情节相同等因，奏结在案。此该侍郎孙毓汶等查办此案之原委也。兹据该侍读学士邓承修奏参该侍郎等罗织成狱，挟私故入人死罪等因，奉旨交臣部详细复核。臣等查审办命案总以尸伤为凭，尸身无可详验者，尤以检骨为准。《洗冤录》载："将人致死，经久尸肉腐烂，但检验囟门一骨必浮出脑壳骨缝之外少许，其色淡红，皆因罨绝呼吸，气血上涌所致，只拨验此骨便明。伤肚腹身死者，须验腰间方骨，其骨必紫红色。"而《洗冤录备考》则云："肚腹、小腹乃中焦、下焦皮肉易溃之处。惟检头顶骨、囟门骨，居中至正处确有围圆三四分许红赤色，此是验中焦、下焦定法。"又云："腰肋虚软，一经腐烂，无伤可验。肋骨上至耳根头脑各骨俱红赤色，伤左在左，伤右在右"等语。各说虽微有不同，而其为虚怯处受伤，应于顶上则一。检查历年办过蒸检成案，凡腰肋肚腹等处受伤身死，现于顶骨者不一而足，原不独福建省陈炯一案为然。至囟门骨浮出脑壳之外，大抵系咽喉被勒被搭罨绝呼吸，气血上涌所致者居多。未闻因病身死，其尸骨亦有此等应伤也。今余琼芳尸身两遭蒸刷，凡伤在皮肉者自无从验报。惟据江西仵作李炯祥先检出囟门连偏左红赤色，应伤一处。嗣京城仵作荀义于顶心荫伤以外又检出囟门骨浮出少许。核其情形，若非咽喉要害被勒被搭，即系下部虚怯处受伤。第即此应伤而论，其为余琼芳之死于非命，实属毫无疑义。当该侍郎孙毓汶等覆检之时，尸身已经蒸煮，皮肉刷洗尽净，是否咽喉受伤已难辨认。既据该侍郎等讯明于瑞堂因与余琼芳等查算局账争角，同王士俊将其共欧致伤。于瑞堂复踢伤左后胁毙命，并无殴后谋害重情，将于瑞堂照共殴下手伤重律拟绞监候，秋后处决，自属罪疑惟轻办法，尚非故从严苛，业已奉旨奏结，似可毋庸再议。若如已革郧西县知县谢翼清，供词以余琼芳系痰壅气逆身死，无论《洗冤录》内并未载有因痰壅身死，顶心骨现有红色明文。即详查凡因痰壅及因病致死检验各案，其骨均系白色，亦非红赤，显系任意狡执。该革县始终徇庇书吏，消弥［弭］命案，几至正凶漏网，死者含冤，尤难保别无情弊。业经奉旨发往军台，亦请毋庸置议。至该侍读学士所参，屠仁守听信丁子亨之言，入奏孙毓汶等意见不合，司员周景曾等一意罗织，非刑逼供各情，供招内皆无其事。臣部无凭悬拟，可否请旨敕令孙毓汶、乌拉布、屠仁守照该侍读学士原参据实覆奏之处恭候钦定。所有臣等详核缘由，谨恭折具奏。

并作《外省改招片奏稿》："迩来外省办理刑名积习相沿，皆系听从劣幕删改供招，移情就案，冀免驳斥，历经部臣于议覆御史何桂芳、光禄寺少卿延茂各折内奏奉谕旨通饬各省在案。现在查阅陕西相元杰命案，卷宗支离荒谬，更非情理所可测。原验尸身俱赤，详时则添衣履；所讯凶犯本系两人，具题时捏而为一，以及原告见证起衅各情到部揭帖无一属实。若非钦差认真查出，臣部虽经驳斥，何由知其颠倒错乱至于此极。是臣部所核之稿与外省所办之案迥判两途，使凭此情形分别秋审实缓，则以元恶而漏网、无辜而沉冤者，一年不知凡几。似此日复一日，行见狱讼烦乱，民命伤残，冤咨之气聚而成沴，甚非所以保护国脉，感召天和也。相应再行请旨，敕下各省督抚：嗣后题咨命案，务须遵照臣部今年三月二十四日通行，将初次供招全行载入。即使解省后，犯有翻异，亦将所以翻异之处另行报部，以备查核。该臬司如有借简招之名删易供词，致令实情隐灭者，臣部即指名严参，以仰副皇太后、皇上慎重庶狱至意。"

十月十八日，军机处交出钦差大臣、新疆巡抚刘锦棠会同陕甘总督谭钟麟、伊犁将军金顺、署乌鲁木齐都统升泰奏新疆遣犯酌量变通一折。奉旨：刑部议奏，钦此。赵舒翘为此起草《新疆流犯屯田奏稿》：

查上年臣部因军流徒犯脱逃日众，亟思整顿变通之方，因思新疆平靖已久，正在招募屯垦，可复从前种地当差旧例，是以臣部奏令督办新疆大臣就地方情形筹画安插之法。嗣据该大臣于未接部文之先，奏请将停发回城为奴各犯改归南路州县印官管束。臣部以新疆停遣几三十年，全疆现既肃清，不独发回城为奴数条应行起解，凡例内应发新疆当差为奴各条均应发往。此等遣犯非系邪教会匪，即系抢劫伙盗，本皆犷悍性成，该处又密迩外夷，设约束不严，纷纷逃入异域，更难保不别滋事端，是以臣部复奏令该大臣会同陕甘总督并伊犁将军、乌鲁木齐都统仍按照臣部前次原奏妥速条议。兹据该抚等会同具奏，奉旨交臣部核议。查原奏内称：酌发遣犯，北路以镇迪道辖境为要，南路惟阿克苏辖境应听酌发。其喀什噶尔道所属，惟和阗尚有荒地，且距夷甚远，尽可安置。此外，各属均毗连俄境，请暂从缓等语。臣等查新疆遣犯，从前北路发伊犁、乌鲁木齐，南路发回城，给大小伯克。现在哈萨克、布鲁特诸部落大半附俄，则北路之伊犁至塔尔巴哈台，南路之喀什噶尔、阿克苏诸城均属极边冲要，自未便拘泥例定地名，致滋他故。且新疆东西七千余里，南北三千余里，周围共两万余里，其中旷土甚多，初亦无须在此边围安置罪犯也，此原奏可行者一也。

又称遣犯到配，妥筹安插，先尽兵屯。察其年力精壮者，照章发给牛籽口粮，按屯均匀派拨种地当差，交屯官兵目管束；其不能种地者，由配所衙门于舆轿、伞扇、水火、巡更等夫量为役使，并随其小贸技艺，俾资养赡等语。臣等查罪人徙边以实塞下，自汉以来即有此法，原使罪囚各得其生，且耕且戍，以节馈饷。后世屯政不修，兵饷乌能不匮？现在户部议复新疆兵屯，为该处筹自立之计，洵属目前要图。若能使各犯亦得按屯耕种，以助兵力所不及，其有益于帑项，良非浅鲜。至不能种地者，使当各项杂差，亦与古来输薪粲之意亦合，总须立法之始，使各犯有事而不得荡游，食力而不致冻馁，则永远无弊矣。此原奏可行者二也。

又称新疆甫定，诸事草创，拨派屯种之犯，应请破除成例，其有情愿携带妻室子女，应请量为资送，藉以羁縻，则各犯衣食有资，又得家室相聚，当亦奉法惟谨等语。臣等查流犯终身不返，故历代定例均云：犯流者，妻妾从之，父祖子孙欲随者听。盖安其身而曲顺人情者，至为周密。自乾隆八年以后，始定有军流无庸佥妻之例，因军务未竣，年岁欠收，而发往新疆人犯俱无庸佥妻，固系一时简便省费起见。然逃亡日多，未必不由于此。所以三十一年新疆办事大臣阿桂又请复遣犯佥妻之例。检查当时大学士等议覆阿桂奏乌鲁木齐等处列屯耕牧力作需人、请将应发遣边远地方人犯俱佥妻改发新疆等处折内声称：该处可种之地甚多，虽移住之民已至千有余户，但地方辽阔，尚不能遍及，而所种之田仍系兵丁耕作，兵丁无暇操演，亦于武备无益。且招募内地民户，多令移住，既一时难得多人，而办理启程又多縻费，不得不渐次办理，若将应行发遣之人同妻子佥发，给与地亩，酌定年限，编入民户，则伊等既得自新之路，而钱粮亦不至多费，似属两有裨益等语。推原其故，无非欲使地方速为富庶，与内地一体早成省分之意。迨后未能认真经理，遂至有名无实，终未见有成效。现在新疆初设郡县，户口稀少，诚能使各犯室家完聚，然后督责耕作，专力农功，永为彼处编氓，数年休养生息，不特无逃亡之患，且可收富庶之功，一举而数善存焉。该抚等谓必使心有所慑而不敢逃，情有所系而不轻逃，诚通达事体之论也。此原奏可行者三也。

至所称请将从前业经停遣者概行截止，将暂行监禁八条先行起解，其余已改内地悉仍其旧等语，臣等则以为不然。例内应发新疆者不下百余条，同治年间因军务梗塞，悉改发内地充军，惟左道异端等项八条，声明暂行监禁，俟道路疏通，再行发往。然此等人犯廖廖无几，合各直省计之，亦不过百余人。无论各犯系属邪教，断难使之归农。即使尽数发往，俱能勤作，于内地不见其疏通，于新疆无补于屯垦，岂不使臣等叠次筹度之奏皆属空谈？并该抚等此次布置之法俱成套语？似可无庸置议。第该处与外夷毗连，既不便安置盗劫各匪，而别项军流人犯名目非一，又碍难择发。臣等再三斟酌，惟有秋审免死一项人犯数目较多，大都因一时之忿，偶罹法网，并非实在凶徒。且此等人犯有室家者十居八九，以之发往，助兴屯田新政，实属相宜。或谓新疆所发，皆系军遣以上罪名，秋审减等各犯多系流罪，投之远徼似觉过重，殊不知新疆从前未入版图，故无定地发配之例。乾隆二十二年以后开拓疆域，始辟地至伊犁等处。尔时御史刘宗魏即奏称八里坤各处屯耕需人，请将罪犯发往种地。是定例之初，原因兴屯起见，非专计较罪名轻重也。嗣后添发重犯，是乃法变而离宗，何可数典而忘祖？即以轻重论，免死之犯较不至死者孰轻孰重耶？汉时死罪系囚减一等诣金城、朔方、敦煌各处屯边，妻子自随，亦此意也。况该处地壤肥美，山川高敞，无瘴厉恶札之气，更不可谓非善水土也。总之，定制原贵因地，而守法尤在得人。就目下新疆情形而论，舍屯田似别无良策，特恐狃于积习，不乐耕作者动以有妨操练为词；而于发遣罪犯，又以为桀骜难驯，约束匪易，兼恐别滋事端，以致浮议摇阻，辄罢不行，全在该抚等督饬所属实力经理。将来各犯到配，由州县管者州县督责，由兵屯管者兵屯考察。断不可畏难苟安，借端推诿，致使良法美意有始无终，更宜时加安辑，无苛剥欺凌，俾人得尽力乐生，行见化荆榛为康衢，变汙莱为闾井，内可省腹地挽输，外可作关陇屏蔽，将为我国家开财赋之区，成西陲一大都会也。岂徒罪犯得所已哉！臣等以上所议如蒙俞允，嗣后遇有秋审减等之犯，即佥同妻室子女发配，其车辆口粮一并由沿途地方官拨护资送，以符旧制。并请饬下该抚等，饬属妥议安插详细章程，同户部前议各条一并奏明办理，以节饷源而固边徼。所有臣等核议安置新疆遣犯缘由，谨恭折具奏请旨。

十一月二十九日内阁奉上谕："御史汪鉴奏《各部例案疏舛请饬厘正并

条列各案开单呈览》一折，各部办理案件必应厘定画一，用资遵守，倘彼此两歧，前后互异，办理未能允协，必至流弊滋多。该御史条列疏舛各例案，著该部详细查核，妥议具奏单并发等因，钦此。"

赵舒翘起草《会议服制奏稿》：

钦遵抄出到部，臣等会同礼部查清单内称：礼与刑相资为用，故律例必首列《服制图》，例载：为人后者为本生亲属俱从正服降一等，此礼之正也。《礼》例、《通礼》均与刑例同。又载：为人后者之子孙于本生亲属只论所后宗支亲属服制，如于本生亲属有犯，俱照所后服制定拟。其异姓义子与伊所生子为本生父母亲属孝服俱不准降等各项有犯，仍照本宗服制科罪。此条前半所论服制，惟《仪制司例》相同，《通礼》与《祠祭司例》均不载。揆之天理人情，殊欠允当。后半所论刑名，若以俱照所后服制定拟句善为解释云：明称之为本生，原非所后，然究系己所自出，恩谊重而服制轻。如有所犯，俱照所后服制定拟者，谓照未尝为人后之本服定拟，则与下文"亦俱不准降等，有犯，仍照本宗服制科罪"针锋相对，情理允当。否则，如所后系本生无服远宗，则为人后者之子孙于本生祖父母、伯叔父母亦皆无服，应以凡论，岂合情法之平？且与下文"亦俱不准降等"句相龃龉。况女子内夫家外母家，女适人男出后，均降父母之服为期，事极相类，女子之子为外祖父母服虽小功，如有犯，照期亲尊长论。辑注谓：母之所自出，即己之所自出，故服虽轻而恩义重，此极平允。且乾资始重于坤资生，为人后者之子孙为本生亲属服制应加于女子为外家甚明。今乃定为无服、以凡论之例，礼与刑胥缺之矣！似应改为：凡为人后者，本身及其子孙为本生亲属均照正服降一等。有犯，仍照本宗服制定拟，庶礼教刑名足以使民敦爱而重犯法。宗人府每有行查礼部："为人后者之子孙应为本生祖父母持何服"之案，礼部事隶祠祭司，既不忍据刑部及仪制司条例答以"只论所后亲疏"，盖嫌其所后系疏房，遂无服也；其时掌印司员又不据臣说，比照外孙斟酌于大小功之间，回堂定议。于是，直以例无明文覆之。臣盖不慊于心也久矣！

又同治十年，直隶民人王必俭以大宗子兼祧小宗，殴殒小宗庶母王赵氏一案，断此狱者若先握定“大宗兼祧小宗，应降小宗之服”《服制图》，王必俭为庶母正服杖期，此照《通礼》“照正服降一等”之文，定为王必俭应为王赵氏降服大功，岂不直捷［截］了当！乃该省误拟，刑部知其误，一再行查礼部，礼部曲为援引比例“孙与庶祖母服小功”，显与道光四年钦定“凡降服均照本服降一案”之例相背。盖孙为祖父母服杖期，不解任辍考；兼祧子为小宗父母降服不杖期，应解任辍考。是兼祧父母之服本与祖父母不同，即兼祧庶母之服大非庶祖母可比，理不难知，此皆礼刑二部例案之疏舛者也等语。查例载：本宗为人后者之子孙，于本生亲属孝服只论所后宗支亲属服制，如于本生亲属有犯，俱照所后服制定拟；其异姓义子与伊所生子孙为本生父母亲属孝服亦俱不准降等各项有犯，仍照本宗服制科罪各等语。此条例文系乾隆二年九卿遵旨议定，原为异姓义子及所生子孙与本生亲属有犯而设。其“本宗为人后者之子孙”一层，系属对举以见义，但系本宗，即不分亲疏远近、有无服制，悉以所后宗支为断，以示限制，与异姓过房之子孙迥不相同。故一则可照所后服制定拟，一则仍照本宗服制科罪也，例内“亦俱不准降等”一语系专指异姓义子而言。检查九卿原奏内称“其异姓义子及伊所生子孙，为本生父母及亲属孝服俱不准降等。即已立为嗣，原系律应归宗之人，其本身及伊所生子孙为本生父母亲属孝服亦俱不准降等”数语，分晰极明。该御史以俱照所后服制者，谓照未尝为人后之本服定拟，则与下亦［文］“俱不准降等，有犯仍照本宗服制科罪”针锋相对，否则即与此句龃龉，是以两层并作一层，强为解释，自属臆度之辞，盖未就原奏所云详加考核耳！然此例所云，只论所后宗支亲属服制，虽由乾隆二年议准，而其实则非始于乾隆二年也。查服制悉根于礼经，《仪礼》于为人后者为其本宗之服，惟载父母昆弟姊妹，余皆不见。元儒敖继公谓本服降一等，止于此亲耳。所以然者，以与己为一体也。自此之外，凡小宗之正亲、旁亲皆以所后者之亲属为服，不在此数。《钦定仪礼义疏》不主其说，而谓贾疏“本生、余亲悉降一等”，足补礼经之所未备，律是以有“为人后者于本生亲属服制皆降一等”之语。至为人后者之子孙为本宗亲属如何持服，不特礼经并无明文，即历代典章亦俱未议及，惟我朝徐乾学纂辑《读礼通考》引唐杜佑《通典》内数条，始有应为制服之说。然亦第指本生祖父母而言，其余旁亲并不在内。查所引各条，贺循则云：初出情重，故不夺其亲，而与其降承出之后，义渐轻疏而绝其恩。崔凯则云：经文，为人后者为其父母周，为其兄姊降一等，此指为后者身也，不及其子，则当以父所后之家还计其亲疏为服纪耳。刘智则云：礼，为人后者，当惟出子一身还本亲。孔正阳亦云：为人后者服所后之亲，若子为其本亲降一等，不言代降一等者，以为至其子以义断，不复还本亲故也，是为后者宜降一等，而为后者之子不得随父而降一等。晋宋以来已有此议，例内所云“只论所后亲属服制”等语，并非无所依据。迨乾隆二十四年，又定有“为人后者于本生伯叔兄姊以下有犯，均依律服图降一等科罪”之例。道光四年，又以《礼部则例》及刑律内所载为人后者本生亲属服制阙略不全，经大学士、九卿奏明：凡《会典》未载入，悉照降一等之文逐条增补，俱极详备，而于为人后者之子孙应否为本生亲属持服，亦均无一语叙及，岂真见不及此耶？窃以为古人立后多取亲支，此情理之常也，故所后之服与其父所降之服尚不致互相参差。后世立后兼取远族，此情理之变也，故所后之服与其父所降之服或至大相悬绝。至最亲者莫如祖父母，为人后者有本生父，故称情推及于所生。为人后之子孙并无所谓本生父，故据礼难同于上杀。祖父母且然，况降于祖父母者乎？古人不立此等服制而以所后宗支为断，其以此欤！昔唐王元感欲增三年之服为三十六月，韦縚又欲加外祖父母大功，舅妻小功，堂姨舅降一等，意亦可云从厚；而张柬之、裴耀卿等均具疏力争，其议遂寝。至今论者不以张柬之等为非，而以王元感等为是，可知先王制礼无太过也，无不及也，亦惟酌乎人情天理之中而已。若受人之重已间世矣，复欲厚服其私亲，则嫌于贰祖矣，议礼者所不敢出此也。且此条例文非特见于刑律也，查道光九年礼部奏：独子之子承祧别房者，其本身及其子孙为其本生亲属之服，亦系援引刑例定断，议将独子之子承祧别房者，其本身为本生亲属俱从正服降一等，其子孙为本生亲属只论所后宗支亲属服制等因，通行内外各衙门，迄今遵守。以明明礼部奏准之专条，乃谓《通礼》与《祠祭司例》均不载，遂以为揆诸天理人情殊欠允当，不知系何见解。按之定例，证之礼经，均无为人后者之子孙应为本生亲属持服之文，未便任意推广，致涉纷歧。如谓亲属干犯，例以服制之亲疏定罪名之轻重，以祖父母、伯叔父母之至亲，乃因其父出继远族，竟至无服；有犯，遽以凡论，似觉未尽允协。不知本生祖父母系属正遵，为父所自出之人，服虽降而罪无可降，例内只言本生亲属，并无“祖父母”字样，是否统祖父母在内，固难臆断。惟参观为人后者于本生祖父母有犯，仍照殴祖父母定罪之例，正与前例互相发明，有犯自可援照定断。若杀伤祖父母而以凡斗论，古今无此刑章也。其本生伯叔父母以下，究系旁尊，与祖父母之一体不同，在为人后者既可照律服图降罪一等，则为人后者之子孙即可按照所后服制定拟，非薄于伯叔父母也，盖宗无二统，即亲有必杀，本身尚可递降，异世似难旁推，其父既以继别之宗为重，则于父之本支即可从轻。既于干犯本生祖父母者科罪从重，则干犯本父旁亲之罪即可从轻，此服纪之等差，亦法制之精意。昔人所谓绝其恩断以义者此耳。再，此等由期功降为无服案件，定谳虽以凡论，秋审则大有区别。历经办有成案，自来会议各衙门从不闻有谓办理失当者，何至今忽生他议也？若夫外姻服制与本宗本难强同，即姑与姊妹出嫁则降服一等，如两人俱出，则期即降为小功，小功即降为无服，而母姨及表姊妹无论出嫁与否，母姨俱服小功，表姊妹俱服缌麻，是外姻反有较本宗为重者，其又何说以处此？本难等量而齐观，自未便执此以例彼。所有该御史请将为人后者本身及其子孙为本生亲属均照正服降一等，有犯仍照本宗服制定拟之处，应毋庸议。

该御史又称：同治七年直隶民人王必俭殴死兼祧小宗庶母王赵氏一案，办理疏舛等语。查王必俭系以长房子兼祧叔父次房，王赵氏系伊兼祧叔父生有一女之妾，因与王必俭口角，致被捽拼毙命，王必俭系大宗子兼祧小宗，与王赵氏究竟有无服制？查据礼部覆称：侄与伯叔庶母例均无服，兼祧者以本支兼承旁支，若照嫡子、众子之例为兼祧庶母服期，则嫌与本支无别；如照侄之例为兼祧庶母无服，则又无解于兼祧之义；援照孙为庶祖母服小功之例为兼祧小宗庶母持服小功，当将王必俭比照殴死庶祖母例，拟以绞候等因在案。是王必俭与王赵氏所持系属义服，与由正服降等之例本无干涉。该御史谓王必俭服兼祧母期，即应照正服降一等为服大功，是以义服牵入正服，已属未协。且祖母亦正服期，何以庶祖母又应服小功耶？若以解任辍考为轻重之分，则嫡孙承重，且服祖母斩衰三年矣，于庶祖母又应加重何服耶？伏读《钦定仪礼义疏》有云"五服惟兄弟行递降一等，而其他则否"立论最为精确，据此，则持小功者为是，而拟降服大功者为非，是矣。况此等服制，无论大功、小功，均与正服不同。殴死罪止绞候，谋、故杀亦罪止斩侯，并不照干犯本宗尊长问拟立决，犹之兄妻亦持服小功，而彼此相犯则照凡人定拟也。该御史不知此义，斤斤于大功小功之分，而于罪名则毫无出入，不过徒事纷更，实亦无关紧要也。所奏应请亦无庸议。再，此折系刑部主稿，合并声明，所有臣等遵旨详查，妥议缘由，谨会同恭折具奏请旨。

赵舒翘读《倭文端公遗书》，敬其为学苦心，益自勉，有《甲申岁晏读易有得》云："身世何须苦费思，惟持诚敬结天知。陶镕万物新机活，俯仰千秋旧案垂。安逸由来成鸩毒，忧勤自可固樊篱。挑灯子夜唫无尽，至乐存焉在此时。"

是年，赵舒翘替刑部作《直隶张明清京控案驳稿》：

查审理京控案件，如实系刁民无端健讼，原可从重惩办。若情节稍有可原，即不得强行比拟入人重罪，致滋冤滥。况控关官吏格外科派，尤应严行禁革以纾民困，讵可任其残民以逞而使闾阎受累无穷？详核案情，张明清等迭次以该县书吏增添杂差钱文京控，该上司并不照例亲提，仍交该县讯明。试思百姓所控之人即系县中吏役，所控之事又系该吏等利薮。今使该县自行讯办而望其破除情面，为小民除弊，实必无之事。该县于咸丰十一年失守，卷宗被焚，无所查考。嗣后每亩地竟加派杂差钱一百文，合县计之，每年数逾巨万，本属过多。该县沙炒寨等处先后既有免差章程，此沿河一百余村困苦相同，似亦可照办。如谓情形不一，未便尽行豁免，亦何妨将杂差钱量为酌减，以示体恤。乃因张明清等初次京控，仅免红差一半。查红差为犯人过境之费，为数甚微，虽有免之名而小民受累杂差仍属如故。即因此项差钱，该县上下分肥已久，一夺其利，恐另生弊端，则照该县初次详办，将原告予以酌责发落，已足示惩。乃此次忽比照刁民假地方公事强行出头、逼勒平民约会抗粮、聚众联谋敛钱构讼之例问拟遣戍，殊不思重役剥削系人人切己之害，何得谓假地方公事强行出头？彼此同病连名具呈，何得谓逼勒平民联谋聚众？徭役轻重由官摊派，与正供定数不同，何得谓之粮？赴京具诉，冀图清减，与不服拘唤迥异，何得谓之抗？即各村为帮助盘费，在懦弱者忍死吞声，不敢自鸣，得数人为大众出力，则彼之出钱，实由出自情愿，又何得谓敛钱构讼？案情与例意种种不合，今以笞杖之罪援此大辟之条，名为比照量减，实则含糊加重。且张明清此次京控，情节与张连生大略相同，彼既问拟酌责，此则科以外遣，同罪异罚，更属自相矛盾。况案内被控之吏役侯洛齐、李淮、杜三皆在县盘踞，安逸坐待，并未稍受拖累，而旬日之间即将原告王进才、宋飞泷在监押毙，其被李淮、杜三下乡吓死之司鸿然更无论。已死者既含冤莫伸，复将生者投诸远徼，似此办理京控，或足钳民之口，实不足服民之心，更恐从此不肖州县凭依衙蠹横征暴敛，益无忌惮，于民生关系实非浅鲜，办理既多不合引断，又未允协，臣部碍难率覆，应令该督再行详核例意，另行妥拟，到日再议。

吉同钧三十一岁。妾刘氏亡。

《梁园感怀》云：①

“有酒难消客恨多，无才空令岁蹉跎。双飞却羡西归鸟，溧阳徒随东逝波。乡树依微秦土宇，名都喧杂宋山河。风尘憔悴游踪倦，醉倚长天一浩歌。”

《登楼》云：

“抛得田园事远游，风尘扰攘几时休。行踪往返云中雁，身世浮沈海上鸥。为触离怀愁见月，思排旅恨强登楼。谁知望远愁愈远，极目萧条万里秋。”

《忆内》三首云：

“十年一事慨无成，赢得深闺薄幸名。水待鱼游翻碧浪，花无蝶恋落朱英。雌雄树上孤飞鸟，姊妹花边百啭莺。惟有月明千里共，遥遥雨地各含情。”

“遗得细君肉味尝，风流千载想东方。登云无路惭红粉，咏雪有才羡素妆。抚掌能添文兴敏，画眉不碍吏声良。花开虚度春光好，蝶粉如痴合断肠。”

“误人毕竟是功名，抛却田园事远行。步月思家怜杜老，作宾入幕愧郗生。鸳衾辜负绸缪愿，鲤信难传暧昧情。夜夜罗帏春梦结，枕边犹觉唤卿卿。”

《自豫回韩潼关道中偶成》三首：

“风光转瞬一年更，又向秦中赋晓行。月照函关鸡唱远，雨经沙苑马蹄轻。诗成半是悼亡作，酒好难消羁旅情。屈指征途逢九日，遥看太华是前程。”

“崎岖阅尽见康平，更喜秋风放晚晴。华顶云开逢燕过，潼关日出见人行。吟诗锦字怜苏蕙，作赋高才愧马卿。回首梁园歌舞地，菱歌竹唱不胜情。”

“作客几登王粲楼，今朝反旆别中州。河流南北分秦晋，陕列东西想召周。地近乡园情转怯，人居侯馆梦多愁。风尘荏苒行踪倦，赢得萧萧雪满头。”

《悼刘妾》四首：

---

① 甲申（1884 年）。

“寡情不鼓漆园盆，清泪时流枕上痕。悯我多情生白发，怜卿薄命侍朱门。”

“养儿方慰生前愿，恋主难安死后魂。以此衾裯悲冷落，凄风苦雨坐黄昏。”

“一到家山百感萦，落花啼鸟总伤情。潘安有恨空垂泪，奉倩多情太瘦生。”

“扪腹只应呼负负，齐眉常忆唤卿卿。伤心更有难堪处，襁褓窝中泣母声。”

段维十八岁。

《段冈北先生年谱》载：“先妣赵恭人来归。是时家困甚，先妣井臼操作，茹苦含辛，能博堂上欢。公因内助得人，益得专心劬学。”

《越缦堂日记》载：九月初三日，“归安沈子敦刑部家本来、子培来”。

十一月二十二日，“沈子敦刑部来”。

十二月初二日，“下午答拜沈子敦、徐薇垣问子缜疾”。

十二月初九，“沈子敦来”。

十二月十九，“沈子敦来”。

段理之子大贞中进士。

1885年，光绪十一年，乙酉

二月，冯子材大胜于镇南关，遂克谅山。法急欲和，遂由金登干与之签订停战撤兵简约。四月，中法越南条约签字。是岁，始征土药（鸦片）税。

薛允升六十六岁。

正月

十八日，翁同龢“至财盛馆丙辰团拜，不到此者十余年矣，同年皆白发，惟王子范尚无须也，坐至申初尚未饭，遂先归”。[1]薛允升与翁同龢系丙辰同年，想亦与会。

七月

二十三日，“钦奉慈禧端佑康颐昭豫庄诚皇太后懿旨，侍郎薛允升奏各省募勇太多，请饬裁减，并请内外各旗营量加兵饷，认真训练一折。著军机大臣会同户部妥议具奏，醇亲王奕譞著一并与议”。（《光绪朝实录》）

八月

初一日，“刑部右侍郎贵恒提督安徽学政”。（《光绪朝实录》）

初三日，“以礼部左侍郎文晖兼署刑部右侍郎”。（《光绪朝实录》）

二十二日，“谕军机大臣等，钦奉慈禧端佑康颐昭豫庄诚皇太后懿旨，前据侍郎薛允升奏请饬裁减勇营将中外各旗营加饷训练一折，当经谕令军机大臣会同户部妥议，并令醇亲王奕譞一并与议。兹据会议具奏，据称核计各省现年兵饷需银一千四五百万两，其养勇之费每岁约需银三千四百余万两，加以京外旗兵，又需额饷一千余万两。岁入之款约共应收银七八千万两，是竭天下十分之物力，八分以养兵勇，断非经久之道。今欲酌加旗营饷需，即就在京各营应领饷项计之，现在支给银六百余万两，如议加复成数，约须增银三百万两，部库实难另筹。惟有将各省营勇裁减浮滥，每省每年各裁节银二三十万分批解部，以供加饷练兵之用。其各省设立善后各局名目繁多，重见复出，尤应大加裁并等语。各省召募勇丁向多糜费，上年办理海防又复纷纷添募，现当军事敉定，本应认真裁减，汰弱存强，各疆吏往往因伏莽未除，留为弹压防守之用，甚至统带营官藉词肥己，均所难免。八旗向称劲旅，亟宜加饷精练，果能裁无用之营勇为有益之要需，实属根本至计。著各直省将军督抚破除成见，迅将各该省现有营勇切实核减，查照该部所指虚伍空额老羸幼稚杂费冗弁及无事长夫各节逐一确查，认真裁汰，不得

---

①《翁同龢日记》（第4册），第1910页。

任听营哨各员弁饰词蒙混。并将存留各营按日训练，无事常如有事，庶几缓急可恃。其裁勇所节之饷，从光绪十二年起，每省每年可得若干，先行奏明专款存储，分批解部备用。不准以斟酌情形无可裁撤等词一奏塞责。至各省纷纷设立各局，如军需则既有善后总局，又有善后分局，报销筹防支应制办军械转运等局。地方事宜则有清查藩库营田、招垦官荒、交代清源、发审候审、清讼课吏、保甲刊刻书籍、采访忠义等局，种种名目滥支滥应，无非瞻徇情面，为位置闲员地步。各防营奏调咨调候补人员开支公费，诸多冒滥均堪痛恨，尤应一并大加裁汰。并著于本年十一月内定议，迅速覆奏。当此时事艰难，饷需支绌，裕国必先理财，而耗财莫如冗滥，删一分浮费即可多一分正用。各将军督抚等务当通盘筹画，埽除积习，总以核实二字为主，毋稍观望推延。原折均钞给阅看，至在京王公文武百官俸银久经减成给发，自应一律加增，以示体恤。统俟该将军督抚等覆奏到日，再行降旨。将此由五百里各谕令知之”。(《光绪朝实录》)

十月

初四日，“谕内阁，辰字围著隆勤监射，耀年较射。宿字围著载漪监射，薛允升较射。列字围著本格监射，沈秉成较射。张字围著昆冈监射，杨颐较射”。(《光绪朝实录》)

十九日，翁同龢“诣松寿泉处饮，在座者张朗斋（曜）、刚子良（毅）、阿笑山（克达春）、薛云阶、孙子授、孙燮臣也，中席即散，已曛黑矣”。①

薛允升奏请裁减募勇，并将中外各旗营加饷训练。《请裁防勇酌加旗营兵饷疏》略曰：“窃惟今日要务，莫急理财，耗财大端则在养兵，近年又加养勇，财耗尤甚。我朝绿营兵额五十八万四千有余。乾隆四十六年增兵六万六千余名，复屡次议裁，仅裁去一万七八千名。咸丰初年，始为招勇

---

①《翁同龢日记》(第4册)，第1975页。

之计。嗣后各省视为成规，一有警防，舍招勇别无良策，虽经兵部屡次奏裁，各省均以办防为词，藉口不便，甚或托言盗风甚炽，伏莽堪虞，资勇弹压。即偶有一二省核减，而此减彼增，上年法人构衅，增添不一而足，统计勇数不下三十余万，费饷不下二千余万。兵不可恃易之以勇，乃勇日增而制兵仍旧，兵饷外又加勇饷。是兵之耗财有定，勇之耗财转无定。况现在所招之勇，与昔年迥不相同，已成弩末之形，与额兵相去无几。当国家全盛，添兵六万，谋国者尚虑难继，矧财赋支绌之时，度支几何曷堪任令糜费？我朝武功远迈前代，然开扩削平非恃绿营，大约八旗兵力居多，今乃渐染绿营，气习日益偷窳，积习相沿已非一日。该营官未能时加训练，旗兵遂相率惰逸，致成委靡。自军兴以来，应得银米减成折放，糊口不及，岂能责以娴熟技勇。虽设立神机营，挑选精壮学习技艺，未尝不为腹心干城之寄。然未挑准者浮于挑准，人既视为无用，伊亦甘以无用自居。八旗之兵遂成积弱，一经畿辅设防，辄纷纷征调外兵。当日所称劲旅，反置之可有可无之列，似非设立旗营本意。臣愚以为与其以有用金钱，招致游勇，何如就旗兵领项略为加增。现在东三省业练兵加饷，京旗及各省驻防旗营，应一体照办。总之，兵与勇不可并存，旗兵与勇尤不容偏废，督抚募勇为一时权宜之计，朝廷应以练旗兵为固本之图。愚昧之见是否有当，伏乞皇太后皇上圣鉴训示。”奏入，廷臣会议请酌裁营勇浮滥者，从之。

十二月

薛允升上《遵议为人后者本身及子孙为本生亲属服制疏》。疏云：

窃于光绪十年十一月二十九日内阁奉上谕：御史汪鉴奏《各部例案疏舛请饬厘正并条列各案开单呈览》一折，各部办理案件必应厘定画一，用资遵守，倘涉两歧，前后互异，办理未能允协，必至流弊滋多。该御史条列疏舛各例案，著该部详细查核妥议，具奏单并发等因，钦此。钦遵抄出到部，臣等查清单内称：礼与刑相资为用，故律例必首列《服制图》，例载：为人后者为本生亲属俱从正服降一等，此礼之正也。《礼例》《通礼》均与刑例同。又载：为人后者之子孙于本生亲属只论所后宗支亲服制，如于本生亲属有犯，俱照所后服制定拟。其异姓义子与伊所生子孙为本生亲属俱不准降等，各项有犯，仍照本宗服制科罪。此条前半所论服制，惟《仪制司例》相同，《通礼》与《祠祭司例》均不载。揆之天理人情，殊欠允当。后半所论刑名，若以俱照所后服制定拟句善为解释云：明称为本生，原非所后，然究系己所自出，恩谊重而服制轻。如有所犯，俱照所后服制定拟者，谓照未尝为人后之本服定拟，则与下文亦“俱不准降等，有犯仍照本宗服制科罪”针锋相对，情理允当。否则如所后系本生无服远宗，则为人后者之子孙为本生祖父母、伯叔父母亦皆无服，应以凡论，岂合情法之平？且与下文“亦俱不准降等”句相龃龉。况女子内夫家、外母家，女适人、男出后均降父母之服为期事极相类，女子之子为外祖父母服虽小功，如有犯，照期亲尊长论。辑注谓：母之所自出，即己之所自出，故服虽轻而恩义重，此极平允。且乾资始重于坤资生，为人后者之子孙为本生亲属服制应加重于女子之子为外家甚明。今乃定为无服以凡论之例，礼与刑均阙乏矣！似应改为：凡为人后者，本身及其子孙为本生亲属均照正服降一等。有犯，仍照本宗服制定拟，庶礼教、刑威足以使民敦爱敬而重犯法。宗人府每有行查礼部“为人后者之子孙应为本生祖父母持何服”之案，礼部事隶祠祭司，既不忍据刑部及仪制司条例答以“只论所后亲疏”，盖嫌其所后系疏房，遂无服也；其时掌印司员又不敢据臣说比照外孙，斟酌于大小功之间，回堂定议，于是直以例无明文覆臣，盖不慊于心也久矣！又同治十年，直隶民人王必俭以大宗子兼祧小宗殴殒小宗庶母王赵氏一案，断此狱者若先握定大宗兼祧小宗，应降小宗之服。《服制图》，王必俭为庶母正服杖期，此照《通礼》“照正服降一等”之文，定为王必俭应为王赵氏降服大功，岂不直捷［截］了当！乃该省误拟，刑部知其误，一再行查礼部，礼部曲为援引比例“孙与庶祖母小功”，显与道光四年钦定“凡降服均照本服降一案”之例相背。盖孙为祖父母服杖期，不解任辍考；兼祧子为小宗父母降服不杖期，应解任辍考。是兼祧父母之服本与祖父母不同，即兼祧庶母之服大非庶祖母可比，理不难知，此皆礼刑二部例案之疏舛者也等语。查例载：本宗为人后者之子孙于本生亲属孝服只论所后宗支亲属服制，如于本生亲属有犯，俱照所后服制定拟；其异姓义子与伊所生子孙为本生父母亲属孝服亦俱不准降等各项有犯，仍照本宗服制科罪各等语。此条例文系乾隆二年九卿遵旨议定，原为异姓义子及所生子孙与本生亲属有犯而设。其本宗为人后者之子孙一层，系属对举以见义，但系本宗，即不分亲疏远近、有无服制，悉以所后宗支为断，以示限制，与异姓过房之子孙迥不相同。故一则可照所后服制定拟，一则仍照本宗服制科罪也。例内“亦俱不准降等”一语系专指异姓义子而言。检查九卿原奏内称“其异姓义子及伊所生子孙，为本生父母及亲属孝服俱不准降等。即已立为嗣，原系律应归宗之人，其本身及伊所生子孙为本生父母亲属孝服亦俱不准降”等数语，分晰极明。该御史以俱照所后服制者，谓照未尝为人后之本服定拟，则与下［文］“亦俱不准降等，有犯仍照本宗服制科罪”针锋相对，否则即与此句龃龉，是以两层并作一层，强为解释，自属臆度之辞，盖未就原奏所云详加考核耳！然此例所云，只论所后宗支亲属服制，虽由乾隆二年议准，而其实则非始于乾隆二年也。查服制悉根于礼经，《仪礼》于为人后者为其本宗之服，惟载父母昆弟姊妹，余皆不见。元儒敖继公谓本服降一等，止于此亲耳。所以然者，以与己为一体也。自此之外，凡小宗之正亲、旁亲皆以所后者之亲属为服，不在此数。《钦定仪礼义疏》不主其说，而谓贾疏“本生余亲悉降一等”，足补礼经之所未备，律是以有“为人后者于本生亲属服皆降一等”之语。至为人后者之子孙为本宗亲属如何持服，不特礼经并无明文，即历代典章亦俱未议及，惟我朝徐乾学纂辑《读礼通考》引唐杜佑《通典》内数条，始有应为制服之说。然亦第指本生祖父母而言，其余旁亲并不在内。查所引各条：贺循则云：初出情重，故不夺其亲，而与其降承出之后，义渐轻疏而绝其恩。崔凯则云：经文，为人后者为其父母周，为其兄姊降一等，此指为后者身也，不及其子，则当以父所后之家计其亲疏为服纪耳。刘智则云：礼，为人后者，当惟为出子一身还本亲。孔正阳亦云：为人后者服所后之亲，若子为其本亲降一等，不言代降一等者，以为至其子以义断，不复还本亲故也，是为后者宜降一等，而为我［后］者之子不得随父而降一等。晋宋以来已有此议，例内所云"只论所后宗支亲属服制"等语，并非无所依据。迨乾隆二十四年，又定有"为人后者于本生伯叔兄姊以下有犯，均依律服图降一等科罪"之例。道光四年，又以《礼部则例》及刑律内所载为人后者本生亲属服制阙略不全，经大学士、九卿奏明：凡《会典》未载入者，悉照降一等之文逐条增补，俱极详备。而于为人后者之子孙应否为本生亲属持服，亦均无一语叙及，岂真见不及此耶？窃以为古人立后多取亲支，此情理之常也，故所后之服与其父所降之服尚不致互相参差。后世立后兼取远族，此情事之变也，故所后之服与其父所降之服或至大相悬绝。至最亲者莫如祖父母，为人后者有本生父，故称情推及于所生。为人后之子孙并无所谓本生父，故据礼难同于上杀。祖父母且然，况降于祖父母者乎？古人不立此等服制而以所后宗支为断，其以此欤！昔唐王元感欲增三年之服为三十六月，韦縚又欲加外祖父母大功，舅妻小功，堂姨舅降一等，意亦可云从厚；而张柬之、裴耀卿等均具疏力争，其议遂寝，至今论者不以张柬之等为非而以王元感等为是，可知先王制礼无太过也，无不及也，亦惟酌乎人情天理之中而已。若受人之重已间世矣，复欲厚服其私亲，则嫌于贰祖矣，议礼者所不敢出此也。且此条例文非特见于刑律也。查道光九年礼部奏：独子之子承祧别房者，其本身及其子孙为其本生亲属之服亦系援引刑例定断。议将独子之子承祧别房者，其本身为本生亲属俱从正服降一等，其子孙为本生亲属只论所后宗支亲属服制等因，通行内外，各衙门迄今遵守。以明明礼部奏准之专条，乃谓《通礼》与《祠祭司例》均不载，遂以为揆诸天理人情殊欠允当，不知系何见解。揆之定例，证之礼经，均无为人后者之子孙应为本生亲属持服之文，未便任意推广，致涉纷歧。如谓亲属干犯，例以服制之亲疏定罪名之轻重，以祖父母、伯叔父母之至亲，乃因其父出继远族，竟至无服，有犯，遽以凡论，似觉未尽允协。不知本生祖父母系属正遵，为父所自出之人，服虽降而罪无可降，例内只言本生亲属，并无“祖父母”字样，是否统祖父母在内，固难臆断。惟参观为人后者于本生祖父母有犯，仍照殴祖父母定罪之例，正与前例互相发明，有犯自可援照定断。若杀伤祖父母而以凡斗论，古今无此刑章也。其本生伯叔父母以下究系旁尊，与祖父母之一体不同，在为人后者既可照律服图降罪一等，则为人后者之子孙即可按照所后服制定拟，非薄于伯叔父母也，盖宗无二统，即亲有必杀，本身尚可递降，异世似难旁推，其父既以继别之宗为重，则于父之本支即可从轻。既于干犯本生祖父母者科罪从重，则干犯本支旁亲之罪亦即从轻，此服纪之等差，亦法制之精意。昔人所谓绝其恩、断以义者此耳。

再，此等由期功降为无服案件，定谳虽以凡论，秋审则大有区别。历经办有成案，自来会议各衙门从不闻有谓为办理失当者，何至今忽生他议也？若夫外姻服制与本宗本难强同，即姑与姊妹出嫁，降服一等。如两人俱出，则期降为小功，小功即降为无服，而母姨及表姊妹无论出嫁与否，母姨俱服小功，表姊妹俱服缌麻，是外姻反有较本宗为重者，其又何说以处此？本难等量而齐观，自未便执此以例彼。所有该御史请将为人后者，本身及其子孙为本生亲属均照正服降一等，有犯仍照本宗服制定拟之处，应毋庸议。

该御史又称：同治七年直隶民人王必俭殴死兼祧小宗庶母王赵氏一案，办理疏舛等语。查王必俭系以长房子兼祧叔父次房，王赵氏系伊兼祧叔父生有一女之妾，因与王必俭口角，致被摔拼毙命，王必俭系大宗子兼祧小宗，与王赵氏究竟有无服制？查据礼部覆称：侄于伯叔庶母例均无服，兼祧者以本支兼承旁支，若照嫡子众子之例为兼祧庶母服期，则嫌与本支无别；如照侄之例为兼祧庶母无服，则又无解于兼祧之义；援照孙为庶祖母服小功之例为兼祧小宗庶母持服小功，当将王必俭比照殴死庶祖母例拟以绞候等因在案。是王必俭与王赵氏所持系属义服，与由正服降等之例本无干涉。[至此等服制无论大功小功，殴死罪止绞候，谋故杀亦罪止斩候，并与干犯本宗功服尊长问拟立决之例亦属不同。该御史不知此义，斤斤于大功小功之分，而于罪名则毫无出入也。究竟王必俭应否持服小功之处，事隶礼部，相应请旨饬下礼部查核办理。]①

[该御史谓王必俭服兼祧庶母期，即应照正服降一等为服大功，是以义服牵入正服，已属未协。且祖母亦正服期，何以庶祖母又应服小功耶？若以解任辍考为轻重之分，则嫡孙承重且服祖母斩衰三年矣，于庶祖母又应加重何服耶？伏读《钦定仪礼义疏》有云：五服惟兄弟行递降一等，而其他则否。立论最为精确，据此，则持小功者为是，而拟降服大功者为非，是矣。况此等服制，无论大功、小功，均与正服不同。殴死罪止绞候，谋故杀亦罪止斩候，并不照干犯本宗尊长问拟立决。犹之兄妻亦持服小功，而彼此相犯，则照凡人定拟也。该御史不知此义，斤斤于大功小功之分，而于罪名则毫无出入，不过徒事纷更，实亦无关紧要也。所奏应请亦无庸议。再，此折系刑部主稿，合并声明，所有臣等遵旨详查，妥议缘由，谨会同恭折具奏请旨。]②

按：此疏亦见赵尚书《慎斋文集》③中，然核其时，薛公正为刑部侍郎而赵公乃为刑部司员，且疏中语句间与赵集不同，或赵公拟稿，而薛公又有所删润，亦未可知，但以出奏年月衡之，必薛公主其事，固无疑也。

雷榜荣五十四岁。

---

① 此段系薛允升据赵舒翘草稿所改定。

② 此段系赵舒翘所拟原稿，为薛允升所删。

③《慎斋文集》中篇为“会议服制奏稿”。

京察一等。引见，奉旨记名以道府用。

五月

雷榜荣为赵舒翘《提牢备考》作序：

工倕不能为无矩之器，王良、造父不能为无辔之御，此其说人人知之。独至行一事而必深求其源委，莅一职而必博取乎良法美意，则粗疏者往往习焉不察，倜傥权奇之士又以为不足尽知而姑苟且以从事，是则卤莽灭裂之患起，而实事求是者益难其人，此吾友赵君展如所为有《提牢备考》之辑也。

刑部之有提牢，自明逮［迄］今且历数百年，然而案无牍，事无档，长官不知其谁何，因革损益迄无表见，卒然遇有建置，吏从敝簏中出片絚［纸］以为程式，或呼老役询颠末，官辄置絚［纸］尾行之，惴惴焉无敢出声。夫以数百千人生命所关之地，而诸事漫无头绪，如捕风［捉］影，膺斯任者又或存传舍其官之心，而侥［徼］幸于目前之无过。噫，甚矣！其疏也。庚辰之冬，展如督理厅事，念此烦重者曷能以无本治也。思欲网罗散失，一洗从前之陋，乃［爰］搜诸故絚［纸］，证以前闻，详究夫律例之有关于狱事者，自恤囚、察吏以至于一物之领放、一事之终始，皆谨志之无或遗。又举前此之居是官而有札记者，备录其语以为将来之劝，共得若干卷而出其稿以示荣。荣受而读之，怦怦然有动于中，而窃不禁慨然而长叹也。儒者甫弃铅椠，出而与人家国事，譬之舍康庄而入蚕丛，不得其道以由，即有颠踣倾危之虑。

孔子曰："不践迹，亦不入于室。"又曰："择其善者而从事，不洞窥其本末，而能遽与于神明变化者，固断断乎无有也。"即以理囚而论，往者汉之萧、曹皆起狱吏，及观其后来之措施举动，萧何则于入关之初首收图籍，曹参为相不外守而不失，则由二公之丰功伟烈，以追溯当日治狱之始，其亦必有旧章率由，罔敢失坠，而非复一切师心自用者流所能比数矣。即小可以见大，不其然欤！展如负博综兼赅之才，而复不自逞其私智。荣与共事既久，见其深思力行，勉勉焉惟恐或悖于道。故其任提牢也，百废俱举，犁然有当于人心。兹篇所著，殆小试其端乎？他日负荷所及，知必有十倍重大于斯、艰巨于斯者，固将由此以推暨于无穷焉。夫亦可以识其用意之所在矣，独提牢云乎哉！书既成，展如欿然自视，不欲出以问世。荣以为古人立言当以有裨于世者为亟，而非必有沾沾求名之心，况提牢关系綦重，而又素无稽考，得是编以为指南，亦仁人君子所争先快睹者也，乌可不公诸同好？爰付手民，而荣亦幸得僭言简端以志乡往之忱云。光绪乙酉五月朝邑雷榜荣序于西曹之叙雪堂。[①]

十一月

初四日，奉旨补授福建福州府遗缺知府。

初四日邸钞载："刑部郎中雷榜荣授福建福州府遗缺知府。"自注："本任福州府光炘尚署延平，未抵任，病故。"

初六日，雷榜荣作《奏为恭谢天恩仰祈圣鉴事》："本月初四日，内阁奉上谕：福建福州府知府员缺紧要，著该督抚于通省知府内拣员调补，所遗员缺著雷榜荣补授，钦此。窃臣秦中下士，知识庸愚，由进士供职秋曹，京察一等，蒙恩记名，涓埃未报，兢惕方深，兹复渥荷温纶，简授今职。自天闻命，倍切悚惶。念闽省为边要之区，知府有表率之责，如臣梼昧，惧弗克胜，惟有吁求宸训，敬谨遵循，俾到任后于一切应办事宜矢慎矢勤，以期仰答高厚鸿慈于万一。所有微臣感激下忱，谨缮折叩谢天恩，伏乞皇太后、皇上圣鉴。"

十二月

十七日，革职留任闽浙总督兼管福建巡抚事臣杨昌濬作《奏为调补省会知府要缺以重职守恭折仰祈圣鉴事》："窃准吏部咨光绪十一年十一月

① 薛梅卿、杨育棠点注：《庚辛提牢笔记》，中国政法大学出版社2007年版，第200～201页。又据《续修陕西通志稿》卷一百八十五《艺文》三校补。

初四日奉上谕：福建福州府知府员缺紧要，著该督抚于通省知府内拣员调补，所遗员缺著雷榜荣补授。钦此。经奉旨后第五日行文，按闽省照限八十日减半计算，应以十二月十九日作为开缺日期。查福州为全闽首郡，政务綦繁，时有发审案件，并委办洋务，非通达治体之员不足以资整饬，臣与藩臬两司于通省知府内逐加遴选，均与斯缺人地未宜。惟查有署福州府事延平府知府张国正年三十六岁，厢蓝旗汉军张延彦佐领下人，由荫生报捐笔帖式，遂捐郎中，签分工部，请假赴库伦省亲，留掌防守出力，奏准候补缺后，以知府不论双单月遇缺即选，嗣丁父忧，经库伦办事大臣奏奉上谕：库伦掌印办事大臣张廷岳之子、工部郎中张国正，著候服阕后以知府即选等因，钦此。承袭三等子爵，光绪三年二月服满，九月选授延平府知府，领凭赴任供职，筹济晋赈，赏戴花翎，调署福州府知府。八年九月到任，九年大计卓异，十年八月奏请与福州府知府光炘对调，部议仍令署理，十一年七月兼理盐法道事。该员张国正才尚开展，办事勤明，持躬谨饬，足资表率，在任三年有余，省会情形熟悉，措置均属裕如。上年市间银米两缺，各铺拟罢，居民震骇，该员妥筹济应，危局复安，民情极为爱戴，并曾保荐卓异，以之调补福州府知府，洵为人地相宜，与例亦符，合无仰恳天恩俯念省会员缺紧要，准以本任延平府知府张国正调补福州府知府，于地方职守大有禅益，如蒙俞允，该员系现任知府，初次调繁，衔缺相当，惟因大计卓异，并八年俸满奉文调取，应俟准到部覆给咨，送部引见，仍免核计参罚，所遗延平府员缺，遵旨以遗缺知府雷榜荣补授。据福建藩司张梦元、兼署臬司刘瑞祺会详前来，臣谨恭折具陈，伏乞皇太后、皇上圣鉴，敕部议覆施行，谨奏。”

《续修陕西通志稿》载：雷榜荣“外简知福建延平府。延平府故烦剧地，地瘠民贫，而盗风复炽，号称难治。榜荣抵任，宽以抚氓庶，而严以缉奸宄，不期年政平讼理，强盗敛迹，纪纲整肃。乃培植文化，时躬往庠序，进俊秀而亲课之，更勖以敦品立行，一时风气为之丕变。权延建邵兵备道，察吏抚民，绩效大着，以疾归，卒于湖北旅次”。

《南平县志》卷二十中的《循吏传》第二十三载：“雷榜荣，字瀛仙，陕西朝邑进士。由部曹任延平，政尚简静，教养为先。当下车时，遍召诸生试之，择其尤者，令月呈三艺，亲为改窜。光绪丙戌十二年五月，东溪大水，漂流民屋无算。公焚香告天曰：‘民何辜？愿以身代。’泣下数行，午刻水退。煮粥以食城外之不能爨者。十三年哥匪潜迹郡城，邑绅请办保甲。公乃借拨考棚育婴款五百金与之，曰：‘城全民安，赔累所不惜也。’闻王台匪惊扰，公往谕之而安。后兼护道篆，以老病告归。子如同，登甲辰进士。”

赵舒翘三十八岁。

《慎斋年谱》载：“先生慎交游，相友善者张成勋、王联壁、沈家本、郑秉成、张翰卿、党蒙，皆西曹一时之英。”

二月

初一日，引见记名，以道府用，旋因俸满截取奉旨以繁缺知府用。

十四日，“引见京察一等圈出人员得旨除庆蕙、彭銮、韩文钧、王廉、李培元、刘宗标、涂庆澜、缪荃孙、周信之、良弼、凌行均、世杰、王景贤、徐树钧、锡光、堃岫、福善、王遵文、隆斌、伦五常、宗室溥善、庆秀、阿彦泰、丁振铎、恩霖、陈维周、吴传缙毋庸记名外，宗室寿荫著以四五品京堂补用。宗室松安著仍以五品京堂补用。鹤山、马恩培、裕祥、邓蓉镜、陈秉和、张曾扬、谭宗浚、陈才芳、吴锡璋、张仁黼、庆熙、成治、善承、李端遇、文悌、塔奇魁、奎顺、高梧、吴协中、李耀奎、恩良、英文、耆安、荣堃、舒惠、王鸿年、党吉新、普津、承厚、德泰、雷榜荣、赵舒翘、陈惺训、廷杰、成桂、三音布、迈拉逊、启绍、凤林、夏玉瑚、觉罗存振、达崇阿、吉庆、安祥、文海、陈锦谭、承祖、赵尔巽、铎洛仑、诚勋均著交军机处记名，以道府用。长有著记名以关差道府用”。（《光绪朝实录》）

六月

十三日，赵舒翘原来所上《汇核各省安置军流徒奏稿》，奉旨：依议，钦此。

赵舒翘《汇核各省安置军流徒奏稿》：

奏为汇核各省安置军流徒犯章程恭奏祈圣鉴事。窃查臣部前因军流徒犯配逃日众，法制几成虚文，恐滋隐忧，奏令各省督抚就地方情形妥筹安插良法，以凭臣部汇核分别办理在案。

兹据直隶等省陆续具奏到部，据直隶总督称：例不安插军流，惟徒犯每年约有百数十名，由配所州县发交吏目、典史转发防夫管束。其中人命、斗殴等犯多有亲属恒业，每冀徒满递回，逃者无几。惟窃盗、抢夺等犯类皆游惰之民，且向无口粮，饥寒交迫，往往乘间逃脱。若加重防夫罪名、官吏处分，恐致相率讳匿，不若酌给口粮，分别充差学艺。直隶大治州县每处徒犯十余名，小治数名，此项口粮每人每日不过制钱五十文，核计为数无多，应令州县捐给。各属曾有捐给者，但仅授食，尚无以维系身心。此后凡徒犯到配，应察其本系良民，派充铡草、打更等项夫役；如系游惰，应收入自新所，责令学习织带、编筐等事；例应锁带铁悍者，仍暂行锁带，俟知悔悟，酌量开去，以使习艺。冬令捐给棉衣以御寒，俾无冻馁之虞，驯良者自能安心供役，游惰者渐使悔罪迁善。如能学一艺，在配时已可略得工资，追徒满还家，亦得就此糊口，不致终身废弃。设立自新所安置窃盗等犯，而徒犯亦有栖身之所，不至散漫无稽，逃者自可日少。其余事宜，悉寻旧例办理。

热河都统称：向无编发军流，即徒犯一项，只有定发内地充徒，并无定发口外拘役之犯。

奉天府府尹称：奉省向不安插军流人犯，与各省情形不同。仅有本省定发徒罪人犯，系由配所各州县转发巡典等衙门专管，饬令充当水火夫，日给口粮，按月点卯，防守綦严，较诸他省任其闲散不给口粮者有间，是以各州县充徒报逃之案不常经见，立法已自周密，无需再事更张。

吉林将军称：吉省向办遣军徒流各犯，均解赴奉省分别定充配。其至配所，该管官员平日不严约束，及有差役，又克扣工食，使之觖望，以致困苦无聊，铤而走险，此各犯在配脱逃之实在情形也。目下欲加整顿，亦宜稍事变通。如前项遣军流各犯，于起解时责令各地方官认真刺字，务当清楚显明，不使模糊，违者议处。添加脚镣，验明锁拷均须坚固。经过各地方，按站发给车辆，不准解役折价，违者地方官议处，解役照不应重律发落。即有脱逃者，面上刺字清楚，兵役人等易于辨认捉获。及到配所，令各地方官造具年貌清册，五日总卯一次。如遇有修城挑河、负粮运碳一切力作之事，全在州县官设法防束，令其服役，酌给工食，无冻馁之忧，其心自安。倘无前项工程，应责所在各州县，令其充当署内夫役，饬役监伴同其起作，不使脱逃。间有一二脱逃者，有能指报、饬拿前项中途及配所遣军流一名者赏银二两，能获送一名者赏银四两，准各州县于杂款项下动支报销。地方官能拿获邻境逃军、逃流及寻常遣犯，应请从优议叙，每一名准其加一级；系例应正法之逃遣，每一名准其加二级。如此俾免啸聚薮泽，致滋隐忧，似亦维持成法之一道也。

黑龙江将军称：发遣人犯向皆分派各城效力；系宗室觉罗，例发钱粮，官犯分别留署派卡当差；至为奴人犯，则派交协佐领家服役。徒犯摆站、充夫，均有衣食。其军流安置各犯，系旗人交旗约束，民人交水师营编管，按朔望日点卯一次。军兴后应发边远者，均皆改发来江，人数既多，屡经严饬各管官认真稽查，近年以来报逃之案尚少，间有潜行脱逃者，不尽由饥寒所迫，缘边地宽旷人稀，易谋生计，析薪刈草，采卖庸工，即可自食其力。笃疾之人，历来寄食各庙，藉香火以资养赡，亦免冻馁之虞。边寒地方罕遇修城挑河各项工作可以充当夫役，量予工食，各犯但知勤作，则在配谋生自有衣食之路，就江省情形而论，可毋庸另筹工食。

江苏巡抚称：徒罪人犯均发本省有驿州县充当杂差，如无驿站之处，亦交巡典等管束拘役，是以脱逃尚少。至各属安置军流人犯，有地处冲途，商贾云集，充当脚夫以糊口者；有就地绅董筹集捐资，酌给工本，令作小贩；或雇充巡更等项夫役以谋生者，尚可少报脱逃。然此系指原犯人命、斗殴、诓骗拐带一切杂案等项人犯而言，如本犯盗劫及抢窃等案，若辈非犷悍性成，即习于游惰，大率不遵约束，往往朝到配而夕报逃，比比皆是。以前定例：凡遇强盗免死、发遣新疆给官兵为奴人犯，在配脱逃，拿获后即行正法。以网开一面之人，处边塞万里之外，一经逃逸，不特远道难归，且恐首领莫保，是以鲜有脱逃。乃自严办强盗，无论法无可贷、情有可原，不分首从以来，遇有别故不行、事后分赃，定发新疆，改发足四千里充军人犯，各省较前愈多。其实今日之所谓别故不行，即昔年之所谓情有可原者也，其亦非尽承谳者之有心开脱。盖盗犯到案，非加刑讯不肯招承。分赃首从未确，或供词反复，势难一概骈诛。亦有逸犯众多，弋获无期，不得不就其现供，先行定谳，声请监候待质。如有获犯，或先已狡供，从而不行，未经上盗，虑其报复，往往不敢招认，转致续获者得以漏网，是以此项待质人犯、续经获犯审正者亦复甚少。一经十年限满，即照拟发配。如有脱逃，亦只仍发内地加枷，较以前免死盗犯监禁待质必须二十年后遇有恩赦方准查办、及发遣后在配脱逃即须正法者又觉类重转轻也。此等改发充军人犯，虽有系带铁捍石墩之例，无如到配者日众而疏脱者益多，该兼专各官例止罚俸，亦复习以为常，此近年来各省军犯脱逃之多，其原犯盗案者十居其七八也。以后应如何酌量变通，应否仍复旧例，或将待质者加以监禁年限，改发充军者实发新疆或黑龙江给官兵为奴之处，应听汇核办理。

安徽巡抚称：自例发新疆及应发烟瘴人犯改发内地以来，各省到配之犯日众，其中率多游手无藉［籍］、不安本分之徒，而挟有资财手艺、可自谋生者殊不多有。例给口粮，向只一年为止，各州县中如修城挑作等工，亦非常有之事。而驿站暨公用一切夫役，又皆各有定额，不能悉以罪犯充当。人数既多，安插非易，势不能不发交地保雇充巡更等项夫役，俾日藉资糊口。此辈非顽梗未除、不受约束，即游惰性成难耐劳苦，往往防范稍疏即多逃遁。综核近年各处情形，徒犯脱逃尚少，军流较多。而军流之中又以贼盗案犯及外遣改为内地者为尤甚，虽经逐案参处，而专兼各官例止罚俸，亦复视为故常，积习相沿，亟宜力求整顿。窃惟欲求变通除弊，非妥筹在配各犯之生计，不足以杜其逃；非严核专兼各官之功过，不足以儆其玩。惟当饬令各该州县，妥为稽查经理，除年老残废各犯仍照例拨入养济院给予孤贫口粮并有资财手艺者交保看管、仍听各自谋生外，余拟饬各州县各筹款项，查其守分安静、贫苦无力者，酌给工本，资斧小贩营生；其强梗未化、素性不驯者，即令拨派各驿充当水草夫役苦差，严加约束，不任闲散，仍量与口粮，使无冻馁，每月由该管官按期点卯，不得视为具文。如有脱逃，除分案照例参处外，并拟每届年终责成臬司汇查一次，将各州县一年逃犯数目造册呈核。如该专兼各官于军流徒犯管束得法，一年内并无疏脱，核在配人犯多寡，请即仿照管狱官并无疏失人犯议叙之例，分别量与奖叙。倘于一年内有疏脱情重、遣军案犯三名以上、寻常流徒案犯五名以上者，即专案奏请，严加议处。其处分应如何酌量定拟，应请由部酌改。

闽浙总督会同福建巡抚称：军流到配后，照例给予一年口粮，多因穷苦难度，纷纷脱逃。今欲设法整顿，惟有量加变通，拟嗣后军流等犯到配，查有随带家口资财者，循旧办理。如遇年老残病之人，归入养济院给予孤贫口粮，以资糊口；少壮穷苦者仍照例给一年口粮，即由配所州县查明无论正佐、文武衙门应用动作夫役，随时分发充当，量给工食，并时加编管，毋许远离衙署。倘有不服约束，仍送该州县责惩示儆。如怙恶滋事，照例严办。徒犯亦可照此办理。

浙江巡抚称：军流徒犯定例专管有官，主守有役，拨给口粮，派充夫役。立法本已周详，而脱逃仍所不免者，固由防范之不严，亦由若辈狡黠游惰习与性成，兼之犯多事少，无计谋生，收管员役既不能计口管食，又不能形影相随，偶一疏防，恒易飏逸。于此而求整顿之方，惟有筹彼生计、严加约束两端。第葺室栖流，无此经常之款；筑城濬河，亦非常有之工。此外开山垦地、驾船挑脚、一切力作之事，民间各有专业，更多窒碍，未可垂为定章。悉心体察，仍以遵照向例、量加变通较为简当易行，拟于到配军流等犯，除携有家口资财、自能营生不计外，其年老残疾之人归入养济院，按名发给例支孤贫口粮，俾免失所；少壮贫苦又无手艺各犯，照例发给一年口粮，即在配所文武各衙门一体分拨收管，察其所长，令充巡更打扫夫役，月给工食，并遴派头役、月兵为之主守，勤加编管，督率操作，不许远离衙署。如有不服约束、怙恶滋事者，即报明地方官从重惩治；遇有脱逃州县收管者，以州县为专管；佐杂营汛收管者，以州县为兼辖、佐杂营汛为专管，照例题参议处。本省拘役徒犯，亦可照行。

湖南巡抚称：截至光绪十年五月止，通计各属在配军犯二十七名，流犯一百二十名。徒犯近在本省，惟饬各属照章拘役，无庸另议。变通其安置军流之法，似不必论罪名而论案由，如命案减等之犯本系良民，误于一朝之忿，似照部议当夫一层最为妥协。而当夫亦惟在配所各衙门，分派水火扫巡更等事，不离衙署，日给口食，易于约束。至官夫之驿递文书，搬运饷鞘，关系匪轻，未便付之若辈。而商民之雇夫挑抬，如湖南则各有码头，各有行户，此辈不能容也。如盗案免死之犯，本系匪人，先防其作奸，而其中亦或有手段高强之人，如晋国裴豹名在丹书，亦可立功，拟此等盗犯到配，饬地方官加意体查，仍使先当夫役。如其有胆气心思、有技艺，半年后地方情形较熟，试以捕盗，如能立功，另行存记，以此等熟于盗情，似可用其所长也。倘故智复萌，破案似可立置重典，本系免死，怙恶复何足惜，留之徒一乱人耳！统计安置军流人犯，若照每人酌给数千文之法，使之营生，则所费更轻而其谋食更便。有制钱五千，即可谋一人之食，未知果有当否？若照在各衙门当夫之议，则当夫口粮应准各州县归入坐支开销。在何衙门当夫，即先报明在案，如有脱逃，其处分惟本衙门是问，而处分亦似应以逃犯之案由为准。如免死之盗犯逃，则有害于人，处分似应较重；如减等人犯，似照旧例足矣。惟有惩即当有劝，如一年之内无逃犯，专管官似应照狱囚无疏失例记奖，以昭公允。其犯人有老疾者，例给孤贫口粮，养之无使失所。余案人犯可以类推。

湖广总督会同湖北巡抚称：除徒罪人犯惟有严饬地方官认真拘役、无庸另议外，其军流人犯或因外遣改发，或由命案减等，或罪不及死，配定差遣。就湖北一省而论，在配脱逃无岁不有，近年尤多，盖因光绪七年五月十四日、八月二十二日恭逢恩诏，各省减流人犯发配湖北省者不下数百名，逃者甚多。湖北省严定章程，将兼管、专管各官于照例谘部议处之外，由记过加至撤参，于是各官稍知儆畏约束。虽逃者渐少，然不能遽无。又通饬所属，查明配犯之年老有疾者给予孤贫口粮，少壮各犯酌派充当夫役。因时立法，适与部臣现议相合。惟充夫一层有不能概论者，如部议修城挑河、负粮运碳等事，非各处所常有。湖北夫役之事所常有者，惟滨临江汉之堤，工皆用土著民人，使本处力作之徒藉资谋食，以工代赈，不便以外省罪犯插身其间。此外，充夫之事，或官差，或民雇肩抬者，每有财物饷鞘等役，关系更重，势不能遣一夫而派数差押之。设窃负而行，为民害，为官累，何可胜言？酌核其宜，拟请嗣后人犯到配，由配所衙门于舆轿、伞扇、水火、巡更等夫量为役使，日给口食。同知通判以及巡检典史等署亦由州县酌量分派，老疾者照孤贫口粮之例酌量发给，并该州县将某犯到配后派充何役？日给口食工价若干？发交何衙门？分析具报，归入坐支开销。其在配日久、已有生业者，不必更改，责成专管、兼辖各官督饬看役认真稽查，总须与本管官时常见面，不许远离散处。既已派充夫役，官吏之处分不严，则日久之奉行必懈。查配犯脱逃，州县官往往以充夫为名规避处分；今既实令充夫，应由部臣将州县官处分酌量议改。免死之强窃各犯，疏脱必为民害，议处应重；减等之命案人犯，似可寻旧议处。派在何衙门者，即为专管官，不得专归佐杂等官。惟既惩其过，亦当叙其功，如一年以内犯无疏失，专管官似应照狱囚无疏失例，计其名数给予奖叙。至军罪人犯可否于到配后，由该配所地方官移交城守营汛酌量派充夫役，给与工食，责成兵目看管。如有脱逃，该汛弁与看管之兵目，各照文职专管及保甲例分别议处治罪，以符名实。

河南巡抚称：豫省安置军流等犯宜分命盗两途。凡命案各犯，本系良民，一朝斗很［狠］，致罹法网，但使资生有计，尚可不致脱逃。若抢劫奸拐等案人犯，犷悍性成，不能悉受约束，虽予以口粮，亦难望其守法，拟请嗣后命案军流徒犯，查系贫苦并无手艺之人，照例请给一年口粮，限满由官捐资本，俾之小贸营生，或拨充文武衙门巡更守门、挑水炊爨各项夫役，藉资糊口；其因抢劫等案问疑军流徒犯，到配即收入自新所，严行管束，官给饭食，一二年后察其野性渐驯，不致复萌故态，始行释出，与寻常军流等犯一体安顿，倘怙恶不悛，仍应在所看管，稍知悔改，再行照章办理。

山东巡抚称：东省安置徒犯，凡有驿州县照例令其充当铡草挑水等夫；即无驿之州县，亦必于各衙门驱使人夫内设法安置，该犯等系在本省拘役，例有年限，尚能安分在配，以望限满释回，逃者尚少，自应责成各地方官认真稽查约束，似无庸另议更张。其军流人犯，欲令安分守法，不致疏脱，固宜先有以养其生，尤当设法以拘其体。惟修城浚河、负粮运碳，事非各处常有，难为经久之图。计惟有将流犯除年逾六十者照例给予孤贫口粮；其少壮或有手艺者由州县捐廉酌给资本，令在城内或有分防佐杂人员驻扎之集镇营生，责成州县及分衙门头役管束，按朔望官为点卯，不准远离；军犯一律均发有驿州县转发驿站，给与白夫口粮，充当铡草喂马挑水等役，责成钞棚头役管束。如无驿站而地处冲途，里甲马匹较多者，亦可酌量拨发。倘有强横不受约束，准钞棚头役随时禀明，州县查讯属实，详明立案，暂行监禁以消其犷悍之性，俟至五年后察看，如能悔改，仍报明提禁充役，庶例内充当军役之意亦相吻合。

山西巡抚称：晋省徒犯一项，每年尚属无多，且限满即予释放，安插既易，逃者亦鲜。至军流各犯，从前奉发较少，防范易周，亦尚不甚疏脱。光绪七年两次恭逢恩诏查办减等，解晋人犯纷至沓来，分拨各州县安置，多者至数十名，约束稍疏，脱逃遂众，而究其犯事之由，或逞其私斗，或迫于饥寒，以至身蹈刑章，屏诸异地，远离乡井，乏术谋生，羁其身而不安其心，何以责奉公守法？此诚亟宜变通、设法安置者。部议一切令其身作，令其充当夫役，量予工食，时加编管，洵足补救时局。惟各省情形不同，晋省地瘠俗俭，修城挑河，事非恒有；负粮运碳，居民赖以自存。且此辈不可与伍之人，孰肯雇其耦耕合作？计惟由官设法安置，或可羁縻。查各州县以及佐杂衙署如把门巡更听差等项夫役，每署多者数十人，少亦数人，以及雇募乡勇巡辑，向由官发给工食。又肩挑负贩，亦足营生。若将到配人犯，除老疾者仍照例拨入养济院发给口粮外，余者核其原犯情节轻重分为两途：其命盗案内人犯，令其充当各项夫役，乡勇佐杂衙署，亦一体拨充，由官照章发给工食，仍令诚实头役及勇目管束，并于印收内声明派充何署何役以凭稽考；其杂案内人犯，则发交乡保管束，由官每名酌给资本钱数千，令其即在衙前小贩谋生，仍于朔望按名点验，庶令各安生业，不致仍前脱逃。

陕西巡抚称：陕甘安置军流各犯，截至光绪十年七月止，军犯二百五十一名，流犯三百九十一名。今欲设法整顿，惟有推广旧章，力求核实，以期消隐患而饬纪纲。查部议，修城挑河、负粮运碳等事本不常有，兼多随时雇夫应用，若递送文书、转运饷鞘关系綦重，亦难遽令充当，致有贻误。酌核其宜，拟嗣后军流人犯到配，如无手艺资财者，派各厅州县及佐杂衙门充当舆轿伞扇、水火巡更等夫，日给口食；其能自谋生理及有手艺者，全给一年孤贫口粮，准令粜卖易钱，再由地方官按名酌量捐给，令其资作营生；盗案内免死人犯有武艺出众者，半年后令随快役捕盗，有功给赏，如敢妄为，从重治罪；年老笃疾者，仍照旧永给孤贫口粮。各项人犯编立名册，概令住居署前，不准远离。该管官朝夕督饬看役认真稽查，五日点名一次，其中有生事为非者，看役禀官，系带锁项铁圈，不碍操作，察看能否改悔，随时疏释，仍将各犯到配及派充何衙门夫役与贸易等事分析报查。如有脱逃，原派衙门无论正佐，即将该员作为专管官由部臣视其罪名之轻重从严酌定处分，并将主守加等治罪。至本省徒犯，陕章向仅南北二山递发，其途稍隘，自后仍应均匀定地分拨，照章管束。

陕甘总督称：甘肃现在安置军流徒犯共八百七十余名，繁庶州县至四十余名，偏僻之区或十余名、六七名不等。前年因脱逃日众，严定章程，州县于照例议处外，加以记过、主守提责、革役，而逃者如故，固由主守拘束不严，实因配所穷苦，无以为生。检查犯册，未见配所有家而逃者。若分别情罪，如属寻常命案、情有可原者，发配之初概令携带家口到配，或充衙门夫役，或听佣趁自食其力；其无家者，或筹给资本若干贸易为生，日在署前不令远离。如系积猾盗贼、凶恶棍徒，本难望其向善改过，令州县添造军流所常川锁禁，加带脚镣，责成主守严加管束，再有疏脱，将该管官加重处分，主守加等治罪。

四川总督称：五刑之中设有徒流，而徒流加以军遣，所以权衡于出死入生之际，以广其悔罪迁善之途。法至善，意至良也。迄今奉行日久，本意浸失。军流徒犯既无差役以拘其身，又无月粮以糊其口，安置未有良法。此种罪犯大率素不安分，窃盗之徒尤多，处此冻馁交加，欲其循分安守，势有不能。诚如部云“有不能不逃之势，更有可以脱逃之机”，洵为探源的论。兹经悉心筹画，成法具在，未敢妄议更张。欲縻其身，莫若给以口粮。就川省各属安置人犯计之，大处不过二十名，中处十五名，小处十名。每名日给口粮银三分，计大处每日银六钱，中处每日银四钱五分，小处每日银三钱，为数无多，筹款尚易。而拟通省各厅州县每处于城内设立徒流所一处，每犯五名选派妥实看役一名，在所常川看管。各犯朝出夕归，不准在外散处，并令各犯或编草鞋，或织篾席，准其售卖，仍照例由该典史、吏目等专管其事，十日往查一次，禀报该管。厅州县每日点卯一次，当堂散给口粮。不经看役之手，免其克扣，禁止勒派绅粮，以杜扰累。不准动用公费，以节公项。仍造具月册，造报院司，按季汇报刑部查考。如有能执生业之犯听其自便，应给口粮即由各该厅州县按月捐廉散发，其创设徒流所一款，应饬现任各厅州县垫款建置，以垫款之多寡定计功之上下，总期事不烦而民不扰，方可垂诸久远。如此一调剂间，畏法者固可从容执业，即懒惰者亦可苟且偷安。倘复在配脱逃，是朝廷布宽大之恩，该犯冥然罔觉，严惩之不为过；主守之人亦属咎无可辞，应将脱犯与主守看役并兼管、专管各官照例分别治罪议处。

两广总督会同广东巡抚称：军流各犯，年老笃疾，例许拨入养济院给予孤贫口粮；少壮者，有驿州县发站当差，无驿州县匀［均］拨各衙门充当水草夫役，给与应得工食，俾资度日；其挟有微资、习有手艺者，交地保管束，听其自为谋生；如实系贫穷、但犯非盗及脱逃改发者，到配后由该管官察其人尚安静，酌给孤贫口粮一年，俾为小贩生理。以上各条，散见户刑二部则例及历年通行条例，诚能酌加纂辑，定为成法，责成各州县于各犯到配点验后，详加体察，分别老病少壮、有无资财手艺，妥为安置，毋使失所，并将如何安置情形于收管文内切实声叙，报部查考。如是，老病有养，少壮有役，习艺者自食其力，贫苦者藉本营生，冻馁无虞，防范自易。再能严饬夫头甲长慎密看守，官仍依期查点，时将脱逃被获加等治罪各专条剀切晓谕，以消各犯逸脱之念，而逃案或可期于日少。

云南巡抚称：各省解滇安置人犯，现计流犯十名，遣犯、军犯四十七名，为数无多，向由地方官发交乡约管束，按月点卯，自寻力作谋生，脱逃者少。部臣议令编管各犯，使之充当夫役，量予工食以安其身，自系变通之一法。现计各属开矿垦荒原本需人，似可安置。惟铜厂砂丁，千百为群，皆由头人自行招募，以便约束。开垦荒田，业各有主，男女耕馌，劳苦躬亲，亦无须外至流人为贷其力。现查滇省开化府边界紧接越南，向设有卡六十余处，由开化镇派兵守御以固樊篱，军兴后边界空虚，卡堡颓废。将来大军入关后，建碉设卡，整饬边防，似可预将解滇之军流等犯，除年逾六十及已成为笃、废疾者照例拨入养济院外，余皆发往开化镇，酌拨赴边，派守一处，即责成汛弁管束，仍酌依犯无资财手艺之例给予口粮，附近荒地并准自行垦种。如能安分守法，勤慎当差，十年期满，准予查办释回，愿留边效力者听。至徒犯一项，前因犯易脱逃、寻仇报复，曾将抢劫徒犯毋庸解配，在籍锁带铁杆石墩五年，奏准遵行。此外杂案徒犯人数寥寥，应仍照旧发交各属安插，似毋庸另拟变通。

贵州巡抚称：羁管配犯，历系府厅州县转发所属之经历州，同州判、县丞、主簿、吏目、巡检、典史等官收管，以收管之员为专管，以转发之员为兼辖。该管官果能认真束管，何致脱逃？然欲防逃，亦只有加严官吏处分、筹画配犯生计两端。查军流徒犯，同日脱逃在一二名及四名以上者，专管、兼辖各官例止罚俸；五名及五名以上，则分别降留罚俸，均系公罪，例准抵销处分。既不甚重，官吏自不经心，应请由部核议加重处分。军流到配，黔处边徼，地瘠民贫，若不筹画生计，恐仍无以杜潜逃之路。查军流到配，实系贫苦又无手艺者，例给口粮，徒犯则无之。拟请嗣后军流徒犯到配者，有年逾六十及已成笃疾，遵照定例拨入养济院，按名给予孤贫口粮，以本犯在配病故或释回之日止；少壮军流徒犯初到配所，无论是否贫穷，有无手艺，亦遵定例按名给予口粮，自到配日起以一年为止，一年之内及一年之后，或有工程力作之事，先尽配犯充当夫役，照章给发工食。如无工作，由印佐各官在于本署所需把门听事各役及挑水炊爨更夫等类酌量充当。如再无可充之事，饬令里保代觅雇主领去佣工，仍取印佐各官印收及里保领状存案，以专责成，并由兼辖、专管各官于朔望日亲自点卯，查问勤惰分别奖惩各等因。先后奏奉谕旨交臣部汇核办理。

查刑法之设，原为禁暴惩奸，使强横者知畏惧而不敢犯，所谓“辟以止辟”也。自肉刑废而代以徒流，已属宽典，乃在配者不思安静守法，动辄乘间脱逃，彼此纷纷效尤。立法本以惩恶，而伊转得逃乎法之外，不特宪典几成虚设，亦不足以惩凶顽而昭炯戒。今详查各该省所议，或代为筹给口粮，或责令学习手艺及小贸营生，或分罪犯之老壮强弱妥为安插，或拨给正佐文武衙门充当杂役及戍边捕盗等事，无非束缚之使不能逃，维系之使不欲逃之意。所奏均不为无见，臣等统加详核，直隶、热河、奉天等省向不安插军流，只有徒犯；热河徒犯均发内地。吉林、黑龙江从前遣犯最多，后经停止，惟旗人及宗室有犯俱照例发往，每年已不多见，约束甚易，该处及奉天徒犯，据该将军等奏称，报逃者少，且向有口粮，谋生亦易，核与江苏、安徽、湖广、山东、山西等省所奏徒犯情形相同，俱可无庸另筹。直隶徒犯较他省多至数倍，其报逃者亦倍于他省，且多窃抢游惰等犯，据该督称，嗣后收入自新所，责令学习织带编筐等项手艺，自可照办，仍饬令各该州县认真稽查，无得徒托空言，有名无实。河南、甘肃二省则以命案各犯给资营生当差，抢劫各犯收入自新所、军流所看管，河南省并称一二年后察其情形，再一体安顿，甘省似亦可仿照行之。四川省则拟设徒流所，令各犯学艺谋生，与直隶用意相合。河南、甘肃既同设有专所，与其徒加看管，似不如亦责令学习手艺，则各犯勤而习劳，迁善更易。山东、山西二省，则案军流各犯原案分别营生、当差。贵州、陕西、云南、安徽、福建、浙江、广东七省，则以老病者入养济院，余或给资营生，或随同捕盗屯边，均系按地方情形办理。安徽并称年终造册，归臬司汇查，更为周密，各省似皆可仿行。湖南、湖北则拟令应役充夫及捕盗立功。贵州等省至江苏省称命案脱逃者少，盗案拟加待质监禁年限，或改发新疆、黑龙江为奴，殊不思待质之盗犯可加年限，不待质之盗犯又将如何？该省既虑盗犯不易约束，新疆、黑龙江岂无拥挤滋事之虞？未免室碍难行，应由该抚另筹安插之法。至甘肃省所称检查盗册，未见有家而逃者，如寻常命案、情有可原者，拟令携带家口充役营生等语，系安插军流第一良法。惟佥妻之例，乾隆间业经停止，至今已百有余年，若一旦遽行议复，不特地方官沿途资送，需费浩繁，即各犯家室亦未必尽愿到配，似不如就现行条例稍加变通，于定案之时询明各犯是否情愿携带家室，如有愿带而无力者，地方官可量为资送，以示体恤。其不愿者听，庶情法两得其便。应先由各省督抚斟酌办理，俟各犯携带家室者多，再由臣部修复旧例。总之，军流犯到配定例载明：年逾六十及笃疾不能谋生者，拨入养济院，给予口粮；其少壮者，实系贫苦，又无手艺，按本身及妻室子女每名给一年口粮，交各州县充当夫役。兼之管辖有官弁，主守有役保，层层周详。如果实力奉行，则懦弱者得免饥寒，强梗者加以拘束，何致逃亡累累？此次各省所议，有与成例相合者，有于成例之外量加变通者，无非因地制宜，求其有济，以维持宪典于不敝。如贵州、河南二省徒犯，亦拨入养济院，陕西徒犯均匀分拨，不必拘定南北二山递发，均与更张成法不同，臣部未便遥为悬度，强归一致，应由各该督抚按照所议，自行定立详细章程，饬属认真整顿。该督抚时加访察，如有办理甚善者，酌予鼓励；其阳奉阴违、视为具文者，轻则记过，重则撤参，自足以肃刑章而挽积弊。若必严立一定处分，反开讳匿之门，诚有如直隶总督所云者。所有各省请重州县处分之处，应无庸议，仍照安徽、四川等省所议，饬令各州县将逃犯数目按季造册详报，由该省督抚年终谘部，以便查考。再，江西、广西二省，尚未据覆奏，应由该督抚妥速奏明，再行办理。所有臣等汇核缘由，谨恭折具奏请旨。

赵舒翘代刑部前奏议并附《夹片》稿云：

臣部前因五军本系三流以上罪名，而附近、近边、边远三军乃与三流道里相等，拟于五军内节去此三层，以示区别，奏令直省督抚详议。兹据直隶等省先后复奏，均称删去附近、近边、边远三军较为简当，且无类重转轻之弊。吉林、湖北、山西三省则称不必删裁，拟加枷号，均不为无见。查军流之设，一系入军籍当差，一系入民籍为民，本自有别。自裁撤边卫而军流始无分，而充军之名仍相沿，至今不改。一旦删去附近、近边、边远三层，律例内条目纷杂，诚多窒碍。即添枷号，不特与例内改发各项重复，且军犯本罪加枷号者甚多，若再加枷号，更属太重。臣等详加斟酌，附近、近边、边远三军，虽与三流道里相同，然各从本罪加等，尚系由近及远。惟军流交关之际，满流三千里加一等，发附近二千里充军，则反较本罪近一千里，未免轻重倒置。现在军犯既无军差可当，而各省之安置军犯亦与流犯无异，欲从今日而区画军流，只有以道里远近分轻重。即谓五军罪名沿袭已久，未便全行节删，而满流加等之犯悬绝太甚，有失情法之平，应请嗣后凡系由流三千里加一等者，均改发极边足四千里充军，其余均仍从其旧，似此量加变通，庶不必尽更成法，而已足稍示区别矣！谨附片奏闻。

七月

赵舒翘著《提牢备考》成。时部议欲将朝审人犯减等后同家属佥往新疆。先生恐此例一开，拖累无穷，且数千里佥发无妇女，非所以保全名节，上堂力争，卒寝其议。读《嘉懿集》《近思录》《许鲁斋集》，均有感悟处。

九月

初五日，由吏部带赴内阁，经钦派大臣验放，次日覆奏，奉硃笔圈出，照例用。(《履历》)

十一月

俸满截取，奉旨以繁缺知府用。

除夕，赵舒翘赋诗曰："饯岁京华十二年，几回人事变桑田。常危宦境飘无定，幸喜心光炼愈坚。四海藏波思砥柱，一家分党笑时贤。闻鸡自愿中宵舞，讵羡祖生先著鞭。"

胡砺峰

六月起复，到部当差。

张成勋

七月，兼减等处查办恩赦事件。

吉同钧三十二岁。

《游终南山》："俯压咸京仰拱辰，双峰对峙势嶙峋。五台突兀高凌汉，八水潆洄远抱秦。嶂插云霄天有路，流喷雪浪地元垠。昂头帝座通呼吸，千仞高冈置此身。太乙峰头有纪堂，凭栏俯视拓秦疆。花含荟蔚通佳气，石孕琳琅灿宝光。二曲于今说韦杜，双峰自古隐裴王。无疆寿考德音茂，好诵台莱第四章。"

段维十九岁。

《段冈北先生年谱》云："县令胡鸿宾先生升猷奇公文，邀至县署肄业，应科试。侯官林迪臣学使启取列一等第三名。"

《越缦堂日记》：十月初三，"沈子敦家本为其弟举人家彬开吊，送奠分四千"。

武瀛由廪贡生中举。

字百川，号仙航，富平人，好学能文。

1886年，光绪十二年，丙戌

慈禧太后懿旨：准醇亲王奕譞奏，光绪亲政后，再行"训政"数年。

薛允升六十七岁。

《翁同龢日记》云：二月十一日，"麟书，刑尚"。[①]

《越缦堂日记》云：二月十一日邸钞："以刑部尚书锡珍为吏部尚书，

① 《翁同龢日记》(第4册)，第1999页。

以工部尚书麟书为刑部尚书。”

三月

薛允升复署工部左侍郎。

三月初九，“以刑部尚书麟书兼署吏部尚书，户部右侍郎孙家鼐兼署都察院左都御史，户部左侍郎孙诒经兼署吏部右侍郎，礼部右侍郎敬信兼署户部左侍郎，管三库事。兵部右侍郎师曾兼署工部左侍郎，刑部左侍郎薛允升兼署工部左侍郎”。(《光绪朝实录》)

沈家本《刺字集》刊刻成书，薛允升特为之序：“刺字，古墨刑也。汉文帝除肉刑，而墨刑始废。《汉书》所载，帝诏御史曰：今法有肉刑三而奸不止。孟康注曰：黥、劓、刖凡三是也。魏晋以来，间或有之。隋唐则以笞、杖、徒、流、死为五刑之正目，而尽废肉刑不用，是以唐律无刺字之文，盖盛事也。后晋天福间，始创为刺配之法，宋元及明相因未改。马氏《文献通考》及邱氏《大学衍义补》均极言其失。今律亦沿明之旧，而款目更多，究亦未能画一。每欲救正其失而不能也，用是时慊于怀。今沈子惇郎中与郭存甫主政于读律之暇，以奏定条款详核例文，并参以成案，条分缕析，集为成书，虑有舛错，复折中于予。予谓刺字之法原以示辱，且使人望而识之，俾知警戒之意。大抵严于贼盗居多，而改行则律准起除，又未尝不予人以自新之路。乃条例日繁，有非贼盗而亦刺字，且有刺地名及改发地者，起除者百无一二。昔人所谓面目一坏，谁复顾藉者，详矣其言矣。顾定制遵行已久，遽难更张，惟于例所不载者一概免刺，亦补偏救弊之一法欤。子惇等集为此书也，其考据之详明固不待言，予尤叹其用意之深厚。使读是书者知若者应刺，若者不应刺，若者旧俱应刺而今可不必刺，不致一误再误，则仁人君子之用心，其裨益岂浅鲜哉。虽然，刺字特刑法中之一端耳，其它类此者尚多。《书》不云乎‘其刑其罚，其审克之’，所望司谳者无时无事不以审克为念以驯，至乎刑罚清而民服，则桁杨刀锯之属设而不用可也，刺字云乎哉？是又予与子惇等之所共相勉励者也。光绪丙戌三月，长安薛允升序。”[①]

六月

初六日，“礼部奏派拔贡阅卷大臣，派出福锟、麟书、潘祖荫、薛允升、徐树铭”。（《翁同龢日记》）[②]

陕西省蒲城县人郭昭，为这一年拨贡出身，他曾说：“云阶大司寇，余丙戌朝考阅卷老师也。已亥年，师右迁宗人府丞，余尝从问字［学］。师出昔年手订《秋审分类批辞》两册授余，曰此秋审程式也。余珍而藏之。……己酉仲冬门人郭昭谨识。”[③]

徐世昌在《唐明律合编序》中说：“余丙戌廷试，曾受知于尚书。”[④]

十一月

二十六日，“饭后入朝，在传心殿久坐，始与翁叔平、延树南各一谈，旋与阎相久谈。偕阎相至午门外西小厅久坐，薛云阶同谈。巳初三刻，偕立院中，皇上于太和殿升辇往南郊，余以期服不陪祀，阎、薛以老不陪祀，均跪午门外路旁送驾。驾过即起，出东华门回寓”。（《曾纪泽日记》）[⑤]

二十七日，“饭后入朝，坐传心殿最久，同谈者薛云阶、徐寿衡、徐荫轩。巳正闻钟鸣，偕云阶急趋至午门外，阎相已先到久待矣。同跪道旁，迎驾毕，归”。[⑥]

《异辞录》“奸案判词”条云：“奸案格杀勿论，按律应在奸所登时捉获。苟非然者，不能引此条为例。光绪间，粤中有本夫与妇随人逃后两年，踪迹得之于数百里外，因并杀之者，援例释罪，部员挑剔勿允。时李

---

① 光绪丙戌四月京师刊本《刺字集》前序，载徐世虹主编：《沈家本全集》（第2卷），中国政法大学出版社2010年版，第261页。

②《翁同龢日记》（第4册），第2027页。

③ 据孙家红介绍，薛允升手订《秋审分类批辞》（北京大学图书馆所藏）末尾贴有附笺，文字如引。

④ 薛允升：《唐明律合编》，中国书店2010年影印，徐世昌退耕堂刻本。

⑤《曾纪泽日记》（下册），第1550页。

⑥《曾纪泽日记》（下册），第1550页。

勤恪为粤督，杨莲府制府为入幕之宾，改判词云：‘窃负而逃，到处皆为奸所；久觅不获，乍见即系登时。’薛云阶尚书在部，见而大赏之，立允其请。旧案中，女子在楼上，见墙外有小遗者，指其阳示之，羞忿自尽死。欲构其罪，既无言语调戏，又非手足勾引。一老吏为批曰：‘调戏虽无言语，勾引甚于手足。’乃定狱。薛尚书谓此二句，尚不如新案谳语之警策云。”①

雷榜荣任福建延平知府。

《南平县志·循吏传》云：光绪丙戌十二年五月，东溪大水，漂流民屋无算。公焚香告天曰：“民何辜？愿以身代。”泣下数行，午刻水退。煮粥以食城外之不能爨者。

《南平县志·大事志》记载：

十二年七月十五日大雨，十八日大水入城，较丁丑年水高尺余，东溪漂流房屋无算。知府雷榜荣以延平府直匾加帽靴送，入河禳之，午刻水退。巡道恩良会同雷守、知县秋嘉禾，捐米煮粥，用船载往西北门外，给遭水之不能爨者。

赵舒翘三十九岁。

《慎斋年谱》载：“侧室王氏来归。”

三月二十九日，补授安徽凤阳知府。邸钞：“刑部郎中赵舒翘授安徽凤阳府知府。”（《越缦堂日记》）

六月抵任，清理积案，剖断如流，人皆惊服。先生叹曰：此寻常公事，何益于民，非化民之本也。先生又言：后世官民，休戚不关，生死听民自谋，善恶任民自择，无所谓教养也。第于听讼之际，能多开导数言以示风化，少拖累数日以全身家，亦可稍见官与民亲之意。先是吏胥舞文，因缘为奸利，先生察知，痛惩立［之］，行文印法，衙蠹敛迹。仆从月给

①《异辞录》，第118页。

廪，不得受外间一钱，衙署如水，庶政一清。凤阳民瘠俗悍，先生政尚清严，盗贼慑伏，游惰复业，治行为安徽最。

赵舒翘赴任，途经南京，作诗《金陵》:“龙盘虎踞帝王州，形势谁知属上游。若使荆关沈铁锁，难凭天堑巩金瓯。吴君青盖征妖梦，唐主红巾写旧愁。寄语奸雄观往事，几人立马在山头。”

至安庆，登大观亭，赋《登大观亭》诗:“闻道江亭胜，登临果大观。山驱荆皖合，潮带古今寒。砥柱思前哲，随波愧此官。忠宣祠下过，不觉泪汍澜。”

按：大观亭位于安庆市，背倚大龙山，前临长江，境界开阔，气象雄伟，故有“大观”之名。元末郡守余阙死葬于此，亦为文人墨客凭吊处。

《有感》云:“诸艰不试气终轻，试尽艰辛白发生。人事劳劳难逆料，天心默默岂无情。仪鸿常有云中志，轩鹤徒增物外荣。此后前途凭命定，休从卜筮问浮名。”

赵舒翘作《宿州新志叙》:“天下郡邑志书，汗牛充栋，鲜称善本。旧闻皖省名志最夥，以和州、亳州、广德、泾县，凤台，怀远六处为著，而凤、怀俱隶凤郡。余丙戌出守斯土，下车即访求属志，惟宿州及凤阳呈有旧本。余均以兵燹无存，盖地方之凋残久矣！”

孙静庵作《栖霞阁野乘》“记赵舒翘之轶事”:“客有自皖公山来者，为言赵守凤阳时之遗事甚悉。于捕治蠹胥卫虎事，尤称颂不置。先是，某县东西乡有甲乙二姓者，家富百万，各为一乡冠。甲有女许与乙子，年及笄矣，以迷信甚深，姻期屡阻。乙憾之，自择一日，谓再愆期者，当为其子别娶。甲惧，乃亲送女于归。两家相距数十里而遥，时值溽暑，中道已疲乏不胜，天复骤变，雹雨大作，乃休于一古庙而息。会他家亦有迎娶，遇雨而入庙暂避者，两家新嫁娘各出舆坐憩。蓦闻枪声骤发，识为盗警，仓猝间灯火尽熄，昏黑中乘舆竟去。甲以疾作先返。比甲女至乙家时，乙父正衣冠延客，女突于舆中跃出，大声诟厉，出利刃刺乙父毙，旋亦自刎。新郎见酿祸，奔县呈诉，翌晨而女尸竟失所在。于是纵女弑翁，移尸图赖之罪，甲百口不能自辩。爰书一定，秋决且有日矣。顾两家虽因婚期事稍龃龉，初无宿怨致相残杀理，且移尸之举，亦疑莫能明。甲仆某，老而任侠，微行四访，竟得女于盗船中。盖女在古庙中，误登他人舆，而此娶妇者非他，即著名之蠹胥卫虎。是虎盘踞公门数十年，拥资巨万，枭匪盗贼，皆往来其门下，权势薰天，邑宰亦慑其名不敢问。顾无子，瞰佃人之妇美，强夺之。妇矢必死，预嘱其夫远　避祸。既与甲女误登彩舆，入门，见衣冠而主人者，即手刃之，初不知其误杀也。虎见甲女，知为误投，以美胜于妇，大喜。劝之不从，强之不可，胁之以刃不为动。既审知妇刃乙父事，急使其羽党深夜移尸灭迹，而扃女于别室。至是拟载往他处，货作钱树子。乃适为甲仆所得，因偕奔至县，为其父鸣冤，且讼虎之暴横。讵邑令已先入虎言，转诬女为行刺私遁，下诸狱，榜掠无算。甲仆忿甚，赴府控告，而令不知也。一日，令强女画供，不从，将治以一品衣之极刑。一品衣者，以铁片作衣，烙火成红色，而加诸囚身，痛等凌迟，惨逾炮烙，一用而囚无不屈供。问官可因是高迁，故名之曰一品，亦虎新发明之利器也。方威逼间，有人报郡守至，惊愕间，赵已入。笑谓：‘老兄太忙，今日姑由兄弟代理案件何如？’登堂数语，即释甲父女，并恺切劝谕乙子，甲女贤淑，服阕后必仍娶为室。旋械系卫虎返署，明日而邑令去任，委人代理矣。虎入狱后，坚不署诺，且百计请托官绅为之说项者，日凡数至。赵预计其数，一度请托，则掠虎若干。一夕，夜半坐堂皇，笞虎臀数千，虎惘然不解所以，则是夜赵宿宠姬处，姬言及‘卫虎’两字也。后赵卒以是去凤阳，而先一日虎已瘐毙狱中，阖境颂神明焉。赵治此狱殊有风节。”①

① 孟森等:《清代野史》，中国人民大学出版社2006年版，第429页。王跃斌将这个故事演绎为小说《大清官赵舒翘》，载《章回小说》2008年第5期。

胡砺峰

二月，补安徽司郎中，兼秋审处行走。

五月，吏部拟选甘肃庆阳府知府。

六月初五日，经钦派王大臣验放，堪以补授。初六日覆奏，奏旨依议。

张成勋

三月，充秋审处坐办。

吉同钧三十三岁。

参加会试，又落第。“臭味拟苔岑之契，往来驰韩部之疆。再瞻都会，重整行装。何青云之无路，遭红勒于文场。”自注：“丙戌会试又落。”

段维二十岁。

“补领廪膳生。”

十二月十五日邸钞载：“以安徽凤颍六泗道高万鹏为顺天府府尹。”（《越缦堂日记》）

1887 年，光绪十三年，丁亥

三月，张之洞请铸银元以抗外币。六月，禁私藏洋枪，并订用洋枪劫抢加等治罪条例。八月，福州船厂造铁胁轮船成。是岁，借德款五百万马克充海军建设费。

薛允升六十八岁。

正月

十二日，“辰初入朝，因皇上往祈谷坛，在礼部朝房坐候，与薛云阶、沈仲复、阎丹初年丈同谈。巳初二刻銮舆出午门，与阎、薛、沈诸人跪甬道旁送驾，巳正归”。（《曾纪泽日记》）[1]

---

① 《曾纪泽日记》（下册），第 1562 页。

十三日，“入朝，在午门外工部朝房，与沈仲复久谈，阎相至，薛云阶最后至，同谈。辰初二刻迎驾，旋归”。①

同日，翁同龢“午初赴席，祁子禾、孙燮臣、兴石海先后来，待薛云阶至，未至甫坐，即行，赴张相国约，同坐者徐荫轩，李兰荪、童薇研也，抵暮散”。②

十七日，“茶食后，入朝，在兵部朝房与毕东河一谈，至刑部朝房，与薛云阶、孙燮臣久谈。辰正，至乾清门外保和殿阶北行礼，谢普加一级恩，礼毕而归”。③

三月

二十六日，“偕燮臣赴薛云阶、沈仲复两同年招，在仲复处，同坐绍秋皋、许星叔、孙莱山、徐颂阁，薄暮散”。④

四月

十八日，“命恩承、薛允升驰往广西查办事件”。⑤

十八日邸钞载：“命大学士恩承、刑部右侍郎薛允升驰驿往广西查办事件，随带司员一并驰驿。”（《越缦堂日记》）

四月，“命大学士恩承，刑部左侍郎薛允升前往广西查办事件”。（《光绪朝实录》）

闰四月

初二日，“刑部左侍郎薛允升出差，以内阁学士沈秉成署刑部左侍郎。”（《光绪朝实录》）

二十三日，“谕军机大臣等，有人奏湖南巡抚卞宝第傲惰乖戾，委任私人，

---

①《曾纪泽日记》（下册），第1562页。

②《翁同龢日记》（第4册），第2082页。

③《曾纪泽日记》（下册），第1563页。

④《翁同龢日记》（第4册），第2101页。

⑤《翁同龢日记》（第4册），第2107页。

道员庄赓良招权纳贿，州县营官关说夤缘不胜枚举。复迎合该抚，致送缉私经费陋规。该抚用人处事种种乖方，并置抢劫盗案于不问，请饬查办等语。著恩承、薛允升按照所参各节同前交查办事件一并确切查明，据实具奏，毋稍徇隐。原折著钞给阅看，将此由四百里各谕令知之”。（《光绪朝实录》）

《本传》云：湖南巡抚卞宝第为人所劾，言其贪劣皆有状。薛允升奉旨查办，辨其诬。

五月

初十日，“谕军机大臣等，有人奏湖南常德府武陵县洩陂村篾匠徐姓招集亡命万余于该村瓦屋垱等处立砦制造军器，贼渠多人，约于本年三月举事，知县李宗莲希图消弭，经该署知府裕庆请兵剿捕，始将首从各犯擒斩多名分别惩办。嗣经该县捏词具禀，抚臣亦不之问，请饬查办等语。土匪聚众煽乱，岂容地方官意存讳匿，致酿事端。著恩承、薛允升确切查明，据实具奏。另片奏参署湖南提督李胜营伍废弛，贪劣营私各节，著恩承等一并严查参办，毋稍徇隐。原折片均著钞给阅看。将此由四百里谕令知之”。（《光绪朝实录》）

六月

初二日，“谕军机大臣等，有人奏河南新郑县民女蒲爱妮叩阍代兄伸冤一案，系鞠捷昌前在开封府任内含糊断结，承审各员辗转诿卸，不肯举发。又洛阳县民人李廷华京控违法收漕酷刑毙命一案，闻该县知县王道隆确有浮收酷刑情事，抚臣规避失察处分，恐难彻底根究等语。近来交查案件，各省往往袒庇属员，设法消弭，所奏如果属实，亟应确切讯究，以达民隐。著恩承、薛允升于查办湖南事件完竣后，驰赴河南提集两案人证卷宗，秉公研鞫，务得确情，据实具奏。毋稍瞻徇，原片著钞给阅看。将此由四百里谕令知之”。（《光绪朝实录》）

七月

十九日，“谕内阁，前据御史蒋镇嵩奏参湖南巡抚卞宝第昏惰贪污，任用劣员各款，当派大学士恩承、侍郎薛允升驰往查办。复据御史屠仁守奏卞宝第傲惰乖戾，委任私人。翰林院侍讲学士龙湛霖奏湖南地方官讳匿劫盗重案，署提督李胜贪劣营私各折片。先后谕令恩承等一并查奏。兹据奏称，按照原参各节分晰确查，卞宝第被参贪劣等款均无其事。淮商岸费系从前奏准之款，此次由该商公禀自愿解交，以作缉私之用。该抚并无徇私入己情事，亦未提用善后局公项。近年该省各属盗案三十三起，未破者仅止三起。本年三月间武陵县匪徒滋事，该县李宗莲当即请兵剿办，先后拏获首要各犯正法，并未延缓消弭。署提督李胜查无贪婪废弛各情。道员庄赓良等参款逐一查明，请分别议处察看各等语。湖南巡抚卞宝第被参贪污乖戾各款，署提督李胜被参贪劣营私各款，既经查无其事，即著毋庸置议。道员但湘良管理厘务，较前多收。总兵龚继昌并未虚伍冒饷，亦毋庸议。桃源县知县朱益浚因村民与书差滋闹，辄以风闻匪党滋事等语张惶具禀。前署道州知州钱绍文屡被参劾，不孚众望，均著交部分别议处。道员庄赓良、道州知州段长佑、前署嘉禾县知县郑以蒸参款虽无实据，惟指摘纷乘，俱遭浮议。庄赓良著撤去差使，与段长佑、郑以蒸均交卞宝第随时察看。如有劣迹，即行据实参奏，毋稍瞻徇。湖北郧阳镇总兵龚继昌以实缺人员，管理本籍营务，易滋口实，著即饬回本任，以重职守。其所带防营，该抚另行派员接统。该省既有岸费足资办公，所有此次续捐之款著即行裁革。近来各省遣勇，大半皆无业之徒，加以会匪莠民勾结煽诱，难保不乘间滋事，全在地方文武认真防范，庶可消患未萌。卞宝第身任疆圻，责无旁贷，务当督饬所属，整顿捕务，力行保甲，并会同该署提督酌派防营实力巡缉，俾奸宄无从窃发，地方一律敉平，用副委任。武陵县等处在逃匪犯，并著严饬缉拏，务获究办，以绝根株”。(《光绪朝实录》)

九月

二十一日，“谕军机大臣等，河南郑州决口亟须于明年春汛之前赶紧堵合。节经严谕成孚、倪文蔚破除积习，认真办理。本日据倪文蔚奏，添募灾民，挑挖引河，与成孚分驻河干，督饬修筑各节。所筹尚属切实，已依议行矣。而成孚折内则有俟溜势稍定，相机兴工等语。河工积习往往迟延粉饰，以致糜帑误工，殊堪痛恨，除已严切责成该河督迅速赶办外，著薛允升就近驰赴工次，将漫决处所并该工现办情形暨在工各员能否得力，该河督有无因循推诿情事一一确切查明，据实覆奏，毋稍徇隐。所有交查案件，即著恩承督率司员讯办，将此由五百里谕令知之。寻奏，据河臣咨称郑州决口续塌至五百五十丈，现东西两坝均已镶护竣工，核与踏勘查问各情形均属相符，其原奏所称挑挖引河应俟溜势稍定兴工，系照旧章办理，与抚臣请另开引河截然两事。至另开引河，因灾民尚未募足，未能兴作，并非该督别有意见。在工各员求其别抒伟略，实难其选。若夫料齐备，责令如法修筑，未尝不足以供驱策”。(《光绪朝实录》)

二十四日，“谕内阁，河南郑州黄河决口前经谕令薛允升就近驰赴工次确查具奏。著添派李鸿藻即行驰驿前往该省，会同薛允升将现在大工一切情形详细查明迅速覆奏。随带司员若一并驰驿。寻李鸿藻等奏遵旨查看郑工现办情形博采众议，惟有酌增脚价，严饬各州县催趱，宽买民料，冀广招来。并飞咨直隶、山东赶办协济之料，以期无误要工”。(《光绪朝实录》)

二十七日，“又谕：有人奏河臣误工殃民请旨查办一折。据称本年八月初间，黄河堤岸冲刷险形已见，成孚并未亲履河干。十一日工次已报大险，该督尚藉词避忌，在途迁延。河夫灾民将幕友李姓支解投河，不敢弹压，奏报捏饰，讳决为漫，讳四五百丈为三四十丈。且谓居民迁徙，并未损伤一人，请饬查办治罪等语。著李鸿藻、薛允升按照所参各款确切查明，据实具奏，不得稍涉徇隐。原折均著钞给阅看，将此谕知李鸿藻，并由四百里谕令薛允升知之”。(《光绪朝实录》)

本传：九月，上谕允升就近驰赴工次，会同礼部尚书李鸿藻确查。洛阳知县王道隆非法拷毙民人李延勇捏称病故，允升劾之落职。郑州民女蒲爱妮者，叩阍代兄鸣冤，皆具情实以闻。

十月

一日，“谕内阁、前据御史张廷燎奏河南新郑县民女蒲爱妮叩阍代兄伸冤，承审官含糊断结等情，当谕令恩承、薛允升提讯具奏。兹据奏称，蒲爱妮所控伊兄蒲秋生被害一案，讯据蒲遂兵供系蒲套妮挟嫌贿属蒲魁妮杀害。叠经提证研讯，蒲魁妮坚不承认。蒲套妮在逃未获，蒲秋生尸身迄无下落，请将蒲魁妮照例监禁，俟缉获蒲套妮质讯等语。此案要犯日久未获，以致滞狱多年，迄未定案。著倪文蔚饬属将蒲套妮即蒲法成严拏务获讯办，以成信谳。新郑县知县邹金生于蠹役诈赃毫无觉察，并任令要犯潜逃，酿成重案，实属谬妄糊涂，玩视命案。邹金生著即行革职。开归陈许道鞠捷昌承审此案，并非含糊断结。前署开封府知府陈桂芬亦无辗转诿卸情事，均著毋庸置议”。(《光绪朝实录》)

一日，上谕:“前据都察院奏，河南民人李延华以知县违例收漕滥刑毙命等词赴该衙门呈诉，当谕令边宝泉提案研讯，嗣据御史张廷燎以洛阳县知县王道隆滥加粮额，酷刑毙命抚臣规避失察处分，恐难彻究，请饬查办。复谕令恩承、薛允升确切查讯。兹据讯明覆奏，此案洛阳县知县王道隆因民人李延涌等传帖聚众，阻挠收漕，将李延涌拏获，辄非法殴打，立时拷毙。事后复添造日期，捏报病故，实属暴戾糊涂。王道隆著即行革职，发往军台效力赎罪。孟津县知县陈理裕虽讯无扶同捏报情事，惟未将李延涌刑毙缘由查讯明确，率以受杖后越日身死详报。河南府知府承恩，事前既未将此案查明禀揭，事后复照详率行拟结。候补知府冯光元亦未查明，辄与承恩照详会禀。署洛阳县知县康乃猷明知该县漕粮向有浮收，不肯举发，含糊断结。均著交部分别议处。前河南巡抚边宝泉于王道隆滥刑毙命各节，不行即时参奏，著交部察议。寻议上。承恩等均应革职，边宝泉应降二级留任。公罪可否准其抵销，请钦定。得旨：边宝泉准其抵销。余依议行。”(《光绪朝实录》)

十二日，“又谕，电寄李鸿章，本日薛允升奏郑工亟需料物，该省现经委员分途购办，惟运到无几，请饬直隶山东协济等语。著李鸿章、张曜一体饬属迅即代购料物，运解到工，以应要需”。（《光绪朝实录》）

雷榜荣

《南平县志·循吏传》云：十三年哥匪潜迹郡城，邑绅请办保甲。公乃借拨考棚育婴款五百金与之，曰：“城全民安，赔累所不惜也。”闻王台匪惊扰，公往谕之而安。后兼护道篆，以老病告归。子如同，登甲辰进士。

赵舒翘四十岁。

二月初八日，陈彝片：“凤颍六泗道高万鹏钦奉谕旨，补授顺天府府尹在即，入都陛见，前赴新任，新授凤颍六泗道王廉到皖需时，所有该道篆务应先遴员接署以重职守。查凤阳府知府赵舒翘堪委，就近护理，以便高万鹏迅速交卸北上。所遗凤阳府印务，行据藩、臬两司详称，查有候补知府张云汉堪以署理。除分别饬遵外，谨会同两江总督臣曾国荃附片陈明，伏乞圣鉴。”

四月初七日，陈彝片：“新授安徽按察使张岳年，新授凤颍六泗道王廉现均来皖，应饬各赴新任，护理凤颍六泗道赵舒翘应回凤阳府知府本任以重职守，除分檄饬遵外，谨会同两江总督臣曾国荃附片具陈，伏乞圣鉴。”

二月，护理凤颍六泗道，四月回任。日坐堂皇，讯案公事毕，即读儒先书，尤服膺曾文公、胡文忠，手抄成帙，以谨身、从政、读书三端自策，力戒玩泄。（《慎斋年谱》）

履历：正月护理凤颍六泗道，四月交卸。

赵舒翘护理凤颍道事时，常熟沈叔庚茂才为其钱谷师爷。赵舒翘《题沈石生先生唫秋图》云：“丁亥春，余摄凤颍道事，佐余治钱谷者为常熟沈叔庚茂才，喜其事事精核，通达治理，不类寻常游幕者流。暇日见示其尊甫石生先生唫秋图，乃叹叔庚之学有自来也。先生以有用之才，困于米盐琐屑，举平日倜傥不羁、抑郁不舒之气悉发之于诗，其谓之唫秋者，盖悲长年之易逝，欲及时而有为，非若秋老虫窗、徒嗟迟暮也。彼睹斯图者，以为红袖伴读，得名士之风流；木穉闻香，参禅宗之妙趣。先生壮志不其隐乎？或谓子未与先生遇，何以知之？余曰：欲知其父，睹其子。余观叔庚之为人，余知先生之学矣。岂苟焉而言哉？抑尤有感者。余逾岁失怙，未睹音容，又遭乱离，遗泽一无所存，每读《蓼莪》，徒伤罍耻。叔庚乃能于兵燹之余，得守斯图以伸孺慕，亦人子之大幸也。叔庚行将入仕，其朝夕视此，思所以无忝所生哉！”

施政余暇，赵舒翘与二三僚友赋诗寄情。

《与靖波寿田吉云游署后园池》云：“政余何处畅幽情，颇爱荒原野趣横。好友频招忘迹久，炎威到此觉秋生。莲中水响游鱼过，柳下风来异鸟鸣。太守建亭原有意，可能丰乐自天名。”

《叠前韵》云：“人含孔思与周情，偶步秋园爽气横。墙不遮山岚翠近，林还依水鸟鱼生。眼前但觉天机畅，仕路何须得意鸣。雉兔刍荛任来往，缅怀文囿本无名。”

《再叠前韵》云：“风尘难避世中情，文牍偏多案上横。一味忙时真意少，偶来幽处隐心生。满园鸟语山林乐，两部蛙声鼓吹鸣。忽忆沣桥秋景好，误人方觉是浮名。”

《三叠前韵》云：“风光本地最怡情，难得萧然一水横。微露即垂嫌柳弱，汙泥不染爱莲生。斜空燕并凌波过，落日蝉争乱木鸣。现在园林惭作主，贤声愿让后人名。”

六月

二十八日，为赵舒翘四十岁生日，有《四十生日漫成诗》云：“我爱孟夫子，四十不动心。才觉豪气退，便已白发侵。事业知无望，好修良足钦。世情略尝备，吾道在山林。”

八月

河南郑州黄河决口，泛溢入淮，民遭昏垫［水灾］，寿州尤甚，赵舒翘捐廉一千九百余金，购备麦席，举办急赈，并上书当道，劝民迁徙高阜。赵舒翘著《河防议》："黄流浊悍，自古难治，在大禹亦不过分九河以杀其势，多以地与水而已。河由东北入海，其势顺；由东南入海，其势逆。自宋时澶渊之决，渐徙而南，议者多欲回河之北，屡塞屡决，迄不能成。至明遂全行入淮，而河患稍息。咸丰间，河决河南铜瓦厢，北徙夺大清河入海。今欲回河于南，视前朝欲回河于北，事体倍难，则挽回故道之说已不能行。惟大清河身较淮更狭，兼以沙积海口，尾闾不畅，亦与淮之海口云梯关相同，遂致山左河患日深一日。今据东抚前后奏称：海口沙泥凝结，名曰铁板，坚不可破，非机器所能挖取。河身淤垫日高，譬如水多盂小，势难杜其旁决等语，均系实在情形。所恃者谨缮堤堵合，增卑培薄，与悍流争地之一法。第河自孟津以下，经万里折而怒放，挟百川灌注而奔腾，无高山之障，无大泽之蓄，区区大清河一线，安能容其冲溢震荡而不溃决四出哉？然则将听其漫流而不治乎？亦惟循水渐北之势，分流以杀，多以地与水而已。九河故道虽不可寻，而徙骇、马颊、钩盘三河尚有旧迹，如能得熟地形而善治水者，相地开引，俾势分力减，庶望安流。或曰：多一河即多一防汛，且河流不测，未见其顺轨而分，是。惟在治河者度高卑而施工，力固堤埽而勤巡视。平时不惜小费，方不至大费也！又谓古时土旷人稀，故可任河游衍，今则堤外居民密比，安能多以地与河。殊不知近河居民贪种滩地小利，外来者多非尽土著，该处有'收麦吃麦、无麦吃赈'之谚。若以赈款资其迁居，则余地正复不少。总之，黄河无十年不变之时，治河无一劳永逸之法，当此库帑支绌。若无习知河事之人，谨以贾让下策劳费无已，则不如徐观其势，俟下流路畅，因其自然而施以利导，加以堤防，亦行所无事之一道也。"①

是岁，赵舒翘纳侧室卜氏、高氏。

①《慎斋别集》(卷一)。

陈雅农辞世，赵舒翘作《哭雅农》："与君相别已经秋，怪底音书未一酬。初谓微疴占勿药，岂知长往等浮沤。冯唐才竟终郎署，贾谊名空噪帝州。白发高堂今哭子，令人北望不胜愁。"

陈惺驯（1846～1887年），字雅依、或雅农，号致堂，河南省民权县龙塘集人。1867年中举，第二年连捷成进士（三甲31名），授刑部直隶司主事，升员外郎，官至江苏司郎中，秋审处总办、律例馆提调。随钦差赴湖北郧县查办案件，有功，京察一等，以府道简记。为豫派律学的主要代表，著有《驳案新编》。

沈家本《大清律例讲义序》说："当光绪之初，有豫、陕两派，豫人以陈雅依、田雨田为最著，陕则长安薛大司寇为一大家。"

胡砺峰

二月到省。

闰四月，到庆阳知府任。

张成勋

十二月，充律例馆提调。

吉同钧三十四岁。

九日游龙门放歌："乐土自昔称韩原，西环象岭北龙门。龙门至今留禹迹，峥嵘鬼斧劈无痕。双峰对峙河東中，上有百尺无枝桐。常留奇气生英哲，前有史迁后王通。登临正值重阳节，风送云阴宿雾结。一声晚雷峰送雨。千重瀑布浪喷雪。忆昔太华作重九，左手持螯右把酒。今日禹门骋遨游，临风长啸众山吼。君不见洛阳城南有伊阙，凿山导流中断绝。彼亦相传为龙门，对此直在儿孙列。吁嗟乎！我从去年点额还，坐对兹山有厚颜，鼓鬐空怀烧尾愿，风云无路绝登攀。迨看明年春浪高，平地一声霹雳号。声价果能增十倍，置身千仞占峰鳌。"

吉同钧作《姚庄创建吕祖楼碑记》："同钧三十年前因亲病虔求乩方，方中有川牛膝一味误作山药，仙人降乩责之，有'山底有药寻山上，不知心在何处求’之句，读之悚然，如严师在上，从此齐心供奉，遇有重病及事难决者，辄往祷求，罔不灵验。尝以仙人香火几遍天下，而吾韩独无祠宇，殊为缺憾。”

段维二十一岁。

“应岁试，武昌柯逊庵学使逢时取列一等第三名，又科试蒙取一等第六名。”

1888年，光绪十四年，戊子

是年，康有为第一次上书请求变法。《翁同龢日记》云：十月十三日，“南海布衣康祖诒上书于我，意欲一见，拒之”。[①] 唐山至天津铁路修成。

薛允升六十九岁。

二月

薛允升妻子亡。

十七日，“出城拜客，吊缪小山（荃孙）丁内艰，慰薛云阶断弦”。(《翁同龢日记》) [②]

三月

初二日，“巳正往薛云阶宅吊其妻丧”。(《曾纪泽日记》) [③]

孙家鼐作《皇清诰授光禄大夫紫禁城骑马重赴鹿鸣筵刑部尚书云阶薛公墓志铭》：“配张夫人有贤淑行能，以勤俭佐家政，公官内外自奉俭约，家人操作亦类布素，夫人率之也故，公无内顾忧，得以安其廉，先公十四年卒。”

薛浚作《行述》：“元配先妣张夫人有贤淑行，勤俭佐家政井井有条，

①《翁同龢日记》(第4册)，第2232页。

②《翁同龢日记》(第4册)，第2182页。

③《曾纪泽日记》(下册)，第1677页。

家人习之亦类布素，故府君服官中外，无内顾忧，得以安其廉。戊子春寿终京寓，越岁归葬祖茔。”

八月

薛允升为顺天秋闱副考官。

初六日，“以户部尚书福锟为顺天乡试正考官。户部尚书翁同龢、兵部尚书许庚身、刑部左侍郎薛允升为副考官”。（《光绪朝实录》）

初六邸钞：“命协办大学士户部尚书福锟、户部尚书翁同龢为顺天乡试正考官，兵部尚书许庚身，刑部侍郎薛允升为副考官。”（《越缦堂日记》）

初十日，“晚许、薛二公招饮，家中送水始进”。[①]

二十八日，“薛公之仆因病出闱”。[②]

九月

初八日，“始定官卷中卷，（南官极挤。）此事竟弗一日之力。官卷定后补送磨勘，云阶发磨之卷甚多，而磨后竟不能入额，于是各房有烦言”。[③]

十四日发榜，十六日，“晴，大风又起。天未明至西苑门，辰初二刻起下来叫。（薛允升。）余入于翔鸾门内请安磕头，上入座，余以场中所奉朱笔面恭缴。上问中卷批字何以有‘中’‘取’之别。对以正考官批中，副考官批取。上曰，此次朱笔派汝与福锟并为正考官也。敬对入闱匆匆，未及致详。命此两日少休，毋庸入直。赴顺天府鹿鸣宴，（朝服因薛君未备，皆蟒袍。）先饭高京兆所，未初入坐，即起谢恩，新举人到者二人，谒见草草，抢宴者轰然矣”。[④]

十八日，“偕刑部同僚诸公入西苑门，迎上批勾到本”。（《曾纪泽日记》）

---

①《翁同龢日记》（第 4 册），第 2222 页。

②《翁同龢日记》（第 4 册），第 2224 页。

③《翁同龢日记》（第 4 册），第 2225 页。

④《翁同龢日记》（第 4 册），第 2226 ~ 2227 页。

十九日，“茶食，入朝。与福相久谈，偕福相、云阶至内大臣值班处，与芝庵久谈。修三至，遂偕入西苑门，迎上批勾到本”。(《曾纪泽日记》)[①]

二十日，“茶食，入朝。与云阶久谈，恩相、芝庵、修三陆续至，偕入西苑门，迎本，回刑部、户部公所，各一坐”。(《曾纪泽日记》)[②]

十月

初二日，“出城过厂肆，换衣赴文昌馆，应十八房诸君之招，福、许两公皆到，薛公因期服未到”。[③]

初八日，“是日考官公请十八房内监试、内收掌，托刑部劳凯臣代办，(启捷。)戏席均佳。薛云阶以有服不到”。[④]

赵舒翘四十一岁。

《慎斋年谱》载：“夏旱，禁贩运，办平粜。时黄水为灾，赈抚兼施。”

赵舒翘《上巡抚陈公彝书》云：郑工之败，由专注堵塞徼幸成功，不知重视引河先为稳计，盖河小决可硬堵，可全徙不可力塞也。使当时分三分之一帑项专挑引河，俾宽深长远，则洪流分趋下游，受害当不至如斯之甚。又云：此时就皖北议补救法赈恤而外挑潴，诚为要图，第凤属蓄水，湖汊不一，其著名者如寿州城西湖、凤台焦冈湖、怀远孔册湖、凤阳方泽花园等湖，现皆一片汪洋，无从施工，已饬属确勘，禀复如有可以疏泄之处，当认真兴办，解民垫溺。

夏作《踏灾行部》诗云：“萧然行郡一车单，无益苍生愧此官。地接芒徐风莽漾，人经兵燹气凋残。牛溲茅屋谁知苦，龟圻秧畦不忍看。夜泊幸闻霖雨降，忧心稍释古淮干。”

《读王介艇观察忧时愁旱之作有感于中率和三十韵》云：“长淮气莽漾，

①《曾纪泽日记》(下册)，第1732页。

②《曾纪泽日记》(下册)，第1732～1733页。

③《翁同龢日记》(第4册)，第2230页。

④《翁同龢日记》(第4册)，第2230页。

由来称战区。南北分争日，千里弥榛芜。圣朝车书同，飞挽成通衢。地虽瘠且苦，民朴亦足愉。伊昔红巾乱，遍地起萑苻。卅年戎马靖，后复独此隅。贱子徼时会，守土来分符。仰俯惭卫要，兢兢惕不虞。意谓凋残久，民生或有苏。雨旸咸时若，衣食资税租。方期鸠藏拙，与民同欢娱。岂谓奇灾降，黄水破淮越。四渎混部分，两戒淆坤图。旁溢兼倒注，田芦化泥途。盖藏既漂没，麦禾种又无。嗟嗟天造昧，孑黎亦何辜。传闻工次纷，道谋议多诬。帑金掷万亿，宣防仍溃渝。次事掣全局，岂徒害皖吴。波臣炎未艾，旱魃肆毒荼。火云连月照，秧苗半稿枯。似此艰迭至，将无兆戈殳。柔良亦不堪，矧此劲俗殊。赤手仰屋叹，乏术求牧刍。疮痍环待泽，势难容滥竽。进退疑豫间，濡尾象小狐。幸有贤长官，忧时形慨吁。仁爱诗篇寄，真挚洗菜铺。字字关民瘼，读之刻肌肤。仓猝和一曲，痌瘝代吁呼。”

九月，赵舒翘作语录：“祸福有二说，惠迪吉从。逆凶验之，古之十应七八。祸福君子与小人共验之，古今十应二三。若谓君子多获祸，小人常获福，吾不信也。”

色欲最难戒，以不见可欲为第一义，古人有别远色，意深哉。

日间有所见，动邪念，因拈一联自警：卌年养气集义希前贤，乃因可欲动心，岂昧隐微临天帝；九世创业累仁笃生我，如以辱身丧德，直无面目见祖宗。

八卦乾坤偕六子，七政日月并五行。偶拈此对，第再觅偶，亦难也。

天道好还，其显者忌巧恶盈，祸淫可不慎哉。

人生德业有五关，梦觉关诚伪，关勤惰，关敬肆，关安勉，关末一，关不能到，余四关守一关，均足进德修业。

分府委员经历刘寿垣文台，固始人，年六十八岁，与之谈，颇知道，无谓佐杂中无人也。

《和王介艇观察游明陵原韵》云：“峰回路转费疑猜，抔土巍然起草莱。

玉殿翠华成往事，夕阳只见牧童来。”

其二：“元末蒸民困暴征，天教神武救时生。狐鸣篝火群雄瑞，曾似风雷特地成。”

其三：“今归小祀祭无登，石兽峥嵘尚几层。毓秀钟灵三百载，漫言王气应金陵。”

其四：“参差列岫本难齐，到此群山一览底。芳草青青连不断，千秋胜地凤城西。”

《醉后书怀》云：“牺爻读罢会心多，虎尾履来危境过。十亩园林时怅望，一官局蹐恐磷磨。身能退步途皆坦，学不通天道是魔。此气浩然原自在，微惭发待醉颜酡。”

《同寿田重散步园池，并索和章》云：“去年游谯尚关情，曾几何时岁月更。草树混淆三径掩，云天开朗一心清。露垂荷柄花含色，风聚桑林叶弄声。四韵先成期引玉，知君笔阵已纵横。”

《后园寓目书怀》云：“疮痍满目系痌瘝，吏隐休云小有闲。聚卉芸芸环待泽，孤怀耿耿仰高山。红看蜀菊围墙角，青爱蒲芦映水湾。独立小桥搔首笑，问予底事鬓毛斑。”

《后园散步》云：“官斋荒落野花开，点缀良时亦快哉。犬解迎人先跳往，鹅知寻路自归来。静闻牧竖飞歌唱，暇督园丁去草莱。本地风光言不尽，何须搜索费诗才。”

《池上看莲》云：“一官无味已三年，喜见池中又绽莲。净出淤泥光映水，收随晚照气含烟。花高未碍鱼来戏，叶大能招鹭下眠。更爱四围芦苇茂，江乡风景在当前。”

《后园书怀》云：“平生志愿大而疏，得此园林且自如。动植怀新人意畅，坡陀映远地形舒。柽椐启辟权谁假，邱壑经纶事岂虚。茂树荫交终日坐，韦编寡过惜居诸。”

《夜坐时感》云：“黄水南趋地纪淆，滔滔江皖下为巢。未闻河道循前轨，又苦火云照我郊。害在波臣污失种，虐兼旱魃阜无苞。苍茫天意真难测，夜念时艰睫莫交。”

《喜邑令祷雨即得》云：“密云不雨象需迟，一夜滂沱禾黍滋。万姓愿歌贤令尹，黄堂代颂赋新诗。”

九月重阳，赵舒翘陪王廉登龙兴寺[1]，赏菊赋诗。《重阳陪王观察龙兴寺登高》云：“冠盖荒陬集，杯盘古刹陈。下交容脱略，放饮不逡巡。杲日乾无菊，秋风爽忆莼。登临忧未释，暮色起遥津。”

《喜雨不寐》云：“天心真不测，一夜忽滂沱。播种深宜麦，回凉涤燥疴。绿拌葵圃转，黄定菊篱多。喜极挑灯坐，先书大有歌。”

《复和王观察重阳登高用原韵》有序云：“敬诵宪箸，始以众乐情深，继以时危意郁。忝在末属，志亦同焉。乃略流连光景之词，叙切磨心性之道，非敢谓游即是学，无入不得，聊藉腐语遣声，以志感发云尔。”诗云：“制锦未成操刀试，作官真能夺人志。朽索驭马民有岩，况覆虎尾值危地。天时人事俱苍茫，午夜惕厉愿焚香。从政殆而古如此，讥圣莫怪楚之狂。平生最爱孟夫子，能以尊德并爵齿。饥溺常关天下怀，禹稷颜子同道耳。是知人有终身忧，一朝得失无须愁。事到艰难强为善，药不瞑眩疾弗瘳。贱子持身屡自检，心亨得力习于坎。属在下吏荷优容，放言无忌由心感。才庸祇求随分安，和诗何敢翻舌澜。斯会从游希舞雩，谁把茱萸仔细看。”

《咏盆菊》云：“异种繁哉亦有姿，总推晚节到秋奇。平生悔识陶元亮，不得安居傲竹篱。”

《因事有省》云：“半世徼天幸，平安得至今。敢去才足副，常觉险如临。自已求多福，随缘抑躁心。但期私尽净，乐向孔颜寻。”

《王观察屡邀赏菊，代菊言以谢，仍用盆菊前韵》云：“浓华共赏媚为

---

① 按：龙兴寺位于凤阳城凤凰山日精峰下，洪武十六年始建。其前身为朱元璋出家礼佛的于皇寺，为皇家寺庙。

姿，谁识寒英淡愈奇。幸有高风陶靖节，时来枉顾到东篱。”

《王观察留饮花圃，东轩赏菊，并设菊羹，感而赋此》云：“忘形无虑醉言差，人坐芳丛兴愈赊。共咏官梅期后日，先开东阁赋黄花。”

其二：“不羡东坡玉版羹，色香味并饱餐英。老饕嗜此原非创，秋菊无言怨屈平。”

其三：“嫖色牡丹盈洛阳，金精酝酿此花黄。留香晚节荣秋圃，应续乡山昼锦堂。”

其四：“一官无补日纷营，羞对花中隐逸名。枝傲似回尘吏驾，田园三径草纵横。”

冬，例散棉衣二千袭。先生虑难遍及，输俸添制，并令夫人率婢女躬亲缝纫。

是岁，捐公费三千金，振兴育婴堂，又创恤嫠局、水龙局、保婴自乳法，皆捐廉倡办。并捐置洪泽湖救生红船，后在浙江藩司任又输千金以资久计。时旱蝗连年，并输赀收瘗蝻子为属邑倡，蝗不为灾。

李善初

三月，补广西司员外郎。

张成勋

九月，补授提牢厅。

吉同钧三十五岁。

《九日登大佛寺望乡》云：[①]“又向客中过重阳，风光虽好是他乡。经霜红叶煊秋色，冒雨黄花殿众芳。佛寺高穷千里目，泾流曲似九回肠。故园东望知何处，满目云山路渺茫。”

《同陈筱师葆子均同年登邠州清凉山》云：[②]“蒹葭萎露菊经霜，与客

① 寺在邠州城西二十里，佛身高三丈，唐尉迟恭监修。

② 戊子年（1888年）。

同登百仞冈。岁暮风声号栗烈，穴居山洞凿清凉。先生德继太邱长，公子名高比部郎。朗朗照人珠与玉，自惭抱璞守岩廊。”

霍勤燡

朝邑（今大荔是）人，由优附生中举。

段维二十二岁。

“先四叔敬斋公讳绅生。”

萧之葆中式第六名副榜，即副贡生。

题为“子谓仲弓曰犁牛之子骍且角，虽欲勿用，山川其舍诸”，“赋得华岳峰尖见秋隼得秋字五言八韵”。萧之葆诗文：“顾视清何极，山尖势倍遒。三峰环太华，一隼见新秋。刷羽宜高顶，飞翰最上头。岧尧擎露盘，闪烁动星眸。玉井搏程疾，金天入望收。摩空凌汉路，倒影瞰秦楼。妙句拈工部，英姿拟魏侯。幸依逢岛近，联袂快遨游。”[1]

《王幼农先生年谱》云：“柏子俊先生移讲关中书院。复从之游。与薛寿萱（宝辰）、李孟符（岳瑞）、武念堂（树善）、王汉三（之杰）、马丕卿（承基）诸人切磋。始识读书门径。”

萧之葆作《王孝子庐墓记》：王孝子名家均，邑北乡南宫村人。幼读书，五经皆能背诵，以家贫辍读，改习染匠手艺。染房碾布之石重数百斤，能独力举之，由是以多力称。后适山外为某染坊佣，得值悉寄归，以奉父母。同治初，回匪乱起。孝子亟告归，日侍父母膝下，为避乱计。未几父殁，痛不欲生。众以有母在为劝，孝子乃节哀。嗣其母得瘫痪疾，百方医治，双足卒不能履地。每贼至，孝子则负以逃避。及乱事肃清，孝子益竭诚奉养。过数日必负母至郊外，周视田禾。遇赛会场，亦负母以往。如是者近十年，母若忘其为瘫痪者。光绪初母殁，擗踊哭泣。既葬，结庐墓侧。与妻子约曰：“今而后家中事，汝母子自为之。吾将朝夕守墓旁，伴

① 《萧之葆家谱》。

老母也。”由是家中有要事，则其子前往咨白。妻偶送饭，则置饭筐庐外。饭已，速撤器归，不交一言。墓旁有杏一株，须荐新后始分送邻里。若未荐新，有欲摘取者，辄跪止之。于是相戒，勿敢犯孝子杏者。历三年，不剃发。衰绖日不去身，补绽痕累累。然值风晨雨夕，则绕墓哀号。泪尽，继之以血，遂失明。三期后，戚友如劝之归。然每日必赴墓定省若生时，盖十余年始［如］一日也。经前后各县令存问，并致粟布。邑人重其行，公举纯孝，由县转详，未竟，为学使柯公逢时所闻，专疏具题，奉旨着准其建坊立祠。孝子年七十余岁以寿终。

论曰：三年之丧，自天子达于庶人，丧必三年者，所以示民有终也。故子张、子夏既除丧见孔子，一则曰先王制礼，不敢不及；一则曰先王制礼，不敢有过。如孝子者，三年不剃发，哭泣至于失明，其殆于过情者与。虽然丧，与其哀不足而礼有余。圣贤固习言之，且余尝见孝子之为人矣。当光绪戊子，先师子修伦公宰吾邑，欲往候孝子，恐其避匿，命余代往，遂徒步造其庐。既相见，则一须发皤然之老叟。目光虽昏，言词清澈。余代述县主意，并谓邑人士重公行，将禀详请旌。孝子矍然曰：“昔孟子谓事孰为大？事亲为大。守孰为大？守身为大。某不孝，亲在时不知奉养。及亲殁，追悔仅号泣墓前数年，至于失明，是不能守身矣。尚敢言事亲哉？”言次，泪涔涔下，继以伏拜，谓烦归语县主，若不收回成命，是使某无颜立人世矣。余仅唯唯，归述情状。先师曰：“若而人者，其真可谓终身孺慕者矣。”遂具详情［请］旌。事未竟，为学使柯公所闻，专折具奏，得旌表如例。由县令李公钧珩建坊于邑北街，题“永锡尔类”四字。于是阖邑之人，其观听皆为一新云。（《栒邑县志》卷十一）

1889年，光绪十五年，己丑

二月，慈禧“归政”，光绪“亲政”。

薛允升七十岁。

《越缦堂日记》云：正月十五邸钞："以刑部尚书、协办大学士张之万为大学士管理户部事务……吏部右侍郎孙毓汶为刑部尚书。"

正月十五,《翁记》云："孙毓汶升刑尚。"[①] 广东乡试，梁启超中举第八名。

二月

十四日,《翁同龢日记》云："孙兄入场，复试阅卷派麟书、潘祖荫、孙诒经、薛允升。"[②]

二十八日，"出城到文昌馆戊子顺天举人团拜，许、薛两公后至，薄暮始散，福公未来"。[③]

四月

十六日，恽毓鼎"谒城外阅卷祁子和抚宪（世长）、楫［薛］云阶少司寇（允升）、汪柳门少司空（鸣銮）"。[④]

二十日，"派大学士恩承、协办大学士徐桐、礼部尚书李鸿藻、兵部尚书许庚身、工部尚书潘祖荫、都察院左都御史祁世长、户部左侍郎孙诒经、刑部左侍郎薛允升为殿试读卷官"。(《光绪朝实录》)

二十日邸钞："命大学士恩承，协办大学士、尚书徐桐，尚书李鸿藻，许庚身，潘祖荫，左都御史祁世长，侍郎孙诒经，薛允升为殿试读卷大臣。"(《越缦堂日记》)

六月

初五日，曾纪泽"出城拜客，晤薛云阶、张蔼卿（华奎），各一谈，

---

①《翁同龢日记》(第 4 册)，第 2254 页。

②《翁同龢日记》(第 4 册)，第 2263 页。

③《翁同龢日记》(第 4 册)，第 2267 页。

④《恽毓鼎澄斋日记》(上册)，第 43 页。"楫"当为"薛"之讹误。

余投刺”。[1]

十一日，翁同龢“未初出城，至财盛馆丙辰同年团拜，请何象山枢、万莲初培因二君，薛云阶、孙莱山、乌达峰、陈星恒、张衍熙，余皆年侄矣”。[2]

八月

十四日，“五更西北风大作，著重棉犹凉，丑初起，寅初二刻到西苑门，昭薛云阶、钱子密共谈，崑小峰（崑岗）进班亦话数刻”。[3]

十月

初十，曾纪泽“巳初二刻，至聚丰堂赴宴，贵午樵为主人，周生霖、薛云阶、徐小云、廖仲山、续燕甫同席，巳正入坐，午正散”。[4]

赵舒翘四十二岁。

二月

初八日，安徽巡抚陈彝片奏：“凤阳府知府赵舒翘于上年皖北各属黄水为灾筹办赈抚案内，捐助廉银二千两，面交皖北赈抚局兑收济赈，声明不敢仰邀奖叙。经该局移由省城赈捐局司道核明，详请奏奖前来。臣查捐例内开四品实职捐银一千两，准戴花翎。今该府赵舒翘志切救灾，慨捐实银二千两，核与捐章银数加倍，虽称不敢邀奖，未便没其急公之忱。合应仰恳天恩俯准赏戴花翎，以昭奖劝之处出自鸿慈，谨会同两江总督臣曾国荃附片陈请，伏乞圣鉴训示。”

以皖北水灾捐廉二千两助赈，赏戴花翎。先生居官常存退志，俸余多行惠政，尝寓书同年高搏九京尹万鹏云：但愿地方平安，藏拙数年，即拟归田，修一小园，名曰映沣山房，读书其中，穷究天人之奥，俯仰古今之变，随意抒写，较抑郁下吏，听人舒卷，无益国民，得失固自有辨，第前

---

①《曾纪泽日记》（下册），第 1804 页。

②《翁同龢日记》（第 4 册），第 2292 页。

③《李鸿藻先生年谱》（下册），第 537 页。

④《曾纪泽日记》（下册），第 835 页。

路茫茫，未知彼苍如何位置耳？（《慎斋年谱》）

三月

初五日奉朱批：著照所请。该部知道。钦此。

初五日，“以捐银助赈，赏安徽凤阳府知府赵舒翘花翎”。(《光绪朝实录》)

履历：三月，因皖北水灾，捐廉助赈，经前任安徽巡抗陈彝保奏，奉旨赏戴花翎。

奉巡抚命办凤郡旱赈，有《行部悯旱诗》[①] 云：节过清明雨未施，寒风非令复狂吹。生民底事逢多难，我辈为官愧此时。北皖丰成全局系，淮南凋敝好春迟。舆中不住云霓望，早晚芃芃麦秀滋。[②]

《途中喜雨诗》云：三载淮扬守，偏逢旱屡灾。春行星驾出，云酿雨膏来。吏果勤民掣，天将爱物回。祇惭诚未足，感格莫疑猜。[③]

春，曹允源北上参加会试，赵舒翘作《曹根生北上决策，聊赋数语以壮其怀，非曰送言，愿当骊唱》：“天赋男儿志矢孤，单车匹马向王都。集枯集菀寻常事，高望千秋有正途。”

赵舒翘作《与寿垣[④] 寿田吉云政余小饮》：“浮云世态古同今，且扫尘氛定此心。公暇但开三益径，言清不及四知金。春风杯酒聊微醉，霁月胸怀偶一唫。富贵功名随遇合，时将乐趣孔颜寻。”

七月

初一，赵舒翘为胡靖波《征信录》作序：“世有不望报而为善，不因悔而知警，尚矣！而其人甚少，必深历乎忧虞之途，渐明乎感应之理，从此谨

---

① 王步瀛《慎斋年谱》。

②《慎斋别集》(卷四)。

③《慎斋别集》(卷四)。

④《慎斋别集》卷三戊子《语录》中：“分府委员经历刘寿垣文台，固始人，年六十八岁，与之谈，颇知道，无谓佐杂中无人也。”

言慎行，惕惕终身，则其前之受祸，实天欲福而成之也！吾友胡君靖波习刑名学，少年已为上宾。偶以戏致灾，因病生悔，因悔生悟，愈后日孜孜读善书，遇果报显而有徵者，手录成帙，欲付剞劂，藉以劝世，此又仁人君子之用心也！商之于余，余嘉其意，怂恿成之，并捐资助印，但望靖波常守此意以质鬼神，遇事兢兢无掉轻心，则来日进境正未可限量。窃勿以一刻善书，此愿已了，而忘‘天难谌，命靡常’之义也！余亦系为善无恒者，不自治而勉人，书至此，又不觉愧汗交集尔！光绪己丑孟秋朔长安赵舒翘拜叙。”

八月

二十二日，“开缺安徽巡抚陈彝奏遵旨保荐将才。得旨，李得胜等均著交军机处存记。又奏，密陈候补道孙振铨等堪以道员简用。得旨、孙振铨、钱禄曾、赵舒翘均著交军机处存记”。(《光绪朝实录》)

十月

履历：十月，复经陈彝保奏，奉朱批：著交军机处存记。

往安徽省城，过金陵，谒方伯许仙屏师。陈中丞询牧令贤否，先生复书略云：当今官场成就人材甚难，败坏人材甚易，应酬汩没，众口纷摇，非素具根柢，鲜有不移其志。兼之一登仕籍，负债累累，起居服御复趋恬侈，方欲以一时脂膏填万念溪壑而望其清心，以治事勤政以及民，则更难矣。是必处以俭约以端其本，事事勤求以达其用，庶能守经正而去就轻，通时变而君民利。历观古今良吏未有不由此也。素知大人讲学明道，略分言情，敢布刍荛为察吏助。先是陈中丞保荐先生奏称：赵舒翘义利之辨皎然不苟，勤于治事，夜以继日，于外官依阿瞻徇之习丝毫不染，充其所至，巨任可膺，时事方殷，似宜早为拔擢，可否遇有安徽道员缺出，特旨简放，抑或交军机处记名等语。奉朱批：交军机处存记。是年大计，保荐卓异。[①]

①《慎斋年谱》。

《晋省纪行》云："拙迂本素性，竭力避名场。三年养时晦，[①]非敢学疏狂。兹以友朋劝，晋省勉束装。朔风送南雁，首途月小阳。出城五里许，小艇渡几伤。牺经著旅义，人生当备尝。陆行抵乌衣，登舟夜鸣根。斜日过长江，浪平漾天光。入涉印否否，轮船须招商。会垣多湫隘，相迎柳与章。[②]住我彭公楼，供馔餍膏粱。日日谒大府，随班学趋跄。天时寒复热，征逐汗占裳。官舍纷噪营，出色更当行。隅坐静以听，嗒焉两相忘。譬如顽鄙人，入市迷所方。揖辞出省垣，忽若凤翱翔。二三知己侣，祖饯趸船仓。中宵人争渡，其势颇悤忙。屋矮仅容膝，闷郁气不扬。幸与老友同，[③]灯烛共话长。便道金陵过，藩开夫子墙。[④]恰逢献寿辰，珍错餍称觞。署楼有遗像，瞻拜中山王。[⑤]遨游新经舍，远躅文正芳。[⑥]更有西江桂，一见异寻常。[⑦]引观遍机器，[⑧]骇目欢未央。复为留真面，镜影照庄严。数日盘桓乐，春风坐中香。吾师期望远，菲材惭不遑。归帆占利涉，五更舆趁霜。此行虽非久，苦乐颇相当。嗟乎宦海阔，一叶泛茫茫。徒自风尘走，无以报明堂。几时隐林麓，映沣起山房。图史罗满室，吾生任徜徉。"

《重游明陵》云："宦海浮沈岁月流，春深冠盖复同游。云龙际会珧三立，石兽荒凉土一坏。[⑨]碧浪麦风薰陌陇，青袍草色乱汀洲。村童不解兴亡事，笑向斜阳驱牧牛。"

《和王观察游明陵原韵》云："巡春无意感兴亡，一路铺菜麻与桑。但

① 自注：丙戌到凤后未入省。

② 自注：柳馥堂军门，章幹臣直刺为东道主。

③ 自注：王子范太守同舟，乃秋曹旧雨也。

④ 自注：时许仙坪师开藩秣稜。

⑤ 自注：藩署系中山王府。

⑥ 自注：许师新造文正书院落成。

⑦ 自注：桂香亭观察一见如故。

⑧ 自注：时香亭司机器局事。

⑨ 疑"抔"之讹误。

愿年年丰乐象，何妨汲黯守淮阳。”

其二：“人知进退与兴亡，自乐闲闲十亩桑。一叶尚随沧海泛，几时归马华山阳。”

赵舒翘作《送寿田应京兆试》：“入暮[1]襄予事事勤，爱君不止在能文。行旌正值龙舟渡，此去夺标定冠军。”

其二：“玉树亭亭髦士峨，蟾宫锦就待登科。把衣珍重骊歌唱，京国风尘缁易多。”

《偶然自慰》云：“不愁无子不卑官，但治心田事事安。松柏终当千尺立，增高输与苇花滩。”

《感时》云：“去岁淮南旱魃驰，今年寰宇水无涯。凋残遗庶何堪此，空匮司农久不支。轨辙难移周道砥，劫灰谁忆汉廷罳。诸公衮衮觚棱近，自古高言罪位卑。”

《轮船》云：“水火功能济，何须破浪风。天教中外合，地使海江通。战舰规皆旧，营台瞬悉空。我生奇愈出，忧叹浩无穷。”

十一月

赵舒翘修书李鸿藻。

《李鸿藻年谱》云：十一月初三日，“赵展如寄信件”。[2]

是年，赵舒翘作《上刑部左堂薛》：“遥企慈晖，时深孺慕。今岁值太姻伯七旬大庆，而再侄徒瞻远道，莫遂私衷。惟有引领心祝而已，凤郡连年水旱频仍，纷纷多事，岂再侄适逢其会耶？抑福薄有以致之耳。午夜兢历，方得平妥，竣此赈务。幸今秋中稔，粮价平减，稍释忧怀。惟外间办事，日难一日，纵横牵制，即以委曲［求］全，直道仍多窒碍，盖不可为之时也。再侄孤寒成立，抚时自揆，觉现处地位已逾本分，但求仰托

① 疑“幕”字之讹误。

②《李鸿藻年谱》，第435页。

福庇，地方平安，上游无与为难，于下吏浑浑之中公事稍易措置，则幸甚矣。再侄家大小和顺，妾久不育，再侄母妻均劝再买一妾，在外买、在陕买议尚未定。然有此和气，或可望生子也。再侄作官一日，力能便民者总勉为之，但期培养得一子息以延宗祀，究未知天意如何也。陈中丞在皖数年，待再侄事无掣肘，并时以温语奖嘉，感甚！太姻伯晤面时，祈道及之。近日太姻伯精神想益康健，而家中林泉之乐，亦宜预饬布置。辛苦一生，似不可少此优游也。念甚。”

是年大计，经安徽巡抚沈秉成保荐卓异。(《履历》)

党蒙

四月，派充奉天司主稿。

九月，兼秋审处行走。

张成勋

十一月，补福建司主事。

吉同钧三十六岁。

“五逢秋试，四上春官。榜张龙虎，名殿鹓鸾。”自注：“己丑又落，留京。次年庚寅始捷南宫，已四入会场矣。”

段维二十三岁。

“崖湾党宅聘请授徒。秋应乡试，同考官江西涂少卿大令官俊得卷，诧为奇才，荐于主司。报罢，涂大惋惜。”

武瀛中进士。

奉旨以部属用，签分刑部。五月，到部。

五月二十四日，恽毓鼎“偕同房诸君在乐椿园公请王保之先生（新阳李传元号橘农、嘉善郁保章号宪辰、贺县李孝先号南陔、试陵唐右桢号召皆、英山金鸿翎号汝议、米脂高增融号再樽、宁陵吕敬直号恪符、泰安王济号既生、辽州刘秉钧号叔衡、富平武瀛号仙航、临桂张其鎡号文明、平定陈铣绶号鸾浦、太谷阎维正号正堃），共十四人”。[①]

《续修陕西通志稿》云：武瀛“分刑部授主事，历充秋审处坐办、律例馆提调，累迁员外郎、郎中，谙习法律，中西兼通，为尚书薛允升倚任。修订法律大臣沈家本、伍廷芳亦引以为重，与修《新刑律》”。

萧之葆中式第二十九名举人。

高祖培中举。

霍勤燡考取觉罗学汉教习。

是年**董康**中进士。

董康在《前清司法制度》中说：“康释褐官秋曹，以审看秋谳，见赏于左侍长安薛公，谆谆以律设大法、礼顺人情相勖，秉其规诫，幸无陨越。不意光复之初，司法当局，执除旧布新策，遂令平亭事业，失其师承。”[②]

1890年，光绪十六年，庚寅

七月，薛福成奏请以时接见各国使臣。十一月，定于每年正月接见各国使臣，自明年始。醇亲王奕譞死。是岁，汉阳铁厂创立。

三月初六日，“刑尚孙家鼐署”。[③]

六月十四日，“松溎署刑尚”。[④]

七月二十五日，“刑部尚书嵩申”。[⑤]

薛允升七十一岁。

①《恽毓鼎澄斋日记》（上册），第45页。

②《董康法学文集》，第361页。

③《翁同龢日记》（第5册），第2357页。

④《翁同龢日记》（第5册），第2379页。

⑤《翁同龢日记》（第5册），第2388页。

正月

慈禧太后、光绪皇帝拜谒东陵，薛允升随驾，特点沈家本、崇云生、定镇平、方坤吾、田雨田为随员。

初二日，“午刻进署。孙堂于清晨到署，署中人甚寥寥。午后薛堂、徐堂、贵堂陆续到。正堂嵩、左堂桂在假中未到”。（《沈家本日记》）[①]

二十九日，“皇上恭谒东陵，本部随扈大臣派出薛堂”。（《沈家本日记》）[②]

二月

初二日，“本部派充随扈司员。同派者崇云生、定镇平、方坤吾”。（《沈家本日记》）[③]

初六日，“坤吾丁忧，随扈改派雨田”。（《沈家本日记》）[④]

闰二月

初五日，“申刻，越缦先生招饮”。（《沈家本日记》）

初七日，“在寓请客。善庭、子襄、友梅、雨田、麟阁、钺卿、申甫、宬臣、伯温。友松有事不到”。（《沈家本日记》）

十三日，“是日未进署，料理行装，明日赴东陵也”。（《沈家本日记》）

十四日，“十下钟雨田来。开车到朝阳门，与云生、镇平会齐，档房笔政四人，出城”。（《沈家本日记》）

十五日，“叩阍者者二起。（湖北文童萧月清，山东民妇李王氏。）酉初始交出，略讯供词。……夜半一下钟三刻至白涧营次。是日叩阍者三起，一起未收。上阅其原呈，谓无办法也”。[⑤]

---

①《沈家本未刻书集纂补编》（下册）《沈家本日记》，第 1227 页。

②《沈家本未刻书集纂补编》（下册）《沈家本日记》，第 1228 页。

③《沈家本未刻书集纂补编》（下册）《沈家本日记》，第 1229 页。

④《沈家本未刻书集纂补编》（下册）《沈家本日记》，第 1229 页。

⑤《沈家本未刻书集纂补编》（下册）《沈家本日记》，第 1231 页。

十六日，“是日为清明节。日高风起。天明起，叙供办稿。萧月清一起，系因休弃之妻，被族人伙卖与人为妾，涉讼之后，经官断给伊妻兄，另嫁与人为妻，应立案不行。李王氏一起，系因被蠹役抢夺，并将伊私押，百般凌辱，予以查办，明日具奏。午刻宫门听事。未初圣驾至白涧行宫，申初太后驾至。叩阍者十起，在圣驾前七起，太后驾前者三起。四下钟交出。略讯一过”。(《沈家本日记》)

十七日，“天明起。叙供办稿。午刻至宫门听事。圣驾于未正到，太后圣驾于申正到。叩阍者三起。酉正甫将人犯送来。内庞福瑞一起，情节较真。是日奏事一件”。(《沈家本日记》)

十八日，“是日孙堂、薛堂著人来请，叩阍之案须回商也”。商议的结果是：十六日的十起叩阍案“均予以查办，定稿后画齐，定于二十日在桃花寺呈递。夜二鼓始将各稿办妥就寝”。①

二十日，“奏事四件。笔政于六下钟在奏事处他他呈递”。是日叩阍者二起。

二十一日，“天明起诣各堂处画稿”。是日叩阍者三起。②

二十二日，“圣驾于午正至，未刻诣宫门口听事。有叩阍者七起。申刻太后驾至，又有叩阍者三起”。

二十三日，“圣驾于午后还宫。叩阍者十二起。太后至东岳庙会亲，还宫稍迟，叩阍者又三起。连行在所收共四十五起。甚矣，好讼者之多也”。③

沈家本作《薛云阶少司寇随扈东陵派充随员闰二月十四日出都二十三日还都途中口占十绝句》：“旗影鸾声去不停，雪花相送出郊坰。今年春比常年晚，柳色才黄未变青。”“塔影摇空日已西，潞河南畔促轮蹏。红栏隔

---

①《沈家本未刻书集纂补编》(下册)《沈家本日记》，第 1232 页。

②《沈家本未刻书集纂补编》(下册)《沈家本日记》，第 1234 页。

③《沈家本未刻书集纂补编》(下册)《沈家本日记》，第 1235 页。

岸遥相接，烟锁平桥压水低。”“龙旗高卓拂云烟，鹤列无哗鹭序联。忽听传筹呼二里，千官齐集禁门前。”“夜认蹬光昼认旗，各标新样记曹司。引绳为界风原古，万幄分行布若棋。”“石磴营纡辇道清，琳宫高耸接丹甍。声音帐静营门肃，万马云屯总不惊。”“银花十里夜光寒，鹤焰腾霄放眼看。皎若繁星圆若月，满山蹬彩构奇觀。”“复岫层峦叠四围，晴沙风卷杂云飞。三春气候兼冬夏，宵着重裘午葛衣。”“揭橥道左示煌煌，履亩蠲租率旧章。畚挶经营休说苦，圣朝德泽本汪洋。”“御史祠堂垩黝新，蓟门风雨吊孤臣。史鱼尸谏芳标远，莫道今人让古人。”“寒食清明几日过，郊原天气渐融和。桃花乍放红霞薄，榆荚初圆绿荫多。”①

五月

十三日，“派审提督奏送寿安宫厨役郭大自戕身死一案。将寿康宫太监李志奎送部审讯。同派者讷子襄、崇云生、张麟阁”。(《沈家本日记》)

十七日，“酉刻偕云生、麟阁诣孙堂宅中，因宴客不见”。(《沈家本日记》)

二十日，“阴雨。午刻偕云生、麟阁冒雨诣嵩堂宅中，回派者情节，因病不见。薛堂交办直隶司盗犯宗室吉升一案，奏稿一件”。(《沈家本日记》)

二十二日，“大雨。麟阁来。前日所拟奏稿一件已送薛堂阅定，另拟正稿一件相与商定，即呈薛堂。不进署矣。是日雨呈夜半方息，友梅进署，白云亭已有水。薛堂来，在叙雪堂少坐”。②

六月

初四日，“晨偕麟阁赴薛堂宅，画李志奎稿本”。③

---

①《枕碧搂偶存稿》(卷九)，载徐世虹主编:《沈家本全集》(第7卷)，中国政法大学出版社2010年版，第135页。

②《沈家本未刻书集纂补编》(下册)《沈家本日记》，第1242页。

③《沈家本未刻书集纂补编》(下册)《沈家本日记》，第1243页。

十二日，“是日偕麟阁赴薛堂宅回乌步。又至孙堂宅画稿。麟阁约子襄在广和居会齐，画稿之后小饮而归”。①

十三日，“薛堂因署中工程紧要，令拟奏稿一件，请旨饬下工部赶紧勘估修理。稿定后同子襄、麟阁、钺卿、申甫，同至薛堂宅中阅定，并回定乌步管理派雨田充署，又同孙堂宅回定”。②

二十日，“子襄，麟阁召饮”。③

二十三日，“巳刻在福兴居请客，午后观同春部。客到者子襄、麟阁、钺卿、申甫、友松、子光六人，翰卿未入座，先散”。④

八月

二十五日，“今日回乌步。薛堂言，以次递推提调不复添人。禄米仓彪空一案，添派会审。原派子襄、云生、雨田、麟阁。雨田升任去，故添人也”。⑤

九月

初二日，“接署中当月处知会，奉堂派审兴廉奏接阅御史恩霖信函，请饬查究一案。不知系何事。麟阁来，知伊亦在派审之列。约定明早进署”。⑥

初三日，“即进署提讯为恩霖送信之邢镇勋。据供系山东福山县人，曾拜恩霖为师，阅看文章。恩霖交给伊书信一件，嘱代送至兴廉宅中当面呈交。书中情节伊概不知道等语。查阅恩霖原信内称，本年漕粮兴廉之子句串碓房，得受贿银三镒，搀水舞弊。有人欲入弹章，因同系八旗骨肉，

---

①《沈家本未刻书集纂补编》（下册）《沈家本日记》，第 1244 页。

② 见《沈家本未刻书集纂补编》（下册）《沈家本日记》，第 1244 页。文中有两处“十四日”的记载，而无“十三日”的记载，因此，第一处“十四日”疑为“十三日”之误。

③《沈家本未刻书集纂补编》（下册）《沈家本日记》，第 1244 页。

④《沈家本未刻书集纂补编》（下册）《沈家本日记》，第 1245 页。

⑤《沈家本未刻书集纂补编》（下册）《沈家本日记》，第 1248 页。

⑥《沈家本未刻书集纂补编》（下册）《沈家本日记》，第 1248 ~ 1249 页。

特为关照。书末称现在搬家用度甚多，又要嫁姪女。向兴廉借银三千余两等情。当与麟阁拟定片稿，呈薛堂阅定。嵩、□二堂均未到署，亦将片稿呈阅。即饬书吏赶写正稿，赴孙、徐二堂呈画。此案未分发，约定同派满人讷子襄、崇云生二君进内听旨”。①

十二日，“复出顺承门，偕麟阁、申甫访薛堂宅回乌步，复出署吃饭”。②

十月

初二日，“清晨，孙堂遣人来，催令进署。为禄米仓案内全才一犯也。全才既交本部审讯，宗人府毋庸会审。派审同人回堂，拟将该宗室在本部外看，以免往返提审，或有疎虞，桂堂不以为然，昨日在堂上与嵩堂意颇龃龉。今日嵩堂召对，上询及此案。嵩堂面奏，全才既交奴才衙门审讯，如仍在宗人府收禁，朝夕提质，恐有疎虞，奴才拟请旨径交奴才衙门收禁，以昭慎重。上令于明日具奏。嵩堂下来，即告知孙堂，故催派审诸人赶办奏底。午刻嵩堂、薛堂、桂堂来，将奏底呈堂阅定。麟阁诸公分持画稿。明日即具奏”。③

初三日，“今日具奏，请将全才革去宗室顶戴，交刑部收禁一折。奉旨依议”。

初四日，“全才于今日由宗人府解送到部收禁”。

十二日，“未刻，薛堂招饮（嵩云草堂。)”。④

二十一日，“晨至薛堂宅，面回仓案大概供情稿”。

二十八日，“总理各国事务衙门记名章京将次用竣，咨取考送。本部于今日在署考选，题系《俊、顾及厨名目论》。(出《后汉书党锢传》）与

①《沈家本未刻书集纂补编》(下册)《沈家本日记》，第1249页。

②《沈家本未刻书集纂补编》(下册)《沈家本日记》，第1249页。

③《沈家本未刻书集纂补编》(下册)《沈家本日记》，第1250～1251页。

④《沈家本未刻书集纂补编》(下册)《沈家本日记》，第1251页。

试者四十一人，取八人。李子荣、郑淑璋、陈浏、吴庭芝、沈曾植、吴品珩、李清芬、杨家騊。嵩堂与薛堂所商定也。上次考者止十三人，此次竟有四十一人，可见官途之日隘矣”。[①]

十一月

初九日，“命礼部尚书昆冈、刑部尚书嵩申、刑部左侍郎薛允升在紫禁城内骑马”。(《光绪朝实录》)

雷榜荣

四月二十日，闽浙总督卞宝第片：“福建延建邵道徐震燿据报于本年四月十一日在任病故出缺，所遗延建邵道篆务应即委员接署，以专责成。查有候补道胡日初曾署斯缺，熟悉情形，堪以委署。其未到任以前饬委延平府知府雷榜荣就近兼理，除分檄饬遵并咨部外，臣谨附片具陈，伏乞圣鉴。再，延建邵道系属选缺，照章应二留一，咨闽省现有应补人员应请扣留外补，合并陈明。”

五月初六日奉朱批：吏部知道。钦此。

段理为秋审处坐办，然病重。

八月十六日，“贵师及沈叔眉副宪，奉旨派往福建查办事件”。(《沈家本日记》)

十七日，“钦差随带司员派本部五人。英凤冈、李子襄、鹿邃斋、段燮堂、左牖和”。(《沈家本日记》)

十八日，“段燮堂辞差不去”。(《沈家本日记》)[②]

田雨田补授鸿胪寺少卿。

八月二十四日，“今日吏部引见。鸿胪寺少卿一缺奉旨著田我霖补授，钦此。雨田名列第三，竟邀简用，近来罕见”。(《沈家本日记》)[③]田雨田，

---

①《沈家本未刻书集纂补编》(下册)《沈家本日记》，第1252页。

②《沈家本未刻书集纂补编》(下册)《沈家本日记》，第1248页。

③《沈家本未刻书集纂补编》(下册)《沈家本日记》，第1248页。

字我霖，豫派律学代表人物。

十一月初七日，“病稍愈，尚不能出户。麟阁来，商定禄米仓奏案稿，于卧室见之”。①

十一月二十九日，“冯莘垞于子刻丁母忧，其太夫人系今日七十正寿，特从家中迎养来京，本意称觞上寿，不料到京即病，竟尔西归，殊难为莘垞之得坐办也。具大神道为京察一等地步，乃期而遽遭大故，人力之不能与造化争也如此。今日点乌步，段燮堂得坐办，上次坐办段即可得，为冯攘去，冯奉讳而仍属段，段初不营求，信天翁非不可做也。惟段病未愈，不知能进署否”。②

十二月初一日，“燮堂力疾到署，神色甚不佳”。

初三日，“京察过堂。今日系实缺人员，满正堂嵩犊山（申）、汉正堂孙莱山（毓［毓］汶）、汉左堂薛云阶（允升）、汉署右堂徐小云（用仪）到。满左堂桂修三（全）、满右堂清吉甫（安），均因病请假未到署。巳初过堂吃饭，饭罢封门定列等第，封存档房。燮堂来，神色较前日略胜”。

初四日，刑部京察结果公布，汉司员一等有张成勋、冯钟岱、沈家本、关国光、王鹏连、汤似谊、王联璧、段理等八人，按惯例，“折封后堂上吃饭，饭罢散，与同人赴各堂宅中谢”，但是，“今日燮堂未来，亦未赴各堂宅。闻咋日又咯血，其病甚不轻也”。③

赵舒翘四十三岁。

《慎斋年谱》载：“《上陈京尹书》略云：窃以朴质庸材，［卑府以朴讷之质、平庸之材，］虽稍知读书学［明］道，而身心且不治，遑言安济？前放外任［出都］，自揣必为时所弃，［故刻刻收敛、事事俭约，只求窃禄二三年，足了宿债，即退归矣。］不意到皖半年，［上游尚多青睐，半年而

---

①《沈家本未刻书集纂补编》（下册）《沈家本日记》，第 1253 页。

②《沈家本未刻书集纂补编》（下册）《沈家本日记》，第 1254 页。

③《沈家本未刻书集纂补编》（下册）《沈家本日记》，第 1255 页。

后，] 即依仁宇栽培诱掖，隐 [引] 勉于正。[乃叹公道不绝，人特患不作好官，自无可知耳。断不可以世俗寻常测大人君子也。方且自愧驽钝，有负数年鞭策，而大人] 临行，复以贱名厕列荐牍。[为政在人，故出自仁心之锡类，而] 返躬无本，实惭声闻 [之] 过情。[况世途日险、凌兢可畏，处下位办小事尚种种窒碍，遗大投艰，岂易措置？无论卑府落在府班大海中，万无鉅任及身。即偶有时会，其棘手郁心当倍。今日] 以我大人 [之] 办事存心，犹遭屈抑，不得直行其志。如卑府 [翘] 者敢他有希冀耶？惟有疆 [强] 恕行仁，砺学砥节，俾此身无入下流，不致贻知我者失人之羞 [而已]。按：陈公时由安徽巡抚调顺天府府尹。"

又《上河道总督许仙屏师书》略云：春间奉临行手谕，[幸示谕，] 谓曾文正公善与人同，此乃西铭育才不匮之道，为学问大本原。然在今日办事，若徒有至公至正之心，而无能受委曲之量则不足以济事。即有能受委曲之量，而或稍失至公至正之心，则又适以丧己。[以] 此中两全实难。[受业非不慕名位之隆，言] 念及此，惕然退矣。

又云：细绎明训，无一可似 [耳]，惟有勤学明道，期于出处无愧，[不负夙昔栽成而已。] 近来看书，稍见古人精微处，而其大要总不外中庸、慎独、素位、明善、成物数端，且内重一分外，自觉轻一分。此翘惟日不足者，余皆听其自然。

夏大旱，步祷郡城隍神，翌日大雨。飞蝗遍野，设法捕灭。

八月

二十五日，禀请开缺回籍修墓。

十一月

赵舒翘上《请假修墓禀》："窃卑府现年四十三岁，系陕西西安长安县人，由优廪生中式同治十二年癸酉科举人，十三年甲戌科进士，奉旨以部属用，签分刑部。六月到部，管提牢事，历充秋审处坐办、律例馆管理提调，历补直隶司主事、福建司员外郎、湖广司郎中。光绪十一年京察一等，引见记名以道府用，是年俸满截取，奉旨以繁缺知府用。十二年三月奉旨补授今职，六月到任。十三年奉委护理凤颍六泗道篆，四月回任。十五年二月蒙前宪台陈会同两江督宪曾以皖北水灾捐廉助赈，专案奏请赏戴花翎，三月奉朱批：著照所请，该部知道，钦此！十月奉藩司阿行知前宪台陈奏片内称：凤阳知府赵舒翘义利之辨皎然不苟，勤于治事，夜以继日，于外官依阿瞻狥之习丝毫不染，充其所至，钜任可膺，时事方殷，似宜早为拔擢，可否遇有安省道员缺出，特旨简放，抑或交军机处记名之处等语。九月初八日，差弁赍回片奏朱批：赵舒翘著交军机处存记，钦此！是年大计，蒙宪台保荐卓异在案。伏思卑府循分供职，四载于兹。前年黄水入淮，凤郡为当冲之地，嗣复迭遭水旱，民情疲敝异常。卑府随办赈抚，午夜兢厉，幸无贻误，今岁秋成中稔，地方较前稍安。惟卑府自同治十三年到部当差，遂离闾里，迄今十有七载，未得一返故乡。昨接原籍来信，得悉先人茔墓大半倾坏。卑府幼失怙恃，亲支自高祖以下仅剩卑府一身，无一功缌之亲可以倚托。现逾四旬，子息尚虚，必得亲身回籍照料修理。念松楸而陨涕，觉寝馈之难安。中夜彷徨，不知所措。因思圣朝以孝治天下，凡内外大小臣子遇有陈情终养及乞假修墓者，无不准予所请。卑府事势所迫，不得不归。现查本任并无经手未完事件，由凤回陕，道亦甚便。惟有沥情禀陈，仰祈大人俯鉴下情，准予奏请开缺，赏假六个月，回籍修墓，一面遴员接署，俾得早日交卸。起程到籍后，事毕即当赴京销假，断不敢稍耽安逸。自外裁成，感沐鸿施，实无既极所有请假回籍修墓缘由，理合具禀上陈。”

十一日卸任，有《卸郡事诗》云：“朝来揽镜叹华颠，薄宦匆匆十六年。丽日和风嘉有会，洪涛巨浪浩无边。逼人轩冕须知己，退我林泉合任天。难得忙中闲岁月，呼童酿酒展诗笺。”自注：“上游以人情无位置，迫令赴引謄缺，余即发文请假开缺。”

按：上游指安徽巡抚沈秉成。履历：十月交卸凤阳府篆，请咨引见，奉旨准其卓异，加一级。仍注册回任候升。

前作同人多有和章，赵舒翘因叠韵酬其意赋诗：“富贵迷人倒复颠，辞官休说正强年。平途荡荡谁由径，大鼓渊渊讵击边。无味征驺嘶古戍，多情旅雁唳遥天。能诗知己纷传和，我不书空又一笺。”

《再叠前韵》云：“学似登峰必造颠，光阴虚掷卌三年。渐来真趣留胸内，已少嚣音到耳边。客滞淮南惊雪意，人归渭北待春天。窗前检点群书册，细诵太冲招隐笺。”

《有以不应退讽余者，三叠前韵答之》云：“时危谁与力扶颠，定有贤豪争百年。为筮水山甘偃蹇，非耽风月放无边。鲸翻沧海波回地，狐匿萑苻火照天。一己升沈何足问。忧心且自寄唫笺。”

按：柏子俊《沣西草堂集》“与阎文介书”云：赵展如客秋书来称，沈中丞逼伊赴引，决计告归，阿方伯又不准，遂去拟少缓，再定行止。在凤治绩，皖人极称明断廉惠，民心咸孚，难治之区熙然向化，某伟则惟爱其性情纯挚，苦励学行，自少贫孤，一毫不苟，通籍后笃念亲旧，无德不报，有一饭千金侠气。本此以推，必不负君，必不负民矣！

十二月，在凤阳度岁，因微疾作箴，期诸终身。箴云：惟敬与义，两者是程。会归致远，倚恕强行。人之喜怒，勿索吾情。物之奇好，勿摇吾精。勿悔既往，新德涤生。勿期后效，善见晚成。弥俭弥广，弥约弥清。福来思致，困不失亨。行之久久，内重外轻。何以验之，貌卒气平。若有窒凝，返责吾诚。稍涉怨尤，便是私萌。学与天隔，如坐愁城。光阴即失，日荡心旌。纵使侥幸，位极尊荣。草木同朽，可惜经营。通彻算定，全视尔勍。一息不懈，方谓理明。

又有《戒语》云：“魔因道起贼因私，乘我之虚十面窥。拱璧一投从粉碎，精金百炼耐炉锤。修容休谓屋无漏，慎疾须思生有涯。空色色空皆诳语，虞廷犹患此心危。”

《定心》云：“浮云富贵贪恋除，过耳风声是毁誉。为善成功权非我，生聚死散由太虚。天下尚有何思虑，日月来往观居诸。敛神归气精含郁，斯乐何殊住华胥。”

柏子俊作《覆赵展如》：“接手函并张价面述，知前恙早愈，家室和平，地方安静，慰甚！来书称近喜看朱子书，即此一语，亦皆实获我心，足见好学之勤。然学以变化气质为先，展如性似过刚，量似过隘。过刚则宜以柔克之，过隘则宜以宽济之。读古人书，见一言恰中吾病痛，则为汗流浃背，务求病痛所在而抉去之，庶几刚柔得中，隘宽合度，无往而不咸宜矣。若徒喜书之有益而未能实益于己，不过浮慕而已。吾不知展如处家庭如何，然往尝自凤阳来者辄云太形激烈，每致勃溪，此岂养身之道乎？夫妻妾事我者也，原不宜专尚柔道，亦何可过用刚德？糟糠宜念也，幼弱当怜也！即有不是，必先教之至再至三，必使咸喻吾心而后已，至不得已而严斥之，亦不宜大动吾气。事过则仍教之，感之以恩，待之以礼，人非顽石，宁遂不可转耶？若如来书所云，耗郁孑闷，家庭全无乐趣，岂皆不可以人理论？况我因恶彼而坐困，彼因怨我而默伤，此子嗣所关，独不能另筹一法以善处，以娱我情性蓄我精神乎？亟于古方中求调和血气之药而药之，此病先去，育麟无难矣！办天下事，任人则逸，自任则劳。而用人全在胆识，无识则不能用人，无胆则不敢用人。左季高之但能用楚人，阎丹初之绝不用秦人，皆胆识未优耳。大哉！其胡文忠之知人善任乎？文忠尝言：自督抚以至牧令，皆当岁奉千金或数千金请有经济有道德之士，日与讲论以扩吾识见，以纠吾偏失。又在鄂城开集贤馆招天下英杰，询以兵事饷事，以瞻其才学而器使之，以故幕府得人鼎盛，培成中兴之基。某生平颇以用人自负，未尝无失，然必反复思其致失之由。其失在我者则改之，其失在人者则防之，诚以天下事非一手一足之为烈，不能用人不敢用人，则且反为人用而不自知。如徒恃一己之精力以办事，而精神不足时，其事之废弛者必多；徒杖一己之聪察以防弊，而聪察难周处，其弊之胶结者尤巨。左、阎二公，论者每有微词，失正坐此。夫天下安得才德兼优之人而为我用哉？其次才优于德，德优于才，均属可用，惟视我用之善与不善耳。大抵用人者必先有权，有权则可以程其功，可以斥其过，弃取惟我，人谁不乐为我用，而又量吾权之大小而用之。若吾之权小，人之才大，则暂置之以老其才，以备我异时之用，且必以身率之。我率之以勤，孰敢懒：我率之以廉，孰敢贪；我率之以勇，孰敢怯；我率之以公，孰敢私。众撑则易举，相得而益彰，治天下如是，治一郡一邑亦当如是。如是而事尚有不治者，吾不信也。展如莅凤今已五年，从未闻有相助为理者，岂旧交新交无一人可用乎？不过自恃精力聪察之有余耳。抑知日耗月损，必有不足之虞，尚何有余之可恃耶？且人当办事困惫之余，易形拂逆，易生愤懑，一遇不顺便动真气，气伤而身亦病，此尤子嗣所关，不可不深思其弊而力求其益者矣。带回照像丰厚英毅，后福无量，积善余庆，勉力为之。尽其在我，听其在天，万不宜时加忧戚。《曾文正集·求阙斋序》可取观之。"

张成勋四十三岁。

五月，补湖广司员外郎。

九月，补山东司郎中，管理汉档房司务厅事务。

十月，由顺直赈捐遵例报捐花翎。

是年，与刑部郎中武进冯钟岱重刻《唐律疏议》峻。

沈家本京察一等，评语为"廉明练达，心细才长"。①

沈家本作《重刻唐律疏议序》："光绪十有六年十二月，归安沈家本撰［序］于秋曹之叙雪堂。时董其事者，汉阴张麟阁郎中成勋，武进冯申甫郎中钟岱也。"②

党蒙

十二月，补贵州司主事。

①《沈家本未刻书集纂补编》（下册）《沈家本日记》，第 1255 页。

②《历代刑法考》（第 4 册）《寄簃文存》，第 2208 页。

李善初

八月，保送热河办事司员。

吉同钧三十七岁，中进士。

前法部大臣定成谓："石翁为愚同司老友，榜下分刑部，三年未入署供职，在家埋头读律，手抄《大清律》全部，皆能成诵。旁搜律例根源数千卷，并远绍汉唐元明诸律，参考互证，必求融会贯通而后已。学成入署，即越级派充正主稿，从此名重一时，部中疑难案件及秋审实缓皆待君审定，虽职属候补主政而事权则驾实缺员郎之上。惟性情耿直，遇事抗言驳辩，虽长官前亦不稍阿附，尝作说帖，历指堂官定案用人之失。某堂官阅之不喜，诸事掣肘，沈滞郎署数年。"《秋审条款讲义序》："同钧庚寅分部，时值乡先正薛赵二公先后为长官，谆谆以多看秋审相告语，并为摘要指示。"

"宴排闻喜，花看长安。冠红簪杏，谱香订兰。对策入保和之殿，唱名凭太液之栏。荣出身于二甲，羡绝艺于三端。分部则西曹行走，引见则南海游观。头衔虽耀，筋力已殚。年未盈乎四秩，岁少止乎三单。夺标羡肇，衣锦归韩。风暖则马蹄行疾，云高则鹏翼飞抟。渭水贯天门之象，华岳峨司寇之冠。衣裳璀璨，桑梓盘桓。科名既显，境遇多乖。杖未扶乎曾子，血已泣乎高柴。悔鸡豚之失养，睹风木以怆怀。"

霍勤燡中进士。改翰林院庶吉士。

段维二十四岁。

"因病辞崖湾馆。（门人党慎修、党纯修后均入庠食饩。）秋八月子民达生。"

1891年，光绪十七年，辛卯

薛允升七十二岁。

正月

十七日，“巳刻偕麟阁至孙堂宅，面回派审案内情形，又至薛堂宅”。(《沈家本日记》)

二十二日，“未刻赴薛堂之召，陪吉、廷、讷三观察也”。(《沈家本日记》)

二十九日，“散署归寓，申刻扑被，至西苑门外刑部下处。麟阁、申甫同寓，预备明早引见”。(《沈家本日记》)①

二月

初二日，“今日吏部引见，七十三名。申刻至薛堂宅，遇赵庆如”。(《沈家本日记》)

初四日，吏部引见，圈出汉员四十四名。刑部汉员四，有“张成勋、冯仲岱、汤似瑄、王联璧”。(《沈家本日记》)

三月

初二日，“出城，诣松筠庵应徐颂阁、陆凤石、汪柳门三君之招，客为谭文卿，余与薛云阶陪，午集，申正散”。(《翁同龢日记》)②

十四日，“叙雪堂团拜。假坐湖南会馆，演义顺和部，外串徽班，并请票友。……堂官惟清堂及许星翁辞不到。到者张中堂及孙、薛、崇、徐五堂外，请汤幼庵廉访（聘珍）枢署到者二桌。五下钟雨作，张中堂先散，嵩、崇、徐，陆续散。孙、薛至上灯后始散”。(《沈家本日记》)③

五月

初二日，“徐堂承修圆明园，八旗兵房工程派监督十六员，户八人，刑八人（瑞多布、攀桂、张成勋、灵昆、冯钟岱、沈、汤似宣、李念兹）。攀号月桥，己未孝廉，与徐堂同年。灵号乐峰，乃松寿泉侍郎之侄，此项

①《沈家本未刻书集纂补编》（下册）《沈家本日记》，第1259页。

②《翁同龢日记》（第5册），第2435页。

③《沈家本未刻书集纂补编》（下册）《沈家本日记》，第1263页。

工程承修之满堂，即寿翁也。……是日阴，午前淅雨即息，午刻同□臣、乐峰、麟阁、申甫同至徐堂宅，未见。归途风雨骤至，在东安门洞避雨，片刻雨小，归寓雨已息矣”。[①]

八月

薛允升署兵部右侍郎。

初九日，“以刑部尚书孙毓汶兼署兵部尚书。吏部左侍郎谭钟麟兼署户部左侍郎，兼管三库事务。户部右侍郎徐用仪兼署兵部左侍郎。礼部左侍郎钱应溥兼署工部右侍郎，兼管钱法堂事务。刑部左侍郎薛允升兼署兵部右侍郎。户部右侍郎崇礼兼署理藩院左侍郎”。(《光绪朝实录》)

初九日，“孙毓汶署兵尚……徐用仪兵左，薛允升兵右”。[②]

“二十五日，丙辰。晨小雨，竟日凉阴，时有微雨，傍午微见日景，傍晚晴霁。巳刻（李慈铭）诣天安门监掣兵部月选签，署兵部侍郎薛刑侍允升，陕西长安人，老猾吏也。以余至稍迟，形色甚忤，余诘之曰：前日兵部知会定辰刻掣签，余以巳初至，非迟也。且此是侍郎私期，非朝廷定限也。山西道稽查兵部每月掣选签，请御史监掣，是客也，礼宜侍郎先至以待御史，不得御史先至待侍郎也。薛无以对，唯唯而已。近日士夫阘冗，宪纲扫地，大率如此！”[③]

九月

十七，“薛允升署礼右”。[④]

《光绪朝实录》九月，“以兵部尚书乌拉喜崇阿兼署礼部尚书，刑部左侍郎薛允升兼署礼部左侍郎”。

二十四日，《沈家本日记》云：秋审“三单句到”，“片稿无更动处，

---

①《沈家本未刻书集纂补编》(下册)《沈家本日记》，第1267页。

②《翁同龢日记》(第5册)，第2465页。

③《越缦堂日记》(第18册)，第12980页。

④《翁同龢日记》(第5册)，第2473页。

即进署饬吏缮稿红本，于十下钟到署。（薛大人接）”。[①]

二十五日，薛允升等派阅乡试复试卷。[②]

十月

初二，“麟阁约赴孙宅回事。出城时大风扬沙，改于明晨”。[③]

十一月

十六日，“朝审勾到。福中堂秉笔，薛大人递榜示，此单服制三起，俱免句。常犯十四起，十五名，俱句决（十二斩三绞）”。[④]

赵舒翘四十四岁。

正月

正月六日，作和、诚、敬、义、重、静、默七箴，自序云：余入宦途已十六年头，颠危迭遇，兼家境多迕，心气因而歉弱，渐形衰象，推原其故，实由学鲜得力，内功不敌外侮，近稍知反约省检。余所短者七字，各系箴言带佩，绅书韦佩，以期以勿忘，如再舍此而泛滥，则虚壳沦胥，嗟无及矣！（《慎斋年谱》）

《有感》云：“轰雷掣电黑云沉，晦塞迷离鸟寂林。岂识山头晴日丽，有人扶杖过遥岑。”

十一日入都赴引。

赵舒翘作《不得已入都行李早发坐待天明吟此》：“既经审处熟商量，便即空空付彼苍。放眼千秋三界阔。人生何必太匆忙。”

《山东道中苦雨》云：“四载齐州路，无端往复来。我车零雨瘁，吾道野人咳。地任山峰出，春从驿树回。归途应胜此，风暖百花开。”

《孟庙》云：“独从忧患识天将，任道英豪力始强。终古岩岩瞻泰岱，

---

①《沈家本未刻书集纂补编》（下册）《沈家本日记》，第 1277 页。

②《翁同龢日记》（第 5 册），第 2475 页。

③《沈家本未刻书集纂补编》（下册）《沈家本日记》，第 1277 页。

④《沈家本未刻书集纂补编》（下册）《沈家本日记》，第 1280 页。

鲁人休怨有臧仓。”

《中途有感》云：“涧石轮蹄战，连朝在畏途。只凭心坦荡，一任路崎岖。雪柳劳人惯，冰霜暖气苏。春明行渐近，何事慨江湖。”

二月

十九日，引见，奉旨：著准其卓异，加一级，仍注册，回任候升，钦此。光绪召见时有“前在秋审处当差甚好，例案极熟悉”之谕。

二十一日，赵舒翘具折谢恩：“奏为恭谢天恩仰祈圣鉴事。本月十九日，吏部以臣带领引见，奉旨：著准其卓异，加一级，仍注册，回任候升，钦此。窃臣关中下士，知识庸愚，曾供职乎秋曹，旋服官于皖省，郡符滥绾，正惭报称之无由，荐剡倖邀，深愧推扬之非分。兹迺恭膺巽命，准予升阶，渥被鸿施，莫名鳌戴。天颜瞻觐，幸依日月之光，民牧忝司，时懔冰渊之惧。臣惟有呼求宸训，敬谨遵遁，俾回任后于一切应办事宜，益矢慎勤，以期仰答高厚鸿慈于万一，所有微臣感激下忱，谨缮折叩谢天恩，伏乞皇上圣鉴，谨奏。”①

二十二日，赵舒翘拜访翁同龢。“赵展如舒翘，刑部旧属，今凤阳府，四十二岁。来见，语切实而劲，贤吏也”。(《翁同龢日记》)②

二十七日，在旅居之咸长会馆写信寄阎敬铭：

敬禀中堂钧座：自从道履去国，邮寄路阻，致疏音候。然顾时艰而思耆老，念关学而慕耆儒，平居耿耿，未尝不神驰左右也。今春到京，询知精神矍铄，欣慰无似。卑府迂拙自持，本知与时相背，而时时于名利之地退一步，守老子居錞不为天下先之意，(皖省屡与首府，皆推让，亦秋曹让陈砚香、雷瀛仙之意)，以求安稳。不意去秋，上游因人情拥挤，藉卓异为名，不待请咨，先行委署，直与犯法撤任者无殊。无论力不能成行，

① 《光绪朝朱批奏折》(第7辑)，第294页。

② 《翁同龢日记》(第5册)，第2433页。翁记中说赵舒翘时年四十二岁，有误。

似此不以礼相待，若隐忍受之，以后无以表率僚属，镇抚吏民。且出都甫四年，以无足重轻之知府，持此不甚爱惜之卓异，竭蹶而为此行，知者以为上司勒迫，不知者必以为不安瘠区下位，别有希冀，将加以不肖之名，故闻信，即日发通禀，请开缺修墓回籍，而上游又不肯准，益以温语，上下交□，不得已先行交卸。去冬，在凤阳闲住三月，今春赴引，现已事毕，拟即回皖，暂与委蛇，以定行止。我辈今日仕宦，譬如行路，遇雨即停，遇霁即行，决不敢沾恋以求，不可必得者，败我生平也。卑府昧道失学，而中堂在京时不以为无用，常加奖勉，故敢缕布衷曲，以求训正。如蒙赐谕，祈交梅卿兄处转寄为幸。此时颐养林泉，以珍卫调摄为本，国家事有上心者任运而已，庶午稻绿野，秋圃黄花，光景常新也。临禀不胜瞻仰之至，敬叩安祉！卑府赵舒翘谨禀。二月廿七咸长馆倚装□上。成叔弟质朴学纯，素所钦佩，总以葆固精气，熟看《朱子全书》两者为要，盖身强方可任天下事，心正方可救天下事，务终身不出此。具不可一日不备也。成叔爱我，故放言之，中堂以为何如？[①]

三月

初二日，赵舒翘送翁同龢别敬。“赵舒翘送别敬，却之。”（《翁同龢日记》）[②]

初三日，昔日刑部僚宴请赵舒翘。《沈家本日记》云：“午刻在福兴居公请赵展如太守，饭罢观义顺和部。”[③]

《清稗类钞》“赵展如信星命”云：“赵展如尚书舒翘生平以服膺宋学著称，而酷信星命家言。其以凤阳守举卓异入都引见也，四川司旧同僚觞之陶然亭。酒次，赵畅论董氏正谊明道之说，且曰：‘诸君今日皆候补主事也，然须存一终身此官之意，非惟不冀得京察，简道府，且并不冀题升

①《近代史所藏清代名人稿本抄本》之《阎敬铭档》一六。

②《翁同龢日记》（第5册），第2635页。

③《沈家本未刻书集纂补编》（下册）《沈家本日记》，第1262页。

郎员，甚且并补缺之希望而亦断绝之。必如此，乃可谓正谊不谋利，明道不计功。董子一生，得力如此。宋明诸儒，得力亦不外此。诸君能身体力行，庶可合名儒名臣而一之矣。’赵语未毕，忽某编修至，编修故深通星命家言，赵自谓弗及者也。甫就坐，赵即呼某曰：‘君于吾造已细推否？吾究以何时可升道员？实告君，果命中三年内不得升缺者，吾即由此归秦，不复出矣。’因屈指自计一麾出守，已历六年，尚不获迁一秩，言之愤然，若有余憾。座中人皆匿笑，赵弗觉也。”①

三月旋皖，沈中丞秉成留署首府，力辞。

四月

回凤阳府本任。

按：先生《上阿方伯书》云：此番风波实出意外。……如署首府，亦必催令联守入都，是使之赴引则不行，一云署优则行之，以不欲施诸已则愤怨，以不欲加诸人则欢欣，乃垄断贱夫、墦间乞人之所为，而谓翘为之乎？即使不嫌人笑骂盈盈，就此皖省，亦安用此狡猾之属吏为哉？此断断义不能为者也！

赵舒翘回凤阳后，寅僚招饮龙兴寺，即席呈王介艇观察，并简刘湘生太守《诗》：“酒忆前游白，山怜再到青。棠风仍荫庇，黍雨几时灵。雅会群贤集，高轩祖饯停。出郊供眺望，独有此江亭。”

《孟子仁兄六十生子，足徵天道佑善，同人多有和章，步韵祝之》云：“休谓冥冥自有时，天于载者乃培之。仁心符得麟来瑞，辉德蒸成凤下奇。花甲已周君不老，乔枝如出我非迟。②此中秘诀如相问，邹峄家声善强为。”

《题高邮孝女王淑仪事略》云：“美矣诗书泽，钟祥到女仪。③诸孤资保

---

①《清稗类钞》(第10册)，第4628页。

② 自注：予望子甚切，以河洛数推予命，今年四十四岁，有乔枝出群之句。

③ 自注：王氏数世传述小学。

护，两代赖维持。寸草谁辛苦，空花任甲移。[①]露筋祠尚在，贞孝此双垂。”

《王观察忽以诗至，意似不乐，走笔和以解之》诗云：“观变恃机沈，超然览古今。但擒一心住，何惧二毛侵。权酌花间酒，闲调水上琴。我原多感慨，壮语报知音。”

《又和夏日小园两首》诗云：“荷亭坐定觉微飔，花有清香自在时。仰视浮云苍狗幻，蝉声忽又唱高枝。”

其二：“境清原可助心清，树上风声作雨声。凉久不知更漏转，梧桐月挂一钩明。”

又有《题部节母懿行诗》序云：“余逾岁而孤，先母苦节，抚养至十二岁而见背。叔母亦寡无出，同先王父母抚余成立。余虽不肖无文，然每遇人以节烈事求题者，则不敢辞，盖触己之痛而知天下人子有同情也。兹部广文鉴涵表彰贤母之节，赋此报之。”

诗云：“提耳深明大义纯，[②]代终坤道足维伦。恨长难挽波涛险，任重忍捐沟渎身。肖子舒文鸣教铎，穷嫠附荫上贞珉。[③]唫成莫怪频挥泪，我亦孤儿恃母人。”

《送寿垣归田》云：“孔颜乐处久无传，斯道昭昭君独贤。说到盈虚参万古，数来晨夕共三年。黄花老圃期归隐，绿柳春风约后缘。[④]此别相思何所寄，焚香静坐诵韦编。”

五月

初八日，刘坤一“复赵展如太守”云：“所示地方情形，了如指掌。查凤阳风气犷悍，夙号难治之区，现在匪类披猖，天气亢旱，拊循整顿，在在为难。执事民瘼关怀，深达治体，如购拿齋盗各犯，犒赏兵民，禀调防

---

① 自注：孝女年六十而终。

② 自注：贤母闻夫溺，欲殉，有人以大义责其养公姑，抚幼子，既止。

③ 自注：鉴涵为母建坊，将合县穷节妇姓氏俱列其上，亦推颂阐幽之意。

④ 自注：寿垣评余命交卅六后，有碧柳春风景象。

勇以及预备火灾器具，设法捕蝗，均属目前急务。《汉书》所谓共治天下，使政平讼理，闾阎无叹息愁恨之声者，贤太守足以当之。至于教匪煽惑人心，贻害尤烈，务望剀切晓谕，以期隐为解散，消患无形。《荀子》论治道，谓宜法近王，尚讲说，可见地方官条教号令非虚文也。尊论防患贵在未然，回天全赖人事两语，至理名言，惟相期共勉而已。”①

十月

柏子俊卒。赵舒翘作《哭柏子俊师》：“悉数微时友与亲，先生知我最为真。干戈扰攘携相护，铅椠追随讲独频。每遇书来忧大局，犹闻遗语望名臣。山颓梁坏将安仰，一念音容泪湿巾。”

赵舒翘《柏子俊先生墓表》云：“历来道学风气之开，天必生一人焉，与之以刚直强毅之资，聪明豁达之度，足以任重而致远，而又屈之以艰难拂郁之，遭百折遏抑，曲回历练，俾洞悉夫天地之消息，民物之情伪，世故之变态，然后学问成焉，性功尽焉，出其绪余以成德达材，而人之被其教泽者，皆各有所造就，而风徽自此远矣。沣右山水环秀，钟毓必厚，乃掇科名者或不乏人，而淑身明道、讲求体用之学者少有所闻。若翘表叔柏子俊先生者殊不愧吾乡特出之人焉。先生讳景伟，号沣西，咸丰乙卯举人，负质魁硕，睿智过人，凡时流末艺，一见即晓其门径，而先生皆不屑屑。惟目睹时艰，日探究经济实学，欲以经营天下、上抒君父忧为志。及所遭不偶，乃以立教终老。先生与先父契好，翘逾岁失怙，先祖抚之。髫龄时，先祖［尝］常指翘谓先生曰：汝大兄留此一线，余老矣。此子后来读书成立，将汝是赖。先生自言：知我者，赵六伯也。六系先祖大行。先生每谓翘曰：尔祖厚德，尔父才质过我数倍，以小试不售遇疾，尔读书必发，须以立品为重。先生嘉言懿行及人者多，墓志已详其大。其世系、生忌备具行状，均无须再述。即翘之受先生教益亦难悉数，惟自念生平尤得

①《刘坤一遗集》(第4册)，第1968页。

力先生之学者则有三端。常闻先生讲君臣之义由于性生，凡市井草莽与君国隐隐相关者，反复开说，令我忠孝之心油然感动。又闻先生讲人心与天心息息相通，凡《大学》之慎独、《中庸》之戒惧，感应至理，当前取譬，切实指点，令我敬畏之心惕然惺［醒］悟。又闻先生讲民吾同胞，物吾同与，将一本万殊大原揭出，觉宇宙内事皆分内事，令我仁爱之心蔼然而自生，矜伐之心缩然而自失。先生岂为翘一人讲解哉？尊所闻，行所知，固如是耳。翘供职中外将及廿年，兢兢自守，遇事维持，不敢以官小委怠隐微，自欺一毫，负国虐民，期于不辱其身，无忝所生者，皆由幼时先生之教有以启之。窃愿后之学先生者亦于此三端用力求之，庶学有本原，穷达皆有所守，而不至为私利嗜欲所困。虽先生已往，犹不失为私淑也。若徒见先生壮年之抑强扶弱、恤寡济贫、倜傥可喜而目之以豪侠；见先生中年之好武谈兵、驰驱戎马、料事奇中而称之以才略；见先生平生（生）诗文诸体、礼法精密、不名一家而比之以词章，不特非先生之教抑且失先生之真，并恐学者不得其要，袭迹而贻讥画虎，先生能无憾乎！盖先生之不可及者固由天分之加人一等，而先生之所以不可及者实由心学之不懈终身也。先生易箦时有句云：耿耿元精犹在目，莹莹慧性未离心。非平日读书养气之功臻于纯粹，曷克有此。求先生之道者，亦知所本矣。翘痛师训之无闻，因念贻谋之难绍，濡笔和泪，以此表先生之德，即以此作自治之程云。”

十一月

二十九日，刘坤一“复赵展如”云：“尊属粮价甚平，自可毋庸发赈，应俟明年青黄不接时，再将应否抚卹情形，禀明核办。函中论不应赈而赈，徒归中饱，转启争端，设遇凶年，弥滋希冀数语可谓至理名言。办事之道，全在识其轻重缓急，揆几度务，以归实济而杜虚縻，非碻有见地、一秉大公者不能言之动中窾要如是。旱乾足为乱始，尤见关怀时局，虑远思深。阅饬属捕蝗札稿，语语切至，皆推心置腹之谈。执事整己率属，诱掖奖劝，相感以诚，各牧令自当激发天良，实心任事，其有益于国计民生者，岂浅鲜哉。”[①]

十二月

十一日，赵舒翘升授浙江温处道。《翁同龢日记》：“凤阳守赵舒翘升温处道，此循吏也。”[②]

十一日邸钞：“浙江温处道杨儒调补安徽徽宁池太广道，安徽凤阳知府赵舒翘升浙江温处道。”[③]（《越缦堂日记》）

十二日邸钞：“司经局洗马李肇南授安徽凤阳知府。”[④]

段理正月二十七日去世。

《沈家本日记》云：“段燮堂于今日午刻谢世。”[⑤]

《续陕西通志稿》云：“时长安薛尚书允升官刑部久，知理之能，属以定谳，尚书每称善，旋转员外郎，迁郎中、记名道府，简有日矣，竟一病不起。子五：大亨，庠生；大贞，由进士官内阁中书，改四川同知，知金堂县；大进，甘肃知县；大经，宣统已酉优贡；大信，拔贡京师，师范毕业生。”著名代数学家、中国科学院院士、北京大学教授段学复是大贞之子。1936年毕业于清华大学，1943年获美国普林斯顿大学哲学博士学位。在有限群的模表示论特别是指标块及其在有限单群和有限复线性群构造研究中的应用方面取得突出成果。

二月十六日，“复引见京察一等钤出人员。得旨，宗室明启著以四五品京堂补用。宗室溥颋著以五品京堂补用。宗室松安著仍以四品京堂补用。宗室载皆著以五品京堂补用。宗室溥善著以四五品京堂补用。贵秀、

①《刘坤一遗集》（第4册），第1999页。

②《翁同龢日记》（第5册），第2492页。

③《越缦堂日记》（第18册），第13104页。

④《越缦堂日记》（第18册），第13107页。

⑤《沈家本未刻书集纂补编》（下册），第1259页。

文焕、王蕊修、陆润庠、贵铎、李岷琛、李肇南、曹鸿勋、李培元、王锡蕃、徐致靖、张仁黼、华金寿、高赓恩、刘传福、庞鸿文、严家让、吴祖椿、朱百遂、汤子坤、翁斌孙、崔永安、刘名誉、邵松年、继恩、英璞、刘子铨、沈锡晋、惠昌、觉罗廷雍、如松、葛宝华、顾璜、重燠、耆年、启约、崇俊、詹鸿谟、魁麟、高蔚光、荣铨、联魁、端谨、松塄、曾树椿、沈维诚、湍多布、长春、文康、光昭、张成勋、冯钟岱、王联璧、崇祥、惠裕、清朴、彦秀、松埙、赵亮熙、陈传奎、宝梁、庆秀、福敏、恭额、奎华、文杰、恩焘、徐兆丰、胡泰福、刘纶襄、何福堃、周天霖、常清、成安、常裕、茹泰均著交军机处记名以道府用。英年著记名以关差道府用”。(《光绪朝实录》)

张成勋

京察一等。吏部带领引见。奉旨记名以道府用。

四月，调补直隶司郎中。

党蒙

五月，题升贵州司员外郎。

六月，充秋审处减等。

李善初

十月，因办理朝阳贼匪出力，经热河都统奎斌保奏，俟补郎中后作为历俸期满。

段维中举，时年二十五岁。

《段冈北先生年谱》云：“应乡试，中式第二十名举人，房师为江西陈子明大令丹书，座师为吴肃堂殿撰鲁，刘静皆侍讲世安，是科解元为米脂高桂生年伯树荣，试题首艺：子曰古之学者为己一章。”

1892年，光绪十八年，壬辰

是年九月二十日邸钞："上谕：刑部右侍郎周德润由翰林洊涉卿贰，宣力有年，克勤厥职，兹闻溘逝，轸惨殊深，加恩照侍郎例赐恤。"① 九月二十四日邸钞："以内阁学士李端棻为刑部右侍郎。"②

薛允升七十三岁。

二月

初五日，"赴安徽馆听戏，应刑曹诸君之招也。酉初二刻始归，乏甚。松寿泉约余等作戏局回请诸客，颂阁曰不可，遂止，谅直哉！主人：贵午樵恒、孙莱山毓汶、清吉甫安、凤辉堂秀、薛云阶允升、周生霖德润"。(《翁同龢日记》)③

十四日邸钞："命协办大学士、尚书徐桐，刑部左侍郎薛允升，右侍郎周德润为各省覆试阅卷大臣。"④

二十五日，礼部复试阅卷，"阅卷：福锟、李鸿藻、祁世长、贵恒、孙毓汶、景善、薛允升、周德润、松森、汪鸣銮、洪钧、启秀"。(《翁同龢日记》)⑤

三月

初五日，"上耕耤，诣先农坛行礼，更服至耤田所，躬耕三推，复加一推。御观耕台，命郑亲王凯泰、庄亲王载勋、克勤郡王晋祺、协办大学士尚书徐桐、礼部尚书李鸿藻、工部尚书祁世长、吏部右侍郎徐郙、户部左侍郎廖寿恒、礼部左侍郎景善、刑部左侍郎薛允升、都察院左副都御史

①《越缦堂日记》(第18册)，第13260页。

②《越缦堂日记》(第18册)，第13263页。

③《翁同龢日记》(第5册)，第2505页。

④《越缦堂日记》(第18册)，第13157页。

⑤《翁同龢日记》(第5册)，第2509页。

徐致祥、太常寺卿溥顾各九推毕，顺天府府尹率农夫终亩，赏赉农夫耆老如例”。（《光绪朝实录》）

四月

二十五日，“是日礼部奏派殿试读卷大臣，殊笔圈出额勒和布、恩承、翁同龢、李鸿藻、启秀、薛允升、汪鸣銮、陈学棻，诣万善殿拟策题，先呈标目，圈出四道，再将题目缮呈”。①

五月

初六，阅朝考卷，有“张之万、麟书、翁同龢、贵恒、谭钟麟、廖寿恒、景善、启秀、徐树铭、薛允升、周德润、汪鸣銮”。②

郭则沄《十朝诗乘》卷二十三云：

蒯礼卿京卿，子范太守子也，与赵寅臣同典黔试，得戴寿臣（锡之）卷，礼卿亟赏之，而寅臣意不合，遂各为去取。戴得隽，壬辰，复捷春官，其人贫甚，且拙于书，自分外用。礼卿谓之曰："寅臣自负工书，乃不入承明，吾当助子馆选以娩之。"为备贽假冠服以谒师门，且使助同年龚某为文，而龚资其旅用。每试，以书劣，皆置下等。迨朝考，龚为分致卷头，戴卷在薛云阶尚书手，已摈落矣，诸公潜移之，遂以高等入翰林。甲午，当散馆，不至；乙未，预托同乡官投卷，及期，复不至。点名官诘具结者，饰言戴临场患病，使馆人结证，事得寝。台谏闻而劾之，兼及朝考关节。命大臣按之，检其卷，则文理草率，书尤拙劣。奏上，阅卷大臣皆夺俸，戴撤销庶吉士，以知县即用。是科胡宗武（嗣芬）入翰林，戴与素契，为《明妃奇汉宫人》诗云："君似碧桃种天上，我随飞絮落人间。亲也是君恩重，从此琵琶去不还。""学画蛾眉本未工，承恩偏在画图中。愁心愿化光明烛，夜夜长门照辇红。"颇得风人遗旨。卷头之说，见于赵瓯北

---

①《翁同龢日记》（第5册），第2521页。

②《翁同龢日记》（第5册），第2524页。

《檐曝杂记》，其风相沿久矣。余癸卯通籍，先文安公独不许预送。张冶秋师阅覆试卷，置余前列，谬承奖许。出闱，即诣先公称贺，且索殿试卷头。先公婉谢之，既而诏余曰："士大夫进身之始，不可苟也。"余谨识之，附录以示子孙。[①]

八月

二十五日，"晨晤薛云阶，商借刑部处所问案。晤怀绍先，略谈派审事"。[②]

九月

十一日，"诣薛云阶长谈，彼气已平，可商也"。[③]

十一月

初四日，"谕军机大臣等，有人奏刑部侍郎薛允升之子内阁侍读薛浚交通宵小，有杜权者号刑部大了，薛浚引为党羽，在外招摇等语。著派翁同龢、怀塔布按照所参，确切查明，据实覆奏"。(《光绪朝实录》)

《给事中洪良品片》云："刑部关系国家法纪，为天下刑名总汇，必须主务得人，大法小廉，乃能政平讼理。臣闻侍郎薛允升由刑部司员洊至卿贰，各堂官以其例案熟习，故一切派差办案让其一人主持，乃该侍郎专权自恣，未能正己率属，所用率多趋奉贪滑之人，以致办理刑名渐多紊乱。复闻其子内阁侍读薛浚性好冶游，专与宵小交通。有杜权者，前为吏部贴写书吏，捐一杂职，绰号刑部大了。大了者，刑部包揽之名也。薛浚引为党羽，在外招摇权势。凡关说案件，钻谋差事，皆以此二人为归薮，亦无不立竿见影。以故物议沸腾，刑政遂滋蠹弊，究其一切病原，实由于此。合无请旨附交查办，并饬下刑部各堂官认真整顿，以挽颓风。至绰号刑部

① 郭则沄：《十朝诗乘》（卷二十三），载张寅彭主编：《民国诗话丛编》（第4册），上海书店出版社2002年版，第766～767页。

②《翁同龢日记》（第5册），第2551页。

③《翁同龢日记》（第5册），第2554页。

大了之杜权，或革去职衔，拿交五城御史讯办，或即时驱逐出境，不许逗留，统候睿裁。臣职司纠察，既有所闻，不敢容隐。伏乞圣鉴。”

初五日，“谕军机大臣等前派翁同龢查办内阁侍读薛浚被参一案，著改派徐桐会同怀塔布按照所参确切查明，据实覆奏。原片著摘钞给与阅看，将此谕令知之”。(《光绪朝实录》)

初六日，“谕前派翁同龢查办内阁侍读薛浚被参一案，著改派徐桐会同怀塔布按照所参确切查明，据实覆奏”。(《东华续录》)

二十七日邸钞：“上谕，前因给事中洪良品奏参内阁侍读薛浚交通杜权，有在外招摇情事，当派徐桐、怀塔布查办。兹据查明覆奏，薛浚既无与杜权交结往来，原参各节皆无确据，即著毋庸置议。暂革州判杜权以职官致有绰号，与刑部官人往来，实属衣冠败类，著即行革职，照所拟杖六十徒一年，满徒解回原籍，交地方官严加管束，勿令来京滋事。”①

二十八日，“谕内阁，前因给事中洪良品奏参内阁侍读薛浚交通杜权，有在外招摇情事，当派徐桐、怀塔布查办。兹据查明覆奏，内阁侍读薛浚既无与杜权交结往来，原参各节皆无确据，即著毋庸置议。已革州判杜权以职官致有绰号，与刑部官人往来，实属衣冠败类，著即行革职，照所拟杖六十，徒一年，满徒解回原籍，交地方官严加管束，勿令来京滋事”。(《光绪朝实录》)

二十八日，“昨徐、怀两公复奏派审之案，杜权杖六十徙[徒]一年，满后解籍管束。内阁侍读薛浚无与杜权往来实据，毋庸置议”。(《翁同龢日记》)②

十二月

十二月，西苑门外直庐忽有太监投递纸条，允升严拒之。

---

①《越缦堂日记》(第18册)，第13295页。

②《翁同龢日记》(第5册)，第2572页。

十二月，“又谕，御史蒋式芬奏内侍属托大员公事请饬查办一折，据称本年六七月间，有太监金九者在西苑门外直庐向刑部侍郎薛允升手递一纸，闻系地亩案件，再四嘱托，该侍郎未曾接受。又闻该太监先曾嘱托尚书贵恒，是否应允无从知悉等语，著贵恒、薛允升明白回奏”。(《光绪朝实录》)

初七邸钞：“上谕：御史蒋式芬奏内侍属托大员公事请饬查办一折，据称本年六七月间，有太监金九者在西苑门外直庐向刑部侍郎薛允升手递一纸，闻系地亩案件，再四嘱托，该侍郎未曾接受。又闻该太监先曾嘱托尚书贵恒，是否应允无从知悉等语，著贵恒、薛允升明白回奏。”①

初九日，“谕内阁，前据御史蒋式芬奏参内侍属托大员公事等语，当令贵恒、薛允升明白回奏。兹据贵恒奏称，并无太监属托地亩案件。薛允升奏称，本年夏间在西苑门直庐，有人手持纸条投递，拒不肯收，其人亦即走去。匆遽之间，未及问其姓名各等语。该御史所奏各节，既据贵恒等覆奏，或并无其事，或无从追究，即著毋庸置议。嗣后如有此等情事，各该大臣即应据实奏参，照例惩办，以昭炯戒”。(《光绪朝实录》)

《越缦堂日记》本日记邸钞亦同。

初九日，薛云阶作《奏为遵旨明白回奏事》：“本月七日内阁抄出奉上谕：御史蒋式芬奏内侍嘱託大员公事请饬查办一折，据称本年六七月间，有太监金九者在西苑门外直庐向刑部侍郎薛允升手递一纸，关系地亩案件，再四嘱託，该侍郎未曾接受。又闻该太监先曾嘱託尚书贵恒，是否应允无从知悉等语，著贵恒、薛允升明白回奏，钦此。臣跪读之下，惶悚莫名。窃维本年夏月间，轮应刑部奏事日期，臣于天未明时在西苑门外直庐祗候，忽有一人走入，称系太监，手持一纸条向臣投递，臣以事出情理之外，拒不肯收。其人亦即走去。因悤遽之间未及问其姓名，是以未敢上渎

---

①《越缦堂日记》(第18册)，第13304页。

天聪，至其人是否即名金九，无由知悉，亦不记确系何日。再，各衙门咨送臣部审办之案每月总不下数十起，因未收伊纸条，并不知系何案情。所有臣遵旨明白回奏缘由，理合据实陈明，伏乞皇上圣鉴。”

文廷式作《知过轩谭屑》：“蒋式芬劾奏太监金九嘱托大臣一事，其事至确，乃直隶地亩事也。当嘱［金九托］薛侍郎时，薛以刑部非我一人作主却之。其时署刑部尚书李鸿藻亦在座。太监［金九又谓薛］曰：‘刑部向来你一人做事，何得不认。’于是李尚书亦稍怒，薛遂坚却之。不数日，屈佳尚书以此事交司员照办，云［曰］：‘若辈不宜与之作对也。’及复奏时，难于指实，赖上谕旨亦不复深究金九其人。然以后此宦寺请托之风未知［恐不复］能稍戢否也［矣］。”①

十三日，高燮曾作《奏为风闻太监金九中官干政请旨饬查事》：“奏为杜渐防微恳伸乾断恭折仰祈圣鉴事。臣维自古中官怙势，覆辙相寻，患在臣下知之而不言，或言之而不见察。太监金九嘱托大员一案，经御史蒋式芬据实纠参，皇上恪遵祖制，严杜奸萌，赫然降旨，命贵恒、薛允升明白回奏。设当时直庐中并无递纸之人，置之不议可也。兹据侍郎薛允升覆奏所陈，与蒋式芬原参情节一一符合，足明嘱托之说并非风影之讹。虽该侍郎未举其名，而该御史已确有所指，从此根究，形迹显然。且寻常厮走之人，谁敢于直庐中、众目昭彰之地向刑部堂官遑递纸条，公然嘱托者，其人明系内侍更无疑义。既经发觉，仍予宽容，恐若辈因之益无忌惮，纳贿窃权，何所不至。兹事虽细，实小人消长之机，不可不防其渐。相应请旨饬查太监中有无金九其人，切实究办，以为中官干政者戒，惩一而群枉惧，谨小而大患消，朝局幸甚！谨缮折密陈，伏乞皇上圣鉴施行。”

赵舒翘四十五岁。

履历：二月，交卸安徽凤阳府篆。三月，到浙江温处道任。

---

①《近代中国》，上海社会科学院出版社 2008 年版，第 432 ~ 433 页。

春，由凤阳抵浙江省城，有同张子颐《游灵隐寺诗》，序云："俗传到灵隐，以现年默数罗汉卜休咎。余数至那迦犀那尊者，手持警定，形似甚忙。韬光峰最幽胜，余同子颐舍舆，步上其峰顶。泉有小龙如壁虎状二十头余头，衔接而出。僧云：求雨甚应，无缘者不得见。即见亦不如是之多。"诗云："百忙偷得片时闲，幸有知音共入山。月映三潭犹假景，天开一线绝尘寰。数随罗汉劳生定，胜揽韬光尽力攀。更喜龙泉如解意，特为衔尾戏潺湲。"

三月

赵舒翘莅温处道任。有《傅少卿太守以封翁八旬寿辰赋诗志庆，寄余索和，勉步元韵二章》诗云："寄到鸾笺韵几行，知君意望白云乡。双鸡视膳资群从，五马扬亲志四方。洁己自无萋斐累，谋民休惮米盐忙。近闻万姓同声祝，我卜高堂爱日长。"

其二："壬辰之岁月逢辰，瓯栝偕来受篆新。[①] 重倚楚材欣助我，荣看莱彩愧非人。[②] 作忠难答皇恩厚，推爱期同庶物春。东海筹多桃又熟，任君添取奉慈仁。"

赵舒翘初到任，查明盐务积弊由商垄断，即请改归官办，民困获苏，事详先生所著《温处道盐务纪略》。其整顿榷关，杜中饱，恤商艰，不用私人，不多提款。瓯海自光绪三年开关，历年积有洋药厘税四万余金，前任均贷钱商，取息自润。先生至，决收银归库而户部适电提此款，讵钱商赀本折阅，仅恃此款周转，先生推诚宽待，卒幸归完，始行倒闭。前任亦得免咎。先生常言，使当时稍存利心，受累谁怨，始知办事不敢一步不踏实。

会大旱，有《诚不足格天祷雨未应志愧》云："《大学》最难诚意章，

① 自注：少卿以三月中旬守处郡，予亦春杪来巡温处。

② 自注：余少失怙恃，零丁孤苦，读少卿诗，自伤疊耻。

危哉欺慊判中藏。焚香尚愧岩清夜，祈泽焉能动彼苍。星退齐邦安海表，云开吏部现衡阳。从来感应皆无爽，再励前修望致祥。”

《盼雨》云：“盈耳鸠声不住呼，梦中云起荫天衢。急开刓绿绿轩前望，依旧晴风叶战梧。”自注：“刓绿轩系道署且园第一座落。”

《连日雨象俱被风吹去》云：“回忆淮阳旱，[1]虫虫太蕴隆。那知来海簸，望雨又愁风。”

《又祷龙风祠得大雨》诗云：“庯流杳远视高穹，祷雨谁知呼吸通。我辈只求心不贰，彼苍原自听常聪。鸠鸣唤出朝林日，龙起乘回大海风。[2]望慰三农功复敛，渊然佳句颂韩公。”

《有感》云：“忧患惊心三十年，危哉一线寄宗传。兰徵有信频催果，石困无端便结缘。安得雍和消孽衅，惟凭敬畏感苍天。中宵不寐披衣坐，振我颓唐望古贤。”

四月

十六日，赵舒翘接到护理浙江巡抚刘树堂札。

《护院宪刘札》云：“札温处道案照，温属温溪村民夺盐滋事一案，由运司禀经崧抚部院札，据署温处李道禀以查明该处居民向贩闽盐餬口，因盐务改归商办，禁闽运余，成本浩大，无力谋生，近见王谷等所贩仍系闽盐，群情不服，现经饬绅开导，盐已交还，惟究应如何变通，俾日久相安，商民两无偏抑，必须统筹全局妥商办法等情。当经批司遴委候补知府胡晋甡前往，会督府县禀商温处道，妥议章程禀办。旋据温州府德守、永嘉县邵令禀称，温溪民情困苦，请复设小渔船专装盐觔运处销售，以八折完厘，俾资度活等情，亦经本护院批令一并妥议各在案。兹据藩臬运三司会详，称今该府县既将拟议办法请示，可否札饬新任温处赵道督同处州府

① 自注：守凤阳时屡逢旱，余祷于城隍即雨。

② 自注：是日忽云起东海，初甚远，风力猛催，霎时雨如注，神矣。

知府傅守妥筹禀办，所有会委之胡守应请勿庸往查等因到本护院。据此，除批示外，合行札饬。札到，该道衙门知照督同处州府傅守体察就地情形，妥筹办法，俾商民相安，两无偏抑，一面拟具详细章程，通报核夺，毋延！切切此札！”

二十一日，赵舒翘接到《布政使司布政使黄、按察使司按察使王、盐运使司盐运使惠移文》：“为遵饬会移事，本年四月十六日奉护抚宪刘批，本司等会详温州府督同永嘉县禀温溪莠民夺盐拒捕情形，并拟议办法一案，可否饬道就近委员通筹禀办，原委胡守是否勿庸往查。由奉批：来文阅悉，希即查照。另檄：移行温处赵道、处州府傅守通筹妥办，至会委之胡守毋庸前往，俾免周折，并即饬遵，此复。同日又奉札开案照，温属温溪村民夺盐滋事一案，前由该司禀经崧抚部院札据署温处李道禀以查明该处居民向贩闽盐餬口，因盐务改归商办，禁闽运余，成本浩大，无力谋生，近见王谷等所贩仍系闽盐，群情不服，现经饬绅开导，盐已交还，惟究应如何变通，俾日久相安，商民两无偏抑，必须通筹全局妥商办法等情，当经批司遴委候补知府胡晋甡前往会督府县禀商温处道妥议章程禀办。旋据温州府德守永嘉县邵令禀称，温溪民情困苦，请设小渔船专装盐觔运处销售，以八折完厘，俾资度活等情，亦经本护院批令一并妥议各在案，兹据该司等衙门会详，称令该府县既将拟议办法请示，可否札饬新任温处赵道督同妥筹禀办，所有会委之胡守应请勿庸往查等因到本护院，据此除批示外札该司等衙门移行温处赵道、处州傅守体察就地情形妥筹办法，俾商民相安，两无偏抑，一面拟具详细章程通报核夺各等因到本运司。奉此，查此案先经贵前道禀奉崧抚宪批司委员查办，经本司等会委候补知府胡守晋甡前往会督府县禀商妥议，旋据温州府德守永嘉县邵令禀奉护抚宪批示到司，又经本司等会详请示，兹奉批札饬司移行贵道，督同处州傅守体察妥筹，并令胡守毋庸前往，除分札饬遵，拟合抄详会移，为此合移贵道，请烦查照，希即督同处州府傅守体察就地情形妥筹办法，务使商民两无偏抑，盐厘亦无亏短，拟具详细章程通送核办，并请严饬永嘉县上紧查提此次为首滋事之人到案，讯明究详，勿任延纵，望速施行，须至移者。”

二十一日，赵舒翘接到浙江盐运使司盐运使惠年函：“迳启者，温处两郡食盐因燹后引岸未复，遂有闽船载运闽盐入口，由内地水贩分运行销，官为设卡抽厘。自光绪十四年有嘉所甲商沈谦吉等禀请禁止闽盐入口，由该商转运余姚、板余盐觔至温发贩销售，每年认缴盐厘钱六万串，经前司批准定案试办数年，商民尚称相安。讵本年正月间，据沈谦吉等禀称温属温溪地方莠民截夺盐船，击伤差役及炮船弁勇，报经永嘉县会营查办，该莠民等胆敢聚众意图抗拒，禀请严办等因。即经转禀院宪，一面函致李健斋观察就近督饬府县妥为弹压查办。去后旋准健翁函复，并县禀院宪，略谓温溪地方居民向藉贩运闽盐餬口，自禁闽运余以来，生计顿失，兹因该商等所运仍系闽盐，群情不服，是以将船盐截留，嗣经邵令商请城绅前往，剀切劝谕，始各翕服无词，并将盐觔交还，惟究应如何变通办理以期经久，已饬府县妥议禀复等因。当奉院宪批饬，拣派明干大员前往，会同温州府督县妥议章程，禀候察夺。奉经会委胡守晋甡赴温，饬令禀商执事妥议办理，正在核饬遵照间，又奉护院宪批：据温州府德守永嘉县邵令禀称，温溪民情困苦，请复设小渔船专装盐觔运处销售，八折完厘，以资度活等情，批司一并转饬妥议核办。当以所拟章程未据该府县禀司，有案无从查核，且初意原因该府县未能妥速议覆，是以专委大员前往查办。现在既已议有办法具禀请示，可否即由贵道就近委员通筹禀办，原委胡守是否毋庸前往查会，详护院宪请示办理。旋奉护院宪批：来文阅悉，希即查照另檄移行温处赵道、处州傅守通筹妥办。至会委之胡守毋庸前往，俾免周折等因。奉此，同日又奉札同前因，除另文移咨冰案外，特将此案始末详细缕陈，并将沈商原禀暨健翁来函另抄呈阅，惟有仰祈执事督同傅守泽鸿查照前后案情妥力拟议，其为首滋事之人固应饬县查拿究办，以遏刁风而民情亦须俯顺。至运盐完厘究应如何变通之处，必须检查原卷，通盘筹画，总期终久相安而盐务民情两有裨益，庶几一劳永逸，如办有端绪，并希随时函示，以慰鄙系，想执事智珠在握，必能扼要以图，俾两郡商民同沾乐利也。因案情繁曲，不得不覼缕奉闻。”

六月

二十五日，赵舒翘作《禀复护抚宪刘督同傅守体察盐厘情形筹议办法请赐核示》：

敬禀者，光绪十八年五月初二日接奉钧札，以温溪村民夺盐滋事一案，饬即督同处州府傅守体察就地情形妥筹办法等因。奉此，遵即录札转行去后，兹据署处州府傅守泽鸿来温禀称：窃温处盐务以规复引地而言，果如商人原呈所请禁闽运余，则意重疏销，应归商办。以化私收厘而言，行之已数十年，与货捐并行不悖，则意在便民，应归官办。此事理之当然，非歧视之臆说也。至于办理之道，贵在取信于民，为民导利则可，与民争利则不可，此官商得失之分，即民情向背之所系。商人之所大拂民情者，自十五年以渔文闽而朦收闽私为始，尤以四捐统收致竭民力为厉，当日已禁闽私，讳其复收之实而巧为渔余搭销之言。夫所谓渔盐者，即闽私也。闽船託名渔盐以充浙境，非真业渔也。浙商亦即託名渔盐以便私图，非真搭销也。始焉禁闽者为商人，继焉复收者，亦商人使贩户各能收其利，则生活如初，感激之不暇，奈一切由商自便，费用浩烦。犹是盐也，本重于昔而价随之，利归于商而民怨之，乃有失业穷民。如温溪抬盐一案，先奉李前道查禀，该处居民向贩闽盐餬口，因盐务改归商办，禁闽运余，成本浩大，无力谋生，近见王谷等所贩仍系闽盐，群情不服，抬存本村庙中，并未擅动颗粒。卑府现又明察暗访，并面询黄统领，亦谓当日温溪人曾导其勇丁至庙看见，迨交还之日，簖络依然，此皆确情，非有袒护。使其抢夺属实，则当日必瓜分而用之矣。第以温溪民情而论，难必其素行皆良。至其此次情形，不过欲抬此现载之闽盐以破其文闽之秘计，情殊抢夺，昭然无疑。卑府统筹全局，未敢执为官办之言，而先为商民两安之策：一，正盐名。收闽则销闽，收余则销余，前以余岱溢产议为疏销，迹近恤商，人亦相谅，迨其后商力果乏，即宜勇退，计不出此。乃以官办，本轻之盐流为费浩利微之累。以言裕，课则短且数万；以言便民，则人皆废业。刻据商伙面称，厰仓所有全为闽私，并无余盐，是徒有搭销之名而无搭销之实，欺朦之咎，失复何辞，应请更正以符原案。一，减盐价。贩户之恃盐以为命者，谓能得利以救贫也。据呈，年来小贩本薄，每小船运盐八簖，每簖洋价贰元有另，或壹元捌玖角不等。前以货易，今以现钱，竭数人旬日往返之力，获利不及壹元，不敷工食等情。夫利生于本，本重则价重，价重则利轻，此理之常，实非刻论，拟请酌减以利民生。一，改捐章。查化私之始有起验捐各二,四卡分收。温州双门起捐，而后青田验之。厦河又起之，松龙又验之。凡此皆处属也。大部开源节流一疏有议加盐厘一条。卑府奉饬承办，禀呈民困情形，既为求免加捐，乃有裁青田归入温州并收之请。当日民情毫无异议，自商人并四捐而为一，于是处民较为大困矣。查未归商办以前，温郡附近一带所食未闻有捐，私其惠者已非一日，即当两捐并收之际，而其食私不捐如故，卑府未尝不早知之。特以处州一府三捐揆请通章，似有未合，用请特正其名，未能实救其困，不意商人不察，流弊至斯。日来骤闻温民归咎之言，自悔作俑。幸蒙饬议，得以藉赎前愆，应请循旧以顺民情。一，节浮费。官办仅有内巡，近则既有兵船，又有火轮，而外巡之费浮矣。且据呈，小轮驰骋洋面，为所欲为，或截锯以立威，或逼勒而贱收，凡此惨酷之情，原难尽信为实。惟以驾驭约束既无大员，设有威逼，告诉无方。揆以一视同仁之义，闽船亦属子民，未忍漠视，况终年所费之项无非取诸盐价之中，多一分糜费，即增一分成本，理实相因，势宜统计，拟请裁汰以广生机。以上数事第就贩户所呈为两安之计，无论官办商办，民既无殊，道归一致。至厘捐为抵课之需，该商所短尚钜，询诸委员，则曰陆万；询诸商伙，则曰叁万。数年之中所短如此，未卜将来如何，与其追求于事后，何如申限于事前。拟请严予限期，饬令扫解，日后仍照货厘捐章按月报解。此包厘一项尤为刻难延缓者也。该商果能实事求是，既不至以攘利贻人口实，亦不至以拖久贻悮公家。利虽分而见少，事以信而久安。倘朦混如初，则官办之章具在，权衡损益，容另酌议，伏乞核转等情。据此伏查此案，职道自奉文后，每于因公接见僚属博访周咨，并令查明温处盐厘原归官办，后改商办，其中利弊得失各抒所见，条议以闻。嗣据各员开呈清折前来，职道悉心参考，核与傅守现禀情形大致相同，而傅守禀内不敢遽请改归官办，下属办事次第固应如此，尤见该守审慎之意。然职道细察商情，亦不能再运余盐，致有亏折。况运闽私之沙盐船皆系兴泉永一带海上穷悍细民，一旦来温无处销售，聚集日久必滋事端。当商人初办禁闽运余，已有闽船滋闹之事，是傅守所禀正盐名以符运余原案一层，非特商人不能遵，亦事之不可行者。且闻沈甲商多财善贾，愿包温处盐厘，盖假奉上急公之号为居奇罔［网］利之图，其不惜重费雇用火轮水师者，意在十面合围，一丝不走，其甘出陋规应酬地方文武者，意在官为所用，民不敢轻。然以商人而操制兵权、驱遣官吏，亦历来所罕见。现该商仍谿壑未餍，常以费巨利微藉口，安能望其减价便民？职道再四思维，自非遵谕改章，实无两全办法。该商人前改两起两验同时并收，作孽招怨，莫此为甚。傅守谓其大拂民情尤以四捐统收为厉，诚属确论。此后应如何变通尽利、加惠黎元，俟奉钧批，再由职道督饬妥拟章程，请示办理，期上裕国课，下顺舆情，涓滴归公，以仰副大人轸念穷黎、绥靖地方至意。惟查商栈积欠盐厘甚钜，应请宪台委员严提沈甲商勒限追缴，免致玩视宕延。至温溪村民拦阻闽盐、随即如数交还、未动颗粒，尚非抢夺可比，但不将困苦实情赴官呈诉，辄敢聚众要挟，究有不合，应饬永嘉查提为首之人量予惩办，以昭警戒而杜效尤。是否有当，合将遵札督同体察筹办缘由肃禀驰陈，祇候训示遵行。再，此案因傅守办考甫竣，议覆稍稽，合并声明。

敬密禀者，事关日用饮食，难违风土而易宜法，至众怨沸腾，亟应变通而始久。先正有云：前贤制作，无论大小精粗，大抵皆本于因势、善习、从俗、便民、平争、救弊，非此六者，不轻制作。如今日温处之必食闽私，盐课之当归官办，则正与六者相合，而我宪台即于此时，因温溪阻盐滋事，饬令职道督同傅守查办改章，非有德徧群黎之心、瞻言百里之识，曷克及此？下风钦仰莫可名言，若仍因循迁就，畏难省事，不据实上陈，其何以答委任之重、宣恺恻之怀乎？敢为大人详陈之。何谓因势？温州永嘉、长林、双穗三场出盐日少，纲引衰歇，闽私因而浸灌，由来已久。咸丰间，广艇台勇在温溪各处聚众拦索闽船视为故常，官不能禁。发逆之乱，本地绅董创收盐厘养勇，事平官仍其旧，准其入境完厘，化私济公，亦自然之道也。何谓善习？温处山多田少，民虽勤作，苦于无业，倚贩盐营生者甚众，官收其聚，民得其分，以强悍瘠贫之区，藉此微利，存衣食礼义本原，为地方弭祸无形者多矣。何谓从俗？闽海沙盐易于腌罨，与温处最宜，水程驶温甚近，故价亦极廉，不特余岱之盐不能敌销，即本地之场盐亦难夺胜。王道顺乎人情，以家家所需者，强其舍所欲而贱之物，求所不欲而贵之物，虽至圣使人亦难从也。自课归商包，则与民大不便，而且起争滋弊。何谓不便？温州虽小，市面尚繁，近数年骤致空虚，追究其故，一由开洋码头，一则由盐归商。盖温产无大宗而小货尚多，巨贾不来，全赖闽之沙盐船彼此懋迁，故从前闽船名曰白鳖子者，帆樯衔接停泊江干，实为瓯海胜事，近则廖廖无几，近江居民睹今思昔，辄吁叹不置。盖温处食盐过贵，是受商害于盐之中；温处货源阻塞，是受商害于盐之外。人第谓余盐本不可运，商欲运之为厉民，犹皮毛之论。何谓起争？浙省厘章，每府一起一验。惟杭、嘉、湖富庶之区，起验并收，余则未闻。温处乃浙东僻壤，地瘠俗劲，从前官办盐章，温州永嘉东门每斤起捐钱二文，至处州青田界，每斤再验捐一文五厘，疏节阔目，盐质以路渐远而渐干，盐价亦以路渐远而渐贵，民相安而官得利，青田虽已入处界，而温溪极穷各处即在永、青之间，当初设验捐于青田，未必无深意存焉。自光绪十一年因户部筹饷，傅守建议将青田验捐并于温州，起捐一时齐收，运本突增，盐价骤贵，贩私者拚命而起，缉私兵船与民互斗，穷黎死者不少。现时商人效尤，竟将处州厦河起捐、松阳验捐皆在温州一时并收。从前中等盐，温州五六文一斤者，近增至十文有奇，处州则更贵矣。罔利剥民，至斯已极，良弱者安得不怨？强横者安得不争？更可恶者，以加倍掉尾之秤收买闽盐，既购火轮巡绰于外洋，又雇水师缉私于内江。遇闽船偷漏，远则枪炮并发，毙其命而夺其船；近则轮拖回栈，盐充公而船锯断。运闽盐者皆兴、泉、永海上穷悍细民，受商人勒逼，忍气吞声，每每失业，流而为盗，洋面多事亦由于此。今春温溪之滋闹犹其小焉者也。即以温溪闹事情形而论，聚众阻盐，声言以后必载余盐方可放行，今盐未到处州，已收处州厘捐，究是何故？商人亦不能答。温溪民固强梁，激而为不平之鸣究在可原。盖情既殊乎抢夺，词又正，迹虽同于恐吓，实未取材，酌量示惩则可，若以商人肤诉之故而必予重办，窃恐争未艾也。何谓滋弊？昔年官办，弊在移盐厘作为百货厘。盖货厘有比较，数盈则可以联差。盐厘无比较，故任意挪移，然余利在民，大利在官。自光绪十四年，商人沈谦吉串倚何大使恩煌为线索，力求包办，以禁闽运余为词，其心尚私而其言尚顺。当包办之始，未尝不运余盐，嗣因成本既重，民不愿食，商办已大亏。十五年后，又以搭销渔盐为词，影射全收闽私而实并无一粒余盐，与包办原议绝不相符，每年计得钱十一万千有奇，除解运司六万千及费用外，总可得利三万有奇，而仍拖延课额不解者，并非亏折，恐归官办，藉此为质耳。沈商向不在温，栈伙彼此欺朦，即如小火轮一项，岁销银一万零四百两，浪收浪费，余可类推。其自谓八折收捐，皆系饰词。以万姓之脂膏供豪商之挥霍，若不改絃，其弊不如胡底也。以上各端，归官办则如彼，归商办则如此，利害较然。且朝廷每年祇得三万三千余金之课，而使山陬瘠苦之地与海岛负贩之夫分外受其苛剥，数几相埒。即使不生他故，亦于政体未合。第由商而改官办，则又有三难。江浙盐务半在沈商掌握，为一省巨富，与大乡绅多相往来，一旦夺其垄断之利，必布散谣言，荧惑上听，令办事者摇动，此一难也。商人一闻归官，愈必抗延欠课，并必以他物混相抵充，反噬运署，非破除情面，大发雷霆，不能一时清结，此二难也。归官办以后，经理不得其人，或别滋事端，或有亏课项，必追咎改章之人，复得藉口，此三难也。有此三难，稍存望而生畏之心，即退而为自全之计。自昔姑息酿患，率坐于此。职道审机相时，觉有宪台主持于上，虽有谮人之锦、通神之钱，无所施其伎俩。委一熟悉盐务通商情之员，严札令其向沈商守提欠课，丝毫不准拖欠，否则发官追交。惟商人包办之初，系言明与运司解钱，现在商人又赖欲解银。盖运司报部每两系一千八百文，解钱则运司办公有余。解银则每两系一千七百文，便宜在商。该商现又谓并非欠课，因运司要钱不要银，故不能交。奸商负恩无良，此亦一端。惠运司人甚老成谨慎，必能仰体宪意，酌量而行，如将来改归官办，立法亦必使运署办公宽裕，方可久远。刘晏谓理财须长出一分，诚确论也。至经理之人，现委傅守即可用，其人明干而练达，既悔从前起验并捐之非，欲苏民困以赎前愆，必能竭诚办理，须先另立盐局，所用小委员皆听其自择，应如何体恤民艰，应如何保全国课，其一切章程，职道必督同查核，随时禀请，期归妥洽。俟办有成效，收数无亏，或另委别员，或归并厘局，均无不可。傅守现署处州，距温尚近，可以来往兼办，俟赵守接任，再行交卸，专办局务，此时求免另委。职道盖为瘠缺地方省应接烦费起见，还乞大人酌夺施行。职道之为此议者，实因感大人体国之忠、爱民之切触发胞与，故尽情直抒，可行则可，否则照傅守所禀严饬商人稍为从厚，无过刻薄小民，亦去甚去泰之道也。如蒙宪恩改归官办，更张之始，职道必就近督理，一有头绪，道署则概不与闻。盖此等有关财赋之事，上有大人总覈，下有运司主政。若多过一衙门，即多一浮费，后任者贤犹难保，吏役需索况未必乎？有损无益之公牍以简为妙，想大人洞悉吏治，必早鉴及矣。再职道此禀拟请大人密存，暂免批发归卷，是否有当，谨具禀密陈。

同日，赵舒翘作《复盐运使司惠函》："前奉手书，备叨心注。敬播勋随夏大祉比时和，为颂无量。承示盐商欠缴厘款各节，属于议办温处盐案时，饬令该商仍以制钱缴解等因，敬悉颠末。弟自到任后，每于接见僚友详询地方利弊，佥以盐厘自归商办、上下交困、众怨沸腾好言，几于异口同声。乃月前适奉宪奉督同傅守妥商盐厘办法，并奉护宪手谕，亦有意在改章以纾民困之语。复将此中情弊细心考察，益知该商之攘利病民，敛怨滋事，其害不可胜言，即以认缴厘课一节言，尊处之体恤宽容盖已无微不至，乃拖欠盐课之多且久，竟至于此。查该商解银每两销钱一千七百文，昨经傅守饬询此间商夥，据称此项洋水另有支销之用，若令缴钱，万难遵办，彼非有心短解，实因钱价不敷，以致悬搁，并执奏销例定数目为言，其忘恩反噬即可见一班矣。弟原不敢遽执为官办之请，但民生疾苦既确有见闻，亦不便瞻顾迟回，壅于宪听，现已将商办之流弊若何，官办之便民若何，缕晰禀复，静候宪示遵行，还乞阁下于晋谒时赞成之，则瓯括亿万生灵之福也。如奉宪批，准改归官办，将来缴解厘课，弟必饬傅守斟酌变通，则尊处办公庶不致过于竭蹶。质之高明，以为何如？未尽之言已属傅守迳陈清听，知关廑系，先此奉复。"

七月

二十七日，赵舒翘接到刘树堂复函："札温处道。照得温处盐务情形，昨据道府先后具禀，当经批令藩运两司统筹全局设法变通妥议去后，兹据会详前来，除批示外，合亟札饬。札到，该道督同傅守先将正盐名等四条以及四条之外有无增议暨缴款积压合银暗亏各节饬商，妥议遵办。如果商情允洽，另行具复核夺，倘有不遵，立即改归官办，仍督同傅守酌拟详细章程通报立案，毋庸再禀请示，致多周折。至官办章程大要，总以每年实解盐厘数目过于商包六万串之数方可照准。该道府务须不避嫌怨，认真妥办，毋负委任，并据另详，饬令傅守交卸，不必回省，就近驰赴温州办理此事可也。毋违，切速，特札。”

八月

初二日，赵舒翘接到盐运使惠年移文：“为移知事。案奉护理抚宪刘批，贵道禀督同傅守体察盐厘情形，筹议办法，请赐核示。由奉批察阅所禀温处盐务各节，不为无见。惟究竟如何设法变通，俾得裕课安民之处，希盐运司会同布政司统筹全局，迅速妥议，禀候核夺。至温处盐厘积欠甚钜，应由运司委员立提承办商人到省勒限追缴，勿任延宕。一面札饬永嘉县查明温溪滋事为首之人提案究办，以示惩儆。余并悉仍移该道知照，此致。禀抄发。又奉护理抚宪刘批：督办温处盐局温州府德守禀复温溪一案应如何办理请示，遵由奉批。查温处盐务昨据温处道议禀到院，业经批示，统筹全局，妥议禀办在案。据禀前情，希盐运司会同布政司一并妥议，禀候核夺，勿延，此致各等因。奉此，并据该局德守具禀到司，即经本司会同藩司核议具详在案，理合备文抄详移知。为此合移贵道，请烦查照，希即饬令傅守于交卸处州府篆后不必回省，就近驰赴温州，将本司等议令经办盐务各节妥议禀办，以免往返稽延，望速施行，须至移者。”

《计抄详》云：“为会详事。窃奉抚宪批：温处赵道禀，督同傅守体察盐厘情形筹议办法，请赐核示，由奉批察阅所禀温处盐务各节，不为无见。惟究应如何设法变通，俾得裕课安民之处，希盐运司会同布政司统筹全局，迅速妥议，禀候核夺。至温处盐厘积欠甚钜，由运司委员立提承办商人到省，勒限追缴，勿任延宕。一面札饬永嘉县，查明温处滋事为首之人，提案究办，以示惩儆。余并悉，仍移该道知照，此致禀抄发。又奉批：督办温处盐局温州府德守禀复，温处夺盐一案应如何办理，请示遵由奉批查温处盐务。昨据温处道议禀到院，业经批示，统筹全局妥议禀办在案。据禀前情，希盐运司会同布政司一并妥议，禀候核夺，勿延，此致各等因。奉此，并据该局德守具禀到司，本司等伏查温处两属兵燹以后，因被闽盐冲销，引地废弛，规复不易，不得已而收厘抵课，向本由官经办。嗣奉行准督宪咨文，以闽私入浙，仍由浙入闽，于闽浙引地均有关碍。咨请不准闽私入口，或加重抽厘，令其不绝自断等因行司，饬据温处盐厘局议请两省会查试办之法，详奉咨闽饬遵。惟时正值温处盐厘收数短绌年不如年之际，德前司恐于奏销有碍，亟图变计，又因余姚晒盐产旺销滞，先行委员带同甲商前往勘明闽私可禁，余盐可销，于是遂定改归商包试办、禁闽运余之法，以观成效。一面由司查明光绪十、十一、十二等年温处两局所收盐厘之数，均匀牵算，饬据甲商沈谦吉招得办商万恒泰具结，自十四年起认包钱七万零四百串，内除一万四百串留归商人自行供支局用等款外，每年实缴运库钱六万串详准照办，并经详奉前盐宪卫给发咨文，由司委员赍赴闽省会商禁绝闽盐出口之法，由福建盐道详奉前督宪杨示禁闽省运盐出口，复奉前盐宪颁示查禁闽船，不准进口以卫两省引地。嗣据温处稽查委员盐大使何恩煌以收买闽船渔盐饬商搭销以示体恤，拟具章程禀司，亦经德前司照录清折申报各在案，此温处盐厘改归商包及禁闽运余之原委也。计自十四年商人包办起至十六年分止应缴之款并未按季缴库、年清年款，皆是挪新掩旧，前后牵算。其十七年之款积欠一年，本年正月该处民人闹事，复经本运司叠次严催，于六月间始陆续缴到，而本年盐厘又积压至今矣。且包认之数原定钱款后又改为以钱易银，每两作价一千七百文，折银交库以省城市价计算，每两耗折二百文上下，若以原包之六万串照近年市价约略合计，每年实少收六七千串之谱。既已积压迟滞，又复暗受亏耗，此历年商人包办之情形也。以上各情屡经本运司严谕该办商按季呈缴制钱，不准因循，迄未就绪。今因温溪民人夺盐滋闹一案，奉宪台饬据温处赵道督同署处州府傅守查明，由于商人以渔盐文闽私及四捐统收所致，敬试办禁闽运余一节并无成效。又奉部文以十五年造报盐厘虽收十一万两有零，仍饬运司认真整顿，不得以从前十万之数为限，饬令逐渐加增，俾裕库款等因在案。现经傅守既已查明大概情形，并筹拟商民两安办法，本司等公同核议，拟请即由赵道督饬傅守将所拟之正盐名、改捐章、减盐价、裁浮费四条以及四条之外有无增议暨缴款积压合银暗亏各节并温府德守另禀一并妥速核议。先谕该商遵照办理以期经久无弊，取具遵结送司核转立案。倘该商不肯遵照，势无中立之法，一面将改归官办各条章程妥速酌议禀候宪台酌核批示办理，至前准该商等包认盐厘原为裕课便民起见，今既不能相安，势难因循迁就，必须酌改。该商等更不得以资本亏折藉口，今若改归官办，先将一切用费切实核定。此外，每年实解厘钱必须多于商包之数，不得迳以六万串为比较也。总之，议办之初，必要慎始图终，虽有治法，须有治人，无论官商办事之人果能顾全大局，丝毫不苟，自不至有流弊。奉批前因除移温处道知照，并将该商等欠缴本年春夏二季盐厘钱三万串由本运司委员立提承办商人到省严追，一面札饬永嘉县查提温溪滋事为首之人到案究办，以示惩儆而杜效尤，理合会议具详，是否有当，仰祈宪台察核批示祇遵。如蒙俯允，应请札饬赵道查照本司等所详办理此案，系本运司主稿合并声明，除详盐宪外，为此备由呈乞照详施行。批：此案前经批令统筹全局设法变通在案，兹据令详称势无中立之法拟具商办官办等情前来，希候照详札行赵道督率傅守先将正盐名等四条以及四条之外有无增议，暨积压合银暗亏各节饬商妥议遵办，如果商情允洽，另行具复核夺，倘有不遵，立即改归官办，仍督同傅守酌拟详细章程通报立案，毋庸再禀请示，致多周折。至官办章程大大要总以每年实解盐厘数目过于商包六万串之数方可照准，所有承办商人欠缴本年盐厘钱文，应由运司委员严追清缴，一面飞饬永嘉县将温溪滋事为首之人查拿究办，具报勿延。另详并悉，候一并札饬遵办，并由运司录批移行知照，仍候盐院衙门批示，此覆。”

八月中秋节，赵舒翘作《东瓯中秋望月》：“青天云敛净无尘，涌出团圞月一轮。海宇瓯澄徽旧梦，[①] 星宫危曜是前身。[②] 心香昭告人声静，魄镜高悬夜气新。桂子满园金粟缀，可能茂豫慰来春。”

十一月

十二日，赵舒翘作《会谕甲办商沈谦吉万恒泰议复温处盐务事宜》：

为谕饬事。照得温处盐务奉院宪先后札饬温处道督委傅守就近查核，酌拟办理，未经定案，业据傅守禀报丁忧回籍，现在本道晋省会议温处盐务，商民既起争端，亟应整顿以杜后衅。无论官办商办，应改事宜特定条程，除弊去甚，因时制宜，于国课无损，于民生有裨，以期地方相安，正所以保护商情，商人如能遵行，又何须更张归官？商人如嫌利薄，则改归官办，亦必如此办法，非若该商原定禁闽运余之议，商不能行，官亦不能行者可比。且该甲商等须知，与其专利于已结怨于民、而滥用无限将来再起争竟仍归厚亡，何如分余于民而永远相安，积小自成大利，安民正所以保商，保商正所以裕课。况经此次定后，该商可安心包办，事事节省，中饱分肥者之觖望与否亦无须顾虑。虽所得者少，日计不足，月计有余，其实仍相同也。若再能回思运余赔本之时，则更必知足而不敢嫌利少矣。谅甲商等深知大义，谅不至祗见目前垄断之利，全忘日后地方之害，合亟粘抄条程谕饬。谕到，该甲商等妥议，作速禀复定议，以靖人心，不得藉词纠牵，徒为宕延之计，切切！特谕！

计开条程：

一，温处盐局收厘本分四处，即商人初包之时仍系三处分收，现商人并归一处，统收四捐，绝小贩谋利生路，使远近咸食贵盐，商人之获利，厚百姓之怨，商人关键全在于此，现应仍归旧章，四捐分收，庶民困苏而商亦可永久相安。

① 自注：余前年交卸凤阳府篆时，梦汲井获金瓯，清水内满，二小鲤跳跃其上，底有巨鳌。

② 自注：星家言余命危月燕度。

一，督抚两宪体恤两省民情，准闽盐到浙，化私为官，惟应示以限制，不得漫无稽考。此外除有照渔船准照必收买外，其余仍以私论，不准入口。然渔户穷民亦应体恤，现在商人收买闽盐，勒以贱价，加以大秤，穷民忍气吞声，往往失业，流而为盗，现应秤由官烙，其价照通省章程按随时情形禀请官定，庶懋迁踊跃，百货流通，洋面亦可安靖。

一，查温州原有缉私师船，商人请设轮船堵截闽私，因节縻费裁撤师船数号，由委员何大使恩煌管带小轮稽查。江苏内外缉私事务本与体制未协，并在洋面拿盐，擅用火器伤毙人命，且往来江海，绕至常镇等处，难保无挟带私货，该委员已经销差，现由商人自带出海缉私，更非体制，流弊滋多，自添设小轮，商家所费甚钜，应将轮船裁撤，仍用师船以恤商力而杜流弊。

一，温处盐厘自商人认包，每年盐厘钱七万零四百串，以一万四百串留为商人经费，以六万串交库。嗣又禀请以一串七百文作银一两交库，合之市价悬殊，暗中亏折，该处商人所收盐厘既系制钱，自应仍照原案认包六万串制钱交库，以期核实而免亏折。

一，温溪夺盐之案虽曰出于忿激，然人皆受害，彼独抗行。其悍俗刁风亦属可恶，断不可不量示惩儆。第念该处地界穷山恶溪，无田可耕。昔年发逆到温，该处民人奋力防堵，不因穷而从贼，微氓忠义尚属可取。盐归官办时亦曾屡予恩施，如谓旧章令其轻减完厘，事非划一，并恐别处效尤。查温溪之民多以撑船为生，此后运盐亦搭用温溪之船装运，庶与各项民船均得生计，以示体恤。

二十五日，赵舒翘接到盐运使惠年移文："为移知事。照得温处盐务奉院宪暨前护宪先后札饬温处道督委傅守泽鸿就近查明，酌核办理。当经饬商议禀，尚未定案。业据傅守禀报丁忧销差回籍，兹准贵道晋省会议条陈，复又谕饬甲办各商查明妥议禀，复蔡办在案，此后官办商办虽来定议，而在在需员核办。兹查有候补知府郭守式昌堪以札委办理，除报明抚盐宪会同藩司札委外，理合移知。为此合移贵道，请烦查照备案施行，须至移者。”

二十九日，赵舒翘接到浙江巡抚崧骏札：“札温处道知悉。据藩运两司会详核议温处盐务改归官办，详请查核，并饬温处道拟详等情到本部院。据此，除批示外，合行札饬。札到，该道立即遵照督同永嘉县，即将官办应行各条款妥速拟议详候核办，毋延。切切特札！”

《计粘抄详并批》云：“为详请事。窃据候补知府郭守式昌禀称：窃卑府接奉本司会札内开照得温处盐务奉院宪暨护院宪先后札饬温处道督委傅守泽鸿就近查明酌核办理，当经饬商议覆，尚未定案，业据傅守禀报丁忧回籍，兹准温处道晋省会议条程，又谕饬甲办商查明妥议禀候督办在案。此后官办商办虽未定议，而在在需员核办。兹查有候补知府郭守式昌堪以札委。札到，该员遵照谕饬该商各条妥速议办禀复，毋负委任等因。奉经谕饬该甲办商遵照妥议禀复，以凭酌核转禀去后，兹据嘉所甲商沈谦吉、温处办商万恒泰禀称，查此案先奉本司道会谕，并抄条程饬议，商等谨译温处道筹议各条卫商恤民，顾虑周至，商等仰荷列宪委任，敢不凛遵办理。正在议覆间，适得温处总栈函报，接管带瓯江水师缉捕营知照，本月十一日突有私枭将驻防乌牛地方巡船毁抢，移报府县请饬拿办等情，抄稿知照到栈函报前来商。伏念承办温处盐厘，当时因蒙前司殷殷委任，商等是以勉图报称，承认试办数年以来，商贩尚幸相安，私枭亦尚敛迹，虽间有缉获盐私，尚无大帮之打洋山等项名目，而敢于聚众毁船者，乃今岁自秋徂冬私枭渐肆，至今日而竟敢猖獗至此。查若辈平昔专以走私偷厘为事，商办数年，见官商声已联络，不敢横行，今则窥悉官商情形，遂尔肆无忌惮，商势益孤，枭胆愈肆，似此情形，商虽仰蒙宪恩委曲求全，商则实有力竭智穷之势，再四筹思，与其承认于此时巢同幕燕设将来变生意外，更恐有负恩施，用敢披沥下情，禀恳转达俯准商等退办等情。据此，卑府伏查温处盐务既据该商等禀求退办，惟有速归官办之一法，应请迅赐详明，院宪准商退办，饬会温处地方官赶紧妥议章程禀请核夺，勿稍稽延。一面将滋事私枭迅速拿办以儆刁顽而安民食，是否有当，理合据情转禀，仰祈察核，俯赐裁酌办理等情。据此，查此案温处盐务既据郭守来禀，以商人禀请退办，自应照准改归官局办理，理合备文详请，伏候宪台督核批示，并请札饬温处道督同永嘉县邵令即将官办应行各条款妥速拟议，由道详请核示遵办，除详盐宪外，为此备由呈乞照详施行。批：据详已悉，仰候札饬温处赵道督饬永嘉县邵令将官办章程妥速拟议详夺，惟盐务系运司专责，仍由司随时函商赵道体察情形，通筹定断，以资周密而免隔阂，仰即遵照，仍候盐院衙门批示缴。"

十二月

初一日，赵舒翘接到盐运使惠年函："前者台旌晋省，快挹兰芬，畅聆教言，感佩无既。就维鼎祉，延厘为颂。启者，尊处所拟谕商条款当即发给郭谷斋太守转谕，商人如能遵照，仍归商办，否则决意归官办理，毫无迁就。该商等筹议多日，始具禀告退，情愿请改官办，当将此情面禀抚宪，奉宪谕令，弟致函阁下，不必另派委员，即由贵处责成邵补棠大令就近细察情形，妥筹官办章程，较之悬拟似为妥切。又闻郭谷斋接到邵令来函，温郡近有烧毁巡船之事，此等愍不畏法之徒，亟须从严惩办以警将来。诚恐改归官办一语，该匪等闻知，难保不藉此搅扰盐厥，尤须先事预防，妥为保护，庶免另生枝节更难清理。但官办与商办未免稍有不同之处，设立府局各分局均须借重地方文武暨内地水师巡船等，其局用、薪水、津贴各项皆应预为筹定，方有月支总数，不妨宽定以养其廉。至小轮一节，既有外海师船，商人尚未全裁，今归官办，应如何损益之法亦须筹定经费，宪意不欲留用小轮，因此船系商家所买，官局难以算价，似亦来便接受。惟沿海口岸皆可进盐，官收有照之渔盐，其无照者仍以私盐论，不得侵入，又须防范有照之盐随地洒卖，现在之师船能否周到，非可遥遥意度。又以既委邵令随同阁下详拟章程，将来开办即委邵令兼理府局，而温府之津贴便应裁撤移作局中之用。盐厘仍以六万串为比，以盈绌而定，功过府局之外祇可酌立分卡，其府局关防收厘票单等件亦应酌定程式详办，应用委员几人或由阁下督饬邵令酌定妥员随详请派，自必须手。以上奉谕各节先为函达，其商人退办之案不日由敝处详院再移冰案，以便尊处具详请示一切也。附呈原拟各条办法以备酌裁。”

初三日，赵舒翘接到盐运使惠年移文：“为移请事。光绪十八年十一月二十九日奉抚宪崧批，本司会同藩司详据委员郭守禀以商人退办温处盐务请饬贵道督同永嘉县邵令核议官办章程，由道详请示遵一案缘由奉批，据禀已悉，仰候札饬温处赵道督饬永嘉县邵令将官办章程妥速拟议详夺，惟盐务系运司专责仍由司随时函商赵道体詧情形通筹定断以资周密而免隔阂，仰即遵照仍候盐院衙门批示缴等因。奉此除移藩司知照并札郭守暨谕甲办各商一体遵照，俟官办章程核议定案另谕饬遵外，理合备文移请，为此合移贵道请烦查照宪批督饬永嘉县邵令将温处盐务改归官办应行各条款妥速拟议详复院宪核示遵办，仍希将现应如何办理情形先行见覆，望切施行。须至移者。”

初九日，赵舒翘作《禀复抚宪崧传谕督同邵令细察温处盐务情形妥筹官办章程由》：“敬禀者：职道于上月十三日自省旋署，访闻是月十一日温溪莠民有烧毁巡船之事，即密禀驰陈，度已仰邀钧鉴。本月初一日接运司函，以温处盐厘一案该商等筹议多日，始据禀称告退，情愿改归官办，经运司禀奉宪谕，先行传知，由职道责成邵令就近细察情形，妥筹官办章程，将来开办即委邵令兼理府局，温府津贴便应裁撤，移作局用等因，仰见大人轸念岩疆，系怀民瘼，闾阎戴德，歌颂同声。职道伏查商办每年销盐十万篰有零至十一万篰不等，酌从整数以十万篰核算，商人厘价并收，轻出重入，计每年约得十四万串，缴课六万串，费用四万八九千串，实得余利三万串有奇，官办自应仍以六万串为正课，不得再少。其费用至省亦须二万五千串，然商办则有十四万串之多，官办能否至八万五千串，则毫无把握，此中不同情形请缕陈之。商人每篰盐系二百七十觔，计十万篰兵销盐二千七百万觔，除两成半本地场盐六百七十五万觔商人不能大秤强取贱价勒收外，每年收买闽盐二千零二十五万觔，商人则用二十六两秤强取，或云系三十二两秤，或云系二十八两秤，计平空得盐六百零七万五千觔，以商人卖价二文五毫合之，得钱一万五千一百九十串，官办则盐归行栈，以此秤入，即以此秤出，此一款系官办所无者也。商人影射厘价并收之说，遇闽盐少时则悬牌高抬盐价卖于温处水贩，闽盐多时则低价勒收，愈多愈低，计每觔出入，商人暗中获利六毫有余，以二千零二十五万觔合之，得钱一万三千余串。官办则盐归公栈，只能照盐抽厘，价则由闽船与水贩同行家自讲，不能于抽厘之外又勒买勒卖，此一款又系官办所无者也。至于厘金之大宗，商人每篰八折抽钱一千二百二十文，计十万篰得钱十一万二千串，第商人系一时并收温处四捐，今归官办，仍须分三局收捐，以期恤商便民，但水贩可随地发卖，盐觔因路远耗折，兼之三局费用，此中至少去厘一成有奇。商之缉私既用小火轮缉追闽船，于外洋又添雇水师梭缉零星小贩，于内江虽穮稻穷民携有抵工价盐数觔，亦皆指为私而全罚入栈，其他可知，官缉纵极严密，断不能如商之十面合围，一丝不走，苛剥毫无余地，此中至少又必去厘一成。商之销盐多，非尽温处也。由处州而侵占金衢岩，由金衢岩而倒灌福建，现照从前官办旧章，拟裁去松龙两卡，只准盐销处州，不准别有侵灌，以杜浙东与福建藉口。且浙东甲商彼此一气，恨官之复办，商之失利，亦必不惜重费堵拿闽私，使官销壅滞以败我局，乃势所必至之事。此中所去未敢妄定多少，姑亦以去一成计算，则官办虽极周妥，收数纵甚畅旺，去此之成，亦不过八万串有奇。盖商办缴课而外，惟利是图，剥民闹事在所不恤。官办则保课与恤民并重，所少之六万余金体恤温处瘠区者十六七，保全闽船穷民者亦十之二三，情形多少之不同。职是之故，第温处盐务利弊，凡浙省官场能干之员人人皆知而皆不愿办者，一畏初事之难，一嫌局利之少，尤恐值课额之不足撄商党之怨毒也。现在蒙宪恩以恤民为念，毅然改归官办，职道上体宪意，下睹民艰，无论如何为难，断不敢稍存推诿，迟回观望，贻误事机。惟据邵令禀称，权篆要区势难兼顾，自属实情，然既奉宪台谆谆传谕，难任固辞。职道督同邵令再三审度，查有候补通判现办温郡西门厘卡委员沈寿铭明慈廉正，熟悉情形，郭守式昌亦深知其为人，拟请委令总办盐局，仍兼西门分卡，俾得宽裕从公，两处银钱各不相涉，无虞滋弊。并委邵令会办，必能和衷共济，如蒙俞允，即恳行司各给委札以专责成。兹先督同该员等拟具官办章程及坐支款项，分开清折呈请鉴核。其有未尽事宜，由该员等随时悉心体察，迳禀运司转请示遵。至府局之外，应用分局人员亦由该员等公同遴举申报，倘宪意因邵令既难兼顾，沈倅不便兼办，即饬辞去西门分卡，专办盐局，则现议月给薪水钱四百千文，万不可少，并请援照厘捐章程正课，足敷比较，准予留办三年以期得人而示鼓励，出自逾格慈施，否则仰乞遴委一干员星速来温接办，缘年关迫届，甲商迄未到温。该栈现尚存盐五六万篰，闻商夥已广雇船只，意欲减价售与水贩。如果任行，则盐已足半年之用，明年春夏二季水贩不来，课无从出，此事关系至巨，不得不预为之防。现谕邵令慎密稽查，相机办理，总令照常买卖，不准暗中减价，致碍官办。再，温溪莠民拒捕焚船一节，已饬县会营设法严拿，务获重办。如有匪徒搅扰盐厫，立拿惩治，合并声明。”

同日，赵舒翘复函盐运使惠年：“上月十三日自省旋署，访闻两日之前，温溪莠民有烧毁巡船之事，当即驰禀抚宪，并达清聪，谅邀荃督。本月朔日接诵台函，以温溪盐厘一案，该商等筹议多日，始据具禀告退，情愿改归官办，当经执事面禀抚宪，奉谕先行传知，由弟责成邵令就近细察情形，妥筹官办章程，将来开办即委邵令兼理府局，而温府之津贴便应裁撤，移作局用等因，仰见阁下上宣宪德，下顺舆情，两郡绅民同声歌颂。当即转告邵令并将台示给阅。惟时邵令接到郭守两信传述尊谕，大致相同。窃念甲商包办数年，起验并捐，厘价并收，加以轻出重入，获利甚钜。近因民心怨愤，衅端迭出，不得已勉强告退，究非心甘意愿，此时改归官办，名则规复旧章，实则事同创始，此中万分为难情形，弟知之，郭守与邵令皆知之，即閤省侯［候］差人员亦无不知之。阁下总领鹾纲，明见万里，更可不言而喻。惟弟忝任岩疆，管辖两郡，目睹商民仇怨日结日深，断难坐视不理，况蒙抚宪与阁下不以弟为不肖，谆谆见委，宪恩友谊感切五中，值此官商交替之际，曷敢以材轻责重为词，辗转筹商致滋贻悮。现据邵令禀称该令权篆要区，政务殷繁，几于日不暇给，势难兼顾局办，自属实情。但既奉宪谕难任固辞，随即督同该令再三审度。查有温郡西门厘卡委员候补通判沈寿铭明慈廉正，熟悉情形，郭谷斋亦深知其为人，拟请委令总办盐局仍兼西门分卡，俾得宽裕从公，两处银钱各不相涉，无虞滋弊，并委邵令会办，必能和衷共济，乞再禀商抚宪，如邀允准，即请刻日分颁委札以专责成。兹先督同该员等拟具官办章程及坐支款项分开清折，附送台端。是否妥协，统希酌核，饬遵其有未尽事宜，由该员等随时悉心体督，迳禀贵署批示遵行。至府局之外，应用分局人员亦由该员等公同遴举申报。倘尊意以邵令既难分顾，沈倅不便兼办，即饬辞去西门分卡专办盐局，则现拟月给薪水钱肆百个文万不可少，并请援照厘捐章程正课足敷比较，准予留办三年，以期得人而示鼓励，抑或阁下另有信任之员，即祈转恳札饬，星速来温接办，悉请高明酌定，迅速施行，缘年关迫届，甲商迄未到温，该栈现尚存盐五六万篰，闻商伙已广雇船只意欲减价售与水贩，如果任行，则盐已足半年之用，明年春夏二季水贩不来，课无从出，此事关系至巨，不得不预为之防。现谕邵令慎密稽查相机办理，总令照常买卖，不准暗中减价，致碍官办。再，温溪莠民拒捕焚船一节，已饬县会营设法严拿，务获重办，如有匪徒搅扰盐厫，立拿惩治合并附陈。”

十一日，赵舒翘作《严禁新旧交接藉端滋闹搅扰盐栈示》：“为晓谕事。照得温处盐务现据甲商在省禀退，蒙抚宪暨运司轸恤民艰，改归官办，省中不日即有委员来温设局办理，合先出示晓谕。为此，示仰盐船盐行水贩人等一体知悉。尔等静候省委到温再行妥议章程，分饬遵办。所有委员未到以前，仍听商栈照常公平买卖，倘有不法莠民乘此新旧交接之时，藉端滋闹搅扰盐厥，本道定即会督地方文武衙门严拿惩治，决不姑宽，各宜懔遵，毋贻后悔，切切特示！”

二十八日，赵舒翘接到浙江巡抚崧骏复函：“昨奉来函并清折两件，承示温处盐厘改归官办情形以及所拟章程，均尚周妥。惟事属创始，只可先行试办，将来有无增损随时酌度办理。盐务虽系运司专责，然温处离省较远，恐鞭长莫及，应由阁下随时稽查，幸勿推诿。西门卡沈倅寿铭、永嘉邵令秉经等已告知菱舫都转加委矣。所云由沈倅兼办固无不可，惟发端伊始，似不必与盐捐夹杂，恐将来有所牵制。现定每月薪水钱肆百千文办公已属宽裕，即令沈倅专办盐捐，容与方伯商酌，由省另委贤员前往接办西门可也。再，此后温处收买闽盐系收何处之盐，是否渔船所余须酌定每船收盐几成予以确数以示限制。渔船由闽出口所带盐觔专为捕鱼之用，一经官收，势必源源而来，尤须择其曾经在闽领过船票或给过印据者方准收买，如无照之船及每船限定收数以外皆作私论，一概不收。所运盐觔照时定价，不得由各行任意低昂以免居奇垄断而示持平。至官收以后如何禁绝浸灌金衢岩等府及倒灌闽省之处。以上各节均为最要关键，尚未议及，还望酌察定夺，增入章程，一并见复以便与制军函商定议。来书谓每年收数八万五千尚无把握等语，未免游移，将来官办以后六万既为定额销数，有溢应尽收尽解，庶不负改弦之初心。此事既经借重，长材务须不避嫌怨，督率印委妥为办理，各分局人员尤宜遴委得人，总期课项有加，地方安谧，是所厚望。再，温溪莠民屡次滋事必有起衅根由，是否从前商家构怨所致，抑系另有别情。阁下就近体察属实，督饬营县会拿首要，尽法惩治以遏刁风而儆将来，孟良民固宜体恤，亦不得过于姑息也。”

同日，赵舒翘接到盐运使惠年复函：“敬复者，月望奉到赐示，并抄禀稿章程用款各件，谨悉种细，并奉院宪面谕：所拟办法已属周密，因为期已迫，只可赶紧定案核办。其沈倅寿铭应令其专办盐务，饬由敝处札委，仍会同邵令妥慎办理，所遗西门厘局已由方伯另委专员接管。现在章程尚未详明批定，接手难预定期，亦恐地方莠民借端生事，又虑该商厥趁此减价滥销，均与大局有碍，均宜预为布置，应请阁下商之温营黄统领派勇明为弹压保护，暗中密查，防其销运空厫，随时防范办理。又收厘一节，商包本是六万串，今改归官办不可稍有不符。至解款前因商人取巧，合银解库每年以六万串折银计算，暗亏七八千串之谱。此项盐厘系入正款报部，部中屡催整顿，是以责令商人包钱解钱，今由官办，若折银解库与收数短绌均不足以杜其口实。又如官办不同商办，垄断之法一滴不漏，吾兄所示某条约短一成，共短三成，一年计之，除开支核减许多，而八万五千毫无把握，此亦不过约略言之，亦未可据以为定其收闽盐之法，及堵截倒灌，均未议及。缘院宪须将收堵办法商定，督宪方可定议。其余折开各条，此时难细推敲，惟有开办以后随时体查情形再为酌核，总期周妥为妙。以上各节奉谕覆陈，尚祈酌核是祷。再启者捧读副函，承示收厘解省之法，仍以折银按月汇兑交库，因思既系汇兑，则无论银钱均无虑其不便矣。从前商包取巧，故以解钱不便为名，而又积压甚久。今请收钱汇钱似无窒碍，并可按季解省，只求不甚稽延，无须按月以省烦琐。又章程内所开裁撤松龙之卡，减收一百文，但不知一年共收若干，减去若干，以从前该卡所收三千串总数难以计算，今若减去一百文，恤民实为惠政。惟减厘成本必轻，使之不灌闽地，恐仍不敌无厘之私盐，而此项盐贩既减成本，又无卡局稽查，未必能恪遵体恤，真不侵灌也。以上两条，愚见所及。开办伊始，一经宣示，将来难以改正。仍求饬下邵令沈倅再为细酌，是为至幸。特此再请台安！”

十二月，赵舒翘撰余元遴《庸言》序略云：“弱冠稍知近学，迨通籍，每遇忧患，虽力加克治，心终不能自持，始觉学无得力，恐坠下流，嗣取《朱子全书》读之，此中渐有明机，因遍参儒先语录，求其见道分明、论事确实出于躬行、心得不谬乎朱子之学者代不数人，其间聪明求捷者畏朱子功力之坚，苦规矩之谨严，往往自私用智，旁流于异端不自知，其为被淫邪遁，遂致生心害政，先生苦心志道，身体力行，著《庸言》四卷，其言心性也，探戒慎知天之微；其言事理也，握利济安人之要，语语纯正，体用俱到，深得朱子传世之讲学明道，必不以予言为阿好。”

《舟次读同年谢棠洲赠诗，有感于心赋此报之》云：“道岸茫茫莫问津，藐焉混处惧磨磷。赠言愧我毫无似，好学推君气更纯。调叶高山歌一曲，心期砥柱力千钧。舟窗剪烛开书读，窃幸关西又有人。”

十二月，赵舒翘作语录数则：

人以能明为要，明以能厚方成，《大学》圣经首尾似具此意。

《大学》以明与和居先，可见读书穷理功夫最要。

《大学》始以明，终以厚。常语云：精明归于浑厚，亦至言也。

成己，仁也，无仁则已非人矣；成物，智也，无智则物违已矣。

克己戒宴安、吝恋，治心戒紧狭、忧惧，为学戒杂忙、多骛，从政戒粗略、瞻徇。

回忆在京师什刹海酒楼，望鼓楼，其形甚不正，而忘已在邪地也，邪之视正，心亦如此，人可在邪，人前自矜其正哉。

次公之激烈，复杜之生气，皆取祸之道，彼讦直与标榜者治夫，读尽张两传也。

张成勋

正月

二十三日，奉旨补授四川川北道。

邸钞载：“刑部郎中张成勋授四川川北兵备道。”李慈铭注：“本任道恩佑丁忧。”①

二十五日，张成勋作《奏为恭谢天恩仰祈圣鉴事》：“本月二十三日，内阁奉上谕：四川川北道员缺，著张成勋补授。钦此。窃臣关中下士，知识庸愚，由进士鉴分刑部，洊升郎中，京察一等。涓埃未报，兢惕方深，兹复渥荷温纶，补授今职。自天闻命，顿地增惭。伏念四川为繁要之区，道员有监司之责。如臣梼味，惧弗克胜，惟有吁求宸训，敬谨遵循，俾到任后于一切应办事宜矢慎矢勤，以期仰答高厚鸿慈于万一。所有微臣感激下忱，谨缮折叩谢天恩，伏乞皇上圣鉴。谨奏。”②

八月底，四川总督刘秉璋附片：“新任川北道张成勋于光绪十八年八月二十日到省，应即饬赴新任以重职守。除由臣檄饬遵照外，理合附片具陈，伏乞圣鉴。”朱批：知道了。

十月，到任。

霍勤燡

散馆，以部属用。签分刑部候补主事，分奉天司行走。历充奉天司主稿兼司务厅行走。

武瀛

连闰扣至是年四月，学习期满，奏留。

八月，充四川司正主稿。

段维赴京参加会试，落第。

《段冈北先生年谱》载：“赴京会试，报罢，遂留京，从王仙洲户部步瀛等结社，精究诗古文辞，诗宗工部香山，文宗史汉八家，而尤服膺昌黎。楚辞及六朝骈体亦极有研究，时文及近体诗赋无不擅场，但尝谓帖括文字，绳墨太严，格欠高古，平日不多作，亦不轻易教人，暇辄浏览宋儒

① 《越缦堂日记》（第18册），第13142页。

② 《光绪朝朱批奏折》之《内政・职官》，第931页。

性理书，谓可摄养身心。”

沈曾植擢江苏司郎中。

薛允升致沈曾植札：“子培、子封仁丈大人足下：前假阅《格物入门》一部，今奉缴。乞查收为荷，并谢谢。王君菀生自津来谒，慕二公，亟欲一见，以慰此志。其意良殷，然两次造访，均未值也。弟从中作主人，于左近义胜居便酌一叙。诚恐四哥事殷，谨预先要约，廿四、五两日内何日为暇，请赐酌定示下，容再写单知会。幸弗见外乃感。此问日祺。不具。克猷顿首　廿三日。”①

田我霖

十二月十八日，邸钞载：“以通政司参议田我霖为内阁侍读学士。”②

1893年，光绪十九年，癸巳

正月初九邸钞载：“刑部左侍郎清安因病奏请开缺，许之。”③

十一日邸钞载：“刑部右侍郎阿克丹转补左侍郎，工部左侍郎裕德调补刑部右侍郎。”④

薛允升七十四岁。

正月

十一日，“奉上谕，刑部左侍郎著阿克丹转补，裕德著调刑部右侍郎”。⑤

十六日，“叙雪堂团拜，在安徽馆，当［堂］官到者李中堂及贵、阿、

---

① 嘉兴博物馆编：《函绵尺素——嘉兴博物馆馆藏文物・沈曾植往来信札》，中华书局2012年版。

②《越缦堂日记》（第18册），第13314页。

③《越缦堂日记》（第18册），第13336页。

④《越缦堂日记》（第18册），第13338页。

⑤《沈家本未刻书集纂补编》（下册）《沈家本日记》，第1282页。

薛、裕、李五堂。裕堂到时已薄暮矣”。[①]

二月

二十七日，“是日皇太后诣颐和园，上于送驾后即还宫，俟四月再驻瀛台。无书房，午刻邀群公饮，并看画，清谈甚乐，惟肴馔不佳耳”。翁同龢邀的人有“张子青、徐荫轩、李兰孙、薛云阶、麟芝庵、许筠安、张樵野”。[②]

二十八日，“午初赴张樵野招，同坐者李兰生、许筠庵、薛云阶、徐颂阁、徐计甫”。[③]

二十九日，翁同龢“归写大字，跋薛云阶《甎塔铭》”。[④]

三月

十六日，“奏底在署回定薛、李二堂。至孙堂宅适已赴总署，乃先至贵堂宅，贵师病，未愈，不看稿。又至阿、裕二堂宅，均不在家。复至孙堂宅，坐后一刻许，孙师方归。将稿看定，准于十九［日］奏。阿、裕二堂请达斋明晨再去，出城又至薛堂宅回明十九日奏”。[⑤]

二十六日，“即诣湖南馆戊子乡试，壬辰会试两科团拜，申正二刻散，壬辰固寥寥，戊子亦不过四桌耳”。座师参加者有“许星叔、薛云阶、李苾园”。[⑥]

六月

初八日，沈家本“赴薛大人之召。（嵩云草堂，请外官六人）”。[⑦]

十二日，“雨，竟日。自未至戌倾盆如注，入夜不息。未进署。拟奏

①《沈家本未刻书集纂补编》（下册）《沈家本日记》，第1282页。

②《翁同龢日记》（第5册），第2593页。

③《翁同龢日记》（第5册），第2593页。

④《翁同龢日记》（第5册），第2594页。

⑤《沈家本未刻书集纂补编》（下册）《沈家本日记》，第1286页。

⑥《翁同龢日记》（第5册），第2599页。

⑦《沈家本未刻书集纂补编》（下册）《沈家本日记》，第1292页。

底一件，送呈薛堂。屋皆漏，惟门房厨房及堆什物之房未漏”。[①]

十五日，“薛堂交来提牢厅禀呈，言十二日夜，该厅水与楣齐，南北两监水势极大，比光绪十六年高四尺余。北监第二屋罩栅塌陷，第四屋山墙俱倒，监犯分匀三屋居住，内外监墙各塌六丈有余。厨房炉灶全淹，犯人饭粥以饼代放。盗犯身在水中，备极困苦”。[②]

十八日，“晨至薛堂宅，酉刻至孙堂宅，回南北监工程片稿”。[③]

七月

二十四日，“散署复至贵处，薛堂命以署中公事往询也”。[④]

十二月

初二日，经筵讲官刑部尚书臣松溎等作《奏为遵旨审明革员假冒官阶按律治罪奏祈圣鉴事》，刑部左侍郎薛允升列衔：

据台湾巡抚邵友濂缉获交拿官犯何澄[隆]简奏请送部治罪一片，光绪十九年十月初二日奉旨：刑部知道，钦此。并经该抚派员押送何澄[隆]简咨送到部，当将收禁审讯缘由，附片奏明在案。复咨据军机处将何澄[隆]简原保原参各案抄交前来。臣等恭查光绪十七年七月初七日奉上谕：翰林院侍读学士温绍棠奏遵保人才等语，候选知府何澄[隆]简著发往福建，交何璟、张兆栋差遣委用。钦此。旋据御史丁振铎、刘恩溥以候选知府何澄[隆]简迹涉假冒，先后奏参，请饬查该员履历出有无案据，经吏部查明，何澄[隆]简由文童递保至府经历县丞，有保案可稽。由湖北改指[捐]江苏候补，有捐册可凭。独候选知府之案渺无实据等因具奏。是年九月十一日奉上谕：前据御史丁振铎奏，翰林院侍读学士温绍棠保奏之候选知府何澄[隆]简仅止捐职府经历，当谕令吏部查明具

①《沈家本未刻书集纂补编》(下册)《沈家本日记》，第 1292 页。

②《沈家本未刻书集纂补编》(下册)《沈家本日记》，第 1292 ~ 1293 页。

③《沈家本未刻书集纂补编》(下册)《沈家本日记》，第 1293 页。

④《沈家本未刻书集纂补编》(下册)《沈家本日记》，第 1295 页。

奏。嗣据奏称，该员候选知府之案查无实据，兹查何潨［隆］简谢恩时所递履历竟敢将同治六年两次保举从九品府经历县丞之案捏造保换花翎知府之案，肆行欺罔，藐法妄为，情殊可恶。何潨［隆］简著革职拿问，解交刑部治罪等因，钦此。钦遵，当由臣部咨行各该督抚一体查拿去后。现据邵友濂将何潨［隆］简拿获解部。臣等以该革员系奉旨拿问之犯，情罪重大，迄今数年始行缉获，当即遴派司员提案严讯。据何潨［隆］简供称：系安徽太湖县人，于咸丰十一年投效霆军，随同鲍超管带亲兵。同治六年因克复广东嘉应州出力案内保举从九品，遇缺即选，并赏戴蓝翎。又是年随剿湖北永隆河捻逆获胜案内保举，免选本班，以府经历县丞留于湖北补用，并赏盐提举衔，随遵例报捐，改指江苏补用。十三年经福建漳州镇孙开华调赴厦门办理防务，复随往台湾剿抚番社。光绪六年经鲍超调募霆军，办理山海关防务，派充帮办营务处，旋经遣散。伊于十六年六月间来京，亲友见面，问及是何功名，一时糊涂，以为官大体面，答称系属候选知府。嗣晤温绍棠，询及海防洋务如何办理情形，伊尽己所知而言，温绍棠当加称赏，随于七月初七日奏奉谕旨，恭奉之下，不敢不叩谢天恩。当因温绍棠已误行保称知府，遂于写递履历时捏作递保花翎知府，仰蒙召见，亦未敢赴部领凭。旋闻风声不好，赶即出京前往福建，适海口封禁，未能到省，又闻被参，一时行止无措，回京则畏罪不敢前，立功则效命无其地，浮沈数载，实负圣恩，午夜自思，罪何可恕。本年秋间，闻台湾生番不时出草，该处商务、防务、垦务、洋务诸需布置，遂即前往，欲图效力赎罪，致被拿获等语。臣等查何潨［隆］简并未保有知府官阶，温绍棠既非与之熟识往来，何至以候选知府率行列保其中，难保无请托贿嘱重情，复饬严讯该革员，坚供实止向亲友妄称官大，希图体面，温绍棠初次见面，未经详查，遽行入奏，是以于呈递履历时未敢声明，委无朦胧营保情事，检阅吏部查覆，臣等饭会同都察院大理寺亲提研鞫，该革员坚供如前，案无遁饰，应即拟结。

查律载：诈假官者斩监候等语，此案何滗［隆］简原系由文童递保府经历县丞，因向人冒称候选知府，致温绍棠误以知府保荐，该革员遂捏造递保花翎知府，奉旨允准，奖案缮递履历，固与平空诈为制书者不同。第明知所保官阶错误，并不据实呈明，希图朦混，诚如圣谕所云肆行欺罔，藐法妄为，情殊可恶。伏查诈假为官，例以造有凭札者为重，无凭札而意图诈骗者次之，但系图骗一人、图行一事，犯该军流者即应拟绞。该革员所犯较之图骗一人、图行一事者情节尤重，虽未造有凭札，惟既经钦奉谕旨发往福建，该革员即于召见之先，捏写履历逞递，以实其事，较之伪造凭札者情亦无异，仍应按律问拟。何滗［隆］简合依诈假官者斩律拟斩监候，秋后处决。事犯在光绪十五年三日十六日恩诏以前，应不准援免，系官犯，仍恭候钦定。①

初九日，“孙毓汶调兵部尚书，薛允升授刑部尚书”。②

同日，“调刑部尚书孙毓汶为兵部尚书。以刑部左侍郎薛允升为刑部尚书”。（《光绪朝实录》）

十八日，“有人奏京尹大员声名恶劣据实参劾一折，据称顺天府府尹孙楫懒见僚属，玩视民瘼，所用属员专视应酬之周否以为调动，如本任霸州知州沈宗謩、昌平州知州张兆珏皆系纨裤子弟，该府尹屡次调署别缺，请饬查办等语。著麟书、薛允升确切查明，据实覆奏。原折著钞给阅看。将此谕令知之”。（《光绪朝实录》）

二十五日，“刑部奏审拟周福清罪名请减一等，旨改斩侯”。③周福清系鲁迅之祖父。

十二月，“又谕，刑部奏遵议革员周福清罪名一折，据称革员周福清于考官中途，递信函求通关节，当被举发破案，较之已成未中者情节稍有

① 《光绪朝月折档》，第 268 ～ 271 页。

② 《翁同龢日记》（第 5 册），第 2656 页。

③ 《翁同龢日记》（第 5 册），第 2660 页。

区别，应于斩罪上量予末减，拟以杖一百，流三千里，恭候钦定等语。科场舞弊，例禁綦严，该革员辄敢遣递信函，求通关节，虽与交通贿买已成者有间，未便遽予减等，周福清著改为斩监候秋后处决，以严法纪而儆效尤”。(《光绪朝实录》)

赵舒翘四十六岁。

正月

初二日，赵舒翘作《禀复抚宪崧》：

敬禀者上年十二月二十八日捧读钧谕，仰蒙训示周详，莫名钦佩，遵即督饬沈倅会同邵令体察情形，悉心筹议。据称奉谕，此后温州收买闽盐系收何处之盐尤须择其曾经在闽领过船票或给过印据者方准收买等因。伏查闽盐来自兴泉一带，同治初年议准化私为官抽厘抵课，其船均先在闽领有出口船票印照方准来温，前拟盐船章程第一条内声叙在于灵昆设立查验分卡，凡盐船进口经过该卡，即须停泊听候司巡查验，缴照盖印。如敢违例闯过，即以私论，立予重究。兹遵宪示，再于此条缴照盖印之下添叙“如无闽省出口票照或盐觔数目不符，胆敢不候查验违例闯卡，概以私论，立予重究”。又奉谕：盐觔照时定价，不得由各行任意低昂，以免居奇垄断而示持平等因。伏查从前官办章程买卖客贩凭行议价，官止按篰抽厘，并不收买盐觔。自商人包办以后，始有厘价并收之事，重入轻出，贱买贵卖，攘利在此，构怨亦在此。前拟盐行章程第四条内声叙：盐价应归划一，嗣后由各该行率同盐船水贩三面公议，随时报明总局牌示以资遵循，毋得任意高下，如违重究，原欲尽除商办积弊。兹遵宪示，再于此条随时报明总局牌示之下，改为“不得由各行任意低昂，以免居奇垄断而示持平，如违重究”。以上二条现于章程内分别添改更正。

至奉谕：渔船由闽出口所带盐觔专为捕鱼之用，每船收盐几成予以确数以示限制等因。伏查同治初年议请不禁闽船，系为化私为官抽厘抵课起见，迨见商人包办之始禀请禁闽运余，立言非不正大，无奈窒碍难行，旋即改请收买渔盐，名为搭销，实则影射。查商栈收买者皆是闽盐，并无所谓渔盐，更无几成确数。今若每船限定几成，则下剩之盐抛弃不可，装回不能，势必尽化为私，非但有碍厘课，亦恐聚纵滋事，此商人所不能办者，似难责之官办，拟请仍以盐船有无印照、盐数是否相符为准，免限成数以昭核实。又奉谕：官办以后如何禁绝浸灌金衢岩等府及倒灌闽省之处等因。伏查裁去松龙两卡，非专为恤民也。一则承商人八抑收捐之后稍示公溥，一则使盐畅行处境不至侵越。前拟局卡章程第六条内声明浙东及福建商人无所藉口，诚以温处盐局只能严查温处境内之私，若浙东商人及闽商欲保引地，似应令该商等各于交界处所设法堵截，自无浸灌之虞。以上二层请免增入。

据该员等合词禀覆，并呈清折前来，职道详加察核，逐细推求，均系实在情形。至盐厘以六万串为定额，如所用得人，事无掣肘，亦断无不足者。职道前禀谓毫无把握，只因商办蠹坏之后，滥消充斥，官办接手必形壅滞，不能不陈明现办为难情形耳。即如商栈存盐数万篰，新正年关俗谓恩关，往往总销两万篰有奇，隔年春季厘课全在于此。今商人将退未退之际，更必分外贱销。官办之初，事事支绌，不待智者而知也。虽六万串定额不敢亏短，然必通年牵算以盈补绌，诚虑初办一二季断难照额批解，试办一年之后，方有确实把握。果能销数有溢，自应尽收尽解以裕库储。窃念商人此番禀退尚属善全，即听其迟迟交替，将现存厥盐尽数销去，原可从宽。所虑者欠缴之课无可抵，开办之课无从出耳。温溪莠民卸恨商人绝其生计，迭次聚众滋事，此风本不可长。前据刘管带怀珍、温州府德守、厘局彭守先后禀报，节经严饬府县督同营汛查拿首要，尽法惩治，并于上年十二月初一日接准运司来函传述宪台面谕，即经职道晓示居民静候省委来温，再行开局接办。省委未到以前仍由商栈照常公平买卖，倘有不法之徒乘机滋闹搅扰盐厥，定即督饬文武衙门立拿重办，藉资保护而安众心。乃近日风闻商人私与温溪莠民贿和，情愿每篰给洋五分，盖恐再阻销路，并为官办养痈，设计甚狡，用心甚毒，且其迟延不交专为销售厥盐，而闽船连樯守候，若不收买，难保日久不别滋事端。

总之盐厘改归官办出自宪台特恩，两郡穷黎不啻二天之戴。职道仰蒙委任，深知此事为闾阎利害攸关即地方安危所系，当此官商交替之际，断不敢稍避嫌怨，惟期宣上德而达下情。至官办以后，一切抽收解支事宜应由该员等迳禀运司请示办理，以一事权而免越俎。遇有关涉地方大局之处，职道近在同城，仍当尽心督察，随事咨商，决不因身居局外，视同秦越。再，沈倅寿铭原办西门厘局，前因邵令以地方事繁，势难兼顾，爰与再三筹度，遴举沈倅以期官办得人。沈倅极知接办为难，面辞至再，职道剀切劝谕，许其转请，即以邵令会办巨任既可分膺，和衷无难共济，今蒙大人采纳刍言，已谕运司札委沈倅会同邵令办理盐局，并由藩司另委贤员接办厘局。查沈倅洁己奉公，家累颇重，似未便令其先行交替，闲居坐守，惟有代恳谕商藩司传知新委厘局之员暂缓出省，俟盐局开办有期，再行来温接事。出自逾格鸿慈，合并声明，谨将该员等呈到遵示添改章程清折禀呈察核，前呈清折并恳发下涂销。专肃禀覆，恭请崇安。

《计禀呈清折一扣》云：

谨将奉饬整顿温处篰盐归官专办所有收捐等事，分别局卡、盐行、水贩、闽船四项，酌拟简明章程，开具清折，呈请鉴核。

计开局卡章程八条：

一，设立总局俾有专责。查年来温处篰盐因商办未妥，奉准循旧官办，应请在于温郡设立总局，颁发关防文曰：温处两府盐捐总局关防，派委妥员总办。开办之始，如有应商要件，就近与温处道酌议，事定后凡事请示运署施行，温处道署概不与闻，以一事权。

一，派员掣验，藉资襄理。查温郡兼收捐款事务较繁，应请在于温东门外设立掣验分局，抽收起捐一次，派委佐杂一员常川驻局，随同总办稽查掣验，并设司巡专司牌照，挂号收捐写票，并加盖棕印等事以期周密。

一，设分卡藉资稽察。查麻行门、灵昆两处系上下水要隘，应请各设查验分卡，水贩运盐上驶道经麻行门，责以验篰照票盖戳放行等事。盐船进口经过灵昆，责以收照印舱等事，以专责成。

一，设立分局以纾民力。查处郡行销篰盐应请在于青田设立捐局，抽收验捐一次，颁发钤记文曰：青田盐捐局员钤记。又在于处州厦河设立捐局抽收二起一次，颁发钤记文曰：处郡盐捐局员钤记。派委妥员驻办专司掣验收捐等事。至所填捐票，概由温总局领用造报，所收捐钱均解温总局汇转，庶专责成。

一，双穗场盐应归一律。查该场后垟地方向设捐局，请循旧派员办理抽收起捐，颁发钤记文曰：后垟盐捐局员钤记，专司掣验稽查，所收后坪盐捐经过帆游，设卡照票。至于上码小灶盐，由上码卡收捐，经过大树棣设卡拦江照票。信团灶盐由信团卡收捐，经过屿门设卡照票，运经温郡陡门、浦桥两处，由总局设立司巡驻查，不再收捐，庶符通章。

一，起验分收较为简便。查从前盐厘系分两起两验，计共收捐钱七百文，自光绪十一年奉准打篰，每篰连耗盐共重二百四十觔，篰络在外，从宽准以二百觔完厘。现请循旧办理，计每盐一百觔在于东门分局或后垟分局收起捐钱二百文，运赴青田收验捐钱一百五十文。此系温州起验二捐。至处州起捐设于厦河，验捐则分设松龙。第查从前官办时厦河起捐收钱一万七千串，松龙两卡验捐收钱三千余串，除开支二千余串外，仅剩一千余串，所收无多，现拟将松龙验捐裁撤，在厦河共收钱二百五十文，较从前减去一百文，不特恤民，且明示以闽盐祇准行销温处，不得侵灌浙东及福建，引地商人亦无所藉口。再，本拟温州东门收三百文，处州青田收三百文，免分三局，惟青田去温甚近，若在此全收处捐，则无异商人之并收，而青田溪径太多，又不能不设局，以防偷漏，故不得已而分三局，合并声明。

查从前官办旧章，每百觔抽钱七百文，商人包办减为八折，合钱五百六十文，今议参照旧章减去一百文，较商办仍似稍多。旧章每篰耗盐四十觔，商人则多加耗盐三十觔，今议耗盐照旧，较商办又似稍少，殊不知商人明则折收加耗，暗则抬价轻秤，藉朝四暮三之术掩剥民攘利之名，现归官办，诸弊尽革，所减百文乃真实惠及民也。合再声明。

一，抽收盐捐应给联票。查浙省货厘向用四联捐票，现拟查照旧章酌定成式发刊盖印，惟温州距省遥远，请领不易，拟请就近盖用奉颁总局关防，每本以一百张为率，每次约印若干本，专文报明运司备案，一俟成本填竣，即将票根汇存，按半年一次汇解运司衙门核对，以备稽查。

一，解缴捐钱宜遵定限。查温处两府所收捐钱为数甚巨，应照章按月汇造总册，分别管收，除在申报运署上月捐项除支销外，统于下月扫解。惟道途辗转，应请循旧发交海关银号汇解报纳，以重饷需。温市钱少，运费亦多，应于批内注明解钱若干，旁注照市价一零几申洋若干，以清眉目而免朦混。

盐行章程五条：

一，五行合办迹近朋比。查温郡盐行现在轮流值日合办不无流弊，应饬令该行等各归各办，仰体大宪体恤民艰至意，祇准代客买卖，不准趸货居奇，所雇秤手须用老成可靠之人，开单送局备查。如敢上下其手，立由局员斥退，不准复充。所需行用照章在于盐价内每斤收用钱若干以资津贴，并饬禀明立案以示限制。如仍敢私相授受，舞弊漏捐，查出封究。

一，应用篰络均宜预备。查篰络大小关乎盐觔重轻，应饬令各行划一预备，所需竹篾绳索之费由水贩随时照价归墊，毋得任意开销拖欠，如违查究。

一，盐船水贩宜加约束。嗣后凡遇盐船进口投行后，应由各该行率同赴局缴照、验封、打篰。水贩投行后，应由各该行率同赴局报捐、掣验、过秤、盖印，如敢扶同舞弊，查出重究。

一，出入盐价应归划一。查盐价之涨落以盐质之高下为衡，嗣后由各该行率同盐船、水贩三面公议，随时报明总局牌示，不得由各行任意低昂，以免居奇垄断而示持平，如违重究。

一，收发盐觔应遵烙秤。查盐秤之大小，即价值之多寡所关各该行所用盐秤，酌定以每觔十八两为度，现已由总局预备，并禀请温处道就近烙发应用，以昭划一，统饬听候委员随时率同司事携带局用烙秤在于码头眼同掣验发贩，以昭公允，不得擅用私秤高下其手，如违重究。

盐船章程二条：

一，严禁闯卡以肃法纪。查奉准化私打篰仍旧官办，系出大宪格外体恤一视同仁之意，奉饬在于灵昆设立进口查验分卡，凡盐船进口经过该卡即须停泊候司事查验缴照盖印，如无闽省出口票照或盐觔数目不符，胆敢不候查验违例闯卡，概以私论，立予重究。

一，严禁私卖以重饷需。查盐船封舱后开赴东门停泊，务即投行，将灵昆号单持赴东门分局呈缴备查，所运盐觔报明现投某行，听候查验、封印、挂号、登簿，以次起舱、打篰、过秤、发销，一俟盐已销竣，仍将牌照发还，倘敢私行交易，立予重究。

水贩章程六条：

一，严禁私买以杜偷漏。温处水贩到埠，无论售盐多少，均应于凭行议定价值时取具该行报单，先赴东门分局完捐，填给捐票，以次听候打篰，眼同委员司事在于码头掣验、过秤、加盖土红棕印发运，庶免流弊。如敢私运偷捐，一经查出，照依货捐定章分别三倍五倍示罚。

一，严禁侵销以示限制。查光绪十一年奉准打篰，每篰连耗盐计净重二百四十觔，篰络在外，从宽准以二百觔完厘，现奉准循旧办理，所缴厘捐计每盐百觔在于东门分局收初起捐钱二百文，运至青田收验捐钱壹百五十文，其由后垟完捐者，运过青田照此办理。运至厦河再收二起捐钱二百五十文以外，松龙不再收捐。惟只准在于温处行销，不准侵越他处引地，如违即以私论。

一，严禁夹带以裕饷源。麻行门设立查验分卡，该水贩于开船上驶时经过该卡，立将捐票呈验，听候查点，簖件相符，盖戳放行。至经各处厘卡，无论有无百货，亦应验票盖戳，倘敢夹带货物偷漏货厘，查出重究。

一，严禁搀和以重厘款。查浙省各局收捐定例统用制足大钱，如用光足英洋照依牌示定价，公平交易，不得搀和私铸暨一切土板建板，致滋流弊，务合懔遵。

一，严禁加觔以符定例。查盐觔自温州打簖运赴处州完厘，仍每簖连耗盐除绳络共重二百四十觔，准以二百觔报捐，如敢私行折簖加重，除照章补捐外，并加三倍示罚，务各懔遵。

一，严禁匿票以昭核实。温处水贩到埠，无论在东门后垟买盐完厘填给捐票，驶到青田验卡，先将捐票呈缴，听候掣验，盐票相符，再收温州验捐，倘或无票，或有票而簖数轻重不符，须将温州起捐补足，并照章示罚后始收验捐，给票放行。到厦河报捐亦照青田章程办理，如违查究。至青田所收东门后垟起捐验单，厦河所收青田验捐验单，按月随缴夤粘送总局以便查核。

初二日，赵舒翘作《复盐运使司惠函》："岁除前二日接奉环章并抚宪函谕，祗聆种切，承示官局接办难预定期，恐地方莠民借端生事，又虑该商厫趁此减价滥销，均与大局有碍，均宜预为布置等因，足征荩虑周详，明见万里，良深佩服。弟前于腊朔奉谕，秘密不宣，乃商栈旋亦得信，船贩居民人等哄传改章，欢声雷动，当即严切晓示，不准藉端滋闹，搅扰盐厫，至请防营派勇以之镇慑莠民，保护水贩则可，若令暗中密查商人防其销运空厫，决非营勇所能为力。又收厘一节，六万串定额断难亏短，商人取巧合银解库，每年暗亏七八千串之多，今改官办，仿照通省厘局章程，按市价收洋汇解，似无趋避。其收闽盐之法，请照向章以查验闽船有无票照、盐斤是否相符为分别官私枢纽。若每船限以成数，此向来商人所不能办者，似难责之官办。至堵截倒灌，应由浙东商人与闽商各于引地交界之处设法严缉，自无侵灌之虞。又奉另谕，询及裁撤松龙之卡减收一百文，成本必轻，恐不敌无厘之私盐，而此项盐贩既减成本，又无卡局稽查，未必恪遵体恤、真不侵灌等因。查松龙两卡从前收钱每年不过三千余串，开支两千余串外，仅解一千余串，该两卡裁撤已久，并非始于今日。今改官办，不过不议复设耳。若谓减收一百文，成本必轻，查商人包办通按八折抽厘，每担只收钱一千一百二十文，每篰又加耗盐七十觔，尚不虑盐贩成本之轻，前拟官办章程每担加钱八十文，每篰又减耗盐三十觔，就盐贩成本而论，较之商办已加重矣，未便再行议加。至津贴一款，准作罢论，仰见体恤逾常，该员等办公益形宽裕。窃思盐务改章出自抚宪特恩，实赖阁下一秉至公赞成此举，闾阎受福洵属千载一时。但商人将退未退之际，减价滥销，诚如明示，有碍大局，闽商栈司夥辛工及巡船薪水既截至年底一律撤退，而官办未奉札委，开局无期，万一闽私蜂拥而来，毫无查禁，则所虑有碍大局者，又不止存栈之盐贱销空廒已也。余于抚宪禀内缕晰详叙，恕不赘渎。兹将该员等遵奉宪示更正章程清折同抄录禀稿，并请察核饬遵，前送清折希即发还涂销，所有未尽事宜俟该员等奉文开局后随时迳请执事核示遵行。再，新委厘局之员暂缓来温，务恳转商方伯大人俯如所请，以示矜恤，钦感同深。徐大使到时自当延见询访，藉资考证，来差于客腊二十八日至温，不能守候，当缮回条，并给光洋二元令其先回，合并附陈。”

二十八日，赵舒翘接到《布政使司布政使刘、盐运使司盐运使惠移文》:“为移请事。光绪十九年正月十五日奉盐宪札开：据温处赵道禀温处盐务改归官办并拟章程等情到本部院，据此，除批据禀温处盐务改归官办及所拟章程均尚周妥，候抄禀折饬藩运二司赶紧核明，一体饬知该委员遵照，仰即督饬迅速妥为开办，务须课项有加，地方安谧，不得再事瞻顾因循，是为至要。至所称温西门分局委员并候行司遴委妥员刻日前往可也。此缴折存印发外，札司立即会同藩司赶紧核明一体饬知该委员遵照迅即妥为开办，如有未尽事宜随时禀司核明详候察夺，毋违切切。计粘抄。又同日奉盐院宪札开：照得温处盐务改归官办情形，业据温处赵道禀经批示在案，所有温东门外掣验分局正值开办之初，似应就近于分府各员中揀委熟悉人员办理，以期得力，除札温处赵道遵照外，札司即便知照毋违各等因。奉此，查温处现定改归官办，所有该处总局委员业经本司等札委邵丞秉经、沈倅寿铭会同办理在案。并奉抚、盐院宪面谕：所有温府东门外查验分局以及后垟、青田、厦河等三处分局各委员现在改办之初，应由贵道就近在于分府各员中揀选妥员分别札委开办，倘在郡之员不敷派委，请于省中无差各员内择其向所深悉可靠之员咨调前往，以资妥协。并据邵丞秉经进省面称，府局总办势难兼理，自应俯如所请，即改派沈倅总办，邵丞会办，不得推诿等因，除分别札饬遵照，并刋关防钤记饬发、择日开办外，理合移请。为此，合移贵道并粘抄，请烦查照转饬遵办，希将温郡东门外查验分局以及各分卡委员就近揀遣妥员札委开办，倘在郡之员不敷派委，并请于省中无差人员内择其向所深悉可靠者咨调以凭饬往，并祈示覆，望速施行。须至移者。”

二月

初一日，“以才堪佐治，予文职浙江温处道赵舒翘等五员，武职总兵张其光等五员军机处存记”。(《光绪朝实录》)

三月

初二日，赵舒翘作《申报抚宪稿》：

为申报事。光绪十八年十二月初十日奉宪台札，开据藩运两司会详核议温处盐务改归官办详请督核，并饬温处道拟详等情到本部院，据此除批示外合行札饬。札道[到]，立即遵照，督同永嘉县即将官办应行各条款妥速议拟，详候核办毋延。计粘抄详并批，并先于是月初一日接运司函以温处盐厘一案，该商等筹议多日，始据具禀告退，情愿改归官办，经运司禀奉宪谕，先行传知，由职道责成邵令就近细察情形，妥筹官办章程各等因到道，奉经督同邵令沈倅酌议官办章程及坐支款项，开折禀送，旋于是月二十八日奉到钧谕遵，又饬据该员等将原拟盐船第一条，盐行第四条添改明晰，另开清析禀呈宪鉴。本年正月二十一日奉批据禀温处盐务改归官办及所拟章程均尚周妥，候抄禀折札饬藩运两司赶紧核明，一体饬知该委员遵照，仰即督饬迅速妥为开办，务须课项有加，地方安谧，不得再事瞻顾因循，是为至要。此缴折存。又于是月二十四日奉宪台札开：照得温处盐务改归官办情形，业据该道禀经批示在案所有温东门外掣验分局正值开办之初，拟就近于分府各员中拣委熟悉人员办理，以期得力，除札藩运两司知悉外，合行札饬。札道遴委妥为办理，如不得其人，即指名禀咨调派可也各等因。奉此，维时邵令已奉总办盐局委札，先期晋省请示致稽开办。兹于二月十四日准藩运两司会移，以光绪十九年正月十五日奉宪台札开：据温处赵道禀温处盐务改归官办并拟章程等情到本部院，据此，除批：邵发外札司立即会同藩司赶紧核明一体饬知该委员遵照迅即妥为开办，如有未尽事宜随时禀司核明详候察夺。计粘抄。又同日奉宪台札开：照得温处盐务改归官办情形，业据温处赵道禀经批示在案，所有温东门掣验分局正值开办之初，似应就近于分府各员中拣委熟悉人员办理，以期得力，除札温处赵道遵照外，札司即便知照毋违各等因，奉查温处盐务现定改归官办，所有该处总局委员业经本司等札委邵丞秉经沈倅寿铭会同办理在案，并奉宪台面谕：所有温东门外查验分局以及后垟青田厦河等三处分局各委员，现在改办之初，由道就近在于分府各员中拣选妥员分别札委开办，并据邵丞秉经进省面称府局总办势难兼顾，自应俯如所请，即改派沈倅总办，邵丞会办不得推诿等因，除分别札饬遵照并刊关防钤记饬发择日开办外，移道查照转饬遵办，希将温郡东门外掣验分局以及各分卡委员就近拣选妥员札委开办，倘在郡之员不敷派委，并请于省中无差员内择其向所深悉可靠者咨调以凭饬往，并祈示覆。计粘抄等因。准此，窃查盐务系运司主政，值此改章伊始，百在委用得人，非但总局责成事繁，胜任匪易，即温郡东门外等处分局亦须择能而使，期收指臂之助，本应转请运司会同藩司遴员办理以免越组贻讥，惟温郡距省遥远，往返需时，既奉宪台批札于前，并准藩运两司会移于后，未便拘执避嫌致滋延误，当经传谕沈倅邵丞公同商酌，秉公选举，职道并不推荐一人免得从中掣肘。现据该员禀报择于三月初一日总局及分局一律开办，并以接办之初，事同创始，恳请出示晓谕，另将公举各员衔名加具考语开列清折呈送前来，随即摘录禀奉核准官办章程，颁发简明告示，剀切谕知。其折开文武各员暂由职道先给委札照会，俾得如期开办，免致稽延。除移请运司会同藩司查照加委外，理合抄折，具文申报，仰祈宪台詧核。再，温溪莠民屡次藉端滋事，已谆谕永嘉县会同营帆防军查拿为首之人，务获禀办，俾昭炯戒。嗣后遇有干涉地方要件，职道自当就近督率办理以维大局而纾宪廑。至于盐局应办事宜，仍由该总办等体察情形专禀运司核详请示，道署概不干预，以符原议而一事权，合并声明，为此备由具申，伏乞照验施行。须至申者。

十一日，赵舒翘作《谕本署书吏》：

温处盐课由官归于商包，此三四年以来闾阎日形剥削，道路嗟怨，久必生变，此次仍归官办，无非体恤民艰起见。本道身任地方，又奉督同查议之委，何敢自避嫌怨，隐默不言，以致商受祸败，民罹法网。去岁三月到任，一年之中竞竞［兢兢］持议，几于耗尽心血，幸蒙抚宪仁慈，藩运两司协力得抒民困。虽招牟盐利者之忌，亦所不恤。然署内之应清洁无染，究不可不倍加谨慎，事前公牍一再声明道署概不与闻。现在开局，亦不推荐一人，以免失利者藉口，此等苦心，该房吏等当早知之。兹本道赏该吏钱八千文津贴缮写此案卷宗，笔墨纸工之费，卷宗已由本道亲手挨次粘固钤印合缝，嗣后来文有应归卷者另为一宗，依次照粘，无得再生希冀为要，并将此谕附此卷末，俾后任君子知斯举万分为难，将有保护穷黎维持大局于不敝者，则此卷应如何郑重视之也。

十六日，“以浙江按察使黄毓恩为福建布政使，浙江温处道赵舒翘为浙江按察使”。(《光绪朝实录》)

十六日邸钞载：“以浙江按察使黄毓恩为福建布政使，以浙江温处兵备道赵舒翘为浙江按察使。”[①]

赵舒翘《补授浙江臬司谢恩折》云：“奏为叩谢天恩，吁请陛见，恭折仰祈圣鉴事。窃臣接奉抚臣崧骏行知准吏部咨，光绪十九年三月十六日奉上谕：赵舒翘著补授浙江按察使等因，钦此。遵即恭设香案，望阙叩头谢恩。伏念臣关中下士，幸捷春闱，郎署备员，懔司秋宪，一麾出守，惭表率之无方。两郡分巡，愧涓埃之未报。兹荷纶音特沛，俾令臬事时陈。闻命自天，悚惶无地，所有微臣感激下忱，理合恭折叩谢天恩。吁请陛见，一俟交卸温处道篆务。即日前赴上海附轮，迎折北上，藉纾瞻就之忱，伏乞皇上圣鉴，谨奏。”

《将去温处留别署中且园诗》云：“亭峦掩映水如湖，司寇园成如画图。[②]甫辨四时佳卉状，初寻十景旧基模。[③]骊歌忽唱情萦此，鸟语频来意恋吾。六一诗怀常在颍，况兹邹鲁号名区。[④]”

春，赵舒翘重刻《提牢备考》，将雷榜荣乙酉年所作序刻入，时雷榜荣已辞世。重刻本附记：“此叙系老友雷瀛仙乙酉年所赠，彼时以语涉揄扬，辞未敢刻。瀛仙笑曰：是区区者亦不准附名耶？至今不忘其言。兹因索书者多，重墨诸板，增入叙文，义附久要。瀛仙往矣，追维旧雨，为之惘然。癸巳春展如手识。”[⑤]

---

①《越缦堂日记》(第18册)，第13387页。

② 自注：园起于高铁岭司寇。

③ 自注：余莅任刚一年，园内旧有十景，今无矣。

④ 自注：永嘉宋时称小邹鲁。

⑤《庚辛提牢笔记点注》，第201页。

五月

履历：五月，交卸温处道篆，当即具折谢恩，恳陛见。迎折北上，途次接到差弁赍回原折。钦奉朱批：著来见。

初九日，赵舒翘交卸道篆。至杭州居住八旗会馆。

十九日，上奕谟函："鹿苹老哥大人惠鉴：去秋曾上一函，未奉复音，不知收到否？近因冗忙，久疏笺候，仪慕之怀究未尝稍释也。弟迂拙无用，一官骤迁，午夜兢惕，惟有惭汗交流耳！因东瓯僻处海隅，远隔重洋，故谢恩稍迟。浙江折并系廿一日航海赴都，计六月初弟谢折必到，一奉谕旨即求速赐电音，以便迎折北上。倘以弟前岁赴引，出京年浅，又系坐迁本省，可免此行，亦乞即行电知。如必须来京，弟接见电音后，即星夜赴程，所有应住之处，应备之件，均叩求饬办。弟一切茫如，所仗以持扶而不至陨越者，全赖旧雨鼎力耳！良晤不远，再倾积想。手此叩请崇安。小弟翘顿首。伯母大人尊前叱名叩安！弟已于五月初九交卸道篆，现同家眷至杭垣京八旗会馆，电音即祈达此。再，电报多发数字，以便明意，勿惜小费为盼。弟又叩。"①

六月

二十日，赵舒翘去刑部访旧友。《沈家本日记》载："赵展如廉访来，叙雪堂留吃便饭。"

二十一日，赵舒翘拜访李鸿藻。李鸿藻"（午）饭后略睡，赵展如来见，以兼祧事相讬"。②同日，李鸿藻"致辅廷信，送展如呈底等件"。③刑部故旧方坤吾等公请赵舒翘。"坤吾诸公请展如廉访，邀作陪。"（《沈家本日记》）

二十二日，赵舒翘拜见翁同龢。"新授浙臬赵展如舒翘来见，其人本

①《近代史所藏清代名人稿本抄本》之《奕谟档》二。

②《李鸿藻年谱》，第 492 页。

③《李鸿藻年谱》，第 492 页。

吾所激赏，今看有体有用，深于《易》者也，谈温处盐商把持闽盐入浙，浙民食贵盐几酿事端。”[①]《李鸿藻年谱》载：“傍晚辅廷来论展如事。”[②]

二十三日，沈家本等旧友“在义胜居公请展如廉访”。[③]

二十五日，赵舒翘拜访李慈铭。“浙江赵按察舒翘来，新自温处道升任入都者。”[④]

二十八日，“叙雪堂同人在南河泡雅集，并公请赵展如、希宝臣、湍荩臣，赵□不到，湍到”。[⑤]

同日，李慈铭“答子乔、弢夫、定尃，鹿门及赵展如按察舒翘，午诣江苏馆，漱翁、葶庭、弢夫、鹿门、子封、仲弢先后至，晡后归”。[⑥]

又，赵舒翘陛见入都，途经天津，初次拜见李鸿章。光绪召见赵舒翘二次，有“前在刑部当差甚好，在外官声以［亦］好”之谕。

夏，赵舒翘刊印《温处盐务纪要》，并作序：“余壬辰春移官温处，至武林谒抚宪崧振帅数次。谆谆以温处盐务属委，盖时正值温溪刁民阻盐滋事也。余初来浙，于地方利病未悉，不敢妄答，敬识于心，唯唯而退。春杪抵瓯，接见吏民，详为周咨，始得颠末。盐课为国赋大宗，商引亦鹾网要务。独温处一隅情形，不特与别省不同，亦与全浙迥异。盖温州盐场败废，引商久已衰竭，间有出盐，不足食用。闽之晒盐多而价廉，海疆错坏，港汊纷歧，来亦易，于温处山多田少，穷民多仰食于此。询之士人，云民间腌鱼菜等物，用浙盐十五斤不如用闽盐十斤之味厚，且用闽盐作成者可以久存，用浙盐者则易至臭坏。夫利之所在，民必争趋，非官有以平

① 《翁同龢日记》（第5册），第2621页。

② 《李鸿藻年谱》，第492页。

③ 《沈家本未刻书集纂补编》（下册）《沈家本日记》，第1293页。

④ 《越缦堂日记》（第18册），第13469页。

⑤ 《沈家本未刻书集纂补编》（下册）《沈家本日记》，第1293页。

⑥ 《越缦堂日记》（第18册），第13471页。

制之，即为土豪所攘夺。明青田刘诚意伯集云：‘瓯括间有隙地曰谈洋，及抵福建曰三魁。元末顽民负贩私盐，因挟方寇以致乱。累年民受其害，遗俗犹未革，宜设巡检司守之。’太祖从其言，顽民以其地系私产，且属温州界，抗拒不服。《明史》所载大略相同。谈洋、三魁地不可考。以形势度之，大概即今温溪等处。在元末明初已如此，可见温处盐务关于地方治乱者，久矣！同治初年，发逆平后，前人费无限经营，始得化私为官，抽厘济公，乃甲商见利而不见害，于光绪十四年忽用重赀，图谋包课，由官改商。先以禁闽之私盐运浙之余盐为词，后又以带买渔盐藉收闽盐相混，其垄断网利之术，以重秤贱值，勒取闽贩以并厘局，高价剥削民财。四五年之间，渐致穷黎失业，洋面多盗，商人所获固厚矣！殊不思，道路嗟怨，积忿既久，一旦起而甘心，商受祸败，民罹法网，事变莫测，处置更难。况利之在中饱者多，彼应名者，亦徒作孽而已矣！今幸抚宪俯念岩疆，体恤民瘼，悉除商办苛法，仍改照旧章，分局收厘，交易听从民便，使该商得平善终事。又收年关大利，未始非保全之道也，并筹款在温溪严定保甲章程，体恤瘠区之中，仍寓约束顽俗之意，想地方亦从此静谧矣！惟商人趁机售存盐，处处蛊坏，交替之际私犯充斥，初改官办，厘课数绌自意中事，若经理得人，事无掣肘，不过半年之外，章程具备，懋迁流通，收数必有起色。国课民生，两有裨益，斯举得之。道光中叶，温处盐务因官商交争，致兴大狱。虽情事于今有异，究由办理者之未善，此次改章有抚宪之施仁制义主持其上，藩运两司和衷协赞其间，而沈甲商深明大义，即时告退，温溪之民亦均知法感恩，乃余遭遇之天幸，故集案牍而识。此后之官斯土者能维持不敝，是两郡生民之福尔。”

履历：六月入觐，蒙召见二次。

七月

初四日，赵舒翘拜别翁同龢。《翁同龢日记》云：“赵展如赠别敬，却之。”①

初五日，李慈铭“写柬约江西德中丞馨、福建黄布政毓恩、浙江赵按察舒翘初十日先贤祠阖郡京官公宴”。②

初六日，“赵展如廉使馈十六金为别。是日，赵、德、黄三君皆缴柬辞饮”。③

初八日，赵舒翘离京赴任。“午后全浙老馆戏台新落成，公请德小峰中丞、黄泽臣方伯、赵展如廉访。展如今日即出城。”④

初九日，礼部尚书昆岗作《奏为大员恳请兼祧援例具奏请旨遵行事》：“据浙江按察使赵舒翘呈称，系陕西长安县人，缘高祖生曾伯祖际云及曾祖庆云，曾伯祖止有伯祖元鼎一子，伯祖身故乏嗣。曾祖生职祖元士及叔祖元法，祖又生职父宗谦及胞叔宗让，叔祖亦遗一子梦庚。时职祖以伯祖支属，合族大宗，礼不可绝，即命职父出嗣伯祖，故职自入学至通籍，所填三代皆以长房曾伯祖为曾祖，以伯祖为祖，而以本生曾祖与本生祖附从于后。不幸本生胞叔早逝无子，叔母董氏时年二十一岁，即矢志守节，职幼丧父母，遂奉本生叔母董氏同居，深资教育。从前因堂叔梦庚于同治元年乱离，流落新疆，常望复回故里，按次承接本生宗祀，乃自关陇甫清，访觅未得下落，迄今存亡莫卜。现在叔母董氏年逾六十，渐形衰老，与职相依年久。以本生而论，义属期亲，以抚育而言，恩同母子。且职父由次房出嗣长房，原系职本生祖推重大宗起见，今若坐视本生曾祖为本生祖奉祀无人，非持有乖木本水源之义，又何以慰叔母四十年含冰和药苦心，再四思维，惟有援照大宗兼祧小宗之例，以本生胞叔母董氏为职兼祧嗣母，日后设遭大故，准予报丁解任持服期年，将来生子再行分祧两房，绘具

① 《翁同龢日记》（第5册），第2624页。

② 《越缦堂日记》（第18册），第13477页。

③ 《越缦堂日记》（第18册），第13478页。

④ 《沈家本未刻书集纂补编》（下册）《沈家本日记》，第1294页。

宗图，并取具印结，呈请到部。臣等伏查乾隆四十年奉上谕：独子总宗支所系，但或其人已死而其兄弟各有一子，岂视其无后，且现存者尚可生育，而死者应与续延，即或兄弟俱已无存，而以一人承二房宗祀，亦未始非从权以合经。嗣后遇有孀妇应行立继之事，即独子亦准出继，著为令。钦此。嗣于嘉庆、道光年间，先后议定小宗独子兼祧小宗，所生为重，为所生父母丁忧三年，为兼祧父母持服期年。大宗兼祧小宗与小宗兼祧大宗，均以大宗为重，为大宗父母持服三年，为小宗父母持服期年，经臣部纂入则例，历经办理在案。今浙江按察使赵舒翘亡父出嗣长房伯祖，承大宗后，其本生胞叔又早故无子，叔母董氏孀居守节，现在本生曾祖以下奉祀无人，恳请兼祧本生胞叔宗让为嗣。臣等核与独子兼祧两房之例系属相符，自应准其兼祧，将来仍照大宗兼祧小宗例持服，俟生有子嗣，再行分承两房宗祀。惟该按察使系三品大员，呈请兼祧，理合据情援例专折具奏，伏乞圣鉴训示遵行。”

二十六日，赵舒翘上任。赵舒翘作《接浙江臬篆谢恩折》：“臣前在温处道任内，蒙恩补授浙江按察使，当奉抚臣崧骏恭录光绪十九年三月十六日钦奉上谕行知到臣，遵即恭折谢恩，吁请陛见，嗣于交卸温处道篆后，驰赴上海，附轮迎折北上，行抵天津途次，接奉批旨：著来见，钦此！钦遵星驰入都，仰蒙召见二次，圣训周详，无微不至，跪聆之下，钦感莫名。七月初二日请训后，仍由天津航海南下，二十日回至浙省，奉抚臣崧骏饬，赴臬司新任。兹于二十六日，准前署按察使、盐运使臣惠年将印信文件移交前来，臣于是日恭设香案，望阙叩头谢恩！祗领任事，伏念臣关中下士，知识庸愚，自通籍而供职西曹，涓埃未效，由典郡而分巡东浙。寒暑初周，乃荐擢提刑，拜三岁两迁之命，况坐升本省，无采风问俗之劳，恩遇弥隆，悚惶弥甚，责任愈重，报称愈难。查浙省本江海要区，臬司为刑名总汇，举凡诘奸除暴，察吏安民，清讼狱以恤闾阎，严保甲以弭寇盗，在在胥关紧要，如臣梼昧，深惧弗胜，惟有益矢慎勤，力图整顿，随时随事禀承抚臣认真办理，以冀仰答高厚鸿慈于万一。”

赵舒翘写给安徽巡抚沈秉成书信：“久未上叩起居，私衷瞻恋无时或释！近闻精神益健，受祜无量，深慰孺忱。翘一官骤迁，悚惶莫解，此次陛见，蒙天语褒嘉，自顾报称无具，不禁惭汗交流也。七月下旬回浙，于二十六日接印。任事重，窃珂乡之禄，愈思饮水思源。惟有勤政爱民，维持地方，藉报大人保全培埴之德，并求时颁赐训，俾有持守，下怀幸甚。”

写给李鸿章书信：“初谒龙门，即蒙优盼，侍训片时，而平阔远大气象令人景挹不尽。并蒙赐派小火轮托送，得利遄行，欣仰之私与激感同切。归途本拟重求教言，开拓识见，惟至津时天已过晚，恐不便趋谒纷扰，兼之新济轮船是夜即开，不得已差丁禀辞，知中堂待人宏量，必然鉴宥，而寸心歉悚，至今犹耿耿也。本司于七月二十六日接印任事，自问才力薄弱，难膺艰巨。第以本司之迂拙，于今时而蒙恩迁擢，在天人相待已属十分成全。居官一日，不能不勉力尽职，中堂如以为可教而辱教之，俾免颠蹶，幸甚。”

九月

初一日，褚成博奏：“臣近闻浙江考官驰驿赴浙，行经江苏苏州府境时，忽有人至正考官殷如璋坐船投递书函，中有考生五人姓名并银票一万两，嘱与关节取中。殷如璋拆阅后，当将其人扣住，连书函一并就近发交苏州府看管。经该府知府王仁堪据情咨解浙省，此事苏浙地方遍处播说，守正之士咸怀愤叹。近日都中士大夫亦互相传述，诧为罕闻。伏思科场舞弊，例禁何等森严，乃竟敢明目张胆如此妄为，若不严加究治，恐以后奸徒玩法效尤必更肆行无忌，世风士习关系非轻。相应请旨下浙江巡抚速提此案，认真讯究，是否实有主使抑系冒名撞骗，务得确情按律定拟奏明惩办，俾人心咸知儆惕，则积弊自可潜消。臣为前除敝俗起见，据实上陈。”（《东华续录》）

初一日上谕：“有人奏考官途次拏获投书贿嘱之人请饬究办一折，据称浙江正考官殷如璋行抵苏州，忽有人投递书函，中有考生五人姓名并银票一万两，嘱与关节取中。经殷如璋将其人扣留，发交苏州府知府王仁堪看管，转解浙省讯办等语。科场舞弊，例禁綦严，若如所奏各情，殊堪诧异，著崧骏严切根究，务得确情，按律定拟具奏。原折著钞给阅看。将此谕令知之。”（《光绪朝实录》）

《清稗类钞》“考试类”云：光绪癸巳，殷如璋、周锡恩衔命南下，主试浙江，至苏州，船泊阊门外。时苏州府为王可庄太守仁堪，循例谒见。谈次，忽有人以密函至，立待覆书。功令，典试者在途，不得与戚友通音问，防弊也。殷得密函，请王启视，王阅之色变，即呼拏下书者。书中所言，皆贿买关节语，并一万两银票一张，署名者周福清，周即浙江翰林院庶吉士散馆授知县，革职捐内阁中书者也。殷见事已泄，亦拍案大怒，请将下书者严究，以明心迹，于是周遂被祸。

九月初三日，崧骏奏：“八月初六日据浙江臬司赵舒翘详转准江苏臬司移浙江主考于七月二十七日路过苏州，有名周福清者遣人赴浙江正考官殷如璋舟次呈送信函，经殷如璋将递书之家丁陶阿顺扣留，押交苏州府收审，知信中系嘱托关节情事，提讯该家丁，供词闪烁，由县委员管解陶阿顺，并案到浙。维时奴才业已入闱，即饬臬司赵舒翘同藩司刘树堂督饬杭州府知府陈璚亲提审讯。据陶阿顺供称，伊向在绍兴府城陈顺泉家佣工，本年七月，周福清向陈顺泉借伊去伺候。七月二十五日至苏州。二十七日浙江主考过境，周福清取出书信名帖交伊送至殷主考船上，即被获解，信内何事，伊实不知等语。据臬司抄递所呈之原信内计纸两张，一书‘凭票洋银一万元’等语，一书考生五人马官卷顾陈孙章，又小儿第八，均用‘宸衷茂育’等字样。又周福清名片一纸，外年愚弟名帖一个等因。奴才于闱内查得马姓官卷通省只有马家坛一名，周福清之子周用吉核对三代内父名相符，均会稽人，一并扣考，以免物议，其所列之顾陈孙章名姓俱无考名，殊难悬断，无凭查扣。至周福清籍贯功名，苏省来文并未叙及。现查其子考册内系绍兴府会稽县，讯据陶阿顺供称，系属进士，现在丁忧，并经臬司转饬会稽县查明周福清系丁忧内阁中书，同治辛未科进士，惟周福清遣投信函贿嘱关节一案系在江南苏州地方，是否潜回浙江，即经臬司访仁和、钱塘两县查覆未曾来省，并由司飞饬会稽县原籍迅速查传押解省垣质审各在案。伏查此案既据江苏臬司并委员将信件暨投信人一并解交前来，非将周福清查拿到案不能审出实情，相应请旨将丁忧内阁中书周福清即行革职，归案审讯，是否有当，除将陶阿顺收禁候质外，理合恭折具陈。"(《东华续录》)

同日，上谕："昨据御史褚成博奏浙江正考官殷如璋行抵苏州，忽有人投递书函，中有考生五人姓名并银票一万两，嘱与关节取中。经殷如璋将其人扣留，交苏州府看管，转解浙江请饬究办。当经谕令崧骏严切根究。本日据崧骏奏，据臬司赵舒翘禀称，准江苏臬司移咨此案，并将投递书函之家丁陶阿顺解交浙省。讯据陶阿顺供称，系周福清令伊投信。查周福清系丁忧内阁中书，请饬革职归案审讯等语。案关科场舞弊，亟应彻底查究。丁忧内阁中书周福清，著即行革职查拏到案，严行审办，务得确情，按律定拟具奏。"(《光绪朝实录》)

《缘督庐日记钞》云：九月"初四日，阅邸钞，浙江正考官殷如璋行抵苏州，有人函托关节，馈万金，即将送书人扣留，由苏州府移咨浙省，经崧帅奏参，褚伯约侍御亦入告，有旨严查。惩办祸首周福清"。

《王文韶日记》载：九月初七日，"阅电抄褚成博奏科场舞弊一案，查出丁忧内阁中书周福清，会稽人，差人迎至苏州向浙江正考官殷如璋呈递书函，开有考生姓名五人，许银一万银求通关节情事，此大狱也。士绅无行至此，本人身罹重罪殊不足惜，特不免为浙人之羞耳，可慨也夫"。①

① 《王文韶日记》，第852页。

十月

三十日，“接钰孙九月廿一日安报，子社附书述科场案甚悉，周福清一人承认，幸信内所开考生五人，有姓无名，司谳者尚可不加深究耳”。（《王文韶日记》）①

十一月

署理浙江布政使。

赵舒翘作《署藩篆谢恩折》：“奏为恭报微臣接署藩篆日期，叩谢天恩，仰祈圣鉴事。窃臣于光绪十九年十一月二十三日奉护抚臣刘树堂札开：钦奉恩命，护理浙江巡抚，所遗布政使篆务委臣署理等因。臣即于是日交卸臬篆，并准护抚臣刘树堂将藩司印信文卷移交前来，当即恭设香案，望阙叩头谢恩，祗领任事。伏念臣秦关下士，鲁钝庸才，臬事初陈，愧涓埃之未效。藩条遽绾益，兢惕以难名。迭沐鸿恩倍深鳌戴，查浙省夙称繁庶，藩司责在旬宣，举凡慎度支以重库储，勤考核而清吏治，在在胥关紧要。如臣梼昧，惧弗克胜，惟有殚竭愚诚，谨守成法，随时随事禀承护抚臣尽心经理，不敢以暂时摄篆稍涉因循，以期仰答高厚鸿慈于万一。所有微臣接署藩篆日期，并感激下忱，谨缮折叩谢天恩，伏乞皇上圣鉴，谨奏。”

十二月

初二日，补授浙江布政使。“以河南布政使廖寿丰为浙江巡抚，调浙江布政使刘树堂为河南布政使，以浙江按察使赵舒翘为布政使，江苏苏松太道聂缉规为浙江按察使。”（《光绪朝实录》）

《翁同龢日记》载：放“赵舒翘浙藩”。②

赵舒翘作《补藩司谢恩折》：“臣前在臬司任内，奉护抚臣刘树堂委

---

①《王文韶日记》，第859页。

②《翁同龢日记》（第5册），第2654页。

署藩司印务，当经恭折谢恩，并报明接署日期在案。兹奉护抚臣刘树堂行知，光绪十九年十二月初二日奉上谕：浙江布政使著赵舒翘补授等因，钦此。遵即恭设香案，望阙叩头谢恩。伏念臣赋质迂愚，毫无知识，由部曹而幸膺典郡，晋监司而存擢提刑。当经请觐入都，仰蒙召见二次，瞻天颜之温霁，聆圣训之周详，感结五中，悚惭万状。乃刑章甫绾，方虞无补于时艰；而薇籀初权，遽拜真除之宠命。凡此非常之恩遇，实非梦想所敢期。查浙省为财赋之区，藩司有旬宣之责。度支自宜撙节，当缓急之兼权；吏治首重得人，贵激扬之互用。如臣梼昧，深惧弗胜，惟有吁恳恩施，准臣恭诣阙廷，亲承谟训，遵循有自，陨越无虞，以期仰答高厚生成于万一。”

赵舒翘作《迁藩司志感诗》：“腐儒碌碌本无奇，讵料遭逢陟伯司。天幸屡邀冰在履，时艰已巨木难支。海成卮漏翻鲸浪，民竭锥微竞茧丝。自古计臣丛指视，谁容一步有差池。”

《叶湘文别驾以其父观察杭嘉湖时，值发逆破城殉难，将所遗绝命书及生前小照装成一卷求题。余素不工诗，亦拙于书，因感忠烈之迹，仁孝之怀，勉成数韵还之》云：“孤矢星暗南服光，萑苻射出大枪芒。寰宇升平日已久，官军闻警逃如羊。湖湘长驱石城破，东南半壁支浙杭。杭垣无险守（缺一字）境，长城自坏边失防。从此强寇逞猖獗，烽火直至吴山旁。守堧无人战士没，忠良誓死城俱亡。肖子殉父仆从主，一家节义同芬芳。古井水清臣心似，绝笔从容铁画刚。浩气劫灰难磨灭，[1]此卷独留大地长。哲嗣抱守经缃等，作忠之后知必昌。”

十二日，崧骏奏：“浙江会稽县在籍丁忧内阁中书周福清在苏遣仆陶阿顺赴浙江正考官殷如璋舟次投递信函，经殷如璋扣留押交苏州府收审，知系嘱托关节，由苏臬司委员管解陶阿顺到浙，前据臬司赵舒翘禀报时，奴

① 自注：贼去后，署内寸草无留，独小照弃在院中。

才业已入闱，即饬臬司赵舒翘会同藩司督饬杭州府讯取陶阿顺供词，并臬司钞呈原信有马官卷顾陈孙章又小儿字样，当查马姓官卷马家坛一名暨周福清之子周用吉一并扣考，其顾陈孙章各姓俱无考名，无凭查扣。奴才出闱后当经恭折具奏请旨，将丁忧内阁中书周福清即行革职归案审讯，一面饬司委员前往查拿，即据周福清自行赴县投首，并饬查提马家坛、周用吉到案，由会稽县知县俞凤冈先后解省，发委杭州府讯办。……兹据杭州府知府陈璚审拟，解由藩臬两司会审。讯据转解前来，奴才亲提研鞫，缘周福清籍隶会稽县，由附生中式同治丁卯并补行甲子科举人，辛未科进士，十三年由庶吉士散馆选授江西金溪县知县。光绪四年因案被议改教，五年遵例捐升内阁中书，是年九月到阁当差，十九年三月丁忧回籍守制。马家坛系会稽县学廪生，为翰林院编修马传煦之子。周用吉系附生，系周福清之子。七月二十日，周福清携仆陶阿顺由绍郡起程进京探亲，二十三日路过上海，探闻浙江正考官殷如璋与伊有年谊，周福清一时糊涂，起意为子求通关节，并欲为亲友中马顾陈孙章五姓有子弟应试者嘱托，希图中式，俟主考允诺再向各亲友告知，择其文理清通诸生列名。周福清素知各亲友家道殷实，不患无人承应，事后必有酬谢之资，即由上海雇船开驶。二十五日晚至苏州停泊，周福清独自拟写关节一纸，内开五人马官卷顾陈孙章又小儿第八，均用宸衷茂育字样，并写洋银一万元空票一纸加具名片，装入信封。二十七日，正考官船抵苏州阊门码头，周福清嘱令陶阿顺先去投帖拜会，如不见再投信函。陶阿顺将名帖信函一并呈送正考官船上，当经正考官扣留押交苏州府收审转解到浙，饬府讯供，将官卷马家坛暨周用吉一并扣考，并经奏请将周福清革职，委员查拿。周福清先避往上海，患病随后回籍，闻拿畏罪自行赴县投首。并饬查提马家坛周用吉到案，由县先后解省发委讯办。钦奉谕旨遵经饬据讯认前情不讳，诘无预谋，买求中式之人矢口不移，案无遁饰。查例载乡会试应试举子有交通嘱托贿买关节等弊，问实斩决。即乡会试贿买关节无论曾否取中，援引咸丰九年顺天乡试科场案内钦定谕旨俱照本例问拟，仍恭候钦定。又闻拿投首之犯于本罪减一等科断等语，此案革员周福清在苏探知浙江正考官殷如璋与有年谊，起意为其子及戚友求通关节取中，自写洋票并拟就关节字样，遣仆往投，即经扣留，讯该员亦闻拿自首，遍查律例并无作何治罪专条，惟查该革员中途求通关节较之交通关节已成未中者情节似有区别，其所开洋票系属自写虚赃，与议单文券不同，且财未与人，未便计赃科罪，揆其事后闻拿投首，尚有畏法之心，应否比例量予酌减科断之处，恭候钦定。廪生马家坛、生员周用吉讯非知情，业已分别斥革，应与讯不知情之家丁陶阿顺均无庸议。函内所开顾陈孙章四姓并无主名，该革员既供先未与各家商谋，应免查提以省株累。票洋系属自写虚赃，该革员又供家计贫寒，应免著追。节关信函等件案结附卷。下刑部议奏。"（《东华续录》光绪一一六）

二十五日，刑部奏："内阁抄出前任浙江巡抚崧骏奏审明革员中途遣递信函求通关节未成闻拿自首按律拟议一折。光绪十九年十二月十二日奉朱批：刑部议奏，钦此。查例载乡会试考试官及应试举子有交通嘱托贿买关节等弊，问实斩决。又，乡会试贿买关节无论曾否取中，援引咸丰九年顺天乡试科场案内钦奉谕旨俱照本例问拟，仍恭候钦定。细绎例义，必考官与士子彼此商说允准，或书明银数，或给予字样，一与一受方可以交通贿买论。若仅向考官函许贿嘱，当被举发破案，即与此例稍有不符。恭查咸丰九年钦奉谕旨不得以曾否取中分别已成未成，其一经嘱托，无论考官应许与否，似不得以已成论，自应核其所犯之轻重悉心妥拟，庶无枉纵。此案已革内阁中书周福清在江苏探知浙江正考官殷如璋与有年谊，起意为其子及戚友求通关节取中，自写洋票并拟就关节字样，遣仆往投，即经扣留解讯。该前抚以例无治罪专条，未敢率行定拟。惟既声明该革员中途求通关节未成，较之交通关节已成未中者情节似有区别，其所开洋票系属自写虚赃，亦与议单文券不同，所议似尚平允。臣等详加查核，该革员虽有交通贿买之情，究未遂其交通贿买之计，其事尚属未成，若竟照交通贿买关节例拟以斩决，未免过严，衡情酌断，似应量予末减，应如该前抚所奏，已革内阁中书周福清应请于斩罪上量减一等，拟杖一百流三千里。据称事后闻拿投首，第以职居清要人员明知科场例禁綦严，辄敢以身试法，甘冒不韪，应不准再行核减以昭炯戒，是否仍恭候钦定。如蒙俞允，臣部行文该省，将该革员减为满流，照章发往新疆效力赎罪。该抚奏称廪生马家坛、生员周用吉讯非知情，业已斥革，应与讯不知情之家丁陶阿顺均无庸议。函内所开顾陈孙章四姓并无主名，该革员既供先未与各家商谋，应免查提以省株累。票洋系属自写虚赃，该革员又供家计贫寒，应免著追。关节信函等件案结附卷等语，均应如该前抚所奏办理。上谕：刑部奏遵议革员周福清罪名一折，据称革员周福清于考官中途遣递信函求通关节，当即举发破案，较之已成未中者情节稍有区别，应于斩罪上量予末减，拟以杖一百流三千里，恭候钦定等语，科场舞弊例禁綦严，该革员辄敢遣递信函求通关节，虽与交通贿买已成者有间，未便遽予减等。周福清著改为斩监候，秋后处决以肃法纪而儆效尤。"（《东华续录》光绪一一六）

《忘山庐日记》二十六日云，"阅昨来邸报，周福清已定案斩监候。先是，刑部奏拟杖一百，流三千里，为其与已成未中者有别，请从末减。上不许，曰：科场舞弊，例禁綦严。该员辄敢递信函求通关节，目无法纪，胆大妄为，命改为斩监候，秋后处决"。①

是年，赵舒翘语录数则："室内悍泼妒肆，出乎情理，稍一动气，即有家变，因撰四语：守礼以杜衅，从厚以维伦，委命以去忧，积善以免祸。"

余读《明史·刘文成公传》云：瓯括间有隙地，曰谈洋，南抵闽界，为盐盗薮，方氏所由乱，请设巡检司守之。《诚意伯行状》亦云：瓯括间有隙地，曰谈洋。及抵福建界，曰三魁。元末顽民负贩私盐，因挟方寇以

---

①《忘山庐日记》，第18页。

致乱累年，民受其害，遗俗犹未革，宜设巡检司守之。明太祖从之。及设司，顽民以其地系私产，且属温州界，抗拒不服。其碑铭云：瓯闽之交有地曰谈洋，僻绝而岩险，戍卒捕逃渊薮也，往往蚁聚为奸利，树巡检其地，庶几人知顾忌。观此数条，知温州食闽私由来已久，余不避嫌怨，力主收闽盐归官办，幸而得成，乃地方之福也。

《书经》《周官》后一段，包括后世千百言官箴，人特不留意读耳。

见浙抚署客座匾上书包孝肃言志诗云：清心为治本，直道是身谋。秀干终成栋，精钢不作钩。仓充鼠雀喜，草尽兔狐愁。史册有明训，无贻来者羞。大贤胸襟刚正，吐属自如其人，读之鼓舞。

周作人作《鲁迅的故家》：

那年乡试，浙江的主考官是殷如璋和周锡恩，仿佛又记得副主考是郁昆，但郁是萧山人，所以是不确的。大概是六七月中，介孚公跑往苏州去拜访他们，因为都是什么同年，却为几个亲戚朋友去通关节，随即将出钱人所开一万两银子的期票封在信里，交跟班送到主考的船上去。那跟班是一个乡下人名叫徐福，因为学会打千请安，口说大人小的，以当“二爷”为职业，被雇带到苏州去办事，据说那时副主考正在主考船上谈天，主人收到了信不即拆看，先搁下了，打发送信的回去，那二爷嚷了起来，说里边有钱，怎么不给收条？这事便发觉了，送到江苏巡抚那里，交苏州知府办理，介孚公知道不能躲藏，不久就去自首，后到杭州，住在司狱司里，一直监候了有七年，至辛丑一月，由刑部尚书薛允升附片奏请，依照庚子年刑部在狱人犯悉予宽免的例，准许释放，乃于是年二月回家，住在原来的地方。

……介孚公回家之后，还是一贯的作风，对于家人咬了指甲恶骂诅咒，鲁迅于戊戌离家，我也于辛丑秋天往南京，留在家里的几个人在这四年中间真是够受的了。介孚公于甲辰年夏天去世，年六十八岁。

介孚公平常所称引的只有曾祖苓年公一个人，此外上自昏太后、呆皇帝（西太后、光绪），下至本家子侄辈的五十、四七，无不痛骂，那老同年薛允升也被批评为胡涂人，其所不骂的就只潘姨太和小儿子，说他本来笨可原谅，如鲁迅在学堂考试第二，便被斥为不用功，所以考不到第一。①

周作人还在《知堂回想录》中写道：

那年正值浙江举行乡试，正副主考都已发表，已经出京前来，正主考殷如璋可能是同年吧，同介孚公是相识的。亲友中有人出主意，招集几个有钱的秀才，凑成一万两银子，写了钱庄的期票，由介孚公去送给主考，买通关节，取中举人，对于经手人当然另有酬报。介孚公便到苏州等候主考到来，见过一面，随即差遣“二爷”（这是叫跟班的尊称）徐福将信送去。那时恰巧副主考周锡恩正在正主考船上谈天，主考知趣得信不立即拆看，那跟班乃是乡下人，等得急了，便在外面叫喊，说银信为什么不给回条。这件事便戳穿了，交给苏州府去查办。知府王仁堪想要含糊了事，说犯人素患怔忡，便是有神经病，照例可以免罪。常是介孚公本人却不答应，在公堂上振振有词，说他并不是神经病，历陈某科某科的某某人，都通关节中了举人，这并不算什么事，他不过是照样的来一下罢了。事情弄得不可开交，只好依法办理。由浙江省主办，呈报刑部，请旨处分。这所谓科场案在清朝是非常严重的，往往交通关节的双方都处了死刑，有时要杀戮几十人之多。清朝末叶这种情形略有改变，官场多取敷衍政策，不愿深求，因此介孚公一案也得比较从轻，定为“斩监候”罪名，一直押在杭州府狱内。前后经过了八个年头，至辛丑年乃由刑部尚书薛允升上奏，依照庚子年乱中出狱的犯人，事定后前来投案，悉予免罪的例，也把他放免了。②

周建人在《鲁迅故家的败落》回忆：

原来祖父犯的是科场代人行贿罪，这在当时是司空见惯的，但一经败

---

① 周作人:《鲁迅的故家》，止庵校订，河北教育出版社 2002 年版，第 69 ~ 70 页。

② 周作人:《知堂回想录》，安徽教育出版社 2008 年版，第 10 ~ 11 页。

露，便需严究。考场舞弊行贿，最通行的莫如枪替，就是雇人代考，代考的人叫枪手，再是照等定价，童生一名议价银子大约三四百两，可以考取秀才；秀才一名议价银子一二千两，可以考取举人。至于考官到达的地方，不管行踪如何秘密，来请托的人还是不少，收到的拜帖夹带着银票，也是司空见惯。所以族里人左思右想，认为一定有人公报私仇，他们说祖父恃才傲物，好批评人，与他无关的事，也要出头管，结怨太多。这次把柄在人手里，人怎么肯轻易放过？有些贿赂舞弊的败露，往往是这样造成的。他们就想到一个陈秋舫，那是六四伯伯的姑父。据说陈秋舫结婚以后，曾到岳家来居住，就住在百草园的三间头里，那里房宽敞，环境幽静，他住着不想回去了。别人也都不管这闲事，只有我祖父挖苦他说："躲在布裙下，是没有出息的。"陈秋舫知道了，便立即告辞，并且对别人说，今后如果不出山，就不上周家的门。后来，他果然中了进士，但是他没有去做官，而是做了师命，而且我祖父科场案发生的时候，他正好在苏州知府王仁堪那里，力主法办。

有人还想到，当年我祖父在江西金溪做知县时，俞凤冈曾求过亲，想我的大姑母做他的继室，碰了我祖父一鼻子灰，说他癞蛤蟆想吃天鹅肉，所以俞凤冈怀恨在心，时候一到，便乘机报复了。

这些说法，不一定可靠，也许因为这样平常的事情，会闹出这样大的风波，是很奇怪的。这里面一定有什么奥妙文章。想不出别的，就想到陈秋舫和俞凤冈身上。①

周建人在《鲁迅故家的败落》中还有一段关于此案的文字，是她祖母与他的一段谈话：

祖母说："阿松，你知道吗？当年你爷爷没有去送信。"

我说："我不知道。那么，信是谁送去的呢？"

祖母说："你太娘娘死后，介千姑丈常来，来拜他丈母的七。你爷爷

① 周建人口述，周晔整理：《鲁迅故家的败落》，福建教育出版社 2001 年版，第 77 页。

丁忧回来，他们姊夫郎舅常常在小堂前谈，我听得介千姑丈说，今年是恩科，要你爷爷想办法，你爷爷再三推却，我亲耳听他说：‘这件事动不得咯！’可是介千姑丈不肯歇（罢休），说不要紧的，都这样做的，他有办法，实在被他纠缠不过，你爷爷只得写了一张便条，我眼看他写好便条，介千姑丈就放进自己的大襟袋里，说：‘我自会派人去送，你不必操心了。’信里请托的是哪些人家的子弟，我都不知道，他差谁去送，就更不知道了。谁知后来竟会闯大祸呢！”

我说：“那么，衙门差役来捉人的时候，爷爷在哪里呢？”

祖母说：“四七让出来，住进大书房，你爷爷就躲在他那三间头里。”

我说：“他怎么去投案的呢？”

她说：“我怕俞凤冈来骚扰，劝他投案自首，但没想到他会斩监候，如果知道要杀头，我也不会劝他去了。”

我说：“爷爷怎么都承担了呢？”

“便条总是他亲笔写的，这就叫：‘一字入公门，九牛二虎之力拔不出。’他反正逃不脱了，何必蜻蜓咬尾巴——自吃自呢？他只有这么一个姊夫。”①

李善初

十一月，差竣，回署。热河都统、热河道廷雍保奏。

十二月，吏部带领引见，奉旨以本部郎中用。

沈家本

八月

十二日，沈家本“寄赵展如书，交葛君（锡爵）”。②

十九日，“晨起套车正欲进署。杨苏拉来送信，言奉旨简放天津府知府。妇稚皆不信。十下钟李玉坡同年著人送旨谕来，午刻往访玉坡。知津

①《鲁迅故家的败落》，第 256 ~ 257 页。

②《沈家本未刻书集纂补编》（下册）《沈家本日记》，第 1297 页。

守邹岱东因病出缺，遂有是命”。[①]

十九日邸钞：“刑部郎中沈家本授直隶天津府知府。”李慈铭注：“子敦辛卯京察不记名，此以截取得之。”[②]

二十日，沈家本召见后“顺近至张师、贵师处均未见。至薛堂处，见，谈及叙雪堂乌步，颇属意于坤吾也”。[③]

九月

初七日，“申刻薛云阶师召饮”。[④]

十月

十六日，“因闻署津守李公病甚，津令为李搏霄同年，催令早到省也。……兹定于十八日动身，不能再迟矣”。

十八日，“未正三刻登车，慕皋来送上车”。[⑤]

沈家本出京前与同人话别，作《出守津郡，留别同人》诗云：“云亭抱牍点朝班，荏苒韶华已卅年。交淡偏多同志乐，援疏幸遇长官贤。谬登上考虚声负，滥叙劳资异数迁。此日一麾津海去，何时重与话尊前。”李贵连认为“举荐他的长官，可能是薛允升。是年薛允升由刑部左侍郎迁升为尚书，而他与薛允升的关系十务密切”。[⑥]

王之杰由副贡中举。

段维

《段冈北先生年谱》云：“设帐宋瑞卿太史金鉴宅，太史之孙宋允寿等从学。三原贺复斋先生瑞麟来岐，与公倾谈，甚契。”

---

①《沈家本未刻书集纂补编》(下册)《沈家本日记》，第1297页。

②《越缦堂日记》(第18册)，第13511页。

③《沈家本未刻书集纂补编》(下册)《沈家本日记》，第1298页。

④《沈家本未刻书集纂补编》(下册)《沈家本日记》，第1298页。

⑤《沈家本未刻书集纂补编》(下册)《沈家本日记》，第1300页。

⑥ 见《沈家本年谱长编》，山东人民出版社2010年版，第63页。

是年，康有为应乡试，中式第八名。

是年，田雨田为内阁侍读学士。《行素斋杂记》云："仅属翰林领衔各省官京堂者，就癸巳年考之，直隶大学士张之万、礼部尚书李鸿藻、兵部侍郎王文锦、光禄寺卿沈恩嘉、鸿胪寺卿刘恩溥、江苏户部尚书翁同龢……河南通政司副使顾璜、内阁侍读学士田我霖、光禄寺少卿田志肃、陕西刑部侍郎薛允升、贵州刑部侍郎李端棻、山西、甘肃、四川、云南均无之。"

沈曾植

代薛允升撰《汉律辑存》，[①] 其《凡例》云：

萧何之律，本自李悝。汉晋法家，传之有绪。而应劭《风俗通》谓《皋陶谟》虞始造律，萧何成以九章。《傅子》谓律是咎繇遗训，汉命萧何广之。其在秦时，则吕不韦称咎繇作刑，《韩非子》谓刑弃灰，是殷法皆推秦法而传之古制。九流之学，莫不托始帝皇，然班《志》言法家本出理官，而李氏系出咎繇，世世司理，以官为氏，则李悝之学，必有所本，应劭、傅玄之说，不可废也。汉律文尔雅古质，略与《周官礼》《大戴礼记》《尚书大传》所载古刑名说相类。自晋沿唐，有革有沿，文句大体实相祖述。捃拾碎遗，研其由趣，斯亦足以观古今会通，察世轻重者矣。叔孙通益律文为旁章十八，汉律文多载仪式制度，或疑即旁章之文，而无坚证以明之，其张汤、赵禹、大小杜君之学，汉世传习由用，陈群、刘劭犹尚及见，而如淳、孟康诸人，称引旧文，不加识别，后世无从考辨，惜哉！庄周称刑名比，详温城董君决事比，汉世与律令同用，今亦附入此类焉。揖律文第一。

汉律有古文，自李斯、赵高以来，故萧何草律，著试学童史书之法，

① 《沈曾植未刊遗文（续）》："《汉律揖存凡例》自注：'代薛尚书撰'。据曾植门人金蓉镜言，此书实曾植与徐博泉同溥辑，其书已佚。"参见王元化主编：《学术集林》（卷三），上海远东出版社1995年版，第103页。

《说文》所载，模略可见也。《方言》《急就》《广雅》《释名》所传诂训，有关刑制，皆法家汉学所当省览者。若略人略卖人之训，断以唐律旧注不以道取为正，藉《方言》证之，举一以反，足可致思。阳湖孙先生尝欲为《律者义》，有由也。辑律诂第二。

《汉艺文志》录《法经》而不录汉律篇，晋《中经簿》，亡不可考。《隋经籍志》录存魏、晋以下之律，独汉律不存，岂非旧律繁芜，艰于传习之故哉！其大略可考者，大抵依《晋志》为本，而杂采他书附益之。揖律篇目第三。

汉世法家，颇多异议，复肉刑，减死罪，其大端也。他如复仇轻侮，柯宪屡易，决囚造狱，小大以情，准《通典》杂议之例，揖律杂议第四。

《汉书·礼乐志》言礼仪与法令同录，藏于理官。至魏新律，乃别出常事品式章程，各还其府，以为故事。然则汉律文繁，非独前后相蒙，亦由所赅广博故也。诸官仪典职有关刑名者，非必律文，而可观汉制，辑以为杂事第五。

经义断狱，《春秋》为宗，《公羊》在汉世，犹春秋家显学也。何劭公注，多与汉律又相表里。阳湖刘逢禄治何氏书，集为《律意轻重说》一篇，说或舛或漏，不尽可据。今加增考论仍旧一篇，附于汉律之末，为何氏公羊律意说第六。

赵舒翘《雨田公墓志铭》载："癸巳，畿辅饥，赈粥芦沟，上验公廉能，简公稽其事，在事十阅月，仿吕新吾先生十二法，实惠及民，用办祲沴。"

1894 年，光绪二十年，甲午

三月，康有为、梁启超同入京参加会试。八月，清政府对日宣战。

薛允升七十五岁。

正月

二十五日，“溥良理刑左，刑右文琳署”。[①]

恭逢孝钦显皇后六旬万寿，正月，奉懿旨，薛允升交部从优议叙。

《光绪朝实录》载：正月“又奉懿旨。本年予六旬庆辰，推恩懋赏，在廷臣工克勤厥职，宣力有年，自应一体加恩，以光盛典。协办大学士吏部尚书麟书著交部从优议叙。协办大学士吏部尚书徐桐著赏戴双眼花翎。户部尚书熙敬著赏加太子少保衔，并交部从优议叙。户部尚书翁同龢著赏戴双眼花翎，并赏用紫缰。礼部尚书昆冈著赏戴花翎，并交部从优议叙。礼部尚书李鸿藻著赏戴双眼花翎，并交部从优议叙。兵部尚书乌拉喜崇阿著交部从优议叙。刑部尚书松溎著赏戴花翎，并交部议叙。刑部尚书薛允升、工部尚书怀塔布均著交部从优议叙。工部尚书孙家鼐著赏戴花翎，并交部议叙。理藩院尚书松森著交部从优议叙。都察院左都御史敬信著赏戴花翎。吏部左侍郎寿荫著交部议叙。吏部右侍郎廖寿恒、户部左侍郎崇礼著赏加太子少保衔。崇礼并赏穿黄马褂。户部左侍郎张荫桓著交部从优议叙。户部右侍郎陈学棻著交部议叙。礼部左侍郎长麟著赏加头品顶戴。并交部从优议叙。礼部左侍郎钱应溥、右侍郎景善均著交部议叙。礼部右侍郎李文田著赏戴花翎。兵部右侍郎克们泰、徐树铭、刑部左侍郎阿克丹、李端菜、右侍郎裕德、龙湛霖、工部左侍郎凤鸣、汪鸣銮均著交部议叙。署工部右侍郎英年著补授，并交部议叙。理藩院左侍郎志颜、右侍郎庆福、仓场侍郎祥麟、计应骙均才交部议叙。盛京户部侍郎绵宜著交部从优议叙。盛京礼部侍郎文兴、兵部侍郎启秀、刑部侍郎英煦、工部侍郎凤秀均著交部议叙。镶蓝旗蒙古都统恩佑著赏加太子少保衔。正白旗汉军都统定安著赏戴双眼花翎。镶红旗蒙古副都统广忠著赏加都统衔。内务府堂郎中文琳著赏加侍郎衔”。

---

①《翁同龢日记》(第5册)，第2671页。

十四日，“又谕，前据御史蒋式芬奏参顺天府府尹孙楫懒见僚属，玩视民瘼各情，当谕令麟书、薛允升确查具奏。兹据麟书等奏称，孙楫于调署各缺尚无别情，所参各节查无确据等语，孙楫因懒见僚属屡被人参，著开缺另候简用，顺天府府尹著陈彝补授”。(《光绪朝实录》)

二月

二十二日，“薛大人允升、裕大人德拾一位同请（李鸿藻），辞”。[①]

四月

十九日，“盘库陪堂仍余一人，辰初赴库，端王、滢贝勒、薛云阶续至，福箴相亦来，盘至巳刻，接班有人，端王诸公行矣”。(《张荫桓日记》)

二十日，“派大学士张之万、协办大学士吏部尚书麟书、户部尚书翁同龢、礼部尚书李鸿藻、刑部尚书薛允升、礼部右侍郎志锐、工部左侍郎汪鸣銮、内阁学士唐景崇为殿试读卷官”。(《光绪朝实录》)

同日，薛允升等“至乾清门，封殿试读卷，张中堂、麟中堂、翁尚书、李尚书、薛尚书、志侍郎、汪侍郎、唐阁学”。[②]

同日，“礼部加班，奏派读卷大臣；派出张中堂、麟中堂、翁同龢、李（鸿藻）、薛允升、志锐、汪鸣銮、唐景崇。即至南书房拟题，候皇上由颐和园回来，呈览毕，捧题到内阁，汪、唐二位分写，巳刻命刻字匠刻题，丑刻题刻齐，至寅正刷印毕，穿朝服赴保和殿散题纸”。[③]

二十一日，“此日点名系张大人，到辰初后散题，行礼毕，回文华门东屋内，张中堂、麟中堂、翁大人、汪大人来少坐即去。巳初饭，饭后睡至午刻起，到张中堂处久谈，酉约张、麟二位答拜四监试、收掌等处，并到翁、汪、唐、薛、志五位处答拜。酉刻饭，饭后少坐，戌正睡”。[④]

---

①《李鸿藻年谱》，第 525 页。

②《张荫桓日记》，第 478 页。

③《李鸿藻年谱》，第 536 页。

④《李鸿藻年谱》，第 536 页。

二十三日，“卯初上殿，定前十名进呈卷，午初定妥，用饭，饭后睡四刻许。未初复上殿定二三甲，未刻定齐，命内阁拱事拈黄签包封，并包封进呈前十本。至申刻诸事毕，少歇，酉刻翁大人请”。①

是日，翁同龢“晨访高阳……遂定前十卷。兰翁、柳门、伯愚以余处一卷为最，惟南皮颇不为然。已而乃定：余处第一、麟二、张三、志四、李五、薛六、唐七、汪八、麟九、唐十”。

二十四日，“同张中堂、麟中堂到刑部久坐，卯初起单下，进内呈递前十名卷，到南书写前魁名次。辰初事毕，约张、麟、翁、薛、志、汪、唐七位同赴传心殿用饭，辰正后饭毕，到内阁拆封写名次，事毕即行”。②

二十五日，“卯初皇上升太和殿贺寿，寅初起，到传心殿坐候，至寅正后赴太和殿前，带新进士行礼”。③

文廷式作《闻尘偶记》：“是年四月，有僧由四川来，欲谒乘舆言事。逻者执之，问所欲言。对曰：‘吾无所言，但求杀头耳。’刑部讯之，则曰：‘天下大劫将至，若以吾血溅街市，可抵祸难之半。佛法舍身救世，愿即尸吾于市。’余无他言，始终不变。问谁主使？则曰：‘吾奉圣师命，坐照时知其如此也。’察其他事不类颠痫，后仅办徒罪结案。余问之薛尚书允升而信。兹可谓言妖矣。”④

七月

十一日，“鹿培、藩侄进二场，今年主司薛云阶大司寇、徐颂阁总宪、长润生阁学、梅蓉浦副宪”。⑤

八月

充顺天乡试正考官。

---

①《李鸿藻年谱》，第537页。

②《李鸿藻年谱》，第537页。

③《李鸿藻年谱》，第537页。

④ 庄建平主编：《近代史资料文库》（第1卷），上海书店出版社2009年版，第60页。

⑤《张荫桓日记》，第484页。

初六日，“以刑部尚书薛允升为顺天乡试正考官。都察院左都御史徐郙、内阁学士长萃、都察院左副都御史杨颐为副考官”。(《光绪朝实录》)

《张佩纶日记》云：“两儿托带家言，主考薛允升、徐郙、长萃、杨颐皆无文名者。”[①]

十月

御史钟德祥奏参内务府各员扣侵工款，允升查明具奏，获罪有差。

十二月

初五日，上谕：“御史钟德祥奏内务府瓷库郎中岳龄承修宫中锡背，冒请银七万余两，银库郎中继禄挪移银两以万数计，交各司处索取利息。员外郎耀曾请领修工款项，勒扣侵蚀。闻皆由总管内务府大臣文琳前在郎中任内浮冒侵欺，以到致相沿成习等语。著派薛允升、刚毅按照原参各节确切查明，据实具奏，毋稍徇隐。寻奏所参各节均未指出确据，无从核办，请免置议。惟内务府用款浩繁，且系自用自销，易启指摘应饬总管内务府大臣将岳龄等承办各案于奏销时认真稽核，并严饬司员嗣后力祛浮冒，以重库款而免物议。从之。”(《光绪朝实录》)

二十一日，上谕：“刑部奏遵旨定拟革员卫汝贵罪名，并声明该革员罪状较重请旨遵行一折。已革总兵卫汝贵平日待兵刻薄寡恩，毫无约束，此次统带盛军临敌节节退缩，贻误大局，并有克扣军饷、纵兵抢掠情事，罪状甚重，若不从严惩办，何以肃军律而儆效尤。卫汝贵著依律论斩，即行处决。派刑部尚书薛允升监视行刑。”(《光绪朝实录》)

二十一日，刑部作《为审明革员卫汝贵罪状按律定拟折》，薛允升列衔名：“光绪二十年十二月十一日准盛京将军裕禄派拨委员押解已革总兵卫汝贵咨送到部。当经收禁，于十三日具奏，并以可否简派大臣会审，抑或由臣部按例治罪之处请旨办理。奉上谕：已革总兵卫汝贵统带盛军临敌退

① 《张佩统日记》，第 651 页。

缩，以致全军溃败，并有克扣军饷、纵令兵勇沿途抢掠情事，降旨拿交刑部治罪。兹据刑部奏称，卫汝贵现已解送到部，请旨办理等语。革员卫汝贵应得罪名，著刑部严行审讯，按律定拟具奏。钦此。查已革宁夏总兵卫汝贵，于十月初五日奉旨革职拿问，交刑部治罪。当由臣部恭录谕旨，移知盛京、直隶等处，行令迅将卫汝贵押送前来。嗣经节次电催，复于十一月十二日奉旨严催，著沿途查明该革员行抵何处，迅即押解来京，毋任逗留等因。旋复经人奏参，奉旨交帮办北洋军务、四川提督宋庆查明复奏。于十一月二十一日奉上谕：已革总兵卫汝贵，平时待兵寡恩，此次赴朝援剿，不能约束弁勇，纵令到处骚扰，以致民人怨谤，种种罪状，实为偾事之尤等因，钦此。现交臣部严行审讯，臣等以案情重大，遵即遴派司员饬令从严讯鞫。据卫汝贵供称：系安徽合肥人，统带盛军多年，向在小站屯种。本年六日间奉调赴朝鲜援剿，共带步以十二营前往，马队五营陆续进发。当率十营驻扎平壤，留两营与丰升阿所带各营同驻安州。该革员与马玉昆同在平壤城外西南地方驻扎，扼守大同江沿，左宝贵驻守北门外。八月十二、三等日，曾与倭人接战，屡获胜仗。十四、五日，倭人渡江，四路来攻，伊等兵力不支，左宝贵旋经阵亡。又因兵饷缺乏，子药不敷，于十六日晚经总统叶志超传令，齐退到安州，亦未扎住，直退至义州，复过鸭绿江始行停留。至淮军饷章，坐粮每年止发九个月，行粮始行补足十二个月。伊奉调后共领饷银二十四万两，交卸时，除开放马步队口粮购办骡马车辆、途中船价、车价各项外，尚余银米约八万两移交后任，并无克扣。在平壤退兵，每人所余子药三四十个不等各等语。臣等查卫汝贵身为盛军统帅，其奉派率师援剿，驻守平衡，责任綦重。如果所带兵勇平时训练有方，何至临敌溃退？据称，十二、三日，倭人两次扑犯，均被该革员独力击退。迨十四日，倭人分兵四出，转致不能抵御。窃恐无此情理。即谓叶志超系属总统，伊系奉令退军，独不思该革员所带步队已足十二营，兵力不为不厚。其时尚有马玉昆、左宝贵各营分守要隘，尽可联络声势，力保坚城。就令小有挫衄，亦何至奔北至数百里之遥？且安州尚有马步数营，亦足以供策应，果能奋勇争先，督兵力战，岂叶志超所能牵掣？况与宋庆查奏情形迥不相符。所供与倭人接战屡获胜仗，显系饰词捏抵。如谓兵饷缺乏，子药不敷，该革员奉调后所领饷银二十四万两，亦不为不多。据称，交卸时尚余银米约八万两，在平壤退兵时，每兵所剩子药约三四十个不等，且与倭人相持不过数日，何至缺乏如此？所供尤不足信。至克扣兵饷及纵兵掳掠各节，虽均讯无证据，惟宋庆原奏内称卫汝贵平时待兵寡恩，赴韩援剿，后路押运车辆弁勇既无约束，未免沿途骚扰，以致声名狼藉。其在韩境滋扰尤甚，韩民怨谤实深。则该革员平日之克减军粮漫无约束，以致兵丁沿途骚，自不得谓非实在确据。反复究诘，该革员亦无从置辩，仍不肯认咎。臣等窃维军无纪律，即为溃败之因，待兵寡恩，断难责以用命。该革员平时于军务即漫不经心，临事又复节节退缩，反委咎于叶志超，冀卸重罪。且揆其私意，难保非因叶志超尚未到案，希图与之质对，藉以延宕时日，居心尤不可问。既经钦奉谕旨交臣部按律治罪，未便任令事狡展，应即拟结。查律载：领兵官已承调遣，逗留观望，不依期进兵策应，因而失误军机者，斩监候等语。此案已革总兵卫汝贵统带盛军历有年所，乃平日刻薄寡恩，毫无约束。迨奉调往援平壤，与马玉昆等分驻各城外，并不能互相犄角，及左宝贵被倭人攻击，又不能亲为救援，以致左宝贵阵亡，平壤亦弃置不顾，相率奔逃，退营至数百余里，因而贻误大局，厥罪实无可逭。按失误军机与失陷城寨二罪均应拟斩，自应从一科断。已革宁夏镇总兵卫汝贵，合依领兵官已承调遣逗留观望，不依期进兵策应因而失误军机者斩律，拟斩监候。该革员尚有克扣军饷，纵兵抢掠情事，诚如圣谕，种种罪状，实为偾事之尤。若不从严惩办，殊不足以伸国法而警效尤。应如何加重之处，恭候钦定。所有臣等审拟缘由，谨恭折具奏请旨。经筵讲官尚书臣松桂、尚书臣薛允升、左侍郎臣宗室阿克丹、降二级留任左侍郎臣李端棻、右侍郎臣文琳、右侍郎臣龙湛霖（差）、署右侍郎工部左侍郎臣汪鸣銮。”①

《忘山庐日记》载：二十一日，“闻市将刑人，往视则甫搭棚，观者如堵，知为卫汝贵。今日刑部方奏定其案，必奉旨处决矣。至日中尚未来，即归。午后，复同地山、伯棠往视，仍未至。群谓今日不复行刑。俄日暮，忽报已来。余即往观，人声阗咽，拥挤不可近视。执戟者数十人。须臾，有乘舆者至，云为薛云阶大司寇。既至，半晌始纷纷散，则已毕刑。余遂归，赴徐博泉之约，夜饮于广和居”。②

卫汝贵“字达三，合肥人，从李鸿章征发捻，援［授］河州镇总兵，鸿章荐其朴诚、忠勇，缓急足恃，留统北洋防军。领军糈三十万，先以其半寄家为女公子嫁妆，其贪若此。所部号万人，实仅六千，余皆中饱。甲午命为叶志超后路，志超败归，汝贵随之。时鸿章根据志超牒奏捷，未几，安东、凤凰皆陷，汝贵踉跄走岫岩。岫岩陷，复走奉天，时朝官争弹之，奉旨拿问。鸿章初尚代辨诬，德宗严斥不允。及解刑部，以十万贿尚书薛允升，允升不为动，竟论死。弃市日，汝贵呼号，谓实鸿章戒退兵，何彼魏［巍］然为使相而罪独坐我？余亲闻之”。③

赵舒翘四十七岁。

正月

十八日，“谕内阁，朕钦奉慈禧端佑康颐昭豫庄诚寿恭钦献皇太后懿旨，本年予六旬庆辰，各省文武大员情殷祝嘏，业经降旨于各省将军督抚副都统提镇藩臬内，每省各酌派二三员来京庆祝。兹派盛京礼部侍郎文兴、副都统济禄。吉林副都统沙克都林札布。黑龙江副都统文全。直隶总督李鸿章。察哈尔副都统吉升阿。密云副都统国俊。直隶提督叶志超。江

①《中日战争》（第2册）《中日甲午战争档案》，第165～167页。

②《忘山庐日记》，第65页。

③ 沃丘仲子：《近代名人小传》，载《近现代名人小传》（上册），北京图书馆出版社2003年版，第346～347页。

宁将军丰绅。漕运总督松椿。江宁布政使瑞璋。江苏按察使陈湜。安徽寿春镇总兵任祖文、布政使德寿。青州副都统讷钦。山东布政使汤聘珍。绥远城将军克蒙额。山西按察使张汝梅。河南巡抚裕宽。河北镇总兵刘盛休。西安将军荣禄。陕西布政使张岳年。宁夏副都统苏噜岱。甘肃按察使裕祥。喀什噶尔提督董福祥。杭州将军吉和。浙江提督冯南斌、布政使赵舒翘。福州将军希元。福建按察使张国正。江西布政使方汝翼。荆州将军祥亨。湖北提督吴凤柱、布政使王之春。湖南布政使何枢。广州将军继格。广东巡抚刚毅。广西按察使胡燏棻。成都将军恭寿。四川松潘。镇总兵陈金鳌。云南布政使史念祖。贵州按察使唐树森均著于十月派出各员。毋庸再行吁请"。(《光绪朝实录》)

二月

初八日，刘坤一《复赵展如方伯》云："朝廷用人，自应迟回审慎，以期拔取真才。孟子所谓'如不得已。'唯确知其才之可用，趁其年力之强，志气之锐，假以事权，俾得及时自效；倘蹉跎太久，则销耗已多，亦无以鼓其精神，展其抱负已。阁下位以能升，官以德授，莫不叹复圣明用人之当，谁能怀忌嫉之私；左右但期仰报国恩，不必顾虑及此。至于度支之绌，各省皆然。目下宦途，庄子所谓苞苴竿牍而已。弟与执事，苞苴当可以免，竿牍仍是故常，要不可不自为权衡，未便过于迁就。在穷员末吏无计自存，无缘自达，或不能不借先容；乃巨家子弟，亦复蹈此陋习何邪？"①

五月

廿三日，翁同龢"致廖仲山函、赵展如函。皆为薛应枢（君敏）分发浙江，试用议叙知县"。②

①《刘坤一遗集》(第5册)，第2078页。

②《翁同龢日记》(第5册)，第2702页。

七月

二十六日，浙江巡抚廖寿丰奏“海防紧要，请令藩司赵舒翘暂缓北上。得旨，赵舒翘著仍于十月初一日以前到京”。(《光绪朝实录》)

九月

到京陛见，途中《登泰山》诗：“环拱众山趋，巍然镇海隅。虚灵云起石，飞洒水悬珠。峰黑沈星斗，天清辨楚吴。碧霞何代祀，岁岁走乡愚。”

《步禹廷登泰山原韵二首》云：“车尘暂驻陟崔嵬，我友同游亦状哉。雨待人闲云莫卧，[1] 寒生高处气先来。一城秋满林烟合，两翼山驱海宇开。绝顶登临须后日，可能乘舆更相陪。”

其二：“柏郁山前景亦幽，森森佳气况峰头。抉云文在同韩仰，望岳诗成胜杜游。眼倦吴门看练影，心驰沧海怅波秋。与君稍遂登临愿，明日征尘道路悠。”

十四日到京。

十月

初十日，皇太后万寿，随班祝嘏。七八日庆典礼成，复蒙召见，谕以“严察州县，维系民心，讲究戎机，无虚帑项”。

出都，《山东道中》诗云：“朝议纷纭未敢儳，征轺独上学三缄。长途仆痒犹零雨，出塞军寒况薄衫。[2] 齐山不断磨人性，鲁酒频尝解客馋。黄叶萧萧催驿路，遥知清浦待归帆。”

《感时诗》云：“大海藏波廿余年，洋溢声名自晏然。祸兆东藩分聩輙，兵骄北镇误幽燕。萧墙已伏坚冰象，桑土难过未雨天。独使至尊忧社稷，不知谁著祖生鞭。”时日本因朝鲜与中国构衅，师旅云集，权分势涣，故云然。

---

① 自注：时正值祈雨。

② 自注：路遇湘军北征。

十一月

十二日莅任，《上巡抚廖中丞筹备浙江海防事宜》云："近日倭人滋衅于朝鲜，意在摇荡我东封。朝廷先事预防，饬沿海各省妥为筹备。两奉札询，本司间有一知半解，已随时面禀。而本司交卸在即，上感知遇，心系岩疆，有不能不缕陈者。朝鲜虽系外藩，地与陪都畿辅毗连，迥非琉球、越南诸藩可比。譬诸人身，犹首之有发。斗者，发被人揪，亦足困倒，万不可弃同瓯脱，致倭人坐大，俄人生心。第此关中外大计，非下吏越俎所敢谋，惟吾浙海宇与倭东西对峙。倭款服时，贡道定立在浙。前次，法防、俄防吃重，皆不在浙，防倭则以浙为要。东南邻闽与台，闽惩于马江之败，此次固守必严，台为数省保障，久为倭所垂涎，南北洋必以重兵往固。北邻江苏，为南洋口岸，兵船军制较浙气盛数倍。倭人若效英人之和于粤东而复寇江浙，法人之和于粤西而复寇台湾，捣虚而来，其在浙乎？夫浙以镇海为门户，镇海以定海为屏蔽。第定海讫区虽有八十余处，地势零星，无险可扼，故明人经略海上，徙民而空其地，议者以为该处鱼盐之利可供数万人，弃之为见小而失大。道光二十二年，英人犯定海，三镇战亡，议者以当时不应以敢死之士位置于必不可守之地，咎主持者为非计。夫定海诚不易守，然弃以资敌则为患更大，似应以羸师张于外，与之牵制，伏劲兵两三营于内，俟其登陆而力战。又练本地渔团以弥其缺，夷船利在速战，必不肯多费兵炮，自竭其力于无用之地。若其船驶往镇海，定海并可潜师堵塞狭巷，杜其出路，与镇海成犄角之势。定标原有练军一营，此时由定海加练一营外，再调募二营，并能借南洋蚊子船一支以壮其势，则定海可以无虞。然非事权归一，将能使兵，终不足以成功，或如甲申年引道光二十六条约，归英人保护，则措置较易。第金塘诸岛，地属定海，贼船亦可停泊，英能并保护，贼船无驻足之地矣。镇海形势雄固，炮台林立，最易扼守。辛丑之失，系由我军内变而先溃，非果贼船不可抵御。甲申之役，布置得宜即足制胜，彼时当事者著有浙东筹防录，于钉椿、沈船诸法言之甚详，斟酌损益而行之，何难以固吾圉？惟山后处处可以登陆，提台统带一营四旗标兵，只有练军两营可恃，似必须再添两三营，方敷分布尔。其次要则乍浦。该处为潮沙所壅，大船不能抵岸，防务似可稍松。惟该处为达省直径，万一贼乘小船登岸，则全省震动，所关非细。似应调两三营旗扼要驻扎，拦墙掘堑，设鹿角，伏地雷，已足固守。敌若上岸，即常用之劈山炮亦能制其死命，此处似无须重筑坚台，购设外洋炮，缘至巨之炮，命中皆在一二里内外，沙壅数里，非炮所及，何须糜费？澉浦距乍仅数十里，情形大致相同。似应均归乍营防守，策应更灵。又次，则温州口。该口沙线隐伏，非乘潮，船不能行，即有潮，大铁甲船仍不能进。盘石、茅竹岭、状元桥诸炮台稍为修葺，挑选勇敢者为之守卫，以主待客，伺时而击，蔑不中矣。至温属横阳、飞云皆系小口，有游兵两三旗，加以本地民练，即可安固。其余如台州海门、温州玉环，皆有险可守，船不能到。惟象山石浦及南田，虽亦系小口，地近宁波，亦须留意，究无须重费。盖人有不为也，而后可以有为，用兵之道，何独不然？是在宪台用人之权衡耳！口岸既以宁属为首要，则练兵筹饷之费必以该处为最巨。提台张军门，系久经行阵宿将，克著壮猷，必足为长城之倚。宁绍台吴道敬慎，明练之中确有卓识，坚守必能运筹至计，调和文武。本司以为制器、选将、募士诸大端，即责成伊二人悉心擘画，择人办理。本司不欲省局办制军装者，实恐委任非人，渔利冒销。现在时艰日巨，民穷财尽，浙库入不敷出，已明亏四十三万有奇，无非移东补西，寅食卯粮，暂解眉急。设遇水旱偏灾，即有不可支持之势，公忠体国者断不至浪费浪销，而今日之深谋远虑尤在省钱省事。前日闻宪台不欲遽添募防营之议，实深佩仰。想张军门同吴道当能共体此意也。饷项支绌，实由绿营无用，另留防营。计浙省每年绿营共支银七十四万有奇，防营共支银八十万有奇。若再多添防营，非特饷项无出，实恐事定遣散，别滋事端。如能仿绿营练军章程多练数营，事后防营可裁，练军不必撤，从此化无用为有用，于兵制、饷项均大有裨益。盖招营月费三千两有奇，练一营加饷仅止四百两也。所虑者本营将官私见各存，调往别处统属不一，每多掣制耳！总之，大局和战尚在未定，吾浙又处不能不防之地，游移待时，则恐失事机。张皇过甚，则虚掷帑项，是必事事得人，调度协宜，则就目前之军械营制，先为补苴，即可作士气而振军声矣。管窥之见，自知不足以仰补高深，聊作刍荛之献。”

《回任浙藩谢恩折》云："臣前于本年九月十四日到京叩谢天恩，仰蒙温谕，嗣即敬谨随班祝嘏。星云紏缦，盛逢千载之期；日月升恒，喜上九如之颂。扬尘舞蹈，欢忭莫名。十月十八日恭逢万寿庆典，礼成，虔请圣训。复蒙召见，谕以严察州县，维系民心，讲究戎机，无虚帑项。臣跪聆之下，感悚交深。随即束装，遵陆南旋，于十一月十一日到省。奉抚臣廖檄饬回任，十二日准署布政使，本任盐运使惠年将藩司印信文卷移送前来，当即恭设香案，望阙叩头谢恩，祗领任事。伏念臣以庸愚之下质，受深重之特恩，具有天良，常怀愧奋。现值海氛不靖，防务戒严，皇上宵旰焦劳，凡在臣工敢不殚竭血诚，力图报效。查浙省为濒海要区，藩司系旬宣重任，安民必先察吏，宜昭扬激之公。筹饷所以济军务，杜虚縻之弊。深惭梼昧，无补时艰，惟有竭尽驽骀，益加策励。遇事禀商抚臣，认真办理，以期仰副高厚鸿慈于万一。”

十二月

二十七日，赵舒翘语录："《中庸》首章，《孟子·尽心》章及《言近指远》章，皆系释《大学》圣经，细思之，节节相对，叶叶相当，先圣后圣，若合符节。”

党蒙

七月，充秋审处坐办。

武瀛

七月，派秋审处兼行。

李善初

十二月，补督捕司郎中。

王之杰王之杰中进士，授刑部主事。

《光绪朝实录》云：五月“丙戌，引见新科进士。得旨：一甲三名张謇、尹铭绶、郑沅业经授职外，吴筠孙、沈卫、李家驹、徐仁镜、朱启勋、吴庭芝、李翘芬、李组绅、饶芝祥、梁士诒、陆士奎、邹毅洪、刘廷琛、夏启瑜、汪一元、袁桐、于普源、冯恩昆、储英翰、李灼华、张其淦、王廷釭、关冕钧、林钺、姚舒密、景褑、黄秉湘、陈昭常、裴汝钦、郭育才、翁成琪、胡矩贤、江衡、沙元炳、张启藩、达寿、张琨、范溶、张琴、吴敬修、熊希龄、陈君耀、黎承礼、朱锡恩、王英冕、周绍昌、齐忠甲、张怀信、王会厘、谭文鸿、程友琦、王照、沈云沛、林炳章、洪锦标、蔡琛、夏树立、萧立炎、李清琦、叶大可、毓隆、孙鸣皋、陈德铭、余晋芳、谭绍裘、叶大年、梁文灿、沈鹏、吴式钊、张祥龄、桂坫、孙同康、尹春元、张林焱、王瑚、江春霖俱著改为翰林院庶吉士。胡绍苏、曾文玉、汪述祖、项芳兰、谭承元、彭諟庠、龚启芝、孙国桢、郑辅东、梁志文、梁秉年、杨裕芬、靳学礼、吕承瀚、方策安、陈品金、楼守愚、陈汝梅、施之东、傅运生、王元庆、张锦春、徐宗源、范公谟、松铎、张忠、吕志元、郭传昌、王景浚、孙文翰、熊宾、谢世珍、麦玉华、贺鸿基、沈祖同、杨懋龄、徐树昌、杨长藻、谢崇厚、郭书堂、赵从蕃、萧文昭、廉慈、蔡中夔、黄汝楫、林怡、李继沆、续绵、杨增钰、钟杰、承霖、齐令辰、蒲明发、孙友莲、涂翀凤、韩墀、张淑栋、王熙龄、陶世凤、王学伊、王之杰、翰屏、锡麟、韩绍徽俱著以主事分部学习。周祺、庄纶仪、周子懿、陈寿瑄、余省三、玉彬、汪声玲、刘昌言、施有方、冯锡瓖、茹恩彬、杨炳震、孙锵、叶泰椿、单溥元、胡汝霖、谭先节、周宝清、金文翰、李英、江庆瑞、孙星煜、文溥、黄凤岐、容益光、佟文政、陈永寿、刘庆笃、胡逢恩、周培、李士田、魏达文、吴燕绍、李现荃、祁永膺、保谦、郭家葆、李兆麟、温联桂、徐苞、任承允、王玮、胡恺麟、徐鋆、陈培庚、绪儒、张彝、杨鸿勋、涂步衢、韩兆霖、曹中成、檀家琮、陶邵学俱著以内阁中书用。武丕文、张超南、廖凤章、余毓瑞、徐夔杨、鲍德麟、柴朴、李树森、李祖荫、陈介禄、朱绍文、杨锦江、范扬芳、管德泉、冯绍斌、陶联琇、赵润生、徐允清、王叔谦、孙愚、莫如晋、邹铭恩、孙文诒、杨寅揆、刘櫄寿、成象乾、赵怡、夏奠川、李镜江、林扬光、陈諴、黎元熙、马瀛焕、叶芸、郑炳、赵鸿、萧逢源、单梦祥、来熊、刘衍茂、彭希祖、杜召棠、曹子昂、王树中、谢质、罗文绣、李维世、招翰昭、周懋谦、李良年、杨蔚、张肇基、朱宝翰、高积政、启泰、郑宪典、万庆昌、胡慧融、林丙修、章燮理、辛可耀、陈世瑞、刘凤翰、程世杰、李允廉、茹震模、单桀、寿朋、鄢坤、廖允儒、刘宝寿、张斗南、吴贻谷、陈景星、郭南溪、王永庆、李九烈、广麟、徐冲霄、刘宜笃、陈仕扬、史堃、林柽藩、梁于汶、翁有成、贺锡龄、陈瑞鼎、徐曾、温亮珠、邱士林、张协中、贺国瑛、李荫垣、薛炳善、高麟超、刘德元、田鸿文、赓勋、李延庆、陈瑞徵、胡葆颐、承厚俱著交吏部掣签分发各省，以知县即用。工部遇缺即补员外郎杨士燮，著仍以员外郎遇缺即补。户部候补主事张濂经，著以主事即用。分部遇缺即补主事何葆麟，著仍以主事分部遇缺即补。额外主事袁玉锡，著俟报满作为候补主事后，以该部主事即补。不论双单月选用郎中刘锦藻，著仍以郎中归原班选用。余著归部铨选”。

《咸宁长安两县续志》云：王之杰“读律精勤，治狱明决，尚书薛允升亟称为法家材”。

段维第二次参加会试，仍不售。

《段冈北先生年谱》云：“再应会试，同考官江西李木斋太常盛铎力荐不售，仍留京师，见中日之战国力大耗，怒焉忧之。因研究时务及东洋诸书，备所以应事变。”

是年，田雨田参预机密。

赵舒翘作《雨田公墓志铭》：甲午，倭氛俶扰，蒿目时艰，忧愤形于颜色，兵机旁午，边防疏虞，战守乏效，廷枢筹策，公时有陈奏，或与会议，凡关秘密，虽家庭不以闻，隐切心忧，遂婴肺疾。

1895 年，光绪二十一年，乙未

春三月，康有为、梁启超再入京会试，并联合各省应试举人一千余人联名上书。是科，康有为中进士，并授工部主事。

四日十一日，陕西举人张彪等《为受挟议和、诸戎生心、将及陕省，请更定和约以巩边防而系民心呈请代奏事》，段维、萧之葆列名，公呈云：

窃闻和约议割台湾及辽南一带，如此则不特边疆多事，即陕甘亦岂能晏然享太平哉。陕甘自回乱以后，承平逾二十年，虽休养生聚，而元气未复，水旱偏灾连年不绝。若回民、若会匪、若教民、若客民、杂处城邑，时怀蠢动，特无隙可乘耳。前此俄人因争新疆地界，几致生变，蓄谋叵测。设因割地之故，来犯新疆，出一旅之师，由科布多道榆林以指我西安，不特边陲告惊，正恐回、会诸匪乘间窃发，内外受敌，兵不堪用。如此则陕甘不可恃，陕甘不可恃则内地将无安枕之日矣。和议又云赔兵费二万万。无论我国空虚，须贷洋款，即库帑充裕，何至以有用之财掷之虚牝。若用以充饷练军，何敌不摧。即不然，悬重赏，募死士，有能斩倭兵一级者赏百金，斩倭将一级者千金，渠帅一级者万金。重赏之下必有勇夫，计费金十万可斩十帅，二万万之数未损其半，而倭氛已靖矣。且既和之后，若撤防兵，则有肘腋之患，若不撤防，则吾既罄数岁所入之款以与人，而饷糈何从而出，是自穷之道也。今之议和者皆曰和而后图恢复。夫自古持此论者多矣，恢复者有几人哉。此时尚难振作，安望他日？卧薪尝胆，古今一人而已。昔南宋自议和后终于不振，论者惜之，然犹曰地不均，力不敌也。今金瓯无缺，控弦带甲者百千余万，准之倭人，实有压卵之势。论者顾以师徒少挫，不谋再举，甘自贬损餍敌人，是以小弱之南宋，例我全盛之大清，轻重之权，故失之矣。且今日之兵不可用者，何也？一曰克扣兵饷，一曰老弱充额，一曰将无统属，一曰用法太轻。

夫必饷糈充足，乃可责以用命，则威令行而士气奋。今之将官剥取军饷，自便身图，兵不用命，亦不敢诘其实，溃败之后同归于尽，此等将官宜严予惩处以儆效尤。又老弱充补，最误军事，兵贵精不贵多，戚继光平倭只三千人耳。若裁汰老弱，加增其饷，练之使精，疆埸之地，以一当百，何患寇之难平哉。又将官必有统属而后可以奏功，今阃外诸将皆得专折奏事，莫能相下，坐观成败，不肯救援，此溃败之由也。同治间陕甘回乱，将帅麕集，一时专折者六七人，故军务日坏。自左宗棠到陕甘后，事权归一，克日荡平，此其明效大验。回逆小丑，尚不能以涣散之卒摧其凶锐，况倭寇之强百倍于回逆乎？今宜简选专阃之才，假以重柄，申明赏罚而后对敌，则贼不足平也。行军之法必用重典，军法从事尚恐顽疲。若宽纵漏网，则人人怀偷生之计，无必死之心而兵不可用矣。如去岁失事各员，数日尚未逮到，违旨稽诛，莫此为甚。若专阃有寄，事权归一，失事众将早已骈戮军前，如此而将士有不用命者未之有也。又倭人所恃者火器，我有以拙胜巧之法，曰设地营。昔岑毓英用之以破法人，著有成效，闻军机处存有图说，特未有行之者耳。应请旨饬下各军练习地营之法，则火器不足畏。火器不足畏，则倭人之技穷，不败何待。夫自古无必胜之兵，有必胜之理。昔汉高祖与项王七十余战，辄败而卒能取天下者，志不可夺耳。今皇上宜以汉高祖之志为志，以创业为守成，不以屡败而加惧，不以小胜而辄喜，决意主战，百折不回，天下晓然于圣谟之独断，孰不愿执干戈效命疆埸哉。如此而不克敌者，无是理也。且廷臣非尽属庸弱，良以兵凶战危，成败难必，恐贻后日之悔，故贪目前之安，不知其所谓安者危之兆，所谓危者安之基也。昔洪逆占据腹地，其患十倍于倭，胡林翼、曾国藩辈皆长于用兵，而其始未尝不数有挫败，惟我文宗显皇帝、穆宗毅皇帝天威震叠，一意讨贼，君臣同德，专任不移，故能削平大难，建中兴之业。若一经挫败，便思改图，安能见太平之日月哉。惟冀乾纲独断，整我戎行，虽不能郡县日本，亦可以大挫凶锋，使彼不敢蔑视中国，然后推高厚之恩，许以讲和，则操纵在我，彼将俛首听命矣。如此，讲和庶可持久，否则中国底蕴发泄无遗，恐将来外侮之来，不独一日本也。

举人等籍隶关中，惴惴愚忠，诚不忍以中国之强大，皇上之圣明，为仇敌所欺凌，又不忍桑梓身家叠逢变乱，用敢披沥血诚，仰邀天听，伏乞皇上念边防之不易，鉴戒心之难餍，俯察舆情，饬中外大小臣工妥为详议，更定和约，则陕西幸甚，天下幸甚。谨呈。[①]

薛允升七十六岁。

四月

十七日，贡士复试阅卷官有“麟书、翁同龢、崑冈、薛允升、裕德、徐郙、廖寿恒、陈学棻、徐树铭、阿克丹、汪鸣銮”。[②]

二十日，“派协办大学士吏部尚书徐桐、刑部尚书薛允升、吏部右侍郎廖寿恒、户部右侍郎陈学棻、礼部右侍郎李文田、兵部右侍郎徐树铭、工部左侍郎汪鸣銮、内阁学士兼礼部侍郎衔寿耆为殿试读卷官”。(《光绪朝实录》)

六月

初七日，“谕内阁，前据刑部奏旗妇平宣氏自抹身死一案，请派大员会审，当派启秀、徐郙讯明具奏。旋经给事中洪良品、御史熙麟先后奏参刑部司员有威逼受贿等情，叠经降旨归案讯办。兹据讯明覆奏，此案旗妇庆

---

①《清光绪朝中日交涉史料》，第 244~247 页。

②《翁同龢日记》（第 5 册），第 2802 页。

富氏起意将伊童养媳白妞商同祥恩价卖，捏称走失，致白妞之母庆王氏赴官喊告，后因案送刑部，日久不能隐藏，庆富氏复将白妞送至平宣氏家，希图诬赖，致平宣氏被诬情急，自抹身死。庆富氏著依例绞监候，秋后处决，祥恩依例杖一百流三千里，余均照所拟办理。刑部司员承审此案未能悉心推鞫，及至白妞业经寻获，复不能从容审理，惟向平宣氏究结，以致该氏情急自抹身死。虽无威逼受贿证据，实属办事糊涂，问供草率。刑部郎中觉罗崇廉、候补主事曹步云均著即行革职。刑部堂官未能详察，仅凭司员面禀之词率行入奏，著改为交部议处。寻议，刑部尚书松溎、薛允升、左侍郎宗室阿克丹、李端棻、右侍郎文琳、署刑部右侍郎吏部右侍郎汪鸣銮均比照督抚含糊题奏降一级留任私罪例，各议以降一级留任，毋庸议抵”。(《光绪朝实录》)

九月

十八日，“适杨昌浚报有监犯反狱案内守法不动者一名请减等，而今日勾到之本已下，因于交册时（徐中堂、薛尚书、文侍郎。）面告，令勿勾，仍具奏片请旨也”。[1]

十月

初九日，即慈禧太后生日前一日，宫中演戏，大臣六十九人入宫看戏，其中有薛允升。初十复如是。[2]

赵舒翘四十八岁。

正月

十七日，赵舒翘偶撰一联云：“万事皆由命，不忧不惧，不怨不尤，不忮不求，于此见中和气象；一身莫放闲，有物有恒，有为有守，有存有养，从古无暇逸圣贤。”

---

①《翁同龢日记》（第5册），第2846页。

②《翁同龢日记》（第5册），第2853页。

《韩魏公传》云："陕西四路之兵几三十万，非不多也，然分守城寨，每路战兵不过二万余人，坐食刍粮，不敢轻动，盖不知贼果犯何路，其备常如寇至。彼则不然，种落散居，衣食自给，忽而点集并攻一路，故敌人之众动号十余万，以我分守之兵拒彼专举之势，众寡不敌，遂及于败。且彼为客，当劳而反逸，我为主，当逸而反劳。我若复用此计，使彼劳我逸，则取胜必矣。以鄜延、环庆、泾原三路各练劲兵一军，使互掠于横山，使贼奔命不暇，春秋时吴用三师破楚之策也，等语。近日倭寇扰我边疆，处处设防，亦中此弊。若海军得人，能扬帆东海，或不至猖獗如此也。"

三月

二十四日，上谕："调江苏巡抚奎俊为陕西巡抚，以浙江布政使赵舒翘为江苏巡抚。"(《光绪朝实录》)

《翁记》云："苏抚放赵舒翘，贤者也。"①

五月

入觐，浙江僚友为赵舒翘饯行。聂仲芳方伯、惠菱舫都转、王心斋观察同饯湖上，并作《雨中游灵隐寺》："我与湖山信有缘，濒行犹得访名禅。峰连云气奇添雨，壑作雷声冷迸泉。且恋故交持浊酒，难将忧思遣华筵。白苏同咏杭州景，时际承平自浩然。"

陈六笙、程稻村、刘浩如、徐澍卿诸太守公饯，作《游九曲十八涧》："南条龙势郁回环，发泄杭州十万山。幽秀都能招客饮，平高却不绝人攀。泉经新雨声偏静，岫绕微云黛愈斑。幸藉离筵探胜地，出郊便觉隔尘环。"

北上途中，《和张春山登泰山原韵》云："岱宗深邃隐林峦，不使奇观一望殚。碎石擎天成壁立，古松压涧出云端。力登巅顶沧溟小，气巩河山带砺完。自笑诗情寥落甚，阳春高曲和艰难。"

---

①《翁同龢日记》(第5册)，第2795页。

《北上道中》云："独觉君恩重，连年载此途。风尘甘跋涉，遭际愧艰虞。错铸知难挽，羹调孰不渝。沧浪歌可味，流涕望中都。"

《李家庄》云："微尘浥雨逐轻装，地过兰山柳万行。沂水波平容易渡，好风吹送李家庄。"

《送陈六笙观察之官湖南》云："为政风流属我曹，[1] 飘飘髯雪兴犹豪。西湖水澈盟心迹，南岳云开拥节旄。岂幸桑榆光旧物，须知兰芷待新膏。[2] 爱君更有同袍处，衮衮谈兵指剑韬。"[3]

赵舒翘作《报到苏接篆日期折》："当于光绪二十一年五月遵旨入都陛见，先后仰蒙召见二次，瞻天颜之温霁，聆训诲之周详，钦感之余，弥增愧奋。"

三十日，赵舒翘拜会翁同龢。《翁同龢日记》云："赵展如舒翘中丞来谈《易》，此人吾识拔于刑曹。"[4]

闰五月

二十日，翁同龢"为陆云生馆地，请赵展如勿撤之"。[5]

闰五月，上谕："电寄张之洞等前因日本约内改造土货一节，电谕张之洞等筹商覆奏。现在商约尚未开议，其有关系国计民生应如何补救之处，著张之洞、奎俊、赵舒翘、廖寿丰一并豫为筹议，迅速覆奏。"（《光绪朝实录》）

宋伯鲁作《同门赵展如巡抚江苏诗以送之》："蚩尤战罢肃天纲，社鼠城狐敢披猖。岂谓旄头吞睥睨，翻教辽水失艅艎。冥冥万垒乌棲幕，泄泄

① 自注：公守处州，书楹联有"为政风流"句。

② 自注：公由观察降调廿余年，湖南时苦旱。

③ 自注：甲午（1894年），余在浙藩时值倭变，公守杭州，常陈兵事。

④《翁同龢日记》（第5册），第2812页。

⑤《翁同龢日记》（第5册），第2817页。

千官燕处堂。安得异才支大厦，不愁风雨到萧墙。”①

俞樾《与赵展如中丞》云：“前日趋贺，次日即承临况，而皆未得见，迄今又阅两旬。溯自西湖一别，则已在十旬之外。此三月中，金殿对杨，玉音问答，敷宣德意，宏济时艰，想视在浙时，又自有一番举措也。惟闻新抱西河之痛，此则不必介怀。以公之地位，但能造福苍生，则商瞿五十岁后，有五大夫子可为公操券耳。弟近状如恒，惟为时事所迫，辄有不能已于言者，偶成《迂议》一篇，敢以陈之左右，公览之，得无笑其满肚皮不合时宜乎！”②

六月

十一日，张之洞“致瓜洲、下关新任抚台赵”：“读致两县电，敬悉台旆抵扬，欣慰。尊意愿即住船，具见体恤盛意。惟泊船处距敝署七八里，往还诸多不便。昨已饬县备行馆，并不费事。应商之件甚多，请公仍进城，以便就教。”③

过金陵，晤署督张文达公之洞。《报到苏接篆日期折》云：“陛辞后出都，由陆路南下，道经金陵会晤署两江总督臣张之洞，面商一切要公。”

在南京《游焦山诗》云：“我与名山有旧盟，高僧相遇恰同庚。逃禅便觉风尘远，住世须将宇宙擎。江寺懒寻铭瘗鹤，海隅愤指浪翻鲸。彼苍未许林泉福，解缆匆匆负此行。”④

十六日，“夜三更既过，新任苏抚赵展如中丞（舒翘）轮舶过此，出西门迎之，以夜深未见”。（《李超琼日记》）

十九日，赵舒翘行抵苏州省城。李超琼“早出谒藩宪邓公、署臬宪胡芸台公家桢，均得见。惟黄幼农观察不遇。便过蓝村处一谈乃归。镜之午

---

① 宋伯鲁：《海棠仙馆诗集》（卷六）《浴堂集》，民国十三年刻本。

② 王宝平：《早稻田大学所藏俞曲园遗稿〈春在堂尺牍七〉》，载《文献季刊》2006 年第 1 期。

③《张之洞全集》（第 8 册），武汉出版社 2008 年版，第 370 ～ 371 页。

④ 自注：拟住焦山避暑数日，接电信，幼子病，即登舟行。

后出迎新抚赵公，盖前由常来苏，以闻子殇，遂未停轮，亦未见客，飞棹赴浙。今日始挈眷抵吴门也。而前示期以廿一至，及往返轻率。又闻惟慕刚子良侍郎之为人，其果不负圣明特达之知、不次之擢也。夫中丞既至，大雨遂作。或又为随车之泽，则固吴民所甚幸也”。（《李超琼日记》）

二十日莅任。赵舒翘作《报到苏接篆日期折》：“二十二日准调任抚臣奎俊将江苏巡抚关防暨王命旗牌文卷等件，派委调署苏州府知府桐泽、抚标中军参将常福赍送前来，谨即恭设香案，望阙叩头谢恩，祗领任事。伏念苏省地大物博，巡抚责重事繁，察吏始可以安民，整军莫先于选将。拔识公则真材自奋，庶务不至于怠荒；任用乖则流弊滋多，陋习益趋于奔竞。凡此人才之进退，胥视疆吏之激扬。迩值通商互市之初，当为毖后惩前之计，尤资群策共济时艰。如臣庸愚，惧难补救，惟有破除情面，殚竭血诚，不敢随俗以模棱，亦不敢沽名以矫激。遇事与署督臣和衷商榷，实力办理，以冀仰答高厚鸿慈于万一。”

二十日，李超琼“早出诣谒新中丞，未得见。闻其善钩距也，颇有广汉家风焉。而不延陈允斋为幕友，则皆择人之慎，可佩也。旋随首府一见奎帅乃归”。（《李超琼日记》）

二十一日，李超琼“谒赵、黄二宪，均未见。元和陆凤石祭酒（润庠）有母丧，往吊之”。（《李超琼日记》）

二十三日，赵舒翘作《奏为恭报微臣到苏接篆日期叩谢天恩仰祈圣鉴事》。附片云：再臣接准上书房行走翰林院侍读张仁黼函称：窃仁黼蒙恩赏假三个月，回籍省亲，现于闰五月十三日已抵固始县本籍，所有到籍日期恳请代奏等语，理合据情附片陈明。伏乞圣鉴。[①]

是日，“赵中丞舒翘接抚篆。往谒，至午正乃克一见。其人伉爽自喜，胸无城府，语皆以国事民生为忧惧。其轻率无威重之度，且沉毅或不足

①《光绪朝朱批奏折》（第10辑），第768页。

也。然君子人而一洗习气，则固可决矣。申刻，偕镜之、南陔晋见乐帅，谈至灯后乃出。公之抚吴逾三年，慈惠温和，官民交颂，区区尤有感恩知己之德焉。是可佩也”。(《李超琼日记》)

《慎斋年谱》载：“时日本和议成，新约在苏州开埠通商，先生争执主权，保全厘金，须发骤白。”

七月

初三日，张之洞“致苏州赵抚台”：“苏州司局详覆米捐暂难停免一件，想已察阅。查江省所借洋款，奏明由厘金、盐课归还，货厘拨款无余，专恃此项米捐以资凑用，责难停免，且此系仍复旧章，并非新增。昨详询朱道之榛，据称于民间尚不致受累。拟即照此会衔覆奏，特此奉达，即请裁酌。如以为可，即会列台端前衔具奏。祈速示覆。”①

初十日，张之洞“致苏州赵抚台”：“奎乐帅丁忧，请即由尊处奏报。”②

十二日，张之洞“致苏州赵抚台”：“阅韩道致筹防局电称，奉尊谕商派轮船往浒浦，装海靖营往芜湖一带遣散。查此间遣送裁勇赴湘、鄂、江西各处，并转运陕甘军火兵差各轮，尽数派出，尚须添雇商轮凑用，实无大船可以分拨。芜湖路尚不远，拟饬飞霆、策电前往。该轮船小而炮大，只能拖带，勇丁须另雇民船装载也。至敝处所裁各营资遣回籍，租轮、煤油并勇丁住船火食，每名按日银一钱，皆系据实奏销，并以奉闻。”③

十四日，张之洞“致苏州赵抚台、邓藩台”：“朱道回苏，寄呈振兴商务办法两纸，想鉴及。尊意以为如何，各官绅意如何。大举一节恐悉不易办，部中断不允，惟有就息借商款二百万开商务局一策，或尚可行。望与各官绅筹商速示。前日文电致邓方伯论租界宜稍远，或在澹台湖以南一

①《张之洞全集》(第9册)，第3页。

②《张之洞全集》(第9册)，第6页。

③《张之洞全集》(第9册)，第7页。

节，是否可行，并速示。”[①]

十五日，赵舒翘致电张之洞：“前函及盐电均敬悉。商务大举一节，诚如尊谕，不易办，小就之法，据任绅云尚可行。惟查息借欺二百余万，苏属仅一百万零，内有官款三十余万，其余系海关承借，能否移用，应请径饬黄道商办。绅意以商会局应先议设，瞬届下半年还款之期，方有交收定所。事属草创，在得人尤在慎始，可否速遴廉明之员，会商妥办，盼甚。或请以大略情形，先挈翘衔入告，悉听钧裁。租界宜稍远，尊见极是。澹台湖以南已饬履勘，惟苏与杭小异，杭河距城远，租界祇可在大关外，苏河逼近城下，恐费调停耳。”[②]

十六日，上谕：“电寄赵舒翘等，前谕苏杭两处赶设机器局小轮船等事为未雨之计，浙仅奏覆，苏尚未议，著赵舒翘、廖寿丰切实筹度，毋得胶执成见，视为缓图，将来商务一开，利权尽为他人所占，是为至要。”（《光绪朝实录》）

同日，张之洞“致苏州赵抚台、邓藩台”：“苏州新开口岸，务宜慎之于始，必须精熟商务者妥焉豫筹。思索多日，查有浙江海宁州知州李圭，久在宁波洋关当差，曾经出洋，最为熟习商务，已电廖中丞暂借调来苏，会同各员筹议商约租界各事，廖中丞已允。如李牧到苏时，请饬地方官会同履勘筹议，议有端倪后，仍令赴宁。”[③]

十七日，张之洞“致苏州赵抚台、邓藩台”：“咸、谏两电悉。上海道所借一百二十余万，当即与商，想亦必允。商务局委朱道甚妥，陆道元鼎现调江苏粮道，拟即由敝处主稿，会委陆、朱两道暨上海道总办商务局。惟此系小辨，仅以息借款二百万备用，为数有限。拟只办劝工机器，大意以劝工为主，以开风气。工作精则商务自盛矣，如制洋绸、洋酒、洋蜡、

---

①《张之洞全集》（第9册），第8页。

②《张之洞全集》（第9册），第8页。

③《张之洞全集》（第9册），第10页。

洋火柴、洋糖、洋针、洋瓷器之类。缫丝厂亦可酌设数处，取其机器厂屋成本较轻，可以多办数种，每厂借公款不过数万，至多不得过十万。此各厂除丝厂外，大约仍以设上海为便，愿设他处亦听之。黄道已在上海法租界以南觅有工厂地一段，拟修马路，地基合宜。至纺纱厂费太巨，拟不办矣。”①

同日，张之洞又“致苏州赵抚台、邓藩台”：“开办洋务，此间道班甚难其人。屡承尊命，兹拟姑派罗道嘉杰前往。罗曾在上海当会审差，声名尚好，亦曾出差东洋办事，当能妥适。拟即会委，仍请台端设法访求明干之员为望。邓方伯来禀内递说贴，论租界之沈令洋务尚能留心，不悉其人若何，如尚稳妥，即可派充委员。临时或添派金陵洋务局黄道遵宪暂赴苏会商，事毕仍令回宁。”②

同日，张之洞“致苏州赵抚台”：“筱电悉，内惟小火轮一节，尊电谓商人刁难观望，亦不易集两语有误。请改为现接张某电称，据上海道电，已招有商人愿承办数十只，惟请目前照完厘金，俟洋轮行驶时，请比照洋税免完厘金，此层有窒碍，尚未议妥等语。即请斟酌覆奏。”③

十八日，赵舒翘致电两江总督张之洞：“谏电均悉。黄道禀招商承办小轮，拟分五路，日后照洋轮只完正半税。翘细加忖度，流弊甚长。新约所载彼之小轮，只达苏杭，今由苏而镇，而淮，而秣，约所未载。商轮创于前，彼将踵于后。即不踵行，而商轮往来带货，亦只完正半税。自苏而上，若镇、若秣、若淮之厘金，又为商轮所夺。鄙见此时商轮只准在苏、杭、沪三处设局，镇、淮、秣三处缓议。是否有当，祈尊酌。余电甚妥。”④

---

①《张之洞全集》（第9册），第10页。

②《张之洞全集》（第9册），第11页。

③《张之洞全集》（第9册），第11页。

④《张之洞全集》（第9册），第12页。

同日，赵舒翘又致电两江总督张之洞："顷接廖中丞电，谓内河行轮无补厘金，且厘重税轻，不啻驱华入洋，官为经理，尤恐滋弊。似莫若就苏杭设洋关，置税司，较为扼要等语，亦有见地。窃谓苏若开关，粮道同城，不能兼关务。或援天津之例，以上海道专作江海关道，另请专设苏松太道于苏，兼理商务，诸事皆有归束，庶可持久。姑存此论，仍乞公荩筹。"①

十八日，李超琼"辰间仍诣泥城桥，每至皆先于太夫人灵前一奠三叩，始与中丞见。于丧次，皆跪谈也"。(《李超琼日记》)

十九日，上谕军机大臣等："有人奏江苏吴江县知县李汾招留枭匪头目，纵令开赌，私收钱漕浮费，勒索陋规，并因案索贿等语，着张之洞、赵舒翘逐款确查，据实参办，毋稍徇隐。原片均着钞给阅看，将此各谕令知之。"(《光绪朝实录》)

同日廷寄上谕："以江浙交界盗风日炽，饬赵舒翘与署两江总督臣张之洞、浙江抚臣廖寿丰会筹协缉严惩。"

同日，"又谕，有人奏江浙交界盗风日炽，请饬合筹剿办一折，据称江苏之吴江、震泽，浙江之嘉兴、秀水、嘉善、乌程、归安等县壤地相接，客民麕集，盐枭赌匪聚党日多，勾结衙役汛兵肆行无忌，地界两省，事易推诿，历年以来抢劫拒捕、械斗伤人、戕害营弁、虏人勒赎之案层见叠出。该地方官积习相沿，养痈不治，殊堪痛恨。著张之洞、赵舒翘、廖寿丰各就地方情形将捕匪事宜详细会商，妥筹协济严惩之法，毋任欺饰规避。另片奏，官役办理盗案，官则迫于需费甚多，弥缝讳饰，役则工食甚微，亦多费用，燧视破案为大害等语，州县官役既有缉捕之责，亦当体恤下情。并著张之洞、赵舒翘、廖寿丰悉心察核，酌量办理。原折片均著钞给阅看，将此谕令知之"。(《光绪朝实录》)

① 《张之洞全集》(第9册)，第12页。

赵舒翘《致总署书》云："敬肃者：叠奉电旨，新约改造土货等事饬令先事图维，并奉赐函钞发第六款到苏，屡与香帅往返函商。十八日由苏呈电，亮蒙代奏，二十一日奏到贺电传旨，恭聆一切，二十二日接香帅钞示十七日由秣主稿电奏三事，其中尚有未尽之言，谨缕陈之。翘伏思，此次内地通商各条，本系错已铸成，无术补救，然于不得已之中筹尚可为之事。则设机器局、行小火轮亦未始非法，而留民生计、保全厘金二事，此中分合有不能不明辨者。留民生计系固本先务，保全厘金尤属目前要图。若关税、若地丁、若盐课，此时皆无甚关碍。岌岌可危者，独厘金耳。盖厘金能保，必生意尚在华商，保民之计即寓乎其中。若商贾废业，则厘金必亏；厘金一亏，则国用顿匮，其害有不旋踵而见者矣。设机器局、行小火轮谓之劝工，开风气则可，与保全厘金毫无干涉。盖上海开局各商，皆系素与洋人通熟，初多赔折，近始稍有利益，然亦必自行经理，常与洋商通融方能获利。若动公款以为本，成败利钝责诸绅商，其绅商之公正者万不肯任，欲任其事者不敢谓其皆存干没公款之心。窃恐假公为私，明华暗洋，种种弊窦，防不胜防。二十年来集股之举，流弊之多，由于承办之人利则归己，害则归人，往者各役历历可数。即使绅商经理得人，官为督办，设令洋人之局收物，则予以重价；售物，则减为钱值。小民趋利若鹜，谁复乐与华商交易？吾局虽开，不转瞬而必自闭歇。纵或洋人平情买卖，而欲以吾局之货抵制洋货，亦只可令完税不完捐，与洋人一律，断不能再收厘金而独苛于华人。倘仍抽厘金，则较洋货成本加贵，销售不行，不待洋人之弄术，而吾局亦自闭歇。故曰设机器制造各局与厘金无涉也。或谓设各局即留民生计，不知开局集股者，系绅富居多，所得之利仍聚而不散，局内所养女工男匠，每局至多不过四五百人。以十局计之，仅养四五千穷民，而所夺民间手工则又不知凡几。况洋商各局厂亦未尝不用华工也。然则机器局可不设乎？则又不然。天既开此机巧世界，目睹外人夺我利权，何可不令吾民分之？且通商惠工，亦固本之一端。在上者何可膜［漠］视。惟既系利民之事，祇有因民而利之一法，广为招徕，令民集股自办缫丝纺纱，不过举其大者言之。此外一切制造，洋人所能，我商民悉准仿行，官但为之维持保护，斯可矣。况利之所在，众必争趋，官为之卫而不计其利，商民之生业自不至为彼所夺。内河行小火轮，其利弊亦与此同。查新约，既允日人在内地购买货件及在通商口岸任便从事，固未能以力争，亦何能以智胜？惟有与之平情商订细约，庶可保全厘金。即如改造土货，必先采办。设日人径赴产地收买，毫无限制，华民亦乐私售于彼，不特中国商局失利，即厘税亦无著，将来辨［辩］难必大费唇舌，似宜著重保护一边，议令援收茧成案，货物由行交易，给照出运，仍查照旧章在海关先领报单，方准入内。并告以请单购货，地方官始有保护之责。否则，便系违章买卖。设与民间有争殴等事，官不为理。从前海关给单，视若寻常，后应郑重而出，则奸商串通诡托之弊少，只须洋约声叙采办土货仍按旧章请领报单两语括之，庶有限制之法。不然，则厘金坏矣。又新约驶入各口装运货物一节，查大轮入吴淞口，必易小轮抵苏杭。凡百货物，恐另雇驳船，由小轮拖带，非若江海之货，即装于轮船也，诚恐托运揽载，漫无稽考，亦亏我厘金。一，昨电奏查照长江轮船章程，不准拖带民船、驳船。翘仍虑洋人藉小轮无可装货为辞，定有争执，势不能不允。其另雇民船驳船，然亦祇可允其往来拖运洋货及改造已成之土货，他如揽载，应令照华商小轮船新章一律完捐。盖内河另装拖运，理应与江海轮船有别也。或虞变计揽载，奸商土货概挂洋旗，则请单购货须赴产地，一时仓卒难集，加以关道郑重给单，奸商自当知难而止，得此范围纂入行船章程，保全实多。至各处所产之土货，须设法先就一处并收厘金，将来民间买来之洋货亦须加抽落地各税，显以整顿中国厘金，隐以抵制改造之洋货，国计不亏，民生自可渐保，所谓急则治其标也。总之，挽回利权首在保全厘金，视设局争利等事确有其实际。翘之日夜焦灼图维者实在此，不在彼也。再，新约内有进吴淞江及运河以至苏州、杭州之语，乃专指由沪入苏杭之河，此皆往年漕运所经之道，彼沿旧称，非混苏州以上丹徒、丹阳等处运河而言。若彼由苏至镇，在内河运货，可据约阻之。翘任温处道未久，于交涉事宜略谙梗概。苏省洋务向来统归南洋主裁，今在省城开埠，遇有交涉大者，自应仍由南洋核定，次者就近剖断，难以推诿。惟有执定条约从事，或可寡过。近来各关常迁就于条约之外，为周旋弥缝之妙诀，洋务日益棘手，殆基于此。定章虽贵严密，犹赖奉行之不稍出入也。管蠡之见，谨以附陈。"

十九日，张之洞"致苏州赵抚台"："电旨饬议织局、小轮并厘三事，尊处既奉旨催问，内意自甚焦急。当即于十七日夜将三事分为三电，会台衔覆奏，大意即系连日所商办法，将及两千言。因文繁事急，不及录稿奉商，已照录原电，专差乘轮驰送查阅。此不过大概筹议情形，其详细办法，仍可随时酌改也。筱第二电示，据朱道所陈各节，极为周密，佩甚。因所筹各节与鄙意适相符合，会衔电奏已言之，似可不必重出。至入内地越办货须领护照，向来各省洋商皆皆必如此，故未言及。朱道意系防任便两字之弊。以后如续思有数条，再将此节添入会奏何如。"①

同日，张之洞"致苏州赵抚台"："啸电悉。内河小轮请比照洋轮完税一节，自系万不可行，岂有无故自弃厘金一半之理，已电黄道驳斥。昨电奏已言之，内河小轮利在拖带民船、剥船，运载货物，洋轮若照长江轮船章程，本不准其拖带民船、剥船，昨电奏即力请于议详约时禁洋轮拖船，似当可行。洋轮既不拖货，华轮自无可比照。华商小轮运货，无论装在拖船，装在轮船，均应完厘，但须仍照旧日经过各卡之数，归并抽收。至如何查验，及沿途禁止起卸章程，应饬苏、沪、金陵各厘局详议。该商肯遵办则准设，不遵则不准也。其洋轮不准行驶之各路，自系完厘，更不待言。既非通商口岸，洋轮自不能踵行。查长江内河，中国若多设小轮，乃

---

①《张之洞全集》(第9册)，第11页。

利商利民、兴旺地方之事。商民畅旺，厘金自必增多，利民即利国也。此次该商既请多设，故并饬上海道议之。公若虑流弊，当再详酌，此时并非定论也，但管见以为益处甚多耳。至新约内有进吴淞江及运河以至苏州、杭州之语，不知所言运河是否指由苏入浙之河，抑指由镇江入苏州之运河，语殊含糊。已电询总署，若系专指由苏入杭之河，则少此一路，较易防范矣。”①

同日，两江总督张之洞“致苏州赵抚台”：“啸三电悉。苏州开关，必设税务司，自以专设关道为妥。沪上繁剧，上海道若不兼管地方，不能弹压，似可改为松太道，另请专设分守苏州道，兼苏州关监督。湖北盐法武昌道，广东粮道兼管广州府，皆首道只辖一府之成案。仍请裁酌。”②

李超琼“辰间先至道署，偕王驿生椿荫、李思诚前泮两大令，偕入见焉。既出，拜福和笙观察、余澹湖太守，均未遇。再至泥城桥，中丞既见，遂速余归，乃辞焉”。(《李超琼日记》)

二十日，上谕军机大臣等：“电寄张之洞、赵舒翘，电奏悉江苏息借商款二百二十六万，着准其借给商务局分十年归还，惟开办机器仿制洋货，原为抵制外人起见，该厂商人亦须自筹资本，不可全用官款，致外人借口于官饬商办，转生枝节。小轮船专走内河，崇明、宁波两路则涉外海，可不必办。所请完税免厘金，万不能准。棉花就行抽厘，甚为扼要，著即照行。总之，此事务在得人，该督抚当协力同心于兴利之中先筹防弊之法，是为至要。”(《光绪朝实录》)

二十一日，张之洞“致苏州赵抚台、邓藩台”：“廖中丞来电，李牧已来见，回海宁略料理即动身，计廿三四可到苏等语。”③

二十三日，张之洞“致苏州赵抚台、邓藩台、朱道台”：“二十日电旨

---

①《张之洞全集》(第9册)，第12页。

②《张之洞全集》(第9册)，第12页。

③《张之洞全集》(第9册)，第13页。

想早已奉到。敝处专差录呈电奏稿到否，请即筹酌见示。鄙意借给公款，至多不得过一半。棉花抽厘章程，请饬苏、沪两厘局议，议妥以便开办。惟此旨有抵制外人之语，只可密示司道阅看，千万不可转行，切祷。漾电并悉。”①

二十四日，赵舒翘致电张之洞：“漾电敬悉。电旨早奉到，尊处奏稿三纸亦读悉。昨夜已排递一函，余容妥筹绩达。翘。”②

二十八日，张之洞“致苏州赵抚台”：“折漕事尊意若何，藩司意若何。窃谓此事尚易办，改解折色，实于公家有益。是否须开征新漕以前，定议覆奏，祈示。”③

同日，赵舒翘电覆：“感电悉。折漕事有益公家，且上年成案可循，商之藩司，亦谓易办。尊意须开征新漕前定议，极是。惟河、海两运是否并停，漕督、粮道以下员弁兵丁如何处置，乞酌示。翘。”④

二十九日，赵舒翘语录：“危者安其位，亡者保其存，乱者有其治，盖世间忧患安乐，相为乘除，无大快乐，亦无大忧危。平时戒慎恐惧，自足消患无形也。慎独，阴道也。而发抒功业，则基于此，是阴含阳也。行为阳道也，而一心运用，则人所不见，是阳含阴也。一阴一阳之道，昼夜之道与率性之道，一而已矣。”（《慎斋文集》）

三十日，张之洞“致苏州赵抚台”：“勘电悉。内意自系河、海两运全停，方能有益饷项。漕督似须议裁，至漕标弁兵，只可酌量分别裁留，改为清江防勇，各省卫官应一律裁汰，屯丁改归民籍。窃谓征解折色奏准后，一檄可行，宜速办。至裁卫官屯丁，事繁而不难，议可早定，事可徐办。至裁漕标兵，须妥筹，又可稍缓。三事陆续分辨，并不相妨。苏松

①《张之洞全集》(第9册)，第14页。
②《张之洞全集》(第9册)，第14页。
③《张之洞全集》(第9册)，第14页。
④《张之洞全集》(第9册)，第14页。

粮道应照尊议改为苏州关道，极妥，并兼分守苏州，方有管辖商民之权。江、安粮道及他省粮道，鄙意不必裁，可为京员及知府留一升阶，仍可管收漕及兵米事。现须整顿商务，或并令兼管一商务，亦甚切时用。陆道部文已到，但吴、马两员均未回，不能不稍候。如大致议定后，似可先奏，如奉旨允准，即可先札州县勿收本色。鄙见是否可行，卓见如何，祈裁酌示覆。”①

同日，赵舒翘电覆：“艳电悉。卓见均极是，请即定议，挈衔入告。应否会同漕帅，祈就近电商。”②

同日，张之洞“致苏州赵抚台”：“昨奉廷寄，饬查吴江县李汾招匪纵赌、勒规索贿各节，已恭录咨会，请尊处会委妥员，驰往密查。委员即请公酌定，将衔名填写札内印发，计日内当已达览。委定何员，祈电示。”③

八月

初六日，张之洞“致苏州赵抚台”：“邓藩司禀拟宝山县堪补堪调人员各五员，开单请核内即用班郑仲和一员，据禀系台端遴选等语，特奉询查。郑令科分颇深，如该令系公所选，其人自必可用，当即以该令请补也。即候示覆。”④

初九日，上谕：“有人奏署江苏太仓州知州金元烺贪酷任性，州城陆姓一案得贿勒令私和，且有擅责生员情事，请饬查惩处等语。著赵舒翘确切查明，据实具奏，原片着钞给阅看。将此谕令知之。”(《光绪朝实录》)

十二日，张之洞“致苏州赵抚台”：“真电悉，两函均奉到，另函详覆。李牧圭自宁赴苏，想已见。该员嫌租界距城太远，难保护，鄙意以为不然。今拟给之地，距城止六里余，已甚近矣。如照初次所拟之地，距城

①《张之洞全集》(第9册)，第16～17页。

②《张之洞全集》(第9册)，第17页。

③《张之洞全集》(第9册)，第17页。

④《张之洞全集》(第9册)，第19页。

止二里余，数年之后，华民盖屋必致接连一片，种种窒碍，设有军务，无所措手。如为保护，可派营勇驻扎。折漕事须速议，陆道宜速到任，吴升道愿将粮道印先送回苏最妙，祈电吴照办。陆道数日即赴苏。”①

同日，张之洞“致苏州赵抚台”：“折漕事，苏藩司、粮道会详太略。此事州县总不愿办。鄙意此举于公家有益，似乎义在必行，惟江北易办，江南苏属难办。各属或收本色，或收折色，情形不同，须查清官绅民三层，均须筹划周妥，方无窒碍。请饬藩司详查切实，开清折请尊处核示为要。惟仓卒恐难核定，若定议折解，须先饬州县漕粮暂缓开征，宽其漕限，一面具奏，听候部覆。”②

十二日，赵舒翘致电张之洞：“廷寄饬商捕匪事宜，我公全局统筹，应如何布置缉拏，乞先密示大概。”③

同日，张之洞“致苏州赵抚台”：“支电悉。江浙交界，盗匪横行，民不聊生，即如新阳县盗案，供出如此重情，悚愧难安。况现奉廷旨，自宜速筹良法。鄙意拟有七条。一、整顿水师将领。一、派小轮数只，配以炮位弁勇，令至太湖内河一带与炮船合力追捕。一、派干弁带陆勇水陆协缉。一、悬重赏购觅眼线，并购拏着匪，赏由省局出。一、苏省办盗章程稍拘，宜照各省近年奏准章程，凡系劫盗罪应斩决者，或道府或委员复讯后，就地正法，免其照例解勘，并即奏明，着为定章。一、稍宽州县盗案，照例处分，获邻省及邻境盗犯，准其相抵。一、严州县讳盗处分，查出者必撤必参，以前未报者准其补报。想台端必有良策，祈裁酌示覆，并告臬司。”④

同日，张之洞“致苏州赵抚台”：“捕盗事，原奏意中似有指定缉捕大

①《张之洞全集》（第9册），第20～21页。

②《张之洞全集》（第9册），第21页。

③《张之洞全集》（第9册），第21页。

④《张之洞全集》（第9册），第21页。

员，恐别有用意，不可受其愚也，公想已鉴及。祈密示。”①

十三日，张之洞“致苏州赵抚台”：“折漕事，电商松漕帅，询其意以为如何。顷接覆电，云折漕事敝处未奉廷寄，亦无部文，应照尊裁及中丞所议，挈敝衔会奏。椿、震等语，特奉闻。”②

同日，张之洞“致苏州赵抚台”：“新阳盗案小张三等十一名，敝处已批上海道复讯，如供情确实与县委原禀相符，即在上海照章惩办。尊处如何批示，祈速示。”③

十五日，张之洞“致苏州赵抚台”：“罗道准十七日晨行。陆道屡催，须二十三日行。陆道重在漕务，至洋务不甚着重也。黄道遵宪已饬令赴苏会商开办事宜，须三日后行。倭领事虽赴苏，此时总署详约未议定，一切不能作为定论。陆、罗、黄之会札尊处盖印后，如已发者则已，如未发则即留在苏，候该员到发给可也。刘庆汾于东洋文翻译最熟，人亦一明白，可用。”④

十五日，赵舒翘语录：“处贫贱易，处富贵难，处下士易，处高官难，处常职易，处盛名难，予值此俗敝时危之际，三难兼备，则又难乎其难，安得不朝兢夕惕，以求免无过乎。”

二十一日，张之洞“致苏州赵抚台”：“商务局拟分设三处，沪一、苏一、宁一，既取贯通，亦专责成。宁局事略少，因敝署左右须有一局，方便于指授转行耳。苏局委苏松粮道及朱道总办，沪局委上海道并阮道祖棠总办。阮道现办上海制造局，人素廉谨，且就便也。宁局尚未得其人，择妥后再送会稿可也。苏绅章程太略，兹酌拟数条，即电请核正。”⑤

---

①《张之洞全集》(第9册)，第21页。

②《张之洞全集》(第9册)，第22页。

③《张之洞全集》(第9册)，第22页。

④《张之洞全集》(第9册)，第23页。

⑤《张之洞全集》(第9册)，第25页。

二十二日，张之洞“致成都鹿制台、武昌谭制台、苏州赵抚台、杭州廖抚台”：“总署来电：日本将派上海领事往苏、杭、沙市等处选择租界，宜预为筹画，照宁波通商章程最妥，否则合各国为一气，租界较为扼要，即饬各该地方官会同税司及各国领事先行履勘地址，划定界限，以免各国纷伤来请。希达川、鄂督，苏、浙抚焉。谨照转。”①

同日，张之洞“致苏州赵抚台、清江松漕台”：“通海棉花，遵旨改产地统捐。现据江宁厘局议详，每净花百斤统捐八百文，江苏全省概不重征，议于统捐内各拨苏、沪、淮二成，由该三局行知各卡，遇有宁局护照，到地卸货，即将原照扣存，按季送宁局，如数拨给。惟查清、淮各饷二成恐其不敷，现与司道熟商，拟改拨清、淮四成。是否，仍请酌示。”②

二十六日，李超琼“得省门函，知中丞赵公以谗谄面谀之言浸润既入，于余有微词，且谓请托至奎乐帅之母夫人而始得调斯缺矣。谗人高张，何所不至。上焉者既不加察，此邦尚可居哉！吾将决计去之矣。吾生岂以官位为重者乎，况卑卑末秩，何足恋已”。（《李超琼日记》）

二十七日，李超琼“是日又得省中友人书，知新抚赵公见疑者，以余为奎公所甄赏之故。然自问既无钻营，又非迎合，内顾无惭，皇恤其不我谅哉。亦我行我素而已”。（《李超琼日记》）

二十七日，张之洞“致苏州赵抚台”：“金牧元烺仅见过一次，已详询程道仪洛、桂道嵩庆，佥称该员心术甚好，操守谨饬，亦能办事，曾经沈文肃明保，该两道皆所素知等语。程道廉正卓绝，桂道老成稳妥，当非妄语。”③

同日，张之洞“致苏州赵抚台”：“漾电悉。通海棉花统捐，宁厘局前议苏、沪各二成，其中有截长补短之处。兹当遵示，苏、沪三成，已饬宁

①《张之洞全集》（第9册），第25页。
②《张之洞全集》（第9册），第25页。
③《张之洞全集》（第9册），第26页。

局遵办。拟试办一年，察看情形，如宁局收数过绌，应核明宁、苏、沪三局原收之数，将减收之数按成匀摊。护照分编苏、沪字样，亦饬遵矣。”①

二十七日，李超琼“是日又得省中友人书，知新抚赵公见疑者，以余为奎公所甄赏之故。然自问既无钻营，又非迎合，内顾无惭，皇恤其不我谅哉。亦我行我素而已”。（《李超琼日记》）

八月，《慎斋年谱》载：“奏裁海靖三营，酌留湘军左前二军以整戎行。初，苏省枭匪横行，太［大］为民害。先生审知前任惑于以毒攻毒之说，用匪首为营弁，盐政大坏，先择水师统领营官之尤劣者，撤换数员以新耳目，然后指名密拿，先后拿获枭首陆清恩等七名，就地正法，民间安堵。奏参候补道韩庆云，暂行革职，又奏查办候补员外郎曹秉权、江宁盐法道胡家桢等，整肃官常。”

八月，赵舒翘作《请暂缓出省校阅营伍折》：“伏查苏省现办开埠通商，事属创始，头绪甚繁，关系尤巨。臣到任两月有余，与署两江总督臣张之洞函电咨商，几无虚日，并督饬司道暨各局员悉心筹办，期臻周妥。此时暂难离省，至省中水陆各营，近因查办枭匪，大半分扎要地，瞬届冬令，防务尤宜加严，亦未便调回阅视，合无仰恳天恩，俯准展缓，一俟开埠事宜办理就绪，谨当遵旨次第认真校阅，以仰副圣主整饬戎行至意。其留省之练兵防勇，自臣到苏后，即饬令专演枪靶准法，随时亲加校试，分别赏罚，总不使稍涉懈弛。”

赵舒翘《请将候补道韩庆云暂行革职片》云：“再候补道韩庆云于上年冬间，倡议招募枭匪为海靖三营，仓猝成军，额数不足，又无纪律，而真正枭党应募者少，徒聚游手，时时逃营，为害地方。前抚臣奎俊去任时已悉其弊，奏明，俟臣到任遣撤。臣责饬韩庆云，如散勇稍滋事端，定惟该道是问，并优给费用，始平安竣事。正当遣撤之时，钦奉上谕：有人奏江

①《张之洞全集》（第9册），第26～27页。

浙盗风日炽，交臣与署两江督臣张之洞、浙江抚臣廖寿丰会商协缉等因。查原奏内有营官，绰号孙长子，上年七月在震泽争赌械斗伤人一节。臣查孙长子即盛长子，本系匪首，改名盛永福，保至都司，为海靖左营帮带官，一经饬拿，恐该道散营棘手，即谕该道转饬盛长子缉拿著名匪首施老窝子，许其立功赎罪，以示羁縻。该道谓盛长子系营官孔德升所保，断不致走脱，又谓盛长子之恶名，皆其妻盛蔡氏所为。查盛蔡氏卖艺出身，广收徒党，坐地分赃。今年六月率众出省，争霸赌场，实系女中光棍，当谕营县将盛蔡氏设法拿获，并有同时被获之丁敬辅发交臬司审办。该署臬司胡家桢听信韩庆云反复之言，并不澈究，屡求将丁敬辅释放，臣未允许。旋于丁敬辅行李内搜获在海靖营拜盟结会折帖，各件确系安清道友匪党。人咸谓韩庆云挟养枭匪以自固重，臣亦未敢遽信。而韩庆云自失海靖营统领后，意殊怏怏，造谣生事，居心叵测，应请旨将候补道韩庆云暂行革职，容臣察看，如盛长子能将施老窝子拿获，再行奏明请旨办理。倘借缉匪为名，潜行避匿，自应责令韩庆云交案以凭参办。理合附片具奏，伏乞圣鉴训示，谨奏。”

《分别裁留营勇折》云：“奏为苏省添募新勇、分别裁撤留防以节经费而资巡缉，恭折具陈，仰祈圣鉴事。窃照上年海防吃紧，苏省兵力单薄，不敷分防。经前抚臣奎俊会同督臣先后奏准：招募湘军四营，饬委江苏候补道黄立鳌统带；海靖三营饬委前署臬司候补道韩庆云统带，分扎防御。旋因和议已成，防务解严，复经前抚臣奎俊将湘军右、后两营奏明先行遣撤在案。臣伏查苏省添募之海靖三营，当时系就地招集私贩成军，原为防外靖内起见，其实真正枭匪未肯应募，徒集游惰莠民虚縻饷项。臣到任后，即饬令该道韩庆云将该三营陆续抽裁，分起派弁押送回籍，以免日久滋生事端，各照案加给恩饷两个月，以示体恤。兹据韩庆云禀报，已一律遣撤，均尚安分守法。至湘军左、前二营，现因奉旨严办枭匪，湘军与该匪之巢湖帮尚无认识沟通诸弊，应请留防，分扎要地，认真巡缉。臣仍当随时察看能否得力，再行酌请留撤。除咨部查照外，谨会同署两江总督臣张之洞，恭折具奏，伏乞皇上圣鉴训示，谨奏。”

《清史稿》云：“苏郡滨太湖，为匪渊薮，营弁多勾结贿纵，舒翘严饬，密辅匪首叶万春等戮之，群盗悚贴，乃筹善后，宽以容穷民小贩而严以剿枭匪大帮，不用通匪之统带，不招积匪为营弁，无事梭巡，有事立捕，由是兵与匪分而盐捕积弊遂息。”

赵舒翘作《办理枭盗匪先陈大概情形折》：“伏查苏省系东南财赋之区，地滨太湖，久为枭匪渊薮，其初本非难治，由当事者信以毒攻毒之说，用匪首为营弁，日渐勾结，援引兵勇，半成枭党，赌则收规，劫则分赃，包庇通信，联为一气，不肖统领营官受其贿遗恫挟，养痈已非一日。臣六月间到任，访知匪徒充斥，昼赌夜劫，居民每夕惊扰鸣锣，妇女散匿园林，闾阎几难安枕。吴江、震泽两县盗劫尤多，事主恐匪挟恨，甚至不敢报官，气象骚然。今岁散勇络绎，匪党日附日众，若不严为惩治，必酿巨患。臣即派员分往各县，会同水陆各营认真缉捕。而江震一带港汊纷歧，匪艇最易出没，尤非水师得力不为功。臣密与督臣函商，先择水师统领营官之尤劣者，撤换数员，以新耳目，然后指名密拿帮会各匪渠魁。匪等虽稍知敛迹，而仍草泽伏伺，乘机思动，实由各营所拿获之贼，无赃无证到案，只认赌博。苏省谳局员幕积习，向以救生宕案为心法，绝不切实鞫问，办之则法无可施，放之则匪益无忌。臣不得已始密谕委员等：以后须悬赏购线，缉拿真正匪首、及抢劫有据之犯，如审供确实，先报臣知，即行就地正法三五人，方足震慑匪胆，地方庶可安靖。督臣及浙江抚臣所来函电，均同此意。臣标飞划营新换之管带许都司国祥、帮带胡都司昌宝驻扎震泽，于九月初五、初六两日，凭自首伙盗陈光金、伍发开作眼线，先后指获盗犯陆清恩、熊安元、叶万春、叶万林、陈宜山、李品桂、熊开交、张老九、鲁老四九名，该匪等并放枪拒捕，营船舱长宋永兴受伤，百姓鸣锣集众，帮助弁勇并力合围，当场又格毙匪犯罗二、张老窝子二名，余匪凫水逃逸。经震泽县会办枭匪委员、候补知县刘葆源同许国祥讯明，陆清恩等均供系候补道韩庆云所统海靖营未撤以前逃勇，本年七八月间在浙江乍浦、乌程、南浔等处，九月初二日在震泽县并字圩前后伙劫多案。刘葆源以民心恨盗已极，又恐解省中途疏虞，即在营将上盗之陆清恩等七犯正法示众，情轻之叶万林、陈宜山二名递籍。在刘葆源不先禀报请示，擅照军前正法办理，未免草率，第为取快一时民心，又欲为贼匪速昭炯戒，于绥靖地方实不无裨益。自此案正法后，豫皖所来枭盗光蛋各匪，均闻风远遁，江震月余未出盗案，民间欢声雷动，以为近来未有之事。臣初接篆，文武僚属皆谓匪多兵单，不易办理。臣以民不聊生，断难再缓，乃甫换飞划水师一营管带、帮带官，缉捕已有起色，仅只就地正法盗匪七名，民间已渐安堵，皆非臣初念所及，而平日收受匪规之群小不得逞志，又恨又忌，藉事造谣，朋比附和，设法欲败臣整顿之局，只有仰求天恩，将委员刘葆源不先禀报、擅将盗犯正法之处分优予宽免，以为勇于任事、为民除害者劝，庶人乐效命而臣亦易于办事。至臣受恩深重，捐糜均所不恤，即能维持江苏地方，亦不足仰报鸿慈于万一，断不因若辈庇匪搅局稍形松懈也。”

附《陈推问盗犯叶万春片》云：“正法盗犯内有叶万春一名，其弟叶万林同时被拿，亦系匪类，因作眼线之伙盗陈光金、伍发开不肯指实，从宽递回河南光山县原籍。其母叶黄氏及其大兄叶万年来苏，愿保叶万林回浙江寄籍，求勿递回河南。该署臬司胡家桢偏信谣言，向叶黄氏等追问叶万春有无冤枉，又委员四出查访，言人人殊，当此激励戎行、缉捕正在得手之际，忽生此波折，殊出意外。该署司知发而不能收，若任令延宕，势必拿盗者灰心，作盗者得意，关系地方安危，实非浅鲜。臣以该署司交卸在即，添派粮道陆元鼎、候补道朱之榛督同首府、县等，向在案之伙盗陈光金等推问。已将叶万春曾充营勇、听从上盗各情取有确供，应俟实任新臬司吴承潞到任，再饬会同研讯细情，以成信谳。”

九月

初一日，张之洞“致苏州赵抚台”：“前总署来电云：感电悉，英使来渎，坚以芜湖系通商口岸，阻运即为违约，不管华船运否，洋商因此受亏，必索赔。成约具在，势难终阻。若为保厘计，或在芜湖上游酌地添卡，专抽米厘。除电饬芜湖关袁道亲诣禀商外，请筹定商覆。谏。等语。现与袁道商妥，拟即遵照署电办法，由敝处委员在芜设局，收数宁、苏分解。此举于江省甚有益，盖芜关米禁终不能不开也。特奉闻，详具致厘局朱道电。祈示覆。”①

初五日，张之洞“致苏州赵抚台”：“前奉艳电具悉。李镇新燕统水师三年，捕务废弛，盗匪日炽，且访闻缺额甚多，积弊太深，难望整顿，已札饬李镇撤退太湖水师统领。惟一时难得接统之人，即暂责成各营官自行整饬缉捕，暂不设统领。俟将来考核实有才具出众、缉捕有劳绩者，再行拔充统领。各营官亦未必即有良将，姑先撤李镇示儆，以待从容考察遴选耳。惟此系指留防太湖水师七营而言，若李镇兼统之抚标飞划缉捕营事，隶贵衙门，应否撤换，应请公酌办。其李镇兼统之浙西盐捕营，系浙军，已咨廖中丞酌办。来示陈光全朴勇难得，渠现带江海缉私营，系浙军，其汛地自沿海入长江至江阴以上，所辖已广，若既巡江海，兼管内湖，且兼统两省水师，恐难兼顾，容再详商。其撤李镇一节，已咨达。再，现带浙西缉私水师右营游击吴家正，本任昆山县守备吴广升，闻二员缉捕尚得力，请公就近考察见示为感，惟此系偏裨才耳。”②

初七日，张之洞“致苏州赵抚台”：“语电悉。陈光全既能得力，欣慰实深。查太湖水师向系敝衙门单衔札委，来示云即日改委陈光全接统，会稿另咨送，不知系委接统缉私营，抑即系委统太湖水师。窃思各省向有旧

①《张之洞全集》(第9册)，第29页。

②《张之洞全集》(第9册)，第31页。

章，太湖距苏较近，水师将领贤否，即请尊处考察遴选，应撤应换，随时密示，自当遵办。或电或函或咨均可，但仍由敝处札行，似于整顿捕务之实际，毫无妨碍，而于向章亦免更改。且敝处撤李新燕之札已发，内言暂令各营官自行整顿，奋勉图功，若遽由尊处同时又行此札，似亦两歧。若稍缓数日，即由弟处照委，似亦无妨。公能就近考核各营，求才惩惰，靖匪安民，地方之幸，亦鄙人之幸，正私衷日夜求之而不可得者，断无不惟命是听。惟旧章既系如此，若骤然更改，恐外间揣测，必谓督、抚存有意见，以后办事必多窒碍。总之，有关于公事之实际，则虽旧章亦可商明更改，若无碍于公事之实际，则似不改旧章亦可也。祈裁酌示覆。”①

赵舒翘覆电:“语电悉。昨委陈光全，系接统浙西盐捕营。缘查案向由苏札委，会浙省及尊衔，故径行。至太湖水师应归尊处主政，翘何敢冒昧越俎，且语电并未提及水师，请再查。整顿之意，彼此相同。公事则应按旧章，尊意极是。翘。”②

初七日，“谕军机大臣等，有人奏江苏金山卫遣撤防营办理不善，有至沪而不上轮船者，有沿途各散者，甚至虏船虏人抢劫之案层见叠出，请饬严密约束等语。著赵舒翘确切查明，如有前项情事，将该营官从严参办，并饬地方文武遇有防兵滋事，赶紧缉拏惩治。原片著钞给阅看，将此谕令知之”。(《光绪朝实录》)

初七日，张之洞“致苏州赵抚台、洋务局、陆道台、罗道台、朱道台、杨道台、刘守”:“陆道等鱼电悉。通商地段应由地方官选定，各处向来办理均系如此，总署断不致许其任意选择也。阊门外地方太窄狭，且洋界太近城市，将来保护洋人，查防汉奸，均难周密。此时尚非会议之期，不必急急，况日本人现虽不愿远处，别国将来或有不愿近处者。各国租界

①《张之洞全集》(第9册)，第31页。

②《张之洞全集》(第9册)，第32页。

岂能不在一处。若各国洋行过于拥挤，于彼商务亦无益。望告日本领事，通商后华商必将多设行栈、机器厂，就之交易，断无不便之处。请万勿遽许其另择他处，尤须专与议敝处选定距城六里之地，以后方有退步，至要。”①

十一日，张之洞“致苏州赵抚台”：“苏绅所拟商务节略内，拟将苏属借款百万专拨归苏用，似有未妥。外洋大公司股分，各国人皆有，是以力厚易办。中国今欲振兴商务，自应官绅商民通力合作，厚集其力，方能与洋商相敌。各厂设沪设苏，但视所宜，殊难执定。若苏款归苏，沪款归沪，必致各府亦分畛域，沪商各帮籍贯不止一省，又复分帮分省，力量愈薄，安能大举。且使有非苏非沪之工商，能仿西法制造，而苦于力薄，欲领局款，更无可借给矣，似不分苏、沪为妥。惟如何方无窒碍，弟殊无善策，即请荩筹。至借款换股票，令银主缴销息借印据，未甚明晰，望再妥酌详示。若早订机器，先请由官筹垫八九万金，似尚可行，请即酌办。总之，应照奏案，每一家借局款至多不过十万，若需本在十万以内，局款不得过半，以符不得概行仰给官款之旨，已于会委各局总办札内详叙，想已入鉴。至宁局委桂道嵩庆，因公素知其人，发札急迫，不及先商。朱道之榛，弟深为器赏，委兼洋务极妥。”②

十二日，张之洞“致苏州赵抚台、洋务局、陆道台、罗道台、朱道台、杨道台、刘守”：“陆道等佳电悉。倭人必欲得阊门外附城一带，此处人烟稠密，试问将于何处购买大段地基，将欲我强令居民迁避耶。如此处居民不愿将地转售，将欲我强其变卖耶。且各国必须同在一处，兼须兴造马路等事，目下已形逼窄，将来商务兴旺，必更不便。昨洋报言苏州现拟开洋场之处，虽无甚居民，而地方宽敞，将来商务兴旺正合云云，可见西

①《张之洞全集》(第9册)，第32页。

②《张之洞全集》(第9册)，第33页。

人亦愿得宽阔处所也。望再与议为要。再，阊门外可设通商场之地，实有若干亩，有无祠庙、公所、高大房屋，并查示。”①

十三日，张之洞“致苏州赵抚台、陆、罗、朱、杨道台、刘守”：“昨真电想已达。陆道等文电悉。桥道、巡捕归地方官，可冀就范，甚慰。惟租界断不能在附郭，于各国商务均无益，不独民情不便也，总以宝带桥东南大斜港以南一段为妥。即如上海当年系一海滩，香港系一荒山，汉口租界系江边下游空地，广东沙面系一水中小洲，历年逐渐扩充，日见兴旺。若逼窄稠密之所，行栈不能添，马路不能修，有何生发。且华商亦须于近接租界设厂设栈，必然之势，不过二年，即已连成一片，虽欲阻之而不能矣。图速效者无大利，何日本领事及税司见不及此。此是鄙人好意，为华洋通筹两便，可明告之。至华商各厂，或允其即在大斜港以北，并于两三年内必多开铺店，以便接连贸易。盖接连租界地价大贵，必有商民争先修造也，并允常驻防营保护。此外，如彼有不便者，皆允设法代筹为要。至条约所言任便者，谓各项工艺制造皆可作，非谓租界不论地势有无窒碍，民情是否允协，皆随其意也。若彼便而民情不愿，将强占民居，逼令迁让乎。况附郭拥挤，于彼亦不便乎。此事不能不争，即或彼固执，不过一时不定而已，无所谓决裂也。现已电总署，以备与日使驳办。望饬详议速覆。”②

十三日，张之洞又“致苏州赵抚台，陆、朱道台”：“真电想已达。陆、朱两道真电悉，大意是将原借苏款六十余万，改为商务局股本，借户即作为股东，合为一大公司，免致转借与他商，借户不放心，又须保结之烦耳。此法甚善，正与鄙意合，即请照办。至还款未到期，机器须早定，拟先以官款借垫一节，自无不可，应请抚院酌定数目。惟六十余万为数有

①《张之洞全集》（第9册），第33页。

②《张之洞全集》（第9册），第33页。

限，必须绅富自筹本添足，方与谕旨及奏案限制相符，应请饬熟商妥筹。此事卓见如何，祈示覆。”[①]

同日，张之洞又“致苏州赵抚台、邓藩台、陆道台”：“尊函及陆道禀均悉。大抵苏属情形，小民皆完折色，绅户多完本色。折色二千五百文之数，以之买米，州、县尚有盈余。陆道所拟收本解本，收折解折办法，似尚周妥。盖如此办法，则绅户之向完本色者仍旧，但于州、县买米盈余稍减少耳。窃思州、县有每石公费一千文，已足办公及私用。当此时艰帑绌，州、县自应各抒报国之忱，不宜执定旧日进项，丝毫不减也。但各州、县每年每处收绅户本色若干，大约久有成规，此层必须查确，方不致漫无限制。再，各州县解司库及粮道尚有南米恤孤、粜变等项，每县约数千石，望查明分计一州、县所收漕数内约占几成，合计司道库所收此各项共系米若干石，或银若干两。若除起运七十万石外，其余仍征本色，即以本色数千石专留为解南恤、粜变之用，正足相抵。即如奉贤收本色五千石，解南恤、耀变亦五千石，则绅户向完本色之米，必可销纳其中，如此似无窒碍。况绅户虽完本色，仍有公费一千，即使不能销纳以本解折，亦不致不敷折银贴补之用。若粮道办公无资，可仿湖北奏定公费。总之，鄙意起运之数，总应全数折解为是。至京仓需米，似不必江苏代谋，每年运京之米，并不能放完，徒供耗蠹。且京师军民并不必食江南稻米，江浙闽广京官虽食米饭，其白色者皆系直隶所产之北稻米也。有折价到部，俸饷必改折放银钱，听官兵自买，即谓仓储宜实，或采买玉田、丰润、文安、霸州一带北稻米，或采买粟米，尤为价廉经久，且买存亦不必多，存仓有百余万石足矣。即在京、通收买，商贩自至，更无须商局船价及天津剥船种种繁费也。白粮应否并折，亦可电奏请旨。白粮买价贵，州县必愿折解也。总之，各省若全改折漕，则连类而及，岁省各费合计在

---

①《张之洞全集》(第9册)，第34页。

二百万以外。江苏为各省之帜志，似宜办成为妥。管见是否，即请饬速查明，并请卓裁示覆，至祷。藩、粮见解若不画一，邓、陆两君可各抒己见筹覆。”①

十三日，赵舒翘电张之洞：“商务不以息借款作股本，以私作公，人皆不愿。苏州局势散，陆、朱二道恐拂尊意，不敢上告，其情形甚为难。前者本系翘强任筱翁作领袖借者，始勉从。现渠已奉召，力推不管。尊意坚欲作为公款，翘亦无术曲从。诚如来电，猝无善策，窒碍难行，惟可惜前筹一片苦心耳。尊意以苏、沪同论，苏为开埠之地，以苏借之款兴苏州商务，于理似顺，使作股本，成败听诸本人，公家不管，于私事较易。作股本与作公款同为兴商务，于公原电奏亦无不合，如欲借公款名目分余利，此画饼之谈，公勿惑人言。恃爱直陈，请再思之。翘。”②

十四日，张之洞“致苏州赵抚台、洋务局，陆、罗、朱、杨道台，刘守”：“文电想已达。陆道等元电内云倭领仍据约不从等语，不胜骇异。新约第四条城邑二字，系浑指新开各口地方而言，非指城内也。任便二字系属下读，谓可任便从事各项工艺制造也。若系任便在城邑无论何处通商工作，则日本何必派该领事来苏择地乎。况此约第一条首已言明所有添设口岸，均照向开通商海口、向开内地镇市章程一体办理。试问，向开各口何处系在城内通商，何处初开租界不在空旷之处乎，该领事岂能强解。如倭领必占附郭繁华地方，各国必不肯另居僻远，纷纷援例强占，岂不将苏州城外民居铺户街道全行拆毁，尽让洋人环绕乎。务望饬陆道等驳斥之，万勿为其所愚，总以原议宝带桥东南为妥。再，该道等勿得擅许他处，至要。总之，彼如坚执，不过回上海电公使向总署饶舌耳，无所谓决裂也。”③

---

①《张之洞全集》(第9册)，第34～35页。

②《张之洞全集》(第9册)，第37页。

③《张之洞全集》(第9册)，第35～36页。

十六日，张之洞“致苏州赵抚台、邓藩台、陆道台”：“元电论折漕事想已达。窃谓此事扼要一语，总以绅民向完米者，断不令折银，自无流弊。查苏属情形不同，前电尚有未尽。数处附城小民多完本色，然每石有耗米三斗，绅户即完折色，亦多短欠不清，亦有全县俱折者。无论本折，皆系以小户之盈余，补绅户之不足。据宜、荆两县禀，本折均无盈绌，此禀想已察阅。窃思若能据实奏明，向完折者照向来折征之数解，向完本者照市价粜变之数解，收本而粜米，解折者米价不宜过昂，收折而以钱易银，解折者银价不宜过低，自然官民俱无所累。总之，绅民之向完本色者，绝不强其完折，全数起运，但价分两种，俱照市价而又略宽。声明试办一年，再为体察，似无窒碍。至白粮七万余石，州、县以为累，应否并折，似可电奏请旨。此事须早定议，尊意若何，祈示。管见未必中理，因此系今日救时要政，既有所知，不敢不以奉商。”①

同日，张之洞“致苏州赵抚台，陆、朱道台”：“文第二电覆商务事，晚间接同日尊电，知鄙电尚未入览。前苏绅节略太简略，不明晰，令人难解，故昨电于尊函则逐条答复，于苏绅手折，则只云节略不明晰，请再妥酌详示。因不解，故请再示也。若如陆、朱两道电之浅显说明，不至踌躇多日矣。息借款改作股本，昨已覆，请照办。若借户不愿作商务公款，沪款则有所闻，苏款则从未接官绅函电，无由知之。至来电谓欲借公款名目分余利，勿惑人言云云，不胜骇愕。公款者，绅富借户之公款，非官款也。因恐淆混，故会札内只言局款，以明其与官无涉。因恐民疑，故会札内详言于商务局总办毫无利益，局用亦不准开支本案之款。试思此关票所借，本利全行如期还清，乃借户之银矣，官不过担责成而已。既无官本，又何能分余利乎，会稿可详查覆阅。此事金陵绝无一人管，商无可商，问无可问，更无人言之，可惑也。总之，弟议创此举，可谓大愚，淘神受累

①《张之洞全集》（第9册），第36页。

担责成，不过欲以利江苏商民耳，而反谓之欲分余利，中国官民之不相信一至于此。古语所谓天下本无事，庸人自扰之，正可为区区道也。附及以博一粲。”①

十七日，张之洞“致苏州赵抚台，陆、罗、朱、杨道台，刘守”：“总署来电云：元电悉。苏抚庚电苏州通商择地，略同苳筹，已复令与领事磋磨就绪，不为遥制。日使并未来渎。铣。等语。请将尊处致总署庚电，照转见示。”②

十八日，赵舒翘电张之洞：“谏、洽两电均悉。敝处前覆总署电云，日领事欲占阊门外，翘等以太近城市，界限难清，将来保护难周，不允，彼亦不坚执。所有地方，官先择之地距城约六七里，即各国合为一气，亦甚宽展。彼以为远，仍欲另择，拟细与磋磨，不遽商定。谨先密陈等语。特奉览。翘。”③

同日，赵舒翘又电张之洞：“日本心怀叵测，偿款未到手，未必因此遽决裂。惟我所指之宝带桥距城在六七里外，彼所愿之地，距城约有两里，亦是空旷无居民之处。翘不幸值办此事，日夜痛心，常饬各委员勿畏其刁挟，此乃通商第一步，总不使其进之太易，致以后事难办，与公屡次来电深意相合。前日翘饬委员与彼先说，权如归我自主，再细商量，否则听彼归去。彼始不要阊门，拟相地胥、盘之间，权亦归我自主。此现办情形也。是否有当，祈进而教之。翘。”④

十九日，张之洞“致苏州赵抚台，陆、罗、朱、杨道台，刘守”：“啸二电及陆道等筱电悉。卓见坚持，佩甚。胥、盘之间似仍嫌距城太近，且有神祇坛，亦不便。似可折中立论，与商初次所拟宝带桥东北河东一带之

①《张之洞全集》（第9册），第36～37页。

②《张之洞全集》（第9册），第38页。

③《张之洞全集》（第9册），第38页。

④《张之洞全集》（第9册），第38页。

地，或宝带桥北河西原拟华商自用之地，总较胥、盘为便。此说即作为中丞酌中调停之意，并与言明，若占近地，则租界地段丈数断不能多，给较远处则可多给，以此歆动之，或易就范，统请中丞裁度。洋报谓，现拟之地虽无居民，而地方宽敞，将来商务兴旺正合云云。此洋报乃西人所言，非华人言也，此说曾告倭领事否，渠如何答法。至陆道等前电云租界由华官设巡捕一节，渠理屈词穷云云，究竟是否已允妥，并望示覆。”①

十九日，张之洞“致苏州赵抚台，邓藩台”：“陆凤石祭酒品学兼优，清况素着，现在里居，似宜处以讲席，不知苏属有书院否。特奉商，即请酌裁。”②

二十日，张之洞“致苏州赵抚台，陆道台等”：“金陵洋务局委员知府钱恂现请假在苏，不日即还江宁，请饬传该员将现议租界情形详告，并胥、盘一带地图速绘大略见示，即交该员携来，并催其速回宁，以便面询。如有要语，即告该员面陈，可较函电详尽也。”③

二十二日，李超琼“辰刻舟抵浒墅关，过王少谷挐小舠赴任。遂招呼同泊过召一谈。午正抵苏，由阊门登岸，先至藩署，则已公出。继至首府一见，则叶欲留元和之语昨始闻之，而方伯固未之及也。嘱余即谒中丞请示。比至抚辕，则凌镜之适先在，遂同入谒。余以叶与耀堂信呈阅，以其有余既有所恋一语辨无此心，并无不回本任之意。中丞言汝既欲来，可陈诸藩台。且曰我原谓各做各缺最好云云。乃再至藩署，则辞不见客，告以明早来之语。余复诣谒粮道陆春江观察（元鼎），接见之际谦抑殊甚，亦出叶书示之。比出，则藩台已送札至矣。词谓现办秋勘之际，未便纷纷更动，仍饬留署云。此皆怀善一人起。诚自欲去则催上官挂牌，不欲去则胁上官下札，随其意之所欲，无不如志。而上官亦若奉为金科玉律也者。而

①《张之洞全集》（第9册），第39页。
②《张之洞全集》（第9册），第39页。
③《张之洞全集》（第9册），第39页。

媒孽谗构，横肆诬毁，拂其意者则倾陷不遗余力，而独怪夫大官之深信也。小人道长，世运致然。吾之一身之被其推挤，原不足为道，而大局益觉可危，奈何奈何”。(《李超琼日记》)

二十三日，李超琼“至藩署，方伯邓华熙公始一见。以昨日之檄质之，则言将借重叶令长才留办洋务，故各暂留署。余曰是则非蒙之恋缺也。邓公忸怩为叶解。因再告以义利之界，平生颇明微论收漕之润，即千驷万钟无因至前，固有不夺其守者，公毋轻量天下士也。既出，次谒署廉访胡家桢公，逐队进退而已，无可言也”。

李超琼“纵谈省中近事，深惜中丞亟意政治而轻脱无威仪，喜察察为明而与小人易昵也。其喜怒亦发发也，轻受之也易。小人以测之也，遂从而玩之蔽之。近于众座中叶怀善忽起，与为接耳之言，人人诧异而固若安之，殊可怪已。饭后，与王、凌二君别。乃复至抚辕，适叶某方奉中丞密嘱，于葑门砖桥市中捕获安靖道友盛长子之妇及其徒二人。盖此妇本绳妓，饶技勇，盛亦畏之，有门徒数百人。刻所获二人之一，现充中营什长者也。中丞以人言其劣迹昭著，故命叶密捕之耳。余俟太守桐公与叶偕见而出，乃与王小梧司马入谒。以昨奉藩檄陈之，则又霁颜相勖，谓乐帅既极推重，历官又有声，复长于文章，不愧通品，幸无懈志云云，且期明春回任为之臂助。余仍以义利之辨不敢或昧为言。仍约论施治之方，因地之要”。(《李超琼日记》)

二十七日，张之洞“致苏州赵抚台”:“吴清卿中丞来电，云湘省被旱甚广，赈不易筹，已奏闻开捐。前在奉省曾借江苏赈银一万，四月已拨还，乞电商赵中丞，可否借拨湘中，以应急赈，由澄劝捐归款。仍祈电覆。澄。养。等语。即祈裁酌电覆。”①

二十八日，张之洞“致苏州赵抚台，陆、罗、朱、杨道台，刘守”:

---

①《张之洞全集》(第9册)，第41页。

“本日钱守恂回宁面禀商界情形，并呈地图，均悉。密渡桥西沿河一带，留十丈作官地，不但自占水口，且将来捕房、税关、商务、公司可一气贯注，甚善。致总署宥电，有给密渡桥至宝带桥一段语，今悉仅至灯草桥止，非至宝带桥也，其宝带二字乃陆道等来电笔误，已会衔电署更正矣。”①

十月

初一日，张之洞“致苏州赵抚台，陆、罗、朱、杨道台，刘守”：“陆道等俭电悉。据钱守指图面禀，南至灯草桥止，以河为界，已与倭领事、税务司商明，约计西起相王庙迤南之华商公司界外，东至密渡桥，广三里半，北起密渡桥，南至灯草桥，长一里，为地已甚不小，各国行栈皆能容纳。若灯草桥又南拓至宝带桥，长约千丈，几及六里矣，再以北起密渡桥，合计则将七里矣。横广三里半，纵长七里，是积方二十四里有奇矣，从来无如此宽大租界。汉口新议定给德国租界，长三百余丈，广百余丈，彼已欣然。闻苏州止有倭英德三国来，闻法国意似不来，焉能给如此之大地哉。此电即非笔误，即谓之笔误亦可也。虽有扩充之说，不过备其不敷，此时总宜从紧。虽已电署甚无碍，盖所患在初电许地太宽，故急须电署更正，以免误告倭使。若此时许地窄，他日酌量扩充，甚活。若已电署许地过宽，先松后紧，更难办矣。姑置之，何如。”②

初五日，张之洞“致苏州赵抚台，陆道台等，刘守，上海黄道台”：“本日浙江廖抚台来电，江海关贺税司已到杭，珍田明日可到。据贺云，東洋翻译人极狡诈，传语任意捏造，非刘守庆汾来不可。该守现在何处，请电饬即日乘轮来杭，无任感祷。盼电覆。等语。查明刘守现在何处，速饬星夜赴杭。”③

① 《张之洞全集》（第9册），第43页。

② 《张之洞全集》（第9册），第45页。

③ 《张之洞全集》（第9册），第46页。

十二日，张之洞“致苏州赵抚台”：“屡函悉。苏属盗匪横行，刑乱必用重典，救时必用权宜，方能儆暴安良。盗匪陆清恩等七人，既经取有确供，且现有活证，公于刘令葆源临行时，既有应就地正法之语，即以为公面谕亦无不可。刘令将该犯等正法，正恐长途疏虞，相机行权，不肯稍事拘泥，不得为错。此举于惩盗安民大有裨益，乃署臬司竟敢有意搅局，何谬妄若此。刘令万万不可详参，若参此员，以后又相率为姑息纵盗矣。当此民不聊生、谕旨严切之际，尚不能速办数盗，地方如何整顿乎。公于此时宜即会衔具奏，即云弟与公商明，务须严办速办，此案曾谕刘令相机办理，以免疏虞。折尾但将刘令记过已足，此事公与弟当为刘令担之可也。太湖水师咨札，想已接到，此事弟所甚愿。因查案办稿，事多歧出，敝处又适多急事，故稍迟数日，其实主见早定也。当初因来电语简，接统二字未分晰，故奉询商。旋得覆电，即了然矣。余事种种，可骇可叹，容续达。兹寄上密电一本，祈以后照发。弟作书甚艰，电较易而速。”①

十三日，赵舒翘电覆张之洞：“文电悉。盗案胡臬愈问愈支离，改派陆道、朱道之榛督同府县等重讯，只略问一堂，案已昭晰无冤。翘有拟奏稿，请公提讯复核。今读公电，明若观火，能见其大靖地方于词组，省无限之拖累，翘不觉爽然自失。尝谓公动念皆关民生，诚得自天授者也，佩佩。应俟陆道等具详，谨会尊衔奏结。翘。”②

十六日，张之洞“致苏州赵抚台”：“公文电悉。前电发后之次日，而胡署司详参之文至矣。阅该署司两详，又申文夹单禀及案情节略清折，于此案层层指驳。详内叙许营官、刘令禀称，系公面谕即正法。究竟刘令禀辞日公如何谕饬。胡单禀有陆、朱等硬逼翻供，及该署司不敢谓尽属真盗，不敢诬良为盗等语，恐必多生波澜。现在陆、朱两道府县会讯，已得

① 《张之洞全集》(第9册)，第48页。

② 《张之洞全集》(第9册)，第48页。

大略，似宜更加研究，务得确证确据，在我方有把握。请告陆、朱两道，须妥酌再详。至入告更不妨稍缓，务宜斟酌尽善。此事弟宜置身题外，方能发议论，仍请公单衔具奏，一面将奏稿咨金陵，令折差至金陵等候，弟当自具一折极论此事，两折同日到京，似较周致有益。特密布，祈示覆。"①

同日，张之洞"致苏州赵抚台、邓藩台、厘局、镇江吕道台、扬州江运台、上海黄道台、淞沪厘金局"："户部来来电：云歌电悉。付还第二期商借，应照奏案仍由贵省地丁、关税归还。瑞生、地亚士两行抵借军火，信义洋行枪炮半价，前经本部咨令在贵省盐厘等项内设法筹还。现在库款支绌，各省关协饷无从改拨，京饷尤难缓解，贵督务当力任其难，全数凑集，不得另请部拨。至发给信义枪炮等项马克折合库平银若干，及关票日期、所立合同，希照录送部。户。文。等语。特照转。"②

二十二日，张之洞"致苏州赵抚台、杭州廖抚台"："总署来电：日使来言，苏、杭开办通商，照约已迟一月，日本船商均集沪上，请即饬设关开办，以便日船驶行。又谓日本租界专为日本商民，急速开办，不与各国相干等语。日界不与各国相干，隐寓不愿公租界之意，此与咸电所言税司允照宁波章程，日领事当亦可允歧异。口岸由日所开，自可先与日领事商办，然亦不能不统筹全局。此事本署难以遥制，应请尊处妥筹善法，力与磋磨。仍将详细情形电覆。图中红线之界，日使谓领事已允，但以界址不能靠河为辞，界东可为各国租界云。日使又谓杭界亦定，但租界仍由华官管理为不愿。本署告以浙江系照宁波章程，一省之中不能两歧，且苏、杭不能同时并办，日使均无词。祈转电浙抚，如果图已定，速寄署。个。等语。谨照转。"③

同日，张之洞"致苏州赵抚台"："函悉，奏稿已读，措词大方直截，

---

①《张之洞全集》(第9册)，第51页。

②《张之洞全集》(第9册)，第51页。

③《张之洞全集》(第9册)，第52页。

甚妥。此奏必可邀允，似无须鄙人再奏，以免多着痕迹。且即今日缮发，亦须初六七日到，已落后矣。此案若胡道不生波澜，必无事，若胡必欲生波，或嗾言官指摘，必交敝处查，鄙人置身题外，更可畅所欲言矣。日内拟会奏苏省盗犯，凡纠伙持械行劫得赃罪干斩决者，照各省章程，均准就地正法，于此案亦有关注。尊意以为如何，祈示。”①

二十九日，张之洞“致苏州赵抚台”：“函悉。胡道自应饬回盐道本任。所呈节略已札发陆、朱两道。无端费此心血，可叹，诚如尊示。”②

同日，张之洞“致苏州赵抚台、邓藩台、上海黄道台、镇江吕道台”：“本届应还商借本息，昨准部电，由本省地丁、关税归还。迭经电札交驰，饬由两藩司、两关道会商分认，至今尚未凑足。期近款巨，未便再延，亟应赶筹足数，以昭大信。兹特统为酌量分派，沪关筹三十九万，镇关筹十九万，苏藩筹八万，宁藩筹四万。速遵部电指定地丁、关税归还之文，勿泥原案两关分认之语。经此次派定数目，应即由该两司、两关照数分认，各于库存应解各款，除京饷外，似皆可凑垫。至动拨何款，一面详请奏咨。此系遵照部电办理，必可缓解也。再，宁属借银四万余两，此次亦应还本利一万三千余两，原案尚系两关分认，本届派认四万两，亦以大局所关，不能不通力筹画，勉嘱瑞方伯照办。至三厘局及运司尚有应还十一月分瑞记洋款三万镑，未便再派，各司关应体此意，分任其难，勿再诿延，至要。并达赵中丞察阅。”③

二十九日，张之洞又“致苏州赵抚台”：“苏州商埠，倭领初照会索三百六十丈，继照会索四百丈，前后两歧，请指驳。鄙意竟慨许三百六十丈，而注意于沿河所留十丈地及工局、捕房两端，后来各国以次递推而东，虽分实连，于公界义亦不背。计尚有二百六十丈，必敷英、德等国之

---

①《张之洞全集》(第9册)，第52页。

②《张之洞全集》(第9册)，第55页。

③《张之洞全集》(第9册)，第55页。

用。如各国嫌窄，自然转向南拓，皆沿河也。有覆署电另达。”①

二十九日，赵舒翘作《奏为监犯结伙反狱登时全获审明先行正法恭折仰祈圣鉴事》:“窃查接管卷内，据署丰县知县陈守聂禀称，光绪二十一年五月二十四日将晚时分，有监犯程连等结伙反狱，拒伤禁卒刘顺等脱逃，登时全获，并张泗拒捕格杀一案，当由徐州府委员勘验讯详，经前抚臣奎俊批道行提犯证卷宗同刑禁人等，审明，将程连等八犯先行正法，并将格杀之张泗戮尸，一并枭示具报。兹据查明刘顺等伤已平复，拟议由署臬司胡家桢转请核办前来。臣复加确核，程连、孟继城、范克明、王钰淋即王桢、段收、李炳、王洗、王刚、张泗分隶丰县、河南虞城、山东鱼台、兰山、郓城、安徽亳州等县，程连系伙劫事主刘仁菴家犯案，孟继城系伙劫事主侯廷赞家犯案，范克明、王钰淋系伙劫事主马善义家、轰伤事主之母身死犯案，段收系伙劫事主蒋德修家犯案，李炳系伙劫事主朱朝远家临时行强犯案，王洗系伙劫事主李士坤家犯案，王刚系伙劫事主邱桂光家逸犯持有洋枪拒杀事主堂兄犯案，张泗系伙劫事主丁振河家犯案，均当依强盗得财律拟斩立决，分别加拟枭示及照章免枭。业据先后解勘发回该县监禁，派禁卒刘顺、邓祥看守。光绪二十一年五月二十四日，程连因见迭次奉文决囚，起意反狱，暗向孟继城、范克明、王钰淋、段收、李炳、王洗、王刚、张泗商谋，孟继城等允从，即于是日将晚时分，适值雷雨大作，刘顺在院通沟放水，邓祥在厨房烧饭，程连等各自拧断镣铐，经另案犯人渠二麻、徐三木匠查问，程连等回称不与旁人相干，并以如敢声张定行殴死之言恐吓，渠二麻等不敢啧声。程连与孟继城揭取顶门木横，范克明等各持断镣冲开监门，一齐闯出，刘顺喊同邓祥上前捕拿，被程连等各用木杠拒伤逃逸。维时该县典史朱修铗闻知，报经该县陈守聂会营督带兵役驰往追拿，登时全获，张泗拒捕，当被勇役格伤身死。据陈守聂禀府檄

①《张之洞全集》(第9册)，第56页。

委铜山县知县陶在铭勘验讯详。经前抚臣批道行提犯证卷宗同刑禁人等审明，饬将程连、孟继城、范克明、王钰淋、段收、李炳、王洗、王刚八名先行正法，并将张泗戮尸，一并枭示具报。兹据查明刘顺等伤已平复，拟议由司详请核办前来。查例载：罪囚由监内结伙反狱，如有持械杀伤役卒，首从各犯不论原犯罪名轻重，悉照劫囚分别杀伤，一律科罪。又，纠众行劫在狱罪囚，如有持械拒伤狱卒者，将为首及帮殴有伤之伙犯俱拟斩立决，随同助势，虽未伤人，亦拟斩候，秋审入于情实。又，杀人盗犯及未杀人之首盗与伤人之伙盗原拟斩枭及斩决，若越狱脱逃被获者并于本地方斩决枭示。其未杀伤人之伙盗，原系拟斩免死。发遣之犯如越狱脱逃被获者，于本地方拟斩立决。若因越狱杀伤兵役者，亦拟斩枭示。又律载：断罪无正条，援引他律比附定拟各等语。此案程连等均犯斩决、斩枭重罪，不思安分在监，辄敢结伙反狱，拒伤禁卒，实属不法。惟此案止伤役卒，若照劫囚例分拟斩决斩候，转觉轻纵。此外，并无恰合正条，因查程连等皆系盗犯，原拟斩决斩枭，其越狱律内所载免死发遣之犯杀伤兵役尚拟斩决枭示。今程连等情节较重，罪无可加，自应援例比附定拟，程连、孟继城、范克明、王钰淋即王桢、段收、李炳、王洗、王刚、张泗均合依盗犯原拟斩枭及斩决，若越狱脱逃被获者于本地方斩决枭示例，各拟斩立决，枭示。业已正法与格杀之张泗戮尸，一并枭示，应毋庸议。刑禁人等讯无贿纵情弊，刘顺等伤已平复，亦毋庸议。渠二麻、徐三木匠讯非知情同谋，均毋庸议，仍发回监禁。张泗临拿拒捕，致被格杀，兵役人等律得勿论。管狱官丰县典史朱修铁、有狱官丰县知县陈守聂当监犯程连等结伙反狱时即会营督带兵役，登时全数追获，应请免议。除供招咨部外，所有监犯反狱当场全获宙录绿由，谨会同署两江总督张之洞恭折具陈，伏乞皇上圣鉴，敕部核复施行。谨奏。”①

---

①《光绪朝朱批奏折》（第 110 辑），第 303 ~ 306 页。

同日，赵舒翘又上《奏为特参疏防监犯越狱脱逃之管狱官请旨革职拿问恭折仰祈圣鉴事》："窃据赣榆县知县陆秉森禀称：光绪二十一年六月二十五日前往山东日照县交界地方巡缉土匪，与安东卫都司面商缉捕事宜，公出业经通报在案。二十八日途次，接据典史刘炳禀：监犯仲三、张鸡于六月二十七日夜四更时分，风雨大作，监墙倒坍，乘间越狱脱逃，追捕无纵，当即驰回勘明。查仲三系纠众抢夺事主王询章银钱、货物案内审依抢夺之案结伙不及十人而数在三人以上，但经持械威吓事主，为首照强盗律拟斩立决例拟斩立决，解蒙审勘详题发回羁禁之犯。张鸡即张钰，皆系听纠伙抢事主程志德衣服，逸犯孟继苔等捆缚事主致令因冻身死案内复审翻供尚未按拟招解之犯。提讯刑禁人等委系一时疏忽，并无松刑贿纵，现在悬赏追缉等情，经臣批司严饬勒拿，并饬将典史刘炳撤任，遴员接署，一面行提刑禁人等解省审办。臣查监狱重地，防范不容稍懈，典史刘炳于印官公出期内宜如何加意严防，乃竟漠不经心，以改拟斩及未定罪名人犯二名越狱脱逃，实非寻常疏忽可比。据藩司瑞璋、署臬司胡家桢会详请参前来，相应请旨将管狱官赣榆县典史刘炳革职拿问，以便提同刑禁人等发委苏州府研审实在有无松刑贿纵情弊，分别拟办。有狱官赣榆县知县陆秉森先期公出，查无捏饰规避，初参例免处分，除饬勒限严缉逃犯仲三等务获究报外，理合会同署两江总督臣张之洞恭折具陈，伏乞皇上圣鉴训示，谨奏。朱批：另有旨。"①

十一月

初六日，上谕："赵舒翘奏办理枭盗匪案情形一折，据称江苏吴江震泽一带素为盗匪出没之所，经派出飞划营都司许国祥等拏获盗犯陆清恩等九名，并格毙匪犯二名，余匪逃逸，震泽县会办枭匪委员候补知县刘葆源会同许国祥将该犯陆清恩等七名讯明，因恐中途疏虞，立即正法，请将该委

①《光绪朝朱批奏折》(第110辑)，第306～307页。

员不先禀报擅将盗犯正法处分宽免等语。缉捕盗匪，所以绥靖闾阎，必应从严惩办。该知县既将盗犯讯有实据，因恐解省中途疏虞，立即正法，办理并无不合，毋庸予以处分，该抚身膺疆寄，整顿地方，严拏盗匪，自当实力实心，认真经理，断不必顾后瞻前，致负委任。将此谕令知之。”（《光绪朝实录》）

同日，张之洞“致苏州赵抚台、邓藩台”：“委勘苏沪铁路知府沈桓因事暂请假，工急万不可暂停。今委候补知县沈翊清迎往昆山接勘，请饬该令速往，一二日内即须启行，至感。札补给。”①

同日，张之洞“致苏州赵抚台、杭州廖抚台”：“总署来电：敬电论画界收权办法甚详确。苏杭通商系内地，与海口通商迥异，傥有建筑马头，酌设巡丁，设局修理街道，均应中国自办。总宜内外坚持，不惮驳辨，虽无宁波章程，亦可以内地创设为词。日使廿日来晤，已允照地方官所指之地，惟不愿留出靠河十丈。续来文，又伊政府来电，仍索领事原指胥门外之地，本署驳覆后，日使复文亦云可以迁就，但争靠河十丈。本署拟照敬电所云靠河不让之理覆之，惟马头宜自指定，然后酌定关卡，使彼无所借口。马头由官筹费，饬税务司承办，或径自办，均候裁酌，并祈分电苏浙璧理矣。鱼。等语。特照转。”②

初七日，上谕内阁：“赵舒翘奏特参疏防劫案之知县先请交部议处一折。盗贼肆劫最为地方之害，全在地方官随时缉捕。乃九月间江苏江阴县地方竟有铺户被劫拒捕伤人之案。经该抚勒限严缉，日久未将赃盗弋获，捕务实属废弛。江阴县知县刘有光着先行交部议处，仍勒限严缉赃盗，务获究办。”（《光绪朝实录》）

十二日，张之洞“致苏州赵抚台”：“苏省盗风甚炽，现请援湖北定

---

①《张之洞全集》（第9册），第59页。

②《张之洞全集》（第9册），第60页。

章，凡斩决情重盗犯，州、县获犯讯明禀报后，饬解道、府，或委员覆审明确，禀由督抚批饬正法。三个月汇奏一次。拟会公前衔具奏，祈示覆。湖北涂朗帅奏准章程咨江苏有案，请查阅。”①

十三日，赵舒翘复电张之洞：“文电悉。苏属匪党渐思蠢动，翘在苏一日，决不松懈。公如以严从事，具见得为政大体，从此良民得安，匪徒知惧，其中成全正不少也。即请挈衔具奏。翘。”②

十四日，张之洞“致苏州赵抚台，商务、洋务局各道台”：“商埠地段已定，请速饬先清靠河地赶划十丈，填筑路基，务在洋商未来之前动手。密渡桥堍设新关地基，商务公司界东工程局地基，亦须先行划留，以示管辖商场之权志在必收。工局、关屋图样，当饬税司速绘。”③

十五日，上谕军机大臣等：“有人奏赌为盗媒，赌风之盛以广东为最，近又推行至于上海，福建亦复盛行，直隶河间、冀州等处赌局无处不有，武弁劣绅兵役私收陋规，小民倾家荡产，偷窃抄抢，复有散勇勾结，以致明火截路伤人之案层见叠出，请饬查办等语。着王文韶、张之洞、谭钟麟、边宝泉、赵舒翘密派干员认真查禁，将包赌庇盗之官绅兵役分别惩办，毋稍宽纵。原片着钞给阅看，将此各谕令知之。”（《光绪朝实录》）

同日，上谕：“廖寿丰奏浙江省拏办匪徒情形并会筹协缉浙江交界各匪一折。浙江嘉兴、湖州等属盗贼横行，业经廖寿丰严饬营县认真缉拏，盗风稍息。惟此等匪徒往往闻风远扬，遁入邻境，非于浙江交界之区合力巡缉，总难净绝根株。即着照所拟，会同张之洞、赵舒翘督饬派出之浦口营都司陈光全随时梭巡，认真缉捕，并通饬各该属地方文武捕治首恶，清查窝顿，以靖盗源。傥该员弁等意存畛域，缉捕不力，即著从严参办。将此各谕令知之。”（《光绪朝实录》）

---

①《张之洞全集》(第 9 册)，第 65 ~ 66 页。

②《张之洞全集》(第 9 册)，第 66 页。

③《张之洞全集》(第 9 册)，第 67 页。

同日，张之洞“致苏州赵抚台”：“苏州设关亟宜预定，荩筹深远，佩甚。此事应会尊衔奏请以粮道兼苏州关监督，饬部颁关防，遇押运，或委道员代理，或委洋务局道员代理。是否妥协，请详酌示覆。”①

十六日，张之洞“致苏州赵抚台、上海黄道台”：“十四日总署来电云：林使来见，苏州即准行船。本署以租界未定，税关未设，行船不便驳覆。林以租界照定，惟靠河十丈地缓议，先准行船，意欲将租界、行船析为两事。本署仍坚持不允。租界各事不可不争，行船先后利弊如何，请详查速覆。林电领事与沪关商権，希饬沪关坚持办理。盐。等语。特照转。”②

二十二日，张之洞“致苏州赵抚台”：“查金山卫章字营勇裁撤滋事，敝处委员已禀覆，已咨达尊速委查，想已覆到。已具奏否，如具奏时，请将敝处查办一节叙入为荷。祈覆。”③

二十五日，“又谕，有人奏州县差役鱼肉小民，请饬裁革一折。据称江北通州、海门、泰兴、如皋等处差役甚多，欺压愚民，倾陷诈赃，种种弊窦，请饬革除等语。著张之洞、赵舒翘按照所奏各节严饬所属痛除积弊，毋令蠹役扰害闾阎。原折均著钞给阅看，将此各谕令知之。”(《光绪朝实录》)

二十八日，张之洞“致苏州赵抚台、邓藩台、牙厘局”：“谏电悉。苏州关务已会奏，稿已咨送。至开关各工程需十万余金，弟于苏属款项未能详知，仍请诸公筹示，以便商酌拨用。盼即覆。”④

十二月

初三日，张之洞“致苏州赵抚台、邓藩台、陆道台、上海黄道台、镇江吕道台、扬州江运台、安庆福抚台、芜湖袁道台、南昌德抚台、九江诚

---

①《张之洞全集》(第9册)，第68页。

②《张之洞全集》(第9册)，第68页。

③《张之洞全集》(第9册)，第71页。

④《张之洞全集》(第9册)，第73页。

道台”：“户部来电：库款支绌，凡应解部之款，希即扫数清解，备供要需，并转饬藩、运司，盐、粮、关道等遵照，速电覆。户。冬。等语。特照转，望速电覆。”①

初四日，张之洞“致苏州赵抚台、洋务商务局陆祭酒、上海黄道台、镇江吕道台”：“总署来电，奉旨：张之洞奏南洋创办新军，责成洋将操练，并金陵、上海兴办铁路各折，照所请行。惟洋将是否上等之材，薪水尚宜斟酌。张之洞既经创办，条理秩然，即交刘坤一赓续成之，以为补牢之计。至邮政一节，业经总署筹议，粗有头绪矣。钦此。谨照转。”②

初四日，赵舒翘奏：“奏为遵旨查明前署太仓州知州金元烺被参各款据实覆陈恭折仰祈圣鉴事。窃臣承准军机大臣字寄光绪二十一年八月初九日奉上谕：有人奏江苏署太仓州知州金元烺贪酷任性，州城陆姓一案得贿勒令私和，且有擅责生员情事，请饬查惩处等语。著赵舒翘确切查明，据实具奏，原片著钞给阅看。将此谕令知之。钦此。遵旨寄信前来，臣查前署太仓州知州金元烺由正任奉贤县调署，本年七月二十七日饬回奉贤县本任，交卸州篆，钦奉前因，当经札行藩臬两司遴员驰往确查去后。兹据委员、候补知县方道济禀称：遵即驰赴该州，按照所参各款逐一查明，如原参署太仓直隶州知州金元烺贪酷任性，凡遇命案，多勒令原告具结，加以刑逼，如州城陆姓一案，系其殴致毙，该知州得贿勒令私和，激成上控，至今未结一节，查得州民陆凤鸣先于本年五月初七日向张南山买糠内有菜壳。二十四日，找寻张南山理论，掌殴未伤，适张南山之甥顾瀚青从旁解劝，陆凤鸣斥护，被顾瀚青掌殴右面颊，并踢伤左后肋相连左后胁，经劝各散。陆凤鸣控验讯供，饬医尚未平复，忽患寒热病证，医调无效，至闰五月初七日殒命。报州验明，委系受伤后因病身死，获犯通禀，尸妻陆

① 《张之洞全集》（第9册），第76页。

② 《张之洞全集》（第9册），第77页。

王氏即以完难州仲等词遣抱赴司控告。饬据提集原验仵作高松、医生唐锦川、王宝如讯取供结，并质之要证张少卿，尸堂兄陆茂林，均无异词，填格录供通详。伏查命案之有无私和，当以其案之曾否详办为断。此案已遵例禀详，其非勒令私和可知。而词讼之有无行贿，当以被告之是否殷实为断。访查张南山开一小柴行，并非殷实，顾瀚青傭椋糊口，家境贫寒，其均无力行贿可知。陆王氏砌词上控，不过藉案拖累，并非金元烺激成。至呈报命案未验之先，须详鞫尸亲人等，令其实招立案，系属定例，金元烺尚无刑逼勒结之事。密加访查，亦无贪酷劣迹。又原参因案牵累，擅责生员，绅士不平，赴省控诉，该知州复串通委员饰词禀复，以致士民谇怒一节，查得本年五月二十八日告期，金元烺当堂收呈，兼审理案件，适有镇洋县学文生季屿入署观看，在旁谈驳。金元烺传至案前诘问，季屿出言顶撞。维时镇洋县学训导任光奇先请病假，不及会同，遂将季屿戒饬手心数十下，发学收管，并饬查该文生平日是否安分，再行核办。嗣于闰五月初一日，金元烺赴文庙行香毕，有举人汪曾武等因季屿被责押学，邀金元烺至明伦堂剖论之间微形龃龉。该州学正黄元芝婉言排解，金元烺随即回署，该举人等同至门外揖送而退。嗣据职举贡生员王敬顼等复以前情联名赴督院、学院暨臬司各衙门禀控，经前署臬司黄祖络派委候补同知何希曾往查，禀经接署臬司胡家桢转详，即据金元烺以绅士聚众挟制勒逼等情禀请查办。旋值调回本任卸事，经胡署司札饬现任知州陈謨、镇洋县知县吴镜沆督同州学黄元芝、县学任光奇秉公复查，尚未禀复。现查季屿实系进署观看审案，随口谈驳，并非因案牵累。金元烺向其诘问顶撞，戒饬所以不及会同教官者，以该管教官请假之故。迨该教官查明季屿平日安分，并不干预外务，此次语言获咎，自知愧悔，代为乞恩，金元烺亦即不加深求。至汪曾武等代季屿剖辩，系误听谣传谓金元烺欲将季屿照讼棍详办，力为表白，并请示谕，俾释群疑，尚非挟制勒逼，即如金元烺回署时，汪曾武等仍然揖让周旋，似与目无官长有间。至前委贞何希曾原查此案，并无不实，委非金元烺串通饰覆，合将访查情形缕晰禀陈，并据现任太仓州知州陈谟、镇洋县知县吴镜沆、学正黄元芝、训导任光奇等禀复各到司，察核情节相符。并据声明，为首上控职员王敬项系季屿妻父，业已病故，其姪孙王凤璘等到学恳求免究等情，由苏州布政使邓华熙、江苏按察使吴承潞详请核办前来。臣复查前署太仓州知州金元烺服官苏省三十余年，历经原任两江总督臣沈葆桢、前抚臣奎俊咸称该员廉慎勤明，勇于任事，先后保荐有案。臣到任后留心考察，洵属名实相副，为通省牧令中不可多得之员。其相验陆凤鸣命案，已据委员查无得贿勒和情弊，应毋庸议。惟擅责生员一事，虽因该管教官在请假期内，不及会同，究有不合，相应请旨，将前署太仓州知州正任奉贤县知县金元烺交部议处，以符定例。文生季屿既系平日安分，不预外务，何得轻入有司衙门，谈驳顶撞，与《学政全书》内开生员当爱身忍性之语大相刺谬。案经戒饬，宽免再究。委员候补同知何希曾并无串通饰覆，应与查非挟制勒逼之举人汪曾武等暨为首上控现已病故之职员王敬项均免置议。除陆凤鸣命案饬系照例拟办外，所有遵旨查明前署知州金元烺被参各款缘由理合合同江苏学政臣龙湛霖恭折具奏，伏乞皇上圣鉴训示。”①

初五日，赵舒翘奏：“准军机大臣字寄光绪二十一年六月初六日奉上谕：户部奏谨陈办理情形一折等因钦此，遵旨寄信前来，即经前抚臣崧骏恭录转行各司道钦遵查办去后，伏查考核钱粮一节，苏省赋额繁重甲于东南各省，兵燹以后闾阎元气未复，其间抛荒田亩，屡由各牧令招徕客佃，设法劝垦，无如荒芜既久，垦辟较难，所需工本费亦倍蓰，而所招又多江北穷民，资本有限，设遇水旱，不特收获无多而已得不偿失，纷纷弃去，由是节年新垦所报无多，钱粮为国家维正之供，多征一分银米即多济一分饷需，何敢任令州县虚报减征，故亏赋额。惟自光绪十五年水灾以来，频

①《光绪朝朱批奏折》之《内政·职官》，第 167 ~ 170 页。

岁歉收，民情困苦，已征之田尚复议蠲议缓，未垦荒田无从剔熟启征，统计各属荒田，截至光绪二十年秋勘止，尚居十分中之二三，内惟松江、常州、太仓三属之川沙、奉贤、上海、南汇、靖江、崇明、嘉定、宝山等八厅县全行成熟外，其余荒田多寡不等。虽经严饬整顿，认真厘剔，而既限于天时，又复困于人力势逼，处此实非该牧令等隐匿讳饰。本年秋收遵照部章饬令该管府州智属亲履查勘，核实禀报，不准稍有扶捏，并饬将原报荒田设法召垦，勒限成熟启征，以后遇有水旱偏灾，许即专案禀报。其中稔之年均应逐渐加完，庶几荒田日少，复额可期。又整顿厘金一节，苏省土产以丝茧为大宗，本由产地并征，责成牙户先捐后售，起运时换给护照，通省验免。其各处商贩大宗货物，如绸缎、绒绉、洋货、广货、药材、柏油、白蜡、靛青、南腿、锡箔、毡帽、皮裘、木植、桐油、白麻各项均由各业认办总捐，或在进口首卡抽取一次，或到地总完一捐，或分进口先缴四成，落地再捐六成，经过中途各卡概予照免。倘有分销别处，准给运单，通卡验放。其余零星各项货船每局共抽卡厘一道，如由正卡收捐，则分卡验免。或由分卡捐过，则正卡验免，并无重复抽取。此苏沪各卡之定章也。现在棉花一项，已议归产地并征，此外如能于要隘处所可以并征之货，再当随时察酌办理。盖立法防弊，未尝不严，而司巡人等难免日久玩生，全在经理得人，其弊自绝，惟有严考察之法，示赏罚之公，庶可昭激劝而期整顿。又裁减局员薪费一节，苏沪厘捐各局卡自同治七年后叠次裁并不下数十处，现留正分各卡或地当冲要，或专查绕越，皆系扼要设立，若撤去一处即多一处偷漏，体察情形实难再议裁并。至委员薪费系遵部章按照九分开支，仅能敷用，即或酌减一二为数亦属有限，不特无裨饷需，窃恐暗滋流弊，转于正项有亏。往者叠次裁减薪费，而核明留此者无非欲保全在事之廉洁以鼓其急公之心。倘所给过薄，不足养廉，不肖者必丧其操守别谋取偿，督责虽严，实无裨补，应请免其再减，俾资办公。此外，如善后局开支经费同治十二年奏准酌提厘金一成，光绪十年改为八分，十三年后奉部奏定改提五分，如省城保甲、发审、官书、洋务各局用款均归善后局于酌提厘金五分内支放，节经按年开单奏报，并无另款开销，至向设各局所叠经酌量裁并，现在复将水利工程局并归苏厘局核办。此外均有经办要务，实属裁无可裁，并无可并，其委员薪费已经再三核减，诸从节省，仅足责其办公，实难再议裁汰。又重征烟酒税厘一节，已通饬各局卡查议。于向抽卡厘之外酌加若干，并令将城乡各处开设土造烟酒作坊一律查明销数，举办认捐，议立章程，不容轻减以副部文，重惩坐贾，隐寓禁止之意。据苏州布政使邓华熙会同善后税厘各总局司道会详请奏前来，臣覆核该司道等所议，均属实在情形。惟苏省钱粮积弊亦不尽在官，虽锢习骤难挽回，臣当随时严察，断不任正供有隐耗。至厘金为饷项所关，整顿实为目前急务，苏省此后厘捐能如积年收数即为幸事，局员薪费尚无冒滥，臣惟有自矢洁清，力求撙节，使费用日减，以期补救于万一。下户部知之。”（《东华续录》）

初十日，张之洞“致苏州赵抚台、邓藩台、陆道台”：“近日钱价日涨，小民重累。宁属漕折已饬各州县自行酌减，苏属本年漕折定价若干，应否酌减，请饬藩司、粮道体察酌办。祈示覆。”①

十二日，赵舒翘奏“接修太仓、镇洋、昭文等州县海塘，前估缓办各工并添筑华亭县境外塘工石坝用过工料银三万八千六百七十二两，请饬部查销”。下部议奏。（《东华续录》）

十四日，张之洞“致苏州赵抚台、洋务局陆、罗、朱道台”：“新开商埠沿河建造税关、马头、马路、捕房、电灯等费，除厘局筹拨外，此类用款可奏明向江海、镇江两关暂借拨，将来由苏州关税开支拨还，厘局款亦作为暂借一并拨还。祈酌定，速提款开办，以便会衔具奏。”②

---

①《张之洞全集》(第9册)，第79页。

②《张之洞全集》(第9册)，第81页。

十六日，彤云密布，瑞雪缤纷。除随落随融外，约得雪积厚三寸有余。赵舒翘上《省城得雪情形片》。

十八日，张之洞“致苏州赵抚台、牙厘局朱道台”：“近日钱少价昂，民生大困，然钱无来源，断无善策。现拟派员在上海购买铜铅，解交粤省钱局，代铸制钱二十万串，以便分发宁、苏、淮、扬等处应用。所需铸本，拟借拨宁藩司库、淮运司库、江安粮道库、苏厘局各四万两，均汇解上海道存储，听候委员支用。此钱局用机器铸造，极为精工，乃弟在粤所设。此钱随铸随运，分给宁、苏、淮、扬等处，展转流通，以济商民。尊意以为然否，祈速示覆。”①

同日，张之洞“致苏州赵抚台”：“据驻苏商务局详，盛绅康等拟在苏集商股，设局铸银元，又职员沈康亦禀请在上海集股铸银元。窃思圜法为国家大政，古今中外，从无准民间铸造之事。前道员范德培奉北洋札委，在沪设立商局，经刘岘帅咨批驳阻在案。盛绅等所请断不能准，已咨请立案，并拟附片奏明。特电达，望即一律批驳为荷。”②

二十一日，上谕：“前据御史庞鸿书奏参署太仓州知州金元烺贪酷任性各款，当谕令赵舒翘确查具奏。兹据奏称，金元烺被参各节查无情弊，惟擅责生员一事究有不合，前署太仓州知州奉贤县知县金元烺，著交部议处。”（《东华续录》）

二十一日，张之洞“致苏州赵抚台、邓藩台、吴臬台、陆祭酒”：“金陵至上海铁路，屡经奉旨饬办，并饬岘帅接续办成，事在必行，现已定议官商合办。宁至沪共实测路六百六十里，每里约一万金，共约需银七百万。官款三百五十万，洋款尚存二百五十万，若俟后年，盐务可筹一百万，官款已足。至商款须逐段招集，先办成苏沪一段，商已见利，再

①《张之洞全集》（第9册），第84页。

②《张之洞全集》（第9册），第84页。

招不难。若商股不足，官仍可另筹。现拟委苏臬司吴臬承潞为铁路局总办，奏调补用道黄遵宪、奏留江苏候补道容闳，会同总办。商股既有一半，准其派董事入局，只能管稽核款目，经理工料等事。其官场之详禀咨移，民间之告示，俱系官局司道出衔，商董不得搀预，商董只可与总局具禀。若修路之时及路成之后，一切章程办法，概由官主持，布告于众，商董如有见解，准与官局商酌，如有可采，官必听纳。一切账目用洋员司之，以示公允。总之，商能分利，不能分权，商能查账，不能擅路。委吴臬者，为其实缺大员，且熟苏省情形，黄、容皆熟洋务。吴主关涉地方官吏绅民事，黄主筹计工作，容主招商。苏沪一段招股甚易，惟须有大绅，以便联络地方，并请陆祭酒会同经理，以通绅商之情。陆与督抚、司道诸事均可商酌，但不列衔耳。陆系京堂，自不便与司道一同列衔，然究系苏绅，又不便督饬本省大小各局员，故只可诸事不列衔。现修一段在苏属地，弟拟定章程后，应令该局就近请公核示办理。弟交替在即，日内即须会衔出奏，请速酌定示覆，祷盼。"①

二十一日，张之洞"致苏州赵抚台"："智电悉。铸钱平价若平粜，然必有折耗，自应奏明。荩虑周密，当遵叙入。谏电苏关开办经费一节，尊意拨借道库款，极妥。至两关此时因洋款悉索无遗，苏关一开即有税收，归还甚易，似不如全在道库、厘局暂借垫也。请酌办，即由尊处会敝衔具奏。"②

同日，张之洞"致苏州赵抚台、牙厘局朱道台、上海淞沪局福道台"："瑞记洋款，奏明运司及宁、苏、沪三厘局分认，各二十五万镑，五年后最多之年本息约共八十二万两。除运司已认定自有办法不计外，三厘局自应妥筹长策，以备收数或绌，镑价或涨。查奏借洋款原案，曾经声明以后

---

①《张之洞全集》（第9册），第85～86页。

②《张之洞全集》（第9册），第86页。

江省既认还洋款，除京饷不欠外，请酌减协饷，并请沿江皖、西、湘、鄂五省分认，户部电覆允准。查宁局无甚协饷，惟苏、沪两局有淮军饷数十万，似可请每年共少解淮饷十二万或十万。又请部饬安徽、江西每年各协济五万，即于九江、芜湖两关拨解上海道备用，如此则岁省二十万，饷力稍纾，米厘有余，可作别用。如以为然，即电示覆，以便由江宁司局主稿会详，日内速奏。再，宁司局云，向章厘局公款四股摊派，须按收数分摊，宁厘止四十余万，苏加一倍，沪加两倍，拟详请改拨苏、沪多摊，宁局只认四分之一等语，所陈尚系实情。前札云各认二十五万镑，核计稍疏，实未平允。窃谓改拨，殊多周折，不如将芜湖代收之米厘统归入宁局，不必还苏，较为简易，芜湖一款本系意外之获也。并以奉商，祈速酌覆。”①

二十二日，张之洞“致苏州赵抚台、清江松漕台、安庆福抚台、南昌德抚台”：“裁兵一事，部文催覆。窃拟办法四条：一曰官弁不可裁。绿营大小将弁，乃勇兵之升阶，现当讲武练兵之际，战阵有功及缉捕出力者，惟恃保举官阶，以为奖赏。若官缺裁减太多，无以为鼓励之具，实多窒碍，故由镇将以至外额，一员皆不可裁，一也。一曰练军不宜裁。既已挑集成军，饷亦较优，若加训练，尚可用，二也。一曰存营之兵不能裁。实缺将官以至都、守，若无存营之兵，则将备无所事事，于正体有碍，且饷本不多，留之亦可充缉捕弹压之用，三也。一曰零星汛兵可裁。每汛或十余名，或三五名，既不能操练备战，亦不能捕盗缉匪，然合计饷亦不少。拟查明分防各汛，凡千总、把总所驻之地，关隘或镇市，必是略关紧要，需人弹压者，将千总本汛随身之兵不裁，其分驻外汛并无千、把处所之兵全裁，其裁者发给一年恩饷恩米，令其自谋生理，其协防之外委、额外，一概撤归本营当差，仍留其缺并俸廉，以为升转之阶。马兵全不裁，以为

①《张之洞全集》(第9册)，第86～87页。

兵丁拔补之阶。如此办法，兵数约可裁三成，饷米合计，江苏每年约省十万两，安徽约省三万数千两，江西每年约省七万两，尚不至纷扰生事，而办法亦甚简易。至于营兵向来解饷解犯及看城门、仓库等杂差，本来有名无实，州县仍须派差派勇。以后应将营兵杂差蠲除，专心操练。至弹压四乡地方及一切杂差，责成州、县自派捕役、民壮、练丁、勇丁为之，转可免汛兵生事，掣肘武营。公文准附驿站铺递，勿庸塘兵。特此奉商，即请裁酌，速电覆。如以为然，即会台衔奏，如尊意不合，或别有卓见，亦请明示，论事无妨有异同也。出奏甚急，切盼速覆。"①

同日，张之洞"致总署、苏州赵抚台、杭州廖抚台、武昌谭制台、成都鹿制台"："日本国内租界章程第五条云：街市道路乃系官民公共之地，不得编入租界内，应各知之，运货行走毫无妨碍。倘新租之地欲在相近地方开设道路及马头，则必须将其地提出，凡土地乃系日本政府所辖，是以街市道路并马头，皆应归日本政府常行修理。若必新开沟渠，则亦可开设，若经开设后其变为沟渠之地租，则不应租主完纳。以上云云，可备仿行辩论。特译达。"②

同日，张之洞"致苏州赵抚台、洋务局"："总署来电，云林使照称租界沿河十丈地方，允归中国地方管理，惟将来别国租界如有归其管理者，日本亦当一律，并催开关通商等因。别国租界曾否来议，必须格外详慎，仍留沿河十丈地，毋贻口实。林使于税则动称马关已有明文，殊牵强，总以通行条约章程为断，新增各款在各国税则之外，须俟议定，乃能开办。一切情形并望详覆。"③

二十三日，赵舒翘电复张之洞："马电谨悉。裁兵本非易事，尊议周匝

①《张之洞全集》(第9册)，第87页。

②《张之洞全集》(第9册)，第88页。

③《张之洞全集》(第9册)，第88页。

之至，翘无可仰赞，即请挈衔具奏。”①

同日，赵舒翘电复张之洞：“马电敬悉。自沪至宁铁路需银七百万，荩筹官商合办，甚盛举也。愚见官款一半已有着，商款一半，华股恐不易，傥暗附洋股，则利权仍属外溢，既违朝议，亦非公初心。陆祭酒两月前曾议由商集股创办苏沪铁路，似有把握。昨面谈，始知集股大难，盖华商营建多而藏银少，故招集非易。且法约曾有包办之议，此次如不由彼经手，必滋口舌，不可不虑。鄙见须俟商股粗集，再行举办，否则官款用罄，接济无从，至中途作辍，恐利未举而害先至，又不可不虑。况公又将去，此事成隔手，将来为难之时，翘身在题中，何以处之。论铁路大势，北急于南，今赖公主持先办南路，半年来承公遇事推诚，和衷共济，此事理应赞成，然鄙见所及，尚多窒碍，请裁酌。如以鄙虑为过，请单衔具奏。或因路在苏境，乞会翘后衔。开办后必事事成全，决不存应已言而败公事之心，定荷鉴谅。”②

同日，张之洞“致苏州赵抚台”：“祃电悉。远虑诚悃，均可感佩。惟铁路大势，卫畿辅，运粮械，则北急于南，收利权，塞漏卮，路短费少，则南易于北。路可分段修，商可分段招，南路利厚而速，故先造宁沪以开风气，人人知铁路之利，则北路不难矣。沪至苏止二百里，苏至镇二百里外，镇至宁二百里内，每段止需二百万上下。弟原奏统筹全路利益经费，故必以金陵为归宿。若兴办之时，无妨分段建造，相机进退，有一段之款，即办一段之路，即有一段之利。此段成后，有款则接办，无款则暂止，并非必造到金陵不能中辍也。此事断不至有害。苏沪一段止需二百万，官款已有余，当奏明存汇丰、德华两银行。此段获利最厚，商情急趋，华商百万之股，可期必得，黄、容两道即能招致，并不须陆祭酒招

① 《张之洞全集》（第9册），第87页。

② 《张之洞全集》（第9册），第86页。

也。此段鄙意本拟全归官办，因欲筹全路，藉此稍集商股，且欲使商获其利，以劝将来。然亦不必拘定官商各半，官多商少尤佳。弟虽不日交替，而曾奉有饬岘帅赓续办成之旨，又传闻有廷寄嘱其接办，可见朝廷注意此事，期于必成。弟筹之已熟，断不至台端受累。仍祈再酌，速示为祷。至法约包办之说，数月来廷议办铁路，屡见谕旨，法人并未请包，当是讹传。望勿过虑为幸。"①

同日，张之洞"致总署"，赵舒翘联署："通商公理，原以利民，非以害民。新约任便制造一语，须不背公理而后可。中国小民多恃手作谋生，若漫无限制，尽用机器以代手作，则小民生计顿绝，岂能束手待毙。请与订明，外国向有是物进口为中国所无者，准其任便制造，或中国商民已用机制造者，日本人亦准其任便制造。此外，凡有夺小民手作致害其生计者，皆不准制造，庶近情理。各省官绅商民为此事纷纷呼吁，现正议通商详约，务请力与辩论。亦知彼族贪妄不肯遽许，然事关民生，总必稍留界限，能争回一分，则为亿万小民多留一分生计，彼断不至因此决裂。用敢不避烦渎，谨合词电达，恳请鉴察裁酌。之洞、宝泉、传霖、继洵、舒翘、寿丰同肃。"②

奉旨寄李鸿章：有人奏商约关系重大，请坚持定见等语。税则为中国自主之权，此次日本新议商约，制造土货，征收税则，最为全约关键。倘令漫无节制，条约一定，各国将藉口利益均沾，于中国海关税务大有妨碍。该大臣当坚持定见，力与磋磨。③

二十四日，赵舒翘电复张之洞："查宁、苏、沪三厘局，岁收固分多寡，而派拨亦判等差。苏、沪年来收不抵放，翘到任通盘筹画地方应办之事，皆因无款措置，无以慰吴人之望，如徒阳河道冬令淤塞不通，商贾改

①《张之洞全集》（第9册），第88～89页。

②《张之洞全集》（第9册），第89页。

③《清季外交史料》，第2372页。

道江阴，而江阴口及青阳镇又浅阻，厘收顿绌，亟思设法疏浚，循案摊征，缓不应手，司关已竭，无非筹之厘局，必使局有余力，方可次第兴工。外人但知两局本年尚有存储，而未察地方之需用正繁，权衡缓急，实费苦心。芜厘归宁，事理欠允，已饬朱道据实覆陈。翘。”①

二十五日，张之洞“致成都鹿制台、武昌谭制台、福州边制台、苏州赵抚台、杭州廖抚台”：“本月廿三日联衔电总署云：通商公理，原以利民，非以害民。新约任便制造一语，须不背公理而后可。中国小民多恃手作谋生，若漫无限制，尽用机器以代手作，则小民生计顿绝，岂能束手待毙。请与订明，外国向有是物进口为中国所无者，准其任便制造，或中国商民已用机制造者，日本人亦准其制造。此外，凡有夺小民手作致害其生计者，皆不准制造，庶近情理。各省官绅商民为此事纷纷呼吁，现正议通商详约，务请力与辩论。亦知彼族贪妄不肯遽许，然事关民生，总必稍留界限，能争回一分，则为亿万小民多留一分生计，彼断不致因此决裂。用敢不避烦渎，谨合词电达，恳请鉴察裁酌。之洞、宝泉、传霖、继洵、舒翘、寿丰同肃。”②

二十七日，赵舒翘“访闻：吴江县距盛泽镇三里许之小口圩有游民肆抢，被营勇格毙多命，乡民全行搬徙等情。当以案关重大，即饬臬司吴承潞、遴委候补知县吴熙驰往，会县查办。旋据复称十二月二十日，该处忽来数船，约有数百人口。称系海州沭阳逃荒饥民，先经镇董按口凑给钱米，该游民未餍所欲，勒索滋扰，路遇百姓买年货者，即硬行攫取。复往沈阿大家抢锅煮饭，不允争闹，该游民随拥进乱抢，顷刻间，将沈阿大及沈文奎、徐方来、张瑞和、杨七大等五家衣物掠取一空，房屋并有损毁。此外，粮食衣物被抢者尚有十余家。百姓鸣锣喊捕，一面奔往盛泽镇速求

①《张之洞全集》（第9册），第87页。

②《张之洞全集》（第9册），第91页。

驻防湘军捕拿，经哨弁陆承霖赶即带勇三十余人前往弹压，先施放空枪，该游民恃众不服，跳骂抗拒，并暗中放镖，陆承霖恐勇受伤，即饬开枪，致轰毙游民何锦元、张步蟾、宋耀昌、詹成益、徐步虹五命，并带伤二十余人。该处居民一百三十余家均避祸畏累，尽行搬徙。该游民愈加凶横，肆意盘踞，官不能制。其头目吕寿泉自称廪贡生，非该处百姓给伊洋银三千元不能了案。臣以饥民爬抢与强盗同罪，既据县委会勘属实例，得格杀勿论。况非真正饥民，白昼抢掠多家乎？该处居民当此年终度岁之际，阖村流离失所，直与遭贼无异”。[①]

二十八，赵舒翘语录：“庄老，知微知柔者也；申韩，知彰知刚者也。皆倚一偏，故非万夫之望。圣人全之，故其至诚恳切与洒然无累并行不悖。然其知微知柔归于戒谨恐惧，非若庄老之恣放阴险；其知彰知刚归于平易通达，非若申韩之诈力禁缚，又相似而实不同也。”

除夕，“委员吴熙回省面禀情形，臣饬将例内所载：不法之徒乘歉收抢夺村市，弁兵不实力缉拿，严参议处，又饥民爬抢纠伙，执持刀械搜劫多赃者，照强盗本律科断两条星夜携去给游民头吕寿泉一看。吕寿泉失其所恃，始形畏惧，游民中闻知潜行逃逸者不少，余尚有二百六十五人勉受约束，分三起押解回籍。并饬沭阳县将吕寿泉管押，查明是否廪贡生，另行办理。居民均各复业，地方照常安谧。惟查江苏淮徐海及山东郯城等县、安徽凤泗一带，地脊俗悍，每至秋收后，即结伴过江，冒荒渔利，此等风气由来已久。第从前多系老弱妇女籍市艺为名，每起亦不过数十人。近年动辄纠结数百大伙，丁壮又居其半，时常倚强滋事，零村小庄畏如虎狼。即如苏州府属长洲、元和、常熟、昭文各县，前数年游民所作命盗等案累累，姑不具论。其十八年十二月间屡系有游民强奸致死曹晔氏之案，去岁十一月间丹阳县有游民殴毙未咬生命案，无锡县又有游民行劫贾倡家

① 《慎斋文集》（卷一）。

拒伤事主盗案尤为凶暴众著。若不戢其恶风，非特江南柔弱殷富之民不堪蹂躏，并恐江北穷苦安分之民，亦相率尤，结队外出，均非保全之道，况现在散勇到处皆是，混迹其中更易酿患，明季流寇可为殷鉴。故臣办理此案，以抚绥良民为重，以体恤游民为轻，一面通饬江北各属，嗣后严禁游民结伙出境，如滋事端，惟原籍地方官是问。并咨会山东、安徽抚臣一体饬禁，以靖目前而警将来。”①

《南亭笔记》卷十载：“赵会试出汪侍郎鸣銮门下，抚苏之日，赵往谒之，方初夏，戴一帽条，（帽条儿状似包头。）汪以为不敬也，拒之甚力。其后赵以罪魁伏法，闻者皆服汪有先见之明。赵尝衣大布之衣，冠大帛之冠，动引魏文公以自命。某年万寿，赵服一极暗敝之蟒袍补褂，拜牌之后，或请更衣，其中仅袭一絮衣而已。”

“赵素讲理学，任苏抚日，多刊濂洛关闽诸大家讲学之书。刊毕，自题其签曰‘古人与稽’，或有窃议其不通者，赵大怒，并将板劈去。赵尝作五十自寿诗，遍征和者，原唱有‘大千世界若棋图’一语，则其余可想而知矣。其方伯善谐谑，故谀之曰：‘大人著作逼近《击壤集》。’赵唯唯而已。后知所谓《击壤集》者，即邵康节‘每日清晨一炷香，谢天谢地谢三光’等等也，不觉大怒。”

《清稗类钞》“李秉衡之俭”载：“李秉衡巡抚山左时，颇以俭德著，居恒衣冠暗敝，与赵舒翘同。所衣棉袍缝裂，絮缕缕然漏于外，或睨之而笑，则须发怒张，厉声曰：‘此出风也，汝不识耶？’一仆戴新红雨缨帽，李见而大恚，发县，笞数十，逐之去。自是属吏多有鹑衣百结而行庭参礼者，李则极口称之为廉吏。”

葛虚存作《清代名人轶事》：“赵舒翘抚苏时，元和陆相国以祭酒丁艰回里，服满赴京，赵饯行于署。酒酣，赵频顾陆而叹息。陆疑赵心有不愉

---

①《慎斋文集》（卷一）。

事，坚叩其故，赵慨然曰：某所以不乐者，以君为末代宰相耳。陆愤然曰：君既知相，自视何如？赵曰：此无他，某终不得善终。及赵内用任枢要，抱骑墙宗旨，以为庶几可免祸。讵团匪之乱，赵虽持两可而竟列罪魁，恩赐自尽。赵体态魁梧，服鸩不死，使者恐受谴，急将七窍封闭，辗转而死。谁云人定胜天哉？及后陆大拜，清室竟夷，令人叹事有前定，非人力所能挽回。虽然，赵之相亦神矣哉。”

《清稗类钞》“假翰林”条云：“光绪某年，苏州有翰林李梦莹来自湖南，投刺谒当道，意在抽丰。时巡抚为赵展如尚书舒翘，既接谈，属长、元、吴三县令为设法。时吴令为凌焯，以精明著，察其有异，发电至湖南密询，得实，即率役至其寓捕之。李方谒客回，金顶朝珠，逮赴县署，围而观者如堵墙焉。得供后，以冒名撞骗罪下狱，而凌获卓异，保送赴都。”

《清稗类钞》“徐福孙杀婢案”条云：“光绪中叶，常熟徐福孙杀婢案，盛传一时，狱久不决，福孙不胜榜掠，遂死。福孙本书生，不幸以杀婢案被逮，县令朱文川，酷吏也，谓证据确凿，当以逆伦论抵，不承，则遽施三木。福孙不得已，姑如县令旨，妄供焉，既供，解省覆讯，福孙辄呼冤不置。故事，罪犯翻供，当发交原审官再讯。文川怒福孙之狡黠也，乃益施酷刑，福孙又诬服，比解省，则又翻供如初，省又却还县，县又锻炼成供，旋供旋翻，如是者三年，而福孙死狱中矣。濒死时，涕泣语人曰：供固死也，即不供，亦不得生，顾供而死，死且蒙杀婢名，吾初未杀婢，且被杀者果吾婢乎哉，吾曷为有此婢也！闻者悲之。顾欲有以明福孙之冤，不可得。福孙居常熟之某村，村故僻，居民仅十数家，泰半操农业。而福孙独青一衿，家又殷实，合村首屈一指。顾村人咸弗悦福孙，谓若人眼高于顶，遇人不肯平面视，且性吝啬，觑鹅眼钱如轮轴然，邻有缓急，未尝拔一毛，直守财虏耳。福孙有叔某，夙操懋迁业，粤寇之变，为所掠，累年不得耗。迨官军收复苏郡，某忽挈一少妇自寇中脱归，盖少妇者，酋妻也，与某有情愫，乘间偕遁，遂得返里。某有妇已前殁，乃以少妇为之妻，而福孙心焉鄙之，语人曰：叔固吾叔，婶非吾婶也，吾清白丈夫，誓不与寇妇交一语。某亦微闻之，因与福孙同居而异爨，分一宅为二，中隔以墙，各辟门户，分界如鸿沟，相安无事者二十余年。一日，某缘事宿于外，虑妇岑寂，则立召其女巧珠归以伴之。巧珠者，前妻所出，嫁前村田舍子有年矣。濒行，某絮絮语妻女，以谨门户慎炊爨为属。诘朝某归，日高舂矣，而门犹未辟，力挝之，迄无应者。破扉入，则妇折项死于床，血淋漓枕席间，觅巧珠，仓卒不可得。闻室后隐隐有呻痛声，趋视之，巧珠也，肩受刃，创盈寸，血溢弗止。询之，则云昨夕睡梦中，忽庭间堕瓦作响，惊而寤，诃曰：谁也？语甫出口，而白刃已压肩而下，痛极，遂晕。比苏，恍惚闻母呼曰：吾何负于汝，汝乃杀我？旋床上格拒声甚剧，久之乃寂，知母遇害矣。顾创甚，不能起视，迄不知杀人者谁也。某闻女言，已稍稍疑其侄，比勘踪迹，则箧中失银二百，衣饰若干件，室隅遗血刃一，为皮匠劃皮之刀，而是夕，福孙适雇皮匠制履，则凶器固确有其主；墙下有碎瓦数片，知贼必踰墙而入，墙外即福孙院落，附墙之梯犹未撤，则行凶者必非外贼；且妇有何负于汝一语，脱非素识者，妇必不作此言；而福孙家佣妇又言，今晨为其主洗衣，斑斑者皆血痕也。有此四证，某遂坚指福孙杀人，遽控诸县，令捕福孙至，则自陈无罪，语侃侃不少挫。复捕皮匠至，匠云，是夕确为福孙制履，匆促间遗刃其家。掷血刃视之，则立认为己物。令不容福孙置辩，刑逼成供，惟原赃迄不可得。时抚吴者为赵展如尚书舒翘，福孙既屡屡翻供，舒翘之幕僚某疑之，谓福孙与其婶初未有大隙，数十年相安无事，一旦遽加刃，于情理殊不合。福孙家本殷实，必不觊觎数百金，且不得原赃，终不可以入福孙罪，因力劝平反此狱。舒翘意不谓然，曰：福孙能熬刑至二三年之久，谓非大奸慝，谁其信之！而于是福孙竟死，死之日，胫折腕绝，遍体无完肤也。后二年，某及巧珠相继殁，村之人虽与福孙不相睦，顾皆知其冤死，特畏株累，不敢挺身作证耳？村人之言曰：妇死数年前，有一操粤音之男子，瞯某外出，辄来觅妇，妇出囊金与之乃去，去不半载辄复来，妇辄赠金如前状。往来既数，妇厌之，则加以诟谇，其人亦反唇相稽，悻悻而去。惟晤时，彼此都作粤语，故村人弗识其用意。以意度之，其人为妇之前夫无疑也。妇死之夕，村人见徐氏墙下蜷伏一黑影，逼视之，遽逸去，疾如飞隼，有锐于目力者犹识为索金之男子也。而翌晨妇以被杀闻，村人相戒弗饶舌，不则捉将官里去，势必无幸。矧四证凿凿，即有好事者为福孙讼冤，讼亦弗直。而粤音之男子，咸不识其姓氏居址，鸿飞冥冥，于何索之？则莫如弗言便。或询村人曰：福孙果冤死，曷为有此凿凿之四证？村人曰：是不难辨，贼初意在攫财，未萌杀人念。黑夜踰垣时，度必误入福孙之院，见地有遗刃，姑拾之，藉以示威。又借附墙之梯，踰垣入隔舍，不幸堕瓦庭中，为巧珠所呵，乃杀之以灭口。贼为妇前夫，又屡受妇金，妇临死而曰何负于汝，为前夫言，非为福孙言也。或曰：然则清晨濯血衣，将何辞以解？曰：是更不足为证，福孙夙有鼻衄疾，发则淋漓衣袂间，吾侪固习见之，方对簿时，福孙固言鼻衄所致，而官乃不之信也。”

米脂高照煦作《闲谈笔记》：“晓峰曾来信云‘赵尚书展如任江苏巡抚时，刘焕堂专函请其代购西洋书籍、一切机器，拟大开时务之门。’赵复函云：‘外洋书籍种类亦繁，其所传者不尽精，或其所精者不尽传。至一切机器，用之数次，即须整理，否则不适于用，是必洋人为之师，再多集洋商，则购办始便。洋人惟利是视，一闻此风，必于泾阳三原设立洋行，不数年又成洋人世界矣。情知此意起于某某，渠孺子无知，诚不足较，阁下乃皇皇大儒，坐拥皋比，而亦急欲变于夷耶？’云云。而此事遂中止矣。”[1]

---

① 徐一士：《近代笔记过眼录》，中华书局 2008 年版，第 43 ~ 44 页。

张成勋

二十一年及二十三年因报效军饷暨昭信股票，累奖二品顶戴。

党蒙

六月，题升山东司郎中。

八月，派充律例馆协理提调。

萧之葆

中进士，以庶吉士入翰林院深造。

高祖培

中进士，授刑部主事兼管秋审处。

是年，“豫派律学”代表田我霖去世。

赵舒翘作《雨田公墓志铭》：“至乙未九月二十五日酉时奄捐馆舍，春秋五十有三。大用未竟，识者悲焉！公轻财喜施与，凡俸入，辄以给戚族之急，与人恂恂坦易，不自藻饰，人每乐近之。然性耿介，义所不可，万金弗能夺也。配郝夫人，恭俭淑慎。继配钮夫人，和婉有礼法，处约泊如也，并先公卒。子憬，四品荫生，次憎，皆能读书，世其家。女一，字三品荫生中书科中书沈豫立。以丙申十月初六日合葬于城东峦庄祖兆之次，铭曰：平理若衡，照辞如镜。慈惠之师，孝友从政。箧有谏草兮囊无余赀，一经以传后兮惟阴德之所贻。年龄倏忽，运穷道在。溯声华之未殒兮丹青不沫。佳城之崇兮，夷门之东兮。灵气钟兮，郁恩恩兮。此中有人，闷幽宫兮，山高水长，君子之风兮。”

赵舒翘《雨田公墓志铭》又曰：“刑狱者，天下之大命也。古者，士师以明刑弼教，《周官》分职，司寇掌邦刑，爰多其属，重之也。今刑部，司寇职也。曹郎，其属也。考法律，别情实，权衡轻重，防闲出入，繄刑曹乎是赖。人心不古，诪张为幻，其黠者敢以身试法，而狡者又不可以辞尽情，讼狱繁滋，不可究诘，执法者顾以钩距为能，以苛察为智，深文以周内，漏网以疏纵。四者或兴，则冤以沈抑，法且骫弊，其必精识洞鉴、哀矜好生，庶几仁人君子之用心。舒翘通籍，观政于刑部，尝持此意质之同曹相切劘，其贶我多者惟雨田田公为最。”

1896 年，光绪二十二年，丙申

薛允升七十七岁。

三月

上耕耤田，薛允升充从耕礼大臣。见《清史稿》本传。

初四日，“上耕耤。诣先农坛行礼。更服至耤田所。躬耕三推。复加一推。御观耕台。命王大臣各九推毕。顺天府府尹率农夫终亩。赏赉农夫耆老如例”。(《光绪朝实录》)

“是日驾幸藉田，行三推礼，本署堂官薛云阶尚书派从耕大臣。”①

四月

初八日，“是日为浴佛日，不理刑名，向例刑部堂司各官均不入署，终年只此一闲日也”。②

二十二日，兵科给事中桂年、江南道监察御史张仲炘作《奏为太监在外结伙持刀逞凶不服查拿拒伤勇丁殒命请旨饬交刑部严行审讯按律惩办恭折仰祈圣鉴事》:“窃臣城地面人烟稠密，良莠不齐，奸民械斗逞凶时所不免，叠经臣等严饬司坊暨勇局员弁不分昼夜认真巡察，遇有此等案件立即锁拿详办，冀可少挽刁风。兹据臣城副指挥杨绍时详称，本月十八日未刻，正阳门大栅栏地方有太监率领多人执持刀械，在庆和戏园寻衅砍剁、摔砸器具，势甚凶恶，当即到局传知哨官点派练勇，穿齐号褂，一同跟至鲜鱼口地方茶馆内缉拿，讵该太监等恃恶不服，胆敢伙同拒捕，各持刀

①《唐烜日记》，第 4 页。

②《唐烜日记》，第 10 页。

械，将在前之六品衔队长赵云起并勇丁刘文生、马连恒等三名砍扎多伤，众勇一起拥入，携取桌餀木棍格落刀械，始将该太监李苌材、张寿山、阎宝维、范连元与民人毕文禄等拿获，当即取具受伤勇丁生供，次日赵云起旋即因伤毙命各等情禀请前来。臣等当批饬指挥沈墉前往验明尸伤，会同该员录供。正往验间，有陈和玉在路拥挤拦问，不服驱逐，并敢动殴，因询系太监，形迹可疑，当交该指挥等一并讯供，详解臣等详加讯问。据太监李长才供：宁津县人，年三十一岁，在永和宫当差。四月十八日出城，到庆和戏园，与听戏之人争座口争，我约同张寿山、阎宝维等进城各取器械，又至戏园寻那听戏人不见，我等将该园摔砍，有人劝到茶馆，当有勇丁来拿，我用红套子刀砍伤勇丁一人，除已拿获之张寿山等四人外，同伙中尚有膳房当差之吴太监一人跑了，其余我不认识等情。又太监张寿山供：武清县人，年二十五岁，在储秀宫当差。四月十八日告假出来听戏，同李长才与人口角，随偕阎宝维等进城，复又出城。我在小摊上买小尖刀一把，重到戏园摔砸，又到茶馆喝茶，有练勇来拿，我情急用小刀将一人腰间戳了几下。次日那人因伤身死，我眼同相验，实是我用尖刀扎砍的等情。又太监阎宝维供：南皮县人，二十四岁，在钟粹宫当差。四月初七日告假，十八日李长才、张寿山在戏园口角，我同彼等一同进城取来单刀，遇见范连元、毕文禄，告知庆和园口角一节，同到该园要那听戏之人，该园不敢交出，遂将柜房摔砸，同到茶馆，经勇丁来拿，我情急砍伤一人等情。又范连元供：交河县人，年二十三岁，在储秀宫当差。本年正月十一日因误差，在慎刑司看押。四月十八日出城，李苌材在戏园口角，邀我将该园摔砸，后同到天全茶馆，李苌材等将勇砍伤，木棍是我拿的等情。又民人毕文禄供：宛平县人，年十九岁，棚铺学徒。四月十八日，我同另一李太监、孟羊儿在三庆园听戏，忽有一吴太监说对过戏园李太监与人争吵，我等往劝，又同到茶馆，有勇丁等穿着号坎来拿人，彼此殴打等情。又太监陈和玉供：固安县人，年二十五岁，在寿康宫当差。三月告假回家。四月十九日来京，走至珠市口，见带领犯人，我瞧看热闹，勇丁将我驱逐，彼此争闹，将我带案等情。臣等查该犯等口供虽微有不合，而寻衅逞凶，拒捕伤人皆已供认不讳。复传庆和戏园柜伙黑永询问情形，据称砍砸之时确有此李姓、张姓、阎姓、范姓、毕姓五人，并另有不识姓名之三四人一同肆闹等语，足见毕文禄所供不无避就，而大致亦属相符。太监陈和玉虽讯与李长才等均不相识，惟是日正带凶犯前往验尸指伤，乃敢故意拥挤拦问，不服驱逐，难保非其同类，自应一体带案。至各该太监等是否潜逃出城，有无另犯不法情事，以及同场逞凶逃脱未获之余党尚有几人，均须一一严讯，云能水落石出，相应请旨将该犯太监李苌材、张寿山、阎宝维、范连元四名，民人毕文禄一名，并验伤之时路遇动殴之太监陈和玉一名，共六名饬交刑部严行审办，以儆不法而靖地方。再查，兵部定例：内外官兵擒拿盗贼被伤致死者照阵亡例给赏。此次练勇队长赵云起被伤致死，应请饬交兵部援案办理。谨缮折具陈，伏乞皇上圣鉴。”

给事中桂年等片云：“臣等恭查康熙三十三年奉上谕：大学士等，凡太监犯罪，断不可宥，尤宜加等治罪等因，钦此。又道光四年内务府奏准，凡太监等，除出城置买什物不禁外，毋许在戏园酒肆饮酒听戏，以及飞帖邀请善会，如有犯者，责成该管营汛员弁及司坊官员查拿。又律例内载：凡在内太监逃出索诈者均照光棍例治罪各等语。法制森严，理应遵守。乃近来太监等罔知禁令，所有戏园酒肆以及狭邪处所、热闹会场，无不前往，甚或刁蛮索诈，任意横行，又或干豫地方，帮唆词讼，捕役等畏其声势，率皆不敢拿案，即如此次派勇往办，竟敢持刀拒捕，是其强悍不法、欺凌平人已可概见。若不申明法纪，何以警戒将来，相应请旨严申禁令，嗣后太监等如有出城前往各该处所者，定一作何治罪明文。其有滋事索诈及一切逞凶不法等情，均仍照光棍例即行斩决，庶几有所惕惧，不至仍前之肆无忌惮矣。是否有当，谨附片具陈，伏乞圣鉴。”

二十二日，“谕内阁，巡视中城给事中桂年等奏太监在外结伙逞凶拒伤弁勇殒命请交部审办一折。本月十八日，正阳门外大栅栏地方有太监多人执持刀械，在庆和戏园寻衅，经该城副指挥杨绍时传知练局派勇缉拏，该太监等胆敢拒伤勇丁，并将队长赵云起砍伤毙命，实属不法已极，必应从严惩办。所有拏获之太监李苌材、张寿山、阎宝维、范连元、陈和玉、民人毕文禄六名著交刑部严行审讯，按律定拟，并究明在逃余党，一并饬拏，务获究办。至被伤殒命之队长赵云起著兵部查案办理。另片奏，太监滋事请加等治罪等语，著刑部遵照康熙年间谕旨，从严定议具奏”。(《光绪朝实录》)

五月

初四日，“大雨通霄，晨霁，午间阴雨，向夕始止。(唐烜)早入署，抵门而返，闻皂役禀称大门以内水深尺许，各司无人，遂回寓。拟出门拜节，雨至而阻。向晚始出城，至绳匠胡同李师相宅、老墙根薛尚书宅”。[①]

九日，“(唐烜)未入署，以是日刑部值日，无堂官故也”。[②]

十七日，薛允升作《覆奏言官参劾各情均多不实疏》:“窃于光绪二十二年三月初十日内阁奉上谕：前据御史敬佑奏‘山东案犯邢二等脱逃来京，交结讼棍肆行无忌’等语，当谕令顺天府饬拿讯办。兹据顺天府奏拿获邢二等，现审情形与该御史所奏情节诸多不符。此案著交刑部提集人证、卷宗，确切审讯等因，钦此。旋据顺天府钞录原奏供招卷宗并该御史奏片，连人犯邢二等一并咨送到部，续据将拿获之关岐禄等解部归案，臣等查阅该御史原奏内称‘邢二、邢三在原籍山东长山县大合庄殴毙期亲尊长，脱逃来京，霸占巴林旗公主祭田、庄园，交结讼棍玉春、徐殿魁、李秀等肆行无忌，强抢凶横，靡所不为’等语，当即一面行文山东巡抚并理

① 《唐烜日记》，第 15 页。

② 《唐烜日记》，第 16 页。

藩院各衙门详查去后，一面按照该御史原奏各情督饬司员提犯研审。据邢二供系山东益都县人，同治十三年间来京，给蒙古人包尚志佣工，包尚志有自置民地四顷余，坐落在大兴县二十里堡。光绪元年伊承佃交租后，包尚志有女聘与礼部主事玉春为妻，将地给女赔嫁，仍系伊承佃。上年腊月，伊弟邢三回籍探亲，至今未来。十六年间包尚志病故，二十年有包三即包哈图称系包尚志之弟，暨蒙古护卫关岐禄先后因争地与伊在北城及大兴县涉讼，迄未断结，伊实无犯案脱逃、霸占祭田等情事。徐殿魁、李秀供均系大兴具二十里堡人，佃种度日，并无伙同邢二强抢情事，亦无告发之案。玉春供系正白旗春升佐领下人，现官礼部主事，在部供职近三十年，并无干预外事，邢二系伊佃户，何为交通。余供与邢二同，核与顺天府讯取供词俱属相符。复据山东巡抚覆称：饬查益都、长山两县并无邢二、邢三殴毙期亲尊长之案，长山县亦无大合庄庄名。礼部暨正白旗衙门均覆称：玉春在部当差多年，并无劣迹，从前亦无被参案件。并据理藩院覆称：检查并无巴林旗公主祭田档案。顺天府亦覆称：饬县查明二十里堡有包姓民地四顷余，历年完粮在案。至称系公主祭田，该县无案可稽各等因。臣等以谳狱之道不厌求详，虽犯供与查核覆均无其事，而案关逆伦重情，窃意该御史既以此入奏，自应确有实据，复经片行都察院转令敬佑将所奏各重情逐层指明确凿实据声覆过部，以凭研讯，俾成信谳。嗣据该御史覆称‘所奏之情均得之街市喧传，或系传闻之讹，无从指实’等语，臣等详加查核，邢二以承种地亩被包三及关岐禄先后呈控，均未断结，该御史即有此奏，其所参之人即系关岐禄所控告之人。关岐禄控称巴林旗公主祭田庄园，该御史即有邢二霸占巴材旗公主祭田庄园之语；邢二本系玉春佃户，纳税多年，该御史折内即有邢二交结讼棍玉春之语。核其情节，诸多可疑，显系关岐禄希图争地，其中难保无贿串知情等事，迭饬严讯该犯，关岐禄恃无佐证，匿情不吐，包三亦未到案。在该御史之所奏有无别情，臣部固未便过事吹求，而迭经提犯隔别严审，第就佥供之相同，证以各处之查覆，该御史所奏各节竟至一无相符，其所称‘肆行无忌强抢凶横’等语并未指明何事行凶，何人被抢，尚可云无据空言。至邢二本系无辜，仍以毫无影响之事，率指为殴毙期亲尊长，陷人以逆伦重辟。查平人诬告人死罪未决，例应满流。即风宪官弹事不实律，亦应以诬告论。虽御史原有闻风言事之责，然亦应访有凭据，始可登诸奏牍，从未有妄行入奏如斯之甚者。前经顺天府业已奏明，兹又钦奉谕旨交臣部确切审讯，现经审讯全虚。迨经行查，该御史又诿诸市井讹传，种种情节难逃圣明洞鉴，惟系言官，应如何惩办之处，恭候钦定。除将续获之关岐禄等审明另折具奏外，所有臣等讯明参奏不符情形，谨恭折具奏请旨。”（法部律学馆刷印《薛赵二大司寇遗稿》）

按：此疏上后奉谕：敬佑陈奏此案妄听人言，诬陷良民，实出情理之外，敬佑著即行革职。吉同钧曰：入后一段，笔挟风霜，有哀梨并剪之快。

二十一日，“是日薛正堂到署，同印君将韩氏恳求罢讼免究两呈回堂。薛云：‘韩某呈送其二子，今呈求免究，本可了结，但此韩朱氏胡为者，朱氏呈送其嗣子某，为其二侄辨白，明系事不干己，凭空插讼。君等且回司办稿，看如何出语。’”①

二十二日，“逢安徽、江苏两司会大法，为观音寺械斗及庆和园太监拒捕杀人案也。两正堂、两左堂均到。予同印君持韩姓所递求罢讼呈二纸回满正堂，松公意亦首肯矣。又回薛堂，坚执办稿之说。盖此案若一办稿，则必不可了矣。诺诺而退，遂回满左堂，并以此案原可片结，若办稿，则韩氏子必不得不科以罪名。阿公瞿然起立，向满正堂商之，松连声应和，因同向薛公力求片结。薛冷笑数声云：看二信人情不究可也，然韩朱氏前送其嗣子之呈明系韩英二子捏写，与其阿翁构难，岂非衣冠败

①《唐烜日记》，第18～19页。

类？褫革不足惜也。今宽之，亦太使宜矣！语未毕，两法司堂官始到，司官各退出。闻是狱也，韩氏只弟已与松、阿两宅关说，允。阿堂向不常进署，月不过五六，至近兼别差使，足音愈稀，今日特为此事来托人情。白云亭上，四公各有心思，且久具一副面孔。盖薛堂已稔知松、阿之做人情也，故先设辞以难司官，实令渠两人闻之，知拿不稳、坐不住，不得不冒言之，以出丑于众目昭彰之下也。阿援救甚力，松故为骑墙语，薛借题奚落，李苾园侍郎在旁微笑不言，即此一事，时事可知矣”。[①]

二十四日，薛允升作《奏为会同审拟太监李苌材等在戏院寻衅持械凶刃酿命一案事》：

光绪二十二年四月二十二日奉上谕：巡视中城给事中桂年等奏太监在外结伙逞凶拒伤弁勇殒命，请交部审办一折，本月十八日正阳门大栅栏地方有太监多人执持刀械，在庆和戏园寻衅，经该城副指挥杨绍时传知练勇局派勇缉拿，该太监等胆敢拒伤勇丁，并将队长赵云起砍伤毙命，实属不法已极，必应从严惩办。所有拿获之太监李苌材、张受山、阎葆维、范连沅、陈禾钰与民人毕汶碌六名，著交刑部严行审讯，按律定拟，并究明在逃余党，一并饬拿务获究办。至被伤殒命之队长赵云起，著兵部查案办理。另片奏太监滋事请加等治罪等语，著刑部遵照康熙年间谕旨从严定议具奏。钦此。旋据该城钞录原奏，将太监李苌材、张受山、阎葆维、范连沅、陈禾钰并民人毕汶碌六名连起获刀械解送到部，臣等督饬司员详加审讯。据李苌材供认，因听戏争座口争起意，纠同张受山等持械寻殴，并将戏园器物摔砸，后经勇丁捕拿，将勇丁拒伤。张受山供认听从寻殴拒捕，将队长赵云起扎伤毙命。阎葆维、范连沅均供认听从前往拒伤勇丁各属实，复会同都察院、大理寺亲提研鞫。缘李苌材、张受山、阎葆维、范连沅、陈禾钰分隶直隶宁津、武清、南皮、交河、固安等县，俱于早年净

① 《唐烜日记》，第19页。

身，在永和宫等处充当太监。毕汶禄籍隶宛平县，棚匠手艺，均与在逃之太监王连科、李来憘、吴得洝互相认识。范连沅因误差斥革。光绪二十二年四月十八日，李苌材、张受山、阎葆维均告假出城听戏，走至棋盘街地方与范连沅路遇，随同至正阳门外大栅栏庆和戏园，上楼找座，见有四楼三桌系饭馆先定，听戏人未到，派人看守。李苌材等硬令退避，戏园看座人声言此桌已有定主，不能退让，正在争闹，定座人至彼看戏，亦令李苌材等另寻座位，李苌材等不依，口角辱骂，经人拉至戏园柜房解劝，李苌材等气忿不释，即向戏园人声称：不准争座人跑走，如令跑走，定与柜上不甘。随各走出。李苌材起意邀人寻殴泄忿，约令张受山、阎葆维、范连沅帮助，俱各允从。李苌材嘱令张受山分头约人，李苌材一人雇坐车辆，张受山、阎葆维同坐一车，分路进城。范连沅并未进城，约定在大栅栏东口聚齐。李苌材即至东安门成衣铺内将箱内所藏红套腰刀一把取出，并约得在逃之太监王连科一同出城。阎葆维由东安门米粮店拿取扑刀，亦即出城。时张受山素识民人毕汶禄在三庆园听戏，经张受山找至，告知情由，约会帮助，毕汶禄应允，随令其在大栅栏口等候。张受山又邀允在逃之太监李来憘、吴得洝同至大栅栏口会齐。张受山并在不识姓名小摊上买得尖刀一把，范连沅携木棍，毕汶禄徒手，与李苌材等一共八人同至庆和戏园寻殴，找定座听戏之人无著，即向柜上要人，戏园掌柜人黑永等央劝，李苌材等不依辱骂，并将柜房内瓷瓶等物摔砸。经人劝至鲜鱼口天全茶馆吃茶。该戏园人黑永见来势凶恶，乘空至中城副指挥衙门禀报，中城练勇局哨官派委队长赵云起帯勇丁二十名，各穿号衣前往，探知该匪等俱在天全茶馆吃茶，跟踪往捕，经戏园人指明，队长赵云起带勇刘文生等四人先上前揪扭，李苌材用刀将勇丁刘文生囟门偏左右等处砍伤，张受山用刀将赵云起左额角额颅砍划致伤，赵云起抵格，又被砍伤右肩胛、右腮颊，并划伤鼻梁偏左，赵云起将其发辫揪住，张受山又扎伤其左肋，赵云起转身，复被张受山将右后肋扎伤透内，当时倒地。阎葆维亦用刀将勇丁马连恒砍伤，范连沅用棍将勇丁刘文生、马连恒殴伤，毕汶碌躲避，并未动手。在逃之李来憘、王连科、吴得洝有无动手拒捕，彼时均未看清。当经后到勇丁将李苌材等五名拿获详城，批饬验伤讯供。赵云起至次日殒命，饬令移司会验。经勇丁带同该犯李苌材等前诣尸场候验，行至中途，太监陈禾钰上前拦问，被勇丁驱逐，陈禾钰不服混骂，勇丁用马棒殴打，陈禾钰不依，用手回殴未伤，经官役将其拿获归案。并据该城指挥等眼同犯证人等验明赵云起尸身委系因伤身死，填格录供详城，将李苌材等六名奏送到部，会同审悉前情。研诘李苌材、张受山、阎葆维、范连沅，各供认前情不讳。毕汶碌供认听从前往寻殴，后经捕拿，畏惧躲避，并未动手。陈禾钰仅认于勇丁押带人犯相验时，上前拦问，被逐不服，将勇丁殴打未伤，与李苌材素不认识，并无听纠寻殴各情事。传讯勇丁刘文生、刘玉亭、马连恒及戏园人黑永、茶馆人郝正谦、朱荣，各供相同。饬验刘文生等所受伤痕，均已平复，取结附卷。逸犯太监李来憘等，行文内务府查传送部。据覆，均已逃走，弋获无期，应先拟结。

查例载：在内太监逃出索诈者俱照光棍例治罪。又，恶棍索诈斗殴，或诈财不遂，竟行殴毙，此等情罪重大、实在光棍事发者，为首斩立决，为从俱绞监候。又，凶恶棍徒，无故生事行凶扰害，发极边足四千里安置。又，臣部奏定章程：京城棍徒聚众持械、逞凶寻殴、伤人拒捕者，照棍徒扰害例，拟军到配后监禁十年各等语。此案太监李苌材因在戏园听戏争座吵闹起意，纠同太监张受山、阎葆维、范连沅、民人毕汶碌等，聚众八人，持械至该戏园寻殴，摔砸器物，已属不法。迨经勇丁前往捕拿，该犯等犹敢拒伤勇丁刘文生等多名，并将队长赵云起扎伤身死，虽非索诈不遂，其凶恶情形实与光棍无异。李苌材起意纠众寻殴，拒捕刃伤捕人，张受山展转邀人，复拒毙队长，厥罪维均，较之仅止逃出索诈者情节为重，自应钦遵谕旨，从严问拟。李苌材、张受山均合依在内太监逃出索诈者照光棍例治罪，光棍为首者斩立决例各拟斩立决。阎葆维、范连沅听从寻殴，并将勇丁拒殴致伤，均属为从，亦应按例问拟，阎葆维、范连沅均合依光棍为从绞监候例各拟绞监候，秋后处决。毕汶碌听从前往寻殴，于捕拿时即行躲避，尚未拒捕伤人。陈禾钰于勇丁押带人犯相验时辄行拦问，被逐不服，拒殴勇丁未伤，虽未帮同拒捕，均属凶恶不法，亦应按例问拟。毕汶碌、陈禾钰均合依凶恶棍徒生事行凶扰害，发极边足四千里安置例，各拟发极边足四千里安置，仍照章于到配后监禁十年，限满由有狱官查看，如知改悔，再行核办。据毕汶碌供系孀母独子，惟情节较重，不准留养，应即咨送兵部定地转发，至配照章监禁办理。勇丁刘文生、马连恒伤已平复，应与勇丁刘玉亭及戏园人黑永、茶馆人郝正谦、朱荣均毋庸议。起获刀械，案结存库。尸棺饬属领埋。赵云起被伤殒命，业经该城奏明，由兵部查案办理，毋庸再议。再逃之太监李来憘、王连科、吴得洝仍请饬下步军统领、顺天府五城一体饬拿务获，送部究办。所有臣等会同审明定拟缘由，谨恭折具奏请旨。

二十四日，“见起二刻，（刑部议太监斗殴，刃伤人致毙，拟斩决，交片令再拟）颇有论列，不能得也”。（《翁同龢日记》）①

二十六日，《唐烜日记》云：“廿四日江苏、安徽两司办立决差使奏上，而安徽司械斗一案首犯立决旨下如议矣，江苏司审办太监聚众拒杀捕人一案，首犯暨下手之犯均拟立决，奏留中未发。少刻，军机大臣奉旨交刑部另行妥拟具奏。连日街市谣传，言太监李莲英泣求皇太后，言刑部定罪太重，力请缓颊，故有此命。”②

六月

十六日，“是日署中会大法，六堂皆到，希有之事也”。③

①《翁同龢日记》（第5册），第2912页。

②《唐烜日记》，第20页。

③《唐烜日记》，第22页。

七月

十四日，“窃臣部审办太监李苌材等一案，前奉上谕：著刑部遵照康熙年间谕旨，从严定议具奏，钦此。臣等当即审明，遵旨照康熙年间谕旨，将李苌材等照光棍例分别首从定拟，并附片声明历次定例缘由，于五月二十四日具奏。当日军机大臣面奉谕旨：刑部奏审明太监纠众逞凶，刃毙捕人，按例从严定拟一折，太监李苌材、张受山均拟斩立决；阎葆维、范连沅均拟绞监候，秋后处决；毕汶碌、陈木钰均拟发极边足四千里安置，系属从严办理。惟据另片援引道光年间上谕，内有伤人致死，按律问拟之语，著该部按照本律再行分别定拟具奏，钦此。交出到部，臣等伏读之下，想我皇上必以为发一时之严厉，见四人之骈诛，触目动心，恻然在念，前此从严之命忽易为不忍之心，仰见圣怀恺恻慈祥，固臣下所当共体也。窃维例意谨严，非参观互证不能得其精详。谨以管窥蠡测之见，再为我皇上分晰陈之。恭察［查］道光年间上谕：太监郭洪鹏逃走四次，曾经发打牲乌拉为奴，期满释回，复敢潜逃在外，持刃伤人，怙恶逞凶，不法已极，著发往黑龙江给官兵为奴，并著遇赦不赦。嗣后遇有太监在外滋事，除伤人致死按律问拟外，但有执持金刃伤人确有实据者，俱照此办理，钦此！伏思刀伤平复，事属甚轻，律以平人仅止徒杖，太监有犯即拟发遣，较之平人其罪已加数等。宣宗成皇帝深恐太监在外滋事，此风断不可长，所以从严办理，并著永著为例，意至深也。至伤人致死按律问拟一语，系指寻常谋故斗杀而言，因已俱至死罪，自属法无可加，况一时一事情节不同，岂能执一？故特用除笔以分别。伤人致死罪更重于金刃伤人，律本各有专条，并非意欲从宽也。今太监李苌材等纠众逞凶，杀伤捕人，前奉上谕，著照康熙年间谕旨从严定议，其非寻常伤人致死可比，已在圣明洞鉴之中，故特明降谕旨，宣示天下，天下人民咸晓然于圣主之严明，将以遵祖训饬纲纪也。且莫不翘首以望臣部之有以副朝廷“辟以止辟”之心，以成此令出惟行之举。乃臣部遵旨定拟奏闻，又复奉旨再行定拟，臣亦知皇上是钦恤刑章之意，非轻纵寺宦之心，然而天下不知，不以为皇上之慎刑而以为臣部之纵恶。臣部问刑衙门，以饬法明刑为要，而刑法之允协，以情真罪当为先。此案李苌材等因听戏争坐口角，辄纠众八人持械行凶，打毁器具，经地方官派勇丁弹压，又复抗拒不服，致将勇丁殴伤毙命。论其起衅之由，既非有心致死，固不得谓之谋、故杀；论其执刃逞凶之情形，又何得谓之斗、殴杀？既非谋、故，又非斗、殴，则与道光年间上谕内伤人致死一语，其不能强为附合也明矣。然则谋、故、斗杀各律，均不可拟。将谓之拒捕杀人，得无类是。即以拒捕杀人论，按律或可稍稽夫显戮，依例亦当立置于典刑。然较之光棍例文究有区别，况系钦承谕旨，何敢另生他议？而臣等愚昧之见，窃以为太监有犯，尤与平人不同。我朝家法甚严，凡所以整饬寺宦者，无不加倍治罪，亦深恐一时姑息，异日或致养奸，此防微杜渐之深心，实忠厚成全之至意。所以我国家宫禁肃清，实为前代所未有。溯自康熙年间办理太监刘进朝之后数百年来，太监尚知畏惧，不敢以身试法，实以惩一惊百，其为保全若辈者为匪浅也。此次从严惩治，私心窃谓当可上邀允准。岂知办理过严，亦有未惬圣心之处。总由臣等识见庸愚，拘滞鲜通，不能仰体圣主钦恤哀矜之意，已觉有愧于心。倘因此又复迁就其词，依违定谳，致情法不得其平，并置初奉谕旨于不论，则负咎更甚。此臣等所以几经筹商，几经详审，而不敢冒昧从事者也。伏查朝廷法令，轻重各殊，而法之最严者无过光棍一项，为首者拟斩立决，为从者俱拟绞候，秋审入于情实。所以惩强暴，儆凶顽，懔然示人以不可轻犯之意。臣等亦知此条例文不可轻用，惟既经谕旨指明从严定议，舍此再无可引之条；而又恐后来之援为定式，特于片奏内声明情节较轻者不得率引此例。荷蒙圣明早鉴及此，臣等何敢仍执原议。若径另引他条，置初奉谕旨于不问，揆之情理，亦所未安。窃惟立法原以惩恶，而法外亦可施仁。臣等为守法之吏，原不容涉于两歧；皇上宏解网之恩，或可稍宽其一面。昔宋臣苏轼有云：‘当尧之时，皋陶为士，将刑人，皋陶曰杀之三。尧曰宥之三。故天下畏皋陶执法之坚，而乐尧用刑之宽。’臣等愚昧，何敢妄希古贤？而皇上其仁如天，实与帝尧先后同揆。盖水懦之与火烈，古有成言，亦雨露之与雷霆，道原相济。皇上如果念辇毂之下，总宜肃清，阉宦之流不宜宽纵，将该太监等仍照臣等原奏，按光棍例分别首从办理，臣等无任钦佩。倘以为未免太严，无妨量从末减，亦请于原定罪名上略为区别，或严首恶而请［稍］宽从犯，总期与初奉谕旨符合，不致大相悬绝，是在皇上权衡至当，断自宸衷，非臣等所敢率行定拟也。所有臣等尊旨从严缘由理合恭折具奏，伏乞圣鉴”。[①]

“是日刑部议太监李苌材等罪名，仍请照原拟斩立决，折尾仍有请旨语，文字曲折颇好，上斥其含混，交旨令拟定罪名再奏，盖恶其先执一而复又双请也。”（《翁同龢日记》）[②]

吉同钧评价：“是疏上后，于光绪二十二年七月十四日奉谕旨：刑部覆奏太监罪名一折，仍系请旨办理，语涉含混，著拟定罪名，再行具奏。”

十九日，薛允升作《奏为遵旨审拟太监李苌材听戏寻衅拒捕殴毙捕人一案事》：

窃臣部审办太监李苌材等一案，于本月十四日覆奏请旨，当日军机大臣面奉谕旨：刑部覆奏太监罪名一折，仍系请旨办理，语涉含混，著拟定罪名，再行具奏，钦此。钞出到部，臣等闻命之下，不胜恐惧悚惶之至。窃维法律宜求至当，情罪务得其平，要不容存两可于其间也。伏念初奉谕旨，著臣照康熙年间谕旨从严定议。又复奉谕旨，著臣部按道光年间上谕伤人致死本律再行分别定拟。恭译两次谕旨，轻重各殊。臣等若固执原议，深恐负圣主钦恤之怀。倘复另引他条，又恐蹈迁就依违之咎，此所以几经筹商，几经详审而不敢率行定拟者也。恭查康熙年间办理太监刘

① 《续修陕西通志稿》。

② 《翁同龢日记》（第5册），第2926页。

进朝一案，因出外索诈即治以光棍之罪。我圣祖仁皇帝实有监于前明阉宦之流弊不可胜言，故特从严惩治，默寓防微杜渐之思。自此之后，即无有敢干法纪而逞凶顽者，其明效已为大验。此次从严之命，我皇上亦体祖宗之心以为心，将以由旧章昭炯戒也。嗣以办理从严，又复命再为定拟，臣等实以初奉谕旨不敢置之于不论，所以委曲周详，窃冀我皇上仍照原议办理，或可以靖地方而儆将来。然又恐拘滞鲜通，不能仰体复奉谕旨之意，故于覆奏内声明，倘以为未免过严，无妨量为末减，请于原定罪名上略为区别，或严首恶而稍宽从犯之言请旨，恭候钦定，诚以臣等为执法之吏，不敢擅自从轻。皇上施法外之仁，原可量为末减，今复奉谕旨斥以语涉含混，臣等实咎无可辞，既命拟定罪名，敢不按例定拟。惟臣等愚见，总以为初奉谕旨一发而不可收，原定罪名一成而不可变，从犯或可稍宽，首恶断不可纵，是于钦恤之中仍寓严明之意。查光棍例文，为首者拟斩立决，为从者俱拟绞监候。前次遵旨定拟，将李苌材、张受山照光棍为首例拟斩立决，阎葆维、范连沅照光棍为从例拟绞监候，毕汶碌、陈禾钰照光棍徒例拟发极边足四千里安置，分为三等以别轻重。今复将该犯等所犯各节逐加详核，苟有可原，敢不仰体皇仁，曲为宽宥。除毕汶碌、陈禾钰轻罪仍照原拟毋庸再减外，阎葆维、范连沅仅止听纠寻殴，拒捕伤人情节尚轻。倘欲贷其一死，或请于原拟光棍为从绞监候例上量减为发黑龙江给官兵为奴，到配后著该将军严加管束，遇赦不准。查办张受山帮同纠众，逞忿助殴，且于拒捕之时杀伤毙命，情节尤凶，实属不法已极，即照拒捕杀差之例，亦当拟以斩决。原拟照光棍为首例，拟以斩立决，实为情罪相当，无可稍减。李苌材首先起衅，拒捕逞凶，与张受山同一科断，亦属罪有应得，惟仅止伤人，究未杀毙，但尚有一线可原，皇上慈祥为念，不忍一时骈戮二人，请将张受山一名立即处斩，亦足以儆凶徒而伸国宪，李苌材一名请于原拟斩立决罪名上量减为斩监候之处恭候钦定。所有臣等尊旨拟定罪名缘由理合恭折具奏，伏乞圣鉴请旨。

又按：此疏于光绪二十二年七月十九日奉旨依议。

韩城吉同钧曰："前后二折，委曲详尽之中，仍寓刚直不挠之气，卒使凶阉伏诛，纲纪肃然，此有功世道之文，不仅剖析例义严且明也。"又曰："凡大臣立朝须有知微见远之谋，守正不阿之概，然后能消患未萌，造福国家。明自中叶而后，寺阉擅权，流毒生民，殃及缙绅，至于亡国破家，其祸烈矣。然使当凶焰未张之际，果有深识远谋之臣，援引祖宗法制，剀切指陈，防微杜渐，未始不可遏绝其萌也。此文有见于此，篇中痛陈祖典，剖析例义，不惮再三力争，必欲明正典刑，以快人心而彰国纪，厥功伟焉！先生史事精明，著有《读例存疑》诸书，有功法学，读着莫不心折。而余所景仰者尤在此直节敢言，不畏权要，足与乡先正王文恪、吴柳堂公鼎足而三，若仅以法律专家称先生，犹浅之乎窥先生也。"

此前四月间，太监李苌材、张受山等纠众逞凶，杀伤捕人，上喻刑部照康熙年间谕旨，从严定议具奏。薛允升拟援光棍例治之，而总管太监李莲英为乞恩，太后以例有"伤人致死、按律问拟"一语，敕再议，允升不为动，七月先后上《覆陈议定太监李苌材罪名疏》《遵旨定拟太监李苌材等罪名疏》，奏请处斩张受山，李苌材伤人未死，量减为斩监候，从之。

"是日刑部复奏太监罪名，奉旨依议，决一人，缓一人，减二人为黑龙江，余照旧。"(《翁同龢日记》)①

姚永朴作《光禄大夫刑部尚书薛公状》："时李莲英属要人关说万方，各堂司皆不敢坚持，公不为动，复奏请将张受山立即处斩，李苌材伤人未毙，减为斩监侯。德宗不得已从之。"

《清史列传》记载太监李苌材案云：

（二十二年）四月，太监李苌材、张受山等纠众逞凶，杀伤捕人，上喻刑部照康熙年间谕旨，从严定议具奏。允升援光棍例分别首从定拟，上

---

①《翁同龢日记》(第5册)，第2927页。

以例内有"伤人致死按律问拟"之语，令按照本律再行分别定拟。允升具疏分析，略曰："李苌材等纠众杀伤捕人，上谕从严定议。其非寻常伤人致死可比，故特明降谕旨，宣布天下。天下人民咸晓然于圣主之严明，将以遵祖训，饬纪纲也。且莫不翘首望部臣之有以副朝廷辟以止辟之心，以成此令出惟行之举。乃臣部遵旨定拟奏闻，又复奉旨再行定拟。臣亦知皇上是钦恤刑章之意，非轻纵寺宦之心。然而天下不知，不以为圣主之慎刑，而以为臣部之纵恶。臣部问刑衙门，以饬法明刑为要；而刑法之允协，以情真罪当为先。李苌材等一案，论起衅之由，既非有心致死，固不得谓之谋故杀，论其执械逞凶之情形，又何得谓之斗杀？既非谋故，又非斗殴，则与道光年间上谕内'伤人致死'一语，其不能强为附合也明矣。谋故、斗殴各律，均不可拟。将谓之拒捕杀人，按律或可稍稽夫显戮，依例亦当立置之典刑。然较之光棍例文，究有区别。臣愚昧之见，太监与平人不同，我朝家法甚严，凡所以整饬寺宦者，无不加倍治罪，亦深恐一时姑息，异日或致养奸。此防微杜渐之深心，实寓成全之至意。所以我国家宫禁肃清，实为前代所未有。溯自康熙年间办理太监刘进朝一案之后，数百年来，太监尚知畏惧，不敢以身试法。实以惩一儆百，其为保全若辈者，诚匪浅也。此次从严惩治，私心窃谓当可上邀允准。岂知办理过严，亦有未惬圣心之处。总由臣等拘滞鲜通，不能仰体圣主钦恤哀矜之意，已觉有愧于心。傥因此又复迁就其词，依违定谳，致情法不得其平，并置初奉谕旨于不顾，则负咎更深。此臣等所以几经筹画，几经详审，而不敢冒昧从事者也。仗查朝廷法令，轻重各殊，而法之最严者，无过光棍一项，为首者拟斩立决，为从者俱拟绞候，秋审入于情实。所以惩强暴，儆凶顽，懔然示人以不可轻犯之意。臣等亦知此条例文，不可轻用，惟既经谕旨指明从严定议，舍此再无可引之条；而又恐后来援为定式，特于片奏内声明情节较轻者，不得率引此例。荷蒙圣明，早鉴及此，臣等何敢仍执原议。窃惟立法原以惩恶，而法外亦可施仁。臣等为守法之吏，原不容涉于两歧；

皇上宏解网之恩，或可稍宽其一面。昔宋臣苏轼有云：当尧之时，皋陶为士。将刑人，皋陶曰：杀之三。尧曰：宥之三。故天下畏皋陶执法之坚，而乐尧用刑之宽。臣等愚昧，何敢妄希古贤？而皇上其仁如天，实与帝尧先后同揆。皇上如果俯念辇毂之下，总宜肃清，阉宦之流，不宜宽纵，将该太监等仍照臣等原奏，照光棍例分别首从办理，臣等无任钦佩。傥以为未免太严，无妨量从末减，亦请于原定罪名上略为区别，或严首恶而稍宽从犯。总期与初奉谕旨符合，不致大相悬绝，是在皇上权衡至当，断自宸衷，非臣等所敢率行定拟也。”疏入，上以仍系请旨办理，语涉含混，著拟定罪名，再行具奏。允升奏云：“初奉谕旨，一发而不可收；原定罪名，一成而不可变。从犯或可稍宽，首恶断不可纵。是钦恤之中，仍寓严明之意。皇上慈祥为念，一时不忍骈戮二人，请将张受山一名立即处斩；李苌材仅止伤人，究未杀毙，似尚有一线可原，量减为斩监候。”上知其执法不挠，卒从其议。

宋伯鲁作《劾太监寻衅疏》：“惟近日太监李苌材等滋事一案，谕旨交刑部从严惩办，外间传言，谓我朝立法超越前古，该太监必难幸免。愚民无知，或私相告语，争访部拟以冀大快人心。迄今多日，未知该部如何定拟，而外间又复传言，此案为首太监李苌材系太监李莲英之侄，故太监李莲英从中周旋，欲从末减云云。愚民信口妄谈，不知何据。臣以为列圣有训，皇上有旨，刑部有法，其应减也，不待李莲英之周旋也；其不应减也，李莲英安得而周旋之。然而，物议纷纷，如出一口，虽系不根之词，究属骇人之论。臣又窃计，案关太监寻衅，为耳目之所及，而又非无关重轻之事，在官言官，不敢旷职，谨博采舆论，上渎宸聪，区区之忱，尤愿皇上饬部早结此案，以息浮言，实为万幸。”①

《大臣薛允升传》云：“太监李苌材杀人一案，德宗初谕严办（援康熙朝刘进朝杀人议抵例），既而制于东朝，欲减等。薛尚书执之甚坚，议不

①《焚余草》（卷上）。

分首从皆斩。上不得已，密命枢臣喻指，尚书再执奏，乃斩其首而减其从。余从法律馆得见此疏，因全录之，以彰执法吏的严正。其文亦婉而直。”[①]（《恽毓鼎澄斋日记》）

吉同钧作《薛赵二大司寇合传》：“至太监一流，清朝鉴前朝之祸，立法最严，凡私出京师滋事者即行斩决，故历朝无权阉之患。至同光以来，渐渐鸱张始于小安子、李莲英，其后李苌材、张受山等愈无忌惮，竟敢于辇毂之下明目张胆纠众打闹娼遼［寮］，行凶殴杀捕人。拿交部问，云阶时为尚书，以此案关系重大，若非严加惩办，涓涓不灭将成江河，前朝刘魏之祸将复起矣，前后分三折大放厥词，痛苦上陈，谓：‘皇上开一面之网，不妨量从末减。臣等为执法之吏，不敢稍为宽纵，且从犯或可稍轻，而首犯断不容免死。’其意以为宁可违皇上之命、致一己获咎戾，不能变祖宗之法令、国家受后患也。折上，皇上大为感动，宁可违慈命，而不敢违祖法，降旨依议，李苌材著即处斩，张受山斩监候，秋后处决。当时行刑，民间同声称快。此后，若辈大加敛迹，如李如张，虽不免暗中招摇骗财，而终未敢彰明显著犯法者，此折之力也。”

按：《二陵谈荟》云，“薛允升为刑部左侍郎，太监崔三在南城外因赌博殴人致伤，由五城送刑部，刑部援太监出京四十里斩立决之例，殴人致死，加重斩立决定议。盖其时定例谋杀绞决，斗杀绞候也。奏上，奉旨该部核议具奏，奏仍如前议。奏上，奉旨仍核议具奏，三次仍如前议；并云皇上虽云宥之三，臣部万不敢不曰杀之三；并六堂具一假折，以若不获请，六堂同时请假，以去就争，主此事者为元［云］升。旋奉旨依议。一时论者，颇有执法如山之概云”。[②]

“二陵”自述“光绪三十三官法曹”，概此事得自听闻。记事前半部分

---

①《恽毓鼎澄斋日记》(第 2 册)，第 497 页。

②《越风》第 16 期。

有出入，然后面以去就争概纪实也。

八月

十二日，“（唐烜）三钟时进内，尾茶房遇琦瑞卿璋、英菊圃启两员外，小谈。约五钟旨下，各司奏事均依议，各堂官尚未到，同至养心殿暂候，薛堂始至，递听旨单而散”。

二十八日，“是日夜三钟时进内听旨，遇史康侯、王石逸、徐子光诸同寅聚谈。堂官汉三位均到，满堂唯阿允亭侍郎在坐。旨下已交卯正，回各堂毕，已黎明矣”。①

三十日，“是日高礼卿邀予陪客，散值至福隆堂，苏月坡亦在座，客为薛汝舟大令，云阶尚书之胞侄也，人极朴悫可亲。席散后礼卿约访某校书，不遇，遂游至联春堂，订爱云校书之约”。②

九月

初四日，“冯月轩嘱作贺联，薛云阶尚书之孙完姻，拟作一联：燕翼承休龙文表瑞，爽鸠种德鸣凤知声”。③

十一日，薛允升为孙娶妇。唐烜“未入署。是日薛云阶尚书为其嗣孙完姻，早起往贺，遇党仰山郎中、武仙航主政、张玉叔吏部，小坐即归”。④

《恽毓鼎澄斋日记》载：“晴，至薛云阶师处贺娶孙妇之喜。”⑤

十五日，吏部侍郎徐用仪，由前门棋盘街经过，已革马甲林光施放火枪，将该侍郎轿上玻璃打碎，面有微伤。《翁记》云：“徐小云侍郎在棋盘街忽有人以马枪狙击，碎玻璃而过，幸未中，特颊玻璃划伤耳，奇事奇

①《唐烜日记》，第 42 页。

②《唐烜日记》，第 42 页。

③《唐烜日记》，第 43 页。

④《唐烜日记》，第 45 页。

⑤《恽毓鼎澄斋日记》（上册），第 110 页。

事，讯据黄旗人林光，类疯颠，云为其弟报仇。”①

薛允升作《审明谋杀大员伤而未死人犯按律加等定拟疏》：“窃于光绪二十二年九月十八日奉上谕：步军统领衙门奏‘吏部左侍郎徐用仪，由前门棋盘街地方经过，遇有已革马甲林光施放火枪，将该侍郎轿上玻璃打碎，以致面有微伤，当将凶犯拿获审讯，供词支离，请饬送部严讯’等语。已革马甲林光胆敢于辇毂之下施放火枪，轰击大员，不法已极，着即将该犯林光送交刑部严行审讯，加等治罪。并着正黄旗、满洲都统饬将该犯所供之领催札姓严为看管，听候刑部传质，钦此。旋据该衙门钞录原奏，连林光解送到部，当即片行正黄旗满洲都统饬传领催札姓，现无其人，将接续札姓在旗办事之王桂曾并葛三传送前来，臣等遴派司员严加审讯。据林光供认，因听信葛三等妄指，以吏部左侍郎徐用仪即是管理神机营大臣熙敬，蓄意谋害，用枪放伤属实。随会同都察院、大理寺亲提研鞫，缘林光即麟喜，系正黄旗满州世袭公恩辉佐领下马甲，与吏部左侍郎徐用仪并管理神机营大臣熙敬均素不认识。葛三即葛成锐，其弟葛四同王桂曾俱充当该旗莫吉戈，葛三时常帮同葛四在旗办事，林光向充神机营马队兵丁，嗣因误操被革，当经该营行文知照该旗在案。林光自马队被革后，搬住城外负苦度日，屡欲在本旗另挑差使，曾向前充莫吉戈札姓商议，札姓告称神机营革退文书尚未到旗，不能送挑，后札姓病故，王桂曾接续办事，林光讬令检查文书有无到旗。王桂曾以年远难于稽查，令林光自向佐领恩辉索讨，林光屡找恩辉未遇。光绪二十二年春间，林光听闻新立万字队挑选练兵，找向王桂曾央令报名赴营，王桂曾仍以未见神机营革退无书回复。三月十七日，林光因无计营生，复向王桂曾查问文书下落，王桂曾因被缠绕不休，随称文书系神机营压搁，令林光往找管理该营大臣熙敬讨要，林光不信。葛三在旁，林光转向查问，葛三亦照王桂曾之言回

①《翁同龢日记》（第5册），第2944页。

答，因匆忙未及询明熙敬住址，无从寻找。四月二十日，林光至东安门外撞见葛三，复向询问熙敬住址，葛三令林光赴神机营寻找。林光将葛三衣襟揪住逼令同往，葛三因有紧要公事，急思脱身，适徐用仪坐轿路经该处，葛三随口指称轿内即是熙敬，林光信实放手，拢向轿前认准面貌，各自走散。后林光屡至神机营求见熙敬，均被人喝阻。林光忍气走回，自思熙敬将伊革退马队文书压搁，致伊不能另挑差使，常受饥寒，屡次求见，又被喝阻，一时窘迫无计，起意将熙敬谋害泄忿，连日携带鸟枪至东安门外等候，总未遇见。九月十五日，林光复携带鸟枪，装就子药，点燃火绳，前往行至正阳门外棋盘街地方，适徐用仪坐轿经过，林光瞥目认系当日葛三所指之人，遂站道旁，俟轿近，点枪施放，致枪子发出，击破轿上玻璃，刺伤徐用仪右面。当经巡街官役将林光拿获，连鸟枪一并解经步军统领衙门录供送刑部审悉前情，诘无起衅别故，亦无知情同谋主使之人。质之葛三、王桂曾，供出一辙，并准吏部将徐用仪准假原奏钞录、咨送，查核原奏内所称被伤各情亦与犯供相符。徐用仪现已伤痊销假……从来未有之事，诚如圣谕'殊属不法已极'，既经奉旨，著臣部加等治罪，应将该犯林光于绞监候罪上加绞立决，即由臣部绑赴市曹行刑，以昭炯戒。葛三、王桂曾于林光蓄意谋杀讯不知情，唯当林光查问文书下落时，葛三随同王桂曾诓令往找熙敬，迨林光与伊路遇，逼令同往寻找，又复信口妄指，致林光将徐用仪用枪放伤，实属肇衅之由。若仅酌照不应重律拟杖，殊嫌轻纵。葛三即葛成锐应比依用言故诱人犯法，与犯法之人同罪，罪止杖流，律减一等，拟杖一百，徒三年；王桂曾仅止诓令林光往找熙敬索要文书，较葛三之复行妄指情节稍轻，应再减一等，拟杖九十徒二年半，均札交顺天府定地发配，至配折责安置。札姓业已病故，应毋庸议。该旗佐领恩辉于林光屡次赴旗查询被革马队文书，及王桂曾等捏词妄指各情，失于觉察，致酿事端，应请旨将正黄旗满州佐领世袭公恩辉交部察议。凶器鸟枪，案结存库。所有臣等会同审拟缘由，谨恭折具奏请旨。”

吉同钧评价曰：“勘语数句，非深于律学者不解。”

十月

初一日，唐烜“未入署。是日为薛堂生日，前往贺寿，并封祝敬十六金”。[①]

二十日，刑部进内听旨。唐烜“子夜与贾子槐闲话，寅初命车入内，拟由西长安门进天安门，步行至西苑门，因圣驾方驻南海，听旨皆在［西］苑门外六项公所，奈抵长安门外，尚未启钥，询之门者，云须至黎明方开，遂回车入东华门，绕后门迤西，迂远五六里，至公所已四钟三刻。同署唯浙江、四川二司，浙江陆确斋主政、四川武仙航主政，堂官唯阿允亭、李苾园两侍郎，松、薛二尚书均不到。与仙航同年畅谈许久，天黎明始见折班笔政数人捧旨出，四川现审折片留中，浙江、山东批‘知道了’，回寓已八钟余矣”。[②]

十一月

初二日，刑部进内听旨。“是日为山东省（眉批：同日为直隶、山东、山西、热河）勾到之期。三钟后命车入外东华门，绕道至后门，抵西苑门外六项公所，堂官唯徐寿蘅侍郎请假，五更时公所预备堂司夜餐，黎明旨下，予同济苍候接勾决榜示，至九钟许始由内阁出，予回署，简筱坪先到，李苾园侍郎至署候接勾本，日将午，各道御史捧本至署，李堂跪接，各司官在大堂西东向立，堂官起立，与三御史各一辑，候升车，堂官回白云亭，各司官随秋审诸君同往，启封，捧本回司，命书吏开读，读讫行文，用马上飞递，遣一笔帖式送兵部。讫事，予回寓，换便衣。”[③]

十六日，唐烜“散值回寓，少憩出城，至福隆堂请客，苏月坡先到，

①《唐烜日记》，第 49 页。

②《唐烜日记》，第 52 页。

③《唐烜日记》，第 55 页。

高礼卿、冯月轩、张玉叔继到，薛汝舟先辞谢，又遣人催请一次始至。更余入座，比散已九钟三刻，予与月轩又谈至十二钟入城”。①

二十三日，黄昏，唐烜“遂赴福隆堂冯月轩之局，高礼卿先到，薛汝舟、张玉叔先后至，唯苏月坡未到”。②

二十八日，“是日署内考满笔政，随递现审单，堂官进署均早”。③

十二月

初十日，“是日署中京察过堂，堂官辰刻进署点名，先满员，次汉员，先实缺，次候补，约共七百人，点毕在堂吃饭，各司上堂回事讫，封门数刻，各堂公议满汉应送一等人员。予分部后已逢两次，并此次为三矣。凡送一等满十员、汉八员，皆秋审处提调、坐办得郎中、员外实缺也。外有备一上二各五员，笔帖式四员，候补人员例不预焉。八钟后入署，同司咸到，至白云亭二门外候点，点毕回司，设酒食，入座者十二人，饭毕各散”。④

二十一日，“午刻入署封印。巳刻入署，同司到者八人，封印祭科神，礼毕，上堂贺喜并各司道喜，事讫出城，在福隆堂公宴，外请潘问楼、谢秀山两君均到。是日署中加班奏事，康小八正法，凌迟枭示”。⑤

二十三日，“是日陈小秃子正法绞决”。⑥

二十九日，“阴，有雪意。（唐烜）午后出城，到各堂官（薛、徐）宅拜节，并至高阳李师相宅叩节”。⑦

薛允升作《奏陈交审人犯并无抢夺情事按律酌量定拟疏》：“准步军统

---

①《唐烜日记》，第 58 页。

②《唐烜日记》，第 60 页。

③《唐烜日记》，第 62 页。

④《唐烜日记》，第 65 ~ 66 页。

⑤《唐烜日记》，第 67 页。

⑥《唐烜日记》，第 67 页。

⑦《唐烜日记》，第 68 页。

领衙门片奏，拿获白昼抢夺盗犯李伏起等一案，光绪二十二年十二月初八日奉上谕：所有拿获之李伏起即山东李、李惠即小李、郝言即郝羊子、张玉即张六头等四名，著一并交刑部审办等因，钦此。旋经该衙门钞录原奏，将李伏起等四名解送到部，臣等督饬司员严行审讯。该犯李惠、郝言、张玉均极呼冤，供称事主被抢三日，伊等俱在户部工作，何能于西直门外结伙抢夺。李伏起则供认是日在西直门外骆驼脖子地方见一厂车走过，遗落包袱，伊乘便抢拾逃跑等语，核与原奏大相径庭，难保非任意狡展，希图避就。惟结伙抢夺情罪极重，必须质讯明确，方足以成信谳。当经查传木厂工头韩国栋、并事主赵锡龄三面环质，均与该犯所供相符，其为并未抢夺已属显然。复饬详加研鞫，缘李伏起籍隶山东沾化县，赵锡龄宛平县人，捐纳监生，彼此素不认识。李惠即小李、郝言即郝羊子、张玉即张六头，均在广丰木厂瓦匠手艺，在各处工作，俱工头韩国栋拨派，与李伏起亦未见过。光绪二十二年四月间，李惠等经韩国栋拨在户部工作，晚间在牛马子所看堆房住宿。十九日又拨在万寿山工作。李伏起因原籍并无营运，稔知伊表兄刘长永在京城兴隆木厂写帐，于上年十月来京，意欲托令谋事。嗣闻刘长永在万寿山工次，当即找向告知情由，尚未找妥，遂在兴隆锅伙内浮住。至十八日，李伏起有事进城，走至西直门外骆驼脖子地方，适赵锡龄由西直门内当铺赎得包袱一个，内包女皮袄两件，棉马褂一件，雇坐厂车走至彼处。因天晚，车行迅速，不防将包袱遗失沿途，查找无著，至次早进城，往各当号送信，如有人携此包袱典当时，托其代为留住。二十日，赵锡龄至和茂当查访包袱下落，惟时李伏起将所拾衣包携至该当铺典当，赵锡龄瞥见，向其查问来历，李伏起答称在道捡拾，赵锡龄称系自己遗失之物，欲给钱十余千将衣服拿回，李伏起不允，彼此口角，适地面官役至彼查问，赵锡龄气忿，即以衣服系被李伏起结伙抢夺回答，官役将李伏起拿获，问在万寿山兴隆木厂锅伙内浮住，意料锅伙内必有同抢之人，于二十一日前往捕拿，因记忆不清字号，走至广丰锅伙，适李惠、郝言、张玉均在彼处，致被一并获案。旋有李惠之父李永亮、张玉之叔张永若联名呈诉李惠等被冤各情，经步军统领衙门奏送到部审悉前情，臣等详加查核，此案事主赵锡龄并未赴官呈告，其所称被李伏起结伙抢夺，不过一时气忿之语，官役以既系抢夺，又见赃已认明，是以将李伏起拿获。其李惠等三人，亦由李伏起供出在木厂锅伙内浮住，官役查缉伙犯，记不清锅伙字号，致被误拿送案。迨犯亲呈诉冤枉，即于片奏内声明其中有无避就抑或果有屈抑，应由刑部详切究办，是该衙门亦知此案未甚确凿。臣等叠次严讯，犯供始终如一。传讯广丰木厂工头韩国栋，结称李惠、郝言、张玉三人实于十月十四日至十八日等均在工次随伊工作，并未出城，委无在外为匪情事，质之牛马子及调查该厂户部工作花名册，核与该犯所供均属符合。传到事主赵锡龄，据称伊在途将包袱遗失，被李伏起捡拾至铺典当，伊欲给钱将物退回未允，彼此口角，伊一时气忿，捏称系被抢夺，只系向官役告说，并未具呈报案，现经质明，不敢诬执。复提讯李伏起与赵锡龄所供，佥同案无遁饰，应即拟结。查律载：不应为而为、事理重者杖八十等语，此案赵锡龄因在途将包袱遗失，被李伏起拾至当铺典当，经赵锡龄认系遗失之物，欲给钱令其退还不允，彼此口角，一时气忿，辄以李伏起抢夺等情向官役捏说，虽系事出有因，尚非凭空诬指，亦未具呈报案，究属不应；李伏起得遗失物，并不送官招认，辄私行典当，意图入己，已有不合，迨赵锡龄认明系伊遗失之物，用钱向赎，口角滋闹，尤属强横，若仅照得遗失物律拟笞，殊嫌轻纵，应与赵锡龄均酌照不应为而为、事理重者杖八十律，拟杖八十。赵锡龄系监生，照律纳赎，追取赎银入官。李伏起著折责发落，李惠、郝言、张玉均系无辜，应即省释。韩国栋讯无不合，应毋庸议。案已讯明，未到之李永亮、刘长永等免传省累。遗失原物业经该衙门给予赵锡龄领回，亦毋庸议。所有臣等审明定拟缘由，谨恭折具奏。”

吉同钧针对此疏评价曰：“得力全在中间一段，余整齐。”又曰：“中段文字极力开脱，诬拿诬指之罪面面周到，非老手莫办。”

赵舒翘四十九。

正月

初五日，张之洞“致苏州赵抚台”：“倭人请借华旗先行小轮，已电沪道驳阻矣。请即电知总署。”[①]

同日，张之洞“致上海黄道台”：“赵抚台来电：黄道屡以倭人小轮愿借华旗开驶，遵章完捐，翘持力阻之议，嘱其电请尊裁，必有以折之也。昨刘守庆汾来禀，踵陈前说，并谓倭人有云不允此请，即自用日旗开行。翘非胶执不化，因与公前奏苏州开埠，洋轮入内不准拖民船剥船，今若许其暂用华旗拖货完捐，将来彼即据为成例，无可议阻，是自壤其藩篱。况倭人租界甫定，房屋未造，虽小轮运货无多，而无马头可上，无房屋可储，种种缪转，必挠画界将成之局，关系甚巨。近来交涉一道，处无可如何之时，原有从权通融者，通融而无流弊，何不可许。明知迁就一时，事仍不了，何敢擅诺，贻他事口实。查历来开埠通商，皆俟约章议妥后行，从无此等办法。彼果不循成案，枝节丛生，翘惟竭其心力，余非所计。在黄道创遵章完捐之说，欲缓其行，初不意彼竞乘隙而入。马关第六款未经商定行船章程，外国船只照内地水路现行章程，按内地行船，除江路之外别无章程。苏州平时既非通商口岸，衹准游历，就有现行章程可照，已电饬黄道，专此驳难。吾公移节在即，务求指示方略，以匡未逮。翘体察情势，难免龃龉，应否先行电知总署，并乞裁示。岘帅抵秣，亦恳转达等语。务即驳阻为要。”[②]

十一日，张之洞“致苏州赵抚台、邓藩台”：“借款购铜铸钱事，何处拨款，铸来之钱即归何处收用。苏属购铜，应由苏藩司委员，即请尊处委

---

①《张之洞全集》(第9册)，第95页。

②《张之洞全集》(第9册)，第96页。

派可也。前次咨札漏叙，特再布达。”[①]

十二日，“薄暮，太守有公归自吴门。（李超琼）出东郭门迎之，见于舟次，为言中丞赵抚军甄赏叶令怀善，谓为吴下第一，其余皆麻木不仁，鲜当意者。人之知遇固有不可以常理测者。叶为人之所訾，前抚奎公以小人目之而赵公乃甄异之，若是可记已”。（《李超琼日记》）

十三日，张之洞“致总署”：“钧署十二月十四日、二十七日两咨并马电均悉。沿河十丈留为中国马路、电灯、捕房、马头等项之用，谓此十丈地不许洋人盖房居住。至全租界仍应照宁波章程，捕房归我设。其间来往纵横之马路皆归我修我管，不独沿河十丈归中国管理也。日使之意，欲籍此蒙混，十丈外欲归伊管，万不可行。此时惟有先将租界街道、马头、工程、巡捕议定，均归我管，然后日人方能来住。日本国内各国租界章程亦归日本自管，已于前月祃电奉达。彼知理之所在，难以强词夺理，故日领以无权推而赴沪，日使舍此不议而促交界，暗令日商请地。彼来之后，若无议定明文，必不照章，一经登岸，运货无从阻止矣。务请告以章程未定，日人决不能来，且苏州城外向民间买地，迁让庐墓等事，一时亦未能办妥。若欲早日受通商之益，须早日定章。江、浙、鄂、蜀新开各口，若逐处派员辩论，必延时日，不如请其派日领事在沪，予以议定章程之权，由南洋派黄道遵宪与议，或在苏议，或在沪议，诸事切实揭明，则旬日内即可定议，江、浙、鄂、蜀各口一律照办，日人即可分往各口贸易矣。各国尚未来议，盖看日本作式样耳。来议时，必一体坚持力争，断不能含胡通融。此事与苏抚赵往复筹商，意见相同。祈即示覆，切盼。”[②]

十四日，赵舒翘电复张之洞：“元电悉，佩极。顷接总署电云：真、文电悉。租界权归我管，宁波章程尚不足。应以内地通商非沿海沿江之比，

① 《张之洞全集》（第9册），第100页。

② 《张之洞全集》（第9册），第101页。

中国应善保自主之权，握定内地二字设措。凡界内修路、设灯，界外沿河十丈建马头，均应官为经理，客冬曾电南洋转达矣。画给日商之地，分别民产官产，公平定价。界址既定，酌设税卡，俟行船章程议定，再议征税。林使频催开办，本署告以关道关防须候礼部奏颁，未能遽办。林使以行船章程未定以前，马关约内本有务依各国商船驶入内河现行章程办理，本署复以中国只有长江行船章程，并无内河行船章程。林使持现行两字驳难。正烦辩论，现苏杭领事，该国专派荒川已次伯由天津调任。前次之书记加藤，系林使以本署允其定界，电报外部派往，尊处既不与画界，又不接晤，林使因受外部苛责，遂归怨本署。惟该书记并无文凭，贸焉来苏，不与商办，苏省殊无错处。俟荒川到时，妥速与商可耳。日本领事之职，遇事径达外部，与英制异，望善为操纵，随时电闻。”①

十六日，张之洞“致苏州赵抚台、洋务局”：“总署来电：元电悉。日使允沿河十丈归我管理，欲藉此朦混十丈外归伊管理，荩思精到。苏、浙、鄂、蜀四口均在沪定议，尤得体要。惟日本领事窃恐无兼顾之权，容商林董转达外部。日领事之职，遇事径达政府，不归使臣钤辖，能否如此办理，林亦无权。尊论日使但促交界，暗令日商请地，若无议定明文，一经登岸，无从阻止，诚然。惟来电所云自办之事，如街道、马头、工程、巡捕等项必俟议定始办，自较稳当。日本既有自管之章，何妨先发制人，预派委员粗立规模。设倭有违言，固可以矛攻盾。即他国争论，亦可握定内地二字，相与抵拒。日本已派荒川已次为苏杭领事，本署昨电苏，俟荒川到苏，再商租界各事，而林董谓加藤系外部派往，请将租界先交加藤，俟荒川到后再定界内之事，本署未允。通商行船章程亦未议定，祈察照并转电苏抚。”②

---

①《张之洞全集》（第9册），第101页。

②《张之洞全集》（第9册），第102页。

十七日，张之洞“致苏州赵抚台”：“去腊电商为某公解围事，接覆电，似未喻鄙意。此不得不然耳。”①

同日，张之洞“致苏州赵抚台”：“总署咸电想已阅。街道、捕房，先发制人，署论极扼要，请饬速将各事一律兴工，以示我志坚定，彼谋自折。再，吴江湘军击毙难民五人，伤二十余人，太荒谬。难民不过恃众强抢，并无军械，何至对敌打仗，何以湘军未伤毙一人，难民之不凶悍可知。似宜严参，以警将来，请裁酌。再，裁减制兵，折内有议及外洋里河水师数语，其时发折甚急，不及奉商，但奏中皆系活笔，祈鉴。再，纱机事并非欲移沪，传者误也。此事有益无损，陆祭酒既不愿，现拨归江宁商务局矣。并奉闻。弟十七日受代后即行。”②

二十五日，刘坤一“复赵展如中丞”云：“弟此次回任，明知万难而不料搜刮如此之空，负累如此之重。如人仅存皮骨，精血已枯，将来剥削犹无已时，恐难久图生活。张香帅才自可爱，心亦无他，而用财如泥沙，办事少著落，此其大病也。练兵最为切要，自当接续筹办，期于成功。惟洋将三十余员，人既太多，薪俸十一万余金，数亦太厚，将不知何以为计。前出都时，常熟以杨道宗濂之言，谆嘱于金、锡等处分设官局，收茧缫丝，以免行户垄断居奇，国计民生均受其病等语。途遇任筱翁（任道镕）论及此事，则谓苏城已设商务局，归陆凤石经理，所有缫丝及纺纱两项，商民业经开办，无须官为另筹。昨闻叶令与黄道幼农又微有异同。究竟金、锡与苏、沪等处各设缫丝几厂？每厂若干盆？纺纱几厂？每厂若干锭？此项赀本是否出之于官？抑由各商自出，商务局惟总其成？香帅电奏办法，以应还之息借华款二百二十六万两，转借商务局为缫丝纺纱之用，华民是否情愿，不以失信为嫌？陆凤石如何规画？伏祈详悉见

①《张之洞全集》（第9册），第102页。

②《张之洞全集》（第9册），第102～103页。

示。又，内地修造铁路，官民合办有无窒碍？由沪而苏，由苏而镇而宁，能否一气呵成，不至半途而废，尽弃前功？尊处想有胜算，并一示知为祷。”①

赵舒翘回复：“接诵二十五日手示，备悉一一。论公度事，诚然以不羁之才而强施维絷，固知其必腾骧也。第尊处碍难给咨，而埠务在苏，该道经手未完，更不好措词。如伊机缘在北洋，不在入引，则此时北征无须咨矣。查瑞藩司复折已于今日拜发，原参请交邻省大吏查办，非仅恐本省护庇也，实所以摇动本省也。某明是本省之上司，若折内不提及，万一为好事者所訾，彼时认失察则迟矣。若某只自言而不及公，则痕迹更大，反成开衅，此中颇费踌躇，竟斗胆特附一片，代公同请处分。非恃爱妄为也，素知公是君子人也。敝友有见此稿者，谓公必不以为然，似属浅测。究竟题中应否有此义，作者已有爽然自失之象，请法眼一观，批评数语，俾得作难题，金针是所至盼。筱轩收之桑榆，差强人意。调署之员，公藻鉴极精，何待某妄赞。惟好官不多得，未免抚时太息耳。”

赵舒翘作《复镇江道吕》：“昨接手示，并慨捐巨资，刻《双池先生全书》，似此见义勇为，今世殊不多觏，佩甚。业已寄交武林之皖省同人，俟有收条再奉上。某二十五首途，大约出月初二三即抵棠疆，到时即阅，阅毕即行，概不纷扰。盖时局艰虞，若此武备败坏，若此惭悚之不暇，只有敛抑以感军心耳。阁下忠忱伟略，必以为然也。”

《慎斋年谱》载：“裁整抚标练军，奏改淮军三营、湘军二营为苏防五营，走营规十五条，专演枪靶，随时亲校，不使稍驰。先生因部议裁兵，时忧隐患，尝言苏营虽少，亦必练而加训，巡不废操，弁习韬钤，士皆精锐。无事，一营实有一营之用；有事，一营可作数营之根。又手辑《慎战要言》三卷。”

---

①《刘坤一遗集》（第5册），第2168页。

二月

初七日，张之洞“致江宁刘制台，苏州赵抚台、洋务局”：“总署廿四日来电，云日租界议缪辖，在我不过两端，公共通商场为直截办法，分而总、总而分为通灵办法，但不失管地之权。第二法原无异第一法，而管地之权决非空言能济。为先发制人计，莫若赶派租界委员，布置捕房、工程局一应事宜，似以税司雇西人用西法，即如日本租界办法，彼即饶舌，我亦有辞。此等事操纵得宜，即不先与彼商，当无不可。外有切实办法，此间较易相持。望熟筹速覆，密饬关道、洋务局员妥办。敬。等语。与尊处转来沁电相同。本拟无庸转达，细思此电略详，可备参酌，特照转。沙市即须开办，苏州办法即望示知。”①

同日，张之洞“致苏州赵抚台、钱守恂，上海黄道台、刘守庆汾”：“前奏调钱守恂、刘守庆汾来鄂差委，兹奉朱批：着照所请，吏部知道。钦此。除恭录咨行外，现沙市即须开埠通商，日本领事两三日内即到，务请迅身，并饬先电覆。”②

初九日，上谕军机大臣：“开矿为方今最要之图，叠经谕令各直省督抚等设法开办。兹据御史陈其璋奏奥国博物院谓中国煤产以江西乐平、浙江江山等处为最，而莫多于山西。比利时议院谓中华金银铜锡四金之矿所在多有。外洋时事新编谓山西煤铁之矿品居止上，多至十三万余英方里。见于西人称述者如此。其见诸臣工奏报者，如前两江总督沈葆桢覆陈洋务事宜疏内，谓福建古田等处产铁甚旺。前福建巡抚丁日昌海防条议内，称磁州、平陆、大同、太原、米脂等处皆煤多而佳。镇江之东南山，煤铁五金皆有可采。浙江之金华、福建之永定皆有煤井各等语。览该御史所奏，或采自西欧各国纪闻，或考自从前疆臣奏疏，所指有矿处

①《张之洞全集》(第9册)，第103页。

②《张之洞全集》(第9册)，第104页。

所历历可数，断不至一无影响。著王文韶、刘坤一、边宝泉、赵舒翘、德寿、廖寿丰、胡聘之、张汝梅拣派熟悉矿务办事实心之员，按照所指各地名逐一认真履勘，拟定办法据实具奏。至该御史另片所称官办不如商办，凡各省产矿之处准由本地人民自行呈请开采，地方官专事监管弹压。其一切资本多寡，生计盈亏，官不与闻，俾商民无所疑沮等语。所奏亦颇中窾要，著各该督抚酌度情形办理。又据翰林院侍读学士文廷式奏各省开办矿务，疆臣任意迁延，或藉端阻挠，推原其故，皆由畏难等语。当此国用匮乏，非大兴矿务，别无开源良策。叠寄谕旨，业已剀切详明，各该督抚身膺重寄，与国家休戚相关。傥狃于故见，仍以空言搪塞，扪心自问，其何以仰对朝廷耶。将此由四百里谕知王文韶、刘坤一、边宝泉、赵舒翘、德寿、廖寿丰、胡聘之并传谕张汝梅知之。”（《光绪朝实录》）

十五日，张之洞“致江宁刘制台、苏州赵抚台”：“盐电悉。四省租界章程，自以并议为妥。弟原电总署，拟饬黄道与日领事在沪并议。尊意饬该道在沪并议沙市埠事，极妥。祈即转饬该道遵办为祷。”①

同日，张之洞“致苏州赵抚台”：“齐电悉。沙市商埠事，自以在苏并议为简便，因日本狡猾无准信，故总署亦无准信耳，只可我姑且照此与之商办。尊函奏稿均奉到。”②

十六日，上谕军机大臣等：“有人奏江苏候补知府谭泰来历充海运沪局总办，与招商局文报总办管理漕务之王松森信用司事瞿开桐营私舞弊，专侯海运垄断取盈等语。著刘坤一、赵舒翘确切查明，据实具奏，毋稍徇隐。原片著钞给阅看，将此谕令知之。寻奏，谭泰来承办沪局海运事宜历有年所，尚属认真。现查并无恶劣声名，应请免其置议。浙江候补道王松

---

①《张之洞全集》（第9册），第107页。

②《张之洞全集》（第9册），第107页。

森查无别项劣迹，惟任令司事瞿开桐伙开米栈，代办漕粮，显系有意瞻徇，应请交部议处。得旨，王松森著交部议处。"（《光绪朝实录》）

十七日，刘坤一"复赵展如"："时局至此，我辈亦何敢畏难，正恐劳费无益。才力各有长短，识见各有是非，强效步趋，终虞竭蹶。他事尚可设法补救，或即作罢论；惟洋款太多，难于筹还，洋员太多，难于抚驭，实无计可施耳。苏沪铁路是否有利无弊，不能不决于执事一言，务望推诚相告。将来如何举行，仍请陆大司成（指陆润庠）来宁面商方略。南漕一节，敬、翁两尚书均不以解折为然，松漕帅（指漕运总督松椿）言尤切至，谓我辈万不可避嫌迁就，贻误国计民生，弟与左右当力持之。杜云秋素负盛名，初未谋面，前年新正寄来所著诗本，读之词旨悲凉，窃疑为山林枯槁之士。客腊于都门一晤，观其气宇清华，听其议论平实，当非纯盗虚声者。今蒙赏拔，敝处何敢絷维。昨以台指喻之，徐为劝驾，去就之义，自必审慎迟回，其实苏沪原系一家，毋庸稍分畛域也。"①

二十九日，上谕军机大臣："前发遣黑龙江太监王得福又名长泰、聂得平又名永贵、宣增泰又名永禄，现闻逃赴上海，恐匿住租界，著刘坤一、赵舒翘饬派明干精细员弁，不动声色，迅速访查拏获后，毋庸审问，即将王得福、聂得平二名就地正法。宣增泰一名，即遵前旨解往黑龙江永远枷号，牢固监禁，遇赦不赦。该督抚接奉此旨，务当格外严密遵办，即行覆奏。将此由六百里加紧密谕知之。"（《光绪朝实录》）

二十九日，上谕："赵舒翘奏游民恃众滋扰办事情形一折。上年冬间吴江县小口圩地方有外来之沭阳县游民肆行抢掠，经赵舒翘饬派候补知县吴熙会同该县知县查办，并经盛泽镇防军哨弁陆承霖前往弹压，该游民恃众抗拒营勇，开枪轰毙何锦元等五命，似此横行无忌，扰害居民，自应格杀勿论，以昭炯戒。惟不法之徒固宜重惩，而遭荒饥民亦须加意抚辑，著

①《刘坤一遗集》（第5册），第2172～2173页。

刘坤一、赵舒翘饬属妥为办理。嗣后如有藉逃荒为名，纠集多人，结伙出境，即著各该州县严行禁止，毋任四出抢掠。傥仍有此等流民滋事之案，定惟原籍地方官是问。将此各谕令知之。"（《光绪朝实录》）

三月

初二日，王文韶"接赵展帅电，苏州开埠事粗有成议，公度将赴沪亦有电来"。①

初三日，张之洞"致苏州赵抚台"："东电悉。荒川议通商场章程六条，似有未妥，关系甚巨，必宜设法补救更正。原议内有俟各大宪定之语，自系委员初议，台端尚可再加斟酌，不能作为定论。特先飞布，即有详电续达，务请详核，勿遽允许。因尊电虚怀下问，故敢效其一得之愚。"②

初六日，张之洞"致苏州赵抚台"："黄道所拟商埠章程，具见苦心力办，先为其难。惟日人狡谋不能不为指出。再，酌查上海洋租界所以不惜修马路、设捕房工本者，为其可以收捐，先虽多费，后可抵还。如有盈余，兼可接路开河，故地方日旺，而地主无费。今如第四条云各项建筑费由中国自办，俟商务盛再商捐岁修等语，明是推宕之词。筑本既归一无着，岁修亦且缓议，受亏太甚。且第五条已言日商日盛，划作日本专管界，是不盛则不捐，既盛则道路已归专管矣。一国如此，各国效尤，是永无捐收一钱之望矣。似应将界内地全由官买转租，即与议明，此项建筑工程费，应摊入界中地租之内，至岁修费，应按年分摊，由税务司经管，方昭平允。又第五条云如日商繁盛，将来商划专管界，并将道路编入界内等语。查历次所争，原欲除专管之弊，今许日后可以商令专管，各国亦必援例，是与原意大殊。且马路沟渠已费大工巨款，尽付他人，似乎无此情

---

①《王文韶日记》，第939页。

②《张之洞全集》（第9册），第112页。

理。此时既伏此根，恐将来商定时必致强我允许。明知日人注重于此，阻我收权之策，辩驳极非易事，然不可不尽力磋论。商务无论如何繁盛，所有街市道路均照彼国章程第五绦焉官民公共地，不得编入界内，方为妥善。至划定专管后，有不许华人杂居界内一层，恐华人先已杂居，开铺建屋，图利重迁，将成虚语。第五条最为吃重，不可不争。又第三条无须输纳国税语，似应改无须轮纳地税，免致与他税牵混。又第一条、第六条均有暂时二字，宜删。居住既称暂时，将来必归专管。虽有将来两国商定之意，日人狡横，此事商办本难，惟此数条巧谲太过，不宜受其欺愚。黄道未请尊示，遽换照会，似乎太率。苏事关系沙市他口援照，昨承电示虚衷下问，佩甚，不敢不抒鄙见，非敢越俎妄议。请将敝电询访司道，或询刘守庆汾。刘如尚病，可遣人就家问之，以待卓毅。惟黄道已赴沪，荒川是否在苏，其应如何饬令设法酌量补救，统一候尊裁，祷甚。顷本日电悉，总署虽许可，或一时未及深思。大利害所关，似仍应力争也。”①

初八日，张之洞“致苏州赵抚台”：“阳电悉，虚怀佩甚。似宜兼令朱道之榛会议。朱道老练有决断，昨已电总署。”②

十六日，张之洞“致苏州赵抚台”：“总署覆电云，江歌电悉。苏界详细情形，苏抚传牌发递，限初十日到京，接阅再覆等语。尊处咨文系何日发，祈示。”③

同日，张之洞“致苏州赵抚台”：“传闻朱、陆两道被言者指摘，骇异之甚。此两人有何可劾耶，不知确否。如实有其事，可否密示端倪为感。”④

十九日，“江苏巡抚赵舒翘奏宝山县境海塘新出险工，估需修费，援案

---

①《张之洞全集》（第9册），第112～113页。

②《张之洞全集》（第9册），第114页。

③《张之洞全集》（第9册），第116页。

④《张之洞全集》（第9册），第116页。

请于受益熟田项下，按亩摊徵，以济工用。下部知之”。(《光绪朝实录》)

二十一日，张之洞“致苏州赵抚台”：“刘守庆汾来电，云租界地价等事今午换照会，所议八条，业请抚宪转电等语。祈速将所议八条电示为感。”①

四月

初七日，“饭后，叶润斋大令怀善来访（李超琼）。渠条陈茧行利害，中丞赵公遂饬牙厘局督办。朱之榛观察专札委其弹压锡、金、武、阳茧市。俗有能者多劳之语，况自求自炫者乎？既去，出西门，为之谢步”。(《李超琼日记》)

初九日，张之洞“致苏州赵抚台”：“刘守庆汾所议地价等事八条，均有裨益，所惜者黄道六条中专管一层，不知能否更正耳。刘守力疾从公，深明大体，不知其病已否就愈，其精力可以就道来鄂否。务请传谕该守，如尚可支持，即令来鄂，缘日领事永泷已赴沙，专盼该守前来筹议也。”②

初十日，李超琼“午后，镜之适有书来，言叶君怀善之弹压茧行，中丞谓非其本心，亦可诧也。因将其与黄宗宪及朱之榛等上下朋谋之隐缕缕言之，以一奸商而驱使官吏为之，求逞其私而上下固不之觉焉，亦可慨也。宗宪之影戤英领事出头干预也。制府微觉之，札饬牙厘局查办而之榛敢于欺罔袒庇。情事显然，竟无一人能揭其隐，此岂非中国之大弊哉”！(《李超琼日记》)

十七日，李超琼“舟中再与叶令怀善相遇。高悬红旗大书‘叶’字，以炮艇七相随，意气轩昂。自为炙手可热之状，睨之若无睹也。足志以为笑而已”。(《李超琼日记》)

十八日，刘坤一“致赵展如”：“苏州埠务，经黄道、刘守与日本领

---

①《张之洞全集》(第9册)，第116页。

②《张之洞全集》(第9册)，第123页。

事先后磋磨，实已煞费心力，而倭廷之不报覆，得毋尚有一二参差耶？惟有成议足以坚持，或者就中可施补救，是在当事善于操纵耳。弟鳃鳃过虑者，将来埠务若盛，洋商、洋货络绎于途，一线河流不足资其营运，势必至以铁路为言。陆凤石谓人将生心，似亦不为无见。台指试办淞沪一段，洵为切中机宜。俟此路告竣，如果裨益度支，而后接修至苏，庶有把握；且使商民知有大利，更不难集腋成裘。第总理未易得人，尊处候补道员有无堪胜此任？伏祈裁示”。[①]

赵舒翘“致江督刘岘帅”：“接诵手示，深悉为难情形，只有委曲维持，求于时有济耳。陆大司成固有家事牵累，其实商务已支持不遑，尚何能再管铁路。当时在香帅前轻诺，亦阅历太浅、看事容易之故耳。再，杜道俞前日到苏，与谈片时，颇明达晓事，气亦不浮嚣。苏州、湘楚高材来者甚少，翘拟借寇以助指臂，未知尊处需用否？亦未识杜道肯舍大就小否？大人赏鉴素精，平日许杜道如何，愿闻，祈酌示为盼。”

二十二日，“江苏巡抚赵舒翘奏江海关上年分常税短收赢余银两，恳免赔缴。下部议行”。(《光绪朝实录》)

四月，赵舒翘作《批吏治月课卷》：“《中庸》第一二章以戒慎恐惧、无忌惮分别君子小人。究论其理，曾文正公以楚湘子弟，削平发逆大难，其训勇之章，选将之道，筹饷之法，各抒其要。首作多以敬肆为主，故是此中有本焉。盖天即是理，理在于心，天即在心。人即自外于天，天仍不离乎心。三代[以]上，圣君贤将、大夫士庶，其学问皆本乎此。故《六经》言天处，严密郑重，如见那天朝夕在眼前，令人生震动恪恭之意。陆桴亭先生《思辨录》云：每念及上帝临汝，无贰尔心，觉得百骸之中自然震悚，更无一时一事一念可以纵逸。沈端恪公云：一部《诗经》，吾取其小心翼翼，昭事上帝，永言配命，自求多福，是确实用功处。圣人以畏

①《刘坤一遗集》(第5册)，第2175页。

天命，不知天命分别君子小人，即此道也。君子十目十手，严于屋漏，故食息起居常若有所制而不能遂语默，动静常若有防而不能果，所谓戒慎恐惧也。小人以为天无知而人可欺，全是私欲用事，无论藏慝，作奸固属恣肆。即言仁诵义亦是骛驰，视天下事皆可智取术驭，机械百出而不知耻。故曰无忌惮也。此学道大原，不可不讲。曾文正公才德、功遇、学识，三代下固属罕觏，迹其生平得力，实由治心之密。其自儆四条，首曰慎独，则心安内讼以去恶。其清字箴曰：一介不苟，鬼伏神钦。其自箴曰：心术之罪，上与天通，辅救无术。日暮途穷，省躬痛改，顺命勇从，成汤之祷，申生之恭，夫公之盛德丰功，人皆仰羡，而孰知其心欿然不足若是也。老年犹谓忮求未尽泯，作诗以诫子弟子，先正名臣异于人处在此不在彼。公练勇章程著有成书，湘淮营制尚粗存其略，第初练时，期于彼此护助，连其气谊，盖欲矫绿营败不相救之弊。又因募勇尺籍无凭，每轻去其营，无法查留，故不禁什伍之交结，而会匪之害即伏于此，亦可见办天下事之难，选将则以勤廉二字为用，有忠义气为根，盖廉则威生，勤则事举。且由廉而生诚，由勤而生明，为将在是，为吏何能外是哉？公谓军事与吏事相表里者，此也。筹饷以厘金为大宗，公从慎择卡员、比较人数下手。其择员以习劳苦、崇俭约、勤学问、戒傲惰为要。由此观之，公之才德功遇虽不可及，而其居心之谦谨，办事之平实，固人人可学也。诸作多未及此，故略论之以相质证。”①

费念慈致谬荃孙书信：“再，苏州商务，凤石师主之，机器房屋可成，而款无着，遂成无米之炊，不知何时方得开厂？通商租界，黄公度来定新章六条，语语用活笔，而流弊无穷，然已换照会。展如电咨蜀、鄂、浙，为三督抚所驳，现思更定。然蜀山之蛇，虽五丁之力不能拔，展如偏听轻

①《慎斋文集》（卷八）。

发，其弊至此，岂亦气数使然乎！”[①]

二十八日，谕军机大臣：“赵舒翘奏苏城机匠因局员查捐，聚众滋事等语，机捐关系饷项，既经查有隐漏，自应责令补认，该机匠等竟敢拒众殴官毁局，实属目无法纪，著刘坤一、赵舒翘严饬营弁将首要各犯查拿惩办，毋稍宽纵，将此谕令知之。”（《东华续录》）

五月

初一日，李超琼“闻苏城因机户闹捐，于前月廿八夜坌集至二千余人，将牙厘局六门牙捐局及玄妙观机捐局概行打毁。督办朱观察之榛、总捕刘同知锡庚均被殴受伤。民气之不靖甚矣，而官中又方亟亟谋所以益国，虽朘削之名、失体之事亦不惮为之。如朱观察者尤素工心计者也。中丞赵公最倚任之，言听计从，有若左右手然。何以群情不协至此。一经决裂则治理殊不易之。迁就下情则以后事事将受其胁制，必与争持而愈激愈不可问。何若宽之于始之为得计哉。噫，是可忧也”。（《李超琼日记》）

初二日，李超琼“得镜之日昨函，始悉廿七省垣机匠滋事原委，朱之榛盖被若辈以砖石掷伤者也，锡庚亦然。而叶恶肆欺卸过，且敢冒功，所禀情形类皆虚捏。王芸庄竟迁就之。镜之与争终不能得，亦曲从画诺。吾知其必当受累矣，因函谏之。陶小沚自吴门来，所述情状尤详。民犹水也，水所以载舟，亦所以覆舟，孰其畏之哉。东南民力竭矣，而年利之计，上下方亟，吾未见其有济已”。（《李超琼日记》）

初四日，李超琼“晚见省抄，知凌镜之以沿海运保升直隶州，详请开缺，于昨日藩司牌示，以项兆骧接署。此固镜之所自以为快，而必由叶怀善之倾挤乃出此。叶于初二日午后，潜入抚辕，与中丞赵耳语移时，既定此计，乃于次辰乞假二日，以避其名而阳若不与闻也者。小人虽诡谲而肺肝如见，安所隐匿也哉。赵之昵叶也，以类合而亦以私比耳。君子之道消

①《艺风堂友朋书札》，第 379 页。

之时，镜之得以脱然退处，岂非可羡者哉！”(《李超琼日记》)

初七日，李超琼“得镜之一书，知机匠打毁厘局伤官一案，督办朱之榛与叶怀善密谋将置机匠不问，谓若辈但为乞恩而来。匪徒乘以滋事，致有掷石毁物者。用以避因捐激变之名而又免以查拏。再致机党结抗生变。然舍滋事之人，而则欲拏究，必成冤狱。镜之据理与争，且将营弁所获之人讯明实系无干，先予省释，致大拂之榛意，与怀善朋谋倾轧。而抚部赵舒翘固以之榛为耳目为左右手，以怀善为腹心为爪牙者也。遂归咎镜之，不三日遂欲撤任。藩司邓华熙虽知其无过，而懦且瞶之者争之不得。始以镜之自请开缺，归直隶州。候补委员接署。公是公非之理，盖已澌灭尽净矣。之榛谿刻多私，才足济恶，而怀善又以无忌惮之徒逢迎而比附之。舒翘为所播弄有同傀儡。吴中欲治，其可得乎？君子道消，小人道长为否，斯其为否之极矣乎。见机而作，不俟终日，吾尚溷迹于斯，能无愳哉”！(《李超琼日记》)

初八日，李超琼“得芸庄、少谷各一函。知抚部于机工滋事归咎镜之，以卸朱之榛加捐之迹。洵敢于不顾是非者，可诧已。而怀善之横尤甚，奇矣哉。常熟令朱文川自省归常，竟为暴客拦劫。吴中之不靖至今日极矣。谁尸其咎耶？危乎危乎！”(《李超琼日记》)

十七日，“谕军机大臣等，赵舒翘奏苏城机匠因局员查捐聚众滋事等语。机捐关系饷项，既经查有隐漏，自应责令补认，该机匠等竟敢聚众殴官毁局，实属目无法纪，著刘坤一、赵舒翘严饬营县，速将首要各犯查拏惩办，毋稍宽纵，将此各谕令知之”。(《光绪朝实录》)

二十一日，“谕军机大臣等，有人奏道员贪劣请饬查办一折，据称江苏候补道朱之榛屡署臬司，地方控案任听家丁舞弊，近来总司厘务，因加捐机户，致被殴辱。前署两江总督张之洞欲加收无锡县茧捐，该道在沪私开机厂，暗嗾洋人阻挠等语，著刘坤一、赵舒翘按照所参各节，确切查明，据实覆奏，毋稍徇隐。另片，奏苏城机匠滋事，系朱之榛听信劣员马玉田议罚而起，请严禁各局罚捐等语，著刘坤一等体查情形办理。又片奏苏城市钱日少，请仿照湖南铸钱章程办理等语，并著该督抚核议具奏。原折片均著钞给阅看，将此谕令知之。寻刘坤一等奏，朱之榛被参各款均无其事，机捐一案系委员马玉田查漏过严致累总局，非该道意料所及，应请毋庸置议。马玉田业经撤差，亦请免议报闻。又奏江苏钱价，至今尚未平减，商民困累，非在江宁设局鼓铸制钱不足以示平准而靖民心。下户部议"。（《光绪朝实录》）

二十四日，又谕："御史庞鸿书奏江苏应还息借商款移作商务股分，办理未协一折。据称江苏省开办商务因集股不易，将应还息借之款移作商股，商民啧有烦言，请饬江苏督抚将借款如期归还，另招股分办理商务，以昭大信等语。此事前经张之洞奏明苏州绅富愿将原借六十余万两，改为商局股本，并派在籍绅士陆润庠会同办理，现在商务计已开办，该御史所奏商民啧有烦言，拟请另招商股，是否可行，著刘坤一、赵舒翘察酌情形奏明办理。另片奏，上年江苏省具题季鸿诒故杀查梁氏身死一案，承审官上元县知县严刑拷讯，始行供认，恐有畏刑诬服情事等语，著该督抚派员再行研讯，务得确情，俾成信谳。原折片均著钞给阅看，将此各谕令知之。寻刘坤一等奏，查苏省息借商款，移作缫丝纺纱两场股本，业已动用，现时商股未能招集，势难归还。下户部知之。"（《光绪朝实录》）

二十四日，赵舒翘作《奏为遵旨确查据实覆陈恭折仰祈圣鉴事》："窃臣等承准军机大臣字寄光绪二十二年二月十六日奉上谕：有人奏江苏候补知府谭泰来历充海运沪局总办，与招商局文报总办管理漕务之王松森信用司员瞿开桐营私舞弊，专侯海运垄断取盈等语，著刘坤一、赵舒翘确切查明，据实具奏，毋稍徇隐。原片著钞给阅看等因，钦此。当查江苏海运漕粮一切验兑事宜，均在上海设局办理，有无营私舞弊等事，苏松太道黄祖络近在咫尺，闻见较真，因饬该道不动声色确切查访。兹据黄祖络按照原参各节密切访察，参以舆论，详细禀覆前来。臣等逐加查核，如原参谭泰来历充海运沪局总办，声名渐劣，信用家丁包揽坐兑一节，查江苏海运章程层层钤束，颇为严整，历届验兑各州县漕粮由沪局总办会办，督同各委员当场查验，立时分别米色以定去留，从不经家人之手，似难凭权藉势有包揽坐兑之弊。又勒索规费一节，查各州县解漕一石，向定章程有经费一分随漕批解，为一切局用及各委员薪水之需，此外并无别项费用，原参所谓规费，或即指此。又谭泰来与招商局管理漕务之王松森儿女姻亲一节，查王松森系保留浙江候补道员，管理文报事宜，并充当上海招商局漕务总办，谭泰来一子两女，子娶金氏，女适程姓、周姓，并无与王松森联姻之事。又水运船户久泊黄埔，岁暮风雪，往往失事一节，查谭泰来验收米石，均系随到随验，并无留难情事。惟光绪十九年冬漕验收白粮，因各县采购常熟白粮内多黑点，未能迁就办米，各经承及运米各船户久泊黄埔，坚请照收，直至示逐始行分散，此为认真起见，其非留难尚属可信。又信用司事瞿开桐营私舞弊一节，查瞿开桐系招商局所派管米司事，并非海运局所用之人，招商局每届派出司事，亦不止瞿开桐一人，州县运米到沪，向系海运总、会办委员公同当场验明米色高下，或收或退，立时议定，不能为瞿开桐所蒙，且事非一人，众目共睹，尤非瞿开桐所能纵恣自由。又源益米栈系瞿开桐与浙江粮道书吏姚姓合开一节，查源益栈系浙江漕务办公人等所设，瞿开桐附有股分已有多年，专为各州县漕米运沪暂储之所，平时交易无多，然每届冬漕，亦未闻有承办江苏漕粮之事，江苏各州县向该栈购米兑漕者亦不甚多，惟招商局每届承运浙江漕粮不下二三十万石，瞿开桐既充招商局验米司事，分应勤谨趋公，乃辄股开米栈，代办浙省漕粮，实属不避嫌疑，且难保无从中取巧之弊，现在瞿开桐虽经离局，而招商局原派之总办漕务王松森未能查明检举，亦不能曲为之讳。此详查谭泰来等之被参实在情形也。臣等伏查江苏候补知府谭泰来承办沪局海运事宜，历向年所，考核公事尚属认真，该员历署苏州、常州、镇江等府，均能称职。既据查明并无恶劣声名，应请免其置议。浙江候补道王松森虽查无别项劣迹，惟该道久在上海办理招商局漕务，亦复有年，乃任令瞿开桐伙开米栈，代办漕粮，显系有意瞻徇，殊属不合，相应请旨将王松森交部议处，司事瞿开桐虽已离局，应由臣等札饬招商局不得再令复充以杜流弊。所有遵旨确查缘由谨合词恭折具陈，伏乞皇上圣鉴训示。”

朱批：王松森著交部议处。余依议。

六月

初五日，刘坤一“复赵展如”：“近来波澜叠起，口舌纷纭。朱道（朱之榛）四任臬司，从不闻有劣迹，迄今事逾多载，忽挂弹章，假公报私，不言而喻。上年香帅欲加茧捐一案，为各领事把持，朱道设法调停，得以将就了结，反谓暗嗾洋人阻挠，未免颠倒是非。本年请查漏机，事属应办，此而不加振顿，亦有何术裨公？即使马、帅（马玉田、帅保清）诸人稍涉严急，亦不得归罪总局以宽匪犯之诛。朱道贤而多才，裨益时务不小，今横遭凶殴，又被诬参，若不为之保全，以后安能使人为我尽力？此中公义，惟望大力主持。至于罚款，除酌提数成给赏胥役外，余仍归公，何曾为局员私润？此条尤不可废也。铸钱归绅，大失政体，右帅（指陈宝箴）励精图治，百度维新，此举不可为训。息借华款改为商股，本系香帅一时权宜，未免失信于民，无怪人言啧啧。弟回任后，以势难中止，不得不守辙循涂为前人分咎，目下固无可发还。更虑招股为难，无以为继，商务终不能成。借款归于无著，仅賸数张机具，其何以对苏人！将来覆奏应否预为陈明，明公酌之。再，查龙学使（龙湛霖）原奏，谓其操履严切，众怨所归，本系实情，毋庸深讳。今日为国理财，安得不出于严切，亦何能免乎众怨？惟是蛙鸣上苑，当问其为公为私。朱道承办厘务、商务，若无侵蚀，似可曲原其用心也。尊指以为然否？”①

赵舒翘“复刘岘庄制军”：“诵悉手示，以时正需才，仍留朱道办理局务，具见公爱才救时深意，佩甚！如朱道之精核，实难其选，某亦不愿其

①《刘坤一遗集》（第5册），第2177～2178页。

去，前议系因时迫耳。公既主持公道，即请如来指，湔洗其居心行事，不提其去留。现甫开关，俟数月后，视厘金盈绌再定计议。则朱道之厘差，亦今照常，姑待以相机行文，若令其专办商务，似未免着迹，面子亦不好看，祈酌之。调署沪道一节，昨已电复，想邀尊鉴。”

赵舒翘作《致刘岘庄制军》："顷接手示，祇悉一一，赐函俱奉到。第一函言补改桂道事，既桂二道均有可取，此中亦有命存焉，我公固行所无事耳。第二函言铸银圆事，昨询聂藩司。云：已电覆台端，宁苏何分畛域，自当竭力凑铸，分利与否，似当与别省异也。第三函言裁兵事，昨有函奉商，而大咨统裁已经先发，即如湘军之合字营，淮军之盛字营，操法好而营规整，与别营一律，未免可惜。盖我公有不得已之苦衷也。苏浙交界枭匪猖獗，昨已电商縠帅会拿。所有裁兵为难各处，已饬桂道赴宁面禀，敬求指示，一切俾有遵循，是为至幸。此来示言，不能不陈请开缺，我闻此语，心骨悲，公前已面许，何以又作是举。值此时艰，只有作一日算一日，争一分算一分，天运人事本相依而行，世所以赖有君子也，以公之德位，尽瘁似所当然。如折未发，千祈中止，以固人心。祷切！祷切！临颖神驰。”

十二日，谕军机大臣等："有人奏江苏候补知府谭泰来历充海运沪局总办，与招商局文报总办管理潜务之王松森信用司事瞿开桐营私舞弊，专俟海运垄断取盈等语，著刘坤一、赵舒翘确切查明，据实具奏，毋稍徇隐。”(《东华续录》)

十七日，李超琼“吴门信来言，有曹姓部郎者，楚产也，以新正在镇江与叶怀善同作狎邪，游宿丁二娘家，夜深流亡麇集，将捆怀善送之官也，则大窘。乞曹为解围，许以洋蚨四千元。曹为之排解，怀善脱围后则背之。曹近来省向索不可得，则缮禀赴各宪署讼之。皆以掷还，惟廉访接收，批斥其情同索诈，不准。而叶则谓此前署臬事观察串曹诬陷者也。然怀善行止之亏不始今日。其在阳湖任时，常驻惠山宿流娼周三媚舟中，亦为地痞窘辱，无锡署内家丁为之呵散，曾得其数十元之赏，通国皆知。在苏则宿金小宝妓家，流连旬日，公言不讳，而抚部赵舒翘乃深信之，怀善且常以行检毁谮同寅，赵亦以为实然，而岂知其自立固若是其不检耶。大吏无知人之明而侈言整顿，不过为壬报复恩怨而已。余以伉直不见容，幸远处外邑无好无恶，而私居窃叹为吴下忧者多矣。因直书而记之”。(《李超琼日记》)

二十二日，“谕军机大臣等，有人奏藩司贪黩据实纠参一折。据称江宁藩司瑞璋于补署泰州等缺均以贿成，厘局委员行贿而留差者不可胜计，纵容门丁解大、劣幕潘谨斋等扶同招摇。伊子文弼任意闲游，未能约束，请饬查办等语。著赵舒翘按照所参各节确切查明，据实具奏，毋稍徇隐。原折著钞给阅看，将此谕令知之”。(《光绪朝实录》)

二十三日，赵舒翘奉上谕：“有人奏藩司贪黩据实纠参一折：据称江宁藩司瑞璋于补署泰州等缺均以贿成，厘局委员行贿而留差者不可胜计，纵容门丁解大、劣幕潘谨斋等扶同招摇，伊子文弼任意闲游，未能约束，请饬查办等语，著赵舒翘按照所参各节确切查明，据实具奏，毋稍徇隐。原折著钞给阅看，将此谕令知之。钦此。”

赵舒翘作《查明藩司被参各折》：“遵旨寄信前来等因，当经遴派干员驰赴江宁，按照原参各款逐一确查去后。兹据查明覆称：原参江宁藩司瑞璋自到任以来，政以贿成，内有门丁解大、劣幕潘谨斋，外有江义和鼎茂两钱店及解大儿女亲家许家巷居住之京都赵寓，潜通消息，为之过付。凡委办一差、委署一缺，先令私人授意，俟有成说，将纳贿之人延入书室面谈，以缺之肥瘠定价之高下。价未交足，牌委俱系代理，交完始改署事各节。查门丁解大即解福卿与弟解二、解三跟随藩司瑞璋年久，该司纳其妹为妾，内外串结，诈财作弊，气焰凌人，江宁三害之目或由此起。劣幕潘谨斋即潘文超，浙江绍兴人，在司署就馆多年，常至秦淮河作狎邪游，结交官场，曾因霸荐馆地、勒分修金被控，经人调处寝事。前署督臣张之洞访闻，迭次面谕该司将潘谨斋辞退，并欲下檄驱逐，始移出司署暂避，而一切公事现又揽办。江义和鼎茂两钱店向来经手各州县局卡地丁厘金，代交司库。所有司署官亲丁幕及宁属印委各员，均与该两钱店往来熟习而潜通消息，代为过付等事，则查无确据。其居住许家巷之京都赵姓与解大是否儿女亲家，无从查悉，惟解大弟兄已于月前同其妹搬出司署，即偕赵姓远匿，其为闻风情虚躲避已属显然。至谓该司委办一差，委署一缺，先令私人授意，俟有成说，将纳贿之人延入书室面谈，以缺之肥瘠定价之高下，遍加察访，并无实迹。间有牌委暂代后复改代为署，亦系照章办理，难据指为俟价交完之证。又如原参泰州一缺，孔祥霖、陆铣均可按班酌补，该司先于书房延见孔祥霖，告以此缺汝虽可补，可补者不止一人，须设法斡旋，随令私人示以应纳之数，孔祥霖未允。下次传见时，该司称病禁风，将孔祥霖延入私室，面告以此刻须万余金应用，孔祥霖以无力辞，而陆铣以万二千金遂请详补一节。查泰州系繁疲难沿海要缺，虽孔祥霖、陆铣均可酌补，而陆铣资格较深，该司以陆铣详补与例尚符。至谓该司于未出详之先，两次传见孔详霖，面向索贿，是否属实，孔详霖现委河运差使未回，无从询访。而陆铣之以万二千金买补斯缺，似无其事。又如原参卓异人员回任俟升，此定例也。该司因索贿不遂，将卓异之句容县张沆清留省四年，去年正月，前署督臣张之洞始饬赴往，该司又欲改委私人，勒令张沆清告病，牌委俞熙署理。张沆清来省，张之洞见其无病，仍立饬回任，俞熙以重金失望，向过手之人不依，该司不得已，酬以兴化。今年正月，张之洞回原任，该司复逞其私忿，将张沆清调省，札委邓炬署理一节。查前任句容县张沆清于光绪十七年俸满，请咨赴引，十月回省。二十年十二月檄饬回任，该计留省并未四年。上年春间，张沆清染患时症，详情回省就医，该司始以候补知县俞熙委署。俞熙尚未抵任，适张沆清病痊愈销假，该司即将俞熙委札撤销，张沆清并未交卸。迨本年春间，张沆清旧病复发，该藩司另委候补知县邓炬接署，系为地方公事起见，实非逞其私忿。张沆清旋即因病出缺，是其明证，至俞熙之改署兴化县，系因输委到班，并无重金失望，向过手人不依之事。又如原参铜山为江北繁缺，委署必择能员，该司受贿六千金，于今年二月委一目不识丁之罗宗美署理。嗣徐州道府以该员不谙政务，电禀督抚，仍留陶在铭接署，罗宗美改署邳州，实任砀山县。陈守晸与解大结拜兄弟，去年冬由署丰县调署甘泉县，嫌甘泉缺苦，留省另谋，闻该司前岁晋京时，陈守晸献金于清江途次，外间纷传，卜其必得优缺。今年二月果得调署泰兴一节。查陶在铭调省遗缺，以候补知县罗宗美署理，嗣因陶在铭有经手交涉事件，毋庸调省，旋值邳州之徐炳倬过班，知府遗缺，即以罗宗美接署。罗宗美籍隶湖南湘乡县，由府经历保升知县，先在故督臣曾国荃署内办理帐房，嗣经故督臣沈秉成委办校对差，出身庸俗，谓其目不识丁，未免过甚。至谓该司受贿六千金，亦查无其事。即用知县陈守晸由砀山县实任调署丰县，上年九月调署甘泉县，嗣因泰兴县王肇嵩参劾撤任，即以陈守晸改署泰兴，该司为地择人，尚无弊窦。盖两缺情形大略相同，难分轩轾。该员系科甲正途，何至与门丁结为兄弟？至于途次献金，踪迹秘密，外人不得而知，事后尤为难访查。又如原参江宁厘捐局向候补道总其成，自沈秉成署江督时，该司禀请厘局关防归入藩属，遂得为所欲为，因行贿而留差七八年、五六年者不可胜计。穆克登布虽有总办之名，不过迎合分肥一节。查金陵厘捐，兵燹后设局扬州，关防存局。光绪三年移设江宁，关防改存司署，较为慎重，旧章如此，非始于该司也。至局卡各员旧章三年期满，光绪十七年改为二年期满，详定有案，该司间有将至年满之员别调一差，并无留至七八年、五六年者。道员穆克登布与该司交情甚密，尚无迎合分肥之事。又如原参该司之长子文少如即安徽候补道文弼，盘踞江宁，不顾行检，昵妓馆陆八家之金玉，前数年贿买差缺，率籍金玉为先容。迨该道纳金玉为侧室，而陆八家之门前车马又移于三和堂爱玉之门，爱玉者亦文弼所昵也，前署督臣张之洞稔知该道劣迹多端，密谕营务处桂嵩庆转饬该司，约束其子，虽踪迹稍敛，而故态复萌一节。查文弼系藩司瑞璋之子，随侍任所报捐道员。上年赴皖，禀到皖宁俱滨大江，轮舶往还极其便捷。在宁日多，加以习尚骄淫，不恤人言。虽在妓馆贿买差缺，形迹暧昧，难于征实。而前数年用洋二千元买刘姓妓女为妾，确有其事各等情禀覆前来。臣复加访查，凡自江宁来苏者，所言大致相同，更有过当其词，谓该司所委差缺无不自贿来者，臣以该司历练有年，即稍失检点，断不至如是之甚，故臣俱不之信。惟该司之子文弼在外肆行结纳，冶游闹事，甚至纳妓女为妾，有玷官箴，既经前署督臣张之洞令前署盐道桂嵩庆传谕该司，将文弼逐出江宁，何以任其所为，毫不管束，然犹谓父子之间未能绝情。至幕友潘谨斋声名异常恶劣，闻前督抚臣均劝该司辞退，何以听其复行进署，把持公事，人咸谓潘谨斋有所挟制，似亦不为无因。其门丁解大之妹，该司收纳有年，此等小人，无可凭藉尚欲招摇，况明明恃有内宠，人所共信，则指缺买差，谎诈取财，更可想见该司以厚待人，居心尚属无他，即其办事明敏，亦非不堪造就之才。第其子及幕友家丁勾结一气，行为狼籍，以致物议沸腾，实出人意料之外。方今时局艰危，外族环伺，凡属臣工，愈宜敛约兢惕，庶可挽厄运而系人心。该司素习豪纵，尚昧此义，应如何予以处分，俾知惩戒之处，恭候圣裁。文弼系安徽候补道员，潘谨斋即潘文超，由捐职通判保至知府用，直隶州知州指分山东。该二员均请旨即行革职，潘文超仍永不叙用，先行驱逐回籍，不准在宁逗留。在逃之解大等俟拿获另行究办。调署泰兴县、本任砀山县知县陈守晟颇有才干，惟巧于营谋，致招訾议，请开缺另补。现署邳州候补知县罗宗美，人甚平庸，难膺民社，请以府经县丞降补署。兴化县知县俞熙，虽未查有实在劣迹，仍应调省察看。道员穆克登布并未迎合分肥，准补泰州知州。陆铣亦非行贿求缺，应与现署句容县知县邓炬暨委办河运。现未回省之候补知州孔详霖均毋庸议江义和鼎茂两钱店，既查不出潜通消息，从中过付确据，并免置议。金陵厘捐总局关防向章归藩署管理，具有深意，不可因噎废食，致涉更张。此外如有贪婪不识之员，容臣查明，随时密商。督臣会同奏请惩处，务期大法小廉，以仰副朝廷整肃官方至意。”①

赵舒翘附《请交部议处片》云：“两江督臣刘坤一居心公忠正大，历任封圻三十余年，办事诚切不欺，久在圣鉴之中。今臣奉旨查办宁藩司瑞章被参各款，因思该司系二品大员，所参情节颇重，若不周咨博访，第执一二人之言为凭，深恐该司有所屈仰，曾于致督臣函中略提及之。又因原参内有前署督臣张之洞密谕营务处桂嵩庆转饬该司约束其子文弼一层，复电咨督臣饬催桂嵩庆来苏面询一切。据桂嵩庆回称：去岁秋间实有其事。又接督臣先后覆函，有云：该司官声亦有所闻，屡相劝勉，今果被弹劾。宁藩司溺职，江督安得诿为不知？第自问无他，不妨代人任咎。该司人颇有才，亦顾大局，其操守平常，究无实迹可指，惜于子弟、幕友、家丁不知检束，难为之解等语，督臣不偏不刻之心坦然若揭。臣敬服其持论中正，故敢据实以闻。至臣与宁藩司虽不同城，究与督臣均有统辖之责，俱未能察劾于前，徒相捡觉于后，深用愧悚，应请旨将臣与督臣刘坤一一并交部议处，俾疆臣各加儆惕，而属吏亦愈加畏惮，曷胜屏营待命之至。”②

二十八日，李超琼“是日于沪报见，署松江府陈遹声以示期七月初一日甄别新设之融斋书院。其告示中有云：幸逢抚宪以关中之大儒为中吴之佛子云云。夫儒也而又大之，此其名实为何如者。岂以少年科第，由郎曹一麾出守六载而跻封疆，遂足以当之耶？中丞轻脱成习，暗于知人，行政亦多涉孟浪，不仅操切之失而已。而其原则由于不学无术，是以于郅隆二字亦不得其解，而以大儒称之，儒之名亦贱矣哉。盖陈以编修改知府，在苏不数月，遂得权松江篆，感中丞之私恩，为此谀词而不知其所失者大矣。观其示中课卷，当送呈抚院评阅，则此示亦必先录送，是固意在献媚

①《慎斋文集》（卷一）。

②《慎斋文集》（卷一）。

而已。自木天中来，而处心行事乃若此，则一阿谀逢迎之习已耳。余以旁观而洞见其隐，故特笔之以存直道于一线。复松存书，因略及之。然此类固大拂时忌者也。身处危终之际而好为危言亦可谓谬矣哉”。(《李超琼日记》)

七月

初七日，李超琼“得吴门信知月朔拦中丞舆指控叶怀善冶游被困，代为解围，事后背负，致累钜款之长沙人曹秉权，先经中丞将其主仆押发吴县，欲以诈诬罪之。项令兆骧既讯一堂，见所供皆不虚，偲不敢任力，请于上游，归苏州府讯办。初四日，太守桐公讯之，曹供仍历历如绘。所呈验之票则怀善亲笔也。桐公为画一花押于其上而还之。藩、臬两司以为有玷官方，初五日白之中丞拟先撤怀善任，以蔡君汇沧署元和。既缮牌矣，怀善复密求中丞，果得请而函止之，谓可稍缓再酌云。一时物论哗然，谓官常之紊无甚于此。而怀善乃先日面请中丞，欲归其自讯，中丞未之许。人以其尚有一隙之明。然即其出此言观之，不明事理、不谙政体亦已甚矣。而犹曲徇而左袒焉。微特不可言知人，直一颟顸之甚者矣。何以任封圻乎？因是益叹凌君镜之之倏然远引，不肯留恋而与哙伍也”。(《李超琼日记》)

初十日又谕：“有人奏苏州阊胥二门外居民众多，搭棚支屋大半江北穷民，该抚出示押令迁移恐激生事变等语。穷苦流民总以安辑为主，所奏苏城出示，无论土客居民搭房居住，勒令刻日搬迁，倘有迟延，即提究押拆，以致居民惊扰，是否实有其事，著龙湛霖确切查明，据实覆奏，毋稍徇隐。又片奏，署元和县知县叶怀善著名贪酷，与道员朱之榛认为师生，机匠滋事一案，并不亲到弹压，贻害地方等语。著该学政一并查明，据实覆奏。片二件均著钞给阅看，将此谕令知之。”(《光绪朝实录》)

御史杨崇伊片：“江苏巡抚赵舒翘，臣初闻其崇实事，去浮文，似有作为，心窃重之。故候补知县刘葆源冤杀七命一案，该抚方奏请派员审究，一面先乞宽其擅杀处分，臣谅其为属员所蒙，而除暴安良犹不失爱民之心。至机匪聚众一案，省城罢市五日，该抚竟未闻知，滋事以后但严拿要犯，于激变之属员并未奏参，反饰词入告，已有不能曲谅之处。不谓更有骇人听闻之事，如押迁附城居民者。查苏城向称繁富，阊、胥二门外几无隙地，乱后多趋上海，搭棚支屋，大半江北穷民，虽均系官地，然商贾居此，圣祖南巡即亲见之，穷民居此亦经三十余年，果当驱逐，历任岂无所知？况城根既不可升科，又未能承买。若非四郊多垒，听民趁水陆奔趋之便以安生业，以兴市面，犹京师正阳门帽巷、荷包巷等处，虽跸路经行，亦在所不禁，盖通商便民之深意也。今苏城偏出高示，谓均是官地，无论土客居民，未便私自搭房居住，勒令刻日搬迁，倘仍迟延观望，即按户提究，立予押拆。严令忽颁，有如兵临城下，传闻各国，固为笑柄。且此数万家者，一时令其移于何处？追呼需索日日到门，成何景象？岂府县恣为奸利，该抚毫无知觉乎？抑东洋通商之地，嫌其去城稍远，而开门揖盗乎？似此官地民居，所在都有，果提究押拆，令在必行，恐激变将为机匠之续。而处处居民，各自危虑，设使匪徒构煽激变，又恐不止一郡一邑。如有意外，臣不知该抚何以对我皇上也？应否特派大臣查办，抑即饬督臣前往苏省确查严参以戒妄作而安人心之处，请旨定夺。臣为安靖地方起见，附片纠参，伏乞圣鉴。”

初十日，李超琼“闻叶怀善冶游之案讯有确据，而中丞犹曲意袒之。虽制府以官常不肃为言饬先行撤任，而终不肯从也。通国知为小人而独任而信之。唐德宗之于卢杞，所谓殊不觉者，亦犹是也。噫！异矣”。（《李超琼日记》）

十八日，张之洞“致苏州赵抚台”：“苏州开关有无定期，专管一层究归何处议，请电覆。”[1]

---

① 《张之洞全集》（第9册），第145页。

十九日，赵舒翘电复张之洞："苏州开关，总署示期一百四十五结为始，即中历八月二十五日。杭州接京电，又有八月二十日之说，其中恐有舛错，尚待查询。商埠事已搁起，界内专管一层，尚不知归何处议耳。"①

赵舒翘作《奏报苏州开关日期折》："窃苏州开埠通商，设立税关，奏准派苏松粮储道兼充监督，由部颁发关防，转饬开用在案。兹据苏州关道陆元鼎详报，遵照总理衙门电谕，于光绪二十二年八月二十五日开关，按照章程照则征税等情，详请奏咨前来。臣维苏州设关征税，事属创办。现章土货准华商请领报单，免纳内地厘金，仍完子税。所收税项能否抵所失之厘，难以预必。厘金关系饷需，容俟开关数月后，由臣察酌情形，通筹办理。除分咨总理衙门、户部查照外，理合将苏州新关开关日期会同通商大臣、两江总督刘坤一恭折具陈，伏乞皇上圣鉴。"②

十九日，刘坤一"复赵展如"云："再，日前桂道（桂嵩庆）回宁，面述台谕，曷胜感愧。此案如何办理，尊处自有权衡，不必为弟顾虑。江藩司溺职，江督安得诿为不知？弟自问无他，不妨为人任咎；况系应得处分，更不敢委之属员。先贤有言：君子爱人以德，不以姑息。请为我公诵之。茀侯（指布政使瑞璋）人颇有才，亦顾大局，言者谓其操守平常，并无实迹可指，独惜其于子弟、幕友、家丁不知检束，无能为之解也。黄公度因闻北洋相需甚殷，将以津海关道为之位置，故亟欲修谒，而以请咨引见为名。弟以该道既抱奢愿，默计此间无力相偿，朋友相与有成，不敢苦为维絷。第系奏留办理埠务人员，现在事尚未完，碍难措词准其销差赴引；劝令来苏面禀请示，若事属可行，即由尊处给咨。李筱轩大耐官职，晚年始进一阶，奉部文后即须交卸。遗缺应以何员调补？何员暂行署理？尚祈裁示。弟回任半年，心绪忙乱，于实任候补知府政绩人才多未考查，而首

①《张之洞全集》（第9册），第145页。

②（清）李宗棠辑：《奏议辑览初编》，李兴武点校，黄山书社2016年版，第147～148页。

府为各郡领袖，务在得人，不敢不决之于左右，并非故存推让。当此多故之秋，藩司、首府均易生手，弟不胜其累矣。”①

十九日，赵舒翘作《批松江府禀呈融斋书院课卷》：“据禀已悉，世教衰微，为善多阻，全赖学道者勉力维持。一命之微有济，匹夫之贱与责。故融斋先生讲学，特拈出《葩经》‘风雨如晦，鸡鸣不已’二句，为处逆境者指点，即圣人与易之心也。至吾人用功，以把持念头为第一义。朱子谓通书说个‘几’字，佷有警发人处，近则公私邪正，远则废兴存亡，能于此处勘破，斡转甚易。尧舜危微精一，《中庸》戒惧慎独，胥是道也。持此为学，则源头清矣。《鲁论》二十篇，始以有朋，终以知人，无非为育才起见。人才者，国家之种子也。及时下种，必有发生之日。为天地立心，为生民立命，成德达材，所谓锡类也。士子草茅伏处，正《易》所谓潜龙，必有确乎不拔之操，将来庶望有成。即现在盗贼饵人，外族制人，亦无非利之一字蠹人心术，故弃金、重炊二事，虽古人小节，而贱货轻利之风，已足廉顽立懦。若处士不讲气节，不励廉隅，则视诵读为牟利之具，藉仕宦入罔利之途。学愈博，害愈大矣。此本部院命题之意也。统阅课卷，能见到发挥者甚多。该郡人文蔚起，固属可嘉，而正学流传尤为难得。当此邪说争鸣，流俗波靡，但望一二有心世道者砥节励行，诱人于善，乡里薰德比多兴起。士气立则生民有望，浇风化则劫运可消。安见融斋书院之设，不与胡安定教授二斋并传乎。该守不存五日京兆之见，振民育德，已得先务，尤必刻刻廉勤自治，夙夜兢惕，密微基治，则以身作教，人之感孚更深。凡粲然观听，彪然简牍者，皆其浅焉者也。本部院德薄能鲜，心伤末俗，叹狂澜之既倒，冀颓厦之共支，贤太守其亦有意乎？所送试卷已评定甲乙，列榜封发，仰即查收晓谕缴。”②

①《刘坤一遗集》(第5册)，第2179～2180页。

②《慎斋文集》(卷八)。

二十五日，李超琼“解饷委员陈季鹿大令香祖冒雨来一谈，款以一饭，坐间谈及长沙人曹秉权之控叶怀善也。初经抚部押发吴县收审，而抚部以曹之控为盐巡道胡家桢于叶怀善挟嫌，用洋七千元串令曹姓诬告。项令兆骧以与胡有瓜葛乃请回避。于是臬司请交首府即派季鹿与姚、吴、张四人主审。处讯时，首府桐公以抚臬意不宜彻究，委员乃委婉劝之，不讯案情。但劝其销案理处。曹已俯允具结也。及白之臬辕，则廉访吴公承潞怫然，以为复胡蒙混，再讯乃根究其所由。则曹供叶以正月初七至镇江，与黄某、郑某二宦同至丁二娘妓院张筵畅饮。妓规于元宵前客至，必鸣鞭炮以为礼，谓之接财神。叶厚赏之，则鞭炮益络绎不绝，放之万余，而高升炮亦逾百。于是远近皆惊诧，纷纷往观，有拥入门者，叶临窗诟骂逐之。时旗丁广勇亦有来观者，知为贵客。访之，则署元和之实缺大令也。互相传说，广军文案某亦冶游于是，衔闻之，往观。时酒阑烛灺，客去留髡，三人者皆将就鸳鸯帐中交颈宿矣。文案者至，则以熟径直至叶所住之房掀帘谛视。叶厉声曰何物竖子，乃敢溷乃公乎！明当拏治不汝贷！文案亦如其语詈之且曰：今夜即不汝贷，何明之为！遂唆其党要之。黄、郑闻，亟遁去。某复招其党来前，不下三四百数，乃扭叶而绑之，磨刀霍霍相向，谓将杀之，或欲投之江流，势汹汹不可解。叶窘甚，以甫下轮舟，与曹遇于三益公客栈，乃遣人往延之，求为解围。至，长跽崩角，以请曹为缓颊。旗丁等初索万元，叶自愿以四千元了结，嘱曹谋之，手书一票以为质。曹极力劝解乃获释。既出，遂背之。此讼之所由来也。既得此供，呈之臬辕，忽责以与前供不符，而谓其职官之执照与此票据未能追出，咎承审之不力。姚君韵和乃向曹问执照。曹大肆挺捶，谓我如假官，不患不能办。乃欲于被告不到时勒我执照乎？能杀则杀，胡为多言！姚无如何也。季鹿婉劝之，令将票据呈验，矢以天日。曹乃出之，自注明月日呈堂之由，并加一押于上。季鹿朱笔注归卷二字。太守桐公并加一印。由是遂大拂宪意。中丞、廉访皆深恨之，以为其与叶有衅也。季鹿将贾祸，亟求方伯委一解金陵饷差，遂不复再审。臬司亦即手下一条，命另行委员复讯。而于每次临讯时，中丞必召郭大令曾程告以如何审讯之语，令其转谕委员。委员皆唯唯，而吴公则手开一单，亦令委员照其节次以讯，而大旨则皆主于保全叶令，严究曹姓以假官讹诈而已。且欲其供出由胡观察贿串而来。以故多日未能了者。曹固亦有恃也。季亦言，曹之原禀词多不通。然中有始放出境一语，经臬署提阅后放字忽改为牧字，见者互以为怪焉。并言张子密大令枢奉臬札往查，以查无其事禀复。而以下游委员刘葆源为证，人皆诮子密之迎合者巧。盖刘即去秋于震泽擅杀七人之委员，后事发，胡观察方摄臬事，将诣参办，而叶则迎抚部意为之调停弥缝者也。今援刘为证，是使其谢恩复情也。宦场之幻如此。闻之为之一笑。终言叶正月归即尝为抚部言，将来必有人设计讹诈之者。今曹之讼事起，抚部则谓此固叶令先见之明矣。闻者皆不敢言而笑之以鼻云。季亦因言吴门时局如此，是行至金陵，拟在彼谋托身之地，不敢即归。谋之于余，余谢以君但求向心无愧而已。如所言，并非苛求，亦非有成见，何至见罪耶？时雨又数作，至子夜乃去。并借去洋蚨五十元。盖谓旅费实拮据故也。去后闻仆辈言，季鹿将行，叶作书止之，劝其无赴金陵，而函中有洋票千元。季鹿见而悚惧，立以返之，故益惴惴云。余闻之亦有不解。然季鹿非可以廉介论求，远祸而已。特恐祸终未必远耳。嗟乎，吾吴如卫、如谭、如黄、如崧、如奎、如陈诸大宪有一在者，而岂有此等事哉！官常玷矣，公道泯矣。是非黑白淆乱极矣。谓如可忧可危之地也。夫季鹿从省来，又身历其事，言当可信，故详记之”。(《李超琼日记》)

二十八日，张之洞“致苏州赵抚台、杭州廖抚台”：“前闻新开各口管界章程，由总署议，故敝处饬关道止与日领议沙市租界地址。顷接总署来电，云界址及管界章程应如苏、杭办法，由关道与领事妥订等语。苏、杭系如何办法，已与议定章程否，是否照宁波章程，抑由日人自设专界，祈详示，以便饬关道仿办为祷。”①

八月

初三日，刘坤一“复赵展如”：“属员被参，上司自难辞咎，公自请议处并为弟请议处，均是题中应有之义；然非相知之深，相爱之厚，不肯出此，则格碍多矣。若朝廷以不同城免议，洵为恰如题分，愿公不以为嫌。惟大稿借题用誉，善于反面行文，欲抑而转扬之，未免益言者之怒而或致迁怒，公非所以自爱，亦非所以爱弟也。公度去留，只合听其自审。前函尾叶论及铁路一节，竟忘作答。此事本不愿办，因陆大司成有喧宾夺主之虑，故亦欲占先著。第据张燕谋与洋员锡乐巴均谓非得四五百万金难期成效，而香帅提存之款只得半数。且俟开关后察看情形，与尊处妥商酌办。”②

初四日，张之洞“致苏州赵抚台、杭州廖抚台”：“南洋转总署文行关道，云各省土货准领三联单，在洋关完正税三分，如不运出口者，将其多完之正税一半税扣留，抵厘金，送还厘局等语，并未言还何处厘局。远省出口之货，经过厘卡甚多，一正半税恐难抵足原数，此后厘金应解京、协饷将何从出，尊处拟如何办法，有何两全之策，祈示。”③

初七日，李超琼“灯初见省抄方伯牌示云，照得罚元和县知县叶怀善，因案撤任，听候查办。应以调署阳湖县知县李某饬回本任所，遗阳湖县缺，查有候补知县张枢堪以署理。并传闻叶被言官纠劾，以诿纵机匠及曹秉权控案故也。然其平日为中丞赵所倚任，既被检逾月而有泰山之安，今忽如是，岂力有所不能曲庇者耶？以余之疏拙而承其矜厉之后，何以慰民望而臻治理，殊惴惴也”。（《李超琼日记》）

初十日，张之洞“致苏州赵抚台”：“歌、佳两电均悉。江、浙与鄂省

①《张之洞全集》（第9册），第148页。

②《刘坤一遗集》（第5册），第2180页。

③《张之洞全集》（第9册），第149页。

情形稍有不同，弟未便会衔电署。至向出洋土货则准请单，不知亦准不请单否。如听商自便，则路近厘少于税者，商人未必请领。且出洋土货随时增变，似亦未易限定。不知镇关系如何办法，仍祈详示为感。”①

十二日，龙湛霖作《奏为遵旨查明江苏抚臣赵舒翘暨署元和县知事叶怀善被参各情形恭折覆陈仰祈圣鉴事》：“窃臣奉到军机大臣字寄光绪二十二年七月初十日奉上谕：有人奏苏州阊、胥二门外居民众多，搭棚支屋，大半江北穷民。该抚出示，押令迁移，恐激成事变等语，穷苦流民总以安辑为主，所奏苏城出示，无论土客居民搭房居住，勒令克日搬迁。倘有迟延，即提究押拆，以致居民惊扰，是否实有其事，著龙湛霖确切查明，据实覆奏，毋稍徇隐。又片奏：署元和县知县叶怀善，著名贪酷，与道员朱之榛认为师生，机匠滋事一案，并不亲到弹压，贻害地方等语，著该学政一并查明，据实覆奏。片二件均著钞给阅看，将此谕令知之，钦此。臣奉旨后，遵即由江宁密调妥员，饬令赴苏确查去后。兹据该委员等查覆前来，核之臣先时所闻，大致相仿，敢为我皇上缕晰陈之。谕旨饬查江苏抚臣赵舒翘押迁阊、胥二门外居民一节，查阊、胥二门附城一带，人烟稠密，生意丰隆，实为吴郡精华之地，固不尽江北穷民棲止已也。前日本领事到苏议开埠头，垂涎此地，该抚恐华洋杂处，易滋事端，坚持不可，遂勘定盘门外青阳地方划为日本通商之界，犹虑阊、胥二门居民或有与日商串通私卖房地情事，思为未雨绸缪之计，适见前署督臣张之洞奏请于上海租界外赶紧委员清查地主，丈量地段，由官加给执照，嗣后遇有典卖情事，须先禀知地方官核准办理，不准私相授受等语，三月间该抚遂援引此案，出示晓谕阊、胥商民一体照办，而预防日商勾串之深心不便掬以相示，商民误会其意，遂有官夺民地之谣。该抚见民不乐从，亦遂中止，是该抚所欲办者止于清查地基，并无押令迁徙之事。原参所指或即因

① 《张之洞全集》（第9册），第152页。

此而讹，此查明抚臣被参之实在情形也。谕旨饬查署元和县知县叶怀善著名贪酷一节，查叶怀善本任阳湖，现署元和，所至严酷，物议沸腾，如原参所称承审钱福森一案任用非刑，因公过江阴、阳湖民被其扰各节，因未指明何时何地，无从根询。其刘医自尽与为土妓造船两事，则人言籍籍，信而有征。刘医名伯卿，江西人，寄居苏城有年，曾有人以房契向押洋钱一百二十元，因摧讨生隙，于本年二月赴元和县捏词控告，该令签差逼提，时刘医前往常州，差役将其妇拘提到堂，立将原契追出，刘医行至横林，忿激投水自尽，闻者冤之。至该令是否得贿，尚无实据。土妓阿金，一名谢金兰，无锡船户之女，该令曾赠以洋钱五百，为造大船，金碧璀璨，远近无不知者。又该令与道员朱之榛认为师生一节，查该令与朱道往来最密，拜认师生，咸谓不谬。至曾否送给三千金，既无过付，无从询访。又机匠滋事，该令并不亲到弹压一节，查苏城内外机房约数百家，向由机户认捐，每张月缴线一千，共认一千五百张，相沿三十年，来之或改。本年春间，六门厘局委员、候补府马王田查出偷漏纱缎多斤，禀经总办候补道朱之榛批准，缴补正捐，另加罚款十倍，勒限追缴，操切严酷。继闻机张亦有隐匿，复禀经该道逐户挨查。该机户董事等沥诉近年苦累情形，愿于例捐外加认八百张，该府坚执不允。众机户以本重利轻，恐捐无所出，遂于四月二十六日一律停工。维时各铺户仍照常贸易，并无罢市五日之事。各机匠见机户歇业，无所得食，遂于次日相率拥至机业公所，旋至六门厘局、牙厘总局等处，益以地痞并旁观之人不下三四千，经城守参将曾毓衢带标兵赶到，始行解散。同时有机匠多人手持米箩赴元和县署乞食，亦经叶令散给钱文而退。当至总局之时，总捕同知刘锡庚、吴县知县凌焯皆往弹压，叶令到时较迟，尚非不亲往弹压。先后拿获人犯二十余名，经长、元、吴三县会审，凌令审其中有非闹事正犯，拟先保释，与叶令意见不合，是以三县合详，凌令不肯会衔，亦遂以此去位矣。至原详如何措词，凌令因何撤任，未见其原案卷宗，无从得悉。此查明知县叶怀善之实在情形也。臣窃念抚臣赵舒翘在刑部多年，即能卓然自立，不苟趋时，以办事勤能、精通律例为前任刑部尚书潘祖荫所激赏，至今部中尤艳称之。历任道府，亦卓著贤声。抚苏以来，崇实去浮，勤求吏治，至除暴安良，不失爱民之心，诚如原奏所云，其廉明公正实国家柱石之材。臣素无一面之交，始仅闻名，今又亲见其行事，未尝不爱之重之。原参各款，自以谕旨饬查之押迁居民一节为最关紧要，既系讹传，请免置议。至原折所参擅杀与激变各员，该抚未经议及处分之处，圣心自有权衡，无俟微臣赘及。署元和县知县叶怀善小有材能，粗堪办事，惟性情刻薄，素以锻炼周内为能，所参贪酷各款，虽未能一一查实，然声名狼藉，所到之处，怨讟繁兴，至性好冶游，犹其余事，应请旨即行革职，以儆官邪。所有查覆各缘由，理合专折具陈，是否有当，伏乞皇上圣鉴，训示施行。再，臣奉到谕旨，时值扃门考试，是以具覆稍迟，合并陈明。”

十三日，李超琼“适张子密大令来电言，中丞、方伯嘱其传语，欲余廿一日接元和篆，以便办供备提学考试也”。

十六日，“谕内阁，前据御史黄均隆奏参江宁藩司瑞璋贪黩各款。当经谕令赵舒翘确查具奏。兹据查明覆奏，瑞璋被参各款均无实据，惟于其子及募友家丁均属不能约束，著交部议处。伊子安徽候补道文弼任意冶游，有玷官箴，著即行革职。知府用、指分山东直隶州知州潘文超在幕多年，声名恶劣，著革职永不叙用，并驱逐回籍，不准在江宁逗遛。调署泰兴县本任砀山县知县陈守聂巧于营谋，致招訾议，著开缺另补。现署邳州事候补知县罗宗美人甚平庸，难膺民社，著以府经历县丞降补。署兴化县知县俞熙虽无实在劣迹，仍著调省察看。道员穆克登布等查无迎合分肥及行贿求缺情事，均著毋庸置议”。(《光绪朝实录》)

十九日，李超琼“既明舟泊胥门。略进小食。适元署书役等纷来迎谒，遂于接官亭见之。旋肩舆入城。先谒太守桐公泽，次谒中丞赵公舒翘，均得见。中丞面以孝字见奖，实增悚愧。再至署藩宪吴公承潞、升任皖抚邓公华熙，均未得见。便道于镜之所寓宣州会馆一谈。始诣粮道兼权臬事陆公元鼎，坐俟久之乃归。公于事之是非、人之贤否辨之颇明，颇有所慨，亦以官中直道之不易行故也”。(《李超琼日记》)

李超琼“申刻复入城，专拜前任叶润斋大令（怀善），渠为余言此次官系撤任，偲余之发瑕抵罅已恐不可堪。对之曰薄人于险，君子不为。余必不出此。久之乃若释然，不复有芥蒂也者。然其为人深中而护前，又方获乎上，余固不肯与为仇隙已。既别，至草桥总管慢走一视，以后日当假此接印也”。(《李超琼日记》)

十九日，“谕军机大臣等，赵舒翘奏游棍讹诈干涉地方官员请饬查办一折。据称有湖南人曹秉权自称候选员外郎，禀控署元和县知县叶怀善在镇江挟妓冶游，被萃军围辱，经伊排解，叶怀善允给洋银四千圆，书有墨据。又据叶怀善呈出密信一函，称系胡家桢由信局寄来，信内声叙曹秉权谈及叶怀善挟妓饮酒，被流氓欲索巨款，经曹秉权代兑四千圆了事等语。览奏情节支离，虚实均应彻底根究。署元和县知县叶怀善先已撤任，江宁盐法道胡家桢著一并撤任，交刘坤一饬提曹秉权严讯确情。据实具奏。至曹秉权是否捐纳员外郎，著吏部查明斥革。原折著钞给阅看。将此谕令知之。寻刘坤一奏查曹秉权所呈票据，核与叶怀善字迹不符。叶怀善既无冶游情事，且已另案革职，应毋庸议。至叶怀善呈出无名说项一函，初指为胡家桢之信，一经到案，即将怀疑误呈缘由具结陈明。且细核该函，确非胡家桢笔迹。盐道胡家桢应请免议。惟讯得曹秉权委系游棍，捏据讹诈职官，合依恶棍情罪重大为首斩立决例上量减一等，拟杖一百流三千里。虽据供父老丁单，仍不准其查办留养。下刑部议”。(《光绪朝实录》)

二十一日，邓华熙升任安徽巡抚，自苏州乘船赴沪，前往北京陛见，赵舒翘到码头送行。“午刻，与内子率同仪、元及诸孙上船赴沪。赵中丞、庄织造健在胥门接官亭寄请圣安。赵展翁到船叩送。”①

李超琼“遂偕出胥门，俟抚部赵公以次咸集，送升任皖抚邓公华熙（寿安）”。（《李超琼日记》）

二十七日，“谕内阁，前据御史杨崇伊奏参江苏巡抚赵舒翘勒迁棚民，几致激变，暨署元和县知县叶怀善著名贪酷各节，当经谕令龙湛霖确查具奏。兹据查明奏称，赵舒翘崇实去浮，勤求吏治，被参各节均系讹传。即著毋庸置议。署元和县知县叶怀善声名狼藉，怨讟繁兴，著即行革职”。（《光绪朝实录》）

二十七日，“又谕，前据御史杨崇伊奏参江苏候补道朱之榛，当经谕令龙湛霖确查具奏。兹据奏称，该道人颇精明，惟居心叵测，若听其恋栈贪荣，恐致贻误公事等语。朱之榛服官苏省多年，叠经有人保奏，上次因案交查，刘坤一、赵舒翘覆奏，亦称其办事精核，不避嫌怨，其平日居心行事究竟若何，著该督抚秉公察看，据实具奏。原片均著钞给阅看，将此谕令知之。寻刘坤一等奏遵查道员朱之榛居心行事，实属有用之才，报闻”。（《光绪朝实录》）

二十八日，赵舒翘因“心气怔忡，又左髋感受潮湿”②请假调理。

二十八日，李超琼“辰起诣藩、臬衙参，均未见。中丞方病，往问疾，亦投刺而已”。（《李超琼日记》）

三十日，李超琼“辰间偕芸庄诣抚辕问病。晤郑大令于官厅，始知前二日其势甚剧，今已愈矣。然闻将乞假一日，殆有不快者”。（《李超琼日记》）

九月

初一日，李超琼“于客坐中见二十七日谕，以御史杨崇伊奏叶怀善

①《邓华熙日记》，第173页。

②《光绪朝朱批奏折》（第11辑），第834页。

著名贪酷各等语，经谕令龙查奏以叶声名狼藉，怨毒烦兴，即行革职各云云。为之一慨。所谓曾何益也乎。归后始届子夜。引枕一睡，天已黎明。急冒雨而出行香，事竣，诣各署衙参，惟陆春江观察得见。中丞赵、方伯吴均病，不见客云”。（《李超琼日记》）

初三日，李超琼“冒雨衙参，既见方伯、廉访，始知叶任禀讦胡道之案，抚部为之参奏，已交两江查办，调安徽臬司赵公尔巽督审，胡解任候质，曹秉权革职归案审讯云云”。（《李超琼日记》）

初五日，李超琼“辰间诣抚辕衙参，闻中丞既乞一月休沐，虽愈亦谢客也，故未见。于客坐晤闽县陈谅山直刺，谈及江宁藩司瑞璋以贪赃被劾，言路指参通贿多人，而渠与赵小帆大令及李筱轩太守不与焉，又以苏省叶怀善摄篆两年，酿事多端，终于一败。谓观此可知首县之不易为。吾辈所以自立之道诚有外县所难能者，为之一笑。然其言固确有至理也”。（《李超琼日记》）

初五，总署对赵舒翘有函件，赵舒翘回复：“接诵九月初五日钧示，谓浙仿苏而中外翕［翕］然，苏乃久而不定，惶悚莫名。第此中亦微有机权，日人狡谲多变，早知其绝不能顺理成章从苏定议，然苏首当其冲。使持议过于高坚，则必至决裂，贻朝廷忧；若塞责求其速了，则必至失体，招彼族侮。不得已与之浓淡相参，刚柔互用，始磋磨延至今日。至前议规模粗定，而珍田忽与荒川龃龉。原议委员黄道遵宪半途而去，则又所不料也。然有苏埠之难，杭州始行其易，况苏杭一家，杭定而苏效之。在彼以为与杭埠以荣幸，在我则免争苏埠之逆施，以次定首，正合妙用。若苏必欲博了事之名，一味迎合其领事，则杭州礼无可加，亦不易措手矣。且杭州事权归一，非若埠届在苏，通商大臣在宁，不能朝夕相商。杭马头去城尚有旱路七八里，非若苏埠近在沿河，六门一水可通，为彼所冀此。又，翘才短而遇之难也。裕星使电谓：内地奸民与彼私通，私赁朦官，不能不惩创一二，实属洞悉事理。现在苏州已饬地方官与保甲委员暗中严查，或不至再有私赁。白岩一案，如蒙钧署助力，当亦易结，但望杭州早定管理界权，苏州得以仿照，即属幸事。至翘之迂拙，不能事事如彼族意，致扰钧署多劳，即斥去而乃有余愧，惟求涵鉴耳。”

初七日，李超琼“因偕出诣抚辕问疾”。(《李超琼日记》)

初十日，李超琼“晚复治酒，则宴刘少荃（锡庚）、刘子诚（松年）、蔡二源（汇沧）、葛蕃甫（绳孝）、李麟生（玉方）、陆荫宇（嘉谷）、郭子华（重光）也。席间多谈叶任事，余不敢雌黄一语，而诸君所述则皆离奇可诧。骇人听闻，而抚部固笃信之且倚重之，何耶？知人之难，古帝以为诘诫，诚未易言也”。(《李超琼日记》)

十三日，李超琼“辰间，两司衙参，惟署廉访陆公接见，所谈无他事，仅述其近为叶怀善所株累，谓胡道之函，陆亦以为确系亲笔，实则并无此语。而项诗召大令因举同见，时叶尝以言之致为所网云云。观此而念，一言之不可不慎也。险诈乃至是哉。赵抚之始终信叶为良吏宜乎？人人不解矣”。(《李超琼日记》)

十四日，刘坤一“复赵展如”：“此次钦奉寄谕，似知朱道办事得力，为弟与公所倚任之员，垂问再三，以昭慎重。将来覆奏可否专就居心行事四字为湔洗，而于去留不提，伏候酌裁。沪道丁艰，员缺极为紧要，必得老成稳练熟习关务之员，方可期其胜任。查镇江吕道（吕海寰）在任多年，措施允当，于各领事相安，似可量移，以期得力。所遗镇江一缺，可否以曾道丙熙暂时承乏？该道前经委办洋务，明保堪胜关道，奉旨交军机处记名。弟在榆关视师，奏调该道办理营务处，胆识颇优，备尝艰险，拟请藉此以酬其劳，才具亦属相称。并祈赐覆，俾有遵循。”①

十五日，赵舒翘写信给吕海寰：“镜宇仁兄大人青鉴：接诵手示，以弟抱微恙，关念不忘，感甚。弟于前月二十六日，因起过早，假寐签押房，

①《刘坤一遗集》(第5册)，第2182～2183页。

受寒不觉，午间又吃面食过饱，是晚即发寒热，困顿五六日始解。现在饮食渐如常，惟元气稍歉，再息养数日，即可照常办事。惟弟到苏年余，事多棘手。已决意求退，而受恩太重，时局太危，又不忍遽出诸口。但望宏才早膺迁擢，助我不逮，斯为幸耳。手此复请勋安。弟赵舒翘顿首。九月望日。芳简敬璧。”①

《吕海寰八十寿辰征诗文启》云：“（吕海寰）奉召进京，苏抚赵公云：江南失此好官。拟具折奏留，家叔力阻，云出洋之事尚未明发，难以措辞，止之。赵公甚为惋惜。”②

十六日，“谕军机大臣等，步军统领衙门奏革员闻风远扬请饬严拏等语。已革前四川盐茶道降补同知玉铭前因案发遣，该革员畏罪隐匿，当经谕令步军统领衙门、顺天府、五城一体严拏。兹据该衙门奏称，风闻该革员有逃避出京潜往上海香港之语，著刘坤一、谭钟麟、赵舒翘、许振祎饬属严密查拏，务获解京惩办，毋任远扬。将此各谕令知之”。（《光绪朝实录》）

十六日，“又谕，有人奏知县贪酷请饬查办一折，据称江苏盐城县知县刘崇照居心残忍，任意妄为，讯问案件民人被冤笞责致死者甚多，读书之士亦加陵虐。又复藉端勒罚纳贿，该邑总董陶鸿恩等助该令为虐等语。著刘坤一、赵舒翘按照所参各节确切查明据实具奏，毋稍徇隐。另片奏江苏各州县多设总董，深为民害等语，并著刘坤一等查明办理。原折片均著钞给阅看，将此各谕令知之。寻刘坤一等奏查刘崇照在任数年，听断勤明，留心民事。详加访查，并无贪酷劣迹。惟文生李鼒既系著名讼棍，并不先行详革，

① 方继孝：《旧墨二记》，北京图书馆出版社 2006 年版，第 43 页。该书将赵舒翘与赵新误为一人，认为赵舒翘“又名赵新”。实际上赵新是天津人，作者所引《天津县新志稿》中“赵新传”的履历、籍贯、交游、生卒年皆与赵舒翘不同，而书中有“赵舒翘与安德海事件”一节，误认为赵舒翘为“此案发端之人”。又在“张荫桓与戊戌变法”一节中误以为赵舒翘“与张荫桓交好”，并将张荫桓赠“晴岚（赵新字）”的诗误认为是赠赵舒翘的。所据中国国际广播出版社出版的《中国近现代人名大辞典》错误，而作者又不辨，以致以讹传讹。

②《吕海寰资料两种》，载《近代史资料》总 123 号，中国社会科学出版社 2011 年版，第 156 页。

又不会同学官，擅自锁责，究属意气用事。得旨，刘崇照著交部照例议处。寻吏部议以降二级留任。从之”。(《光绪朝实录》)

十八日，李超琼“辰间大雾。偕王、项二君衙参。藩、臬均未见，而见抚部于中寝，盖假期未满，故未出也。谈议吴中公事甚久，亦及近来新闻，终惜其病之在护前矣”。(《李超琼日记》)

二十日，李超琼“辰起，诣抚部衙参，未见”。(《李超琼日记》)

二十五日，李超琼“辰间，诣抚辕衙参，未得见也”。(《李超琼日记》)

二十八日，赵舒翘销假。“臣前因心气怔忡，又左髅感受潮湿，于八月二十八日缕陈病状，恳恩赏假调理在案。一月以来，医药颇效，外感已痊，而血气过亏则非朝夕所能复元。当此时局艰危，正臣子图报之日，精力稍可支持，即应蹇蹇从事。现在假期届满，臣已照常办公。所有微臣销假缘由，谨附片陈明，伏乞圣鉴。谨奏。”朱批：知道了。[①]

此月，赵舒翘《致夏涤庵同年书》云：“久疏音候，中心写藏未或释也。近阅许松滨先生痞言，凡有我兄质疑之处，见道分明，力执正学，可想躬行之切，体会之深，佩甚。迩来论著必已成帙，祈抄示为盼。弟道本不高，而魔来甚大，愈加敛修，稍能支敌。惟外族凌逼日甚，中外仍以人情苞苴相尚，其视今犹昔，可以敷衍苟延，痛哉。弟迂拙违时，加之世乱言庞，恶直丑正，每起归志，而受恩太重，又不忍遽言，午夜徘徊，此心靡定。近又抱疾请假，拟日内病愈即销假。弟平生所交讲学之友，正言卫道无出我兄右者，请为作詹尹之卜，出处大节、君臣之义攸关，不能不就正有道也。”

创造沣水石桥，《上薛云阶司寇书》云：“久未禀候起居，虽孺恋不释于怀，而疏慢之咎，究无可辞。伏乞原宥，屡接尊函，所嘱之件可行必行，在太姻伯固非得已，再侄亦非矫情，盖时势所迫。我行我法，自己亦

① 《光绪朝朱批奏折》(第11辑)，第834页。

不能从欲矣。去岁忽发狂愿，于客省庄沣水造一行车石桥，初估万金，近估又增五六千金。尚难成功，颇费拮据，故一切酬应及家乡造屋皆停止。近来妻妾生育无信，此身积劳过甚，不能不为宗祊忧危。外间民生日益穷困，财赋日见短绌，伏莽偏地，又加之以裁兵，变端不远，万分焦灼，再侄才不称时，德不称位，为无可为，退难遽退，抚念公私，无一好怀，惟有愁叹而已。尊集刑书已笔成否，此书必须付梓，不特太姻伯一生苦心所在，亦百世之师也。”

王步瀛《慎斋年谱》按：“魏午庄中丞抚陕，先生函托醵金助之，桥始成。”

十月

初一日，李超琼“未明遂出，行香后诣抚辕衙参，偕总捕众、两县入见。所谈固官方也。古人以‘护前’二字为仕宦之疵，洵有见哉”。(《李超琼日记》)

初三日，赵舒翘订《接见僚属约》云：“一、不许言穷苦，当面求差。违者以后不传见，不派差。一、自己办过有益于民、有裨于公往事，许择要谈论。一、同寅中道府正佐各班有才德者知之真切，许谈其才如某事，德如某行，不得泛言曰好。一、现在可行政事，如确有见地，许谈其办法。其不能行及人云亦云者，无须条陈。一、本部院德薄能鲜，肩此鉅任，虽夙夜勤恳，惟恐有负君恩，而身居高位，闻过为难，本部院如有阙失，许寅僚直言详告，本部院必嘉纳焉。一、官场恶习，相戒以不说实话，殊堪痛恨。本部院有见至数次，虽闲话亦不能得其一句实者，以此办事，安望其有实心乎？愿我僚友力除此习。”[①]

初五日，李超琼“辰起诣抚辕衙参，中丞接见。时以间日独行往谈为约，而追怪镜之之未尝一人请见，并为叶某掩饰其毁谮之情。芸庄、诗吕

---

①《慎斋文集》(卷八)。

退，皆议其欲盖弥彰。且多与往日所言不应，则自欺欺人，而咎人之欺已也。尚谓开诚心者乎？又以荐举人才为嘱而皆不得保举同乡，此亦先挟私见，以小人之腹测君子者也。为之一慨”。(《李超琼日记》)

初七日，李超琼“午后往拜汪柳门少宰（鸣銮）于西小桥寓宅，谈甚久，皆论文耳。汪为抚部赵公之师，余故不欲呈身，恩人之疑其夤缘也。乃前遇于吴清卿中丞处，亟索余诗，且致殷勤，不能不一与周旋也”。(《李超琼日记》)

初八日，李超琼“午初乃归。匆匆一饭，复至抚辕上谒，以中丞约与两县轮日入对也，且以各举所知为嘱。因为陈王君芝兰七人之政绩，赵君鸿八人之性行，手书一折以呈之，且附以孙文定三习一弊疏为言，请其奉为圭臬以效箴谏。虽承谦赏，固未知果不干忌否也。迂直之愚，又用自笑”。(《李超琼日记》)

初十日，“慈禧太后万寿圣节也。(李超琼）四鼓诣黄亭，俟中丞以次各官咸集，随班庆贺。偕王、项二君谒抚部，垂询余所为诗，而意实恐有妨民事，盖未知余之惟乘兴乃作，从不以害政也。然亦不之辩也”。(《李超琼日记》)

十四日，李超琼“便诣谒抚部白事”。(《李超琼日记》)

十四日，张之洞“致苏州赵抚台”：“魏令赍函并钞件领悉。来示汇奏盗案，被某公搅得波浪重生等语，想指叶万春盗案而言。已经项目奏结，何又汇奏。传闻大宗师已覆奏无事，岂尚未了耶，祈明示。张令当不令为难。”[①]

十五日，赵舒翘复电张之洞：“元电祗悉。承念并关照张令，感甚。前函盖推言，计彼去岁参陆道之海运委员，今年摭拾苏事，屡参朱道、叶令，皆因一向归汇奏之盗案而起。至彼案屡经鉴定，又缉获两盗，伊无术可移矣。龙公覆奏无事。昨接尊函，言鄂灾甚重，现如何办理，沙埠议定

① 《张之洞全集》（第9册），第163页。

否，念念。翘。”[①]

同日，张之洞又“致苏州赵抚台”：“沙市现正议开租界，狡变万端，亟需熟悉东洋情形之人与之辩论。闻苏州界务议有眉目，祈饬刘守庆汾迅即来鄂，以备差委，至感。紧要正在此数日，望饬其勿迟为要。亦知该员疮尚未收口，惟事机方急，轮船尚不过劳也。”[②]

二十日，李超琼“入城至抚辕衙参，则中丞以阅操归，午初乃及见”。(《李超琼日记》)

二十五日，李超琼“早起，诣抚宪衙参，既见而出”。(《李超琼日记》)

二十八日，李超琼“闻杭州将军至，遂偕出胥门，谒于舟中。将军名济禄，字均普，京师旗籍，年六十余一，诚朴叟也。自盛京副都统升此官者久之。中丞、藩、臬偕至请望阙安乃散”。(《李超琼日记》)

十月，赵舒翘订《整顿厘金约》云：“古人谓取民者法也，不忍多取者法外之意也。法外之意，所以维法。一日不谨，则法必壤。谨之，则在用法之人。厘金之法，至今蠹弊已极。用法者，当兢兢维持以济国用，锱铢必较，精察耐烦，此胡文忠之言也。不望兴利，只期除弊，此曾文正赞丁雨生中丞之言也。余曾任榷关，以‘恤商艰、杜中饱、不用私人、不多提款’四语为主。而收数较前皆盈。兹撮为韵语，劝我僚属，凡有绾厘之责者，睹民困而念时艰，当必于心戚戚焉，勉旃勉旃。”

“办厘有法，先正垂言。体恤商艰，宽大必存。途旅皆悦，自广来源，司巡中饱，严察耐烦。锱铢必较，切勿昏昏。勤廉俭慎，做事本原。能行四者，讵止税蕃。民力已竭，国用日繁。不在兴利，只除弊根。”[③]

十一月

初一日，李超琼“乃赴各宪署衙参焉。中丞既谢客，而方伯、廉访则

---

①《张之洞全集》(第9册)，第163～164页。

②《张之洞全集》(第9册)，第164页。

③《慎斋文集》(卷八)。

皆接见。盖以昨之夕吴公广莽故宅中有盗逾垣入而未胠箧故也”。(《李超琼日记》)

初二日，张之洞“致苏州赵抚台、杭州廖抚台、四川鹿制台”：“顷电总署云：俭电谨悉。马关条约并无准日本设邮便局之语，万不能许其随意增添，一经暂许，后断不肯撤。我正行邮政，彼何得挠乱。此举非为争利，乃中国政权所关，若约外任彼要求增加，将来何所底止。况沙市尚未开关，彼之邮局并非已设。切恳钧署驳阻，即使津沪不撤，所开四口断不容妄添。切祷。等语。特布闻。”[①]

同日，张之洞又“致杭州廖抚台、苏州赵抚台”：“十月内接谷帅愿电，论及倭租界事，云断无我出经费听彼管理之理，无论何口，皆无此例，至为剀切，佩甚。此间正议沙埠，倭领事狡横已极，现饬关道与该领事言明，抱定马关条约为主，若马关原约所无者，向来中国所待最优之国所无者，皆万不能许，令关道坚忍磋磨。如有所求，必须别索酬抵，方能允行，不知能就范否。窃思我坚守马关条约，彼族断不至因此决裂。尊意若何，杭州、苏州情形如何，祈示覆。”[②]

初四日，李超琼“早起出胥门，则聂公已入抚辕矣。遂偕芸庄、诗吕蹑踪而往。俟其出，见之于官厅，白事焉。余以接叶任交代，抚部亦传见”。(《李超琼日记》)

初五日，李超琼“犁旦即起诣抚辕衙参，至即随太守及两县入见，濒出，以上海丞刘君之贤为荐，中丞亦首为之肯”。(《李超琼日记》)

初七日，李超琼“前夕彻旦不寐。犁明，冒大雾而出，偕芸庄、诗侣先谒中丞赵公，继谒新藩聂公于舟次”。(《李超琼日记》)

初十日，李超琼“辰间大雾。早出，诣抚部衙参，未得见”。(《李超

① 《张之洞全集》(第9册)，第169页。

② 《张之洞全集》(第9册)，第170页。

琼日记》）

十三日，李超琼“犁旦诣两司衙参，而聂方伯仍招同至院会商，因偕王、项二君往焉。迨俟其与吴、陆两公同见中丞而出，仅喁喁私语久之，不复与吾辈一言而散，异已”。（《李超琼日记》）

十七日，李超琼“长至令节也。前夕未能交睫。寅初即起，诣龙亭，以卯初随同抚部以下各官北向行庆贺礼，其时风猛于虎，几为推仆，寒意亦不可耐，勉强成礼”。（《李超琼日记》）

二十日，李超琼“早起诣抚辕衙参，未得见也”。（《李超琼日记》）

二十一日，赵舒翘参劾庸劣各员：“窃查近来官场人怀苟且，事出范围，江苏仕风骄荡尤甲他省。臣到任年余，尚未甄别一员者，诚以宦途太杂，劾不胜劾。初欲整躬表率，冀其故辙渐更，无如习蔽甚深，实非包涵可挽，不得不择尤特参，稍儆其余。查有候补知府马玉田粗率无知，性尤操切；太湖厅同知恩寿信任家丁，声名甚劣；候补同知宋楠驭下不严，致滋众怨；吴县知县凌焯病衰不振，遇事惰滑；无锡县知县吴观乐行止不检，众谤沸腾；候补知县吴受颐饰非近利，大拂舆情；震泽县知县费鸿年才识平常，难胜繁剧；溧阳县知县杨志立精神疲弱，公事迟延。以上各员未便姑容，相应请旨，将候补知府马玉田、太湖厅同知恩寿、候补同知宋楠、吴县知县凌焯、无锡县知县吴观乐、候补知县吴受颐均即行革职；震泽县知县费鸿年、溧阳县知县杨志立均开缺另补，以肃官常。此外，如有自甘暴弃之员，臣当随时察看，据实纠参，仰副朝廷澄清吏治之至意。谨恭折具陈，伏乞皇上圣鉴训示。谨奏。”①

二十三日，刘坤一“复赵展如”：“前因淮、湘各军好领新枪，竟有过领一倍两倍者，其中情弊甚多，未审尊处办法，是以奉询。承示分存苏局，自是善策，应即如数拨解。弟非不知护惜，无奈徒讬空言，不唯上海

①《光绪朝朱批奏折》（第12辑），第34～35页。

制造局能否妥为收检，不得而知，近在金陵，军械所积如山阜，亦不知其修理情形。公精力正强，公事较省，可以随时照料，留此行军利器以待缓急之需。此间拟照刘道（刘麒祥）所请，收缴各军原额前后膛各枪，一律更换此种洋枪，以期得心应手。好在此种毛瑟后膛枪弹，制造局积存颇多，并能仿造，较来福前膛枪弹更为合算。苏防各营，可否照办，伏候卓裁。弟于前届巡阅一次，此次偏劳驺从，亦是正办。督抚平日不能远出，藉此察看各属地方，接见寅僚绅士，未始无益。弟叨厚爱，无事不可尽言，唯其中委曲亦有不便形诸笔墨之处，甚盼面谈为快。眴届春明，莺啼花笑，当候公于石头城畔矣。再，承示求效在铢积寸累，是辛苦体会中语，学问事功，类如是矣。陶士行于竹头木屑，尚视为有用之物，卒得其力；何况军器军火。弟于十八年收回各营过领之枪，量为修治。至二十年东事倏起，征调频仍，幸有旧存之枪，勉强敷衍，否则竟至徒手。现在购办颇多，清理不易，是在我公分任其责也。”[①]

二十四日，“（缪荃孙）出拜吴清卿、汪柳门、陆凤石三前辈，赵展如中丞，聂仲芳方伯，陆春、沈旭初两观察，吴广安廉访”。[②]

十二月

初一日，李超琼“犁旦出而行香毕，循例衙参。中丞赵公、方伯聂公均接见。于众坐中默诵《孟子》之声音颜色数语，其摹绘神情抑何酷肖至是。又以叹好善二字之不易强附，其根本总视乎学问而已，未可仅恃天资也”。(《李超琼日记》)

初四日，李超琼“犁旦即起，以中丞传见早往。与常福、曾毓衢两中军，并王、项二君偕入见。则以来春大阅嘱为传谕所经各州县，禁绝供张酬应也。并以所著《提牢备考》二册见示”。(《李超琼日记》)

---

①《刘坤一遗集》（第5册），第2183～2184页。

②《艺风老人日记》，第910页。

初五日，李超琼“早起诣抚辕衙参，得见始知直督王请停苏省河运，盖谓所漕之米皆霉朽不可食也。此事吾辈于九十月之交尝力谓陈之，以为上无益于国，下无益于民，中有害于官，不如不运之为得。而卒梗焉者以粮道所利者大而委员皆分其利者也。今夔帅之折又委婉言之，皆与吾辈暗合，然则中土之利弊固昭然不可掩者矣。而其如官愈大而自私之计愈坚，何哉？是可慨已”。(《李超琼日记》)

初七日，李超琼“夜寅刻即起，以抚部赵公之太夫人自陕来苏，昨晚舟泊灭渡桥，将入城也。比出胥门，天甫犁旦，则太夫人安舆已至。中丞盖于四点钟至江干，即飞小轮往迎，而与司道坐谈以俟之故，来迫最早云。旋即随各宪诣院禀谒，均未见”。(《李超琼日记》)

初九日，上谕：“都察院奏编修冯诵清等以地方积弊请奏明查禁据呈代奏一折。据称江苏崇明县钱粮银价田房税契，地方官不遵奏案例章，以致小民艰苦无所控告等语。案关地方官违例浮收，虚实亟应彻究，著刘坤一、赵舒翘确切查明，据实具奏，毋稍徇隐。原呈著钞给阅看，将此各谕令知之。寻刘坤一等奏，查崇明县知县黄传祁于钱粮税契并未违例浮收，惟近年气体歉弱，恐难胜繁剧，应请将黄传祁开缺另补。如所请行。”(《光绪朝实录》)

初十日，李超琼“早起诣抚辕衙参。以河运事与王、项二君力陈于中丞之前。请由苏奏明改归海运。未蒙见许，辩论数四。芸庄致以戆语出之，颇拂宪意，然终见容也”。(《李超琼日记》)

十三日，上谕：“赵舒翘奏特参庸劣各员一折。江苏候补知府降补通判马玉田粗率无知，性尤操切。太湖厅同知恩寿信任家丁，声名甚劣。候补知县宋楠驭下不严，致滋众怨。吴县知县凌焯病衰不振，遇事惰滑。无锡县知县吴观乐行止不检，众谤沸腾。候补知县吴受颐饰非近利，大拂舆情。均著即行革职。震泽县知县费鸿年才识平常，难胜繁剧。溧阳县知县杨志立精神疲弱，公事迟延。均著开缺另补以肃官常。”(《光绪朝实录》)

十四日，李超琼“适闻中丞参劾属员八人，有镜之兄在，以其居心之光明正大，遇事之恳挚周详而乃罹此非辜，黑白混淆，贤否颠倒，洵非危乱之世不出此。同坐数十人皆闻而诧叹，有顿足鸣不平者，抚部之不明而复杂以私意行乎其间，君子能免乎？盖其昵赏叶怀善久，叶之见劾由言官举发，提学查明黜之。叶诬由凌所使，舒翘欲为怀善报复以泄其忿，故镜之终不免云。御史杨崇伊，常熟人也，宋公存枏与之识，亦心忌焉，故宋亦挂白简名，闻者咸以为怪。岂此运至此，君子道消，有不能自安之理耶？何贤如镜之而卒遭不白也？”（《李超琼日记》）

十五日，李超琼“犁旦起，诣各庙行香既毕，乃至上官衙参，抚部赵于接见时以昨日所劾人为言，自谓不出于马玉田、吴爱颐辈，皆借口其厘局滋事之迹，而于镜之则不置一词，大有羞面见人之状。心劳日拙，吾于是盖又见之焉。巳正，过镜之宣州会馆寓所小坐。幸其泰然怡然，不以得丧易其度，洵可敬已”。（《李超琼日记》）

十六日，李超琼“辰起过访芸庄，以其病也。幸已渐愈，而于镜之被参，冤抑深为愤恨，谓上官之举劾不公，将使人不敢为君子而甘为小人也。陈绍唐之摄桃源，以贿瑞璋而得日拥四妾，酣豢不起，词讼悉委之典史，亦不听断，而贪得无厌，颇有巧取之法，乃以孜孜求治，公而忘私邀嘉奖也。举错之谬至此尚可问哉！而镇江府彦秀横暴扰民，怨声载道，乃以听断明敏，吏畏民怀列剡章，何颠倒至斯乎！悲哉，此所以成今之危殆也夫。旋往谒本府桐公，亦为镜之痛惜，谓官中为贤父母，寅僚中为好朋友而竟致此冤抑，天道尚可闻乎！”（《李超琼日记》）

十八日，李超琼“因及于抚部此次参劾八人皆有私意蓄乎其间，盖虽久而不能释乃至此也。方伯言，廉访吴公已明指为叶怀善所构，然抚部因被御史杨崇伊奏参，叶谓为凌君镜之所买，而宋君枏与吴大令观乐则其为引进说合之人也。故衔之独深必黜之乃快，犹非方伯、廉访所尽知。而抚部于八月十九余初至省入见时已先露之。彼其肺肝如见，固久不能掩余耳目也。抑其于前月廿三始出奏，则又有故十一月十八日丹徒令王伯芳入见，抚部约其次日稔谈，十九日往，则谓执事官金陵一年，我之抚吴亦一年矣。有无阙事为君所闻，幸以箴我。伯芳不知其深以为讳之杀叶万春等七人一案，直诘其行戮之率等于草菅则大拂其意，力白案之原委至暮，且以全卷送余署令伯芳阅之，而其先以叶怀善为人为问伯芳，曰此机械变诈之小人也奚足论。又问凌镜之其何如？曰是君子人也。才不绌而德尤优，官途中能脚踏实地者。抚部唯唯而不知已恨之次骨。及二十之辰往辞，则不之见矣。伯芳去而此折遂于三日中发之。是以愿闻已过为虚美，而反激其党私害善，悍然罔顾之心者也。然究安足逃迢迢之鉴察哉。因方伯论及故备书之”。(《李超琼日记》)

二十日，李超琼“早起诣抚辕衙参。既见而出”。(《李超琼日记》)

二十一日，李超琼“封印日也。部颁之时在午。辰起诣各上官署，俟其行礼毕，投刺以贺。亦俗例也。返过镜之一谈。是日太守桐公于抚辕入见，抚军忽问之曰我近所劾者八人，舆请以为当否？桐公对曰他人尚无所闻，若凌令者，人皆以为负屈，因啧有烦言矣。抚军为嘿然。周弼臣因言，十六日抚军亦尝以是问郑大令籛，郑谓某来吴中未及五月，八人者无一识面，而闻凌某之被参冤抑，则言者皆同。抚军为失色久之云。余详志之者，以公道所关即人心未泯者也。而大吏独悍然不之顾，以朝廷黜陟之柄为快其私心，爱憎之具是，岂君子之所出哉！”(《李超琼日记》)

二十三日，李超琼“午前未出。芸庄来一谈，述及方谒中丞，以所劾八人公论允否为询，而于镜之则访其是否吸食洋烟。对以可为出结，向不沾染此病。又谓其必好色，则对以室仅老妻，年亦相若。固将古稀矣，何色之为。呜呼！谬妄至此，尚可与任封圻哉。陈平无兄而盗嫂尚待辨乎？时侩所趋，小人得志宜乎？贤如镜之而不免也，其以病衰不振，遇事惰滑劾之人，人以为诬即中丞亦固有意诬之也。举黜颠倒，是非混淆，欲不为衰世之政乎？”(《李超琼日记》)

二十四日，李超琼“犁旦即起，茶麻双眼，倦不能开。遂诣抚辕，偕王、项二君入见。亦论河运米事也。武进令吴耀堂甚为谗者所中，抚部颇訾之。因力为之辨。盖其悃愊无华，实循良之选，非阿私之见也。既出，二君以拟禀相托，归即作以上陆道焉”。(《李超琼日记》)

二十九日，李超琼“犁旦起诣谒抚部及藩臬两司，俱以次得见”。(《李超琼日记》)

三十日，李超琼“犁旦即诣抚辕，偕芸、诗二君转至两司、道、府宪署，皆辞岁也。皆未得见”。(《李超琼日记》)

是月，赵舒翘作《上薛云阶大司寇》:“久未禀候起居，虽孺恋不释于怀，而疏慢之咎，究无可辞。伏乞原宥，屡接尊函，所嘱之件可行必行，在太姻伯固非得已，再侄亦非矫情，盖时势所迫。我行我法，自己亦不能从欲矣。去岁忽发狂愿，于客省庄沣水造一行车石桥，初估万金，近估又增五六千金。尚难成功，颇费拮据，故一切酬应及家乡造屋皆停止。近来妻妾生育无信，此身积劳过甚，不能不为宗祊忧危。外间民生日益穷困，财赋日见短绌，伏莽偏地，又加之以裁兵，变端不远，万分焦灼，再侄才不称时，德不称位，为无可为，退难遽退，抚念公私，无一好怀，惟有愁叹而已。尊集刑书已笔成否，此书必须付梓，不特太姻伯一生苦心所在，亦百世之师也。”

刘古愚作《复赵展如侍郎书》:“奉弟复函，备悉壹是。此函系弟为浙藩时，中日战事方殷，兄所寄弟者，何至今始达尊所。去腊又有一函，观所复，是至今犹浮沈前途也。今日时势危迫，九州无可偷安之所，只有竭力支持，保我中国种类，不独弟受恩深重，义不容辞也。弟宗支孤单，兄所深知，然仁人有后，天道自有位置，当勉尽职守，不必作无益之忧虑。文信国、史忠正，固皆无子。近日胡文忠亦无子，况弟又年未五十，何至终身无子耶？至于出山相帮一节，天倾地陷，朋友闻难相赴，此古义也。兄虽不肖，窃欲自勉。然乡间一匹夫，只身赴难，何益于弟事，然则出山相帮不如其在山也。兹有一事，请为弟陈之。去岁中日和后，兄日夜傍徨，寝食俱废。日一小国，且得志于中国，西洋各国，其谁不生心，而吾乡官场泄沓如故。适赵芝山学使谓发奋图强，当自振兴人才始，乃以变通文武试入告，留中不发。兄乃以集股购机器织布，兼设书院，藉求西学，徧告同乡官绅，均以为可。惟与弟函未达，近已入奏准办。而集股为难，又议借款先办，陆续归还。李岳瑞、宋子钝在京师议借豫丰泰银号银二十万两，诸事俱定，须人作保，兄以函求员梧冈，倘能答应，此事即成，已定七月初三日使人来鄂来沪，并到节下面受方略。此事办成，其利甚大，此即兄所以助弟也。何则？陕之商务以布为大宗，岁获银四五百万，近不及百万，皆为洋布所夺。今自织布，保全利源，一也；中国人心涣散，藉合股联之，同财必易同心，二也；与西国战，必须精利器械，亲见织布之汽机，其他制造必易推测，三也；事成获利，用以购电化各学之器，自习制造，四也；中国人才不如外洋者，非吾圣人之教不如彼也，中国尚虚文，外洋重实事，虚不如实，故逊于外洋也，今以士子研求机器，矫虚文空谈之弊，五也；机器若成，调入学习者，皆以敌国外患近在眉睫，当卧薪尝胆，思保种类，则预养战士之气，六也；保此利源以养人才，一旦有事，义兵义饷不劳再集，七也。故欲他日兄以一身助弟，何如以全陕之人才财力助吾弟；以全陕之人才助吾弟于他日，必今日弟先为吾陕保财力、养人才，此集股购器织布一事，所以重有望于吾弟也。”①

赵舒翘积劳成疾，《缕陈病状请假调理折》云：“臣自知庸陋，未敢趋时，乃蒙皇上特达之知，不数年而畀以疆寄，受兹殊眷，际此时艰，已矢匪躬之谊，绝无惜己之心，无如福薄生灾，命不从志。臣家自高祖以下五代只剩臣一人，并缌服之亲亦无。年近五旬，仅得一子。去夏陛辞南下，甫抵苏境即值幼子病殇，虽臣子义当公而忘私，究未免顾宗祊而惊虑。兼

---

①《烟霞草堂文集》(卷五)。

之接篆以来，通商洋务猬集，地方盗匪鸱张，竭力经营，冀图拯救，夜不成寐，终夕彷徨，心怔忡而不安，须发骤其增白，见客说话过多则渐觉气短，良由才薄任重，故竭蹶而衰象早形也。据医家云，思虑过度，心血极亏，非安心息养，恐成痼疾。臣以日本此次开埠内地，苏州首当其冲，即粹心殚力，夙夜图维，犹恐无补，安有余暇请假？在官从容调摄，至误事机。现于八月间开关，税章虽略有头绪，而厘金竟不能保全，徒然争执一年，于国计毫无裨益，抱惭怀疚，心神弥觉怅惘，而臣又感受潮湿，左腿酸软无力，每值祭祀行礼，便难支持。再四思维，惟有仰恳天恩，赏假一月，专意养疾。臣抱此区区愚忱，彼苍必默佑微躯，俾伸报效也。"

《病痊销假片》云："臣前因心气怔忡，又左腿感受潮湿，于八月二十八日缕陈病状，恳恩赏假调理。在案一月以来，医药颇效，外感已痊。而气血过亏，则非朝夕所能复元。当此时局艰危，正臣子图报之日，精力稍可支持，即应蹇蹇从事。现在假期届满，臣已照常办公。"

赵舒翘以法律课吏。徐樾作《赵展如中丞以法律课吏，思救违法之弊，意甚善也，而不知者乃专于任法，爰广其意，作诗以示同僚》："吏事日偷惰，官民不相关。庭上施薄罚，庭下为骨寒。是非一倒置，何论猛与宽。中丞课群吏，谓当明申韩。申韩不可学，学之摧心肝。苟求所罚当，官执法如山。不察律意厚，但道吾民顽。吾民本无知，法以为之闲。岂期入吾纲，诩然矜诘奸。区区痛痒心，不在尺寸间。"[①]

按：徐樾时在赵舒翘幕中，其《在汉口望武昌有怀张香涛制府》诗自注："制府昔招余入幕，因江苏巡抚赵公展如挽留，不果往。今川督奎乐峰奏调入蜀，予先行至汉口，未得过江造谒，故作是诗，然不以寄张公也。"

张成勋四十九岁。

---

① 徐樾：《遗园诗集校注》，石天飞校注，巴蜀书社 2009 年版。

积资简放四川川北兵备道，阅兵察吏，无所瞻徇，风气为之一振。任职三年，丁艰归，服阕。

党蒙

四月，派充管理提调官兼管汉档房事务。

八月十二日，唐烜“假寐至午后始寤，进署少坐，遂出城访秋审处提调党君仰山蒙，未遇”。①

八月廿二日，唐烜“散值后出城，至顺治门大街韩城馆访党养山郎中蒙，谈至日暮。党，陕西人，丙子进士，向予在奉天司，渠为主稿，现为秋审处提调”。②

十二月廿五日，唐烜“出顺治门，至谢秀山文翘员外宅贺喜，遂顺路至党仰山蒙郎中、俞鹿笙烦辉员外宅贺喜，皆本署新送京察一等者也”。③

武瀛

四月，派总看减等。

萧之葆

三月，萧之葆“家居无赖，拟为入蜀之行”，沿途多有诗作。

《丙申三月入蜀之行》云：

一肩行李白分明，祖饯当筵感家食未能惭远涉，时艰无补愧长征。东流当恐鲸波涌，西去谁将竭患平。此日先鞭应共勉，中宵莫待警鸡声。

《感事用徐奉伯同年原韵》二首云：

十五年前迹旧过，锦城风物竟如何？堂成杜老诗仍在？江入嘉陵画许摩。世路漫愁风浪险，人生最苦别离多。遥知蜀道经行处？当有前人五裤歌。

前途欲识间经过，芳草天涯唤奈何老去文章推度信，客中禅味证维

---

①《唐烜日记》，第 39 页。

②《唐烜日记》，第 41 页。

③《唐烜日记》，第 68 页。

摩。诗寻蜀栈应妨险？酒得临邛不厌多。见说锦江风景好？当筵微醉且狂歌。

《武功怀康对山太仆》云：

凛凛风华重老成，如公方不愧科名。蒙冤岂便同阉党，呼救终须念友生。一代文章推钜笔，千秋议论付公评。东林他日樱［婴］奇祸，如今谁为片语争。

《扶风感怀》云：

同治丁卯，先严任儒学训导，廿四日住扶风先严旧游之地，与岳敬亭世兄小饮，酒毕，因述感怀二首云：

回首天涯迹易陈，鸿泥重印旧时春。书香敢谓丞先业？宦支何曾累故人。经授马融思曩日？环探羊祜忆前身。廿年手泽今仍在？珍重相看倍怆神。

话到沧桑旧梦多，光阴倏又廿年过。当时关龙频飞檄？此日河湟尚枕戈。忧世贾生空涕泪？习勤陶侃肯消磨。中宵莫负闻鸡志，好挽长鲸万里波。

《五丈原怀诸葛忠武》云：

纡策艰难辟草莱，偏安王业未全恢。三分局早隆中定，六出兵仍岂有孤军能破敌，堪怜嗣主竟无才。将星中夜归何处，落日秋风五丈哀。

《凤翔别旧友吴巽卿兄》云：

一自京华别，相思易梦亲。马蹄连夜雨，鸿爪隔年春。胡羯仍多难，苍生未厌贫。壮游何日返，欲言又逡巡。

《宝鸡怀古》云：

陈宝祠成霸业开，西陲崛起亦雄才。誓师立见焚舟至，闭粜犹能泛粟来。天帝有情酬羽裔，儿孙何意觅蓬莱。独怜轵道乞降日，废坠贻谋究可哀。

1897 年，光绪二十三年，丁酉

薛允升七十八岁。

五月

十五日，“谕：御史张仲炘奏大员纵庇子姪，授意司员消弭巨案一折。据称，直隶王田县绅民贿买已革御史溥松奏该县苛派差徭一案，薛允升之胞姪薛济即薛汝舟为之包揽贿通，薛允升又复设法销弭等语。著派徐桐、启秀秉公查办，据实覆奏”。(《光绪朝东华录》)[1]

十八日，“张仲炘封奏，劾薛允升”。[2]

张仲炘作《奏为大员纵庇子侄授意司员消弭巨案有心欺罔恭折仰祈圣鉴事》云：“窃臣恭读二十二年十二月二十七日上谕：近来大臣子弟往往不循礼法，不务正业，种种妄为，实足败坏风气。嗣后中外满汉大员务须随时教诫，严加约束，倘或踰闲荡检，致蹈愆尤，该大员等亦不能辞咎，定当一并严惩等因。钦此。夫踰闲荡检，致蹈愆尤，犹非作奸犯科，干冒国宪也。不能辞咎，一并严惩，犹非袒恶纵奸，违弃国法也。乃有子弟贿通言官，事经败露，为大员者不自检举引咎，不自回避远谦，更复为之百计弥缝，意存欺罔。如刑部尚书薛允升，其罪更加谕旨所云一等矣。臣闻前有直隶玉田县绅民讬同邑之谭姓、洪姓转央悦生堂司事苏之灼即苏月波买参该县差徭，后经薛允升之胞侄薛济即薛汝舟为之包揽，贿通前御史溥松入奏，得旨允行。因赃款未清，洪姓赴玉田县索讨，被该县知县诱入署中，讯出实情，录供通禀藩司，员［负］凤林与薛允升同乡，立即据实函告督臣，王文韶亦以关碍情面，意欲阴销。经臬司力持，然后奏闻，仍复

① 《光绪朝东华录》（第 4 册），第 3966 页。

② 《翁同龢日记》（第 6 册），第 3006 页。

含混其词，留为脱卸地步。奉旨交宗人府传讯，宗人府复请会同刑部讯办，薛允升遂派其同乡私人党蒙承审，预先商通办法。因原奏未指明薛汝舟系其胞侄，拟以姓名影射为之开脱。又谓松溥所奏已行得贿与否不必细究，又以苏月波在逃中，少一人便可横风吹断，竟不传薛汝舟到案。又因溥松系由刑部参革，复令其子内阁侍读薛浚往见溥松赔罪，恳勿认赃，并勿认与薛、苏二人相识，只认洪姓、谭姓曾经空言嘱托，便可从轻了结，用心良苦，然所谋已无人不知矣。臣维薛允升当员凤林函告之时，理应自行检举，将伊侄薛汝舟交出请惩。当宗人府奏交之后，尤应遵例回避，请特派大员秉公审讯，乃皆不出此，胆敢授意党蒙消弭巨案，遣派薛浚商通狱词，执法者顾如是乎？或谓刑部堂官及承审司员悉不止一人，岂均听其含糊了结，不知刑部事务皆薛允升所主持，要差各员皆薛允升所拔置，即不授意，孰敢得罪上官？今薛汝舟明明在该尚书寓中而立意不传，则其肯认真审办与否固可不问而知也。又况薛汝舟倚势招摇，刑部不肖司员群奔走趋承以谋差使，主事戈炳琦超越拟陪数人而得提牢，未得之先，于广众中面求薛浚，既得之后，薛汝舟又据以为功，昌言不讳，足见人言薛允升父子叔侄广通情贿不尽无因，而不肖司员之谄附其门，亦可概见。近来中外大员子弟揽权黩货，干预公事者不一而足。若既经发觉，不予惩办，其何以肃法纪而儆其余，相应请旨简派公正大员将玉田县一案严行审讯，务期水落石出，以成信谳，并请饬令薛允升将伊侄薛济即薛汝舟交出，毋任逃匿。至该尚书始终纵深袒庇，既不检举，复不回避，详若不知，百计以图消灭，实属有心欺罔。揆之谕旨之定当一并严惩者情节尤重，其应如何严惩之处，伏候圣明裁酌施行。臣谨据实纠参，伏乞皇上圣鉴。”

十八日，“谕内阁：御史张仲炘奏大员纵庇子侄，授意司员消弭巨案一折。据称直隶玉田县绅民贿买已革御史溥松奏参该县苛派差徭一案，薛允升之胞侄薛济即薛汝舟为之包揽贿通薛允升，又复设法消弭等语。著派徐桐、启秀秉公查办据实覆奏”。(《光绪朝实录》)

《清史稿》薛允升本传云："五月，御史张仲炘奏称王田县绅民贿买御史溥松奏参该县苛派差徭一案，薛允升侄薛浚［济］为之包揽贿通，允升又为设法销弭，有旨命大学士徐桐穷治其事，按验不实，但以不知避嫌，降三级调用。"

六月

初四日，"谕内阁，前据御史张仲炘奏直隶玉田县绅民贿买已革御史溥松奏参该县苛派差徭一案。薛济即薛汝舟，有包揽贿通情事，当派徐桐、启秀秉公查办。兹据奏称，提讯案内要犯洪奎鼎、饶玉振供称均与薛汝舟相识，玉田县差徭一事系谭鹤亭托苏月波、薛汝舟办理。传讯薛汝舟，坚不吐实，请暂行革职严讯，并请饬拏逸犯等语。州同衔指分四川补用府经历薛济即薛汝舟，著暂行革职，归案讯办。未获要犯谭鹤亭即谭志松、苏月波即苏之灼著直隶总督、顺天府、步军统领衙门、五城一体严拏。务获究办"。(《光绪朝实录》)

十三日，《翁同龢日记》云："薛云阶致我语可怜。"①

七月

初三日，"谕军机大臣等：有人奏刑部尚书薛允升消弭巨案胪陈贪赃枉法各情请饬查办一折，著徐桐、启秀将所参各节并入前案逐一确查具奏。原折抄给阅看，将此谕令知之"。②

十六日，"宋伯鲁劾张仲炘"。③

二十二日，那桐作为查办人员"未刻到，翁大人、徐中堂回事，申刻归。徐相、启堂派余为随带司员，为查为薛云阶尚书案，余因年谊具呈请回避，并由今日在署请假五日"。④

---

①《翁同龢日记》(第6册)，第3015页。

②《光绪朝东华录》(第4册)，第3978页。

③《翁同龢日记》(第6册)，第3025页。

④《那桐日记》，第249页。

“又谕，有人奏刑部尚书薛允升设法消弭巨案，胪陈贪赃枉法各情，请饬一并查办一折。著徐桐、启秀将所参各节并入前案，逐一确查具奏。原折著钞给阅看，将此谕令知之。”（《光绪朝实录》）

八月

十八日，“御史丁之□九人连衔封奏，劾刑部办宋伯鲁参张仲炘折不平。片指驳宋折之谬”。①

十九日，“外折极多，见面十七件”，其中明折一“徐桐等查办薛允升案”。②

十九日，“谕：前据御史张仲炘、给事中蒋式芬先后奏参刑部尚书薛允升纵庇胞姪消弭巨案并贪赃枉法各情。当经谕令徐桐、启秀确查。兹据查明覆奏，薛允升于点派差使，办理案件，均无徇情贪赃枉法情事，收受节寿亦无实据。惟于玉田县买差徭役一案，牵涉其胞姪薛济在内，不知迴避，著交部议处。刑部郎中党蒙承审此案，并不详慎斟酌，犹复饰词强辩，亦难辞其咎，著照例议处。刑部堂官及派审此案官员，于奏交之案率行咨交详省，著一并查取职名，交部分别议处。内阁侍读薛浚，虽无商递狱词情事，惟于伊叔薛允升被参之折竟不发钞，究属不合，著交部议处。另片奏王田县买参差徭一案先将讯明各犯分别拟结等语，州同衔指分四川补用府经历薛济，著即行革职，仍令在押候质”。③

八月，“又谕，前据御史张仲炘、给事中蒋式芬先后奏参刑部尚书薛允升纵庇子侄，消弭巨案，并贪赃枉法各情，当经谕令徐桐启秀确查。兹据查明覆奏，薛允升于点派差使、办理案卷均无徇情贪赃枉法情事，收受节寿亦无实据。惟于玉田县买参差徭一案，牵涉其胞侄薛济在内，不知引嫌回避，著交部议处。刑部郎中党蒙承审此案，并不详慎斟酌，犹复饰词强辩，

---

①《翁同龢日记》（第6册），第3034页。

②《翁同龢日记》（第6册），第3035页。

③《光绪朝东华录》（第4册），第3987页。

亦难辞咎，著照例议处。刑部堂官及派审此案各员于奏交之案，率行咨交该省，著一并查取职名，交部分别议处。内阁侍读薛浚虽无商通狱词情事，惟于伊父薛允升被参之折竟不发钞，究属不合，著交部议处。另片奏，玉田县买参差徭一案，先将讯明各犯分别拟结等语。州同衔指分四川补用府经历薛济即薛汝舟，著即行革职，仍令在押候质。洪奎鼎著暂行监候待质，已革御史溥松著交宗人府管束，统俟拏获苏月波等讯明办理。谭志松、苏月波仍著直隶总督、顺天府、步军统领衙门、五城御史一体严拏务获究办。寻吏部奏，遵议薛允升等处分。得旨：刑部尚书薛允升，著照部议降三级调用。刑部郎中党蒙，著降一级留任。其分别议处之堂司各官，刑部郎中英瑞，定成，熊起磻，均著罚俸一年。前刑部尚书调补工部尚书松溎、刑部左侍郎阿克丹、前刑部左侍郎调补仓场侍郎李端棻、刑部右侍郎文琳、前署刑部右侍郎调补吏部右侍郎徐树铭均，著罚俸六个月。内阁侍读薛浚，著罚俸九个月。以上各员均著不准抵销”。(《光绪朝实录》)

《清史列传》载：“御史张仲炘奏称王田县绅民贿买御史溥松奏参该县苛派差徭一案，允升侄薛济为之包揽贿通，允升又为设法销弭，有旨命大学士徐桐穷治其事，按验不实，但以不知避嫌，降三级调用。”

九月

初三日，明发折件二，其中一件“吏部议薛允升降三级调用，不应重私罪，薛浚罚俸九月，其余堂司或降或罚俸。折上，上迟徊久之，卒从吏议”。[①]

初四日，上谕：“吏部奏遵议处分一折，薛允升著照部议降三级调用。刑部郎中党蒙著降一级留任。其分别议处之堂司各官，刑部郎中英瑞、熊起磻等著罚俸一年。刑部尚书调署工部尚书松溎、刑部左侍郎阿克丹、刑部左侍郎调补仓场侍郎李端棻、刑部右侍郎文琳、前署刑部右侍郎调补吏

①《翁同龢日记》(第6册)，第3039页。

部右侍郎徐树铭，均著罚俸六个月，以上各员均著不准抵销。”[①]

初五日，“廖寿恒刑尚”。[②]

十四日，翁同龢“出西长安门拜客，晤薛云阶同年，无家可归，令人嗟叹”。[③]

姚永朴作《光禄大夫刑部尚书薛公状》：“二十三年，御史张仲炘奏称，玉田县绅民贿买御史溥松奏参该县苛派差徭事成于公从子济，公又为筹销弭策。有旨令大学士徐桐按验，覆奏无实，犹以不知远嫌，降三级调用，补宗人府府丞。”

《清史稿·薛允升传》载：“二十三年，其从子济关说通贿，御史张仲炘、给事中蒋式芬先后论劾，允升坐不远嫌，镌三级，贬授宗人府府丞。”

《春明梦录》载：“薛云阶尚书允升持躬廉朴，熟悉刑名，为法家之泰斗。时有一候选者，系六品捐职，喜结纳，与薛公子相往来。后因招摇日甚，御史谓其与公子冶游，并涉及请托词讼，封章弹劾。奉旨查办，所派之大臣系吏部及都察院堂官，余与承审之役，在都察院集讯。御史风闻言事，本无佐证。该捐职上堂，只呼革员冤枉四字，矢口无供；且烟瘾甚重，跪至一点钟，头上气如炊甑，屡次晕绝，实碍难熬审。薛公子系内阁中书，上堂递一亲供，无可穷诘。提其仆，供尤游移。连审数日，毫无端倪，同台御史竟指查办为瞻徇。当时台谏摧折大员，视为快事，一击不中，他御史便再接再厉，习成风气。承审中亦有其同台之人，尤感左右为难之苦。适有一日覆审，薛仆大闹癖气，当堂顶撞，乃笞之二十，而案仍无头绪。于是同朝大官啧有烦言，谓查办过于操切，卒以查无实据覆奏。平心而论，冶游之事，薛公子不无嫌疑，而事过境迁，苦无佐证，不能据以定案。然当日台谏党见已深，势焰尤炽，非笞仆却无以转湾也。余与薛

①《光绪朝东华录》（第4册），第3989页。

②《翁同龢日记》（第6册），第3040页。

③《翁同龢日记》（第6册），第3043页。

尚书素无往来，有一日，与同召见，在板屋内少候，见面互致久仰之语，备极殷勤，且畅谈大清律例与处分则例。因余官考功，是以及此。互相表里，毫发不能爽。津津有味，绝无介意，可见大臣风度，迥不可及。而朝纲未坠时，百政尚属清明，虽纤芥之隙，难逃指摘之严。及今思之，不禁神往矣。”①

《诰授光禄大夫刑部尚书云阶府君行述》云：“丁酉冬，因事左迁宗人府府丞，豁如也。既念老病侵寻，于礼早逾致仕，陈请去位。居恒无他嗜好，自奉俭约，日用服食与寒士无殊，惟喜观书，暇即手一编不辍。先后官刑部垂四十年，研求律例，析及毫芒，解组闲居，益惮精致力于此。尝谓乾嘉名儒多讲求汉学，汉廷治狱悉援经义，汉律在今亦汉学也，何以忽诸？荫广为搜剔，凡涉律学者一一缀录，著《汉律辑存》若干卷；又谓唐律最为精当，若明律则多所更改，国朝沿用明律，不如唐律远甚，乃辨其异同，而纠其谬误，著《唐明律合刻》若干卷；又谓刑律服制一门尤为紧要，著《服制备考》若干卷；又谓明万历时定例八百余条，至我朝增至二千条，然非出一人之手，不能斠若画一，功令五年一小修，十年或数十年一大修，同治年修例虽亦躬与其役，亦第于钦奉谕旨及内外臣工奏章依类编纂，而彼此之互相抵牾、罪名之前后歧异者，只可于私集中详加论断，若官书不敢稍参末议，乃官书数种外，历来著作家绝无专书考论，爰裒旧所记录者重加删定，条分类举，都为一集，共若干卷，名曰《读例存疑》。此又府君自少至老好学不倦，数十年如一日者也。”

《行述》又云：“府君初入西曹，即谓刑名关人生命，非他曹比，律例浩繁，不博考精研无由练达，遂穷年矻矻，丹铅不去手。遇心得及有疑义辄笔而记之，律例由是烂熟胸中，僚友每有叩问，条举律词，背诵入流，而用法务极平廉，凡守定案牍，明慎精详，他人不能增易一字。故在

①《春明梦录》（下），载何德刚：《春明梦录·客座偶谈》，上海古籍书店1983年影印版。

郎署，早为各长官所倚重。桑文恪公尝谓：部中不可一日无此人。迭经奏奖，一切钦交大案必委府君审鞫，各司曹不能讯结者悉以属之。岁勘办现审及秋审案件不下数千百起，一手核定，故无片刻闲。即封印期内仍逐日入署，归寓必携牍稿灯下披阅。及任侍郎时，遇疑难大狱，同官皆推府君首定爰书，众惟画诺而已。府君鞫囚，哀矜煦煦然，如与家人相对语，务使隐情曲达，惟恐其词之不尽。有屈枉，力为平反，触权贵忌弗恤也。”

十一月

补授宗人府府丞。

初一日，“以降调刑部尚书薛允升为宗人府府丞”。（《光绪朝实录》）

初五日，“刑部奏太监李苌材奏准毋庸入于朝审，应否即照免勾人犯牢固监禁，抑或酌入缓决。得旨，著归入缓决”。（《光绪朝实录》）

初五日，刑部片：“前据巡视中城御史奏送太监李苌材等在外逞凶交部审办一案，当经臣部遵旨审明，将李苌材依太监逃出索诈照光棍为首斩立决例上量减为斩监候，照章应入于光绪二十三年朝审情实，臣部以李苌材系叠奉谕旨始行先谳之犯，不得与寻常案犯相提并论，援照从前办过木匠吴回等成案，请将该犯毋庸入于朝审，并声明候旨，到时由臣部详核案情，先期奏明请旨遵办等因，于本年八月十二日具奏，奉旨：依议。钦此。钦遵在案。兹距勾到之期已近，臣等查该犯李苌材既经臣部奏准毋庸入于朝审，自与寻常情实人犯不同，应否即照免勾人犯，将该犯李苌材牢固监禁，抑或酌入缓决之处，理合先期奏请，恭候钦定。附片具奏请旨。”

按：前任刑部尚书薛允升力主严惩太监李苌材等，但本年九月薛允升已因故左迁，故刑部有此请奏折片。

文廷式作《闻尘偶记》：“刑部尚书薛允升晚节好货，凡部中要差皆非贿不得。部例提调仅四人，允升忽添派资浅者二人饶昌麟、谢文翘，一时物议骇异。”[①]

《二陵谈荟》云:“薛元［云］升由咸丰丙辰进士，用主事分刑部，精律例，明习部务，积资外擢知府，升至漕督，内用刑部侍郎。刑部相沿，六堂中必有一由本部司员出身者主稿，谓之画开堂稿，无论其为正堂左右堂也。惯例称尚书为正堂，左右侍郎为左右堂，主稿一堂，无论奏咨各稿，画诺后其余五堂大率无异议矣。允升在侍郎任内，因太监崔三在前门外殴人致死一案，力主立决，覆奏至三次，卒得请而后已。一时有执法如山之概。未几升刑部尚书，整饬部务，提拔人才，后之有声法界者，满员中英瑞、定成等；汉员中赵舒翘、沈家本、董康等，皆为薛允升所培植。著有《读律［例］存疑》《汉律考证》等书，为谈刑法者所宗。徒以晚年操守欠谨严，致遭物议。岁丁酉，伊姪薛济因案牵连，允升未曾回避，经言路张仲炘、蒋式芬纠参，并谓该尚书贪鄙素著：上年该尚书七十寿辰，司员中以百金为寿者，旋即提升乌怖。奉旨派徐桐、刚毅查办，覆奏大半为之洗涮。并云谓该尚书服官京外四十余年，久在刑曹，值七十寿辰，且蒙恩赐寿，亦人情酬酢之常，似非纳贿行贿者比。至点派乌怖，向系六堂共同商酌，非该尚书一人所能专擅，所参各节，臣等考之案卷，证诸舆论，均系查无实据。惟于伊侄薛济即薛汝舟因行贿关说一案，由五城送部，该尚书不知远嫌迴避，实属咎由应得，请交部议处。旋部议降三级调用，补宗人府府丞。当徐桐、刚毅未覆奏时，赵舒翘由江苏巡抚内用刑部侍郎，都下论者皆谓舒翘将为允升之替人矣。允升寻迄［乞］休，舒翘未几升刑部尚书，并入军机，兼管顺天府尹。迨庚子拳祸起，京师沦陷，两宫西幸，允升奔［本］陕西长安县人，以在籍绅士迎銮，派充会办陕西赈务大臣。舒翘以邻邦责言获咎，（允）升署刑部尚书。岁辛丑冬回銮，随扈至汴梁卒于途。次奉旨开复原官，照尚书例赐恤。时沈家本官直隶臬司，

① 文廷式:《闻尘偶记》，载《近代史资料文库》（第 1 卷），上海书店 2009 年版，第 45 页。

开缺以三品京堂候补，署刑部右侍郎，旋补光禄寺正卿，升侍郎。允升之乡人吉同钧曾《传》二人，深惜允升之老而务得，舒翘之不能迳行己志。盖庚子春夏之交，拳匪初起时，曾命刚毅赵舒翘查办，覆命时面奏曾言其不可靠；而章奏中仍称之为义民云。至英瑞由湖南藩司升大理院正卿，光绪卅二年大理寺改升二品，兼订修法律大臣，定成任大理院卿有年。董康改革后任大理院长最久，均允升培植之人才也。"①

赵舒翘五十岁。

正月

初一日，李超琼"丑初起于内寝行香毕，即呼舆从出署，诣门前半里许之所谓万寿宫者，俟抚军、方伯、观察、太守及尚衣庄健并文武在任各寅僚咸集，望阙行庆贺元旦礼。时已卯正矣。礼成，再分谒各庙，遂循俗贺岁。历抚、藩、臬、道、府各宪署，均次第得见，惟廉访吴公以病在谒谢客未出"。(《李超琼日记》)

初五日，李超琼"早起诣抚辕衙参，偕王、项二君入见。另有寅僚四人。惟以盗伍发开询及而已"。(《李超琼日记》)

初十日，李超琼"早起诣抚辕衙参。偕王、项二君入见。所论之事无甚黑白，惟见之声音颜色而已"。(《李超琼日记》)

初十日，张之洞"致苏州赵抚台、江宁刘制台"："除夕致总署电，云机器造货加税章程九条，在总税司意谓华商既加，洋商自遵。惟华商风气初开，营销未广，已成之厂获利无多，未成之厂集资非易，正苦无术鼓舞。洋商力厚势盛，百计沮抑，本年江、浙、鄂缫丝纺纱各厂，无不亏折，有歇业者，有推押与洋商者。华商束手，则洋商独揽中国商民生计，何由自振。可否暂请缓办，俟商务繁盛，再将华洋一体加征，出自钧裁。浙抚廖来电相商，意见相同等语。特转达。此事谷帅业于正月初五日径电

①《越风》第二十二、二十三、二十四期合刊。

总署，大意与鄙说相同，并云请俟洋商允加税后，华商再照加，立说甚善。苏、沪、无锡等处机器制造土货之局甚多，事同一律，谅尊意亦必以为然，或电或奏，请尊裁。再，九条章程中有此项机造土货俱存税务司官栈中，尤于商情不便，且章程处处皆言税务司，直不提关道，亦不可解。敝处并拟，即日具奏，能得各省意见相同，以动总署之听，当可挽回，实中华商民生计之幸。即盼电覆。”①

十一日，张之洞“致江宁刘制台、苏州赵抚台”：“除夕致总署电云机器造货加税章程九条云云，至实中华商民生计之幸。即盼电覆。蒸。文内谅字删去，亦必二字改作如字。”②

十三日，李超琼“犁旦而起，随同方伯聂公、太守桐公致祭猛将，礼成，乃诣抚辕预祝太夫人月望寿诞。明值忌辰也。武巡捕蒋福栋、杨同顺乃向长洲王芸庄兄索跅弛之马，马固驰而伤人者，节奉宪扎拏禁巡捕，则概为包庇代索。芸庄婉喻之至于再四，而蒋、杨乃在首府县官嬲扰不已，至不可耐。余本欲为解纷，甫晓之而福栋竟抵牾恣横，因面斥之，犹不相下。迨方伯闻而训饬之，乃退，退即入为肤愬于抚军之前，余一笑置之。方伯既见，乃将其横暴无礼为抚军言之，后闻有撤差之举，而余固无所与也。小人骄倨，有积渐而然，不能理喻则直斥之而已。虽善媒孽能为吾害，则撤任参官止矣，又何惧哉”。(《李超琼日记》)

十四日，李超琼“以感冒未出。辰间，太守桐公遣价来招，坚请一往，不得已，扶病赴之。则以中丞、方伯皆嗔余面斥武巡捕为不知官体，将撤任也。太守犹殷勤其词，约余午后随之同诣藩垣，欲会谢过。余方幸得以微罪去，实不能从。奈其委婉不已，意良厚且挚，姑面诺之”。(《李超琼日记》)

① 《张之洞全集》(第9册)，第183页。

② 《张之洞全集》(第9册)，第183页。

十七日，李超琼“早起，出销感冒假。先见抚部，旋偕芸庄同谒方伯，谈久之。且皆以蒋巡捕之事为言，蒋有奥援，能媒孽大府，固言非所录用也。而词意间已有抑扬者。在吾知不免矣。然侵官不能制，焉用邑宰为”。（《李超琼日记》）

十九日，李超琼“开印日也。礼部以期通行天下，文武衙门无大小咸遵焉。定在午时，而俗传封印则自上而下，开印则自下而上。余于辰正即升公坐，饬胥吏如式行之。巳初即出，先至府署，偕芸庄历粮道、藩、臬两司以至抚军署，则日时加午矣。伺其礼成，投刺而聂公、陆公先后入见。既出乃皆散”。（《李超琼日记》）

二十日，李超琼“早起诣抚部衙参，俟司道见毕，随太守以下十人入见，而宝应令徐庆增以民俗刁诈对，大拂宪意，致于严诘，彼固若不知也者。品流糅杂，吏道之不可问，亦一端也。可慨哉”。（《李超琼日记》）

二十日，赵舒翘记录：“天道福善祸淫，治身则长善去私，治人则扬善遏恶，是之谓顺天休命，是之谓可与佑神。若扬善而善弗获用，遏恶而恶仍难除，则是己之学历审机未精。否则天道之变，修吾德而安其变，他何容心焉。”①

二十一日，张之洞“致江苏赵抚台”：“诔电敬悉。慨允塾赈款二万金，闵念灾黎，感佩万分，敬谢。交何号汇鄂，祈示，切盼。余俟大咨到遵办。”②

二十二日，李超琼“未明而起即赴试院，则方伯聂、观察陆、太守桐已先至，坐俟少选，中丞赵始按临考试紫阳书院，举贡生监甄别题既下，抚部遂归。余辈亦返”。

又“过少谷寓，入与匆匆数言，有人谓其方得于中丞，不宜与之过

①《慎斋别集》（卷二）《慎斋语录》。

②《张之洞全集》（第9册），第188页。

密，倚以自重者，然诚有见也”。(《李超琼日记》)

二十四日，张之洞“致苏州赵抚台、聂藩台”：“闻苏州因钱少价昂，聂方伯创行官钱票章程甚善，钱价顿平，商民称便。特奉询，祈将章程详录，交邮政局寄鄂，至感。”[①]

二十五日，李超琼“五鼓即起坐而待旦。晓色迷蒙中即诣抚辕衙参。随太守及芸庄并樊少默司马入见，则已届辰初矣。抚军询芸叟以诗吕代理事，于居夫丧之倾而谋不损其资，上官亦公言之，若情理之上是何为者，伦常纲纪其可问耶？余嘿不一言，隐为慨叹而已”。(《李超琼日记》)

二十六早，赵舒翘记：“平日于约字总未看得的，今读《孟子》‘言近指远’一章始悟。只是此身，然后知修已之已，约我之我，皆明拈出示人，特悔向之惝恍耳。”[②]

二十七日，李超琼“遂至芸庄署，约同谒抚军，白河运改海兑运事。出再以复之储宪。两次均顺道访潘绅济之，皆不相值。未正乃返署一饭。申刻，过刘子贞太守谈勘地事。吴中开埠误于省抚皆欲牟利，致所画之地、所筑之马路无不授倭人以口实，而利权终不克自操。盖开办之时悉叶革令怀善参赞，抚部皆偏听而信任之。至今日始知悔不可追，而亦未能补救也。可慨哉”。(《李超琼日记》)

二十九日，李超琼“午初，命舆将出，芸庄复来，言河运事，中丞盛怒，罪余等买米过早，致多周折，且必不使招商轮船至镇，将勒令自高邮运沪以困我。不情之举至斯而极非公事之宜，然盖私忿之欲泄。卑官其奈之何哉！芸庄愤极而诟。余笑且婉劝之，亦以时下事未可以情理为衡，惟一于含诟忍尤，或幸而见容耳，悲夫”。(《李超琼日记》)

是月，赵舒翘刻《聂乐山诫子书》成，序以行。其《诫子书序》云：

---

①《张之洞全集》(第9册)，第189页。

②《慎斋别集》(卷二)《慎斋语录》。

高忠宪公云：凡家之兴，必有思艰之人始基之。而始基之人，其筋力必强，其志虑必坚忍，其神必旺于恒人。盖天欲封殖其家，必封殖其始基之人，绵其年使之历祖、父、子、孙间，周阅详备以垂不拔之业。今观衡山聂乐山先生之克享大年，积厚流光，益信忠宪之言为深知天人之际也。

余少时即闻友人盛称先生之子作吾省镇安县令，《县志》载有先生《诫子书》，惜未得读。后阅《经世文编》，始见其书，句句切实中正，寻味无穷，修齐治平之道一以贯之，非天理烂熟于胸而又洞澈乎人情者不能道其只字，宜乎桂林陈文恭公抚吾陕时三批此书而不厌也。前岁，与聂仲芳方伯同官于浙，初见即爱其根器非凡，志趣向上，渐谈及家世，乃知系先生之六代孙也。夫先生一布衣耳，遗泽孔长如此，盖先生之可见者可于《诫子书》知之，先生之所不可见者亦可于《诫子书》推而知之。挽近仕者相聚，无非韩昌黎所谓“商财贿之有无，计班资之崇卑”，忘已量之所称，指前人之瑕疵，使读先生之书，于心能无愧乎？若能效先生之言，吾民焉有不受福乎？遐想尔时列祖列宗，深仁厚泽涵濡于上，草野韦布之间即有此等耆儒硕士，隐脩燕翼，诏勉家庭，俾惠爱及人。其道迩，其事易，而讵知薰德善俗酝酿宇宙太和者实在此也。今之作州县者，视此书所言何如乎？今之父兄望作州县之子弟者，视此书所言何如乎？嗟乎，中土财赋漏竭，民生日蹙，而有拯救之责者率多私懒成习，苟且从事，国家将何赖焉？喜事者则争尚新奇，肆言功利，行之效已，难免上益不损，况利未见而害先形乎？是又如医羸瘵之浮火而投以栀芩重剂也。余窃叹悯思，自愧德薄，无以挽颓风而起吏治，因刻是书，遗我僚友好，善有同情，想痌瘝胞与之怀、洁清淬厉之志，必有读之油然而兴起者，岂徒表仲芳方伯之先泽也哉！是为序。光绪二十三年，岁次丁酉孟春月。[1]

①《慎斋别集》（卷一）。

二月

初一日，李超琼“犁旦而出，行香既毕，继往衙参。中丞、方伯皆接见”。(《李超琼日记》)

赵舒翘记：“乾坤生六子，以震为首。震者，恐惧修省也。故为学以戒惧、慎独为本，人心来复全赖此耳。”①

二月，陕西大儒刘古愚派遣弟子杨蕙、陈涛、孙澂海等南行，购置纺织机器等。临行，刘古愚作《南行诫约》十五条，其中“见官”一条云：

至苏见赵展如，呈我信后，看其辞色，不以为然，令其以信覆我。汝等即求他往，速密为我信。如无大人气习，第谓此事难办，则无足怪。此事本不易办，慎重未尝不是，则与彼诸凡商酌，渠决不欺人，亦非畏事之人。彼好议论，必另有一番议论，可采则照所言行之。②

陈涛等到苏州，拜访赵舒翘。其事具见陈涛《南馆文钞》之“与苏抚赵展如中丞问答记”：

初三日午后，舟抵盘门，宿城内悦来栈，即肃冠履往谒赵展如中丞。先通以学宪及吾师书札，旋即入见，中丞便服相延，词色温霁，言次谓兹事体大，殊不易为，汝师何作此想也？答以学宪盛意，吾师成之，李孟符又赞之，涛等遂奉师命前来学习。中丞则云：汝师学品性情，我最佩服，故我有句云：他时若订金兰谱，特笔书君第一人。但当时我学好程朱，而汝师尚王学，故吾二人议论辄相龃龉。我最不好西学，适间某令以阅《时务报》相询，我已申斥之矣。纺织事，我初何尝未接汝师函，其未覆者，欲令知我不覆之意而中止耳。而今来信又如此云云，是不知外边情事之难，而此等事之尤难也。如此间缫丝纺纱各厂，系张香帅借留朝廷还商一款，令乡绅陆凤石司成总办，而陆君坐此几于身败名裂，使朝廷负

---

①《慎斋别集》(卷二)《慎斋语录》。

②《刘光蕡集》，武占江点校，西北大学出版社 2015 年版，第 247 页。

人。当此时议论逢起，司成亦欲引退而不能，为香帅者好大喜功、浪掷朝廷金钱于无用，为陆君者，亦立身不知自爱而好为此等事，吾未见其可也。我则谓中国之敝在乎人心，如机器等事，此自外人之智巧，何必摹效！盖此等人近于禽兽，不见夫虫丝也、蛛网也，又岂人力能到者也。且洋人亦故秘其术不相告也，观之中国所造枪炮同一器而费必数倍，所取之丝则以为缕太细无肯购者，多致丝厂歇业，诸如此类，岂非洋人有不传之秘而故以卖弄中国耶？且购外洋器，吃紧总在机关而洋人于机关之要则多为窳败，或用残将弃之遗以欺我耳，目此事若何可办？故我抚苏，凡此等事一毫未闻。曩虽奉得廷寄而究不忍为也。汝师乃竟欲此事之为哉？盖汝师性情，凡事只思其易，不思其难；只思其利，不思其害；只思其前，不思其后，万一未路无成，将何了结？纵自身破家亡而掷他人之财于虚牝，何以对人？近日上海、湖北何是一有成效？香帅，败家子也，岂足为训。又言申沪各报馆俱不通无赖秀才为之所谓洋务，俱是诳言，我决不看汝师刊论强学会叙，是许康长素之为人直与圣人为一气，岂不大谬，以为其言论可听也。此间能为此等文字者，车载斗量，何可胜数。倘汝师见之，必以为美不胜收矣。涛等聆其言论，窥其意旨，知其别有见地，因言敝师谆谆致词，公何妨痛切作一覆书。则又云：汝师学高于我，我若反其意而覆之，必曰少读书，不过时命大佳，较我官高禄厚耳，岂能听吾言。但尔等既来，我亦将作书报之矣。然我终虑此事利少而弊多，我陕本无异类，分为此举，又要报效洋人，是开门揖盗，教猱升木也。遂让茶而退。此第一面之大略言词也，虽与吾师意不合，而观其持论与所自许，固亦贤人君子之用心，而惜其所居时势则如此也。天下事坏于庸恶委琐之徒，而一二老成人抱道自重，拘泥成见，视新理新学为无奇，或鄙之不屑而甘视大局之败坏决裂而不思补救，此真可太息者也。窃谓此等皆自视过高，不能虚心体察他人之长以为己益。小人而误国患己钜，君子而误国患更何所底哉！今日讬其价入丝纱厂参观，并拟见陆凤石，求其先容，俱许之。归栈，天晚，雨来。

初四日，“昨晚中丞派巡捕杨君名国梁者来约今日游厂，讵昨晚雨通宵，路滑难行，故与杨君约改期，中丞命来招余二人，令涛早间来，清卿午后来，欲分询之也。涛闻命趋去，中丞曰：此事大难，闻汝等云四五十万方可办去，吾陕富室若何有此大力，而公款又万不可借，陕省藩库想来亦无余款可拨。近日办事万难，有汝师德望，发于一时忠愤，故吾省大宪不能不暂为许可，但此事以时日计，总须一二年方成，彼时难保不有浮言，今日各宪总使与汝师志同道合，此一二年若有升迁之事，后来者不为主持，反因而作梗，此势成骑虎，欲进不可，欲退不能，将有不测之事。再者，近日来华并无上等洋人，即如吴淞口自强军之德教习，直彼国之无赖耳，腼然享我国厚俸而漫无纪律，何可复信各厂所招洋匠，狙诈咆哮，称职者少而滥竽者多，湖督铁政局之洋工师已被盛京卿汰去矣。且请洋人先定合同，我不能预悉其技而先限年立约，纵使后日不能胜任，亦得将所定薪水照年给清。更可虑者，万一于吾省居民构出衅隙，咎将谁归。再者，我今岁始闻湖北纱局略有微利，然已得不偿失，苏省则不闻有得利者。汝师之人所可信心万分，亦有微利，而洋人见之，必曰陕西亦可去也，挟数百万开数厂，吾恐我之所谓利者，彼且据而有之，而我之害不旋踵而至矣。观说略内虽有禁止旁人开设一层，在旁人原必其无复开者，而要不能禁制外洋人也。汝师亦曾虑及此乎，乃听孟符孩子话耶？及早收拾，尚可下场，否则定买机器之日，即身败名裂之时矣。且云若谓办此即可塞漏卮、开利源，吾决不信。而汝师方云为吾之湖湘，恐未必然，害且难免，而更何以为义饷哉？涛屡言吾师虽系办此，而意则藉以提倡实业、教育，俱不甚答，似极不以新教育为然也者。又询乡人士孰可靠者，又询在江陵见云生，议论若何？涛言云生虽不谓然，但局外膈膜之谈，究非身入其中，详考其利弊得失，故涛亦未心服也。中丞又言：汝师望香帅代筹款项，未免痴想，香帅自顾不暇，焉能谋人？涛以其格格不入，因言万一招股有望，官吏拨助，公能维持之否？答言：我断无不管之理，出数千金之股，只要在外即可，即付之无用亦可，但我观陆凤石为指摘所交加，不欲汝师亦出此也。询路费一层，涛答以吾师特遣来此学习调查，刻下暂由味经书局提出。公云：我平生只守‘约旨卑思，铢积寸累’二语，不能浪费钱也。似亦不以此来为是，并云：我昨岁修桥一事，以我家六世单传，我年五十无儿，吾乡亦无大员，欲作此以惠我乡人，非宦囊有余而为豪举也。我作官，分内之事无不尽心竭力，时势至此，君子道消，然既受朝廷厚恩，屡加擢用，只得勉尽所长，指摘听之于人，京僚亦不应酬，偶有思归之心，实畏汝师诘责，不敢即归，然天下事究不易为矣。遂让茶而出，此第二面之大略言词也。归栈与清卿谈，清卿言：伊云陆凤石指摘交加，究竟创巨痛深，陆公受谤愤事之故，即可为后来殷鉴，总须求见此公，得其不韪于人之梗概。余深然之，后清卿去，中丞云：陆亦不达事者，伊专委其戚祝观察，某现在厂内，游时见之可也。清卿谈词自有记，归携中丞所刻《沈余遗书》二种语录之类，中丞最惬心者，故各赠一部。又中丞言：上海机局有潘道者，昔与言，见其议论晓达，问何以能如此，伊云上海局中有绎出各种西书机器图说等类，常浏览焉，因索之，潘送来一箱，及今尚未开也，他日你等可携以归去。语清卿云：举不可不中，他日作官有此凭藉，甚便宜。其时清卿尚诸生也”。

初五日，陈涛等“于是先归栈略食，复往中丞处，告以祝在沪，仍拟见陆，公云：不必也，陆亦不知余等。遂不再请，因言拟明日赴沪，求为照应。公云：尽可许与上海道刘康侯作书，并云：天下事，实不易办，昔在温处道任，因温溪盐案办理逾年，可谓耗尽心血，既处处让善于人，犹复不免嫉忌，幸后即擢此间臬司，遂得蒇事。著有《温处盐务纪要》一册，付余二人各一，又付余等《提牢备考》，皆自著者。又言：君子思不出其位，汝师坐拥皋比，而忽欲办此等极难之事，其何济乎？张香帅之力仅能举之，尤且有弊无利，如陆凤石者，则又一败涂地，不可收拾，盖苏局虽系奏明截留商款，仍是绅董经营，地方官保护，而初办时陆君以为己系苏人，理宜主持，请于香帅，故居斯席，今功未及成，而讪谤迭来，股商索还原款，吾恐将来只有腐烂机器徒存，并且不能纺纱开工，以司成之位，局势如此，何况其他哉！即云学宪亟力维持，而转眼又当替代之时，后来者能保其与我同心乎？涛今日见纱局尚未竣工，机器并未安就，而中丞之议如此，窃怪未及动工，安见无利？又意中谓外边既有摇惑之言，掣肘之事，中丞何不力为主持，以期其成，而乃亦效旁人之见，腾诸口舌，无乃不可乎？遂卒然问曰：公谓陆公所办无效，现在事在半途，何所据而知其日后之失败？且公言陆公用商款，近多起而为难，然则公何不一为主持而佐陆公治其事，乃听旁人之多言，何哉？则答云：凤石用人不善，此事我亦不愿闻，往日曾上总理一书，我即置身事外。遂取稿令我二人阅之，清卿又言：近闻西人有一种民间利用机器，一汽机运织布机四张，将来大事不成，购此而归，虽其繁简不同，而机括仍一，亦可资学。中丞谓不必如此，词气之间总不以西学为然，故反以此言为塞责，而以不必止之也。又似以涛等之来为耗财，故谆谆言学，言不如归去，若一失足便千古者。涛等达吾师之意，欲其出巨款相助，则慨然曰：如事成，数千金我决不吝，即上海有事，我亦可照料，你等不如暂回沪上。遂让茶，我等亦即告辞，及送至门曰：连日以与日本定租界，甚忙，未及回拜我等。答以不敢。但租界之词，今日此时始挂于口，故亦未及细询。此第三面言词之大略也。归已天晚，意兴索然，遂如山阴访戴矣”。

附记：“陕省产棉花而不勤织纺，平时衣被之需，内则依赖湖北，外则取给欧美，金钱外溢，民益穷匮，而且关河四塞，不便交通，习尚固陋，于新世界学术知识瞢然无所概见。吾师咸阳刘古愚先生乃有创办机器织布纺纱之议，绅商和之，大吏赞之，于是涛及同门杨风轩（蕙）、孙晴帆（澄海又号清卿）奉师命南下，一以资调查，一以藉习练，而又得便宜筹备办法也。苏抚赵中丞展如与吾师有布衣昆弟之交，师意得其赞助，举办当易为力，故饬涛等便道晋谒，承商壹是，讵中丞意不谓然，既面加告诫，复驰书陕中，极言此事之不可办，乡人见浅，以为达官贵人之言阅历较深，向之踊跃认股者至是皆冰消瓦解，而秦中织纺之成议遂破坏，以至今日而不能复振。今罂粟禁种，树棉益多苦于销路之难，秦人乃复垂意于此。吾慨夫前几于成立而失败也，追录日记中与赵中丞谈话各节以见当日之事实。至语言之层次，词气之抑扬，俱是当时退后记述，悉依面谈，不敢妄著一字。呜呼！吾师志虽未酬而平生恳恳为秦人谋教养者，前功究不可没，机器纺织其一端耳。缅怀先哲，秦人可以兴矣。民国二年三月下旬陈涛识。”①

初七，赵舒翘笔记：“诚字贯仁义礼智之内，明字即聪明睿智也，故谓之性。”②

初九日，“江苏巡抚赵舒翘奏，苏省已采购河运籼米一万四千石，今统归海运，以籼易粳，一时无从粜换，请搭解籼米，按石抵收，以示体恤。从之”。(《光绪朝实录》)

初十日，李超琼“早起诣韦、白二公祠视祀事，遂至抚部衙参，仍未得见”。(《李超琼日记》)

十一日，刘坤一《复赵展如》云：“此案端委，尊指虽无迟交扣誉明条，因有不准继烛严例二语，洵亦片言居要。科场则例，本极严明，条款既多，准驳互见。愚生俗儒，不识精意之所在，往往断章取义，藉逞刁风；业经严切批饬，当可以资惩儆。事关抡才大典，中外皆许陈言。惟弟来自田间，蚤从军旅，未尝学问，敢议典章？况当邻警迭乘，筹防孔亟，羽书旁午，金布纷罗，更恐以詹詹小言，取憎多口。执事现在都门，又监临任内之事，政刑与德礼本来相辅而行，似可封章入告，饬部核议颁行，以垂

①《审安斋遗稿》，1924年铅印本。

②《慎斋别集》（卷二）《慎斋语录》。

令式，庶棘闱之积习可挽，南省之沾丐无穷。来轸可循，去思弥永，伏望贤者理而董之。”①

十二日，李超琼“文昌祠春祭日也。丑正即往，雨中祭龙神祠及后殿，代太守行礼也。抚部寅正乃来，礼成而归”。(《李超琼日记》)

十五日，李超琼“丑正即起诣武庙陪祭。中丞以寅正至，礼成。复奉饬代祭程忠烈公学启祠、淮军昭忠祠、王太守学懋祠。既卒事，天始近曙。遂诣抚辕衙参，一见而出”。(《李超琼日记》)

十六日，李超琼“近见抚部恣睢益甚，遇事苦刻。以常熟钱姓案，特承审莫司马葆辰撤差摘顶，并太守桐公亦记过焉。人咸谓此案因叶怀善插讯，欲为钱福申开脱而终不能，故从中播弄乃至此。然乎否乎不得而知也。近日之波澜则陈令香（祖）所构也。然陈与莫交甚密而相倾相轧，乃不可端倪。又以见宦途之浇薄也。吁，可慨哉”！(《李超琼日记》)

十七日，李超琼“述及凌镜之被劾，中丞至金坡有悔于厥心。盖事察访，无一人不称其贤而谓其屈，故甚自愧云。然举劾者所以进贤退不肖也，所以奖君子而使劝斥小人而使惩也。而昧昧从事，匿于所私，逞志以求一时之快焉。既失之矣，虽悔其可追乎？吾见其终于文过而已。且知过也，悔过也，并其知其悔而亦文之矣。诚小人乎，乌足为大人也。夫大人之名，今惟位高者当之，而岂知固乳臭之婴，乞匄之贱之有不如哉，噫”！(《李超琼日记》)

十九日，李超琼“早起，晴光满天，遂偕两县，请太守公于太阳宫，及郡庙报谢礼毕，复偕谒抚部及储宪陆公白事。皆以河运漕米改由海运故也”。(《李超琼日记》)

二十日，李超琼“犁旦即起，诣抚辕衙参，未得见也”。(《李超琼日记》)

---

①《刘坤一遗集》(第5册)，第2188～2189页。

二十一日，赵舒翘作《遵查知县参款折》：“奏为遵旨确查恭折覆陈仰祈圣鉴事：窃臣等承准军机大臣字寄：光绪二十二年九月二十八日奉上谕：有人奏知县贪酷请饬查办一折。据称江苏盐城县知县刘崇照居心残忍，任意妄为，讯问案件，民人被冤笞责致死者甚多，读书之士亦加陵虐。又复借端勒罚纳贿。该邑总董陶鸿恩等助该令为虐等语。著刘坤一、赵舒翘按照所参各节确切查明，据实具奏，毋稍殉隐等因，钦此。当经臣等檄饬藩司将刘崇照先行撤任。一面密饬署臬司陆元鼎遴派干员前赴盐城，按照原参各节调核卷宗，采访舆论，严密确查。兹据臬司吴承潞分别查明详细禀覆前来。臣等覆加查核，如原奏所称‘盐城县知县刘崇照残忍剥削，草营人命，讯问案件多在酒后，虽涉细故，笞责辄至数百甚至数千。县民刘金垚年已七十，因田土事受笞昏迷。民人姚庆年逾八十，因公事到堂，亦被严责’一节。查刘金垚因教唆词讼，经刘崇照传案讯究，发交典史看管，并无受笞之事。姚庆系该县粮差，年约六十内外，为著名蠹役，奸猾贪婪，人人切齿，经该县因案责革。刘崇照于惩治讼棍、地痞不遗余力，绳之过严，遂有笞责数百数千之谣，采访舆论，尚无残忍剥削、草菅人命确据。刘崇照虽常饮酒，办事从无贻误。至谓讯案多在酒后，似系传闻失实。又原奏‘民人陈俊英，因拦舆投禀，不问情由，辄责八百。陈俊英缢死大堂之上，该县授意仵作指称急病，勒令尸亲具结掩埋。民人顾莲被冤赴诉，猝遭重责，其女痛父，因而自缢。张姓因该县相验命案观看触怒，致被究拿笞责，因忿致病而死’一节。查陈俊英系光绪十九年间以族叔陈侦占田勒价等情拦舆具控。刘崇照按照控情略加诘讯，知其意存讹索，予以笞责。陈俊英即于是夜乘间缢死鼓架之上，经尸亲呈请领埋，投具切结附卷，实无授意仵作指称急病之事。顾莲之女顾氏嫁与朱加有为妻，因其夫有外务，时相吵闹。顾莲即与朱加有为难，乘刘崇照因公下乡拦舆控告。刘崇照因顾莲溺爱偏护，薄予笞责。而顾氏旋因与夫口角，自缢殒命，并非因痛父被责所致。至年逾八旬之张姓被责因忿致病而死一案，遍加访查，并无其人，亦无其事。又原奏‘文生李鼐因中证牵连，戒饬后锁于大堂柱上。文生卫炳荣因亲族调解事，戒饬后亦锁堂柱。文生盛如霖因小故亦被戒饬’一节。查文生李鼐系著名讼棍，因王洪氏承继案内唆讼，经该县讯明，戒饬锁于堂柱示儆，系为严惩刁生架讼起见。文生卫炳荣因家庭争产，从中播弄，发学看管，并无戒饬被锁情事。廪贡生盛如霖曾为职监郭子竣调处讼案，迹涉干预，经刘崇照申斥，并因郭子峻欺孀占居房屋，酌量将郭子峻戒饬。又原奏‘凡词讼案件，多藉修理城外闸工为名，勒罚数百至数千，有王再扬被罚三千串。其馀罚款尚多，皆名闸款。果否归公，详报上司，邑人不敢查询’一节。查王再扬系和丰杂货店管事，因把持行市，垄断居奇，据允和布店等联名控经该县差传未到。旋经和车店主以嗣后不敢把持，情愿捐钱三千串缴充修闸下费，再三呈请免究。刘崇照以为积弊既除，商情无碍，且于公举有益，故照呈批准，将钱发交董事经收，采办木料，有卷可稽，初非借案勒罚。其餘间有商民情愿输捐之款，亦皆立案归公，绝非借公肥己情弊。又原奏‘上年海氛不靖，禁止米麦出洋，各粮行行贿数千金，旋即开禁’一节。查前年该处米麦准予出口，因顺天、直隶一带民食维艰，经直隶督臣咨由漕臣札饬该县，凡领有护照运米者，准其放行，并非得贿开禁。又原奏‘劝捐一案，该县于正数外勒加浮费，否则不许详请议叙’一节。查刘崇照奉饬劝捐，因需款孔亟，多方劝导，近年捐务已成弩末，即正捐尚难踊跃，实无从勒加浮费。至于捐输议叙，均经刊有专章，大张晓谕，允非该县所能抑勒。又原奏‘总董陶鸿恩、张廷恩为该县之爪牙羽翼，实助该县为虐’一节。查刘崇照平日审理词讼，是非曲直均系亲自裁断，绅董无从进言。察访陶鸿恩等亦无助该县为虐及贪险刁狡实据。又原奏‘该县之母在署见其不法，力戒不从，一怒而去’一节。查该县之母本系迎养在署，嗣因不服水土回籍，未闻有力戒不从，因怒而去之事。又原奏‘该县自知声名恶劣，去任时托陶鸿恩等代雇愚民，沿街跪送，又密托陶鸿恩等贿嘱寿榜徐姓联名投禀各大吏请饬回任。该令去则士民相庆，回任后气焰有加，人人自危，至有迁居避祸’一节。查刘崇照上年交卸去任时，城厢内外及远近乡民闻信趋送者甚众，四乡农夫复沿途攀留，迨后绅耆等又联名禀求各衙门请饬回任，此系出于民情爱戴，似非由雇而来。果有迁居避祸情事，何无一人上控？自是传闻之误。此查明刘崇照被参各款之实在情形也。臣等伏查此案业据臬司委查明确，刘崇照并无残忍剥削各重情。粮差姚庆奸猾贪婪，例应责革。陈俊英因讹诈被责，咎由自取，缢死之后，该县并无授意仵作指报急病情事。顾莲之女自缢，亦因与夫争吵，非由痛父被责所致。即和丰杂货店捐缴闸工经费，确系该店自愿输捐，并非勒罚，款归公用，亦非肥己。总董陶鸿恩等亦无助县为虐确据。刘崇照在任数年，听断勤明，尚能留心民事，详加访察，并无贪酷劣迹。惟文生李鼐既系著名讼棍，并不先行详革，又不会同学官，擅自锁责，虽为严惩刁生架讼起起，究属意气用事，应请旨交部照例议处。其余或事出有因，或传闻失实，或查无其事，均请毋庸置议。所有遵旨确查缘由，谨合词恭折覆陈，伏乞皇上圣鉴训示。”[①]

为刘崇照事，陈玉澍《上赵展如中丞书》云：

尝闻天下之治乱视乎人心之是非，是非不明则邪正倒置，必至以夷、鱼为溷，跖、跷为廉，植薋菉而拔兰荃，纵鸱枭而囚鸾凤，此人心世道之患，非廑一乡一邑之忧也。盐邑刘明府止计是非，不论利害，治盐三载，勤敏莅事，清介绝尘，民怀吏畏，当久在明公洞鉴之中。今忽为言官劾罢，四境闻知，靡不骇惋。士愤于庠，农咨于野，商嗟于市，其鼓掌得志者，唯觊幸灾乐祸以图报复、远播蜚语以耸听闻者耳。鲰生下之为桑梓惜良吏，上之为邦国惜人材，欲为痻蜩有所不忍，间关投牒，义不容辞，谨将其维俗、兴利、除害诸实政覼陈之。明府尝谓居今日而欲制胜外夷，不外岳鄂王二语：文不爱钱，武不惜死，则可致太平。故于马关立约之后，

① 《刘坤一奏疏》（卷二十七），第 1069~1072 页。

即自捐廉俸刊刻《钦定胜朝殉节诸臣录》以广先皇帝教忠大训，深衷远识，诚有非章句陋儒、风尘俗吏所能窥刌者。此维俗之实政一也。明府又谓自强之基，储材为急，为学之要，尚志为先。乙未冬月，筹赀二千余缗，创建尚志书院，广购经籍，招集邑之高才生肄业其中，捐俸延师，诲以汉宋诸儒之学。今岁秋又购买民房二十间，谋创算学书院，以振兴畴人之学。此维俗之实政二也。明府又以明季甲申、乙酉间盐邑多舍生取义之士，乡贤漏祀，俎豆阙如，幽隐未彰，无以为立懦廉顽之助，因崇祀王节愍公百度、鄞节愍公报国等十余人于尚志精舍，以风示学者，与明公于云间创建融斋书院，奉兴化刘融斋（刘熙载）先生栗主其中，其意正同。此维俗之实政三也。盐邑自石踺、天妃、正越三牐久圮不修，东壑咸潮频年侵灌，农田斥卤，饮灌俱穷，桔槔高悬，禾稼蔫萎，黎民阻饥墐户，逃往江南者不绝于路，各大府虽轸念盐民，痌瘝在抱，束手相顾而无如何也。明府隶盐之初，正海水西侵之日，士民皇皇有如寇至，明府选任端良，屏黜贪佞，排斥浮议，力障狂澜，集赀万缗，筑堰捍海，劳瘁数月，三壩告成，廿年大厉，一朝而殄，万众鼓舞，懽若更生，淡咸之界既分，稻粱之利以溥，数年秋稼，合境丰穰。民食既庆丰盈，租税亦无亏欠。此兴利之实政一也。牐之开闭也易，堰之启塞也难。以堰代牐可暂而不可常，三堰既成，遂议先修越牐，越插既成，复议兼修正牐，正牐不费国家一钱一粟，专以精诚感激，俾商民踊躍捐输，先后集钱数逾八万，一劳永逸，可为盐邑百年之利，万家尸祝，良有由来。此兴利之实政二也。里河各州县，女甫龀，教之纺，稍长，教之织，布帛之利丰于麦禾。盐邑向无机声，巾帼无以自给，致有轻去其乡，沦于汙贱，明府恻焉悯之，于城内创立纺织局，遐延织师，购卖杼榎，集娈稚十数人，诲以纺绩，未及一年，已著成效。此兴利之实政三也。明府捐廉之事不可胜书，而硕德深仁无如今岁，捐廉以济海滨之困。六月十三日，飓台驰骤，海水飞涝，浊浪西趋，郊原沈没，室庐资畜荡条［涤］无余，男妇葬鱼腹者，新伍两场以数千计。明府康济为怀，不分畛域，首捐二千缗振济灾黎，邑中好义之士闻风鼓舞，捐赀至七千余缗，运往海濒，给衣谷以御饥寒，建室庐以蔽风雨，海濒沟瘠赖以更生，此兴利之实政四也。盐邑安清道友萌芽于五六年间，由县宰窳不任事，徒党渐蕃，其魁有十虎一彪之目，明府饬役急捕，彪虎望风远遁，廛野肃清，民乃胥安。今春明府去任，相率来归，为暴如故，及季夏得奉檄回任之信，复携党远飏，其未逃观衅者尚有数人，明府接篆未一日，即密捕械治之，余党乃悉遁去，使州县尽如明府，伏莽可以不兴，治乱未萌，端资茂宰，此除害之实政一也。盐民负气好争，片言龃龉，夭水违行，生监之虎而冠者复媒蘖其间，使两造倾覆身家，若辈缘以为利，明府谓水懦不如火烈，鉏莠所以养苗，择尤严惩，不稍宽假，请托不行，苞苴路绝，豪强屏戢，良懦以绥，虽岑熙伐枳棘、庞参拔大薤无以过之，此除害之实政二也。盐邑吏胥向为巨害，琴堂稍懦，反或以为爪牙，结为心腹，而吏胥之焰益张，党益众矣。明府日坐堂皇，驭吏严密，白役汰除百余，陋规裁革殆尽，遇有作奸犯科，舞文弄墨者，无不立予桁杨，除其名籍，虽延请要人为之缓颊，亦拒而不应，总役姚庆最为巨蠹，势焰薰蒸，历任邑侯匙不重任，凡为大猾，无不与交，明府重笞永革，遐迩称快，奸胥蠹役不敢复怵索民财。此除害之实政三也。闾阎之灾祸以命案为最巨，一闻官至，比邻皆逃。胥吏之利源以命案为最丰，一闻投牒，酌酒相贺。忆曩者官府诣乡勘验，巨舰多至十数艘，仆从多至数十人，案犹未结，而倾赀破家者已不一人矣。明府勘验重案，所携不过数人，皆萃于己舟之内，自给餐钱，民无供给，己不登岸，不容从者之先登。己既回舟，不容从者之留滞。有不费一钱，未终一日，而重案已给［结］者。以前假借人命恐猲取财之风不禁自除。此除害之实政四也。私钱之为害穷民久矣。州县往往籍［藉］查禁之名，收阛阓之费。明府不名一钱，力除积弊，不拘时日，赴市亲查，固不牒委属员，更不假手胥吏，令行禁止，市廛肃然。凡鹾商之收盐，典商之质物，钱商之出入，概用制钱。末由取巧，豪右虽怨，穷黎感恩，此除害之实政五也。以上十数事，皆实政之大者，其他如修邑志以阐忠孝，分俸钱以振单寒，毁小说以禁导淫，捕蚁媒以杜潜诱，修城垣以资保障，设义渡以济行旅，广育婴以宏保赤，拓恤嫠以矜苦节，修囹圄以惠狱囚，革船埠以杜苛扰，裁门丁以示严肃，驭兵弁以仰强梁，亦皆客政之不可湮没者。然其所短亦不可讳，方今之世，非趋时无以避谤，非谐俗无以养交，非避谤、养交无以持禄而固位。明府不趋时而矫俗，不谐俗而愤俗，持正嫉恶，恶亦嫉之，嫉恶如仇，恶亦仇之。盗憎主人，何所不至？蜮弧鷊矢，自有由来？禄位不固，宁非自取？然与时为离，与古为合，与俗为短，与道为长，好古守道之君子必不以为非也。昔陈恪勤为总督，阿山所劾，致江宁民鼓噪罢市，赖安溪一言，默回天听，吴人至今以为美谈。明公抗心，希古今之安溪也。伏乞俯采舆论，上达宸聪，以昭是非之公而作循良之气，世道幸甚！吾民幸甚！"①

二十三日，李超琼"早出三处祈晴。礼毕，偕谒中丞"。(《李超琼日记》)

二十四日，李超琼"早出诣祷。大雨如注，同事皆有惭色，而所至闻嗟怨之声殊为悒悒。行礼既周，诣谒抚宪，不得一见。再谒藩宪，见也。而所言皆恚怒不平，为多至于出俚语以自矢，异矣。午正乃归。申初再祷，则晴日偶露，云翳渐解，为之快然。入夜亦见星光焉。是日寄家书一纸。抚部于夜之子刻出辕登舟，按临福山大阅。灯火满路，与同城文武寅僚咸至胥门江干送之云。薄暮，过镜之一谈，知吴之士民欲建生祠以志遗爱，所谓三代之直道也夫"。(《李超琼日记》)

二十五日，赵舒翘出省阅兵。李超琼"前夜送中丞于胥门登舟出按大阅，至两点钟乃归，风雨深宵奔走于泥淖中，颇形困顿。就枕后亦未得安寝"。(《李超琼日记》)

---

① 王春瑜编著《中国稀见史料》(第1辑第21册)，厦门大学出版社2007年版。

赵舒翘作《奏陈校阅营伍事竣回省日期折》："臣于二月二十五日出省，先阅福山、狼山两镇标练兵各营，次至常州阅城守营，并调阅孟河、江阴、经制三营，次至镇江阅城守营，并阅驻镇之督标新兵前营、新湘五营，次至瓜州阅镇标中营、长江水师三营，溯流上驶至江宁，阅城守左右两营、督标中左两营，又新兵中左右后四营、护军中前右三营、亲兵五营，又副前、副中两营、衡字五营，并阅金陵营水操及钟山、幕府山炮台。渡江至扬州，阅城守、盐捕两营，并调阅瓜州、青州、青山、奇兵、三江、泰州、泰兴等六营、南字中左右三营。进泊清江，阅漕标中左右三营并漕标城守及盐城、海州、东海三营、淮扬镇标中左右三营、新兵中营，并镇标城守及宿迁、庙湾、佃湖、洪湖五营。以上皆系水路。惟徐州各营，向系调至清江校阅。臣以徐方民气悍劲，现多伏莽，调营非特繁费，尤恐地方空虚。臣不敢稍惮劳瘁，随即轻装登陆，星驰抵徐。阅徐州镇标中城萧三营、新兵左右两营。往返旬余，仍从袁浦乘舟出江，顺阅象山、圌山、江阴等处炮台。又在江阴阅南琛、开济、镜清、保民各兵轮寰泰练船，并辰宿列张四号鱼雷合字五营。旋赴吴淞阅福山镇标、吴淞川沙两营、水师左营、提标南雁营、狼山镇标掘港营、内洋右营、通州营、苏松镇内洋右营、海门营、外海中左两营、陆防中营、盛字五营、水雷小队一哨，并吴淞狮子林南石塘各炮台，及新练之自强军折往松江，阅提标城守营中左前后四营、新兵中副两营，并调阅金山、柘林、青村等营。归过淀山湖，阅提标右营、太湖水师左右两营、里河水师淞南淞北两营。"

三月

初一日，李超琼"早起行香毕，诣抚、藩、臬、道辕衙参"。(《李超琼日记》)

初五日，李超琼"早起，循衙参期一诣抚辕，则惟芸庄在焉。坐谈久之，郭子华大令适来，以阮端之故令之母夫人孙氏名培莹遗诗一册见授，嘱余为之审去留也。然阮太夫人苦节能诗，洵闺阁中不易得之人，借诗以存，其贤可也。何区区以优拙论而删节之哉。惟子华言，其临终以此为言，而愤恨其子桂申之不可托，则桂申者不孝之罪真上通于天矣。而固为湖南诸上官所器重，累署道州、湘阴等大缺，宦途中竟有此人，不仅令人发指而已”。（《李超琼日记》）

初六日，李超琼“竟日未出。午后讯案数起。强星源先生以其兄赓老遗书三种共七册，由镜之送至。盖中丞去冬访及，欲为刊行者也。批阅说经数则，持论平正释然有当，于人心洵乎粹然，儒者之言也。因约少谷共读之，谈至夜分乃去”。（《李超琼日记》）

十二日，刘坤一《复赵展如》云：“吉旋后当有一篇文章，将备中不肖之员，幸勿稍涉迁就。徐州一缺，本以阮道（阮祖铭）人地相宜，即以拟补；嗣因桂道（桂嵩庆）面求恳切，且以去留相要，共事多年，不得不曲从所请，知为公所许可，不复奉商。查前次徐州道出缺，仲帅（沈秉成）以沈道（沈守谦）请补，桂道处之坦然。弟随以桂道请补盐道，铨部以江苏有特旨班议驳。简缺尚然，况于繁缺。此次若非大力斡旋，仍恐不能邀准，弟初意亦为此也。盛杏荪来宁，论及商务局，以陆大司成不善理财，若令始终其事，或委之祝部郎，巨款将归乌有。唯俟陆大司成入都，先以朱道接手，划清界限而后改委别绅，纵有亏挪，亦易弥补。如此办法，渠即从中招呼，俾费、潘诸人不敢推诿。所言似属有见，未知尊指以为何如？”①

十五日，李超琼“饭后再过长署，相验瘐毙之常熟寄禁未定罪名命犯钱福森一名，因病甚而死者。刑禁人等既无凌虐情事，其亲属钱子才者由京控归，尚羁押在省，亦带同眼见而无异词。然所供冤抑情节则颇重大。盖是案以二十年三月十三之夜，有钱丁氏与女佣朱二昧及丁氏之甥女姚二宝同室而卧，为人斫毙。氏与朱皆重伤以死，惟二宝伤而不殊。时丁氏之

①《刘坤一遗集》（第5册），第2191页。

夫东贤则至杭州烧香，甫出三日也。事后因伤为斧斫，访出箍桶匠顾炳炳者。人多指之，令朱君文以提究，由顾供出为福森所主使，且同下手焉。福森既不承，其叔子才及族众又冤之上控至于京师，案遂提省已阅三年，不特福森终无一字承招，即顾亦时翻时认。最为可疑，中丞赵独深信之，促承审之员速为讯结，故宗君能述、陈君香祖各以意见竞胜。近添委徐君樾亦与陈龃龉而莫保辰、周懋镝之见斥则亦固因此案也。福森庸弱纨绔耳，何能而越屋数重，深夜竟杀三人乎？顾所供之仇衅亦惝恍也。常邑人疑之，苏人亦疑，官中疑之者又十七八，惟中丞不疑。臬司、首府与宗、徐辈亦因不疑而终不能得其情。而福森死矣，异哉”。(《李超琼日记》)

二十日，李超琼“复至抚辕探访大阅行程，传闻不日将归也”。(《李超琼日记》)

二十二日，李超琼“辰间，枕上即闻炮声隆隆由远而至，时东南风大作，计必抚军莅淀山湖阅淞南北营水师也。起过长署，约同芸庄出胥门登舟，太守与赖宝臣大令亦至，遂雇小轮船拖带东至宝带桥以俟，桥上左右新为铁栏以护行人，邑绅祝郎中承桂请于余，为之批准者也。适工甫葳便往阅视，尚完整称便焉。然风势甚大，往来几为所仆。饭于舟中，日时加未而抚部至矣。既谒之，复俟其登岸，就桥南设戎幄，阅新中两营水阵，逾时乃毕。比返棹入城，日将曛矣”。(《李超琼日记》)

二十三日，李超琼“未曙即诣校场口，抚部大阅苏垣各军也。辰初即开操，至未正而毕。中丞仅于怀中掏麦饼二以充饥，不扰一饭，司道亦如之。而余辈所备之馔惟弃于地而已，不敢伤其清名也。然见校阅之际，于营弁及侍侧诸武人谈笑如儿嬉，各营队伍中亦喧哗不肃，所演技艺视儿戏无异。未尝不叹军事之皆具文而藉以立名者，固亦少矣”。(《李超琼日记》)

二十五日，李超琼“早起，诣抚辕衙参，既得见，乃以前日大阅时，余辈未为制阅兵大臣之牌，亦未新换仪仗致烦中丞面责。且及于铺红地毡，谓色已敝而不鲜，可云省矣。因诘及尚向藩库领款否？对以大阅向系扣廉支办，仍系州县之钱。此次既奉严檄，不准供应，故亦未敢摊派。各物之简正仰体宪意也。退而知以是获咎者颇不乏人。吾辈诚当罪也”。(《李超琼日记》)

“午后，中丞以副前营杜某驻防黄渡之步队五百人昨日始至，于三点钟莅王废基校阅，藩臬以下各官皆往祇候，余辈又从而伺应焉。不逾时，已毕事。”(《李超琼日记》)

赵舒翘作《奏陈校阅营伍事竣回省日期折》:“三月二十二日回苏，即阅抚标水师中营，及飞划营。次日接阅练军左右两营、亲军中营、苏防中前左三营，并调阅提标平望营。计一月蒇事。盖臣随到即阅，阅毕即行，忍饥不扰，一饭无事，不留一刻。故所阅虽较加多，为日仍无耽搁。臣讵不自知惜，无非深念时局艰危而欲以刻苦自励之道激发人心，节省浮费，上体皇上宵旰忧勤至意。统查所阅各营，绿营所改之练军多用洋操，枪炮尚绵密可观。其零星防汛凑集之兵多持土枪，仍系旧规。至各防营尚知讲究操法。旧营循用英国操式，新营则用德国操式，大致均有可取。总之，讲武之道，无论何法，全在将领得人。而将才虽有大小，必以勤廉能吃苦，忠实有血性为主。若不痛除粉饰敷衍酬应徇情之习，纵习外国操法亦属无裨。臣细察看各营人才，惟江宁城守营副将杨金龙晓畅戎机，刚洁自爱。统带盛字营升用总兵班广盛朴实廉勇，不事逢迎，均系出色之员。又查有江南提标前营游击石清华，技艺生疏，声名亦劣；提标平望营都司沈廷兰衰病不支，难期振作；抚标右营左哨千总沙文发，病弱不痊，久旷职守，相应请旨，将石清华革职，沈廷兰、沙文发勒令休致，以示惩儆。此不过一时举劾，嗣后臣如知有可造之才，无用之将，当随时与督臣酌商，核实办理。”

赵舒翘《致刘岘庄制军书》云:

不通函者多日矣，念切。前请尊处酌给新毛瑟炝六千杆，此事稍有微意，非妄发也。某目睹前岁事急，各省出重价购坏械，来又缓。去岁北上，路过清江，见新招各勇在路旁袖手站队，殊不成事。某以不肖忝任地方，人则恃合苟安，某则私忧莫释。苏州军装局后膛枪所存无几，亦不一色，拟筹款数万金购枪备用，苦于无款。因公见司道再三商酌，杜道俞即提及此项新枪，某犹恐系仓猝所购，未必堪用，使人往沪索取一杆，某亲到校场，与各项后膛枪一一比试，亦尚合用。因叹香帅平日好掷帑项，而购此枪五万杆，则不可不谓规模远大，而有合于公忠救时之道也。惟闻机器局因其太多，擦洗未遍，设有锈坏，岂不可惜。意欲分存苏局数千杆，常常修磨耳，并非欲全发各营也。苏防五营，抚标三营，每营拟只发二百杆，每月操练一次，水师则巡缉之两营或酌发百杆，余均不发，并拟将各营前领之各后膛枪全行缴回，此某微意也。今读公覆文，以求拨太多，盖与某珍惜此枪之意暗合。公既珍惜，某又何虑。且苏局亦卑湿，又安见苏局之爱护能过于沪局乎？况某时存退志，设去苏后，他人不知爱惜，任听各营混领，则反不如存机器局之为愈也。某从去岁每月看打靶，而不准各营增领火药，水师不巡缉之营并较常额减发，无非撙节从实，力挽积习之意。某之持身曲谨小廉，办事则约旨卑思，求效亦在铢积寸累之间，知不能大有为者，在此终不愿学人之铺张好大也。恃爱纵言，以博一粲，新枪听公酌发，不拘多少。细思之，在沪与在苏无异也，大阅本系尊处公事，忽于乐帅任内奉旨派苏率循旧典，不敢辞劳，伤财枉费实所不愿，迟迟而行只为此耳。曾文正公云，此次巡阅，无搜乘校技之实，不过饱啖嘉肴，多听谀词而已。时局至今日，并嘉肴亦不愿吃，谀词亦不愿听矣。所喜得与我公一谈，倾此积愫，是为快耳。

近江苏巡抚赵舒翘调昆山营至省大阅，营内所存后膛枪尽为安清道友纠党掠去；大阅后营兵回防，用小船零下载回，中途复为该党将船人劫去。此黄泽生（武昌北靖统领）所说。①

薄晚，过东关谭复生处（名嗣同，江南候补知府，现为筹防局提调），

① 陈庆年：《横山乡人日记》，载庄建平主编：《近代史资料文库》（第1卷），上海书店出版社2009年版，第240页。

渠言南洋兵轮裁人极多，蚊艇仅有五人，至不能驶行。今年苏抚赵展如（名舒翘）大阅，檄调会操，至不能应。狼［囊］福、苏、松三镇巡洋大兵轮如登瀛谢之类，以存人过少，遇海盗无人追逐，皆不敢随巡。往年尚派水师学生至练船操演，巡至新加坡；今年刘岘帅核算各轮需煤至七千金，遂决不举行，可惜也。①

三月，赵舒翘在徐州阅兵途中笔记云："《孟子》三养，是正学真命脉。寡欲以养心，其要在谨几疆制，防诱搜根。集义以养气，其要在择善试事，保和知节。事天以养性，其要在主敬存诚，见大有恒。"②

又记曰："理字从里从玉，人能顺理而行，如走平坦道里，次舍有定，荡荡可循。其宝贵蕴藉与玉相同，兢兢戒慎，亦若持玉也。欲字从谷从欠，盖其境甚危，如坠溪谷，其无厌之情，亦终身在欠阙之中。人能存仁义礼智信于心，以精气神配之而行，譬如良药，可称养生八味保和丸。"③

赵舒翘由徐州阅兵归，中途赋诗一首以书怀："时危惭负圣恩多，来视徐方梭武过。路入桃源春欲暮，④晴开柳岸气新和。⑤但教徒御毫无犯，敢道甲兵胸已罗。击楫中流人意转，彼苍肯使海扬波。"

《清史列传》云："先是，海防戒严，前抚臣欲为防外靖内计，招募湘军四营，又招集私贩盐枭为海靖三营，然真正枭匪实未应募，徒集游怠莠民、虚糜饷项而已。舒翘察知无益，即时撤遣，只留湘军二营分驻要地，以防缉枭匪。苏省地滨太湖，为枭匪渊薮，营弁多其党羽，互为勾结援引，经领营官亦受其贿遗恫挟，遂势成养痈。吴江、震泽港汊纷歧，匪

① 陈庆年：《横山乡人日记》，载庄建平主编：《近代史资料文库》（第 1 卷），上海书店出版社 2009 年版，第 242 页。

②《慎斋别集》（卷二）《慎斋语录》。

③《慎斋别集》（卷二）《慎斋语录》。

④ 自注：桃源县柳堤甚长，夹岸农家多种桃树。

⑤ 自注：阴雨连月，新晴，气象颇佳。

艇便于出没，盗匪尤伙。舒翘遣飞划营管带许国祥等严密剿捕，获匪首叶万春等戮之，群盗震慑，匪焰渐息。舒翘乃为筹善后之法，建议谓："松郡沿海数县穷民，以板晒盐为生。每年产盐不下十八千万斤，商收仅三分之一。如不碍官引之零星小贩，必宽之；其不畏官法之大帮枭匪，必剿之。不用通枭之统带，亦不招枭匪为营弁，无事刨饬勇梭巡，不懈驰其气，有事即立时拿捕，不张大其词。由是兵与匪泾渭既分，而苏省盐捕积弊，逐渐祛除矣。"

四月

初一日，李超琼"未明而起，诣各庙行香毕。始于各宪衙参。惟中丞接见。然周历数时，至午初乃归"。(《李超琼日记》)

初二日，李超琼"未明而起，诣抚辕照料秋审事宜，以本届归元和承办也。计通州斩犯王滦堂等四十六起，共四十九名口。而内有金匮绞犯高阿冬一名未到，则摄令吴君熙误以解府，歧误也。卯正，中丞升堂，藩、臬率府县行庭参三揖礼毕，乃左右坐。巡捕官禀启门禀出秋审牌，佐杂各员分起带犯至堂阶下跪。每班七人，点名毕，人给以草席一、葵扇一、钱二百、药一袋、馒头二，乃退。其入与出由东西角门，则长、吴令与委员并点验焉。人各有一牌，书明籍贯、年岁与犯事缘起及所定罪名，示警也。岁一行之，示矜恤也。斩罪未勾者入三届，示慎也。各官皆补服挂珠，吉祥止止，所谓祥刑也。事毕，仍三揖以退，两司入见，久之乃出。"(《李超琼日记》)

初五日，李超琼"犁旦，大雨如银河倒泻，倾盆不足以拟之。冒雨衙参。中丞及两司皆未见。其亦讳疾忌医之微意乎"？(《李超琼日记》)

初五日，刘坤一《复赵展如》云："此次钦奉谕旨，裁撤兵勇，系通行各省之件，举国皆知。传说纷纭，皆谓防营尽撤，诸将竞请早定办法，以安定人心，不得不从速揭晓。弟亦深知合、盛两军得力，而事同一律，未便两歧。拟俟将来别有更动，或遇机缘，即令招足原额，仰副雅意。尊处勇少，每营只可裁一百名。水师用枪船是否合算？尚祈酌夺。”[1]

初六日，李超琼“雩祭大典也。丑初即起诣坛以俟。寅刻，中丞、方伯、廉访以次文武各官胥集焉。礼成而散。天已微曙。闻武巡杨弁言，抚部昨晚密电有擢湖广总督之信。比至辕门访之，又寂无确讯，何也”？（《李超琼日记》）

初九日，李超琼“昨夜二更后得宝山沈期仲大令来电，言现奉制府裁兵之札，恪遵部议，每营裁二百名。不问营规之优绌、士卒之强弱，一例行之。提督班广盛所统之盛字各军闻而大哗，全营鼓噪，竟敢不服开导，殴伤营率，纷纷四出抢攫居民，势甚汹汹，几有不可收拾之象。赖自强军出为弹压，当时将为首之罗得胜一名查出正法，始即安静。然军心固未服矣。且多溃逸不服登舟回籍之令焉。犁旦起，持以谒中丞请示，葆臣亦同见。既出，偕过芸庄署，复期仲电曰：电已代禀抚宪，谕滋事严办。情重许格杀。已否大定，仍随时电告二十五字。既复，谒臬宪、藩宪，皆以白之，而方伯因葛培义之禀揭前任刘君有光，遂以江阴交代为询，缕于缘始，于葛则右之，刘则深恶之。余辈知刘之别有隐情，而于公事则诚不能自立也，皆默然不敢赞一词”。（《李超琼日记》）

初十日，李超琼“早起诣抚辕白事，亦以昨夜再得期仲电，详及盛军五营之前后哨共裁千人，已一律平静，其梗令煽者，则骈诛四人云”。（《李超琼日记》）

十五日，李超琼“未明而出，先于祠香。遍于衙参，见于抚部，却于藩臬”。（《李超琼日记》）

十七日，“江苏巡抚赵舒翘奏，苏州新关月用经费实需银五百五十六两，请先由江海镇江两关暂行协拨。下所司知之”。（《光绪朝实录》）

同日，“又奏校阅事竣。请将游击石清华、都司沈廷兰、千总沙文发

---

[1]《刘坤一遗集》（第5册），第2193页。

分别革惩。如所请行”。(《光绪朝实录》)

二十日，李超琼“早起诣抚辕衙参。中丞接见时，与芸庄、葆臣诸君偕入。询及主簿陈君炳甲，亦见上官之不弃末秩也”。(《李超琼日记》)

二十五日，李超琼“早起诣抚辕衙参，偕首府两县入见。始将孙根荣被杀获犯陆永富等一案略陈缘起，并拟引例之轻重。中丞固刑曹老手也，所见尚协”。(《李超琼日记》)

五月

初一日，李超琼“犁旦出而谒庙，再遍衙参。惟中丞接见”。(《李超琼日记》)

初二日，李超琼“辰间汪柳门少宰（鸣銮）来访，谈次以所和中丞大阅七律一章，叠韵已至六十四首，嘱为和作，旋以所抄之稿见示，亦逸兴也”。(《李超琼日记》)

初五日，李超琼“早起诣各宪署贺节，均未见，惟方伯传询外跨塘盗案，颇以枭风之炽为忧。归为慈闱祝家庆，集幕中友宴之。饮雄黄酒，微醉，亦家乡俗例也”。(《李超琼日记》)

初十日，李超琼“犁旦早出，至抚辕衙参，得以再见，多不谅之言耳。洋人将以马戏来，方伯实招之而中丞欲令三县阻之不能，则归咎焉。亦可诧已。既而见廉访，则知前三日所商由州县摊捐募集捕盗营一节，中丞亦大不谓然，势将不行。尤可慨已”。(《李超琼日记》)

十一日，李超琼“早间芸庄来，约偕葆臣上院同谒中丞，白英人马戏事。抚部欲余辈阻止之而深维时势，既为力所不能争，似亦未便自失计也。婉辞谢之。仍责稽查游勇，此则分所当尽者也”。(《李超琼日记》)

十二日，李超琼“辰起过宝苏局访汪瑶庭同年（懋琨）一谈。瑶庭先令桃源、调甘泉，奉讳归山左，刻始起服来吴者。其在官颇著循声，故上官甚重异之云。归过芸庄署，与商近闻盐枭事，盖枭党凶焰日炽，缉私之陈光全飞划营之胡昌宝、太湖留防水师之许国祥皆畏而避之，惟饰词以欺抚部。抚部亦深信三人，倚之为长城，而三人又固不相能也。余昨为一揭之，抚部即大不谓然，以为谤陈者欲动摇之，以观其美差而已。故人人皆噤不一言。余虽沥诚为两司言之，亦终不蒙转达。抚部之为三人所蒙也诚深矣。而亦之声音颜色乃至此耳。官之大也乃不易为如是乎？然亦不学之蔽致之矣”。(《李超琼日记》)

十三日，李超琼“关帝诞祭之期。前夕十一点钟即起，至葑门一带查夜，比至武庙已两点钟矣。俟抚部至，随同行礼毕，已及犁旦。归始偃卧而不能安寝。午后宴汪瑶廷、董端生两同年及王锦堂（熙宇）、叶伯武、吴昌硕、洪鹭汀、陈陶然诸寅好。更初乃散。传闻枭匪约期今日与缉私飞划留防三营一决雌雄，而营官陈光全、胡昌宝、许国祥皆畏而避之，不知所往，然抚部固倚三人如长城也。余初七为方伯言之，初八为廉访言之，初十、十一再为抚部言之，皆不见听，且疑因盗案之不破为规避诿卸计焉。忧心殷殷，谋之不从，其若之何耶”？

十五日，李超琼“犁旦起诣文昌、都土地二祠行香。遂至各宪署衙参。惟中丞赵公接见。藩、臬两司皆谢客也”。(《李超琼日记》)

十八日，李超琼“早起诣两司衙参。惟廉访接见。述及吴江方天令之来，携有拾获盐枭悖逆之函，内云巡抚赵公妄杀无辜，伤天害理，伊等施大头目因是须替天行道，为弟报仇各妄语可谓藐法极矣。方令亟请以兵船镇摄之。中丞如无事者然，洵镇静之度哉。巳正，伺藩辕久而闻方伯公尚未起也。遂咏大夫夙退之章而返”。(《李超琼日记》)

二十日，李超琼“犁旦即诣抚辕衙参，中丞接见时以稽察烟寮为吾辈责，而于臬事固讳莫如深也者。匆匆数语而出，盖有不能进一语者也”。(《李超琼日记》)

二十一日，赵舒翘笔记云：“天地之理，于物之定处见天地之数，于物之动处见吾守。其定之可知者以制其动之不可知者，小道非所尚也。”[①]

二十三日，赵舒翘笔记：“作事肯耐烦者，由有至诚恻怛之心也。即如听讼，如有恐冤枉人之一念，安有不曲折尽情细鞫乎？然则不耐烦者，乃己之不仁也，古人以力行为近仁，诚哉。”[②]

二十七，赵舒翘记曰：“论修齐之理一，虽庶人亦同天子之责。论尊卑之分殊，虽宰辅难踰臣道之防。故读《西铭》一篇，可知人君为天之子之理，读《论语》托六尺孤一章，可知人臣为君之子之理。能为君子，亦天之肖子矣。”[③]

三十日，赵舒翘记曰：“人多谓五福不言贵，以贵者烦劳也。此矫饰之说，不足为训。如贵果非福，则《中庸》赞舜，何必言贵为天子？何必言大德必得其位？盖贵非止一身一家之福，必锡福庶民，方无负此贵之福。古人谓一命之士，苟存心于爱物，于人必有所济，实合此义。《洪范》于贵之一福特言于五皇极之内，令人知贵之福当与民同，与寻常一身一家之福异也。不然，范畴之内重卿士师尹如日月，而谓五福独轻之乎？斯言也，开天下石隐者流，鄙朝廷之爵禄，孰与人君共代天公锡五福于庶民乎？是不可以不辨。”[④]

六月

初二日，李超琼“犁旦而起，先诣邑庙祷雨，再至郡城隍祠，随太守桐公及两县行香，亦致祷也。礼成而归。午刻，抚部来召，则以川赈一事，鹿制军已附片入奏，而于苏州所拨万金仅列藩司聂名而抚不与焉，不免有愠意”。(《李超琼日记》)

初三日，李超琼“祷雨郡邑庙，日再诣焉。辰间，两司衙参，仅及见

①《慎斋别集》(卷二)《慎斋语录》。

②《慎斋别集》(卷二)《慎斋语录》。

③《慎斋别集》(卷二)《慎斋语录》。

④《慎斋别集》(卷二)《慎斋语录》。

廉访吴公，甫至藩辕，则抚部又召三县。遂偕两邑令以往。盖以平粜事为嘱也”。又“抚藩欲调之长洲，仍坚辞不已。中丞命余示系维之意，亦若有不可四者。其去志甚坚，未便相强也”。(《李超琼日记》)

初五日，李超琼“未明而起，诣沧浪亭祷雨，盖由郡庙移坛于此，自本日又始也。卯正，太守乃至，礼成，遂至抚院衙参。中丞接见。时以赖葆臣承讯斜塘司事一案，大动宪怒，呶呶然呵责及之，亦可诧已”。

“午后，守备夏大铭及郑懿山、阎玉峰先后来见，客去，再出祈雨。便过谒杜云秋观察（俞）于其寓宅。观察为述营务及现办缉枭各事宜，抚部之轻率无断，不足服人，殊可骇怪，又谓其疑君子而信小人，则诚确乎中病之论矣。”(《李超琼日记》)

十二日，李超琼“辰间，周察监狱后，出葑门至黄天荡之滨，为欧阳子龄参戎（成松）复拜，坐谈少顷遂出。子龄先摄淮安参将，抚部大阅亟赏之，电调至吴门，撤许国祥所带太湖留防水师一营畀之，盖抚部嘉其朴直。人有訾其夸大者，自余观之，一粗率武夫耳。朴直固非，亦非能夸大者，知人亦难矣哉”。(《李超琼日记》)

十五日，李超琼“未明而起，诣祠庙行香毕，遂至抚辕衙参，一见而出”。(《李超琼日记》)

十六日，总理衙门电谕，饬拿江浙盗匪。

同日又谕：“电寄刘坤一等闻江浙地方盗风日炽，江苏有抢劫火药局及虏去枪船之案，浙江有光蛋肆行路劫之案，若不剿除，必贻后患。又太湖毗连两省著名盗首数年未获。以上各节，著刘坤一、赵舒翘、廖寿丰速派干员，或分拏，或会剿，务期净尽。并著迅即覆奏。”(《光绪朝实录》)

赵舒翘同两江总督刘坤一联衔作《缕陈苏省盐捕积弊实力整顿情形折》：“伏查苏省四府一州为浙盐引地，从前缉私勇船均归商雇，并无营制。商人办事，只图销数畅旺，而不虑地方贻害。嗣因雇勇与枭匪盐户互相仇杀，时出巨案，因该立盐捕中左右前后五营，每营各设管带官一员，而另以一员统带之，谓之大巡。由江苏抚臣主稿会委其各营薪饷与各县小巡仍归商人筹雇。至贩私枭匪皆系安徽合肥、庐江二县交界地名新河口附近数十里内之人，名曰'巢湖帮'。非其帮者必遭攻击，即本地土枭与他省客枭，亦必依附其帮以为护符。向来盐捕五营船勇，巢湖帮十居八九，其营官亦必安徽人方能管带。现中、右、后三营管带官，虽系皖产，尚属老实安分，年亦不久，惟前营管带官孔德升、左营管带官吴家正二人，皆系巢湖帮中巨擘。孔德升为现任福山镇总兵，韩晋昌充盐巡时招用，已在营十八年。吴家正为现管带浙洋兵轮，费金组充盐巡时招用，已在营二十二年。此一二十年中，计盐捕营统带官更换至十余人之多。盖该营统带，视伊二人之向背为去留者，实非一日。前三年候补道韩庆云招盐枭为海靖营，与盐捕营统带李新燕相水火，争用匪首盛长子如左右手，其情可想见矣。且自孔德升等招用以后，凡枭匪之稍狡悍者，皆以收徒拒捕，争埠开赌，寻仇械斗三者为事，故播魁桀之名，冀官收用，为所欲为，二而地方阴受其害者不知凡几。以往姑且不具论，如近年之盛长子、王康南皆此类也。臣前岁到任，其实枭匪之势十倍于今。自白面施老窝子、盛长子、叶万春等惩治于苏，王康南、谭老么、戴老么等拿办于浙，而匪炎已觉少息。漏网之黑面施老窝子等，臣必与督臣并浙江抚臣同心协力，务获严惩，以副皇上绥靖地方至意。总之，松郡沿海数县穷民以贩晒盐为生，每年产盐不下七八千万斤，商收仅三分之一。如不碍官引，其零星小贩必宽之，如不畏官法，其大帮枭匪必剿之。利之所在，根株虽难遽断，全在办理的人。不用通枭之统带，亦不招枭匪为营弁，无事必饬勇梭巡，不可懈弛其气，有事即立时严拿，不必张大其词。惟期兵贼渐分，以破苏省盐捕多年积习。现充统带之游击陈光全、朴勇耐劳而不挟匪以市众，尤属可取。至孔德升、吴家正二人，臣已再三面谕，令其一心归正，力盖前愆，毋蹈王康南等覆辙。该二人皆坐拥巨资，或者自爱身家，奋力图报，自应宽其既往，以励将来。所可恨者，苏省官场浮诈，每遇图谋，统带差使必先嗾枭生事，因而造谣惑众，视为故常。臣秉性迂愚无术，感挽只有当官而行，他非所虑。惟此事病在隐微深痼，亦苏省安危一关键。不能不据实上陈，以求圣主明鉴。”

十八，赵舒翘记云：“天道四时，寒暖有定者也。人道五伦，顺逆无定者也。然有定者必以无定者纬之，此所以成变化而行鬼神也。无定者必以有定者主之，此所以有初终而一险夷也。”①

二十日，李超琼“前夕以雨势之急而屋漏在寝所也，遂未得安眠。犁旦即起，诣抚辕衙参，巳正乃克入见”。(《李超琼日记》)

二十二日，李超琼“酬正即起，以抚部是日考试紫阳、正谊两书院决科也。藩、臬两宪之至，天尚未曙。既明而抚宪至。余分点西一坐各生名。既毕，中丞以题畀留场之太守桐公，各官遂出。归则已卯正矣”。(《李超琼日记》)

二十三日，李超琼“丑夜诣祭火神祠，俟抚部来主祭，礼成而归，则近曙矣。再就枕久之乃起”。(《李超琼日记》)

二十五日，李超琼“犁旦而起，诣抚辕衙参，既见而出，便过南禅寺察视案情，归则时未及巳，尚得偃息也”。(《李超琼日记》)

二十五日，刘坤一《复赵展如》云：“以毒攻毒之说，贻误至今；公欲正本清源，似宜行之以渐。陈光全既称得力，应即责成该统带于营哨各弁严行察看，分别去留，以期整顿。缉私之事，万难弊绝风清，唯有探大帮经过之时，以及大宗囤积之地，预调精锐，痛予创惩；此外板晒穷民与零星负贩，诚如台指，不得不从宽办理也。黑面施老窝子如能设法购拿，其党与不难解散。论者动请两省派兵会剿，不思匪踪飘忽，湖汉纷歧，且在地方良莠不分，从何下手？并恐激成必死之寇，豕突狼奔，亦非策之善

①《慎斋别集》(卷二)《慎斋语录》。

者。苏、宁相距颇远，以致左右偏劳，深抱不安之至。”[①]

二十六日，“皇上万寿圣节，移前二日庆贺。（李超琼）四鼓至龙亭行礼，俟抚部归乃返，已近曙矣”。（《李超琼日记》）

二十七日，“辰间，咸集抚辕，以两司约往预祝也。中丞嗔焉，谢客乃坚甚。（李超琼）投刺而出”。（《李超琼日记》）

二十八日，“抚部赵展如中丞五十生日，（李超琼）往为介祝，则戟门深锁，不容通刺”。

“子华言，抚部以蜀赈事嗔余特甚。谓方伯聂公电寄万金，由余所串而不为列名，为目中无巡抚也。并寄言其幕府陈荻洲者实唆之。余自问固未尝有一言之播弄于其间，而桑梓灾状则不能不逢人道之，以冀恤邻救灾者之多而已。方伯固无掩抚部之心，余尤无搀方伯之事，虽见咎其何恤哉！惟陈某者抚部推为刚正之方，前闻其以陆宣公谀抚部之奏议，今又有此，恐去君子之流尚远而一小人之归而已。刚直安在乎？人之邪正，则不能不默识之也。”（《李超琼日记》）

二十八日，赵舒翘五十岁生日，作《五十生日》诗云：“碌碌秦中一腐儒，偶然三载宦姑苏。未能事事通民隐，徒使星星上我须。半百光阴催隙影，大千世界变棋图。知非愿学蘧夫子，遥望修途黾勉趋。”

七月

初一日，李超琼“犁旦诣祠庙行香毕，始偕衙参。中丞病下痢，藩、臬亦谢客，皆未及见”。（《李超琼日记》）

初四日，李超琼“未明而起，犁旦而出，至盘门外青羊地之商务纱厂，俟抚部及藩、臬两司、关务商局、两道咸集，由商总陆凤石大司成领同阅视机器及开工各事宜。盖本日肇办纺纱事务也。西人所为机器，夙仅闻之，今始之见。其用之神而器之伟，实所未见。总机之轮大逾十丈，运

① 《刘坤一遗集》（第5册），第2197～2198页。

转如飞。洋匠言其有七百匹马力之巨。其外烟窗高矗云表，不下二十余丈，亦钜观也。遍历各厂，见棉花由去子而成条而为粗纱，递而至于细线，灵妙皆不可名状。洵巧夺天工者乎”。(《李超琼日记》)

初四日，“谕军机大臣等，赵舒翘奏苏省盐捕积弊实力整顿一折。江苏松江沿海数县枭匪屡次滋事，全在统带盐捕营员得力，方足以资弹压。现经该抚叠将枭首惩治，匪焰稍息，其未经拏获之黑面施老窝子等即著刘坤一、赵舒翘会同廖寿丰严饬派出员弁合力搜捕，毋任漏网。至折内所称盐捕积弊多由统带营弁私通枭匪，必应慎选营官，实力整顿。孔德升、吴家正二员究竟能否改过自新，该抚务当随时察看，毋得宽纵，致滋贻误。原折著钞给刘坤一、廖寿丰阅看。将此各谕令知之”。(《光绪朝实录》)

初四日，上谕:“给事中庞鸿书等奏太湖枭匪充斥，亟宜妥筹办法一折。太湖枭匪充斥，实为地方之害，所奏黄渡防营被抢，前据赵舒翘电覆，该处并无防营，至所称松江盐捕营为匪所败，营官姚魁伍身受重伤，并闻分售私盐。江南各州县以太湖为窟穴，匪众至二三万人之语。著刘坤一等查明先行具奏。太湖界连江浙，遇有枭匪出没，该督抚等务当各派得力员弁迅速会剿，毋得互相推诿，以致滋蔓难图。现在库款支绌，谕令各省裁汰防绿各营，遣撤兵勇，流而为盗，诚所不免，在该督抚等严饬地方文武认真稽查，严拏究办。傥该地方文武任意懈弛，即著从严参办。另片奏，太湖水师，赵舒翘到任后自行统带，既难兼顾，所派营员均系都守以下，尤不足以资整顿等语。著刘坤一、赵舒翘会商妥办。至折内所称长江水师不宜轻裁一节，并著刘坤一等酌量办理，原折片均著钞给阅看。将此各谕令知之。”(《光绪朝实录》)

王步瀛《慎斋年谱》按:“七月，给事中庞鸿书等误奏太湖枭匪充斥，又片奏太湖水师统带失宜，先生持疏辨之……先生到任后，务获严惩，不用通枭统带，亦不招枭匪为营弁，惟期兵与贼分，以破苏省盐捕多年积习。”

赵舒翘作《缕陈整顿太湖水师情形折》:“伏查今春枭匪黑面施老窝子等在苏浙边界蠢动，即经臣与督臣、浙江抚臣选派得力营弁，不分畛域，和衷会剿，实已不遗余力，何敢互相推诿。所有现办情形已经咨商，另行会奏。至原片以太湖留防水师，自臣到任，始自行统带，或谓意在薪水公费，谅不至此。然从此督臣不能节制，提臣不能过问，似无益于营制一节，窃念臣一介寒儒，仰荷知遇，十年之内由郡守擢至封圻使，稍知廉耻，亦不致意在薪水公费。该给事中等既假设或谓之词，又言谅不至此，臣亦毋庸深辨。惟称督臣不能节制，提臣不敢过问，似无益于营制。此则臣有不能安于缄默者。溯查太湖水师一军，创自前督臣曾国藩，凡七营，共船一百四十四号。平吴之后，因营规严肃，留不遣散。内除拨船一百零数号，分派苏浥两居为护卡解饷之用。余船四十号，虽有寻防之名，而皆为统领营官所分噬。有事则托言不敷，竟无一船司缉捕者，积弊相沿已久。臣抵任时，正值枭盗横行，钦奉谕旨，妥筹协缉。而苏省港汊纷歧，水师卑薄，添募则费无从出。经前署督臣张之洞将前统领李新燕参革，与臣函电熟商，以太湖一军暂且不设统领，归臣节制。调遣薪水公费即日停止。臣破除情面，察知其弊，始于护卡之外挤出实在师船三十余号，专司迅缉，盖化无用为有用。此事亦颇费踌躇也。嗣因接见江宁候补道员杜俞，深知其学有渊源，军事练达，能得其同乡湘楚军之初规。经臣咨商督臣，会委接统太湖水师，汇案奏明，复照章给发薪水公费，均由金陵支应处造册，咨部有案。原奏谓督臣不能节制，实系意度之词。至此军向来另设统领，本不与提标相涉。自杜俞接统此军后，已痛洗从前痼习，现又委令督捕枭匪，浙江抚臣廖寿丰亦以为能。臣抚苏两年，留心察看，得力武员实不多觏。而提镇旧将往往坐拥厚资，养尊处优，专讲应酬馈送，收罗枭匪，敷衍目下，养痈遗患，在所不顾。前被参革之李新燕即其明证。且作官皆由小而大，岂敢谓参游都守中必无深知大体之人。若择其朴勇耐劳者破格录用，既易生感激之心。而原奏又谓难收鼓励之效，殊非确谕。至于盐之生枭，实如田之有草。穷民衣食所在，何能断绝根株。臣前折以不碍官引之零星小贩必宽之，其不畏官法之大帮枭匪必剿之。无事则饬勇梭巡，不可懈弛其气，有事即立时严拿，不必张大其词，不用通枭之统带，不收枭匪为营弁。总使兵与贼分，久之自有成效。正如治田者时时勤力，划出草芥，不使滋蔓为患，苗莠混淆。治枭之法不外是矣。除逃匪黑面施老窝子等，现仍会同督臣、浙江抚臣严饬各将弁探确遁匿何处，并力兜拿，务获惩办外，臣现蒙恩内召，所幸吏治兵制及地方一切利弊，均为新任抚臣奎俊所熟悉。臣俟其到任，即将现时办法详晰转告，用备采择。理合先将太湖水师情形恭折陈明，仰祈皇上圣鉴。”

《慎斋年谱》按：“初，苏省枭匪皆安徽合肥、庐江二县人，名曰巢湖帮，向来盐捕五营船勇，巢湖帮十居八九，其营官亦必安徽人方能统带，其枭匪狡悍者皆以收徒、拒捕、争埠、开赌、寻仇、械斗为事，故播魁桀之名，冀官收用，为所欲为而地方阴受其害。”

费念慈致缪荃孙书信：“苏常盗窃之案，无日无之。盐枭横恣，天水刚愎而讳盗，恐酿巨患。久旱，若再一月不雨，事不旋踵，公能恺切与越石一言，弭患于未形，江乡之福也。”①

初五日，李超琼“犁旦，诣抚辕衙参。随太守晋谒而总捕刘锡庚与监铸委员吴葆之大令亦偕人。两人者以前夕铜匠之滋事各执一词，几于哓辨。抚部谈笑道之，妙为解纷乃已焉。”（《李超琼日记》）

初七日，“调刑部左侍郎李端棻为仓场侍郎，以江苏巡抚赵舒翘为刑部左侍郎”。（《光绪朝实录》）

初八日，李超琼“早起诣两司衙参，先见廉访，再见方伯。同事皆喋喋，余默守黄老术以缄口为计。非问至不谗论也。午刻，在藩署知电传昨日谕旨，赵舒翘补授刑部左侍郎，而以前抚宪奎公字乐峰先生署理

① 《艺风堂友朋书札》，第382页。

江苏巡抚，盖乐帅因母丧尚未服阕故也。既得此信，太守公约同诣贺。比至抚辕，则概谢客不见。闻方觖然不快，以外重内轻之势成而外之威权膏润，皆视内百倍，故不以内迁为可喜，而自疑失宠故也”。(《李超琼日记》)

《清史列传》载:“时朝廷矜慎庶狱，以赵舒翘久历西曹，精法律，二十三年召入为刑部左侍郎，旋兼署礼部左侍郎。”

赵舒翘作《授刑部左侍郎谢恩折》:“窃准吏部咨，光绪二十三年七月初七日奉上谕:‘刑部左侍郎著赵舒翘补授等因。钦此。’谨即恭设香案，望阙叩头谢恩。伏念臣忝膺疆寄，再易星霜，于地方无毫发之裨，而愆咎若邱山之积，方抱惭于夙夜，实有负乎高深。乃蒙不次天恩，俾得随班卿贰。久已觚棱遥恋，喜紫禁之重趋；回思云署从公，检丹书而再读。三千条属辞精密，敢云温习堪资；十余载鞅掌驰驱，尤恐生疎贻误。无论在内在外，愧非艰难宏济之才；惟有矢慎矢勤，仰佐明允协中之治。所有微臣感激下忱，理合恭折叩谢天恩，伏乞皇上圣鉴。”①

初十日，“谕军机大臣等，都察院奏编修支恒荣等以地方凋敝，徵收丁漕公费太重，请分别裁革，据情代奏一折。据称江苏丹徒县徵收地丁每两折收向不得过千五百丈，嗣因银价昂贵，每漕一石加增五百文。今则银价落至千二百余文，加征公费之例仍未革除。丹徒漕米既不起军，加收运费一千文之例，究属名实不符，请分别革除裁减等语。著刘坤一、赵舒翘确切查明，应否酌量裁减之处奏明办理。原呈著钞给阅看。将此各谕令知之”。(《光绪朝实录》)

初十日，李超琼“早起诣抚辕衙参。入见之际，谈及内升之不如封疆，微特宦况清苦，且莵桜殊致，若有所难堪者。于此见外重内轻之积有由来，士大夫皆默为所移而不觉也”。(《李超琼日记》)

---

①《慎斋文集》(卷二)。

十二日，李超琼“早起，诣抚部，以嘱陈科场利弊也”。(《李超琼日记》)

十六日，李超琼“晓眠，觉较迟。起而芸庄已至，谈久之去。吴广安廉访是日生辰，往为介祝，则已杜门谢客矣。遂一谒中丞白事”。(《李超琼日记》)

十八日，“谕军机大臣等，詹事府奏洗马恽毓鼎以苏省盗贼横行，请饬严密查拏，据情代奏一折。据称江南北盗贼蜂起，太湖匪首施老窝子尤为猖獗，在苏州常熟等处投帖借钱，各处散勇皆为该匪首募去，捕役莫敢过问。六月二十七日，常州府城外白家桥等处突有盐枭船十余只停泊，并带军装号褂，明卖私盐。府城中肆行抢劫，巨案叠见等语。著刘坤一、赵舒翘迅饬地方文武严密查拏，认真究办。恽毓鼎折著钞给阅看。将此各谕令知之”。(《光绪朝实录》)

二十日，李超琼“犁旦即起，诣抚辕衙参，入见时以强学博汝谔之亡，请以其书局分校薪金留以畀其子，廪膳生员敦任。中丞虽俯允而固诿之方伯也。其终罔济乎。强氏子弟多曲谨，资生之计甚绌，深为之忧也”。(《李超琼日记》)

二十二日，李超琼“辰起诣抚辕禀贺，以昨日部文既到，升任刑部侍郎之旨始奉也。随太守以次入见。言及余请以强先生汝询咨送国史馆立传事在可行，必为之表彰焉。幸矣”。(《李超琼日记》)

二十四日，李超琼“早起诣抚部。辰刻，随太守以次入见。既出，复至胥门江干，候迎粮储道陆观察，以其自海运事竣，由通津南旋也。午初至，于官厅一见遂返。归，讯案一次。晚间再出胥门，送抚部赴金陵监临乡试。亥初启节，司道以下咸集，俟其登舟乃归。则钟鸣十下也”。(《李超琼日记》)

赵舒翘简任刑部侍郎后，即捐款修建故乡大原村三官庙。《慎斋年谱》：“故里大原村三官庙，先生幼读书处，毁于寇，输千金复之。”

《清史稿》云："是时朝廷矜慎庶狱，以舒翘谙律令，召为刑部左侍郎。""明慎用刑而不留狱，尤为朝廷倚重。诏苏人为赵舒翘建生祠。"

八月

八月，江苏省秋闱举行，赵舒翘于江苏贡院典乡试。

初三日，"午后，谢柱卿来，谈甚久，夜，邀饮一品香，坐有郑景溪及洪泰布号陈少梅、郭鉴堂等福安人。谢柱卿自言，到省后为赵中丞赏拔，杜云秋尤所推奖，今以营务处提调兼闾门外水陆总巡，且闻有委署之信"。[①]（《郑孝胥日记》）

十二日于江宁贡院，赵舒翘记曰："随时提撕，随处收拾，随物讨论，随事考究，此即因时因地、因人因事之说也。"[②]

十三日卯刻，赵舒翘于江宁贡院记曰："天之生物亦必因材而笃，则人之作事何能强不可行？不能行者而为之乎？惟因亦多端，有正用者，有反用者，有显用者，有微用者，全在平日心境虚静，临时审机分明耳。"[③]

赵舒翘又记曰："心不可散，散则生病。身不可逸，逸则生病。然则忧劳何必怼？暇豫何必羡？惟在随时随地以义理养心，淡泊明志耳。"[④]

二十五日，赵舒翘于江宁贡院记曰："余今岁五十初度，撰联语自勉：此心不能定，此道不得闻，学若是其艰难，但补前非，敢希知命；受天之福多，受君之恩重，问如何以报答？当勤服政，休诿始衰。"

又曰："形气本我所私者也，无论如何葆炼，将来魂升魄降，终成公共废弃之物。五常之性，本天下所同得也，而德修道凝，乃独有千古。吕新吾先生《三逝吟》似具此义，而发挥未透。"

又曰："利、命、仁三者均非一理可尽。其显者利，则有利民、利仁，

---

① 《郑孝胥日记》（第2册），第615页。

② 《慎斋别集》（卷二）《慎斋语录》。

③ 《慎斋别集》（卷二）《慎斋语录》。

④ 《慎斋别集》（卷二）《慎斋语录》。

命则分有定、无定，仁则成已、成物有别，恶人、爱人相成。说之每多挂漏，圣人罕言之，意此或一端也。”[①]

二十六日，李超琼“往视同乡成都马蓝村太守（玉田）之丧。蓝村以昨之戌刻病殁。自其为赵中丞参劾，书空咄咄者逾年，卒以致死。垂死遗命，于其棺外大书冤枉二字，不学无术，亦可笑而又可怜也。然身后萧条无为殓，余勉以百洋助之，及至其寓，曾无一人至焉者，亦可慨已”。（《李超琼日记》）

二十七日，李超琼“再至马蓝村太守之寓，则已出殡，就齐门外安厝矣。蓝村本花门种丧事，一切循回回俗，不衣冠、不棺椁，惟以清真寺之水净洗以经布束其尸就土埋之。四周以板护之而已。故其速如此，亦余所未见也。故记之”。（《李超琼日记》）

二十八日出闱。

二十九日，赵舒翘于江宁贡院记曰：“克己复礼，天下归仁。如有人办事接物，毫无私利，而整齐严肃气象，又无一处苟且，虽妇孺亦起敬，强暴亦敛容，此即所谓归仁也。夫子温良恭俭让以得之，即其证验。仁能守，必庄以莅，亦是此义。朱子以敬为圣学彻上彻下之道，今日始见端的，四十九年之非不可追矣。”[②]

是月，赵舒翘于闱中赋诗二首，其一，《闱中口占》云：“大局艰危叹乏才，今兹锁院又宏开。早知冰鉴相辉耀，尤望英姿起草莱。尚节自教科目重，济时谁距异端来。风檐廿五年前事，惭负光阴冉冉催。”

其二，《闱中望月》云：“霓裳同咏大罗天，万景秋澄记昔年。[③]牛渚乘舟输乐事，蟾宫织榜证前缘。楼临明远文光满，府现清虚灵境圆。自笑苦吟余结习，若忘月已照华巅。”

---

①《慎斋别集》（卷二）《慎斋语录》。

②《慎斋别集》（卷二）《慎斋语录》。

③ 自注：癸巳年（1893）乡试诗题，系秋澄万景清。

费念慈致缪荃孙书信："浙江前月之晦，亦有风灾之异，贡院旗杆二均拔去，魁星阁吹毁，魁星不知去向，抚署藩臬署旗杆皆拔，织造存其一，惟学署巍然无恙。江浙皆有此变，殆崇向西学，蔑弃圣经之验乎？苏州患窃案两年矣，盐枭猖獗，谣传四腾。近自展如内调，乐峰重来，不知何以欢声载道，窃案之从未破者，破矣；盐枭之至难获著，获矣。民讹已息，居人日安。展如非不事事，而诸务丛脞，乐峰清静画一，而坐镇从容。岂《庄子》所谓医门多疾者耶！场中水不知退尽否？展如粗率而褊急，此次监临，大约催收卷外，一无可取也。"[①]

"南闱点名之挤，从前尚不如此。又闻弊端百出，恐不久将成大狱。展如外强中干，一阅边，一监临，可以知其概矣。己丑黄寿老监临时，鱼贯而入。申刻点齐，功令肃然，以视展如，贤不肖何如哉？"[②]

九月

初一日，李超琼"未明而出，仍由胥门登舟，至枫桥则抚部赵公监临文闱返节适至。而迎者如鲫客方壅也。遂未及见而返。然抚部之余艎有轮舶为之拖带，而吾辈虽了鸼一叶，固赖榜人荡桨以行，以故有望尘莫及之象，比舣棹原处，则中丞已于官厅接见司道十数辈，拥导回辕矣。乃至辕下，客坐俟汪、赖二君至，始敢请谒，则仍谢客不见。既出，再历两司，方伯召入，谈甚久。其所快意之语，固愚如贱子所咋舌者矣"。

初一日，赵舒翘赴京莅任，于无锡新安舟次记曰："李延平先生云：寻常于静处体认下工夫，即于闹处使不著，盖不曾如此用功也。自非上蔡谢先生确实于日用处下功夫，每就事上作工夫学，即恐明道此语未必引得出来。近如看见，如此意思，显然元晦，于此更思看如何，唯于日用处便下工夫，或就事上便下工夫，庶几渐可合为己物。不然，只是说也。朱止泉

---

①《艺风堂友朋书札》，第 392 页。

②《艺风堂友朋书札》，第 392 页。

先生云：此语说透学者病痛，日用处便下工夫，是闹静合一秘诀等语，此即定性书之意。日日三复，或可望内外合一乎。”①

赵舒翘致信邓华熙：“筱帅仁兄大人阁下：容易秋风，时怀旧雨。邮筩往复，未罄积忱。辰维亮节秋清，殊泐日上兼圻，即晋颂籥应乎？弟秣陵之役，劳惫不可名状。上月廿八日出闱，本月初一日旋署。诸凡平善，足慰注存。乐帅已抵申江，定初六日接篆。弟交卸后即日首途，由沪乘轮北回。回忆共事一方，诸叨舟谊。此后天南地北，簪盍何时？尚祈常惠箴言，以当良觌，是所至盼！汪先生《易经诠义》已属浙中旧僚即订十部，由杭省迳寄台端，所有苏局之《医林纂要》现亦饬局先寄十部奉上，到时即希詧收。倚装匆布，言不尽意，祗请台安百益。愚弟赵舒翘顿首。”

初二日，李超琼“犁旦即起，诣抚辕衙参，偕汪、赖二君入谒，则中丞方汲汲以屏当行李为务，不复问地方事也。匆匆数语而出”。

初三日，李超琼“早起即至湖南会馆，随同两司、粮道、候补道及府厅公宴抚部赵公，为之荐行，且演侑觞焉。而其供张皆余经办，虽欲辞俗吏之名，得乎？是可愧也。而伺应终日，不复一理民事，一治己事，是胡为者”。

初四日，李超琼“辰起，诣谒抚部。于客坐久俟，至十一点钟后乃及入见。见则为述闱中所作七律二首，特以索和。且询及旧作之已刻者，必欲得之。谓闻之汪柳门侍郎、俞曲园太史，咸推余能诗云。是可愧也。时谢箸卿大令在坐，中丞知其善相人，嘱其为余相命，曰：紫璈官必不终于县尹。盍为审之，谢以余骨奇为对。是几于相谑也。及将出，则以其游庠之提学师有子周某，仁和庠士也，托余为之谋馆事。于此见濒行之礼遇，固有所在也，可慨哉。午后略治官事。于申正即至胥门登舟，用小轮拖带过宝带桥，以迎新抚宪奎公。既抵土牛桥檥棹俟之。入夜始知宪舟已抵高

① 《慎斋别集》（卷二）《慎斋语录》。

垫镇。复鼓轮而往，则乐帅先就寝矣。既不得谒，复返湖滨，终夕俱未安寝”。（《李超琼日记》）

初六日，李超琼“早起诣沧浪亭，坐俟新抚奎公于辰正接苏抚印。礼成，随太守以次入贺，旋诣节辕禀送。即出胥门登舟，用轮船拖带东出独墅湖，俟升任刑部左侍郎赵公舒翘至，入其舟送之，珍重数语别去。同班往送者，太守、司马、三县外尚有四人。而与余同舟者三，芸庄也、少谷也、新选无锡孙襄臣大令（赞元）也。比返棹抵城门，日仅未正也”。（《李超琼日记》）

初六日，“赵展如至铁路局谓人曰：‘铁路本可不办，矿务尤为害民。’又曰：‘但撤总署，则外国人自不多事矣。’赵在刑部，或讥之曰：‘但撤刑部，则天下自无罪人矣。’”[①]（《郑孝胥日记》）

十七日，李超琼“近送赵展如侍郎至沪，责以临别赠言，乃告以用人当慎，如戴天培、陈光全辈皆积于欺蒙而未能察，殊可慨惜。侍郎为愕然。其悟与否及见听与否皆未敢知，而柱卿之报知己者为无愧也。余为侍郎所疑忌，从事逾年不敢未信而谏，然尝以陈、戴劣迹谒藩臬转达，即至见斥，以为妒害之故，洵不足与言哉”。（《李超琼日记》）

十八日，李超琼“辰起诣司道衙参。惟廉访吴公接见，闻其与太守论凌镜之兄之为赵侍郎所诬劾也，节经详问两司，均以其悃幅无华、循声素著对。赵亦谓历经访询，皆谓其贤，疑非虚语也，而卒登白简，则其徇私匿怨、听叶怀善之唆而代为泄愤可知，然倒行逆施至此，果何故哉。是怀善之以贿要结而遂能要挟，非无因也。赵近至沪，收受胡芸台观察（家桢）鱼翅百觔、火腿百蹄，又向索紫檀卧床二张，毫不避忌，其清节固扫地矣。且胡为所纠参，一再訾之，形诸奏牍，至谓为卑汙诡诈，宜绝不与作缘也。而竟若此，其心尚可问哉？胡之兄燏棻方官京尹，并摄少司马，

①《郑孝胥日记》（第 2 册），第 691 页。

时流所谓红人也。赵然以入京之后将备此解前嫌而缔新欢。何遂先后顿异至是耶？至其前闻内迁之信，怏怏见于词色，计所历之缺不如刚子良司寇，深羡其携六万金回都而又悔往岁以万数千金为布施，造其乡之石桥。其心曲之贪鄙已和盘托出矣。冒廉名饰介节，乃败露至此乎，亦可畏已。因闻廉访追论其矫情也而详记之。其可议尚不仅此也”。(《李超琼日记》)

二十日，赵舒翘于大沽海运局行次记曰：“能养心方能养气，能养气方能养性。”

又曰：“时至，大为杀戮，万里萧条。乃乱之极，又将治矣。乱之始，由于是非混、邪正淆。是非混则下无学，邪正淆则上无道，圣贤所以重讲学、用人者，正不忍时至而杀戮耳。”①

二十一日，赵舒翘于通州旅次记曰：“知止而后有定，是乾以易知。定而后能静，是坤以简能。”“诚属乾，敬属坤，守此二字勿忘，即事乾父坤母之道也。”②

二十五日，李超琼“遂过仉翼南游戎寓所一谈。翼南以江阴游击为赵展帅调署中军参将，甫逾四月交卸而不为之所，致其被累不可支，心殊怏怏，然亦人情也。彼武人而使之不以道，又以诈伪虚拘之，岂能无怨哉。故于赵之将行，听戴天培以洋五百元卖其中营统带于彭城李姓，尤忿忿言之，无足怪已”。(《李超琼日记》)

赵舒翘入都莅刑部侍郎任，住内城西铁匠巷，与同乡王步瀛过从较密。

王步瀛作《慎斋文集序》：“长安赵展如先生与予为癸酉同年，暨予丙子通籍，而先生已先官刑曹，渐有声然。予生也戆，与先生踪颇疏。嗣先生补外，屡入觐，暨丁酉内召，乃渐渐知予且深。先生寓内城西铁

①《慎斋别集》(卷二)《慎斋语录》。

②《慎斋别集》(卷二)《慎斋语录》。

匠巷，公余恒柬邀予过谈，至则论学问、衡人才，并商出处大义，洵可谓真相知矣”。

《慎斋文集》义例又云：“先生学遵程朱，重实行，绝标榜，人鲜知者。丁酉内召时，邀予过谈，见书室壁间粘贴课身格，又书先儒穷理、致知、反躬、实践等字，下各加策励语。有红格一册，自纪学道所得，足追先正，先生谦题曰《杂语本》，惜经乱失之，今详加搜辑，厘为一卷，名曰《慎斋语录》，虽属零剩，于先生学问略窥一班。”

《清稗类钞》“各部堂司官琐事”云：“凡指麾一切者，谓之当家，部事向皆满尚书当家，汉尚书伴食而已。四侍郎则更不事事，有半月不入署者。若管部为满大学士，或汉人而兼军机，则实权在管部；若汉大学士管部，尚书则满人而兼军机，则管部绝不过问。盖视乎地位势力而有异同也。然亦有以侍郎当家者，赵舒翘、沈家本之在刑部，皆以深明旧律，为尚书所不及，实权乃渐集于侍郎。盖因其人而生权力也。非当家之堂官，值司官来请画稿，不敢细阅，谓之画黑稿。故有任堂官数年而不知部事为何物者。”

赵舒翘上任伊始，作为当家堂官即出《堂谕》云：“早间读书至《吕刑》‘狱货非宝，惟府辜功，报以庶尤。永畏惟罚，非天不中，惟人在命，天罚不极，庶民罔有令政在于天下’数语，觉其字字恳切，而不禁为作刑官者危之也。夫惠迪从逆天下报施，迟速皆未或爽独刑官之贪酷者，其应尤显而惨。何故？盖天道至秋，为伤王政，惟刑是肃，操此权者即存心恺恻，事事持平，尤觉得情而哀，司杀不惜令人愀然。若责罚过当而自矜严厉，株连苛求而自诩精察，其足以干天地之和，招鬼魂之忌，理所必致。或识见不到而听断乖谬，或安逸是耽而开释稽留，其害人损德亦天罚之所不容也。弟德薄能鲜，前在西曹，用是自惧，今复来此，在官一日，只有惧以终始，求其无咎，特恐稍涉疏忽，阴干天遣。惟望阖属僚友，以公慈存心，以清勤从事。公则不偏，讼者自服。慈则不刻，曲者亦感。清则生威，吏役畏而强梗消。勤则生明，例案熟而情伪澈。审办之件，能速结一日即有一日之利益，能少传一人即保一人之身家，能减责一板即免一板之痛楚，相助为理者，在此于己树德者亦在此，勿曰小善无益，积久自成圣人。在此义系词于噬嗑利用，狱之卦旨深哉。如谓《吕刑》乃衰世之书，阴□非通儒所讲而不肯深信，则所谓自作孽不可活，非弟所敢知矣。”

十月

初一，赵舒翘往访翁同龢。“赵展如中丞来长谈。”[①]

初六日，李超琼“余时念耀堂之朴实勤民，与凌镜叟等两君皆有独立不诡随之概。而吴既见撤，凌且被参，彼赵舒翘之为抚部也。固由进士入官者矣，黜陟之权在手而贤否之辨、是非之公，竟颠倒至此，岂遂无人心乎哉。不过昵一机械变诈之叶怀善，信一好货弄权之戴天培与谄佞阿谀之刘瀚耳，而使君子短气，小人肆然得遂其毒，所害亦大矣。彼其年至五十而无子，有二子而皆夭焉。天果可欺也耶？与耀兄相对，不能不追咎斯人也。谓为讪上，夫亦奚辞”。(《李超琼日记》)

十七日，翁同龢“午初拜西城客，廷杰、赵中丞。未晤”。[②]

十二月

初六日，赵舒翘自记：“圣人至诚恳切，与洒然无累并行不悖。向爱此二语，而总未会其所以然。今早阅《毋不敬齐全书》心述序，忽悟：至诚恳切即天理流行，洒然无累即人欲净尽。知此，则性所固有、分所当为者，自不敢略。知此，则因物而付，与时偕行，自无所滞。”[③]

初八日，李超琼“吴中风俗日漓，凡织工木工石工，动辄传众滋事。上年因机捐肇衅，毁局殴官。以叶怀善之护短而赵舒翘徇之，卒未惩办一人，故习俗愈非，纪纲愈废，而官中犹以优柔博慈惠名。正不知流患无底

①《翁同龢日记》(第6册)，第3049页。

②《翁同龢日记》(第6册)，第3057页。

③《慎斋别集》(卷二)《慎斋语录》。

也。余之惩治此辈，独不欲轻纵，几如冒不韪而为之，不禁自慨已”。(《李超琼日记》)

十八日，赵舒翘自记：“《西铭》云：殁，吾宁也。可见，不殁不宁，一息尚存，此志不容少懈。图安闲之心，乃欲也，从此戒之。”①

是岁，有《汪柳门师赐和叠前韵答之》云：“昔在京华请益多，何欣吾下得过从。卅年旧学传薪久，一酌春风入座和。皎洁臣心犹似水，升沈门外任张罗。闲成妙咏情移我，琴操如闻海上波。”

《又简柳师》云：“吾人所患学求多，万事都从倦眼过。吟咏讵堪消岁月，工夫难得政中和。斑窥文豹犹藏雾，仪捲冥鸿不受罗。惟有兜磨坚是诀，耳边自少说风波。”

按：柳门先生讳鸣銮，仁和进士。同治间视学陕西，官至工部侍郎。辛未岁试，予亦蒙取一等。曲园讳樾，浙江进士。

赵舒翘《用前韵答俞曲园》诗：“曲园儒叟著书多，从政余闲数往过。归咏方邀春与点，连章何幸璧来和。自惭居处思荒径，更羡精神出世罗。犹忆西湖相访日，柳堤迤逦溯清波。”②

党蒙京察一等。

按：刘永亨给丁锡奎的书云：“黼臣仁兄乡台大人阁下：腊鼓鼕鼕，正殷驰慕。忽承嘉贶远道颁来，试拈六出雪花，深感三春云树。辰惟升祺燕喜，履祉骈臻，臆颂式孚，以忻以贺。六月杪，曾奉惠书，迄以俗冗，未得裁答。然上各位贵师函，则克日饬人送去。内惟少霑（孔祥霖）太史至今尚未来京，无由投呈耳。只好久存敝处，俟诸异日。弟久厕京华，公私交冗，不但读书作字毫无进益，即馆中工课亦不克勤，京察既无远近，考差又无把握，每念午岁青门欢聚情事，不啻天上也。陕甘此届得一等薛小

---

①《慎斋别集》（卷二）《慎斋语录》。

② 自注：俞楼在西湖，官浙时常过访，出清波门。

云、李蓉溪两旧人外，则党养山郎中、金书舲郎中、周政伯太史，但祝明岁齐得记名，亦盛事也。晓峰常有信来，精神颇好。明年张诚延请主讲书院，渠已应允，但仍不肯受脩金，为可佩耳。知念并及，专泐鸣谢，驭请升安，并颂青祺。乡愚弟刘永亨顿首。腊月十七日夜呵冻。”①

三月，俸满截取，经本部堂官保送，堪胜繁缺知府。经吏部带领引见，奉旨准其一等加一级。

武瀛

九月，派充秋审处坐办。

萧之葆

正月，萧之葆由蜀归。

十二月十一日，唐锦序病逝。萧之葆为其孙婿，在京撰挽唐十爷联：“天道富善人，夙有定评，胡享公以遐龄，赋公以硕德，七十年劳瘁，未荷荣施，忽千里噩音，挥手忍闻辞后进；人生得知己，可以无憾，况爱我如慈父，诲我如严师，百余日睽离，竟成永诀，赁两行客泪，伤心何处哭先生。”

高祖佑

绥德州米脂人，由优廪生考取拔贡。

谭文蔚

参加陕西乡试，中式第三十名举人。

是年夏，沈家本由天津知府调任直隶首府保定府。

1898年，光绪二十四年，戊戌

各种强学会兴起。宋伯鲁、李岳瑞在京发起成立关学会。三月初五

① 《天水名札》，第33页。

日，康有为发动“公车上书”。四月二十三日，光绪下“定国是诏”宣布变法。四月二十七日，慈禧谕：凡二品以上大臣授新职，需具折至皇太后前谢恩。八月初六，慈禧再出训政，政变发生。八月十三日，“六君子”遇难。

薛允升七十九岁。

正月

初五日，“贵生集三来叩节，谈数刻，献廷尚留，予嘱其代觅抄书人，为写借阅魏汉章主政《秋审例略》，此书系看秋审册格式事宜及标首、案身、查笔、除笔各案程样分类编辑，颇称详赅。向来叙雪堂提调、坐办诸君奉为秘本，不轻以告人。此册乃汉章借自其同乡张翰卿西园郎中者，予向曾见别本，皆不及此册之明括。闻张君人极端正，品学素为同乡所推服，性情恬退，翛然尘壒之外，以甲戌通籍，至今始补郎中，前岁始派江西主稿，而赵展如侍郎则其会榜同年也。荣枯相悬，已致如此。昨出门拜节，出顺治门，先至老墙根薛云阶尚书宅内投刺，以旧时堂属曾接謦欬，不敢以炎凉易态也。尚书在刑部数十年，精详谙练，前后无出其右。近年办事有议其骄纵者，大概请托苞苴时亦不免，署中派委差使往往不公，秋审处提、坐、减等，以致提牢各乌步，大半由夤缘而得，如杜云帆庆元以提牢差满后而得减等，并未主稿，遂洊升提、坐；饶次山昌［麟］、谢秀山均以减等超升提调；刘叙南瞻汉以庚寅进士，资格未及五年而得提牢补缺；武德卿玉润以己丑庶常、庚寅散馆，到署不五年，由提牢补缺提升员外，前年京察居然列诸备送一等之二，如此者甚伙。而老成端谨之士，早暮趋公、半生辛苦者，皆以不善钻营，为新进少年所排轧，以故近来外间有刑部风气大坏之说，其实部务无甚丛脞也，盖尚书自以为刑名老手，大小事件无不亲自裁决，司官绝不能高下其手，虽有陋劣者滥厕其间，亦不至有害于政，故乐得藉此送人情耳。然得意者白昼骄人，失意者逢人诉苦，一唱百和，传闻失实，几成大狱，非无因也。予自丑岁分部，于例案本末切实考求，乙未秋间冯月轩升减等后，派充主稿，自知浅学，夙夜恐惧，兢兢自持，然未尝私谒一面、妄干一人，随班逐队，旅进旅退，幸无陨越。而同事德爱石者，以市井妄人营求于前尚书松寿泉之门，遂得掌印，趾高气扬，满口粪土，诸事思居人先，予极力推让，而现审事件有关罪名轻重出入者，则不敢稍为迁就。伊因不得遂其所欲，日极思有以中伤我，每捏造蜚语，辗转以达上听，而予不觉也。会有公事，往往为尚书所驳诘，词气亦复严厉。嗣有友人向予微谈及之，俾予思所以防之，且浼人向尚书私宅关说，以解释浸润。予甚感友朋待我之厚，而他事则任运委，听其自然而已。继更年余，尚书似觉其险诈，于予亦似释然。去岁尚书被张次山侍御奏参，而同乡蒋艺圃侍御继之，方蒋疏之未上也，同乡李慕丈（李念兹）骤来访予，讯部中近来公私各件，意欲捃拾排陷，盖慕丈向官刑部，时在奉天司主稿，为尚书撤去差使，衔恨甚深且久。张、蒋之疏，皆慕丈一人之所怂恿也。慕丈素知予颇不可尚书意，必怨尚书，故累日倩予探听署中消息，并近年由钻营而得差使者数人，连类为一网打尽之计。予始则一笑置之，以为人微言轻，不敢妄预外事，慕丈之言亦漫应之，并不敢告人也。嗣催促再三，予知事已亟，且不能置身局外也。日夜思所以挽之而苦无策，不得已商之高礼卿郎中，浼其邀同乡数人与蒋侍御相善者置酒邀蒋，嘱无再举，且为薛讼冤，蒋慨然允诺，微露慕丈意。予回寓彻夜不寐，作书千余言上之慕丈，遂旬余无耗，予窃以为事已寝矣。乃迟之月余，前奏奉旨查办者将覆奏矣，而蒋疏忽上，自此牵连罗织，事遂不可解。又继以宋芝洞伯鲁侍御奏参王公和之命案，连及张次山，而察院言官相继交讧，至十月间事始平定，而尚书休矣。秋审处提、坐诸君有得处分者，幸无大损，然合署无不知为李慕丈所为者，并有蜚语道蒋之疏稿出自予手者，予默然不置一词。噫！此等事不必辨，亦不能辨也。新岁又至尚书宅，回忆去岁事，不觉有感。挑灯偶坐，因志其崖末，非鸣不平也，以证吾心之所安焉。长安尚书宅中新岁大门对联亦有感而发者，记录之：‘一官如系（尚书部议降三级调，冬间授为宗人府府丞），有诗书以寓目；大隐在朝（语内极含无限牢骚），无案牍之劳形。'"[①]

初十日，薛允升游览厂肆。张荫桓"午后为厂肆之行，了乏佳趣。从永宝登车，遥见薛云阶缓步游览，乍释刑柄，宜有此乐也"。[②]

二月

初一日，刑部旧识、原任山西巡抚、灵州人张煦归葬咸宁之凤栖原，薛允升作《张公南浦墓志铭》：

公讳煦，字蔼如，号南浦，甘肃灵州人。曾祖继贤，本身曾祖习贤，祖骏翮，考松年，举人，狄道学正，妣氏王，皆以公贵封赠如例。

公以道光己酉拔贡举乡试，咸丰癸丑成进士，授刑部主事，擢员外郎，迁郎中，京察一等。出为贵州镇远府知府，调贵阳府。丁王太夫人忧，归服阕，补贵东道，迁陕西按察使、广东布政使。调山西，擢陕西巡抚。又调湖南、山西。光绪二十一年八月初十日，以疾薨于位。遗疏入，天子轸惜，赐祭葬，敕所司议恤如故事。其孤体元、赞元扶丧归西安，将启公配文夫人之厝，卜地而合葬焉。关中民闻公薨，咸巷哭。洎丧归，扶老携幼，相率吊祭，愿公留葬于陕。乌乎贤哉！公起家儒素，服官郎署，以经术谳狱，当事知其能，俾总司秋审。公不懈益虔，缒幽剔隐如烛照，数计吏詟囚服，海内无冤狱。

其出守镇远也，时黔中大乱，楚蜀道梗，不克往。官文恭公方以使相镇畿辅，念公才，奏调入幕府，襄治军事，悉中核要。直隶肃清，黔寇亦稍熸，遂奉母之官属。镇远尚为贼踞，大吏檄公权思南。思南故无城，距郡四十里有荆竹园者，箐深林密，为贼窟穴，时时伺便出焚掠，冀犯郡治。公部署壮丁，授之方略，分守要害，乘便出击，辄得胜。贼党或受公

① 《唐烜日记》，第 71 ～ 72 页。

② 《张荫桓日记》，第 509 页。

钧致，反为我用，遂以平黔贼。在西南万山中，瘠苦为天下最。兵事甫定，悍苗骄卒，良莠廱处，民志懔懔。公即莅首郡，扫地赤立，严缉捕以诘奸暴，密保甲以安良懦，机牙四张，奸宄惕息。迨分巡贵东，如其治郡时。天子亦稍稍知其才，将大用矣。

其按察陕西也，蒲城有杨孝子者，母为仇殴，隳其妊死，叔某救之亦死。孝子幼而贫，愤欲报仇，蔑为申理，蓄匕首十余年，卒得仇，手刃之，诣官自首。承审者苟欲结案，弗深察，以故杀拟抵刑有日矣。公视事，廉得其冤，出之狱。方是时，杨孝子之名震都下，乡民益感泣颂神明也。

十二年，太原汾水溢入城，坏民居无数。公至，则慎选官绅，筹赈筑堤，惠得下究，流氓用鸠。其开府吾秦也，三辅自寇盗扰攘之后，继以大祲，公私凋瘵，府藏支绌。顾官吏习为华侈，诛求无艺，民气日弊。公涤除封靡，综核名实，革除陋规，上下肃然。科场供应为百余年积弊，奏请裁革，商民快之。及移抚湖南，攀然泣送者，数百里不绝。三湘号难治甲诸行省，公不动声色，消患未萌，闾阎安堵。盖自海禁大开，疆埸之事日益以瘁，一二慷慨激发之士平时务为恢张，以破除故常为愿，疏于民事，民亦不获其利。逮时势艰阻，俯首无济，然思公之廉静悫实，不为赫赫名者，犹足以得人心而集事也。长沙地瘅湿，益以积劳，遂得臂疾，疏请开缺。上重公惜去，乃量移山右。甫下车，边外大旱，千里赤民死亡略尽。公竭力筹抚，转粟数千里，经万山中以馈饥黎。事甫定，而辽祸亟，海内驿骚。公选士厉兵，勖以忠义，俾以援畿辅。外筹供亿，内釐吏职，不遑寝食。迨和议告成，公疾深矣。公言事者微及公，上知公深，特诏入觐，以塞群疑。既至，如对数四，恩礼有加，命还任。公感激知遇，誓以身报，遂致不起，呜呼哀哉！公生于道光二年七月初二日，春秋七十有四。配文夫人，先卒，侧室章。子二：体元，候选郎中；赞元。女三：长适吏部主事昆明钱霈珊，次适秦安府知府安定康枚，三适贵州通判会稽梁长生。体元及三女皆文夫人出，赞元章出。孙二：柄，二品荫生；权，令卜吉。光绪二十四年二月吉日，公葬于咸宁之凤栖原卯首酉趾。体元等以余与公同官秋曹十余年，知公有素，以状来请铭。铭曰：

繄吏而儒，唯古是师。经术吏术，一以贯之。

繄吏而循，视民如身。胞与之量，宏于斯人。

公实兼之，贞为事干。帝曰俞哉，戎有良翰。

节钺三秉，艰屯迭致。始终一节，以殁其世。

长安之原，公惠所臻。神之往来，以福我民。①

初十日，《刑部片》："据臣部提牢主事呈称：在押待质官犯薛济即薛汝舟于光绪二十三年七月奉发看押，嗣于八月十四日染患喉症。据医呈报救治，当经移咨都察院，并咨行钦派大臣，旋准覆称，薛济案奏结奉旨在押候质，现患喉症，应由刑部察看情形，照例酌核办理等因。至九月间，复患时瘟，经冬历春屡见沉危。据医生呈报，救治均经移会查监御史在案。查徒罪以下人犯在监患病，例准取具的保，保出调治，光绪十九年本部承审在案。官犯□勇武在押呈报救治，亦经交旗调治有案。惟薛济系未定罪名，奉旨在押待质，虽与监□者不同，究与寻常在押者有间，可否查照例案交付取保调治之处，臣等未敢擅便，谨附片具奏请旨。"

三月

初三日，薛允升作《奏为微臣久病未痊恳请恩准开缺事》："窃臣前因患病曾经请假两次，现在假期已逾，病势仍有增无减。伏念臣以部属洊跻卿班，受朝廷豢养之恩四十余年矣，犬马犹知主，但使一息尚存，何敢遽然引退。无奈衰病侵寻，日甚一日，总由年近八旬，气血双虚，虽多方调治，迄未见功，而步履亦艰窘异常，似此委顿情形，实系不堪驱使。若仍勉强恋栈，微特素餐贻诮，自问亦觉难安。再四思维，惟有恳祈天恩，开

① 《光绪灵州志》之《艺文志》，第十六下。

去臣宗人府府丞之缺，俾得田园终老，此后有生之年，亦感戴鸿慈于无既矣。所有微臣恳请开缺缘由，理合恭折具陈，伏乞皇上圣鉴。”

闰三月

初四日，薛允升作《奏为假期已满病仍未痊吁恳天恩俯准开缺恭折仰祈圣鉴事》：“窃臣前因假期届满，病尚未痊，陈请开缺。三月初三日奉旨：薛允升著赏假一个月，无庸开缺。钦此。跪聆之下，感悚难名。匝月以来，多方医治，病势迄未少减。现在假期已满，焦灼万分。伏念臣以获咎之员渥荷逾恒之宠，但使稍堪撑柱，何甘自外生成？无如痼疾已深，颓唐愈甚，虽藿葵向日，难忘依恋之忱。而蒲柳经秋，迥异发荣之候。即使勉强销假，终恐陨越堪虞。惟有湛陈下悃，仰恳圣慈始终成全，俯准开缺。此后有生之日，无非戴德之年矣。所有微臣假期已满，病仍未痊，恳请开缺缘由，理合缮折具陈，伏乞皇上圣鉴。”

初四日，“宗人府府丞薛允升因病乞休。允之”。(《光绪朝实录》)

初五日，《张荫桓日记》：“薛云阶准开宗丞缺。”[①]

赵舒翘五十一岁。

正月

初一日，俞樾《戊戌元旦试笔诗》寄赵舒翘。光绪新政推行后，赵舒翘思想保守，对新政不满，故而作《和俞曲园戊戌元旦试笔元韵》诗云：盘涧硕人矢弗过，难禁独寐发悲歌。近郊忽被添多壘，新政翻闻立特科。王道中天知已矣，此生乐地在无何。岁寒期守如瓶戒，今诵君时识节和。

初二日，唐烜“巳刻入署，满汉两正堂暨汉左右堂均进署，各司堂参毕，日已向午，回寓少憩”。[②]

初五日，翁同龢“见起四刻，极陈宜破格用人，保毛庆蕃、那桐、德

① 《张荫桓日记》，第 526 页。

② 《唐烜日记》，第 70 页。

方，并言赵舒翘宜外任，刚公亦有论荐，起下不及二刻”。[①]

初七日，赵舒翘笔记曰：“廉希宪云：天下事无牵制，三代可复。夫外之牵制无如何？内之牵制，惧祸也，恋位也，可不自克乎。”[②]

初八日记：“全总以此心不定为歉，兹读《朱子语录》云：只论是不是，不问定不定。始恍然，知止工夫到家，自然有定。若先求定，则入陆王强把捉一途矣。”[③]

初九日，“是日入值颇早，时正十一钟，而赵展如侍郎已散去矣。闻司役云侍郎到时不过巳初，少坐至十钟而去，盖封印期内各堂分班入署，本日为侍郎入署之期，而来时太早，各司均无人，是以匆匆而去也”。[④]

初十日，“散值后赴西城，至东铁匠胡同赵展如侍郎宅画稿，并面回魏李氏一案，将先后原被各情节叙明，侍郎意始寤，属办稿而退”。[⑤]

十二日，“是日刚堂进署上堂，为魏李氏一案，又详述原委。因去年刚堂即有心速了结，既正犯在逃，余犯不苛求，亦罪疑为轻之义，而德爱石断断强辩不休，为刚堂斥退。次日含愤赴赵堂宅面回，信口乱说，赵几为其所惑，比前日予又谒赵细诉，始寤其非，嘱令照议办稿。今日刚堂来，予引伸前说，德仍执己见，当面为刚堂责备数语，并嘱伊‘不可固执，即照唐君议办稿为妥’。退后伊愈愤无所之，决意重复上堂，求调别司审讯。予视伊怒不可解，且笑且恶之，然因此调司另讯，则全案人证重复差传，拖累多人，是又造一重孽案也。遂唤书吏至前，饬令为尹某叙供，即照和诱为从办法定谳，伊始无辞。如此等之人，竟俨然官长也，与

---

①《翁同龢日记》(第6册)，第3086页。

②《慎斋别集》(卷三)《慎斋语录》。

③《慎斋别集》(卷三)《慎斋语录》。

④《唐烜日记》，第74页。

⑤《唐烜日记》，第74页。

之共事，亦予数年小劫也”。[①]

十五日，赵舒翘记：“居敬以立其本，要在内无妄思，外无妄动，穷理以致其和，要在审求其是，决去其非，反躬以践其实，要在伪必力克，善必疆［强］为。”[②]

十八日，“本日叙雪堂团拜（即秋审处诸君），公请各堂，在湖广馆演剧，前数日提调二君折柬相招，予辞焉。盖此局乃秋审处诸位之定例，凡不兼秋审乌步者，皆不得与，然曾经描黄者则柬邀之，居客位。描黄者即每年呈进各省秋审黄册，归秋审处承办，所有纸笔书写等事用款颇不赀，率于夏间知会各司，有愿描黄者注明出费拾六金，约在十二人之数，亦或十人八人，全视本年秋审册多寡为断，交费之后，将来堂派秋审处兼行乌步，即可开列名单，未经描黄者不得与，已描黄者每年团拜时必致一柬，然去者无多也”。[③]

二十五日，题李雪木先生柏淡园亦山园记墨迹卷子：雪木先生生当明季，草莽孤愤，无所发抒，遂放浪山水间，其志亦大可悲矣。后人见其行文，云谲波诡，[④]以为逍遥人间耳，而讵知与屈大夫《九歌》同其悽怆耶！《郿县志》谓先生任情放诞，岂非痴人说梦？诵诗读书，必知人论世，子舆氏[⑤]所以识高千古欤！予睹先生墨迹，不禁叹息久之。[⑥]戊戌初春，长安后学赵舒翘敬题。[⑦]

二月

十五日，“进署，是日掌印德爱石不至，予同魏汉章上堂，堂官唯刚、

---

①《唐烜日记》，第 75 页。

②《慎斋别集》（卷三）《慎斋语录》。

③《唐烜日记》，第 79 页。

④《续修陕西通志稿》作“云诡波谲”。

⑤《慎斋别集》原讹作“民”，今据《续修陕西通志稿》改为“氏”。

⑥《续修陕西通志稿》无此句。

⑦“题”，《续修陕西通志稿》作“识”。

赵二公，予就便向刚公陈说：‘司中盗案共十一人，现供认者已有七人，其余四人尚未供认，而印君意在开脱释放，予力争不能得，现敬请堂。’刚公谕以‘情节既真，只好熬审，不得以案犯名数既多，遂有意宽纵也’。赵公深以为然，并嘱‘仍行严讯，勿得松劲’。予唯唯而退”。[①]

二十九日，“本日署中递现审单，堂官唯赵展如侍郎来署，两正堂均随驾赴园。本司盗案回堂，商定应行决放人数，忽闻侍郎云：‘汝司魏老爷为江西司拉去，已点派矣。’众愕然莫知所以，退后询之王兰亭，渠亦不解。盖江西司主稿张君西园、帮稿杨君履晋皆山右人，与魏同乡，久有邀其跳司之议。魏因本司同人情意均无隔阂，故犹豫久之，且王兰亭亦渠同乡也。近忽有此举，实出意料之外，予与兰亭商之，重复上堂回明，本司稿件繁难，较江西为伙，魏司官宜仍留山东，赵公诺之，并云‘吾转告江西印、稿可也’。退后呼书吏为魏写知会，送往宅内，请其明日进署，将堂谕‘仍留山东’之语录之，不知渠见之作何裁酌也。异哉！”[②]

三月

初六日，上谕：“徐会沣现在入闱，其所属礼部左侍郎著赵舒翘暂行兼署等因。钦此。”

初六日，“以户部尚书翁同龢兼署吏部尚书。礼部右侍郎唐景崇署都察院左都御史。礼部右侍郎溥颋兼署户部右侍郎，兼管钱法堂事务。刑部左侍郎阿克丹兼署兵部右侍郎。户部左侍郎张荫桓兼署吏部右侍郎。刑部左侍郎赵舒翘兼署礼部左侍郎”。(《光绪朝实录》)

《翁同龢日记》云：“派署缺，臣龢吏尚……赵舒翘礼右。”[③]

赵舒翘上折谢恩：“窃臣猥以菲才，备员卿贰。班随棘听，未能研习夫丹书；质等樗庸，方切悚惭于素食。兹复渥承恩命，暂摄春官。念部务之

---

①《唐烜日记》，第 85 页。

②《唐烜日记》，第 87 页。

③《翁同龢日记》(第 6 册)，第 3106 页。

兼权，惧铨才之难称。臣惟有益加黾勉，倍策驽孱。慎以趋公，冀渐识朝廷典礼；勤期补拙，庶稍酬大造生成。所有微臣感激下忱，谨缮折叩谢天恩，伏乞皇上圣鉴。”①

初七日，“盗案中杨二、田五两名同日报救治，恐其监毙也，遂亲到牢中取供画讫。予在刑曹九年，从未一进牢狱，每遇监掷，皆提犯人至提牢厅，或司狱厅门外而已。凡散放囚衣、相验监毙等差，未曾与也。今日始一临其地，囚系累累，凄惨之状，不可胜言。若随时方便，唯有少牵连、少颂系，寻常词讼，一判可了者，即行结案，勿令囹圄中冤气堆塞，即造福不浅矣”。②

十一日，唐烜“是日在署，闻昨日赵展如侍郎因近日署中为各司当月相验事，议定变通章程。由档房拟改八条，皆刚子良尚书授意，内重在当月司收到人命案件，应由刑部相验者，向章皆于次日分签，当月满汉司员二人前往相验。今拟改为收案后，当日会同司务厅、清档房分签后，分案本司印稿相验。至寻常案件及命案之不由刑部相验者，仍于次日呈堂后分签，又添帮当月一员，素日当差谨慎、例案娴熟者专司收案，酌定人犯之应收禁、应取保者，次日呈堂开列案由，并将因何收禁、因何取保情节注明云云。此二条乃其中之最大者，余六条则大概为各衙门报文暨现审案件由各城各旗送来，候讯人犯皆经赴本司不得稽延等事，意为厘除吏胥积弊而设，然轻改旧章，未免近于琐碎，且有窒碍难行之处，已定议传知各司遵行矣。连日浙江、江西、江苏等司稿君颇有向侍郎哓哓者，侍郎意亦动，本日向定镇平成郎中面商可否，盖知此八条者大半出定君手笔，故向其斟酌行止，而定君大为怫然，语甚不平，及出门则大声聒耳，侍郎亦怒甚，几欲发作，幸刚子良尚书在座，力为解释始罢。然因此又谕令各司

①《慎斋文集》（卷二）。

②《唐烜日记》，第90页。

印、稿各抒所见，以期不厌求详、博采群言之意。噫，观近日西曹堂属如斯举动，令人不能不思长安尚书无已也”。①

十四日，“本日盗案奏稿缮毕呈堂，满汉两正堂均阅过”。②

十五日，“昨呈堂奏稿交下，候赵堂酌定。本日进署，则侍郎已先散值矣。一钟后刚堂到，因初九日签分夔卢氏控张春泉将伊殴打一案，已传讯两造，则张姓呈控该氏伙同惠广将伊童养儿媳带走，供词各执。本日则夔卢氏之夫夔珍呈控惠广将伊妻拐走，而惠广又被其兄惠明呈送，经提督衙门送部签分山西。是日掌印未到，予回堂拟将夔卢氏控张姓一案归惠广之案并办，归山西司审讯。刚堂云：‘论轻重则惠广之案较重，论先后则张姓之案在先，应以后就先，似仍当归山东承办。’予唯唯而退。散值回寓，少憩，遂携盗案奏稿全供赴赵堂宅内呈阅，阍人传语云‘俟明日进署带交，暂留览’，予辞出”。③

十六日，唐烜“午刻入值，赵堂已先到，将昨日所呈奏稿交下，散值回寓”。④

二十四日，李超琼“辰起与伯氏挈侃儿出胥门登舟，招王芸庄、凌镜之两君偕往盛氏之留园一游。返棹至南濠之北岸停泊，一饮。比归，则暮色渐合。尽日欢宴，颇极辔豫。盖两君为甲午以前同事最相知契之友。人事迁变，曾未数年，芸庄固以迁太守开缺事，镜叟以笃实勤明循良著望之君子，乃竟为前抚赵舒翘诬劾，虽媒孽由于至庸至鄙之叶怀善，而舒翘则真可谓拂人之性之小人矣。至今知于不知无不冤之。镜之终不能无耿耿，固绝迹不一出。是以今日之聚为不易得者也。坐中论及舒翘之混淆黑白，倒紊贤否，虽芸庄尝受其恩，亦不能曲为之掩已”。(《李超琼日记》)

① 《唐烜日记》，第 91 页。

② 《唐烜日记》，第 92 页。

③ 《唐烜日记》，第 92 页。

④ 《唐烜日记》，第 93 页。

闰三月

初五日，刘坤一《复赵展如》云：“洋人窥伺镇江，并欲据吴淞屯兵，两处倘有疏虞，南洋便成坐困。曾启译署，将吴淞辟为商埠，以杜私占；奉文照行，自是要著。自强军洋将洋弁拟一律资遣，改委江南提督李军门（李占椿）统带，移驻江阴，以与上游联络。并将各兵轮、蚊船、雷艇拨归苏松镇陈统带（陈旭），以一事权而资呼应。倘海上有警，即将各轮移碇大港等处险要，仍一面预办石篓，塞断中洪。似此布置，不敢自信确有把握，而长江一线，水陆严防，彼族亦应稍知忌惮矣。贱躯日形衰惫，前恳左右代陈，冀得卸此重担，而台谕颇涉外视。余生固无足惜，所虑南洋将蹈北洋覆辙，大局益不可问耳。”①

十一日，“连日王兰亭、高理卿均不至署，盖以掌印前日同魏汉章互闹之后，诸人皆有怒意，故不来也。司中历年当差人数原少，正途唯王、魏两君。魏去后，王亦不安，而德某又不自悔悟，愈肆猖獗，予二年中极力调停，弥缝其缺，犹不免于龃龉。至于司中公事，无一相合，只得委曲容忍，以求无大过，然心益苦而力益竭，事益棘手，同人有劝以将逐细情形回明堂官，为先发制人之计者，予犹豫不忍，至此实万不得已，始回刚子良尚书，刚颔之，嘱予向赵展如侍郎言之，赵亦颔之。然予所言不过云司内人本太少，魏又改派江西，王、高两人逐日进署看稿，近因掌印德司官在公宴之所，与魏相口角，一时忿怒，有失检点，致同司诸君皆为不乐，遂至相为引避，将来公事如何办法。且德司官素日性情躁急，语言轻率，人多避之，从来司内不能邀同人当差者，职是之由，请各位大人商酌办理。至其诸般劣迹，荒谬任意、忌克谗谮之处，未一出口，自为无倾轧之嫌矣。予进署时，天已过午，同掌印上堂回司，满右堂忽到，又同掌印上堂画一咨稿，回司后少刻，德爱石往汉档房，司堂只予一人，踌躇良

①《刘坤——遗集》（第5册），第2222 ~ 2223页。

久，始独自上堂，适各司无回事者，赵、文两公正吃烟闲话，予乃进白刚、赵，退下，比到司，则德爱石自档房甫回，各堂均散值矣”。①

十七日，“司中新印君英菊圃勋到任，同上堂画汇存稿，汇存者乃外省咨题之件，到司后办稿呈堂行文凡若干件总汇数目，每月来文若干、应办若干、何日行文均另有簿目可查，自光绪年间各司停办此稿，以咨题稿件皆随时赶办，无多稽压，各堂官不甚措意，自刚子良尚书莅任，首以此事为言，谕各司均按月将咨题稿件已办过行文者办一汇存数目稿呈堂查阅。德爱石掌印时逐日哓哓向书吏饬催，自鸣得意，然所言漫无要领，故延搁者仍复不免。自去岁十月至今岁三月，所有稿件皆扫数行文讫，比画汇存稿，而刚堂犹以为迟，其意盖以尚未行文也。予为述之，色亦赩然，满堂不学无术之态，殊可哂也”。②

四月

二十二日，“在署闻本日上谕，以刚毅为协办大学士、兵部尚书，刑部尚书著崇礼补授”。③

二十六日，“是日崇受之尚书到任，各司上堂毕，已二钟矣”。④

二十八日，子璧城生，侧室高氏出。

五月

二十四日，唐烜“散值回寓，接李梅坡同年复札，是日进署上堂，适赵展如同各司谈及一切现审事件，不可务为严厉，须少存忠厚，期无失乎哀矜勿喜之义，盖有所指也”。⑤

二十八日，“早起八钟冒雨入署，同人无一到者，闻赵堂已先散值矣。

①《唐烜日记》，第100页。

②《唐烜日记》，第102页。

③《唐烜日记》，第111页。

④《唐烜日记》，第112页。

⑤《唐烜日记》，第117页。

盖是日正班，赵堂由内值听旨后入署，各司均寂其无人，故略坐即去，时尚未七钟也。九钟时廖堂进署，予独自上堂画题咨稿三件，散值回寓”。①

六月

二十日，刘坤一《复赵展如》云：“以公才力，与其法守萧曹，曷若勋希韩范，朝廷善于位置，亦失于权衡矣。顾自公去江南，不满一载，而局面之变，竟至于此。徐、淮、海各属连岁被淹，民人死亡以数千计，前赈甫竣，续赈更兴，当此罗掘已空，何从再筹巨款。兼以江宁省城，贫民饥噪，伙抢米铺三十余家，亟办平粜，此风始息；而所费不赀，尚须另行弥补。自苏、沪两处货釐，皖、鄂两处盐厘改归税司代征还债，本省常年用度顿少一百九十余万，农部乃以五省有名无实之项拨抵计授之需，安能有济？此外仅剩金陵涓滴厘捐，复因内河行小轮船尽为洋商所占，是成死证，而无一线生机，现在力与之争，未知果能挽回否也。江南天气阴雨，山东、河南大水，为夷狄侵华、小人乱政之象，虽是老生常谈，要亦不无征验，今日之事得毋似之，我公以为何如？”②

二十一日，“是日梁芗南侍郎卯刻到任，予五钟时进署谒见毕，同英菊圃各散值。饭后假寐移时，醒后雨声初歇，闲步门外，遇卖花人卸担巷口，呼来前谛视，唯玉簪花十数本，拣六本，栽讫，余数本为儿辈买来，栽老槐之下，青葱颇可观”。③

二十五日，次子璧垣生，侧室卜氏出。

七月

初十日，“早起，天甚凉，着单衣，力疾进，以递现审单之日也。赵、阿两堂到，廖师到甚迟，天近午矣”。④

---

①《唐烜日记》，第 117 页。

②《刘坤一遗集》（第 5 册），第 2228 ~ 2229 页。

③《唐烜日记》，第 124 页。

④《唐烜日记》，第 129 页。

三十日，“是日署堂官到四位，闻系会议裁并事宜”。[①]

八月

十三日，唐烜“入署到司堂后闻书吏云：有军机处司员来刑部，亲送交片，未稔何事，咸以为会讯官犯事。比上堂划行文簿，见赵展如侍郎意似惊讶，向满左堂阿公，汉右堂梁公探询消息，盖亦闻有军机处司员到也。适阿堂招印君英菊圃致询山东司近日职官自缢之案，现如何办法，并屡嘱以尸亲贫苦，既无前项情节，即可速了云云。正絮话间，忽秋审处满汉提调上堂，举止惊惶，嘱各司回公事者咸退，并厉声唤堂书吏速出。余回司向同人讥笑，秋谳诸君有何事而致作如是举措。方谈次，闻大门呵导声。司役报刚中堂到，则愈知为会商讯犯，别无他异也。然署门外人声喧噪，大门皂役拦阻闲杂人等不许阑入，并向门外观者大声云‘汝等候差事出来再看可也’。予始疑讶。忽鲍荟人同年到司具言：谕旨已到，除张、徐两人另候谕旨，刘、杨、谭、林四章京及杨、康六人，均即行处斩。始知所谓军机交片者，乃军机司员亲赍此旨来也。刚中堂派为监斩大臣，故先到。时步军统领崇公已调京旗各营健卒在署外巡缴，前门、顺治门一带皆派兵防护不测。而刑部亦传齐五城司坊官，预备囚车、刽子手、青衣等差各到。满汉提调分班赴南、北所监视缚犯出。南所三人为谭及二杨，北所则刘、林、康广仁也。北监犯先绑讫，候南监三犯出，至提牢厅，跪听宣读上谕毕，即饬青衣带赴法场矣”。[②]

《戊壬录》云：“清朝成例，凡捕罪犯，必加讯鞫，廉得其实，然后杀之，盖犹有慎刑之意也。当康广仁等六人被逮后，曾由清廷命刑部，于八月十三日讯鞫。届期，刑部各官方到堂，坐待提讯，而忽有毋庸讯鞫，即缚赴市曹处斩之命，闻者颇讶之，而不知其间之实有主动力也。盖是年赵

① 《唐烜日记》，第 134 页。

② 《唐烜日记》，第 136 ~ 137 页。

舒翘正为刑部尚书，[①]于六人被捕时，西后召见赵，尚命严究其事。赵对：此等无父、无君之禽兽，杀无赦，不必问供。西后颔之。赵有门生，四川人，时任提牢厅，与杨锐、刘光第同乡，稔知其冤，求赵按律审讯，赵初唯唯。越数日，闻将处决，大骇，谒赵，力陈杨、刘与门生同乡至好，此案稔知其冤，请老师奏请分别审讯，声泪俱下。赵悍然曰：汝所言者，友谊也。我所执者，国法也。南山可移，此案不可动。汝速出，旨即下矣。有顷，果命毋庸讯鞫，即赴市曹处斩。赵之残忍，于此可见一斑矣。"

《南亭笔记》卷十载："戊戌六章京之狱，赵实主持之，堂官廖寿丰欲加推讯，赵大呼曰：杀之勿缓！廖争曰：上意原欲刑部详行审问，否则何不径交步军统领衙门正法？赵尚断断，廖曰：无论如何，总须请旨后再行定夺。言已上车而去。时刚毅方专国政，气焰熏天，赵为刚毅私人，夤夜就刚计议，竖晨诏下，遂遭骈戮。"

十六日，"命赵舒翘会同王文韶督办矿路总局"。(《清史稿·光绪本纪》)

《光绪朝实录》载："派刑部左侍郎赵舒翘会同户部尚书王文韶督办矿务铁路总局。"

赵舒翘上《派办矿务铁路总局谢恩折》云："臣以迂愚之质，受恩深重，际此时事艰难，自应急图报效。惟矿务铁路利弊素未讲究，闻命之下，惶愧无措。幸有老成持重之王文韶在前，臣当随同办理，力加详求。如真有益于国计民生，自宜竭力兴办，以为富强之基。倘事有窒碍，或臣才不胜任，容臣随时奏请训示施行。所有微臣感激下忱，理合恭折具陈，伏乞皇太后、皇上圣鉴。"[②]

二十日，"闻赵展如侍郎升尚书，上堂揖贺。散值回寓。侍郎陕西长安县人，与前任薛云阶尚书为同乡戚谊，少孤贫力学，中甲戌科进士，分

① 此处有误，赵舒翘尚未补授刑部尚书。

②《慎斋文集》(卷二)。

刑部主事，授职后即究心律例，受知于潘文勤公，派充提牢厅司员，差满补缺后由秋审处提调京察一等，简放安徽知府，洊升江苏巡抚，去岁内召为刑部侍郎，未一年升授尚书，计释褐之岁至今甫廿四年，汉人中所未有也”。[①]

同日上谕：“廖寿恒著调补礼部尚书，刑部尚书著赵舒翘补授。钦此。”

“调刑部尚书廖寿恒为礼部尚书，以刑部左侍郎赵舒翘为刑部尚书。”（《光绪朝实录》）

赵舒翘上《补授刑部尚书谢恩折》云：窃臣猥以菲材，侧名卿贰，愧涓埃之未报，方寝馈以难安。兹复仰荷恩施，总司宪典，宠眷频加于弱植，兢危弥切于寸衷。臣惟有倍矢慎勤，益深黾勉，冀仰酬夫高厚，庶稍答夫生成。所有微臣感激下忱，谨缮折叩谢天恩，伏乞皇太后、皇上圣鉴。[②]

吉同钧作《薛赵二大司寇合传》：“其内任刑部长官也，部中自云阶后，风气渐趋卑污，司员多徇情受贿，展如到任，查明江苏司印稿有受贿之事，即奏革二人之职以示警。又以案牍积累，由司员不谙公事，分日面试各司员律例，扰尤超拔。又革奔走夤缘恶习，凡来宅拜谒及送礼物者，概不准门丁上达。其总理各国事务也，外人贿买汉奸谋修铁路矿山者，历任总理畏洋人不敢举发，以致利权外溢。自展如任事，查知其弊，有官革职，无官治罪，外人知中国有人以后不敢轻侮。其督办修理城工也，向来督修工程大臣王公，居多仅四五成到工，甚有二三成到工者，上下朋分，视工程为利薮。展如到差，力矫其弊，八成到工，其余二成分作监工司员津贴。”

二十一日，“早起，入署，赵展如尚书到任”。[③]

---

①《唐烜日记》，第139页。

②《慎斋文集》（卷二）。

③《唐烜日记》，第139页。

二十三日，“昨日上谕刑部左侍郎著李培元补授”。[1]

《慎斋文集》载赵舒翘任刑部尚书时《堂谕》云：“前岁曾以狱货非宝之经训，谕劝我僚属矣。并令将前谕悬挂司堂，意谓可触目警心，各振精神，力除习染，部务或有起色。乃不意竟出有江苏司印稿之案。本部堂德薄能鲜，不能感孚僚属，良用自愧。该司印稿亦未免太不自爱矣！印稿高坐堂皇，而操守不谨，即能欺别人，能瞒本司吏役乎？既不能瞒吏役，则挟持牵掣，吏役舞文犯法尚敢过问乎？势必上下一气，遇事招摇，断无曲直得情、是非不谬之案矣。言念及此，则堂官用一清正之印稿，即堂官之作德；用一贪邪之印稿，即堂官之作孽。别部皆然，刑部尤要。盖案无论大小，事事皆理法中是非得失所在，即事事为小民之身家性命所关也。本部堂等知识不周，常愧不能尽知本部之贤司员而任用之，抑实不愿为不肖者所欺，而时时在此造孽也。现在细加查看，各司印稿廉能勤慎者固属不少，而其中遇事瞀惑、心无定见、甚有操守难信、声名平常者恐亦不免。嗣后一经查出，或别经发觉，定行澈究，决不姑容。江苏司之案，即其前鉴也。盖既诫谕之再三，犹不知悛改，此种人尚堪造就乎？所益者众，所关者大，固不能于一二人前博宽厚之名也，抑更有进者？人生境遇，劳逸优绌皆有定命。既落在西曹当差，即属劳碌艰苦之命，乃欲妄希逸欲腴润，是违天也。违天者能免祸乎？有心人通观之，当惕厉自生矣。问案之法已具前谕，兹不复赘。此谕。”[2]

又《告谕》云：“弟当司官时，颇不愿赴堂官宅致谢，受其门丁气焰，亦不喜拜年投刺，终日饥奔。兹以恕道相施，谨与我寅僚约：嗣后补缺得差，当堂一揖，无须赴弟宅。至拜年，向于新正月初二日堂上公见，彼此揖贺，节文已足，更不必往宅，亦息事宁人之一端也。其愿拜谢别堂者

---

①《唐烜日记》，第 139 页。

②《慎斋文集》（卷八）。

听，如必欲来宅拜，亦不登门簿。有要公回，必见，不在此例。非要公亦不见。”

二十七，“谕军机大臣等，本日赵舒翘奏铁路矿务局事宜应归总理衙门兼办一折，著仍遵前旨交王文韶、赵舒翘督办，毋许推诿。并由总理衙门认真查核”。(《光绪朝实录》)

赵舒翘奏请铁路矿务归总理衙门兼办。折云：“奏为查明铁路矿务局事宜应归总理衙门兼办，以免纷歧，恭折具陈，仰祈圣鉴事。前奉谕旨命臣会办新设之矿务铁路局，此事关系重大，其中情形又未素悉，深恐有负委任。因力加考求，昼夜思维，得其梗概，谨为我皇太后、皇上陈之。凡兴办一事，必先权其害之轻重，而不可徒计其利。尤必确按其实之得失，而不可徒徇其名。今之言铁路者，语虽千百，大抵不出商务兴旺、调兵便易两层。顾何以津芦一路极属繁铸，尚无余利归公，津榆一路仍属冷落，养路费且不足。至于征调之时，我能往，寇亦能往，且一里失轨，千军皆止。后日之利，尚未可知。而縻公家之帑项，夺小民之生计，则害在目前。此铁路之得失也。今之言矿务者，大抵以天地自然之富取不尽、用不竭为词，殊不知此言亦有天道，非人心所能属厌。古有县官自渔而鱼不出，太守采珠而珠远徙。盖微利尽取，水土无演，不惟求之不义，亦求之弗得也。现云南铜矿从前二十五斤坯质，能炼净铜十七斤者，今只得七斤。至各省试办，旋开旋废，徒赔购运机器之费者，更无论［矣］此矿务之得失也。然则矿路遂不办乎？机巧之风气既开，自有之利权应保。惟有先成干路，南北气通，各处支路听主持干路者联络绅商节节办理。矿务则惟有因民所利而利之一法，令民集股自办，地方官为之斟酌禀请，维持保护，总局但持核办之权。如能照此办理，则握要以图，公事不烦，利可渐兴。若必由局招徕商股，延请矿师，则奸黠之徒勾引外族，明华暗洋，纷纷递禀，到处开掘，哄然成扰，弊不胜言。且东三省、广东、广西等处铁路皆归交涉，即山西、河南之路亦有洋人夹杂其中。时有会晤辩驳，均须与总理衙门通知，即局中所用官吏亦系总理衙门之人，似不如仍照从前章程，将矿路事宜归总理衙门分股兼办，无须另立名目。不特公事画一，并可杜奸侩之觊觎，其节省费用犹其小焉者也。臣愚昧之见是否有当，恭折具陈，伏乞皇太后、皇上圣鉴。”①

《王幼农先生年谱》云：“霪雨为灾。长安属之禹洼数十村。波水浸成泽国。公与柏孝龙仿顺直塔捐例。刊启募捐。赵尚书舒翘、陆观察襄钺首捐钜金。合各处捐款共陆仟柒佰余两。按受灾区分别查振。”

九月

初一日，“赵展如司寇先由凤石介绍，折节先施，下士之怀，良可感”。②

“初五日，晴。赵展如尚书来久谈，云春江先生病卧在津，颇剧，即作一函询子静，如不瘳，拟往省视。”③

初六日，“赵展如至铁路局谓人曰：‘铁路本可不办，矿务尤为害民。’又曰：‘但撤总署，则外国人自不多事矣。’赵在刑部，或讥之曰：‘但撤刑部，则天下自无罪人矣。’”④

初九，重阳日，叶昌炽“午后答赵展如尚书，略谈即至史馆，已逾未刻”。⑤叶昌炽“致赵展如尚书函，告春江先生病愈”。⑥

十二日，唐烜“先至署上堂，适赵展如尚书方共湖广司司员等讲究律例，立听久之”。⑦

十三日，“月初赵堂传谕各司，凡司官常入署者皆接见，并交印格本，

①《慎斋文集》（卷二）。

②《缘督庐日记》（第5册），第2756页。

③《缘督庐日记》（第5册），第2758页。

④《郑孝胥日记》（第2册），第691页。

⑤《缘督庐日记》（第5册），第2760页。

⑥《缘督庐日记》（第5册），第2766页。

⑦《唐烜日记》，第144页。

令本官自书名字、籍贯、出身，名为《西曹寅谱》，每日一司上堂谒见，询以公事，或秋审，或现审律例中疑难处，然能对者恒少，尚书亦不甚苛责，唯极意劝勉。明日应轮山东司接见之期，今午同寅诸君咸来署名，约廿余人”。[①]

十四日，“午前进署，同司到者已十数人，至十二钟到齐，上堂，逐人接见后，向予询及斗殴门‘殴死缌麻兄妻’一条，此项在妻妾与夫亲属相殴门内，然律例皆无明文，唯注内有大功以下兄弟妻皆以凡论之语，人往往习而不察，以凡论人皆知之，而本条乃附在正文之下注内，则或忽之，若骤然一问，不能说出下落，岂非以凡论三字竟无专条可引乎？予于前月内翻阅一条，曾留心查记，故于今日之问，确切指明，赵公颇有奖语，实意外之幸也。回司后各寅好咸为推许，书吏等亦环向问讯，盖前数日他司印稿无不为所窘者，故众人皆以为异事也。一笑”。[②]

十七日，“至西苑门外六部公所，天未明，候各堂官到，递听旨名单，是日署中引见官八名，曾蜀章、乔茂轩两主政系提牢引见，曾拟正，乔拟陪；又徐博泉宗溥主政补缺，均在公所待漏，谈许久，九钟时旨始下，引见诸君已退出矣，迎见道贺，登舆回寓”。[③]

十八日，“又谕，工部奏遵查京师城垣各工情形开单呈览一折，著派赵舒翘、英年再行详细勘估，分别工程轻重，奏明请旨办理”。(《光绪朝实录》)

二十日，“是日满右堂堃子岩岫到任，堃先任礼部侍郎，因王小航照事削籍者也。自康逆败后，王亦逃匿，礼部六堂渐次起复”。[④]

二十二日，叶昌炽“致聚五书，问春江先生病状。赵展如尚书亦有书

①《唐烜日记》，第144页。
②《唐烜日记》，第145页。
③《唐烜日记》，第145页。
④《唐烜日记》，第146页。

来问"。[①]

三十日，唐烜"入署。赵堂昨日传知各司云，今早辰刻入署，予早起，八钟时入值，堂官尚未到也。赵尚书先到，时已九钟，堃侍郎继至，闻本日各部院大臣会议山东黄河事宜，盖赵、堃两公皆由内阁散值后来署也"。[②]

十月

十九日，赵舒翘记曰："程子云：《大学》之道，在明其明德，知既至，自然意诚。颜子有不善，未尝不知，知之至也。他人复行，知之不至也。又云：心定者，其言重以舒；不定者，其言轻以疾。又云：朝闻道，夕死可矣，死得是也。可见心不定者，皆由知未至，首见于语言轻疾，次于动作间验之。"[③]

十一月

初五日上谕："刑部尚书赵舒翘著在总理各国事务衙门行走。钦此。"

同日，"命刑部尚书赵舒翘在总理各国事务衙门行走"。(《光绪朝实录》)

《清史稿·光绪本纪》云："命启秀为军机大臣，赵舒翘、联元并在总理各国事务衙门行走。"

赵舒翘《谢恩折》云："跪聆之下，感悚莫名。伏念臣德不称位，才不副时，任重弗胜，若束小枝以为柱，途长必蹶。深虞疲犊之偾辕，兹复渥荷温纶，俾襄译务。际此时艰，孔急交涉日繁，冀中外之相安，贵刚柔之互用。欲辞不敢，自问弥惭，惟有随时随事会同王大臣等和衷商办，共济艰难，以期仰答高厚鸿慈于万一。所有微臣感激下忱，谨缮折叩谢天恩，伏乞皇太后、皇上圣鉴。"[④]

---

①《缘督庐日记》(第5册)，第2769页。

②《唐烜日记》，第150页。

③《慎斋别集》(卷三)《慎斋语录》。

④《慎斋文集》(卷二)。

初十日，“廖寿恒罢军机大臣，命赵舒翘在军机大臣上学习行走”。（《清史稿·光绪本纪》）

赵舒翘以才力不及，上折辞谢曰：“闻命之余，惊惶罔措。伏念臣以迂拙之资，吾承恩遇，十数年间由微秩而跻卿班，只有感激图报之心，断无畏葸不前之志。惟负荷必自量其材，承受勿稍逾其分，庶全终始，或免愆尤。臣读律刑曹，遂掌邦禁，日日趋署，事事亲裁，终觉诚不足以感孚寮属，勤不足以清理庶狱。夙夜怀惭，常恐有负委任。若再加以枢廷重务，则竭蹶不遑。非特无益赞襄，必至有荒刑政。况现在时事艰难，深宫宵旰焦劳，左右一二之臣必须老成重望、公忠自矢者，方副厥任，冀挽危局。如臣驽庸，实非其选。若不揣分量，谬受殊恩，迨至贻误事机，臣一身不足惜，有累皇太后、皇上知人之明，臣罪实大矣。伏乞天恩暂勿加臣军机差使，俾专意练习部务，如数年后刑部熟习，刑名堂官日多，臣亦非毫无血忱者，愿效驰驱之日甚长。惟望圣慈鉴臣愚诚，保全而成就之。俾不致覆餗贻诮，幸甚。臣不胜惶恐待命之至。”

许珏《上赵展如尚书书》云：

恭读谕旨，敬念我公拜总署行走之命，不禁为之喜跃，继而鳃鳃，不无疑虑，终乃释然，大有望于左右请毕陈其说。顷年中外涉事件日益烦重，而任事者往往互相推诿观望，以致积小成巨，变易为难。我公气概豪迈，任事果决，绝去因循巽懦之习，以此应事，必能力更前轨，此所以始而喜也。然自浅见者论之，钧座平日心厌洋人，不喜谈洋务，恐非其所愿，或勉强入署，随同画诺，或鄙视异类，不屑推诚，则于大局亦鲜补救，此所以中而疑也。及反复思之，我公平日所拳拳者，罔非国计民生之大端。今强邻环伺，小有龃龉即受挟制，往往牵一发而全神俱动，事之关系国计有迫于洋务者乎？海内虚耗而洋货之来日多一日，其最受病者则鸦片之毒已近百年，蠹蚀中国金钱不可以数计，事之困累民生有甚于洋务者乎？职道观公囊抚吴中，只此实事求是之心至诚，所感民情翕然。今推此心以交邻国，深思远虑，因势利导，使异族之人亦感激鼓舞于不自知。公年甫五十，精力过人，非同事诸公比，此后联络外交，澄清内治，胥于公乎是赖，此所以终乃大有望于左右也。职道此次来京，瞬已月余，如为一身私计，不宜久淹都下。第念千里赴阙，若仅以奏对数语了事，耿耿寸心，自问殊多未惬。且以疏逖候选之员蒙恩召见，亦属异数。窃不自量，前日恭拟奏折一通，呈由总理衙门代递，第感人微言轻，限于地望，疏入留中，未蒙朝廷采择施行。伏念洋药之害，我公抚吴时知之必悉，姑无论民间失业伤生、败坏风俗诸弊，即以每岁漏出外洋之银言之，不下三四千万两。职道籍隶江苏金匮县，就县境而论，延袤不及百里，而每日购买鸦片之价计需洋银六千元外，一月即需十八万元，一岁共需二百十六万元，合库平银约一百五六十万两，此系查考本地贩运烟土铺店账簿实数，非约略之词。仅百里之地，而耗费若此，沿海州县计以百数，其耗费又可知。假使革除此弊，百里之境每岁能余存银一百五六十万两，自然家给人足，百废俱兴，此洋药之禁断不宜缓者也。土药之害已详前呈《山西禁烟论》中，秦中为公钓游之地，渭川八百里遍栽毒卉，其病民耗材，左右所知必较职道为尤悉，无待赘言。区区愚见，今日救时之策自以富民为先务，而富民莫捷于禁烟，兹将昨上条陈草稿呈览，祈公垂念斯民，力拯积弊，如得嘉谟入告，必能上回天听，迥非草茅下士可比。语曰：非常之功必待非常之人。临颖不胜惓惓。

再，近年无锡、金匮两邑每岁蚕茧之利，丰收之年约及洋银三百万元，少亦不下百万元，计其所入适与鸦片所耗银数相抵，民间自种桑以讫缫丝，种种辛勤只与鸦片交易而退。地方有此大利而仍无富饶之象，现且不能支持，日贫一日，此外无利可兴之州县甚多，其为害何堪设想，此患不除，中国之民决无转弱为强之一日。职道去年在家曾与同乡绅士议立禁烟公会，广设戒烟医局，佥谓不奉谕旨碍难举办。顷来京师，每与缙绅先生言及禁烟一事，人人知其害，人人惮其难，不思时至今日，国势贫弱如此，欲图振兴之方，岂有容易办法。此刻惟立定主意，以不畏难三字作宗旨，以因祸为福、转败为功八字作关键，寸阴必惜，一息不懈，思之思之，鬼神通之，精诚所至，金石为开，国计民生庶有知乎？

职道十四年前寓京时，惟见朝邑阎文介公往往纵谈移晷，亦无旬日不见之时。我公立朝行己本末不亚于阎公，用敢一再奉渎，尚希鉴原，并祈采纳为幸！①

“癸亥（十四日）谕内阁，赵舒翘、英年奏遵查京师城垣各工分别情形轻重办理一折，著即派赵舒翘、英年承修，将所勘应修极重各工分别缓急，从明岁起分作四年修葺。”（《光绪朝实录》）

十二月

十四日，“谕军机大臣等，前因铁路紧要，先后将津卢各路工程特派胡燏棻督办，责任不为不专。乃该侍郎任事以来，办理多未允协，屡经被人参奏，朝廷念事关重大，恐致贻误，因添派候补四品京堂张翼帮同筹办。兹据张翼奏称，该侍郎隐存意见，并不和衷商办，于款项出入多有弊混。胡燏棻著撤去办理铁路差事，派庆亲王奕劻、王文韶、赵舒翘按照原参各节详细查明，据实具奏，毋稍徇隐。所有津卢津榆津镇及关内外已修未修各路，著派许景澄督办，仍著张翼帮办，并著会商管理铁路矿务大臣及北洋大臣、与应修之地方督抚将军都统妥筹办理。至胡燏棻因修路借用洋款及与银行各项交涉事宜，均著照旧办理，仍由该大臣等随时斟酌情形，务臻妥协，奏明办理。张翼折片各一件。著分别钞给阅看。将此各谕令知之。寻庆亲王奕劻等奏，遵查胡燏棻经理款项尚无不合，业经奉旨撤差，嗣后铁路应办事宜应由接办大臣许景澄、会同张翼妥慎办理，以重要工”。（《光绪朝实录》）

刘古愚作《与赵展如侍郎书》：“前飏生来，略上一函，想达钧览。兹有前函未尽者，请详言之。蒉之集股办织纺机器也，非好事也，亦非不知

① 《复庵书札》（卷二）。

其事之重大而轻于尝试也。赵芝山之来吾陕也，谒我于味经，言及吾陕商人贩布于湖北为甚愚，陕中遍地棉花，何不自织？予曰：鄂布近疲困，然秦利楚得，犹为中国，今则洋布日盛，利归外洋。与其设局夺鄂民之利，何如购机器织洋布御洋人之夺我利乎？芝山韪之，而以事体重大，已不能为辞之，玩而中日立约，有运机器在内地制造等语，群相惊告，芝山学使复申前议，命蕡出首为之，蕡再三辞，芝山则云：此事官办不如民办，欲民办，非绅倡之不可。蕡欲再辞，则绅不肯办，又何怪官商之不办也。故冒昧为之，果至无成，贻笑当世，又累吾弟捐书银数百金，心实歉然。然为吾乡人捐书，书面均印'长安赵展如侍郎'八字，[①] 亦未尝非市义之举也。惟卑旨约思，实蕡对证之药，此后当铭肺腑。但陕中织纺之机已动，官场在咸阳立局，购人工纺纱器于英国，明年三月可到。泾阳立局办人工织纺，而春间购回轧花机器，秋间试之，每日可出花百余斤，其细颣已弹过，较之土车所出精致十倍，人人艳其便利，近已自行集股，往鄂复购矣。察其器，陕中颇能自造，近已先择其中难为之件为之，如能有成，拟来岁开局制造，由人工而马力而汽机，即由轧花而纺纱而织布，并及一切利民器用，此亦卑旨约思，铢积寸累之义也。前请吾弟荐海观于疆帅幕府，此为弟计，非为海观计也。海观教学生一人，岁脩二百金，今岁挑场亦不肯赴，岂有意出山者，以此思之，可以恍然。吾弟不任天下事则已，任天下事非于此时援引同志，使各练习，一旦有事，谁供驱策，不惟海观。凡吾弟心目中所自信之人均须暗为引援，使有所试，则才不才均可素知，久之真才自见于吾弟之前矣。古人云：虽为人所欺而为善之心不可自疑，此大禹闻善言则拜之义也。吾弟平日持己颇严，而待人不宽，能使人敬，不能使人感，且如关忠武之恤士卒而慢士夫，在昔为小吏翘然自异，未为不可，今则出为封疆，入为部院而不大其规模，高瞻远瞩以求海内英

---

① 八字当有脱略。疑脱“捐”或“赠”字。

才共济时艰，而仅以法吏自足，陋矣。同学旧友，故窃附古人责难之恭进于吾弟之前，想吾弟必不曰‘焕唐醉矣，又发狂言也’。一笑！千里迢迢，相晤何日？夫人近有喜信否？闻弟体甚胖，此宜习劳，动则生阳，静则生阴，骨胜于肉者必多男，此定法也。”①

《南亭笔记》卷十云：“赵深恨洋务，有如仇敌。偶与幕友闲谈，幕友提及擅香山三字，赵问山在何处，幕友喻其旨，乃撇官腔曰：‘这山在西藏，为着西藏人好佛，这山上净长檀香，给人家敬佛。’赵始无言。赵素迂腐，办理义和团，有所奏对，辄文言道俗，西太后颇厌之。及接见诸匪目，则勉以‘忠信以为甲胄，礼义以为干橹’等语，诸匪瞠目直视，不知所谓。端王尝遇于途，有所问答，赵皆引经据典，端王恚甚曰：‘我的赵老先，你直捷痛快的说了，不就结了吗？是要这样的之乎者也闹个不了，我可真不懂！’左右皆为之匿笑。”

李伯元《南亭笔记》云：“赵陕西人，微时一贫如洗。其乡有刘古愚者，耆宿也，爱其制艺，为揄扬于郡邑之间，赵以是遂知名，感激之余，愿执贽居刘门下。后刘与梁启超偶通书札，赵知之，密令地方大吏逮刘下狱。欧阳公曰：未干荐祢之墨，已弯射羿之弓。赵之谓也。赵生平邃于濂洛关闽之学，抚苏时，刊性理书数种，藏诸官局，又蓄有秦刻千金本九成宫碑帖，尝墨拓以赠同人。入都后气质忽然变化，则专以害人为事矣。”②

对此，徐一士说：“谓刘赵为师生，恐未必然。赵于同治甲戌成进士，岂刘氏在此以前已为耆宿乎？至下狱之说，亦恐未确。戊戌政变以后，刘因之去书院，高氏所记当于信。若果下狱，高记亦当及之矣，容更考。”（刘以京中同乡公信致追还关书，或即赵氏主持，时赵为陕西同乡京官中

①《烟霞草堂文集》（卷五）。

②《李伯元全集》，第 224 页。

势分最尊者也）[①]

张成勋

《会典》书成过半，交部从优议叙。

七月，丁父忧，开缺回籍。

八月初二日，护理四川总督按察使文光作《奏为川北道张成勋丁忧遗缺请旨简放事》："光绪二十四年七月十七日据川北道张成勋详称，亲父张燕山迎养在署，于二十四年七月初九日在署病故，职逆系属亲子，例应丁忧回籍守制，请即委员接署等情前来。查川北道管辖保宁、顺庆、潼川三府，界在陕甘，幅员辽阔，民俗强悍，迤北一带多系深山老林，匪徒易于溷迹，内抚外防，在在均关紧要，非有精明练达、熟悉边情之员不足以资治理。查有试用道江希曾老成练达，堪以委署，除檄饬遵照并循例恭疏具题暨咨部查照外，所有川北道原缺应请旨迅赐简放以重职守，理合附片具陈，伏乞圣鉴训示。"

十一月，丁母忧。

党蒙五十七岁。

三月，俸满截取，保送繁缺知府。经吏部带领引见，奉旨照例用。蒙召见一次。

四月初三日，唐烜"午后往松树胡同王铸言主政宅贺其娶儿妇之喜，遂出城，至韩城馆党仰山蒙寓所，贺其嫁女之喜，顺路拜客数处"。[②]

武瀛

三月初一日，"夕时降雪，天暝雪愈大，夜半不止。入署。午前介轩族孙来。四钟后散值出城，访谢秀珊郎中不遇，拟访李慕丈，过大街武仙航瀛同年比部宅，扣门入，谈许久，已薄暮，六出飞舞，遂回寓"。[③]

---

① 徐一士:《近代笔记过眼录》，中华书局 2008 年版，第 45 页。

②《唐烜日记》，第 106 页。

③《唐烜日记》，第 88 页。

九月初六日，唐烜“散值回寓，遇杨云衢小谈，遂出城，赴下斜街梁芗南侍郎画片奏稿，薄暮拟访武仙航比部，不果，遂回寓”。①

萧之葆

授刑部主事、奉天司主稿兼总办秋审。

《光绪朝实录》载，四月辛亥“引见乙未科散馆及补行散馆人员。得旨、修撰张謇、骆成骧、编修王龙文、喻长霖业经授职。二甲庶吉士萧荣爵、李翘棻、赵增琦、罗长祐、林开謩、曹汝麟、李翰棻、胡矩贤、欧家廉、张世培、陈楠、万本端、胡峻、沈云沛、恽毓嘉、赵鹤龄、叶芾棠、吴纬炳、刘燕翼、吴庭芝、刘嘉琛、尹庆举、张启藩、金鉽、沙元炳、林炳章、刘汝骥、饶芝祥、廖基钰、赵炳麟、于疏枚、世荣、锡嘏俱著授为编修。三甲庶吉士石长信、余炳文、安秉玠、谢远涵俱著授为检讨。萧立炎、胡思敬、葛毓芝、陶福履、章华、周绍昌、萧之葆、兴廉、成连增、张继良、陈恩棨、涂福田、张鹤龄、雷以动、李之钊、孙同康、文林俱著以部属用。杜作航、何莘耕、潘龄皋、何业健、秦锡圭、江蕴琛、陈翰声、沈同芳、林清照、齐耀琳、锡铎、李于锴、聂延祜、胡嗣棻、林玉铭、李景骧、陈望林、翁成琪俱著以知县即用。繙译庶吉士文华、贵福、俱著授为编修”。

夏，萧之葆请李岳瑞为其父母作传。

《清诰赠中宪大夫晋赠通议大夫历任扶风石泉县训导梅岩萧公家传》云：

公讳廷彦，字仲士，号梅岩，世居陕西三水县前泥阳村。曾祖以上皆力田。祖观法，绩学未售，以佾生终。妣氏赵，苦节五十余年，旌表节孝。父进元，以义行著。妣氏张，贤而有德。进元公有子四，公其仲也。幼敦敏，有至性，父母咸钟爱之。胜衣就传［傅］，书过目辄不忘。每出入必循规矩。事重慈及父母皆得欢心。稍长，益勤奋读书，遇有疑难，则

①《唐烜日记》，第143页。

竭精殚思，至忘寝食。年十六，补博士弟子，初授徒各邻村，以闻见太隘，肄业邑石门书院，师事诸老辈，旋食廪饩，适中州名宿郭公莼香由进士官滇蜀解组归，迂道至邑，谋久居。公亲往负笈，如游扬立雪程门故事。于研习制艺外，务讲求根柢之学。三年，备传衣钵，由是文名大噪。讵场屋颠踬，棘闱经七试，至咸丰辛酉始登贤书。时公家众七十口，祖妣氏赵寿登八秩，五世同堂，艳称乡里。次年，北上试春官不第，值陕回乱起，星驰归。比至家，则势已燎原，蔓延遍全省，历数年不解。某年贼至，公全家匿地窖中，被贼侦知，纵火焚烧一昼夜。幸烟未扑入，得无恙，诚天幸也。公蒿目时艰，灰心进取，遂援例就教职。同治丁卯，授扶风县训导。次年，值戊辰奇荒，学署至断炊。县令廉知之，馈仓麦五斗。公虽处厄穷，益励清节。及陕乱肃清，召诸生整理学务。每朔望，礼至圣先师。春秋祭祀，牲醴豆笾必亲自检点。扶邑故两学，县试印卷费太廉，同事者议增加，公力持不可。有以生员呈词求理者，公峻却之，人以是服公廉直。岁来学者数十人，斋舍为满，书声琅琅不绝。光绪初，奉父讳解任，诸生饯送十里外，挥泪言别。既归，营丧葬尽礼竭诚，哀动闾里。适县令会稽沈公延主石门书院讲席，甫任事，即商之沈公，禀请大吏，拨叛产地八百亩，按年收租。又禀请藩司拨银八百两，发商生息，为书院创设膏火，皆公力。丁丑奇荒，邑令济南严公延公总赈事。凡九阅月，共捐集麦谷若干石，全活饥民无算。事后议奖叙，公独谢不受。未几，复遭母丧，哀毁尽礼。至训课士子，一如其在官时，其教人以躬行实践为主。常语诸生曰："吾人为学，宜脚踏实地，只致知力行。二者终身做不到，何况其他？"又谓："学一而已，无所谓训诂、性理之分。后儒各守师说，至界汉宋，争朱陆，其究徒自扰耳。于圣贤之学何裨哉？"故公一生虽不标讲学之名，而作止语默然，无一不与昔贤相吻合，盖其素所服习者深也。服阕，授石泉县训导。既抵任，诸生重公名，争来请业，讵以水土不服，逾年丙戌以疾卒于官，寿六旬有二。呜呼！公以硕学官儒师，主讲席，平时所拳拳服膺者只“希圣希贤”四字。其作人之宏愿，亦近世所罕闻。晚年春秋高，名望益重，邑人士识与不识，皆以萧山长称之。后生小子得一言嘉许，无不忻悦，有过则惟恐闻知，人以是方之郭林宗、王彦方云。生平著有《见山堂纪事诗草》二卷。以子之葆官诰赠中宪大夫。子二：长之望，议叙典史；次之葆，乙未进士，改翰林院庶吉士，散馆授刑部主事。

论曰：古称得经师易，得人师难。黉序一官，司教育英才之柄。居是职者，傥名实相副，其收效类足以储家而蔚国华，盖作人之泽长也。萧公德望冠时，凡所以陶成士类模楷人伦，较历代《儒林传》中人有过之无不及。惜道丰遇啬，仅皋比坐拥以老其身。然其仲子筱梅则已蜚声翰苑，观政刑曹，固知贤父之必有令子也。余与筱梅订昆季交，又同官京僚，得备闻其家世。兹持状乞为公传以示将来。愧才非立言，不足导扬盛美。第念幽光潜德积久弥彰。今筱梅皇路驰驱，他日必有以诵清芬扬骏烈者。天之报旋［施］善人，不于其躬，必于其子孙，信哉！时光绪戊戌季夏月咸阳李岳瑞谨撰。

《清诰赠恭人晋赠淑人萧母申太淑人家传》云：

恭人姓申氏，为诰赠中宪大夫梅岩萧公之继配。申氏为邑望族，世居陕西三水县城内。祖典常，由举人授甘肃两当县知县，署理安西直隶州知州，以循吏著称。妣氏唐。父清鑫，由附贡生授甘肃大通县知县，有政声。妣氏何。清鑫公有女二，恭人其长也。幼贞静有至性，父母咸钟爱之。长益端庄，寡言笑，惟嗜读书，于《内则》《女诫》诸篇靡弗研究。虽系出名门，服御一如寒素，浣濯缝纫等事必躬亲之，不以役仆妇。年十七归梅岩公为继室。公为邑知名士，先世以农事起家。恭人既过门，群以［恐慌］不习井臼为虑，恭人则处之裕如。见公家纯朴有规矩，心窃重之。既归宁，尽捐去嫁时衣饰，更著布素，与诸妯娌等事祖姑及翁姑皆得欢心，祖姑氏赵益爱怜之，每谓“汝初来，诸不惯。吾家内眷多，操作自有人。汝宜暂学习，勿急于服劳，日久恐慌不任也”。恭人荷大母垂怜，益自奋。时公家众七十口，厨中斧［釜］甑皆倍常式，非有力者不能举。恭人恐诸妯娌议其荏弱，弗惮劳又弗惜力。每诸叔母及妯娌中有口角，必婉解之，弗令堂上知。会有以家口多，议分班供爨，余人可理他务。翁召恭人询之，恭人谓："人虽多，同力合作则事易集。若事分，则力分。力分则心分，恐启他日分爨之渐。"翁亟顿足称善，遂寝议。自恭人于归后，母家祖父母、父母均远宦，恭人思念，晨昏苦不置。又以公功名颠踬，念观音大士有灵，冀邀默佑，遂矢愿戒断荤酒。每晨起，盥漱焚香，诵《观世音经》若干遍，如是者十数年。洎公登贤书，授扶风县训导，值回乱俶扰，长子之望年逋十二，公既赴任，恭人偕子女家居。夜辄命之望以履作枕，闻城头鼓响，则急起赴城内藏避。积数月，翁以世乱，终无了局，命恭人束装，伺贼隙由间道赴扶风。时值雪后，既畏贼至，又苦道泞，冰天雪地之中，盖心力已交瘁矣。既抵署，阅二年，次子之葆生，苦乏乳，多方哺字，备极勤劬。然习俭约久，署中卒未尝试用仆妇也。初，恭人以积劳得痰喘疾，时发时愈。光绪乙亥，公奉讳解任，恭人随之归，两营翁姑之丧，尽礼无缺。时之葆年十一岁，颇通文艺，岁试，补博士弟子，恭人始一解颜，复语之葆曰："汝既列青衿，宜戒荒嬉，志远大，庶几勿替家声。余数病，精锐减，恐不及见汝成立也。"言讫泫然。时恭人所生三女，长次均遣嫁，惟少女尚幼，预嘱两子须善视之。庚辰冬，恭人喘疾增剧，兼宿恙并作，遂不起，春秋四十三。呜呼！恭人以淑慎之身，又读书明大义，故其孝翁姑，相夫子，皆平时所诵习。至其长斋绣佛，尤人所难能。特淑修促谢，戚党中争悼惜之，至今犹称述恭人轶事以为矜式云。恭人殁后十余年，以子之葆官诰赠如例。子二：之望，议叙典史；次之葆，乙未进士，改翰林院庶吉士，散馆授刑部主事。

论曰：自太姒以徽音著，而淑女垂声，艳称千古。世风递降，姆教鲜闻。妇职不修，遑论母道。然煌煌彤管，史不绝书，盖鞶帨之仪，珩璜之节，有旷世而同符者。恭人生长名门，夙承内训。及于归萧公，就其捐服饰操井臼一事，卓然有孟德曜遗风，而卒能以柔德相夫，以义方训子。贤哉，母氏蔑以加矣。惜天不永年，稍留遗憾。然其仲子筱梅则已蜚声腾实，由翰苑而刑曹，天语褒封，光增泉壤。余与筱梅订布衣昆季，每语及恭人往事，辄泪涔涔下，若不胜罔极之悲者。呜呼！哀哀父母，生我劬劳。余亦同兹隐痛。今筱梅不以为不才，乞传恭人以彰母德。世有终温，且惠其人乎。如恭人者，直足与古名媛相颉颃已。时光绪戊戌季夏月咸阳李岳瑞谨撰。

高祖佑

朝考一等，礼部带领引见，奉旨以七品小京官用，签分刑部。

七月二十三日，到部，派充广西司主稿。

谭文蔚

中三甲进士，鉴分刑部。

1899 年，光绪二十五年，己亥

是年十二月，慈禧太后立端王子溥儁为大阿哥，谋废光绪帝。山东义和拳兴起，在肥城杀英传教士。清廷命袁世凯为山东巡抚，率兵镇压，拳民遂走直隶。

薛允升八十岁。

七月

初三日，陕西巡抚魏光焘作《奏为耆绅乡举重逢吁恳恩准与宴以光盛典恭折仰祈圣鉴事》："窃臣前准礼部咨，据詹事府右赞善李联芳等呈称：前任宗人府府丞薛允升现年八十多，由县学廪生中式道光庚子恩科本省乡试举人，咸丰丙辰科进士，以部属鉴分刑部，历官主事、员外郎、郎中，同治十一年截取繁缺知府，外擢江西饶州府知府，历升四川成绵龙茂道、山西按察使、山东布政使，署漕运总督，旋补授刑部右侍郎。光绪六年回京当差，七年特补刑部左侍郎，随兼署工部左侍郎及署兵部左侍郎、刑部尚书，工部左侍郎、兵部右侍郎、礼部左侍郎。十九年补授刑部尚书。二十三年因案降调宗人府府丞。二十四年因病奏请开缺。当该耆绅薛允升自中举之年至光绪二十六年庚子科乡试，已值花甲一周，例得重与鹿鸣筵宴等情，由部咨行到陕。臣查前宗人府府丞薛允升学励十年，业叨甲茅，既监司之叠陟，复卿贰之为居。当年月府高翔，已阙火。甲子此日，霓裳再詠。将跻梁颐，春秋宫筵而杖许扶鸠，用播圣代作人之化。染翰而塔曾题雁，洵属儒生稽古之荣。宜与宾筵，以光盛典。涂咨礼部外，理合恭折具陈，伏乞皇太后、皇上圣鉴训示。"

十四日，"准前宗人府府丞薛允升重与鹿鸣筵燕，赏给二品顶戴"。(《光绪朝实录》)

《清史列传》云："二十五年，陕西巡抚魏光焘奏允升年登八秩，重逢乡举，奉旨赏加二品顶戴、重宴鹿鸣。"

八月

十四日，叶昌炽"午后造薛云阶师处贺节"。[①]

赵舒翘五十二岁。

正月

初四日，内阁奉上谕："魏光焘奏查明各属被灾地亩，请分别蠲缓钱粮一折，本年陕西咸宁等属被灾，收成减色，经该抚饬属筹款赈抚，若将应征钱粮照常征收，民力实有未逮。加恩著照所请等因。钦此。"赵舒翘上《蠲缓陕西等属钱粮谢恩折》云："惟我皇上泽周函夏，德洽熙春。野不呼庚，庆田畴之尽辟；恩沾拆甲，喜草木之遂生。凡编氓之暑雨祁寒，皆黼座之宵衣旰食。乃西陲地僻，偶告偏灾，北阙恩浓，时烦轸念。未栖粮于南亩，遑力穑于东灾。览疆吏之章，振廪颁而频沾骏惠；布农曹之令，正

① 《缘督庐日记》(第5册)，第2942页。

供缓而叠荷鸿慈。兹复廑恤灾区，覃施闿泽。仰湛恩之汪濊，拜诏书于至再至三；喜民力之宽闲，积仓箱而斯千斯万。关开四扇，传天语以欢腾；地近九重，效嵩呼而庆洽。臣等才惟樗栎，社共枌榆。虽知稼穑之艰，惭深素食屡被。丝纶之宠，感切丹诚。惟期宜麦宜禾，乐岁咸符于豳雅；从此时阳时雨，休征备应夫箕畴。所有臣等感激下忱，谨合词缮折，恭谢天恩，伏乞皇太后、皇上圣鉴。谨奏。”①

二十一日，“谕内阁，溥良电奏查办事件，随带司员事多人少，请添调随员等语。刑部郎中党蒙、户部郎中宝棻、主事王清穆、王步瀛均著由驿前往山东随同溥良办事”。(《光绪朝实录》)

二月

初九日，“谕内阁，京师前曾举办什家户门牌，闾阎安谧，盗贼潜踪，立法甚属妥协。现在通饬各直省一律办理保甲，京城地面亦宜兴办，著派载澜、广忠清锐、溥颋、赵舒翘、李殿林、徐承煜、葛宝华会同步军统领衙门、顺天府、五城即行查明内外城旗民官商，按照什家户口妥定保甲章程，随时严密稽查以期安良除莠。该大臣等务当实事求是，毋避嫌怨，俟奏定章程后，每月分为两次奏闻，俾免日久废弛”。(《光绪朝实录》)

三月

十一日，赵舒翘记曰：“恒勤是天之道，敬静是地之道，人欲体乾父坤母之心，须在此四字上著力。恒生于志，勤生于忧，敬生于畏，静生于淡。”②

四月

八日，浴佛日，赵舒翘作《堂谕》：“现在天气亢阳，湿热薰蒸，狱中易生疫疠。近来各司现审人数所收较前又多，印稿各员亟应振奋精神，遇

---

①《慎斋文集》(卷二)。

②《慎斋别集》(卷三)《慎斋语录》。

有案件，耐烦久坐，勤讯速结，俾无辜者早日开释，罪轻者亦不致久羁囹圄，此为善最乐之事，亦何惮而不作耶？《易经·丰卦》大象曰：‘君子以折狱致刑’，即继之以《旅》之大象曰：‘君子以明慎用刑而不留狱’。两象相连，圣人之意深矣。我辈既作刑官，切勿因‘懒’之一字，听断稍涉淹滞，贻终身孽。想我同僚，当能共体此意，望切清档房传知各司印稿，同前岁冬手谕各录一通，悬之司堂。浴佛日书。”

六月

二十八日，许珏《上赵展如尚书》云：

晋阳遄返，旅寓如恒，感时事之多艰，惧修名之不立。韶光易逝，玩愒怀惭，只有振刷精神，自矢勿虚期望而已。前在京时，曾拟一禁烟公呈稿求正，初意欲合江苏一省筹之，顷思通省人多，意见参差，筑室道谋，此必无成，不如专就无锡、金匮两县倡办，众心较能齐一。现已将此稿后半篇改过，并排印数十册寄回家乡，与邑中诺绅士妥商，事关两县，不能不询谋佥同，慎重出之。傥此议上闻，得奉谕旨，虽于鸦片之害未能拔本塞源，而其利约有数端：一、游惰之人日少，民务本业，风俗自能返朴还纯。二、忠爱之性日生，民知大义，人心渐能化顽起懦。三、耗材之流即节，上下富乐，国势自足，建威消萌，惟是天下大计。窃不自谅，欲以一书生之志力就百里之地，倡之未免近愚，然精卫填海，愚公移山，从来至艰至巨之事，必有志而后能成。道光年间，朝臣论鸦片之害谓甚于洪水猛兽，今又六十年矣，甲子一周，物理亦穷而将复，自古运会，贞下必又起元，安知今日无大禹周公其人力能除洪水猛兽之患者乎？默数当世贤豪，非公其谁与归？兹将排印之稿奉呈钧览，傥其中高有窒碍难行之处，敬求赐诲，以便改正，无任企祷。

再，近闻人言，五月初当路建联倭之议，国书已发，枢府尚未得知，不审果有此事否？窃揣时论，必以英俄近有联盟之事，谓欧洲两大既已缔合，中倭同在亚洲，亦宜缔合以为声援。此可谓不达事理者矣！无论倭人狡诈，决无真心和好之意，即使彼怵于俄患，冀我同当其灾，然阳为助我以防俄，阴实间我以挑俄。但使中俄之交一离，彼即诪张反覆，惟所欲为，不可究诘矣！职道妄谓英俄联盟一事，仍是貌合神离之局，于中国目前实无妨碍，缘两国决不能说到一处也。[①]

十月

赐紫禁城骑马。

初八日，“命刑部尚书赵舒翘、户部左侍郎立山、署礼部右侍郎吴廷芬、直隶提督聂士成均在紫禁城内骑马”。(《光绪朝实录》)

十一月

初十日，“命廖寿恒毋庸在军机大臣上学习行走，以刑部尚书赵舒翘在军机大臣上学习行走”。(《光绪朝实录》)

“初十日，上谕在军机大臣上学习行走，先生辞不获命。先生初至京，寓内城西铁匠巷，所居斗室，书架四周，中仅容身，座右多悬箴铭。每日五更起，秉烛读书，习拜跪，平明治部中文稿毕，入署办事，岁有常程。自入军机，长川儤直，委任益隆。是岁兼管顺天府尹。”(《慎斋年谱》)[②]

十九日，“谕内阁，刑部尚书赵舒翘著毋庸管理稽查保甲事务”。(《光绪朝实录》)

二十五日，“命刑部尚书赵舒翘兼管顺天府府尹事务”。(《光绪朝实录》)

十二月

二十四日，慈禧召近支王公贝勒、御前大臣、内务府大臣、南北两书房、部院满汉尚书集于仪鸾殿，诏立端王载漪子溥儁为大阿哥，史称“已亥建储”。

赵舒翘作《贺为毅皇帝立嗣折》：“奏为恭折上贺仰祈慈鉴事。光绪

---

① 《复庵书札》(卷二)。

② 王步瀛《慎斋年谱》。

二十五年十二月二十四日，钦奉朱谕：为穆宗毅皇帝立嗣，封多罗端郡王载漪之子溥俊为皇子等因。钦此。臣等跪聆之下，欣喜莫名。伏以萱闱介福，允怀燕翼之谋，茅壤承休，克荷鸿图之纂，衍嘉祥。”①

陕西柏子俊为赵舒翘师，在立嗣及光绪废立问题上，《寄赵生舒翘》云：“时局艰危甚，君臣义不轻。名宦未妨拙，好官终以清。余才真非薄，斯道望干城。莫逐狂澜倒，中流砥柱横。”②

许珏《上赵展如尚书》云：“恭读二十四日硃谕，慎简元良以定国本，此宗社之福也。乃日来无识之人惑于流言，辗转揣测。昨闻上海租界绅士曾有电音至京，又我驻美使臣伍廷芳亦有电达总署，谓美国询问此事。又闻各国驻京公使意存干预云云，道路谣传不一而足，此系中国内政，与外交无涉。凡言外人干预者，此奸人恫吓之词，不可听也。惟查各国交际通礼，遇有应行庆贺之事，必当遍为知照，此事译署似宜从速照会各国驻京公使，并电我国驻洋使臣，行文各外部措词务须正大得体，似宜以皇上已届三旬万寿而尚前星未耀为言，不必照前日硃谕措辞。其致贺与否则听之，则外人猜疑之见自泯。至草野无识之人，如上海绅士等虽轻举妄动，罔知大体，只可包荒，不宜加谴。窃维国家累叶重光二百八十余年，自天命至同治十世相承，为唐虞以来所未有。皇上自旁支入承大统，光绪初年人无异词，今兹浮议纷纷，皆缘康梁徒党煽其余毒，朝廷惟以宽大镇静处之，必能不动声色而措天下于泰山之安。抑更有渎者，前日硃谕出自圣衷，不妨过示谦挹，若此后枢廷秉笔，似宜为皇上一面宽留地步，以杜奸人谗慝之口，且戢异族窥伺之心，一得之愚，伏惟采择。”③

赵舒翘兼顺天府尹，《札通永道霸昌道四厅》云：“为札饬事。照得本部堂恭承简命，兼尹京圻，欲酬恩遇之郅隆，首在整躬以率属。现任事之

---

①《慎斋文集》（卷二）。

②《柏沣西先生遗集》（卷八）。

③《复庵书札》（卷二）。

始，先将应行禁革条件胪举饬遵：一、不许馈送土仪、礼物、门包。本部堂负性耿介迂拘，素不喜此等行径。所用家丁，均系选择老实无能之人，断不至阻难刁索。然下愚见财变心，事所恒有。如有暗中私送门包者，是欲败我规矩，坏我童仆，所谓不肖之员也。本部堂定行究参。一、各属果因有地方要公进城，须先见府尹。如欲面禀本部堂，若在宅，必随到随见。此外，不准纷纷来谒，致旷职守。如只来贺任禧，即来亦不见。二、每遇三节暨上司生日，各属员均上禀称贺，满纸浮词，无裨实政，以后概行革除，亦黜华崇实之一端也。本部堂德薄才疏，力小任重，念时局之艰危，常午夜以兢惕。凡我僚属，各宜激发天良，振刷精神，扫除陋习，勤求治理，整顿地方，匡我不逮，庶几吏治、民生日有起色，以期挽回晚近颓风于万一，合亟剀切札饬。札到，该道迅即通饬所属，一体遵照以上各条。虽系末节，然系本部堂任事后第一件公事，倘敢视同具文，或巧为尝试，或专事浮华，定即分别撤参，记过、严斥不贷。凛之！切切特札。”

党蒙五十八岁。

正月，经前户部侍郎溥良奏调随员，前往山东查办事件。

四月，差竣，回署当差。

吉同钧

十一月初十日，上《贺赵大司寇入军机序》云：“国运之安危，民俗之盛衰，视乎守令督抚。而守令督抚之贤否，则权在军机。未有军机不得其人而能有贤督抚，督抚不得其人而能有贤守令。守令不得其人而民俗国运可卜长治久安者。是则军机者，盛衰安危之本也。近年政府诸臣，政以贿成。外官入觐者，未展阙廷，先谒私室。门包未满百金，则门者不传；瞻敬未满千金，则枢臣不见。甚至迎合所好，有以千金钟鼎谋放关道者，有以万金字画求办铁路者，故当时有‘但得枢臣一欢，何愁岁不三迁；但得枢臣一信，何愁官不数任’之语。近更创以捷径，巧宦之辈，捐纳得官。一纳贿于督抚，而即保送引见矣；再纳贿于军机，而即存记简放矣。而廉隅自守之辈，虽供职数十年，有白首为郎，终身不得一麾者。又有不学无术、未谙政体之枢臣，操守虽不污浊而偏袒旗员，列入密保，故近来道府优缺，旗员十得八九，而汉员独向隅焉。呜呼！举错徇私，人心因之解体，人才亦因而销散，祸患之来，庸有极乎？传曰：国家之败，由官邪也。官之失德，宠赂章也。《诗》曰：内奰于中国，覃及鬼方。是以甲午之败，至今不可收拾。论者咸归咎武臣之退缩，而不知实枢臣之贪黩酿成也。今皇太后、皇上洞烛其弊，思有以渐除之，独简我大司寇为军机大臣。命下之日，合署欢声如雷，同钧亦私心窃喜，至于终夜不寐。夫其所以同声欢喜者，初非阿好乎司寇也，亦非喜司寇之权势日隆也。温公入相，而吏卒走呼；李纲登朝，而民心安定。盖社稷生灵之福，非一人一家之幸也。司寇以清正绝俗之操，抱公忠体国之志，门绝馈送，人匙私干。前任监司封疆，其兴利除弊，不过一省蒙福耳；及长刑曹，勤廉率属，虽致政简刑清，续仅一部之事而于时艰无补也。自去冬参入总理，督办铁路矿务，洋人之贿买汉奸以办矿为名而阴夺我地利者，俱经批驳，无所用其伎俩，从此知中国尚有人在，不敢大肆诛求，时事渐可为矣。然而内政不修，外攘亦未务也。今一旦入赞枢密，必能竭诚匡救，秉公黜陟。一人不纳贿而同官之纳贿者渐亦愧悔不为，一人不徇情而同官之徇情者久将观感自化，见众贤之升如茅，斯拔不诚、泰运将开之会哉！而或者曰：一木难支大厦，一正不胜众邪。司寇虽刚正不阿，殆象剥之硕果不食，其如群阴剥床蔑贞何？同钧曰。不然！唐有武氏之祸，得一狄梁公而拨乱反正；宋有澶渊之役，得一寇莱公而转危为安；明有土木之变，得一于忠肃而易亡为存。方今庸臣虽多，然可与宏济艰难者，尚不乏人。内如李傅相之才猷、孙相之德性，外如董宫保祥、李制军秉衡，亦皆实心任事，不避劳怨，司寇诚与同心协力，天下事何不可为乎？同钧下僚末学，自愧官无言责，不能直达黼座，惟念司寇此迁，实关天下安危之局，用是作序，以志其诚。嵩目时恨，借题发抒，而责难司寇处，亦复语有分寸，所言若效，天下事尚可为矣。”

萧之葆

撰《清封中宪大夫运同衔、升用同知中城兵马司正指挥唐公墓志铭》：

吾邑文太青先生以道学名胜国，流风余韵垂三百载，若我太岳翁唐公絅之抑其继起者与？公讳锦序，字絅之，世居三水县绿野村。祖士雅，以义行著。考廷辅，字黼臣。妣氏马、郑、彭、焦、吕、巩，均封赠如例。公为黼臣公仲子，幼读书，即以圣贤自励。既入庠食廪饩，益潜心于儒先性理诸书，不急急为禄仕计。家尝以万金输国，应得奖叙悉让家人。比父殁析爨，不争家产，筑别业于村之西，兄弟比屋而居，怡怡如也。嗣以巩太夫人年高，欲一捧檄为荣，乃入粟为兵马司指挥。咸丰庚申，拣发中城正指挥，遂权司事。当是时，海氛内犯，京师戒严，其不法匪徒乘乱滋事，公昼夜巡缉，严绳以法，民得安堵。尝深夜过某达官宅，其门未扃，公询故，阍者出以谩语。公毅然曰：“指挥虽小，然巡查专责也，某非畏势力者。”翌日诣署乞罢，既某官趋谢乃已。都宪高星岩奇其才，欲保奏大用，卒以告终养归。同治七年，湖南刘倬云率楚军至邑，闻公名，亟延襄防务。时甘肃难民众约万人，公与当事义［议］设局赈济，全活无算。又以征西，军粮不继，奉檄拨楚军粮营运赴甘，而邑故小，岁饥人相食，公筹以力代赈，事济而民不累。方军书旁午，公日或一餐。或曰：“聚如山，何自苦为？”公正色曰：“此军民性命所关，天方多难，余忍违心哉？”事终，抚军保以同知，归部选用。会左文襄督师西征，檄三日备豆五百石，县令大戚，公如期集事，谒文襄邠州途次，文襄以为能。十二年，甘境肃清，保加运同衔。邑旧设里局供差，按粮摊派军务，起石粮科钱六缗，半饱吏襄［囊］。公奏议当事，永裁里局，並减差钱至三百，随地丁交纳，吏不得为奸。戊寅荐饥，邑令严公造庐请董赈务，凡九阅月，须发俱白。时家中圮，犹罄所藏济急。九年，大吏檄办义仓，公创营其事，民卒无扰。其生平好义急公类如此。晚年主讲石门书院十余载，勖诸生砥品绩学，孜孜不倦，隽春秋榜者踵相接。讲学以朱子为宗，实事求是，不作空疏无用之谈，生平济变救荒皆其证也。常自言“余老矣，愈觉道理亲切，如人心惟危，道心惟微，终日乾乾，吉人辞寡等语，味之无穷，终身行之不尽。”又云：“学者当从学《庸》入手，知学《庸》乃可与言《易》，必至先儒所论活泼泼地段光景，方能明于天地民物之故，古今上下之理。”常训儿辈曰：“余别无可传家，惟有圣贤持身之道。子孙能守，余可无憾。功名富贵，不汝责也。”公可谓见理明而信道笃矣。公生于嘉庆二十五年正月十三日，卒于光绪二十三年十二月十一日，寿七十有七。配王氏、宁氏，皆封恭人。子三：彝伦，增生，先卒；彝瑞、彝玠俱廪生。女四。孙男三：焯、瀚、彬。孙女七。彝瑞等将以光绪二十五年十二月十二日葬于公于北郊巩太夫人之侧，首甲趾庚，邮状责铭。之葆为公孙婿，又受业久，不敢辞，谨甄叙大节而为铭曰：繄吾豳土，公刘所都。有文太青，为世硕儒。垂三百年，我公继起。品粹才丰，范式闾里。有寇而炽，有年而荒。公为捍御，功在梓桑。有经其横，有箧其鼓。公为提撕，教崇邹鲁。朝露逝景，夜光晦真。名存身没，哀此哲人。豳谷萦纡，豳原迤逦。魂兮归来，佳城是止。公潜其德，天发其光。贞珉永保，厥后克昌。孙婿萧之葆撰。(《栒邑县志》)

1900年，光绪二十六年，庚子

是年四月，拳民与官军冲突于涞水、定兴间，杀副将杨福同。五月，甘军杀日本使馆书记生杉山彬，拳民会同甘军攻击东交民巷各使馆。虎神营兵勇杀德国公使克林德。六月，联军犯天津，直隶提督聂士成战死。七月，前后杀主张议和大臣许景澄、袁昶、联元、立山、徐用仪等。联军进逼北京，慈禧太后挟光绪帝出走。经山西到西安。九月，李鸿章奉命至北京与各国议和。十一月，商议议和大纲十二款，有惩办祸首，向德、日道歉，赔款四万五千万两白银等内容。

《戊壬录》云："西后以戊戌政变，康有为遁于香港，为英人所庇，索之不还，故仇恨外人日深。顾畏其势与力，不敢动。迨庚子正月溥俊立为大阿哥，载漪讽各国公使来贺，各公使不听，且有违言。载漪愤甚，日夜谋报复。会义和团起，以灭洋为帜，载漪大喜。乃言诸西后，谓义民奋起，乃国家之福。复密招大师兄曹某至，挈之入宫，演术西后前。西后大悦，以为天降异人助中国也，遂命刑部尚书赵舒翘，大学士刚毅引之入京师，前后至者数万人。"

罗惇曧作《庚子国变记》："慈禧太后以戊戌政变，康有为遁，英人庇之，大恨。己亥冬，端王载漪谋废立，先立载漪之子溥俊为大阿哥，天下震动，东南士气激昂，经元善连名上书，至千数人。太后大怒，逮元善。元善先入澳门，屡索不与。载漪使人讽各国公使入贺，各公使不听，有违言。载漪愤甚，日夜谋报复。会义和团起，以灭洋为帜，载漪大喜，乃言诸太后，力言义民起，国家之福。遂命刑部尚书赵舒翘、大学士刚毅及乃莹先后往，道［导］之入京师，至者数万人。"

《天津一月记》云："吾闻最信服者端王、庄王及刚毅、徐桐等，每神其说，荧惑天听，至今内外交迫，制军心中非不明白，徒以权贵推崇，不敢少拂其意，功名念重，而国计民生，遂不遑顾矣。"①

薛允升八十一岁。

是年春，撰《读例存疑》，薛允升自序：

古无所谓律例也。自汉萧何因李悝《法经》增为《九章》，而律于是大备。其律所不能该载者，则又辅之以令，历代皆然，莫之或易。明初有《大明律》，又有《大明令》。中叶以后，部臣多言条例，罕言令者。万历时刑部尚书舒化奏定例八百三十二条，《明史·刑法志》言之详矣。国初治

① 《义和团》（第2册），第147页。

狱，俱用前明旧制。嗣后例款日益增多，迄今几条至二千条，比之前明又多一倍。然均系随事纂定，并非出于一人之手，覯若画一，其难矣哉！余备员刑曹前后三十余年，朝夕从事于斯，有可疑者即笔而记，拟欲就正有道，为日既久，遂积有数十册，凡彼此之互相牴牾及罪名之前后歧异者，俱一一疏证而明通之，抉其可否，溯厥源流，兼引前人成说而参以末议，诚以法令为民命攸关，一或偏倚，即大有出入，且有生死互易者，故不惮繁复，详为之说，使业此者知某条之不可轻用，某条之本有窒碍，熟识于心，临事庶不致迷于向往，非敢云嘉惠后学，或不无稍有裨益。昔人谓陶公用法而恒得法外意，区区之心亦若是而已矣。共事诸君子览而善之，怂令付诸剞劂，以公同好。余以所见未能精确，不敢出而问世，如是者又数年。今老矣，碌碌无一善可取，惟此编自问颇有一得之愚，而半生心血尽耗于此，亦未忍令其湮没，因勉从诸贤之命，再四删削，择其可存者都为一集，共五十四卷，名曰《读例存疑》，志其初也。抑又有说焉，朝廷《功令》：凡条例之应增应减者，五年小修一次，十年及数十年大修一次，历经遵办在案。同治九年修例时，余亦滥厕其间，然不过遵照前次小修成法，于钦奉谕旨及内外臣工所奏准者依类编入，其旧例仍存而弗论。自时厥后，不特未大修也，即小修亦迄未举行。廿年以来耿耿于怀，屡欲将素所记注者汇为一编以备大修之用，甫有头绪，而余又不在其位矣。然此志犹未已也，后有任修例之责者，以是编为孤竹之老马也可，或以覆子云之酱瓿也亦无不可，聊识其颠末于此，阅者或能谅余之志也欤？至于律，仍用前明之旧，余另有《唐明律合刻》已详为之说矣，兹不覆赘。光绪二十六年，岁次庚子，长安薛允升云阶氏序于京都宣南之寓庐，时年八十有一。

七月

“陕西薛云阶司寇允升与公子小云部郎，于七月间踉跄出走，旅寓贯市多日，近因奔赴行在，途中遭疾，部郎司寇相继逝世，身后尚不知由何

人料理。”（《拳乱纪闻》）[①]

八月

十三日，“薛云阶师全家自尽，张玉叔不知去向。其居已为洋人占据”。（华学澜《庚子日记》）[②]

十月

初二日，“以前宗人府府丞薛允升署刑部左侍郎”。（《光绪朝实录》）十月初二，“以薛允升署刑部左侍郎”。（《光绪朝东华录》）[③]

十一月

初六日，“赵舒翘请假。命署刑部左侍郎薛允升会办陕西赈务”。（《光绪朝实录》）

十四日，“会办陕西赈务署刑部左侍郎薛允升等奏甘饷截拨为难，请饬借拨钜款办赈。得旨，著户部暂行借拨银五十万两”。（《光绪朝实录》）

十二月

初六日，徐世昌到西安，“以次谒鹿芝轩公、薛云阶、孙燮臣请师及先后来西安诘书友”，并观览碑林及齐处名胜。[④]

十六日，“会办陕西赈务署刑部左侍郎薛允升等奏运道疲滞，吁恳特饬速办分运以供行在食用而拯灾区下部知之”。（《光绪朝实录》）

二十七日，“以署刑部左侍郎薛允升为刑部尚书”。（《光绪朝实录》）《王文韶日记》云：二十七日，“世续升礼尚，阿克丹升理尚，贻谷升兵左，薛允升升刑尚，戴鸿慈升刑左”。[⑤]

二十八日，“谕内阁薛允升奏重任难胜，恳恩收回成命一折。现在时局

---

①《义和团》（第 1 册），第 225 页。

② 中国科学院历史研究所第三所编辑《庚子纪事》，第 122 页。

③《光绪朝东华录》（第 4 册），第 4579 页。

④《徐世昌：水晶狐狸之宦途梦》，第 43 页。

⑤《王文韶日记》，第 1015 页。

艰难，大小臣工宜如何实心任事，劳瘁不辞。薛允升昨授刑部尚书，系朝廷破格擢用，自当感激图报，乃以衰病具辞，未免有意沽名。且复以暂署侍郎为请，既同办一事，岂有可供职侍郎而不能供职尚书之理。薛允升所请收回成命之处，著不准行，并传旨申饬。嗣后如再有似此虚文渎请者，定即开缺重处”。(《光绪朝实录》)

二十八日，上谕：“薛允升奏重任难胜恳恩收回成命一折，现在时局艰难，大小臣工宜如何实心任事，劳瘁不辞，薛允升授刑部尚书，系朝廷破格擢用，自当感激图报，乃以衰病为辞，未免有意沽名。且复以署侍郎为请，既同办一事，岂有可供职侍郎而不能供职尚书之理？薛允升所请收回成命之处，著不准行。并传旨申饬，嗣后如再有似此虚文渎请者，定即开缺重处。”[①]

二十八日，《奏为衰老病躯难胜重任恳恩收回成命恭折仰祈圣鉴事》云：“光绪二十六年十二月二十七日，内阁奉上谕：刑部尚书著薛允升补授。钦此。窃臣猥以庸愚渥邀恩眷，愧涓埃之未报，方寝馈以难安。兹复仰荷温纶，总司宪部。自天闻命，俯地增惭。伏念臣年逾八十，精力已衰。前者蒙恩命贰秋曹，特以部务殷繁，需人佐理，不敢不力疾从公。数月以来，办理形竭蹶，遇奏事之期，辄因步履艰难，屡次请假，久在圣明洞鉴之中。现在病体愈不如前，似此衰情形，何能肩兹重任。再四思维，惟有仰恳天恩另简贤员。至新任刑部左侍郎戴鸿慈到任尚须时日，可否俾臣仍署斯缺，暂时襄理部事，庶免绠短汲长之诮。谨恭折沥陈下情，不胜悚惶，待命之至。伏乞皇太后、皇上圣鉴。”

《清史列传》载：“十二月，补授刑部尚书，以老辞，不允。时陕西旱荒，奉命办理赈务，允升通筹大局，挽运江、浙、鄂省米石，采买甘肃杂粮，挑浚各渠，以工代赈，清查贫户，赈救饥民一百七八十万余口。”[②]

---

①《光绪朝东华录》(第4册)，第4616页。

②《清史列传》(第16册)，第4816页。

二十六年，拳匪肇乱，两宫幸长安。允升已归里，即赴行在请安，复召用为刑部左侍郎。

薛允升重新起用。《诰授光禄大夫刑部尚书云阶府君行述》云："岁庚子为府君举周甲期，陕抚魏公专疏以闻。诏许鹿鸣，士大夫佥颂为熙朝人瑞。不孝见府君健康如恒，窃冀爱日方长，不意夏秋间拳匪变起，祸机一倡，事局全倾，两宫西狩。斯时也，府君发指眦裂，徒唤奈何，不得已乃出都门，历塞北，艰苦备尝，踉跄赴西安行在，以为幸得归老故土。及召对，蒙温语垂询，即日拜命署刑部侍郎，未几补授尚书。又值秦中大饥，会办赈务，审刑筹赈，不遗余力。不孝间以节劳婉劝，则戚然曰：予岂好劳哉？但所理事皆关民命，多尽一分心庶少一分咎。而心力于是益交悴矣。"

孙家鼐作《皇清诰授光禄大夫紫禁城骑马重赴鹿鸣筵刑部尚书云阶薛公墓志铭》："庚子为公乡举周甲期，诏许重宴鹿鸣，士林方翕然称庆，不意夏秋间变起仓卒，銮舆西狩，余二人南北分驰，相继踉跄赴行在，因得至公乡，把袂对泣。"

《续修陕西通志稿》载："明年，拳匪乱作，两宫幸西安，允升奔赴行在，复授刑部侍郎，兼会办陕西赈务，寻擢尚书。时行在刑部草创，公所员司寥寥，案卷胥吏远隔京司，各省题奏咨文未奉部覆之件积压以数万计，而随时到部者亦极纷繁，又灾区广大，待赈孔殷，时艰款绌，棘手万端，允升年登耄耋，神明不衰，督饬司员，清厘部务，办理妥速，数月而毕，上下称服，为各部冠。赈务则商同陕抚，派员确查而责其成于总局，允升宏揽大纲，精心督察，不侵不漏，无滥无遗，实惠得以及民。"

赵舒翘年五十三岁。

正月

初一日，上谕："本年朕三旬寿辰，内廷行走王大臣有勤劳素著者允宜特沛恩施，御前大臣庆亲王奕劻、克勤郡王晋祺、喀尔喀札萨克亲王那彦图、端郡王载漪均著赏加二级，并赏给御笔扁一面。军机大臣礼亲王世铎、大学士荣禄、协办大学士王文韶均著赏加二级，并赏给御笔扁一面。协办大学士刚毅、礼部尚书启秀均著赏戴花翎。刑部尚书赵舒翘著赏穿带嗉貂褂，用示宣纶锡羡至意。”（《光绪朝实录》）

初六日，上谕：“刑部尚书崇礼、赵舒翘、前左侍郎溥颋、左侍郎徐承煜、右侍郎堃岫、梁仲衡前得降一级留任处分，加恩均著开复。”（《光绪朝实录》）

二十四日，谕内阁：“三载考绩为国家激扬大典，中外满汉诸臣有能恪共职守劳勩最著者，允宜特加甄叙，以示优眷。兹当京察届期，吏部开单题请，详加披阅。礼亲王世铎、大学士荣禄、协办大学士兵部尚书刚毅、协办大学士户部尚书王文韶、礼部尚书启秀、刑部尚书赵舒翘翊赞宫廷，公忠共矢，襄理庶务，悉协机宜，均著交该衙门从优议叙。大学士徐桐硕德耆年，品端学粹，著交部议叙。大学士署两广总督李鸿章、两江总督刘坤一老成硕望，懋著勤劳，均著交部从优议叙。直隶总督裕禄、湖广总督张之洞、四川总督奎俊、云贵总督崧蕃久膺疆寄，任事实心，均著交部议叙。余著照旧供职。”（《光绪朝实录》）

二月

十七日，上谕：“鹿传霖奏查明江海关并无专禁米粮北运一折。米粮北运，既据该署督查明并无专禁，即著毋庸置议。惟奸商藉照影射，偷漏出洋，致漕运民食诸多窒碍，亟应严为防范，著裕禄、鹿传霖督饬各海关及通商各口严密稽查。如有私运出洋米石，即行封禁，并将贿卖各员役从重惩处。至米石北运至津如何严防外溢，应否派员押运到京，即著裕禄、赵舒翘、何乃莹察看情形妥筹办理。原折著钞给裕禄、赵舒翘、何乃莹阅看。将此各谕令知之。”（《光绪朝实录》）

“二十六日，晴，大风。巳初二刻入对一刻，午初散直，竟日风狂似虎，仍来敢见客，傍晚杏孙便衣来晤。展如言春风狂如虎，下句为春浪白于鹅，直庐所见确有此种光景，知古人下语无一字无来历也。”（《王文韶

日记》)[①]

“二十九日……本日见刘岘帅谢赏宫保衔折内有‘五十日三拜殊荣’之语，指赏寿、京察、宫衔三项也。展如戏谓余乃八十日六拜殊荣，盖前之项与岘帅同，并协办、讲官、赏匾而六也。”(《王文韶日记》)[②]

三月

二十二日，上谕:“军机大臣等，前据裕禄奏称直隶地方有外来之义和拳会到处煽诱愚民，藉辞与教民寻衅，现在设法弹压解散等语。畿辅重地岂可任令匪徒纠结滋生事端。提督梅东益、道员张莲芬在直年久，熟悉地方情形，应即责成该二员相机办理，切实开导，谕以民教皆朝廷赤子，食毛践土自应彼此永远相安。遇有两造争执之案，论是非不分民教，务在持平办理，毋稍偏徇。民间学习拳技，自卫身家，亦止论其匪不匪，不必问其会不会，是在该督严饬地方官吏准情酌理，因应得宜，非朝廷所能遥制也。将此谕令知之。”(《光绪朝实录》)

《崇陵传信录》云:“京师演拳，始三月间，不一月，其势渐省盛，涞水至戕弹压武官杨福同。朝廷虽屡严谕拿办，复命枢臣赵舒翘往涿州，名为宣旨解散，实隐察其情势也。舒翘见其皆市井无赖、乞丐穷民，殊不足用。回京揣太后意问之，不以实对。”[③]

二十四日，三子璧合生，侧室高氏出。(《慎斋年谱》)

四月

初三日，上谕:“军机大臣等有人奏义和团蔓延日甚请饬筹办团练一折。据称直隶山东两省拳民殆遍，将及近畿，数月以来仍未解散，请饬派员办理团练，以弭隐患等语。所奏是否可行，著裕禄、袁世凯各就地方情形通筹妥议，据实覆奏，总期消患无形，毋任聚众滋事，致启衅端。亦不

①《王文韶日记》，第1003页。

②《王文韶日记》，第1004页。

③ 恽毓鼎:《崇陵传信录》，中华书局2007年版，第60页。

得勉强从事，徒滋纷扰。原折均著钞给阅看。将此各谕令知之。寻袁世凯奏查明拳会实难改练乡团。得旨，即著随时查看情形。分别办理，以杜乱萌。”（《光绪朝实录》）

初十日，荣庆“赴颐和园。至礼邸未见。见展如”。①

十一日，上谕：“近闻畿辅一带义和团拳会尚未解散，渐及京师，深恐良民被其诱惑，以致勾结为患。京城内外地面辽阔，居民众多，著步军统领衙门严密稽查，设法除禁，毋任聚众滋事，致启衅端。将此谕令知之。”（《光绪朝实录》）

十五日，赵舒翘于西山公所写道：“人知处心积虑不能欺天，犹是祸福，恐动与天为二，能知天即是理，心即是天，则严畏之中愈觉亲切，其为善自不能已矣。”②

“许莘甫先生云：戒惧者，悚然听命于天，以俟天之出命也；慎独者，凛然受命于天，惟恐己之违命也。此数语最精，知此，则天命自度帝度其心之真解始出。”③

十六日，上谕：“阅卷派出徐桐、崇绮、启秀、赵舒翘、吴廷芬、徐会沣、阿克丹、李殿林、室丰、高赓恩。”④

二十二日，“直隶总督裕禄奏义和拳会始自山东，皆系无籍游民，托言持符念咒，能以降神附体，金刃不入，枪炮不伤，诱惑乡愚，无非为牟取衣食之计。现在饬令提督梅东益、道员张莲芬等随处稽查，督同地方各官切实开导，以期保安黎庶，消患无形。得旨，著即督饬地方官随时弹压，仍遵前旨分别办理，毋稍偏纵”。（《光绪朝实录》）

二十四日，“谕军机大臣等，前因直隶地方拳教相鬨，叠经谕令该督

---

①《荣庆日记》，西北大学出版社 1986 年版，第 37 页。

②《慎斋别集》。

③《慎斋别集》。

④《缘督庐日记》（第 5 册），第 3107 页。

派员分别弹压解散。乃闻近畿一带派出之带勇员弁办理不善，甚至纵容兵勇以查拏拳匪为名，择肥而噬，勒索乡愚，以致闾里骚然，良民不能安堵。似此情形必致酿成事变，著裕禄严饬带兵各员及地方文武查明实在滋事拳匪，指名拏办。傥或任意株连，藉端讹索，波及无辜，即当从严惩办，总期匪徒知惧，良善获安，是为至要。将此谕令知之”。(《光绪朝实录》)

二十六日，上谕：“谕军机大臣等，前因拳会张贴揭帖摇惑民心，叠经谕令各该衙门妥议章程迅速办理。兹据总理各国事务衙门奏称，该拳会散布谣言藉端煽惑等语，人心浮动，易肇衅端，亟应认真查办。著步军统领衙门、顺天府、五城御史、直隶总督归入前案一并妥议覆奏。原折著钞给阅看。将此各谕令知之。”(《光绪朝实录》)

二十九日，新授贵州巡抚邓华熙来京请训，是日晨请训毕，“午刻，往拜政府刚协揆、王协揆、赵大[司]寇、启大宗伯，俱会”。[1]

《庚子西狩丛谈》云：“直隶拳匪，初发生于新城，而盛行于涞水，旬日之间，天津河间深冀等州，遍地皆是。其时大阿哥已立，其父载漪颇怙揽权势，正觊国家有变，可以挤摈德宗，而令其子速正大位，闻之喜甚，极口嘉叹。诸亲贵因争竭力阿附，冀邀新宠，大臣中尚有持异议者，谓：‘究近邪术，恐不可倚恃’，然太后意已为动，顾犹持重不即决。乃派刚毅、赵舒翘前赴保定察看。刚赵皆为军机大臣，甚见信用。覆命时，刚阿端王旨，盛称拳民忠义有神术，赵又阿刚，不敢为异同，太后遂一意倾信之。于是派端总率团务，端益跋扈肆志，而顺直拳匪，同时并起矣。”[2]

李希圣作《庚子国变记》：“而义和拳自山东浸淫入畿辅，众亦渐盛，遂围涞水，县令祝芾请兵，直隶总督裕禄遣杨福同剿之。福同败死。进攻

---

①《邓华熙日记》，第195页。

②《义和团》(第3册)，第375页。

涿州，知州龚荫培告急，顺天府尹何乃莹揣朝旨，格不行。荫培坐免。太后使刑部尚书赵舒翘、大学士刚毅及乃莹先后往，道之入京师。刚毅等复命，均力言义民无他心，可恃。遂焚铁道，毁电线，至者数万人，城中为坛场几遍。”①

《记京都团匪丛事》云：“何乃莹五月初在顺天府府尹任，迎合政府意见，上折力言团民宜抚不宜剿，以是骤升副都御史。初九日，赵舒翘奉旨往保定一带劝谕团民，何面请随同往谕。迨抵涿州，左右团民倨傲不堪，因令推头目四人入见，赵剀切谕之。而团目要以先撤聂军，因聂军自杨福同被杀后，曾力剿之，团死无算，故尤恨之。赵未允，商之何，亦然其议。次日，刚毅至，赵与何共见之。刚言：‘欲抚团民必先撤聂军。’何即毅然和之，曰：‘此乃第一要策。’赵归，而何与刚行。盖何亦主张团匪者。”②

《十朝诗乘》云：“庚子四月，有禁逐拳民之旨，以朱古微侍郎疏请也。侍郎时官侍讲学士，其疏谓：‘中国自强，固系兵事，然联络邦交，执言一国可也，激犯众怒、构衅寰球不可也。一方受敌，合国力御之可也，八方受敌，分国力应之不能也。且军火何自购，饷源何自筹，势则彼众我寡，理则彼直我屈，纵将其官商兵卒数千人一时歼尽，其能使彼众不报复耶？其能使我沿边沿海数万里不放一骑一舰阑入耶？逞忿一时，而无以善其後，是直以宗社为孤注，恐不止震惊宫阙、危及乘舆已也。’疏上，因有是旨。次日，刚子良协揆、赵展如尚书自涿州回京，拳民随至，纵火市廛，延烧城阙，遂不可收拾。然慈圣犹召集廷议，亲贵皆袒拳主战。古微班次在後，言拳民、董军皆不可恃，兵事宜用袁世凯，议和则急召李鸿章。张文厚时官奉常，亦稍言之。太后不识古微，问：‘高声瞋目者何

---

①《义和团》(第1册)，第11页。

② 庄建平主编《近代史资料文库》(第6卷)，上海书店出版社2009年版，第41页。

人？’命移前具对。古微言之益力，卒定议抚拳，遂有戕害德使之事。复疏请约期停战，护送各使出都。”①

柴萼撰《庚辛纪事》：“四月二十九日，将京津铁路各车站焚毁，遂乘势占据涿州。一时黄巾红带者流，城厢内外，蜂屯蚁聚，其数达三万人，声言涿州兵备空虚，洋兵将来，愿为代守。由是城墙上万头攒动，刀矛林立，如将有大敌者然，涿州牧知不能敌，遂绝食以待自毙。朝廷命尚书赵舒翘，顺天府尹何乃莹驰至涿州，相机办理。刚毅以赵与己志趣不同，恐致决裂，言于朝，愿自请行，准之。乃亟驰往，则赵与何已先在，召匪首入见，谕以朝廷德意，不得暴动，而匪首以聂功亭军门尝痛剿其党，衔之次骨，答言‘须将军门斥革，始可从命，否则当与一战’。赵以军门办事认真，且其罪尚不至斥革。况宿将无多，正资倚畀，岂可遽言斥退，何亦以其言为然，不从所请。刚既至，力言拳民可恃，聂不可用，反覆讨论，坚持己意。其时何已为刚所惑，亦力翻前议，唯唯从命，赵以刚势出己上，且审此系内廷意，与辩无益，乃微笑言，既二公意议相同，谅非无见，仆不才，当先回京覆命。刚颔之，赵乃回京，含糊覆奏，刚则与匪首密商一切。”②

五月

五月，畿辅义和拳匪蜂起，与官兵洋人交哄。皇太后命先生往保定查看。（王步瀛《慎斋年谱》）

初一日，“义和拳烧毁铁路电杆，其奸孽养痈之患已成，徒多杀人耳”。（《慎斋年谱》附录赵舒翘《庚子日记》）

初二日，上谕：“谕内阁，迩来近畿一带乡民练习拳勇，良莠错出，深恐别滋事端，叠经谕令京外各衙门严行禁止。近闻拳民中多有游勇会匪溷

① 郭则沄：《十朝诗乘》（卷二十三），载张寅彭主编：《民国诗话丛编》（第4册），上海书店出版社2002年版，第773～774页。

②《义和团》（第1册），第306页。

迹其间，藉端肆扰，甚至戕杀武员，烧毁电杆铁路，似此瞀不畏法，其与乱民何异。著派出之统兵大员及地方文武迅即严拏首要，解散胁从。傥敢列仗抗拒，应即相机剿办，以昭炯戒。现在人心浮动遇事生风，凡有教堂教民地方均应实力保护，俾获安全而弭祸变。”(《光绪朝实录》)

初三日，“谕内阁，昨因拳匪滋事业经明降谕旨分别办理。此等乡愚良莠不齐，其办法不外乎严拏首要，解散胁从。现在直隶及附近京城一带到处人心浮动，若不迅速筹办，何以禁邪慝而净根株。著步军统领衙门、顺天府、五城、直隶总督严饬各该地方官并统带各员，如拳匪中实系滋扰地方，甘心为乱者，即当合力捕拏，严行惩办，不得互相推诿。如再因循，定惟祟礼等是问，决不宽贷。其有随声附和，并无滋扰实迹者，亦应剀切晓谕，立时解散，毋任再启衅端”。(《光绪朝实录》)

初三日，“又谕，电寄裕禄，拳匪滋事，琉璃河至长辛店一带车站局厂均被焚毁，亟应惩前毖后，认真弹压。著裕禄饬令聂士成将卢保津卢两路电线铁道专派队伍，妥为保护，毋任再有疏虞。是为至要”。(《光绪朝实录》)

初三日，赵舒翘上《为直隶拳民进入近畿请派兵弹压折（附片二）》：

臣赵舒翘、臣何乃莹跪奏为直境拳民窜入近畿，焚毁铁路，请旨派兵弹压，恭折密陈，仰祈圣鉴事：窃据涿州知州龚荫培禀称：“四月二十九日（5月27日）申刻，突有直隶涞水县属之石亭驿义和拳民，约二三千人，窜入州境距城八里之永乐村，将沿途铁道并巡捕房、电线杆均行焚烧拆毁。”又据总理衙门来函并钞录盛宣怀及翻绎官连芳等来电称：“该拳民由琉璃河一带绕至芦沟桥，延及丰台。”又据西路厅林绍清禀称：“芦沟桥一带，义和拳民日众，附近铁路洋人甚多，前请督臣调派马步队弹压，至今未到。顷探得涿州、良乡、宛平等处地面，车道，栈房均被直境窜来拳民焚毁。并有拳民与三合庄洋人寻衅，经洋人开放洋枪，致伤不识姓名之人。幸捕盗兵役弹压，洋人尚未受伤。请赶紧咨调队伍，速来保护。”又据南路厅吕品律禀称："黄村火车站人等均闻风逃散无踪，请派兵看守车站"各等因。臣等接阅之下，不胜诧异。伏查顺天各属，自去冬以来，叠奉谕旨，钦遵通饬各该牧令，开诚布公，随时劝化。复乘其因公来见时，面授机宜，饬以务须仰体圣意，多方开导。半载以来，民教相安，并未激生事端。其有办理未尽合宜者，如署霸州知州郑辅，立予撤任。驻京各国教士，虽叠次来函，请派兵保护，均经臣等随时函答。各该主教亦皆同声感戴，有来信可凭。上月，霸州拳民复有蠢动，经督臣派兵前往。臣等当饬该署牧刘于祐往见带兵队长，嘱其遥为驻扎，暂缓入境，一面亲赴各村，宣布朝廷爱民如子之仁。该拳民等无不感激涕零，立时解散，随即告知队长撤队回省。至今霸州民教安堵如常，其余各属亦均闻风帖服。虽未能尽绝根株，但祈甘雨及时，各勤农务，自可销患无形。此臣等办理顺天各属民教相安，一定不摇之主见也。前因涿州双柳树村，宫村出有逐杀教民二案，虽由涞水余匪波及，所伤不过二三人，该牧事前究属疏于防范，立予撤任，另委明干之员前往接署。并谕该牧，约束州民，各安本业，不得越境助逆，致负圣朝豢养之恩。并责成前牧龚荫培协同绥辑，不得因业经撤任，稍涉推诿。初不料直境与顺属毗连之涞水县办理拳教相持之案，一旦溃败，决裂至于此极也。其溃决之由，臣等但得之传闻，既未接督臣来文，未敢据以上陈，应由督臣自行详奏。惟查直境拳匪，业已延及长辛店、芦沟桥一带，若不预为布置，调兵弹压，其患何堪设想！臣衙门捕盗营兵，仅能责以捕盗，向皆分布四路厅，其在京者不过数十名，又经派令防护碎石路工，实无可调派之兵。若俟咨催督臣调派，昨闻火车已停，电线已断，现虽由五百里前往调兵，仍恐鞭长莫及。事关大局，可否于近畿各营酌调数队，往芦沟轿、长辛店邻近铁路一带，扼要驻扎，以资保卫而防未然。一面仍由臣衙门严饬各属小心防范，以免别滋事端。所有直境拳民窜入近畿，请兵弹压缘由，谨恭折密陈，伏乞皇太后、皇上圣鉴。谨奏。

附片一：

再，民教不和，由来已久。各国传教之人，虽有天主、耶稣之别，究其命意，要不外劝人为善。无如入教之民，良莠不齐。其奉教安分者，固属不少，而倚教师为护符欺压乡里者，亦复所在皆是。往往以钱财细故，动辄涉讼，甚且颠倒是非，淆乱黑白。地方官亦明知审断未平，不得不含糊了事；小民受其鱼肉，积不能平。此等情形，各国主教焉能得知？无非听教民一面之词，动谓民曲教直。于是，小民之冤无处申诉，酿而为义和拳会矣。倘不审其致此之由，与寻常会匪一律严办，势必迫而成匪，民气必致大伤，不可不慎。且查涿州双柳树村一案，仅伤两教民而逸，室中一物未失，真有古侠士之风，其非甘居为匪，已可概见。即其拆毁铁路电线，亦系误认为洋人所造，实不知为国家所设。此外，并无抢劫焚掳之事。地方官抚之果能得法，何至激出戕官巨案？此涞水县不能辞其咎也。窃闻涞水县知县祝芾办理此案，种种乖谬。官非顺属，自应由督臣据实纠参。惟事关大局，臣等既有所闻，不得不据实上陈。应如何惩处之处，伏候圣裁，以为办事卤莽灭裂者戒。谨附片密陈，伏乞圣鉴。谨奏。

附片二：

再，拳会蔓延，诛不胜诛，不如抚而用之，统以将帅，编入行伍，因其仇教之心，用作果敢之气，化私忿而为公义，缓急可恃，似亦因势利导之一法。特拳民以灭洋为名，洋人视如仇譬，我若收而用之，彼必谓为不然。然各国练兵，所以自卫，例非他国所能干预。且约束不令滋事，于和局固无妨碍也。管窥一得，用备择采。谨附片再陈，伏乞圣鉴。谨奏。①

初七日，“近日畿辅拳匪蜂起”。（《慎斋年谱》附录赵舒翘《庚子日记》）

初九日，“皇上欠安，浴兰堂召见时，义和拳与官兵洋人交哄，太后忧形于色，命往保定查看，毅然承命，然亦无良法也”。（《慎斋年谱》附

① 《义和团档案史料》（上册），第108～110页。

录赵舒翘《庚子日记》)

《王文韶日记》云："近因义和拳匪徒四处滋事，人心摇惑，初九、初十两日展如、子良先后奉旨赴保定查办事件。"①

佚名作《庸扰录》："五月初十日，英、俄、德、法、美、日六国钦使齐集总署，声言若再不从速将义和团剿办，各国将派兵来京，代行剿匪。朝廷遂派尚书赵舒翘至保定府，又派副都御史何乃莹至天津查办。翌日又派大学士刚毅至涿州。盖欲宣布德音，将匪解散也。"②"赵舒翘之出也，带随员数人，并有兵六十名。"③

佚名氏《综论义和团》云："何乃莹五月初在顺天府府尹任，迎合政府意见，上折力言团民宜抚不宜剿，以是骤升副都御史。初九日，赵舒翘奉旨往保定一带劝谕团民，何面请随同往谕。迨抵涿州，左右团民倨傲不堪，因令推头目四人入见，赵剀切谕之。而团目要以先撤聂军，因聂军自杨福同被杀后，曾力剿之，团死无算，故尤恨之。赵未允，商之何，亦然其议。次日，刚毅至，赵与何共见之。刚言：'欲抚团民必先撤聂军。'何即毅然和之，曰：'此乃第一要策。'赵归，而何与刚行。盖何亦主张团匪者。"④

"初十日，何润甫同年乃莹由府尹迁副宪。昨丞午来谈，云前润夫有封事云，义和团但仇教不扰民，有古烈士之风。部勒之可成劲旅。不数日，有此超除。……今日闻派赵展如尚书出京查办。"⑤

刘孟扬作《天津拳匪变乱纪事》："盖因吏部尚书刚毅，闻聂军门剿匪情形，大为不悦，面讦于朝，军门乃被饬退回芦台，故裕禄又调回耳。刚

①《王文韶日记》，第1011页。

② 佚名：《庸扰录》，载中国科学院历史研究所第三所编辑：《庚子纪事》，第248页。

③ 佚名：《庸扰录》，载中国科学院历史研究所第三所编辑：《庚子纪事》，第249页。

④《义和团史料》，第186页。

⑤《缘督庐日记》(第5册)，第3120页。

毅信匪特甚，其闻杨云峰副戎被害之信，乃曰：‘不合先伤义士’，盖称拳匪为义士也。副戎虽已毕命，仍拟革去官职；聂军门被饬后，竟将其部下力残之三武弁，拿问进京。且朝中有信匪者，刚则宠任之，不信者，则痛恨之。故刑部尚书赵舒翘，本非信匪者，以刚之故，乃不敢建言，只得随声附和。”①

李超琼作《庚子传信录》：“始刚毅至涿，遍召匪目，询诸神异事，对皆同。何乃莹又巧言阿顺之，故信之笃。赵舒翘还都，语刑部司员及总署章京则曰：‘所见皆亡命无赖耳，乌可用？’而入对乃不敢与刚毅歧。然刚毅信拳匪出实诚，至是乃大懊丧，对太后亦遂言不可恃，而祸成矣。”②

《近代名人小传》“刚毅”条：“津沽匪作，烧铁道电线，毅请往抚，后命赵舒翘与偕。至涿州，毅进诸渠魁，告以康有为用西法变制事，群匪茫然，第闻其言，则众呼‘杀’‘杀’以应之。顾谓舒翘曰：‘拳民知变法当杀，可用也。’遂招之入禁中，奉旨以毅为统练拳谏大臣。后屡诏廷臣集议，有诋拳匪者，漪毅厉声叱辱，无复礼体，毅且面诋德宗，拉后愈信其忠。”③

“刚中堂奏皇太后，言赵舒翘往招抚，恐决裂，奴才请行，即于是日至涿州。赵欲留聂功亭军门剿匪，刚素恶聂，谓其私通外人，决不可用，赵微笑，即回京。”（日本佐原笃介、浙西沤隐同辑《拳乱纪闻》）④

初十日，“辰正起程出城，骑马行，热渴殊甚。五里店少歇，待车宿良乡，随员杨春峰（按：名枝茂，兴平人）、何崧生（按：名汝翰，浙人）”。(《慎斋年谱》附录赵舒翘《庚子日记》)

---

①《义和团》（第2册），第10页。

②《义和团史料》，第213页。参见庄建平主编：《近代史资料文库》（第6卷），上海书店出版社2009年版，第134页。

③ 费行简：《近代名人小传》，载《近代中国史料丛刊》（第8辑），第134页。

④《义和团》（第1册）。

初十日，“张燕谋学士偕唐太守绍仪，于是日早乘火车前往黄村，查视匪徒毁路行迹，不知何故至杨村斩回。是日宏定车站被焚。政府派赵尚书舒翘、何府尹乃莹招抚团匪”。（日本佐原笃介、浙西沤隐同辑《拳乱纪闻》）①

《西巡回銮始末》载：初十日，上谕：“乃近来各府厅州县积习相沿，因循玩误，平日既未能联属教士，又不能体恤民情，遇有民教涉讼，未能悉心考察，妥为为理，致使积怨已深，民教互仇。遂有拳民以仇教为名，倡立团会；再有奸民会匪附入其中，藉端滋扰，拆毁铁路，焚烧教堂。至铁路原系国家所造，教堂亦系教士教民所居，岂得任意焚毁！是该团等，直与国家为难，实出情理之外！昨已简派顺天府府尹兼军机大臣赵舒翘前往，宣布晓谕该团民等，应即遵奉一齐解散，各安生业。倘有奸民会匪，从中怂恿煽惑，希图扰害地方，该团民即行交出首要，按律惩办。若再执迷不悟，即系乱民，一经大兵剿捕，势必父母妻子离散，家败人亡，仍负不忠不孝之名。”

十一日，“北京访事来电云：皇太后昨晚在宫内召集各大臣，密议团匪乱事，为时极久。旋即议定，决计不将义和团匪剿除。因该团实皆忠心于国之人，如与以上等军械，好为操演，即可成为有用劲旅，以之抵御洋人，颇为有用。当定议时，祇荣相、礼王不以为然，又因势力不及他人，故不能为功，余如庆王、端王、刚相、启、赵二尚书等，俱同声附和，谓断不可剿办团匪，王中堂则默然无语。皇太后业已早有成竹，故即照其本意办事”。（《拳乱纪闻》）②

“十一日，今晨见邸钞，有旨晓谕会匪，中有云：‘铁路系国家所造，教堂亦系教士、教民所居，岂得任意焚毁，是该团等直与为难，实出情理之外。昨已派顺天府尹兼军机大臣赵舒翘前往宣布晓谕，应即遵奉，一齐

①《义和团》（第1册）。

②《义和团》（第1册）。

解散；若再执迷不悟，即著大学士荣禄，分饬董福祥、马玉昆各率所部，实力剿捕，刊刻誊黄，遍行晓谕。'”（叶昌炽《缘督庐日记》）

十一日，赵舒翘“寅正起身，尖窦店，驻涿州。晚间，义和拳首目来，切实开导，似乎悔悟”。（《慎斋年谱》附录赵舒翘《庚子日记》）

十二日，赵舒翘“折回窦店，遇刚中堂奉命而来，店内少谈，分手，驻长辛店”。（《慎斋年谱》附录赵舒翘《庚子日记》）

十三日，赵舒翘“进城，寓广济寺，闻乘舆还宫”。（《慎斋年谱》附录赵舒翘《庚子日记》）

同日，叶昌炽“闻赵展如尚书归至涿州，不能前进。据其从人云，甫出彰义门，拳民即列队郊迎，其涿州之头目已具结，允解散，果尔，尚不虚此一行也”。①

“昨日得京电：知已奉上谕，派刑部尚书赵展如大司寇为宣抚大使，专办剿抚事宜。”（《拳乱纪闻》）②

“闻政府派刚中堂赴保定，赵大臣往来京津间招抚团匪，其办法宗旨，则不外分别首要、解散胁从二语。”（《拳乱纪闻》）③

《拳事杂记》载：“何君乃莹，五月初在顺天府尹任，迎合政府意见，上折力言团民宜抚不宜剿，以是骤升副都御史。初九日，赵君舒翘奉旨往保定一带劝谕团民，何君面请随同往谕，追抵涿州，左右团民倨傲不堪，因令推头目四人入见，赵舒翘剀切谕之；而团目要以先撤聂军，因聂军自杨福同被杀后，曾力剿之，团死无算，故尤恨之。赵未允，商之何，亦然其议。次日，刚毅至，赵与何共见之，刚言欲抚团民，必先撤聂军，何即毅然和之曰：此乃第一要策。赵归而何与刚行，盖何亦主张团匪者，故志之。”④

① 叶昌炽:《督缘庐日记钞》，载《义和团》（第2册），第441 ~ 442页。

②《义和团》（第1册）。

③《义和团》（第1册）。

④ 日本佐原笃介、浙东沤隐同辑:《拳事杂记》，载《义和团》（第1册），第260页。

《拳事杂记》引山东友函云："团匪初起时，荣相颇深忧之，五月十九日，建议召李傅相以议和，召袁慰帅以剿团，擘画周详，颇足钦佩。盖此时各国尚未决裂，大局尚可收拾，讵刚中堂于二十日由保定回京，面奏义和团如何忠义，如何神通，皇太后遂为所惑。适同日总署大臣赴英使署道歉，英钦使曰，汝国剿除土匪尚且不能，何以为国。然使皇太后归政，皇上复辟，则各事当易议了耳。此语渐为太后所闻，不禁大怒，即命董军、团匪拦杀洋人云。"①

十四日，"覆命，以义和拳无天无法实奏"。(《慎斋年谱》附录赵舒翘《庚子日记》)

《清稗类钞》载："舒翘、刚毅、乃莹既奉命同往察看慰抚，洎回京，未复命，舒翘之乡人某官刑部郎中，且为秋审总办，往谒，询拳果否可恃，赵慨然曰：'无论神怪之说虚诞，断不可信，即吾所见数万人者，殆无一不槁项黄馘，不异沟中之瘠。以此而与他国节制之师相当，宁有不覆没者耶！'及入对，慑于刚之威势，乃尽反所言，以拳民义勇神术可信面奏。孝钦始尚犹豫，未敢遽与诸国启衅，及得赵言，大计始决。赵出，乃语所亲曰：'太后过听刚相言，用此辈乌合狂徒以挑强敌，宁有全理。'因急送其眷旋里以避祸。"

《庸扰录》载："赵舒翘已于五月十四日回京，据云赵至涿州时，各匪均排队迎接，现已令具情愿退出涿州之结。或云赵仅在良乡小住，令人至涿州贴告示数纸，并未自至涿州也。"②

仲芳氏《庚子纪事》云："闻有密旨派刚中堂、赵尚书前往涿州、良乡等处查访义和团。顷闻回京复命，究竟是剿是抚，外间未悉其详。"③

魏联奎作《行述》："庚子义和变作，长安赵尚书舒翘奉命往查，归覆

① 日本佐原笃介、浙东沤隐同辑：《拳事杂记》，载《义和团》(第1册)，第252页。

② 佚名：《庸扰录》，载中国科学院历史研究所第三所编辑：《庚子纪事》，第250页。

③ 中国科学院历史研究所第三所编：《庚子记事》，第11页。

奏，语多不由衷。府君曰：赵公笃实人，曾言神怪不能成事，奈何附会求免，致滋重戾哉。翌年春，赵果赐死。”①

胡思敬作《驴背集》：“枢使联翩出国门，怀中密诏语微温。吞胡自是平生志，老悖须知念子孙。”自注：“太后闻贼逼近畿，遣协办大学士刚毅、刑部尚书赵舒翘、顺天府尹何乃莹，先后出京观衅。乃莹受刚毅指驰抵涿州，传集贼中渠魁言：尔等皆义民，当努力自爱，毋伤害百姓。异日朝廷征服东西洋，必用汝为先驱。皆抚掌大笑而散。舒翘因刚毅荐得入军机，不敢与之立异。刚毅还朝，密陈拳民志在拒敌，非叛逆可比。今已俯首受约，不如因而用之，太后默然。”②

张黎辉辑《义和团运动散记》中有“某人致某人函”云：“初八日，即将黄村一带电杆斫坏，铁桥烧毁，津芦之道路消息均不通矣。此时，闻朝廷命刚中丞、赵大司寇先后赴涿查办此事。闻该团民见有大员来问，亦颇畏惧，即思解散。又经刚相一味恭维，奖其忠义，为国除害，将来当欲借其力以灭外洋，问其能否。该团头等奚有不高兴之理，信口开河，大肆欺诳。谓人上法皆可避炮火，并可使其枪炮不燃；又可咒其火药自焚；铁甲船来海口又预埋土龙三条，可以一律搅翻；又有红灯罩之女，可以飞上伊船、伊屋放火焚烧。如是等语，说得天花乱坠。而盲从之耳迂腐之心胸，无不被其蛊惑，深信不疑。竟致以受人欺诳之言又欺诳我太后、皇上，竟暗地命其进京从乱矣。”③

江庸《趋庭随笔》“赵舒翘为官之道”条云：“赵舒翘以刑曹简凤阳府知府，不十年开抚江苏，所至有清名。迨官司寇，入军机，则仰承上意，逶迤进退而已。赵与刚毅素昵，当拳匪初起，余在京师，孝钦欲遣刚、赵出京察看。刚还朝，密陈拳民志在灭洋，非叛逆可比，今已首受约，不如

---

① 引自《魏联奎年谱》，载陈万卿编著：《荥阳先贤年谱》，大象出版社 2006 年版，第 29 页。

②《义和团》（第 2 册），第 485 页。

③《义和团史料》，第 251 页。

抚而用之。赵心知其谬，不敢直言。沈家本子惇，有大毛［原］村哭天水尚书诗：‘君独知其非，密陈不可恃。’赵对人言，诚知其非，然密陈不可恃，殆非事实。拳匪既不得逞于使馆，日于城乡掠杀良民以快其意，一日虏大小男妇百余人，诬为妖人，交刑部处斩。司官以例须问取口供乃能定罪，面请赵示，赵云：‘此亦天意，何问为？’遂骈诛焉。乔茂萱丈方官刑部，盖目击其事。《驴背集》谓刑部鞫之，与所闻稍异。”①

《清稗类钞》“义和拳欲灭洋”条云：“舒翘、刚毅、乃莹既奉命同往察看慰抚，洎回京，未复命，舒翘之乡人某官刑部郎中，且为秋审总办，往谒，询拳果否可恃，赵慨然曰：‘无论神怪之说虚诞，断不可信，即吾所见数万人者，殆无一不槁项黄馘，不异沟中之瘠。以此而与他国节制之师相当，宁有不覆没者耶！’及入对，慑于刚之威势，乃尽反所言，以拳民义勇神术可信面奏。孝钦始尚犹豫，未敢遽与诸国启衅，及得赵言，大计始决。赵出，乃语所亲曰：‘太后过听刚相言，用此辈乌合狂徒以挑强敌，宁有全理。’因急送其眷旋里以避祸。”②

《拳变余闻》载：“拳匪之入京师，刚毅实导之。刚毅识字不多，以清正自诩。由部曹外任巡抚，内召为尚书，入枢府，后眷甚隆。奉命江南查案，旋之广东，敛浮赋，括四百万，历东南诸省，括千万归于京师。得梁启超所撰《清议报》，进于孝钦后，后大怒，愤外国之庇康梁，必欲报此仇。益恨德宗，思废之，立端王载漪之子溥俊为大阿哥，将于庚子正月行废立，刚毅实主之。力引载漪居要职，宠眷在诸王上。后命荣禄告李鸿章，私以废立意询各国公使，皆不协，后益大恨。刚毅曰言仇洋，见谈洋务者，皆斥为汉奸。过金陵，见刘坤一所立之储才学堂，立命闭之。董福祥以杀洋人自任，刚毅力誉于后前，恩宠日渥。及拳匪据涿州，朝议剿

① 王伯恭、江庸：《蜷庐随笔·趋庭随笔》，山西古籍出版社、山西教育出版社1999年版，第122页。
②《清稗类钞》（第8册），第3687页。

抚不决，乃命兼管顺天府事。尚书赵舒翘，偕府尹何乃莹，驰往解散。刚毅虑舒翘或戾己意，自请继往。舒翘至，召匪首谕朝廷德意，令解散。匪首坚请褫聂士成职，舒翘难之。刚毅至，许以先退聂军。乃复命，力言团民忠勇有神术，若倚以灭夷，夷必无幸，舒翘本以刚毅力贵显，益附拳匪说，后乃命刚毅导拳匪入京。旬日，至数万人，坛场遍城内外。王公贵人，争崇奉之。渐出入宫禁，莫敢究诘。刚毅与载漪合疏，请用团民，乃奉统率团民之命。董福祥率武卫军攻使馆，刚毅曰坐城楼观战，曰：'使馆破，夷人无噍类矣，天下自此当太平。'舒翘起为寿曰：'自康有为倡乱，天下扰扰，公起而芟夷之，上病失天下心，幸继统有人，定策之功，公第一。'刚毅大喜。"

《金銮琐记》载："何人枢府语譊譊，舌作秦腔嗓韵高。甘为权奸作奴隶，伯珪声大莫敖骄。"自注："到军机处画稿，闻有大声争论者，问舒拉何人。对曰：赵大人与王中堂抬杠。赵怒吼如雷，王声细如女子。我问：刚相不调停耶？对曰：刚中堂笑于旁，若甚快意。噫！赵舒翘倚刚毅势，遂呵叱王相若此。"①

《高枬日记》载："去年五月十四戕杨副戎后，一带居民皆料必派大队往剿，如果往剿，立即散也。久之寂然。闻刚毅、赵舒翘往涿，犹以为劝民解散也。乃突闻命之入京。其时团党本无多人，专人四面招集始来京城。"②

袁昶作《乱中日记残稿》："自铁路烧，而洋兵至，顺属遂无不巾带者。上命刚相、赵尚书、何府尹往解散之，赵何一看不了，先回京。刚相则取有乡民所具甘结，回稍迟。"③

---

① 高树：《金銮琐记》，载《乐斋漫笔、崇陵传信录》，中华书局 2007 年版，第 144 页。《花随人圣庵摭忆》引文无"叱"字。

②《高枬日记》，载中国科学院历史研究所第三所编辑：《庚子纪事》，第 235 页。

③《义和团》(第 1 册)，第 347 页。

五月初七日，“谕军机大臣等，有人奏拳匪滋事地方官办理不善请旨惩处并陈管见一折。据称直隶涞水县拳匪滋事，该县祝芾既不能消患未形。迨事起仓卒，又复夸大其词，遽请调兵，怂恿带兵官杨福同诱杀十余人，以致匪徒反噬，咎无可辞等语。著裕禄确切查明，从严参办。现在畿辅一带拳匪蔓延日广，亟应妥速解散以靖地方。该督抚务当通饬各州县亲历各乡，谆切劝导，不可操切从事。至带兵员弁亦当严行申诫，毋得轻伤民命，启衅邀功。并著荣禄严饬在事各营一体遵照。原折著分别摘钞给予阅看。将此由四百里谕知裕禄、并谕令荣禄知之”。(《光绪朝实录》)

五月初七日，“又谕，电寄荣禄。近畿一带拳匪聚众滋事，并有拆毁铁路等事，迭次谕令派队前往保护弹压。此等拳民虽属良莠不齐，究系朝廷赤子，总宜设法弹压解散。该大学士不得孟浪从事，率行派队剿办，激成变端。是为至要”。(《光绪朝实录》)

五月初十日，“谕内阁，西人传教历有年所，该教士无非劝人为善，而教民等亦从无恃教滋事，故尔民教均各相安，各行其道。近来各省教堂林立，教民繁多，遂有不逞之徒混迹其间，教士亦难遍查其优劣，而该匪徒藉入教为名，欺压平民，武断乡里，谅亦非教士所愿。至义和拳会在嘉庆年间亦曾例禁，近因其练艺保身，守护乡里，并未滋生事端，是以屡降谕旨，饬令各地方官妥为弹压。无论其会不会，但论其匪不匪。如有藉端生事，即应严拏惩办。是教民拳民，均为国家赤子，朝廷一视同仁，不分教会。即有民教涉讼，亦曾谕令各地方官持平办理。乃近来各府厅州县积习相沿，因循玩误，平日既未能联属教士，又不能体恤民情。遇有民教涉讼，未能悉心考察，妥为办理，致使积怨已深，民教互仇，遂有拳民以仇教为名，倡立团会。再有奸民会匪附入其中，藉端滋扰，拆毁铁路，烧教堂。至铁路原系国家所造，教堂亦系教士教民所居，岂得任意焚毁。是该团等直与国家为难，实出情理之外。昨已简派顺天府兼尹军机大臣赵舒翘前往宣布晓谕。该团民等即遵奉一齐解散，各安生业。傥有奸民会匪从中怂恿煽惑，希图扰害地方。该团即行交出首要，按律惩办。若再执迷不悟，即系叛民，一经大兵剿捕，势必父母妻子离散，家败身亡，仍负不忠不义之名，后悔何及，朝廷深为吾民惜也。经此次宣谕之后，如仍不悛改，即著大学士荣禄分饬董福祥、宋庆、马玉昆各率所部，实力剿捕，仍以分别首从解散胁从为要。至派出队伍，原所以卫民。近闻直隶所派之军，不但未能保护弹压，且有骚扰地方情事，即著直隶总督裕禄严行查办。并著荣禄派员查访，傥有不肖营哨各官，不能严束勇丁，即以军法从事，决不宽贷。此旨即著刊刻誊黄，遍行晓谕军民人等一体知之”。(《光绪朝实录》)

五月初十日，“谕军机大臣等，近畿一带拳民聚众，昨已派令赵舒翘驰往剀切晓谕。著再派刚毅前赴保定一带地方开诚布公，谕以拳民教民皆朝廷赤子，务宜仰体皇仁，即日解散，各安本业，毋得聚众滋事，自罹法网。傥怙终不悛，国法具在，不得概从宽宥也。至派出在事各营伍原为除暴安良起见，若漫无纪律，藉端骚扰地方，即著刚毅严切查明，军法从事。此外游民土匪，如敢乘机滋乱，并著严拏首要，即行就地正法，以昭炯戒。将此谕令知之”。(《光绪朝实录》)

五月十二日，“谕内阁，前因近畿一带拳民藉端滋事，人心浮动，叠经谕令严行查办。乃近来京城地面往往有无籍之徒三五成群，执持刀械游行街市，聚散无常。若不亟行严禁，实属不成事体。步军统领衙门、顺天府、五城均有缉捕匪徒稽查地方之责，岂容此类麇聚辇毂，纷纷扰攘，摇惑人心。除谕饬管理神机营虎神营王大臣将所部弁兵全行驻厂，并遴派马步队伍各段昼夜梭巡。傥有匪徒聚众生事，即行拏办外，并责成步军统领衙门、顺天府、五城严饬该管员弁人等各分汛地，严密巡查。遇有形迹可疑及结党持械造言生事之人，立即严拏惩办，毋稍疏纵，以消乱萌而靖地方”。(《光绪朝实录》)

李伯元作《庚子国变弹词》[①]第六回：

（唱）……且说朝中诸大臣，可笑端刚无见识，误将匪类作良人。纷纷剿抚谋难断，端邸当时把话说，我想团民多义气，天生此辈助皇清，只宜招抚休言剿，借灭洋人事可成。

（白）手指着尚书赵舒翘、府尹何乃莹说道："此事须得你二人前去辛苦一次。"赵何二人躬身答道："理当效劳。"遂于五月初九日，辞别了端王刚相，一同起身。

（唱）尚书府尹急登程，来到涿州一座城，迎入城中公馆住，诸官参见不须云。商量出示将民抚，连夜差人贴满城，晓谕团民无别话，从今安份做良民。

（白）歇了三天，不见归顺，赵舒翘心内着急，便同何乃莹商量，把几个团首传到行辕谕话，当时虽唯唯诺诺，等到出来，依旧是率党横行，肆行劫杀。

（唱）慢言老赵抚团民，且把朝中刚相云，心晓尚书固执甚，此行未必顺民心。倘然决裂非儿戏，大局攸关了不成，只好降尊亲自去，随机应变顺民心。来朝把本将情奏，奉旨差他即速行，相国肫诚不少缓，轻车减从出都城。涿州已到将城进，尚书府尹见相臣，陈说一番查办事，招民归顺事难行。中堂听了微微哂，早识吾兄办不成，传谕拳民来进见，师兄师弟十余人。中堂宣示朝廷意，要叫他们顺大清，解散归农休作乱，从今安份做良人。师兄答道须商酌，丞相之言非不遵：

（白）我们兄弟乃是替天行道，岂肯与朝廷为难？不过想到那聂士成实在可恶。

（唱）"为何他要助洋人，开炮开枪打我们。铁路旁边来驻扎，直杀

① 《庚子国变弹词》例言云："是书取材于中西报纸者，十之四五；得诸朋辈传述者，十之三四；其为作书人思想所得，取资敷佐者，不过十之一二耳。小说体裁，自应尔尔，阅者勿以杜撰目之。"参见《李伯元全集》（第3册），第185页。

得，村庄鸡犬不留存。如其要我来归顺，第一先除聂士成。他把我们来虐待，冤家是我对头人。中堂拜本皇都去，革彼功名始可行。否则与他决一战，那时玉石不能分。伏惟丞相依吾计，即刻归农做好人。”旁座尚书听此语，心中懊恼把言云：

（白）“据我看来，聂功亭办事尚属认真，保护铁路，是其专责，现在朝廷纵不加赏，岂可降罪于他？此事决不可行。”

（唱）尚书此论甚公平，那晓师兄怒气生，面斥尚书真固执，如何你反助军门？中堂一见师兄怒，离座连连把礼行：“奉劝师兄休听彼，老夫作主你休嗔。”

（白）刚中堂连连打躬说道：“师兄不要动气，有老夫作主。”一面回身埋怨赵尚书道：“我说你不能办事，真真不错。一个聂功亭，什么大不了的本事，你要帮好了他？”赵尚书道：“聂功亭虽说没有大本领，究竟见过仗，现在宿将无多，将来朝廷难保还有用着他的地方。”刚中堂不等他说完，连连摇首道：“你不要说了，不能为着一个聂功亭，败坏朝廷的大事，你老哥赶快回京，让老夫一人在此，没有办不了的事。”何乃莹亦说道：“中堂话一点不错，赵大人，你也不必多辩了。”刚中堂道：“倒底还是你比老赵明白些。”

（唱）尚书所了许多云，不觉心中怒气生，堪笑一人何府尹，趋炎附势不该应，思量半晌抬身起，拱手相辞返帝京。回到朝中先覆旨，含糊回奏不言明，朝廷问彼如何样，老赵但言没事情。瞒得朝廷如铁桶，只便是，他身罪案是欺君，罢官赐死皆由此，且待将来再细论。①

五月十六日，“午正军机处送信，皇太后懿旨派启秀、赵舒翘、许景澄、那桐前往各国使馆议洋兵事”。（《那桐日记》）②

---

①《庚子国变弹词》，载《李伯元全集》（第3册），第23～25页。

② 北京市档案馆编：《那桐日记》，新华出版社2006年版，第345页。

五月十六日，“荣相见事已如此，深为不然，并因迭向庆王、端王、刚相、赵尚书等劝谏，均不听从，故已呈请病假，不愿与闻现在之事矣”。“赵尚书前奉本月六号上谕，派往宣抚会匪，令各解散回家，已于昨日回京，报称因未见拳匪中之总头目，故实不能为力，祇得将上谕缮抄数纸，向顺天府属各城镇黏贴，俾众同知。”（日本佐原笃介、浙西沤隐同辑《拳乱纪闻》）①

五月十七日，“义和拳烧大栅栏，延烧二千七百余家”。（《慎斋年谱》附录赵舒翘《庚子日记》）正阳门楼亦毁）

五月十七日，“谕内阁，近来畿辅一带拳匪滋事扰及京城地面，叠经明降谕旨晓谕解散，并饬令京营及近畿各军分投妥为弹压。乃近日焚杀之案仍复层见叠出，奸匪造作谣言以仇教为名，扰及良善，于朝廷禁令视若弁髦。无论结党横行，戕杀有据，即使伪托良民，冀伸义愤，试问自来立国之道果有纵容乱民藉以自固者乎。况现经察访，拳民结党实有游勇会匪羼杂其间肆行抢劫。昨谕令刚毅、赵舒翘等前赴涿州等处宣布朝廷德意，各处安分拳民业已具结拆棚，安心解散，足见各处焚杀之案显系奸匪所为。朝廷但论其滋事与否以为良莠之别。此等匪徒亟应严加剿办，不容再事姑息，著宋庆督饬马玉昆刻日带队驰赴近京一带沿途实力剿捕，仍以严拏首犯解散胁从为要义。至派出各营务宜严申纪律，不准藉端滋扰，以清奸宄而安良善。将此谕令知之”。（《光绪朝实录》）

五月十七日，“又谕，十五日永定门外有日本书记生杉山彬被匪徒戕害之事，闻之实深惋惜。邻国驻京人员本应随时保护，况现在匪徒蜂起，尤宜加意严防。叠经谕令各地方官认真巡缉密为保护，奚止三令五申，乃辇毂之地竟有日本书记被害之案。该地方文武既疏于防范，凶犯亦未登时拏获，实属不成事体。著各该衙门上紧勒限严拏，务获凶犯尽法惩治。傥

①《义和团》（第1册）。

逾限不获，定行严加惩处”。(《光绪朝实录》)

五月十九日，“是早奉上谕剿匪，颇有转机，而团匪扬言，则谓此系伪诏，是夜刚相从涿州回京覆命，力主开战之议”。(日本佐原笃介、浙西沤隐同辑《拳乱纪闻》) ①

五月十九日，“四下时，于晦若来，示我何润甫涿州来信，十五日发。言去时在良乡，已解散拳民。谓在涞时，杨统领名福同，所带兵皆洋装，误为洋兵，遂与角。杨又开炮，故伤之。涿州拳民四五千，已将解散。后又来山东老团六七千人，似颇有难解之势。何言受国厚恩，尚须费不烂之舌劝解之。谓其吃小米、苦盐，持戒甚严，故无掳掠。润甫以洋装致误，意在轻轻巧巧消去‘戕官’二字。晦若言，今日九城皆闭片刻。……刚毅由涿州回至良乡，怂拳。拳谓已见上谕，不敢练。刚曰：‘上谕不要紧。’”②

五月二十日，慈禧主持召开第一次御前会议。

五月二十日，“谕军机大臣等拳民仇杀教民肆行无忌本应严行剿办。本日召见世铎、奕劻、讷勒赫、溥伟、载沣、魁斌、载勋、载漪、那彦图、载滢、载濂、载润、荣禄、昆冈、刚毅、王文韶、立山、崇绮、启秀、敬信、崇礼、廖寿恒、徐用仪、赵舒翘、松溎、裕德、怀塔布、崇光、溥善、英年、溥良、景沣、那桐、溥兴、寿耆、联元、崇寿、葛宝华、陆润庠、陆宝忠、陈学棻、溥静、陈秉和、朱祖谋、秦绶章、黄思永、贵昌、孚琦、铁良、刘永亨、袁昶、许景澄、荣惠、曾广汉、会章、恽毓鼎、文海、范广衡、荣庆、王福祥、崧杰、长萃、张亨嘉、吴廷芬、恩顺、崇勋、徐会沣、常明、曾广銮、梁仲衡、溥金滟闰等，沥陈愚民无知，姑开一面之网。即著责成刚毅、董福祥一面亲自开导，勒令解散。其有年力精壮者，即行召募成军，严加约束。该拳民既以义勇为名，如足备折

---

①《义和团》(第 1 册)。

②《高枬日记》，载中国科学院历史研究所第三所编辑:《庚子纪事》，第 145 页。

冲御侮之资，朝廷原可宥其前愆以观后效。究竟该拳民临敌接仗有无把握，世铎等须细加察验，谋定后动，万不可孟浪从事。将此各谕令知之”。(《光绪朝实录》)

《庚子国变记》载：五月二十日，“焚正阳门外四千余家，京师富商所集也，数百年精华尽矣。延及城阙，火光烛天，三日不灭。是日，召大学士六部九卿入议。太后哭，出罗嘉杰书示廷臣，相顾逡巡，莫敢先发。吏部侍郎许景澄言：‘中国与外洋交数十年矣，民教相仇之事，无岁无之，然不过赔偿而止；惟攻杀使臣，中外皆无成案。今交民巷使馆，拳匪日窥伺之，几于朝不谋夕，傥不测，不知宗社生灵，置之何地？’太常寺卿袁昶言：‘衅不可开，纵容乱民，祸至不可收拾，他日内讧外患相随而至，国何以堪？’慷慨欷歔，声震殿瓦。太后目摄之。太常寺少卿张亨嘉言：‘拳匪不可恃。’仓场侍郎长萃在亨嘉后，大言曰：‘此义民也！臣自通州来，通州无义民不保矣。’载漪载濂及户部侍郎溥良和之，言人心不可失。上曰：‘人心何足恃，祇益乱耳。令人喜言兵，然自朝鲜之役，创巨痛深，效亦可睹矣。况诸国之强，十倍于日本，合而谋我，何以御之？’载漪曰：‘董福祥剿叛回有功，以御夷，当无敌。’上曰：‘福祥骄，难用。敌器利而兵精，非回之比。’侍讲学士朱祖谋，亦言福祥无赖。载漪语不逊，上嘿然。廷臣皆出，而载澜刚毅遂合疏言：‘义民可恃，其术甚神，可以报雪仇耻。’载濂亦上书言：‘时不可失，敢阻挠者请斩之。’闻者莫不痛心，诋为妖孽，知其必亡，然畏太后，不敢言也。是日，遣那桐许景澄往杨村说夷兵，令无入，道遇拳匪劫之归，景澄几死。其后夷兵援使馆者，亦以众少不得达，至落垡而还”。[①] 据《崇陵传信录》的记载，赵舒翘至少参加了这次御前会议，但未发表意见。

“二十日，复纵焚正阳门西，火及城楼，二百年精华，一朝而尽。其

---

① 《义和团》(第1册)，第12页。

时使馆街西兵擐甲实枪，严守东西街口，如临大敌。午刻忽传旨召王大臣六部九卿入见于仪銮殿东室，约百余人，室中跪满，后至者乃跪于槛外。殿南向，上及太后背窗向北坐，枢臣礼亲王世铎、荣禄、王文韶、赵舒翘跪御案旁，自南而北，若雁行。诸臣皆面南。枢臣刚毅、则出京查看拳民未归。既跪，行一叩礼，上首诘责诸臣，不能弹压乱民，色甚厉。翰林院侍读学士刘永亨跪于后，与毓鼎相接，默语毓鼎曰：'适在提督董福祥处，据董自任，可驱拳匪出城外。'毓鼎促其上闻。永亨膝行而前，奏云：'臣顷见董福祥，欲请上旨，令其驱逐乱民。'语甫半，端王载漪伸大指，厉声呼曰：'好！此即失人心第一法。'永亨慑，不能毕其词。太后默然。太常卿袁昶在槛外，高呼：'臣袁昶有话上奏。'上谕之入，乃详言：拳实乱民，实不可恃。就令有邪术，自古及今，断无仗此成事者。太后斥之曰：'法术不足恃，岂人心亦不足恃？今日中国积弱已极，所仗者人心耳。若并人心而失之，何以立国？'太后又曰：'今京城扰乱，洋人有调兵之说，将何以自处之？尔等有何见识，各摅所见，从速奏来。'群臣纷纷奏对，或言宜缴，或言宜抚，或言宜速止洋兵，或言宜调兵保护。遂面派侍郎那桐、许景澄出京，劝阻洋兵，一面安抚乱民，设法解散。遂麾群臣出。毓鼎与光禄卿曾广汉、大理少卿张亨嘉、侍读学士朱祖谋见太后意仍在右拳匪，今日之议，未得要领，乱且未已也，乃行稍后，留身复跪曰：'臣等尚有言。'亨嘉力言拳匪之当剿，但诛数人，大事即定。张闽人，语多土音，又气急，不可尽辨。祖谋曰：'皇太后信乱民，敌西洋，不知欲倚何人办此大事？'太后曰：'我恃董福祥。'祖谋率然对曰：'董福祥第一不可恃。'太后大怒，色变，厉声曰：'汝何姓名？'对曰：'臣为翰林院侍读学士朱祖谋。'太后怒曰：'汝言福祥不足恃，汝保人来！'祖谋猝不能对。毓鼎应声曰：'山东巡抚袁世凯，忠勇有胆识，可调入京镇压乱民。'曾广汉曰：'两江总督刘坤一亦可。'军机大臣荣禄在旁应曰：'刘坤一太远，袁世凯将往调矣。'毓鼎复言：'风闻銮舆有西幸之说，根本重地，一足举天下动摇矣！’太后力辨并无此说。四臣遂起，太后于祖谋之出，犹怒目送之。”

按:《唐烜日记》云:“予在庚子五月中旬，拳匪初炽时曾上枢府赵大司寇舒翘一书，共千余言，痛辩其非是，当由地方官解散，严立赏罚，少辅兵力云云；比五月廿日前门之火，又继上一书，力言开衅之非计，以为必至偾事；六月间又上书约三千言，终竟置之不理。转盼之间，神州陆沉，老苏《辨奸》所谓‘使吾获知言之名’，悲夫！”[①]

《唐烜日记》又云:“姜荫卿来，为抄予《庚子上赵司寇书》四首。”[②]

二十一日，“奉旨召见，派玉甫、筱云、乡蘅、竹筼往使馆”。[③]

二十二日，洋人占据大沽炮台。

《庚子国变记》载：五月二十二日，“又召见大学士六部九卿。载漪请攻使馆，太后许之。联元顿首亟言曰:‘不可，傥使臣不保，洋兵他日入城，鸡犬皆尽矣！’载澜曰:‘联元贰于夷，杀联元，夷兵自退。’太后大怒，召左右立斩之，庄亲王载勋救之而止。联元，载勋包衣也。协办大学士王文韶言:‘中国自甲午以后，财绌兵单，众寡强弱之势既已不侔，一旦开衅，何以善其后，愿太后三思。’太后大怒而起，以手击案骂之曰:‘若所言，吾皆习闻之矣，尚待若言耶？若能前去，令夷兵毋入城，否者且斩若！’文韶不敢辩。上持许景澄手而泣曰:‘朕一人死不足惜，如天下生灵何！’太后阳慰解之，不怿而罢，自是嗛景澄。太后意既决，载漪、载勋、载濂、载澜、刚毅、徐桐、崇绮、启秀、赵舒翘、徐承煜又力赞之，遂下诏褒拳匪为义民，予内帑银十万两。载漪即第为坛，晨夕必拜，太后亦祠之内中。由是燕齐之盗，莫不搤腕并起，而言灭夷矣。城中日焚劫，火光连日夜，烟焰涨天，红巾左握千百人，横行都市，莫敢正视之者。夙所不快者，即指为教民，全家皆尽，死者十数万人。其杀人则刀矛并下，肌体

①《唐烜日记》，第160页。

②《唐烜日记》，第195页。

③《荣庆日记》，第37页。

分裂，婴儿生未匝月者，亦杀之，惨酷无复人理，而太后方日召见其党，所谓大师兄者，慰劳有加焉。”[①]

二十三日，“洋人各国水师于昨日占据大沽炮台”。（《慎斋年谱》附录赵舒翘《庚子日记》）

二十三日，荣庆“仍预备未召见。闻郎岱（廊房）已开仗，陈仲相条陈以散拳民事，并以无与各国一齐开衅之理，仲相答以子之言，我之心也。若再分辩，视为叛逆矣。散泪而散”。[②]

二十四日，“连日见九卿大起，宗室主战者多”。（《慎斋年谱》附录赵舒翘《庚子日记》）

六月

初二日，“老母偕家人起程。中夜起，与绍文谈至晓。进内，从此以家付天，以身付国，战兢从事以邀天佑”。（《慎斋年谱》附录赵舒翘《庚子日记》）

《庸扰录》亦云：“赵舒翘之家眷已于六月初二日遁出北京。”[③]《高枏日记》则于六月初三日记曰：“赵枢密送母眷过山西，当言不言，令其母受暑天道途之苦。”[④]

初三日，“义和拳同虎神营攻打西什库教堂、董军攻打东交民巷使馆均已十余日矣。枪子飞于殿廷，官宅多被焚掠，不意辇毂之下生灵涂炭骤至于此，谁之咎与”？（《慎斋年谱》附录赵舒翘《庚子日记》）

初六日，“义和拳焚杀神机营营冀长庆恒家。军机处班房枪子屡落”。（《慎斋年谱》附录赵舒翘《庚子日记》）

初七日，“太后有西迁之意，实由以下无可依者。惟仓卒出走，岂易

① 中国史学会编：《义和团》（第1册），上海人民出版社、上海书店出版社2000年版，第14页。

②《荣庆日记》，第37页。

③ 佚名：《庸扰录》，载中国科学院历史研究所第三所编辑：《庚子纪事》，第261页。

④《高枏日记》，载中国科学院历史研究所第三所编辑：《庚子纪事》，第149页。

言载”？（《慎斋年谱》附录赵舒翘《庚子日记》）

初九，“谕军机大臣等，赵舒翘等奏维持商业谨拟章程一折。四恒银号关系京师市面，现因库款支绌，商情疲滞，无力周转，亟应设法维持，以利民用。著即发给内帑银五十万两，并由户部发给内库银五十万两，交该兼尹等，按照所拟章程督饬该商等分别办理。将此谕令知之”。（《光绪朝实录》）

六月“十八日，午后，凤石来坐，甫定，往询天水尚书，已退直矣。即往长谈，复来告曰：亦无异闻，但云：祸福在天，无可挽救。当轴之言如此，吾辈又何望乎”？[①] 叶昌炽与赵舒翘比邻而居。

十九日，“刑部未审，杀六十余人，街民太息”。（《高枬日记》）[②]

二十日，天津失守。

“二十日，下户部尚书立山于狱。先是立山眷西城口袋底一妓，庄亲王载勋争之不能得。立山久长内务府，家豪于财，载勋贷巨资，亦不能得。积忿，遂诬奏立山家有地道通西什库，潜为接应，故教堂久不下。矫诏率拳匪至酒醋局第中，大索无所获，乃囚之。诏文荒诞鄙俚，官文书所不载，特录存之，以为此诏非出宫廷之证。其文曰：‘钦命义和团王大臣奉懿旨，闻户部尚书立山藏匿洋人，行踪诡秘，著该大臣查明办理。该大臣至该尚书宅，搜查并无洋人，当将该尚书拿至坛中，焚香拜表，神即下坛，斥以勾通洋人，行踪诡秘。该尚书神色仓皇，著即革职交刑部牢圈监禁。倘有疏虞，定惟该王大臣是问。’孝钦顾立山厚，虽下狱，犹谕赵舒翘曰：‘立山素吸洋烟，汝其善视之。’故立山下自意遽死也。”（恽毓鼎《清光绪帝外传》）[③]

---

① 叶昌炽：《督缘庐日记钞》，载《义和团》（第2册），第441～442页。

② 中国科学院历史研究所第三所编辑：《庚子纪事》，第154页。

③ 恽毓鼎：《清光绪帝外传》，载孟森等：《清代野史》，中国人民大学出版社2006年版，第502～503页。

二十一日未刻，复传急诏入见。申刻诏对仪銮殿，上先诘问总理事务衙门大臣、尚书徐用仪。用仪奏辩，语细不可闻，惟闻上厉声拍案曰："汝如此搪塞，便可了事耶？"太后随宣谕曰："顷得洋人照会四条：一指明一地，令中国皇帝居住。一代收各省钱粮。一代掌天下兵权。今日衅开自彼，国亡在目前。若竟拱手让之，我死无面目见列圣。等亡也，一战而亡，不犹愈乎！"群臣咸顿首曰"臣等愿效死力。"有泣下者。惟既云照会有四条，而所述只得其三。退班后，询之荣相，其一勒令皇太后归政，太后讳言之也。其时载漪及侍郎溥良主战，语尤激昂。太后复高声谕曰："今日之事，诸大臣均闻之矣，我为江山社稷，不得已而宣战。顾事未可知，有如战之后，江山社稷仍不保，诸公今日皆在此，当知我苦心，勿归咎予一人，谓皇太后送祖宗三百年天下。"群臣复叩首言："臣等同心报国。"玉音一则曰诸大臣，再则曰诸公，群臣咸震动。于是命徐用仪、立山、联元往使馆，谕以利害。若必欲开衅者，可即下旗归国。立山以非总理衙门辞，上曰："去岁各国使臣瞻仰颐和园，非汝为之接待乎？今日事亟，乃畏难乎？"太后怒曰："汝敢往，故当往；不敢往，亦当往！"三臣先出，即谕荣禄以武卫军备战守。复谕曰："徐用仪等身入险地，可派兵遥护之。"群臣既退，集瀛秀门外，以各国照会事质之译署诸公，皆相顾不知所自来。或疑北洋督臣裕禄实传之，亦无之。嗣乃知二十夜三鼓，江苏粮道罗某，遣其子叩荣相门云："有机密事告急。"既见，以四条进。荣相绕屋行，彷徨终夜，黎明遽进御。太后悲且愤，遂开战端。其实某官轻信何人之言，各国无是说也。故二十五日宣战诏，不及此事。（《崇陵传信录》）

二十一日，"午后乔来，言前日之六十余人，刑部未问，上绑时皆哭，妇女尤甚"。[①] 乔即日记中常提到的"乔茂萱"。

《崇陵传信录》载："法国天主教堂，在西安门内西什库。刚相尝督兵

① 中国科学院历史研究所第三所编辑:《庚子纪事》，第155页。

攻之，亦不能破。拳实不敢前，哗噪而已。拳匪既不得志，无以塞后意，乃噪而出永定门。乡民适趋市集，七十余人悉絷以来，伪饰优伶冠服儿童戏物，指为白莲教，下刑部。一夕为讯供，骈斩西市。有妇人宁家，亦陷其中杂诛之，儿犹在抱也。是日风霾晦冥，见者冤痛。毓鼎上疏力争之，谓：谋乱当有据，羸翁弱妇，非谋乱之人；优装玩具，非谋乱之物。而不分首从、不分男女，尤非我皇上好生如天之德。应饬刑部详谳，分别以闻。疏入，狱已具。时赵舒翘长秋官，未虑囚，遽结正附成其狱，法司为失职矣。”①

关于此事，赵超琼《庚子传信录》言之更详：“拳匪攻交民巷、西什库久，卒不能下，且伤毙甚夥，遂不敢前。耻无所事，又恶人之指目为白莲教也，乃日掠城外村民男女老幼百余人，送步军署，逼请枭首，曰此为白莲教，而媒蘖其证据，有纸人纸马鞘刀之属。纸人纸马者，村市所鬻小儿玩具，鞘刀则工艺所需，妇孺皆知其诬捏也。时载勋代崇礼任步军统领，以入奏，有旨交刑部处决，仅五岁以下得留狱，妇人方乳子，夺之其怀。即日决六十一人，宛转呼号，累累属于道，惨不忍闻，且皆愕然不知其何以至此也。又数日，复决三十余人，事如前会得旨日已晏，军机大臣启秀怒刑官直事者不即至，谓迟将致误，不能稍待，盖翼日固上万寿圣节也。赵舒翘乃急传其属往，立决之。先是主事段书云当直，请于舒翘曰：‘某闻此事不实，顷觇之，皆菜色穷氓耳。事既下部，例得研讯，乌有数十百人不谳而刑于市者？亦安用刑官为！’舒翘曰：‘是此辈劫数也，奚问之有？’书云怫然曰：‘然则某请不与此事。’同官罗维垣、王世琪亦如书云言，舒翘漠然不为动，改派莅杀。观者寒［塞］衢，莫不顿足太息，相与冤之。”② 十月十一日又记此事，“杨维乔向仲鲁言……白莲之到部也，司

① 恽毓鼎：《崇陵传信录》，中华书局 2007 年版，第 65 页。

②《义和团史料》，第 215 页。

官王晋卿、罗某回赵堂。赵堂曰：‘未交审，不管他，此是他们劫数。’”①

《翁记》光绪二十八年十二月十二日，“傍晚吴颖芝编修荫培自苏州来谒……谈庚子京城事，伊皆目击，云拳匪三次拿白莲教，起永定门外。茶馆人与拳匪有隙，因告庄王，步军统领拿送刑部，前后一百余人，老弱妇女悉骈诛，时大司寇赵公也。冤哉，最可惨。”②

《董康东游日记》载：“庚子春，保定府有拳教相仇事，派军机大臣赵舒翘查办。赵为刚毅援引，模棱复奏。由是匪焰益炽。”③

“拳匪亦睚眦必报。永定门外某某封皆业工艺，指为白莲教，捆载交部行刑。前后三次，凡一百二十人。载囚须用车，坊巷通衢每有停住之车，名跑海车，甚至有夺其车、缚其人以实囚数并戮之者，可谓恐怖时代矣。刑部秋审处提调段书云言于赵尚书云：‘秋曹行戮，宜有爰书，若蒙乞鞫，可杜冤滥。’赵踌躇良久，曰：‘此天数也。’赵治狱有声。幼时育于婶，母事之，以孝闻。于拳匪一役，仅阿附取容，尚无大过。以和议列其名于祸首，诚为太严。段尝诣荣文忠为赵缓颊，恳从末减，荣徐应之曰：‘此天数也。’证以前语，若有循环之理在。段于民国官湖北民政长，常举此事语人。”④

“拳匪攻交民巷西什库，既屡有杀伤，志不得逞。而教民亦合群自保，拳匪不敢前，乃日于城外掠村民，谓之白莲教，以与载勋。载勋请旨交刑部斩于市，前后死者男女百余人，号呼就戮，哀不忍闻，皆愕然不知何以至此也。观者数千人，莫不顿足叹息，怜其冤。彭述独曰：此乱民也，不

① 中国科学院历史研究所第三所编辑：《庚子纪事》，第 165 页。参见庄建平主编：《近代史资料文库》（第 6 卷），上海书店出版社 2009 年版，第 136 页。

②《翁同龢日记》（第 6 册），第 3424 页。

③《董康东游日记》，第 190 页。

④《董康东游日记》，第 192 页。

杀之，变且不测。问之，则曰：飞刀尝及其屋云。”（《庚子国变记》）[①]

《金銮琐记》云：“涿鹿回车草奏笺，婘婀深得相公怜。百人惨戮称遭劫，酷吏心肠铁石坚。”自注：“刑部尚书赵舒翘，为刚毅所保荐，极博刚之欢心。刚命往涿州察视团匪，密约入京。回京言团匪甚忠义，刚大悦。团匪亦蜂拥而至，日以焚杀为事。城外良民老幼男女将近百人，团匪诬以白莲教，杀之于菜市。舒翘不救，但言劫数而已。”[②]

二十二日申刻，复传入见。筹议和战，少顷即退。（《崇陵传信录》）

二十三日未刻，再召见于仪鸾殿。太后决定宣战，命许景澄等往告各国使臣，限二十四点内出京，派兵护行。上雅不愿轻开衅，搴景澄手曰：“更妥商量。”太后斥曰：“皇帝放手，勿误事！”侍郎联元谏曰：“法兰西为传教国，衅亦启自法。即战只能仇法，断无结怨十一国之理。过若是，国危矣！”言且泣，额汗如珠。闻有与辩论者。即派载润等加意捍卫宫墙，备不虞。赏内膳房饭食，不必下班。逐臣皆退。旋传谕二十四日辰刻更入见；次晨俱集瀛集门外，使臣来照会，要庆、端二王往议。召二王及枢臣先入见，刚毅适还朝，亦召入。二王旋出，命译署复使臣：有言但以书来，二王不能往也。须臾枢臣下，传旨撤全起（内廷召见曰叫起），盖战议成，无事咨谋矣，是为庚子御前四次大会议。方事之兴，庙谟盖已预定，特藉盈廷集议，一以为左证、一以备分谤。始也端王主之，西朝听之。厥后势浸炽，虽西朝亦无可如何。[③]

《庚子国变记》云：“二十四日，遂令董福祥及武卫中军围攻交民巷，荣禄自持檄督之，欲尽杀诸使臣。炮声日夜不绝，屋瓦自腾，城中皆哭，

① 中国史学会编：《义和团》（第1册），上海人民出版社、上海书店出版社2000年版，第20页。

② 高树：《金銮琐记》，载《乐斋漫笔·崇陵传信录》，中华书局2007年版，第143页。黄濬：《花随人圣庵摭忆》引文微有不同，“日以焚杀为事”作“日以禁洋为事”，参见《花随人圣庵摭忆》，中华书局2008年版，第34页。

③ 恽毓鼎：《恽毓鼎澄斋日记》（第2册），浙江古籍出版社2004年版，第786页。

拳匪助之，巫步披发，升屋而号者数万人，击动天地。夷兵裁四百，四面为营垒，穿地道，令教民分守之，人自为必死，皆奋。围攻五十余日，昼夜番战，苦相持。董军及武卫中军死者无虑四千人，拳匪亦劣有伤亡，皆引退。而刚毅赵舒翘方坐城楼趣战，饮酒欢呼。刚毅曰：'使馆破，夷人无种矣！天下自是当太平。'舒翘起为寿曰：'自康有为倡乱悖逆，喜事之徒云合而响应，公幸起而芟夷之，略已尽矣。上病且死，又失天下心，不足以承宗庙，幸继统有人，定策之功，公第一。今义民四起，上下同仇，非太后圣明，公以身报国，尽除秕政，与海内更新，亦亡以致今日之效也。古有社稷之臣，今于公见之矣。'刚毅大喜，自行酒属舒翘曰：'展如知我。'展如舒翘字也。舒翘之入政府也，刚毅援之，故事之尤谄。"①

《戊壬录》载："廷臣附和既众，一意与各国挑衅。凡教士洋工程师之在直隶境内者，不论何国籍，莫得免。又日命董福祥，率所部与义和团合力围攻各国公使馆，欲尽杀诸使臣，炮声日夜不止。使馆内之外兵，仅四百人，相持月余，不能破。刚毅、赵舒翘坐城楼观战，刚毅曰：'使馆旦夕破，逆夷无噍类矣，天下自此当太平。'舒翘称贺曰：'自逆党谈新政，倡变法，天下几酿大乱，公起而芟夷之，天下事不难定矣。皇上久病，失天下心，不足承宗庙。幸继统有人，定策之功，公第一。今义民四起，海内更新，天下重见太平，公所谓社稷之臣也。'刚毅大喜。"

二十五日，下宣战诏书。《慎斋年谱》附录赵舒翘《庚子日记》载："近日停攻东交民巷。"

二十七日，袁昶会许侍郎上《严劾大臣崇信邪术请前惩办疏》云："大学士徐桐，素性糊涂，罔识利害。军机大臣协办大学士刚毅，比奸阿匪，顽固性成。军机大臣礼部尚书启秀，胶执已见，愚而自用。军机大臣刑部尚书赵舒翘，居心狡狯，工于逢迎。当拳匪甫入京师之时，仰蒙召见王公

①《义和团》(第1册)，第16页。

以下内外臣工，垂询剿抚之策。臣等有以团民非义民，不可恃以御敌，无故不可轻与开衅之说进者，徐桐、刚毅等竟敢于皇太后皇上之前，面斥为逆说。……五月间，刚毅、赵舒翘奉旨前往涿州解散拳匪，该匪勒令跪香，语多诬罔。赵舒翘明知其妄，语其随员人等，则太息痛恨。终以刚毅信有神术，不敢立异，仅出告示数百纸，含糊了事，以业经解散覆命。既解散矣，何以群匪如毛，不胜猕薙，似此任意妄奏，朝廷盍一诘责之乎。"①

孙静庵作《栖霞阁野乘》:"光绪庚子五月，拳祸作。六月，联军集大沽。时端王、庆王、荣禄、刚毅、赵舒翘皆值军机，大沽失守后，孝钦召见军机，传谕单叫起，问战守之策。首端王力陈战利。次庆王，请圣明决断，依奴才愚见，则和利；次荣禄，力陈和利；次刚毅，力陈战利。最次为赵，奏对最久，有不知先战，战北再和，亦未为迟之语。且谓现在大军会集京师，各省勤王之军亦将到，即使战败，外人亦决不能长驱直入，慷慨激昂，语极动听。孝钦意遂决，卒致两宫西狩，赵亦赐死。至今论国是者，追原祸始，犹叹息痛恨于赵之一言几丧邦也。然赵自凤阳府洊升刑部尚书，历任皆有声。"②

七月

初三日,"忽奉旨将竹筼③塽秋④正法"。(《慎斋年谱》附录赵舒翘《庚子日记》)

初三日，"谕军机大臣等，有人奏参宝坻县知县王忠荫袒庇教民，其二子皆奉洋教，招勇自卫，与民为仇。又正定镇总兵董履高贪缘得缺，怯懦无能。又副将张士翰往攻清苑县南境东闾村教堂。反用枪炮轰毙我军。又统领邢长春与杨福同均与团民为仇，屡次杀伤。高碑店北河一带均被伊

①《袁昶奏稿》，载《义和团》(第4册)，第167页。

② 孟森等:《清代野史》，中国人民大学出版社2006年版，第429页。

③ 指许景澄。

④ 指袁昶。

兵烧杀抢劫，请饬查办各等语。著裕禄、赵舒翘、陈夔龙按照所指各节确切查明，据实奏参，毋稍徇隐。原片二件均著钞给阅看，将此各谕令知之。寻奏，查王忠荫被参各节皆无实据，应请毋庸置议。报闻”。(《光绪朝实录》)

十三日，“昨津军大败，退至蔡村，裕禄自尽”。(《慎斋年谱》附录赵舒翘《庚子日记》)

十六日，“太后定西迁议”。(《慎斋年谱》附录赵舒翘《庚子日记》)

十八日，“太后闻秉衡军败而哭，顾廷臣曰：‘余母子无类矣，宁不能相捄耶？’廷臣愕眙，皆莫对。太后欲遣王文韶赵舒翘至使馆乞和，文韶以老辞：舒翘曰：‘臣资望浅，不如文韶，且臣拙于口，亦不能引故事而争也。’荣禄曰：‘不如与书观其意。’遂道总理章京舒文持书往。书达，与文约，旦日遣大臣来，以食时相见。及期，皆不敢出。时方攻使馆，舒文至，董福祥欲杀之，称有诏乃免。”(李希圣《庚子国变记》)[①]

《梦蕉亭杂记》云：“余由庚子五月十七日署顺天府尹，七月十二日卸任，为时不及两月，承办要件极多，而奉旨督办京津一带转运事宜，尤为重要。时以衅端已启，成败未定，特命府尹筹备大车二百辆，以备万一翠华西幸之用。爰假转运军需之名，以镇人心而备缓急。都下风鹤告警，京员眷属纷纷南下，日需车马为数不少。既经出京，一时不能遄回，辇下车马更形缺少。而董福祥、余虎恩所带之兵到处抢掠。京员自有之车马大半被劫。总以上情形，一时骤办二百辆大车，甚非易事。因思京通十七仓，花户约数十家，夙为仓蠹。彼等气魄甚大，每户以少数计，约有大车数十辆或百辆。若假以词色，令其急公奉上，仍从宽给价，彼既享优价之利，而又得报效之名，宁非所愿。爰令大、宛两县剀切晓谕，该仓户等均各乐从。不三日间，车辚马萧，辐辏于尹署左近。余为编号，暗以兵法部勒，五车为一起，二百车分为四十起。遇有前敌各军应需，车辆更番转运，限

①《义和团》(第1册)，第22页。

七日为来回。然勿论前途所需如何紧急，必留车三分之一，不准拔动，专备内廷临时之用。讵余甫卸任，后本任王君不甚解事，遇有各军需车，尽数支取。而通州一带败兵充斥，掳掠横行，此项车马一去不能复还，三日之间署为一空。余时犹居署内，偶一出门，只见署之左近，空诸所有，不似日前肩摩毂击景象，心窃异之。”

“讵十五日八钟，军机处苏位传信，谓赵堂请即刻前去谈话。赵堂即赵尚书舒翘，时以刑尚入直军机，兼管顺天府尹事。余疾趋入内，尚书谓余曰：‘顷间两宫有西行意，问君前办之车马尚存若干？’余谓：‘前办大车二百辆，因前敌各军转饷孔急，截至十二交卸日止，计发出一百二十辆，留存八十辆，均专案移交后任收讫。’顷进内时，目睹府署前后左右，并无车马。不知王府尹如何办法，竟尔一辆无存。尚书愕然，嘱余回署转告本任，从速预备。余回各王君，渠惊惧之下，手足竟无所措，但有涕泣。余亦无可如何。讵十六日八钟，苏拉又来，谓尚书请我仍到军机处说话。余谓：‘是否并约现任顺天府尹偕往？’答曰：‘并不请王府尹。’余心颇不谓然，第不能不往。余谓昨嘱预备车马一事，已转告王府尹，渠焦急万状。今日公何不约渠商办，而又促我前来，讵另有他事相委。公谓上西行意甚切，非车马不行。此事保之如何办得来。我意请君不分畛域，助予一臂。前雇车马既已载运无存，烦君另行代购二百辆以供上用。余云：‘此事此时，万办不到。从前人心未去，号令能行。各仓户尚在京中，车马在家，徒费膏秣。一经官家收用，咄嗟立办。今则人心皇皇，仓户避乱，转徙一空。勿论二百辆，即二十辆亦无从雇用。此层请公原谅。尚有为公申明者，从前奉旨命顺天府尹筹备车马，余固顺天府也，自应遵旨承办。今余已交卸，负责自在顺天府尹。第恐两宫不察，谓余系承办之员，此时既有延误，应余执咎。余虽不敢分辨，倘因而获重罪，讵非冤甚！乞公于召见时，代为分别婉陈，免滋余咎。’并谓：‘余今日即移家南城，不复寓署内。明日公若为此事，尽可向保之商办，勿再约我。即约我亦不能来。’

故示决绝，以免纠缠。实则尚未移家也。”

“讵十七日八钟，苏拉又来传信，谓礼亲王在军机处即刻候余说话。是日，正值徐、立两尚书、联阁学授命之期。昨夜拿交提署，已有所闻。举家正深惶惧，今忽闻礼邸请余说话。妻女相对愁惨万状，不知此去是吉是凶。继而余妻许夫人慨然曰：‘事已如此，势难托故不去。君但放心前往，倘有意外不测，家中事我自任之。’余不顾而去。讵知一到军机处，仍系尚书出见。乃知尚书虑以己名约余不来，故特假称礼邸相约也。余疑虑顿释，谓公今约余，又系何事？尚书执前说，谓上问究竟能预备若干？但有数十辆亦可济用，不必二百辆之多。两宫体恤如此，君敢不相助为理乎！余故询公曰：‘今日顺天府来否？’公谓他不能办事，未曾约他。余至此不能不急，且不能不怒矣。因敛容对曰：‘此乃顺天府应办之事件，我现在并非顺天府，一切事权不属。公舍现任顺天府不问，而独向余责难，岂以余为可压制，而将坐余以诿谢之罪耶？’正彼此争执间，荣文忠忽由宫门趋出，谓车马之事，上知一时无从预办，太息曰：‘既无车辆，我们决计不走便了。’尚书闻之喜甚，余数日忧惧为之顿释。正拟退出，适徐侍郎承煜趋进，与文忠密语。余从旁窃听，大约监斩徐尚书诸人事，顾盼自适。文忠默然不发一言，侍郎喋喋不休。文忠厉声曰：‘我尚有事，不必再谈！’掉头回北屋。余亦乘车归寓。许夫及吾女，已望眼欲穿。越四日黎明，两宫竟西行矣。余不能麻鞋间道奔赴行在，迄今思之，较深内疚。”①

十九日，洋兵攻东城各门。

二十日，“召见数次，已定暂避之计。晚间庆王、端王、荣相又阻不行，并派予同夔石（即王文韶）、荫芝往使馆讲和，是陷人［入］危局，予拟力辞”。（《慎斋年谱》附录赵舒翘《庚子日记》）

《拳乱纪闻》引“西巡某大员手书”：“我（王文韶）于上日（七月

---

①《梦蕉亭杂记》，第 29 ~ 32 页。

二十日）共召见五次，亥刻见面，仅刚赵二人，太后云：只剩尔等三人在此，其余均各自回家去，丢我母子二人不管，尔三人务须随驾同行。并谕我：汝年纪太大，尚要汝吃此辛苦，我心不安，汝可随后赶来。刚赵素能骑马，必须随驾同行。”①

二十一日，“卯刻，洋兵攻紫禁城甚急。皇太后、皇上仓皇出走，予奔回寓所，草草收拾行李赶赴行在”。(《慎斋年谱》附录赵舒翘《庚子日记》)

《西巡大事记》云：皇上闻洋兵入城之警，仓卒奉皇太后启銮巡幸山西，出西便门至颐和园小坐，遂行七十里，傍晚大雨，驻跸贯市镇之清真寺。皇太后御辅国公载澜车，载澜参乘。皇上御左翼总兵英年车，英年参乘。皇后、瑾妃、大阿哥从，随扈者自载澜、英年外，喀尔喀郡王那彦图、贝子溥伦，公定昌、志钧，军机大臣尚书赵舒翘、侍郎溥共六人。②

李希圣作《庚子国变记》:“天未明，徐会澧以兵部尚书谢恩至地安门，闻哭声，乃走。载澜驰入宫，言夷兵且攻东华门，太后知事急，衣宝衣，欲赴水，载澜持其衣曰：‘不如且避之，徐为后计。’太后乃青衣徒步涕泣而出，发不及簪，上素服及后随之。至西华门外，上坐英年车，太后坐载澜车，从者载漪、溥儁、奕劻、善耆、载勋、载澜、载泽、溥兴、溥伦、刚毅、赵舒翘、英年，及内监李莲英，太后夙所爱也，以立大阿哥进官一品。”③

关于慈禧仓皇出逃一节，王文韶家书中有记载：“二十日早，本宅喜雀胡同一带炮声尤甚，炮子如雨下。忽传天安门及西长安门已经失守，然不能得真消息。我在直宿未归。禁门已闭，不得出入。至二十一日早七下钟，我坐小轿进内，始知两宫已于黎明出城矣。我上日（二十日）共召见五次，至亥刻见面，仅刚、赵二人，太后云：只剩你等三人在此，其余均

①《义和团》(第1册)，第184页。

②《清季外交史料》(第4册)，第4006页。

③《义和团》(第1册)，第23页。

各回家，舍我母子二人不管，你三人务须随扈同行。并谕我云：汝年纪太大，尚要吃辛苦，我心不安，汝可随后赶来。刚、赵二人素能骑马，务必随驾同行等谕。我复奏臣必赶来，皇上亦云汝必要来云云。至夜半见面，犹说不即走，岂知甫及天明，两宫已仓猝出宫，狼狈情形，不堪言状，两宫均便衣与庶民一样。”①

二十二日，“行经南口，出居庸关七十里，驻跸怀来县之岔道镇”。②

吴永作《庚子西狩丛谈》：“出城八九里间，忽大雨如注，淋漓遍体，予尚衣补服，幸携有紫呢外罩，即披之于外，加油兜于凉冠，冒雨竟行，道本沮洳，至是益泥泞不可放马足，又风吹湿衣，寒冷彻骨髓，颠簸瑟缩，困顿殆不可言状。幸俄顷而雨止。适见近面有一驮轿，迤逦而来，一骑为前导，予不知何人，即弛油兜外罩，驻马道左以候之。俄而至近，前骑即高声问曰：‘来者其怀来县耶？’予应之曰：‘然。’曰：‘此即军机赵大人。’而舆行已至身畔，予方拟下马，赵公即搴帘止之，问：‘前去有无馆舍？’予曰：‘大人公馆，谨已有预备，惟得信仓猝，恐不及周至。’曰：‘有舍即可，两宫饥寒已两日夜，情状极困苦，洋兵打入紫禁城，势不能不走，汝但竭力供億，使两宫暂得安适，庶稍苏积困也，大驾随后且到，可即前行迎驾，吾无多言矣。’”③

甘肃藩司岑春煊亦随扈至此，吴永《庚子西狩丛谈》云：“予当日谒见刚赵两军机，方于坑上对坐，偶言及岑事，两公对之均不满，赵且作鄙夷语曰：‘嘻，连彼亦需尔供应耶？尔此山僻小县，焉得有如许闲饭，供此不急之人？’予谓：‘彼以扈驾来此，当然不能不一律招待。’曰：‘彼奉旨防堵张家口，何得擅行至此，彼乃敢违奉上旨，何须置理？’予是时意殊为岑不平，但亦不便顶驳，随即告退。赵尚书复呼予婉告曰：‘我尚与尔

① 转引自《花随人圣庵摭忆》，第150页。

②《清季外交史料》（第4册），第4006页。

③《义和团》（第3册），第403页。

商量一事，今当发廷寄，但军机大臣印信，尚未携带，拟借尔县印一用何如？’予未及对，刚中堂忽搀言曰：‘此事我颇不以为然，向来借印，须平行衙门，乃合体制，县印似太不称？’赵艴然曰：‘老头，此何等时势，有县印可借，已是万幸，尚欲讲体制耶？尔且须知在此道路中，任何部院关防印信，恐都不及怀来县印之有价值。若必欲平行印，则庄亲王现带有步军统领印信，可以借用。但八百里加紧文书，恐邮卒视为不足轻重，转致迟误。’即顾予曰：‘渔川，尔弗听老头言，尽管办去。’予曰：‘文书封面，均有印成字样，恐不合用，只有白纸禀封，如何？’曰：‘可。’予即回署，取禀封十枚印就，亲自送交，赵公已将寄山陕两省巡抚廷寄办好，立即封固，令鲍章京填写官衔年月，交予发递。予即返署遴选良马，派精壮驿夫，飞马驰递。”①

同日，军机大臣王文韶赶至怀来县，怀来县令吴永为安排饮食住宿，《庚子西狩丛谈》云：“予已出门外，（王文韶）复呼告之曰：‘尚有一语，烦尔奏明，谓军机大臣印信，业已携带在此，至要至要。’予曰：‘然则甚佳，今日刚赵两军机，正为此事抬杠也。’予遂亟往见刚赵两公，告以王中堂已至县署安息，二公均甚喜慰。”②

二十三日，“辰初刻大雨，行二十里抵榆林驿，进膳。行四十里，驻跸怀来县城”。③

“赵尚书舒翘，于是日至保定。”（《拳乱纪闻》）④

二十四日，“驻跸怀来县城。自本日起，军机处始有印”。⑤

①《义和团》（第3册），第409～410页。

②《义和团》（第3册），第410～411页。

③《清季外交史料》（第4册），第4006页。

④《义和团》（第1册），第161页。

⑤《清季外交史料》（第4册），第4006页。

二十五日，“行五十里，驻跸怀来县之沙城堡”。①

二十六日，“行四十里，驻跸宣化县之鸡鸣驿，下诏罪己”。②

二十七日，“行六十里，驻跸宣化府城”。③

二十八日，“驻跸宣化府城，诏求直言”。④

二十九日，“驻跸宣化府城”。⑤

三十日，“驻跸宣化府城”。⑥

八月

初一日，“行六十里，驻跸宣化府之左卫城”。⑦

初二日，“行六十里，驻跸怀安县城”。⑧

初三日，行八十里，驻跸天镇县城。

初四日，行五十里，驻跸阳高县城。

祝五日，行七十里，驻跸聚乐镇。

初六日，行七十里，驻跸大同府城。

初七日，雨，驻跸大同府城。

初七日，“李鸿章奏请派议和大臣、荣禄奏保定布置情形折到，召见两次，端王入军机”。(《慎斋年谱》附录赵舒翘《庚子日记》)

初八日，驻跸大同府城。

初九日，驻跸大同府城。

初十日，行八十里，驻跸怀仁县城。

---

①《清季外交史料》(第4册)，第4007页。

②《清季外交史料》(第4册)，第4007页。

③《清季外交史料》(第4册)，第4008页。

④《清季外交史料》(第4册)，第4009页。

⑤《清季外交史料》(第4册)，第4009页。

⑥《清季外交史料》(第4册)，第4010页。

⑦《清季外交史料》(第4册)，第4010页。

⑧《清季外交史料》(第4册)，第4010页。

十一日，行九十里，驻跸山阴县城之新岳镇。

十二日，行八十里，驻跸代州之广武镇。

十三日，行八十里，驻跸代州之阳明堡。

十四日，行八十里，驻跸崞县之原平镇。

“十四日，邻叟韩某，廖座主之仆也，今日至昌平云，洋人入赵展如尚书邸，毙留守两仆，内外搜括，捆载以去，平泉花木，荡无孑遗矣。”（《缘督庐日记》）[①]

十四日行在上谕：“刑部尚书赵舒翘，平日尚无疾视外交之意，其查办拳匪，亦无庇纵之词，惟究属草率贻误，着加恩革职，定为斩监候罪名。英年，赵舒翘，均著先行在陕西省监禁。”

十五日，行八十里，驻跸忻州城。

十六日，行六十里，驻跸阳曲县之黄土寨。

十七日，行六十里，驻跸太原府城。

八月十七日，“驻跸太原”。（《慎斋年谱》）

十八日，驻跸太原府城。

十九日，驻跸太原府城。

二十日，驻跸太原府城。自本日始，内外折件始亲奉朱批。

二十日，“赵舒翘随扈。以兵部尚书徐会沣暂行兼管顺天府府尹事务”。（《光绪朝实录》）

二十日，“李鸿章、刘坤一、张之洞、袁世凯连名劾载漪、载澜、载勋、刚毅、英年、赵舒翘庇拳匪。奏行而之洞中悔，请削衔，然无及矣。太后之复出也，之洞惧祸，持两端，名声远在坤一下。奏至，上呼载漪等严斥之，太后色不怡；久之，乃谓王文韶，出草诏，自载漪以下得罪有差，然甚轻。太后犹不悦，谓文韶曰：‘诸臣皆为国效忠，今以罪去之，他

① 叶昌炽《督缘庐日记钞》，载《义和团》（第2册），第462页。

日复谁肯尽力者？’文韶嘿然”。（李希圣《庚子国变记》）[①]

二十一日，驻跸太原府城。

二十一日，“庆王奏到，尚无和议”。（《慎斋年谱》附录赵舒翘《庚子日记》）

二十二日，驻跸太原府城。

二十三日，驻跸太原府城。

二十三日，郑孝胥“诣营务处，遂谒南皮，留饭，约夜复入署，示所拟电稿。廿一日，合肥以刘、张、袁连衔电奏，请回銮且惩首祸诸臣，实庄王、刚毅、载澜、英年、端王、赵舒翘六人也。电已发，乃告刘、张，其词多引刘、张语为证。南皮不悦，且畏端王等不受诏，于是欲引刘俱奏，辨［辩］合肥不告之故，因言回銮实不便，端王罪可减轻之状。将发，未决，示余及仲弢。仲弢意不可，而未有所以止之；余即对曰：‘此语本极难发，今既发矣，奈何复茹之乎？且使上怒李，更使刘、张出为端、刚缓颊于各国，公能为之耶？’南皮默然乃止。天明始退”。[②]

二十五日，“李鸿章、张之洞、刘坤一、袁世凯合奏，洋人必欲撤革办理义和拳之王大臣，余亦在内”。（《慎斋年谱》附录赵舒翘《庚子日记》）

二十六日，“圣意欲照行，慈圣不肯，龃龉两时许，亦异矣哉”。（《慎斋年谱》附录赵舒翘《庚子日记》）

二十七日，驻跸太原府城。

闰八月

初一日，“李鸿章电催与统率义和拳王大臣议处，先生亦获谴”。（《慎斋年谱》）

---

① 《义和团》（第 1 册），第 27 页。

② 《郑孝胥日记》（第 2 册），第 768 页。

"李鸿章电催与统率义和拳王大臣议处，余亦获谴。端王逐出军机。"（《慎斋年谱》附录赵舒翘《庚子日记》）

初二日，又谕"此次中外开衅变出非常，推其致祸之由，实非朝廷本意，皆因诸王大臣等纵庇拳匪，启衅友邦，以致贻忧宗社，乘舆播迁。朕固不能不引咎自责，而诸王大臣等无端肇祸，亦亟应分别重轻加以惩处。庄亲王载勋、怡亲王溥静、贝勒载濂、载滢均著革去爵职。端郡王载漪著从宽撤去一切差使，交宗人府严加议处，并著停俸。辅国公载澜、都察院左都御史英年均著交该衙门严加议处。协办大学士吏部尚书刚毅、刑部尚书赵舒翘著交都察院吏部议处，以示惩儆。朕受祖宗付托之重，总期保全大局，不能顾及其他，诸王大臣等谋国不臧，咎由自取，当亦天下臣民所共谅也"。（《光绪朝实录》）

《拳变余闻》载："闰八月，有旨命毓贤开缺，另候简用，以锡良代为晋抚。各国以罪魁未惩办，不允议约。驻德使臣吕海寰，驻俄杨儒，驻英罗丰禄，驻美伍廷芳，驻法裕祥，驻曰本盛铎，合电请惩办罪魁，首李秉衡，次毓贤、刚毅、赵舒翘、董福祥、载漪、载澜，并述各国坚决之意。鸿章与刘坤一、张之洞、盛宣怀，亦先后电劾。得旨毓贤褫职，配极边，永不释回。"

初二日，奉旨："此次中外开衅，变出非常。推其致祸之由，实非朝廷本意，皆因诸王大臣等纵庇拳匪，启衅友邦，以致贻忧宗社，乘舆播迁。朕固不能不引咎自责，而诸王大臣等无端肇祸，亦亟应分别重轻加以惩处。刑部尚书赵舒翘着交都察院、吏部议处以示惩儆。朕受祖宗付讬之重，总期保全大局，不能兼顾其他。诸王大臣等谋国不臧，咎由自取，当亦天下臣民所共谅也。"吏议舒翘应革职留任，然外人究未知舒翘之不袒拳匪，犹以为惩处尚轻也。[①]

---

①《清史列传》赵舒翘本传。

初三日，驻跸太原府城。

初四日，驻跸太原府城。

初五日，驻跸太原府城。

初六日，驻跸太原府城。

柴萼作《庚辛纪事》："初，闰八月初六日，谕革肇祸诸王大臣，以求与联军和，实则诸王大臣除已身故者外，余均随两宫到陕，一无惊惧。赵舒翘初到陕时，即请假十日，携带著名堪舆，赴南关外修理祖墓，竭力培植，以期永享富贵。家有精于子平风鉴者五人，终日讲求命相气色，一日三看，以决休咎，其愚诚不可及。行在顽固党有谓何乃莹者曰：'肇祸诸臣，究竟如何？'曰：'亦不过做王允耳。'或曰：'拟之韩侂胄，似乎相当。'何语塞。何每谈及刚毅，则泣下曰：'中堂身后异常萧条，几无以殓，操守廉洁，古今罕有，不假以年，岂非天哉！'盖刚从幸以腹泻而死，一时不得棺木，假人之寿材以殓，橐中无金，赖太后赐三百两，方得成礼云。"①

《梵天庐丛录》载："初，闰八月初六日，谕革肇祸诸王大臣，以求与联军和，实则诸王大臣除已身故者外，余均随两宫到陕，一无惊惧。赵舒翘初到陕时，即请假十日，携带著名堪舆，赴南关外修理祖墓，竭力培植，以期永享富贵。家有精于子平风鉴者五人，终日讲求命相气色，一日三看，以决休咎，其愚诚不可及。"②

初七日，夜，行宫失慎，焚坐落三间。

初八日，启銮巡幸陕西，行八十里，驻跸徐沟县城。

初九日，行九十里，驻跸祁县城。

初十日，行五十里，驻跸平遥县城。

---

① 中国史学会主编:《义和团》(第1册)，上海人民出版社、上海书店出版社2000年版，第322页。

② 柴小梵:《梵天庐丛录》，山西古籍出版社、山西教育出版社1999年版，第99页。

十一日，行八十里，驻跸介休县城。

十二日，驻跸介休县城。

十三日，行一百里，驻跸霍州城。

十四日，行五十里，驻跸赵城县城。

十五日，驻跸赵城县城。

十六日，行九十里，驻跸平阳府城。

十七日，行六十里，驻跸太平县之史村驿。

十八日，行八十里，驻跸曲沃县之侯马驿。

十九日，行七十里，驻跸闻喜县城。

二十日，行七十里，驻跸闻喜县城。

二十一日，行九十里，驻跸安邑县之北相镇。

二十二日，行七十里，驻跸临晋县城。

二十三日，驻跸临晋县城。

二十四日，行八十里，驻跸蒲州府城。

二十四日，“颂年、叔晋来。初二日处分之谕，是肥、岘诸老所请。有云中外共知，无容隐饰，其统带纵庇诸色目，次序皆奏中所加，天水则有‘查办不实’字样，湘帅以为无关天水，或某公感天水上书瞒去欤。闻上见折拍案大骂。诸人无言”。(《高枬日记》)①

二十五日，行五十里，驻跸永济县之上蔡村。

二十五日，“子真信来……又云，外人要十二人之头，肥答以：‘某某系亲支，不比刚、赵。你可说得来，我却说不去。’”②

二十六日，行三十五里，驻跸潼关厅城。

二十六日，“仍住潼关，李鸿章电到，皇上大怒，欲办端王罪，并斥

①《庚子纪事》，第202页。

②《庚子纪事》，第203页。

翘为主战，时事已至此，何须辩，可叹”！（《慎斋年谱》附录赵舒翘《庚子日记》）

《王幼农先生年谱》载：“八月，拳匪肇祸。八国联军入京师。九月，乘舆奔至西安。先是两宫西幸，拟以拳匪护驾。公邀同人以陕甘两省绅民名义电赵尚书舒翘、董军门福祥，阻之。电云：秦晋亢旱。人心惶惑。万一圣驾西狩。切勿令拳民同行。彼时尚不敢直呼为匪也。置布政使端方闻公电京。深夜遣弁相召。疑有不便官府之语。比谒晤。陈明原委。深荷赞扬。间陈利害。请召集旅陕外人侨居一处保护，或送之出境。后行第二策。外人至汉口，电谢。”

九月

初四日，驻跸西安。（《慎斋年谱》）

初五日，先生入内起居。（《慎斋年谱》）

初七日，入值。（《慎斋年谱》）

二十二日，“香涛、岘庄电至，荣相承之，端王等得圈禁罪，余留革，求退未遂，只好暂忍”。（《慎斋年谱》附录赵舒翘《庚子日记》）

《慎斋年谱》载：“张之洞、刘坤一电覆至，先生得革职留任处分，求退不允。”

二十二，“谕内阁，此次肇祸诸臣纵庇拳匪，开衅友邦，贻忧宗社，前经降旨分别惩处。现在京畿一带拳匪尚未净尽，以致地方糜烂，生民涂炭，思之实堪痛恨。若不严加惩治，无以服天下之心，而释友邦之憾。端郡王载漪著革去爵职，与已革庄亲王载勋均暂行交宗人府圈禁，俟军务平定后，再行发往盛京，永远圈禁。已革怡亲王溥静、已革贝勒载滢著一并交宗人府圈禁。贝勒载濂业经革去爵职，著闭门思过。辅国公载澜著停公俸，降一级调用。都察院左都御史英年著降二级调用。前协办大学士吏部尚书刚毅派往查办拳匪，回京覆奏，语多纵庇，本应从重严惩，现已病故，著免其置议。刑部尚书赵舒翘查办拳匪，次日即回，未免草率，惟回奏尚无饰词，著革职留任。已革山西巡抚毓贤在山西巡抚任内纵容拳匪，戕害教士教民，任性妄为，情节尤重，著发往极边充当苦差，永不释回。此事始末，惟朕深知。即如怡亲王溥静、贝勒载濂、载滢中外诸臣叠次参奏均未指出，即出使各国使臣电奏亦从未提及。朕仍据实一体惩办，可见朕于诸臣处分轻重，一秉大公，毫无偏袒，当亦薄海内外所共谅也”。(《光绪朝实录》)

二十四日，郑孝胥“遂入谒南皮，示廿二电旨，惩办十人，端、庄皆永远监禁，毓贤遣戍极边，刚毅以已死免议，赵舒翘则革职留任而已”。[①]

柴萼作《庚辛纪事》：“山东粮道达斌谢恩时，面奏太后，请诛祸首，以杜外国要求。太后色遽不豫。达又奏曰：‘外人决不肯干休，与其按名指出罪状而后办，不若先办以全国体。’太后曰：‘不独王大臣忠心耿耿，即义和团亦赤心爱国，尔当时不在京，不悉其中首尾，不必多说！’达遂退下。”[②]

三十日，“庆王、李鸿章来电，和款一如各国，上意以为然，并欲加重端邸，可叹”！（《慎斋年谱》附录赵舒翘《庚子日记》）

许珏《上赵展如尚书》云：“时事难知，不意数月之中竟有此大变。回忆京邸叩辞之日，春光骀荡，景物雍和，时闻有驻跸颐和园之说。窃虑天时人事未见其可，公亦愀然忧之。由今观之，人心敬肆之机息息与造物者相应，可不惧哉！自古殷忧启圣，多难兴邦，矧我朝厚泽深仁，二百五六十年，为列代所未有，指日收复京师，翠华东返，中兴景运可以理决。雍州地处上游，河山百二，谈形胜者艳称之。然自唐季衰乱以来，迄今千年无卜都于此者。近则渭川八百里遍栽罂粟，风俗如此，地脉可知。我公秦人，虑之必审。九州方舆甚大，海疆偶警，无与本图。若遂阻关自守，置东南于不问，外则海国凭陵，瓜分之说将验，内则督抚桀骜，

① 《郑孝胥日记》（第2册），第774页。

② 中国史学会主编：《义和团》（第1册），上海人民出版社、上海书店出版社2000年版，第322页。

藩镇之势必成。从此偏安一隅，真成小朝廷矣。‘旂分八面下秦州’，此等歌谣起于嘉道之间，明系当时作乱之徒造言惑众，岂可引以为证、遽信数由前定耶？”①

十月

初二、初三日，《中外日报》登载《戊已间训政诸王大臣论略》：“启秀、赵舒翘同以政变后入军机，启荐自徐桐，赵引自刚毅，凶德交会，至斯可知。赵起自寒贱，既贵乃背其师，任苏抚时，夙好清刻，及入政府，亦多预阴谋。启之进，虽由徐桐，然刚毅方贵，启尤附之，其弟彦秀任苏州知府时，欲必死翁同龢，因兴东南大狱。今岁杀袁许，上谕即出自启手，启所最得意，及袁许既死，启尤自负手笔，自举以告外人云。由此观之，罪浮于赵远矣。”②

十四日，“请假祭坟，自是家居。先是，廷派庆王奕劻、李鸿章等议和，洋人必欲撤革办理义和拳之王大臣，先生亦在内”。(《慎斋年谱》)

二十九日，赵舒翘上折谢恩：“奏为叩谢天恩事。窃臣因患感冒，叠蒙赏假调理，感悚方深。昨日由军机处领出恩赏燕窝，本应赴阙泥首，衹以病躯委顿，尚未就痊，谨将感激下忱缮折叩谢，伏祈皇太后皇上圣鉴。谨奏。光绪二十六年十月二十九日。”③

许珏《上赵展如尚书》云：“闰月初旋里后，目见耳闻弥多感愤！家居一月，抑郁无聊。重阳后至上海，又至金陵，与士大夫相语，大率以东南免祸为幸，而不以京畿罹毒为耻，惑新旧之政见，昧中外之大防，恒舞酣歌一如平日。语云，哀莫大于心死，其此之谓乎？职道十年海外，颇与洋人相习，窃谓吾华此种风俗、此种政事不独见斥于圣贤，亦恐贻讥于异族。是以决计入关，二三知交以秦中岁歉、冬月天寒交相劝阻，愚见

①《复庵书札》(卷三)。

② 王其榘辑:《有关义和团舆论》，载《义和团》(第4册)，第220页。

③《光绪朝朱批奏折》(第15辑)，第436页。

此次乘舆播迁，实中国非常之变，吾辈朋辈交游，偶闻其家有急难失意之事，亦必亲往临视，始释系怀。矧天子蒙尘，岂食毛践土之俦转可漠焉相忘，非惟不忠，自待亦薄。至职道入关之意则以自古殷忧启圣、多难兴邦，乘此创巨痛深，左右大臣启沃圣心，早定所向，有数百年之计，有数十年之计，有不终日之计，毫厘所判，荣辱悬殊，此中得失统俟到日叩谒面陈。”①

李伯元《庚子国变弹词》第二十五回：

（白）却说两宫到了行在，军机大臣派的是荣、王二相，及鹿尚书三个人。刑部尚书赵舒翘虽已获谴，奉旨交部议处，其时仍一同随扈到陕。他本来是陕西人氏，这番跟了两宫来在西安，已经到了自己老家，他却私心甚喜，连日访朋友，看亲戚，却比别人来的忙碌。

（唱）交部虽然议罪名，他知道，朝廷不过骗洋人，列邦耳目聊搪塞，决不至，一旦要他性命倾。况且素来蒙慈眷，因之心内独安宁，回家遍拜亲和友，请酒浣尘闹不清。

（白）那赵尚书吃过几天酒，究因身体劳乏，后来请的也都辞谢不往。有时到了亲友家内，听见书房内有孩童读书，他必定要踱进去看看。同那些做先生的人说，现在被鬼子闹的没有了科场，但是八股是代圣贤立言，又是我们进身之阶，断断不可小看他。第一以清真雅正为主，读书的人念过了五经，只要把一部《仁在堂》从头到尾细细揣摩，便将来中举人点翰林通通在内。说完之后，又替学生背上几张书，有背的好的，他还要把他十个铜钱，叫他买糖吃，以奖励他。天天东奔西走，都是干的这些营生，他却乐此不疲，反觉津津有味。

（唱）尚书自诩读书人，八股文章学问深，私淑润生路夫子，叫人此道要专精。有时还到城隍庙，圣谕宣来与众听。做尽当场诸丑态，姑书

①《复庵书札》（卷三）。

一二使人闻。

（白）却说那赵舒翘，他除掉八股之外，还有一件本事，是专门会看风水。他自从上京赶考、中举、点翰林，以至做到这么大的官，到一处，看一处，一定认准了方向，方才铺床，却也无往不利，所以他越发相信，甚至上毛厕也要看看风水了。

（唱）风水从来最究心，平时举动不胡行，出恭也要看方向，刚愎性情到处闻。此日随銮行在到，将他交部谢洋人，他心不免怀疑甚，何处冲来恶煞星？

（白）他自从奉了交部议处的旨意，心内一直怀疑，一路自怨自艾，哀说是仓猝出京，未曾检得日期，以致冲犯了恶星宿，所以诸多不利。

（唱）深悔当初早出京，不看日子就登程，因之触犯坏星宿，叫我凭空得罪名。自古道，宁可湿衣休乱步，在京未必命难存。而今虽悔都无益，我只有，补救将来遇福星。

（白）他想到了陕西，便是老家了，现在补救匪迟，好好的自己找一块坟地，将来葬了下去，自己虽沾不着什么好处，也可荫到儿孙。

（唱）不及己身及子孙，全凭阴地获休征。自从进了潼关后，一路留心到省城。涉水登山皆眺览，逢州遇县必亲行。幸而得暇无多事，要把良田着意寻。讲究来龙并去脉，沙田宜远水宜深。因之哄动诸无赖，镇日乡村屁后跟。

（白）那赵尚书找去找来，忽然找到一块地方，他自己看了又看，覆了又覆，说是将来葬了下去，一定封妻荫子，享不尽的好处，眼前的交部处分，或者就蒙开复也未可知。

（唱）自恃慈宫宠眷深，知臣不敢有他心，虽然有旨加严谴，料必是，搪塞他们外国人。指望我身安与富，这会全仗地之灵。亏他一片痴顽念，那知道，后日依然一命倾！堪笑大臣无见识，朝廷因此让他人。须知不是闲文字，聊写痴顽警彼昏。掩卷犹余长太息，下回书内续奇闻。[①]

十一月

初二日，四品衔翰林院编修马吉樟、礼部候补主事刘果《为陕西赈务繁重请旨简派本籍大员会同巡抚办理以通民情而敷实惠呈请代奏仰祈圣鉴事》："窃陕省灾区甚广，待赈孔殷，已奉恩旨发帑四十万两交陕西巡抚岑春煊督同员绅办理，并蒙恩准开办实官捐输以资赈济，仰见我皇太后、皇上子惠困穷、视民如伤之至意，薄海臣民同深钦感。职尤有请者，陕西本年收成，惟南路尚称中稔，其北、东、西三路荒旱不下数十州县，此次办赈，举凡购粮、转运、查灾、审户、筹捐、平粜、领款、散赈诸务，民命所关，头绪既繁，事机亦迫。自来救灾如救焚，必须专精擘画，严密稽查，乃能迅速图功，弊窦不生而民沾实惠。岑春煊实力实心，勇于任事，惟当此军务倥偬之时，该抚臣治军、筹防日不暇给，加以前路粮台、内廷支应一身兼之，赈务重大，深恐耳目难周。光绪三年山西、陕西、河南三省荒祲，曾经钦派阎敬铭、张瀛、袁保恒稽查赈务，皆因本籍寄寓在此三省，熟悉情形。今陕西灾赈重要，正值驻跸咸秦，尤非寻常灾区可比，应请援案办理。查刑部尚书赵舒翘廉勤素著，乡望咸孚，陕西为该尚书桑梓之邦，灾区轻重，绅董贤否，见闻较确，声气易通，拟请特旨派为稽查赈务大臣会同岑春煊筹办一切事宜，必于赈事大有裨益。职愚昧之见，是否有当，相应呈请代奏，伏乞皇太后、皇上圣鉴训示施行。"

初四日，"命刑部尚书赵舒翘会同陕西巡抚岑春萱筹办陕西赈务"。（《光绪朝实录》）

初六日，"赵舒翘请假。命署刑部左侍郎薛允升会办陕西赈务"。（《光绪朝实录》）

初六日，赵舒翘作《奏为微臣病难速痊吁恳另简大员会办赈务恭折仰

① 《庚子国变弹词》，载《李伯元全集》（第3册），第116～117页。

祈圣鉴事》:“光绪二十六七十一月初四日军机大臣面奉谕旨:都察院代奏编修马吉樟等呈请简派陕西本籍大员会同办理赈务一折，著赵舒翘会同岑春煊筹办赈务事宜，钦此。由军机处交出，臣闻命之下不勝感悚，伏念陕西连年亢旱，灾区甚广，皇太后、皇上视民如伤，颁发巨帑赈济灾黎，复恐抚臣岑春煊事务繁冗，命臣会同办理。臣谊关桑梓，敢不仰体圣怀，竭力襄办，只因病体缠绵，有增无减，叠蒙恩赏假期，方以调理鲜效，未能依限销假，时深焦灼。近又触发怔忡旧疾，夜不成寐，自揣情形断非一时所能瘳，既不克照常趋直，又何能出当别差。此中委曲下情早在圣明洞鉴之中。赈务关系民命，尤属刻不容缓，病躯既难从事，若俟医痊后再行筹办，又恐贻误匪轻，惟有吁恳天恩，另简大员会同办理赈务，俾臣静心调摄，倘能早日就痊，再图犬马之报。所有微臣病难速痊，未能会办赈务缘由，谨据实沥陈，伏乞皇太后、皇上圣鉴。”

二十日，“朱古惟前辈、王半塘［王鹏运］亦到，复论赵、庄，余以为赵如轻减可追论列。半塘谓六月十八日、廿三之枉杀百余人，无哀之者，以可哀之人多矣”。①

二十六日，赵舒翘“会少沧，据云有遣戍予之消息，对家内言之，均凄然”。(《慎斋年谱》附录赵舒翘《庚子日记》)

二十七日，赵舒翘“心稍定，学而得力与否，正在此时验也。勉之”！(《慎斋年谱》附录赵舒翘《庚子日记》)

二十九日，赵舒翘“闻来电，可以免戍，听之”。(《慎斋年谱》附录赵舒翘《庚子日记》)

三十日，“少沧来云：洋人又反覆，远行恐不免（按先生绝笔于此）”。(《慎斋年谱》附录赵舒翘《庚子日记》)

---

①《高枏日记》，载中国科学院历史研究所第三所编辑:《庚子记事》，科学出版社 1959 年版，第 224 页。

十二月

初二日，“任函，言天水十月廿七撤赶。又在苏宁两处索刊印各书，此则宋芸子所谓不要脸也”。[①]

十一日，“谕军机大臣等，电寄奕劻等胥三电阅之实深骇异。惩办祸首分别轻重，原约载明，业经画押。该亲王等叠次来电与各使屡经商诘，均以朝廷所拟轻重不患悬殊。今忽改议一概从重，并追咎已死之员，又添指两人，明系与朝廷为难，是否别有意见，著奕劻、李鸿章仍照会各使切实剖辩。如载漪、载澜前电信比拟已系格外加重，尚可照加恩远戍办理。英年不过随同附和，载勋既以为首重惩，英年为从，例应减等。赵舒翘查办拳匪，两日即回，覆奏并无纵庇之词，即使各国初议亦只谓其查办不实，岂能概置重典。刚毅、徐桐业经身故，李秉衡只为勤王北来，并未加功围攻使馆，旋即殉难。况出使大臣前次联衔电奏，各国既指惩办祸首诸臣皆有除已死不计外之说。今又加罪于死后诸人，不惟中国无此刑章，即泰西各国亦无此法律。至启秀、徐承煜并无扰衅证据，前言日后指出之员必须确有实据方可加罪。现各国联军竟将大员凭空拘禁，未免太不留中国主权，务令释回自行查明，如有证据自当惩办。至欲派员监视行刑尤属窒碍难行，必至骇人听闻，激生事变，此说务须坚阻。当围攻使馆之时，拳匪十数万异常扰乱，虽竭力保护，仍恐或有疏虞，因劝各使离京赴津，并派宋庆军护送，实为保全起见，绝无诱骗中途加害之意，何以不谅苦衷，反疑诱害所有各情，务须与各使竭力剖明。总之惩办祸首必须分别轻重，情真罪当，方昭公允。董福祥前有密旨已言明渐撤兵权，尚须抚定民心，乃可徐图。至请将徐用仪等五人开复原官一节，该员等系因屡被参劾，执法惩办，并非因痛恨违悖公法加罪，亦无递折辩驳之事，此节亦属误会。今忽请朝廷加恩，悉予开复，只期祸首拟办，妥协自亦不难曲从。诸大臣

① 《高枏日记》，载中国科学院历史研究所第三所编辑：《庚子记事》，科学出版社1959年版，第225页。

既真心议和，自当诸事持平商办也，务即详切商办，以期早日就范，勿致停议各款，宕延和局，又生枝节为要”。(《光绪朝实录》)

二十日，盛宣怀致电张之洞：“顷接枢廷效电，属转钧处如下：各使在京所议各款，惩办祸首一节，前已言明分别轻重，现忽改议，一律从重。是否因东省交还，条约多不妥协，故意作难观望，抑系别有意见，希贵大臣悉心访察，密速电知，并望设法从旁解救转园为要云。京奏十七所议，似不出大纲第二款，全权前与各使计议，本属含浑，今逐一条分晰，乃始全行揭破，效电旨恐做不到。两帅有何妙策免致决一裂，乞速示。宣。”①

二十二日，袁世凯致电张之洞：“顷致荣相电，文曰：闻俄乘和议未定，他国不能助我，意欲据东三省兵权利权，傥各国效尤，大局不堪设想。现宜急催庆、李速定和局，方可专力筹办俄事，亦可约日、美、英相助理论，以免事久生变。至筹办首祸，如情节较轻，势所难减，只可当作殉难，优其后裔，万毋再累国家。又电：或谓诸谬究系愚忠，严惩恐失人心云。然为臣者，不权利害，不顾君父，但凭意气，致危宗社，万古无此忠臣。譬如为子者不计室家，不顾父母，但逞一忿，忘身及亲，天下无此孝子。且诸谬误国殃民，不但为洋人痛愤，中国士民亦均切齿，惩之所以维持人心，整饬纪纲，逆以彰明圣德。请相机图之云。请三公酌量加劲。凯。”②

二十三日，李鸿章收到盛宗丞转西安来电：“惩办祸首分别轻重，原约载明，业经画押。该亲王等叠次来电，与各使屡经商诘，均以朝廷所拟轻患不患悬殊。今忽改议一概从重，并追咎已死之员，又添指两人，明系与朝廷为难。是否别有意见，著奕劻、李鸿章仍照会各使，切实剖辨。……赵舒翘查办拳匪两日即回，复奏并无纵庇之词，即各国初议亦只谓其查办不实，岂能概置重典。”③

---

①《张之洞全集》(第10册)，第251页。

②《张之洞全集》(第10册)，第252页。

③《李鸿章全集》(第12册)，第6931页。

同日，李鸿章即亲往英使馆会谈，之后寄西安行在军机处曰："臣鸿章深知此事系英主持，与奕劻密商，亲往英馆晤萨使，先责其第二款分别轻重并未照办，未免违约失信。萨将原条款洋文检出，末款议定如有辩论之处，应以法文凭。饬据联方译称，法文第二款所指各员按其罪情尽法惩治，并无分别轻重字样。系由译汉错误，以致臣等皆已误会。萨并称该国政府训条令将谕旨所指各员均办死罪，方足以谢天下，亦未令分别轻重之说。再四磋磨酌减，彼谓端、澜懿亲，已减死罪，则他员断不能饶。又请将英年、赵舒翘酌改斩监候，彼谓英年会同出示赏格之人……断难饶命。又谓赵舒翘既未统带拳匪，又无谋害使馆实据，不应论死，或改为斩监候。彼踌躇再四，允电商政府，三日后回电，再行告知。"①

二十四日，"王抚台来电"："顷行在军机章京密报，各国近日会议，欲诛祸首数人，添出枢启［秀］、徐承煜。兵不遽撤，致畿疆内外民不聊生。奏覆变法毋偏重西云，想见两宫宗旨，奈何。然就复我古法立论，或不干怒。春叩。"②

同日，"回电到，未允天水。闻行在廿二电，仍止允庄毓。洋不允，又电去"。③

"二十四日阴。巳初入对将四刻，午正见第二面，未正散直，连日以惩办首祸事深费斟酌，理为势屈，事与愿违，天理国法人情三者皆无所用，惟有长叹息而已。"(《王文韶日记》)

"二十五日晴。有惩办首祸谕旨，为力顾大局计不得不出于此，真无可如何也。"(《王文韶日记》)

二十五日，复有旨："京师自五月以来，拳匪倡乱，开衅友邦。现经奕劻、李鸿章与各国使臣议和，大纲草约，业已画押。追思肇祸之始，实

---

①《李鸿章全集》(第12册)，第6933页。

②《张之洞全集》(第10册)，第251页。

③《高枬日记》，载中国科学院历史研究所第三所编辑:《庚子记事》，科学出版社1959年版，第229页。

由诸王大臣等信邪纵匪，上危宗社，下祸黎元，自问当得何罪。前者两降谕旨，尚觉法轻情重，不足蔽辜；应再分别等差加以惩处，革职留任刑部尚书赵舒翘平日尚无忌疾外交之意，其查办拳匪亦无庇纵之词，惟究属草率贻误，着加恩革职，定为监斩候罪名，先在陕西省监禁。朕惩办祸首诸人，并无轻纵，即天下之臣民亦晓然于此案关系重大也。”[①]

二十五日，上谕：“京师自五月以来拳匪倡乱开衅友邦现经奕劻、李鸿章与各国使臣在京议和，大纲草约业已画押。追思肇祸之始，实由诸王大臣等昏谬无知，嚣张跋扈，深信邪术，挟制朝廷，于剿办拳匪之谕抗不遵行，反纵信拳匪妄行攻战，以致邪焰大张，聚数万匪徒于肘腋之下，势不可遏。复主令卤莽将卒围攻使馆，竟至数月之间酿成奇祸，社稷阽危，陵庙震惊，地方蹂躏，民生涂炭。朕与皇太后危险情形不堪言状，至今痛心疾首，悲愤交深，是诸王大臣等信邪纵匪，上危宗社，下祸黎元，自问当得何罪。前者两降谕旨，觉法轻情重，不足蔽辜。应再分别等差，加以惩处。已革庄亲王载勋纵容拳匪围攻堂馆，擅出违约告示，又轻信匪言，枉杀多命，实属愚暴冥顽，著赐令自尽，派署左都御史葛宝华前往监视。已革端郡王载漪倡率诸王贝勒轻信拳匪，妄言主战，致肇衅端，罪实难辞，降调辅国公载澜随同载勋妄出违约告示，咎亦应得，著革去爵职，惟念俱属懿亲，特予加恩，均著发往新疆永远监禁，先行派员看管。已革巡抚毓贤前在山东巡抚任内妄信拳匪邪术，至京为之揄扬，以致诸王大臣受其煽惑，及在山西巡抚任，复戕害教士教民多命，尤属昏谬凶残，罪魁祸首，前已遣发新疆，计行抵甘肃，著传旨即行正法，并派按察使何福堃监视行刑。前协办大学士吏部尚书刚毅袒庇拳匪，酿成巨祸，并会出违约告示，本应置之重典，惟现已病故，著追夺原官，即行革职。革职留任甘肃提督董福祥统兵入卫，纪律不严，又不谙交涉，率意卤莽围攻使馆，虽系由该

① 《清史列传》赵舒翘本传。

革王等指使，究难辞咎，本应重惩，姑念在甘肃素著劳绩，回汉悦服，格外从宽，著即行革职。降调都察院左都御史英年于载勋擅出违约告示曾经阻止，情尚可原，惟不能力争，究难辞咎，著加恩革职，定为斩监候罪名。革职留任刑部尚书赵舒翘平日尚无疾视外交之意，其查办拳匪亦无庇纵之词，惟究属草率贻误，著加恩革职定为斩监候罪名。英年、赵舒翘均著先在陕西省监监候。大学士徐桐、降调前四川总督李秉衡均已殉难身故，惟贻人口实，均著革职，并将恤典撤销。经此次降旨之后，凡我友邦，当共谅拳匪肇祸实由祸首激迫而成，决非朝廷本意。朕惩办祸首诸人并无轻纵，即天下臣民亦晓然于此案之关系重大也。”(《光绪朝实录》)

二十六日，“天水尚书，杜门不出，尚惓惓于京邸藏书，以敝寓近在比邻，来探消息，不知敌人已刊章名捕，与刚启诸公同冒不韪矣。闻合肥为之力请，可稍从末减”。(叶昌炽《缘督庐日记》)[①]

二十六日，李鸿章等寄西安行在军机处：“萨使派其参赞杰弥逊来告接政府回电，赵舒翘不允减死。问其究因何故，据称赵一味附和刚毅，称拳匪为义民，去冬曾有不禁办团习拳之明发上谕，系赵所拟，是主持义和团之实据。又拳匪进京时，赵曾出迎，其家眷出京，系拳匪护送，都人皆能言之。且无论有无证据，各国必欲治死。”

盛京丞转西安来电于李鸿章曰：“此案惟英、赵实属情轻法重，特予加恩，余均照办，谕旨中已详晰言之。现已重修旧好，务请婉告各国见谅。”[②]

同日降旨“革职留任刑部尚书赵舒翘平日尚无嫉视外交之意，前查办拳匪亦无庇纵之词，惟究属草率贻误，著加恩革职，定为斩监候罪名。英年、赵舒翘均著先住陕西省监监禁……经此次降旨后，凡我友邦当其谅拳

① 叶昌炽:《督缘庐日记钞》，载《义和团》(第2册)，第476页。

②《李鸿章全集》(第12册)，第6937页。

匪肇祸实由祸首激迫而成，决非朝廷本意。朕惩办祸首诸人并无轻纵，即天下臣民亦晓然于此案之关系重大也”。①

二十七日，张之洞“致江宁刘制台、济南袁抚台”：“枢宥电想已阅，此难题如何能作。前三日已有函致英、德领一事，托转公使商减，两领事深为诧异。昨英使已覆，丝毫不减。德使未复，必更横绝。尊意有何办法，祈示。鄙意若启、徐允其赐死，索回自办，事当可行。总之，欲稍存国体则可，欲救启、徐之命，断不能行。英亦难救，赵或可减，英一人所以代端、澜二人也。半年以来，我两人屡电环球，大声疾呼，苦口剖辩，无非为两宫辨耳。言误国殃民，绝交开衅，皆由诸罪臣之挟制擅专，罪在此辈，勿归怨我两宫。大指反复，自夏迄秋，不过如此。今忽欲为无数之罪人辨，然则罪归何人乎。两公必有良策，祈速示。鄙人头痛经旬，苦极，今得此枢电，痛更加数倍，奈何。”②

二十八日，张之洞又“致江宁刘制台、济南袁抚台”：“军机处来电：此次肇祸诸人，昨已降旨，照全权所请，庄赐自尽，端、澜新疆监禁，毓正法，董缓办，惟英、赵加恩定斩监候，启、徐先革职，查明实据再重惩矣。论英、赵情节本轻，乃欲一律论死，实太不情。英仅随同出违约告示，已有庄当重罪，此外并无纵拳攻使重情。赵查办拳匪，仅去两日，颇有解散，回奏亦称拳为邪术，不可恃，更属冤抑。启、徐平空添出，自行拘禁，大失国体。前已擅杀廷雍，岂可再蹈故辙。全权于此等处均未能婉切剖辩，致使朝廷万分为难。贵督等保护东南，为英、德所信服，此事皆英、德主持，务希迅速详晰分电各国外部及公使，婉商力辩。现已钦奉谕旨，勿再异议。启、徐务请交回自办，以期持平而全政体，且使他款可次第议行，勿致宕延和局为要。枢宥。庆、李致枢电：顷萨使派其参赞杰弥

① 《李鸿章全集》（第12册），第6938页。

② 《张之洞全集》（第10册），第252页。

逊来告，接政府回电，赵舒翘不允减死。问其究因何故，据称，赵一味附和刚毅，称拳匪为义民，去冬曾有不禁办团习拳之明发谕旨，系赵所拟，是主持义和团之实据。又拳匪进京时，赵曾出迎，其家眷出京，系拳匪护送，都人皆能言之，且无论有无证据，各国必欲治死。杰谓据其政府之意，端、澜改免死罪，因系懿亲，已属从宽，其余诸臣朝廷若再护庇，祸将及身等语。词意决绝，无可磋磨。请代奏。奕、李宥。又，英领事来函：二十四日早接贵部堂密函，当即将大概电禀驻京大臣去后。二十五日晚，接奉电覆，内开中国全权大臣知会，毓贤正法，庄王勒令自尽等因。查端王、载澜，因系皇亲免死，其余英年、赵舒翘、徐承煜、启秀等四人，自无可原之处，万难减罪。董福祥亦须革职，以便将来严办，仰该总领事声明办理。此事如先未惬各国政府之意，实不能再敦邦交等语。”①

“二十八日，致佩鹤函，其复书云：祸首已有电旨，英赵仅许遣戍，昨已照会各国使臣。平心论之，展翁之咎，止于尸素而已，未可与刚、启同科，但未知敌人能降心相从否耳。”（叶昌炽《缘督庐日记》）②

二十九日，盛宗丞来电李鸿章：“顷电奏赵舒翘天下称冤。窃料徐承煜、启秀万无生理，先允赵、英赐死而置徐、启，势必仍生枝节，似不及竟允徐、启、英三人赐死而独救一赵，情罪较当。”③

同日，李鸿章寄西安行在军机处：“英年赏格列名，赵舒翘众所共怒，皆谓应死罪。姑息数人，坐令宗社危亡，殊为不值。祈速筹所以处之。”④

二十九日，“庆、李电枢府，言于素于交涉不着力，恐生枝节。庄王赐帛，毓贤斩决，英年、赵舒翘斩监候，董福祥革职，徐桐、李秉衡皆革

①《张之洞全集》（第10册），第252～253页。

② 叶昌炽：《督缘庐日记钞》，载《义和团》（第2册），第476页。

③《李鸿章全集》（第12册），第6944～6945页。

④《李鸿章全集》（第12册），第6945页。

职、夺恤典”。[1]

二十九，上谕：“首祸诸臣，英年于载勋擅出违约告示曾经阻止，会列衔名，系属随同画诺，且载勋为首，业已重惩，英年为从，例应减等，何得一律论死。赵舒翘查办拳匪，亦系兼管顺天府任内照例派往，两日即回，颇有解散，覆奏并无庇纵之词，情实可原。著盛宣怀将此中情节会商刘坤一、张之洞，与各国外部切实剖明，务从末减。至启秀、徐承煜业经革职，如果应得重罪，亦当交回由朝廷按律惩办，决不宽贷，仍将婉商各国情形迅速覆奏。”（《光绪朝实录》）

二十九日，上谕：“首祸诸臣……赵舒翘查办拳匪，亦系兼管顺天府任内，照例派往，两日即回，颇有解散，覆奏并无庇纵之词，情实可原。著盛宣怀，将此中情节，会商刘坤一、张之洞与各国外部切实剖明，务从末减。”[2]

三十日，“谕军机大臣等：盛宣怀艳电悉，首祸诸臣英年于载勋擅出违约告示曾经阻止，会立衔名系属随同画诺，且载勋为首，业已重征；英年为从，例应减等，何得一律论死。赵舒翘查办拳匪亦系兼管顺天府任内照例派往，两日即回，颇有解散，覆奏并无庇纵之词，情实可原，著盛宣怀将此中情节会商刘坤一、张之洞与各国外部切实剖析，务从末减”。（《东华续录》）

同日，张之洞“致上海盛大臣转英、德、法、美、俄、日京罗、吕、裕、伍、杨、李钦使，并转京全权大臣、江宁刘制台、济南袁抚台”：“惩办首祸一案，朝廷极欲惬各国之意，俱已从严。惟赵舒翘一员似乎所拟罪浮于情，此等重案，关系国家全局，必须核实，方能有所劝戒，众情自觉允服。盖误国殃民之罪魁，中国臣民皆所痛恨。闻朝廷已拟定斩监候罪

---

①《郑孝胥日记》（第 2 册），第 784 页。

② 林树惠、金家瑞辑：《有关义和团上谕》，载《义和团》（第 4 册），第 91 页。

名，似足蔽辜。政府决非袒护，望阁下飞速转速外部，电饬各使与全权大臣切商焉祷。即候示覆。坤一、之洞同启。”①

“除夕阴。午正二刻散直，惩办首祸各国未满所欲，挟制恫喝无所不至，一言出入动关宗社大计，隐忍图存四字该之，吁，可叹也！”(《王文韶日记》)②

三十日“复西安行在军机处”：“各使覆全权词意决绝，似难转圜。此事枢纽全在各使。驻宁各领现难再讬，惟有讬驻沪各领代达公使，告以首祸诸人，业已分别惩办，朝廷实一意主和。唯赵舒翘查办拳匪，两日即回，颇有解散，惜办理草率；第在苏抚任内，办交涉各事，亦尚持平，其无仇视意可知，现办斩监候，实已情轻法重。英年虽会衔出示，曾经阻止，惜未能力争；惟究属为从，量情亦宜末减。惩办祸首，曾经电奏必须严办。如果情罪相当，何肯转为商减？实缘英、赵非毓贤等可比，还望深念睦谊，力为解释。”③

刘坤一还发电给出使英、法、德等国大臣：“惩办首祸一案，朝廷极欲惬各国之意，俱已从严，惟赵舒翘一员，似乎所拟罪浮于情，此等重案关系国家全局，必须核实方能有所劝诫，众情自觉允服，凡误国殃民之罪魁，中国臣民皆所痛恨，闻朝廷已拟定斩监候，罪名似足蔽辜，政府决非袒护，望阁下飞速转达外部，电饬各使与全权大臣，切商为祷，候示复。”

出使德国的吕海寰在接读电文后，即与德国外交部联系，与德外长进行理合芬会晤，经过交涉，理合芬答应与各国会商。吕海寰随即致电南洋大臣刘坤一：“办罪一节屡经辩论，奉艳电又见外部剖晰，更将赵之罪浮于情及抚苏政治民情爱戴，办理交涉并无薄待西人之处剀切详言，外部允电穆使云。乞转香、岘。”

---

①《张之洞全集》(第10册)，第253页。

②《王文韶日记》，第1015页。

③《刘坤一遗集》(第3册)，中华书局1959年版，第1452页。

同日，奕劻、李鸿章电致行在军机处："顷萨使派其参赞杰弥逊来告接政府电，赵舒翘不允减死。问其究因何故，据称赵一味附和刚毅，称拳匪为义民。去冬曾有不禁办团习拳之明发谕旨系赵所拟，是主持义和团之实据。又拳匪进京，赵曾出迎。其家眷出京，系拳匪护送，都人皆能言之。且无论有无证据，各国必欲治死。杰又谓其政府之意，端、澜改假死罪，因系懿亲，已属从宽。其余诸臣，朝廷若再护庇，福将及身等语，词意决绝，无可蹉磨，请代奏。"(《东华续录》)

同日，盛宗丞转西安来电："首祸诸臣昨已降旨分别惩办，英年、赵舒翘情罪较轻，是以加恩定拟。今来电称该使语意决绝，为大局计，不得已只可赐死。如果照此办理，不致再生枝节。该亲王等即妥察情形电奏请旨，总期早定和局，勿致延宕为要。"[①]

三十日，全权大臣奕劻等电："或有为赵称冤者，请查宥电便知其详，勿外局外摇惑，伏祈圣慈俯念直晋秦豫完善之区，洋兵一至，蹂躏殆尽，设法挽救，实宗社生民之幸。"[②]

同日，张之洞"解救赵舒翘等人无效致西安行在军机处"："艳电旨恭悉。坤一、之洞遵照枢电，迭次函电各公使暨各外部设法解救情形，已于昨夜艳电详达军机处，并知照全权矣。初拟救四，继拟救一，外部尚无复电，事恐无益。联军不日南行，和局将溃，彼挟兵威，不讲刑律，伏候圣裁。坤一、之洞同肃。"[③]

同日，刘坤一致电张之洞："沪五艳电悉。救赵、英、启、徐，敝处曾婉商驻宁各领，允达公使，迄无回信。嗣又电全权救赵，迭阅全权奏，英使欲办之意，亦复决绝。非特难救，且亦不便再延。今杏兄既商德领，允电穆，并有公允语，自当再尽人事。但枢纽在各使，电外部非特无益，且

①《李鸿章全集》(第12册)，第6946页。

② 故宫博物院编:《光绪庚子辛丑电报》，载《义和团》(第4册)，第307页。

③《张之洞全集》(第4册)，第499页。

虑各使转存意见。宁、汉各领处，敝处与香帅均屡商，不允不复，亦难再托。惟有由杏兄托沪各领代达一法，并望香帅加电。坤。”①

《庚子西狩丛谈》云：“拳匪之事，当刚赵查验时，是一祸福转捩关键，如此时能将真情实状，剀切陈奏，使太后得有明白证据，认定主张，一纸严诏，立时可以消弭。过此以后，乌合蚁附，群势已成，虽禁遏亦已不及，后来酿成如此大祸，刚赵二人，实不能不负其责。太后谓其‘死有余辜’，确系情真罪当。刚之为人，愚陋而刚愎，或真信拳匪之可恃，亦未可定。赵则起家科第，敭历京外，开藩陈臬，并皆卓有政声，而且学问淹通，持躬廉正，此儿戏鬼混之义和团，能否成事，明白易晓，决不至于不能鉴别。第以劫于刚势，不敢立异，遂与之骈殉，身陷大戮而死负恶名，未免太可惜矣。”②

《庚子西狩丛谈》云：“近闻某公言及赵事，则尤不觉为之扼腕，谓：‘当拳匪在涿州时，太后命刚赵往验，刚实未往，赵独挈何君乃瀛同行。何字松生，本刑部老司员，殊干练有卓识，二人回京后，均力言拳民之不可恃。何因为赵拟就一折，言之颇甚剀切，赵审阅再三，似碍于端刚，踌躇不敢上’，末谓：‘上折太着痕迹，不如面陈为妥。’乃先赴荣相处，详悉报告，再见太后复命，亦经一一据实奏陈，而彼时太后已受魔热，词色颇不怿，先时赵之僚友会有以大义相责者。赵出告人，谓：‘幸不辱命，我对军机、太后均已尽情倾吐，应说尽说，抚心自问，庶几可告无罪矣。’后来点派带团差使，并无其名，赵益自引为幸，谓：‘从此可以脱离关系云云。’某公所言，委系得之当时事实，并非泛泛，准此而论，则赵于拳匪，并未有阿护之事，最后赐尽上谕中，只坐以‘毕竟草率’四字，且有‘查办拳匪亦无庇纵之词’等语，即据太后口中所言，亦足证明其始终未言拳

①《张之洞全集》(第4册)，第499页。

②《义和团》(第3册)，第439页。

匪可靠，参稽互考，情节昭然。只因当时稍有瞻顾，少此一折之手续，又夙因刚援引，相处亲密，致后来中外言责，均以刚赵并举，李文忠亦有刚赵袒匪之电奏，空言无据，无法辩白，卒陷于不测之大戾。然则彼之失足，不在于查验拳匪之役，而在于受刚援引之时，因失其亲，子云中郎，所以同抱千古兰修之恨也，悲夫。顾就此案而论，终不能不谓之冤，青史是非，悠悠众口，吾尤愿为死者一洗之也。”①

《异辞录》载：“当时士夫未尝不引以为忧，特劫于权势，不敢不随声附和。赵展如尚书奉命查办归，人问之曰：‘拳民可以成事乎？’曰：‘不可。’故惩办首祸，谕旨谓其奏对尚无失辞，而牵连被罪。当时政府诸公及议和大臣，颇欲宽其处分；卒为外人所持，不免于祸。诏赐自尽之日，命备鸩酒。尚书体魁伟，其家人因平时慈眷，希冀有恩诏，薄其鸩，屡饮不死。传诏大臣，久待无以复命。尚书以皮纸蘸酒，自蒙面而卧，乃气绝。”②

龚自珍揭露官场的习气说：“官益久则气愈偷，望愈崇则谄愈固，地益近则媚亦益工。”③正如韩学儒所指出，赵舒翘在“位列中枢要员之后，受官场恶习之濡染，对一些重大事件虽有看法，但终是观望委蛇，首鼠两端，唯唯诺诺，唯上司之马首是瞻，在义和团问题上也是如此”。④

黄遵宪《群公》诗云：“各戴头颅万里行，九州无地可偷生。上尊尚拜养牛赐，五鼎先看福鹿烹。谓庄王在蒲州，赵舒翘、英年在西安，俱赐死。毓贤戍新疆，行至兰州伏法。”⑤

胡延作《长安宫词》：“不因苦谏伏青蒲，崩角都教内监扶。只为月宫

---

①《义和团》(第3册)，第438页。

②《异辞录》，第187页。

③ 龚自珍:《明良二》，载《龚自珍全集》，上海古籍出版社1999年版，第31页。

④ 韩学儒:《关于赵舒翘之死》，载《西北大学学报》1985年第3期。

⑤ 郭则沄:《十朝诗乘》(卷二十三)，载张寅彭主编:《民国诗话丛编》(第4册)，上海书店出版社2002年版，第807页。

门户小，团圆不便老臣趋。”自注：“两宫初莅长安，在行宫二重殿东宫召见臣工，门作圆月式，垂棉布帘。王相国趋入，辄为门限所阻，仆于室内，赵尚书继之又颠。两宫亟命内监扶起。次日即斫圆为方，宽绰无碍矣。”①

胡延作《长安宫词》：“独驾柴车出建章，黄云陇首望新疆。可怜十万横磨剑，只胜临歧泪两行。”自注：“两圣至长安后，谴责肇祸诸臣，命下之日，延诣澜公、英年、赵舒翘行馆宣诏，亲率缇骑逮英、赵二人入狱。次日，复以官车遣澜公就道。澜公以宗室近支，得从议亲之条，发遣新疆。”②

党蒙五十九岁。

京察一等。经吏部带领引见，奉旨记名以道府用。蒙召见一次。

闰八月二十六日，奉旨补授云南临安知府。

《续陕西通志稿》云：“庚子出为云南临安知府，累署顺宁、东川等府，卒于任。……后莅顺宁，耿马土司馈千金，却之，夷人感颂。”

腊月十七日，于西安行在见王文韶。《王文韶日记》：“巳正二刻散直，见客二起，一新授云南遗缺府党蒙，一胡撰甫湘林现署陕藩。”③

武瀛

二月，补授直隶司主事。

六月，告假回籍修墓。

九月，赴西安行在销假当差，派充律例馆提调。

十一月，经钦差会办陕西赈务大臣薛允升奏派，襄办陕西赈务。

《续修陕西通志稿》云：武瀛“襄办陕西赈务，不支薪费，筹画精详，保加三品衔。俟得知府后以道员在任候补，回銮后简任四川雅州知府，创设川南师范暨中学堂，筹办边茶公司，以抵印茶入藏漏卮，革穆坪土司陋

①《清朝野史大观》，第159页。

②《清朝野史大观》，第161页。

③《王文韶日记》，第1014页。

规数千金，夷番怀畏，民教融洽。两摄建昌道篆，办理藏务善后，各要政措置适宜。在任六年，保荐卓异”。

霍勤燡

九月，恭赴西安行在本部报到。充四川司兼办河南、安徽、广东、广西等司主稿，兼秋审处行走。经会办陕西赈务大臣薛允升奏派，办理赈务。

高祖佑

十月，恭赴行在。派充帮正主稿。

李善初卒于任。

《续陕西通志稿》云：李善初，字明复，华阴附生。善初以荫赏主事，分刑部四川司，荐升郎中，截取知府，充热河理刑司。热河都统总理满汉蒙事务，例以旗员充任，惟刑名案件由刑部奏派专员办理。三年瓜代，非谙习刑律、实心任事者弗克胜任。善初两任刑司，清勤自励。练军管带某获盗五人，请诛之。会讯时一犯呼冤，谓某索贿不得，有意诬陷，都统欲据原拿草供定案处决，善初力争，乃发原籍，地方官审办从轻者二，昭雪者一。人命重案，有以贿托者，善初据理争执，撄上官怒，弗恤也。公余饮酒赋诗，平易近人，或干以私，则竣拒之。光绪二十六年卒于任。

沈家本困于天津。

《拳事杂记》载："记诸王公大臣困辱事"云："前天津府知府沈家本，尝主张团匪，津城陷时，为联军所访闻，乃拘之，已讯实，拟定以监禁若干年之罪。顷复为教民某以其助匪害教情事，在旅顺西官处控告，遂复涤沈递解旅顺，使与教民对质，有见之者，谓当时缧绁就道，实无异于中国平时官府递解之犯人云。"[①]

《庚辛纪事》载："天津府知府沈家本，以尝与拳匪往来，城陷时，为

① 日本佐原笃介、浙东沤隐同辑《拳事杂记》，载《义和团》（第 1 册），第 265 页。

联军所获，拟以监禁。旋经某教民在旅顺西官处，控以袒匪害教，遂复将沈解往，缧绁就道，背上一白纸，大书‘天津府知府沈家本’八字，沈毫无不豫之色，见者发指。”①

《光绪朝实录》二月戊子“复引见京察一等铃出人员。得旨。除绍昌、周爰诹、刘若曾、曹福元、吴荫培、张星吉、吴怀清、景方昶、宗室墨麒、荣霈、谢启华、乐平、斌俊、清泰、彦忠锡恩、英勋、嵩连、铭勋、恭额、忠廉、黄均隆、李澐毋庸记名外。宗室灵照著以四五品京堂候补。宗室吉尔哈春著以五品京堂候补。宗室麒德著仍以四品京堂候补。宗室英䌌著以五品京堂候补。灵椿、英华、杨树、刘振镛、崇寿、崔永安、戴兆春、彭清藜、敖名震、叶昌炽、吴士鉴、嵩峋、锡恒、钰斌、惠森、延誉、恩浩、丁宝铨、钟润、宝菉、如铨、刘宇泰、金文同、陈宗妫、恒廉、穆特恩、凌福彭、瑞瀓、曾衔、李士瓒、恩联、裕厚、张嘉猷、恩良、曹允源、琦璋、崇恩、恩开、党蒙、林星赓、杜庆元、俞炳煇、瑞峻、松墀、福润、惠裕、毕念承、世勔、延清、荣凯、志全、桂年、庆绵、戴恩溥、齐兰、潘庆澜、胡孚宸、黄桂鋆、麟趾、海福、增厚均著交军机处记名以道府用。”

萧之葆

萧之葆家由马栏镇迁居太村镇店头村。

萧之葆作《江苏义绅严君赈灾碑记》：

三水，古豳地也，为农桑所祖。去圣久远，农学日偷，男不力田，妇［不］勤织，数十年来可耕之地半植罂粟，盖藏益鲜。庚子岁大旱，秦中五六十州县惟邠为最，邠尤以三水为最。适是岁联军内犯，乘舆幸西安，两宫轸念灾黎，发帑截漕，三水颁帑银五万五千两，闾泽覃敷，编氓感泣。第以灾重日长，饥民逾四万口。起庚子夏迄辛丑秋，发款不足，益以

① 《庚辛纪事》，载《义和团》（第1册），第314页。

捐募，挹注既穷，仰屋无措，麦衣糠覈、草根树皮之属悉以充食，死亡万余人，道殣以相望。江苏严君作霖，义士也，挈同志吴君树棠、柳君暹暨诸君子召集巨款，历水陆数千里来陕助赈，先自凤邠两属始。三水一邑，计散赈两次，用银七万余两、制钱十三万有奇。不假官吏，不用胥役；无一事不躬亲，无一钱不及民。竣事之日，外存银五千两、制铸一万缗，为本邑储谷。呜呼伟哉！昔晋闭秦籴，《春秋》讥之。如严君者，独惓惓于救患恤怜之谊，令尹毁家，予敬指囷，以古今来遑多让。时邑侯皋兰史公实始终其事，忧劳备至，百姓赖之。故邑宰梁公亦与有力。是秋，岁大熟，邑之人咸庆再生，思有以记遗爱。葆既愧无补桑梓，又重违邑人之请，爰综述其颠末，如此抑更有说焉。人情当惩创之后，则善心易生。三水十余年来，斗粟百钱，匹布值石粟，于是群以谷贱为病，不蚕织之是兴，而罂粟之为务，储积既空，凶荒立困，诚鉴与死亡之惨，翻然改图，以痛定之思为补苴之计，他日有备无患，庶不负严君施济之苦心也。虽然，百姓者可与乐成，而难于图始，必欲弃末而返本，则仍望贤使君之因机利导尔。是为记。

董康

董康作《东游日记》："余时官刑部主事，隶陕西司。""旋奉旨起用前刑部尚书贵恒复任是职……（刑部）汉员之在京者仅数人，余因是擢提牢厅主事，总办秋审，兼陕西司主稿。"①

吉同钧

吉同钧作《秋曹咏怀十四首》："共说刑官后未昌，庭坚不祀忽沦亡。岂知治狱多阴德，定国儿孙世发祥。"

"求生不得有欧阳，烛治官书费较量。博得佳儿朱紫贵，庐陵文采冠苏黄。"

---

①《董康东游日记》，第 192 页。

“清夜焚香告上天，愿将心地沦廉泉。寅僚环伺鬼神鉴，自誓不收鬻狱钱。”

“民间血是案头朱，积德莫如省簿书。悍吏下乡鸡犬骇，缓刑常诵路温舒。”

“十年奔走白云司，一片冰心只自知。袖内不携官署物，偶移绿竹两三枝。”

“关节难通包老门，不赇公法市私恩。恢恢天网无疏漏，余地须留兴子孙。”

“一人羁禁一家忧，判决宜如逝水流。大事兼旬中十日，不教冰案簿书留。”

“秋曹折狱十余年，泣罪常思夏禹贤。欲识胸怀生意满，古云楼下草芊芊。”

“吉钳罗网列阶前，瓮内周兴似火煎。多少法曹严酷吏，几人首领获生全。”

“唐有周来汉赵张，严刑搏击猛如狼。身名到底归沦败，始信仁人食报长。”

“心如菩萨貌金刚，孝肃于今有列光。惟大仁慈同刻簿，是真恺悌不包荒。”

“口带春风面带霜，仁心岂在貌慈祥。千秋惠爱传东里，一猛终身佩不忘。”

“芸窗读律阅三霜，八字七图辨渺茫。若问个中真趣味，宋儒义理汉文章。”

“赋性乖崖不可移，肯同杨柳折腰支。白云亭畔青青竹，劲节虚心是我师。”

吉同钧作《庚子八月两宫西狩随至长安迎驾感赋》：“九死一生离虎口，千山万水到龙门。伤心凤辇蒙朝露，回首狼烟蔽禁垣。再造河山扶社稷，双悬日月照乾坤。（用成句。）君臣相顾重修德，依旧寰区拱至尊。”

吉同钧于途中赋《和周麟叔比部（绍昌）九日同武仙航曾蜀章袁珏生（励准）共登巩县城楼原韵》四首：

“少年公瑾本奇才，乘兴登临三葛陪。嵩岳嶙峋当郭峙，洛流曲折抱城来。寒林柿叶经霜下，高岭梅花指日开。明日虎牢关下过，不登绝顶肯心回。”①

“荒城如斗傍山阴，落日苍茫万树森。地接嵩峰浮翠远，路通洛口入黄涤。②茱萸强击长房臂，松菊时萦陶令心。客路秋风思乡切，不堪寒杵捣青砧。”

“弹丸旧地本周原，采俗时闻野老言。凤翅摩天登有路，鸿沟亘地割无痕。③酒邀难黍怀良友，囊佩茱萸忆众昆。堪叹浮生若大梦，拼将酣饮学长昏。”

“凤辇西来时正秋，扈从群上庾公楼。题糕又值重阳节，把酒浑忘万里愁。险道于今经凤翅，侯封自古滥羊头。几时解组归田去，芝水一渠下钓钩。”

吉同钧又用原韵集古一首：

“井梧摇落故园秋，山雨欲来风满楼。水复山重疑无路，野田荒冢足生愁。草色引开盘马路，清溪流过碧山头。长江绕郭知鱼美，稚子敲针作钓钩。”

吉同钧作《和孙星櫾同年（崇纬）过潼关感怀原韵》二首：

“黄河南下抱潼关，四扇开时日照山。西达玉门邮驿远，北临金锁鼓鼙间。曹瞒有智筹兵略，孟起无方救主孱。指日鸾舆随渭下，送迎当念厥民艰。”

---

① 县东老犍坡即古之虎牢关，一名凤翅城，高二十里。

② 洛水至此流入黄河。

③ 汉之鸿沟在县东汜水荥阳间。

“守关漫诩更防河，修德无烦设险多。牛马放归思牧野，凤凰鸣喊想卷阿。带刀休倚哥舒翰，聚朱当思马伏波。十二连城高在上，月明营外镜新磨。”

《宜沟驿谒端木祠》二首（在河南汤阴县）云：

“卓哉端木子，故里傍黎阳。居近遽瑗宅，学升孔氏堂。性天闻妙蕴，辞令特偏长。遗像清高肃，阶前古柏苍。”

“辩才排国难，兵祸息疆场。学衍尼山绪，祠邻卫水傍。夷氛方扰攘，国事正仓皇。安得先贤作，一言御列强。”

1901年，光绪二十七年，辛丑

是年七月，李鸿章与各国使臣签订和约，是为辛丑和约。八月，慈禧太后与光绪帝自西安回銮，十月，废大阿哥。十一月到京。

薛允升八十二岁。

正月

初四日，薛允升等致电张之洞：“赵尚书实非祸首，朝野称冤，求设法解救，幸蒙允办，乞即日先电奏请缓刑。万急。薛允升、陆润庠、屠仁守、马吉樟、刘廷琛、王廷拭、周爰诹、方霆、鲍心增、王步瀛、李占科、许汝棻、戈炳琦、曾光岷、郭景象、何锡褆、刘瞻汉、刘嘉斌、刘璞、胡孚宸、许珏、严作霖、江浙皖陕士民公叩。”①

初五日，西安致电张之洞：“首祸已死，赵司寇情有可原，请设法力救。陆润庠、屠仁守、易顺鼎、夏震武、赖清键、刘璞、洪嘉与、谢化南、金文同、马吉樟、王廷栻、高崧生、傅运生、叶泰椿等公叩。”②

①《张之洞全集》（第10册），第254页。

②《张之洞全集》（第10册），第255页。

同日，张之洞《致西安薛尚书、陆侍郎、屠前侍御》：“豪、支两公电悉。赵司寇事，前奉枢电，续奉电旨，先于廿六日设法电致英、德两使解救，覆电决绝不允。又于廿九日电各国驻使速商外部，解释初系救四，继专救一，犹恐外部不理，又托沪各领事转告公使，美外部覆电许可，但不言劝英、德，仍是空言。日本覆电，前日全权已知照各使，首祸已奉旨照办，此电自勿庸议，但云可悯而已。他国均无覆。此事前数日已有电旨与全权大臣，全权已与各国商妥。初三日又已见明发上谕，此时实再无挽救之法。祈谅，并望转致诸公。”①

二月

二十二日，“谕军机大臣等，内阁代奏中书尹克昌条陈陕省赈务等语，著薛允升、端方核议具奏”。（《光绪朝实录》）

四月

初四日，刑部尚书贵恒、薛允升等上《奏为奏留请旨事》云：“查臣部汉司员告假开缺人员经吏部奏准，此项人员假满到部，必须该堂官奏留后始准在部行走，遇有缺出，吏部覈准，即由臣部自行奏补，历经遵照办理在案。今臣部前广东司员外郎饶昌麟，系江西临川人，由癸未科进士，奉旨以部属用，签分臣部，历补广东司员外郎，于上年六月十六日，患病请假，回籍就医，因病重未能起身，随在京延医诊治痊愈，于七月初四日进署销假当差，业经知照吏部在案。查员外郎饶昌麟派充律例馆协理提调，办事勤慎，为臣部得力之员。该员上年秋间销假，维时军务倥偬，未遑办理奏留，当经饬令先行进署办事以资熟手。现在历时已久，自应循例补行陈明，合无仰恳天恩，俯准员外郎饶昌麟留部办事，无论臣部题选员外郎缺出，按照销假日期先尽叙补，如蒙俞允，臣部移咨吏部遵奉施行。臣等

① 《张之洞全集》（第10册），第254页。

未敢擅便，谨奏请旨。”朱批：依议。[①]

二十三日，“会办陕西赈务刑部尚书薛允升等奏陕省灾重款绌，请按成分拨捐款，以拯饥黎。得旨，著仍照秦六晋四原奏分拨济赈”。（《光绪朝实录》）

二十三日，“薛允升奏：查秦晋实官捐输，前经调任巡抚臣岑春萱体察灾情轻重，请以六成归秦，四成归晋。嗣复经前护理巡抚臣端方申明，所收捐款，应责成备省捐局委员”。[②]（《光绪朝实录》）

四月，薛允升上《奏请秦晋实官捐输仍照秦六晋四分拨济赈疏》云：“窃查秦晋实官捐输前经调任巡抚臣岑春煊［萱］体察灾情轻重，请以六成归秦，四成归晋，嗣复经前护理巡抚臣端方申明所收捐款应责成各省捐局委员按照秦六晋四奏章分解两省备用，如有短解，即由两省自行催提，迟滞者奏参催缴，均各先后奏明允准在案。顷接岑春煊［萱］来咨，据称晋省库储不充，惟有将各省捐局拨归晋省经理者统解晋省以应急需，一俟捐数办竣，再由晋省与陕省照章核算各等因前来。伏思秦六晋四之议，岑春煊［萱］实倡之，乃自调任晋阳，遂将东南富庶省分概行改归晋省经理，兹复欲攫取秦之六成并归诸晋，强人从己，移急就缓，是始非爱秦，继非爱晋，惟视己之所在以为厚薄，不顺不恕，莫甚于斯。至谓俟赈务办竣，按章核算，夫至晋赈办竣，秦亦不需此款。靳生前之箪食而奠死后之壶浆，秦虽至愚，难能忍受，相继吁恳天恩，饬下山西巡抚臣岑春煊［萱］仍照秦六晋四原奏，由各捐局将所集捐款按成分解两省，俾资赈抚，如蒙俞允，再由臣等分别咨行各省劝捐委员遵照仍旧办理，免致纷歧。所有秦晋实官捐输，仍恳照秦六晋四分拨济赈之处，理合请旨遵行，伏乞圣鉴训示。”

① 《光绪朝朱批奏折》（第16辑），第102～103页。

② 《光绪朝东华录》（第4册），第4671页。

七月

初四日，“谕军机大臣等，薛允升奏豫筹弭灾之法，请饬陕西巡抚于积义谷兴水利二事切实举行等语，著升允督饬各属认真筹办，仍将办理情形据实覆奏，不得以空言塞责。原片著钞给阅看”。（《光绪朝实录》）

十九日，刑部尚书贵恒、薛允升等上《奏为熟諳司员俸次将届选陞循例奏明恳恩留部补用恭折仰祈圣鉴事》云：“窃臣刑为刑名总汇，事务殷繁，在在均须熟手办理，向来遇有历俸已深、距陞不远之员，例准该部奏请留部，历经遵办在案。今臣部员外郎奎绵，系正蓝旗满洲英喜佐领下官学生，考取缮本笔帖式，于同治十二年六月补用臣部缮本笔帖式。光绪七年十二月补授笔帖式。十四年、十七年、二十年、二十三年四次京察一等，奉旨记名以理事同知、通判用。二十三年五月题陞主事。二十六年四月调补堂主事。二十七年六月题陞员外郎。查奎绵勤慎谨饬，办事细心，该员自到部以来，于刑名律例均能留心讲求，经臣等派令山西司帮印、秋审处兼行，审理案件亦论认真研鞫，惟历俸已深，将届选陞各衙门郎中，傥选补别部院，是臣部转少一得力之员，合无仰恳圣恩俯准，将满洲员外郎奎绵留于臣部当差，按照应陞郎中班次陞用。如蒙俞允，臣部移咨吏部，停其铨选。所有臣等将满洲员外郎奎绵奏请留部缘由，谨恭折具奏，伏乞皇太后、皇上圣鉴。谨奏请旨。尚书臣贵恒、尚书臣薛允升（随扈）、左侍郎臣崇勋、左侍郎臣戴鸿慈（随扈）、右侍郎臣景沣、右侍郎臣梁仲衡。”朱批：依议。①

十九日，刑部尚书贵恒、薛允升等上《奏为臣部缮本笔帖式奏请留部补用恭折仰祈圣鉴事》云：“臣部额设缮本笔帖式四十员，分隶清、汉档房，专司缮写清本、各省科钞题本，三年期满，照例移咨吏部铨选，除

①《光绪朝朱批奏折》（第16辑），第475～476页。

循分供职及到部未久各员毋庸办理外，如有行走勤慎，才堪造就者，向准奏请留部，遇缺借补，节经奏准在案。臣等公同甄别得满洲缮本笔帖式廷乂、松贤、汉军缮本笔帖式李景禄三员，一切差使勤奋，公事留心，堪以造就，臣等遵照吏部奏定变通办理新章先行奏留，统俟回銮后补行带领引见，诣将廷乂等三员履历缮写清单，恭候钦定。如蒙恩准，将该员留于臣部行走，照吏部奏准章程，遇有应补缺出，按照班次，不论旗分，挨名借补。俟有本旗缺出，再行调选。俟令下之日，臣部咨明吏部停其铨选。所有臣等将缮本笔帖式廷乂等三员奏请留部缘由，谨恭折具奏，伏乞皇太后、皇上圣鉴。谨奏请旨。”朱批：依议。①

八月

二十日，薛允升由西安力疾启程。

九月

十五日，行抵豫省开封。

三十日午刻，薛允升卒。

《续陕西通志稿》云：“二十七年回銮，允升年已八十有二，两宫回銮，或劝以偃息家园，则曰国事艰危，敢辞跋涉耶？随扈北行，卒于汴梁。”

薛允升死之当日，其遗疏上：“刑部尚书薛允升谨奏为微臣病势垂危，未由图报，伏枕哀鸣仰祈圣鉴事。窃臣以衰朽余生蒙恩起用，捐顶糜踵，难报万一。八月二十日，由西安力疾启程，九日十五日行抵豫省，沿途已觉劳顿，到汴又值奇寒，福薄灾生，偶然卧病，精力实难支持，不得已于二十九具折乞赏假调理，窃冀仰叨庇，或可渐次就痊。不意拜折后，病势愈增，诸医束手，殗殜至今，仅存一息，自问万无生理。臣年逾八旬，死亦何恨？惟念恩高厚，报称无从，每一扪心，殊难瞑目。只有私衷祷祝，我皇太后、皇上回銮后，督饬诸臣讲求内治，弊去其太甚，法期于必行，

①《光绪朝朱批奏折》（第16辑），第475～476页。

毋图操切近功，力破因循锢习，邦本既固，外患自消，则臣虽死之日犹生之年矣。至于刑部事宜应否变通，已与左侍郎戴鸿慈并留京各堂官和衷商榷，饬令律例馆提调详晰条陈，遵旨咨送政务处用备采择。臣奉派扈跸，不获随行到京，犬马之报，矢诸来生。并嘱臣子礼部郎中浚，臣孙二品荫生承熙、一品荫生承谟小心供职，循分读书，勉报国恩。谨口授遗疏，缮折以闻，伏乞圣慈圣鉴，谨奏。”①

《续陕西通志稿》云：“允升貌清癯，而性㧑谦，与人无争，至大廷建议，则持之以正，不为苟同。权兵部日，疏请裁勇节费、加饷练兵以固根本，深恶各军将领骄纵成习，有事不堪一战，反足殃民。及提督卫汝贵以临陈退缩交刑部治罪，允升执法不挠，竟拟斩决。尝谓乾嘉名儒多治汉学，汉廷决狱悉援经义，汉律亦汉学也，何可听其散佚，著《汉律辑存》《汉律决事比》；又谓唐律本于汉律，最为精当，明律多所更改，今沿用之，远逊唐律，乃纠其谬误，著《唐明律合编》；又谓刑律服制最要，著《服制备考》；又谓用法须得法外意，律少例多，有例不得引律，明例八百余条，今增至二千余，非出一人，不能画一，引比愈宜详慎，乃官书律例外著作家绝少专书，爰删辑平时笔记，著《读例存疑》，后经本部进呈刊行，识者推为空前绝后之作。自光绪癸未至乙未七科殿廷考试，每派阅卷无不与。戊子、甲午两典顺天乡试，得人称盛。尤好诱掖后进，成就颇多，如赵舒翘、沈家本、党蒙、吉同钧辈，乃门生故吏中之杰出者，其他不可枚举。盖人品清正，学识宏深，好善若渴，躁释矜平，处富贵如寒素，不仅以刑律见长也。”

十月

初三，“刑部尚书薛允升卒，予祭葬。赏其子［孙］薛丞［承］谟员

① 《刑部尚书薛允升折》，光绪二十七年九月三十日，《军机处录副奏折》，档案号 144665，台北故宫博物院藏。

外郎，薛家［承］熙主事”。[①]

初八，翁同龢“见同年薛云阶卹典”。[②]

十月，“予故刑部尚书薛允升恤典，赏银一千两治丧。孙二品荫生薛承熙以主事、一品荫生薛成谟以员外郎用”。（《光绪朝实录》）

《清史列传》载：十月，以疾卒于河南行次。谕曰：刑部尚书薛允升，持躬清介，练达老成。由部曹简放知府，历任监司，洊跻卿贰，补授刑部尚书。治狱廉平，克称厥职。前因患病赏假，方冀调理就痊，长承恩眷。兹闻溘逝，轸惜殊深！薛允升着照尚书例赐恤。赏银一千两治丧，由户部发给。任内一切处分，悉予开复。应得恤典，该衙门察例具奏。伊孙二品荫生薛承熙，著赏给主事；一品荫生薛承谟，著赏给员外郎：均著分部学习行走，用示笃念耆臣至意。

《诰授光禄大夫刑部尚书云阶府君行述》云：“迨回銮有期，自维闲废，复蒙起用，受恩愈重，报称愈难，况时事艰危，若遽尔引退，不惟弗邀俞允，抚衷亦觉难安。遂力疾扈跸启行，并饬不孝先回京清理寓物，毋庸随侍。乃叩别，无多日，竟因沿途积劳，至汴复感受风寒，牵动脾泄旧恙，精神渐觉不支。时惟孙承熙侍侧，医药罔效，遽于辛丑九月三十日午刻在开封行馆弃养。呜呼痛哉！溯生于嘉庆庚辰十月初一日亥时，春秋八十有二。遗疏上，朝廷震悼，赐卹加赏，恩礼尤隆。饰终谕旨有‘持躬清介，练达老成及治狱廉平，克称厥职’等语，天下识与不识，翕然谓圣天子锡之定论，洵足概厥生平云。回忆府君通籍之年，里中别墅竹木异常蕃盛，中有安榴十余株，皆大如盘盎，色红白间错，谛视之乃如数十蒂攒簇而成，且结实累累，其端复缀出密花朵，历久不萎。戚友见者兢比诸金带围，而府君不谈瑞应，以草木偶值发荣，何足置议，谢之。厥后观庚子之

① 《光绪朝东华录》（第 4 册），第 4783 页。

② 《翁同龢日记》（第 6 册），第 3355 页。

变，乘舆蒙尘，名公卿多获严谴，府君适以予告不与其事，更得复原职而终天年，膺九重之褒嘉，然后叹苍苍者默为调护，委屈成全。奇花之兆，非偶然也。”

李岳瑞《春冰室野乘》云：“前明六部权最重，为部郎者，率视外任如左迁。国朝官制，无异明代，而部权之衰，则一落千丈矣。士大夫起家进士，任曹司二三十年，京察注上考，始得一麾出守。同侪望而羡之，真有班生此行，何异登仙之慨。噫，可以观世变矣！诸曹司事权，皆在胥吏，曹郎第主呈稿画诺而已。惟刑部事非胥吏所能为，故曹郎尚能举其职。刑部事统于总办秋审处，额设提调坐办各四人，主平亭天下秋审监候之狱，必在署资深，且深通律学者，始获充是选。长安薛云阶尚书允升，官提调十余年，始获外简。甫六岁，复内擢少司寇，荐长秋官，掌邦刑者，又二十年，终身此官，其律学之精，殆集古今之大成，秦汉至今，一人而已。尝着一书，以大清律例为主，而备述古今沿革，上溯经义，下逮胜朝，比其世轻世重之迹，求其所以然之故，而详着其得失，以为后来因革之准。书凡数十册，册各厚寸许，卷帙繁重，竟无人能为任剞劂者，恐日久终不免佚阙矣。”①

《近代名人小传》载：薛允升“字云阶，长安人，以进士为刑曹郎，几三十年，历秋审处、律例馆，娴习例案，为其曹冠。京蔡［察］优等，外任四川成锦［绵］龙茂道，未几，入为大理寺少卿，迁至刑部尚书。以其从子浚关说通贿，台谏交章论之，罢职归。允升长身瘦削而意气勤恳，有关中故家之风，掌秋曹日，所属多以律书求解，辄为解导，不惮烦也。然俗学无识，立朝未尝有建白，复私乡谊，卒被弹去。甲午淮军诸将，凡奉旨治罪者，咸辇巨金求末减，允升皆拒之。于是叶志超、卫汝贵皆伏刑

① 李岳瑞：《春冰室野乘》，载孟森等：《清代野史》，中国人民大学出版社 2006 年版，第 1275 页。

诛。时论佥以为快云”。[1]

方连轸《大清律讲义》序：“近代以法学著者，首推长安薛大司寇云阶夫子。连轸通籍后筮仕西曹，幸瞻风采，比充秋审处坐办、提调等差，稿件繁多，日不暇接，每遇疑难，辄承指示，由是连轸稍识法律。事隔十余年，此景如在目前也。”

《续修陕西通志稿》云：谓薛允升“尤好诱掖后进，成就颇多，如赵舒翘、沈家本、党蒙、吉同钧辈，乃门生故吏中之杰出者，其他不可枚举”。

吉同钧在《薛赵二大司寇合传》云：“合而观之，此二人者，生同里，仕同部，官同为大司寇。云阶被议，展如继之；展如遇祸，云阶又继之。刑部尚书，汉人止一缺，而循环在位合之近三十年，岂非天作之合，非人所能为者。云阶大器晚成，七十始升尚书；展如一帆风顺，年未五十即位尚书。古诗云：迟迟涧畔松，郁郁含晚翠；灼灼园中花，早发还先衰。此理之当然，合之中有不合在焉。然二人同由郎中放知府，一则五迁至漕督，召入刑部侍郎；一则五迁至巡摭［抚］，亦招入刑部侍郎，此又不合而合者也。若观其行事，老成练达，涵养深沈，赵固不及薛；公正无私，操守清廉，薛亦不如赵，此又合而不合者也。孔子云：及其老也，血气既衰，戒之在得，云阶或有不免。又曰：见利思义，见危授义，展如庶几乎？假令展如尚在，余虽为之执鞭，亦所愿也。”

李岳瑞作《春冰室野乘》：“尚书清癯瘦削，若不胜衣，而终日端坐读书无倦容，语音极小而清朗，每在稠人大会中忽发一言，虽坐离数丈者亦闻之历历，不啻促膝对语，而大声雄辩者，其音反而为所掩盖。寿相，亦异禀也。尝言士大夫一生学问为一事，科名为一事，官职、名誉又各自为一事，兼是四者，古今殆罕其人。以王荆公之道德气节，而宋儒至侪诸卢杞、包孝肃，使生于两汉时，在《酷吏传》，亦不过仅居下驷之列，而至

① 沃丘仲子：《近代名人小传》（上册），北京图书馆出版社 2003 年版，第 121 页。

今妇孺皆知，奉为神明，名实何必相符，史册安有定论耶？尝为嘉兴沈乙盦[①]述之，乙盦叹息以为至言。”

霍勤燡《十君咏》[②]诗中咏薛允升云：“美哉大司寇，明刑媲唐虞。绝学秦中擅，冤民天下无。使节惩官蠹，兵机赞庙谟。[③]知仁在观过，执法恒被诬。群奸肆萋斐，异族皆感孚。[④]耄耋没王事，旅况若寒儒。遗泽遍桃李，式微悲藐孤。及门为属吏，知遇感恩殊。私谥宜贞惠，等身多著书。青门余一宅，一过一欷歔。”[⑤]

姚永朴作《旧闻随笔》：“长安薛云阶尚书允升治律最熟，与人谈，辄连举数十句，如童子诵经然。自嘉庆以来，惟戴简恪公长于读律，老吏莫能欺。至公，乃继其躅。初在刑曹已有名，及长秋官，因太监在戏园持刀斗殴，力主严办。虽所议得伸，而与总管太监李莲英忤，竟不安于位而去。比再出，两宫方驻跸西安，公一年中清厘各省积案几尽。随扈至河北，卒于旅次。论者谓当时公卿勤于其职，盖未能或之先也。”[⑥]

赵舒翘五十四岁。

正月

初三日，内阁奉上谕：此案首祸诸臣昨已降旨，分别严行惩办。兹据奕劻、李鸿章电奏：“按照各国全权大臣照会，尚须加重，恳请酌夺”等语，除载勋已赐令自尽，毓贤已饬即行正法，均各派员前往监视外，载

---

① 即沈曾植。

② 霍勤燡，字竹汀，朝邑县人，光绪戊子（1888年）举人，庚寅（1890年）进士，翰林院庶吉士，刑部主事，官甘肃甘凉道，著有《悟云轩全集》十二卷。

③ 自注：出使各省，多所纠正。权兵部日，疏请裁勇练兵以固根本。

④ 自注：庚子扈从相失，寓贯市回民李氏家，供给丰腆，久之，以舆马送太原，计值敷千金，不受。公卒与之。

⑤ 自注：敭历京外四十余年，官况萧条，自奉若寒素。辛丑扈跸至汴薨逝，子孙不久亦没，后裔零落，言之痛心。长安薛云阶尚书讳允升。

⑥《近代中国史料丛刊》之《旧闻随笔》。

漪、载澜均定为斩监候罪名，惟念谊属懿亲，特予加恩，发往极边新疆，永远监禁，即日派员押解起程。刚毅情罪较重，应定为斩立决，业经病故，免其置议。英年、赵舒翘昨已定为斩监候，著即赐令自尽，派陕西巡抚岑春煊前往监视。启秀、徐承煜，各国指称力庇拳匪，专与详人为难，昨已革职，著奕劻、李鸿章照会各国交回，即行正法，派刑部堂官监视。徐桐轻信拳匪，贻误大局，李秉衡好为高论，固执酿祸，均应定为斩监候。惟念临难自尽，业经革职，撤销恤典，应免再议。至首祸诸人所犯罪状，已于前旨内逐一明自声叙矣。钦此。

李鸿章寄西安行在军机处：各国全权大臣提出“英年、赵舒翘绞立决”，并认为“查如此惩办，诸国全权大臣似可允行。至英年、赵舒翘拟由诸国全权大臣自行设法，以便确知系其正身。属请贵王大臣将所有余人于何日、何处处决，逐一示悉等语”。又云：“英年、赵舒翘如赐自尽，似与绞立决无异。惟洋性多疑，彼拟自行设法，确知系其正身。是前电所拟令附近教士往观，可毋庸议。各员于何日何处处决，即望示悉，以便转告。”①

盛宗丞转西安来电云：“初三降旨，拟端、澜由斩监候加恩远禁，英、赵赐死……惟来电可否令教士监视一节，恐一时民心哄动，非但登时或伤教士，后祸尤不胜防。缘赵公论皆极称冤，陕甘人尤愤也。”②

初三日，电：外国使臣要求清政府对“英年、赵舒翘拟由诸国全权大臣自行设法，以便确知，系其正身。嘱请贵王大臣将所有余人于何日何处处决，逐一示悉”，清政府对“英年、赵舒翘如赐自尽，似与绞立决无异。惟洋性多疑，彼拟自行设法，确知系其正身，是前电所拟，令附近教士往观，可毋庸议。各员于何日何处处决，即望示悉，以便转告”。③

---

①《李鸿章全集》（第12册），第6956页。

②《李鸿章全集》（第12册），第6957页。

③ 故宫博物院编：《光绪庚子辛丑电报》，载《义和团》（第4册），第308页。

初三日，午后五点钟，吕海寰率参赞官庚音泰赴外部晤外部大臣李和芬。在谈了其他事务之后，吕海寰“又告以昨接江鄂二督来电，言惩办首祸，朝廷极欲惬各国之意，俱照各使所拟，从重严办矣。惟赵舒翘一员，似乎所拟太重，未免罪浮于情。凡误国殃民之人，朝廷已拟斩候等罪名已足蔽辜，若无论罪之轻重，一概问成死罪，殊失情理之平，百姓闻之，亦不允服，请贵部电穆使转商各国贷其一死，以昭公道。李云：闻赵舒翘实系拳匪一党，纵容拳匪已有实证，否则各使与伊无仇，决不肯故入人罪。告以赵舒翘曾任江苏巡抚，为官声名最好，人亦清廉公正，今苏人犹思慕不置，实系一个好官，此等人在西国，人亦所敬服，其实可以原情，即在江苏任内，凡遇交涉之事，无不秉公理处，决无与西人为仇及鄙夷西人之意，本大臣任常镇道时，素所深知此人，决非拳匪一党，本大臣敢为作保。李云：问［闻］赵舒翘在涿州时待西人甚不好，全无保护之心。告以赵舒翘不能晓谕匪徒，解散邪党，其办理不能认真，咎无可辞，然亦罪不至死。且本大臣闻人传言赵舒翘自涿州回京覆命之时，曾面奏此等人是一群乞丐，仿佛从刑部中提出囚犯一样，其非不知拳匪之不足恃可想而知。无如有人作主，彼不能力争则有之。然不能力争者，岂止赵舒翘一人哉？李云：赵舒翘，西人俱深恨之，若非拳匪一党，何致犯众怒？告以此皆教民故造谣言以耸人听，且以报复其私恨耳。否则江鄂二督何不为英年等求开脱，乃独惓惓于赵舒翘乎？贵部当亦恍然矣。务求速为电饬穆使，从宽办理。李云：既有刘、张二督之电前来为其诉冤，贵大臣又说其非拳匪一流人，当即发电去，但恐刻下已赶不及矣。告以救人如救火，务求愈速愈妙。临行又再三叮嘱，遂握手辞归”。①

初四日，盛宗丞转来华盛顿伍廷芳来电：“赵斩监候，美允照办，已电康使。德帅拟集联军西上，已商允美不与谋，并劝俄、日勿附和。”同日，

① 吕海寰:《庚子海外纪事》，文海出版社 1974 年版，第 309 ~ 311 页。

李鸿章回复盛宗丞："各国坚持赵死罪，非美能独异。昨已降旨，应毋庸议。全权为赵事力争数日，舌敝唇焦，尊意尚疑全权欲杀赵，谬矣。瓦帅西行可中止，祈转伍。"[①]

《吕海寰八十寿辰征诗文启》云："可怜赵舒翘尚书之死，外部已允电挽救，不幸严旨已处决矣。"[②]

叶昌炽在辛丑正月初四日《缘督庐日记》中记："经士云：得贤良寺信，庄邸，天水尚书，英总宪皆于小除夕赐自裁。……展翁不与五君子同尽，卒致狐貉一邱，亦不能为贤者讳也。"[③]

初六日，谕内阁"此案首祸诸臣昨已降旨分别严行惩办。兹据奕劻李鸿章电奏，按照各国全权大臣照会，尚须加重，恳请酌夺等语。除载勋已赐令自尽，毓贤已饬即行正法，均各派员前往监视外。载漪、载澜、均定为斩监候罪名，惟念谊属懿亲，特予加恩，发往极边新疆永远监禁，即日派员押解启程。刚毅情罪较重，应定为斩立决，业经病故，免其置议。英年、赵舒翘昨已定为斩监候，著即赐令自尽，派陕西巡抚岑春萱前往监视。启秀、徐承煜各国指称力庇拳匪，专与洋人为难，昨已革职，著奕劻、李鸿章照会各国交回，即行正法，派刑部堂官监视。徐桐轻信拳匪，贻误大局。李秉衡好为高论，固执酿祸，均应定为斩监候，惟念临难自尽，业经革职，撤销恤典，应免再议。至首祸诸人所犯罪状，已于前旨内逐一明白声叙矣"。(《光绪朝实录》)

初五日，"见日报载徐承煜、启秀、毓贤奉旨正法；庄王及英年、赵舒翘赐自尽；徐桐、李秉衡斩监候，刚毅斩立决，以已死邀免。盖为外人所逼，不得已而从命也"。[④]

---

①《李鸿章全集》(第12册)，第6959页。

②《吕海寰资料两种》，载《近代史资料》(总123号)，中国社会科学出版社2011年版，第158页。

③ 叶昌炽:《督缘庐日记钞》，载《义和团》(第2册)，第477页。

④《忘山庐日记》，第301页。

初六日（2 月 24 日），阴。“未初散直，英菊侪、赵展如均赐自尽，缘各国诬指为义和团首祸，必欲置之死地，至以和局之成败相争，朝廷万不得已而出此，亦劫数也，时势至此，可胜慨哉。”①

《郑孝胥日记》载：正月初六日，“是日，启秀、徐承煜正法于北京，英年、赵舒翘赐死于西安。南皮言，前日，西安京官联名电致刘、张，请设法救赵舒翘，列名者薛允升、陆润庠、屠仁守为首。刘、张皆以不能为力报之。郭春榆云，郑肖彭相赵舒翘必不至恶死，至重革职而已。其术竟不验”。②

正月“初六日，先生饮金卒，遗命薄敛毁葬，谢绝吊赙，人皆哀之。当朝旨下，随扈官僚屡联名电合肥援救，竟无效”。(《慎斋年谱》)

英国《泰晤士报》驻上海记者濮兰德和汉学家白克好司在《慈禧外纪》中说：“赵舒翘者，本军机大臣，而为太后之所爱重者也。此人太后始终欲保全之，先仅定以永远监禁之罪，禁之于陕西臬署监狱，家属可以入监探视。监禁之前一日，太后对人曰：‘我不信赵舒翘亦主张拳匪，惟贻误国事，匿不上闻，乃彼之罪耳。’有人将太后此语告于赵，赵闻之极喜，以为可以免死。后数日，传言列强必欲定赵死罪，而后甘心。西安城中人大为震动，盖西安乃赵之本乡也。城中绅士联合三百人上书军机处，请赦赵之死，军机不敢上闻，刑部尚书仅批于书尾，代为不平而已。新年元旦，传言更盛，太后召见军机，自六时至十一时不能决。城中鼓楼一带拥挤多人，齐呼如赵就刑，必抢法场，军机诸人恐有小乱，遂求太后下谕赐赵自尽，太后允其请。次日午末一钟，下谕定下午五时复命。巡抚岑往监狱宣谕，赵听毕，问曰：‘可没有别的旨意吗？’岑答曰：‘没有。’赵曰：‘一定有的。’此时赵之夫人插言曰：‘没有指望了，我何一块死罢。’遂与

① 《王文韶日记》，第 1016 页。

② 《郑孝胥日记》（第 2 册），第 785 页。

以毒药，赵只取少许吞之，至三钟，毫无动静，精神如常，纵谈身后诸事，与其家人商议丧事如何办理。赵深以死后，高年之母无人侍奉为念，其旁拥挤多人，皆其朋友及同僚。岑抚先不许人看视，其后亦许之，来者甚众，赵对众人曰：'我到如此地步，皆受刚毅之累。'岑抚见其声音雄壮清晰，毫无死状，遂命从人给以鸦片，赵服鸦片后，至五钟仍无大效。岑又命服以砒霜，赵服后滚地呻吟，以手捶胸，久之痛极，请命人摩擦其胸。赵体质极强，心志坚定，仍望赦旨之下。至夜十一钟，仍无影响，岑抚甚为焦灼，盖恐太后问及何以延迟之故也。岑曰：'五点钟我要复命，此人不肯死，怎样办法？'其从人请用厚纸浸烧酒中，塞其喉管，即致闷死，岑遂照办，凡易五纸始气绝。赵始终不信太后竟允其死，故不肯多食鸦片，宁忍痛迟延以待赦旨也。"①

《慎斋年谱》附录《光绪二十六年十二月二十五日上谕》云："京师自五月以来，拳匪倡乱，开衅友邦，现经奕劻、李鸿章与各国使臣在京议和，大纲草约业已画押。追思肇祸之始，实由诸王大臣昏谬无知，嚣张跋扈，深信邪术，挟制朝廷，于剿办拳匪之谕抗不遵行，反纵信拳匪妄行攻战，以致邪焰大张，聚数万匪徒于肘腋之下，势不可遏。复主令卤莽，将卒围攻使馆，竟至数月之间酿成奇祸，社稷阽危，陵庙震惊，地方蹂躏，生民涂炭。朕与皇太后危险情形不堪言状，至今痛心疾首，悲愤交深，是诸王大臣信邪纵匪，上危宗社，下祸黎元，自问当得何罪？前经两降谕旨，尚觉法轻情重，不足蔽辜，应再分别等差，加以惩处。已革庄亲王载勋，纵容拳匪围攻使馆，擅出违约告示，又轻信匪言，枉杀多命，实属愚暴冥顽，著赐令自尽，派署左都御史葛宝华前往监视。已革端郡王载漪倡率诸王贝勒轻信拳匪，妄言主战，致肇衅端，罪实难辞；降调辅国公载澜随同载勋妄出违约告示，咎亦应得，著革去爵职，惟念俱属懿亲，特予加

---

①《慈禧外纪》，第 226 页。

恩，均著发往新疆，永远监禁，先行派员看管。已革巡抚毓贤，前在山东巡抚任内，妄信拳匪邪术，至京为之揄扬，以至诸王大臣受其煽惑，及在山西巡抚任内，复戕害教士教民多命，尤属昏谬凶残，罪魁祸首，前已遣发新疆，计行抵甘肃，著传旨即行正法，并派按察使何福坤监视行刑。前协办大学士、吏部尚书刚毅袒庇拳匪，激成巨祸，并会出违约告示，本应置之重典，惟现已病故，著追夺原官，即行革职。革职留任甘肃提督董福祥，统兵入卫，纪律不严，又不谙交涉，率意卤莽，虽围攻使馆系由该革王等指使，究难辞咎，本应重惩，姑念在甘肃素著劳绩，回汉悦服，格外从宽，著即行革职降调。都察院左都御史英年于载勋擅出违约告示曾经阻止，情尚可原，惟未能力争，究难辞咎，著加恩革职，定为斩监候罪名。革职留任刑部尚书赵舒翘平日尚无嫉视外交之意，前查办拳匪亦无庇纵之词，惟究属草率贻误，著加恩革职，定为斩监候罪名。英年、赵舒翘均著先行在陕西省监监禁。大学士徐桐、前四川总督李秉衡均已殉难身故，惟贻人口实，均著革职，并将恤典撤销。经此次降旨以后，凡我友邦，当共谅拳匪肇祸，实由祸首激迫而成，决非朝廷本意。朕惩办祸首并无轻纵，即天下臣民亦晓然于此案关系重大也，钦此。”

附录鲍君心增《呈请代奏稿》云：“近日惩办祸首一节，迫于敌众兵强，致王公大臣翩翩毕命，此伊古以来未有之奇变也。论其肇祸之由，罪名已难概论，而其中情轻法重者，尤以故刑部尚书赵舒翘为最。伏查该尚书廉勤公正，自郎署出守以迄入长秋官，宣劳中外，声望甚美，久在圣明洞鉴之中，顷以外侮凭陵，骤罹冤惨，在君父早悯其忠，而草野尤悲其枉。该故尚书遗命薄殓毁葬，凡亲友僚属之吊赙，一概屏谢。灵柩回宅，寂然闭门。盖自同罪诛之列，不敢稍治丧礼，深自贬抑以尊朝廷，可谓大臣之用心矣！该故尚书尚有嗣母逾七旬，遗孤四岁者二，两龄者一，家乏中人之产，族无期功之亲，门祚萧条，行路哀之。伏念孔达死强晋之难，卫人录其成劳；董安于死智伯之祸，赵氏报以世祀。盖救亡之计，虽屈于一时而旌忠之典必伸于万世，昭照然也。今该故尚书以死纾难，比节古人，仰惟国家万不得已之苦衷，固为天下臣民所共谅。而国有圣主不能自保其臣，譬诸家有慈父弗克自庇其子，士气沮丧，忠义灰心，所关诚非细微。今事已如此，倘蒙皇太后、皇上之仁，垂念其老母幼子茕苦伶仃，恩加抚慰，则该故尚书可瞑目于九泉，而公道既伸，人心感奋，庶贞亮死节之臣不至绝迹于将来，而他日雪耻复仇基此矣。人心生死之机在朝廷急善转移之而已，心增籍隶江苏，怆怀遗爱，且为维持大局起见，用敢附片密陈，理合并请代奏。谨呈。"

丹徒鲍润漪先生《赵尚书被冤述略》云："光绪庚子拳匪之乱，被祸诸王公大臣，人知其非尽袒拳者也，而赵尚书展如之冤为尤甚。初，匪据涿州，慈圣面谕顺天府尹某往查，某乃巧诿其事于兼尹，兼尹即尚书也。既归自涿州，语章京甘大璋曰：孟子谓贼民兴，正谓此也。以为贼实民也，以为民而实贼，何可用哉？其宗旨与刚相迥异甚明，然其覆命时奏对若何，未尝语人，人无从悉也。辛丑正月，合肥相国方以全权议和驻节贤良寺。一夕，［大约初三日］德瓦酋忽遣武弁送奏折一封至，乃尚书覆命面递者也。（进既不由奏事处，又留中未下，故不载军机处档册。）折内极言拳民不可恃，及不宜与各国失和状，弁述瓦言，谓得之仪鸾殿御案抽屉折包内，几误杀好人，请中堂速电行在救之。时合肥已寝，随员数人秉烛就床读而听之，即命人偕弁往庆王府。时各国分界，路栅极多，阻碍殊甚，甫至定府大街，夜已深矣。守栅者告曰：此去庆王府尚有栅十重，待至彼，天已明，不如天明再往为捷。便者竟折回，明日方送庆邸阅，又以候洋弁，故迟。时京师发电行在，尚须展转，计初五刑期已不及挽救，遂置之。不知尚书固毕命于初六日也。惜哉！原折或谓洋弁携回，或谓存徐君寿朋处，不可考矣。李新吾侍讲经畬时随寓寺中，见闻极确，其所言大概如是。方尚书既坐首祸之罪，为国纾难，不肯置辩，然尝微语属员曰：欲救我，须仁和。由后思之，殆谓知其事者惟仁和也。及灵柩回宅，仁和往

吊，其家人闭门弗纳，岂遵尚书遗命欤？”（《慎斋年谱》）

《赵尚书被冤述略》书后：

右《赵尚书被冤述略》，吾亡友丹徒鲍润漪太守撰，其令嗣隆甫选贡长栋于壬戌十月寄我，言曾托友人转送史馆，果得秉笔者凭公采登史传，庶尚书袒拳之冤可大白于天下后世。其所云顺天府尹某者，山西何乃莹也。刚相者，刚毅也。合肥相国者，李文忠也。仁和者，王文韶也。仪鸾殿在西苑中海，皇太后所居也。尚书赴涿州时，随员为浙人何汝翰、同乡杨枝茂。还京后，何请具奏，尚书辞曰：“面奏可矣！”此予当时所闻也，后乃卒具折，足证尚书之密。《易》曰：“机事不密则害成。尚书其稔之矣。密而终罹其害，则命也夫！尚书精命学，尝言辛丑有大厄而卒验，故君子贵知命。癸亥二月王步瀛谨识。”

“拳匪肇乱，长安赵大司寇赐死，微洋人，则其冤莫白也。当拳匪初炽时，乡民争相附和，朝廷亦意向之。因命司寇往察其情。司寇在署昌言于众曰：‘拳民既无纪律，望之皆有死色，不可恃也！’既复命，又欲奏陈其不可。其事秘，人莫得而知。（拳势方张，太后信任，显言其非者则皆获罪。）然端王等皆右拳匪欲藉以驱洋人，及祸败大作，乘舆播迁，始复议和，洋人索首祸者数人，司寇以曾派察看拳匪与焉。司寇素以持正不为诸当道所悦，太后虽明知其冤而力不能救于定。论者咸咎司寇当时不明言于朝，以致杀身也。余服阕至京，晤同年李编修经畬，始知司寇之冤，德将军瓦得西得其原奏于仪鸾殿，欲救其死而未及。仪鸾殿者，太后所居也，瓦得西入而据之。和议既成，庄王等赐死，司寇已入长安狱矣。辛丑正月初六日，赐司寇死。先期四日，天将瞑，瓦将军从殿内棹屉中见司寇奏陈‘拳匪必肇乱祸及国家’一疏，即遣使持折至全权大臣李鸿章处，李差人同诣庆王府议贷其罪。时府门早闭，不得见，去者因相约竖日早八钟复至。届时洋人先至，同见庆王，言其事。王与李相商议，则谓电线不通，即驰奏至行在，尚须数日，已不能及，遂置之。而司寇竟以冤死，事后亦无一人白其事于朝者。我国大臣互相嫉忌，每泄私忿以为快，外人尚秉公道，欲不妄杀一人而亦不可得。由此观之，中外盛衰之故已皎然矣。经畬为李相之侄，于和局知之最详，故其言确而可据。”（赵疏瓦将军交办洋条大臣工部侍郎徐，徐已早死，未知此疏尚在人间否？）（蒲城周政伯《槐厅余暇杂志》）

“军机大臣赵大司寇舒翘以持正为诸人所仇，拳匪之乱，因构祸焉。洋人挟制朝廷，竟置之死，太后明知其冤而不能保全，下诏时为之大哭。是日风霾，天色惨黯，里巷无不哀伤者。”（诸臣尚有辨冤折奏，亦无益也。）（蒲城周政伯蠡语）

“长安赵展如大司寇家中，人无著洋布者。晚年颇以道学自任，惜乎！庚子之变，为奸臣媒蘖，挟洋人以制朝廷，竟令其自尽也。”（蒲城周政伯《余暇杂志》）

赵筱如世兄拟刻其先德展如先生遗集，予致书高陵白五斋先生，请作序自其冤。五斋复书云：“天水先生，理学名臣，事业千秋，天人共仰。其冤也，妇孺皆知，何待剖白？传曰：君命，天也。君有命，谁能违之。况一死，顾全大局，真泰山之重也。因思古来先正之冤，在宋无逾岳忠武，在明无如于忠肃。而其人，理得心安。移时，事自彰彻，奚事同乡同人之代为剖白云云。庚子之变，展如先生死于首祸，予时以为冤，得五斋先生此论，予心平矣。”

《戊壬录》载：“鸿章既抵京，凡和议之事，奕劻一以让之鸿章，不敢置一词。联军于和约未议时，先索惩办罪魁之罪。载漪、载勋、载澜、刚毅、赵舒翘、裕禄、徐桐、毓贤、启秀等数十人皆与焉。鸿章屡与辩护。瓦德西曰：‘吾等所列罪魁，皆其从者，为全中国之体面耳，若其首罪名，尚未提出也。此而不允，则吾将索其为首者。’其意盖指西后也。鸿意知将弄巧成拙，亟以电告。乃议处毓贤、赵舒翘等以死罪，而特原载漪、载勋、董福祥等处永禁，徐桐、刚毅等以先死独免。联军乃停止进兵，和约亦于是开议。”

龙顾山人作《庚子诗鉴》：

营救驰书遍译鞮，尚书坐罪只委蛇。

铛前拚得蒙头醉，天道看君入瓮时。

赵展如尚书初为外吏，所至有治绩。尝自相不得令终，故委蛇以自保。及索惩罪魁，政府属江楚二督为英、赵、启、徐营救。张文襄言之不济，犹冀力全赵一人，为分电驻外各使。英许可。日本云可悯。余皆不答。时瓦帅急归，不容待。袁项城言于政府，谓此时以保宗社、安两宫为重。即有冤抑，亦不暇顾。乃决赐帛。赵体素健，且冀有后命，多方服毒皆不死。监刑岑西林亟待复命，乃从老刑卒言，以纷［汾］酒濡桑皮纸蒙之，始绝。当爰书未定，刘幼云（刘廷琛，字幼云，号潜楼。）为干孙文正，至于犯颜。段少沧力言于荣文忠。文忠沈吟良久，曰：是亦数也。与前此骈戮乡民事，展如所以答少沧者，若合符节。少沧笔而述之，以为有天道存焉。①

全权大臣奕劻等光绪二十六年十二月三十日电："顷德穆使过晤，谓适见瓦帅，订于正月初五日带队出京。询将何往，答以兵机秘密，未便预言，并称明日会议后，即有公照会送来，仍照前照会一样，各国已定主意，不能再有更改。告以各国既可修好，须略为通融，即如已死之人，除已革职外，实无可科之罪。伊谓系交情来看，不便谈公事。濒行谆嘱其转致瓦帅，俟电奏得旨后，如不满意，再定行止可乎。伊免允而去。看此情景，现存诸人，非照前次照会所索办法，断难止其西行。或有为赵称冤者，请查宥电便知其详，勿为局外摇惑，伏祈圣慈俯念直晋秦豫完善之区，洋兵一至，蹂躏殆尽，设法挽救，实宗社生民之幸。"②

胡思敬的《驴背集》云：

---

①《义和团史料》，第 98 页。

② 故宫博物院编：《光绪庚子辛丑电报》，载《义和团》（第 4 册），第 307 页。

南内凄凉话劫余，纤儿撞坏好家居，
秦中自古多遗臭，重见辒辌载鲍鱼。

太后居南院，追念被戮诸臣，顾左右曰："去岁匪乱初起，载勋载澜，自夸近支王公，谓大清帝国天下，不能送与鬼子。殿前狺狺争辩，无复上下等威，惟赵舒翘略晓事，但涿州复命时，不应以拳匪无能为乱欺我。"因泣下沾襟。舒翘之赐死也，命岑春煊监视，初服鸦片烟不死，继吞金屑，辗转床褥间，又不即死。懿旨令申刻覆命，已薄暮逾限矣，乃捻纸醮火酒，塞鼻掩衾而毙之，情状极惨。[①]

《清代名人轶事》云："赵舒翘抚苏时，元和陆相国以祭酒丁艰回里，服满赴京，赵饯行于署。酒酣，赵频顾陆而叹息。陆疑赵心有不愉事，坚叩其故，赵慨然曰：'某所以不乐者，以君为末代宰相耳。'陆愤然曰：'君既知相，自视何如？'赵曰：'此无他，某终不得善终。'及赵内用任枢要，抱骑墙宗旨，以为庶几可免祸。讵团匪之乱，赵虽持两可，而竟列罪魁，恩赐自尽。赵体态魁梧，服鸩不死，使者恐受谴，急将七窍封闭，辗转而死。谁云人定胜天哉？及后陆大拜，清室竟夷，令人叹事有前定，非人力所能挽回。虽然，赵之相亦神矣哉。"

《拳变余闻》云："赵舒翘以刑曹熟习刑律，刚毅援引致位尚书。拳匪据涿州，奉命解散，甫抵涿州，而刚毅继至，遂导拳匪入京师。刚毅力言拳民忠义可用，舒翘附和之。及联军破京城，随扈两宫狩西安。各国索惩办罪魁，舒翘革职留任，各国憾不已，乃改为斩监候，囚西安狱。次年正月，各国要加重惩办。西安士民，连合数百人，为舒翘请命，枢臣以闻，乃赐令自尽，派陕抚岑春煊监视。舒翘犹以为必有后命，其妻谓之曰：'君无冀也，吾夫妇同死耳。'乃以金进。舒翘吞少许，逾三时不死，犹处分家事。又痛九十余老母见此奇惨，既而自恨曰：'刚子良害我。'春煊迫于

---

① 《义和团》（第 2 册），第 530 页。

复命，乃更进鸦片烟，两时仍不死。再进砒霜，始偃卧而呻，夜半犹未绝，乃以厚纸蘸热酒，连蔽其七窍，乃绝。其妻仰药殉焉。”

恽毓鼎《清光绪帝外传》云：“命巡抚岑春萱赐赵舒翘自尽。舒翘故健实，吞金不死，服洋药不死，春萱迫待复旨。有老刑卒献策，以桑皮纸浸烧酒，闭口鼻，气始绝。”①

陈夔龙作《梦蕉亭杂记》：和约第二次开议，惩办祸首。各公使订期在英馆齐集。该馆屋宇轩敞，并不限定中政府预会人数。维时李文忠公病愈，与庆邸同入坐。随往者仍那相与余及翻译各员，与上次相埒。全权中坐，各使环坐。余与那相坐于全权之后，各使对我情谊较为联络，礼貌亦较前次恭谨。英使首先发言，谓：“今日特议严办祸首一条，有名单一纸在此。但某意此案罪魁，确系端王一人。若能将端王从严处置，其余均可不论。不知全权之意如何？”庆邸谓：“端王系皇室懿亲，万难重办。各国亦有议亲议贵之条，此事断不能行。我前日于私邸曾对诸君说过，诸君亦无他议，何以今日又复申此说？”英使笑曰：“我亦知其办不到也。”言次将单开各员名及所拟罪名，逐一朗诵，请中国照办。单内人多，难以备录。中如庄王载勋、右翼总兵英年、刑部尚书赵舒翘、山西巡抚毓贤，均请从重论，余以次递减。全权告以庄王、毓贤诚有罪，总兵英年当时并无仇洋实权，不过联衔出有告示，原难辞咎，但讵能正法？至重不过斩监候罪名。至赵尚书舒翘，仅随刚相往近畿调查情形一次，所居地位亦无仇洋之举，更无罪之可科。即谓其不应附和刚相，革其任亦足蔽辜，讵可重论？各公使亦唯唯。文忠复谓：“前数日诸位所言罪魁，并无启尚书秀、徐侍郎承煜在内，今日忽将二人加入，此是何意？”词未毕，义公使起而言曰：“某前日谒中堂于贤良寺，曾问徐侍郎为人如何？中堂告余曰，此人不好。七月初三，监斩许侍郎景澄、袁太常昶，即是他；十七监斩徐尚书

① 恽毓鼎：《清光绪帝外传》，载孟森等：《清代野史》，中国人民大学出版社2006年版，第505页。

用仪等，也是他；二十一日，两宫西狩，逼令其父徐相国桐自尽者，又是他。此种人，中国不办，各国只好代办。”至启秀之罪，日公使亦获有凭据。文忠愕然曰：“我不过随便一句话，尔竟据为实录。”庆邸以他语乱之，义使始无词。时已傍夕，各使谓，今日开议此案，未能议结，殊为可惜。请先散会，明日再具照会。庆邸出馆时，私谓余曰：“看此情形，英年、赵舒翘或可减罪。”讵越日，各使联衔照会送到，坚执如故，不能丝毫末减。而德使复怂恿其统帅瓦德西，以急下动员令相恫喝。厥后均如来照办理，罚如其罪者固多，而含冤任咎、舍身报国者，不得谓无其人，只有委之劫数而已。[1]

各国索益亟，西安士民集数百人为赵舒翘请命，上闻，赐自尽，命岑春煊监视。舒翘故不袒匪，又痛老母九十余见此惨祸，颇自悔恨。初饮金，更饮以鸩，久之乃绝，其妻仰药以殉。年五十有四，时论冤之。著有《提牢备考》《温处盐务纪略》《慎战要言》《慎疾箴言》《藻监》《前规格言杂录》《慎斋文集》《别集》。

《梵天庐丛录》云：“前尚书赵舒翘之赐令自尽也，据十二月二十五日上谕，本欲定为斩监候罪名，已由臬司看管，家属均往臬司侍候。先一日，太后谓军机曰：‘其实赵舒翘并未附和拳匪，但不应以拳民不要紧五字覆我。’赵闻，私幸老太后可以贷其一死。二十九日，外面纷传，洋人要定赵斩立决之罪。于是西安城内绅民咸为不服，联合三百余人，在军机处呈禀，愿以全城之人，保其免死。军机处不敢呈递。刑部尚书薛允升，本赵之母舅，谓人曰：‘赵某如斩决，安有天理！’至辛丑正月初二日，风信愈紧，军机等自晨六时入见太后，至十一时始出，犹不能定赵之罪。而鼓楼地方，业已聚集数万人，有声言欲劫法场者。有声言如杀大臣，吾等即请太后回京。又有看热闹者。军机处见人情汹汹如此，入奏太后，不如赐

①《梦蕉亭杂记》，第44～46页。

令自尽。至初三日，上谕乃下。是日，晨八时，降旨，定酉刻复命。于是岑中丞衔命往，宣读谕旨毕，赵跪谓中丞曰：‘尚有后旨乎？’岑曰：‘无。’赵曰：‘必有后旨也。’其时赵夫人谓赵曰：‘我夫妇同死可耳，必无后命矣。’遂以金进，赵吞少许，午后一时至三时，毫无动静，精神犹大足，与家人讲身后各事，又痛哭老母九十余岁，见此大惨之事。其时赵之寅友与亲戚往视者颇多，岑中丞始止之，继亦听之。赵谓戚友曰：‘这是刚子良害我的。’岑见赵语音宏亮，竟不能死，遂命人以鸦片烟进。五时，犹不死。又以砒霜进。至是，始倒卧呻吟，以手捶胸，命人推抹胸膛，但口说难过而已。其时已半夜十一时，岑急曰：‘酉刻复命，早逾时矣。何为仍不死？’左右曰：‘大人何不用皮纸蘸烧酒，扪其面及七窍，当气闭也。’岑如法扪之，共扪五次。久之，不闻声息，而胸口始冷。夫人痛哭后，亦遂自尽。赵之体最为强旺，故不易死，又有意候旨，故服鸦片烟不多，以期延捱时刻也。”[①]

柴萼《庚辛纪事》云：“和议成，罪魁之死者死，流者流，免者免，纠纷乃结。太后因更日夜哭泣，两目红肿，谓德宗曰：‘洋人欲索此次祸难之惟一为首者，意盖指我，今幸未提出，不能不感祖宗之默佑也。’”

《西巡回銮始末记》“罪魁奉旨赐死记”云：前尚书赵舒翘之赐令自尽也，先是上年十二月二十五日上谕，本欲定为斩监候罪名，已由臬司看管，家属均往臬署侍候。先一日太后谓军机曰：“其实赵舒翘并未附和拳匪，但不应以‘拳民不要紧’五字覆我。”赵闻，私幸老太后可以贷其一死。二十九日，外面纷传洋人要定赵舒翘斩决之罪，于是西安府城内绅民咸为不服，联合三百余人，在军机处呈禀，愿以全城之人保其免死。军机处不敢呈递。刑部尚书薛允升，本赵之母舅，谓人曰：“赵某如斩决，安有天理！”至［辛丑正月］初二日，风信愈紧，军机处自早晨六点钟入见太

---

①《梵天庐丛录》，第 102 ~ 104 页。

后，至十一点始出，犹不能定赵之罪。而鼓楼地方，业已聚集人山人海，有声言欲劫法场者，有声言："如杀大臣，我们即请太后回京城去。"又有看热闹者。军机处见人情汹汹如此，入奏太后不如赐令自尽。至初三日，而赐令自尽之上谕下矣。是日早八点钟降旨，定酉刻覆命。于是岑中丞衔命前往，宣读毕，赵跪谓中丞曰："尚有后旨乎？"岑曰："无。"赵曰："必有后旨也。"其时赵夫人谓赵曰："我夫妇同死可耳！必无后命矣！"遂以金进，赵吞少许。午后一点至下午三点钟，毫无动静，精神犹大足，与家人讲身后各事，又痛哭老母九十余岁，见此大惨之事。其时赵之寅友及亲戚，往视者颇多。岑中丞始止之，既而亦听之。起谓戚友曰："这是刚子良害我的。"岑见赵语宏朗，竟不能死，遂命人以鸦片烟进。五点钟犹不死。又以砒霜进。至是始卧倒呻吟，以手捶胸，命人推抹胸膛，但口说难过而已。其时已半夜十一点钟，岑急曰："酉时覆命，已逾时矣！何为仍不死！"左右曰："大人何不用皮纸蘸烧酒扪其面及七窍，当气闭也。"岑如法，用皮纸蘸烧酒扪之，共扪五张，久之不闻声息，而胸口始冷。夫人痛哭后，遂亦自尽。按赵之身体最为强旺，故不易死，又有意候旨，大约鸦片烟所服有限也。①

柴萼作《庚辛纪事》："庄王、英年、赵舒翘诸人之死也，太后曰：'上年载勋、载澜诸人，自诩系近支，说大清国不能送与鬼子，其情形横暴已极，几将御案掀倒，惟赵舒翘我看他尚不是他们一派，死得甚为可怜。'言至此，泪下如雨。"②

张伯元作《南亭笔记》卷十：庚子罪魁，汉人中仅一赵舒翘，董福祥虽亦汉人，实回族也。赵死时，以皮纸外涂烧酒蒙于七窍，移时始绝。至

① 清佚名:《西巡回銮始末记》，载中国历史研究社编:《庚子国变记》，上海书店1982年印行，第106页。中国史学会主编:《义和团》(第1册)，上海人民出版社、上海书店出版社2000年版，第324～325页有类似记载。

② 中国史学会主编:《义和团》(第1册)，上海人民出版社、上海书店出版社2000年版，第328页。

今其乡里中之顽锢者，偶谈及赵，犹太息咨嗟。

《庚子国变记》载：初六日（24 日），赐英年赵舒翘自尽。年舒翘已下按察使监视，岑春煊遗年药，年死狱中；舒翘服诸毒不死，竟勒杀之。年善望气，以术幸太后，太后使视醇贤亲王奕劻茔，茔东白杏高百尺无枝，气成五采，年视之，大吉，归报太后曰："物莫能两大，此其祥也，请伐之。"代之得白蛇不可胜数，树若有血焉。其夕茔树尽死。载勋为步军统领，年以右翼总兵佐之，为拳将横甚，陵轹大臣，然视载澜为谨矣。舒翘习律令，以刑部主事外任，五迁至尚书，颇自喜。大阿哥之立，大召对群臣，太后出诏书遍视之，皆失色，舒翘独前贺曰："赖社稷之灵，天下臣民有主矣，复何疑，臣犹恨其晚也。"太后大喜。其自涿州归，极知拳匪当肇祸，以附刚毅故，盛绳之，卒以此死。拳匪之杀白莲教也，狱不具，即反有迹，案律妇女不同谋，不缘坐，舒翘心知其冤，私窃叹，然不敢言。其于速化取容，天性也。

民国蒋芷侪在《都门识小录》中说："当光绪戊戌时，赵舒翘为刑部尚书，六君子案作，孝钦后震怒，召见赵，命严究其事，赵对：'此等无父无君之禽兽，杀无赦，不必问供。'孝钦颔之。赵有门生某君任提牢厅，与杨锐、刘光第为同乡，稔知其冤，求赵按律审讯。赵初唯唯，越数日，闻将处决，某大骇，谒赵，力陈杨、刘与门生同乡至好，此案稔知其冤，请老师奏请分别审讯，声泪俱下。赵悍然曰：'汝所言者，友谊也。我所执者，国法也。南山可移，此案不可动。汝速出，旨即下矣。'某恸哭而去，闻者莫不谓赵之残忍。越三年，庚子拳乱作，赵一言丧邦，两宫西幸，到西安后，命左右拟旨，赐赵自尽。旨拟就，呈孝钦阅，因他事搁置未发。已逾数日，忽左右有人问赵事如何处置。孝钦怒曰：'此事还未办么？'日已向晦，使左右速宣旨，限今夕四钟复命。前任提牢厅某君及大同县令张鸿龄均在侧，张亦赵之门生也，为赵具衣冠，北面叩头领旨谢恩毕，服鸦片不死，服鹤顶血、服金均不死。时夜将半，使者催益疾，赵呼'取汾酒来’，连饮数巨觥，亦无恙。最后以黄蜡涂耳、目、口、鼻殆遍，后以汾酒、石灰喷厚纸封其面（俗谓开加官），气仍未绝。使者催速以帛勒之，讵赵闻言，犹呼曰：‘请稍缓须臾，即死矣！’然卒不得死。使者曰：‘时限已届，恐获严谴。’急以帛勒之，复以数人力缚其手足，良久始宛转就毙。呜呼，惨矣！先是张等闻赵有赐死消息，密电顺天府尹何乃莹，求合肥援救。何得电，谓人曰：‘我不能以一官徇彼。’置不答。未几，何罢职。盖何亦赵之门生，赵虽不贤，而何亦太无心肝已。”①

《西巡回銮始末》云：“启秀，赵舒翘，同以政变后入军机。启建自徐桐，赵引自刚毅，凶德交会，至斯可知。赵起自寒贱，既贵，乃背其师。任苏抚时，夙好清刻；及入政府，亦多预阴谋。”

《西巡回銮始末》云：“庄王，英年，赵舒翘诸人之死也，太后曰：‘上年载勋，载澜诸人，自夸系近支，说大清国不能送与鬼子，其情形横已极，几将御案掀倒。惟赵舒翘，我看他尚不是他们一派，死得甚为可怜。’言至此，并为落泪。”

针对赵舒翘的处分，吴永在《庚子西狩丛谈》中说：“刚赵之处分，凡见过四次上谕。第一次革职留任，第二次交部严议，第三次斩监候，第四次斩立决，改赐自尽。足见前时太后尚有回护之意，其终受大辟，实出外人要迫，并非太后之本心，受诛以后，则言者事事皆藉以诿罪，不免别有投阱之语，故此时太后亦深憾之。一朝失足，则众恶皆归，此亦古今之常态，惟刚已先故，竟逭诛夷，即谓刚赵同罪，刚罪总浮于赵，乃刚免而赵不免，此真所谓有幸有不幸者耶？”②

《庚子西狩丛谈》载：

其时刚毅已先在途次病故，赵舒翘亦赐自尽，太后言及二人，似尚有

---

① 转引自《清朝野史大观》（卷八）《清人逸事》，上海书店1981年版，第67页。

②《义和团》（第3册），第440页。

余怒。谓："这都是刚毅赵舒翘误国，实在死有余辜，当时拳匪初起，议论纷纭，我为是主张不定，特派他们两人前往涿州去看验，后来回京覆命，我问他：'义和团是否可靠？'他只装出拳匪样子，道是：'两眼如何直视的，面目如何发赤的，手足如何抚弄的。'叨叨絮絮，说了一大篇，我道：'这都不相干，我但问你这些拳民，据你看来，究竟可靠不可靠？'彼等还是照前式样，重述一遍，到底没有一个正经主意回覆，你想他们两人，都是国家倚傍的大臣，办事如此糊涂，余外的王公大臣们，又都是一起儿敦迫着我，要与洋人拼命的，教我一个人，如何拿得定主意呢？稍停，又续言曰：'依我想起来，还算是有主意的，我本来是执定不同洋人破脸的，中间一段时间，因洋人欺负得太狠了，也不免有些动气。但虽是没拦阻他们，始终总没有叫他们十分尽意的胡闹，火气一过，我也就回转头来，处处都留着余地，我若是真正由他们尽意的闹，难道一个使馆有打不下来的道理。不过我总是当家负责的人，现在闹到如此，总是我的错头，上对不起祖宗，下对不起人民，满腔心事，更向何处诉说呢？'"①

吴永作《庚子西狩丛谈》：

拳匪之事，当刚赵查验时，是一祸福转捩关键，如此时能将真情实状，剀切陈奏，使太后得有明白证据，认定主张，一纸严诏，立时可以消弭。过此以后，乌合蚁附，群势已成，虽禁遏亦已不及，后来酿成如此大祸，刚赵二人实不能不负其全责。太后谓其"死有余辜"，确系情真罪当。刚之为人，愚陋而刚愎，或真信拳匪之可恃，亦未可定。赵则起家科第，敭历京外，开藩陈臬，并皆有政声，而且学问淹通，持躬廉正，此儿戏鬼混之义和团，能否成事，明白易晓，决不至于不能鉴别。第以劫于刚势，不敢立异，遂至与之骈殉，自陷大戮而死负恶名，未免太可惜矣。②

---

①《义和团》(第3册)，第438页。

②《义和团》(第3册)，第439页。

近闻某公言及赵事，则尤不觉为之扼腕，谓："当拳匪在涿州时，太后命刚赵往验，刚实未往，赵独挈何君乃瀛同行。何字松生，本刑部老司员，殊干练有卓识，二人回京后，均力言拳民之不可恃。何因为赵拟就一折，言之颇甚剀切，赵审阅再三，似碍于端刚，踌躇不敢上"，末谓："上折太着痕迹，不如面陈为妥。"乃先赴荣相处，详悉报告，再见太后覆命，亦经一一据实奏陈，而彼时太后已受魔热，词色颇不怿。先时赵之僚友曾有以大义相责者，赵出告人，谓："幸不辱命，我对军机、太后，均已尽情倾吐，应说尽说，抚心自问，庶几可告无罪矣。"后来点派带团差使，并无其名，赵益自引为幸，谓："从此可以脱离关系云云。"某公所言，委系得之当时事实，并非泛泛，准此而论，则赵于拳匪，并未有阿护之事，最后赐尽上谕中，只坐以"毕竟草率"四字，且有"查办拳匪亦无庇纵之词"等语，即据太后口中所言，亦足证明其始终未言拳匪可靠，参稽互考，情节昭然。只因当时稍有瞻顾，少此一折之手续，又夙因刚援引，相处亲密，致后来中外责言，均以刚赵并举，李文忠亦有刚赴袒匪之电奏，空言无据，无法辨白，卒陷于不测之大戾。然则彼之失足，不在于查验拳匪之役，而在于受刚援引之时，因失其亲，子云中郎，所以抱千古兰滑之恨也，悲夫。顾就此案而论，终不能不谓之冤，青史是非，悠悠众口，吾尤愿为死者一洗之也。①

《庚子西狩丛谈》云："赵赐自尽时，派岑春煊前往监视，赵体质素强，扼吭仰药，百计竟不得死，而岑在堂，不耐久候，再四逼促，词气凌厉，家人不得已，乃以绵纸遍糊七窍，灌以烧酒而闷煞之，屡绝屡苏，反复数次而后毕命，惨矣，然岑亦忍矣哉。"②

唐晏作《庚子西行纪事》："辛丑正月初十，返潼关。于道署，见上

① 《义和团》（第3册），第439页。

② 《义和团》（第3册），第440页。

谕，知严惩首祸诸臣，和约将定也。……赵尚书本定斩罪，因陕人不服，乃改自尽。然自尽未殊，监视者以水湿纸，糊面而死。”①

《西巡回銮始末》云：“赵舒翘初到陕时，即请假十日，携带著名堪舆赴南关外修理祖墓，竭力培植，以期永久富贵。家中聘有精于子平风鉴者五人，终日讲求命相气色，一日三看，以决休咎。其愚诚不可及！”

《近代名人小传》载：“赵舒翘，予素接凤颖士人，皆言舒翘任监司，治其地有年，廉公有威，吏畏民怀，为近百年来良吏第一。及入枢府，乃碌碌随刚毅后，罔有建白。迨奉命抚拳匪，一奉命于毅，不敢持异同，坐此为外人指摘，竟赐死，人无矜其冤者，是可叹已。字展如，长安人，进士，授刑部主事，外任凤阳府，凤六颍四［泗］道，迁至江苏巡抚。丙申，内用刑部侍郎，擢尚书，兼顺天府府尹。貌有咸棱，相者谓其睛暴，虑不得良死。后缢弗死，复饮鸩，仍勿死，以酒噀之，而蒙其面，乃绝。孝钦后亦言拳祸为毅主持，舒翘实负有奇枉也。”②

《缘督庐日记》载：二月初二，“又闻天水尚书授命，执凤石手，以电告急于刘张，两帅覆电，一云：无可设法。一云：无能为力。闻之惨沮。天乎浑良，夫叫天无辜，逝者有知，其为厉鬼以报国欤”。

吉同钧作《薛赵二大司寇合传》：“后拳匪乱作，命展如偕大学士刚毅查办。刚毅信拳匪，以民气可恃入奏，展如为刚毅所沮，不能力争，后扈跸幸西安，外人以袒护拳匪罪在不赦要挟。当时正在议和，朝廷迫不得已，遂以查办草率定罪，赐自尽，命赴狱中。传赐死，展如神色不变，即书绝命词：‘主忧臣辱，主辱臣死。死何足惜？于国奚禆？所难恝者，老母幼子。悠悠苍天，曷其有极！’书毕回顾，其夫人入狱来视，告曰：‘吾死后，受人一钱非吾妻也。’遂吞金，历四五时始绝气，年平五十四岁，其

---

①《义和团》（第3册），第485页。

② 费行简：《近代名人小传》，载《近代中国史料丛刊》（第8辑）。

从容就义如此。阅数日，江苏士民悯其冤苦，汇银六千两助葬，其夫人屡却，终未收受。盖非恩德深入人心，安能于离任、没世之后，犹绻绻不忘耶！亦非廉洁型于寡妻，何能得此贤配哉！同寅挽联有‘四知励清操，强项同悲杨太尉；一死纾国难，刎头不数樊将军’之语，可谓定论。当时好恶相蒙，百年后信史一出，必有能雪其冤者，此即张文端之后身也。”

赵舒翘作“绝命诗二首”：

艰危忽作系囚人，至死难忘一念真。
十载每怀当世事，孤忠何惜老来身。
塞上风霜寒壮士，天涯辛苦老羁臣。
眼前富贵原如梦，绿水青山倍怆伤。

自信率由追古人，冥冥不懈契天真。
只有狂愚为世诟，更无明哲保全身。
恩高宜作沟渠骨，罪重难为草莽臣。
生死由天原不计，满门哭送却伤神。

（《慎斋别集》）

曹聚仁在《许世英半部回忆录》中讲：

在许氏追怀往事中，富有第一手直接史科（有别于道听途说的第二手资科）。《辛丑条约》将订立，清廷对洋人表示引咎，追究义和拳的责任，奉命赐死的有满人英年和汉人赵舒翘，罪名是“纵庇排外”。奉旨执行对赵舒翘赐死的，是因护驾有功升任陕西巡抚的岑春煊和这位矮矮的刑部司员许世英。那天是辛丑正月初六日，财神日的后一天。

许氏说：“皇上赐死，为了要保全他的一个全尸，所以死的方式，可以死者自己选择。赵氏先选了服鸦片。我们看他吞了好些鸦片下面，然后坐在椅子上闭上眼睛等死。我们也站在一旁，看着他也等着他死。我目不转睛的［地］注意他的脸色和他的表情。照佛家的说法，死是人生六大痛苦之一。尤其像他这样一个健壮而肥胖的人，让他慢慢的死去，一定会感到极大的苦楚。我当时曾暗忖，赐他全尸算是皇上的恩典，但对他来说，可能比斩首更痛苦。可是，不知过了多少时候，这位服毒的，除了额上有几颗汗珠，脸色一点没有变。他终于又睁开眼来，失望地叹了口气，对岑春煊说：堂翁，我看怕没有用。于是，赵氏又作了第二回选择：吞金。吞金的结果，只是增加了赵氏痛楚，并未使他断气。那时，已能听到远处鸣啼声了。岑氏奉旨而来，必须在五更以前完成任务，回去复旨。终于，岑氏也等不及赵氏的死，不再征求赵氏的同意，就吩咐用一叠黄表纸，浸湿了热烧酒，覆在赵氏脸上，蒙住了他的嘴鼻，这一下才算完事了。”许氏说："我自己也曾判过很多罪犯的死刑，包括被认为最残酷的凌迟。但就我所看到的情形来说，没有比赵舒翘的赐死更残酷的了！”这也是我们所读到的窒塞性最冷酷的文字。①

许氏作《回忆录》：

唯一使我难忘记的，是当时我的上司刑部尚书赵舒翘（展如）的被处死。我是当场看到他如何死去的少数刑部官员之一。

关于赵舒翘被赐死的情形，据说在若干史料中会有过不少次记载，我没有看过这些史料，我今天追游它，不知和那些史料的记载是否会有差异。但我祇是记迤我当时所看到的实际情形，我不想否定那些记载，也无意证实那些记载，我祇是为我自己的记忆而写它。赵舒翘被处死那天，我现在还记得好像是辛丑年的正月初六日，因为那是财神日的后一天，西安市上大小商店劈劈拍拍放鞭炮接财神过后的第二天，我参加了这个有生以来唯此一次的送丧礼。

拳匪之乱的最后结果，赵舒翘是唯一被追究责任而赐死的汉人（另一被赐死的为满人英年）罪名为纵庇排外。我们今天不必去追索赵舒翘之死

① 曹聚仁：《天一阁人物谭》，三联书店 2007 年版，第 16 ~ 17 页。

是否罪有应得，或是极作了政治上的牺牲品，在那崇尚以忠为首睁几德的时代中，所谓君要臣死，不得不死的思想支配着每个做官的人，我有理由相信赵舒翘对他自己的死，是毫无怨言的。

我记得我们是在晚间进入他被羁押的天牢里，当时来传旨和监视他的，是后来因护驾有功被擢升焉陕西巡抚的岑春煊。赵尚书仍是跪拜领旨，脸上的表情一无异样，既无悲戚之想，亦未表示沮丧。我们问他有无遗言，他昂头想了一下，然后短促的说了一句：这件事，我是应该负责的。其它就再没有说什么。

皇上赐死，是为了要保全他一个全尸，所以死的方式，可以由他自己选择，他先选了服鸦片。我们看他吞了好些鸦片下去，然后坐在椅子上闭上眼睛等死，我们也站在一旁，看着他也等着他死去。我目不转睛的注意他的脸色和他的表情。照佛家的说法，死是人生八大痛苦之一，尤其像他这样一个健壮而肥胖的人，让他慢慢的死去，一定会感到极大的苦楚。我当时会晤赐他全尸算是皇上的恩典，但对他来说，可能比斩首更痛苦。

我注视着他的脸，他的脸上红光满面，我想当鸦片毒发时，他一定会渐渐转白，甚至还会有痉挛的现象。不知经过了多少时候，当我看得眼睛花了，腿也站酸了，他除了额上有几颗汗珠以外，脸色一点也没有变。他终于又睁开眼来，失望地叹了口气，对岑春煊说：云翁，我看怕没有用。鸦片没有用，便得另找可以死的方法，于是他又作了第二次的选择，吞金。

从前有些妇女寻死（那时没有自杀的名称）吞一枚金戒指就可致命了，所以在我们（包括赵舒翘）想来，那可能比鸦片要有效得多。他吞金以后不久，果然似乎有点痛苦的表示，他皱着眉，在椅上不断的转侧着，然而这样持续了很久的时候，虽然能使他感到痛楚，但却不能使他断气。

那时，已能听到远处的鸡啼声了。岑春煊奉命而来，他必须在五更以前完成任务，同去覆旨。当赵舒翘为了死不得而满头大汗时，岑春煊也在急得不断地拭着头上的汗珠。终于，岑春煊等不及死了，他没有再征求赵舒翘的同意，就吩咐用一张黄表纸用熟酒喷湿了，覆在赵舒翘脸上，藉那湿纸蒙住了嘴和鼻子，使他不能呼吸。这次，总算奏效了。他几乎是很迅速地被窒息而死去了。

在帝制时代有许多残酷的刑罚，我自己就会判处过很多罪犯死刑，包括被认碍最残酷的凌迟，但就我所看到的情形来说，从没有比赵舒翘的死更残酷的了。死并不可怕，但要一个活生生的人，使他自动的慢慢死去，他本人的感觉如何，我们无法猜度，但在我们旁观者看来，其残酷比罗马暴君尤有过之。当我途了赵舒翘的死以后，一连好几天连饭都吃不下。我觉得一个人求生固然不易，求死也实在困难。

《庚子国变弹词》第二十九回云：

（唱）庄王自尽已言明，再把那，行在情形说个清。忆自客冬念二十五日，严惩罪首不容轻，澜公端邸都看管，发往新疆待起程。革职尚书犹留任，赵舒翘，他身依旧侍枢庭。英年都宪官虽降，改调他官候帝恩。这日一同颁圣旨，两人革职罪匪轻，况兼定作斩监候，难免市曹身首分。幸喜诏词多开脱，情轻罪重谢洋人。

（白）当天赵舒翘依旧到了朝房，就有苏拉出来说道："内廷有旨，叫赵大人今日不必进内当差。"赵舒翘一听这话，知道不妙，后来一打听，才晓得是已有旨意，将他同英年先在省监监禁，那英年一向是与内监要好的，早已有人报信与他。

（唱）少刻军机拟旨成，两宫过目便施行，大臣捧诏高声诵，英赵二人都跪听。上说纵匪多荒谬，按名定罪不容情。后来说到二人事，言词间，处处原情是圣恩。

（白）上谕上写的是：

"降调都察院左都御史英年，于载勋擅出违约告示，曾经阻止，情尚可原，惟未能力争，究难辞咎，著加恩革职，定为斩监候罪名，革职留任。刑部尚书赵舒翘，平日尚无疾视外交之意，其查办拳匪，亦无庇纵之词，惟究属草率贻误，著加恩定为斩监候罪名。英年赵舒翘均著先行在陕西监禁。钦此。”

（唱）上谕宣完谢圣恩，两人相率出朝门，依然后拥前呼去，来在那，臬使［司］衙门去报名。此际臬司冯按察，朝中旨意早知声，花厅打扫都停当，预备罪员好住身。

（白）却说赵舒翘自从午门下来，立刻就坐了车赶到臬台衙门官厅子上坐下，就问衙门里的人，我的地方在那里。有人回道：“替大人早已预备下了！”赵大人说：“很好，我就过去罢。”当下就有人引他到一个地方，是三间平房，倒也窗明几净。当差的把行李铺盖搬来住下，随后澜公爷、英年依旧呼么喝六而来，亦不过是每人三间房子。澜公爷、英大人跟来的人还在那里闹脾气，嫌这个不好，嫌那个不好，大家亦不去睬他。抚台特特为为派了三个委员看他三个人，那按司狱早晚在内伺候，更不消说。三人之中只有赵大人空闲无事，问这臬使冯大人借了部书消遣消遣，英年每天起来念一遍《金刚经》，澜公爷那里，常常有老公们到此瞧他，除了骂人之外，却是一无事事。

（唱）三人监禁在衙门，合署官员尽小心。此事须传教士看，好叫他，中朝办事信为真。但因监禁非牢狱，恐怕他们议论棼，幸得臬司多计策，围墙另外辟牢门。

（白）臬司冯廉访，就将他三人所住之处，另外圈起一道围墙，开了一个牢门，里面遍立栅栏，过上两天，由首县陪了当地几个教士，前来探视，果然不错，随即具禀本国公使，足见中国办事认真。

（唱）将情禀与使臣闻，和局看来容易成。且说三人在监内，赵尚书彼身毕竟较宽心。只因奉到全权电，许救他身一个人，况且诏书留后步，措词原谅圣恩深。想来不致生枝节，坐在天牢老此身，能得一朝恩旨下，此身便可出牢门。尚书思想多欢乐，那识年新大数临？要识尚书生与死，下回书内再言明。[1]

《庚子国变弹词》第三十回云：

（白）话说赵尚书因为旨意上说的话，多半是替他开脱罪名，有天老佛爷对着一般［班］军机大臣讲起，论赵尚书并没有仇视外人之意。有人把这话传了出来，赵尚书更乐的了不得，说道知臣莫若君，倒底老佛爷明白，看来总有活命的了。因此年里几天，他住在臬司衙门，倒也逍遥自在，就是他太太也进来看过他几次。不过岑抚台相待他们，稍为利害了些，不但四面派了重重叠叠的兵把守牢固，如犯重犯一般，就是连他三人吃的饭菜，只准两荤两素，不准多给他们，这可是岑中丞刻薄之处，不在话下。

……

（白）年里几天，不但赵尚书自以为不死，就是英年，自已亦拿稳不死，不料过年之后，那风声是一天紧似一天。

（唱）纵便朝廷肯降恩，无奈是，外人要索不容轻，因之照会全权说罪首都教活不成！无奈全权把本奏，将情一一奏君闻，朝廷阅奏踌躇甚，感功封疆两大臣。

（白）于是江、鄂两督刘、张二帅，知道其中情由，一面电商全权，一面申奏朝廷，无论如何，总要将赵尚书一人保住。

（唱）感动封疆两大臣，交章论奏到朝廷，先言罪首诚宜办，其内须分轻重情。赵氏尚书虽守旧，并无疾视外人心，去年上谕多原谅，似可宽他一线生。

（白）北京两全权接到刘、张两帅电商之信，亦拟替他开脱。一日，正在一处商议，忽然有一个司员对李中堂说道："这次朝廷办的人所有王公大臣，没有一个不是旗人，单单赵尚书是个汉人，倘若将他开脱，岂不越

---

[1]《庚子国变弹词》（第二十九回），载《李伯元全集》（第 3 册），第 133 ~ 135 页。

显得满洲人丢脸吗？”老中堂一想，这话不错，遂把救他的话搁起，就照了外国人一定要他死的意思，电告朝廷，朝廷无奈，只好聚集军机大臣，进内商议。

…………

（白）那赵尚书前头听了老佛爷的话，后来又接到李中堂密电，说是一人可救，他便放心必是自己无疑。此时虽身羁囹圄，性命是一定可保。不料这天岑抚台叫他，说是有旨，他还想不到是叫他死，等到听见说有叫他自尽的话，他便号啕痛哭起来。

（唱）自想登朝数十春，升官晋秩荷天恩，位居司寇非为小，一直为官多小心。去年拳民来作乱，无端启衅与洋人，朝廷也识非吾罪，监禁囹圄罪不轻。可恨洋人太作恶，与吾竟尔结仇深。皇皇君命难违得，竟使吾，一命今朝不得生。更念家中多未了，老妻儿子靠何人？越思越想肠千转，跪倒尘埃不起身。

（白）岑抚院道：“上谕叫赵大人自尽，就请赶紧自裁，好等本院覆旨。”一面说，一面由臬司把中丞让进花厅，静候死信。这里大家也把赵大人扶起，扶到先住的屋里，等他自裁。先是年内二十九日，外面纷传洋人要定赵大人斩决之罪，于是西安府内绅民好生不服，联合三百多人，在军机处递禀，愿以全城保其免死。军机处不敢逞递，刑部大堂薛允升，本是赵之母舅，对人说道：“赵某如斩决，安有天理！”到了新年初二日，风声愈紧，军机处从早晨六点钟进内，至十一点钟出来，犹不能定他的罪名。但是鼓楼地方，业已聚集人山人海，有说要劫法场的，有说如杀赵某，我们就请老佛爷回京的，还有来看热闹的。军机处见人势汹汹，方又入奏，不如叫他自尽。朝廷准奏。到初三日早晨八点钟，岑中丞奉了这道旨意，满肚皮打算说，奉旨自尽，不知是怎样死法？下朝先去请教薛允升。薛允升道：“老夫做过几十年的刑部，遍查例案，并无专条，但据老夫看来，朝廷不过要他一死，并无一定要他如何死法，由他自裁罢了”。岑中丞听了这话，心上还是疑惑，到了臬司衙门宣旨之后，又问臬司，倒底叫他们如何自尽。

（唱）中丞不学欠聪明，满腹狐疑说不清，认道大臣无死法，悬梁赐帛见明文。其余死法皆从便，此事今朝莫乱行，等彼命终重吊起，算吾已尽十分情。

（白）心上主意打定，便叫左右预备绳子，好等赵大人上吊，如果他用别样死法，好在总有用的。

（唱）中丞说话早存心，无非是，拘定大臣赐帛文，那晓其中全弄错，反教那，犯臣死后再悬梁。果然心里糊涂甚，无怪乎，荣相将伊恨十分。要识赵家怎样死，下面书内细言明。

《庚子国变弹词》第三十一回《赵司寇死谢洋人荣中堂面叱抚院》云：

（白）当下岑中堂［丞］宣过圣旨，赵大人谢恩之后，便问中丞道："老佛爷有无后命？"中丞道："没有后命。"赵大人道："一是有的。"中丞也不做声。赵大人回到自已屋里，那时候太太也得了信，坐车赶来，夫妻相见，不免抱头痛哭一场。太太道："看来总是死的了，要死我两人一同死，我是不独活的。"赵大人叫太太不要哭，说："我死之后，倘若你再一死，这家里的事交给那一个呢？"一头说，一头先吞下一块金子到肚里去。从下一钟起，到了三下钟，毫无动静，而旦精神甚好，说话声音宏亮。那里中丞被臬司让进花厅，原说一下钟吃饭，两下钟再去催他自尽，这里臬司留情，一直到两下钟，才把饭搬出来，等到中丞用过，漱洗之后，恰恰已三下钟了。

（唱）堂堂圣旨不容情，耽误时辰有罪名，抚院生来多迂拙，偏遇着，尚书不肯见阎君。生金吞下毫无用，反觉精神百倍生，这事今朝如何说，花厅急煞大中丞。

（白）其时赵大人的亲友，来看他的人，一起一起的却是不少。岑中丞意思，起先不要他们进来，后来也就不去管他，只听得赵大人的说话声音，越说越高，后来又想到老太太九十多岁年纪，见此痛惨之事，越发号陶痛哭起来。

（唱）老母高堂九十春，不能侍奉乐晨昏，于今犯罪身先死，撇下萱帏年老人。未免有伤仁孝治，想当今，事非得已变初心。既然到此何由辩，恨只恨，刚毅他身害我深。

（白）岑中丞用膳之后，走过来听了一听，听见赵尚书说话声音，愈觉宏亮，竟不能死，看看时候已过申刻，说明酉刻复命，这事如何是了。遂叫人送鸦片与他。

（唱）吞金不能命归阴，一盏乌烟足丧身，但使芙蓉烟毒发，不难送此了残生。尚书一见知来意，忍苦将烟吞进唇，不料时钟敲五点，依然不觉半毫分。

（白）岑中丞见把鸦片烟吃下还是不死，心下好生着急，细想生金子亦吞过，鸦片烟亦吃过，竟其丝毫不动，朝命叫彼自尽，总不能活活将其治死，想了半天，无可奈何，只得再叫人送砒霜与他。

（唱）只有砒霜毒最深，偶然吞下便倾生，任他不坏金刚体，吃下之时了不成。待罪尚书急自尽，倒横床上乱呻吟，腹中颇觉难捱过，眼泪汪汪说不请。

（白）赵尚书哼了半天，嘴里只说难过，然而只是不死，叫手下伺候他的人，替他捕［摸］了半天，一直到十一点钟，依然精神团足。

（唱）大人不肯遽归阴，急煞中丞岑大人，忙与臬司重酌议，似这般，耽延时刻罪非轻。砒霜鸦片生金子，无奈他身依旧生，酉刻宫门难复旨，看看半夜又将临。

（白）岑中丞急的只是跳脚，心下道：“这样不死，那样不死，朝旨叫他自尽，总不能够拿枪打死他，拿刀戮死他，这事如何是好？”

（唱）中丞不语暗沉吟，走过旁边老仆人，启禀中丞有死法，只须皮纸许多层，外面烧酒来潮透，贴住他身七窍门，不上片时当气闭，断无痕迹半毫分。

（白）岑中丞道：“现在对他不住，只好用这个法子了。”

（唱）抚院命将照此行，连忙端整不迟停，高粱烧酒双皮纸，脸上糊来好几层。两个家人动手足，不能动得半毫分，看他身体多强壮，不用蛮功死不成。

（白）双皮纸蘸透烧酒，在他脸上一连贴了五层，方才没了声息，又歇了半个时辰，摸摸心里也冷了下来，这时候总算他一命呜呼。他太太守在身旁，不免痛哭一场，遂亦自尽。大家叹息了一回，中丞方才预备回朝复旨。

（唱）中丞正欲赴朝门，不觉心中自忖论，有旨二人都自尽，应该悬帛命归阴。不知他据何朝律，主意坚牢定欲行，忙向差官开口说，你与我，梁间高挂两条绳。

（白）众人不便违他，立刻把绳子挂好，岑抚院便叫把英、赵两人尸首抬过，把他两人的头颈重复高高吊起。

（唱）可叹二人已伏刑，如今还要吊他们，死尸并未重罹法，此举今朝太狠心！抚院生来多固执，诸官谁复敢多云？走来看过无他说，方始乘舆到午门。

（白）岑中丞复旨回来，遂传首县去请先前那几个教士，重新进监验看尸身，的是英、赵两人，立刻具禀本国公使，叫他们晓得中朝惩办罪魁，并无宽纵，一面饬各人家属，备棺盛殓。

（唱）悉禀中丞吩咐行，分头赶办不迟停，那知哄动绅民众，平地风波一夜生。都说朝廷虽赐死，何曾死后再加刑，今朝将彼高高吊，抚院行为太不仁。

（白）一时人势汹汹，臬司衙门前头，愈聚愈多，有的说要回老佛爷的，有的说要当面问问岑抚台的，还有些不逞之徒，要趁势与洋人为难的。岑中丞听见这个风声，心上好生害怕，不敢走大门，从便门溜到大街，奔到荣相宅中，请他作主。

（唱）一向中丞多小心，怎禁得，一朝人众闹纷纷，他身做事原来错，人死如何再吊绳？惹动士民兴义愤，倘然是，杀人闹教祸非轻！想来想去无方法，只得向，恩相私衙讨救兵。

（白）当下一肩小轿，抬到荣相宅前，下轿进去。门上人是认得的，便问大人为了何事，如此惊慌。抚院连连摇首道："不好了！不好了！说来话长！费心转禀中堂，说我在此求见？"

（唱）门公见彼急情形，只得通知相国声。荣相闻言也吃吓，连忙出外见中丞。请安相见无须说，荣相当先把话云："动问老兄何事体，今朝急得这般情？"

（白）抚院当下便把英、赵如何自尽，死后不合又将他吊起，以致大动士民公愤，要和晚生为难，祸在眉睫，要求老中堂作主。

（唱）中堂听说自沉吟，忽地冲天怒气生，便把抚军来训斥，"你今办事欠分明！两人赐死方嫌重，无可如何谢外人！死后又将他吊死，国家那有两重刑？我与你，自家首领方难保，如此行为太狠心！无怪士民动公愤，问君何以对苍生？"中堂说罢频摇头，只吓得，胆小中丞坐不宁！

（白）那抚院听了中堂言语，坐又不安，立又不稳，歇了半天，只得重新站起来，请了一个安。回道："这件事情，晚生自家知错，但是等到闹出事情来，那时候更为不好，还是求求老中堂，今日无论如何，总要将俺搭救？"

（唱）抚军软语再求情，倒底中堂权变深，口口声声来抱怨，并替那，赵、英两个诉冤情。道他一死同为国，他实心中愧十分，你我他年不如彼，如今岂可胡乱行？

（白）你我自已的脑袋，以后还保不住，只怕还不及他二人死的干净哩！

（唱）我且闻之怒十分，无怪乎，士民个个气难平，倘然闹出非常变，辜负皇家委任恩。愧尔畿疆为大吏，这般残忍枉为人，我今与你无来往，以后无须登我门。

（白）荣中堂说完了这两句话，也不送客，就进去了。这里岑中丞摸不着头脑，只好退了下来，仍走小路回至衙内。心中正在纳闷，一面叫人出去打听信息如何，谁知荣中堂骂他的一番话，当时就有人传了出来，一传十，十传百，这些人倒反称赞荣中堂懂得大体，狠有人称颂他，因此大家空闹了一场，也就渐渐的散开了。

（唱）幸得中堂善解纷，片言吹散许多人，居然有事化无事，抚院心中服十分，倒底他身多阅历，不惭柱石有经纶。两家人，便将英赵来棺殓，开吊诵经不必云。①

陆士谔作《清朝秘史》："赵舒翘已革职留任，因各国恨憾不已，已改为斩监候，囚在西安狱中。西安市民，联合数百人，为舒翘请命。枢臣奏闻，太后命释放回家，赐令自尽。军机拟就旨意，呈给太后。恰因他事，搁置未发，停府数日。后有人问：'赵舒翘事情，如何处置？'太后怒道：'此事还未办么？'日已向晦，使左右速宣旨，限今夕四点钟复命，派陕抚岑春煊前往监视。舒翘两个门生，恰好都在旁边，一个是前任提牢厅某君，就是杨锐、刘光第遇害时光，恳求赵舒翘说情的；一人是大同县知县张鹤龄。二人忙替赵具了衣冠，北面叩头，领旨谢恩毕，同到赵舒翘家中宣旨。舒翘还望必有后命，不肯服毒。妻子向他道：'君不要空望恩命了。咱们夫妇，生则同生，死则同死。'说着，送上生金，舒翘含泪咬牙，瞧着生金，向妻子道：'不意我赵舒翘尽命今朝，我与你们从此永诀了。'说毕，挺直了脖子，硬吞下去。停了好一会子，不觉着什么，处分了一回家事，还是不死。更进鸦片烟，舒翘恨道：'刚子良害我！刚子良害我！'吞了鸦片烟，精神倍长。时已夜半，春煊十分焦灼，再送进鹤顶血去，终无死法。春煊曰：'太后立等着复命，可叫我怎样呢？这明明是难为我了！'舒翘听说，

①《庚子国变弹词》，载《李伯元全集》（第3册），江苏古籍出版社1997年版，第136～143页。

大呼取汾酒来，连喝数巨觥，依然无恙。一个番役献计，不如用开加官法子，春煊点头称妙。这开加官法子，好生怕人，用黄蜡涂住耳目口鼻，再用汾酒石灰喷湿了厚纸，一层层封上脸上。当下众番役一齐动手，如法炮制，不意赵舒翘平日补品服得太多，精神充足，这会子竟难绝气。春煊见鸡声唱晓，天已将明，忙叫大家辛苦点子，用帛勒死了，好早早的复旨。赵舒翘听得，喊道：'稍缓须臾，竟要死了。'依旧不死。春煊道：'顾不得他了，快快动手罢！'于是缚住手足，用汗巾勒住颈项，好半日才宛转就毙。"

王步瀛作《慎斋文集序》："当庚子五月初九日，先生奉朝命诣涿州查看义和拳，随员为浙人何君汝翰、乡人杨君枝茂。十四日复命，何君请具折，先生曰：否，面奏可耳。后闻面奏有'拳匪无天无法'等语，即在刑部对僚属言，亦谓拳匪如部中罪囚、如市丐，决不能成事云云。是先生当日并未附和义和拳，固大异于诸王公之昏昏也。故厥后彼人罗织祸首，朝旨仅坐以'草率'二字。当辛丑正月初三日赐自尽，皇太后时在西安行都，闻亦为隳泪。自古忠臣义士，有时君父亦不能保全，尚何言哉？而或者谓先生当时奚不以去就争？奚不以死生争？亦事后成败论人之见矣！"

雷颐在《"臣不得不死"》中认为"在封建专制体制下，明明是'圣上'铸成的大错，也总要由'臣下'承担责任，因为'天子''圣明'，永不会错。所以慈禧在谈此次'肇祸之始'时，只是愤愤地说：'这都是刚毅、赵舒翘误国，实在死有余辜。'没有丝毫自责之辞。这种只责'臣下'不责'圣上'的观念影响颇深，时人及后人评论此事时对赵舒翘都有严责，认为正是由于他未据实禀报才'酿成如此大祸'，若他当时'能将真情实况，剀切陈奏，使太后得有明白证据，认定主张，一纸严诏'，义和团便'立时可以消弭'（《庚子西狩丛谈》）。'（赵）昧于理、盲于势，辱名丧身也宜哉。'（张海沤《曼陀罗轩闲话·赵舒翘》）'至今论国是者，追原祸始，犹叹息痛恨于赵之一言几丧邦也。'（孙静庵《栖霞阁野乘·记赵舒翘之轶事》）这些评论当然不能说不对，但据实禀报谈何容易！许景澄等人对时局的判断、利害的权衡、灾难性后果的分析，异常冷静、客观、透彻，而且明明是根据慈禧‘诸臣有何意见，不妨陈奏’的懿旨坦陈己见，但他们不仅未能说动慈禧，反因意见与慈禧不合，被斥为‘任意妄奏’，竟惨遭杀身之祸！在这种情况下，赵舒翘不敢据实禀报不能不说情有可原，仅仅严责赵舒翘显然有失公道。主和也好，主战也罢，谎报军情也好，据实直陈也罢，这些大臣最终都不免一死。义和团时期这些大臣的悲惨命运，实际是封建专制社会君臣关系的真实写照。大臣往往处于两难困境之中，若直言己见，往往触怒当道；倘曲意逢迎，一旦铸成大错，则要承担全部后果，而且在这两种情况下都可能性命难保”。[①]

赵舒翘死后，母老子幼，妇孺皆知其冤，为他抱屈，在陕西地方曾长期上演表现赵舒翘临死前痛苦委屈的独角戏。[②] 慈禧也明知其冤，曾为之大哭。[③]

沈家本在辛丑年被联军释放后，赴西安行在，曾往赵舒翘的坟上哭奠，并作有诗《大元村哭天水尚书》：

海内论知心，知心能有几。与君交素淡，公庭接冠履。
沈埋簿书中，讵遑计毁誉。君独语同僚，推许多溢美。
五马去濠州，鹏翮程三徙。述职来春明，欢言酌芳醴。
洎余守渤海，金阊列戟棨。云泥分虽隔，尺素通迢递。
朝命总秋曹，执法少偏倚。进贤陈密勿，旁采及葑菲。
闻我考绩来，相迎乃倒屣。旧侣遍评骘，阳秋有臧否。
用法寓慈祥，设我识此旨。一面成永诀，耿耿情何已。
妖气起畿甸，张皇到山鬼。亲贵诧奇术，假以雪吾耻。

① 雷颐：《历史的裂缝：近代中国与幽暗人性》，广西师范大学出版社 2007 年版，第 74 页。

② 陕西师范大学何清谷教授系长安耆宿，据他 2002 年告知，幼年曾在乡里观看关于为赵舒翘鸣冤的陕西地方独角戏。

③ 参见《慎斋年谱》。

君独知其非，密陈不可恃。孤愤尼众咻，愔惄势难止。
西狩遂入秦，流离叹锁尾。群雄益鸱张，移檄究祸始。
始祸众亲贵，误国魄应褫。君乃罪此难，系铃铃谁解？
入觐咸阳城，出城访启里。躯车渡沣桥，长虹跨波起。
其长廿四丈，工鉅君所庀。行人免徒涉，利济颂桑梓。
入村问君屋，方兴役又罢。古寺一抚棺，萑兰频挥涕。
馨欬眷畴昔，浩落固如在。万恨何时平，千龄终已矣。
拭泪强回辙，就车还嘘唏。言之愧不文，奋笔畴为诔。①

海沤《晏陀罗轩闲话》“赵舒翘”条云：“赵舒翘以袒义和拳匪正法，此人皆知其罪有应得，初不知其实自误于迷信。赵善星相，精子平，每自相其面，并断己之八字，均以庚子年必遭凶险。又每年元旦，赵必卜一岁休咎，是岁元旦，卜亦不佳，心甚恶之。既而拳匪事起，端王载漪、刚毅用事，皆深信拳匪而纵之者，西太后惑于众宵小之淫辞，亦重拳匪，凡言拳匪为乱民者，辄遭诛戮。赵本不以拳匪为然，及见朝廷重视拳匪，拳匪势又日盛，载漪、刚毅辈威福又大，即朝士稍违者非诛则贬，赵乃触于己之相与命暨元日之卜，眼见反对拳匪者，触当道忌，皆遭杀身祸，恐将实验相命与卜，不若利用时机，或尚有趋吉避凶之望，亦明哲保身之一道也。当时曾以奏请剿匪，商之刚毅，刚怒阻之，遂乃倾心为刚毅、载漪辈所用矣。嗟乎，赵果知命者，命定乌可逃，何必屈己志？既知命而欲逃之，夫岂真知命哉！若赵者，乃深于迷信而惑之者也，昧于理、盲于势，辱名丧身也宜哉。赵为外任时，颇有时誉，苟非精于星学者，或尚不至晚节不终，惜哉。”②

王式通《马嵬驿》诗：“玉颜一死答君恩，天宝重谭谢谰言。谁与马嵬

① 《枕碧楼偶存稿》（卷十一），载徐世虹主编：《沈家本全集》（第7卷），中国政法大学出版社2010年版，第163页。

② 苏曼殊等：《民权素笔记荟萃》，山西古籍出版社1997年版，第9页。

同恨事，行人凭吊大元村。”自注：“庚子拳匪之乱，赵展如尚书实未坿和，而名列祸首，苏人请陆文端疏捄。文端曰：马嵬捄杨妃，庸有济邪？大元村为尚书故里。”[①]

袁树珊《命理探源》引长安赵展如中丞序《于平真诠》云：“星命虽为小道，而所系大焉。近世术士，为糊口计，莫能深究其理，故学术多不精。学术不精，则信者寡。信者寡，则非分之营求愈炽，而安命者愈希。君子忧之，观此可知学问之道，贵乎深究其理。然欲深究其理，宜多读书。不仅宜多读星命书，凡经、史、子、集，有关于星命学者，亦宜选读。既增学问，又益身心。用之行道，则吉凶了然，批谈不俗；用之律己，则行藏合理，人格自高。有心斯道者首当知此。”

又，“赵展如中丞云：禄命之说，未必尽验，然验者常十之七八，其或因山川风土而小异，由门第世德而悬殊。又一行之善恶，一时之殃祥，忽焉转移于不知，此则常变之不同，造化之不测也。要其常理自不能废，而常人多不能逃，观此可知人之命运，间有不验者，因常变不同也。常变之不同如此，但以常法绳之，安得不毫厘千里哉。为星家者，欲求事功圆满，万无一差，必须参以人情物理，询其山川风土，门第世德，以及生时之风雨晦明，而尤须鉴别其心术之善恶，处世之殃祥，然后定其富贵贫贱，寿夭穷通，乃可合法”。

周劭在《向晚漫笔》中的“八大圣人赵舒翘”中议论说：“赵舒翘死于一九〇一年，至今将逢百年。此人当然不值得纪念，但他的死应是个悲剧。我不说他不该死，也不说他死得冤枉，只能说他是咎由自取，罪有应得，或者是死得有些窝囊。”[②] 并认为刚毅才是真正的庚子事件的主要“战犯”，而赵舒翘和刚毅在刑部曾长期为秋审处同事。秋审处是刑部最重要

① 王式通：《志盦诗稿》（卷二）。

② 周劭：《向晚漫笔》，上海古籍出版社 2000 年版，第 29 页。

机构，设坐办八人，号称“八大圣人”。“赵舒翘虽与之同事，因为刚毅是满人，凡事都唯刚的马首是瞻，不敢立异。义和团之原委，赵舒翘何尝不知，朝旨命他去查看究竟，本可据实覆命，但刚毅却一意庇拳，赵舒翘为了恃禄保位，竟然违背自己意旨阿附刚毅指使回奏，大错铸成，成为联军指名欲杀的战犯。”①

正月初八日，《翁同龢日记》云：“见初三日事，则英年、赵舒翘、启秀、徐承煜分别伏法矣，为之永叹。”②

刘古愚作为赵舒翘的朋友，闻赵舒翘被赐死，为之不平。在《与董海观孝廉书》中云：《刘光蕡集》第151页。“正月初八日，闻展如惨受刑戮，为之心恻。展如诚有罪，然朝廷治之不以其罪，而又过重，则展如为冤死耳。此次又有变法之诏，然语皆骑墙，决不能成。变一法逋滋一弊，如中学堂、武备学堂是也。故今日急务不在行新法，而在去旧弊，旧弊之不能去者，始立新法以去之，始有益耳。”③

十一日，晴。王文韶“午正散直，拟至展如灵前一哭，并见其夫人，详询家事，阍者谓主人传语不应受吊，坚阻不得登堂，怅悒而返”。④

甘肃省皋兰县金金文同作《挽长安赵展如尚书》：

哀哉斯人，钟毓于秦。奋迹艰寒，超趠等伦。志坚行卓，虽磨不磷。通籍刑曹，无傍无因。监司藩抚，稠叠恩纶。专圻甫任，又赞枢钧。胡为祸来，惨当初春。吁嗟乎如可赎兮百其身。

四月

“四月，公子璧城等奉先生柩归，卜葬大原村新茔，午山子向。”（《慎斋年谱》）

---

①《向晚漫笔》，第30页。

②《翁同龢日记》（第6册），第3314页。

③《刘光蕡集》，第151页。

④《王文韶日记》，第1017页。

沈家本

沈家本执掌刑部，为当家堂官。《庚子西狩丛谈》云：十月初四，“是日奉上谕：刑部尚书着张百熙调补；葛宝华补授工部尚书。又谕：……刑部右侍郎着沈家本补授”。[①] 沈家本此前为以光禄寺卿。

党蒙

五月十七日，吏部尚书臣宗室敬信等作《谨奏为遵旨议奏事》：

行在臣部咨送内阁钞出兼署云贵总督调任云南巡抚丁振铎奏称：光绪二十六年闰八月二十六日奉上谕：云南云南府知府员缺紧要，著党蒙补授。钦此。查云南府知府系省会首郡，冲繁疲难，最为紧要，于通省现任知府内逐加遴选。查有临安府知府胡春福才明守洁，体用兼赅，合无仰恳天恩俯准，以临安府知府胡春福调补云南府知府，于地方实有裨益，所遗临安府知府遵旨即以党蒙补授等因。光绪二十六年十二月十七日奉朱批：吏部议奏。钦此。钦遵钞出到部。查定例：各省首府缺出，于通省正途人员内拣选调补等语。今云南省云南府知府系冲繁疲难最要缺，例应请旨简放，前经奉旨于通省知府内拣员调补。兹据该兼署督奏请以临安府知府胡春福调任，钦奉朱批交臣部议奏。臣等查胡春福，湖北进士，由户科给事中补放云南临安府知府。光绪二十二年七月初二日到任，核与调补首府定例相符，相应奏明请旨，准将云南临安府知府胡春福调补云南府知府，衔缺相当，毋庸送部引见，所遗临安府知府员缺遵旨即以党蒙补授。谨将臣等遵旨议奏缘由缮折具奏，伏乞皇太后、皇上圣鉴。

六月初五日奉朱批：依议。钦此。

十月二十八日，李经羲片：“署顺宁府知府王恩溥调省，遗缺查有新授临安府知府党蒙堪以署理。”

---

①《庚子西狩丛谈》，第 184 页。

吉同钧

正月初六，赵舒翘赐死于西安。吉同钧撰挽联：“四知励清操，强项同钦杨太尉。一死纾国难，刎头不数樊将军。”（《乐素堂对联》）

九月，薛允升病死于随扈途中，吉同钧撰挽联：“一千里长途随侍，劝膳调药，方冀延年，讵料梁苑星沈，竟尔骑箕归上界。十二年读律质疑，辑汉疏唐，时闻绪论，从此云司秋冷，更无秘钥启法门。”（《乐素堂对联》）

吉同钧作《西迁论》《御夷策》。吉同钧《御夷策》自记：“光绪庚子夏五月，拳匪仇教，入京杀外国公使，致英、美、德、法、日、俄；义、奥八国之兵入京，两宫出狩，先至太原。闻法兵西追，又幸长安，当时国势孔棘，群议御敌定都之法，因作此二篇。篇中所称外国兵甲土地，原系当时情形，后经日俄、欧洲之战，局势大变，与前大不相同也。”

吉同钧作《西迁论》：“开创之初，首议建都；危急之际，必及迁都。建都者，据全盛之局，立不拔之基，可以惟我所择；迁都者，处强邻之逼，为苟全之计，只求去故稍远。虽其所处之时不同，而要旨皆以形势利便、有险可守为万全之计。昔者周平王避戎而迁洛阳，晋元帝避胡而迁江南，宋高宗避金而迁临安，其后或延数百年而后亡，或仅百年而即亡者，虽曰人事，亦其所据之形势异也。平王之东迁也，失丰镐数百里之地，其罪大也，然洛阳居天下之中，周公、召公之所营，北邻于晋，东邻于郑，借二国之威力以号令天下，故其子孙虽弱，而不至骤底灭亡。元帝之时，慕容兴于山东，刘渊起于代北，刘曜据乎长安，三面距敌，仅留江宁一隅之地，其势不至南奔不止，且金陵龙蟠虎踞，王气所钟，故终于晋之世，虽以符坚、拓跋珪之强，不能越淝水一步者，江淮天堑形势足以抚之。斯二君者，虽迁都而尚未大失也。所最失策者，惟宋之都临安耳，当金人入汴之时，洛阳、襄阳、长安犹完土也，故李纲曰：迁都之策，关中为上，襄阳次之，建康为下。乃不用其言，尽弃河洛江淮之险，僻处临安弹丸之地，是以金亮乘胜东下，直捣杭州，元帝仓皇出走，航海东奔，当是时，宋之不绝如线耳，幸而韩、岳合力夹攻，亮始北遁，不然吾恐崖山覆舟之惨，不在帝昺，而在康王矣。此迁都之失计，而一蹶不拒者也。今之时势危矣，万一有变，而议迁都必将如何而后可？循晋宋故辙，迁都东南乎？而长江海口，我与敌共，轮船项（顷）刻可至矣。将念祖宗，故迁都东北乎？而旅顺大连湾、兴安岭半入于俄，火车旦夕可来矣。昔人有言，中兴之主起于西北，则足据中原而有东南；起于东南，则不能复中原而有西北。惟陕西带河阻山，据西北上游之势，如人之头项可以制天下之命，雄关百二，可资守御也；沃壤千里，可富积蓄也；持戟百万，可广甲兵也；溼渭千渠，可兴水利也。是故沛公一入而王汉中收巴蜀矣；符秦一入而平燕赵克西凉矣；宇文一入而灭高齐吞萧梁矣；李唐一入而举秦凉答郑夏矣。居今日而议迁都，舍此将焉往哉，然吾犹有虑者，固国虽恃山谿之险，而建都必以足食为先，汉唐皆都长安。汉唐皆都长安，汉用赵充国屯田之策，塞上广兴开垦，又用赵（晁）错之谋，使民入粟补官，故当时仓廪充盈、京师无乏食之虑，唐则京师天庾，仰给东南江淮之粟，由汴入河，由河溯渭入京，故当肃、代播迁，卒能光复旧都，东南财赋足以供给军饷也。今则屯田制废，西宜黍、宜麦之地，尽变而种罂粟，衣食之源已塞，而黄流（河）北徙，济河久湮，江淮之舟不通于河，若由陆飞挽，则自清江由汴入河，相距千里，所费不赀，漕运又复不便，纵使迁都于彼，而一旦有事，仓储空虚，必致内溃之变，然则垦荒劝农，修河积粟，诸政诚今日陕甘之急务矣，此又谋国者所当加意预筹者也。”

《御夷策》云：

夷狄之祸中国久矣，周有猃狁，秦有匈奴，汉有单于，汉有五胡，唐有回纥、吐蕃，宋有复、辽、金、元，明有蒙古、倭寇，大抵互相盛衰。中国强则望风吐款，中国弱则乘隙侵陵，历代皆有，然未有如今日之甚者也。何者？历代夷狄皆崛起于西北，北有榆关、居庸关、偏关、雁门之险，西有玉门、戈壁、葱岭、瀚海之限，御之尤易，今则西南邻英，西北邻俄，南邻于法，东邻日本，四面受敌，防之不胜防矣。历代夷祸仅一二国，多亦不过十余国，虽晋宋受祸最深，然宋仅夏、辽、金、元四国，晋则五华乱华，极其丑类，如西凉、四燕、三秦、二赵、一夏统计，止十四国，今则五洲逢起，俄、英、美三国地大物博，甲于中国；法、德、日本，陨幅（当作“幅员”）虽隘，然国小而毒，几与中国抗衡；比、奥、义、土、瑞典，连国、荷兰、瑞士、西班牙、葡萄牙、希腊、波斯十二国，皆能独树旗帜，不受人制，他如南美洲之巴西十余国，斐（非）洲之埃及十余国，以及亚洲之南洋、吕宋诸岛，回部各国，暹罗、缅甸之类，尚不下百余种也。历代夷狄与中国同处亚洲，近则千里，远止万里，更远则限以峻岭，隔以重洋，舟车不通，无能为患，今则风气日开，轮船、汽车、铁路、电线交错于五洲大洋之间，虽合东西地球之遥，历两月而周一转，诚开辟以来未有之奇也。其种类愈滋愈繁，其土地愈开愈广，其心思愈出愈巧，其机器愈造愈精，要莫不垂涎中国以逞其鲸吞蚕食之谋于此，而求御制之道，不诚难哉！

将忖海防以御之，而广东之广州湾为法有矣，香港为英有矣，福建之澎湖为日本有矣，日本之膠州为德有矣，奉天之旅顺大连湾为俄有矣，其上海、天津、宁波、亦皆为各国租界所占，是海口全失，无险可设也，其难一。

将练甲兵以御之，中国兵本单弱，近又大加裁汰，且落。中国兵由招募，军多空额，不若外洋之尽人为兵，无事归农，可省养兵之费；有事充军，无须新募之劳，最得三代遗意。且以外洋现在兵数计之，俄陆兵一百十三万五千，兵船三百十九只；德陆兵一百二十三万五千；英陆兵二百五十三万四千，军船四百六十只，较中国或多一倍，或多数倍，众寡不敌，斯胜负可决，其难二也。

且御敌全资利器，近则行伍阵法，尽学洋操，决枪、子药、巨炮、战船购自洋国，间或自为制造，亦拙笨不适于用，一旦疆场有事，各国严为禁绝，必至无可购买，是我以有限之枪药敌彼无穷之利器也，其难三。

御敌又资军饷，中国府库空虚，兼以水旱偏灾，民不聊生，关税所征，地丁所收，尽以抵还洋债，而朝廷犹兴不急之土木，官吏愈肆无厌之侵蚀，入项日减，出项日增，至于外洋各国，利源日开，英国丝煤，岁增数千磅矣。美国绵布岁增数万缗矣，以我枵腹之士当彼素饱之兵，不待交锋而知其倒戈矣，其难四。

然则如之何而可？曰：以兵御夷不如以民御夷，以力御夷不如以德御夷，以我御夷不如以夷御夷也。孔子论政，去食去兵，而归本民信。孟子言战，天时地利而先重人和，诚以民情爱戴，虽一成一旅亦可中兴大业，士心固结，即流离播迁，皆能恢复旧都。中国轻徭薄赋，仁爱斯民，往者咸丰之世，发逆糜烂，几遍天下，而泰西三大国伺隙捣虚，兵临城下，当是时，京都残破，文宗北幸，国势岌岌不可为矣。而卒能转危为安者，则以民心之未去耳，即近年焚烧教堂之事，层见叠出，此皆愚民忠君爱上、崇正除邪之心所激而发，未可厚非也。彼外洋各国政繁赋重，灭绝伦理，无论中国不服其教，即彼国之人亦皆苦于供億，其不敢背而他去者，畏之非爱也。中国地土、兵甲，虽逊外洋，惟生齿之繁，甲于各国数倍，诚能养其忠爱之忱，作其义愤之气，任彼坚甲利兵而合三亿六千万之众，不难制梃以挞之矣。此所谓以民御夷者也。

从来以富强立国者，其力虽能混一海宇，然不再传而骤底灭亡，秦、隋是也。以礼教立国者，其后嗣虽孱弱不振，而纪纲法度之维持，犹能绵延（延）数百载而不亡，宋、明是也。试以春秋形势譬之，区区之鲁、卫，较之齐、晋、吴、越，其强弱不待辩而明矣。然吴越肆其封豕长蛇，荐食上国，不数年而邱社为墟矣；齐晋逞其夸诈功利，凭陵小国，不数传而齐亡于田、晋分为三矣。若鲁卫者，守周公、康叔之法，崇礼教而重信义，犹得与齐、韩、楚、赵、魏相终始于战国之世。今英、俄、德、法，春秋之晋、齐、吴、越也。中国，春秋之鲁卫也。目前虽弱强不敌，然彼以诈，我以诚；彼以暴，我以仁。将来国祚绵延，亦未必在彼下也，此所谓以德御夷也。今夫私智诡道，圣贤不言。然今日与鬼域相交，则先轸之阴谋、陈平之奇计，亦不可不参用也。语云：知彼知此，百战百胜。尝细察泰西各邦情形，英、俄、德、法十六国，逼处欧罗巴一洲，犬牙相错，争夺搏噬，无岁不兵。自华盛顿之叛，而英与美为世仇；自拿破仑之兴，德、奥、英、俄与法为世仇；自黑海之战，而俄与英为世仇。英自兼印度，开澳洲，跨有五洲之地，地广国富，难与争锋。俄自灭波兰，辟而（西）伯里亚，横有欧亚二洲北地，政治修明，兵强马壮，与英争雄长。意、奥、比均附于英。德法均畏英逼，阳结英而阴实附于俄。日本亦畏俄逼，外交俄而内实附英。近年来，俄与英因争印度构衅矣，英与法因争苏丹构衅矣，美与西班牙因争吕宋构衅矣。今日之中国，连英则俄兵北入，连俄则英兵南至，莫如牺牲王帛，待于二境，阳结二国之好，及时修吾政刑，结吾民心，阴行反间之计，使彼互相猜疑，互相牵制，如鹬蚌之相持，而我坐收渔人之利焉，庶有豸乎？不然，逞小忿而轻于一掷，恐不免贻息侯伐郑之讥矣。是在总理事务者所当随机应变，观衅而动，不可以胶柱求者也，此所谓以夷御夷也。

萧之葆读吉同钧以上两篇后注曰：“中外局势，地理源流，了如指掌，故能言之凿凿，《御夷》《迁都》两篇，直可作奏疏读。听讼读律之暇，乃能有此煌煌大文！坐言起行，为君馨香祝之。”

罗维垣读后批注：“昔人云正位居体者，以中原为喉舌，不以关陲为襟带。未有三面临边，一面制敌而足以挖引天下、为子孙帝王万世之业者也。我朝如有议迁都之举，不易尊论。”

吴怀清读后批注：“三策御夷，有体有用。近世瞀儒，未知大道。摭拾新闻，便侈口竞谈时务，奚足当万家一噱。”

是年正月，周福清被释放回家。周作人在《知堂回想录》中有一段文字："介甫公自癸巳入狱，关在杭州八年，终于辛丑年正月里奉旨准其释放，回到家里来了。这件事是由刑部尚书薛允升附片奏明，因拳匪闹事时，在刑部狱中的犯人都已逃了出来，可是到事平的时候又自去投首，刑部遂奏请悉予免罪，薛公乃援例推广，把在杭州的介甫公也拉了进去，请准一律释放，这里明系有人情关系，虽然介甫公不曾自去活动，或者薛公因为是秦人，性情厚道的缘故，顾念年谊，所以肯这样的援手的吧。虽然后来介甫公偶尔谈到薛允升，仍然说他乃是胡涂人，他平常总说'呆皇帝，昏太后'的，那么这种批评也是难怪的，不过薛公的'出力不讨好'的做事精神，总是值得佩服的吧。"①

周建人在《鲁迅故家的败落》中也讲：

我祖父是怎么释放的呢？在八国联军进北京时，慈禧和光绪逃了，大小官员藏的藏、逃的逃，在刑部狱中的犯人都已逃了出来，可是到事平后又投案自首，刑部奏请统统给予免罪。刑部尚书赵舒翘已被赐死，新提升的薛允升就按这一案例推而广之，把关在杭州的祖父也一起释放。

我们都奇怪这薛允升怎么这样好呢？

祖父薛允升是他的同事，却是个糊涂人。祖父说，糊涂人好做官。祖父又说，释放的公文到杭州府后，牢头没有立即放他，而祖父已经接到刑部同事的来信，知道自己已经老佛爷开恩获释，他知道这是监狱里的老规矩，要钱。果真，牢头来向他要钱了，祖义就掮起门闩，追着牢头要打，牢头没有办法，只好白白把他释放了。后来，祖父又和我们讲了薛允升的前任刑部尚书赵舒翘的故事：

八年前，当我祖父出事时，受到追捕，而赵舒翘正是浙江臬司。我祖父投案后，这一案子是他经办的。我祖父关进杭州监狱后，赵舒翘升迁了，而且升迁得很快，做了刑部尚书。可见他一定有做官的诀窍。像会稽

---

① 周作人:《知堂回想录》，安徽教育出版社 2008 年版，第 45 页。

知县俞凤冈，几乎做了一世的知县，既没升，也没贬，他的绰号叫“俞独头”，我们家乡把书呆子叫书独头，这“俞独头”的意思，也就是说他书呆子脾气罢了。

正在赵舒翘飞黄腾达的时候，义和团起事了，在要不要利用义和团这个问题上，他站在慈禧太后这一边。当然啰，要做官，只能先承旨意，这本来也是无可奈何的事。可是，等到八国联军进京，追索罪魁祸首的时候，赵舒翘也就在内，逃不脱了。

庚子年后是辛丑年，在正月初六，家家户户在过新年，赵舒翘家里却来了两名钦差，要赵舒翘接旨，圣旨里写着赐令赵舒翘自尽。赵舒翘谢旨后，请钦差在客厅里坐，自己走近内室。

这一消息立刻传遍全家，家里已乱成一团，哭声震天。但是，君叫臣死，臣不得不死，赵舒翘吞金箔自尽了。

吞了金箔以后，赵舒翘虽然十分痛苦，但一下子断不了气。两位钦差在客厅里大叫大嚷，“咋还不死啊？这叫咱怎么回去复旨啊？”“这是皇恩浩荡，赐死是全尸，别不识好歹。”

家人赶紧赔笑送礼，一面飞奔进内室，报告钦差在发脾气了。赵舒翘听了，吩咐家人快快给他“跳天官”。

我不懂什么叫“跳天官”啊？我祖父说，这是皇帝赐死时采用的一种方法，家里的人用烧酒浸了皮纸，一张又一旅地贴在和官的脸上，鼻孔和嘴都被堵住，又是闷，又是醉，赵舒翘就这样气绝身死。家里的人请钦差进内室验明正身，钦差见确实已经死亡，这才回去复旨了。

我祖父虽然在监狱里，但他的消息却着实灵通。他说，庚子时首倡攻使馆杀洋人，本是载漪，可是载漪却没有死，只是发往新疆；辅国公载澜也很积极，也没有死，也是发往新疆。慈禧把这些人包庇下来了，却把一些次要人物，如庄亲王载勋、都察院左都御史英年、刑部尚书赵舒翘定为赐令自尽。赵舒翘尽忠太后，由此而升官，也由此而死亡。

我祖父说到这里，不禁“昏太后、呆皇帝”地痛骂起来，大家听了，不由得吓一大跳，这不是犯上作乱，要杀头的么？大家都替他捏一把汗，可是祖父自顾自地痛骂着。[1]

武瀛

三月，补授贵州司主事。

五月，题升福建司员外郎。

七月，陕西赈务告竣，保奏赏加三品衔，俟升郎中。得知府后，在任以道员尽先补用。是月，在秦晋赈捐案内奖叙花翎。

《光绪朝实录》载：七月丁卯“以襄理陕西赈务出力。予员外郎武瀛、主事霍勤燡优叙”。

霍勤燡

五月，遵例报捐候选知府。

七月，赈务告竣，保奏以道员分省补用，并赏加三品衔。遵例报捐，分发甘肃。二十日，经钦派大臣验看，二十八日由吏部带领引见，奉旨著照例发往。

萧之葆

赏加四品衔，历任四川、直隶司主稿。

张成勋

二月，服阕。张成勋从汉阴赴西安行在，赴部投供。

四月初五日，拜见军机大臣王文韶。《王文韶日记》载：四月“初五日阴。巳初二刻散直，前四川川北道张麟阁成勋服阕来见，汉阴厅人，由刑部外放”。[2]

张成勋授安徽凤颍六泗道，兼督凤阳关。抵任，适涡阳匪乱未靖，成

---

①《鲁迅故家的败落》，第 155 ~ 157 页。

②《王文韶日记》，第 1025 页。

勋派兵抚绥安辑，以其地素称薪桂，每遇霖雨，合城艰于炊，乃设官柴局，并捐廉广置滩地，为民储薪，夙人号曰张公滩，立祠祀焉。

高祖佑

五月奏留。

八月随扈。

王之杰

《光绪朝实录》载：正月戊子“以捐资助赈，赏候选道王之杰四品卿衔”。

董康作《清秋审条例》：“清光绪二十七年余由刑部湖广司主稿改擢提牢厅主事。”[①]

1902年，光绪二十八年，壬寅

直隶总督袁世凯、两江总督刘坤一、湖广总督张之洞，会保刑部左侍郎沈家本、出使美国大臣伍廷芳修订法律，兼取中西。旨如所请，并谕将一切现行律例，按照通商交涉情形，参酌各国法律，妥为拟议，务期中外通行，有裨治理。自此而议律者，乃群措意于领事裁判权。是年刑部亦奏请开馆修例。

吉同钧

随大学士裕德去奉天（沈阳）查办内蒙古哲里木盟图什业图亲王被旗下逼死案件。

刘敦谨撰《韩城吉石笙先生德教碑记》：吉同钧“生平精于法学，遇事能断，历任长官咸倚任之。凡疑狱巨案，必待先生审定。大学士裕公德奏调随往蒙古查办事件。蒙王激变蒙众，被逼自尽，株连数百人，案积年

①《董康法学文集》，第449页。

不决，先生连讯三次，即定谳，仅诛渠魁四人，余皆分别责释，全活无数”。

吉同钧作《东行日记》：[①]

光绪辛卯（丑）季冬，两宫回銮，振兴百度（废）。越明年壬寅新正，命大司马裕公德前往蒙古哲里木盟查办事件。大司马以事关刑名，须带刑曹知律例者一人，大司寇贵公恒以同钧荐，随即奏准。随带四员：兵部正郎来存、李钟豫，理藩院副郎联绶，刑部即同钧也。查哲里木系内蒙古东四盟之一，共领十旗：科尔沁六旗、杜尔伯特一旗、郭尔罗斯二旗、扎赉特一旗。该盟东南界奉天，东北界吉林、黑龙江，西界卓绰图、昭乌达两盟，南界奉天锦州府、直隶承德府、热河一带。由京驰驿前往，须由遵化州出喜峰口，经朝阳、赤峰两县之间，方抵蒙界。惟现在口外马贼充斥，出没靡常，且俄兵沿途设卡，驿站残毁，碍难前进。大司马再四斟酌，与其冒险遄征，诸多阻滞，不如改由铁路直抵奉天省城，调案讯办。随即具奏，奉旨允准，束装起程。

正月

二十六日七钟，由正阳门外站上车，东行直穿朝阳门瓮城，又折而南，出永定门东边城墙缺处，二十里过丰台车站，又二十里过黄村，又四十里过安定，又四十里过廊坊，又四十里过落垡，又四十里过杨村，渡北运河，又六十里过天津。西望紫竹林一带，烟户稠密，上年残破之处，渐次修葺完善；惟府城拆毁，四面均为外洋各国租界，洋兵盘踞横行，居民时被蹂躏，观者伤之。又五十里过军粮城，又五十里抵塘沽住宿。计日行三百六十里，时方三点钟也。以上经过各点，自京至黄村，系大、宛两县所管；自黄村至杨村，系武清、东安两县所管；自杨村至塘沽，系天津县

① 杜春和、耿来金据近代史研究所图书馆抄本整理，刊于中国社会科学院近代史研究所编:《近代史资料》(总87号)，中国社会科学出版社1996年版。原件系近代史所图书馆抄本。

所管。上年拳匪之乱，联军经过各村，多被残破，现虽大局粗定，而人亡室空，一望灰烬，惨目伤心，曷胜忝（黍）离之感。客栈有俄人管事，能作华语，见人极为款洽，可见"非我族类，其心必异"，古语亦不尽然也。

二十七日八钟上车，十八里过北塘，又四十二里过汉沽，又三十里过芦台，又八十里过胥各庄，又二十里过唐山。自京至此，一望平畴，而天津宁河地更于（淤）下，四周尽成泽国，居民常苦水患。至唐山始见山峦，其地设矿务局，产煤极富，每年得银不下三十万两，故地方热闹甲于通省。各省如能照办，亦开财源之一端也。又二十里过开平，又三十里过古冶，又三十里过雷庄，又三十里过滦州，其地名偏凉汀，南距州城三里，滦河流绕城北。……又三十里过石门，又三十里过安山，又三十里过昌黎，县城即在路北。自唐山至此百余里，北缘山麓而行，而雷庄一带南北皆山，铁路穿山直过，昌黎县城尤在山夹。其北高山即碣石山，《禹贡》所谓"夹右碣石"即此，北距永平府城仅六七十里。永平即古孤竹国，夷齐清风，犹想见之。又二十里过留守营，又二十里过北戴河，又三十里过唐河寨，又四十里抵临榆县止住宿，住县大公馆。计日行五百里，时方六点钟也。以上经过各站，自塘沽至汉沽，系宁河县所管；自汉沽至唐山，系丰润县所管；自唐山至偏凉汀，系滦州所管；安山系卢龙县所管；留守营至北戴河，系抚宁县所管；唐河寨系临榆县所管；而宁河县系顺天府管；丰润县系遵化直隶州管；滦州、卢龙、抚宁、临榆，均条永平府管。自京至此八百里，铁路均系英国所管，每站均有印度兵卡房，火车经过，卡兵持枪端立，望之懔然，可见外洋兵法整严，我中华有所不及。过此出关，至奉天铁路，又属俄国所管。（按：典礼，凡钦差出京，每至一处，三品以上大员须跪请圣安。是日大司马下车，副都统伏于路旁，向钦差跪请圣安。礼毕，随同抵寓，副都统以下文武官均来拜会。）

二十八日早五钟，换坐俄国火车，车较英车窄狭，一切机器水筒稍逊，行亦略迟。俄国派武弁一人，兵丁四名，沿途护送，外示亲厚，内实猜嫌疑忌，阴有伺察之心。幸该武弁豁达和蔼，颇称契合。十里出红墙，入奉天境，又十五里过老君屯，又五十里过前屯卫，又五十里过中后所，又五十里过沙河所，又三十里过宁远州，又三十里过连山，又三十里过高桥，又五十里渡小凌河至锦州府。锦州站头较大，此地为奉天西路门户，府城阔大，辖二州二县，设有副都统以资镇守。至此已十二钟，钦差下车，副都统跪请圣安。礼毕，副都统及锦州府知府以下各官均上车拜会。尖饭后，二钟开车，傍小凌河而行，四十里过大凌河。又三十里过石山站，为往奉天、营口分路之处，如驰驿径赴奉天省城，由此东北直行，经新民、义州以抵省城；如由铁路，必先至营口，再由营口赴奉，须向东南环绕而行。

二十八［九］日早，过辽河。口外地气寒冷，时值仲冬［春］，河冰犹未消融。河岸宽广，约二三里，乘坐爬犁以渡，比及北岸，几费推挽之劳，而衣履已被冰水沾濡矣。……渡河抵公馆，大司马诏拜英、俄、日、美各领事。余亦乘暇出游。市厘［廛］繁华，洋货充积，为东来最富之区。日落时复乘肩舆，移至铁路客栈晚饭。近海之地，鱼虾鲜美，海味最多。晚间八钟上车，六十里至大石桥。火车因候旅顺南来之车，暂停一时，因同大司马下车，偕同俄官入洋栈房小饮。房屋洁白，器具精巧，其中有数十洋人列座夜饮，口操西音，不解一字。俄官邀余并座，初饮汽水，其冷如冰，继饮洋茶，味甘而香，终饮洋酒，浓厚香甜口略带酸味，较内地南酒、烧酒别有风味，大浮大盏，香溢牙齿，大有玉山倾颓之势。夜十二点上车，又六十里过海城县汤岗子，又六十里过鞍山，又六十里过辽阳州。州城在铁路南一里，时初阳已吐东沼。自天庄台至此三百余里，皆一望平畴，田多膏腴。至辽阳复见山，从此东缘山麓而行，渡太资河，古名东梁水，源出兴京。又三十里过烟台，又三十里过苏家屯渡浑河，古名小辽水，源亦出兴京，二水皆有铁桥横驾（架）其上。又六十里抵卜三家子。计夜行三百六十里，时正早九点钟也。此地至省城四十五里，不通火车，系首邑承德县所管，县令及文武巡捕并俄提督，派兵均在道旁列队迎接。下车小住公馆，略浣尘襟。

二月

初一日，乘坐轿车自卜三家子起行，十五里过大石桥，一名永安桥水名蒲河，至此与驿路相投。又十八里过塔湾，又十二里抵奉天省城。自京至奉，驿路本一千四百六十里，俗所称内七外八是也。如由铁路，关内须绕天津，关外须绕营口，共计一千八百六十里，较驿路远四百里。如此长途，五日可到，且免乘骑颠覆之患。外洋制造巧夺天工，可见一斑。（按：此尚系前八年路径，今则由锦州新民直抵省城，不绕营口，自京至奉二日可到，更便捷矣。[①]）

阅日，大司马恭谒昭、福二陵，同事四人留馆。时将军为增公名祺，府尹玉君名恒会，偕同五部侍郎并道府以下，均来拜会晤谈。使馆设于北门外，缘庚子八月，俄人入城，将军以下各官皆避出边外，一切官府公廨均被占据。现虽和议告成，仅退还将军衙署一处，其余公廨仍旧侵占，府尹以下各官均暂住民房。尤可慨者，钦差公馆，关防严密，例应封门，现被俄人牵制，门虽准其封闭，仍以俄兵防守。时局如此，良足悲已。

……其风俗，则旗民杂处，诗书弦诵之风差逊内地。妇女闺閫多不谨严，缠足者百无一二，而强健好讼，最称难治。年来马贼横行，蔓延吉林、黑龙江及蒙古一带，处处伏莽，愈剿愈多，是亦东边之巨患。近又加以俄兵逼处，凡关津要卡，州县城市，处处设兵防守，虽不至如马贼之劫夺杀害，而诸事箝制干预，一切不得自主，闾阎受其欺陵，敢怒而不敢言。呜乎！小民何辜，遭此浩劫也哉！

二月初四日，大司马拜折后，照例封门，增将军又派二员来馆会办事件，一为理藩院副郎元瑞，一为候补知府增韫。同事共有六人，随即发文

---

① 按语当为吉同钧1910年后加。

提案。惟哲里木距奉近二千里，往返须经月余。每日办公而外毫无一事，时而独居习静，时而共坐言欢，时而展卷吟哦，时而拈毫挥洒。昼则美酒微醺，不开拇战沉缅之风，而淡泊差堪明志；夜则软枕独宿，虽无同梦绸缪之好，而清净自可养精神。饱食而后，足行花砖一千步，气血和而痰饮之积潜消。临睡之时，手摩涌泉数百遭，水火济而溺遗之疾可免。加以焚香避秽，啜茗除烦，宾来则开宴角胜，打麻雀以消闲，客去则倚榻高眠，喜蝴蝶之入梦。种种逸情，历历可述。每诵唐人"宾馆有鱼为客久，乡书无雁到家迟"之语，询［洵］党实获我心。

初五日以后至三月初六日以前一月之内，迭奉廷寄三件，寨系查办哲里木事件。大司马交阅查核，共阅过卷宗三十余件，共办稿行文各旗提人十余件。公余又阅国朝二十四家古文十二卷，每有感悟，附笔于后。诸家之文，各有所长，前人论之甚详。以管见窥之，隆、汤二家，理学名臣，其文说理精纯平正，笔气舒畅，雅近朱子。侯、魏二家，才气卓越，议论纵横，惟所见不无偏驳，气味亦少含蓄隽永之致。汪、朱之文，传记甚多，体裁峻洁，吐嘱淡雅，耐人咀嚼，惟理境未见深奥；顾、方二家，谈理深透，用笔纵横自如，气味亦甚雄厚。至随园之文，议论虽未纯粹，神味亦少渊含，而其笔力之矫健透快，如剥蕉抽茧，层出不穷，尤足增人智慧；其宏深洁静，谨严精纯，虽不及各家，而尖颖锐利，诸家亦所不及。其余亦各有独至处，均堪学步。若为刻下刑曹办案计，则袁文尤当三复取法也。窃念古文一道，史汉尚已，唐宋八家如五岳四渎万古不废。自宋人八股肇兴，古文之学渐衰，有明一代，如阳明、震川、荆川诸家，古文亦甚卓越，然卒不逮唐宋八家者，以时文制艺夺其功力也。国朝肇兴，时文之法愈密愈详，而古文之学愈趋愈下。乾嘉以上，犹根柢经义，虽体裁不同古文，而义理法律，亦复相近，故国初大家时文，其胎息皆本古文。咸同以后，时文日趋卑污，学不穷经考史，惟以揣摩剽窃为事，甚有摄巍科、入词林不知十三经、二十四史为何物者，人材衰弱，国运因之，皆八股为之也。今一旦废弃，从此崇尚实学，研考经术、古文，或可复兴。然考试之法既责以策论经义，复试艺学；既试以历代典章，又考本朝掌故，并令通外洋言语文字。夫一人之心思才力有限，而古今中外之载籍无穷，以上智之才专攻一业，独恐难造精微，而今欲责备一人之身，五花八门色色俱备，势必抄袭剽窃，群趋诈伪。吾恐数年以后，人心以骛广愈荒，学术以涉猎益杂，尚不如旧时八股之学，虽无济于实用，尚可束敛横才肆志，不至干犯国纪也。世运至此，可慨也。

三月

初六日，此日两宫谒陵，翠华东指，京通一带，车马蟑联，官民云集。然有心人辄感时喟叹者，以此举非其时也。夫国家承平之世，民物康阜，仓廪充盈，值此春和景明，皇上亲帅王公大臣展谒陵寝，借以伸其孝思为万民先，其时辇舆所至，百姓夹道欢呼，因而省耕观稼，蠲租沛膏，惶煌乎盛典也。今何时哉！拳匪肇乱以来，疮痍满目，府库告罄，幸而天不绝清，乘舆复返故都，正当卧薪尝胆，扫去浮文，力崇节俭，所谓敬天以实，不以文也。况和局粗定，洋兵未退，天津尚为占据，自津沽至上海关，洋兵沿途设卡，防闲侦伺，包藏祸心。万乘之尊宜如何养尊持重，以备不测，乃为此浮文虚礼，以饰觐听，以冒危险，甚无谓也。即幸无他虞，而供亿浩繁，劳民伤财，何苦竭有限之脂膏，崇无益之典礼？虽明诏力从节俭，不许民间摊派一钱，然试问去冬西幸回銮，何尝不诏从节省，而一尖饭之费动逾数千，一行宫之设不下万金。向之诏从节省，皆为掩耳盗铃，而谓此次能不骚扰妄费，其谁信之？天下有同此一事，行之盛时，则为巨典，实有益于民生；行之危时，则为浮文，且贻害于闾阎者，如今日之谒陵是也。政府谏台竟无一人谏阻，人之云亡，邦国殄瘁，忧时者所为仰天而叹，不知伊于胡底也。

三月九日，增将军来谒裕大司马，至此已经三至，同事诸君均因大司马以客礼迓于堂下，亦于堂下站立迎见。余初次重违其意，勉强从列；继思于礼不合，未敢附和。考京官六品以上，无与堂官站班之制。况将军与我并无堂属之分，尤不可降礼徇俗。朝廷体制所在，即吾辈各节攸关，虽违众戾俗，亦所不计。回念供职刑曹十年，除因公画稿外，从未私往堂官宅门投刺请安，其谢得差、拜年节，不过堂上一揖而已。在我安守本分，在人群笑迂拘，知我者又或以简傲相规，谓非仕路所宜。然性情所偏，不可转移，虽因此开罪上台，亦所不辞。乃数年以来，不惟差免罪戾，间有一二堂官反因此格外垂青，迭派优差，较诸朝夕奔走，苞苴钻营者，亦不见十分沉滞。可见立品砥节，虽为流俗非笑，终为贤哲赏识。古人不我欺，一任世揶揄而已。

十一日，收到黑龙江将军卷宗十余件，详细查阅，随即办稿行文该处提人。又阅《京报》载刑部堂官谕饬司员，每日进署在秋审处画到，半月汇齐呈堂，藉以觇其勤惰等因。夫考察司员，必须勤加面试，并令各作说帖，畅论公事呈览，则其律例之通否，才情之优绌，文笔之高下，心术之仁刻，既因面谈悉其大概，再阅所作不难洞见底蕴。若仅以日日画到定为勤劳，则庸才皆可倖进，而真才反致掩［淹］没，日久奉行故事，反多一案牍之纷扰而已。盖面试之法，刚子良大司寇行之于前；说帖之考，赵展如大司寇行之于后。当时政简刑清，人才蒸蒸日上，实由于此。二公晚节虽差，然主侍刑曹，清勤率属，其功究不可没。继起各堂既无二公之吏事娴熟，精力又不足副之，无怪敷衍塞责，徒以画到为考察也。刑部如是，别部可知；京官如此，外官可知。此所以明诏整顿吏治，而吏治愈趋愈坏，皆由倡率之大臣昏庸偷安，不以君国为念耳。呜呼！古人不可得，苟能有曾文正之为封疆，阎文介之为部堂，清正不阿，勤劳不倦，人才可望振兴，国运即不至削替；乃泄沓成风，至今已极，无论曾、阎不再，虽求如刚、赵之不贪不惰，偏长足录者亦不多睹，天下事尚何望哉！书至此，田园之念不觉勃然。

十三日，与大司马商办回复俄官来电，并办稿一件行文黑龙江将军调取旧卷，因谈及变法有感而作。今谈时务者，均以力行新法为亟亟求治之本。夫法至今日，弊坏已极，诚当变矣。然变法则可，而谓必行西法则不尽法，非谓西法不善也。西法之善者皆探本中国圣人创制之遗意而出之。[①]如西法之最善者，莫如兵制、议院，现所急急学步皆亦首在此。然西人之兵制，即《周礼》寓兵于农、唐初府兵之遗制。西人之上下议院，即《洪范》谋及卿士庶民，《王制》爵人刑人，与众议之，[②]《孟子》国人皆曰贤不可[③]之遗制也。即其艺学、算法，亦皆本之《易》数，不过推衍极精耳。现以旧法多弊，拟加变通，取先圣所留贻可以救今时之积弊者，举而措之，化而裁之，斯可矣。董子所谓"琴瑟不调，改弦更张"是也，何必斤斤步人后尘哉？总之，徒法不能自行，其人存则其政举。圣人复起，不易斯言。如谓西法善于中法，行之可以强国，彼波兰非行西法之国乎，何以骤亡于俄也？西班牙、葡萄牙亦行西法最初之国，何以奄奄不振也？如谓中法不足强国，而汉唐最盛之时，西域匈奴各国均隶版图；元初扩地极广，今之俄国皆其臣虏；国初征高丽、缅甸、台湾，一时威振四夷，尔时何常有西法乎！可见得人则法自我立，失人则无法不敝。今之讲行西法者，皆少年喜事更张，不知为治之本，虽曰才智过人，使其得志，不过一王半山［仙］耳。余非守旧之人，然深惧若辈之乱天下也，故为之说以待当道之采择焉。

十四日，阅《申报》感记：税敛之重，至今已极。我朝开国，取民有制，敛从其轻，除盐、茶、酒、矾各项设有专课外，其余百货不过二百分中抽一，藉以抑民逐末，并非敛财佐国用也。自咸丰军兴，国用不给，

---

① 原整理者在"本""中"字中间断开加逗点。

②《礼记王制》："爵人于朝，与士共之。刑人于市，与众弃之。"

③ 此处有脱漏，《孟子》原文作"左右皆曰贤，未可也？诸大夫皆曰贤，未可也；国人皆曰贤然后察之；见贤焉，然后用之。左右皆曰不可，勿听；诸大夫皆曰不可，勿听；国人皆曰不可，然后察之；见不可焉，然后去之"。

始于税外抽收厘金以估军饷，从此相沿不改，然亦止于每百抽二，虽日［曰］病商，尚不至于害农，较诸唐之间架、宋之青苗，并非额外苛征。近年渐加出口、进口税，由每百抽五加至十五、十七不等；至去年赔款浩大，无可搜刮，遂乃巧立名目，无微不搜。如直隶有车捐、船捐，按车之三套、二套、一套，每月收捐二、三、四两不齐。船亦称是。陕西有随粮带征，正粮一两外加征四钱。湖北、江苏各省，有房捐、膏捐、灯捐；福建有水仙花捐；四川有肉捐；上海又有粪捐，每一粪厂，月捐数金。夫物至粪土，贱秽已极，业是者皆属极贫之民，而亦不能免捐，天下尚有何物可逃税哉？又可叹者，赌博一项，例禁最严，近来通行章程，并禁买吕宋彩票，以其类于赌也。乃上年湖督奏准开设彩票，取以抵偿赔款，近更到处张贴，公然售卖，此何事也！而乃见诸明文，形诸奏告，岂非千古笑话！且此禁彼驰，既禁吕宋之票，又复开设彩票，前后矛盾，尚复成何政体。虽属无可如何，出于势不得已，然如此剥削元气，诚恐民不聊生，势必揭竿为乱。此杞人所以日抱隐忧耿耿不寐也。

十五日，承德县李令复来请安，有感记此。余向者歆羡州县有权可以作事，有财可以赡家，时以不得作令为憾。自去年到陕到豫，今又到奉，历观外官情形，始知向之不得即用知县为福。非谓知县不可作也，以己之性情，非州县之伎俩，勉强为之，不惟非福而且有祸。何者？州县一官，上而督抚藩臬道府，以及候补道府，同城提镇学政，处处均须事奉；中间同寅幕友，亲朋委员过客，在在皆须应酬；下而书吏差役门丁子弟官亲，一一均须约束。稍一疏忽遗漏，则罪谤丛集，怨毁交兴，而当局反不知也。以余之疏慢简略，处此万不能周到，勉强为之，久必决裂开罪，所谓不得为福者此也。

再以有权而论，州县固可作事，然近年州县无论小大事件，均须层层禀请，诸多牵制，一有不慎，指为专擅，利尚未兴，罪亦随之。因此苟且敷衍，虽豪杰之士，英锐渐消，亦与庸流同此颓废而已。先儒谓一命之士，心存爱物，于人有济。吾诚有志作事，何必州县，虽京官亦可大开方便之门。即以刑曹论，吾审案勤慎，不受请托，不多传人，随到随审，随审随结随释，求其生而不得，死者与我无憾；应发者早发，勿使久羁囹圄，无辜到案取保，勿致久拖累。凡此数端，行之不懈，功业在此，阴德亦在此，何必待州县之权方可谓作事乎！

至于有财赡家，州县尤不可恃，无论财发有命，优缺不可倖得，即得优缺，而近来赔款急迫，搜括纷烦，缓则严谴，急则激变，此公项之难弥补也。至于私事，缺既肥矣，上台之摊派必多，亲朋之借贷必广，妻妾子女之奢华必增，童仆使令之工食必费，尽如其意则不给，不如其意则生怨，虽一生能甘淡泊，而各项必不能节省，势必入一出二，亏空借贷，如吾师陈筱文是也。再不然，必至有入无出，众叛亲离，儿女利其速死，亲朋鄙不与交，如吾岳王芝农是也。思念至此，州县之以钱贾祸，反不如京官之清淡有味。况吾以寒土得此锦衣玉食，姬妾列屋，已为非分，若再得此陇望蜀，是犹作茧自缠，寻取烦闷，岂不悖欤！韩子云："子不知耕，妇不知织，乘马从徒，安坐而食，圣主不加诛，宰臣不见斥，兹非其萃欤！"吾深有味乎其言。

十六日，阅各省奏报，半系筹赔款、开学堂二事。夫筹款之病民，人所共知，而学堂之病士，多未之察。夫学堂原以求才，吾非谓真才不可得也，但使实力奉行，何不可得经济有用之士；惟能得真才与否，尚在数年之后。而目前之害，则有不堪言者。盖乡塾庠序之士，贫寒居多，其有志上进者，每藉书院膏火为诵读之资；其无心上进者，亦藉训蒙授徒，赡身家之用。苟学堂一开，尽讲新学洋务，凡富家延师，学堂收考，尽皆少年才艺略通洋学之辈，而老师俗儒，均以揣摩时文，确守讲章，不通时务，摈弃不用，此辈谋生之路，其闭户乐饥、安分力农者能有九人，势必越礼犯分，为害乡闾，是又风俗世道一大忧也。嗟嗟！关税增额，既病商矣；田亩加赋，又病农矣；机器洋货畅行，兼病工矣；致改书院为学堂，更病士矣。即书院山长一席，亦系位置林下宿儒与守制闲员之所，今学堂监督均用新学，此辈束之高阁，是又病官之一端也。四民兼病，本实先拨［拔］，而欲国势不危不乱，岂可得乎？

十七日，大司马以食不甘味，郁郁不乐，各处屡送甘旨。将军闻之，加派保倅清管理厨房，缘保倅系京旗之人，或能曲体性情嗜好也。大凡膏粱嗜味之人，全讲烹饪得法，并不在物品贵贱，苟其气不鲜嫩，味不调和，色不明净，虽山珍海味，反不如野蔬长藿可以下箸，不然奉天一省岂乏鱼鸭燕翅诸物哉，良由烹饪失宜也。因思古之名臣，如李文饶、寇莱公皆穷奢极侈，不以寒俭苦其口腹。近代李渔、袁枚亦著食单，讲求愈详，岂不以口体之养，关系生命，未可苟焉已耶。或者枯槁寒酸之气，非所以享厚福膺寿考，故不嫌一食万钱之为费也。况大司马生长世胄，酒池肉林，自少见惯，宜其食不厌精而脍不厌细耳。虽然，此何日哉，素衣欲敝，豆粥难求，曾几何时，我皇上犹应卧薪尝胆，岂臣下可以萦情温饱乎！古之人不以口服累安邑，如闵公者其殆我师欤。

十八日，雨，闷。读唐诗有感："相逢尽道休官去，林下何曾见一人。"可见解组归田，自古难之。窃谓林下固不多见，即使偶一见之，又当察其心迹之真伪安逸，不可遽然信其高节，反为所欺。

十九日，与裕大司马畅谈时事，始知庚子之变，和局成于庆邸、李相，而创始实由裕公。缘洋人于七月二十一日进城后，虽纵兵三日，尚无屠戮虏掠之事。裕公窥其意不在杀，因倡身［首］出头，约同昆中堂、敬冢宰等往见英人赫德，是为议和之端。此后李相、庆王接手开议，诸事渐有头绪。常羡裕氏一门昆弟三人，俱官一品，洵为搢绅佳话。今观仲则效死疆场，叔则创办和局，皆有功于社稷；伯亦积日累劳，循分尽职，位至封疆，彼南阳三葛、河东三凤、王氏三珠，不得之美于前矣。

二十日，是日俄人过节，名为鸡蛋节，火车停工五日，一切军民工匠歇工五日，纵令燕乐醉饱，点染各色鸡蛋，分赠亲友，即诗人蟋蟀山枢之意也。接到黑龙江来电，提讯人犯指日到案。

二十一日，阅《邸报》礼部所议考试详细章程感记。功令取士，首场四书文，二场经文，三场策问。斟酌尽善，无可增损。自试官学问空疏，图贪便宜，遂趋重首场，而首场又专重首艺，以改二三场经学、史学、经济实学敷衍了事。士子揣摩风气，专攻时艺，不讲实学，流为剿袭空虚之病。是典试之人不能切实力行，并非旧法有不善也。夫三场策问，原欲士子练习典故，通晓时务，如天文地理，兵农礼乐，屯盐鼓铸，律令河渠之类，即当今之矿务铁路，机器公法，西政西艺结端，均可于策内询问，以觇其才学之通达与否，何须另立名目，徒乱人心。即因近来不讲实学，人材凋谢，而刻下时势所趋，非洋学不可自强，不过趋重三场策问可也，或头场与三场调易可也。

二十二日，人犯案证提到二十余名，当即坐堂审讯。共设公案八座，大司马、将军居中，随员六人列坐两旁。早堂先传王福晋、王格格上堂，安设黄案。该福晋、格格向西叩谢皇恩，礼毕，饬坐回话。观其容正［止］端庄，仪容清淑，绝无蒙古粗俗习气。该福晋年三十九岁，格格二十一岁，均能书写蒙字，以笔代舌。一提已故亲王被匪徒逼死情形，泪下如雨，可见至性至情中外一体，不过风俗言语略有不通耳。问毕退堂，大司马、将军告退以后，专委随员研讯，是为问案之始。从此白日审讯，晚间顺供查案，鲜有闲暇涉猎群书矣。

二十三日，升堂，撤去将军、司马两座，共设六座，以官爵论，主事居郎员、知府之后，余官主事，位当在六；以衙门论，刑部在兵部之后、理藩院之前，且问案系刑部专责，未便拘泥官职大小，以故余亦不让，直越理藩院、员外及知府三人之前，居于三座，未免僭矣。

二十四、五两日，迭次坐堂提讯，该犯等初犹狡辩，当以善言开导，并略加严责，并未刑求，而正犯花里亚孙、花联、搭克他虎、约木加卜得及得噶勒桑五人，均无辞可辩，自认逼死亲王，情甘伏罪。随即饬令画供，拟定案情说帖呈大司马鉴定。随奉手批，从重惩办，以儆蒙古刁风。

二十六日，午正坐堂，复讯协理台吉春贝等十余人，并讯该王之叔丹三呢吗。申正退堂。翻阅刑例，查出略卖门内迷拐幼小子女一条，与强盗门内用药迷拐子女情事相同，而罪名反有斩绞之分，似乎自相矛盾，记出待质。

二十七日，巳初坐堂，复讯见证西朗阿三人，午正退堂。未正坐堂，复讯正凶他克他虎、花里亚孙二人，酉正退堂。阅《京报》政务处奏准考试经济特科章程，京官五品以下，除京堂翰林、讲读、科道外，外官四品以下，除现任道府外，无论已仕未仕，并举贡以及布衣，但经堂官、督抚、学政保送，均准与考。初场考历朝史论两篇，三场考内政外交策二道，书法只求端整，不必求工，并许添注涂改等因，令人跃跃欲试，若使十年以前，定当与群英角胜。自叹年将知非，且力不佳，不如卷而怀之，尚可藏拙掩丑也。

二十八、九两日，迭次坐堂，详讯案内余犯，并案外见证二十余人，三面环质，各供均属相符，随即一一画供；惟死亲王福晋及王格格常未画供。

三十日，钦差大司马与将军复行登堂亲审，八堂并坐。提到全案正犯五名、见证二十二名，对质互证，并传到王福晋、王格格，告以案情罪名，当即亲自画供。案无遁饰，应即拟结。共办六人，一斩枭，二斩决，一绞候，二充军。余俱省释。该福晋、格格上堂称谢，钦差赐坐赐茶。格格淡妆浓抹，姿态风流，兰麝脂粉，香溢满堂。福晋缟素淡妆，口操蒙语，啭如莺簧，王家举止，固自不凡。堂下文武员弁，罗列两行，衣冠璀灿，二旁刑书皂吏二十余人，亦皆执持刑杖，衣裳楚楚，洵为一大法场，非同寻常之公堂矣。退堂微雨，晚间大雨迅雷。大司马连日酬劳，屡赐洒［酒］席，此日又赐烧猪烧鸭烧羊烧鱼，皆异味也。

四月

初一日，图什业图亲王旗案件大致问结，随接问扎萨克图郡王旗一案。正坐堂提讯，忽报门外有数十蒙古人喊冤，提讯均系扎萨克图王旗头二三等台吉，呈控该郡王乌泰虐敛通贼各节。红顶蓝顶，跪列数十人，口音哓哓，不辨一字，但见叩头恳恩而已。略问数语，饬退令具亲供备查。

初三日，连日昼夜办公，眼发红肿。大司马送到桔柑、苹果、香梨各物，藉清风火，胜于服药。此皆产于内地，非边外所有，经历冬春，尚复色味不坏，下口香沁齿牙，凉生肺腑。昔陆郎怀桔贻母，孔融让梨分兄，佘［余］无兄母，能不抚然。

初四日，拟就奏底，呈大司马鉴定。

初五日，大雨终朝，即内地黄梅雨也。考蒙古地方，在周为俨狁，汉为匈奴，唐为突厥、为契丹，宋为鞑靼，后灭宋入中国，建号为元，明兴逃走边外故地，累为边患。其人禀北方刚劲之气，筋力强健，耐受风寒。其地不产五谷，水草满地，又宜牧畜，故兵强马壮，历代时被侵陵，畏如虎狼。及明末代，西藏黄红喇玛［嘛］教兴，流传各处，其人感于佞佛、红黄二教，遂以慈悲仁柔之说，易其强梗坚忍之习。凡兄弟二人，即准一人为喇玛［嘛］诵经，终身不娶，由是生齿渐稀，风气渐弱，一变向时桀骜强盛之风。我朝崛起满洲，借其兵力入关以取天下，结为甥舅之国，不以臣民役使，又恐其强悍难制，思所以羁縻而笼络之，于是优以王爵，许其尚主，年班朝见，优以宴赏。广建庙宇，导之诵经，而又禁买汉女，禁读汉书，禁习汉语，禁习汉字，诚恐开其心思，发其智虑，启其聪明，教其韬略，使（不）为边患如宋明之不可制也，是以人心愚昧浑噩，无狡诈诡谲之习，尊王畏法，如同神明。故此次审办案件，虽以福晋、格格、头等台吉之贵，一见钦差，即俯首伏地，惶悚万状，而其他可知矣。不然，如此重案，若在内地虽用尽刑具，积以年月，亦尚不能完结。而现在办理此案，不用刑求，不出旬日［月］，即已尽吐实情，录供成招，拟以大辟，处之极刑，均不翻复追悔，岂问官片言可折，能报人心哉？良由人无诪张之心，官乏巧避之术，故结案如此之速而且易，而梦梦者自诩明决，藉以居功，或虑后患，似［拟］从重典，岂不谬乎！既悯其愚，复哀其死，多方求其生不可得，而不忍见其诛也。故详记始末，以为后之办理蒙案者告。

初六日，提到交审通贼虐民之科尔沁扎萨克图郡王乌泰到案候审，随带百余人皆持枪械，显系包藏祸心，不可测度。是日，增将军因上年俄兵入城避居别处，革职留任，现经奉旨开复，同事均持帖贺喜。查增公才学胆略虽无足称，惟署中大小公事皆亲手批判，不假幕友，自奉淡约，厨无兼味，勤俭有足多者。其持身谨谦有度，待人坦易宽厚，亦八旗大常中之卓卓者。尤有难者，事母最孝，虽官至极品，年过六旬，尚亲手为母作羹，非但不假手庖人，亦不假手妻妾。母性严威，稍不顺意，辄加棰楚，将军安受惟谨，是皆近今所罕见者。国家求忠臣于孝子之门，斯人其庶几乎！

初七日，钦差修理前案奏折，公事稍暇。（按：盛京将军一缺，总理旗民，任兼文武，较内地督抚尤为肩宏任巨；又值中外多事之秋，办理交涉处处棘手。外人恫喝［吓］挟制无所不至，非才略胆识兼优不能措置裕如。增公固不胜任，然另易一人，恐亦犹之增公，或尚不如增之清谨自持也。杜诗："西蜀地形天下险，安危须仗出群材。"余于奉天亦如是云。）

初八日为浴佛佳节，照例不理刑名，不办公事。刑部终年劳碌，惟此日官吏、书役俱不入署，听戏燕乐，各任所之。新任学政入境，各大员均未出城跪请圣安，有误典礼，均归咎承德县事前未曾禀白。该县令前因钦差公馆厨房供应草率，囚粮不丰，几乎撤任；此次又误学台礼节，旬日之前，屡被申斥。可见州县难作，首邑更甚。余之得官部曹，正天之所以玉成也，改外之念从此永断葛藤矣。

初九日，查阅沿路所收呈词百余件，均系馆匪抢掠成陈旧命案，碍难准理，然亦见蒙古之强弱吞噬，法令不行矣。

初十日，奏稿缮好校对，前半叙事处出李毓如手笔，查例载以下系余所拟，入后关涉理藩院处，又有元、联两副郎参酌之处，大司马又几经润色，始为定稿。篇中铺陈非不畅达，惟前路罗列各司员委员官衔姓名，中间将一切无关罪名琐事尽行叙入，竟至敷衍一万余言。且其中叙事未毕，忽加断语，断语之后，复入叙事，亦复杂见［且］无法，岂仿淮阴将兵之法多多益善耶，柳学史公夹叙夹议之法不拘常格耶？解人难索，姑且听之。

十一日早，钦差、将军均升堂，仍列八座，会审郡王乌泰。堂下文武委员侍立两行，均系四五品翎顶，衣冠整肃，刑皂排列。该王身穿四团龙补服，宝石顶戴，三眼花翎，上堂向西跪请圣安，然后向钦差、将军及各问官以［依］次请安，饬坐问话。先寒暄数语，随提揭参各项，均系翻译传述。略问数语，钦差、将军告退。

午后，司官六人坐堂详讯。该王换改朝服，身穿黄马褂，上堂请安，饬坐细问各节，亦尚吐实，不作狡展。查该王素日著名桀骜，且倚外人为护符，未到之先拟必抗慢不服审讯，不料一升公堂，恪恭逊顺，傲气尽消，可见朝廷威令，沿能行于外藩，此案不难了结矣。退堂，饬递亲供。

十二日，未正升堂，申正退堂。

十三、四日，钦差拜发折奏，向西行三跪九叩礼。考地球各国幅陨［员］，向以俄国第一，英国第二，中国第三，美国第四，巴西第五。嗣后英美辟地日广，英、俄之地各皆八百余万方里，美与中国之地各皆四百五十余万方里，巴西三百二十五万方里，此前十年情形也。近十年来，中国疆域割台湾与日本，高丽不归属辖，胶州湾为德所占，大连湾为俄所占，广州湾为所法所占，较前日削，而英新辟之澳洲日益宽广，美亦新有辟地。以现在中国考之，虽求如前之四百五十余万方里亦不得矣，而东三省与天津尚未交还。昔也日辟，今也日蹙，可胜感哉！

十五日，考中国地舆之广，民物之繁，四千年来至本朝为极盛矣。物极者必反，故渐有日趋于衰之势。尝考地球各国人数，中国第一，英第二，俄第三。中国人数在四万万以外，大约四倍于英，五倍于俄。盖中国四千年来，以汉平帝、元世祖、明神宗为户口极盛之时。汉平帝时，民口五千九百五十九万有奇。元世祖时，民口五千八百八十三万有奇。明神宗时，民口六千六十九万有奇。至本朝康熙年间，民数止二千三百三十一万有奇，乾隆五十三年，民数三万七千四十六万有奇，较康熙间增至十三倍之多。道光二十八年会计民数，除台湾外，共四万二千六百七十三万有奇，较乾隆年间又增一万一千九百有余万。此后虽屡遭兵燹，近来休养生息，渐复旧额，是本朝民数较汉、元、明盛时已多七八倍矣。人满为患，亦物理自然之数。是以近年出外洋佣工谋食者，各国皆有，而美国、秘鲁、澳洲各处，俱有虐待华民之法，殊可恨也。

连日腹痛，屡服消导药无甚效验，钦差送来莲子八宝饭、笋尖、糖荠数色，以其滑利清补，较服药不损元气。客病得此，可感之甚，惜腹满不能容受为负耳。

十六日服大承气汤，连泻数次，积秽尽去，妈［始］觉腹中轻松。午后坐堂，发落一千［干］台吉二十余人先行回旗，免其守候拖累。该台吉等虽头戴红蓝顶带，而衣服破滥［烂］缺残，大有纳履踵决之势。其中又有白发老翁数人，千里往返，形瘁容枯，更可悯也。尝叹中国人民心思智虑较洋人已逊数筹，今观蒙民，其浑蒙愚鲁较内地又逊数筹。盖纯厚未凿、易于治服在此，而谋生无术、日致困亡亦在此。当国初富强之时，天下不患贫弱，列祖深谋远虑，用红黄二教以愚蒙古，又用试帖八股以束缚中国人才学士，其意盖谓是可以遏乱萌保太平矣。讵料驯至今日，人乏才智，国致贫弱，诚非改弦更张不能振衰救贫。矿路工艺诸务，虽圣人复作，亦不能不与时变通，然必其人存，斯其政举。德、俄、美、日本之变法自强，横绝一时，亦以有毕士马克、大彼得、华盛顿、伊藤之英君贤相非常人也。不然，新法乱宋，矿貂亡明，安知西学不为乱国之阶梯也，余滋惧焉。

十八日，钦差与将军又升堂，八座会审乌泰及巴图济尔二人。告谕现在办法，姑从宽均革职留任，以观后效。此案关涉外交，该王恃倚俄国，更藉马贼自卫，未便彻底根究，只好含浑了结，若欲如前案之据法惩治，则势有所不行。然刑法仅及于愚氓，而威令不行于强藩，柔则侮而刚则吐，国事从此可知矣。

十九日，前日拜发折内共戮五人，皆系逼毙图什业图亲王正犯，固属罪无可逭，然亦该王平日淫虐有以致之。夫高洋杨广，皆万乘之主也，淫虐无度，皆不得保首领，况外藩蒙王乎！查该王平日设有黑屋，禁死无数良人，其骨骸至有二十车之多。而旗下妇女，轮流给入王府使给，十日一周，一有违犯，去衣拷打，监禁不放。又在京买女四人，俱封福晋，稍不顺意，立即踢毙。此其结怨取恨，非伊［一］朝夕，故一旦众怒决发，不可遏阻，姬妾被人抢掳，独身仓皇出走，毕命于三尺组下，虽曰刁民目无法纪，究不得谓非自取也。《列子》云："无夺人妻而召其怒。"《左传》载楚王临死曰："人之爱其子也，亦如余乎？"呜乎！使图什业图王而知此义，何至酿出今日如此重案，身犯非命，府库被抢一空，止留弱息一女一妻，而匍伏公堂，受辱含耻。彼恃权势陵人者，观此可以鉴矣。

二十日，记向在京都闻雍和宫有欢喜佛像，一如男女交媾之形。今来此地，据蒙古人称说此佛像古语称为马哈拉佛，蒙古各旗喇玛［嘛］庙内俱有此像，其形或坐或睡，式样不一，较之绘画春宫更为活动显露。夫律例禁卖淫书淫画，而神道设教，复为此狎亵淫荡之容，岂不可毁而焚之。间尝深思其故，内地风俗早开，人民蕃庶渐渐日趋邪僻，钻穴逾墙，所在多有，故禁淫书淫画淫戏，所以退闲其心，正风俗也。若蒙古地方，人性愚蒙，情窦未开，又自红黄教兴，群迷皈佛，十人中习喇玛［嘛］者约有七八，人事日少，生齿渐稀。先皇患其种类无遗也，故设此佛像，导其欲心，启其淫念，使之知有人道，不至沦于清净之域，而人类澌灭。所谓因地制宜，因俗立治，俱有深心美意，非迂儒俗吏所可窥也。试观蒙古例内不严犯奸之罪，非纵之也，以其奸非强逼未至于酿命伤人，可治可不治也。又观《管子》制女闾三百以招商贾，越王勾践纵令嫠妇入山蓟合，冀其处齿蕃盛。洋人殖民之法，即祖此意。今之通商大埠，其娼寮妓馆，不禁开设，亦以五方杂处，客旅丛聚，非有此藏垢纳污之处为之渊薮，则奸拐诱逃之案，愈不可胜治矣。此等作用，正与乡间小县禁卖淫书淫画同一正风安民之意。

二十一日，考环球之上，约计一千五百十兆二十八万人，中国约四百兆内外，不外儒、释、道三教。……儒、释、道、神四教，在地球中仅居十分之三，而四教中儒教仅居其半，是儒教在地球中不过十分中之一分半也。现今西教流入中国，小民迫于饥寒，冀避差徭，入习基督者日益增多。朝廷苦于赔款无出，又不力行节省，搜括日急，敲骨剥髓，是直为渊驱鱼也。吾恐数十年后，儒教日益衰微，圣道不绝如线矣，可不慎哉！

二十二日，记尝思制治之道，最利于民者莫如王政，然其极也积弱不振。泰西各邦祖管商之术，以高［商］务军政为要，即中国霸者之术，非不骤致富强，赫显一时，然民人日苦征役，未获安居乐业，而且亡也必速且促。二者各有利弊，似宜互相为用，与时变通，不可狃于一偏。以中国论之，秦开阡陌、辟疆土，一时威振殊俗，匈奴远遁，然不再传而亡。宋时理学蔚起，讲明王道，当时文教修明，风俗纯厚，此王政之效也。然武功不足，国势积弱，故后世卒困于夷狄而一蹶不振。惟汉、唐杂用王霸之术，其国祚短长虽与宋不相上下，而武威远播，疆域广大，较宋究胜一筹。再值一统之世，宜行王政以建不拔之基；处割据之秋，宜讲霸术，藉收富强之效。管子生于春秋，商鞅生于战国，迫于时势使然，非参用霸术不可立于不败之地。若拘迂腐之见，必讲纯王之治，则是宋襄之仁义，自取败亡耳。今之时名为一统，实则列辟［强］争雄，一春秋战国之世也，参用西法以图富强，未始非救国之要务也。

二十三日，钦差二次拜发查办郡王乌泰一折，刻已诸事完结，回京有期。

二十五日，使馆开门，众客毕至。午后，拜谒昭陵。出北门八里，距陵二里之间，花柳成林，浓阴如幕，时当初夏，苍翠之色扑人眉宇。进入围墙，百年古松参天蔽日，两行夹列石柱、石马、石狮、石羊、石象、石驼，中有碑亭，宏阔峻整。碑高三丈，上有章皇帝御制碑文，前序后铭，前散后整，词笔古雅，书法端庄，洵可宝也。陵周围约有三里，围墙两重，惜亭台多有残破。上年洋兵入境，树木亦有损伤，睹之曷胜感慨。

二十六日，出门拜会九大家，即将军、副都统、学台、府尹、五部也。见面寒暄数语，惟增将军谈及国事艰难，处处被外人挟制，激昂慷慨，满座皆为欷嘘，大有新亭洒泣景象。午后，将军、府尹、副都统具柬公请，席设西关练兵公所，彩觞演戏，声调雅近京师。阖省文武官员毕集，又有俄官数位，男女杂坐，见客拉手为礼，一时冠裳肃穆，中外同欢，洵盛会也。

二十七、八日，各处约饭，连日应酬纷烦，困于酒食。玉府尹送洋百圆，萨司马送参、獭土礼八色，均璧谢。午后，游步城市，阛阓稠密，洋货堆积，庶富甲吾陕。城分内外，内城名曰砖城，共有八门；外城名曰土城。内城周围曰十六里，外城倍之。大小官署，向来均在内城，现为外人占据，大半僦居外城，惟督署业经交还。城内有金銮殿，远望碧瓦辉煌，觚棱高耸，想见太祖太宗创业垂统遗规，惜为俄国屯兵之所，不惟禁其入内，并门外亦不许瞻眺，可胜慨哉！

二十九日，亲往各处辞行。将军畅论时艰，发眦欲裂，温太真沥泣登舟，刘越石闻鸡起舞，不是过也。学台处略叙契阔，所谈不出考试先锦后奉等事，职分不同，故立言各有所宜。此外，以行期促迫，差人送片而已。将军送银二百四十两，并灰鼠袍褂各土仪八色，璧谢。此外送土仪者数家亦均璧谢。钦差此次出京，两袖清风，一尘不染，随员亦各洁己自好，不欲让人独清。

五月

初一日回京，时钦差先赴城外练兵公所，将军以下九大家均在该处寄请圣安。陈将军派马步队护送外，俄官亦派马队护卫。午后，抵卜三家子止宿，承德县令及交涉局委员均至此办差。饭后游步野外，居民皆结秫为墙，编茅为屋，不但高楼大厦未曾经见，即瓦屋砖墙亦百不睹一。边外寒冷，亦不产麦，遍地尽种高粱、菽豆。时当仲夏，绿遍阡陌，一望无际，洵所谓田家自有乐也。回视冠裳束缚，车马奔驰，终年利锁名缰，劳人草草，俗尘扑面，自反曷胜惭愧。每诵昔人"束书合向山林隐，绝迹莫登名利途"之句，不禁心焉慕之。

初二日，午后改坐火车起程，晚过辽阳州，知州马俊显上车来谒，人甚浮滑，无足数数。

初三日早，抵营口下车尖饭，饭后乘小火轮渡辽河，顷刻到岸。正值海水上潮，片时水涨数尺，送望艨船衔接，长可数里，火轮往来如驶，百货堆积如山，报为热闹。

初四日，早七钟上火车，下午二钟过锦州府南关，副都统以下均来拜谒，停二刻。四钟过宁远州，知州赵远翼来谒，恂怕儒生本色，政声甚佳，与海城令王顺存均为奉天第一良吏。八钟抵临榆县，仍住来时行台。

初五日七钟上火车，晚三钟抵塘沽住宿。

初六日七钟上车，二钟进城，抵韩城馆。此行往来共计百日。昔我往矣，雨雪载途，今我来思，蒲柳满院。入门婢妾欢迎，僮仆环侍，三月不见，恍如隔年。次早衣冠入署，始知前案奉旨交部速议，刑部以拟罪太轻，拟改从重。花亚孙、约木加卜四名，原稿依刁徒聚众作乱例，分别首从，拟以斩枭斩决，部议加重定议，改照子孙谋杀父母例，不分首从，均处凌迟。

吉同钧作《和萧小梅比部（之葆）纳宠催妆原韵三首》：

"含香豆蔻发春华，簇簇仙梅吐玉芽。今夜鸾凤新结侣，从兹无意恋闲花。”

“绿珠红拂张丽华，艳福今钟颖士家。北地胭脂南国粉，好风吹放碧桃花。”

“衾裯香暖合欢时，独有情郎念故枝。记得天寒人翠袖，纤纤病体唤扶持。”

九月

十六日，吉同钧访刘鹗。“十六日晴，暖。早起，吉石笙来。”①

武瀛四十二岁。

二月，题升江西司郎中。

四月，因随扈当差出力，经本部保奏，作为历俸期满。

五月，经本部保以堪任繁缺知府之任。

六月初二日，经吏部带领引见，奉旨照例用。

萧之葆

经本部于随扈案内保奏，赏加四品衔。是年，派充四川司正主稿。

娶固安张氏。

王之杰

是年，秋审民妇何氏听从伊女谋毙婿妾一案，母女均拟绞矣，而以嫡庶名分，女改缓决。王之杰谓女陷母于缳首，论理为重，不应入缓。长吏激赏，即据以定谳。其勘词传诵一时，论者谓其批隙导窾，引伸经义以为律意，汉廷老吏当不过此。之杰治狱明决，此其一斑，要其大凡可知也。之杰为文，言不苟造，恒苦思得之，骈文尤工。卒年四十有四。

高祖佑

二月，初次期满奏留。派充广西司帮正主稿。

三月，扈跸案内经刑部奏保，请俟得主事后作为额外期满，遵例捐免

① 刘鹗:《抱残守缺斋日记》。

例俸。

六月，二次期满，奏升额外主事。

八月，奏留，以主事候补。

1903年，光绪二十九年，癸卯

薛允升

二月十九日，薛允升归葬祖墓。孙家鼐作墓志铭："浚将以癸卯二月十九日葬公于祖茔，午山子向，启张夫人圹合窆焉。来请铭，余乌能辞，铭曰：鲸鳄吐雾风尘昏，华云黯淡悲归魂。孰怀奇计旋乾坤，丰水湾环马务村。法经中含王道存，生聚教训抉其根。武乡治蜀严有恩，手书申韩可同论。巨帙裒未献至尊，首邱有恨声还吞。况值归马如云屯，一言直告公子孙，大招皋呼向蓟门。"

十一月二十九日刑部官员联衔奏请："为已故大员潜心律学，著有成书，据情代为进呈御览，并请旨饬交修例馆以备采择，恭折仰祈圣览事。据臣部郎中齐普松武、饶昌麟、武瀛、恩开、来秀、武玉润、张西园、罗维垣、戈炳琦、杨履晋、王廷铨，员外郎段书云、曾鉴、魏联奎、郭昭、连培型、史履晋，主事许世英、萧之葆、周绍昌等联名呈称：名法为专门之学，始于管子而盛于申韩。自汉唐以来代有专家，沿及国朝，相承弗替。如原任刑部尚书薛允升律学深邃，固所谓今之名法专家者也。该故尚书耄而好学，博览群书，谙习掌故，研究功令之学，融会贯通，久为中外推服。自部属荐升卿贰，前后官刑部垂四十年。退食余暇，积生平之学问心得，著有《读例存疑》共五十四卷、《汉律辑存》六卷、《唐明律合编》四十卷、《服制备考》四卷，具征实学。而诸书之中尤以《读例存疑》一书最为切要，于刑政大有关系。其书大旨以条例不外随时酌中、因事制宜之义。凡例之彼此牴牾，前后歧异，或应增应减，或畸重畸轻，或分晰之未明，或罪名之杂出者，俱一一疏证而会通，博引前人之说，参以持平之论，考厥源流，期归画一，诚巨制也。齐普松武等旧在属官，夙聆绪论，抚读遗编，不忍听其湮没，谨择要先将《读例存疑》一书就原稿悉心校对，缮写成帙，仰恳代为进呈御览，以彰实学等语。臣等伏查，该故尚书薛允升久官刑曹究心法律，耄而好学，著述等身，比之古来名法专家有过之无不及也。曩者钦奉谕旨有治狱廉平之褒，是其精于律学久在圣明洞鉴之中。该故尚书生前所著各书具有精意，均属可传。兹据该郎中等择要先将《读例存疑》一书共五十四卷缮写成帙，合词吁请代为进呈。臣等逐卷查阅，见其择精语详，洵属有稗刑政，未便听其湮没，谨将原书进呈御览。现在臣部钦遵谕旨开馆纂修条例，并请旨饬交修例馆以备采择，庶编辑新例得所依据。如蒙俞允，臣部即当钦遵办理。所有臣等据情代为进呈书籍，并请旨饬交修例馆以备采择各缘由，理合恭折具奏，伏乞皇太后、皇上圣鉴。谨奏。"

光绪二十九年十一月二十九日奏，奉旨依议，钦此。

其中魏联奎为豫派人物，其《行述》云："长安薛云阶尚书谓人曰：魏某谨慎自是本色，踏实处尤难得也。独于勤谨公务之外，守不忮不求之旨，居处宴然，无所冀也。"[①]

吉同钧

《履历》云：经前大学士裕德奏派，随往蒙古查办事件。[②]

六月初三，赛金花虐维妓凤林死，曾押刑部狱。《谏书稀庵笔记》载：

庚子岁，拳匪起，洋兵入都。德国元戎瓦达西者，为八国统领，原与金花相识，一旦相逢，重续旧好。凡都人大户被洋兵骚扰者，求金花一言，可立解，以此得贿巨万。洋兵既退，其名益震，人皆称为赛二爷。门

① 引自《魏联奎年谱》，载陈万卿编著:《荥阳先贤年谱》，大象出版社 2006 年版，第 33 ~ 34 页。

② 吉同钧:《东行日记》载此事在"壬寅新正"，在光绪二十八年。

前榜曰“候选曾寓”，曾盖金花之本姓也。家蓄雏妓四五人，以代其劳。终日安居楼上，非有多金贵客，不下楼一见也。夜与同梦者，多紫缰黄绊而至，群呼楼上为椒房焉。其性残忍，一雏妓被其笞死，瘗之楼后，为人控告。时予正巡中城，委指挥赵孝愚持票往传。至其家，有娘姨数人，婉言进贿二千金，放其逃走。赵指挥本为安邱富绅，不允其请。又诡云：“夜间被窃，失去中衣，不能行也。”指挥将饬城役往购中衣。彼知不能逃，乃登车至城署。五城御史多与相识，不敢堂讯，咸曰：“此乃命案，例送刑部。”乃牒送之。堂官派一满一汉两司员鞫之。上堂时，满员先拍案恫喝，金花仰面上视，曰：“三爷，你还恫喝我，独不念一宵之情乎？”满员乃由后堂鼠窜。汉司员，正人也，谛视其貌久之，心怦怦动。旁有录供者，笔落于地。司刑隶手软，不能持锁。司员乃叹曰：“此祸水也！吾其置之死地，以杜后患。”此语传出，诸要路通函说项者，纷至沓来，坚请贷其一死，乃定为误伤人命，充发三千里，编管黑龙江。而说项者又至矣，乃改发上海。予闻之，笑曰：“蛤蟆送入湿地矣。”例由五城押解，复委赵指挥押登火车，送至良乡县。县官躬迎于车站，告赵指挥曰：“下官敬备燕席，为二君洗尘。”乃同入县署，赏名花，饮佳醴。翌日，赵指挥回城复命。予曰：“东坡有句云‘使君莫忘霅溪女，阳关一曲断肠声’，当为君咏之。”近闻金花已物故，年不过四十也。

徐一士在《近代笔记过眼录》中引《谏书稀庵笔记》，并补充：

赛金花以虐毙维妓案在刑部狱时，刑部主事吉同钧适任提牢厅事，于狱中见之，其《乐素堂诗存》卷一，有《狱中观妓赛金花感赋》（并序，癸卯），序云：“侍郎没后，不甘寂寞，复落勾阑理旧业矣。初居沪，旋携姊妹花入京，遂隶乐籍为诸录事长。五陵豪贵，咸以先睹为快。庚子之变，联军入都。德督瓦某，僭居西苑。金花以能操德语，前往迎迓，瓦见而狎焉。瓦好杀，居民苦之，金花为缓颊，多获宥者。由是名倾一时，知与不知，皆仰慕之。洋人至影其像以相夸异，其动人欣羡如此。今夏以毙小鬟逮入狱，人皆指为淫报，而怜香惜玉者流，又复群相惋惜，替花请命。嗟嗟，人各有心，憎花者固为方领矩方之俦，而怜花者亦不尽倚翠偎红之辈，其用情皆未可厚非也。余久耳其名，观其像，未获目睹其容。今闻定谳拟递籍，行有日矣，窃谓薛涛、苏小，好事者想象其美，至于累牍连篇，相与歌咏于数百年后。今绝世名媛，近在咫尺，而不一睹芳容，讵非憾事。适代署提牢，入狱察诸囚，次及花，果然丽出肌表，虽秋娘已老，犹娇娆如处子，洵天生尤物哉。见余遥屈一膝，似有乞怜意，夫猛虎在深山，百兽震恐，一入陷井之中，摇尾而求食。赛金花当得志时，非达官贵人，不得一接芳泽，及幽身圜扉，虽以余之卑老，犹若帖耳俯身，望其救援，岂不重可惜哉。”①

吉同钧作《狱中观妓赛金花感赋并序》：

赛金花，故沪上名妓也，一名傅彩云，以色艺擅长。时某侍郎方奉使欧洲，廉知欧俗每盛讌必合男女为礼，故宾主酬酢之际角力钗索恒影交焉，遂出缠头赎金花以往。至欧，习与外国人语，久之，口吻维肖，即土著弗辨也。于是金花以能操欧语鸣中外，然性淫荡，不守闺训。侍郎没后，不甘寂寞，复落勾拦理旧业矣。初居沪，旋携姊妹花入京，遂隶乐籍，为诸录事长。五陵豪贵咸以先睹为快。庚子之变，联军入都，德督瓦某僭居西苑。金花以能操德语，前往迎迓，瓦见而狎焉。瓦好杀，居民苦之，金花为缓颊，多获宥者，由是名倾一时，知与不知，皆仰慕之。洋人至影其像以相夸异，其动人欣羡如此。今夏，以毙小鬟逮入狱，人皆指为淫报，而怜香惜玉者流又复群相惋惜，替花请命。嗟嗟，人各有心，憎花者固为方领矩方之俦，而怜花者亦不尽倚翠偎红之辈，其用情皆未可厚非也。余久耳其名，观其像，未获目睹其容。今闻定谳，拟递籍，行有日矣。窃谓薛涛、苏小，好事者想像其美，至于累牍连篇，相与歌咏于数百

① 《近代笔记过眼录》，第 90 ~ 92 页。

年后。今绝世名媛近在咫尺而不一睹芳容，讵非憾事？适代署提牢，入狱察诸囚，次及花，果然丽出肌表，虽秋娘已老，犹娇娆如处子，洵天生尤物哉。见余遥屈一膝，似有乞怜意。夫猛虎在深山，百兽震恐，一入陷井之中，摇尾而求食。赛金花当得志时，非达官贵人不得一接芳泽，及幽身圜扉，虽以余之卑老，犹若帖［贴］耳俯身，望其救援，岂不重可惜哉。士大夫一朝失足，致干吏议，当此之时，见狱吏则头抢地，视徒隶则心惕息，如赛金花者何可胜道？独怪夫当世豪贵，日以声色自娱，粉白黛绿，争妍取怜，曾不计一朝瞑目而琵琶别抱，委身他人。司空曙诗云：黄金用尽教歌舞，留与他人乐少年。又白香山诗：歌舞教成心力尽，一朝身去不相随。观某侍郎之事，其亦可憬然悟矣。因感其事作诗记之：

京都多名妓，艳说赛金花。车马门如市，宾客列坐嘉。争求识一面，声价高云霞。腰乏十万贯，徒抱虚愿赊。一朝入囹圄，阴院黑云遮。妖星临贯索，泪雨湿荷枷。乞怜犬摇尾，束缚兔罗罝。我署提牢职，放饭趁晚衙。鸡鹜群争食，一鹤静不哗。见我曲一膝，请安礼有加。涂泽去脂粉，艳如碧桃葩。小蛮腰支细，杨柳新吐芽。花甲年逾半，犹如初破瓜。含情羞掩面，犹似抱琵琶。谛视未了了，忽被禁卒拿。须臾双扉阖，深锁不可挝。归来思不寐，深夜趺坐跏。我昔处乡里，拘墟如井蛙。仰慕西施美，路远隔若耶。中年始通籍，廿载客京华。登徒有奇癖，嗜内如嗜痂。溺身爱欲海，婢姬载满车。闻卿家吴会，邱陵号虾蟆。初为达官妾，专房宠骄奢。起居倩扶掖，侍儿两髻丫。入门不肯让，蛾眉敛鬟斜。仓庚为医妒，梅酸犹沁牙。眉尖描翠黛，鬟角贴乌鸦。明珠垂双耳，副笄缀六珈。条脱金缠臂，黄色映枇杷。山泽钟灵秀，美色产龙蛇。出入携怀袖，远游欧罗巴。图怜昭君面，乐奏文姬笳。西人相倾慕，一见皆惊呀。不期鸾凤折，娄猪逐艾豭。沪上烟花薮，妓寮傍水洼。下车帏暂住，狎客侣鱼虾。转徙来都下，手携姊妹花。秋娘老逾艳，声名动迩遐。不惜罗裙污，陪客酒当茶。一曲红绡积，歌罢声呕哑。失足千古恨，回头一念差。补天弥缺陷，无术起女娲。嗟尔状元郎，贵显一时夸。红摘尚书杏，黄披学士麻。如金文有价，似云品无瑕。酒量焦五斗，诗思温八叉。典试入秦陇，驿马驰骝骅。量才操玉尺，高下费别爬。中外修和好，绝域陨帝羓。奉使行万里，远乘博望槎。穷荒极海岛，触蛮国处蜗。归装明珠富，挥霍如泥沙。名姝马可换，不惜拳毛騧。探花来白下，千金买吴娃。一衾罗四凤，一发贯互豝。当其势赫显，薰天气焰夸。一旦归黄土，吊客披鲁髽。墓田谁怅望，沦落走天涯。旧时堂前燕，衔泥入别家。桃花倚门笑，一任鬼揄揶。当时门下士，念旧有候芭。相爱莫能助，闻风但咨嗟。感此灰心绪，世味薄如纱。何以惩多欲，诗曰思无邪。(《乐素堂诗存》卷一)

吉同钧又作《傅彩云六首》：

"听罢鸿胪欲书眉，明珠十斛买歌姬。名花枉费栽培力，风落颠狂过别枝。"

"海上莺花恣胜游，虎邱山下夜停舟。问卿生长姑苏地，曾否登临燕子楼。"

"季伦恩宠结衾裯，赢得美人身坠楼。底事文君新寡后，琴心不为主人留。"

"琵琶斜抱走京都，曾记侍郎恩爱无？往事告卿卿记取，关家盼盼石家珠。"

"见说抱衾游外洋，口操西语学西妆。怪来身往临卭市，欧俗原来不笑娼。"

"天生尤物报风流，十万烟花债未酬。知到香君忏悔意，如来原许汝回头。"(《乐素堂诗存》卷一)

吉同钧《提牢厅代班述怀》二首云：

"势利场中少特操，无求方见品清高。但愿自修堪自信，一凭人贬与人褒。功名迟暮思田里，心绪愁烦付酒醪。白发自惭年老大，强将微职署提牢。"

“十载云司案牍劳，暂抛孔孟习萧曹。衰朝民命轻鸡犬，末世刑章细羽毛。敢诩发奸胸似镜，常惭判案笔如刀。庭前花落阶生草，春意满腔秋气消。”（《乐素堂诗存》卷一）

《秋日颐和园早朝》二首云：[①]

“嵯峨宫殿倚云开，水绕山环晓翠来。带露鹓鸿趋玉陛，凌霜鹰隼下瑶台。登朝有党分牛李，献赋无才愧马枚。归去桂香携满袖，昂头红日上蓬莱。”

“扶桑日出射仙墀，仁寿宫前入觐时。露湿黄花迎凤辇，风飘紫桂护龙池。双悬日月光华焕，再造河山建树奇。圣世威棱秋并肃，自携丹笔守云司。”

《同雷少仪大令镇华、强士庄世讲结伴还乡》二首云：

“萧条京宦味深尝，好趁公余还故乡。九月寒霜侵旅梦，十年旧雨共行装。风流仙吏追潘岳，[②]豪放王孙逐季良。[③]一事频烦回首望，白云亭下竹苍苍。”

“麟阁空望马齿加，十年两度卜还家。火轮铁轨日千里，汾水绵山路三叉。鸿雁自今安井里，豺狼忆昔遍京华。征鞍何日抵乡里，常伴鹤梅笑语哗。”

《和少仪太原赠别原韵》云：

“京华聚首惜匆匆，结伴同行逐朔风。千里幸无岑寂况，一朝忽话离别衷。传家科第郊祁重，作吏循声桥梓同。[④]挥手暂为三日别，春来花县走青骢。”

《还家》三首云：

---

① 自注：提牢拟陪引见。

② 自注：少仪，散馆新选赵城县。

③ 自注：士壮，挥金如土，有豪侠气。

④ 自注：少仪父子伯叔俱为名进士，其父历任山西州县，有政声。

“京华十载厌从公，一到家山俗虑空。知命小星常避月，含章大木不摇风。娇儿绕膝疑生客，幼女捋须笑老翁。篷室三间春睡稳，觉来好梦说维熊。”

“世味饱谙宦情阑，还家事事有余欢。门延秀色栽桃李，庭蕴奇香长桂兰。红药争春齐吐艳，黄梅结子不含酸。聊藉群花娱晚景，酣眠直到日三竿。”

“象岭龙泉环绕处，特开别业日盘桓。良田百亩书千卷，清酒三杯棋一盘。日聚家人谈果报，时招亲故问饥寒。家居自有无穷乐，何事劳劳恋一官。”

萧之葆

《例赠登仕郎乡饮耆宾鲁公仁甫懿行序》云：

岁庚子，两宫西狩，乘舆幸长安。是岁秦大饥，道殣相望。其年闰八月，闻吾乡鲁君仁甫之丧，时余方倥偬赴行在，束刍之仪缺如也。逾岁假归，哲嗣兆乾持状来乞为序文，余受而诺之。既而合议成，扈跸北上，携置行箧中。抵都后，案牍丛积，无暇晷。今岁兆乾邮书督索，不获辞，乃读状，盖证以风闻于乡里者，以述君之高行。

君讳正心，字仁甫，世居旬邑之贾村。父祖以上皆力田，君极孝友，事父母能得欢心，处兄弟怡怡然。幼读书未竟，即操家政，与兄正明均以循谨称。同治初，花门倡乱，邑遭蹂躏，君庐舍悉付焚如，以故家道中蹶，旧田数亩几不能自给。君勤苦力耕，胼胝不少休。无何，正明卒，无子，君以长男兆乾嗣。时兆乾方入塾就傅。君慨念门户之衰，急思振作，又以贫故，无力供膏火资，遂命兆乾习计术然［计然术］。君则经昼夜家务，量入为出，衣食日用不樽酒。积数年，家稍裕，兆乾亦禀父训，尽心所事，商业蒸蒸日上。君亦以赡给邻为己任，遇有缓急，挹注不少吝，冠婚丧祭等事辄量力助之。其生平行事啧啧在人口者如此。邑人重君行，举乡饮耆宾。年五十有七，以疾卒。呜呼！如君者可以风矣！世当晚近，举孝友睦姻数事求之士大夫，往往难之，君伏处衡茅，足不离乡巷，名不列缙绅，筋力疲于状［壮］岁，非若世族华胄席祖父之勋也；心思劳于暮年，非若学士文人饫诗书之泽也。而乃观其宅心，察其处事，凡周书之称孝友为政，汉廷之诏孝弟力田，无不隐相符合，殆所谓得天厚而操行高者。与抑又闻之，农桑者，万事之本也。君以农事起家，已立于不败之地，而其命兆乾之习商也，则又补农之所不足，君诚知急务哉！夫四民一也，士而无以自立，则为世诟病，比之农商，犹有愧色。方今朝廷振兴新政，日以农工商务诏天下，天下之人始汲汲焉谨农商之学。吾邑偏僻，民智犹塞，不鉴于远，往岁苛荒？痛定思痛，当亦知返。惜乎！如君者多延天年，乡曲之间庶资观感，孰意天竟夺君之去也！然而君之行谊，则固已倜乎远矣。君配氏萧，于君称贤内助，行年周甲，犹起居康强。君丈夫子二：长兆乾，从九品职衔，出嗣；次兆辉，督家务农，俱能勤谨。孙二：长名保哲，兆乾子；次名俊哲，兆辉子。皆聪颖秀异，可期振厥家声焉。兆乾与余契好，且忝葭莩，余既高君之行，又喜兆乾之克承先志也，谨不揣固陋，撮举其崖略而序之，以俟世之采风者。

段维开封参加会试。

王步瀛作《清授中宪大夫员外郎衔法部主事段君冈北墓志铭》，段维是科中进士。《段冈北先生年谱》："邑书院改高等小学堂，黄仁卿大令聘任堂长，力辞不获，而亲友多劝应会试，遂将学堂职务托薛悦如孝廉成兑代理，到汴两日即入闱，中式第二百七十三名贡士。房师为直隶王铸言侍御金镕，座师为寿州孙燮臣相国家鼐，诸城徐东甫尚书会礼，蒙古华卿尚书荣庆，历城张振卿侍郎英麟。榜前回陕登华岳，未及应殿试。是科会元系浙江周思祖年伯蕴良，亦王铸言先生所荐也。试题首艺管子内政寄军令论。"

是年十二月二十九日，刑部二十多位法学家联名奏请皇上正式出版薛允升《读例存疑》。有刑部郎中齐普松武、饶昌麟、武瀛、恩开、来秀、武玉润、张西园、罗维垣、戈炳琦、杨履晋、王廷铨，员外郎段书云、曾监、魏联奎、郭昭、连培型、史履晋，主事许世英、萧之葆、周绍昌等。

二月甲辰“复引见京察一等钤出人员。得旨：除恩佑、润昌、区湛森、李传元、陈曾佑、余堃、宗室墨麒、方培恺、恩通、锡廉、恒廉、傅兰泰、刘岳云、沈潜、龄昌、文斌、宗室玉构、张西园、廉兴、瑞龄、贾璜、绪良、崇林、桂年、双寿、吴煦毋庸记名外，宗室锡嘏著以四五品京堂候补。宗室灵照，著以四品京堂候补。宗室宝铭、玉麒，著以五品京堂候补。贵寿、王绳、连甲、段友兰、曹福元、张星吉、陆钟琦、穆特贺、景方昶、郑沅、王会厘、李家驹、周儒臣、关以镛、雷补同、成和、联寿、张检、乐平、觉罗清泰、如铨、黎大钧、张允言、穆特恩、斌俊、瑞丰、晏安澜、朱占科、李士瓒、景清、袁玉锡、承瀛、白曾煜、齐普松武、锡恩、恩开、德尅、瑞峻、善佺、何汝翰、俞炳煇、潘江、武瀛、武玉润、文冲、长润、嵩连、铭勋、张露恩、赖清键、丰升额、志全、潘庆澜、谢希铨、忠廉、文璪、陈嘉言、杨士燮、常清、承璋、增厚，均著交军机处记名以道府用。恩镇，著以关差道府用”。(《光绪朝实录》)

二月庚戌“以劝办顺直赈捐赏广东布政使丁体常头品顶戴，湖北布政使瞿廷韶三代一品封典，予安徽巡抚诚勋等五员优叙，补用道王之杰军机处存记，即选道严信厚等四员送部引见，翰林院庶吉士魏家骅等二员传旨嘉奖”。(《光绪朝实录》)

1904年，光绪三十年，甲辰

冬十月，**沈家本**为薛允升《读例存疑》作序：

商鞅改里悝之法为律，于是有律之名。自汉以来，律之外有令、有驳议、有故事、有科、有格、有式。隋则律、令、格、式并行。宋则律之外敕、令、格、式四者皆备，而律所不备一断于敕。初无所谓例也。晋于魏《刑名律》中分为《法例律》，亦但为律之篇目，而非于律之外别之为例。

《王制》：必察大小之比以成之。郑注：已行故事曰比。《释文》：比，必利反，例也。《后汉书·陈忠传》："父宠上除汉法溢于《甫刑》者，未施行。忠奏上二十三条为《决事比》。"注："比，例也。"此其为后世例之权舆欤。明初有律、有令，而律之未赅者，始有条例之名。弘治三年定《问刑条例》，嘉靖时重定为三百八十条，至万历时复加裁，定为三百八十二条。国朝因之，随时增修。同治九年修定之本，凡条例一千八百九十二条，视万历时增至数倍，可谓繁矣。其中或律重例轻，或律轻例重，大旨在于袪恶俗、挽颓风。即一事一人以昭惩创，故改重者为多。其改从轻者，又所以明区别而示矜恤，意至善也。第其始病律之疏也而增一例，继则病例之仍疏也而又增一例，因例生例，孳乳无穷。例固密矣，究之世情万变，非例所可赅，往往因一事而定一例，不能概之事事。因一人而定一例，不能概之人人。且此例改而彼例亦因之以改，轻重既未必得其平。此例改而彼例不改，轻重尤虞其偏倚。既有例即不用律，而例所未及，则同一事而仍不能不用律。盖例太密则转疏，而疑义亦比比皆是矣。国朝之讲求律学者，惟乾隆间海丰吴紫峰中丞坛《通考》一书，于例文之增删修改甄核精详。其书迄于乾隆四十四年。自是以后，未有留心于斯事者，长安薛云阶大司寇自官西曹即研精律学，于历代之沿革穷源竟委，观其会通。凡今律今例之可疑者，逐条为之考论。其彼此抵牾及先后歧异者，言之尤详，积成巨册百余。家本尝与编纂之役，爬罗剔抉，参订再三。司寇复以卷帙繁重，手自芟削，勒成定本，编为《汉律辑存》《唐明律合刻》《读例存疑》《服制备考》各若干卷，洵律学之大成，而读律者之圭臬也。同人醵资寿诸枣梨。甫议鸠工，适值庚子之变，事遂中辍。辛丑春仲，家本述职长安时，司寇在里，复长秋官。询知所著书，惟《汉律辑存》一种存亡未卜，余编无恙。迨銮舆狩返，家本奉命先归，司寇初有乞休之意，故濒行谆谆以所著书为托。季秋遇于大梁，言将扈跸同行，约于京邸商榷此事。乃家本行至樊舆，遽得司寇骑箕之耗，京邸商榷之约竟不能偿矣。《唐明律合刻》诸稿，方坤吾太守连轸携往皖江。惟此《读例存疑》一编，同人携来京师，亟谋刊行。家本为之校雠一过，秋署同僚复议另缮清本进呈御览，奉旨发交律例馆。今方奏明修改律例，一笔一削，将奉此编为准绳，庶几轻重密疏罔弗当，而向之牴牾而歧异者咸釐若画一，无复有疑义之存，司谳者胥得所遵守焉。固不仅群玉册府之珍藏，为足荣贵也已。今冬刻既竣，为述其大略如此。展卷披读，惜司寇之不获亲见此书之成也。

光绪甲辰冬十月。沈家本谨序。

吉同钧补授提牢。

作《哭杨儿》：[①]“行年五十一，稚子方七龄。藉此襁褓物，慰我迟暮情。京居三五载，无日不萦心。喃喃学唤父，梦里如闻声。思汝告归里，一见笑相迎。恋恋不离侧，绕膝发宁馨。气骨玉山朗，目光秋水清。出入携肘腋，跬步不离形。一朝遘疠疫，白屑缠喉中。汤水不下咽，针药术俱穷。须臾气幽闭，百唤不一应。顾况泪成血，卜商目丧明。我生命运舛，后嗣叹彫零。大儿十八岁，鸩毒戕厥生。长女年三七，玉兰萎秋风。晚年得一子，舐犊爱偏钟。今复被夭折，痛如肉剜胸。千行欠尔泪，六载负余功。勉学庄生达，福禄盼晚成。因果虽渺冥，善念可通灵。丹桂花晚发，佳梦兆维熊。不信同伯道，天道常懵懵。”

《同曹俊卿大令邦彦、王凤章广文增诰、胡云卿监州增祥春游象岭》云：“五岳天下胜，我已游其三。中土分为九，五州遍停骖。京华三十载，未得一日闲。无心云出岫，倦飞鸟知还。去冬告归里，劳碌暂息肩。旧雨来三五，镇日肆高谈。曹子捷春闱，看花遍长安。薄此花县令，归养怡庭萱。卓卓王教谕，高尚不求官。饱餐莼鲈味，弃却苜蓿盘。更有胡安定，丰度自翩翩。监州不屑就，乡里乐盘桓。三君皆高士，能脱势利缘。顾我热中客，相对有厚颜。良辰三月半，登临兴未阑。象岭罗西北，

① 自注：甲辰（1904 年）。

相约共陟攀。出郭二三里，绿树合村边。未观朝霞景，先步骚人坛。入门佳儿侍，向客备茶烟。香茗甘且冽，饮之清肺肝。遗我竹节杖，稳步十八湾。虔心谒斗母，悯我后嗣艰。愿赐宁馨子，书香一线延。谒罢登绝顶，一览众山小。顷刻狂风起，烟雾迷层峦。我生溺名利，捷径借终南。坐对清净域，五内辄增惭。深山有灵异，应移文讥弹。不如且归去，免遭山神鞭。下山逢王子，邀我具晚餐。野蔬饶至味，饱此腹便便。美酒十觞醉，一洗百忧煎。感君殷勤意，揖别入城关。归来日已暮，稚女候门前。”

五月，《上修律大臣酌除重法说帖》云：

为敬陈管见事。窃维《大清律例》一书，折衷至当，尽美尽善。惟近来风会所趋，交涉日繁，既奉谕旨参酌各国法律，自应因时制宜，酌中定制，以期推行无阻。然其变法之初，事同草创，办理为难。现在调查东西各国律例，参考互证，核其轻重异同之致有与中律不甚悬殊者，有与中律大相迳庭者，有中律详而西律从略者，更有东西各国互相参差者，均须一一比较，然后取其所长，弃其所短，立定宗旨，期归允当。尝考欧西各国刑律，其先严酷特甚，近世均归宽厚。西律出于罗马，法最严厉，当时有碎身投兽之刑。此外，法国立抉眼之刑及铁衣束囚之法。英国法，伤人者割其臂，殴人者浸于海，与俄国之犁舌刳腹，其残忍皆中国所未有也。近来渐次消除死刑，只留斩绞二条，亦有用枪毙者，乃特别之法。其余俱监禁作苦工而已。虽各国不必一律，要皆大同小异，试即英、美、德、俄、法、日诸国较之。英之刑罚分七等：一曰绞，二曰禁锢终身，三曰禁锢作工，四曰鞭朴，五曰禁锢不作工，六曰罚学，七曰罚锾。美则绞死、监禁、罚赎与英相同，而无鞭朴、罚学二条。德之刑罚分斩首、惩役、禁锢、罚金、拘留数项。法之刑法，初分十等，曰斩，曰绞，曰终身缧绁作苦工，曰限年月缧绁作苦工，曰军，曰流，曰徒，曰监禁，曰监收，曰罚银，近改从简易，但有死刑、徒流、囚禁、罚金而已。俄初则有支解、斩首、劓、刵、火灼、镕铜罐口、藉家、罚银等刑，近亦改从宽简，止留死刑、发遣作苦工、监禁数项。日本始用唐明诸律，而参以中国法例，明治变法以后改用西律，参考法德各国而定一王之制，其现行之刑分重罪、轻罪、违警罪为三等共十四条。重罪有九：曰绞首，曰无期徒刑，曰有期徒刑，曰无期流刑，曰有期流刑，曰重惩役，曰轻惩役，曰重禁狱，曰轻禁狱。轻刑有三：曰重禁锢，曰轻禁锢，曰罚金。违警刑有二：曰拘留，曰科料。以上十四条谓之主刑，此外又有附加刑五条：曰剥夺公权，曰停止公权，曰监视，曰罚金，曰没收。改正刑法止留绞刑、惩役、禁锢、罚金、拘留、科料六项而已。此各国刑法之大较也。至其定讼费，重律师，凭见证，设陪审，除刑讯，洁囚服，教工艺，则各国无不相同，而中国向无此例。总之，就现在而论，死刑，则中国重于外国；生刑，则外国严于中国。今欲酌中外而定一通行之法，其中有可尽用西法者，有可参用西法者，亦有绳以西法万不能行、仍宜遵守中法者，更有中律过重、亟应改易者。谨就管见所及，略陈如左：

一、缘坐之法宜酌改也。夫“罚弗及嗣”，载之《虞书》。“罪人不孥”，见诸周制。自汉唐以来，定有缘坐之律，一案株连，动辄数十人。然考之《唐律》，惟谋反、谋叛及造畜蛊毒、杀一家三人、采生折割人等项，制有缘坐之律。近例更加烦密，凡反狱、倡立邪教、奸党结交近侍诸项俱缘坐妻孥。按之西国各律均无此例，今欲酌中定制，此项似应修改。除谋反大逆照旧准其缘坐。即反逆一项，亦止可缘坐男犯，其母女妻妾姊妹等项似可概免缘坐，以昭宽大。

一、凌迟、枭示、剉尸、戮尸诸刑宜删除也。凌迟之法，寸而磔之，支分节解，其刑最为严酷。考之汉唐律书，俱未载及，其法创之于辽，元明至今相沿不废。枭示虽创始于周，悬首白旄，以枭示天下，然考之《唐律》，不载此刑，宋元以后始采用其法。至于剉尸、戮尸，以其倖逃显戮而法仍不容不尽，故复剉戮其尸以昭炯戒，无非“辟以上辟”之义。但现今欧西各国刑律俱以残酷为戒，俄用折解之刑，群相议为野蛮，我若仍沿旧制，用此重典，不特外人诽笑，即考之中国汉唐律书，亦多不经见，似应概从删除。如案关逆伦，处以骈首极刑，正法于市，不用秘密之法，仍做用西法，用黑绢罩头，以示暗无天日之意，庶几众人睹之，亦可以为炯戒。

一、死刑宜酌减也。斩刑始向轩辕，绞刑创于周代，此二刑者相传最古。外国旧律亦均有斩刑，近来从宽，除俄法德国外，其余各国刑止于绞，俱无骈首之刑。中国地广人多，犯法者众，若遽废斩刑，非但轻法易犯，且无以处穷凶极恶之辈，是以凌迟、枭示可除，斩刑不可骤废也。若现在外国法律止用绞刑，且拟绞之条亦不多。睹日本取法欧西，试以现行法律而论，惟危害皇族、变乱国宪、叛入敌国以害本国、谋杀人、毒药杀人、支解人、犯罪杀人、殴死父母、强盗杀人、毁害船舶火车、杀人烧人房屋方拟死罪，除此二十余项外，不特中国例内之故杀、殴杀、戏杀、误杀、擅杀、伪造印信、私铸制钱、抢夺窃赃满贯、强奸略诱、调奸逼命、讹诈逼命、刃伤期亲尊长以上各项不科死刑，即如盗大祀御物、强盗伤人、强奸致死、殴死本管官期亲尊长、伙强妇女、捉人勒赎、发冢见尸等项在中国决不待时之犯，彼国法律亦不处死，如此之类，中外大相悬绝。若必尽师彼法，不特风俗民情势难强合，抑且水懦民玩、启乱萌！然仍照旧不变，则彼轻我重、彼宽我严，于收回治外法权宗旨亦殊多窒碍。似应酌量变通，将死刑递次末减。凡中律所拟斩绞监候，核其情节，秋审应入缓决者，均分别改为遣流；如情罪较重应入情实者，无论斩绞，一律改为绞罪。至律例内应拟凌迟、斩枭、斩决之犯，一律改为斩罪。嗣后应拟斩绞各案，即照外国法律实予处决。如有按秋审情实应声叙免勾者，一律拟罪监禁，贷其一死。其秋审分别实缓之法，概从删除，以归简易，似此酌中量减，庶与西法不相悬殊，而按之中例，亦不过去其虚拟死罪诸条，而于生死究无关出入也。

一、笞杖之刑宜酌改也。考笞杖即《虞书》“鞭朴”，不过以示薄惩，厥后渐加淫虐，汉宣帝以笞者已死而笞未毕，改三百为二百,二百为一百。隋时以杖易鞭，唐承汉制，累决笞杖不得过一百，国朝定制杖止一百，后复以十折四，去其零数，无非矜恤宽厚之意，但行之日久，流弊滋多。凡军流徒罪犯例应到配决杖，及罪止笞杖之犯结案发落，此项笞杖尚有定数。若州县审理案件，往往任意酷虐，笞杖盈千累百，血肉横飞，惨不忍言。且民人用杖，旗人复易以鞭，办理亦不画一。考东西各国，惟英国有鞭朴之刑，余均无之。如中律应拟笞杖者罪名者，外国或处以监禁，或限令作工，或酌加罚锾，立法且较中国为重。即如窃盗一项，赃物无多之犯，法国律监禁一年，罚银多至五百佛郎；日本处以重禁锢二月以上、四年以下；在中律计赃一两以下仅杖六十，实折二十杖。又殴人成伤一项，英律监禁一月，俄律入监日饮冷水三碗，德律罚锾一千马克，日本处以重禁锢十一日以上、一月以下，而在中律仅拟笞三四十，实折十余板。如此之类，东西各国皆比中国为严，今一切死罪既参用彼法酌量改轻，其一切生罪亦应参用彼法酌改从重。所有中国笞杖之刑，除死罪狡供不招应拷讯者、准其酌用外，一切军流徒罪应加杖者概予删除。罪止笞杖之犯，即仿照东西各国工作罚金之法而变通之，有力者罚金，无力者工作，仍按其笞杖之等级以定工作之时日与罚金之多寡，以昭平允。

一、关涉服制名分及职官，宜另分门类也。中外风俗不能强同，考各国通例，如干犯祖父母、父母者，较凡人仅加一二等，若期亲以下尊属尊长与凡人一律同科，并无加重之文；危害皇族者，始较凡人加重拟死，其余无论大小官长均同凡论。惟殴死妻，夫妻平权，并无名分，其夫殴死妻，妻殴死夫，均一律治罪，无轻重之分。此等法律在外洋习为风气，若以施之中国，必至举国哗然，且于世道人心大有关系。中律于服制等项，析及毫芒，不稍合混，虽其中不无繁琐之处，然大纲严正，究不可稍为迁就，拟请将服制分为一门，如亲属相殴、相奸、相盗及一切干犯，概行彙入此门。其殴骂官长及职官有犯奸盗斗殴等项之类，亦如服制，另分一门，国粹所在，万古不废，故他律可议变通，此二项则宜谨守不移，以为纲常名教之助。

一、刺字之条宜删减也。考墨刑始于上古，逮及汉文废之，至六朝宋梁间复采用之，隋唐划除其弊，故《唐律》无刺字之条，五代石晋制有刺配之法，而刺字复兴。宋承其制，增至五百七十条，元明沿之，至国朝而其法加详，近日逐渐繁琐，既有刺臂、刺面之分，又刺臂、刺面复有左右之别，既刺事由，又刺地名，又刺改发，律外有例，例外有案，日益增多，办理反不能画一，立法之初，原欲使知警戒，而岂知反以丧其廉耻。马氏《文献通考》、邱氏《大学衍义补》均言其失，《宋志》有言“面目一坏，谁复顾籍？强民适长威力，有过无由自新”。昔人久已讥之，长安薛氏《读例存疑》论及此事，亦欲厘正其失，可见法久弊生，亟宜变革。考查东西各国并无刺字之法，现在皇上锐意举行新政，修订新例，自应将刺字一项扫而除之，拟请除窃盗应并计科罪及逃人应按次加等二项仍旧刺字外，其余例内所载刺字各条尽行删除，以归简易。

一、监禁之制宜推广也。考监禁之法，既足戢其桀骜，又可免其逃亡，是以外国此法最重。英美分为三等：曰禁锢终身，曰禁锢作苦工，曰禁锢不作苦工。法国则有监禁、监收之别。日本此制更详，曰重禁，曰轻禁狱，曰重禁锢，曰轻禁锢，曰拘留，共五等。禁狱以九年至十五年、六年至八年，分别轻重，均不服役。禁锢均自十一日以上至五年以下，而以服役不服役分别轻重。拘留则自一日至五日，总不过七日，此外国监禁之大略也。中国例内亦有永远监禁、并监候待质及妇女翻控等项酌加监禁之条，历年奏定章程：军流脱逃被获，分别监禁十年、五年；京城棍徒、天津锅伙监禁十年。又上年本部议覆山西巡抚折内定有：强盗、抢夺、会匪、棍徒四项到配，分别监禁十年五年，是监禁一项近年渐次加增，现在变通旧例，拟将监禁列为正刑，似宜大加推广。如死罪人犯应入缓决者，既拟改为遣流，而案情轻重究有不同，未便毫无区别，似应酌加监禁以分等差，在寻常命案及一切情节较轻之案，既经改流，自可毋庸监禁。若强盗、抢夺、窃盗、诱拐、盗墓、挟嫌放火、捉人勒赎、抢夺妇女、诬告致毙人命、差役诈赃酿命、伪造印信、夺犯伤差、奸盗拒捕及原犯斩罪人犯、虽秋审应入缓决，然仅拟遣流不足蔽辜，拟将以上十三项案内由死罪改为遣流、并凡由斩罪改为遣流者到配均加监禁五年。其以上强盗抢夺等十三项内旧例罪不至死、并会匪邪教、棍徒盐枭、强奸轮奸、蠹役诈赃、图财害命、采生折割、缘坐各案内应发遣流者，到配监禁三年，应拟流者监禁二年。新例既定之后，所有旧章强盗、抢夺、会匪、棍徒四项分别监禁一条应即删除。若遣流脱逃并京城棍徒、天津锅伙仍照旧章监禁十年、五年。此外，如死罪人犯秋审应入情实，核其情节应声叙免勾者一律拟以遣流，酌加监禁，十年期满再行发配，似此酌量变通，庶于刑法减轻之中而仍寓分别等差之意。一俟各省监狱内通设习艺所，再行仿照东西各国办法，分别作工不作工，以昭周密。此后如遇有恩诏查办减等，临时酌议条款，减其监禁年限以广皇仁。

一、罪犯作工宜仿行也。考诸《周礼》，"纳之圜土，役诸司空"，是即作工所肇始，厥后又有城旦、鬼薪之名，皆作工也。现在外洋各国，此法最为详备，英美俱曰作苦工，法则分别终身作苦工及限年月作苦工二项，日本变其名曰惩役而以十一年至九年、八年至六年分别轻重。中国军流徒犯亦有发驿摆站、拘役充夫之制，无如日久弊生，虚循故事。上年议覆山西巡抚奏请各省通设习艺所折内，经本部奏定章程：徒罪免其发配，即在本省收入艺所，按照应徒年限分别作工；军流人犯如系常赦所不原者，仍行发配于配所收入习艺所之流，分别六年、八年、十年工作，军犯即照满流年限，其为常赦所不原者，毋庸发配，即在本省收入习艺所，照前定年限工作，立法已极详备。其新例由死罪改流者，即照旧章分别六年、八年、十年工作期限科断。如强盗等十三项及原犯斩罪人犯、由死罪改为遣流酌加监禁者，以及强盗等十三项暨会匪邪教、棍徒强奸轮奸、差役诈赃、图财害命、采生折割、并缘坐案内罪不至死、原犯遣流酌加监禁者，俟监禁限满后即行收入习艺所，流罪以十年为限，遣罪以二十年为限，内强盗、抢夺、会匪、棍徒四项，仍令身带重镣，充当折磨苦差以示严惩，俟工作限满后分别安置。至于罪应笞杖之犯，似应一律改为工作。调查日本刑法，无论轻罪重罪，俱令作工，不过有年月多寡之殊，现在参酌各国法律，拟废笞杖之刑，自应酌定轻罪作工之例。凡犯笞一十者，拟令作工二日，每一等加二日，以次递加，至笞五十者作工十日。杖六十者作工二十日，每十日加一等，亦以次递加，至杖一百者作工六十日。至徒一年者即照章作工一年，如有力者即照下条罚赎。

一、罚锾宜推广也。《虞书》有“金作赎刑”之文，《周礼》有罚入职金之说，《吕刑》自墨辟以至大辟，均有罚锾。《唐律》五刑俱准纳铜赎罪，由来已久，非但东西法律盛行此法也。英曰罚学、罚锾，法曰罚银，日本有罚金科料之分，罚金以二元以上至二百元以下，科料自五钱以上至一百九十五钱以下。中国律例本亦有纳赎、收赎、捐赎之法，惟纳赎止施诸职官及官员正妻，收赎止施诸妇女、老幼、残疾之人，且银数甚微，无关惩诫。其捐赎一项，银数又复过多，累岁不获一见。上年本部议覆晋抚折内奏定章程，凡官员赎罪毋庸议减外，其贡监平人照旧例减半赎罪，贡监犯笞二十者，旧例赎银二十两，减半改为十两。至杖一百者赎银一百两，满徒赎银四百两，满流赎银六百两，平人照贡监减半计算，立法已为详备。惟定章已历年余，曾未见一收赎之案，可见中国民生穷乏。与其虚悬一赎罪之典，仍属有名无实，不知[如]再行变通量减。现拟流徒杖笞，俱改为作工。即照作工时日折算罚金，不分贡监平人，凡应作工一日者，折银二钱五分，如笞一十应作工二日者，折罚银五钱，以次递加，至杖一百应作工六十日者，折罚银十五两。徒一年应作工一年者，折罚银三十六两，以十八两为一等，以次递加。至徒三年应作工三年者，折罚银一百零八两。至于遣流，如为常赦所不原者，不准罚赎。其非常赦所不原者，流二千里应作工六年者，折罚银一百八十两。流二千五百里，应作工八年者，折罚银二百四十两。流三千里应作工十年者，折罚银三百两。遣犯改照满流计算，其无力出银，情愿作工者听。妇女有犯，照此减半计算，或罚三分之一。惟老幼残废不胜工作而又无力出银者，准照旧律银数收赎。至例内纳赎、赎罪诸条，诸多繁琐，应即一概删除。其一切官员犯罪，仍照旧章分别等级捐赎，以符定制。

一、钱债宜增修也。钱债一项，外国最详，中国多略，自通商埠头日辟，交涉日繁，贸易日盛，近年外省倒骗之案层见累出，于商务大有关系，未事之先应如何杜渐防微，到官之后应如何严追重究，均应详究例章，俾昭遵守，一俟美律师创成初稿，再行按照中例逐一酌定，知照政务处会议后即行奏请钦定，颁发通行各省遵照。

以上十条，略举大纲，参酌各国法律，按照中律损益增删，并拟将正刑名目分为斩、绞、遣、流、监禁、作工、罚锾共七等，是否之处，统候大人详细批示，指定办法，俾创稿有所遵循，此外尚有应整顿者二条：曰审判，曰监狱，容俟考查明确，编纂成书，再行续呈，理合附陈。

再，此事重大，非尅期计日所能蒇事，必参稽互证而后有成。职等现在分纂《中外刑律比较表》，东西俱有成书，列表尚不为难，惟西律浩繁，除法国旧例外，其余各国法律俱无译本，似应广为译出，以备采择。惟领款无多，译费尚无所出，不得不暂从缓议。事关变法，必立定初基，此后方有条不紊。正在调查讨论，以后如有管见所及，当随时续禀。兹谨缮具说帖，伏乞钧鉴。光绪三十年五月上。

八月，吉同钧再上《请减轻刑法说帖》云：

为敬陈管见事。近年中外交通，外人入我中国者，均不受我范围，以为中国刑法过于严酷。初闻是言，疑其无理取闹，及详考历代刑章、博览外国律书，始知其言非尽无理，而中现今中国法网之密，刑罚之重，诚为历代所未有也。按：历代律法以《唐律》最为完善,《大清律例》大半取法是书。惟细按唐律，死罪不过斩绞，而现律加以枭示、凌迟、戮尸，是较《唐律》为重矣。《唐律》死罪不过四百余项，凡误杀、戏杀、擅杀、窃盗、强奸、私造印信均不拟死，而现例死罪多至一千五六百项，是较《唐律》为繁矣。然犹可曰：今与古异，例缘时定，不得不与时为变通。若共列环球之上，同生一千九百世纪之间，而以中律与外国相较，其多寡轻重，更有相去悬绝者。西洋俄、法、英、德诸国死刑，亦止于斩，均无缳首、凌迟、戮尸之制。且斩首之刑，英、法不过十余项，德、俄仅止二三项，较中国减少百倍。此犹可曰：欧亚相去数万里，风俗民情不同，未可以彼例此也。日本与我同洲，迩在东陲，较之新疆、云贵，距京尚近，且昔年亦用唐明刑律，则其风俗民情与我当无大异，乃彼此相较，彼之新订刑法仅四百三十余条，死罪不过二十项，且止（较）绞而不斩，虽以故杀与强盗之犯亦不处死，以视中例多至二千数百条、死罪一千五六百项者，其轻重繁简讵可以道里计哉！然彼之国势日进强盛，而民之犯法者逐年减少，中国反是，此可见严威之不可止乱，而史迁所谓法令滋章，盗贼多有者非虚语也。夫《大清律例》大纲严正而节目不免繁多，近年更加琐碎，尤可议者，莫如强盗一项。强盗之犯,《唐律》非赃至五疋、十疋及伤人，不至于死，宋元刑法均本于唐，强盗亦非伤人、赃多不拟死罪。惟五代石晋天福十二年定为不分首从皆斩之律，明代采用其法，不计赃数，不问伤人，如一人而劫千金、伤及事主，固当拟以骈诛。若十人止劫一金，并未伤人，乃亦不分首从，均拟斩决，是因一金而杀十人，岂不苛哉！我朝康熙年间，因明律过重，于首从皆斩之中，分别“法无可贷”“情有可原”二项，无可贷者方斩，有可原者贷其一死减遣，行之百年，政简刑清。自咸同军兴以来，仍复明律。同治九年，更定新例，凡强盗不论把风、接赃，一律斩决，现章又改一人持枪，十人皆枭，而又创为就地正法，或先斩后奏，或按季汇奏，其法愈加愈重，而其民日犯日多。强盗如是，而私铸、发冢、捉人勒赎、抢夺妇女各项皆然，诚如前明《大诰》所云："弃市之尸未移，新犯大辟者复至也。"然则如之何而可？夫律设大法，一王之制固不敢遽议变更，亦在司法者善为调剂而已。《书》曰"罪疑惟轻"，《传》曰"宽以济猛"，汉陈咸曰："为人议法，当其从轻。"伏读嘉庆四年上谕："嗣后问刑衙门专引本律，不得用从重加等字样。"现已恭纂为例，永远遵行，当此新例未修之际，虽不能于法外减轻，惟既见旧律繁重之弊，亦不可于例外加重。职观近来各处所办案件多有涉于严厉者，无怪外人藉为口实，不肯收回治外法权也。大人久长法曹，兼膺修律重任，似应酌古准今，折衷至当，先行告谕各司，一切案件宁从宽恕，勿任苛刻，然后徐议变通旧法，于以除繁重而归简易，则大局幸甚。职一隅之见，是否有当，即请钧裁。甲辰八月上。

奉堂批：论强盗，所见甚是。

此段文字亦见《乐素堂文集》，略有不同，且有下面一段："最难解者，莫如定张氏之监禁一案，查妇人有犯，罪坐夫男，未闻其子有犯，坐罪其母。夫命妇非寻常之人，监禁为至重之刑，子处以监禁，其余无不收赎，况定张氏系三品命妇，例应奏闻请旨，即该氏亲犯窃盗，拟军亦止照律收赎，今以其子犯军，反将其母收监，且不照旧例奏请定夺，追夺诰轴，擅行监禁，不如所据何律而所引何例也？此案犯父定昌，既以收禁拖累死于看所，而其母定张氏复以监禁频至于死。职每入监察囚，睹其冤苦呻吟之状，不禁心焉伤之。若谓定张氏一案系都察院所议，只好迁就，则亦何贵交刑部覆审乎？以上各案在堂宪或别具惩诫深意，但职一孔之见，拘泥例文，蓄疑于心，用敢冒昧上陈。考之史册，法官如执见不同，得为异议相争。大夫有诤臣三人，则身不失令名。职虽不才，既任法官，以附骥尾，更愿作诤臣以犯龙鳞，我堂宪不以为我狂妄而赐教焉，则幸甚矣。"

吉同钧作《自记》云："此文虽无足观，惟余一生仕宦升沈，实以此文为枢纽。当未上书之前，先将稿底质诸契友罗君维垣、萧君之葆。二君以现时公理湮没，直道难行，言之过切，不惟于事无济，且恐反以招祸，不如止之。余曰：吾现在任提牢，有代囚伸冤之责，祸福在所不计。若对本部长官尚不敢直言不隐，他日为侍御、为给谏，又何敢犯颜谏诤乎？书上后，果干尚书葛公之怒，[①]侍郎沈公面加许可，即将定张氏等释放。其后葛公怀恨在心，补缺派差，遇事遏抑，皆因此文拂其意旨，暗中下石，以致沈于下僚者数年。嗣后余以秋审失出，降为光禄寺署正，葛亦以变法裁缺落职，沈公调任大理院正卿，继长法部者为戴公鸿慈、绍公昌、张公仁黻。三公皆翰林起家，不谙刑法。时沈公组织大理院新官制，与法部争执权限，法部诸被压抑，因求熟于法律、可与沈公抵抗者专办与大理院交涉事件，左丞定镇平持余此文相荐，戴公阅之，极为佩服，随即奏请调回法部，委以京畿科主稿，专核大理院稿件，据法斥驳数十起，均经遵驳更正，各堂大加倚重，本年即升补员外，升郎中，随时预保参议，次年又保列京察一等，记名道府，奏加三品衔，种种升阶，皆因此篇文字得来。是前数年被葛公沮尼，以此文而触其怒；后数年蒙戴公超擢，亦以此文而邀其赏。”

上文吉同钧《自记》云“嗣后余以秋审失出，降为光禄寺署正，葛亦以变法裁缺落职”殆指此事而言。

崇芳秋浦氏为此文作跋语云：“上下数千年，纵横数万里，非融合古今中外律书，不能道其只字。而布局立格、浅深层次，亦复处处有法，非仅议论宏通也。按是书系光绪二十九年所上，当时刑法严重，故篇中历指其弊。至宣统初年变法，创设法律馆，作者承乏提调，修改《大清律》为《现行律》，损过就中，此书已见诸实行矣。迨入民国，颁行新刑律，一概遵用外法，不惟矫枉过正，失之轻纵，并举中律数千年礼教名分尽行废弃，是又因噎而废食，现行数年，弊端丛生，民人受害无穷，是以随后

---

① 指葛宝华，浙江山阴人，光绪九年进士，辛丑年十二月，调补刑部尚书。

复有维持旧律之作。总之，刑法贵持其平，值旧律繁重之时，不妨采用外律减之使轻，值新律宽纵之时，又当援引中律加之使重，轻重加减，皆因时以制其宜。此文在光诸年间，洵为治病良药，若至民国，则如以水救水，益增其病，须合前后各篇参观互证，乃知作者因时补救，合新旧而折其中。此篇固非过于趋新，后扁亦非拘泥于守旧也。先生著作多种，惟生平雅不欲以法学自名，故集中略载数篇以存梗概，尝谓秦人钟太华严肃之气，代出法家，长安薛大司寇为其大宗，所著《读例存疑》一书，风行海内，然亦止贯穿古今，若云博通中外，尚须让作者独出头地，统观各著，始知余言非虚誉也。”

《秋日南海早朝》云：①

“芰荷万顷驾长虹，宫殿宏开引上公。凤辇临轩迎晓日，龙舟掠水起清风。秋生桂苑兰池外，人在金鼇玉蝀中。十五年前来此地，回头岁月惜匆匆。”

张成勋

以老人修墓为由告归。几年后，后清廷因预备立宪，诏起为京师总检察厅厅丞，复擢法律馆谘议官，俱辞不就，林下数年，颇多善举。

《颂彭总戎德政》云：“皇清爱将思颇牧，天为中兴生旬宿。风衔花诏到宜城，龙卧茅庐肯终伏？问谁好古兼知兵，国士无双推老彭。自幼传书遇黄石，才华经济人皆惊？读书学剑三十年，捧日丹心霄汉悬。闻道燕台募骏足，愤投班笔著祖鞭。登坛拜将服戎服，指挥千军号令肃。羽扇纶巾汉武侯，轻裘缓带晋羊怙。挈挥日戈锱云箭，一旅纵横六合编。军雄雁翼起三单，焰扫狼烽经百战。运筹决胜战必克，威加东南慑西北。一声叱诧惊风云，犹鸟胡驼失喘息。殄发平回荡群寇，露布上闻凯歌奏。金牌十二诏班师，铁甲三千欣免胄。振策还朝朝至尊，帝嘉乃续召临轩。梁王若祖

---

① 自注：提牢拟正引见。

曾开汉，爰尔才雄称将门。论功行赏亲酬庸，勒之金石垂鼎钟。任崇阙北符分虎，镇重关南节拥龙。羡君拥节来金州，秦楚咽喉据上游。背水屯军严缮备，声威不减淮阴侯。从此长城重万里，大风何须思猛士。关河百二雄辅车，峡栈千重壮唇齿。髀肉重生久安验，奋然习勤日不厌。射虎时操李广弓，闻鸡常舞刘琨剑。生聚训练经年久，讲武操军备守战。忆昔曾过细柳营，江干夜半闻刁斗。福星数载光西陲，德偏兵民宠解推。冬日巡营军挟纩，欢雷动处口为碑。昨岁旱疫流关辅，善谋能将造化补。方施扁鹊药倾囊，泽沛嗷鸿粟发庾。抽旷裁冗除囊鲸，安良禁暴逐豺虎。谋猷不愧称将军，功德尤宜颂佛祖。更兼一事系人思，百雉崇修增旧陴。一举三善工筹画，城成邦固民无饥。叨披实录见大笔，名将纯儒合为一。事业文章光两朝，苍生有福斯人出。斯人既出善镇抚，偏为苍生作霖雨。遗爱长留兴汉间，愧煞殃民百里虎。甘棠大树两流馨，赫赫厥声濯厥灵。勉辑俚歌代颂祷，会须麟阁图其形。”

段维中进士。

《段冈北先生年谱》载：“二月入京补殿试，赐进士出身，钦点主事，籤分刑部四川司行走。时韩城吉石笙郎中同钧，三水萧筱梅郎中之葆，长安王汉三员外之杰，凤翔谭可斋员外文蔚均与公同司办事。”

王步瀛作《清授中宪大夫员外郎衔法部主事段君冈北墓志铭》：“癸卯成进士，以主事用，签分刑部，历充四川、陕西、河南等司主事，旋任法部制勘司主事、统计处帮办兼丞、参厅会办，钦派考试各省审检人员襄校官，记大功两次，加员外郎衔。君精法律学，为沈子敦侍郎倚重，称其才长心细，执法不阿。沈公掌大理院，奏调君为厅丞，旋以法部奏留不果。君遇疑狱及可矜，必审慎从事。逆回马化隆孙自襁褓系狱中几三十年，地方官屡请从轻发落，皆格于部议。君引经援律具说帖，卒邀宽免。四川强盗抢劫案首从三十余人皆拟极刑，君察十余人迹近诱胁，驳令覆审，卒得诱胁情，得减等免死。其它随案矜全多类此。近世刑罚不中，视人命如草菅，失钦恤之旨，以视君何如也！”[①]

王步瀛作《清授中宪大夫员外郎衔法部主事段君冈北墓志铭》：“国变后绝意仕进，事亲之余，恒以诗书自娱。君为学重有用，尝谓法律宜适合国性民情，不宜涂抹东西洋条文。谓办学练兵，不注重道德忠义，必至贼人才，害国家，皆确论也。曩尝请修召公庙、李烈女墓，联名奏请李二曲先生从祀孔庙，请复先贤横渠张子祀典，创办农林试验场于卷阿，为文请豁免草价，及避地西安，又屡办理水旱灾赈，会议全省善后事宜，征辑关陇文献，与修《陕西通志》。凡民生利害、地方风教所关，罔不尽心维持，期于有济，亦可见君志行矣！”[②]

何毓璋中二甲五十四名进士。

何毓璋，字达夫，石泉人。光绪三十年恩科进士，后签分刑部。

马步瀛中二甲五十一名进士，分刑部任主事。

1905年，光绪三十一年，乙巳

先将例内今昔情形不同，及例文无关引用，或两例重复，或旧例停止者，奏准删除三百四十四条。党蒙、周宗络等纂成《续修顺宁府志稿》三十八卷。

吉同钧

提牢期满。议叙题补浙江司主事，充秋审处坐办，律例馆提调，兼充工巡分局承审官。

十一月因朝审失出被贬官。初九日，“谕内阁，本日刑部奏朝审册内绞犯李氏情节稍有可原请旨遵行一折。据称反狱案内守法未动各犯遵旨量

① 《续陕西通志稿》（卷二百十一），文征十一。

② 《续陕西通志稿》（卷二百十一），文征十一。

予核减。惟李氏同羁北监，因系另屋，不得一体查办，未免向隅等语。此次未经反狱各犯前经降旨饬查，业经分别施恩减缓。该绞犯李氏既系另禁一屋，且案情残忍，何得迟至数日之后率相牵引，奏请恩施。李氏著仍入情实予勾，该部堂司各官于人命出入重案率意奏请，均著交部分别议处。寻议，堂官溥兴等降一级留任。司官吉同钧降一级调用。系公罪可否准其抵销。得旨，均著不准抵销”。(《光绪朝实录》)

《国乘备闻》云:“北京罢巡城御史，设工巡局，那桐主之。局用不敷，议推广税务，遂及戏馆、娼寮，腾之奏牍，且移文刑部，令破除良贱之界，酌改旧律从宽。有李氏妇人虐其养女，本鸨母也，刑部断其恩义早绝，已定谳，议抵监禁在狱，会秋后论囚，行刑且有日。尚书葛宝华从主事吉同钧言，据那桐破除良贱咨文，奏请减议，贷其一死。太后大怒，特旨勾决，镌同钧二级，宝华以下降罚有差。”①

《乐素堂诗存》有《谪官》诗十首云:

“仰体好生恤下民，谁知震怒犯枫宸。② 甘分重咎膺严议，为悯良朋有老亲。”③

“因命原难逃法网，臣心要可质明神。寄言司法诸君子，毕竟生人胜杀人。”

“天将容我作闲身，吏议偏难恕小臣。④ 镌级只应安义命，辞官依旧守清贫。”

“宦途升降原无定，人事迁移信有真。从此束书甘隐退，桃花源里访

---

① 胡思敬:《国乘备闻》，中华书局 2007 年版，第 80 ~ 81 页。

② 吉同钧自注：乙巳冬月上谕：朝审李氏殴毙养女一起，刑部率行陈请，堂司各官均交部议处，李氏仍勾决。

③ 吉同钧自注：刑部律例官共有提调五人，同钧名居其末。此事本系首座饶提调主持拟稿，同钧赞成。及奏奉议处，同钧以饶有老母，恐碍升迁，代任主稿重咎，是以独受严议降调。

④ 吉同钧自注：吏部议处：以同钧主稿，应降一级调用，饶郎中及六堂均应降一级留任，均系公罪，例应准其抵销。奏奉谕旨，均不准抵。

秦民。”①

“久苦西司案牍劳，而今离署任游遨。狱参经义空推隽，辞赋归来合慕陶。”

“励节一蛈严取兴，吠声百犬任呼号。十年辛苦付流水，从此功名等羽毛。”

“一封丹奏上龙墀，讵料天威谴责随。事后始知陈请率，当时唯恐救人迟。”

“生求不得死无憾，功欲自居过诿谁。因此休官何所很，寸心只有鬼神知。”

“丈夫志气说轩昂，事到风波一己当。独犯龙颜争蚁命，要留鳊骨愧鹈梁。”

“寥寥知己谁援手，衮衮诸公尽括囊。叙雪题名有良义，莫教公道久埋藏。”

“远离乡井三千里，滥厕刑曹十五年。律溯汉唐劳讨论，法参欧亚费钻研。”

“为怜人命镌双级，②不倚狱官名一钱。秋册如山堆案上，从今朱墨一齐捐。”

“渔洋昔日长秋官，失出狱囚应左迁。满汉堂司众委咎，先生因此坐归田。”③

张成勋

十月十二日奏折：“……户部剳同前由各到关奉此查原奏内开该关自

① 吉同钧自注：由主事降为光禄寺署正，随即告假回家，拟不再出。嗣奉沈侍郎函招，委任法律学堂教习。又蒙戴尚书奏调回部，复充原官，此又入苦海矣！

② 自注：前任提牢，因失囚降一级，今又降一级。

③ 自注：王渔洋为刑部尚书，力从宽大。于秋朝审改正，全活甚众。后因失出王五一案，司官委咎于堂官，满堂官又委咎于汉堂官，渔洋因此落职回里。后六年复还原职。

光绪十九年起，至二十三、四、五、六等年份，每年收银六七万余两不等，二十七、八、九等年份均收银八万数千两，所短税银均经臣部奏明暂免著赔。今该关自光绪二十九年八月初一日起，至三十年七月底止，共征银九万二千七十两五钱九分五厘三毫，较之上届虽多收银六千四百二十一两零，而核诸原是正额盈余仍多短绌，自应划分办理所有该关本届短收税银一万五千八十九两四厘七毫。按三百六十日计算，自光绪二十九年八月初一日起，至三十年二月初二日止，计短收银七千六百二十八两三钱三分一毫五丝四忽。在奏准整顿关税以前，拟请援照历届成案免其赔缴其自三十年二月初三日起至七月底止，计短收银七千四百六十两六钱七分四厘五毫四丝六忽。应著落该关道全数赔缴十成实银以符奏案，仍遵照定例五千两以上至二万两者予限三年赴部呈缴实银，倘逾限不完，定即照例办理。……宪台缕细陈之，查凤阳关例定正额银九万一百五十九两六钱，余银一万七千两，二共应征银十万七千一百五十九两六钱。从前承平之时，长淮千里取之于商者，只有关税一项，利权归一，商人乐于输将，征此十万余金自觉绰绰有余裕，迨遭兵燹，于光绪二年始行复关，维时洋票已行，渐侵税课，厘卡林立，暗阻商情。试办数年，税务难期起色……关道职司，确务受国厚恩，蒿目时艰，敢不力图报称。无如凤关僻处偏隅，非沿江沿海各关商贾辐辏者可比。每年税课向以粮食为大宗，而年岁无常，收数靡定，已属十分可虑，矧沿淮两岸关卡相望，税厘并征，商人无利可图，往往因之裹足。加以奸商取巧日甚一日，南北杂货归于洋票者殆十之七八。比来各省又复开采矿产，创设公司，开办统捐，纷纷运货到关，均在免税之列。而各处采买官物，奏准免税者每年亦复不少。兼之芦汉铁路上年已造至河南许州，地方商人贪图便捷，将由上海镇江等处运赴豫省所销杂货及由豫省运赴镇江上海等处所销土货，向之取道淮河，应归凤关纳税者，现多改道长江，由汉口铁路转运，以致凤关固有之税层层分佔，暗受亏耗，势无底止。关道适逢其会，深以税源短绌是惧，爰就各关口厘定比较，严核功过而于招徕一事，尤复无计不设，无法不施。幸而天助其缘，岁事又皆中稔，所有经征，壬寅（光绪二十八年）、癸卯（光绪二十九年）两届常税连同茶糖烟酒等税，均得征收银八万数千两，而甲辰（光绪三十年）一届所征常税连同茶糖烟酒等税，竟得征收银九万二千七十两有奇。虽核诸原额尚多短绌，而较诸以前各届实已加增不少……户部原奏，以关税原固有之利征收遵一定之额，如果认真稽征，实收实报，何至征不足额而无溢收，意在重议赔款，藉杜取巧立法至为严明，杜弊洵称扼要，然使征不足额果在吏胥之中饱，商贩之绕漏，监督稽征不力？则上干严谴自无可辞，惟凤关现在税务节经认真整顿不遗余力。复关已三十年，关道历过多任，岂尽全无天良，而税课卒未能征复原额者，其故实因利权种种旁落，人力难施，未可与承平之时相提并论也。且商人请领洋票已在海关纳税，即矿产统捐等类，以及改由铁路贩运货物，亦在起运处所完过税厘。在大部通盘筹划绌于此者，固盈于彼。若但责关道重赔，试思关道既经竭力稽征，毫无弊混，从何筹款弥补？则自爱者惟有洁身而退，不肖者又必别筹生财之方，将有不堪问者也！况复关以后征至五万九千九百余两即可邀免著赔，十二年、十三两年均系如此。倘恃有免赔成案，希图取巧，则每年照此银数报解，当不致上干部诘。乃逐年均有加增，上届则征至九万二千有奇……自光绪二十二年起，初次报解之数只有一万三千余金，此项银两既非额征之数，解多解少无关考成，每年照案报解似亦未为不可，而近年则解至三万三千有奇，盖因清厘一项系解司凑偿洋款之需，但能尽力，多解一分即多济公家一分之急。天良难昧，尚不忍隐匿丝毫，何况正项税钞敢蹈征多报少之弊。此又经征关税实收实报，不敢稍有取巧之明证也。关道更有陈者，假使凤阳关税仍似从前定额之时，每年只解税课一项，此外别无解款，则因整顿关税责令照额认赔，似尚易于为力。现查凤关除税课外，每年筹解司库协济要需之款，尚有节省外销杂税，公费拨还洋息（从光绪三十一年十月十二日奏折中知是给俄、法、英、德的）银六千五百九十余两。又二十九年起，筹凑新案赔款银一万两（庚子赔款）。又上年起，认解报效归公助饷银三千两，连同清厘三万余两，统计每年解司约共银五万两，以外是正税。虽未足额，而以解款合而计之，每年已共解银十四万有奇，较诸正额盈余银数实溢解银三万数千两，其海分司每年代征盐船料税三千两上下，尚属另款存储，备凑京饷，未经并计在内。以凤关一隅之地，而解款如此之巨，实已筋疲力尽，不留余步。现如执定原额再行著赔，值此厘剔尽净之秋，无论为数多寡，委实难于措缴。再四思维，惟有仰恳……免其著赔……”①

武瀛

在雅州知府任。

十二月初一日，锡良《年终具陈四川文武各官密考折》云：“雅州府知府武瀛，均到任未及三月，例不注考”云云。②

段维

“留部供职，公余读律例，更深究古律令书，由大明律唐律以上治汉魏律令。冬月乞假回籍省亲。”③

高祖佑

七月，经管理工巡局大臣派充外城巡捕东分局发审委员。

1906年，光绪三十二年，丙午

是年七月，宣布预备立宪，着手厘定官制。九月，改官制，刑部为法部，大理寺为大理院。

① 刘勇先：《张成勋〈奏折抄存〉的价值》，载《安康文化》2009年第3期。

②《近代中国史料丛刊续辑》（第11辑）《锡清弼制军奏稿》，第548页。

③《段冈北先生年谱》。

薛允升

春，袁世凯为薛允升《读例存疑》作序：

汉以前无所谓律，但知有刑而已。自萧相国摭拾秦法，作律九章，始有律之名而无例。魏晋以降，稍稍分为《刑名》《法例》。逮唐及明，而例之目遂秩然大著。国初因胜朝之制，递加修改，亦缘礼俗代嬗，情伪不同，穷变久通，不随时损益则条分缕析，踵事弥增者势也。虽然著录非一朝，秉笔非一手，宜于前者窒于后，戾于此者戾于彼。甲乙乖舛，牴牾歧出，体非画一，启后人之然疑者亦势也。法欲密而转疏，义求明而反晦，苟非好学深思邃于此道者，安得爬梳剔抉，俾有卅辐一毂之观哉。刑者，生人之大命，王者之大政。一有出入，无以为平。六官之中，惟秋官流转较鲜，往往释褐而登署，皓首而不易其曹，为能以专门之学治专门之事。长安薛大司寇云阶先生供职刑部三十余年，研究律例，于历代名法家言无所不窥，著作等身，而《读例存疑》一书尤为平生心力所萃。凡情事之变迁，罪名之舛错，铢黍毫厘，无不沿流以溯源，肇肌而分理，洵乎不朽之盛业，明允之龟鉴也。先生既归道山，秋曹诸公奏呈御览，奉旨着交律例馆。方今圣朝修明刑制，将博采中外良法定为宪典，悬诸不刊。是书所言实导先路，抑尝闻国之程度愈文明者，其条目亦愈纤悉，故法律之学标为专科，惟其习之也预，故辨之也精。他日者庠序盈门，人才辈出，使规制粲然咸备，以跻于所谓法治国者，则先生昌明绝学之心益以大慰也已。光绪三十二年丙午春日，项城袁世凯序。

吉同钧

春，吉同钧辞职回乡，秋季又奉召还京。以下诗为回乡途中作《辞职告归，路经清化道中》[①]五首：

---

① 自注：丙午（1906年）。镇属河南河内县管，为道清铁路尽头处，倚山临流，地多产竹。

“编篱削篾隔门阑，烧笋蒸梨佐夕餐。此地堪容高士隐，买山何必向长安。”

“绿云千亩浥红尘，贩竹生涯不算贫。劚罢猫头披凤尾，满街争卖竹夫人。”

“山当户牖水围村，竹笋穿篱桑葚繁。到此尘心应尽浣，恍疑身到武陵源。”

“花栽满县思潘岳，柳拂门前忆陶潜。等是风流分显晦，是谁吏隐一身兼。”

“火轮南下抵河阳，策马舍车上太行。仕宦浑如行路险，前途升降总茫茫。”

《过太行山》云：“崎岖山路马蹄殭，落日挥鞭过太行。向北关山通潞泽，迤南烟树拥怀漳。望云怕读梁公碣，[①] 叙雪空登司寇堂。[②] 险阻艰难经历尽，归家羸［赢］得满头霜。”

《拦车镇》云：[③]“深山万壑幽，风冷暑全收。当夏难胜葛，非冬欲著裘。关险戍兵少，途冲过客稠。太行陉七十，此处奠中州。”

“高山气候差，四月始看花。夭桃方吐艳，老木未萌芽。马畏巉岩路，龙依贫贱家。幽林饶古道，奚事恋京华。”

《沁水县》云：“四面峰峦压女墙，双流汇处县城当。山含铁矿石纹紫，水孕金沙波面黄。地僻民心多古朴，政宽户口少流亡。山程到此行将尽，回首风云起太行。”[④]

---

① 自注：山上太口镇有狄梁公望云处。

② 自注：刑部秋审处名叙雪堂，余供职十余年始得提调一差，一旦因公降职，能无怅然。

③ 自注：在太行山上，为河南山西交界处。

④ 自注：是年春季回里，秋季复奉召入京，开复原职，未出一年，升员外郎，转郎中，兼修订法律馆总纂［纂］，并任法律、法政四处教习，日无暇晷，故历丁未、戊申、己酉三年并未作诗。至庚戌入闱，见猎心喜，复续前吟。阅两年，壬子国变，即弃官谢客，混迹燕市中，吟风弄月，不知老之将至矣。

九月，设京师法律学堂。沈家本作《法学通论讲义序》："于光绪三十二年九月开学，学员凡数百人，昕夕讲贯，晌经三学期矣。吾中国法律之学，其将由是昌明矣。"

十月，京师法律学堂正式开学，吉同钧有《京师法律学堂开学演词》云："今日开学之期，修律大臣沈公及日本冈田教习均经次第演说，鄙人承乏中律教习，敢将中律切于实用之理，约略言之。律者，民命所系，根极乎天理民彝，称量乎人情事变，况《大清律》融会汉唐元明之精意，又经列祖列宗斟酌损益，纂辑成书，义精仁至，巨细靡遗，非特经国治民之圭臬，即寻常应事接物，苟不知律，必至动辄得咎。故《吏律》载有'讲读律令'一条，内外百司官吏务要熟读讲明，若有不晓律意者，官罚俸，吏拟笞，及百工技艺诸色人等有能熟读通晓律意者，如犯过失连累之罪，并免一次云云。此可见凡属军民，皆当知律，况学古入官，尤有人民社稷之责，设使临民治国，不能深通律意，但取办于临事之检查，或听命于幕友书吏之手，将一案之误，动累数人，一例之差，贻害数世，岂不大可惧哉！现今新学竞尚，士多见异思迁，剽窃外国法政学说以为禄利之阶，遂致中国经史旧学渐就荒芜，而法律一门尤为《广陵之散》，不绝如线。平心而论，外国法政各有精意，固当采集所长以资补救，惟《大清律例》恰当乎中国风土，尤当深切究明，以为判案之资。凡我学友，固不可守旧而鄙新，亦不可务外而忘本。鄙人自问德薄能鲜，殊觉有愧皋比，惟供职刑曹二十年，受业于长安薛大司寇之门，律学稍有会悟，今应当道之聘，忝列讲席，以作识途老马，惟祈与诸学友相观而善，共相勉励，先研究中律精意，然后涉猎东西各国刑法大要，庶几操乐不背土风，数典无忘祖制，勉副修律大臣造士之苦心，以仰体皇上立宪变法、修订法律之至意，是则区区之心所深愿也夫。"

吉同钧主讲《大清律例》。他在《演词》后补记曰："从前国家以帖括取士，法律并不设科。自光绪末年变法，废科举而设学堂，始立法律之门。京师讲习法律之地有四，余曾兼摄教事，一为法律学堂，系法律馆大臣所立，分速成科、正科，考取六部九卿衙门司员及各省举贡职官入堂肄业。一为法政学堂，系学部所立，分讲习科、别科。讲习科专收京官，别科由本堂招考及外省保送。一为法部律学馆，专教授本部司官及各级推检官。一为大理院讲习所，专教本院录事。各学堂功课约分六七门，余专任大清律一门，每月分双单日轮讲，每日分讲两处，每处共讲三堂，共六堂为三大时，下余三时入署办公，夜分三时以作讲义、阅课卷，古称一月得四十五日者其即余功课之数乎？自光绪三十二年起至宣统三年止，共主讲席六年，前后学成卒业者二千余人，将来得位乘时，为法界大放明光，庶不负训迪之苦心也。呜呼！郎署二十年，既不能俯首低眉，干权位以建功业，皋比五六载，犹可持婆心苦口，阐法理以倍［培］人才，士人学优则仕，至于仕不得志，复藉教以传所学，其遇亦可悲矣。若云藉脩脯以赡身家，犹余事也。”

秋，吉同钧撰写《大清律讲义》。《大清律讲义序》云：“当道大吏有鉴于此，惧新学之心醉欧风，数典而忘其祖也，故法政、法律学堂并法部律学馆均设大清律一科以示保全国粹之意，延钧分膺讲席，窃以律义精深，非口说能尽，更作讲义以笔代舌。一篇之中先溯根源，继揭宗旨，如篇幅过长，更为字梳句栉，俾令脉络明晰，遇有深奥之处，或援经史以阐其理，或引刑案以实其事，此外如王氏之《笺释》、洪氏之《辑注》、吴中丞之《律例通考》、薛尚书之《读例存疑》，苟有发明，均为采入，盖理惟求其显露，故词无取乎文深，篇末又杂引外国之律与中律比较，彼法所长者必加以褒美，彼法所短者不曲为附和，或彼此宗旨符合，不过名词文法之歧异，亦必剖析明白，俾阅者不至迷误。虽采辑外国之新法，仍恪守中国之旧典。起自丙午秋日，阅两寒暑，粗成二十四卷，幸不为当世所弃，而外省各学堂群相购取，以为范模。今秋，法政、法律学堂并律学馆各付铅印，颁行外省以广流传。余深惭浅俚无文，贻笑大雅，而又未便拂其美意，故详考律书之源流，并志其事之颠末，列诸简端，以质诸海内之深于法学者。”

萧之葆

派充秋审处总看减等。

六月，补授陕西司主事，因回避本省，调补贵州司主事，并派充秋审处坐办。

武瀛

十二月十八日，锡良上《年终密考折》云：“雅州府知府武瀛，廉勤明慎，律学精详。”①

段维

“正月，游武汉赴京部，子民达随侍留学。

三月，入进士馆，精研东西各国法律政治。

五月，挈民达游天津。

八月，监修旅京关陇中学堂。是年，拟说帖若干篇。”②

高祖佑

四月，经巡警部委充外城豫审厅刑事审判官。

五月，奏调以部厅各缺酌量补用。

八月，奏署外城豫审厅陪审官。

十二月，经陆军部具奏，以主事兼袭云骑尉。初七日引见，奉硃笔圈出，著准其兼袭。

①《近代中国史料丛刊续辑》(第 11 辑)《锡清弼制军奏稿》，第 627 页。

②《段冈北先生年谱》。

1907年，光绪三十三年，丁未

《清史稿·张仁黼传》云："三十三年，补大理院正卿，奏请敕部院大臣会订法律，略言：法律主要在乎组织立法机关，而所以成之者有三，曰：定法律宗旨，辨法律性质，编法律成典。中国数千年来，礼陶乐淑，人人皆知尊君亲上。此乃国粹所在，必宜保存，用各国之法以补其不足。尤须造就法律人才，治法治人，相因为用，然后可收实效。"

命侍郎俞廉三与沈家本俱充修订法律大臣。沈家本等乃徵集馆员，分科纂辑，并延聘东西各国之博士律师，藉备顾问。其前数年编纂未竣之旧律，亦特设编案处，归并分修。

十二月，遵旨议定满、汉通行刑律，又删并旧例四十九条，编订《新刑律草案》。

党蒙

八月底，锡良片："署云南东川府知府崇谦，署镇边直隶厅同知刘成良，署大关厅同知彭汝鼐，广通县知县沈宗传，署罗次县知县车士琛均调省，又弥渡通判玉昆撤省，所遗东川府缺，查有临安府知府党蒙堪以调署，递遗临安府缺查有请补普洱府知府王正雅，镇边厅缺查有补用知县王元龄，大关厅缺查有试用通判涂建章，广通县缺查有补用知县邓时霖，罗次县缺查有试用知县陈琦，弥渡厅缺查有准补镇边直隶厅同知秦定基堪以署理。又现署师宗县知县、本任永善县知县邬振铎应饬赴任，递遗师宗县缺查有试用知县郑光照堪以署理。据云南藩学臬三司先后会详前来，除分檄饬遵外，理合附片具陈，伏乞圣鉴。"

九月初九日奉朱批：吏部知道。钦此。

吉同钧

补授审录司员外郎。

二陵《二陵谈荟》云："光绪三十三年冬，荣庆由刑部尚书入直军机。一日由军机处退值，即至刑部，因有要公请秋审处提坐商酌。时刑部最大之乌布为则例馆提调秋审处坐办，无一至者。刑部惯例：四月一日为早衙门，早八钟到署，十二钟出署；八月初一日后下午一时到署，六时出署。荣庆由军机散值时，尚未至十一时，候至一时，司员始有至者。荣庆见秋审处提坐，时饶昌麟吉同钧为秋审处坐办，兼则例馆提调，大为不满，并云堂官已到，何以司员不到？大有元帅伺候先行，先行伺候元帅之意。昌麟首应之曰：司官到署，系办公，并非伺候堂官；且现在系晚衙门，司官到署并未过一钟。荣庆语塞，云诸君如此固执，我这差事亦不能当矣。昌麟等复应之曰：大人如不能当，尽可奏请开缺，何须对司官等言。荣庆辞穷，不欢而散。未几，荣庆调户部，继为尚书者溥兴。是年本京南城外李马氏虐斃养女一案，归入秋审，时秋审分情实缓决二项，击打人至死，无金刃铁器伤，三伤入缓，四伤入实，鳞伤虽无金刃铁器伤亦入实；非鳞伤而伤逾四处者，入实后得夹签声请。李马氏者系业养人，即鸨母，殴斃之女，伤在六处，在入实入缓之间。秋审处以之入实，而夹签声请，本无不合。时满司员某，因争一等不得，不满意于溥兴葛宝芳［华］汉尚书，兼恨秋审处之把持，遂夜至荣庆宅，将是案始末尽为荣庆言之。荣庆本不惬于刑部秋审处诸人，得此机会，实脩怨之好题目，秋审入奏，指摘此案为失出，各堂官均罚俸，承办此案之司员：昌麟降一级留任，同钧降一级调用，降大理寺司丞。迨刑部改法部，戴鸿慈为法部尚书，采众望，奏调同钧回法部，补审录主事。两相比较，一时舆论颇左戴右荣云。"①

《大清律讲义》自序云："尝综观外国法典，英律有成文法、不成文法共一百二十余篇。其法，死刑用绞不斩，生刑分徒刑、囚狱、苦役、隘牢、笞刑、罚金数种。美律五千五百余条，死刑亦用绞不斩，生刑分囚

① 二陵:《二陵谈荟》，载《越风》半月刊第16期，中华民国二十五年六月六十三日。

狱、苦役、罚金数种。俄律十二卷，共一千七百十一条，死刑用斩处决，生死分作苦工、发极边边远看押监禁身刑、的决、申饬、罚缓数种，死刑间有用枪毙者，则为特别之法。德律二十九章，共三百七十条，死刑亦用斩不绞，生刑分惩役、禁锢、拘留、罚金数种。法律四编，共四百八十四条，死刑亦斩不绞，其弑亲应死者于刑场使跣足蒙黑绢，以示特别之制，生刑分徒、流、囚禁、徒役、追放、禁锢、罚金数种。日本刑法初亦用中国唐律，后仿法国变为四百三十条，死刑则用绞不轧，生刑分无期流、有期流、无期徒、有期徒、轻重惩役、轻重禁狱、拘留、罚金、科料十余种，追又改照德律缩减为二百九十八条，废除流徒禁狱，止死刑、惩役、禁锢、罚金、拘留、科料。至于瑞士，刑法二编，共二百五十六条，其刑止惩役、禁锢、罚金三项。和兰刑法二编，共四百七十五刑，主刑为禁锢、拘留、罚金三项，而均无死刑。意、比、西、葡诸国，大略同于和、瑞，亦无死刑。此外洋各国刑法之大略也。而[①]论者谓现在变法自强，当改用东西各国法律，反鄙薄《大清律例》不适于用，不知外国法律行之外国则尽善，行之中国难尽通。夫以中国政教统一之邦，而直、奉、川、陕各省犹有专条，蒙古有《蒙古之例》，回民有《回民之例》，苗蛮有《苗蛮之例》，彼此犹难强同，况中外风俗不同，宗教各异，而欲屈我之法就彼之范，岂非削足适履乎？且外国刑法亦各不同矣，无论流徒禁役，各因所宜，即死罪一项，现在法学家均主张废除不用，然如瑞士、和兰，地狭人少，教育普及，故可不用死刑。德、法则幅员较广，虽欲废除死刑而势有所不能，若英、俄则更地大物博，不但死刑难废，即身体之刑亦不能遽除。观于英有笞刑，俄有身体的决之刑，其明证也。夫笞杖为五刑之至轻，英俄尚不能全去，中国废之，近来已有窒碍，况其他重于此者乎？再，外国均有习惯之法，虽政教日趋新异，而本国习惯之法终不能废，西

① “而”字以前《乐素堂文集》无，今据《续陕西通志稿》（卷二百十六）《文征》十六补。

儒斯宾塞尔有言：一国之法律必须与本国之历史及国体有同一之性质，否则实行之际，流弊不可胜防云云。此即我国变法之药石，当道大吏有鉴于此，惧新学之心醉欧风，数典而忘其祖也，故法政、法律学堂并法部律学馆均设‘大清律’一科以示保全国粹之意，延钧分膺讲席，窃以律义精深，非口说能尽，更作讲义以笔代舌。一篇之中，先溯根源，继揭宗旨，如篇幅过长，更为字梳句栉，俾令脉络明晰，遇有深奥之处，或援经史以阐其理，或引刑案以实其事，此外如王氏之《笺释》、洪氏之《辑注》、吴中丞之《律例通考》、薛尚书之《读例存疑》，苟有发明，均为采入，盖理惟求其显露，故词无取乎文深，篇末又杂引外国之律与中律比较，彼法所长者必加以褒美，彼法所短者不曲为附和，或彼此宗旨符合，不过名词文法之歧异，亦必剖析明白，俾阅者不至迷误。虽采辑外国之新法，仍恪守中国之旧典。起自丙午秋日，阅两寒暑，粗成二十四卷，幸不为当世所弃，而外省各学堂群相购取，以为范模。今秋，法政、法律学堂并律学馆各付铅印，颁行外省以广流传。余深惭浅俚无文，贻笑大雅，而又未便拂其美意，故详考律书之源流，并志其事之颠末，列诸简端，以质诸海内之深于法学者。”

吉同钧在给京师法律学堂讲授《大清现行刑律》等课程，针对比附，他说：“比附之法由来已久，《书》云上下比罪，《礼》云比以成之，汉尚书有决事比，公府有词讼比。《刑法志》云：比者，例也。三千之律不能尽天下之罪，不免上下以求其比。可见事变无穷，法制有限，全在比附酌量，以适于中。故律后有比引律条一门，而刑部亦称为比部，即比意也。惟现在泰西各国刑法，惟俄律尚有比例一法，其余各国均无此例，日本采用法德二国刑制，凡法律上无正条者，无论何种所为，不得处罚，现在新定民刑诉讼法第七十六采用此意，亦有律无正条，不论何种行为，不得判为有罪之语。此法若行，则此律即应议废。惟中国情形不同，比附一法恐不能骤除，现在外省已有顶驳者，将来能否行之无弊，尚难预决也。”[1]

方连轸作《大清律讲义》序：“吉君石笙者，刑署旧友，尤薛门高弟子也，相继来充教员，即《大清律例》《读例存疑》《洗冤录》诸书，分门口授，吉君并手著《大清律例讲义》，间日颁给诸学侣，词旨显豁，备含精蕴，计馆中同学因是擢要差者指不胜屈，盖讲义之功为最多焉。铅印工峻，赘数语以志倾佩，自今见斯编者，必且矍然警，欣然喜，以为白云亭下叙雪堂边，固有如是之保存国粹者乎？”

陈康瑞作《大清律讲义》序：“我朝大清律一书乃前明旧编，参以国家定制，分吏户礼兵刑工六律，而以名例冠其首，总定律文为四百三十六门，附以现行则例，删并增修，权衡至当，一字一句皆有精意以寓乎其间。康瑞供职秋曹，时资流览，徒以未窥体要，掩卷茫然，苟非有好学深思之士，固未易融会贯通，得其指归之所在也。比蒙堂宪派充律学馆监督，值同年友韩城吉君石笙方主讲席。吉君宏通博雅，其于律尤夙所服膺。一切专门著述以及海外新编并收兼蓄，参互考证，口授之暇，辄出所著《大清律讲义》计日分课同人，其中繁称博引，义蕴宏深，而于纲常伦理之大，尤殷勤三致意焉，间亦旁采东西各国诸条例为之絜长较短，辨别异同，凡孰得而孰失者，不惮反复推详，俾学者晓然自得于言外，所以保存国粹者在此，所以维人心者亦在此。”

崇芳《大清律讲义》序云：“吉石笙先生以名进士筮仕西曹，沉潜此道者二十余年，摩娑此书者七十余遍，确窥其乡先正薛云阶尚书堂奥，为律学名宿，久任京师法律、法政两学堂，大理院讲习所及本部律学馆各校，主讲所著《大清律讲义》，以周孔之理阐萧曹之法，宗旨纯正，词复雪亮，以故尽人宝贵，风行一时，乃至远近各省邮函征索者相络绎，洵秋署传人之表表者已。计自丁未三月先生抵馆以来，讲义甫发至《名例律》及《刑

---

[1] 吉同钧：《大清现行律讲义》，法部律学馆 1908 年铅印本。

律贼盗》一门，同人资成就而膺升擢者连袂而起。芳初不喜读律也，自获先生为同事，朝夕切磋，多所获益，始知刑名与道德异流而同源，律意精微，最耐探索，用是稍窥法苑门径，盖亦先生讲义之功为最多焉。"

刘敦谨作《大清律讲义》序："律学馆自堂宪奏设以来，延方坤吾、吉石笙先生辈主讲馆中，好学诸君咸资诱掖，而石笙先生于口授之余，复著讲义以飨馈同学。凡律中未显彻者援引而阐发之，律中未赅备者触类而引伸之，或上溯唐宋元明之法典以抉其根源，或远求日法德俄之刑书以参其同异，使晦者显，疑者析，略者详，涣者萃，虽持论精严，仍不失忠厚之宗旨，《书》曰罪疑惟轻，《易》曰明慎用刑，《传》曰忠信慈惠，先生之讲义尽之矣。讲律文也，实讲律意也。先生坐拥皋比法部律学馆而外，则有法律学堂、法政学堂及大理院各处，孜孜不倦，启迪多人，而京外各省亦纷纷调取先生讲义，山陬海澨，不胫而走，虽日本博士冈田、松冈诸人为东瀛法学名家，亦以先生之讲义为可珍赏而藏之箧笥，藉资考校。盖其保全国粹之功诚非浅焉。"

张成勋

补授大理院总检察厅厅丞。光绪三十三年七月十九日《大公报》："大理院官制设有总检察厅厅丞一员，秩从三品，有监督裁判检察案证之责，职司重要，亦比照丞参人员一律预行保荐，听侯记名简用。"预保各员有当时法部左参议黄均隆、法部右参议王世琪、前江西广饶九南道玉贵、前安徽凤颍六泗道张成勋、前广东雷阳道段书云等，后来清政府下诏"大理院总检察厅厅丞着张成勋补授"。

《光绪朝实录》云：八月辛未"以前安徽凤颍六泗道张成勋为大理院总检察厅厅丞"。

萧之葆

派充法部承政厅会办。

七月，题升制勘司员外郎。

十二月，题升审录司郎中。

段维

刑部改法部，由四川司主稿调制勘司主稿，记大功一次。

二月，先妣赵恭人挈惠诚尔彬两弟来京。

十月，命民达归娶张氏妇。张震溪工部殿元族孙女，子和庠生銮驺女。

是年，拟说帖若干篇，撰岁贡薛亹伯先生墓志铭。[1]

高祖佑

二月，经民政部奏补外城巡警总厅五品警官。

七月，派署外城豫审厅正审官。

十月，派兼署外城巡警总厅司法处佥事。

十一月，奏补外城巡警总厅司法处佥事。

1908年，光绪三十四年，戊申

赵舒翘

王步瀛作《慎斋文集序》："予戊申冬由常州移守凉州，道出西安，登堂拜太夫人，见其三子：长者十岁，幼才八龄，抚兹藐诸孤，不禁泪涔涔下。继求先生遗稿，则丧乱之余，散乱无次。乃属逐卷缮真，寄凉编定。"

张成勋

九月，张成勋因病呈请开缺。

陕西巡抚恩寿作《又奏大理院总检察厅厅丞张成勋因病呈请开缺片》："再据新授大理院总检察厅厅丞张成勋呈称：光绪三十三年九月初三日，

---

① 《段冈北先生年谱》。

奉文补授今职。时因甫由湖南回籍，祖墓正待兴修，当经请假六个月修墓，扣到本年三月初三假满。因工程尚未蒇事，复经续假三个月，先后呈请奏咨在案。今自本年三月初四日扣至六月初四日续假期满，自应销假赴京供职。惟是修理两处祖墓，均系庐墓而居，身受潮湿浸淫日久，湿气大作，时患风痺，肢体麻木，步履艰难。当此庶务振兴，何敢以小健之躯谬膺重任，致滋贻误。谨据实呈明，恳乞代为奏明，开缺以重职守。一俟调理就痊，当即赴京効用等情，由布政使许涵度具详请奏前来。奴才覆查无异，除咨吏部、法部、大理院外，所有在籍京秩因病恳情开缺缘由，理合附片陈明。伏乞圣鉴。谨奏。光绪三十四年九月初一日。"

朱批：该部知道。钦此。[①]

党蒙

二月初，云贵总督兼管云南巡抚锡良作《奏为要缺知府互相调补以裨地方恭折仰祈圣鉴事》："窃查云南普洱府知府系烟瘴调要缺，非在滇年久、熟悉边务夷情、能耐烟瘴之员不克胜任。又临安府知府系请旨简放繁疲难要缺，非体用兼备、熟悉洋务并夙谙军务之员不足以资治理。该二府虽同系要缺，而需才各别，奴才督饬三司悉心体察，查本任临安府知府党蒙与准补普洱府知府，现署临安府知府王正雅，一则谙练老成，能耐烟瘴，一则精明干练，胆识俱优，于两缺各有所宜，堪以互相调补。虽临安府系请旨之缺，调补稍有未符，而人地实在相宜，未便稍涉迁就。查党蒙系陕西韩城县进士，光绪二十六年闰五月二十六日奉旨补授临安府知府。王正雅系湖南慈利县附贡生，三十三年九月初五日奉旨补授普洱府知府。据云南布政使刘春霖会同学、臬两司具详前来，合无仰恳天恩俯念员缺重要，准将普洱府知府王正雅调补临安府知府，所遗普洱府知府即以党蒙调补，俾各收得人之效，实出逾格鸿施，如蒙俞允，该员党蒙衔缺相当，毋庸送部引

①《政治官报·折奏类》光绪三十四年九月初四日第三百三十二号。

见。该员王正雅系奏准俟补缺后再行送部引见之员，仍照例给咨送部引见。除咨部查照外，谨恭折具陈，伏乞皇太后、皇上圣鉴敕部核覆施行。”

二月十五日奉朱批：吏部议奏。钦此。

六月初四日，云贵总督兼管云南巡抚锡良作《奏为知府因病出缺请旨简放以重职守恭折仰祈圣鉴事》：“窃查云南临安府知府党蒙系陕西韩城县进士，由刑部山东司郎中奉旨补授云南临安府知府，调署东川府知府。兹据报于光绪三十四年五月二十一日在署任，因病出缺，由云南布政使沈秉堃核明具详请奏前来，奴才覆查无异，所遗临安府知府系请旨简放要缺，相应请旨迅赐简放以重职守，除分咨外，谨恭折具奏，伏乞皇太后、皇上圣鉴训示。”

吉同钧

升补郎中，充审录司掌印兼参议厅会办，并经修律大臣奏充法律馆总纂官。

暮春，吉同钧作《审判要略》一书成，自序：“生民不能无争而讼兴焉。《易》卦自乾坤屯蒙后，即继之以讼，讼固与天地相终极者也。孔子曰听讼，又曰折狱，到官曰讼，定罪为狱，先之以听，继之以折。讼不听无以判真伪，狱不折无以定曲直。然折狱之任，候人为难。《书》曰‘非佞折狱，惟良折狱’。《易》之贲卦曰：‘明庶政，无敢折狱’，可见狱之难折有百倍于庶政者，其中有法窍焉，未可以卤莽为之也。《周礼·小司寇》：听狱讼曰词听，色听，气听，耳听，目听。《吕刑》详折狱之法，于单辞则曰明清，于两词则曰中听，诚以法有一定而情伪万变，执一定之法治万变之情，不在口才之辨给，亦不恃势力之威严，必虚心研求，视前人所已行已言者而规其则，庶几可得其平焉。京师自奏设各级审判厅以来，百度［废］维新，一洗旧日官吏延迟勒索之弊，可谓改厥良矣。惟是审案之法，中国与外国不同，而京师五方杂处，人心巧诈尤与外省不同。以外国诉讼之法审中国之案，固多凿柄［枘］。即以外省审判之法断京师之狱，亦有抵牾。同钧任此事者近二十年，久官西曹，周历塞外，更事既多，颇悉其中情伪，因采集前人成说，附以生平阅历之语，汇为一册，逐条分析，名曰《审判要略》。总之，罪因情科，案凭证定。未审之先固不可先存成见；已审之后，又不可漫无定见。此篇所录，言虽浅近，而事理分明，或亦初膺司法者所取资焉。是为序。"

绍昌为《审判要略》作序："闻之治丝者不引其端，丝棼如也；理衣者不挈其领，衣蓬如也。事固各有其要，旨道在有以持之而已，司法亦然。京师自奏设各级审判厅以来，案如蝟集，所有专报旬报彙报各稿件到部后，凡所录之供、所科之罪、所引之或律或例或章程，每逐细检核准驳，常互用焉，岂好劳哉！审判为民命生死、民情向背所由系，不得不如此详慎也。尝拟择取画一之书，颁发各厅，俾作标准，而善本阙如。吉石笙正郎，吾署宿手也，近以所著《审判要略》呈阅，序中'罪因情科，案凭证定'二语为全书要义所在，其逐条各晰处亦多鞫案真谛，诚审判之指掌也。亟付律学馆刷印以饷同事，并志数语于简端云。"

六月，善佺为《审判要略》序云："堂宪既赐弁言，复饬律学馆刷印，工已完竣，附志数语以为从事审判者劝。光绪戊申六月记名道府花翎三品衔法部右参议律学馆监督必禄善佺芝樵甫序。"

崇芳为《审判要略》序："昨遊博览场、动物园，地百十亩，为堂、为室、为池、为囿、为平野、为林麓，式各殊则有虎兕狮象猩熊猿鹿诸兽品，鹤鹭鹄鹳雁凫莺鸽诸禽品，乃至寿相之猴、複蹏之驒、麟文之麡䴔、螺角之羚羊、与夫文豹斑马、翠雀珠鸡、驼鸟袋鼠诸稀异品，以迄狼貘鹗蟒鳄诸猛毒品，或一物而数种，或一种而数物，樊者笼者，锁者槛者，治而栏者，囿而篱者，印美斐澳热带之所产，我国二十二行省之所出，一翔一走，一潜一喓，苟所能购，莫不辇来航致于其中，自朝至暮，游人联袂络绎至，至则逼前立，注目视，视毕自在行，以次周瞩，前者过，后者续，日何啻数千人，诸动物与相习喁喁然，秩秩然，无警轶，无妨害也。数人分典守各一兀，或一杖外无长物，总主者乃别居一室，安坐而无所事，神甚暇，意甚豫焉。疑而叩之，若操何术而能使兹诸蠢蠢咸受而治乎？毋乃神欤？主者哑然，曰：吾何神！吾之制诸物也，别之而已矣。吾之别诸物也，察之而已矣。吓者，吾知其善走，受以樊；翼者，吾知其善腾，受以笼；齿者，吾知其善啮，受以锁；角而爪者，吾知其善触而善搏也，故受以槛。若夫负性驯扰，秉质华采，吾知其技止此，无能为也，但分蓄诸沼，若囿而略限以栏与篱，吾之能事毕已。向使无以别之，萃千百文野不伦之物于一园，弱者肉，强者食，不终朝死伤尽矣。向使别之而未有以察之，加良懦以羁罿，或纵猛挚于平畴，其弱肉强食之患均也，并育不害之未遑，又奚以要游侣。余曰：旨哉言乎！析物为审，何审不精；称物为施，何施不当。操斯术以往，平治天下无难也，动物园云乎哉。律学馆同事吉石笙先生适出所著《审判要略》一书索弁言，亟展读，喜且佩，以为此则各级审判厅之针度也。案以类分，供以证取，师其意以行之，将所谓不劳而理者，何遽逊于动物园耶！午窗雨过，砚墨正浓，遂泚笔而为之序。光绪戊申六月，记名御史法部员外郎崇芳序于本馆庶务室。”

刘敦谨序：“学律犹学兵也，学兵而不善于用兵，如临阵何？学律犹学医也，学医而不利于行医，如临证何？善学兵者先明乎旺相孤虚之理，而后可以言制敌；善学医者先审乎离合阴阳之迹而后可以言祛疾。《孙子》曰：衢地则合交，重地则掠，圮地则行，圆地则谋，死地则战，此兵法临阵之不同也。《灵枢经》曰：西北之气，惟在散而寒之，东南之气，惟在收而温之，同病而异治，此医道临证之各异也。学律何独不然？谈律学者非不尊申韩为神圣，奉萧曹为楷模，纵而溯诸秦汉唐宋元明之法典以参其得失，横而考诸日俄荣德美法之法度以辨其异同，所学如此，不可谓非详且博也。然而骤往讼庭，优柔者寡断，瞢昧者轻断，甚至株连无辜，滥用刑讯，经久而不能决一狱，即决矣，或不免畸轻畸重之病者何也？殆未知审判之各有要诀在也。敦谨充律学馆庶务员将两载，公余必潜心从学。去冬又派充地方审判厅兼理，半年以来结案逾二百件，学仕交勉，增益所不能者良多。惟是诪张为幻百出相尝，历时愈久，自信愈难。近得吉石笙先生所著《审判要略》一编，内共三十则，逐类分载，要诀毕备，诚能奉之以为标准，片言之下，情伪立分。庶几乎其折狱也，犹兵家之有孙吴，医家之有卢扁也乎。是为序。法部郎中、地方审判厅兼理、后学刘敦谨序于律学馆。”

吉同钧作《审判要略》三十则：

一，凡审理案件先问原告，次问被告，原被不符，令其彼次驳诘，然后参以证佐所言，当可十得八九。讯问之时，总须和容悦色，任其自行供吐，不可骤用威吓，则怯懦者畏惧而不敢言，强梗者反得肆其诬执矣。若再三开导之后，实系理屈词穷，仍复狡执，不妨掌责以儆其顽，若再坚不承认，则不能不用熬审之法，以逸待劳，日久未有不供吐实情者，如果犯人不服咆哮，止可申饬，不可詈骂，非但有伤体统，万一回詈，杀之而不能办之，而已受其辱，岂非自取哉。

一，审案之时，理宜整齐严肃，书差在旁录供，断不可任令多言，亦不可与彼谈论案之曲直，缘若辈善体察问官之意，一有不慎，必致借势生情，招摇撞骗，弊窦丛生，总要使若辈不知我先问何人，人犯不测我先问何事，乘其不备，出其不意，则真情立见，庶几无所用其揑饰矣。

一，问斗杀共殴之案，先须究明起衅根由，因奸、因盗、因赌、因仇忿、因讨债、因救亲、因报仇、因争田地水利各有不同，首从几人，同伙几人，何人首先纠约，有无主使喝令，何人拿何器械，是否寻常兵刃抑系凶器，何人致伤何处，何人首先下手，何人最后下手，有无捆缚，是先缚后殴抑系先殴后缚，殴在何处，是否白日黑夜，犯人年岁籍贯，有无父母、妻子、兄弟，亲存年岁，母家姓氏，兄弟几人，死者生前有无仇隙，是否姻亲、本家，如系本家，是何服制，如系工人，有无主仆名分，是否自幼恩养，如系师徒，是否现在、受业，死者是否独子，作何事业，凶犯是犯出嗣，如系举监生员，须问中式入学年份，如系监生捐职，有无执照，如系官吏兵役，是否革除、现任，一应琐屑细微之事，均不可遗漏者，非但罪名轻重攸关，即将来办理留养不致捏报，或将来在押病故，以便关传亲属领尸也。

一，问盗案必须先讯事主所住之房共有几间，是瓦是草，周围有无院墙，是砖是土是篱笆，街门是木抑系荆笆，高矮若干，有无后门，有无墙缺处所，亲属共有几人，工人共有几人，长工短工，何人在何屋睡宿，日内曾否撵逐工人，有无亲族来家告贷，可曾借给，如未借给是否负气而去，住屋前后左右有无邻家庙宇店铺，所住系人烟稠密之大道抑系荒僻处所，素日与人有无仇隙，是夜已睡未睡，有无月色，谁先警觉，贼由何处进院，如何进屋，曾否持有油捻火扇，曾否看出贼人年貌、衣服颜色、身体高矮胖瘦，有无须痳，曾否包头涂脸，是否言语，何处口音，拏何器械，是否入室吓禁，曾否惊觉起捕，临时行强有无捆缚，曾否受伤，如有伤即速验明开单存案，贼由何处逃走，邻佑曾否知觉帮同追捕，被抢系属何物，衣服、银钱、首饰、牛马一一问明件数、匹数、颜色、长短，系在何处收放，箱柜有无封锁，贼人如何撬开，用何物砸坏，贼人曾否遗失器械，不可稍有草率。再讯同来之乡保，伊等何时知晓，曾否至被盗之家察看，均须讯明录供。凡事主报盗，恐其报少官不准理，每有捏饰妆点之处，如看出破绽，即带同一干人证至该处，细勘有无砸坏烧拆墙头及房上瓦片、门扇窗棂，并屋内箱柜什物有无砸毁形迹，以上各节均不可遗漏者，案情是窃是强、是临时行强、临时拒捕，全在此处细细分别，而又必须迅速前往，掩其不备者，恐迟则预先妆饰矣。亦不可令书差知之，恐其先为送信也，所谓疾雷不及掩耳者是也。至于审问盗犯，先问何人起意，在何处纠约，同伙几人，有无回民旗人、蒙古兵役、会匪逃勇，是时何时在何处会齐，由何处起身，有无骑马，持何器械，是刀是棍，有无鸟枪洋枪，离事主约有多远，何时至事主门首，是否打门一齐拥进抑系逾墙越垣而入，何人进内搜赃，何人在外把风，何人捆缚事主，何人殴砍何人首先下手，所抢赃物在何处俵分，何人分得何物，在逃共有几人，姓名、住址、年貌如何，逃往何处，窝家是谁，曾否分赃，赃物当在何处，是何字号，何日去当，当钱若干，当票现在何处，卖与何处，是何姓名，种种情节必须一气呵成，缓则胡狡混供，以后难于措手矣。一切供明之后再行收禁，不可急遽入监，缘狱中恶习，强盗人犯进监均称好朋友，每每代为串供教供，以致犯人狡猾者有之。至于审盗，以赃为据，供出卖赃之处固不可不饬差起获，然此中弊窦甚多，只可饬役起赃，不可连人带案，是为至要。缘盗贼素与某家有仇，最易挟嫌诬扳，且有差役串同盗贼指扳某家寄存价买，每藉起赃之名多方搒拿，役饱于囊，吏分其肥，民受害无穷，而京城此风尤甚，《佐治药言》有云：治盗宜严究有主之贼，不起无主之赃，洵为切中之语。

一，审窃盗与强盗稍有不同，更须严究赃物，缘窃盗以赃之多少定罪之轻重也。何人起意，何人听从，共有几人，有无回民旗人在内，所窃之家是官署是民居，是否徒手，持械有无鸟枪洋枪，从前曾否犯案，如曾犯案，系问拟何罪，是何年月，是何衙门，有无刺字，如系徒流之犯，是否逃回抑系释回，共窃几次几家，犯案到官几次，所窃之赃卖与何人，当与何家？如系金银，在何字号兑换，共几包几块，分两若干，是何成色？如系银票用过多少，未用多少，共有几张，是何字号？如系衣服，颜色、皮棉、袷单、男女、大小、新旧、件数？如系牛马，匹数、口齿、毛色、牝牡均须一一讯明录供。至于起获估赃，尤须格外慎重，罪名轻重全系于此，必要传集各行经纪，令其秉公估价，又必亲加查核，以防书差诡串之弊，固不可以少估多，亦不可过于悬殊，致干驳诘。银数一百二十两上下为生死关键，五百两上下为秋审实缓关键，分两必须库平，且须足色，若成色不足，或非库平，则仍当折算从轻，不可遽从重论，若银票未经使用，尚属空赃，亦不可算作实银致涉深刻，此均问窃盗案者所当知也。

一，斗杀之案，首重勘伤，受伤之月日时刻尤为要紧，往往有一时差而关系生死出入者，其伤痕之多寡轻重即为秋审实缓所由关，如定案时勘伤不确，则秋审时必多费手。伤不但分部位之致命不致命也，即同一致命，头面致命伤则较身体致命伤为重，而咽喉为要害之处，尤较头面致命为重。同一不致命也，而肩胛腋胑左右肋则较肢体为重。又如伤以骨损为重，未致骨损为轻，而重伤之中又有骨微损、骨损、骨折、骨断、筋断、骨碎、脑浆流出，食气嗓俱破、食气嗓俱断之分；如在肚腹，又有透膜、透内、肠露、肠出、洞胸、贯胁、穿透之分；且同一金刃，而有砍伤、戳伤、扎伤、划伤之分，带划二伤止抵砍扎一伤；又有巨刃、斧刃、尖刃之分，巨刃斧刃一伤抵寻常之刃二伤。同一他物，而石块［块］、铁器、木器、竹器、绳抽之分，木器三伤抵金刃一伤，铁器二伤抵金刃一伤。金刃、他物、手足而外，又有汤火铜铁汁各伤之判，刃伤虽轻，较之他物为重，殴伤而外又有坫伤、磕伤、跌伤、碰伤之名，虽不以正伤计算，而亦不可遗漏，此皆验尸审案必不可忽略之端。伤痕既确，然后再论理之曲直、情之轻重，庶几秋审时可无枉纵之失焉。

一，验讯自戕之案，必遵《洗冤录》所载，实系自戕死者何手持刀，则手必拳握而其臂定能弯曲，如非自戕，其两臂直而且硬，断不能拳握云云。其言诚是，然人情日诈，亦有不尽然者。间有明系自戕而死者持刀之臂并不弯曲，其手亦不拳握者，此必死者自戕，希图讹人，将刀放棹上露出刃尖，刀柄用物压住，用力撞扎，刃已透内随即倒地，因而手不弯曲，若照《洗冤录》以非自戕定案则冤矣。亦有实系被人扎死，而两臂反能弯曲，其手亦能拳握者，此必凶手恐其告官，用刀放在死者之手，将死者之手握住用刀很扎，因而手能弯曲，若照《洗冤录》以自戕定案，则又纵矣。以上虽为理之所无，而亦事所恒有，总宜于尸身衣服及四围、坑上地下、一切什物留神细看，更参看死者之口耳，果非死于自戕，则口眼必开，此亦审理自戕案之最要法门也。

一，命案除斗杀共殴、同谋共殴外，又有谋、故、戏、误、过失数项，斗杀衡伤，共殴不但衡伤，而又论下手之先后轻重，同谋共殴又论聚众、未聚众及原谋是否下手，上已详言矣。至谋、故各项，尤易混淆，差之毫厘则谬以千里，更当细心研究，盖故杀情形每近于谋，然其中大有分别，谋杀积于平时，故杀起于临时，此其大较。谋杀必生前素有深仇宿怨，蓄意已久，亦有因事被死者窥破，起意致死灭口，因而造出杀人之意，或谋之于人，或独谋诸心，或候于僻地截杀，或暗用毒药杀害者，固谓之谋，即平日素无深仇，而偶因一事挟恨，必欲置之死地方休，亦有谋杀。若故杀，则事起仓猝，必先因彼此互殴、被死者詈骂生气，当时顿起杀机，非人所知，故谓之故，此故杀之律，所以与斗杀相合为一，而不可分为二条也。若非因斗殴起衅，而因他事顿起杀机，虽临时亦为谋杀，此中消息微乎其微，非深于法律者不能知之。谋故首犯，虽同一斩候，而为从大有生死之分，一则拟绞，一则拟杖，此审案所以必须分晰确当也。若戏杀与过失杀亦相似而实不同，戏杀与过失杀虽均无杀人之心，而戏杀究有杀人之事，如比较拳棒刀石因而杀人谓之戏杀，在戏者与死者虽无相害之意，然刀棒系可以杀人之具，以此相戏，是显以杀人之事为戏矣。故律文仍以斗杀拟绞，现章虽减二等，然亦不能宽其城旦之罪。若过失杀人，其事虽不一类，要皆为耳目思虑所不及，非但无杀人之心，亦并无杀人之事，故止收赎而不治罪。至于误杀，则更情节岐出矣，有因谋而误、因故而误、因斗而误之分。因故而误，仍以故论；因斗而误，律虽亦以斗论，而现章则分别量减；惟因谋而误，仍以故论，不以谋论，则大有分别，在首犯虽同一斩候而加功之从犯则无死罪矣。此外又有因戏杀而误杀，仍以戏杀论；因擅杀而误杀，仍以擅杀论；且有因杀奸而误杀旁人，因捕贼而误杀无干之人，因射兽而误杀人，因杀子而误杀他人，因杀他人而误杀尊长，情节不同，治罪即大有出入，均当一一辨之。

一，六杀而外，又有擅杀、拒杀二项。擅杀之情节不同，有拟绞、拟徒、拟杖、勿论之分，擅杀奸盗棍徒最轻而杀奸尤轻。如本夫杀死奸夫，奸所登时者勿论，登时而非奸所者拟杖，奸所非登时者拟徒，如非奸所亦非登时拟绞，其中分别细微，稍一粗忽即关罪名出入，尤须详加讯问。先问乡邻及奸妇母家亲属、奸夫父母弟兄，然后再问本夫如何看破奸情，如何下手，用何凶器，婚娶几年，有无子女，杀奸之时子女在何处睡卧，更须讯问邻人素日曾否风闻，必须一一供词吻合，方可定案，断不可执俗传之言，用盆盛水，将奸夫奸妇首级放在水中，看其是否相对，以为有奸无奸之凭据，致滋冤滥。若非本夫而亲属杀奸，则又当别论矣。再如擅杀窃贼，则以是否倒地迭殴为徒绞关键。擅杀放火棍徒则分别登时、事后为徒绞关键，虽较杀奸易辨，然亦须审明杀贼之人究系事主抑系邻人，所杀之时系在昏夜抑在白昼，行窃之地系在家内抑在野外，所窃之赃究系银物抑系田野蔬菜，行窃之贼系凡人抑系亲族，并擅杀棍徒之人实系身受其害抑系代抱不平，均须面面周到，推勘无遗，然后方成信谳。其擅杀别项罪人，除罪犯应死，止拟满杖外，其余并不轻宥，律例仍拟绞罪，现章从轻减等拟流，而系谋故、火器及擅杀二命，则仍当拟绞矣。至于拒捕杀人，惟奸匪、窃匪、盐枭三项最重，即伤不至死，但至折伤或刃伤，即拟绞罪。如已杀死，在窃匪则以是否临时、盗所为斩决、斩候之分，在奸匪则以强奸调奸、已成未成为斩决、斩候之分，在盐枭则以聚众多少及是否执持兵仗为斩枭、斩决、斩候之分，其余别项罪人虽较以上三项稍轻，然一经拒捕致死，仍拟斩候，而亦必详讯被杀之差役是否持有签票，是否正役、白役，是否曾有应捕之责，罪人拒捕之时系在当场抑系事后，系属护赃、护伙抑系被追图脱，情形稍有不同，即罪名出入甚巨。再，罪人拒捕与拒殴追摄人一项，事虽相类，情究不同，更当详细研鞫，盖拒捕系以有罪之人杀伤官差，而拒殴追摄人，则被杀之人虽亦是官差，杀人之人究竟非有罪也。故殴杀虽同拟斩候而殴伤究较为末减，且同系斩候而秋审实缓仍有分别，此皆审问擅杀拒杀最关紧要之处，不可不知。

一，审问奸夫谋杀本夫之案，更不可掉以轻心，获案后切不可令奸夫奸妇见面，提讯时亦须隔别。先问奸夫，与本夫生前如何认识，是否姻戚本家，如有服制，关系更重，素日有无仇隙，如何调奸，通奸几年，是否给过银钱，邻佑、父母、子女是否知情，因何谋害，用何凶器，是何毒药，如系被勒致死，是带是绳，奸妇是否知情同谋，如系知情，谁先起意，谁先下手，一一问完，然后再问本夫是否知情，此层切不可轻问，恐奸夫奸妇串同捏供、诬供本夫知情纵容，冀图减罪也。如果奸妇事前并不知情，即可免其磔罪，更须细问事后情节，以为声请量减地步，缘此处关系生死出入，亦不可忽。临杀之际，曾否在场，是否喊救，奸夫曾否威吓，杀死之后曾否啼哭，曾否欲行告官，曾否向亲属告知，曾否与奸夫见面，以后曾否续奸，曾否跟随奸夫同逃，如果同逃，果属甘心乐从抑系被逼勉从，逃时曾否带其子女，以上各节均不可疏漏者，以关系秋审实缓也。

一，审问奸案，先分和奸、强奸。和奸不难讯问，止问明有无服制，是否亲族，是否奴婢、雇工，被奸之人有无夫男，是否官员妻女，年岁若干，如系幼女，是否十二岁、十岁，何年何月所生，此为紧要关键，缘十二岁以下虽和同强论也。何时通奸，奸过几次，容止者谁家，媒合者何人，其父母本夫曾否知情，一一问实，照例杖枷，不可引律。若系强奸，则罪关缳首，必须详细慎重，不可疏忽。凡妇女犯奸到官，含羞掩丑，多以被强狡执，问时先讯已成未成，又须查验衣服有无撕毁，身体有无损伤，当时如何强按，如何挣不脱身，如何喊嚷，何人听闻，奸后向谁哭诉，何时告官，如事后隐忍未曾哭诉，当时亦未鸣官，或一夜连奸两次，即系强始和成，不得遽以强奸论也。此须旁参对证，确有凭据，奸夫供认输服始可定案。稍有可疑之处，尚须再三研求，如系处女，更须稳婆验明实已破身，出有甘结，方为信谳。至因奸酿命，须分别强奸调奸、已成未成、系当时羞忿自尽抑系事后追悔自尽，中间曾否有人说和，调奸之时用何言词，是谑是骂，仅止出语调戏抑用手足勾引，未死以先向何人哭诉，有谁人闻知，曾否有人安慰，有人劝解，此等案件犯人拟罪而外，妇女尚应旌表，定稿时须声明会同礼部办理，不可遗漏。

一，审问诱拐之案，以和诱、略诱为拟绞、拟军之分，如被诱之人在十岁以下，虽和亦同略论。凡和诱多始于奸，即先未通奸，拐后未有不相奸者，故有奸、无奸尚不关乎紧要，只须问明年岁若干，是否本家，拐至何处，谁人容留，其余不妨从略。至诱拐不知情之案，则是否已被奸污最为切要，缘秋审实缓即以此判别也。此种案件多系设为方略圈套，使人入其术中，故律谓之略诱。其诱拐以后是否卖与别人抑系自为妻妾、奴婢，拐后啼哭曾否殴打吓逼，殴打有无伤痕，如卖与他人，是否娼家，曾否被人奸污，现在有无下落，他如容留之窝家、说合之媒人、收买之娼家得价若干，几人俵分，皆系案之余波，亦不可漏。京城近来此等案件甚多，如系奸媒屡犯，例有实发专条，应查引严办，以息浇风，不可过为姑息。

一，抢夺妇人与掳人勒赎之案近来层见叠出，此二项相似而拟罪各有不同，须相比，从其重者论之。抢夺妇女先分人数多少，是否聚众，被抢之家有无瓜葛，所抢之人曾否从前犯奸，此为大纲，关系罪名生死出入。又必细讯抢时有无持械，有无洋枪，系在中途抑系入室，当场曾否拒捕伤人，从犯有无入室架拉，抢后藏匿何处，曾否奸污，曾否转卖与人，卖与谁家，是否为娼。如所抢之人从前犯奸，是否悔过自新，均须讯明。若掳人勒赎，情节则有不同，现有新例，又有新章，问时则另有法门，不可概论。此等案件始于苗人，其后延及两广，近则各省皆有矣。旧例以掳获是否陵虐、关禁、殴伤、谋杀分别轻重，新例则以所掳是否十五岁以下、幼孩是否已至三人、掳掳是否已至三次、勒赎是否赃逾一百二十两为生死关键，而现章又分别是否持械持枪、是否聚众、是否入室，三项全有则同强盗，若无以上重情，但于新例四项中兼犯两项者从重改拟绞决，章重于例，而新例尤重于旧例，问案须合新旧例章，比较定拟，方无错误。盖抢夺妇女重在良家，止以所抢是否良人、奸妇为轻重，不论妇女之年岁大小，亦不论所抢之人多寡也。捉人勒赎之例则异是，不论所捉之人为良为贱，但勒赎赃逾满贯及所掳系属幼孩或过三人则从重拟死，二例命意截然不同，然亦有两粗参差之处，此定例所以有相比从重之条也。凡问此案，当先知此例，其余讯法则散见各门，不重赘也。

一，发塚之案，近年京师更多，讯此案件，先讯首从几人，带何器具，坟在何处，共有几塚，掘开几塚，未掘几塚，是否浮厝抑系堆土成坟，刨掘见棺之后是否开棺，是否见尸抑系锯缝凿孔，仅抽取其衣服，何人下手凿锯，何人帮同刨土，何人在外瞭望，窃出是否衣服首饰，抑系金宝珠玉，件数分两均须一一详记。缘此种案件亦有计赃定罪之法也。共发塚几次，犯过几次，所发之塚系属平人抑系官员、王府，有无看坟之人，若系亲属则更宜详问亲疏、尊卑，定案庶有把握。

一，伪造银币钱票、私铸私销之案，近年更不可胜计。从前但系伪造铺商钱帖银票，不过照诓骗计赃治罪而已。现在官银行设之并外国银行亦出银票，其票均有官印，与钱铺金店之私票大有不同，若伪造官印之纸币即属大干国法，与造商家之票治罪大有生死之分，而外国之官票尤与本国之官票稍有不同，伪造外国站人洋圆，新章既较中国龙圆治罪较轻，则纸币亦当有所分别，至于私铸银圆制钱，现章较旧例稍重，不分多少，均系死罪，然须查验是否停用之钱抑系现在通用之钱，系外国之银圆抑系中国龙圆，罪名既重，更宜格外详慎。至于私铸之犯多系私销之犯，惟私销更干立决，非确有实据、实证，不可率行定案。而近来照例办理者亦少，即私铸之案亦须将为首出钱及错磨之匠人并帮同挑水打炭之夫细为研鞫，不可稍有含混，缘匠人与挑水打炭之人治罪大有生死之分也。即铸成之数目、使过若干、未使若干、并铸造之器具、收存之碎铜、所用之钱模、开设之院落、租给之房主、贩卖之客商、失察之官员均须一并录记毋漏。

一，赌博之案，从前办理极严，无论聚赌之人照例杖枷，并须严追赌具来历及造卖贩卖赌具并开场窝赌及纵容失察之保甲官长，均须治罪。现在赌禁渐弛，市面公然贩卖赌具，地方官并不过问，而彩票为赌博之尤，各处彰明开设，并且见诸奏牍，若将偶尔聚赌之犯照例杖枷，未免情轻法重，然法令所在，亦未便过于轻纵，况巡警每藉拿赌以邀功求赏，如置之不办，彼反加我以徇情庇护之罪，现在各厅均斟酌办理，多照赌饮食之例拟以不应杖罪，亦尚平允，但遇有著名赌局，赌棍经年累月窝留匪类，亦应从严治罪，以挽回恶风，未可执一而论也。

一，京师人烟稠密，车马杀伤人之案络绎不绝，此等杀人按例应科流罪，但今昔情形不同，从前误杀戏杀例拟绞罪，故车马杀人减等拟流，现章误杀减流，戏杀减徒，均从轻恕。至车马杀人，不但较因斗误杀他人为轻，即较因戏杀人亦轻，若将此项人犯拘泥例文仍拟满流，未免轻重失宜，似宜酌量办理。果系豪强悍仆故意驰骤［骋］，不容众人回避，其情节本为可恶，不妨照例严办。若无以上重情，系惊跑奔逸、收勒不住者，可依过失收赎，即非因惊逸奔驰，而或系偶尔争先开车，照顾不及以致杀伤，亦不妨略照过失加重，况现章一拟满流，即应作工十年，与极边军罪无异，办案固须严守例文，亦当因时酌定，此不过略举一端耳。

一，户婚之案，身契、婚书、媒证、财礼、钱债之案，合同退约、借券、老账新账、中人代笔、田土之案，典契卖契、新契旧契、粮串鳞册并地亩四至，毗连何家，曾否过割，中证说合年限，有无押契押租、烂债钱文，均须详讯调查。查验之后，当堂发还取具，领状附卷，以免书差勒索领费，如应存查者，即于堂单内注明件数，连黏卷后，用朱笔标封，以免遗失，完案之后即饬具状祗领。

一，审判有正审、帮审，每因意见不合致生枝节，凡帮审之员须先让正审一人讯问，如诘问得当，犯人无可狡辨［辩］，断不可从旁插言，致令先问者不能一气驳诘，则犯人亦必从此得以肆其狡展，此最害事。须静候正审者所讯之言果有脱空之时，即照正审者驳诘之意代为补问，以弥缝其缺，而正审亦须稍为静听，似此二人一心，互相根究，使犯人狡辩之计无暇而生，一堂即可水落石出矣。若彼此各存见长能问之意，不相退让，不但于公事无益，而案亦难速结矣。前刑部派审之案多因此而耽延时日，愚曾身历其事，故不惮详悉言之，以告后之会审帮审者。

一，“随到随问，随问随结”八字是审判要言，京师人心狡伪，搭棚串诈之案名曰图准不图审，而宗室中尤多。若一准而不速审，即堕彼之术中，而藉端讹索，百弊丛生。果其批准即审，则奸伪立见，无所用其欺陵矣。至问时供证已确，纵有一二人不到，非系紧要犯证，即据现在成招，不可借端稽延，即免小民拖累之苦，又杜丁书需索之弊，造福无穷。古人云：堂上一点硃，民间万人血。又吕芝田云：案上之墨烟一污，状头之黄金半销，诚痛切之论，凡问案者，当书诸绅。

一，难审之案不可一口道破底蕴，当先于闲话中著意旁敲达引，使人不知我之意向所在，看似闲话而心光一线，须留于要紧之处，一经破露，遂即跟追直穷到底，趁彼不及防备，可得直情尽露矣。故案宜缓不宜骤，宜紧不宜松。

一，验尸审案，京外情形大不相同，外省验尸与审案，均出州县官一人之手，办理尚易。京师分任其事，验尸者不能问案，而问案者并非原验之人，其间两不相见，仅凭仵作一人之结以定罪之轻重，是以贿嘱诡串，弊窦丛生，问案之时全在详审两造供词，及一切证据更须细查，其凶器是否与伤相符，若仅凭尸格伤单定谳，鲜有不为所欺矇者。

一，相验之时须严饬仵作丁胥，毋许远离一步，以防暗地勒索之弊。随令尸亲人等环视，眼同仵作照《洗冤录》所言一一看清，饬令唱报因何致死，第一不可怕臭，务要亲手揿按，不可一切但听喝报，如尸亲不服，指发变为伤痕者，须细细晓谕，如系伤痕，气血必然凝结，则坚硬如石，如系发变，则按之即陷，放手则膨胀如故，须亲自手按，令其仔细看明，自然无辞。倘言语刁狡，切不可遽加威吓，缘人遭此凶惨，父母妻子正忿不欲生之时，恨不能将凶手全家抵命，其狡展乃人之常情，若骤加责斥，不但非仁恕之道，亦恐酿出意外之事。至如何验法，用何器具，《洗冤录》言之详矣，兹不复赘。

一，为案虽供看并重，而供词尤关紧要，叙供确当，则看语自然迎刃而解，故叙供为第一要义。叙供如作文，须处处照顾题旨。审案则一案到手，核其大致应引何律何例，叙供之时即应句句照顾。所取供词，与律例有关涉者虽多，不厌其繁；与律例无关涉者虽简，不嫌其略。若将牵扯案外繁冗之事、干碍别条律例之语，刺刺不休，正无异作文虚题而犯征实，典题而犯枯窘，拖泥带水，安得有佳文也。

一，叙供先讲层次，由浅入深，由远及近，先叙地保，次见证，次轻罪人犯，末后再叙最重之犯，而又必提纲挈领，如线索之串成，一人所供如此，众人供亦佥同一人，情节逼真，众人词亦符合，任其犯之多、事之杂，供词则一线串成，异口同声。稍一精神不到，照应不及，即有参差遗漏之处。凡遇头绪繁多之案，当先摘案中情罪重大之犯，或前后目击深知之要证，将全案情节细细于此人供内弯弯曲曲逐层叙出，作为通案眉目，其余犯人俱照此人之供简括顺叙，只将各人不同处少为改易，庶几省力而得法。总之，善叙供者分而视之，词不重复；合而观之，理无参差。一气呵成，浑如天衣无缝，此叙供之妙境也。

一，叙供来路要显，如从前并无之人，后忽添出者，必须将如何推求，何人供出，如何察访有据，随即差拿到案之处，或于供前补出，或于他处点明，方不突如其来，此法《史记》最擅胜场，办案亦须知此法门。

一，录供宜简，命案当场质讯，维时人犯初到，心虚气慑，狡黠未萌，教供未定，即有扶同串捏，众口难齐，易于推戡，分别正凶，推求谋故，全在斯时。然要得情而止，一切繁文冗节无关案情者，均不必冗叙，致滋日后牵连攀累之端。

一，供词不可文饰，句句要像谚语，字字人皆能解，方合口吻，曾见有用“之”字、“也”字并经书内文字者，究非俗人村夫口气，反致贻笑于人。

一，供词不可太文而叙案亦不可亵狎粗野，如骂人污辱俗语及奸情污秽等词切勿直叙，只宜“混骂”“成奸”等字括之，奏稿更须加意修饰。

一，供词之后即须作看语，看语字句须用文体，其起承转合、埋伏照应、点题过脉、运笔布局均须丝丝入扣，处处合法，不可作村夫口气，亦不可过于文雅，致令以词害意。看语而后，方议罪名，乃结束通案事情，必须逐一分晰，兜裹完密，丝毫不可错乱，虽人多事杂，俱要挨次点出，不留一隙。至合供看、议罪而统谓之办稿。稿有咨稿，有题稿，有奏稿，而奏稿又分专奏、汇奏、会奏，各有体裁法度，不能强同，明眼人自能领悟，不必细赘也。

八月，陕西赵憘憘连杀二弟。“八月初十日，赵昌喜同冯氏并次子赵秃子赴地工作，留赵九成等在家看门，将房门锁钥系于赵九成身上。赵憘憘探知，因贫起意，窃伊父衣服当钱花用，遂独自前往。见锁钥系于赵九成身上，将锁钥诱去，开门搜检箱内衣服。赵九成喊阻，声称告知其母。赵憘憘触起冯氏挑唆分出之嫌，起意将赵九成致死泄忿，取刀砍伤赵九成右腮颊连右耳，倒地复砍，戳伤其脑后等处，当即身死。赵火成在旁哭闹，赵憘憘起意一并致死灭口，将赵火成揿按地上，用刀砍戳，伤其左耳连耳轮脊背，登时殒命。”①

吉同钧《现行刑律讲义》脱稿，崇芳为之序：

法部律学馆开办已五历寒暑，平日课目以讲授中律为独多，吉石笙先生适领斯席。先生为署中名宿，确窥其乡先正薛云阶尚书堂奥，故其于律也，有如土人指路，若者为某水，若者为某山，若者为某津梁，若者为某关隘，无不了然于心，决然于口也。官西曹阅二十年，经手准驳稿件不可以数计，历掌署中要差，以能名著。近年自吾馆而外，并充法律馆总纂，

①《历代刑法考》（第4册）《寄簃文存》中《故杀胞弟二命现行例部院解释不同说》。

先后主讲大理院讲习所、京师法律、法政各学堂，内墙桃李殆数千人。所著讲义风行一时，学者得其片纸，珍若拱璧焉！岁戊申，馆中尝取其《名例律》及《刑律》贼盗一项铅印数千部，远近征索，不数月而一空。续著《刑律》人命、斗殴各项及《吏》《户》《礼》《兵》《工》各门，至今春一体脱稿，学员亟谋合全书付印，而《现行刑律》适值修订告成，先生乃一依核定修正之本斟酌而损益之，期有当目前引用，又匝月而始就。吁！先生之学精，先生之力亦瘁矣！夫以今日而言，法令新旧过渡，头绪纷繁，安所得一寻源导流之定本，俾用法者援引而不迷，读法者研究而不误哉？兹编一出，直省各级职审判者，其必奉为指南车、首东马也。断可识已！芳以秋署副郎提调馆务，去秋改官谏院，重承同人厚爱，公禀奏留兼差法院，津涯茫未有得，而独幸与先生同事久，朝论夕讨，霑溉良多，且也志趣冷落，风格睽孤，彼此又复相类，每馆课之余，几坐退室，烹杯茗作竟日谈，先生辄轩渠曰：以君之学之才，若能久任法司，壹志法律，当为生民造福非浅。斯言虽誉非其人，而先生存心与法律本旨从可知矣。讲义印既竣，同人以弁言属，谨撮举颠末而喜付之。宣统二年六月长白崇芳序

陈康瑞序曰：

岁戊申，律学馆刷印《大清律例讲义》三卷，同年友韩城吉君石笙主讲是馆所手著以课同人者也。顾仅有名例、贼盗两门，其后修订法律馆亦以是编付印，虽卷数较多，均未完备，同人以未窥全豹为憾，相率请君纂著成书，用资快睹，正拟续为排编，适值颁布《现行律》，一切多改从轻，君乃分门别类反覆推求，抉异参同，重加论说。书成，以付同人校订登版而属序于余。余惟刑名与道德相为表里者也，《书》曰：明于五刑以弼五教，刑期于无刑，盖圣人制刑，非期于刑杀人，凡以辅吾教之不逮而已。董仲舒云：天道之大者在阴阳，阳为德，阴为刑，刑主杀而德主生，是故阳常居大夏而以生育长养为事，阴常居大冬而积于空虚不用之地，此以见天之任德不任刑也。然其实四时之运，寒凉肃杀常居其半，而涵育发生之

心未始不流行乎其间，自周道衰微，士皆习于申韩家言，其学专务深文，于是刑名与道德歧而二之，而世遂薄刑名而不为。逮至于秦，诛腹诽偶语，刻苛极矣。汉兴，除秦苛政，约法三章，由是法网疏阔，文景之世，几至刑措。历唐而宋而元明，宽严互尚，代有增损，其间尤以《唐律疏议》为最善，洵足为百王之矩矱也。我朝《大清律》一书虽沿仍《明律》，实用《唐律》为根据，加以圣圣相承，慎重审定，参酌得中，今上御宇，继志述事，为立宪之豫备，允当首定新律以与薄海同风，而又恐吾民狃于习惯，骤与之语更张，或有扞格而不相入者，爰命修订法律馆就前此删定旧律，再加删繁就简，以为接递新律之用，名之曰《现行律》，君实分承馆务，预于斯役，则是编之作，其于因仍沿革之源流了如指掌，直不啻自道其心得焉！是足以津逮后学，为世宝贵无疑也。余与君既同兰谱，复同隶秋曹，顾十余年间虽私衷倾慕，而踪迹则疏，比来共事律学馆，朝夕聚首，相与上下其议论，乃知君性情之真挚，品概之卓越，其学问实有大过乎人者，而固不徒以文章见长也！然则读是编者，岂遂足尽君之生平也哉！

宣统二年季夏法部律学馆监督慈溪陈康瑞书于振雅堂之南窗

刘敦谨序：

光绪戊申，筹备立宪之第一年，为京师审判开办之始，由是商埠省城州县乡镇分年次第举行，可见国无法不立，审判固宪政之先鞭也。律学馆之设，创自三十二年，实为司法前途，预备数年以来，成效颇著，各级审判厅员取材于本馆者最多，此皆由云亭前后长官平日尽心规画而始有今日也。吉石笙先生为律学名家，中外交推，咸资师表，主讲本馆，口授之余，复手著讲义以饷同学，律中之义固已发明，律外之义尤能推阐，更于涣者萃之，以见律义之贯通，幽者显之，以见律义之浑括，上而考诸古今之沿革，旁而参诸欧亚之异同，引征博洽，疏证详明，学者手置一编，如获珍异。馆课而外，又分日试以稿判，论批诸作，每课皆百余人，佳作如林，迭选成集，人才如此其众，皆先生之教导有以致之。曩者将先生纂定《名例》《贼盗》讲义付之铅印，一时争取，求者洛纸顿贵，然只略见一斑。今年四月，《现行刑律》颁行，其中因革损益多有变更，先生职总纂修，笔削皆出其手，又将暇时旧著讲义详加改定，而续撰全书一体脱稿。凡经宪政编查馆、法律馆核订修正者，先生皆一一参考，而规定之无遗意、无泛词，语不离宗，言皆有物，使读律之人浅者见浅，深者见深，是编真法家之秘宝也。监督陈雪樵正郎、提调崇秋浦侍御并谨与同馆诸友均百回读之，爱不释手，醵资付印，将蕆事，催谨序。谨不敏，何敢赞一词？第思开馆伊始，即充提调，于兹今已三年矣。每日办事之暇，随时听讲，藉以监堂。自公退食，尤喜问难质疑，受益实非浅尠。谨兼理北方审判厅刑科庭长，倏亦两载有余，经手之案已千百计，以平时之讲求证临时之经验，窃喜知识日进，此又云亭前后长官爱谨深而先生之所以成谨者愈厚也。故不揣谫陋，援笔而为之序。

宣统二年七月法部郎中刘敦谨书于律学馆之还盦

秋，吉同钧撰《祭陈筱文夫子文》：

陈筱文，名兆焕，福建长乐人，甲戌进士。文曰：光绪戊申之秋，谨以香楮酒醴遥奠于长乐筱文夫子之灵前，曰：呜呼！我师竟长逝耶？我师生为循吏，没为明神，撒手上升，脱谢红尘，回视儿女竹立，孙曾兰茁，亦復何恨？所最难遣怀者，惟此二千里外之白发门生耳！同钧幼遭困穷，弱冠藉砚田糊口，备极苦况。二十九岁登贤书，受知我师门下，当时展谒试院，一见如故，从此得侍函丈、饮食，教诲备叨恩值。十余年来，除岁杪省亲、春明应试外，无日不相追随。分虽师生，情逾骨肉，虽古人沅［沆］瀣之契、苔岑之合不是过也。庚寅捷南宫，供职西曹，由是蓟云秦树，天各一方，相隔十有五年，其间惟庚子八月随扈入关，始会晤于长安。是时师卧病旅次，钧以虎口余生乍见，疑梦，且悲且喜，甫经欢聚两月，师复奉檄出省，随复莅任二曲，钧两次抵盩省视，联床共话，彻夜忘寝，纵谈时事，尚论古人，极人间之乐事。嗣以圣驾东归，催促出关，当时师虽须发皓白而精神瞿铄，方冀后会有期，藉申孺慕。呜呼！孰意此别竟成永诀耶！师官秦三十四年，历任繁简各缺不下十余县，榷厘下［卡］七八处，而身后萧条，箧无长物，不能成殓，其廉节固近今所罕见，而畸行尤有难及者，即求诸古人亦不多得。师在任之日，所得俸薪不入私囊，遇有地方公益，或朋友肝胆相投，虽千金亦不吝惜。去官时不携地方一钱，甫交卸回省，即典当度日，性嗜书，家储数千卷，一遇赋闲久，宁可卖书求活，曾不向人借贷。寅友有悯其清贫，馈以钱者，辄却之不受，曰：我岂受人怜者耶？宰大荔时，邑绅李某富甲一省，当道广通声气，官斯邑者多慑其气焰，曲为逢迎，师独正色拒之。又其时朝邑相国告归在籍，朝距荔仅三十里，相国时入郡城，道府以下争出郭迎迓，师独自高崖岸，不通拜谒，有劝之者，则曰：县令虽卑，然一邑父母也；宰相官显，我非所属，既无公事，何往见为？终不往。后逢岁祲，李绅恃富抗捐，府尊无如之何。师亲率吏役捉入署，日夜以粗粝陪食，该绅不堪其苦，遂捐出巨款，贫民赖以生活。其生平不避权贵率如此，此岂近人所及乎？钧自辛丑随扈北上，睽违皋比八年之中，无月不通音讯。悯钧之抱痛西河也，则以寒花晚香慰之；怜钧之因公降职也，则以盘根错节勉之。去冬来函云：现在禁烟令严，余以病躯染此，自分有玷官班。钧曾作书劝慰，谓年老气衰力弱，官可不作，烟不必断。今春来函，又谓到醴泉县任，触发肝疾，恐不可救，当即作函安慰，以为十年旧恙，虽不能愈，亦不至骤然脱败，孰意覆禀甫去，而讣音忽来。呜呼！其竟以断烟而殒生乎？抑因旧疾而不救乎？伤哉！师少遭悯厄，极人世难堪之境，生平来了之愿，惟此归宗一事与钧时时筹画，而今已矣！九泉之下何以瞑目乎？钧今年五十有五矣，父母早逝，妻室继殁，十余年来连殇三子五女，境遇之苦不可言状，近复官运坎坷，屡遭摈斥，所可以谈心腹、诉苦衷者惟师一人，今一旦舍我而去，其能不摧肝椎心也乎！呜呼痛哉！犹记昔年在陕，曾告钧曰：余性不能积财，而子孙不肖，百年后恐不能回闽，果尔，请子于省南卜地一区葬我夫妇于此，死且不朽。尔时视为戏言，以为何至于此，而今事已至此，钧能漠然置之耶？现已函商世兄，灵柩如能回籍，当以百金相助，如不能归，可暂寄城外，俟二三年后当请假回陕，卜葬师灵于五原之上以践前言。呜呼！言有穷而情无尽，灵如不寐，尚其来飨！

《徐兆玮日记》云："仲久言，陶梦熊得家信，贡子轩已到案。子轩为杨莘伯管帐，因徐氏讼案牵涉，然则莘伯事犹未了矣。仲久又言，莘伯之初被议也，法政学堂教习吉同钧曾在讲堂上演说，谓绅士中败类如杨，当加等治罪云。"[①]

萧之葆

《国乘备闻》"贻谷参案"云："近数十年来大臣赃款累累，虽屡见言官参折，卒以查无实据了之，未有能破案者。□□垦务大臣贻谷为副都统□□所参，诏鹿传霖查办。传霖力矫时弊，不肯假借一词，凡贻谷任内劣迹，虽原参所未及者悉以上闻，据称贪赃至二百余万，遂下刑部治罪，论者料其必诛。而贻谷出荣禄门，素通声气，京内要人多为之缓颊，其子侄布在朝列，代撰冤词，四出布散。法司遂为所动，欲轻减其罪，而传霖方在军机，乃藉咨查款目为名，悬案至三年不结，监国亦勿问也。或嘱予具疏言之，予曰：'贻谷案必俟鹿中堂出军机方可议结，言之何益？'已而传霖薨，廷杰为法部尚书，未及一月而贻谷定罪发边充军，果如予言。当传霖赴边查办时，樊增祥实从。或云增祥初与贻谷同在荣幕，一夕谈及旧事，极言官不可为。贻谷笑曰：'君既不愿做官，何不学孟襄阳夜归鹿门？'盖讥其谄事传霖也。增祥引为大恨，至是遂藉手报复，陷其罪至死。增祥人虽狡险，究不可因此遂宽贻谷之罪。贻谷遣戍时，监国尚欲全之，廷杰力持不可。未几，杰死，遂不予谥。"

《清稗类钞》"鹿文端查办贻谷案"云："光绪丁未、戊申间，领军机者

---

①《徐兆玮日记》，第 905 页。

庆王奕劻、张之洞、袁世凯外，尚有鹿传霖。鹿谨厚而性崛强，虽委蛇枢府，无所建白，查办贻谷案，颇见头角。贻为理藩院尚书衔绥远城将军兼垦务大臣，尝责令蒙旗报效地亩，又设公司，以贱值购买，及出售，则往往得善价，家本饶裕，至是益富。寻与副都统文哲珲不协，文遽以婪赃劾贻，孝钦后命鹿查办，贰之者为绍英。鹿乃奏调故吏樊增祥随行，樊参谋帷幄，其一切查办状况，具见奏折。然贻独能再接再厉，终得脱身，盖金钱之魔力为之也。鹿谥文端，直隶定兴人。"

段维

阅法律学堂招生试卷。阅法部考录事试卷。看秋审册。重修京师凤翔前馆。与同乡京官周政伯侍讲爰诹等联名奏请李二曲先生从祀孔庙，得旨交礼部议奏，嗣格于部议，不果行。

九月，请假回籍省亲，建庭房三楹。

十月，清两宫相继殂落，醇亲王摄政。

十一月入京。[①]

高祖佑

五月，遵例截取繁缺知府，经钦派大臣验看，初六日覆奏。奉旨：著照例用。初九日，蒙恩召见一次。

九月，经民政部派兼在承政厅行走。

是年，陕西蒲城县知县刘体仁借故捣毁县教育公会，捕押刑讯县立高等学堂师生，致举人出身的常自新等多人重伤，学生原欺健死亡，史称"蒲案"。消息传至北京，陕籍人士在关中北馆开会，由晏安澜领衔具呈，以"为蒲城县知县刘体仁毁学仇路，滥刑毙命，学司徇私，酿成重案事"为由上奏都察院，签名的陕西京官有吉同钧、段维、王步瀛、雷延寿等。[②]

---

①《段冈北先生年谱》。

② 据《一九〇八年陕西蒲案始末》，郑自毅、刘茵侬调查采访，亢心栽1960年综合整理，收入陕西省政协文史资料委员会编：《陕西辛亥革命回忆录》，陕西人民出版社1982年版，第248～257页。

1909年，宣统元年，己酉

吉同钧

京察一等，嗣经本部预保左右参议，又因律学馆教授有方，奏请赏换三品顶戴。

《顺天时报》闰二月十七日登载《法部律学馆之保奖》："法部设立之律学馆，学员现已行毕业。经戴尚书、各堂将毕业之学员考试，以所学之法律皆有实在成绩，故戴尚书拟以教员吉同钧充该馆教务长，于教授事宜颇为出力，现经议定教务长吉同钧保升本部参议，其余各员亦按照劳绩保奖，以示优异。"

闰二月上《请照覆吴御史规复强盗旧例说帖》云："窃维强盗之名创自西晋张裴注律：若加威势下手取财者为强盗，弃市。此强盗处死之根荄也。降及唐宋以至于元，虽均有拟死之条，然其中情节轻者仍分别量减流徒，从无一概拟死之律。查《唐律》：强盗赃一匹，徒三年，二匹加一等，至十匹及伤人者绞，杀人者斩。其持械者五匹绞，伤人者斩云云。是以计赃十匹五匹上下及是否持械伤人为生死关键，若赃未至十匹，并未伤人，从不拟以死刑也。查《宋刑统》载：强盗一贯，徒三年；十贯及伤人者绞，杀人者斩云云。大致一本于唐，惟止论赃之多少及有无伤人、杀人，初不以是否持械分别轻重，较唐律为简。又查《元典章》载：强盗持械伤人者，无论得财与否皆死，若持械而未伤人、不得财，徒二年半，得财徒三年；至三十贯，为首处死，余人流远；其不持械伤人者，惟造意及下手者死；若不持械，又不伤人，十贯以下徒三年，至四十贯为首死，余人各徒三年云云。既分是否持械，又分是否伤人，而持械未伤人及不持械未伤人二项，又以赃至二十贯、四十贯为生死出入，虽赃多拟死，亦止处为首一人，其余罪止流徒，则较唐律更轻，此历代强盗不皆处死之明征也。惟五代石晋天福十二年敕：天下强盗捉获，不计赃物多少，并宜处死。前明采用其法，始著有但得财者不分首从皆斩之律。我朝入关之初，沿用前明旧律，康熙年间以此律过严，奉上谕：强盗重案，著大学士会同三法司将为首及杀伤人者正法一二人，余俱减等发遣。雍正年间经九卿议定，分晰'法无可宥'、'情有可原'二项，无可宥者照律斩决，有可原者减为发遣，乾隆八年修纂为例，此可见列圣立法俱尚宽仁，上与唐宋创业诸帝用心若合符节，视明祖以严酷立法者度量相去远矣。至咸丰初年，发捻诸逆逢起，盗贼充斥，迹遍天下，不得不用严刑诛锄强梗，当时建议强盗仍用旧律，不分首从皆处斩决，虽在外把风接赃，均照为首一律问拟，随即纂为定例，此皆迫于军兴，时势使然，与国初之时，反侧未定，一时权用重典之意先后同揆。自有新例而后，法令森严，往往有强盗一案计赃不满千钱而斩决十余命者，刑律之惨，莫此为甚。是以光绪二十四年九月钦奉孝钦显皇后懿旨：中外办理强盗，俱不分首从，虽同一犯法，究属稍有区别，应如何网开一面之处，令大学士会同三法司妥议具奏等因。此可见圣人仁民恤罪之心与天同量，上下百年如出一辙，虽偶尔暂用严法，并非谓可永远遵行也。现在军务敉平，言官奏请规复旧制，正当准如所请，以彰圣朝宽仁之治，而论者谓非计，虽持论不为无见，要皆未达时务，请为堂台详悉陈之。有谓法轻则民生玩，骤将为从减遣，恐盗风逾不可遏，其说是也。岂知弭盗之方，在教养之普兴，不在刑法之严峻。唐宋治盗以宽似可而盗不可止，然当时民物康阜，其后亡国或以藩镇，或以夷狄，均未受盗之祸。明之盗律改用严厉而盗风愈炽，卒以流寇盗贼亡其国祚，此往事也。即以我朝而论，康雍乾嘉百有余年，法令宽驰，天下晏然，从无盗贼窃发。咸同而后改用严律，从此强盗愈杀愈多，几有遍地皆盗之势。上年吉林一省年终汇奏就地正法者几有二千余起，近来京师每年处决不下百人，而强盗几居十分之八。观于重法不可止盗，即可知法轻不至长盗矣。老子所谓'法令滋章，盗贼多有'，太史公所谓'法网之密，奸伪萌起'

者即此意也。

有谓光绪初年言官孙诒经等屡请规复旧例，均经本部议格不行，今若议准，岂不先后两歧，其说亦是殊不知刑罚之用，世轻世重。毋论尔时军务甫平，余孽未靖，未可骤复宽典，即专以刑典论，光绪二十六年前为刑章加重之世，抢夺窃盗、捉人勒赎重案均分别加斩枭，抢夺妇女、发冢，秋审从严，多入情实，似不应于强盗一项独从宽宥，而言官不揣时势，徒博宽厚，当时实有不得不驳之势。今则兵气潜消，海宇无事，而庚子以后颁逆新政，刑法迭次减轻，谋反大逆均除缘坐，逆伦枭獍均免凌迟，戏误擅杀分减流徒，强奸盗墓遇赦酌缓，各项俱从宽宥，若强盗一项仍旧从严，岂不失轻重缓急之宜？是揆诸现今时会，实有可以规复之势。夫不可规复宽典之时而强复与可规复宽典之时而不复，其失一也。有谓现在新订刑律草案，诸从轻减，外省纷纷指驳，今于强盗亦准减轻，岂不复蹈草案之辙。不知草案之从轻，系摹仿外国之法，与中国情形习惯格格不入，是以群相诟病。强盗之从轻，并非参用西法，近以复列祖仁厚之制，远则绍唐宋盛明之规，而与近今上谕减轻刑章之意亦复情事符合。况草案轻减，非但贼盗一项，并关于礼教纲常服制者而亦减之，用意不同，未可因彼之噎而并废此之食也。又有谓现闻法律馆修律，拟将强盗把风一项改为监候，今若遽减发遣，似乎彼此歧异，不知修律与议奏责任不同，修律职在纂述已经谕旨通行者不妨纂入，未经谕旨通行者必须详慎。若关于生死出入亦未奏准，即不敢遽行改易，稍有不慎，即招他人指摘，是以难也。若法部奉旨核议事件，因人所请，照议而行，既非自我发端，无所用其顾忌，故法律馆之不遽改遣者非不可改也，无人奏请不敢擅为之改也。法部之不妨改遣者非由我改也，因人请改而改之出自公共，非执己见也。一经部议奏准，修律即可遵纂为例。况乎同一改遣，而昔之遣罪与今之遣罪名同而实异，昔之遣罪仍改为军到配，止带铁杆石墩二年，今之遣罪到配，监禁十年，满日身带重镣作苦工二十年，名虽为遣，永无生还之期，实与监候缓决同一处置，与其虚拟死罪，久系囹圄，何如径发殊方，俾受折磨，事有机不可失，义所当行，革一时严厉之法，复历朝宽仁之典，按之新政而不悖，揆诸旧章而适合者，此项是也。司官不揣固陋，谨具说帖，恳祈采择是幸。”

六月，吉同钧将其1906年以来在法律学堂开设的《大清律例》一课讲议编成《大清律例讲义》一书，沈家本为之作序：

天下之学，必讲焉而后明，矧在专门，义博而科繁，安有不讲而能明者。讲读律令，旧载《吏律》。乾隆初，吏部以内外官员各有本任承办事例，律例款项繁多，难概责以通晓，奏请删除官员考校律例一条，上不允。诚以律例关系重要，非尽人所能通晓，讲读之功不可废也。乃今之说者，谓律例当使官吏尽谙，颛愚共喻。信斯言也，必使人人皆能通晓，无待于讲焉而后可，必深辞古义非讲不明者，概加芟薙焉而后可。不然官吏尚未能尽谙，又安望颛愚之共喻哉？讲读之文，载在功令，乌可诬也。夫读者但记诵其辞，讲者必解说其意，举凡教礼之精微，事情之繁赜，一字一句，皆有至理存焉。是即讲之读之，尚恐有不能通晓者，属在官吏职当尽谙，而官吏之谙之者已不多觏，若欲颛愚之人莫不喻之，能乎？否乎？

在昔《汉律》，各为章句，叔孙宣、郭令卿、马融、郑玄诸儒，十有余家，家数十万言。凡断罪所当由用者，合二万六千二百七十二条，七百七十三万二千二百余言。魏世诏用郑氏章句，不得杂用余家。夫以康成一代大儒，其所以讲之者，犹如是之详且尽也。其后《唐律》，则有《疏议》三十卷。在唐初，律学专家颇有其人，奉敕纂修《疏议》，其所以讲之者，又如是之详且尽也。洎乎有明，说律之书，不下数十家，《琐言》《读法》《纂注》《笺释》诸书，世尚有传本。或自申己见，或汇集群言，其所以讲之者，又如是之详且尽也。使果人人皆能通晓，古之人何若是之不惮烦哉？《大清律例》承《明律》而损益之，雍正、乾隆以来，叠经修改，其条例视明代增千数百条，律文则因者多而革者少。顺治初，以律文有难明之义，未足之语，增入小注。雍正三年，又纂总注附于律后，并列圣垂训，命官撰集。岂非以礼教之精微，事情之繁赜，正有非官吏之所能尽语，颛愚之所能共喻者乎？此其所以讲之者，又如是之详且尽也。

然则《律例》一书，将欲考其沿革，辨其同异，权其轻重，是非讲不为功。今试进司牧之自负能名，幕府之素称老手者，举律例而周咨焉。其阅历非不深也，其办案非不精核也，若夫历代之沿革，亦尝考订之乎？法经之义例，亦尝推阐之乎？律与律之同异，例与例之同异，律与例之同异，亦尝参稽而明辨之乎？律轻例重之故，律重例轻之故，古律与今律重轻之故，此律与彼律重轻之故，亦尝博综而审定之乎？将皆逊谢不遑曰，未也。夫不明沿革，必至修一例而贻害无穷。不明义例，必至断一案而情法失当。不明同异，必至援引不衷，于是甲罪用乙例，乙罪用甲例。不明轻重，必至权衡不得其平，重者失之轻，轻者失之重。夫孰非不讲之为害哉。

独是《律例》为专门之学，人多惮其难，故虽著讲读之律，而世之从事斯学者实鲜。官西曹者，职守所关，尚多相与讨论。当光绪之初，有豫、陕两派，豫人以陈雅侬、田雨田为最著，陕则长安薛大司寇为一大家。余若故尚书赵公及张麟阁总厅丞，于《律例》一书，固皆读之讲之而会通之。余尝周旋其间，自视弗如也。近年则豫派渐衰矣，陕则承其乡先达之流风遗韵，犹多精此学者。韩城吉石生郎中同钧，于《大清律例》一书，讲之有素，考订乎沿革，推阐于义例，其同异轻重之繁而难纪者，又尝参稽而明辨之，博综而审定之，余心折之久矣。迨偕顺德伍秩庸侍郎奏请专设法律学堂，于丙午九月开学，学堂科目特设有《大清律例》一门，即延吉石生主讲。于今已阅五学期，所编讲义积成六册。其于沿革之源流，义例之本末，同异之比较，重轻之等差，悉本其所学引伸而发明之，辞无弗达，义无弗宣，洵足启法家之秘钥而为初学者之津梁矣。余奉命修律，采用西法互证参稽，同异相半。然不深究夫中律之本原而考其得失，而遽以西法杂糅之，正如枘凿之不相入，安望其会通哉？是中律讲读之功，仍不可废也。余嘉是编之成，幸斯学之未坠，而后来者有门径之可寻也，故乐为之序。宣统建元六月。[①]

武瀛

八月二十四日，雅州知府武瀛作《禀陈边茶公司筹办情形》：

窃知府于上年十二月蒙前盐茶道会同劝业道详奉督宪批准，饬在雅城设立边茶公司筹办处，专为组织事宜，以知府充任该处总办，并饬各属茶商集议。将总、协理举定，妥拟章程。随将奉文遵办缘由并筹办处于本年二月成立日期，先后禀明宪鉴奉批各在卷。伏查此项公司关系振兴茶业，力挽利权，事体极为重大。知府受事以来，日夜兢兢，深以弗胜为惧。二月间，因公晋谒督辕，面聆指授方法。回雅后，常与该处总理余磷暨众协理刘义兴等悉心筹办。顾念事属创举，固不敢存操切图功之心，惟有守循序渐进之训。现在已经数月，谨将拟议办理情形，为我宪台撮要陈之：

一、劝招股本。查公司成立迟速，必以认股之能否踊跃为断。查原定股额，拟集九七平银五十万两以为公司股本。第商情骤难齐一，商力不皆雄厚，自开办以来，设法劝导，每月认股不过三四万两，计至七月底，茶商本帮统共认股二十一万六千五百两。雅城之商，认股尚占多数，较之定额犹未过半。检查原详章程声明，本帮认不足额，准招外帮入股。业于八月初一日宣布，招令外帮入股，即于是日为始。本帮如有再愿续添股者，亦所不限。同力合作，或者众擎易举。查本帮所写之股，皆经各该号量力称心而出，论数虽未足额，尚可期其实在。此集股之大概情形也。

一、力禁假伪。查近来茶业疲滞，实假茶害群之马。自上年天全州王大顺假茶一案惩办之后，各商稍知忌惮。惟五属错处，人情积习已深，仍

① 《寄簃文存》卷六。

恐故态复萌。迭经知府移行各属，就近切实查禁，并遵照前奉劝业道、盐茶道会衔禁假告示所开各条办法，督属实行；复由知府移行打箭炉厅督销处认真盘查。旋据王丞复称，定于七月初一日实行查验。知府犹恐茶包麇集，仅凭一人眼力查察，设有不周，以致鱼目混入。因与总、协理等商议认真验假之法，拟令各商将本年所选之真正茶样，各送交筹办处一块作为样本，由本帮出具连环保结，将真茶送督销处。俟查验时，以各商之真正茶样与各商过关之茶彼此比较，相形之下真伪自分。倘再有赝鼎，即同具结之人连坐。似此层层防范，向来犯假为业者，当不敢再有尝试。传集各商熟议，皆经认可照办。俟本年查验事竣，仍将真正茶样照号一律发还，并不丝毫损失。此实符禁假之实在情形也。

一、调查选员。查前奉宪台发下黄委员德润呈验调查印茶成样，业经遵照分发各商阅看，俾知警惕。细阅黄委员德润原禀，调查已得其大要。惟商情时有变更，一切常须考核，应仍派有专员任以调查，方与公司有益。查筹办处成立，曾经禀明派员出关调查，奉批核准。

武瀛任雅州府知府。当时“四川省风气未开，公司集股，事属创举，群情观望，劝募艰难”，时任知府的武瀛劝集股款，设立边茶公司，“于年余之内，先后集股五十万两，组成公司”，如果不是“苦心劝导，擘画有方，不能收此宏效”。

曾题雅安金凤寺观音殿：欲海正横流，亿万众生迷道岸；慧光长普照，大千世界仗慈航。

张成勋

十月，张成勋呈请陕西巡抚恩寿转奏请将已故兴安府知府童兆蓉宣付史馆立传。《陕西巡抚恩寿奏请将已故兴安府知府童兆蓉宣付史馆立传折》云：“奏为已故知府政绩卓著，遗爱在民，据情恳恩宣付史馆立传以表循良而顺舆情，恭折仰祈圣鉴事。窃维吏治赖贤良以饬，人才因激劝而兴。况庶政方新，官常宜肃。凡有流风善政足以彰往绩、示来兹者，允宜采摭阐扬，上以沐褒嘉之典，下以兴观感之资。兹据兴安府属绅商、法律馆咨议、前大理院总检察厅厅丞张成勋等呈称：已故兴安府知府童兆蓉，湖南宁乡举人，由同知洊保知府，补授兴安府知府，迭膺大计卓异，传旨嘉奖，调补西安府知府，升授浙江温处道，在任病故。该故员学道爱人，政知体要，任署各缺，所至有声。核其履历，尤以在陕任兴安为最久，其政绩亦以兴安为最著。兴安本偏瘠之区，川楚毗连，五方杂处，民俗偏于健讼，奸宄尤易潜踪，物力维艰，民生多困。该故员先后在任十余年，无日不精勤求治，无事不实意为民。讼源务绝，匪孽务除。役为民蠹而必锄，谷备民荒而必蓄。光绪十年、十六年间，南山两次岁荒，兴属惟甚，该守请赈，力任其难，且能周恤无遗，民庆更生，皆曰童公活我。此尤其悱恻肫诚、于地方最有补济者。至若敷文教以培元气，裕财用以便交通，厚流俗以劝农桑，正浇风以祛淫祀，皆足纲维人纪，酝酿人和，迄今私祝馨香，德怀衣被，历年既久，民不能忘，洵乎舆论之情，堪副循吏之选等情，由布政使转据兴安府详请具奏前来。奴才伏查，该故员兴安典郡，洊陟监司，惠爱及民，至今感戴，综其政绩，无忝循良，合无仰恳天恩，准将已故兴安知府童兆蓉生平政绩宣付史馆，列入《循良传》以昭激劝而顺舆情，出自逾格隆施，除将该故员履历事实清册分咨外，理合恭折具陈，伏乞皇上圣鉴训示。谨奏。宣统元年十月二十七日。”

朱批：著照所请。该衙门知道。钦此。[①]

萧之葆

四十一岁。京察一等。

二月，经本部奏保左右参议。

高祖佑

三月，恭办德宗皇帝大事出力，奉旨赏加二级，经吏部核覆，准其随带。

---

①《政治官报·折奏类》宣统元年十月二十七日第七百六十九号。

京察一等。四月初二日，经吏部带领引见，奉硃笔圈出，十六日经吏部覆带引见。十七日奉旨预备召见。二十八日蒙召见一次。

六月，复经民政部奏保，俟得知府后在任以道员补用。

八月，由江南赈捐局捐奖花翎。

十月，恭办孝钦显皇后大事出力，奉旨赏加二级，经吏部核覆，准其随带。

十一月，复经民政部奏保，赏给三品顶戴。

段维

“始设大理院，沈子敦院长家本奏调为民科第二庭丞，法部戴少怀尚书鸿慈奏请留部，洊擢丞参厅会辨，记大功一次，加员外郎衔。是年诗有《送别张子樵同年》二首，拟说帖奏稿若干篇。”①

王之杰

病逝北京。

吉同钧撰挽联：“山邱零落，君得所归，可怜门祚单微，只余一妻一妾一子女。蒲柳衰残，我将何依，从此琴书寂寞，谁与谈经谈史谈科条。”（《乐素堂对联》）

1910年，宣统二年，庚戌

吉同钧

正月

吉同钧于律学馆为《现行刑律讲义》作后记曰：“旧律《工律》之后尚有《比引律条》数十项，及《督捕则例》数十条，现律已将《比引律条》各项删除，其《督捕则例》一门原系专为旗下家奴及旗人逃走而设，近日

---

①《段冈北先生年谱》。

旗下逃走之事鲜见，此例无关引用，多成虚设，现已删除，第将其中切要有用者拣择数条，移入各门之内，故讲义概不列入。”

四月

《大清新刑律》颁行。“外虽参用洋法，内容保存国粹，一时新学之士，不察内容，徒以外面之名词形式不类外国，群指为不合文明，于是又有《新刑律》之编。”

是年，清政府“初次举行考试法官，定派阅卷大臣，同钧充襄校官”。

定镇平于闱中赋诗三首寄吉同钧：

“无复云司话旧天，读书读律负前缘。君因戆直尝招忌，我为疏狂始不迁。知己盟心空若辈，同寅聚首更何年？漫言老骥犹伏枥，千里终能著一鞭。”

“苍苍真似奈何天，想后思前总夙缘。莫谓巨鱼甘鲋困，漫同小鸟学莺迁。百家校阅求真士，六律修明异昔年。不是灞桥风雪里，也应诗思付吟鞭。”

“辜负橙黄桔绿天，春秋佳日竟无缘。从来才大人应妒，谁道工良地可迁？塞北哀吟杜工部，江南浪迹李龟年。秦庭自古多奇杰，叹息绕朝赠策鞭。”

吉同钧作《和定镇平正卿成闱中见寄原韵》三首：[①]

“儒雅久钦白乐天，[②]云司旧结文字缘。仰君直节追包老，愧我幽居类史迁。变色风云悲世事，寄身诗酒乐残年。悬崖急勒狂奔马，祖逖何须先著鞭。”

“云裳共咏大罗天，旧雨重逢亦夙缘。素荷吹嘘同小草，敢将枯朽比

---

① 自注：庚戌（1910年）初次举行考试法官，定派阅卷大臣，同钧充襄校官。

② 自注：用成句。

君迁。材抡鸠署欣良会，桂折蟾宫忆昔年。少陵诗律鄺侯笔，愿向公门作执鞭。”[①]

“自断此生莫问天，升沈亦各有因缘。顾我素餐图一饱，祝君黄阁岁三迁。归田拟学陶元亮，调鼎端推杨大年。他日相逢车共下，莫教走马快扬鞭。”

吉同钧又叠原韵作《感怀》八首：

“龙门高处碧摩天，我与山林结旧缘。枫陛无阶徒梦想，桃源有路拟乔迁。庭余稚子传家学，座满嘉宾娱暮年。东望海云氛正恶，断流急仗众投鞭。”

“漫道人为可胜天，凌烟勋业素无缘。郎官白首伤迟暮，司马青衫感谪迁。剩有诗书遗后嗣，苦无药石驻衰年。只应安命从吾好，富贵可求亦执鞭。”

“菊瘦蟹肥九月天，登高携酒竟无缘。识曲幸邀周一顾，择邻当效孟三迁。骋怀夏甸空千里，容易秋风又一年。何日芳郊驰骏马，五云车上拂垂鞭。”

“红尘纷扰静明天，自计无方扫俗缘。眷恋皇都频北望，伤怀属国已东迁。[②]救时空上治安策，占岁惟祈大有年。回忆章台折杨柳，春风遗却珊瑚鞭。”

“海外齐开混沌天，漫谈信果说因缘。国邻齐楚难中立，地乏邠岐可卜迁。晋代诗人陶靖节，汉廷狱吏杜延年。牧民安得循良士，省却官刑蒲作鞭。”

“宫殿巍峨高九天，欲排阊阖苦无缘。坑儒祸种遗龙祖，作史奇才阨马迁。身健铁如经百炼，病深艾好蓄三年。眈眈虎视欲无极，马腹休云不

① 自注：君迁，木名，见子山《枯树赋》。

② 自注：本年朝鲜为日本并吞。

及鞭。”

“斜风细雨菊花天，校试秋官幸有缘。此日棘围驰骥足，他时柏署庆莺迁。庄田纵已荒千亩，林木还期树十年。冀北原来多骏马，幸逢伯乐不须鞭。”

“娲皇难补已崩天，善果谁为结恶缘。日昃安能回午照，木颠何必倡庚迁。拼教醉酒迷千日，却悔读书迟十年。堪叹穷民如孽子，芦花奚忍再加鞭。”

和善芝樵参议佺《考试法官闱中即事》原韵，共叠五首：①

“君平难定命升沈，独抱冰壶一片心。末世淫词横猛兽，圣朝远物却珍禽。梁公门下盈桃李，清献船中剩鹤琴。指日海棠西府发，绿章夜奏乞春阴。”

“荐士香焚海国沈，聊同寅友话知心。九回肠似汉司马，三黜身如柳展禽。座有曹瞒挝弥鼓，世无钟子罢牙琴。幸逢世珥金貂客，外戚南阳本姓阴。”②

“白首冯唐下位沈，间［闲］云出岫本无心。直声素慕触邪豸，乐意时闻对语禽。烈士情怀三尺剑，高人志趣七弦琴。青莲自是词臣选，曾记骑驴过华阴。”

“雪满云楼晓雾沈，后彫共保岁寒心。鸿文价重唐张鷟，燕翼恩深鲁伯禽。大木在山随宿莽，焦桐出爨即名琴。公门慢说栽桃李，丹桔经冬有绿阴。”

“孰把珊瑚海底沈，搜罗共费爱才心。文辞慎选叔孙豹，诗礼喜闻陈子禽。岂有达官堪嗜酒，从无俗吏解弹琴。大才自古难为用，古柏参天百尺阴。”

① 自注：前考各省法官，此考京畿现任推检官，芝樵充监试官，余任阅卷官。

② 自注：芝樵长女为恭亲王福晋，次女为洵贝勒福晋，本国戚也。

在考试中有这么一道题："名例，断罪无正条，援引他律比附加减定拟，各国则不得为罪，其得失若何？"

吉同钧在《考试法官拟作》中作答：

断罪无正条一项，中律比附定罪，日本刑法不治其罪，此为中外法律一大歧异之点，亦为现在研究法律者一大问题。考之欧洲各国刑法，英德刑法无此规定。俄国第105条载：犯罪有专条依专条，无专条者，将比别条从重科断。则与中律比附之意相合。法国刑法第34条载：凡犯轻罪者，除法律别有专条外，不得以轻罪论。又，不问轻罪重罪，其犯在前者，不得处以法律上未定之罪。则与日本律无正条不治其罪相合。可见，此项法律，欧洲并不一致，不但中、东歧异也。我国变法，多采日本，故上年法律馆编纂诉讼法，第74条即师其意，定为律无正条者，不论何种行为不治其罪。而各省督抚多不谓然，共相指驳，其中惟豫抚争之尤力。后经修律大臣援引古今，反覆辩论，以为援引比附之说，唐时赵冬曦诸人早已斥其不合，故唐律不言比附。本朝《南山集》一案，比附定拟，株连多人，皆此律为之厉阶。仍执前说，著为论说，申明实无可去之理。彼此争论，各执一是，是以至今不能解决也。

窃尝深察其故，中比附之法由来已久。《书》曰：上下比罪。《礼》曰：比以成之。汉尚书省有决事比、词讼比。《刑法志》云：三千之律不能尽天下之情，不免上下以求其比。此皆比附之起源也。旧律既有比附之条，又于六律之后，特设比附律条一门，良以事变无穷，律条有尽，既不能逐一事而设一法，即不妨立一法以统治众罪。况全律中比照他条者不一而足。今若废除比附，不惟全律不能适用，且恐长犯人巧避之机。就此事实言之，此条似未可骤去也。然以道理而论，各国法学之家均主张减轻刑法。此律究系法外治罪，与减轻之旨不合。现定刑律草案，既仿各国轻刑，不载此条。而宪法十七条，亦有臣民非按法律所定不加逮捕处罚之文。今仍守旧比附定罪，非特本国刑法不归划一，亦恐有碍收回治外法权。此就道理论之，此条似又不能不去者也。

总之，刑法因地而异，亦因时而变。日本与法国地狭人少，兼之教育有法，警察完备，人民犯罪日少，故可不用比附。中国地大物博，人民程度不齐，教养难以普遍，犯罪种类既多，不能不用比附。此限于地之所宜，而不妨各行其法也。惟现在时会所趋，各国均讲改良刑法，中国亦设宪政筹备，将来各级审判成立，检察机关完备，新律草案实行，此条自尽无用。特现在不能骤除也。是以现行刑法仍留此条，以备当前引用。而又删除比附律条一门，以为沟通新律地步。虽不拘守旧说，亦未遽用新法。所谓与时变通者之此谓欤！①

吉同钧作《闱中示诸生》诗二首：

"宦途最重是文衡，法学从兹放光明。他年桃李盈天下，尽是老夫培植成。"

"刑名道德相济成，法学原从经学生。洛闽经义萧曹笔，莫向申韩去问程。"

并自注云："余任京师法律法政学堂教习五年，毕业者三千余人。此次考试录取三百六十余人，半为余学堂受业门生。"②

吉同钧在《论〈新刑律〉之颠末流弊并始终维持旧律之意》中叙述了新刑律的修订经过："先师薛云阶有志删修而卒未逮其时，适值日本变法改律，一仿德法二国轻简之法而大变旧章，比之中律，文简而刑又轻，故外人之游吾国者，睹中国之刑法严厉，而群相诟病，不受约束。庚子而后，开馆修订，钦派法部侍郎沈家本、外务部侍郎伍廷芳两先生为修律大臣，鄙人承乏提调，与江西饶君昌麟同任其事，酌量删除严刑，并减繁文，一仿唐律之平恕，参用外国之新法，举旧日凌迟、枭示、戮尸尽为废除，一

① 吉同钧：《考试法官拟作》，宣统二年铅印本。

②《乐素堂诗存》。

切身体之刑如枷号、笞杖等刑分别改用外国监禁工作、罚金，从前斩绞流徒军遣，俱酌量轻减裁并，而流徒多不实发，半改为本地作工，共删除律文二十余条，例文四百余条，于宣统二年书成，名曰《现行刑律》。外虽参用洋法，内容保存国粹，一时新学之士不察内容，徒以外面之名词形式不类外国，群指为不合文明，于是又有《新刑律》之编。延用东人起草，举中国数千年之礼教、服制、名分划除殆尽，其表面之文法、名词、条类尽用外式，草案甫成，交修律大臣讨论，当时馆员十余人列座公议，鄙人首以不适实用面相争论，并上书斥驳，无如口众我寡，势力不敌，随后刷印散布，外而各省督抚，内而六部九卿，群相攻击，举国哗然。时有大学堂监督刘廷琛参奏交馆修正，仅改正数条，并举旧日服图列诸篇首，以为掩饰，其实内容与服图全不吻合也。又有劳学使乃宣极力痛驳，复交法部会议，尚书廷杰亦极反对，即派鄙人总司修改之事，鄙人调和其间，以为逐条改正，不惟势有不能，亦且时有不给，因另拟《章程》五条附于律后，藉为抵制弥缝之计，从此定局奏准，定于宣统六年宪政成立之时颁行，不料辛亥骤逢国变，遂即颁行，并将《章程》五条删除，现已行之三年，咸称不便，群相訾议，当道亦有所闻，渐知不适于用，于是复有修正之举，上年有现任肃政使麦君秩严者屡来敝寓传述司法梁总长[①]之意，称欲修复旧律，恳请鄙人妥拟凡例。鄙人本不预闻国事，特以事关民生安危，未忍坐视，因拟大纲十二条交付。首在崇名分，复礼教，惩贪赃，严奸盗，并规复旧律之十恶、秋审、比附、发遣、笞杖及确定新律之刑期游移等项，阅日所颁新令即有严惩官吏犯赃、严办强盗、酌改徒刑发遣、规复笞刑等条，是鄙人前所陈者，已实行多半。由是大加修改，添入侵犯大总统、干犯旁系尊亲、无夫和奸治罪等条，名曰《新修草案》。可见新律之不适实用，旧律之不可尽废，人有同心、不谋而合也。现经法制局将

① 指梁启超，1914年，熊希龄组阁，梁任司法总长。

《新修草案》差人送来敝寓，求再详核。当即查阅一过，大端虽多救正，而其中过轻之刑、疏漏之事及事实窒碍、轻重参差、文义难解之处仍复不少，只以为时无多，仅将大有窒碍者略为签驳数十项，此外轻罪不妨暂为照行，容缓再议。”

吉同钧在《律学馆第四集课艺序》中说：“四月为《现行刑律》颁行之期，一时任司法者喜脱旧日繁重之习而共乐法网之宽。越数月，更有缩短国会之诏，而《新刑法》又议提前颁布，于是研究法学之士复喜谈新律之简要，而以现行之律为不适用，群思有以废之，盖厌故喜新，人情大抵如是，原无足怪，独惜其未达法学之原理也。”

《国乘备闻》云：“新定法律草案出自日本律师冈田之手，其引证历朝沿革则取之薛允升稿本，法部郎中董康笔也。稿既定，颁示各省，皆知其谬妄，决不可行，次第指驳复奏，不谋而同。唯山东巡抚袁树勋变一说曰：‘是皆枝叶之论也，别有所谓根本之说者，其旨安在？曰不改从新律，不能收回治外法权。’内外相煽以浮言，遂恃为改律铁证。”[①]

是年，发生所谓“部院之争”，《清史列传》卷六十四云：“时法部初改，并寓创于因，端绪纷赜。又与大理院权限胶轕，往复论辩，苦难分晰。鸿慈悉心规画，首以申明权责为入手办法。凡司法官吏之进退，刑罚判决之执行，厅局辖地之区分，司法警察之调度，悉隶法部；其直省开了事稿件，由各省分达部院，经大理院覆判后咨部核定，若有情罪未符，仍咨回大理院自行驳正。盖以法部专任司法，大理院专掌审判，各有主持，而事权乃不至淆乱。”[②]

“部院之争”也体现在法部、大理院对陕西赵憘憘连杀两幼弟案的具体判决上。《乐素堂文集》云：“当时大理院、法部各执意见，几致决裂，

---

①《国乘备闻》，中华书局 2007 年版，第 122 页。

②《清史列传》（卷六十四）《戴鸿慈传》。

虽交修律大臣酌定。时修律大臣为沈子惇先生，系大理院长兼充修律大臣，乃偏袒大理院，驳改拟流，法部三堂均不画稿，致案久悬不决。时同钧任法部郎中，兼修律馆总办，并充大理院教习，调停其间，折衷办理，因具此帖，呈请三面和衷共济，其事始定。”沈家本作《故杀胞弟二命现行例部院解释不同说》，吉同钧作《调和部院核覆陕西杀弟案说帖》：

窃查陕西民人赵憘憘挟嫌故杀十岁以下幼弟二命，该抚依旧例拟绞监候。大理覆判，以旧例故杀胞弟拟绞一条，《现行律》业经删除，将该犯改照律文拟流二千里。经法部覆核，以挟嫌故杀幼弟二命情节较重，奏请依“图产故杀胞弟例”，照凡拟绞，交大理院另拟。大理院以部院取义各别，奏交法律馆妥议。现经馆长统合新旧例文，详细酌定，谓大理院解释例文毫无疑义，拟仍照原判拟流等因。职捧读所议，逐层分晰，不胆钦佩之至，惟尚有疑惑之处，谨就管见所及，详细陈之。查故杀胞弟一项，历朝定罪不同，大约拟死者居其多数。《尚书·康诰》有云：“于弟弗念天显，乃弗克恭厥兄。[厥]兄亦不不念鞠子哀，大不友于弟。惟吊兹，不于我政人得罪，天维与我民彝大泯乱。(曰)：乃其速由。文王作罚，刑兹无赦。”疏云：兄弟虽有长幼，而实同伦。贼杀他人罪小，骨肉相乘重于他人云云。可见兄之杀弟，与弟之杀兄，均不得贷其一死。然犹可曰：经义泛论道理，未可施诸法律，如执经断狱，未免涉于迂阔也。又考之汉律，父母无故杀子者，以故杀同凡论。杀兄弟及使人杀者同弃市。故太初元年，宜城侯福坐杀弟弃市。又元《刑法志》云：诸以细故杀其弟者处死，又诸兄主谋杀其嫡弟者，主谋、下手皆处死。此皆杀弟拟死之明文。惟唐明律，凡弟杀兄者拟斩，兄杀弟者减轻拟流，兄与弟始有分别。夫唐律最称完善，而此条非但与汉律不同，亦与经旨相戾。窃求其故而不得，或疑唐太宗骨肉相残，天伦相憝，当时臣下定律，恐触忌讳，故此项特从宽宥，亦未可知，此皆臆度之词，未为定论。总之，兄故杀弟，唐明律虽减等拟流，而汉与元并不贷其死罪。然犹可曰：古律不适时用，未可以衡当代之事也。查我朝定律，虽沿前明，乾隆元年以律文兄故杀弟，仅［弟］流罪不足蔽辜，从重定例，改照故杀大功弟拟绞。五十六年，又定有图产故杀十岁以下幼弟照凡拟斩之例，扫除唐明之失，隐隐与汉律、《周书》相合。现行新律虽删去故杀拟绞之例，而图产挟嫌故杀仍拟死罪，并非一概减流，古法犹未尽失。然犹可曰：旧律多涉严厉，与现今减轻宗旨不同，仍未可称为定论也。查新订刑律草案二百九十九条，凡杀人者处死刑、无期徒刑或一等有期徒刑。后附理由云：杀人者死，为古今东西不易之常经，推而至于尊长卑幼，亦复如此区分。又云：凡臣民者，国家之元气也，其生命非父母尊长所得夺，此为欧美各国公认之原则。子孙若无应死之罪，固不待论；即有应死之罪，自有审判官在，非余人所得专擅云云。可见此条，文义非但专指常人，即父母杀子，尊长杀卑幼，亦当如此规定。夫以父之杀子较诸兄之杀弟，其情轻自不待言，然以新律衡之，最轻尚处以有期徒刑，工作十五年。今以兄之杀弟，而仅拟流二千里，折工作六年，已较父之杀子减轻数等，而况所杀者非止一弟，又况所杀者俱系十岁以下无知之幼弟乎？以如此残忍之徒，而不与以缳首之罪，非但与经义不合、古律不合、旧律不合，即衡诸新定之律，而亦轻重倒置也。总之，定案固当恪守律文，然果情罪重大，亦当酌量从严，俾归允当。在大理院，解释例文照律文改流，虽系罪疑惟轻之义，然施诸挟嫌故杀一命之案则可，即施诸故杀二命而非幼孩者亦可，若赵憘憘一犯，似乎另当别论。夫凡人谋杀十岁幼孩一命尚拟立决，胞弟虽较凡人为轻，然既惨毙二命，虽不能比照凡人拟以立决，似不可拘泥律文，宽其死罪。大理院有解释律例之权，不可不恪守常法，而法部有执行宣告之责，不能不折衷至当。平心而论，此案赵憘憘被杀之二弟，一止七岁，一止五岁，有何干犯得罪之处，而忍心下此毒手，实属灭绝天伦，惨无人理。若不处以死刑，将来工作期满回家，未必不迁怒于其继母，复酿成逆伦之祸。法部议照例文拟绞，原系扶持伦理之意，但彼此既各持一是，似应折中定拟，仍照原议拟绞，从宽酌入秋审缓决，免其实抵，庶几部院两得其平，而按诸古律新律，亦均吻合。

吉同钧因钦派外省考试法官，初次开列前茅，嗣被他人运动，抑置在后。命下，果以名次在后，致落孙山之外，因此万念俱灰，绝意上进矣，并上《上法部长官请开差缺书》："窃司官自庚寅榜下分部，闭门三年，潜心读律，奏留后始进署供职。未出三月，即派主稿，历充奉天、四川各司正主稿，历充总看减等秋审处坐办、律例馆提调及提牢厅总管各要差，中间虽因公获咎，降调光禄寺署正，然求生不得，可告无憾，且以同官十余人合办之事，司官一人独任其咎，虽败亦有荣焉。嗣蒙奏调回部，适值变法之际，创设京畿科，专管大理院以下各级审判厅，现审稿件派委司官主稿一切，草创规模，与大理院往复驳辨，几无虚日。遇有疑难交厅丞参，藉端推诿，司官奋然独任，不避劳怨，力为其难。三年以来，指驳改正稿件关系生死出入者均十余起，军流出入者约数十起，徒罪以下不可胜数，皆有案卷可稽。再部章：凡在外司掌印者，即专办司事，不预承政厅事。司官即掌审录司印，又兼在承政厅办理秋审，每年秋册千余起，均经一手查核，其中改正实缓者，无岁不有数起，此亦有案可稽者。此司官之尽心部务，不遗余力者也。至本部律学馆教习，司官兼充已历四年，馆中功课，司官独任繁重，不敢告劳者，教育人材，俾部务日有起色，是夙昔素愿，虽苦亦乐为之。现在造就毕业、委任各审判厅者因实繁有徒，即素称法曹老手，精于律学如现任罗参议维垣、萧郎中之葆、谭副部文蔚等，从前皆经司官与讲律义、役课出题、劝勉作文，以有今日。此司官之尽心教务可告无愧者也。查州县审拟错误、关系生死出入，经上司查究，改拟得当者，例有送部引见明文。司官数年来改正生死出入之案不一而足，虽不敢援例邀功，惟此次钦派外省考试法官，系司官专门之学，满拟我堂宪开列前茅，得邀钦简，藉此考查风俗、开拓识见，并搜罗人材，上备司法之用，下为宗族交游光宠，稍酬数十年读律苦心。不料初次开列前茅，嗣被他人运动，抑置在后。命下，果以名次在后，致落孙山之外，因此万念俱灰，绝意上进矣。司官命运坎坷，功名既已如此，而家境又连年不顺，本拟及早归田，只以廿载京宦，债台重重，到家买山无资，仍不免交谪之苦，反复思维，拟仍藉讲堂舌耕，以为举家糊口之资，至于部务公事，则兴致已索，即难胜任。况鬓发颁白，后来均已居上，犹复旅进旅退，随人步趋，自顾已觉增惭，为此详陈下情，请开差缺，专办教务，以尽所学。盖为部中培一人材，较为部中办一要案，其用宏而其益更大，且当此奔竞成风之际，俾知部中尚有不恋差缺、淡于进取之人，是亦砥砺廉隅，挽回浇风之一端也。谨此具陈，伏乞垂鉴允准。再者，此次奉命考试，非止个人之荣，关系国家前途甚大。盖民人生命操诸法官，法官优劣全在考试，今请简放试官，为本部开宗明义第一新举，诚宜登明选公，整齐划一，慎择精通中外法律，并素有经验之员，实事求是，似不宜参以私见，授人指摘之端。夫明法人员，胥萃于法部，而法部人才全聚于两厅会办，会办之员几经历练，几经考验，始膺其选。故三年大计，即以会办之员充京察之数，京察名次向以得差先后为序，法官可独不然？即不如此，或以科分迟早分先后，或以补缺迟早分先后，或照从前主考之例，专取甲榜，亦均有说可据。若仅以资俸之深浅定人才之优劣，未免诸多屈抑。且即以资俸论，则宜一体计俸，而张、颜[①]二员，甫经调部，资俸最浅，何以列于资深各员之前？似此自乱其例，忽计资俸，忽论官阶，忽专取实缺，忽夹杂候补，忽专用甲榜，忽参入他途，不惟本署退有后言，亦恐外人交相訾议，谓我堂宪以朝廷抡才大典为位置私人之地，岂不名实两败乎？司官前后食俸十六年，上年虽由正六品降为从六品，中间并未断俸，今硬谓之食俸四年，则是郎员之俸为俸，主事署正之俸不为俸；法部之俸为俸，前刑部与光禄寺之俸不为俸？不知何所据而为此颟顸办法也！总之，此事关系司官一人之功名称

---

① 待考。

小，关系一署之声名甚大。一人之事犹可不办，一署之事不敢缄默。”

七月

十日，崇芳为《现行刑律讲义》题跋：

昔人谓校书至难，讹字如风扫落叶，随扫随落，此殆指钞胥梓匠而言耳！兹集之有舛午，则不尽然。讲义起于旧律，无何而《现行律草案》出矣，无何而核订案语出矣，无何而修正清单而勘误表又相继出矣，其间凡历数变，每值一变，著者辄随时检查，逐条更改。每有更改，分辑、勘误、校对诸馆友辄重检底本，作累日忙，新稿一来，旧者难免成误。旧稿再易，新者又复成讹。诸君乘伏假余暇，襄理此事，或手披，或目览，或口诵，或笔注，虽盛暑炎午不少缀，良以法律关系绝大，故只字不敢放过也。惟原稿已付石者，虽有鱼鲁，实不及弃板再印，谨制正误表附各卷末以便检阅，识者谅之！庚戌七月十日崇芳秋浦再志于律学馆之庶务室。

吴思璘亦题跋：

龙门斥法家为刻薄寡恩，恶申韩也。汉晋以来，国家立法多取材于儒，故十恶、八议及关系服制诸律皆特重之，刑罚之中隐寓德礼遗意、一王大法，与专家学问固自不侔。泰西刑法根源罗马，始采畏喝，今一以保护法益为主，可见世轻世重，中外无殊！今日我《大清律》之一变为《现行律》也，岂非时势使然欤！惟律文简括，解释为难，非旁搜博览，积学有素，未易得其壸奥。现值研究法学时代，吉先生石笙编授各学堂讲义，汇辑成帙，其文显其旨正，盖撷取各笺箐华而折衷一是者也。法家著述几至充栋，读此可得主要，较之自行涉猎，劳逸悬殊矣。思璘职任校雠，书既成，略识数言于后以质海内之同志者。宣统二年庚戌秋七月上弦受业吴思璘谨识。

二十二日，为沈家本七十寿诞，吉同钧撰寿联：“经师易获，律师难遭，幸侍西曹作桃李。惟有阴德，斯有厚福，愿向南山颂台莱。”

是月，韩文魁为《现行刑律讲义题跋》：

读今律而不读古律，可乎？曰：无以知法学之沿革也。读中律而不读外律，可乎？曰：无以辨法学之异同也。然则将取汉唐宋元有明刑罪之全书一一手披而日览乎？将遍德俄法义日本法典之译本一一殚精而研思乎？窃恐卷帙浩繁，条件纷赜，殆非穷年累世不为功也。篆籀虽尊，非所以判公牍；鲽鹣虽异，非所以责常馐。今律未习而古是求，中律未谙而外是务，其失，与不知沿革，不辨异同均也。安得一法律大家综中今、贯中外，俾讲授既亲，一举而三善备乎！吾师石笙夫子知律之名洋溢遐迩，所著讲义撷精挹华，独得的解而又字梳句栉，无义不申，无理不显，篇首必揭明此条系本诸唐根诸宋，或沿诸元明，见源流也。篇末必揭明是条较某国罪轻某国罪重，与某国科罪从同，昭得失也。律学馆同人比年以读律称者，靡不得力于先生是书，文魁亦与有幸焉。今春全册脱稿，适值《现行刑律》告成，先生复逐条参改以规完备，同人亟谋付石印，监督、提调诸先生总司编辑，文魁亦随诸学友任分辑与校勘，藉增学识，欣幸益深已当世志，司法者诚奉是书为宝钥，以求现行律可也，以考古律以采外律亦无不可也。然则如吾夫子，诚所谓综古今，贯中外，卓卓然法学大家哉！宣统二年庚戌孟秋受业仁和韩文魁谨跋。

八月，京师第一次考试法官，奉旨派充襄校官。

十二月，京师补行考验各级审判检察厅人员，奏请派充襄校官。

萧之葆四十二岁。

正月

萧之葆撰《邑侯子修伦公德政教泽碑记》：

昔孔子筹卫国之政于既庶之后，一则曰加富，再则曰加教。噫！圣如孔子，其所以康济斯民者，道不过如此。然则士生三代后，读圣贤书，一旦握尺寸之柄，膺父母之称，舍富教迭加，又奚恃以为宜民之术哉。三水僻处山陬，风气朴塞。官斯土者，类皆以民贫俗陋为忧，否则皇皇焉舍而之他。于是，郑卿之庐井，武邑之弦歌，几成罕事。盖民气愈彫，而治理亦愈下也。我邑侯子修伦公以陇右名宿，于光绪丙戌冬捧缴莅斯土。甫下车，周历四境，慨然以兴养立教为己任。既阅岁，官民益洽，利弊周知。邑四镇旧有斗行，专司乡民籴粜。奈日久弊，凡斗行溢出之粮，伊等公然取去，籴粜两家均受亏损。至问其所应何差，则以春秋祭所需鸡鸭及公署所用鸡鸭由伊等支给，名曰支月，其实此两项公署尚给值也。事为公闻知，叹曰：菽粟为民命所关，祭祀供给固当，若其官则为民父母，乃竟以口腹朘民脂膏，安用此鸣驺张盖为？立召各斗行，言责之，戒以后毋得取乡民斗外溢出之粮，其公署支月名目永远裁革。

又邑最要者为凾水堤。此水向由南山下经过，后因泛滥，始抱城南闉流。咸丰间县令杨公国钧筑石堤十余丈，捍卫城垣。岁久失修，河水遂直逼城下。公建议修堤，约绅耆会商询谋，佥同公捐廉俸为倡，各乡共输资约三千余缗。复度地势，由东门外龙王庙下起筑长堤二百余步。起堤用柳条编成巨囷，中实沙石，加土覆筑堤旁，植柳百余株。是岁，水即归南山故道，邑城永无水患。从戊子二月经始，凡三阅月落成。自开工至蕆事，未假手胥吏一人。数年，沿堤杨柳依依成荫，邑人称之为“伦公堤”，有举召伯甘棠以相例者。

又是年五月，邑西乡魏落村因急雨，蛟水为灾。公亲往履勘，见附城各民户箱箧盎盂、粮储灶具皆堆置泥滓中，乡民涕泣请命，公恻然动念，立捐俸钱二百缗为之抚恤。事后禀报灾情，并不及捐俸事。盖公以读书人为经术吏，故其所设施必求于物有济而后得。此心所安，非若俗吏辈仅藉印累绶彰劳勣以图升迁者比也。其他如清积讼、蠲逋相、礼耆绅、崇名节，皆公之德政及人昭昭在耳目间。而公所尤注意者，则莫若育才一事。三邑虽褊小，然自明季至国初，科第蝉联，人文蔚起，经济文章著名当世者踵相接。讵自咸丰辛酉，先君子获隽后，继武无人者垂三十年。公莅任询得其故，讶曰：“邑文运盛衰，关天数地脉，尤关人事。今蹇滞至此，钟毓何存？某不才，愿为诸重生作识途之马，骅骝骐骥骧首云衢，飞控著鞭，或即在斯时乎！”每月集诸生课试，器识文艺，曲意裁成。复召之葆置门下饮食教诲，俾得亲炙。其书院肄业诸生，则从优奖励训迪过于严师。历三年，值戊子、己丑乡试，之葆得由副榜登贤书。公喜曰：“今本邑秋榜复开，愿诸生争自濯磨，他日为老夫增一段佳话也。”两科公均调帘差，大吏重公治行，量移边要。出闱后调署神木，阅二年回任。以商郡山阳号称难治，檄公与山阳令互相调补。卸任之日，邑士民夹道攀留。公温语慰藉久之，始登舆去。莅山阳两载，政声隆起。奈忽丁太夫人忧，哀毁成疾，遂薨逝。厥后，邑唐君德馨以癸巳秋捷，之葆以乙未成进士，入词林，蒲君廷训以癸卯中副车，秦君裕仁、潘君懋修、蒲君铭勋先后擢拔萃科，科第联翩，惜公已不及见矣。盖公之教泽及人又如此。呜呼！以公之德行政事，使得典州郡、陟监司，霖雨苍生，藉抒伟抱。即不然而循良报最，垂老悬车，俾作人者符寿考之祝焉，岂非甚幸？孰意甫当伯玉知非之岁即逢昌黎殂落之辰，而且祀续犹虚，宁馨失望，无之［以］报施循吏，抑何其谬，悠惝恍而不凭信，乃至斯哉。之葆侍函丈最久，于公性行亦最悉，公状貌魁梧，丰裁伟峻，整［使］人望之俨然，不敢干以私，而视民如伤，爱才若渴是其本怀。初，公未莅任时，监修华山玉泉院，工竣，遂权知华阴县篆。其调任神木，口碑至今弗衰。

己酉秋，之葆假归省亲，适邑同志诸人语及公遗爱恐就湮没，欲勒石以记之，属之葆为文。之葆自维旧为公手植，今道山寂寞逾二十年矣，追念遗徽，潸焉涕下，而诸君子亦复感旧情殷，同襄盛举。呜呼！忆程门之雪，不禁怆怀；勒岘首之碑，宁辞堕泪。谨不揣固陋，举公之德政教泽胪列而类志焉，用伸仰止，兼示来兹。公讳肇纪，字子修，甘肃凉州府武威县人。庚辰进士。历任陕西三水、山阳县知县，兼署华阴、神木县事，同知衔，诰封奉正大夫。承祧子一，名衍续。时宣统庚戌正月既望门下士邑人萧之葆谨撰。

按：此文作于宣统季年，未及上石，因世局改革中止。幸原稿尚存箧中，因附志于编，藉垂水文。

六月

二十八日，准开云南法官考试，何奏篪、萧之葆奉旨派充云南法官考官，靳锡、兰培元派充襄校官。

《宣统政纪》云：六月辛巳“本年考试法官。命法部郎事张不基、陈棣堂为四川考试官。法部郎中何奏篪、萧之葆为云南考试官。学部参事林棨、翰林院编修朱汝珍为贵州考试官。礼部参议李擢英、监察御史萧丙炎为甘肃考试官。”

八月

初八日，行抵省垣。

初十日，入闱。

十一日，考试头场笔述。

十三日，考试二场笔述。

与考人数共计一百一十六名，先就笔述合格者发榜一次。

九月

初二日，考试三场口述。各场分数经襄校官按科分拟，呈由考官何奏篪、萧之葆复加核定，会同提法使秦树声秉公取录郑凑等二十六名。

初四日，发榜出闱。云贵总督李经羲作《奏法官考试事竣折》：

窃维法官考试，事属创举，滇处边徼，需人尤殷。此次就地遴才，未必胥属上选，而自入闱以迄揭晓，经臣督同在闱各员慎重将事，尚能严杜弊端，仰副朝廷注重司法、拔取真才之至意。①

十二月

初一日，差竣回京覆命。

① 宣统二年十一月三十日《政治官报》第1142号，第6页。

法部考验京师各级审判、检察厅人员，奏请派萧之葆充襄教官。

武瀛

四月初四，四川总督王人文片："查川省设立边茶公司，檄委雅州府知府武瀛为筹办处总办，先后集得股本银五十万两，业经前督臣赵尔巽奏报在案。兹据署劝业道周善培详称，川省风气未开，商民素乏智识，公司之设，事属创举，群情观望，劝募艰难，屡经挫折，几至中隳，而卒于年余立内集得巨股，组成公司，向非该府知府武瀛苦心劝导，擘画有为，不能收此宏效。伏查农工商部颁布奖励华商公司章程第十条内载：集股六十万圆以上者准作为本部三等议员，加六品衔。又，第十四条内载：商人原有职衔在所定等第之上，准其递加一等各等语。今该府奉委充任公司筹办处总办，劝集股本至五十万两之多，虽资格不属商人，而勤劳实未可没。且所集股银比较部章六十万圆之数亦属有盈无绌，自应请予给奖以示鼓励等情前来。臣覆核无异，合无仰恳天恩俯准，将三品衔在任尽先补用道、前雅州府知府、现署四川高等审判厅厅丞武瀛照章于原衔上加换二品衔，俾资奖劝，出自逾格鸿施，除咨部查照外，理合附片具陈，伏乞圣鉴训示。"

四月二十九日奉朱批：该部议奏。钦此。

按农工商部《奖励公司章程》，护理四川总督王人文奏请于武瀛原衔上加二品衔。[①]

十一月，四川总督赵尔巽作《又奏委雅州守武瀛等署高等审判厅厅丞等片》："再查宪政分年筹备案内，宣统二年为各省城商埠各级审判厅成立之期。臣于上年即设审判厅筹办处，将一切事宜预为筹备。法官、书记现亦次第照章考试取录，其省城各级审判厅定期本年十一月初一日开庭奏报在案。所有高等审判厅厅丞、检查长亟应遴员暂行派署以重职守。查有雅

---

① 见《政治官报》宣统三年闰六月初二日《农工商部奏议覆川督雅州守武瀛劝办公司请奖折》。

州府知府武瀛研精法律，堪胜厅丞之任。补用道陶思曾娴习法政，堪胜检查长之任。当即分别暂行派委，俾专责成。除开庭日期另行奏报并咨部查照外，理合附片具陈，伏乞圣鉴。谨奏。”

十一月三十日奉朱批：已有旨矣。钦此！①

“调署四川省高等审判厅厅丞。甄拨人材，拟议规则，清理全省积案八百余起。”②

段维

为考试法官襄校官，即日入闱，分第五房，在闱匝月，榜发第一名系韩城吉石笙先生所荐，第二名至第五名皆公所荐，一时传为佳话。京秩惟秋曹最清苦，而案牍又最繁，公精研法律，勤慎任职，遇疑必察情平反之，遇可矜必条陈轻减之。甘回马化滗孙自襁褓中系狱，至光绪季年已三十余岁，未释，公引经援律，具说贴，卒邀宽免。又四川灌县强盗抢劫案，首从三十余人皆拟死，公检案情，以其中十余人系诱胁，驳令再审，果得实情，为减等，科罪十余人，得免死其他。慎狱尽心多类此。时清廷预备立宪，于法令多所更张，京外大吏附和之，至谓议院朝开，危局夕奠。公独谓政烦赋重，当轻徭薄敛，任用贤才，以安黎庶，收人心。法令滋章，盗贼多有，非所以救亡也，议院即开，发言盈廷，何补危局。谓法律宜合国情，涂抹东西洋条文有损无益，裁判权之收回实不在此。谓监狱宜令清洁，若靡国帑以大兴土木，则谬戾殊甚。谓办学练兵不注重道德忠义，必至贼人才，误国家。当时士大夫多持异议。公每与侃侃辩论，至于面折庭争，深以位卑言微，无济时艰，浩然有归志矣。

是年，诗有《法闱和吉石笙曹长》二首，《和狄观沧同年》二首，《题铭紫峰使蜀随笔》一首。③

---

① 宣统二年十二月初三日《政治官报》第1145号，第62页。

②《续陕西通志稿》。

③《段冈北先生年谱》。

高祖佑

五月，于亲盗内经民政部奏保，俟得四品后赏加二品衔。

是年，许世英赴美国华盛顿参加万国司法制度及改良监狱会议，会后考察欧美十国司法制度。

1911年，宣统三年，辛亥

吉同钧

撰《法部律学馆课卷》。

六月十一日，学部奏请法部郎中、预保参议吉同钧办京师法政学堂有功，赏加二品衔。[①]

秋，吉同钧于法部律学馆之振雅堂为《秋审条款讲义》做序：

古律无秋审之名，唐宋元明律中言斩绞死罪者，均系立决，并无监候、秋后处决之制。然考之《月令》，孟秋之月，审决断，始用戮。唐律亦有立春、秋分前不决死刑之条，可见古者行刑必于秋冬，所以顺天地肃杀之气也。有明中叶，始定有朝审之法，英宗天顺二年春旨：人命至重，死者不可复生，自明年始，霜降后该决重囚，著三法司奏请，会同多官人等，从实审录，永为定例。此秋审所创始也。国朝因之，顺治十年，京师设朝审，直隶始设秋审。十五年各省遍设秋审，由刑部差司官二员会同该抚按审奏，后改差三法司堂官会审。康熙五年停止差遣，由各省巡抚举行。其办法止酌按情节，分实、缓、矜、疑四项，尚无条款可据。至乾隆三十二年，因各司定拟实、缓每不画一，始定条款四十则，颁行各省，其后叠次增加，渐归完备。考其办理之法，在外为秋审，统归督按；在内为朝审，统归刑部。其在内者，刑部每年正月，书吏摘录死罪原案节略，先

① 见《政治官报》六月十一日《学部奏核议京师法政学堂办学人员分别给奖折》。

列案身，次列后尾，订为一册，分送学习司员先用蓝笔勾点，酌拟实缓可矜，加以批语，谓之初看。次由堂派资深司员复用紫笔批阅，谓之覆看。复由秋审处坐办、提调各员取初看、覆看之批，折中酌议，又用墨笔加批，谓之总看。总看后呈堂公阅，各加批词，注明实缓，此刑部办理之次第也。在外者，每年二三月，先由臬司拟定实缓可矜详由，督抚覆勘，勘后督抚会同藩臬两司、各道，择日同至臬署亲提人犯，当堂唱名，然后确加看语，于五月以前具题咨部，谓之外尾。刑部接到各省外尾，仍依前看朝审之法，历经司堂阅后，与部定朝审合为一处，刷印成帙，谓之招册，亦谓之蓝面册，其有内外意见不同、实缓互异者提出，另为一册，谓之不符册。七月间择日公同商议，先由秋审处各司员公议决定，谓之司议。司议后定期齐集白云亭，按班列座，堂司合议，谓之堂议。议定标明实缓可矜，再由秋审司员拟定简明理由，谓之方笺。其朝审人犯，刑部议定后又由部奏请钦派大臣十人，取刑部所定，各加详阅，谓之覆核。朝审如覆核有疑义者，由大臣签商，刑部据笺解明理由，然后统将内外招册分送部院九卿、詹事、科道，于八月下旬择日在金水桥西朝房，刑部堂官合大学士、九卿科道，按次席地而坐，将外省秋审名册逐一唱名，并将朝审人犯提至朝房，按名分别实缓，唱令跪听，谓之朝审上班。上班以后，各部院科道俱无异议，然后备本具题，请旨定夺。其情实并有关服制人犯，由刑部缮写名册，纸用粉敷，墨书粉上，谓之黄册，以备御览。候至霜降以后，奏请钦天监择选分定勾到日期先远省而后近省，末后始及京师，每届勾到之期，刑科给事中前五日覆奏三次，后改为一次，前三日刑部将黄册进呈，皇上素服御懋勤殿阅看黄册，酌定降旨，命大学士一人照勾，由御史恭领送部，如系外省，即由部钉封分递各省，到日行刑，并刊印黄榜，颁发各府州县，以昭炯戒。同治以后暂停御览，派大学士在内阁依拟照勾，然每年仍奏请规复旧制。此办理秋审、朝审之先后次第也。夫由刑部初、覆看以至堂阅，已历数十人之手矣，又必会同各部院、九卿、詹事、科道等公同审定，方始具题，即题准之后，又令科道三次覆奏，方始勾决，其曲折繁重、礼节如此周密者，岂不知简易之为便哉！良以人命关系重大，非此不足以防冤滥，此可见我朝慎重民命、以固邦本之至意，洵足以驾汉唐而媲三代矣。自刑部改为法部，一切法律舍旧趋新，删繁就简，举从前详细章程概从芟薙。凡外省死罪，其情轻者改为随案酌缓，秋审止列清单，不入招册。去年奏请删除钦派覆核及朝房会审各节，朝审亦改为秋审。本年又奏请删除先期覆奏、内阁具题，而黄册概归简易，其服册并情实声叙各案均不列入，又止列勘语，而各省外尾并法部后尾亦概从删削，此亦时会所趋，不得不然。然历期良法美意从此荡然无存矣。至于《条款》一书，创自乾隆三十二年，后来迭次增入，至光绪年间增至一百八十五条，《条款》而外，又有阮吾山司寇《秋谳志稿》、王白香《秋审指掌》、谢信斋《秋谳条款录》与各条款互相发明，均称善本。近来沈司寇又著《秋审条款附案》一书，备载历年成案，详细靡遗，尤为秋审秘钥，惟均原本旧律。上年《现行律》颁行，罪名半从轻减，而旧日条款与现律诸多凿枘，复奉命修改《条款》。同钧蒙修律大臣派充纂修之役，与共事诸君按照现律参酌新旧，去其重复，补其缺略，共得一百六十五条。[①]惟当时需用甚急，限期所迫，审察未易精密，且出自众手，其中轻重权衡亦间有参差不齐之处。书成之后，始行核对，然已修改不及矣。同钧不揣固陋，思所以救正之而未有暇也。比年主讲律学馆，乃与诸学员逐日讨论，遂成《秋审条款讲义》一册，逐条详述原委。其中完善平允与现律轻重适均者，发明所以修改之故。间有与现律不甚吻合者，亦略加驳正，指明其失，非敢妄议定本也。良以一字一句之间，关系生死出入，故不惮反复辩论，期于允当而止。

夫秋审一事，较之定案尤为切要。定案不妥，秋审尚可补救；秋审

① 《乐素堂文集》下有“较旧款少二十条”。

一误，则死者不可复生，虽欲挽回而已无及。故从前部中司官学习，必先从看秋审入手，而堂官用人，亦以看秋审之成绩为派乌步[①]之地步。盖其章法精细，起伏照应，夹叙夹议，全以《史》《汉》古文之法行之。秋审之法精通，则奏稿、驳稿并一切公牍直可行所无事，此律学馆功课所以添入此门也。同钧庚寅分部，时值乡先正薛赵二公先后为长官，谆谆以多看秋审相告语，并为摘要指示。后入秋审处办事，距今已十年矣。每年二月至七月，日无暇晷，分看之后又加总阅，所拟批词、说帖多蒙堂长采纳施行。上年有逯荣淋、李五巴及蒙古瓦其尔各起，业已堂议定实，经同钧援案力争，均改声叙，得以不死，此亦看秋审之效果也。

现在新律将行，旧法一切变易，惟此秋审一节，将来尚不能废，故乐与律学馆诸友讲解，以求实效。讲义既成，爰述其旧章之原委，以及关系之重要而为之序，当亦有心斯道者所不弃也。

宣统三年辛亥秋日龙门吉同钧叙于法部律学馆之振雅堂

辛亥革命后，吉同钧弃官归隐。刘敦谨撰《韩城吉石笙先生德教碑记》："由是无心仕进，加意造就人才，兼任各学堂法律教习，著法律讲义若干卷，经教馆颁行各省，俾作模范，以劳绩保加二品衔，并赏给三代二品封典。时则部务、馆务、各学堂教务，身兼三差，日无暇晷，如是者六年，培成桃李三千，先后毕业出仕。京外各级审判厅者，半皆先生高足弟子，孟子所谓得天下英才教育者，先生足以当之矣。方冀法学有传，补救时局，不意骤逢国变，因弃官归隐，当道征聘，皆坚辞。航海而南，遍揽江浉名胜，又至曲阜谒圣墓，回京师，戢影蓬庐，韬光养晦，以待天下之清。"

吉同钧家居，并撰《家居四时乐赋》，《序》云："辛亥腊月，皇帝退位，改建民国，余弃官家居，日以诗书自娱。初犹悲愤交集，久觉胸中廓然，颇有自得之趣，因作赋一篇，自写襟期，工拙在所不计云。"其正文

① "派乌步"一作"升迁"。

曰："六旬老子，五品郎官。族高冯翊，家近长安。初筮仕于春官，脱蓝袍而换紫；继策名于秋署，掷墨笔以秉丹。慨功名之未建，忽时局之方残。既已忘情赤芾，何堪尸位素餐？卸却高车驷马，安排草履黄冠。乐琴书以消遣，抚松菊而盘桓。回思利锁名缰，如在网罗之内。似此采山钓水，始知宇宙之宽。"①

冬月，吉同钧作《律学馆第五集课艺序》："律学馆之设，于今五年矣。本年秋间，武昌变起，京师官民出京逃避者十室九空，各学堂亦均云散风流，停止上课。惟我律学馆仍有多数学员日来听讲，盖患难忧危之际，犹闻慷慨讲诵之声，非但向学之志穷且益坚，抑且筮仕危邦，临难不去，气节之镇定，更有足多者，他日为忠臣、为义士，皆可于此决之。每岁课卷，年终必裒成一集，今届五集，刷印成帙，同人又嘱余作序。余忝拥皋比，五阅寒暑，与诸学友相居最久，相知亦甚深。现值祸乱迭起，更觉情谊益亲，故不惮剀切言之，以为我同人勖。夫《大清律》者，非自大清起也，损益乎汉唐宋明之成法，荟萃乎六经四子之精义，根极于天理民彝，深合乎土俗民情，所谓循之则治，离之则乱者也。自上年变法令下，仿泰西之皮毛，舍本来之面目，初改《大清律》为《现行律》，继又改《现行律》为《新刑律》，表面看似新奇，内容实归腐败。兹就显然可见者言之。自缘坐之法废，而叛逆之徒不惮牺牲一身以逞不轨之谋，故湖南、广东相继焚烧衙署，而大员被刺之事不一而足矣。自笞杖改为罚金，而富豪强梗之徒益复无所畏忌，故近来抗官拒差、诱拐奸占之案愈办愈多矣。自奴仆之制废，而名分荡然，欺陵家主之风不可遏止矣。自开设娼寮并起意为娼者不治其罪，而风俗颓败，廉治（耻）道丧矣。自儒师与凡人同论，学堂中视师长如路人，桀傲嚣张之气酿成世变矣。自流徒免其实发，而无数匪徒丛集辇毂之下，一旦有事，揭竿为乱者不在草泽而在萧墙矣。

---

① 见《乐素堂文集》。

自各省设审判厅而以未经历练之法官审判命盗大案，既无刑幕佐理，又不经上司覆审，不知冤死几多良民矣。今日祸乱之根，虽由于政府昏浊，贿赂公行，不尽关乎法律。然刑罚轻纵，审判偏谬，亦酿乱之一端也。余向充法律馆编纂，亦尝慨慕外国轻刑之刑，思革重典，乃行之未及二年而已流弊滋出，乃知‘不愆不忘，率由旧章’，圣言真如蓍蔡，而子产之火烈民畏，诸葛之法行知恩，洵治乱之药石，而非姑息养奸者所能喻也。今者祸患方兴，结果尚不可知，如外人狡焉，思启坐收渔人之利，则我中国一切典章将归沦胥，此集亦必为覆瓿之用。若犹是，炎黄之神胄也，无论君主、民主，治中华之人须用中华之法，将来穷则思返旧律，仍有复兴之日，安知兹集不为后事之师资乎？”

吉同钧和潘间楼太守江《闻乱感怀》原韵，共叠四首：①

“任苒年华半百余，惊闻车驾及蒲胥。北来虎旅临边塞，南望狗屠吊望诸。革命风潮忧伏莽，丰年吉梦想维鱼。几时真主膺图箓？羸［赢］得希夷笑堕驴。”

“国贫素乏九三余，称贷还应问象胥。刃有锋芒频砺乃，玉逢善价亦沽诸。恶氛共逐中原鹿，乡味还思丙穴鱼。回首家山临灞岸，一鞭风雪跨寒驴。”

“堪叹余生虎口余，何曾有梦到华胥？英雄草泽人何许，仙境桃源世有诸？政令贪残愁硕鼠，师期漏泄恨多鱼。欲寻高士探幽隐，关上青牛湖上驴。”

“读书久已负三余，下位浮沈类府胥。愿著先鞭追祖逖，不将暗剑试鱄诸。飞扬一任桓司马，正道终钦卫史鱼。却笑盲人骑瞎马，何如学士策蹇驴。”

吉同钧闻陕兵变，王壻家被劫有感二首：

① 自注：辛亥。

“去年纨绔子，今作翳桑人。祸福原无定，盛衰总有因。保家休恃富，处世不妨贫。沧海桑田变，方知此理真。”

“国运衰由盛，家资富逊贫。黄金生浪子，白屋出良臣。鬼瞰高明室，天怜困苦人。从今多积德，善念可通神。”

武瀛

清政府为筑粤汉铁路向四国银行贷款，宣布铁路国有政策。两湖、四川纷起反对，成都绅民赴总督衙署请愿，赵尔丰命令军队开枪。《续陕西通志稿》云：“值川民因铁路归国，聚众罢市要求，总督赵尔丰滥杀多命，瀛建言不纳，遂告归。”针对《农工商部奏议覆川督雅州守武瀛劝办公司请奖折》，六月二十三日颁旨“依议”，“前雅州知府、现署高等审判厅厅丞武瀛赏给二品顶戴，以资观感而励将来”。①

段维

宣统三年，请假省亲归，值国变，遂不复出。性耿介嗜学，手不释卷，跬步必以礼，笃于内行，年六十，遭母丧，哀毁致疾卒。先后主讲凤鸣、朝阳两书院，教士重躬行及经世学，卒后门人私谥曰孝贞先生，著有《梅雪堂诗文集》《避乱吟》《青门琐记》《焚余录》待刊。②

王步瀛作《清授中宪大夫员外郎衔法部主事段君冈北墓志铭》：“国变后绝意仕进，事亲之余，恒以诗书自娱。君为学重有用，尝谓法律宜适合国性民情，不宜涂抹东西洋条文。谓办学练兵，不注重道德忠义，必至贼人才，害国家，皆确论也。曩尝请修召公庙、李烈女墓，联名奏请李二曲先生从祀孔庙，请复先贤横渠张子祀典，创办农林试验场于卷阿，为文请豁免草价，及避地西安，又屡办理水旱灾赈，会议全省善后事宜，征辑关陇文献，与修《陕西通志》。凡民生利害、地方风教所关，罔不尽心维持，

---

① 见《政治官报》宣统三年闰六月初二日《农工商部奏议覆川督雅州守武瀛劝办公司请奖折》。

②《续修陕西通志稿》。

期于有济，亦可见君志行矣！”

《段冈北先生年谱》载：“时官吏多以贿进，公独未尝有馈遗达权要，故八年郎署不得真除。吴肃堂先生鲁[①]见国事日非，作百哀吟示公，遂辞官南归。公辄废书叹息，忧虑每至失眠。

七月二十八日为先祖父七旬生辰，六月在部请假两月，率民达旋里，亲友制衣赠牌匾联幛等物为祝，既而淫雨月余，不克赴京。

九月朔，陕西革命军兴，岐邑土匪蜂起，断绝交通矣，公在乡倡办民团，民达联络各村，共谋捍卫，权出布告以安人心，寒匪胆，保全尤多。

十二月共和告成，公决计隐居事亲，不求仕进，命先九叔敬斋公同罗姻丈赴辉县史筱周郎中绪任[②]别墅接先慈赵恭人暨二弟三弟回岐。”

萧之葆四十三岁。

四月二十八日，经吏部覆带引见，奉旨预备召见。

任法部律学教官，署理法部参议，授中宪大夫，继而晋为通仪大夫。

武昌起义后，因深恶袁世凯诈阴险，西归故里。吉同钧作《送萧小梅郎中归田序》：

鸿鹄高翔九霄，而燕雀笑之；骅骝日驰千里，而驽骀畏之；贤士缁尘轩冕而俗人疑之。是岂赋性不同哉？盖燕雀日守枳棘，不知天地之高；驽骀日饱豆栗（粟），不知宇宙之大；俗人日溺富贵，不知道德之美。识见有大小，故志趣判高卑。尝执此理论衡人物，知吾友萧小梅洵过人远矣。小梅仕秋曹十余年，以廉隅气节期许，不屑屑于法律，而法律知识自非同

① 吴鲁，字肃堂，泉州人，光绪庚寅状元。庚子年八国联军入侵北京，吴鲁痛心疾首，著《百哀诗》抒其忧愤。

② 史绪任（1863～1924年），字小周，又字荷樵，晚号效迟，辉县人。光绪八年中乡试，十二年进士，授刑部主事，习刑律，精研法意，决狱审慎。时刑部治法学者分秦豫两派，绪任为豫派之冠。不久乞养归，主讲河朔书院。史绪任曾任今济原市的县令，并与汲县李时灿、新乡王安澜创建经正书舍，诱掖后进，士风丕振。经刑部尚书戴鸿慈等人疏荐，擢大理院推事，简署广东高等审判厅厅丞，不久以道员归河南补用。民国建立后，绝意仕进，里居不谈时事。卒年 62 岁。

列所及，事长官羞作婀态，亦非故以崖岸自高，太史公所谓“事亲孝，与士信，临财廉，取与义”者，殆兼有之。当民国建设之初，众人恋恋官职，首鼠两端，甚者多方奔求，惟患失之。小梅独决然舍去，如弃敝屣，宁终老于乡闾，而不贪非分之爵禄；宁力农以食苦，而不作伴食员，诚士大夫中之鸿鹄、骅骝也。世俗不察，或目为迂腐不识时势，或嗤为矫激不近人情，是亦燕雀不知天地之高，驽骀不知宇宙之大也，何足怪哉？尝思一代之兴，不乏智勇功名之士，而肥遁高节则千百中曾无一二。试观唐虞之际，五臣、元恺极一时人才之盛，而箕山、颍水仅见巢、许二人。光武中兴，云台二十八将才兼文武，而不事王侯高、尚其志者厥惟江上披裘之一老，后世论者谓孔门斥不仕为无义，不取隐逸者流，遂薄巢、由辈为无用，岂知才智之士拨乱反正，仅宏康济于一时，高蹈之儒立懦廉顽，足振清风于百世。东汉节义之风甲于千古，而推厥由来皆倡始于子陵一人，岂非气节之流贻者远哉！且士未有不淡然于富贵功名而能建大功立大业者，南巢牧野之伟绩固起于耕莘钓渭之中，即三代后，功盖三国如武乡者，亦皆由躬耕南阳、不求闻达而来，诚以气节者功业之根基也。方今国维颓弛，风俗敝坏，所谓士大夫者专以攘利争权为事，不但无道德思想，并不知功名为何事，醉生梦死，滔滔皆是，而回视落落孤高若小梅者，如万鸡群中独立一鹤，其不为流俗非笑也几希。

余与小梅交近二十年矣，小梅虽少余十六岁，然性情之谨厚，心思之细密，余尝逊谢不及。京华二十载，所持长善救失者，惟此一友，昼则同署办事，夜犹聚会私邸，谈至夜分，津津无倦容，一旦分袂，情何以堪？今小梅黄冠草履，率昆弟友生逍遥于山颠水涯，其乐何及。而余以着眷累繁重，钱债葛藤，濡滞于京津危乱之地。回忆灞桥杨柳，仙掌芙蓉，日萦梦魂之中，而不知何日从吾所好，与小梅痛饮于长安酒市，以消胸中之垒块也。余既为序，以写离怀，复作歌以（永）咏之，歌曰：

天地闭塞兮贤人隐藏，君归不复兮我心忧伤，梁山奕奕兮河水洋洋，誓将挂冠兮终与子以偕（臧）藏。

萧之葆归隐后，于陋居的柴扉上写了如下短铭：

吾之素志，喜乐林泉。种花栽竹，养树培源。不愿声名震世，不愿富贵惊天。但愿茅屋不漏，布衣常穿。樽不乏酒，厨不断烟。吟诗月下，钓鱼溪边。教子读书，承嗣祖先。吾自足也，有何憾焉！

是年，董康赴日本留学，学习法律。

许世英发表《司法计划书》一文，该文是在出席万国司法制度及改良监狱会议并考察欧美各国司法制度后，就中国的司法改良而写就的。

1912年，民国元年，壬子

沈家本撰《汉律摭遗》成，凡二十二卷，时年七十三岁。

武瀛

卒，年五十有八，著有《强学斋全集》待刊。

张成勋

卒，著有《秋审实缓比较汇案》。

吉同钧

正月，吉同钧避乱津门，作《春日津门五首》：

"壬子正月，京师兵变，纵火抢掠，数日之间，天津、保定同时效尤，几于无处不被兵灾。时余避居天津奥国租界，幸未受害。因忆杜少陵避乱入蜀，艰难漂泊，不废吟咏，集中有《春日江村》五首，因次其韵成此，以志当时流离情况云尔。"

"众水趋津沽，奔流入海深。干戈犹在眼，烽火忽惊心。柳絮风中乱，梅花雪后寻。艰难生计拙，辛苦又从今。"

"津门烟树远，到此度新年。地已离金阙，山仍忆玉泉。水浅凫鹭戏，花深蛱蝶穿。韶光无限好，惜值乱离天。"

“穿篱新笋碧，夹竹小桃红。地划华洋界，人兼欧美风。笑他蓝面鬼，惭我白头翁。回首觚稜远，朝朝在梦中。”

“新朝扬白羽，旧苑闭青苔。避乱投洋界，扶危仗异材。雷轰火轮动，风吼电车开。落日登楼望，苍然暮色来。”

“幸脱燕台险，方余虎口生。兵戈今后劫，轩冕昔年荣。酒醉浑忘老，诗成不计名。青青杨柳树，触我故乡情。”

吉同钧作《代书诗一百韵寄萧小梅，用元白代书诗原韵》：

吾年三十七，筮仕白云司。旧学归高阁，刑书始受知。身犹禽入笼，心似马亡羁。落落交游寡，庸庸俗论卑。见君如旧识，对我树芳规。京宦多清苦，良明［朋］肯切偲。才疏资补救，行独倩扶持。临去悬陈榻，归来下董帷。分班留柏署，并辔赏荷陂。律系唐明考，乡贤薛赵期。约期同讲法，结社喜谈诗。断狱资经术，虑囚讯律师。王郎雄辩论，谭子慎修为。[1] 退食时观剧，投闲偶对棋。讼繁清犴狱，渐吉筮鸿逵。十载同鸠署，三番步凤池。比例刑删重，寻章字问奇。办公劳秉烛，理乱鉴治丝。后我栽桃叶，先君折桂枝。除官朝北面，入部望西迤。臣节春冰懔，君恩夏雨施。清秋听越女，美酒劝燕姬。座上宾朋满，房中子女嬉。朝随尚书履，归画细君眉。市厌尘嚣逼，家寻爽垲移。画藏名士迹，书购古人遗。竹绿沾歌席，花红照酒卮。虽遭亡室惨，不厌得儿迟。马让相如乘，驴怜果老骑。扬仁风扇拂，染翰露珠垂。适野心胸畅，游山路径歧。停云情缱绻，步月影追随。纵酒倾杯醉，吟诗击钵催。室无悬磬虑，囊有买山资。冷署招尤少，微官养拙宜。慈宫重御极，新党戮稽时。祸伏拳匪起，盟寒敌国窥。[2] 行军时失利，避难日惟孜。巢毁棲无树，囊空处露锥。车摧山下路，

① 自注：咸宁王汉三、凤翔谭秀亭均一时契友，王才大，谭心细。

② 自注：戊戌之乱，太后复行垂帘，国事稍定，然祸机隐伏。不二年遂有拳匪之乱，开衅外国，大变作矣。

马卧水中坻。[①]罗雀人何食，夺牛彼有词。市焚三日火，国隳万年基。北望鸾舆渺，西巡虎旅疲。翠华沦野草，白羽竖降旂。[②]随扈收逃散，授官越等衰。重教天日睹，深喜雾云披。[③]富贵从吾好，爵糈与尔縻。仕秦固吾圉，喧卫歌载驰。[④]地转回龙驭，天旋入凤墀。御园花落寞，辇路草参差。依旧趋郎署，从新效媚姿。[⑤]霜寒松偃蹇，秋老柏葳蕤。赋性同贞介，因人耻喔咿。阿通陶令子，宗武杜家儿。[⑥]散直甘居晚，投门耻谒私。堂无穿屋雀，案有护书貍。狱向明庭折，心防暗室欺。风尘伤澒洞，志节戒夸毗。车驾魂飞冥，山陵鉴在兹。嗣皇新主立，摄政国基危。[⑦]有乐成忧患，无平不险巇。握兵皇族侈，开衅外人疑。革命潮如沸，疾风草尽萎。栋梁将尽折，枯朽讵能支。[⑧]安位君无恙，谪官我得疵。孤鸿侪燕雀，香草杂芜蓠。[⑨]合浦珠旋返，旧巢雁敢辞。生稊占大过，垂翼慨明夷。[⑩]法律新开馆，(萧建祠)。[⑪]龙门同荐士，雁塔互题碑。自笑成顽石，逢人说晓湄。[⑫]楚氛惊朴地，禁旅惧登碑［陴］。车甲方城聚，兵船汉水弥。[⑬]携家避豺虎，渡水逐鸬鹚。津沽河通海，淇泉竹隔篱。[⑭]有囊钱已罄，无米

---

① 自注：庚子六月，京师战作。余同小梅避难出京，沿途极受艰苦，七月到家。

② 自注：七月洋兵入京，圣驾仓皇出走。洋兵纵火焚烧，居民家插白旂投降。

③ 自注：圣驾八月幸陕，余与小梅迎於渭南，时行在刑部设于贡院，依旧入署办事。

④ 自注：时行在人员廖廖，余与小梅同充要差，尚书为赵展如，侍郎为薛云阶二公，均同乡也。

⑤ 自注：辛丑，圣驾回銮，彼此同入京，进署供职。

⑥ 自注：余与小梅携眷到家，两人同胞［抱］西河之痛，回銮到京，彼此各生一子。

⑦ 自注：戊申十月，两宫一时晏驾，宣统初立，年方四岁，醇亲王摄政，庸懦无为，国事从此不可为矣。

⑧ 自注：一年之内老成尽谢，如张文襄、孙文正、鹿文端同时相继而逝。

⑨ 自注：余以秋审失出，除为光禄寺署正，十年之功废于一旦。

⑩ 自注：越一年，复调回本部当差，虽得雁还旧巢，然从前资格一笔勾矣。

⑪ 自注：时新设修订法律馆，大臣为沈子惇，余蒙泒［派］总纂官，小梅充协修。

⑫ 自注：时初考法官，小梅充云南主考，余充京闱襄校官，又同充考推检襄校官。小梅别号晓湄。

⑬ 自注：辛亥八月，武昌起兵。不一月，各省响应，从此兵连祸结，武汉一带均成战场。

⑭ 自注：余与小梅先后携眷出京。余先赴张家口，后又移居天津。小梅南走河南辉县暂住。

灶空炊。积雪埋人胫，寒冰结马鬐。一方天各别，两地日相思。帝国除专制，民权盛鼓吹。[①]风云生变幻，蒲柳感衰羸。好我时携手，与君日啜醨。[②]采芝寻绮里，约楚薄张仪。荒径余松菊，家蔬种藿葵。布衣甘守素，台笠任披缁。身否曾歌凤，途穷不卜龟。闷来书可遣，愁极酒能医。伴鹤思和靖，牵鹰恨李斯。君虽安井里，我尚在天涯。[③]秦树萦梦魂，燕丝系履綦。桃僵难代李，蕙暵任焚芝。泪尽衰年别，心伤乱后离。廿年勤日积，一篑惜功亏。念旧情无极，失机悔莫追。有家妇女美，无梦甚苦衰。伏枕魂惊独，盈腔愤诉谁。萍踪工部杜，薇蕨首阳夷。讲学今缄口，说诗暂解颐。催归禽解语，啼血鸟同悲。东郭齐人饱，南山季女饥。干戈犹未定，日暮欲何之。

萧之葆

四月，萧之葆回陕。吉同钧作《送萧小梅归田歌》：

群山万壑拥邠州，白吉原下通深沟。邠本岐周发祥地，皇涧过涧夹岸流。山水钟毓产奇英，前有牛宏后景清。近代人文慨晨星，吾子一出道德馨。三年木天振鹏翮，十载爽鸠树芳型。鄮侯九章绍家传，更追薛赵继乡贤。星轺典试入金鸡，滇南子弟欣执鞭。指顾提法历中外，忽遭世变慨迍邅。张翰思归感秋风，陶潜采菊指篱东。贤达弃官甘隐遁，古今一体心理同。我客京华二十霜，白云朋侪气味芳。君车我笠忘形迹，此外苕岑罗与王。[④]罗归王逝君出都，花月依然形影孤。长歌送君燕市外，沾襟散丝泪眼枯。六月暑雨三伏热，况复遥遥千里途。观君稳渡湿干水，须寄尺书慰我心。

段维

正月十九日，甘军攻陷岐邑，掳掠八日而去。甘军去后，省垣派大军

---

① 自注：本年腊月，皇帝退位，改为民国，不用宣统年号矣。

② 自注：余与小梅均辞职，小梅仍赴辉县，余往来京津之间。

③ 自注：本年四月，余由津反京，时以韩城兵变，家累繁重，未能回里，而小梅于五月回陕。

④ 善化罗维垣、咸宁王之杰，皆一时心交。

西来镇守岐邑，商民损失甚鉅，财殚力痡，供应不给，军官怒，克期责筹巨款，且拘商人十余，横加比掠，谓不如期缴款者，将悉以军法从事，而后从军劫掠，邑人惶恐万状，县令某计无所出，就商于公，公曰供应既不可少，当商所存皇本，恐终难保留，曷勿以此应急而具文抵解乎。县令悟，依公言办理，乱弭而民不扰，被拘商人释出，后欲共赠千金为寿，公力辞却之。厥后省府果征提各县皇本，所至扰累独岐邑以请准有案免焉。群服公能济变，且有远识，遐迩称颂云。

三月，子民达被举为秦省临时议会议员。

八月初，先祖父松泉公弃养。先是，民达屡禀请公莅省游历，七月半，二弟行至扶风，夜梦一白须老人曰，汝家三十日有要事，可勿远行，醒觉有异，盖平生少梦，有则奇验，即回车归家。先祖父渐患痢泻，迁延旬日，医药罔效，遂以不起。是月小建，梦中之三十日殆指初一日云。

十月，安厝先祖父于郭家崖祖茔，祭如礼，并为祖茔竖碑。

是年，有复郭希仁、缪石逸辞征聘书，复何达夫辞司法官书，复吉石笙、萧筱梅书，祭先祖父文，重修润德桥碑记。(《段冈北先生年谱》)

高祖培

九月二十五日，“司法总长许世英呈请任命高祖培、胡元斌、赵鹏弟、左一芬为总检察厅书记官。应照准。此令”。大总统盖印，赵秉钧、许世英署名。[①]

1913年，民国二年，癸丑

吉同钧

五月五日，沈家本病逝北京寓所，吉同钧撰挽联：“司法四十年，叙云

① 《袁世凯全集》，第441页。亦见中华民国《政府公报》元年九月二十六日第一百四十九号。

堂中老儒吏。著书数百卷，枕碧楼上小神仙。”（《乐素堂对联》）

吉同钧游金陵诸名胜，赋诗十二首。

《莫愁湖》云：“莫愁湖畔忆莫愁，美人不见水空流。芰荷万顷竹千树，风送花香入茗瓯。累累高塚列湖边，上记民军入郢年。湖水有灵频涤荡，不教盗骨秽清泉。”

《雨花台》云：“雨花台上望江流，六代河山眼底收。霹雳一声城破裂，战功赫赫忆曾侯。第二泉中碧水流，山僧款客献茶瓯，甘留舌本风生腋，如向蒙山顶上游。”

《阅江楼》云：[①]“嵯峨狮岭俯金陵，楼键阅江记大明。欲效宋濂宣上德，愧无大笔赋都京。长江滚滚抱城关，对面钟山势远涵。极目中原多事故，空教天堑锁东南。”

《陶园》云：“齐云楼阁跨秦淮，曲港斜穿中正街。四面荷花做屏障，风吹香气袭襟怀。园花寂寞绿生苔，画阁尘封朱栋颓。王谢不知何处去，空堂尚有燕归来。”

《秦淮河》云：“藕花开处画船过，晚泊秦淮水息波。妓女不知沧海变，曲中犹唱太平歌。”

《钓鱼巷》云：“粉腻花香扑面来，娼寮如织傍河开。年华老大才枯竭，莫作扬州杜牧猜。”

《桃花渡》云：“渡名桃花献叶来，艳妾如花鱼水谐。名士美人已黄土，犹留胜迹傍秦淮。”

《大钟寺》云：“四万斤铜熔铸成，标题曾记洪武名。清声警觉沈迷梦，特倩道人打五更。”

《登镇江金山寺》云：“金山矗立俯维扬，宝塔高凌碧汉光。西望楼船

---

① 在城西北狮子山上。

通武汉，南来铁轨贯苏杭。江天一览无边际，① 云水四围接大荒。对面遥瞻甘露寺，传闻此处赘刘郎。”②

《由苏至杭观妓有感》云：“朝辞茂苑太湖涯，晚抵杭城见月华。粉黛今宵怜越艳，管絃昨夜听吴娃。僧怀虎寺憨憨井，③ 妓访钱塘小小家。自笑风情老犹在，每逢盛地辄寻花。”

《中秋钱塘观潮复游西湖》云：“未到西湖先看潮，钱江八月浪如跳。山围灵隐通三竺，④ 水抱苏堤过六桥。⑤ 梅影犹依和靖墓，⑥ 涛声似和伍员萧。⑦ 寄言仕宦奔忙客，莫若此间伴野樵。”

吉同钧作《寄萧小梅三首》：

“不见萧郎久，悠悠近二年。人归兵火后，雁断暮云边。川路迷三水，山居夹百泉。桃源今有路，羡尔著先鞭。”

“独持松柏性，高卧岁寒时。举世随波靡，斯人与古期。江南哀庾信，辋水隐王维。好我同携手，凉风雨雪吹。”

“燕秦千里路，霜露九秋时。良友天涯远，索居日暮悲。每当花月夜，益切风雨思。霄汉鸿飞渺，鸡棲托竹篱。”

萧之葆

作诗四首应和：

“寰宇无宁土，兵戈有岁年。中原残劫后，故国夕阳边。厌世心如木，哀时泪似泉。蹉跎今已矣，辜负祖生鞭。”

“海水横飞日，河山震荡时。晨星千里共，旧雨百年期。老我甘肥遁，

---

① 自注：山上有高宗御书“江天一览”四大字。

② 自注：寺在府城东江岸。

③ 自注：虎丘山寺有老僧凿井，名憨憨井。

④ 自注：天竺山有上、中、下三处在灵隐寺上边。

⑤ 自注：苏堤横亘湖中，共有六桥跨虹界，湖望山压堤琐关四由各处。

⑥ 自注：湖中孤山有宋林逋墓，周围多植梅花。

⑦ 自注：湖边有伍公庙，白香山诗“涛声夜入伍员庙”，即此处也。

伊谁赋执维？霜华今满鬓，不畏晓风吹。”

“苫块余生在，天涯雪涕诗。耕桑无旧业，冰蘖有余悲。阅世茫茫感，怀人渺渺思。一樽元亮酒，何日话东篱？”

“作客怜君老，应知去住难。双鱼今夕至，一雁早秋寒。频岁流离苦，何时涕泪干。开元遗事在，欲话恐心酸。”（《乐素堂诗存》卷二）

是年，萧之葆继母病逝，作《祭母文》：

自吾母之殁，已三月于兹矣。庭帏依旧，伤爱日之难留；衣线犹存，痛春晖之未报。百岁光阴，忽如朝露。呜呼！母逝矣，儿之所椎心泣血负罪于吾母者，岂可寻常一二语所能罄哉！自儿父见背，儿兄弟茕茕孤苦，所恃以存活者，惟吾母之赖。儿不孝，负籍在外之日恒多，母以侍书显扬为儿勖望。然每遇儿远出，辄唏嘘哽咽，儿知之亦苦于无可如何，为冀甘旨之养，徐俟诸他日也。迨儿举孝廉，母心稍慰，又以计偕故东奔西走，恒数一觐晨昏，中遭儿妇之丧，伶仃弱女经吾母掬养，至于成人。缝级澣濯，无苦不亲。自儿成进士，入词林，假归之日，母始破涕一笑。时母春秋高，不愿就养，儿泣别赴京师。不数载，即值庚子之变，仓遑西归，母见之悲喜交集。逾年北上，留病妇在家，母调护之如己出，卒得痊可。自兹以往，儿濡滞京师只九年，始得归省，白发盈头，执手潸面泣下，居半年，母复以精神尚好，促儿赴京。前年兵事猝起，道路谣传，母于忧乱之余，望远倚闾，益伤怀抱。大局粗定，儿始携眷逃归，则母之精力已经非昔比矣。儿以不孝，游宦二十年，菽水犹虚，遑论锺鼎。今遭逢世变，誓将家居承欢，稍弥缺陷。孰意苍苍者天，今岁正月二十七日申刻，竟速夺吾母以去耶！呜呼痛哉！呜呼痛哉！当母在之日，儿不获侍养，及母抱病，前后仅五六日，医药调护未及致祥。今将葬矣，又逢世乱匆促，不克尽礼，觍颜人世，罗庆滋深，抢天呼地，曷其有极。方母病革时，神志湛然，九原有知，谅应无苦。乞将儿近状，代陈于儿父之前，幽冥有灵，庶知儿不肖形骸尚免强偷安于四十余年以后也。呜呼！树欲静而风不息，子欲养而亲不在。古人之言犹有余哀，儿独何心，能勿痛哉！兹于奉母灵舆葬义阳村儿父灵次，今夕哀陈薄祭，敬妥慈灵。母其有知，偕儿父而来格来歆，尚享！

段维

在卷阿创办农林试验场，栽树千余株。

三月，至崛山调查森林。

四月，访谭可斋员外文蔚于凤翔，缪石逸大令延福，周政轩铎，邓朗泉鉴源等均殷殷款接，目睹张横渠祠宇损污，祭礼缺废，遂会商呈请恢复，并代缪大令拟据情转呈文。子民达被连任第一届省议会议员，闭会后兼充省立第一中学校第一女子师范学校教职员。(《段维年谱》)

1914年，民国三年，甲寅

吉同钧

作《书当道兴学命令后》:“孟子论平治天下之道，以为贼民兴，丧无日，而推其本，则由于上无礼，下无学。可见，学术为国家命脉，人心之生死，气运之盛衰，国势之兴亡，皆决于学术之纯疵。未有学术不纯而能建国基于不拔者也。民国建立，去岁既举行祀天尊孔之典，本年元日，复下兴学之令，以为国家根本在教育，而教育方针莫如保存国粹。因特举阳明、夏峰、习斋、刚主四贤以示之，准此，诚扶衰救弊之转机，可谓知所先务矣。而余犹有惜者，以其大端虽正，而于学术之源流，尚未能审察精微而得其真谛也。夫吾中华之国粹，莫如孔学，而孔子之道备著于五经四书。自秦火而后，经籍荡然，然孔道失传，历百余年，至汉武帝搜求遗书，表章六经，孔道晦而复明。然由战国以迄隋唐，一坏于杨墨，二坏于黄老申韩，三坏于清谈释佛，中间虽经董江都、王仲任、韩昌黎诸贤多方攘斥，倡明圣学，亦止阐明其大原而未能深讨其精微。至宋五子崛起，择精语详，孔道真传始昭然炳若日星。然当时复有象山陆氏与朱子牴牾不合，沿及于明，王阳明力守陆学，陈白沙诸人从而和之，其流弊复入释佛，卒为孔道障碍。终明之世以迄清初，陆王之学与程朱分道扬镳，互相攻击，各不相下。下逮雍、乾之朝，学者复厌宋学空疏，举陆、王、程、朱之书俱束高阁，更倡为汉学一派，舍义理而尚训诂，大为学术之害，幸赖朝政清明，主持程未学说，御纂《五经注疏》一以宋五子为主，场屋取士，凡背朱注者一概摈斥不录。是大清二百年长治久安、国本巩固者，皆由尊崇程朱以上绍孔道培其基也。惜乎末年，变法不善，极力崇尚西学，尽弃国粹，是以人不穷经，纲纪败坏，士气嚣张，国事遂不可为矣。迄入民国，变本加厉，人人抱平权自由之心，尊卑无序，男女无别，以致盗贼蜂起，生民涂炭，于是憬然觉悟，惩前毖后，力求正本清源，始有今日改良教育之命。是诚中华四万万人民一线之生机，而犹谓未能审察精微、得真谛者何哉？盖朝廷功令既以尊孔为宗旨而发明孔道之精微者，莫如濂洛关闽五子，五子者，孔道之嫡传也，而尤以朱子为集大成者。继朱子而守圣学正宗者，在宋有陈北溪、真西山，元有许鲁斋，明有薛敬轩、胡敬斋，清有陆稼书、张杨园，其学一尊程朱，尤为纯正精粹。舍五子而求孔道，是犹南辕北辙也，舍陈、真、许、薛、胡、陆、张而学五子，是犹舍大江洪河而航于绝流断港之中，终身无会归于海之日也。若阳明者，天挺人杰，才不世出，其贬于龙场典史也，厄穷不悯，后平宸濠之乱事，功卓绝洵，为有明一代英豪。然其学专宗象山，溺于孟子良知之说，止讲‘尊德性’而不及‘道问学’，其失坠入冥悟禅学，不善学之流弊滋多，其视程朱犹幽谷之与康庄耳。至夏峰、习斋、刚主三君子，其孝行高节，洵不愧艰苦卓绝之称：夏峰讲学苏门，躬耕乐道，历十一征而不起，诚哉隐君子也！习斋与其徒刚主守礼安贫，却聘权门，使得圣人而陶铸之何难，直登颜闵之堂，惟皆专宗陆王，别于程朱，是以志节虽高，而学术终有伦倚不纯之处。夏峰晚年稍和通朱子之说，不专执于陆王，刚主经方望溪反复开启，立起自责，取所著《经说》及习斋所著《存治》《存学》二编之不惬程朱者，一并削去，盖亦勇于改过君子哉！然以视陈、真以下，十七儒则未免正而不纯也。故但就四君子之立身行己论之，诚为独行之儒，若为学校立法，俾天下奉为师表，则学阳明何如学程朱，学夏峰、习斋、刚主何如学北溪、西山、鲁斋、敬轩、敬斋、稼书、杨园，庶几刻鹄不成尚类鹜者也。抑又有说者，圣贤之道，与时偕行，孔子生周之季世，五纲尚未尽坠，故《春秋》之作，志在尊王。至战国之时，王室微弱不可复振，故孟子历劝齐梁以王天下而不复为尊周之说。周程张子处北宋全盛之时，故志在伐辽灭夏，统一寰区，若朱子之时，南宋偏安已久，则不敢轻言约金伐元以启边衅，此岂有二道哉？凡皆相时而动也，夫时值承平，则当用德行气节之士培养元气，若时值衰乱，则宜用智勇经纶之臣挽回危局。今日之时何时哉？内则党派纷纷争权，外则强邻狡焉思启，则广教育以培人材，固在养其德行气节，备他日举孝兴廉之选，尤在作其智勇经纶，收目前拨乱反正之功，阳明固卓卓矣，其余三子者，节励颓俗则有余，才济时艰则不足。彼汉之诸葛武侯、唐之魏文贞、陆宣公、宋之范文正、李忠定学问经济，勋业德望兼诸一身，取为学校仪型，俾多士则而效之，讵不愈于夏峰、习斋、刚主乎？且即令夏峰、习斋、刚主尚在今日而不事王侯，高尚其志，亦何能济危局哉？吾非敢轻议先儒，亦非敢妄论朝章，惟为人心世局起见，不得不作此求全责备之说，用以告天下之深明学术而膺定倾扶危之大任者。"

九月，吉同钧族叔母高夫人八旬大寿，吉同钧作《族叔母高夫人八旬寿》：

今岁九月为夫人八旬设帨之期，喜秋景之风高，颐期有庆。望中天之星焕，眉介无疆。同钧一官匏系，远隔桃觞，不辞謭陋，为文以祝。祝曰：

女中尧舜，首推高后。家声流传，代生贤妇。天启吾族，降生黄耇。观察青齐，秦山北斗。高门名媛，来成嘉耦。相敬如宾，相爱如友。少历辛苦，日操井臼。相夫读书，亲执箕帚。宜其室家，善事姑舅。德言容功，四端兼有。迨夫贵显，内掌印绶，不侈不骄，礼法恪守。纯嘏天锡，国恩身受。凤诰鸾章，荣华长久。岁在甲寅，时逾重九。享年八秩，同祝上寿。大开桃宴，满斟菊酒。兰桂森森，环立左右。绕膝曾孙，笑开黄口。诸妇扶持，鸠杖在手。余忝宗亲，素叨恩厚。谨撰俚词，上祝贤母。寿考维祺，如山如阜。凡我族人，群相俯首。

段维

白狼窜入陕西，段维仍家居。

三月二十四日，豫匪白狼陷岐城，抢劫村舍。(《段冈北先生年谱》)

四月，段维同郭建侯懋官游崛山。

九月，段维来省寓红埠街张宅，容谦甫先生益光，段善民先生大贞由川回陕时来晤谈，郭建侯来住省寓。[①]

高祖培

三月五日，“司法总长章宗祥呈请任命高祖培为总检察厅书记官。应照准。此令”。大总统盖印，国务总理孙宝琦、司法总长章宗祥署名。[②]

1915年，民国四年，乙卯

吉同钧六十二岁。

正月初七日，即公历二月二十日，恽毓鼎来访。

《澄斋日记》云：“至韩城馆访吉同年（同钧），拟索观光绪中叶薛云阶师司寇，执奏太监李进喜抵罪三次奏稿，并详问此案曲折，补叙入《崇陵

①《段冈北先生年谱》。

②《袁世凯全集》，第429页。

传信录》中，未晤。”[1]

二月初四，即公历三月十九日，吉同钧接门生岑荔甫来函，并作《答门生岑荔甫问看书读文之法》：“乙卯花月四日，忽朵云自南海飞来，阅之曷胜忻慰！当此乱世，绝意仕进，营身理财以赡身家，固为卓见。古之君子生不逢时，多隐迹于畎亩，渔盐以终其身，如魏之管幼安、晋之陶靖节诸人即其尤也。来书更殷殷于读书授徒，藉以修身诲人，则更足钦佩！盖既以商务养其家，又复致力于教学，以淑身世，此由隐逸而进于儒林，较之管陶更上一层矣。至问看书学文应由何处入门，鄙人半生游于时艺，通籍后又专攻法学，于道学为门外汉，何敢妄作知津。然有不能不为知己告者，所谓愚者千虑，或有一得也。四书五经须熟读，非止看而已。余所看书，《纲鉴》外，如朱子《名臣言行录》《近思录》，真西山《大学衍义》及明儒薛敬轩《读书录》、胡敬斋《居业录》、吕叔简《呻吟语》、李二曲《反身录》、顾宁人《日知录》，清初张杨园（张履祥）、陆稼书（陆陇其）诸先生语录，间尝涉猎及之，每一寓目，不觉汗流浃背。近又好阅沈端恪公《庸言》及汪正所辑《先正遗规》、王定九所辑《六事箴言》等编，尤觉暮鼓晨钟，发人深省，惜乎年老力衰，知之而未能反身实践，是以终于愚顽而已。自宋明以来，道学昌明，诸儒讲学阐道之书浩如烟海，然其大端分为两派：陆王一派专重遵德性，而多略道问学，不善学之，未免入于空虚。惟程朱一派，中正纯粹，体用兼备，自是孔孟的传，以上所举薛、胡、顾、张、陆、沈诸人，皆纯乎程朱而力辟陆王者，其余皆兼乎程朱陆王，不甚纯粹，然其精理名言，洵足药人锢疾，亦人生不可不寓目之书也。文章一途，两汉尚矣，唐人沿六朝靡丽，盛称《文选》，故其文格卑卑，惟韩柳根柢六经，力矫其弊，昌黎旁及庄、骚、太史、子云、相如，柳州又参之《谷梁》、孟、荀、庄、老、《国语》《离骚》《太史》，此

[1] 恽毓鼎《澄斋日记》（上册），第719页。

二子所以为文阵雄狮，克起八代之衰也。唐宋以来，文人林立，朱子最佩服韩欧，明茅鹿门（茅坤）于韩欧外，益以柳州、三苏、曾、王，谓之八大家。国朝曾文正公由博返约，于周汉特取左、庄、马、班，于唐宋特取韩、柳、欧、曾，奉为宗主，此历代文学之大要也。夫就词章论，庄马诸子奇特变化，洵为文中之圣，若衡以义理，非但庄子言多害道，即马班亦有驳杂不纯之处，不善读之，反于性情心术有害，是在人善为去取耳！余生平最喜蔡广文勤公所选《古文雅正》一编，抉择谨严。昔年精选百篇熟读，朝夕吟咏，扫除俗怀，即陶渊明《归去来辞》，韩文公《送李厚归盘古序》《进学解》《原道》《与孟尚书书》，张横渠《西铭》，苏东坡《超然台记》，及朱子《当庸两序》而已。总之，涉猎不厌其多，反求必择其安，此鄙人半世致力之处，因老弟远道垂询，故不惮详晰言之，以为好学深思之一助。余久处京华，早有去志，若道路通畅，当即絜眷西归，长为农夫以没世焉。以后云山万里，后会无期，临颖依依，不尽欲言。"

袁世凯请吉同钧修改法律。刘敦谨撰《韩城吉石笙先生德教碑记》："民国四年，项城总统以新律行多窒碍，迭请修改，先生始则却之，后思法律关系世道人心，古法可复，国犹有瘳，遂允所请。然约定在家秉笔，不入局，不署职，以三月为期，举旧律中关于伦纪名分各条搀入其中，藉存国粹。书成交，遂为议院阻隔不行，而项城亦即殂谢，此书置之高阁，惜哉！岂天不欲平治天下耶？先生救世之志自此绝望，永不预闻国事，闭庐著书，安贫乐道，寄意诗文，发抒忠愤。近年课子授读，讲论经义而于《孟子要略》一书尤三复焉。孔子论逸民以不降志辱身为首，先生其庶几乎？"①

吉同钧作《复辟论》云："近日时报纷纷载有二三旧人倡议复辟之举，吾不知其心术何如，即使心存忠正，亦可谓不识时务矣。非常之事必待非

①《韩城吉石笙先生德教碑记》，现藏陕西省韩城市博物馆。

常之人，故曰非常之源，悉民惧焉，苟非其人，势必弄巧成拙，欲盖弥彰，其不为宁子也几希。《传》曰：宁子视君如奕（弈）棋，奕（弈）者举棋不定，不胜其偶，宜其一败涂地也。至于桐官（宫）复位，昌邑废立，盖必有伊霍之德望勋业然后可建惊天动地之事功。孟子所谓有伊尹之志则可者也，霍之勋德虽优，而不学无术，纵能建功于当时，而反贻祸于后嗣，又况德不如霍远甚，而欲効行伊尹之事，吾恐其事不成，大祸反在眉睫也。自古举大事者，不惟抱忠贞之节，亦必有识时之智与知人之明。夫德如伊、葛（霍），得天地刚正之气者；奸如曹、马，得天地强横之气者也。伊、葛（霍）固不屑为曹马，曹马亦万不能为伊葛，此亦如麒麟虎豹不可同处一槽也。若以伊葛之事责曹马，是犹教虎豹以不履生虫，不践生草，讵可得乎？且非徒不可得而已，必至遭其横噬而后已焉，岂不危殆哉！嗟乎！以武王之圣，夷齐扣马而谏，老非太公在旁阻劝，几遭左右之兵，况其他乎？是以君子贵乎明哲以保身，不可卤莽以招祸。”

吉同钧又作《再论复辟》：“权位之于人重矣哉！迂儒不度情势，倡言复辟，何其偵也。明皇之于肃宗，景泰之于英宗，虽以父子兄弟之亲，犹觉恋权不舍，况他人乎！若夫夷齐、季札，有得国之理而不取，伊尹、孔明有得天下之具与得天下之势而不取，固其高节、忠义根于性生，然其时国与天下究未为己有也。若天下已为己有而复拱乎让诸他人，自尧舜而后四千年来，朱见其匹。且尧舜之让天下，亦以丹朱、商均之不肖，不克负荷帝业耳，使尧舜有启为子，亦将沿黄帝家天下之成迹，不传贤而传子矣。今当干戈扰攘之秋，而欲尧舜望人，此汤武所难能之事而责今人以必能，何其不达事理哉！且无论今之当道无此心胸也，即实有尧舜之公心与伊葛之忠节，亦当俟十年以后，度其时势，慎以图之，如以现在时局而论，不惟其势不行，而于理亦有不可，何则？天下重器，付托必得其人，摄政王惟不胜付托之任，是以亲贵用事，偏袒旗族，酿成土崩之祸，今若复还旧辟，从前亲贵必将纷纷起用，仍蹈前辙，即使严为限制，而提童子之乎，坐之庙堂，夫下断无治平之理，是一已徒博高名而天下反受实祸，吾民何辜，岂堪再遭涂炭，所谓按之理而有所不可者也。更以现势论之，内而部长以下，外而将军、巡按以下，半皆从前倡言革命、赞翊共和之人，一旦国体复旧，彼辈失其所恃，势必反侧不安，群思抗拒。近日风潮甫动，各省即已纷纷电争，如果实行其事，近则称兵犯阙，远则拥兵割据，此亦势所必至者。民国建立以来，库蒙抗命于北，乱党俶扰于南，白匪蹂躏于西，日兵作践于东，已成四分五裂之局，今若再起内讧，党人籍口定乱，外人伺隙构衅，此所谓眉睫之祸，不在边隅，而在萧墙之内也。故曰势不可行也。然则如之何而后可？曰：十数在以后，如果共和政体不宜行于中华，一时人心喁喁，追念清德，均抱后来其苏之思，而其时清帝成立，果能贤如少康，才如汉宣，则顺民心以复旧辟，似亦事在可行，然又必度其时势，谋出万全，慎以图之，否则未有不偾事者也。”

《乐素堂文集》吉同钧自记此文“民国三年作”。又云：“此风一起，秋季遂有筹安会，冬季更有洪宪之事。”①

吉同钧作《三论复辟》：“复辟之举，虽系心乎故君，然余心颇不为然者，岂独无念旧之情哉？夫天之立君以为民也，若既未能负荷先业，保卫斯民，即在天演汰除之数，至于得国之正不正，亦有未可刻责者。三代而下，除汉、明两代外，即唐之高祖、宋之太祖，虽与六朝五代之篡弑稍异，然亦不得为正，只以力能削平祸乱，救民于水火之中，故后世亦第嘉其顺守之功，而不追其逆取之咎，以其功在生民也。今之代清主民者，其心术之纯，德性之正，虽未敢深信，唯就表面观之，去岁克复两江，底定东南，今年剿灭白匪，镇抚西北，而且不动声色，夺各省跋扈者之兵柄，而集权于中央，其才略似足定乱矣。如果逆来顺守，时时以救民为心，俾

---

① 按：筹安会由杨度、孙毓筠等六人（所谓筹安六君子）于民国四年设，并准备向袁世凯劝进。1915年12月11日，所谓国民会议代表全体拥戴袁世凯为帝，19日，令明年改为洪宪元年。据此，疑此文作于1915年，而非1914年。

海宇不罹锋镝，又能任用仁贤，培养元气，则民心所归，天必与之，即进位九五之尊，亦奚不可。若必责以伊霍之事，与其画虎不成、如宁子之视君如棋，何如任令自取之为愈也。余前清旧臣，绝意不仕新朝，非不欲光复旧物，再见昔日衣冠文物之美，特为生民计，甚不愿见兵戈争夺，使吾民罹于水火而不得出也。吾夫子不深咎管仲之不死，而极称其一匡安民之功。赵太祖受周世宗不次之擢，陈桥之变，黄袍加身，居之不疑，彼岂非取神器于寡妇孤儿哉？然后世称开创贤君，不与曹孟德、司马仲达并论者，以其能释兵权于杯酒，命将出师戡定僭乱，拯民于涂炭之中也。夫苟不知用贤保民，而徒思暗干天位以自雄，则纷争攘争、愈启乱亡之祸，求欲如曹马之延及后嗣，而亦不得矣。殷鉴不远，在新莽之世，行将拭目视之。"

吉同钧作《读论语感言》："孔子曰：夷狄之有君，不如诸夏之亡也。斯言也，圣人极伤诸夏之僭乱，虽有君而不尽君道，非真无君也。不谓此言竟实验于数千年之后。考东方曰夷，北方曰狄，今者东日北俄，均属君主之国，而吾中华竟改民主，是谓诸夏之亡君，圣人早已预知矣。非但此也，浮海之叹，居夷之欲，其告樊迟问仁而曰：虽之夷狄。答子张问仁而曰：蛮貊可行。且论管仲之功而曰：吾其被发左衽。可见，外夷之强，中国之弱，圣人预知有戎狄乱华、入主中夏之事，特不肯显然言之，而特于师弟问答间稍露其倪。其后五胡乱华，辽金元清入主中国，一一如其所料，乃叹善必先知，吾夫子直所谓至诚如神者也。然辽金元清均在亚洲区域，尚非异洲异种之人，驯至今日，欧风美雨遍播吾之内地，已几沦于海外也。本年欧西诸强构战，牵及东亚，虽以日本之弹丸、土尔其之弱小，亦皆跃跃欲试，加入战线之内争，思分其一脔。而吾中国畏缩闭守，一任日兵蹂躏于山东、奉天之间，敢怒而不敢言，尚不如土尔其之敢告奋勇，犹有螳螂当车之势。呜呼，孱弱至此，国非其国矣。昔也，夷狄入主中夏，犹用中夏礼乐；今也，中夏沦于夷狄，已成夷狄世界，坐使炎黄苗裔臣仆于黄发碧眼之儿，是真可为痛哭流涕者也。孔子曰：不在其位，不谋其政。盖为越俎僭妄、干预人国事者痛下针砭，欲其保全名节也。如圣贤心存济世，不忍一日而忘天下，则虽身无其位，未尝不欲匡救其失，故朱注引程子之言，谓君大夫问而告焉者，则有矣云云，以补圣人言外之义，可谓深知圣心矣。虽然此其中亦有辨焉，果其君夫夫折节就问，似不妨尽言以告，若不待问而告，如王通之挟策干主，韩愈之上书求进，虽非忘义徇禄，究不免躁急干进之讥，未可以程朱之言为藉口也。夫孔子周流列国，三月无君则皇皇如也，然终不赴公山之召。孟子游历齐梁，汲汲救世，然终守不见诸侯之义，后之君子出处可不慎哉！古人往矣，古人之性情、心术、气象不可见。所可见者，古人之言辞耳！苟其息心静气，把卷玩味古人之言辞，而其性情、心术、气象未尝不可恍然遇于千载之下，学者熟读《论语》，取圣人与诸贤之语言文字参考互证，日久自有会悟，而得其浅深离合于意言之表。圣人之言，浑然元气、四时之气俱备，无迹象之可寻。颜子言论无多，然观'喟然一叹'及'言志'二语，几与圣人相近。此外如曾、闵二子，其气象笃实，心志温厚和蔼，亦非他贤可及。曾子召门人、答孟敬子、告阳肤数章，并《檀弓》所载，得正而斃一语，则其学修之纯实、情意之笃挚、规模之正大，毕露于片言支辞之中。闵子辞费宰、论长府两章，及'母在一子寒，母去三子单'二语，寓直于婉，寓介于和，一种缠绵悱恻之意，非涵养深纯、德性深潜，不能道其只字，反覆熟玩，令人兴起于百世之下。至于端木，虽列言语之科，以视二子之温厚，则少差焉。观其告陈亢、答公孙朝、讥叔孙武叔，蕴藉聪明，婉而多讽，并不直言其非，而嬉笑甚于怒骂，盖亦善于说辞者，惟仲夫子过于刚直率易，此所以不得其死也。他如子夏笃实，近于曾子，如切问近思、学以致道二语，虽圣人不易，惟未能一律纯粹，如小德出入及不可者拒之等词，未免涉于狭隘。又如子游、子张，虽亦多中肯语，惟究有过高之弊，如责子夏门人之无本，驳子夏答门人之问交，皆是。呜呼！孔颜如化工肖物，非可以学而能，其可以消吾鄙私躁戾者，曾闵二子之言所当终身诵之，一日三复也。”

萧之葆

《洞天摅蓄记》云：“余自挂冠归仅四载，即携眷至洞、倚岩谷为生活者，十九年于兹矣。噫！剩水残山，怆怀千古。而余以朽惫，日事岩栖，望故国之烽烟，空嗟瓶乳，羁空山之风雨，聊借鹤枝。且也蒲柳先衰，蕨薇坐老；问旧家之燕子，访隔岸之桃花。居诸徒抛，抑郁谁语。有斯洞以磨岁月，共晨昏，觉盛世之鸠鸾虽同天上，而仙乡之鸡犬犹在人间也。经历既深，见闻较习，爰本昔人摅蓄怀旧之义类志诸洞崖略，后之览者，庶几不谬余言。”

段维四十九岁。

正月上元，率民达偕杨右卿大令汝梅游慈恩寺。

二月回岐省亲。

三月，吕燮甫巡按调元①西巡至岐邑，以同年谊来访，略分言情，备极款曲，并劝出山相助，婉谢之。

十月，赴郿县访王仙洲先生于渭湄息卢，盘桓数日归。《赠赵柱山》一首，《和苏敏斋学博》一首，拟太尉祠楹联五首。②

1916年，民国五年，丙辰

吉同钧六十三岁。

《法厅述怀五首》云：

① 吕调元（1869~1932年），安徽太湖人，原名景丰，字权予，号燮甫。光绪进士。历任知县、知府。1913年任湖北民政长。次年改巡按使，旋调任陕西巡按使。1916年聘为国务院顾问。1918年被选为参议院议员。次年任安徽省省长，不久去职。1923年任安徽全省铁路督办。1926年曾任国民革命军援东北军总司令。后死于天津。

②《段冈北先生年谱》。

“秉笔秋曹十载余，缓刑窃慕路温舒。恤刑屡放入笼鸟，典狱不追漏网鱼。”

“长安而后有归安，法学洋洋萃大观。我与同床仍异梦，内宗孔孟外申韩。”①

“李杜惟知耽讽咏，萧曹著述止明刑。法庭老吏骚坛将，一瓣馨香祝阮亭。”

“申韩不解作诗乐，陶谢焉知用法严。争似新城王司寇，申韩陶谢一身兼。”

“今世已无路温舒，谁人肯读缓刑书。本原经术决疑狱，关中犹有赵展如。”

萧之葆

携眷避居旬邑县东川官家洞。

撰《萧孝子负骸记》：

孝子名廷廉，为余堂叔。幼读书，略识字，后辍读力耕。既长，习皮匠手艺，以能作绳。父春元，为余胞叔祖。同治初，余外祖申公品三官甘肃，以丁忧归，有要公赴甘，春元公偕之行。时西路梗阻，取道北路，至宁条梁之王爷府，先叔祖病故，由先外祖棺殓，寄葬义园，在该处官署编号立案，墓前竖一小碑而去。至光绪初，孝子之兄生员廷佐欲往搬父柩，时先外祖已殁，由先舅父子桢公助资饯送。及至该处，历经查询无著，缘回乱时，王府及公署均被毁，卷案无存。查访多日，终以不得要领而归。光绪丙午，孝子忽锐意往寻父柩，家人群止之。孝子忿然曰："吾年逾半百，父柩尚未返。若再延，恐慌不及待。此行若不得父柩，誓不还也。"临行仅携赀数百文，用罄则为人作绳，得资复前往。历月余，始至该处。遍询，无知者。日栖止佛庙中，为人作绳。适遇

① 长安薛尚书允升、归安沈侍郎家本均以法学名世。

一老者，向其哀陈。老人憬然良久，曰："事诚有之。余少充科吏，此事由余经手。今阅四十年，案卷无存，园中冢垒垒，不敢妄启。汝此行枉辛苦矣。"孝子闻言，乃大窘。有土人告之曰："凡搬灵若不得柩，须取一马鞍，系长绳曳之背，且号且行。逢马鞍止处，当得柩。"孝子如其法行之，历数日无效。念若不得父柩归，无以对家人，欲自裁。是夜，忽梦父至，言语如平时。泣告其故，父谓明日当相见。亟惊寤，沉思至晓复往，哭曳如前。俄有苍蝇集额上，拂之复至。孝子心动，视苍蝇则集一墓上，而马鞍忽止。急就其处用手扒掘，露一碑，上有"三水萧"等字，下有"申"字。乃悟，即先外祖所竖之碑也。急觅人持锹镢启其墓，则棺已朽坏，衣履成灰，惟骸骨备存，旁有烟袋头嘴及火镰，皆其父生前所用物，孝子所习见者，装殓时盖用以殉也。孝子既审之确，乃大哭，绝而复苏。经众劝止，急舁骸骨至庙中，乃商议搬柩事。寺僧曰："此处搬柩者，多用火葬，取骨灰归。汝家贫路远，若易棺停殡如常式，须往返集资斧始能行事。脱世道有变，或人事蹉跌，则悔无及矣。"孝子初不忍，复商之，作绳诸主户佥以为可。孝子寻思至再，念众说甚有理，不得已从之。倩诸僧徒择净地，用松木劈作柴，如法焚之。俟灰冷，用洋布作大袋盛之。众人感孝子血诚，醵钱数千为路费。孝子叩谢已，背负以行。晚憩逆旅，从俗忌，投数钱水缸中。沿路风餐露宿，卒无恙。历月余，始达县境，寄宿某戚家，惫不能起。是夜，其兄在家梦父归，怒形于色曰："若生子皆似汝，吾尚有归理乎？"急惊醒，语家人。次日，某戚果遣人至，令家中来接。比归，则往返近一年矣。于是阖家复举哀成服，棺殓殡葬。乡里闻其事者，咸嗟异之。孝子为人无他长，但性质直，好与人争执，惟作绳甚有名。自负骸后，乡人皆拭目敬礼，孝子亦谦谨自下，不复作从前态。年六十余岁以疾卒。

论曰：世之目人者动曰愚孝，不知孝以愚成。正惟其愚，始足以动天地、泣鬼神。其愚也，乃其孝也。火葬非古法，为孝子者倘能稍事从容，易棺停顿，急回家备资斧，再往扶柩，庶几中乎情止乎理。然要非所论，于未尝学问之人，观其义感飞蝇，诚通梦兆，鬼神已许之矣。火葬为佛家法，毋亦感于僧说，计无复之，始出此万不得已之举。迨夫裹灰归葬，愿遂首丘。虽曰愚孝，然较之好货财、私妻子，不顾父母之养者，直愧死矣。当孝子负骸时，余方游宦。既归，乃得见孝子，为余缕述其事。以世乱不获请旌，谨述其颠末，而为之记。（见《栒邑县志》）

谭文蔚去世。

吉同钧撰挽联："岁寒知松柏，君也特挺贞操，可怜身后萧条，只余得哀哀寡妻，茕茕幼女。晚景迫桑榆，我兮弥增老态，从此独居落寞，更谁与商量旧学，唱和新诗。"（《乐素堂对联》）

吉同钧作《哭谭秀亭比部》十首：

"读律西曹阅十秋，曾闻解网恤孤囚。茫茫天道无知觉，不给佳儿报邓攸。"

"十龄幼女七旬亲，地下有灵应目瞋。似我不曾轻下泪，今朝为尔一沾巾。"

"满拟相交成白首，谁知此别间黄泉。十年旧雨飘零尽，更倩何人扶老颠。"

"旅衬凄凉傍梵宫，忍听妻女哭秋风。幽明从此永相判，再见除非是梦中。"

"季子多情曾挂剑，伯牙念旧罢弹琴。贫交自愧无他赠，聊借哀诗当赙金。"

"一年两失同心友，前哭罗山今哭谭。同谱妙年多下世，独余老朽在宣南。"[1]

---

① 罗名维垣，刑部郎中。

“薄命堪怜红粉妾，伤心最是白头亲。季方不返元方逝，空倚门闾叹只身。”

“风标绝似陶元亮，气概直追管幼安。我已怜君孰怜我，涔涔老泪涌汍澜。”

“楼头百景彩云边，拇战百回惊四筵。衣上酒痕犹宛在，可怜人已隔重泉。”①

“柳霎何堪久濡滞，明朝送汝返长安。灵魂若过咸阳渡，风雨潇潇渭水寒。”

又《唁谭恭人》二首云：

“曾断机丝勖乐羊，何期中道拆鸳鸯。勉收玉筋抚孤女，莫哭金城效孟姜。”

“嘒嘒小星傍月娥，诗人接续咏江沱。室中尚有待年媵，莫令忧伤不我过。”

段维五十岁。

《段冈北先生年谱》载：“正月奉先祖母莅省，寓菜坑岸，游雁塔宋家花园八仙庵诸名胜。”

五月，陆、陈两督交替，省垣风鹤时惊，先祖母思归，遂版与送回，岐山夏子文知事道炳造庐访问民间疾苦，公请豁免地丁附加银二钱，又请免纳粮新正票钱一百文，均允，由下忙起照办。

六月，子民达任省立第三中学校教员。

九月，同先妣携三弟尔彬来省。

十月二十五日，先四叔子厚公卒于家，闻耗悲痛。

十一月，**孙鼎**文生。

十二月，子惠诚由参谋本部派赴新疆外蒙调查军事地图，时中俄蒙方

① 死前六日尚在百景楼招余痛饮。

议划界。

是年八月，为水寨杨廷献撰书碑文，又撰书蔡申轩先生碑文。

1917年，民国六年，丁巳

吉同钧六十四岁。

吉同钧作《梦亡友王汉三（之杰）》：

“天上修文王汉三，红尘脱谢将十年。谁知昨夜梦魂里，犹似当时笑面前。肝胆论交期白首，山邱埋骨痛黄泉。空余老泪无挥处，宿草萋萋游墓田。”（《乐素堂诗存》卷二）

题本邑姚庄吕祖阁三首云：

“蒲坂昔为虞舜都，诞生异人握仙符。百里初屈士元骥，匡庐卒解王乔舄。一遇钟离受剑法，九九数悟先天图。扇作风帆剑作楫，飞行三过岳阳湖。邯郸邸舍晤庐生，枕囊点破世俗情。十年将相一场梦，镜花水月尽虚荣。仙人有术化顽石，愧我无缘上蓬瀛。滥厕京曹三十载，扰攘红尘溺宦海。闲来时步陶然亭，仰瞻遗像叩真宰。手持杯珓卜行藏，告我辞官莫少待。近年摆脱名利韁，进退绰然得自在。正思莼鲈返故乡，访求秘枕梦黄梁［粱］。幸逢杨氏贤昆玉，高建仙宫祀纯阳。楼台枕山阁临野，花木成蹊树列行。黄流东带潆九曲，爽气西来接两狼。他日克遂归田乐，饮酒看花祝馨香。仙师若赐长生诀，追逐庐生并翱翔。”

“东林畅饮逢沈思，爱尔贫居乐有余。不惜黄金沽白坠，时留佳容赏奇书。”[①]

“为引仙风设法坛，高楼百尺傍苏山。此乡也有隐君子，祈赋新诗题

① 自注：宋湖州东林有隐君子名沈思，善造白酒。纯阳下降沈思家求饮，临去赠诗题壁曰：西邻已富忧不足，东老虽贫乐有余。白酒酿成缘好客，黄金用尽为收书。

壁间。”[①]（《乐素堂诗存》卷二）

作《姚庄创建吕祖楼碑记》：“神仙释佛，儒者不道，以其近于诞也。若由儒而得仙术，生前有文学，有惠政，殁后时现婆心，降仙方以济世活人，此其仙风道气，儒者未尝不津津乐道，俎豆祀之。尝考唐代仙人如孙真人、叶法善、蓝采和、张果、韩湘皆著灵异，而尤以纯阳吕祖为领袖。纯阳字洞宾，山西蒲州人，相传状类张子房，初在襁褓，马祖见之，曰：此儿骨相不凡，他时遇庐则居，见钟则叩，留心记取。长登天宝进士，授德化县令，私行庐山，遇钟离真人授剑术，得九九之数，号纯阳子，得道仙去，尝游邯郸邸岳，以幻梦点化卢生，世所传黄粱梦是也。身后遗诗六卷，当时骚客赠诗有‘三渡湖阳人不识，朗吟飞过洞庭湖’之句，可以知其仙踪矣。后数百年至宋熙宁间，湖州东林有隐君子沈思者善酿白酒，仙师下降求饮，临去赠诗，擘榴皮书于壁，其诗曰：‘西邻已富忧不足，东老虽贫乐有余。白酒酿成缘好客，黄金散尽为收书’云云，自后屡著灵迹，有病叩祷，效如桴鼓。同钧三十年前因亲病虔求乩方，方中有川牛膝一味误作山药，仙人降乩责之，有‘山底有药寻山上，不知心在何处求’之句，读之悚然，如严师在上，从此齐心供奉，遇有重病及事难决者，辄往祷求，罔不灵验。尝以仙人香火几遍天下，而吾韩独无祠宇，殊为缺憾。今闻姚庄杨君光庭与乃兄燮臣有创建之举，不禁心焉喜之。杨君尝客游患病，医药俱穷，求仙方服之，宿恙尽蠲，于是设愿建楼，与友人合力捐募，集腋成裘，本年春卜地于村之东北隅，鸠工庀材，不数月而竣事，外筑围墙，内建楼阁。其北三层巍峨，妥侑仙灵，上题‘气接方壶’者，吕祖楼也。楼前翼然特耸，上题‘瀛州移境’者，明亭也。院之东偏，堆砌花墙。入左右月门，高高在上，题‘寄鹤居’者，楼旁之仙阁也。其外朝阳，上题‘临鹤轩’者，楼前之大门也。内外布置，均杨君昆仲任之，而

---

① 自注：吕祖，蒲州人，唐天宝进士，授德化县令，游庐山遇钟离，授以剑术，上升仙去。

额语则仙乩所题。楼高而固，广而深，不琢椽，不藻壁，旁列燕厦，中植花木，登高一望，目穷千里。西望苏柏南柯苍翠之色扑落檐际，而其东如带环绕者，则发源天上之黄河也。北眺龙门，春浪三级，隐隐如平地，声。迄南则芝川烟雨，罨羃高坟，太史公之遗迹如或见之，一种幽雅清淑之气，洵足引仙风而下降矣。而或曰：仙人生于蒲坂，羽化庐峰，生前未履韩地，殁后神灵未必棲于此。余曰不然，仙师之神在天下［上］，如水之在地中，无所往而不在也。人有诚心，神必临之，譬如凿井得泉，而曰水专在是，岂其然乎？余既嘉杨君之善心毅力，克偿宿愿，又嘉斯楼之建，邑人便于祝祷，得以免疾疠而登仁寿也。故记其颠末以勒贞珉，是岁丁己［巳］夏日也。”(《乐素堂文集》)

萧之葆

《吊元御史桑公及三原尹朱公（并序）》云：

县旧志官家洞，当元末时，西台御史桑哥失里、三原尹朱公春珍同据此，为明徐达兵围攻势急，率妻子投崖下，抗节死，邑人称之为义崖洞。以地址考之，殆即余现今所居之洞也。二公忠烈千载，下有生气。特遗冢无征，从祠未建。忠魂毅魄，仅凭吊于木末天半间，斯亦重可伤已。慨想遗徽，肃然起敬，率赋排律二十六韵，以志景仰。

王气钟濠泗，先驱挞伐张。南来兵迅速，北去势仓皇。有士称奇杰，遭时共慨慷。偏师誓张李，[①] 大义炳朱桑。忆昔明良会，同沾雨露汪。柏台新宠沐，花县旧符香。魏疏朝臣牍，宓琴夜在堂。殿前推獬豸，境内集鸾凤。岂料承平久，因之惕厉忘。群雄纷割据，易姓判兴亡。已倒中流柱，犹争爝火光。旌旗悲故主，日月迫真王。王辇和林远，硐戈峻陂长。三忠美闽粤，百战骇徐常。元祚终奇渥，豳居适允荒。妻孥容暂托，洞壑愿偕藏。蚁穴翻成溃，螳车竟莫当。捐躯臣力尽，抗节史书

① 元将张思道、李思齐曾驻兵邑西之双槐堡。

彰。国破家同殉，身歼志不扬。摩崖燐焰碧，堕垒阵云苍。劲草侔君素，留皮景彦章。芒寒星斗黯，玉碎姓名芳。并命人千古，招魂水一方。有盂供麦饭，无墓奠椒浆。片石消残劫，空山吊夕阳。两公灵鉴否，仰止我彷徨。

《奉怀元御史萧公（并序）》云：

公讳元义，官元御史。旧志载，公于至正年间隐居官家洞，广务农桑，筑寨立石以避兵革，凡十有三年。惟公系何村人，有无子姓，旧志未经赅载。历年既久，遂致茫然。夫以有德望如公，官至谏垣，名垂邑志，在当时为邑人士所敬仰可知。乃阅世仅五百年而轶事徒存，故居莫考，求一供香火奉禋祀者亦不可得。掩卷流连，徒悬想象。余于公后辈，又忝同宗，独于公之族姓里居，则不能下一确解，乡里虽有传述，亦仅付诸存疑之列已耳。抚今思昔，良用慨然。谨赋七律二章，以志景仰。

闻公高隐十三年，辟拙来寻小洞天。藜杖携从青霭外，芒鞋踏遍翠微巅。金门路远无封事，石室云深有宿缘。惆怅太平何日见，西台清梦几回牵？

狄青屿币敢祖梁公，五百年前景仰崇。姓字仅留残邑乘，衣冠难问旧家风。生逢乱世殷忧切，论到微官感慨同。丘垄消沉村舍杳，几番凭吊夕阳红。

段维五十一岁。

五月十四日，先妣赵恭人（段维妻）病卒。

九月民达等扶柩旋里。

十一月，公回岐。无何积，郭坚据县城，公奉先祖母避乱北寨子郭家崖杏家沟等处，风尘跋涉，遂患痰喘，家中被抢掠。[①]

① 段绍岩：《段冈北先生年谱》。

1918年，民国七年，戊午

吉同钧六十五岁，仍留居京师。

春三月，谷雨节，寓居北京的陕西同乡聚会，赋诗。陈涛作《审安斋诗集》卷四："戊午谷雨日，早有微雨，秦绍观参政邀同晏海臣、吉石生、张心芸、吴莲溪、李孟符、苏本如诸先生上斜街寓斋赏海棠，作此奉酬：轻寒艳勒红雪冻，香雾沈沈绿鬓重。美人倚醉阑干深，蜂蝶瞢腾酣春梦。赏心即此供盘洹，天人悲悯终何用。主人淮海驰声名，爱听春风卖花声。移宅故教傍花市，买屋端为贮倾城。[1] 盈盈双树双明珠，讬根已是百岁余。想当乾嘉全盛日，夔龙作辅歌唐虞。花底朝回铿瑶佩，花荫雅集例玉壶。祥萱生堦禾被野，世治则然今何如。凤凰不鸣鸣枭鸱，河山满目皆潢池。春花烂缦污血色，春草狼藉缠疮痍。有泪惟应化肠断，无家何处种将离。我曹城南偷视息，昔为花笑今欲泣。坐中遗老话贞元，茫茫家国各呜咽。[2] 且开怀抱倾深杯，乾坤莽莽浩劫灰。君不见西方世界极乐国，毒龙鼓浪滔天灾。[3] 人生及时行乐耳，倘复年年相识燕同来。"[4]

《王幼农先生年谱》载："转之北京。晤李孟符、薛寿萱、吉石笙、吴莲溪、陈伯澜诸公。墜欢重拾。极一时诗酒之盛。"

四月初九日，吉同钧与弟吉同惠、子吉伯龙游北京西郊之妙峰山，并作《游妙峰山记》："京西百里有妙峰山，乃西山中之杰然特出者，上有天姥祠香火最盛，故都门风俗每年春夏之交，结社集会，进香朝山，祈福求寿，届时旂旗拂日，钲鼓震天，男红女绿，举国若狂，极一时之盛，虽

---

① 主人因旧有海棠，始置此宅。

② 自注：吉、吴、张、李皆前清遗老。

③ 时德战方酣。

④ 自注：晏家故事，兼为海老寿也。

愚民迷信有乖雅道，然先王神道设教，藉以动其菩心，警其恶念，见诸古礼，未可厚非也。余自辛亥国变后，满腹悲愤、一腔热血无处浑［挥］洒，特借以遨以游，消磨暮齿。上年渡江遍游苏杭，东南名胜一览无余。现以年老，惮于远行，然京师内外，如万生园、颐和园、社稷坛、先农坛、天坛、北海、陶然亭、高庙、南北荷泊、天宁寺、白云观诸名地，无处不有足迹，每一出遊，辄命小儿伯龙负杖以从。本年复拟遊妙峰山，适逢舍弟同惠来京，遂于四月初九日率惠弟、龙儿同行。清晨出西便门，雇驴三头分跨而前，一鞭得得，百里遥遥。天宁寺后，白云观前。溪边路曲，郭外山多。南瞻芦沟之桥，北眺玉泉之塔。杨柳三义歧路，樱桃四月熟时。雨过桑畴，洗出罗纨之腻；风飘麦陇，送来饼饵之香。豌［豌］豆含苞，翠如缀玉。菜花落地，黄似铺金。一路风景清和，不觉尘怀顿释。三十里渐近山麓，有路皆石，无田不沙。薯芋始发萌芽，禾黍仅出土根。相距仅十余里，而枯槁缘缛大有不同，可知山地硗埆，不如水田沃浇也。又五里至磨石口，两山夹峙，中通大路，由此上玻［坡］，乱石巉岩，车摧马僵，虽稳如驴背，亦几有希夷堕地之失。玻［坡］上一望平旷，水村山郭，四面环绕，又复转入佳［佳］境。南望洋楼重叠高耸山椒者，外人之避暑地也。北顾金碧辉煌、宫殿高插云霄者，先帝驻跸之万寿山也。触目怆怀，不胜黍离之感。又十五里至三家店，夕阳在山，人困马倦，遂止宿焉。（按：三家店，北枕西山，南带浑河，人烟稠密，驼马络绎。村外即火车站，西通门头沟，东抵西直门，往来运煤，北京烧煤仰给于此，西来一大巨镇也。）”

四月“初十日，黎明起身，阴云四合，烟雾满山。余乘山桥［轿］，惠弟、龙儿随行，出店渡浑河。考浑河即永定河之上流，元名浑河，清改名永定河，下流二三十里即芦沟桥也。两岸驾木为桥，鞭石作柱，远望如彩虹卧波，长可一里。渡河而西，数家临水自成村庄，农夫长办［辫］，荆妇椎髻，犹有浑朴之风。过此渐入深山，石路崎岖，蔓蔓蒙茸，忽高忽下，苦痓若穴。十里至十八盘，盘高二里，上下石磴，各如羊肠九折，合为十八折以为名。过盘五步一湾，十步一脊，石矼皓皓，水声潺潺。又十五里至桃园。桃园四围皆山，中有曲径，虽不及武陵桃源隔绝尘凡，然幽深僻远，别有天地，即非仙境，亦清境也。余下桥［轿］坐歇，弟与儿随后赶到，时天已开霁，日上三竿。园有京师茶棚，各饮两盏，施钱一千，随入小摊早餐，餐后一同缓步缘溪而行，以水之滐［潆］洄为路之曲折。二里过南庄，居人负山为墙，跨水作屋，清溪穿入庭户，茂树围作藩篱，宛然一幅画图。回忆城中公园望园等处，虽亦叠石为山，引水作沼，点缀花木，添设桥梁，毕竟人力安排，非天然景致也。又二里至樱桃沟，沟当孟常岭之阳，沿村樱桃成林，结实累累，远望如火树垂珠，绚烂可爱，由此上岭，层峦叠嶂，路转峰回，上一突峰高出数峰，进一步反退半步，几经曲折，几费攀援，力尽气喘，足皲履穿，始至巅顶，计程仅六里耳。顷在桃园下桥［轿］，图省一元，半途中止，早知如此艰阻，虽加倍亦所不惜。天下事惜小费者必贻大悔，此虽一事，而凡事皆可作如是观也。岭有孟尝君庙，竦然独尊，登高四望，众山罗列，俨如儿孙。妙峰山后临肩背仅仅一沟之隔，由此右绕松树岭，夤缘山腰又行六里，下山抵涧沟，此即妙峰山之根脚，去峰上仅四里。时已红日西堕，疲乏不能进步，一同雇轿而行，沿路乞丐如织，鸠形鹄面，望之可怜，人给一文，用尽囊钱二百，尚多向隅，其多可知。呜呼！博施济众，圣人犹病，亦行其心之所安而已。路边进香人蝉联不断，有望远叩头者，有一步一叩者，香蜡堆积如山，纸灰散作蝴蝶，飞空蔽天，不知耗费几多金钱，若移此项周济穷人，神如有灵，亦当感其盛意，奈何蚩蚩者执迷不悟，宁可掷千百于香火灰中，乃忍令老弱残喘者之千呼百唤而竟一文不舍也？哀哉！顷刻至山顶，顶有三峰，娘娘庙在其东南，碧嶂插天，矗立云表，俯视孟常岭反在山腰，岑嘉州诗云：登临出世界，磴道盘虚空。下窥指高鸟，俯听闻惊风。寇莱公诗：举头红日近，回首白云低。只有天在上，更与山与齐。此山之高，亦足当之。考《顺天府志》，府西三十里，西山为太行山之首，而妙峰山尤为西山之首。太行绵亘千余里，跨直隶、山西、河南三省之境，中有七十二陉，此山即太平陉也。前由河南怀庆登栏车岭已履太行之尾，又由山西出天门井陉，如跨太行之瘠，今登此山，是又据其首而监其脑，首尾一气尽在目中。壮哉游乎！回视邱壑皆尘埃矣。山头古迹尚多，以日暮未及遍览，仍乘原轿下涧沟止宿。涧沟僻在山阿，居民百余家，无田可耕，群以种树牧畜为生，桃杏枣栗楂梨核桃之树盈满山坡，当此初夏之时，峰峦苍霭，门巷绿阴。白云入户，虽昼亦瞑。赤日行天，当午不知。不惟红尘飞所不及，抑亦黄粱梦所不到。何当向平愿了，到此逍遥数年，日与道人樵夫比屋结邻，理乱不知，时事不闻，蝉蜕世俗之尘垢乎？此地并无客店，夜宿民家。山肴野蔌，特进盘餐。麦饭榆羹，别有风味。杏仁碾茶，柿乾酿酒，既醉既饱，颓然就枕。栩栩然蝶梦方酣，而朝日已东升矣”。

四月“十一日早起，据土人云：此间赴京有二路：由来时桃园一路出山是为南路。由此向东三十里出山至北河，由北河经海甸五十里至京是为北路，较南路，山路既少，亦近十里。余以南路风景佳胜，仍由此路回。至三家店上火车，晚抵西直门下车，抵寓时已漏下二鼓矣”。

吉同钧作《游妙峰山记》：“此行往返三日，行路一百八十里，骑驴行五十里，火车五十里，余乘山轿四十里，步行四十里。惠弟龙儿步行八十里，为生来未历之苦，当呼龙儿问曰：汝知吾使汝等步行之意乎？居，吾语汝。夫以劳逸而论，火车最安逸，山轿次之，骑驴则较劳矣，但骑驴之劳虽不如车轿，究胜于步行。然不历步行之苦，则不知骑驴之乐。人生处富贵贫贱之境皆可作行路观，汝等託先人福荫，未知世途艰难，经此番步行之艰苦，乃知平日在家之安乐也。知艰苦则当奋志，知安乐则当惜福。知安乐由艰苦而来，艰苦乃安乐之阶，然后可以立身，可以保家。张子云：贫贱忧戚，玉汝于成。今之舍车而徒，正欲汝等知贫贱忧戚相期有成者也，不知者以为惜费矣。余四十年前，处境之艰有如步行，四十以后渐臻安逸，如乘山轿。现在脱却名利，优游自适，则又似乎骑驴。盖步行苦不可耐，乘轿逸而多险，惟骑驴介二者之中，劳而不苦，逸而且稳，古来高人如孟襄阳、李太白、韩蕲王、陈希夷、张果老等舍轩车驷马而以骑驴为乐，高者岂矫情哉？皆取其安稳可免于险也。杜诗：驷马高车带倾覆。又云：骑驴三十载，旅客京华春。此余之志，而即以此望汝等也。汝等既无猎取轩车之才，又未习奔走跋涉之苦，惟有学古人骑驴一法，谨身节用，恪守先业，如马少游乘下泽骑款段，为乡里善人足矣。若妄希非分，不惟高车驷马不可得，即侥而得之，未有不倾覆者，《易》所谓‘小人乘君子之器，盗思夺之矣’。汝其志之。是为记。”

十月，为子伯龙娶亲。

《乐素堂对联织锦全集》载：“又有戊午十月，为儿伯龙娶通州程氏女为妻，拟成数联志喜：岭梅已兆阳春信，絮柳新添咏雪才；程门今日得佳婿，吉甫明年抱小孙；百年合好卜云吉，千里姻缘远问程；家风洁白程门雪，世胄清华吉甫诗。”

萧之葆

《覆豫督岳维峻函》云：

西峰先生阁下：久仰芝标，时殷葭溯。上月秒［杪］，贵副官黄君由邮寄聘书，兼披手翰，猥以不肖令充尊署顾问，迴环庄诵，仰见求才若渴之心，下问不遗之雅。谦光远注，惭汗莫名。缅维任重师干，勋荣节钺。首先鞭而励志，祖士雅誓靖中原。开武库以论兵，杜元凯威行邻境。钤辕引领，藻颂倾心。之葆学愧匡时，年将垂暮，人非石隐，结间［闲］鸥野鹤以为邻。家本洞居，愿渔水樵山而终老，不意虚声谬未，隆礼先旋［施］，俾充狄相之乐笼，不弃陶公之木屑，然而细毡广厦，非可滥竽。撮壤涓流，何堪借箸。重以先衰蒲柳，痼疾烟霞，久时事之不说，益世情之多忤，所由翘翘之车乘，见畏弓招；对孑孑之干旌，空惭丝组者也。有辜雅意，实歉鄙衷，敬璧聘函，仍希亮察，伏愿覃敷感惠，增故乡河声岳色之光，宏济艰难，作上将风景云从之气，是则区区下怀所昕昕跂祝者尔。专肃祇覆，虔请勋安！诸希霁鉴不庄。

乡愚弟肖之葆顿首。

十二月初八日，萧之葆作《脂八粥记》：

岁戊午，腊月八日，朔风砭骨，寒气逼人，凛烈殆不可受。时余方围炉兀坐，望诸山积雪一白无际。凝眺久之，已而早餐，亦循例食粥。适友人问食粥之缘起，余曰："事有行之一时，而流传千载者，比比皆是。如五月五日食米粽，所以哀屈原之沉于湘。清明前三日为寒食，所以吊子推之焚于火。今兹之粥，亦犹是已。"

唐代重佛，寺观满天下，每岁腊月八日，各寺僧作俗佛会，并送七宝五味粥，谓之佛粥。都中人效之，亦以果子等物煮粥而食，邻里馈送，往来不绝，积久相沿，成为风俗，盖数千年于兹矣。抑尝闻之，风俗者，人心之见瑞也。唐以重佛之故，一粥之微，至今天下靡然从风，且沿至今日犹纪念罔替，则当时之崇奉景仰尤为何哉！虽然佛果有粥耶？如有之，倘充其慈恕之愿以尽天下之饿者，俾岁暮无饥民焉，岂非一大坏事！而惜乎乃徒闾巷馈送间见之也。

餐既竟，晴曦初上，岩溜微滴，爰述其问答而为之记。

段维

仍奉先祖母（段维母）避乱李家沟等处，时民达任省立第三中学学监，岐省交通梗塞，音问不通。在校学监岐省交通梗塞音问不通。

是年，诗有《哭季弟敬齐》二首，《哀岐山》一首，《闻蒙匪蹂躏兴武感赋》二首，《避乱离吟》十三首，《咏虎》一首。（《段冈北年谱》）

1919年，民国八年，己未

吉同钧六十六岁，仍留居京师。

己未新岁感怀载：[①]

“春色催人老，幽居见日迟。计年羊易马，哀世虺为蛇。依旧安愚拙，从新记岁时。屠苏香送暖，莫厌酒盈卮。”

又用竹枝词诗韵集唐人句为五古一首自述生平事迹：

吾人诗家秀（杜甫），有作成一囊（杜）。脱略小时辈（杜），嫉恶怀刚肠（杜）。读书破万卷（杜），出入翰墨场（杜）。王国称多士（杜），中岁贡旧乡（杜）。[②]生计虽勤苦（白居易），多幸遇时康（白）。通籍微班忝（杜），凡材污省郎（杜）。[③]联步趣丹陛（岑参），联署进封章（白）。[④]竟与蛟螭杂（杜），俱含鸡舌香（白）。[⑤]不才日衰老（杜），将何答宠光（白）。世乱遭飘荡（杜），羽翮困低昂（杜）。[⑥]两宫各警跸（杜），秋行绕野塘（白）。[⑦]燕蓟奔封豕（杜），蚊蚋焉能当（杜）。[⑧]黄图遭污辱（杜），忧愤心飞扬（杜）。[⑨]罢起郎官草（岑参），独辞京尹堂（杜）。息心谢时辈（岑），增寒抱雪霜（杜）。群凶弥宇宙（杜），老病客殊方（杜）。不是无兄弟（杜），一别似参商（白）。尽室今为客（皇甫冉），无处不相

---

① 自注：以下己未（1919年）。

② 自注：二十九岁举于乡。

③ 自注：三十七捷南宫，以主政用，分刑部。

④ 自注：出入署不胜要务，间[闲]日赴内阁送本，兼入内廷听旨。

⑤ 自注：奉派皇城工程监督，同事有天演[潢]贵胄数人，轮流督工。

⑥ 自注：庚子之乱，挈眷回陕，奔赴行在。

⑦ 自注：洋兵入都，两宫仓皇出走，迂道出北口，由晋抵陕。

⑧ 自注：拳匪消灭，革党又起。

⑨ 自注：辛亥国变后弃官居京。

将（白）。身无却少壮（杜），家才足稻粱（杜）。乡关胡骑满（杜），西归阻咸阳（杜）。著书寒窗下（岑），磊落字千行（杜）。共谁争岁月（杜牧），且复过炎凉（杜）。以闲为自在（刘禹锡），终身不拟忙（白）。

伤时述怀一百五十韵藉赠同邑诸友：

久作金台客，扪心只自怜。丹忱空许国，白发枉延年。忆昔初通籍，不才拱御筵。花簪上林杏，烛彻大廷莲。采服趣螭陛，锦标耀马鞯。恩荣叨紫绶，穷困脱青毡。北阙新承宠，西曹幸备员。法源探李悝，司寇拜庭坚。三复萧曹律，暂抛孔孟篇。严刑除竹杖，薄罚示蒲鞭。纵使雪冤狱，还求解倒悬。法庭开讲席，训士秉文铨。新例科条密，名家门户专。九章勤训诂，三考慎陶甄。欲去网罗密，何辞膂力愆。舌唇烦辨［辩］论，朱墨费摩研。讲义灾梨枣，新章重玉璇。金科同玉律，笔述兼口宣。夏雨因时化，春风入坐扇。门高龙跃鲤，堂远雀衔鳣。桃李阴初满，棘槐班共联。[①] 正思清犴狱，忽报起狼烟。平地鲸波涌，弥天蟊贼缠。恶氛萌楚汉，浩劫降幽燕。鱼丽围城布，龙旗举手搴。郊坛堆瓦砾，享祀废牲牷。白马刚平晋，碧鸡忽失滇。庙堂风簌簌，宫殿草芊芊。西走怯封豕，南行骇跕鸢。有谁灭蜂虿，徒自効鹰鹯。乡树难瞻渭，故山空望岍。苍头专节钺，黔首罹戈鋋。鹭堠隔秦晋，鱼书沈涧瀍。淫威盈宇宙，杀气暗奎躔。虎视环三海，鲸吞尽八埏。妖星临御座，天子失兵权。共叹运逢否，空教帝乘乾。琱戈光闪闪，金鼓声阗阗。女织抛机杼，男耕旷陌阡。长城流血满，巨港积尸填。天地悲翻覆，乾坤倒转旋。割慈鬻儿女，输税典珠钿。兵饷烦供给，民膏忍剥朘。逃奔迷路径，卧疾苦沈绵。尽室呼庚癸，问谁饱粥饘。库贫如涤洗，民困甚拘挛。但务头箕敛，不闻升斗捐。食空人易子，尸腐兽垂涎。遍野骸交枕，长衢血乱溅。衣冠装鬼蜮，衮冕毁纮綖。[②] 富

① 自注：以上追叙通籍后刑部供职，学堂教习，律馆修例之事。

② 自注：以上转入世乱，历叙辛亥之变，兵燹遍地，人民涂炭之惨。

贵付流水，功名若断弦。弃官希靖节，蹈海怀鲁连。敢谓追箕颍，只求类偓佺。望乡魂渺渺，恋阙泣涟涟。羁旅心如结，呻吟病未痊。生涯随落寞，国步正迍邅。每欲孤身走，徒为八口牵。携家投雁塞，归梦绕龙泉。欲整还乡旆，惜无买宅钱。[1]况闻绿林盗，近抵黄甫川。地化萑苻薮，人依荆棘边。梁山被烽火，濠水带腥膻。恨乏斩蛟剑，空持杀贼拳。传书稀过雁，念旧怕闻鹃。[2]久已亡家产，只应隐市廛。安排煎茗灶，准备钓鱼船。肉剥团脐蟹，羹调缩项鳊。群鸡方乱斗，倦鸟早知还。搔首抒悲悯，平心息忿悁。篱栽陶令菊，茅索屈原篿。[3]蔬菜两三亩，茅茨八九椽。槐阴蝉嘒嘒，桑野蠋蜎蜎。弱质委榛莽，凡材愧杞楩。布衣敦朴素，锦服脱华鲜。高枕头忘栉，游山屐屡穿。稽康狂且懒，米芾老尤颠。学励乐羊子，史宗司马迁。愁城凭酒破，忿火仗诗蠲。经说搜刘向，草书学郑虔。文章韩吏部，诗赋张茂先。借问趋炎热，何如稳醉眠。躬行虽不逮，名誉岂虚传。吊影怜身只，回肠似火煎。何方为乐土，无虑即神仙。[4]西望穷河广，南游傍海沿。浙潮江浩荡，湖水月婵娟。浦访春申旧，时逢夏午妍。云山环北顾，海岛向东偏。蹑屐遥追谢，浮槎远效骞。逢僧思皈佛，入寺想逃禅。远涉江淮险，高登泰山巅。[5]归来谢宾客，仍旧安局蜷。葆养天和趣，清除世俗缘。得闲书在握，无事户常键。食素甘藜藿，衣单絮木棉。吟哦消岁月，点勘借丹铅。[6]履为登山破，裳因涉水褰。坐观星嘒嘒，卧听漏涓涓。之子温如玉，其人美且鬈。妻如梅淡冶，子爱鹤蹁跹。不愿头衔贵，但求腹笥便。明心参释老，延寿望彭篯。医圣

① 自注：以上自已弃官避难，北至张口，南至天津，转入路途梗塞，归家无路，流离困苦之状。

② 自注：以上写家乡韩城被匪蹂躏已遍。

③ 自注：楚人折竹以卜曰篿。《离骚》：索琼茅以筳篿。

④ 自注：以上详述避乱回京、隐居自适之乐。

⑤ 自注：以上写南游浮海至江浙，回登泰山。

⑥ 韩诗：不如觑文字，丹铅事点勘。

专希景，《难经》细玩扁。[①] 林泉供啸傲，渔猎忘蹄筌。才小辱司铎，性迂切佩弦。教儿勤蹴鞠，送女戏秋千。眠早月侵户，起迟日过砖。秉钓名枉锡，顽石号新镌。樵唱逢归路，渔歌闻扣舷。钓难逢鰋鲤，畋偶获豵豜。款客具鸡黍，祀先设豆笾。红捐尘扰攘，绿爱水潺湲。听鸟千声啭，看花一笑嫣。聘书辞款款，束帛谢戋戋。读盼儿孙继，耕忘手足胼。冥飞鸿自许，高举鹄同翩。避秽锄萧艾，含香佩蕙荃。富而可求也，所乐不存焉。家训追清白，《法言》草太玄。庸人徒扰扰，王道自平平。俗耳凭针砭，诗肠藉茗湔。野蔬煨白芋，粗饭煮红籼。室有琴棋设，门无车马骈。穷途悲阮籍，清兴慕颜延。莺燕添风趣，鸢鱼悟道诠。年衰情渐淡，习惯过难悛。宋学师元晦，明儒仰薛瑄。弹琴调血脉，采药补虚孱。薄劣惭高隐，顺时守曲卷。织蒲供枕席，折柳备杯棬。流俗嗤予拙，老成谓我儇。有锥难立地，无户可招佃。甚矣吾衰也，归哉志浩然。据鞍怜髀肉，对境惜高巅。壮志空相勖，归征悔不遄。精忠思武穆，矍铄羡文渊。雾隐南山豹，风高西陆蝉。有家反漆［添］累。无药可医瘨。安得周宣起，复兴洛邑畋。鹏程迷九万，驿路隔三千。[②] 老子将临穴，诸君各勉旃。黉宫丛茂草，学子蔑前贤。欲挽恶风气，还须旧简编。欧风食人肉，孔道任吾肩。到处榛芜塞，几人性命全。斯文虽扫地，大力可回天。何日瞻桑梓，归山买土田。举杯联旧好，对月话团圆。无限缠绵意，尽兹尺寸笺。仍祈金玉韵，回报绮窗前。[③]

已未暮春由京回韩途中感赋二首：

“回头马齿六旬六，满眼莺花三月三。乡树暂时瞻渭北，家私依旧滞宣南。狼烟未靖难携眷，鹭堠多惊屡脱骖。何日削平豺虎乱，载将妻子过殽函。”

---

① 自注：张仲景为医中之圣，扁鹊著《难经》七十篇。

② 自注：以上叙南还后仍居京都，谢绝世事，读书教子，以为久居之计。

③ 自注：以上落本意，望同人扶持到赠诗道正，保存孔学。

“赶将春尽到家山，坟墓失修近十年。乱世还乡多冒险，老来行路似登天。未瞻桑梓申恭敬，先植松楸护陌阡。营葬事完婚嫁毕，拟游五岳访名仙。”

《五君咏并序》云：

五君咏之制，始于颜延之述竹林七贤，而王戎、山涛以贵显被黜，其后王渔洋仿之以美刘公甬、施愚山、汪苕文、梁曰缉、董玉虬其人，皆清初畸士，不以官职为荣者也。近年国体变更，一时剧秦美新者接踵而起，而吾陕亦不在其后，遂使二曲、雪木诸乡贤之风澌灭殆尽，良可叹也。然犹幸有此数子者特立独行，不以利害变其操守，非但比肩国初诸人，即方之竹林七贤，才学或有不及，而气节则似过之也。余景慕其人，并仿渔洋之体，发为歌咏，使后世知终南、太华间气未歇，未可谓秦之无人也。是为序。

翰林学士薛寿萱：

薛君不羁才，杜陵一男子。文清有嫡传，元敬亦同揆。脱略卿相尊，跌宕马班史。薇蕨甘如饴，屡征卧不起。

翰林学士周政伯：

帜山耿介士，不饮贪泉水。典试屡衡文，秉笔总修史。黄屋既蒙尘，白衣归乡里。商山茹紫芝，高蹋继园绮。

法部郎中萧小梅：

晓湄善闭关，廉隅坚砥砺。郎曹十五年，依然一寒士。世已非义熙，身终老栗里。蝉脱污泥中，亭亭蓉出水。

刺史霍幼梅：

彤伯青云器，风尘屈下吏。遗爱在三巴，蜀人感抚字。一回西川驾，讲学阐洙泗。昆玉并高风，弃官如敝屣。

观察霍竹汀：

烛庭风裁峻，一生惟谨慎。少年入词林，旋掌西曹印。观察历三边，西北资坐镇。国变即挂冠，始终抱忠荩。

贺同年陈梅生嘉言给谏七旬寿诞：[①]

衡岳峙南服，潇湘水北流。山川钟闲气，诞生陈太邱。芬芳袭荃蕙，兰芷发清幽。赋性本贞洁，德裕兼学优。孝如崔元炜，悌似苏子由。史才追班马，诗派分曹刘。流连风雅会，高上文选楼。桂榜魁多士，三考登瀛洲。杏苑簪花日，兰台走马秋。平明入凤阁，联步跨鳌头。木天蔚清望，芸馆任校雠。未披獬豸服，已袭紫貂裘。投笔参戎幕，帷幄妙运筹。东穷辽海畔，西历伊凉州。□旗霭霭扬，玉鸾鸣啾啾。下马作露布，一战禽回酋。功成不受赏，长揖辞魏侯。归来入察院，骢马耀鸣驺。积资迁给谏，潜谋进嘉猷。不事矜鲠直，风格自清遒。宁人笑仗马，不愿学史鳍。坦怀忘物我，处世泯忮求。一麾遽出守，漳南仰山斗。昔年朱文公，遗爱垂不朽。公来步后尘，莅治八年久。案牍必亲躬，不假幕宾手。劝学重明伦，抚民先去莠。漳地邻海疆，出没盗贼薮。悍斗习成风，当场列械杻。擒治宽胁从，诛止及魁首。环城设警巡，草寇闻风走。修河广开渠，泽国变农亩。绿野有耕人，花村无吠狗。率属励清操，日餐止二韭。使君为万民，黄堂一杯酒。为政耻沽名，功多不自有。潮州民祀韩，湖南士师柳。古来重循良，先生堪与偶。国变官吏逃，迟迟去不苟。私心恋朝廷，临行怀印绶。妇孺攀辕留，群呼慈父母。至今八闽人，称道不绝口。去官返湘中，萧条宦囊空。高卧岳麓下，痛饮酒浇胸。达人自安命，君子固守穷。司空隐王谷，靖节寄篱东。江湖瞻魏阙，歌咏托孤忠。功名虽缥缈，嗣绪复兴隆。周家诞八士，荀氏跃八龙。大儿玉为骨，百里绾越封。庶子森立竹，孙枝焕发桐。佳妇环阶下，罗拜整淑容。福星一门聚，德望千仞崇。运转庚申岁，二月吉初逢。中和欣令节，杨柳受东风。气节老逾壮，容颜望若童。马援犹矍铄，明道益谦冲。酒斟竹叶绿，宴设蟠桃红。兕觥称宾友，鸠杖扶仙翁。谊忝兰谱旧，颂献椒花秾。祝君寿百

① 自注：湖南人。

岁，长如不老松。

萧之葆

春，大荔县李仰山病逝，萧之葆挽大荔县李仰山：

“占福寿康宁，好德令终之全，模范在人间，旷世同钦郭有道；无疾病烦恼，端坐瞑目而逝，旌旗来天上，游仙重见邵尧夫。”

段维

正月初九日，匪徒传令将近城七八处村庄及神庙纵火焚烧，本村遂受其殃，家内西厦全毁，所当宋姓之房亦全毁，衣物损失强半。十六日，许芝田司令兰洲[①]率奉军来岐剿匪，惠诚弟为办粮秣。

二月十五日，克复县城，延请公出办善后，勉为擘画一切，究未任何职务。

三月补葺房舍。

四月天旱，同黄诗樵大令容惠祷雨卷阿，获雨沾足。

五月来省，晤张衡玉同年瑞玑，[②]对西区灾况有所陈述。

闰七月回岐，又祷雨卷阿，补修文庙，举行秋祭，办学堂，立商会，议提用，留支差徭。

冬日为文，请豁免本邑草价，几经阻挠，卒得实行。乡间有倡议制赠牌匾者，力却之。子民达代理第三中学校校长。（《段维年谱》）[③]

---

① 许兰洲（1876～1951年），奉系将领。河北南宫人。历任黑龙江军务帮办、奉军副司令、第六军军长等。参加了第一次和第二次直奉战争。1927年任安国军大元帅府侍从武官长。奉系失败后去职。1928年后，曾一度出任河北省国术馆长。中华人民共和国成立后留居大陆。

② 张瑞玑字衡玉，别号羯窟野人，山西赵城人，进士出身，清末历任韩城、长安、咸宁、临潼、兴平等县知县。倾向于革新，辛亥革命后，曾任陕西省顾问院院长之职，保护许多满、蒙无辜人民免受种族仇杀。后来任职山西财政司，理财有成绩被选为参议员。袁世凯图谋称帝，他撰文评论，遂辞去议员职务，鉴于军阀混战，他便闭门不出，纵情于诗酒。名其住宅曰“谁园”，并自传《谁园记》。家藏书甚丰，约15万卷。死后，八子尔公集录他的诗6卷、文6卷，名《谁园集》。

③《段冈北先生年谱》。

1920 年，民国九年，庚申

吉同钧六十七岁，仍留居京师。

闻甘肃地震奇灾感赋二首：①

“见说西陲山崒崩，一声震荡百川腾。伤哉陇土数千户，陷入地牢十八层。元末高原出洪水，② 周亡深谷变邱陵。坤维失职阴机动，夷祸未来像己征。③ 天崩地坼运将终，哀我蒸民罹困穷。饥馑未苏山左右，震腾复遍陇东西。可怜万户生灵命，尽堕千寻坎窞中。况复汉回方构祸，灾区未定又兴戎。”

吉同钧作《送汝材六弟由京返晋吉同钧》十首：④

“乱离同避地，燕晋各西东。偶作京华会，俱成衰老翁。身世悲漂梗，室家任转蓬。何年豺虎定，克始归本丛。”⑤

“先人同一本，后裔渐分支。况复性情合，弥增离别思。云山三晋险，风雨二陵悲。但祝舟帆顺，福星一路随。”

“汾水羊肠曲，条峰鸟道危。山河经表里，车马慎驱驰。此别留孤影，再逢是几时。高堂如见问，为道鬓成丝。”

“两渡黄河水，一登函谷关。⑥ 此行途险远，送汝泪潺湲。长路轮蹄瘁，衰年鬓发班。遥知蟾兔满，对月唱刀环。”

“汝归犹带病，我老尚风尘。共作他乡客，痛为乱世民。欲留终必去，

---

① 庚申（1920 年）冬月，陇东西二十四县地震数日，城郭房屋坍陷，压毙人口十余万，为亘古罕见之灾。

② 元好问诗云：高原水出山河改。

③ 地属阴，主静。夷狄为阴类，从来地震必有夷祸，况西南，坤方，属阴位，又时值冬月阴盛之际，以此卜之，夷祸恐不能免。可畏哉！

④ 自注：时避乱移家降［绛］州。

⑤ 自注：杜诗：“蓬生非无根，飘荡随高风。天寒落万里，不复归本丛。”

⑥ 自注：汉函谷关在新安县，秦函谷关在灵宝县，若赴山西，应由茅津渡河，只过汉关而不过秦关也。

虽富莫忘贫。临别三杯酒，永联一本亲。”

“携手燕台畔，临行惨别颜。客中还送客，山外更多山。鸿爪空留迹，龙门远莫攀。高飞惭倦鸟，不似尔知还。”

“北道余惭主，西归尔有期。临歧犹恋汝，念旧更余谁。险阻千山路，炎蒸五月时。到家频寄鲤，聊可慰遐思。”

“忆昔居桑梓，怡怡笑语亲。那知垂暮日，同作远游人。到处烽烟起，连年战伐频。干戈兼老迈，无计可归秦。”

“汝去近家乡，我留滞远方。今宵同几席，明日隔山冈。涧水通瀍水，河阳又洛阳。及时还梓里，庶足慰萱堂。”

“他乡逢故旧，尚且话班荆。况复同宗族，依然老弟兄。如何一朝聚，又作千里行。仰视呼群雁，微禽亦有情。”

萧之葆

三月初六，继室亡。萧之葆作《哭继室张淑人》：

岁庚申三月初六日戌刻，继室张淑人以病殁于官家洞东偏之石室，盖余避难侨寓之所也。淑人归余十九年，原籍京师顺天府固定县人。沧桑后随余西归，丙午夏到洞，一家十口，炊爨缝纫，以一身任之，裙荆钗，殁有终焉之志。上年冬月杪产一女，血气大亏，委顿床蓐，饮食少进，继又染时疫，病虽不起。先淑殁之前三日，余亦感时疫，寒热昏眩。方淑人病革时，仅能力疾寻觅衣饰。殆亡者在床，而余即冥然不知人事。经医治始苏，则淑人已停殡七日矣。

呜呼！淑人以荏弱之质，离乡井三千里，间关从夫，井臼非所习，一旦含辛茹苦，历五年之久，无悔色，无怨言，其深名大义有足多者。夭寿不长，奄然玉化，一抔黄土，行且长埋。顾亡者已矣，儿未婚，女未字，呱呱者尚在襁褓之中。抚今思昔，触绪萦怀。我辈钟情，谁能遣此，宵分不寐，的泪濡毫，率成挽联数则，略遣悲怀。言之不足而长言之，又反复言之，亦长歌当哭之意之尔。淑人有灵，尚其冥鉴！

挽继室张淑人联：

归程随我三千里，中馈烦卿十九年。有约白头空慰我，无情黄土竟埋卿。

萧之葆长女病逝。嫁大荔县李仰山三子李之秀，萧之葆挽大女联：

以产亡，以病亡，以思念乃父牢骚抑郁亡，恨黄土无情，而竟埋女；为女痛，为婿痛，为幼小外孙号哭寻觅痛，使苍天有眼，何不丧予。

段维

正月在家度岁，集工部句为门联云："宿鸟恋本枝，故绕池边树，何乡为乐土，聊作鹤鸣皋。"

二月来省，寓红埠街，周政伯侍讲爰诹，[1] 高劭农先生增爵 [2] 来访。

三月奉军去，郭麻诸匪来岐，家中又被劫掠。

是年诗有《野老》一首，《赠薛悦如》一首，《送王旅长赴观音堂》一首，《致高劭农同年乞赈书》《谢宋聚五拨赈款书》，撰《宋蔼仁墓志铭》《马保臣墓志铭》。[3]

1921 年，民国十年，辛酉

吉同钧六十八岁，仍留居京师。

---

① 周爰诹，字政伯，号帜山。陕西蒲城人。2 甲 4 名进士，散馆授编修，官至侍讲学士。充光绪 18 年会试同考官、20 年山西主考官、23 年顺天同考官。

② 高增爵（1863 ~ 1932 年）字少农。陕西米脂人。光绪十七年中举，次年中进士，以内阁中书担任玉牒馆修校。不久，出任四川眉州、资州知州，率民团镇压当地义和拳运动，杀害其首领。后辖地遇大灾，主持办粥厂；调查灾户，发放赈款。在资州时曾惩处传教士。升任成都知府后，督办水利，清理积案，颇有成效。三十三年，王寅伯在成都逮捕一批革命党人，高力主少杀，使杨维、黄方等免于死难。后任四川巡警道，清查户口，整理市政，倡办教养工厂、济良所。1913 年 10 月至 1914 年 1 月，署理陕西民政长（根据北京政府《划一现行各省行政官厅组织令》，从 1913 年起都督不再兼管民政，设民政长为一省最高行政长官），卸职后在北京任参议院议员、大总统府顾问。晚年寓居天津，著《北山草堂诗稿》。

③《段冈北先生年谱》。

温肃庵以诗见赠盛称龙儿八字并引随园语羡其群花供养似有鳏鱼朝雉之感因次其韵叠为十六首答之：①

“少年同学总前因，自愧良朋负伯仁。联步曾为丹桂客，相逢俱作白发人。陈抟数学前知命，杜老诗篇妙入神。莫怨花残人寂寞，犹留香骨化双麟。”

“老来相见更无因，杏子欣欣已结仁。感我节惭陶处士，多君学富顾宁人。家承忠武德无忝，诗步飞卿笔有神。贱造蒙君过奖许，敬将豚犬比龙麟。”②

“家声源远追太真，不附后来温体仁。但使门墙多俊士，何须衾枕拥佳人。诗情到老格逾细，书法如容瘦有神。落落数章含画意，开缄如遇李公麟。”③

“得丧升沈各有因，但求心地不违仁。立身当作奇男子，伐性多缘美妇人。公信甘心为饿鬼，康成苦学号经神。道穷君子自安命，试看宣尼泣获麟。”④

“从来数学本相因，会友文章寓辅仁。羡尔久膺乡校长，嗟余空作宦游人。自分贫寒成骨相，敢云磨炼出精神。早知白首沈郎署，悔不读书经玩麟。”

“愿结来生未了因，爱君才调似安仁。寄怀沂水春风地，等是耕田识字人。修律千条空费笔，读书万卷苦劳神。遥遥两地心相印，鸡骛安能识凤麟。”⑤

“良缘已断续无因，云雨难忘美且仁。翠袖单寒犹入梦，香衾温暖更何

① 自注：以下辛酉（1921 年）。

② 自注：温峤字太真，谥忠武。

③ 自注：宋画家，亦诗人。

④ 自注：伯夷字公信。

⑤ 自注：以上六首答来诗之意已尽。以下借韵杂感。

人。潘安作赋空垂泪，奉倩多情太损神。好藉鼓盆消暮景，克家况有石麒麟。”①

“世运陵夷亦有因，谁知万善统诸仁。误将苛政当新法，反认耶稣作圣人。地变鸿都为鼠穴，人非牛鬼即蛇神。何当今有素王出，祥瑞来招吐玉麟。”②

“从来祸福本相因，生固为仁杀亦仁。轻刑止可治平国，严法方能制恶人。景略治秦名副猛，孔明擒孟算如神。朝廷千赏一无罚，犹纵豺狼食凤麟。”③

“释教喜谈果与因，儒家涵养性中仁。无求闻达于当世，便是羲皇以上人。诗惟造兴非传世，事不欺心可质神。得暇读书即真贵，何须勋阁画麒麟。”④

“为民谋利莫如因，发粟散财亦小仁。忍爱割慈群鬻子，鸡飞犬走犹捉人。尸骸枕籍填沟壑，兵火摧残泣鬼神。万户炊烟将断绝，公园尚戏九真麟。”⑤

“老境颓唐欲孰因，四肢麻木嗟不仁。浮生二万四千日，久作东西南北人。已被黄梁［粱］惊幻梦，苦无丹药壮元神。雄心消尽余皮骨，惭对英年振振麟。”⑥

“废食岂真噎是因，误将毒草认为仁。四十年前攀桂客，二千里外转蓬人。不信三尸能作祟，只缘五欲暗伤神。无方可治衰龄病，枉把药膏服毓麟。”⑦

---

① 自注：慰悼亡，肃庵内人字翠香，有贤德，亡后，肃庵悲悼成疾。

② 自注：伤时局。

③ 自注：叹时政。

④ 自注：述怀。

⑤ 自注：哀饥民。

⑥ 自注：伤老。

⑦ 自注：叹病。

"今生桥梓前世因，望汝事贤更友仁。当道衣冠全是盗，束身名教始为人。多文自具真华贵，寡欲方能葆谷神。① 勉力学诗遵孔训，二南风化始睢麟。" ②

"举目无亲孰可因，欲求安土务敦仁。家山千里萦归梦，旅馆十年作主人。俯仰鸢鱼通化育，栽培花木养心神。功名富贵皆泡影，惟有文章自炳麟。" ③

"春来花木各依因，山水清高肖智仁。红杏村边沽酒客，绿杨岸外钓鱼人。数家箫鼓迓田祖，一路枌榆赛社神。羡尔农夫叱牛犊，胜他朝士楦麒麟。" ④

再答肃庵：⑤

"敢云一发系纲常，宁死羞摩顶上光。寸木纵难支大厦，此心要可质先皇。将欲殉君君尚在，虽弗畏死死徒伤。此间无地容高隐，拟向商山访绮黄。漫将九老拟香山，一事无成两鬓斑。日暮途穷乡树渺，聊凭诗酒破愁颜。那得生儿尽象贤，龙猪分别总由天。旷怀共羡陶元亮，尚有俗情未尽捐。⑥ 半生常抱夕阳忧，一息尚存未肯休。万念断从今日止，不将后事挂心头。劣子果真教有功，丹朱何至慢游终。四方风动黎民变，偏到家庭术即穷。三分教训七分天，荆棘安能变梓楠。终是少陵胸旷达，不闻责子学陶潜。" ⑦

送门人刘万青廷选由京回陕先至三原探堉［婿］再返韩城：

"韩原隔别又三秋，梦里恍闻濠水流。绕郭西围狮像岭，面城北枕凤凰楼。念君已整还乡旆，感我犹如不系舟。愧乏兼金持赠远，新诗一纸抵

① 自注：《老子》谷神不神。注：谷，养也。

② 自注：训子。

③ 自注：扬雄文：炳炳麟麟。麟麟，光明也。思乡里。

④ 楦，去声，履中模范也。唐杨炯呼朝士为麒麟楦，以其无德而被朱紫，如蒙驴皮伪为麒麟也。游春。

⑤ 自注：来诗有"一发能维千古节，光增九老会中人"及"晚子从来多贵种，书香继起有传人"之句。

⑥ 自注：杜诗："陶潜避俗翁，未必能达道。有子贤与愚，何必挂怀抱。"

⑦ 自注：渊明责子诗云：虽有五男儿，总不好纸笔。

吴钩。”

“流落燕台三十秋，每因送客动乡愁。飞腾空望登门鲤，漂泊甘随泛水鸥。何日买山还井里，与君把酒话田畴。此怀已恐成虚愿，欲俟河清奈白头。”

“壮岁高凌太华秋，与君同作曲江游。年华转瞬周华甲，暮齿彫残泣楚囚。万里他乡逢故友，十年旧雨感离忧。从兹分手云天阔，望远时登百尺楼。”

“沿溪杨柳绿依依，十里长亭送汝归。此别未知何日见，索居更觉故人稀。崤函驿路石崖夹，河洛虹桥铁柱围。秦树蓟云相望渺，东西劳燕各分飞。”

“相逢不易别应难，未到临歧已鼻酸。雨夜谈心鸡唱屡，云天分翼雁行单。衰年况迫桑榆景，弱质那堪蒲柳残。此去但求风浪静，计程十日到长安。”

“风送落花满地飞，留君不住泪交挥。芦沟晓月惊乡梦，易水寒波带落晖。岭海三年竹路远，雪霜雨鬓倦游归。故园松菊荒凉甚，莫令家人叹式微。”①

“鹿原虽好异家乡，原上而今成战场。漫说高门盈驷马②，要知当道尽豺狼。入关计已值春暮，小住还须返夏阳。垂老身家求付托，南陔毕竟胜东床。”③

“一出都门处处愁，残星晓月过芦沟。北逾易水南漳水，东过郑州西陕州。华岳谁扪王猛虱，函关不见老聃牛。沿途风景皆诗稿，千里山河笔底收。”

贺同年李桔农廉访传元七秩：

---

① 自注：万青自广东归来，路过京都。

② 自注：时于友仁据三原。

③ 自注：韩城即古夏阳地。

"仙李蟠根大，道德发幽光。桔叟应时起，仙掖任翱翔。名噪木天署，声蜚翰墨场。修史承柱下，浓熏班马香。正谱清平调，忽惊时履霜。欧风扇华夏，异端肆鼓簧。国家议变法，旧章付愆忘。寿相综学务，延君任劻勷。正道扶孔孟，邪说斥康梁。赖有中流柱，稍息波澜狂。上天不厌乱，余焰复鸱张。酿成庚子祸，两宫狩咸阳。时公滞吴会，闻信急勤王。间关三千里，抱病过潼商。麻鞋见天子，相顾泪沾裳。朝廷愍颠沛，仍命署玉堂。二次衔恩命，入粤主文枋。桂林人文薮，苦费玉尺量。搜罗入吾彀，一榜尽琳琅。复命来日下，天语荷褒扬。抗疏陈时政，疆臣惮刚方。大计膺上考，观察抵余杭。剔厘招商蠹，增长南漕粮。叙绩晋司臬，铁面肃台纲。始终排新法，苛派严堤防。诛民先劾官，愿以身率倡。大吏色为沮，直声振钱塘。审检爱旧式，律条袭外洋。惟公首持议，驳辨不少僵。宁可身去位，不为虎作伥。飘然解印绶，怀宝甘韫藏。从兹大事去，风潮起武昌。故国余禾黍，世局慨沧桑。新亭潸洒泪，苏沪日倘徉。遗山望上蔡，兰成哀建康。诗文抒忠愤，著作富缥缃。我亦殷多士，曾厕秋署郎。主持旧法典，未忍废汉唐。一木慨难支，与君同热肠。尊齿臻古稀，颐养身康强。粗成下里曲，聊当春酒觞。更望晋期颐，上寿永山冈。他日游邓尉，亲炙晚节芳。"

贺定镇平成都护七秩双寿：

"国朝六文定，孙刘梁李杨。满洲舒穆禄，名流百世芳。鲠骨天所授，盛德民不忘。卓卓定都护，赋性明且强。蝶园有后继，鸠署秉刚方。发轫由甲榜，积功升正郎。断狱傅经义，术不取申商。案中无遁饰，法外示慈祥。此心如菩萨，外貌托金刚。无冤美定国，求生感欧阳。刚薛相倚重，沈赵并颉颃。三考膺紫绶，一麾陟黄堂。山左盛文教，近代苦寇攘。沂州萑苻薮，武定滨海疆。先生守斯土，除暴乃安良。首在和民教，其次巩河防。大吏嘉乃绩，专疏荐龚黄。洊历九卿署，通参跻太常。时值新变法，三权帜分张。大理寺改院，总揽司法纲。先生任司允，新旧费参详。形式仿欧美，律义守汉唐。一生大经济，始终法三章。监督出张口，典试驰大梁。边人迎天使，多士拜文昌。正赖中流柱，挽回波浪狂。一朝蒙尘雾，万事慨沧桑。宗社余禾黍，功名梦黄粱。齿共切亲贵，情堪悯孤孀。飘然挂冠去，棋酒乐无央。一秤观世变，三斗浇回肠。醉后乾坤大，桔中日月长。既已解印绶，何心耀冠裳。将欲免罗网，未便过激昂。大隐处朝市，闲曹甘韫藏。总兵马兰镇，守墓报先皇。都统厢红旗，生计保钱粮。非必縻好爵，藉此维宗枋。岁琯逢辛酉，令节逾肃霜。岭梅报芳讯，篱菊含余香。尊齿臻古稀，茀禄畀永康。德配秉坤教，艰苦共糟穅。天锡公纯嘏，寿眉齐孟光。我［惭］暂原宪病，久荒陆氏庄。粗成巴里曲，聊献春酒觞。更望晋期颐，遐龄永山冈。俾尔耆而艾，俾尔寿而臧。后世有定论，潜德久弥彰。瓣香法政界，鼓吹风雅场。合诸六文定，名实允相当。”①

病中口占六首示儿伯龙：

“昔人临大渐，见道最分明。终年勤学业，对比证修行。易箦得吾正，结缨不失贞。冰渊今已矣，手足示诸生。”

“四海盛戈兵，何时丧乱平。危邦难立足，早死胜偷生。老友隔山岳，孤儿寡弟兄。惟兹难闭目，后顾不胜情。”

“没世疾无名，盖棺有定评。心中捐芥蒂，泉下即蓬瀛。薄海日流血，强藩各拥兵。烟尘昏北鄙，恨不睹清明。”

“衣衾附身体，礼数必详明。彩服三英粲，头衔二品荣。郎官残列宿，皇室旧簪缨。冠履仍初服，全归上玉清。”

“家学素宗儒，居丧礼守朱。将思遵古制，首在禁浮屠。经典词多妄，轮回说近诬。遗言须确记，勿受释家愚。”

“班超生望返，温序死思乡。今我漂蓬梗，归魂恋梓桑。先期安宅兆，

① 自注：清名臣谥文定者共六人：孙相国家淦，刘相国纶，梁相国国治，李相国天馥，杨尚书名时及正白旗徐相国元梦也。徐本姓舒穆禄，缘舒与徐音义相近，故称徐元梦，号蝶园，字善长，性刚直，蹶而复起，卒为名相。

趁早送山冈。柏荫遥相待，永依考妣旁。”

病起偶成：

“自分疾难起，谁知庆复生。未完儿女债，仍作马牛行。天地一涂炭，豺狼屡纵横。上苍如厌乱，或可俟河清。”

“医讵能延寿，非关药有灵。此生凭命数，从不倚参苓。未觉尘缘断，仍然苦海经。朝来明镜里，惭对发星星。”

萧之葆

萧之葆撰《送焦东溟大令卸任归青门序》：

戊午秋，山左东溟焦君棒檄为旬邑县尹。越三年，辛酉秋九月，瓜代及矣。其部民萧子，旧友也，敬为文以送之：夫以天地之生人也，既各异之以性矣，由性发之则有情。情之为物，无古今，无治乱，无终极，《诗》三百篇皆言情之作。其出自劳人思妇无论已，《豳风》之卒章曰：“跻彼公堂，称彼兕觥。”南国之思召公也，爱其甘棠，至于勿剪勿败，为公所憩故也。噫，昔日之官与民何其亲切若此？盖世之治也，其民得作息于田亩，得以抚我者，为之养欲而给求焉，是真父母也。世运否，民气衰，供仪烦，诛求亟，虽有慈母不能督责其子孙，非不知倒悬之苦也。盖舍是即无以应当事者取求，索十而予一焉，索千而予百焉，虽不能蠲除烦苛，而吾民之隐受其福者，较既朘而濩削之，奚啻霄壤？然此术不可常恃也，小民之困未苏，上官之谴已至，解而去之，父母之责簧卸矣，而赤子之呼吁仍如故。

呜呼！世地［无］郑监门，谁为诉十室九空之情？扶老携幼之状而绘之图也。君甫至，吾旬父老走且庆，谓君固吾陕循吏雨田先生之贤嗣君也，至当有以活我。既任事，务以休养生息为主，择其当急者急之，可已者已之。但能省一分扰累，无不撙节而裁抑之。兵糈军费，无敢缺也，遇争讼者，则苦口譬说，蒲鞭悬而不用，盖不忍以孑遗之民试敲朴也。待耆宿必以礼，作人造士力虽未逮，而心常不忘，诚贤侠君也。既报政矣，忽怃然深念解组求更代。吁！岂吾民之不向化与，抑亦求牧与刍不得，则返诸其人之义耳？余为君惜，又重为吾甸民惜也！公言也。若以私义，则余一山居穴处之人，每岁必存问至再。又悯余遭家之不造也，丧则赙之，婚则助之，虽数月不相见，然见则必穷一日之力，杯酒流连，纵谈古今，其规模之大，愿力之宏，洵足以拓余心胸而消除鄙吝。余既不能挽君之去，而情之所至，又不恝然于言。窃谓天地间唯草木无情，然当其萋以绿也，则令人悦怡；其衰而黄也，则令人凄惋，是无情者且有情矣。余山居后，万念都蠲，而惟此身世之悲，室家之感，日怆于怀。而苍苍者方日出其动忍不可堪之遭以相激刺。呜呼！谓造物为无情耶，则雨润日暄，以生以养者固略无已时也；谓造物为有情也，则哓音瘲口，将恐将惧者胡不留余地也。伏而思之，所谓不自我先，不自我后，知我如此，不如无生者，诗人已流涕言之，余独何不幸而亲历之也。余历之既稔，君又知之最真，且不惟知之也，惠然顾之，更蠹然伤之。今君濒于行矣，异日者，风雨宵寒，关河秋老，倘一念及山中故人，尚哀吟感愤于岩穴中也，则余今日赠君之作，其文生于情者有穷，而情之余于文者愈无尽已。摅蓄直书，不加点缀？聊贡诸君，以当苏子卿携手之吟，江文通销魂之赋云尔。

七月十五日，作《赠东溟诗序》：

岁庚子龙驭蒙尘，余仓遑西窜，于太原道上晤山左东溟焦君昆仲，见其器宇卓荦，超迈时辈，既询知为吾陕循吏雨田先生之贵公子也，益敬之慕之，相与纵谈于逆旅中。时先生方摄篆商州，渡河分袂，互相珍重而别。

越十余稔而有辛亥之变，劫烬余生，匿身岩穴，不复知人间事。戊午秋，乡人传新令尹至，俄有驰一介赍尺书，越山麓而款门户者，则东溟君已捧檄莅吾甸而谦光下逮者也。公余见访，话沧桑前后情事，乃知先生已归道山，其政绩宣史馆，传循吏，记所在名宦及本籍乡贤。噫，循吏之报，历久弥彰有如是哉。既见君华发虽皤，酡颜如故，灵光无恙。旧友重逢，抚今思昔，惟怅触者久之。

暇日出所著《诚斋诗稿》见示，并嘱序言。盖君旅历青门，需次兰省，及辛亥后宦游南北山，感时记事之作。余受而读之，觉其格律直逼少陵，而局度冲和，不过作危苦语，殆以元亮胸襟兼香山义旨，故能笃雅其节，斐溢其辞。其体物也曲以工，其言情也丽以则，而其于流连缟纻，摹绘山川，则又往复缠绵，情深而不可解。其他如旌表节烈诸作，尤为沉郁苍健，而仍参以变徵之音。如君之作，可谓得风人之旨矣。

余性懒，素不工诗，韬晦以来，日与牧竖樵夫为伍，不意山深林密中，忽得贤使君数口过从，旧学商量，忘形脱略，未使非山居之一幸！独憾身世飘零，人民代异，蕨薇山远，结荞口之间［闲］愁，禾黍秋高，洒涔涔之热泪。殆所谓草木同腐，魑魅争者，抱此情怀，乌足言诗，又乌足序君之集。虽然，君固为清白吏之子孙，今又为吾旬父母，而余以衰惫忝附二十年前之知交，则于今日君集之告成，得以赘言简末也，其又奚辞？若郤以弁首之文观之，则区区谢不敏已。

岁在辛酉七月既望，愚弟萧之葆氏谨识于古豳之飞云洞

八月十二日，长子萧国骧媳王氏病故，萧之葆作《哭儿媳王氏》：

长子国骧妇王氏，本籍甘肃泾川人，由其祖始迁居旬，父名×××，半耕半读，恂恂然处士也。丙辰岁，余携眷避居官家洞，适妇家先生以同难故，遂订婚好。庚子［申］二月，继室张淑人病笃，其母携妇来省视，淑人见之呜咽，妇已俯首泣然。俄淑人殁，妇以未婚媳服衰绖送葬。是年冬，余以两女茕茕，接归至洞居伴，兼分任炊爨缝纫诸事。妇性慧而勇于操作，女红亦颇娴习，曾于长至为其姑制冥中衣履数件焚送。余喜得妇，诲之勤亦盼之切。本年辛酉，子妇均年十八，值张淑人周期，妇复偕两妹赴墓祭扫，小祥后，余亦衰病，内攻［政］乏人，又迫戚友敦劝，遂从权诹吉于初夏为之合卺，意将以分余劳，兼慰亡妻灵爽也。讵于归后，忽患气虚羸［羸］弱之疾，渐至胀肿。余曾经问讯，犹称受余恩养，何时报

答，余好言慰之，不料于八月十二日，竟尔溘逝。盖结褵仅百余日也。呜呼痛哉！凉德如余，应遭谴责，蚩蚩儿女，有何愆尤！彼苍者天，何危余之酷至此极哉！痛定追思，聊缀数语以代吞声。噫，经岁以来，哭妻、哭姊、哭女，老泪尽矣！今不幸又哭子妇，世尚有伤心如余其人者！或是墨耶抑是泪耶？余不得而知之。泉下有灵，尚其凄览！

萧之葆挽媳王氏联：

“天不假汝年龄，倏霎时电掣风驰，一现昙花终草草；人共伤吾家境，奈此日山空秋老，三生因果竟茫茫。”

为澄城举人丁梦占作《清授文林郎吏部拣选知县乙丑恩科举人梦占丁君懿行序》：

岁戊午十二月初三日，澄城县孝廉梦占丁君以疾终于里第。越四年，辛酉将禫服矣。其弟鹤年遣人持行状至，遂述梦占遗言，谓他日须不佞之文，为君述生平行事大概。

呜呼！篤余至是得梦占君之卒也。噫！三十年同年老友，晨星落月，感叹苍茫，今者已矣。墓有宿草而门无生刍，君倘有知，得无疑后死者为不情也耶？抑尚鉴余之累频于死而有所谅也耶？山深林密中，东向而哭之。哭既已，笔哽咽不能下，然迫于时日，弗敢辞，谨按状。

君讳兆松，字梦占，世居澄城县南乡之醍醐镇。祖上皆力田，父讳某，字仪斋，设陶业于户。君生而岐嶷，有至性，读书过目成诵。成之童后，苦乡曲无良师，担簦负笈，随仪斋公赴户读，逾半载补博士弟子员。故事，诸生谒学师，例送修脯，俗名叩红。君袖金，至中道遗一笏，或令返觅之，群管然曰：“天下之物，当与天下之人共之，奚觅为？”闻者感［咸］韪其言。

仪斋公性方正，见君为远道才，督责綦切，先后令往省城关中及味经两书院肄业，为吾省耆宿柏子俊、刘焕堂两先生门人，溺志沉思，积劳成疾，寝淫近十年。复设帐泾阳怡性家。怡性藏书甚富，君得以细心浏览，文思大进，历科房荐，至光绪乙丑科，以第十九名捷秋试，南宫六上不第，历主讲本邑及沔县书院，士论翕服。又游募［幕］甘肃皋兰、凉州、固原、泾州等处，课读之暇，手不释卷，所著有《四书蠡解》《四书序言》若干卷。盖君自弱冠后，即潜心先儒理性诸书，凡事务黜虚名，崇实践，每日必有札记籍以自省，积四十余年，裒然成帙。生平孝行纯笃，以妣张孺人早世，未获侍养，言之辄流涕。遭仪斋公之丧，哀毁过甚，三年不茹荤，不饮酒，不与人嬉笑，记称高子羔之执亲丧，泣血三年，未尝见齿，君其有焉。事继妣孺人恳勤周至，逾于所生。胞弟鹤年名兆椿，王孺人出，君抚之友爱肫挚，亲教之读书习字，虽岁时伏腊不少宽假。嗣鹤年由禀生掇宣统己酉拔萃科，君始解颜一笑。处诸弟诸侄，不分畛域，择其开敏者课之读，穷迫者恒权其有无，故一门之中，冠婚丧祭，事无弗举。沧桑以后，杜门不出。暇则聚弟侄诸孙，为陈说古孝义等事，往往至夜分始寝。又苦晚近风俗浇漓，待戚友务从古道，箕帚微嫌，必极力为之排解。有急需则解囊相助济，事后不复责债。其教人谆谆以不爱钱第一要义，而尤注重于赈穷乏，恤死丧。在甘时，悯地方瘠苦，岁恒捐束金制毡衣裤百十件，散给穷黎。居家后，凡田中无主坟墓，清明时必令子弟焚送纸钱。冬则于市场僦一屋，听流民栖止。盖其慈祥恺悌根于性生，非斤斤以小惠私恩为要誉乡党计也。君配刘孺人，于君称贤内助，簉室氏王，刑于之化，阃内肃然。君丈夫子二：光鑫，刘孺人出，清附生；光尧，王出。孙男一，与光尧同肄业高等小学校。君生于道光三十年，卒于于民国七年，寿六旬有九。鹤年来状，缕述君炳大节如此，抑余尚有说焉。

余乡试与君同榜，计偕同路，入都同寓，同年六十五人中，君独与余最契。及余官京秩，君试礼闱，过从最稔亦最悉。今忆君轶事，则壬辰甲午间，日韩之衅已成，君谈次以藩封被噬深为隐忧，或以非君所虑解之。君佛［拂］然曰："范文正为秀才，即以天下为己任，嫠不恤纬，而惧缺周宗。我辈非食毛践土者哉？"又常述邑有故明遗民李君内若之墓，偶过之，见树颠双鸟啁啾，怦然心动，为雪涕者久之。呜呼！君积学植品如此，而怀抱寄托又如此。不意廿年来，禾黍同墟，蕨薇殷土，河山犹是，风景却非。度君之老泪涔涔，曾不知几经挥洒，孰意天不慭遗。丧我良友，而愧然如余者偷生，视息偃蹇空山。至时阅数年，曾不获唁君之孤，吊君之墓，揆诸古人，絮酒只鸡之义，其抱憾为何如？虽然，生有尽也，闻无穷也，硕德如君，足起顽懦，展季之垄，有道之碑，他日必有禁樵叟而式车马者，则不佞之文，虽不及使君之行，而要以搜罗文献之嚆矢也。谨列次而序之，以付早作曳杖时丁宁之雅意云尔。

段维

二月初，为三子尔彬娶谭可斋员外文蔚次女为室。

七月，阎督相文[①]召郭坚来省，以计诛之，派兵剿驻岐余孽，城将克而阎督出缺，兵撤匪出，附城村舍拆毁无余，家资荡尽矣。嗣冯焕章督军会同刘雪亚省长聘请，协议全省善后事宜。

是年，省寓春联为："辛苦逃荒日，西阳作志时。"诗有《感事》六首，《仿醴陵新乐府》四首，有《整饬军纪议案》《函王锡侯、刘春谷乞赈书》。[②]

毛昌杰作《君子馆日记》："九月二十四日，即旧历八月二十三日，星期六。早九钟，张丹屏藩来讬为飞生说项。十钟接飞生信。十二钟答拜丹

① 阎相文（？～1921年），字焕章，山东济宁人。天津北洋武备学堂毕业，1921年任陕西督军。阎自登上督军宝座，整天吸食大烟，懒于军政事务，凡事多委托冯玉祥代办，时人有"冯焕章包办了阎焕章"的说法。后手谕冯玉祥诱杀了陕西民军郭坚，使陕西局势动荡不安，加上直军内部矛盾日益激化，阎自杀于陕西督军行署。

②《段冈北先生年谱》。

屏，未见，因即刻行也。一钟至商会，一钟半至薛秀清许，并见段冈伯，少时希仁来，因即同谒督军，久谈，飞生似无大碍。惟督军甚恨张铎，盖疾恶如仇，其天性然也。”

“十二月二十日，即旧历十一月二十二日，星期二。早十一钟，蕴生来，同往协议会。约二钟，来八人，共看葆山、冈伯两稿，甚妥，即照缮出，偕蕴生、冈伯、聘初同看，秀清述昨冯督自陈困难，必须设法解之，所以保善人也。”

1922 年，民国十一年，壬戌

薛允升

《唐明律合编》由退耕堂刻印出版，徐世昌序实为王式通代笔。[①]《唐明律合编序》:“长安薛云阶先生精于律学，官刑部垂四十年，潜心名法，融会贯通，尝取唐明律之彼此参差、轻重互异者，逐条疏证，以类相从，成《唐明律合编》三十卷。先生一生服膺唐律，自言平日寻绎律义，有所未瞭，考之群书，稽之故牍，犹未洞彻，及就唐律求之，则事理炳然，若网之在纲，若农之有畔，而忠厚恻怛之意油然溢于属辞比事之余，常令人思焉而不穷，拟议而知其不可易。持论若此，则其得力所在，从可知已。三礼丧服之学，盛于唐初，故唐律一本于礼而得古今之平，自五季以迄宋元，令条格式代有更张，而永徽之传承用不废。明太祖惩元之法度纵驰，故明律多重于唐，其《大诰》诸峻令尤出乎律之外。然其初李善长等论历代之律，以汉《九章》为宗，而唐集其成，佥谓今制宜遵唐旧，太祖从其言。洪武元年，又命儒臣六人同刑官讲《唐律》，日进二十篇，是《明律》大旨亦本于唐而损益之。世谓《明律》偏至于重，非笃论也。《明律》之

① 王式通《志盦遗稿》（卷一）。

苛刻显著者，先生既于卷末分条胪列。《唐律》之应拟徒罪以上者，《明律》大半改为笞、杖，甚至《唐律》十恶之应拟绞、流者，亦俱改为杖罪。先生谓理必衷诸至当，此以见人心之所同也。事苟杂以私心，终不能尽归于一致也。于不应宽者而故意从宽，则必于不应严者而恣意从严。古今立法之本，数语尽之矣。近虽律学更新，非复旧法，而循览是编，可识律之为用，民命所系，根极于天理民彝，称量于人情事故，法有新旧之异，其意有终古不变者。彰往察来，周知百世，讵限于唐明已哉！尚书之治律原本经术，折衷至当，著述繁富，学者宗之。余丙戌廷试，曾受知于尚书，兹从董子授经假得是编，校刊行世，盖不胜耆旧之思，典型之仰焉。壬戌孟秋，徐世昌。”

《唐明律合编》薛允升自序：“律之为义大矣。古人多以经术断狱，后世一准以律。律之为言，整齐画一之谓，亦轻重得平之谓也。其名始于汉而其书则已散佚，讲求斯道者，莫不以唐律为最善。岁辛卯，沈君子惇重刻《唐律疏议》成，余曾为之叙其颠末矣。明太祖亲定明律，大体亦祖此书，而不免有所增删，其世轻世重之故。洪武七年之初本不传，无以考其改定之意，然尔时尚仍用唐律之十二章也。迨二十二年，改为三十门，分为吏户礼兵刑工律，大非唐律之本来面目矣。前于坊肆购得嘉靖二十九年重修明律三十卷，并附例若干条，则隆庆元年巡按湖广御史陈省刊刻者也。余详加审核，其中仍照唐律者固多，而增减者亦复不少，且有删改失当者，他不具论，即大辟罪名已增多至二十余条，虽历代典章不相沿袭，而律为民命攸关，必当详慎周密，方可垂诸永久。事不师古而私心自用，非良法也。兹仿班马异同及新旧唐书合钞之义，取两律之彼此参差、轻重互异者，逐条疏证，以类相从，命之曰《唐明律合编》，俾读者展卷了然，其得失之处不烦言而自解，亦读法之所宜从事也。昔人谓太史公改《左传》《国策》为《史记》，而不及《左》《国》，班孟坚改《史记》为《汉书》而不及《史记》，朱子改《通鉴》为《纲目》而不及《通鉴》，公论自在天壤，安可诬也。余于《明律》之改《唐律》也，亦以为然，识者或不河汉斯言欤。长安薛允升序。”[①]

吉同钧六十九岁，仍留居京师。

即事二首：[②]

“教妾细磨墨，伴儿苦读书。此中含乐趣，随处得安居。观化指禽鸟，谋生类蠹鱼。自开花药圃，得暇带经锄。”

“自笑老迂儒，辞官却授徒。道思绵孔孟，学只守程朱。眼看人皆醉，心伤德益孤。狂澜无计挽，浮海拟乘桴。”

七夕感怀二首：

“大火西流夜漏长，秋逢七夕渐生凉。鹊桥万里横霄汉，兔魄半弓射氐房。天上人间同契阔，牵牛织女限河梁。一年此际一相会，明日便如参与商。”

“杯盘瓜果竞求仙，几见仙人降几筵。七夕七襄停织纺，一年一度话团圆。长生殿里徒私语，乞巧楼头枉祝天。惟有汾阳劳下拜，得闻灵语是前缘。”

哀时招隐歌寄萧小梅，用五微韵集《葩经》：

“秋日凄凄兮百卉腓，乱离瘼矣奚其归。我生不辰逢天怒，自西徂东无所依。在户有蟏蛸，在室有伊威。非鳣可潜逃，非鸢可翰飞。我瞻四方靡所骋，飘风发发雪霏霏。蟊贼内讧兮善人载尸，哀恫中国兮无仪无非。周余黎民兮无孑遗。天之降罔兮惟其几，子兴视夜兮东方未晞。兴迷乱政兮颠倒裳衣。衡门之下可栖迟，泌水洋洋可乐饥。惠而好我手同携，陟彼南山兮采蕨薇。吁嗟乎！式微式微，及尔偕老兮德音莫违。”

又寄小梅三首：

① 薛允升:《唐明律合编》，中国书店影印徐世昌退耕堂刻本2010年版。

② 自注：以下壬戌（1922年）。

“西风吹面渐生寒，遥忆故人被服单。论交两地盟丹悃，同署十年耻素餐。功名不系高贤虑，身世当思晚节难。遍野萑苻归路断，空教泪眼望长安。”

“梦魂远逐路三千，鲤讯阔疏过五年。见说鹍弦重断续，定知雁序倍缠绵。相期共步陶元亮，自愧不如边孝先。各保桑榆延暮景，岂真后会竟无缘。”

“鳏鱼不寐苦宵长，晚境那堪更悼亡。苏武娶胡何损节，文山多宠卒流芳。若教桃叶继前母，莫使芦花怨后娘。漫说老夫过相与，生梯或可望枯杨。”

萧之葆

萧之葆作《清诰授武翼都尉封中宪大夫花翎游击仰山李君懿行序》：

呜呼！今距仰山李君之殁也，已三易寒署矣。君与余为至戚，君之第三子之秀为余婿，其妇余长女也。结缡后，彼此官京师。及世阅沧桑，于乱离中仓皇分袂。盖联姻十余载，而卒未登其堂。己未春，之秀以讣来，得闻仰山君之丧，其夏以书告窆，得闻仰山君之葬。讵甫阅岁，而余女忽殂。余哭之，余累哭之，东望疾心，幽忧成痗。偶一亿［忆］及，不自知涕泗之横流也。今秋，君次子炳轩邮寄状至，嘱余将君一生事迹撰述成文，用扬先烈。余自揣山居荒废，不能为文，念谊关戚党，弗敢辞，谨按状。

君讳景文，字仰山，先世由四川梓潼县迁居大荔县城外之槐园村，代有隐德，为邑望族。父讳迈祖，字绍庭，妣氏王，均以君贵，封赠如例。君幼沉毅有至性，八岁失怙，哀痛擗踊类成人。稍长，事母王太淑人以孝闻，太淑人寝疾，君侍汤药九阅月，衣不解带。及卒。哀毁骨立，葬祭如礼。顾以早孤，不能卒儒业，随叔吉庵公习骑射，应童试冠军，入邑武痒［庠］。光绪乙亥恩科举于乡时，湘南谭文卿制军方抚关中，见君体貌魁梧，器宇娴雅，以异日将才目之。试春闱不第，兼迫家计，遂营商业，往来于甘肃靖、固之间者垂三十年，沐雨栉风，备尝艰苦。叔吉庵公卒，君感教养恩，哀毁尽礼。吉庵公子翰文，邑庠生，君待之友爱敦笃，埙箎怡怡然，以故家益隆，生计亦渐裕。光绪庚子，岁大祲，君出粟赈贷贫民无吝色。甲辰以后，朝庭［廷］图变法，各省创办学堂，荔邑学费无出，君慨捐房产十三所，计值八千余金，充高等学校。时值君已由武举议叙守备，晋职游击，赏戴花翎。而炳轩、之秀昆仲亦由议叙同官京曹，为君请诰封如例。君虽起家武科，雅重儒术，及诸子列仕藉，益谦冲自处，被服雍容如儒者。辛亥变起，众情惶骇，会当事者邀君总理团防，君莅事，信偿［赏］必罚，不动声色，人心略定。计前赔垫麦粟千余石，银二千余两。因积劳过剧，发须为白，时论优之。甲寅，豫匪入关，各长官复邀君任警察兼理防务，君创《警团合办章程》，实事求是，邑里晏然。岁丙申，君年逾花甲，乃谢绝时事，避居者阅两年旋里，竟无疾而逝。呜呼！君以少孤，迈迹自身，卒能掇巍科，捐钜金，乃至名褒纶綍，功在梓桑，步子文毁家纾难之风，守宣圣见义勇为之训，如君者诚加人一等。然当此世运沦胥，靡所底止，老成人憖遗一二焉，民之福，亦世之幸也。而孰意强健如君，干练如君者，且挥手谢时而去，则如余之视息偷生，日偃謇［蹇］于深山绝壑之中，切切焉抱无涯之悲者，又奚恃以存在哉？虽然，生死有数也，名闻无穷也，硕德如君，其存其殁，可以荣可矣衰矣。

君生于咸丰四年，卒于民国八年，寿六旬有四。德配吕淑人，于君称贤内助。簉室氏王。君丈夫子五：长之藩，五之荫，皆先君卒。次之蔚，字炳轩，前陆军部主事，河南后补县知事；三之秀，清廪生，前度支部军镶司郎中；四之荣，前中书科中书，皆吕淑人生。侄一，蒲恩。孙男三：长名薪，之蔚出；次铭训，之荣出；三永寿，之秀出，余长女所遗也，生六年矣。曾孙男一，世祺。幼孙女三。余既述君之懿行，谊念余与君忝至戚，望不能谋一面，仅区区以文传之，葭莩之谊，已觉缺然。异日者，只鸡斗酒，倘得以酹之墓前，兼携君幼孙永寿而往哭其母焉，则此一腔涔涔老泪庶几得所挥洒也。扬君盛事，而牵述余之悲怀，殆听谓伤心人别有怀抱者，若以体例论之，则请俟当代立言之君子。

段维

在省移寓梁府街。正月为次子惠诚续聘王仙洲先生三女，惠诚往郿就婚。

二月子民达赴江苏、浙江、日本、奉天、直隶等处考察教育。

三月公以关陇文献零落，与耆绅张扶万鹏一、寇立如卓、[①]郭蕴生毓璋、[②]毛俊丞昌杰、李桐轩良材、[③]张西轩效铭、[④]武念堂树善、[⑤]郭希仁忠清[⑥]等二十余人筹议设处征集，众举张扶万先生与公为文献征集处处长，董其

① 寇卓，字立如，号悔庵，临潼人，曾寄籍长安，光绪十一年优贡。任大足知县时，对各教民之间的纠纷处理得宜，使双方均服。后知宜宾德格、甘孜、巫山各州县时，因均有惠政，保为直属知州。思想守旧不尚革新，入民国后回家。著《悔庵集》。

② 郭蕴生（1868～1930年），名毓璋，字蕴生、紫岩。陕西华州人。光绪六年中秀才，乡里视为“神童”。十七年在西安关中书院、泾阳味经书院就读。二十年中举。二十五年到署理陕西巡抚端方家教书。二十九年关中大旱，在四关设粥场，挽救了不少饥民。同年赴开封会试，中贡士，被分发浙江。路经湖北，为总督端方挽留，任学务处文案收支。1912年，郭回陕任都督署顾问，协助都督张凤稳定局势。1919年，以商界代表出任国会议员。1923年任陕西省通志馆编纂，分纂通志田赋、差徭、厘税、经籍诸门，殚精搜讨，至为详尽。1924年兼任陕西省储材馆副馆长。1926年西安围城期间，他建议由商会出面向城内大粮店、殷实商号、存粮富户暂借军粮，用期票形式作为借据，商会担保，解围后由长安县归还。

③ 李桐轩（1860～1932年），名良材，字桐轩，亦作同萱；自号莲舌居士。陕西蒲城人，李义祉之父。

④ 张西轩（1872～1929年），名效铭，字西轩，号铁崖。陕西朝邑（今属陕西大荔）人。清光绪二十年（1894年）乡试中举人。初任朝邑华原书院、大荔丰登书院山长，继主讲礼泉烟霞、三原宏道、长安关中书院，曾任长安县学训导、西安府学教授。

⑤ 武念堂（1864～1949年），又名树善，字获堂，号念堂。陕西渭南人。光绪十九年中举，后会试不第，大挑中委以候补知县，曾主讲于渭南书院。光绪二十八年陕西大旱时，捐资赈济渭北饥民。参加编纂《续修陕西通志稿》，编纂《金石志》32卷。著《周陵金石志》1卷，《春秋三传剌记》8卷，《劫余诗文存》2卷。

⑥ 郭希仁（1881～1923年），原名忠清，字时斋，又字思斋，后改字希仁。辛亥废原名，以字行世。陕西临潼人。1923年病逝西安。一生著述有《水利谭》《春秋随笔》《儒学纲要》《圣迹备考》《从戎纪略》《六十年交涉纪略》《国史讲演录》《思斋文存》《说文漫录》《欧洲游记》及自述、日记等数十种。

事两年，共计刊印丛书二十种。

五月省西安各县灾歉，公冒暑同寇立如先生携赈灾款一万元，赴武功、扶风、岐山、麟游、凤翔五县散放急赈，因武、岐两县灾重，请由罚款项下多赈洋三千余元，事毕住柳沟，侍先祖母多日，便道访眉县王仙洲先生，摄有班荆话旧图影片。

七月，子民达回陕，第三中学民立中学成德中学先后聘任教员，教育厅复委充第一科科员。

十一月，刘雪亚省长派民达赴岐邑视察第三区省议员覆选举，时惠诚弟已当初选，以不愿与人竞争，致未被选。公手谕曰：阅来信，喜吾儿皆能奉法秉公砥砺行，昔许鲁斋先生有诗云：但期磊落忠信存，莫图苟且功名新，即此之谓也。

是年，作《梓印关陇从书请费文》《刘古愚征君尚书微序》《景吉人先生八旬寿序》。[①]

张扶万作《在山草堂日记》：正月十七日“访学甲，同徙段冈北（维）处谈。冈北言郭坚前在岐、凤残酷不可言。其部下自名为土匪，故所过分地，一无所遗。岐山宋姓为翰林，富著一邑。其花园近在城南，纵火焚烧之。书籍无论新旧，概付之一炬。古董字画，逮为徒来交际之用，到处荒凉，不能备言”。

毛昌杰作《君子馆日记》：“九月十三日，即旧历七月二十二日，星期三。早至文献征集处，扶万奉委至河北禁烟，公推立如主任，刚伯来时两人共主持。”

---

①《段冈北先生年谱》。

1923年，民国十二年，癸亥

吉同钧

吉同钧作《贺老友贺雾岑比部八旬双寿》：

唐代有狂客，风流贺季真。翩翩珠树鹤，高举离风尘。辞官金华殿，归老镜湖春。斯人今缥渺，吾道久缁磷。宿松有逸老，家教四明遵。功名如敝屣，文章实致身。少壮捷礼闱，花簪杏苑新。西曹三十载，常施法外仁。国变挂冠去，归耕乐隐沦。既笑子云阁，甘守范丹贫。惠泽周桑梓，劲节挺竹筠。人知万事足，天与百福臻。燕山五枝桂，森森托灵椿。因材施培植，同为席上珍。后起更秀发，芳名播搢绅。司法继父志，公议表众民。[①] 孙曾罗鸾凰，子弟多龙鳞。美可并王谢，多不羡薛荀。齐眉联双寿，结发历八旬。百年阶到老，一室敬如宾。仁者必得寿，老子自谷神。岁星更癸亥，月管建甲寅。瑞雪梅含笑，和风柳展颦。初过观灯节，欣逢设弧辰。梨园鸣燕喜，桃宴盛铺陈。称觞无俗客，祝嘏半旧姻。念我独守拙，与君昔卜邻。时经沧桑变，性犹姜桂辛。丹心成灰烬，白发岸纶巾。故人仍矍铄，老夫感逡巡。交情同臭味，远道隔越秦。难持临觞酒，面叙平生亲。聊凭诗片纸，遥祝节嶙峋。

吉同钧作《癸亥暮春再游北海，登白塔山感旧》二首：

“四围春水抱山前，上有浮图凌碧烟。柳暗花明三月景，金鳌玉蝀九重天。南台已改新公府，[②] 北海犹余旧石泉。宫殿依然人寂寞，不堪遗事说光宣。”

“元人经始明扩充，清室更加雕琢工。楼列东西迎瑞日，海分南北驾

---

① 由贵州法官举为议员。

② 自注：南海有瀛台，现改总统府。

长虹。当年高挹月中桂，此日委如爨下桐。风景苍茫无限恨，回看白塔照残红。”

吉同钧七十岁，同门拟为庆寿，吉同钧远避京外。

《德教碑》云：“岁癸亥为先生七旬大庆，同门拟制寿屏，先生逊让至再，届期远避京外，今又阅三年矣。”

吉同钧作《七十生辰感赋二首》：

“暮齿居然届七旬，回思往事倍酸辛。呼天屡洒西河泪，避地遁居北海滨。岁月如驹忙过隙，功名似芥委轻尘。鸡豚不逮椿萱茂，驽马终安薇蕨贫。幸有猪儿绵燕翼，敢云鲠骨批龙鳞。”

“自悲自慰自相勖，昏浊世中老逸民。时逢杖国古来稀，亲友称觞介寿眉。人到老年多苦况，事非身受不会知。枯株朽木难为用，良药灵丹未可医。况复嗷鸿盈草野，忍开桃宴祝期颐。”

和薛君悲党太保原韵二首：[①]

“当时莫怪表章弹，故国山河半壁残。圣主已经殉宗社，大臣犹自恋高官。位居极品人争羡，节到晚香古所难。居家太尉徒扪腹，一例教人白眼看。”

“漫道尽忠与孝妨，后家先国要知方。誓捐七尺酬恩遇，肯对双亲抱惨伤。阉竖犹知投鼎镬，刑官何竟畏风霜。岐山若遇小园墓，暂愧蛾眉姓字香。”

萧之葆

萧之葆撰《皇清赐进士出身诰授通议大夫钦加二品衔法部郎中韩城吉石笙先生圹志铭》。

为武功张孟西母作《清封恭人张母桂太恭人墓志铭》：

“曩余官京师，与武功张孟西农部时相过从，因得悉其家世。而孟西

① 自注：党名崇雅，明刑部侍郎，仕清为尚书，入《二臣传》，宝鸡人。

岁恒归省，不屑屑为资俸计，心窃重之，盖其时封翁东峰公及太恭人均在堂也。讵不数年而有世局沧桑之变，息影归来，散发林壑，不复作问讯事。甲寅春，孟西以讣来，得闻东峰公之丧，仅通唁弔。癸亥秋，孟西以讣至，谓太恭人之殁历五年矣，乞为铭幽之文，将勒诸贞石。念谊属知交，弗敢辞。谨按状：太恭人姓桂氏，父讳士林，故绩学士，母氏王，世居武功县，幼淑婉有至性，具大家风范，年二十归东峰张公，讳景岳。时士林公夫妇俱逝，遗三子一女，太恭人感念终天，凡弟妹所需饮食衣履悉代为经理，顾东峰素寒士，母夫人年老多病，卧床蓐累年，药饵澣濯诸事太恭人一身任之，不假他人。同居食指多，妯娌中偶勃溪，太恭人恒反复婉导，弗令慈姑知也。嗣东峰公累家计，辍读习骑射，旋入武庠，丙子捷秋试，太恭人益自励，襄助内政，米盐琐屑筹画井然，由是家渐裕，凡东峰公有义举，必极力赞成，督诸子读书，不少假借，未几，孟西及兄子益同补博士弟子，又同食廪饩，太恭人益教之敦品力学，不随时俗浮沉。壬寅乡试，子益以第一人领荐，孟西亦同榜登贤书，兄弟联捷，乡里传为盛事，太恭人愈自坎然。丁未，朝廷议变法，停会试，改章保送，子益廷试列一等，授知县，签分云南，孟西亦由拣选一等改度支部主事，为东峰公及太恭人请诰封如例，戚党称贺，太恭人愀然曰：'教子读书，登科第，光祖宗，是所素愿，若一官万里或数千里绝裾而去，闻讣而归，不但非荣，反增忉怛。'故子益捧檄后陈情终养，而孟西之每岁归省，盖均禀太恭人志也。民国三年，东峰公以寿终，时太恭人犹精健，指挥丧事尽礼无缺，生平不佞佛，不持斋，每鸡鸣即起，视诸妇理井臼，虽躬膺纶綍而服御一如寒素，然遇有施贫乏、恤孤苦，则毫无吝惜，以故贤母之称播闻远迩，其卓卓可传类如此。民国戊午，兵匪交讧，邑少宁居，孟西昆仲奉太恭人避乱盩厔，又赴省垣。八年正月初六日，以疾终于寓所，距生于道光二十九年十一月初五日，寿七旬有一，子二：尚谦即子益，尚龄即孟西。女一，适宇文氏。孙男二：寿樾，谦出；寿櫄，龄出。孙女六。曾孙男三：

福孙，福随，福顺。太恭人殁后，孟西昆仲扶榇旋里，以是月二十八日袝葬于东峰茔次，艮首坤趾。因时方多难，圹志缺如，余既重违孟西之请，谨甄叙太恭人行事而系以铭。铭曰：繄占姜源［嫄］，有邰是即。景彼淑风，昭兹阃则。卓哉贤母，令闻令望。相夫蚤岁，比德珩璜。问寝侍姑，下帷勖子。宠荷纶扉，光增彤史。风树不宁，婺星忽陨。穗帐宵悬，旐旌朝引。雍原兰野，漆水之滨。泉台永閟，华表长新。陵谷靡常，陇冈无改。式此贞珉，永垂千载。”①

刘镇华让永寿县知事王子益持其亲笔信聘请萧之葆出山，萧之葆作《覆刘省长函》：

雪亚先生大人大鉴：

闻韩范之名久矣！哀我中原，几无宁土，而阖秦士庶于水深火热中得以少庆生全者，杜元凯之经猷，李赞宣之威望。芃苗阴雨，惠赐实多。顷永寿县知事王君子益，衔命辱临，接诵瑶章，遇蒙藻饰，并承惠洋布四色，番饼二百枚，仰见高情厚谊，光我岩壑。敬念古人礼罗之雅，兼蒙先生存注之殷。自顾何人，敢忘拜辞！惟是区区下悃，有不能不委曲上尘者。之葆一庸腐人耳，学愧通方，年将垂暮，遭时不幸，贞遇无由。近岁以来，牵累家境，衰病日增，有兄已年近古稀，诸子均少不更事，非但沧桑劫后，理乱厌闻，而且环诸室中，仔肩莫待？其不能出山居一步者，盖时与运为之，非敢言高蹈也。不意先生过听，尊使瑶临，空谷来车马之音，束帛壮邱壑之色，受之既深抱彼姝何告之惧，却之更有辜优礼存闻之诚，而予益君以患难故交，成命是遵，坚不返璧，事不获已，只好拜登。顾念数载岩棲，分甘习苦，终年穴处，志在食贫。今痼疾已结烟霞，而珍赐犹叩琼玖，山灵腾笑，使我汗颜。先生闻之，亦可鉴之葆之拙而为原恕矣。谨布寸诚，犹冀垂察，山居荒僻，无物奉酬，所幸春雨及时，农田浃

① 《陕西通志稿》（卷二百十二）《文徵》（十二）。

润，呈慰远廑，专肃鸣谢，敬请勋安！诸希霁鉴不庄。萧之葆敬上。

《再覆刘省长函》云：

雪亚先生大人大鉴：

去岁拜赐琼瑶，光增岩壑，环云捧读，尺璧同珍。祇以樗散余生，久稽笺候，虽间［闲］鸥野鹤，礼数多疏，而一瓣心香无日不神驰左右也。昨敝邑长鹏飞张君亲往高轩，送别惠书并照会一份，披诵之余，敬悉因《陕西通志》年久失修，现经开局编辑，谕令之葆束装来省分任纂修等因。仰见巾扇雍容，军书多暇徵文考献，俾数百年河声岳色不付销沉，属在秦人，昌胜额手。衰庸如之葆，乃蒙不弃驽骀，加之驱策，弓旌再至，桑梓攸关，自顾何人，叨兹荣遇，极应遵命首途，效撮壤细流之助，襄分曹数典之劳。奈区区下情有不得不上尘清听者。之葆世传清素，家少藏书，词馆三年，未参史席；法曹廿载，只绾刑章。韬晦以来，益形旷废。林泉风月，但听野老译章；山径薜萝，遑论先朝之掌故？重以门庭多故，蒲柳先衰，发辫仍存，目光已瞑。兄老多病，子幼无知。凡此情形，上年子益王君及敝邑长张君共有见闻，非敢捏饰。盖不仅才非著述，不容率尔以操觚，抑且觉境处迍遭［邅］，未许恍然而枕驾，有辜盛礼，实歉鄙衷。容我间［闲］身，仗公雅度，云山迢递，延伫为劳。谨布下忱，伏冀垂察。专肃奉覆，敬请钧安！诸希雅鉴不庄。

《再致刘省长函》云：

敬再启者，前函缮讫，业于月之朔日呈由敝邑长张君备文申覆去后，嗣于初八日复经敝邑长遣使到洞，称因续奉赐书，饬代备赀仪三百金，并令竭情敦劝，期于早日到省。至之葆前书未付邮递，应即发还各等因。正拟祥［详］细致辞，来使旋委币而去，追之不及。伏念之葆一颓唐荒废之人耳，已枉弓旌，又烦羔雁，殷勤雅意至再至三。幽凄固所以自安，而盛礼不可以弗答。事不获已，便拟遵谕赴省，一谒铃辕，稍酬在浚之诚，兼遂瞻韩之愿。惟是私衷耿耿，蕴结多端，有不得不预先上陈者。之葆匿处山林，瞬经十载，飘骚发鬓未忍剪除，今若登大雅之堂，功令所关，似觉未便，有无窒碍，极应商询。至修志事体宏大，端赖硕才，自问空疏，又兼衰惫，即令驰驱到省，亦系为仰答盛情起见，能否胜任，应许量而后入。又自沧桑阅世，时事灰心，朝士山林士各有志，之葆即勉襄编辑，已愧滥芋。所有致学各界，社会各团自应概免牵涉，以全初志。承赐赀仪，敬不敢当。倘之葆到省后，力能任事，则此款应于薪金内扣还。如自揣不能胜任，展谒之后，即拟还山，此款仍许向县署呈文以昭核实。以上数端，虽属琐细，然迂拘之见，窃欲先事奉商。倘我公未肯瑕疵，俯从鄙志，奉示之后，当粗理行装，略整家务，行期预定，当在初秋。稍有窒碍之处，亦祈指示明晰，俾安野服之常，无重山林之诮，则衡门泌水，其叨惠尤为靡涯矣。谨具芜，连前书一并奉呈，敬请钧安！伏冀亮察不宣。肖之葆再上。

萧之葆应聘至省修志，作《应省政府之聘请将赴西安留别山中诸友诗》四首：

“烟扉松径十年身？忽向尘中露爪鳞。著作慢分聃史席，姓名合署葛天民。孤怀秋月人同谈，晚节寒花我自珍。此去巢由宁下拜，好将风骨护嶙峋。”

“蒲轮何事苦相迎，猿鸟深山突自惊。儿女临歧犹忍泪，弟兄垂老倍关情。安排世外新行李，略忆人间旧姓名。旨便天涯成久客，岭梅香后计归程。”

“北山谁与寄文移，身世行藏我自知。事仿陈畴庸有利，书成却聘竟难期。愁看白马宾来日，梦想红羊劫尽时。最是不堪经过处？秋风禾黍正离离。”

“俭岁何曾厌蕨薇，祇防作事与心违。当头风景原无异，到眼人民半已非。不分闲云真出岫，由来野鸟素忘机。山灵此日休腾笑，珍重林峦待我归。”

段维五十七岁。

《段冈北先生年谱》载："刘雪亚[①]省长聘为陕西通志局分纂。总纂宋芝田侍御伯鲁，协纂仙洲观察步瀛，提调黄俊丞观察兆麟，周石笙法部镛，分纂萧筱梅太史之葆，吴敬之观察廷锡，郭蕴生大令毓璋，张扶万大令鹏一、冯孝伯孝廉光裕，景莘农户部志伊。[②]王、萧二公来省，萧住寓内。汜水魏星五参议联奎，蒲城周政伯侍讲爰诹，长安薛寿萱讲宝辰先后来寓青门，时相过从，子民达任国立西北大学秘书兼讲师。"

是年，诗有《题温萧庵同年行述》一首，《和宋芝田侍御》七律二首，《赠别周政轩赴津》二首，编成《陕西厘金志》《土药税志》。

1924年，民国十三年，甲子

吉同钧七十一岁。

和王綍廷八秩三首：[③]

"逼人白发不相饶，杖国犹稀况杖朝。笑弄曾孙年八十，如君福寿是松乔。"

"像绘香山九老图，天将耄耋报文儒。乌衣子弟皆黄土，独让先生种白榆。"

---

① 刘镇华。

② 景志伊（1884～1964年），名莘农，号愿翁、柏叶庵主。祖籍富平，生于衡阳。光绪二十一年为应试回陕，被选送三原宏道书院；二十四年入京师大学堂进士馆法政学堂；二十九年应汴梁举子试不第；三十二年入协和医学堂。回陕精研医学，博涉文史经政星历及近代科学，并执教于陕西陆军测量学校。1930年冬杨虎城主陕政后，景应聘任省政府秘书处主任秘书，公余照常应诊，并在省立第一中学、第三中学代课，参加编纂《续修陕西省通志·星斗（天文）》部分。景平生励志苦学，博闻强记，诸子百家、三教九流、诗词歌赋、琴棋书画、天文星历、山川形胜、钱粮贡赋及近代医药科学，无所不究，因而赢得雅号"景万有"（《万有文库》）、"景百科"（《百科全书》），他则自嘲为"字纸篓"。

③ 自注：以下甲子（1924年）。

“八秩老翁犹赋诗，十篇寄我竹枝词。聊酬雅韵祝冈阜，藉作南山酒一卮。”

甲子上元观灯感赋三首：

“榆社欢迎新岁鼠，芦江消灭旧年豚。甲兵未靖萑苻盗，子女犹燃烟火墩。玉烛正明三五夜，余吾不禁九重门。回思六十年前事，霹雳一声克上元。”①

“年光转瞬周花甲，月色依然照荜门。那有清歌鸣盛世，徒将淫巧闹公园。管弦五夜迎朝旭，烟火万家绕禁垣。见说北军新报捷，遥知今夕夺昆仑。”②

“银花火树万星攒，九陌人人走马看。烽烟未戢甲兵祸，灯彩犹供子女欢。天上清辉空怅望，民间元气久彫残。脂膏已竭飞蛾扑，返照回光未忍观。”

赠高小云四首：

“见说台旌已返韩，客居应是厌长安。雄心欲熄方张焰。空手难回既倒澜。但愿清修追鈫锴，③不妨伟略谢洋欢。从今暂作渭滨叟，稳坐磻溪把钓竿。”

“高坡正合高士居，④何处更寻高达夫。鸿雪名园容啸嗷，⑤鹤梅作伴当妻孥。漫云颜禹同怀抱，⑥须识张韩判智愚。⑦勘破此中机括后，人间无地不康衢。”

“瘴疠谪迁悲李白，江湖放浪羡陶朱。只缘去就不同道，遂致安危各

① 自注：曾忠襄同治甲子克复金陵，奏报中有“霹雳一声，裂开城垣二十余丈”之句。

② 自注：本年北军攻克成都。

③ 自注：见小学高侍郎注。

④ 自注：所居名高家坡。

⑤ 自注：君筑园名鸿雪。

⑥ 自注：前函有禹、稷、颜回同道之论。

⑦ 自注：同为三杰，子房见机而作，故能免祸。

异途。天下无道吾已矣，隐居之乐汝知乎？达人志不在温饱，肯作世间贱丈夫。”

“诗家唐代称元白，理学宋朝推陆朱。稹也遗羞于末路，象山毕竟异纯儒。等是千秋真俊杰，只因一念判贤愚。家风尝惯葡匏味，不向墦间作乞奴。”

叠前韵再赠小云三首：

“橐橐履声笑危素，粉粉［纷纷］歧路泣杨朱。间［闲］情雅慕耆英会，绝迹脱离名利途。君子胡不慥慥尔？天下殆哉岌岌乎。一卷清诗吟《击壤》，此生愿学邵尧夫。”

“江上秋蓉蟾不怨，[①] 雨中流麦凤如愚。[②] 立身须辨清和任，防患莫忘俊顾厨。况复荆钗得莱妇，何妨蓑笠逐樵夫。君家忠宪有前鉴，要识东林即祸枢。”[③]

“敢将诗句拟穿珠，聊藉联篇通款愚。家学君堪追渤海，宗风我自忝中孚。先生之志则大矣，贤者亦有此乐乎？薄劣兼呈冯薛粲，相观应笑老迂儒。”[④]

萧之葆

旬邑县长黄学鲁请萧之葆修县志。萧之葆作《覆黄县长学鲁函》：

学鲁先生雅鉴：久疏趋候，结想奚如。昨唐君卓亭到洞，接读瑶笺，辱承藻饰，并蒙谆谕，以敝邑志乘亟待纂修，仰见文献关心，鸣琴多暇，虚衷下逮，钦佩莫名！查敝邑旧志系同治朝重修，维时监修者为前邑令棲霞姜公，主笔者为本邑郭鳌渊先生。兵燹以后，板片无存，旧本流传，亦不多观。前县长焦公曾经提议重修，有志未果。现通志开局，各县志亦多

① 自注：唐诗人高蟾不慕荣利，有“芙蓉生在秋江上，不向东风怨未开”之句，为世所称。

② 自注：高凤持竿诵经，不知雨来流麦，人笑其愚。

③ 自注：高攀龙为东林君子之首，以讲学涉及朝政被逮，卒谥忠宪。

④ 自注：冯瑞山、薛晓山，同人中能诗者。

重修。值沧桑之阅世，虑杞宗之无徵？我公洛社名贤，关中循吏，公余铅椠，倘事搜罗典册高文，定超凡近，乃承过许，猥欲今不肖从事襄订，事关桑梓，岂敢固辞。惟区区下悃有待掬吐。缘之葆自上年蒙兼座刘公礼聘，勉赴省局，数月滥芋，毫无成绩。本年以病废，未克成行，半途辄止，抱愧良多。现虽病愈，而精力仍未健全。家少藏书，邑乏耆旧，若勉强从命，既恐多延时日，兼虑贻诮空疏。再四思维，惟有从先生之后，竭一得之愚，庶鸥鹭遗闻，略备取才于撮壤，抑凤鳞彩笔，得瞻大著于高贤，是则山居仑视之心所堪，为我公渎告者耳。惠施番饼，本不敢登，而卓亭代述雅命，坚不返壁，故托于周之则受之义，冀免于却之不恭之嫌。对使拜嘉，无任心感。所有事宜，容俟中旬前后趋谒崇阶，再行商订。专肃奉复，并鸣谢悃。敬请勋安百益。肖之葆谨启。

萧之葆作《陆军中将陇东巡防军统领锡卿喻公墓志铭》：

岁癸亥十一月初四日，驻旬统领甘肃陇东巡防军喻公锡卿，以兵变殁于营次，时余适有西安之行。越旬，其哲嗣兴奎以讣至，始得闻公死颠末，比余归，则公已发引。呜呼！世变方殷，将星忽陨，岂天未压［厌］乱也，抑或夺我公之速也？冰天雪地中为挥涕者久。逾年春，兴奎匍匐至余洞，泣述其尊人行伏，乞为文以铭诸幽石。余与公既忝知交，弗敢辞。

谨按公讳升，字锡卿，世居甘肃固原县瓦亭酒南乡之喻家庄，祖以上皆力田。父讳贵春，字华甫，妣韩氏。华甫公有子四，公其季也。同治花门倡乱，庆固一带，贼据为巢穴，出没无常，嗣回骑卒至，华甫被执，不屈以身殉，遗公兄弟皆幼小，韩太夫人挈以避贼，日窜岩谷中，与伯叔两兄相失，仲已惊殒。公随太夫人转徙各戚串家，母子茕茕，备尝辛苦。光绪初，全陇肃清，始返里。时公伯兄讳斌，已由行伍积功授外委，归询家口，骨肉得复聚。公既长，膂力过人，念家遭多难，慨然有请缨之志，因结发从戎事，隶故少保固原星五董公麾下。乙未西宁之役，转战狄河通永间，屡复名城，歼巨股，以功历保至参将，加副将衔，给二品顶戴，赏戴花翎。公既贵，为曾祖父母、祖父母、父母均请封增如例。

辛亥变起，公提兵驻怀庆各属，所至均保全无羔。当事嘉公功，授陆军上校，晋中将，给三等文虎章。戊午秋，旬境戒严，公率兵赴援，战于土桥，督队猛攻，匪惊溃。经绅民吁请，甘督陆仙槎[①]檄公驻旬邑，俾顾邻封，兼护边围，计前后五载。庚申春，滇匪万余麇至，公以二百人守职田镇，战两昼夜，会陇军大至，匪始窜去。公殁之岁，自春徂夏，亢旱成灾，公率士民跪祷七日，甘霖立沛。是冬方督修石门庙，为酬神计。讵部下受匪党煽惑，仓卒哗变，公驰往弹压，致被阻击，遂逝世。

呜呼！公以少孤，起家行间，生平经大小数百战，未尝挫衄。晚岁鬓发皓白，风骨凝重，其约束士卒信赏必罚，恩威并用，旌麾所至，兵民交欢。吾旬父老子弟望之如时雨，倚之若长城。而孰意天不憖遗，竟令其电掣风驰以去，为我公痛，尤重为吾旬民惜也。郑公殁夕，大风怒号，飞雪骤至，空中如有甲马之声，度公之毅魄英魂，必有骑箕尾而往来，挟风霆雨上下者，然欤否欤？是又付诸可知不可知之数矣。公生于同治壬戌正月二十四日，享寿六旬有二。元配氏岳，早卒，继配氏潘，俱封赠如例。子三：长兴奎，为余门下士，高等小学校毕业生；次兴荃、兴誉，均幼；女一待字。兴奎将以民国十三年五月某日安厝公于邑县城南川之新茔，甲首庚趾，不远数百里来乞余铭，谨追志公之崖略而系之以铭，铭曰：

颇牧雄才，张韩宿将，岳岳喻公，与之相抗。少承慈训，长历戎行；立功定远，殄寇武襄。运厄元黄，时逢板荡；羽檄横飞，铙歌竞唱。嗟吾豳土，坐困潢池。公为援救，仗义兴师。时雨方苏，大星忽陨。牙纛宵沉，麾旌朝引。髦山之麓，黑水之滨，名存身殁，哀此仁人。郁郁泉台，巍巍华表，贞石不磨，千秋永保。

---

① 陆洪涛。

段维五十八岁。

农商部次长代理部务刘定五先生治洲聘任农商部高等顾问，辞未赴京。在志局编纂陕西杂税庚子灾赈诸门，分阅国粹学社课卷，社长霍竹汀太史勤燡。

是年，诗有《和张扶万元日招饮》一首，《柳沟即景》一首，撰《邓朗泉墓志铭》。[①]

1925 年，民国十四年，乙丑

吉同钧七十二岁。

乙丑新春感怀四首：[②]

"途穷日暮向他乡，遥忆秦川欲断肠。老骥空怀千里志，飞鸿高举九霄傍。世间民物关胞与，旧日君臣辱秕糠。自酌春醪劝孤影，一腔热血变寒霜。"

"鸭头水漾柳条青，春入新年万象更。白发无方还少壮，黄河难望再澄清。人如秋雁衔芦管，地隔夏阳渡水罂。[③]七十年来成底事，到头仍是老书生。"

"兵燹未消元气伤，土牛一出日回光。眉描柳叶摹京兆，额点梅花学寿阳。铜雀台荒曹孟德，石鳌碑换段文昌。伤心宫殿千门闭，不见当年孺子王。"

"猿啸蛙鸣各一天，眼小时局益纷然。无望功名垂竹帛，徒劳翰墨绘云烟。老来身世风中烛，寒士生涯砚作田。回忆甘心茹苦节，冰霜阅历十三年。"

中秋，吉同钧为柏景伟《沣西草堂诗集》作跋："捧读全册，以雄浑爽

---

①《段冈北先生年谱》。

② 自注：以下乙丑（1925 年）。

③ 自注：韩城夏阳即韩信木罂渡军处。

健之笔，发忠爱悲悯之思。豪杰胸襟，英雄气概，毕现于字里行间。在晋人中，雅近刘越石、左太冲。在唐人中，可追高达夫、杜子美。盖诗以言志，惟有忧国忧民之志，乃有可歌可泣之诗，故能感发乎人心而流传于后世。近代之号称诗人者，以模山范水、绘云琢月为风雅，以絺章嚼字、俳白俪黄为精工，极其能事。纵能如宋之三谢、唐之四杰，亦仅才人之伎俩而已。程子谓其玩物丧志，朱子薄为闲言语，以其无裨于世教也。尝闻南人讥秦无诗家，彼盖沿梁陈之习，以华丽哀艳为诗，非知诗之真谛者也。夫雅颂作于周召，五言始于苏、李（苏武，武功人；李陵，陇州人），诗之根荄茁于西土。其后唐有韦（应物，长安人）、杜（牧之，万年人），明有李（梦阳，庆阳人）、康（兑山，武功人），清初有二王（山史，华阴人；又旦，郃阳人）、李（天生，富平人）孙（豹人，三原人），名重骚坛，当时顾亭林、王渔洋、朱竹垞皆为推服此数人者，诗之体格不一致，要皆抒写天真，从性地中流出，与南朝靡靡之音，纵情于风花雪月者异矣。子俊先生之学，既接乡贤横渠、二曲之统，故其诗亦有先正溉堂黄湄之风。（孙豹人著有《溉堂集》，王又旦著有《黄湄集》，均著名当时。）谨跋数语，告我同志，读先生之诗，如晤先生之人，亦可见先生之德性、学问、气节迥超流俗，而为关学之后劲也。乙丑中秋，门人韩城吉同钧敬跋。”①

送张仲民回滇中：②

京华冠盖满，独行自踽凉。觌面如旧识，欣遇张文昌。鸡群见鹤立，鹏举陵雁行。略换新面目，仍守旧缥缃。胸襟空芥蒂，气概藐侯王。蝉蜕淤泥外，蠖伸翰墨场。画入南田室，书升北海堂。僧繇相伯仲，草圣与颉颃。手笔宗燕国，须髯肖睢阳。丈夫志四方，遨游遍蛮荒。舟帆泛南海，法律考东洋。七浣樱花露，三履燕草霜。感我飘蓬梗，世变阅沧桑。同是

①《沣西草堂集》（卷八）《沣西草堂诗集》。

② 自注：祖籍咸阳，随宦寄居云南。

他乡客，把臂清话长。君言如仙药，医我迂腐肠。君文如秋水，涤我俗眼光。高谈倾四座，如闻兰桂香。论交轻势利，相勖在文章。吾陕富人杰，君家更发祥。横渠倡关学，二铭垂训详。侯封谥襄壮，[①]元勋炳旂常。韩城张文端，直声振朝纲。[②]泾阳张文毅，建祠奉贤良。[③]河岳钟闲气，祖德未可忘。闻君将返旆，山海穷梯航。从此一分袂，东西望参商。君如安巢鸟，我为触藩羊。贫交无他赠，吟诗壮行装。我闻滇中地，昔属南诏疆。温和钟地气，天时协雨旸。碧鸡与金马，高耸昆池傍。铜山气吐白，玉石色点苍。[④]万岭围遐裔，中原渺茫茫。近开滇越道，铁轨通法郎。托庇外人宇，得免兵火伤。何地为乐土，安居即家乡。君行入河口，花柳正含芳。舟中饶逸兴，佳句盈锦囊。黄鹄飞未晚，文虬且潜藏。知君青云器，会看凌风翔。

段维

三月回岐省亲，函辞通志局分纂。

四月因病痰喘来省就医。

五月二十一日，先祖母罗太恭人逝世，闻耗哀痛咯血，旋力疾奔丧，自述哀启。

八月安葬毕复来省。

十二月初九日，先叔子厚公卒于家，公伤感之余，病加剧矣。刘定五省长聘为顾问，年节馈钞币百元，以时局艰窘，不愿无功受禄，却之。[⑤]

---

① 自注：咸宁张勇以败李自成并剿吴三桂之功官太保，封侯爵，谥法襄壮。

② 自注：张廷枢官至刑部尚书，追谥文端。

③ 自注：张芾以传胪任钦差大臣，剿回匪殉难，谥文毅。

④ 自注：珥池有点苍山出白石，名大理石。

⑤《段冈北先生年谱》。

1926年，民国十五年，丙寅

吉同钧七十三岁。

正月，吉同钧致信孚威将军吴佩孚："前岁之战，前军正在得胜，忽患生肘腋，以致功败垂成，然细思败者胜之兆，屈者伸之基，古今天降大任必先拂乱所为，然后动心忍性，始克建不世之业。征之近世，曾文正非经岳州、九江、祁门三次挫折，何能克复南京，歼灭粤匪。又征诸外国，意大利三杰其能振兴国运，转危为安者，亦皆几经挫败，几历险阻而后成功。今闻大军克复开封，从此渡河而北，直抵京畿，已如破竹之势，此皆一年间养晦韬光之所积也。吾子勉乎哉！当今之世可膺大任者惟阁下一人可与进言者，亦惟阁下一人刻下强敌逼迫，用兵遣将、理财筹饷刻不容缓，然用兵易夺农时，筹饷多伤民财，民心一失，虽百战百胜无益也。欲两无损害，必择勤廉公正而有心计之人委办粮台，如胡文忠用阎丹初，曾文正之用李瀚章，一则破除情面，核实去冗；一则钩稽严密，杜绝中饱，故用兵十余年，而饷源不匮，委任得人故也。（当时虽亦取之民间，但止劝捐富户，并兴办厘金，取诸商贾，并不扰夺农时，损及穷民，民心未失，故能转败为功。）至战时方略，阁下久历行间，自有出寄［奇］制胜妙策，无庸虑及，但亦须临事而惧，好谋而成，若急功贪利，不惟欲速不达，且有后患，此乃且前治标之计。若大局统一之后，宅中莅治，必为正本清源之策，乃能收安内攘外之勋，《尚书·武成》一篇，《论语·尧曰》一章，实为定盘之计，其采用外洋艺学，通商惠工、振兴实业以及制造军火轮船、铁路等事，虽亦为救时急务，尚非根本之图。至于护法、护宪，乃议员借此名目以干利禄，非但为不急之务，而发言盈廷，各执一是，反开争夺扰乱之端。鄙人任司法二十余年，凡古今中外法律亦尝博览而详说之：盖法者治之具，而非治之本。治之本在礼，礼以辨上下，定民志。民志定乃可以言法治，若舍礼言法，彼申韩商鞅诸法家尚不能保其身，遑云治国乎？前清之［之］亡，民国之乱，正由学堂废讲六经，政治改行新法，以致纲纪紊乱，酿成今日分崩之祸，若犹不悔其失，舍中华之国粹，袭外人之皮毛，曰立宪曰宪法，是犹救火反添薪，其炎愈炽不可向迩矣。以上所陈乃鄙人半生阁［阅］历经验所得，非新学理想之谈，亦非腐儒泥古之论，倘蒙采纳而推行之，不惟天下生民之福，而中国之转亡为存亦将于此卜之。近日共产之恶化，贿买学子，煽诱工人，起于广东，延及两湖、上海，近又潜入京都，累次聚众作乱，蠢蠢欲动，若非痛加剿除，绝其根本，后患何堪设想？呜呼！民靡有黎，惧赘卒荒，内奰中国，覃及鬼方，邪说惑众，举国若狂，不有豪杰，孰挽危亡？愿将军恢宏大度，勉思鄙言幸甚。”

吴佩孚兵败后曾作联语：“得意时清白乃心，不置妾，不积金钱，饮酒赋诗，是犹书生本色；失败后倔强到底，不出洋，不走租界，灌园抱甕，从此解甲归田。”吉同钧读后批注：“此将军自写胸怀之作，光明正大，民国以来不可无一，不能有二者也。”

《丙寅春日》云：“丙穴冰开鱼出跃，寅窗风暖鸟飞鸣。老来能得几回醉，春至喜逢万象更。申浦岸边挑菜甲，辛夷花外啭仓庚。红桃碧柳添诗兴，绿水青山澹俗情。万事皆因忙后错，一身常向坦途行。杯中薄酒有深味，且学竹林阮步兵。”

《丙寅二月奉军围攻京城炮火震地飞艇满天炸弹纷落死伤无数时余正患腰疾不能行动忧事伤时痛心疾首口占数诗情见乎词》云：“三害未消二竖缠，眼前景象剧颠连。腰如弱柳因风折，身似枯柴见火燃。况复干戈环辇毂，那堪烽燧绕幽燕。内忧外患两相逼，何地堪容一老颠。虚抛岁月七十年，一事无成百病缠。血滞何须骨脂补，气衰不受山甲穿。枪弹镇日落空外，性命几人获苟全。稚女不知时局恶，犹呼飞艇为纸鸢。”

吉同钧撰《顽石自赞》：

女乐绛帐，马融籍以授经；醇酒妇人，曹参因而娱老。谢东山之丝竹，即是经纶；白司马之琵琶，何伤品概？古人生逢明君，犹且寄意声歌，而况时值否盲，运当鼎革。乡关烽火，世路榛荆。触藩类羝，巢幕同［望］燕。（望）前途而白发萧萧，桑榆已晚；顾后嗣则黄口呱呱，桥梓式微。昏浊世中，偷生寡趣；温柔乡里，老甘死心。呜呼，殷社已墟，食粟无地；首阳在望，采蕨何人？覆天翻（地），既履危亡之运；纵欲败度，日循儿女之情。岂真见色而思淫，惟思速亡以免难。此杨子幼所以荒淫无度，王无功因而昏饮若狂也。间居无聊，爰成小赞，非敢自矜放旷，藉以抒写忧伤。达士闻而咨嗟，有同心矣；俗人相与而非笑，固其宜矣。

顽石老子，前清小臣。山林养晦，酒色沈沦。内嬖如嫡，厥有六人。茅屋赏雨，花径探春。韩姞燕誉，王姬来嫔。莫非少艾，胥充下陈。[1]虽求新特，不弃旧姻。坤义未习，乾教同遵。如鱼贯柳，异鸡司晨。执箕奉帚，带笑含嚬。浓妆改淡，旧样翻新。衣裳缝布，簪珥卸银。不矜修饰，别有丰神。瘦肥参半，骨肉停匀。争妍邀宠，积妬成嗔。忽见柳色，正及瓜辰。老夫环顾，三五平均。画眉张敞，题叶韩蘋。遑恤后累，各结前因。夏姬年老，秋娘性驯。绿珠不嫁，碧王方娠。兰英皎皎，桃叶蓁蓁。感神赋洛，惠我涉溱。笑真如燕，奔岂类鹑。酒潮湧穴，欲海迷津。红颜四座，绿蚁三巡。桃花面嫩，竹叶味醇。樵青茶乳，樊素樱唇。鸡头肉软，嗪首眉颦。昼眠过午，夜饮至寅。黄金何惜，白首已皴。豚儿十岁，马齿六旬。性如薑桂，节似松筠。寒不冷落，老愈辣辛。纵非坚白，曾不缁磷。天空海阔，水清石粼。河之浩瀚，山之嶙峋。欧风东渐，圣道久湮。是丹非素，将玉比珉。德衰歌凤，道否伤麟。陶潜采菊，张翰思莼。

① 自注：茅氏补正室，此外花、韩二妾，王、莫、陈三姬合之共有六人。

琴书事业，鱼鸟经纶。病侵吴质，年损崔骃。纪年用晋，寻地避秦。隐招和靖，奸辨苏洵。诗宗王孟，道守孟荀。功名皆幻，官爵岂真。朱门丰富，白屋非贫。蕴利生孽，积粟为珍。无求品高，不仕德纯。出笼之鸟，纵壑之鳞。甘为农贾，羞伍搢绅。黄冠草履，素衣葛巾。座无俗士，门有嘉宾。漱石砺齿，枕流洁身。枕不厌高，漱不嫌频。著书数卷，告诫谆谆。授徒千人，善诱循循。远游海畔，寻芳泗滨。峰登泰华，江浦涉申。风流自赏，洒脱绝伦。似鸠守拙，非蠖求伸。名心冰水，欲念火薪。花月常在，莺燕为邻。回看轩冕，轻若锱尘。口不能言，特字为石。身难秉国，空名曰钧。毁我者曰登徒子，誉我者曰潘安仁。老夫不受毁，亦不受誉。姑且自号曰顽民。

作此殊涉放荡，然当辛亥国变，抑郁无聊，实欲学信陵君以醇酒妇人自促寿命，乃生命未戕而反益之，荏苒至今，不觉又过十五年，当时群花半为槁木归黄土，惟此一副老皮骨犹康健如昔，此孔子所谓老而不死者与[欤]！书此以志愧悔。丙寅，时年七十三。

门人刘敦谨为吉同钧撰《德教碑记》："先生穷益坚，老益壮，及门诸子将彙赀建立德教碑，以敦谨与先生同司数年，平日问业获益最多，知其事迹较详，属为文以垂后，谨撮其崖略而著于篇，因系以词曰：龙门北环，黄河东带，闲气毓钟，吉人蔼蔼。同里先达，文端张公，为大司寇，锄奸効忠；先生后起，有前哲风，爵位虽次，鲠骨攸同。司法廿载，律学博通，经术断狱，人颂郭躬。时遘阳九，弃官敝帚，在困不辱，处穷拙守。首阳蕨薇，鼓泽诗酒，乐道守先，著书觉后。先生之德，泰山北斗；先生之教，木铎金口。勒诸贞珉，永垂不朽。"

是年，吉同钧作《诫刘壻（大经）书》："古人云：人到无求品自高。然欲无求于人，必先俭以持已。节俭之法，先以衣、食、住三项做起。孔子曰：士志于道，而耻恶衣恶食者，未足与议也。又曰：士而怀居，不足以为士矣。禹，大圣也，身为天子，夫子称其德无间，然首在菲饮食、恶衣服、卑宫室。可见圣人之道，不外节俭，而衣食住尤其致力之端。余生确守此训，故能无求于人，今老矣，年已七旬有三，按诸孟子‘五十食肉，七十衣帛’之说，亦不为过分，况日薄有积赀，亦非财力不能食肉衣帛者，然余犹不敢放纵，每日蔬食淡饭，间或茹荤，不过鸡子一二枚，或羊肉四两，所服皆昔年破旧之衣，辞官十余年，并未制一绸衣，止添布衣数件，所居房屋已阅二十年，从未裱糊顶棚，破窗土墙，聊蔽风雨，此皆汝所亲见者，皆不知衣帛之轻暖，食肉之悦口哉！盖淡泊可以明志，可以养生，可以惜福，并可为家人表率，非但节省财货而已。圣贤真实学修，皆以此入手，俗人不知，反嗤为矫情，或讥为吝啬，悠悠之口，只可听之而已，此非汝等所能骤学，吾所望汝者，止求不流为小人而已。汝闻吾言，则必拂然不悦，更为详细解之。汝之气质性情，亦颇明达，平日亦知向上，喜于读书，何至甘为小人一流，不知世之小人，其初何尝不知向善哉？皆因涓滴不塞，积渐使然也。汝于日用饮食之间，不思图匮于丰，防微杜渐，非有十分要事，辄典当衣物，向人借债，在汝以为常事，不知此端一开，久则必穷，穷则必滥，不知不觉已入于小人之路矣。今为汝计，虽不能耕三余一，总须量入为出，若出浮于入，即为致穷之渐，平日既无固穷之节，及真至穷境则补救迟矣。孟子云：分人以财谓之惠，教人以善谓之忠，余不分汝以财，正教汝以善也。因汝有可造之才，故不惮反复告诫，苦言代药，孟子《舜发畎亩》章可熟读深思，此吾所一日三复者也。”

段维卒，享年六十。

王步瀛作《清授中宪大夫员外郎衔法部主事段君冈北墓志铭》：“岁丙寅二月二十四日，吾友段君冈北卒于长安寓邸，距生于同治丁卯，为年六十，其嗣民达等以铭幽之文来请属，会城被围，余亦仓皇避乱，未遑为也。十月，城围解，民达等将椋归葬岐山段氏先茔之次，又申前请，乃濡笔为之志。……配赵恭人，孝诚淑慎，妇德克娴，先君九年卒。子三：民达，第一届省议员，国立西北大学讲师，农商部顾问，陕西省长公署秘书科长，长安县知事；惠诚，参谋本部调查员，陆军测量局地形课长，余三女婿也；尔彬，成德中学毕业生，教育厅职员。孙二：鼎文、奎文。孙女四。君性孝友，待人以和，而律己綦严，跬步衷以礼，终身不改其度。尤劬于学，老不释卷，所著有《梅雪堂集》《避乱杂吟》《青门琐记》《焚余录》藏于家。"①

段绍岩撰《段冈北先生年谱》："正月初间，足微胀，十五后渐消。二十四日，子民达奉委，署长安县事，勉以清慎勤持躬治事，并谆谆训以不爱钱，不扰民。二月中旬，病忽沉重，至二十四日戌时卒于梁府街本寓。首七甫过，省城被围，柩停寓内，民达倚庐读礼。八月，嵩军攻城急，寓内落大炮弹一，重约二十余斤，幸未炸裂。又九月间，寓内止存粮二斗，饥兵两次搜索，未被窥见，十余口眷属藉以拌食油渣苟延性命，说者谓皆公呵护力也。十月二十四日，城围解，民达于十一月初十日扶柩回籍，十六年正月十二日安葬于村北郭家崖祖茔，门人私谥曰孝贞先生。旧日著作极伙，少壮诗文因遭匪乱，焚失殆尽，诗则丙申以前无存者。现家藏梅雪堂诗集二卷，文集三卷，避乱杂吟一首一卷，青门琐记一卷，焚余录一卷，待梓。"

《重修岐山县志》载："法部主事段维墓在县城北郭家崖。"②

韩城吉同钧为段维作《诔》曰："凤凰鸣矣，于彼高冈。岐山之下，诞生圣王。流风余韵，代产贤良。德门段氏，长发其祥。哲人崛起，伯也字纲。家风秀实，宗派文昌。胸罗史鉴，学富缥缃。诗歌元白，书仿苏黄。龙门价重，雁塔名扬。桂林摘艳，杏苑探香。春闱贡士，秋署作郎。狱清雀鼠，盗息豺狼。时变新法，恪守旧章。刑抛欧美，律奏汉唐。法闻襄

①《续陕西通志稿》（卷二百十一），文征十一。

②《重修岐山县志》（卷一）《地理》。

校，士列门墙。志局分纂，功在梓桑。田桑海沧，变态无常。人道牛马，国运蜩螗，弃官如屣，挈眷还乡。卷阿之侧，渭水之阳。太生所荒，文王所康。东瞻马嵬，西望凤翔。缅怀古迹，洗涤诗肠。吟哦遣兴，著述流芳。贤配天水，德媲孟光。笃生三子，志在四方。善继善述，如圭如璋。前辈名宦，石泉有梁。同时知己，又得谭、王。[①] 均光志乘，可作表坊。嗟余暮齿，长君十霜。昔同官署，并坐法堂。今隔幽冥，魂寄北邙。粗成诔语，聊写悲伤。遥望千里，薄奠一觞。”[②]

萧之葆为段维撰挽联曰：“共曹署阅八九年，世变沧桑顿成离索，犹幸青门小聚，风雨联床，尊酒话良宵，每追思亭畔白云，重谈旧事；别蕃榻仅七百日，哀歌露薤忽报仙游，明知丹旐无情，人天异路，汍澜挥老泪，空只对梁间落月，遥唤归魂。”

1927 年，民国十六年，丁卯

吉同钧七十四岁。

高祖培卒于北京。执法公允，被几任尚书器重。1900 年，八国联军侵入北京，慈禧太后、光绪皇帝逃往西安，他随行护从。返京后历任京师内城预审厅正审、警察厅司法企事、地方审判厅推事长、法部员外郎、高等审判厅长等。为人刚直，不畏强权。时有石小四一案，法部尚书葛宝华被内务府大臣奎俊买通，嘱咐他判石死刑。他言道：“此人罪不当诛，杀人媚上，我绝不干！”葛以罢官威胁。他说：“官可不做，人不可妄杀！”一时声震朝野。民国年间任地方审判厅丞、总检察厅书记官长。晚年著有《金鉴堂文抄》《吟香馆诗集》《法律辑要》《法冤辩证

---

① 指凤翔谭可斋文蔚、长安王汉三之杰。

② 见段绍岩撰《段冈北先生年谱》。

录》《书法指南》等。

公历二月初六，星期六，“十二时，父来。随父访（一）李孟符世伯父子于兴龙巷本宅，未遇。（二）吴光照晓川。于柏树林本宅，遇之。（三）宋伯鲁世伯芝田。于土地庙什字本宅，谈甚久。周镛石生亦来”。①

“奉爹谕，知李孟符世丈（岳瑞）已于旧历十一月十四日在西安溘逝。宓去岁西归，犹获拜谒，且有呈诗。”②

1928 年，民国十七年，戊辰

吉同钧七十五岁。

萧之葆

是年王诚羲病逝。字实之，韩城人，吏部郎中。自为生圹志：“生平持己以约，与人以诚。在野鲜迎合，立朝绝钻营。”

萧之葆作《挽王实之谏议》：

“一疏动九重国，鸣凤朝阳，三辅山河齐壮色；小别成千古，归鸿落日，二陵风雨倍含哀。”

周镛

一月十六日，“即旧历十二月二十四日，星期一。昨日报载，通志局聘芝田为总纂，（周镛）石笙委提调，拨三千元为开办费，直接隶属于省政府”。

一月十九日，“即旧历十二月二十七日，星期四。周石笙来谈，宋主席拟聘通志分纂，以病体万难担任讬为婉谢”。（《君子馆日记》）

---

①《吴宓日记》（第 3 册），第 305 页。

②《吴宓日记》（第 4 册），第 3 页。

1929年，民国十八年，己巳

吉同钧七十六岁。

夏四月为《乐素堂对联织锦全集》作序："辛亥季冬，猝遘国变。弃官家居，闭门谢客。感时局之沧桑，哀生民之涂炭。乾坤到处陡起兵戎，天地无情难开晦昧。川原餍人民之肉，草木含悲痛之声。铜驼埋没，尽委荆榛。玉蝀摧残，空余瓦砾。田单之功名何在，廉颇之慷慨犹存。眺长洲之鹿苑，惆怅绝多；张廷尉之雀罗，感怆不少。加以秦川浪骇，华岳烟迷，乡关鼓鼙，田园烽火。嗟幕巢而为燕，叹触藩其类羝。一腔热血，无地堪挥。满腹牢骚，乏人可告。消愁难资美酒，遣愤惟借拙诗。每有感触，集为骈词。或自写襟期，或感伤时事，或慨今思古，或咏物怀人。又每日课儿读书，因将《诗》《书》《易》《左传》四子撷其英华，及四书中孔圣诸贤言语事迹，一并辑为联语，以伸景仰而备观法。其余雅俗杂集，悲欢兼收，语虽粗俚，意则切实。凡读书学文，治家待人，应事接物之道，无不备具于此。贻诸子孙，用作药石，较之看杂书小说，有百利而无一害也。是为序。岁在已巳夏四月叙于燕京。"①

1930年，民国十九年，庚午

吉同钧七十七岁。

---

① 吉同钧：《乐素堂对联织锦全集》，杨梅竹斜街中华印刷局印。

1931 年，民国二十年，辛未

吉同钧七十八岁。

吉同钧作《读书当全体贯通说》："读书穷理，必求融会贯通，若知其一，不知其二，见其偏未见其全，鲜有不流于拘虚胶固而为学术世道之害者矣。孟子曰：先圣后圣，其揆一也。又曰：唐虞禅夏后，殷周继，其义一也。又曰：三子者不同道，其趋一也。颜子、禹、稷、曾子、子思，易地则皆然。微子、箕子、比干一去，一奴，一死，而皆不愧为仁。武王伐纣，夷齐扣马，圣人盖两贤之。子路死孔悝之难，高柴遇难而逃，后世均称其贤。且孔子极称管仲之仁，而又谓其器小。孟子称伯夷圣之清，柳下惠圣之和，可为百世之师，而又曰：隘与不恭，君子不由。且柳下惠既为之和，而又曰：三公不易其介。伯夷不立恶人之朝，而又曰：不念旧恶，伊尹乐尧舜之道。尧舜之道揖让，而伊尹反佐汤伐桀，此其间因时因地因人因物之不同而皆有至道存焉！若未观其会通，鲜不以为前后牴牾矣。读古人书，须将此中同而不同、不同而同之处，参考众说，融会贯通，以求其至善之归，然后以之治己，能不狃一偏，以之观人，乃能得其真相。如此，方可诵诗书，方可知人论世，否则终于高叟之固而已。"

吉同钧自注："以上係前卅年与儿辈讲《四书》所记，虽略有见解，然得其皮毛，尚未得真谛，以心血所寄，未忍芟除，暂录于此。近年专心致力四书，颇觉升堂入室，窥见宗庙百官之富，可恨为病纠缠，能悦诸心而不能笔之于书，死有余恨焉。顽石偶记，时年七十有八。"

1935 年，民国二十四年，乙亥

春，萧之葆作《乙亥春日续修邑志即事》：

山居廿载苦荒寒，种菜栽花力已殚。敢骋雌黄夸史例，聊将积素托毫端。人如左氏目盲易，书比伏生口授难。心重语长无说处，一编留得后贤看。

征文考献重编摩，两纪研京期又过。断简不嫌驱蠹少，残篇深恐续貂多。梦中蕉覆当年鹿，眼底铜埋旧日驼。奠便书成笑伧父，空山夜雨枉蹉跎。

豳栒掌故费旁搜，铅椠横陈自校雠。古事愿招山鬼语，遗闻争倩稗官收。渡河且漫讹三豕，充栋无因汗九牛。我比边诏［韶］渐［惭］腹笥，兹编敢自信千秋。

一枝斑管仗谁操，辛苦羊昙镇日劳。地拟壶天艰秘籍，人来山市惠醇醪。溪头水暖新栽柳，洞口春深始放桃。知否江淹才力尽，几番阁笔首频搔。

七月十五日，萧之葆作《续纂栒邑县志序》：

岁甲子（1924），余杜门洞居。时宰是邑者为洛宁学鲁黄公，遣人赍尺书至。启之，则以邑志久失修，旧板被焚，邀余至县城任编辑事。余婉谢来使，克日至县城晤黄公，辞弗胜任。黄公谓："事关阖邑文献，沧桑后故老惟先生存，责无旁贷。"情辞恳挚，几无可置喙处。余沉思久之，始咨且请曰："公言良是。但以作书之难也，必储经史以供獭祭，招友朋以共尘谈，择明窗净几以位置龙宾虎仆，然后竭丹铅之力，积岁月之劳。其书之成也，庶足以藏名山。公当世，今风鹤遍地，斗大城，席暖不遑即褰裳思去。任事固甚易，若忽作忽辍，果何日为卒业时哉？"黄公曰："此亦实在事，愿先生试为之。"甫逾月，以乱事解归。次年，黄公卸任，继事者为长安敏斋寇公、芮城兰卿陈公。余尚赴县数次。再逾岁，则干戈俶扰，余蛰居弗敢出，从此足迹不履城市。顾兹事未完竣，每思之，辄滋忸怩。去冬，前县长萧山伯振高公莅斯邑，造庐申前请，时余以老病目昏，弗能作字。高公命人代执笔，由余口述，八阅月而书成。呜呼！以一志之故，越时逾十稔，且续纂非创修，比至与研京炼都同，其濡滞笔墨。果如是之难哉？抑以所处之时势、所居之地址，与夫所值之年华有相迫而至于斯极者。夫飘风急雨，其为音也必哓以哀；踽地踏天，其举足也恒蹇以缓。积廿余年之岩栖谷隐，至目昏齿脱，乃日搜索枯肠，抱区区订坠拾遗之夙愿，其为功于乡邦文献也几何？然尝闻之昔人，左丘失明，厥有《国语》，似穷愁亦著书之资料。余不幸，不获与古人共安乐，仅得与古人同忧患。人非伏胜，谬想传经；才愧龙门，偏思作史。风雨羁迟之地，盖不知几经审慎，几费踌躇矣。幸全书告成，如释重负。既稍餍邑人士之期望，兼略酬黄公发起之初心，斯亦山深林密中一段翰墨辛苦缘也。惜高公临卸篆，未睹全书，仅留序文一篇。比脱稿缮真，余适抱薪忧累月。今兹编已观成矣，谨就此番修志情事略举一二，登诸简端，若高公序文所谓史有历艰难而始成者以例兹志，其深知余之苦衷也。

邑古称栒邑，后名三水，民国纪元复改名栒邑。虽曰更新，实复古也。至旧志于何代创始，何年增修，此次续纂其体例若何，则具详《凡例》中，兹不再赘。

时中华民国乙亥七月既望，邑人萧之葆筱梅氏谨识于古豳之飞云洞。

萧之葆作《无题》：

乙亥七月，邑志脱稿，约张生聚成、第五生立让、罗生秉桂、张生佐贤于八月廿后来洞缮写，而余适卧病。至小阳廿日全书告竣，余病亦渐就痊，喜而成此。

乡邦文献苦搜罗，奈此残年老病何。数典敢嫌前辈少，著书长畏后贤多。深山大壑供奇玩，夜月晨登足浩歌。十二万言成覆瓿，只愁吾意已蹉跎。

九仞山高一篑亏，诸君阿好许临池。不图药盏收功日，正是芸编峻事时。湘管书残防腕脱，藜床坐久每神驰。洞门风雪连朝冷，把卷从今始展眉。

1936年，民国二十五年，丙子

吉同钧八十三岁，卒于北京。

前法部大臣定成谓："石翁性情耿直，遇事抗言驳辩，虽长官前亦不稍阿附，尝作说帖，历指堂官定案用人之失。某堂官[①]阅之不喜，诸事掣肘，沈滞郎署数年。然公道未泯，某正堂被裁后，即蒙继任保列京察一等记名道府，又保记名参议。时愚由大理院长派充考试法官总裁，君任襄校君，试题均有拟作。愚逐篇详加评注，又于阅卷之暇，彼此和诗一韵，叠至十余首，足征气味之相投。国变后，君闭门谢客，惟与愚时通款洽，当时愚任东陵马兰总兵，兼八旗都统，时人颇有责言。然愚行其心之所安，不为稍动，惟君知愚衷曲，适值贱辰，为愚作寿文，历述出仕苦心，至以柳惠比拟。嗟呼！愚与君异苔同岑，非君莫能知愚，亦非愚莫能知君也。君精于律学，近年变法，新学几欲尽铲旧律，君先之以苦口，继之以笔墨，几经争论，卒不可得，不但视为一己毕生之遗憾，亦即天下后世民生之隐忧。此篇乃委曲从权，欲以保存国粹。当时示愚，愚慨然曰：三纲沦，九法斁，乃天运使然，非人力所能补救。君所著述，名论不刊，将来有王者起，必可见诸实行。若当天未欲平治天下之时，只可藏之名山，以待后世之学者而已。"

萧之葆作《皇清赐进士出身、诰授通议大夫、钦加二品衔法部郎中韩城吉石笙先生圹志铭》："盖先生于法律一门，寝馈其中者数十年，晚又博考欧美各法，故能荟萃今古，淹贯中西，非仅娴习例案可比。论者谓薛公法学亘绝千古，承薛公之后者先生一人而已。先生既负重望，益以汲引后进为己任，如王君汉三、谭君秀亭、段君冈伯、马君海峰及余，皆先生

① 指葛宝华。

所口授指画者。辛亥变起，就所居廌庐杜门谢时事，当道征辟皆不就。生平艰苦卓绝，落落寡合，晚益以古逸民自励。所著有《大清律讲义》二十卷，《现行律讲义》二十六卷，《秋审条款讲义》六卷，《审判要略》一卷行世，又《乐素堂文集》六卷、《诗集》八卷、《西曹公牍》二卷、《随扈纪程》《南游纪程》《东行纪程》各二卷，《日记》四卷待梓。夫以先生之学问气节，使长此黼黻昇平，则所谓苏公□□其人者，安知不相伯仲，而孰意沧桑阅世，业败垂成。今七十老翁鬓发皤矣，饮雪食薇，销声匿迹，乃至妻孥□守，旅况萧条，在他人所万不能堪者，先生则日手一编，尚纂吟感愤于蓟门烟树间也。胡天之丰先生以学以才而故吝先生以遇耶？往岁书来，属余为文略志其生平大概尔。他日归里，当自营生圹，以寿□□。余于先生忝忘年交，契阔十二年矣。既重□先生之□□而又不敢以不文辞也。谨甄次先生之志行而预为之铭。”①

吉同钧著作计有《大清律例讲义》三卷，《大清律讲义》二十卷，《现行刑律讲义》二十六卷，《秋审条款讲义》六卷，《审判要略》一卷，《乐素堂文集》八卷，《乐素堂诗存》四卷，《乐素堂对联织绵全集》二卷，《西曹公牍》二卷，《随扈纪程》《南游纪程》《东行纪程》各二卷，《日记》四卷。

1941年，民国三十年，辛巳

萧之葆七十三岁，被选任陕甘宁边区政府委员。②

张秉勤在《毛主席和他握过手》一文中说：“1941年11月，延安召开边区参议会议。习仲勋任关中分区代表团团长，赤水县代表有任成玉、宁

① 藏韩城市博物馆。

② 据杨和亭：《“三三制”的实施》，载陕西省延安精神研究会编：《红日照陕北——杨和亭回忆文集》，1996年。

志明（女）、杨本荣、蒙恒吉等。那时赴延安走的是崎岖山路，富县还有国民党的盘查刁难。杨本荣一路心情兴奋，谈笑风生，边生边向《解放日报》记者毛岚提供旬邑县代表、清代翰林院大学士萧之葆（因本人年迈体衰未能出席会议）的生平事略。会上边区政府根据他和旬邑县提供的资料选萧为边区人民政府委员。”①

1944年，民国三十三年，甲未

萧之葆七十六岁，为病所累，陕西省政府主席的祝绍周派人送面粉。萧之葆致祝绍周信函曰："芾南主席先生大鉴：尺素久疏，寸衷莫喻，翘首铃辕，倾心祝露，敞维升华日懋，政社时隆，允待下颂。上月由段君少岩处汇来四月份面粉，本应肃笺，奈为病魔所累，愧甚悚甚！顷又由段君汇来五月份面粉价，拜领之下，感篆莫名。葆以衰病余生，时艰莫补，屡叨厚贶，殊抱不安，惟望我公覃敷威德，宏济艰难，为秦民造福已耳！专肃芜函，敬鸣谢悃，祇请钧安，诸希霹鉴不庄。愚弟萧之葆拜上。"

（按：段少岩，即段民达，字少岩、绍岩，为萧之葆刑部故旧岐山段维之子。）

1945年，民国三十四年，乙申

萧之葆

十月二十七日，萧之葆逝世。萧之葆在任职刑部十余年，执法如山。在奉命审理绥远都统贻谷（蒙古王）被杀案中，不惧王妃与属吏通奸作

---

①《彬县文史资料》。

案、要挟朝廷、大闹法部的嚣张气焰，依法审判王妃与奸夫罪行，轰动京城。舆论称赞他“署清如水，执法如山”。故京师凡有疑难案件长期不决者，多委其审理。

吉同钧作《送萧小梅郎中归田序》：“小梅仕秋曹十余年，以廉隅气节期许，不屑于法律，而法律知识自非同列所及，事长官羞作婀态，亦非故以崖岸自高，太史公所谓‘事亲孝，与士信，临财廉，取与义’者，殆兼有之。当民国建设之初，众人恋恋官职，首鼠两端，甚者多方奔求，惟患失之。小梅独决然舍去，如弃敝屣，宁终老于乡间，而不贪非分之爵禄；宁力农以食苦，而不作伴食员，诚士大夫中之鸿鹄、骅骝也。世俗不察，或目为迂腐不识时势，或嗤为矫激不近人情，是亦燕雀不知天地之高，驽骀（dai）不知宇宙之大也，何足怪哉？”[①] 著有《爱春华书屋诗、文》各二卷，《西曹驳案》一卷，《陶居塾诗》《文》各二卷及《余墨录》，均未及刊印行世。

①《乐素堂文集》。

三、参考文献

一、征引史料

1. 黄浚:《花随人圣庵摭忆》，中华书局 2008 年版。

2. 周建人口述，周晔整理:《鲁迅故家的败落》，福建教育出版社 2001 年版。

3. 周作人著，止庵校订:《鲁迅的故家》，河北教育出版社 2002 年版。

4.（清）刘体智撰:《异辞录》，中华书局 1997 年版。

5.（清）陈其元撰:《庸闲斋笔记》，中华书局 1997 年版。

6.（清）翁同龢:《翁同龢日记》，陈义杰整理，中华书局 2006 年版。

7. 金梁辑:《近世人物志》，北京图书馆出版社 2007 年版。

8. 孟森等:《清代野史》，中国人民大学出版社 2006 年版。

9.《张荫桓日记》，任青、马文忠整理，世纪出版集团、上海书店出版社 2004 年版。

10. 陈夔:《梦蕉亭杂记》，中华书局 2007 年版。

11. 张祖翼:《清代野记》，中华书局 2007 年版。

12. 胡思敬:《国闻备乘》，中华书局 2007 年版。

13. 岑春萱:《乐斋漫笔》，中华书局 2007 年版。

14. 恽毓鼎:《崇陵传信录》，中华书局 2007 年版。

15. 许指严:《十叶野闻》,中华书局 2007 年版。

16. 祁寯藻、文廷式、吴大澂等:《青鹤》笔记九种,中华书局 2007 年版。

17. 沃邱仲子:《民国十年官僚腐败史》,中华书局 2007 年版。

18. 正群社辑纂:《北京官僚罪恶史》,中华书局 2007 年版。

19. 恽毓鼎:《恽毓鼎澄斋日记》,史晓风整理,浙江古籍出版社 2004 年版。

20.(清)沈家本撰:《沈家本未刻书集纂补编》,韩延龙、刘海年、沈厚铎等整理,中国社会科学出版社 2006 年版。

21. 谢俊美编:《翁同龢集》,中华书局 2005 年版。

22. 中国史学会主编:《义和团》,上海人民出版社、上海书店出版社,2000 年版。

23.(清)沈家本撰:《历代刑法考(附《寄簃文存》)》,邓经元、骈宇骞点校,中华书局 1985 年版。

24.(清)曾国荃:《曾国荃全集》,岳麓书社 2006 年版。

25. 薛正兴主编:《李伯元全集》,江苏古籍出版社 1997 年版。

26.(清)赵舒翘:《慎斋文集》。

27.(清)吉同钧:《乐素堂文集》。

28.(清)李慈铭:《越缦堂日记》。

29.(清)叶昌炽:《缘督庐日记》。

30.《岐山文史资料》(第 3 辑)。

31. 赵尔巽等撰:《清史稿》,中华书局 2003 年版。

32. 王锺翰点校:《清史列传》,中华书局 2005 年版。

33. 方继孝:《旧墨二记》,北京图书馆出版社 2006 年版。

34. 徐一士:《近代笔记过眼录》,中华书局 2008 年版。

35.(清)吴庆坻:《蕉廊脞录》,中华书局 1997 年版。

36. 刘禺生:《世载堂杂忆》，中华书局 1997 年版。

37. 曹聚仁:《天一阁人物谭》，三联书店 2007 年版。

38.《续修陕西通志稿》。

39.《咸宁长安两县续志》。

40. 柏子俊:《沣西草堂集》。

41. 李岳瑞:《春冰室野乘》。

42. 徐珂编撰:《清稗类钞》，中华书局 1986 年版。

43. 吉同钧:《大清律讲义》。

44. 刘坤一:《刘坤一遗集》，中华书局 1959 年版。

45.《郑孝胥日记》，劳祖德整理，中华书局 2005 年版。

46. 吉同钧:《审判要略》。

47. 吉同钧:《东行日记》，载近代史研究所编:《近代史资料》（第 87 号）。

48.（清）朱寿朋编:《光绪朝东华录》，张静庐等校点，中华书局 1984 年版。

49. 孙宝瑄:《忘山庐日记》，上海古籍出版社 1983 年版。

50. 薛浚:《薛云阶（允升）行述》，不分卷，清光绪刻本，藏吉林大学图书馆古籍书库。

51. 费行简:《近代名人小传》，载《近代中国史料丛刊》（第 8 辑）。载沃丘仲子（费行简）:《近现代名人小传》，北京图书馆出版社 2003 年版。

52. 何德刚:《春明梦录・客座偶谈》，上海古籍书店影印 1983 年版。

53.《王文韶日记》，袁英光、胡逢祥整理，中华书局 1989 年版。

54. 中国社会科学院近代史研究所近代史资料编辑室编:《庚子记事》，中华书局 1978 年版。

55. 中国社会科学院近代史研究所《近代史资料》编辑组编:《义和团史料》，中国社会科学出版社 1982 年版。

56. 闵尔昌:《碑传集补》，沈云龙主编:《近代中国史料丛刊》(第100辑)，文海出版社1973年版。

57. 江庸:《趋庭随笔》，常士功点校，山西古籍出版社、山西教育出版社1999年版。

58. 柴小梵:《梵天庐丛录》，山西古籍出版社、山西教育出版社1999年版。

59. 张一麐:《古红梅阁笔记》，上海书店出版社1998年版。

60. 苏曼殊等:《民权素笔记荟萃》，山西古籍出版社1997年版。

61. 吴永口述，刘治襄记:《庚子西狩丛谈》，岳麓书社1985年版。

62. 故宫博物院明清档案部编:《清末筹备立宪档案史料》中华书局1979年版。

63. 裘毓麐:《清代轶闻》，中华书局、上海书店联合出版社1989年版。

64.《清朝野史大观》，上海书店1981年版。

65. 罗惇曧:《庚子国变记》，收入中国历史研究社编:《庚子国变记》，上海书店1982年版。

66. 蔡冠洛编著:《清代七百名人传》，北京市中国书店1984年版。

67. 刘半农等:《赛金花本事》，中国人民大学出版社2006年版。

68. 陈涛:《审安斋诗集》，载《审安斋遗稿》民国13年铅印本。

69. 陈涛:《南馆文钞》，载《审安斋遗稿》民国13年铅印本。

70.《刘古愚先生全书》。

71. 宋伯鲁:《海棠仙馆诗集》，1924年刻本。

72. 宋伯鲁:《焚余草》。

73. 刘古愚:《烟霞草堂遗书》。

74. 宋伯鲁:《还读斋杂述》，民国十二年海棠仙馆刻本。

75. 上海图书馆编:《汪康年师友书札》，上海古籍出版社1986年版。

76.《柏沣西先生遗集》。

77. 北京市档案馆编:《那桐日记》，新华出版社 2006 年版。

78. 田惟均等:《重修岐山县志》，西安西山书局 1935 年版。

79. 张扶万:《在山草堂日记》，现藏陕西省政协。

80. 毛昌杰:《君子馆日记》，1938 年石印本。

81. 毛昌杰:《君子馆类稿》，1938 年石印本。

82. 吕海寰:《庚子海外纪事》，载《近代中国史料丛刊第五辑》，文海出版社 1973 年版。

83.《南平县志》。

84.（清）曾纪泽:《曾纪泽日记》，岳麓书社 1998 年版。

85. 周作人:《知堂回想录》，安徽教育出版社 2008 年版。

86.《李鸿章全集》，时代文艺出版社 1998 年版。

87.《乐素堂诗存》。

88.《温处盐务纪要》。

89. 郭则沄:《十朝诗乘》，载张寅彭主编:《民国诗话丛编》（第 4 册），上海书店出版社 2002 年版。

90. 侨析生:《拳匪纪略》，载《近代中国史料丛刊第五辑》，文海出版社 1973 年版。

91. 文廷式:《知过轩谭屑》，王尔敏提供，陈绛点注，载《近代中国》（第 18 辑），上海社会科学院出版社 2008 年版。

92. 徐一士:《亦佳庐小品》，中华书局 2009 年版。

93. 文廷式:《闻尘偶记》，载《近代史资料文库》（第 1 卷），上海书店 2009 年版。

94. 萧之葆:《皇清赐进士出身诰授通议大夫钦加二品衔法部郎中韩城吉石笙先生圹志铭》。

95. 刘敦谨:《韩城吉石笙先生德教碑记》。

96.（清）黄遵宪著，钱仲联笺注:《人境庐诗草笺注》，上海古籍出版社 2007 年版。

97. 王弢夫:《西巡大事记》，附王弢夫著:《清季外交史料》(第 4 册)。

98. 仲芳氏:《庚子纪事》，载中国科学院历史研究所第三所编辑:《庚子记事》，科学出版社 1959 年版。

99. 杨典诰:《庚子大事记》，载中国科学院历史研究所第三所编辑:《庚子记事》，科学出版社 1959 年版。

100. 高枬:《高枬日记》，载中国科学院历史研究所第三所编辑:《庚子记事》，科学出版社 1959 年版。

101. 佚名:《庸扰录》，载中国科学院历史研究所第三所编辑:《庚子记事》，科学出版社 1959 年版。

102. 段绍岩:《段冈北先生年谱》，现藏陕西省图书馆。

103. 章宗祥:《新刑律颁布之经过》，载《文史资料存稿选编》。

104. 吉同钧:《乐素堂对联织锦全集》，北平杨梅竹斜街中华印刷局印。

105. 宋玉卿:《戊壬录》。

106. [英] 濮兰德、白克好司:《慈禧外纪》，陈冷汰译，紫禁城出版社 2010 年版。

107. 罗惇曧:《拳变余闻》，收入中国历史研究社编《庚子国变记》，上海书店 1982 年版。

108. 佚名:《西巡回銮始末记》，收入中国历史研究社编:《庚子国变记》，上海书店 1982 年版。

109.《富平文史资料》(第 17 缉)，1993 年。

110. 薛允升:《唐明律合编稿本》，日本奥村郁三编，关西大学出版部 2003 年版。

111. 薛允升:《读例存疑》重刊本，黄静嘉编校成文出版社 1970 年版。

112. 李文杰整理:《吕海寰资料两种》，载《近代史资料》(总 123 号)，中国社会科学出版社 2011 年版。

113. 李宗侗、刘凤翰:《李鸿藻年谱》，中华书局 2014 年版。

114. 潘祖年编:《清潘伯寅先生祖荫年谱》，台湾商务印书馆 1982 年版。

115. 谢兴尧整理:《荣庆日记》，西北大学出版社 1986 年版。

116.（清）绍英:《绍英日记》，国家图书馆出版社 2009 年版。

117. 吴天任编:《清黄公度先生遵宪年谱》，台湾商务印书馆 1985 年版。

118. 张守中编:《张人骏家书日记》，中国文史出版社 1993 年版。

119.《桐乡劳先生（乃宣）遗稿》。

120. 顾廷龙校阅:《艺风堂友朋书札》，上海古籍出版社 1980 年版。

121. 劳乃宣:《新刑律修正案彙录》。

122. 陈灨一:《新语林》，上海书店出版社 1997 年版。

123.（清）徐樾:《遗园诗集》，巴蜀书社 2009 年版。

124. 许珏:《复庵先生集》，无锡许氏简素堂，民国 15 年。

125. 萧之葆撰修:《栒邑县志》（上下册），刘敏卓校注，中国文化出版社 2007 年版。

126. 赵舒翘:《温处盐务纪要》，载浩辑:《稀见明清经济史料丛刊》（第 1 辑第 18 册），国家图书馆出版社 2008 年版。

127.《光绪朝实录》。

128.《同治朝实录》。

129.《宣统政纪》。

130.《光绪朝东华录》。

131. 吉同钧:《秋审条款讲义》，杨一凡主编:《历代珍稀司法文献》（第 15 册），中国社会科学出版社 2012 年版。

132. 吉同钧纂:《考试法官拟作》，宣统二年铅印本。

133.《光绪灵州志》。

134.《王幼农先生年谱》。

135.《吴宓日记》，三联书店 1998 年版。

136.《东华录》。

137.《东华续录》。

138. 徐世虹主编:《沈家本全集》，中国政法大学出版社 2010 年版。

139. 张戬编:《张亨嘉文集》，北京大学出版社 2003 年版。

140. 陈庆年:《横山乡人日记》，载庄建平主编:《近代史资料文库》(第1卷)，上海书店出版社 2009 年版。

141. 缪荃孙:《艺风老人日记》，北京大学出版社 1986 年版。

142. 叶昌炽:《缘督庐日记》，江苏古籍出版社 2002 年版。

143. 许珏:《复庵遗集》，成文出版社有限公司印，收入《无锡文库》(第4辑第95册)。

144. 许世英口述，冷枫撰记:《许世英回忆录》，人间世月刊社，中华民国 55 年。

145. 赵舒翘:《雨田公墓志铭》，载《田氏家谱》。

146.《旬邑文史资料》(第6辑)《萧之葆先生遗墨》专辑。

147. 萧之葆撰修:《栒邑县志》，刘敏卓校注，中国文化出版社 2007 年版。

148.《岐山县志》。

149. 黄萍荪主编:《越风》，广陵书社 2010 年合定本影印。

150.《张之洞全集》，武汉出版社 2008 年版。

151.《翁曾翰日记》，凤凰出版社 2014 年版。

152.《邓华熙日记》，凤凰出版社 2014 年版。

153.《张佩纶日记》，凤凰出版社 2014 年版。

154.《徐兆玮日记》，黄山书社 2013 年版。

155. 吉同钧:《大清现行刑律讲义》。

156.(清)李宗棠揖:《奏议辑览初编》，李兴武点校，黄山书社 2016 年版。

157.《顺天时报》。

158. 中国第一历史档案馆编:《光绪朝朱批奏折》，中华书局1996年版。

159.《清代七百名人传》。

160. 蔡焦桐:《桑海摭闻》，民国联华出版社 1937 年版。

161.《清代官员履历档案全编》，华东师范大学出版社 1997 年版。

162.《中国通史参考资料近代部分》。

163. 国家档案局明清档案馆编:《义和团档案史料》，中华书局 1959 年版。

164.《政治官报》。

165. 故宫博物院文献馆编印:《清光绪朝中日交涉史料》，1932 年。

166.《左宗棠全集》。

167. 中国第一历史档案馆编:《光绪宣统两朝上谕档》。

168. 政协灞桥文史委员会编:《灞桥文史资料》(第 5 辑)，1990 年。

169.《唐烜日记》，赵阳阳、马梅玉整理，凤凰出版社 2017 年版。

170.《李超琼日记》，江苏人民出版社授权豆瓣阅读全球范围内电子版制作与发行。

二、研究著作与论文

1. [日] 佐藤公彦:《义和团的起源及其运动——中国民众 Nationalism 的诞生》，宋军、彭曦、何慈毅译，中国社会科学出版社 2007 年版。

2. 韩学儒:《关于赵舒翘之死》，载《西北大学学报》1985 年第 3 期。

3. 华友根:《薛允升的古律研究与改革——中国近代修订新律的先导》，上海社会科学出版社 1999 年版。

4. 巩涛:《西方法律引进之前的中国法学》，林惠娥译，载《法国汉学》丛书编辑委员会编:《法国汉学》(第 8 辑)《教育史专号》，中华书局 2003 年版。

5. 刘勇先:《清代张成勋〈奏折抄存〉》, 载《收藏》2005 年第 7 期。

6. 陕西省延安精神研究会编:《红日照陕北——杨和亭回忆文集》, 1996 年。

7. 苏盈:《肖之葆家谱中清代科举》, 载《陕西档案》1994 年第 1 期。

8. 黄静嘉:《中国法制史论述丛稿》, 清华大学出版社 2006 年版。

9. 王宝平:《早稻田大学所藏俞曲园遗稿〈春在堂尺牍七〉》, 载《文献季刊》2006 年第 1 期。

10. 泽文:《吕海寰》, 新华出版社 2007 年版。

11. 周劭:《向晚漫笔》, 上海古籍出版社 2000 年版。

12. 雷颐:《历史的裂缝: 近代中国与幽暗人性》, 广西师范大学出版社 2007 年版。

13. 刘勇先:《张成勋〈奏折抄存〉的价值》, 载《安康文化》2009 年第 3 期。

14.《毓秀龙门》丛书《名人轶事》。

15. 李欣荣:《吉同钧与清末修律》, 载《社会科学战线》2009 年第 6 期。

16. 李贵连编著:《沈家本年谱长编》, 山东人民出版社 2010 年版。

17. 陈煜:《清末新政中的修订法律馆——中国法律近代化的一段往事》, 中国政法大学出版社 2009 年版。

18. [德] 陶安:《关于上海图书馆藏薛允升〈唐明律合编〉手稿本》, 李力译, 载中国政法大学法律古籍整理研究所编:《中国古代法律文献研究》(第 4 辑), 法律出版社 2010 年版。

19. 李贵连:《沈家本评传》, 南京大学出版社 2005 年版。

20. 张国华主编:《博通古今学贯中西的法学家——1990 年沈家本法律思想国际学术研讨会论文集》, 陕西人民出版社 1992 年版。

21. 贾熟村:《义和团时期的赵舒翘》, 载《南阳师范学院学报》(社会科学版) 2010 年第 7 期。

22. 逊梅:《我的祖父萧之葆》，载《旬邑文艺》2011 年第 2、3、4 期，2012 年第 2、3、4 期，2013 年第 1 期。

23. 陈万卿:《荥阳先贤年谱》，大象出版社 2006 年版。

24. 王雁:《薛允升降职问题考辨》，载《史林》2016 年第 2 期。

25. 郑小悠:《晚清地方司法的败坏——以河南镇平王树文顶凶案为例》，载《文史知识》2016 年第 12 期。

图书在版编目(CIP)数据

陕派律学家事迹纪年考证 / 闫晓君著. -- 北京:
法律出版社, 2019
(中国法学会后期资助项目文丛)
ISBN 978-7-5197-3355-1

Ⅰ. ①陕… Ⅱ. ①闫… Ⅲ. ①审判-案例-中国-清代②法律史-研究-中国-清代 Ⅳ. ①D929.49

中国版本图书馆 CIP 数据核字(2019)第 060888 号

陕派律学家事迹纪年考证
SHANPAI LÜXUEJIA SHIJI JINIAN KAOZHENG

闫晓君 著

责任编辑 黄倩倩
装帧设计 李 瞻

出版 法律出版社
总发行 中国法律图书有限公司
经销 新华书店
印刷 北京虎彩文化传播有限公司
责任校对 晁明慧
责任印制 陶 松

编辑统筹 学术·对外出版分社
开本 710 毫米×1000 毫米 1/16
印张 59.75
字数 783 千
版本 2019 年 10 月第 1 版
印次 2019 年 10 月第 1 次印刷

法律出版社/北京市丰台区莲花池西里 7 号(100073)
网址/www.lawpress.com.cn
投稿邮箱/info@lawpress.com.cn
举报维权邮箱/jbwq@lawpress.com.cn
销售热线/400-660-8393
咨询电话/010-63939796

中国法律图书有限公司/北京市丰台区莲花池西里 7 号(100073)
全国各地中法图分、子公司销售电话:
统一销售客服/400-660-8393/6393
第一法律书店/010-83938432/8433　西安分公司/029-85330678　重庆分公司/023-67453036
上海分公司/021-62071639/1636　深圳分公司/0755-83072995

书号:ISBN 978-7-5197-3355-1
定价:238.00 元

中国法学会后期资助项目文丛

BOOK SERIES FUNDED BY CHINA LAW SOCIETY

1. 《行政程序法典化研究》姜明安 等著
2. 《解读青年马克思的黑格尔法哲学批判》姚远 著
3. 《清代“杀一家三人”律、例辨析》吴杰 著
4. 《中央地方关系中的民主集中制研究》苗泳 著
5. 《证券内幕交易构成要件比较研究》曹理 著
6. 《欧洲婚姻财产法的未来》樊丽君 译
7. 《德国刑法教义学上的客观处罚条件》王钰 著
8. 《结果加重犯的基本原理与认定规则研究》邓毅丞 著
9. 《刑事诉讼中法院职权调查问题研究》林铁军 著
10. 《人民陪审员角色研究》刘方勇 著
11. 《非典型劳动者权益保护研究》班小辉 著
12. 《创新与反垄断——互联网企业滥用行为之法律规制研究》仲春 著
13. 《不得援引国家豁免的商业交易诉讼研究》纪林繁 著
14. 《国家侵权的国际私法问题研究》李华成 著

15.《法律的空间意象性》朱垭梁 著

16.《罗马体育法要论》赵毅 著

17.《〈大清律例〉律目研究》张田田 著

18.《陕派律学家事迹纪年考证》闫晓君 著

19.《论行政法上的意思表示——兼论行政行为构成中的意识要件》田勇军 著

20.《新农村建设中保障农民政治参与权利的制度创新研究》蔡振亚　王为东 著

21.《国家赔偿法研究述评》上官丕亮 主编

22.《个人信息与权利配置——个人信息自决权的反思和出路》刘金瑞 著

23.《从“大陆”走向“混合”的路易斯安那民法典》李宁 著

24.《防控网络恐怖活动立法研究》皮勇 著

25.《背信犯罪：当代社会的白领犯罪》刘荣 译

26.《刑事诉讼中的鉴定意见质证制度研究》王跃 著

27.《互联网规制的国际贸易法律问题研究》孙南翔 著

28.《相关市场界定研究——以技术许可协议为视角》周围 著

29.《外资并购国家安全审查制度的平衡机制研究》杨静 著

30.《司法改革背景下裁判文书说理繁简分流研究》罗灿 著

31.《当代中国法制的政治逻辑》瞿郑龙 著

32.《美国行政法规的司法审查研究》杨蕾 著

33.《非上市公司股份交易法律问题研究》黄爱学 著

34.《中国商事立法研究》张保红 著

35.《日本民事再审事由研究——以判例分析为中心》翟志文 著

36.《论民法教义体系与家庭法的对立与融合：现代家庭法的谱系生成》刘征峰 著

37.《香港与内地刑事法制冲突问题研究》马正楠 著

38.《刑事程序性法律后果研究》马永平 著

39.《抢劫罪量刑经验研究》赵学军 著

40.《生态安全义务履行与人的致灾性法律控制》王建平 著

41.《税法的分配功能研究》侯卓 著